AF873269

Strafjustiz und DDR-Unrecht

Dokumentation

Herausgegeben von
Klaus Marxen und Gerhard Werle

De Gruyter Recht · Berlin

Band 7:

Gefangenenmisshandlung, Doping und sonstiges DDR-Unrecht

Unter Mitarbeit von
Mario Piel und Petra Schäfter

De Gruyter Recht · Berlin

Gedruckt mit freundlicher Unterstützung der
Bundesstiftung zur Aufarbeitung der SED-Diktatur

∞ Gedruckt auf säurefreiem Papier,
das die US-ANSI-Norm über Haltbarkeit erfüllt

ISBN 978-3-89949-694-9

Bibliografische Information der Deutschen Nationalbibliothek

Die Deutsche Nationalbibliothek verzeichnet diese Publikation in der Deutschen Nationalbibliografie; detaillierte bibliografische Daten sind im Internet über http://dnb.d-nb.de abrufbar.

© Copyright 2009 by De Gruyter Rechtswissenschaften Verlags-GmbH, D-10785 Berlin
Dieses Werk einschließlich aller seiner Teile ist urheberrechtlich geschützt. Jede Verwertung außerhalb der engen Grenzen des Urheberrechtsgesetzes ist ohne Zustimmung des Verlages unzulässig und strafbar. Das gilt insbesondere für Vervielfältigungen, Übersetzungen, Mikroverfilmungen und die Einspeicherung und Verarbeitung in elektronischen Systemen.
Printed in Germany
Einbandgestaltung: Christopher Schneider, Laufen
Druck und buchbinderische Verarbeitung: Hubert & Co. GmbH und Co. KG, Göttingen

Vorwort zum siebten Band

Die Dokumentation „Strafjustiz und DDR-Unrecht" präsentiert der Öffentlichkeit erstmals ein vollständiges Bild der strafrechtlichen Verfolgung von DDR-Unrecht. Die Dokumentation ist aus dem Forschungsprojekt „Strafjustiz und DDR-Vergangenheit" hervorgegangen, das wir mit Unterstützung der VolkswagenStiftung an der Humboldt-Universität zu Berlin durchführen. Kooperationsvereinbarungen mit den Justizbehörden haben uns den Zugang zu allen einschlägigen Verfahrensunterlagen ermöglicht.

Gelingen kann ein Vorhaben dieser Art und Größenordnung nur, wenn tatkräftige Hilfe von außen kommt und tüchtige Mitarbeiterinnen und Mitarbeiter beteiligt sind. Wir haben daher zahlreichen Personen und Institutionen zu danken.

Unser besonderer Dank gilt den Ministerien und Staatsanwaltschaften der Länder Berlin, Brandenburg, Mecklenburg-Vorpommern, Sachsen, Sachsen-Anhalt und Thüringen für die Bereitschaft, die Justizmaterialien zur Verfügung zu stellen. Gedankt sei ferner den Mitgliedern des Projektbeirats, Herrn Generalstaatsanwalt a.D. Schaefgen, dem Staatssekretär im Bundesministerium der Justiz Herrn Diwell, dem ehemaligen Richter am Bundesgerichtshof Herrn Prof. Dr. Horstkotte sowie dem Strafverteidiger Herrn Prof. Dr. Dr. Ignor, die uns bei der Konzipierung dieser Dokumentation beraten haben.

Großen Dank schulden wir auch allen Mitarbeiterinnen und Mitarbeitern des Forschungsprojekts „Strafjustiz und DDR-Vergangenheit" sowie unserer Lehrstühle, die das Werk auf vielfältige Weise unterstützt haben. An erster Stelle sind Mario Piel und Petra Schäfter zu nennen, die durch konzeptionelle und praktische Mitarbeit besonderen Anteil am Gelingen dieses Bandes haben. Weiterhin danken wir Heike Berger, Boris Burghardt, Nora Dittmer, Harm-Randolf Döpkens, Madeleine Heduschka, Jenny Krieger, Alexander Lambor, Anne-Katrin Roth, Camill Sander und Isko Steffan, die in verschiedenen Phasen an dem Vorhaben mitwirkten.

Die VolkswagenStiftung hat durch die großzügige Förderung des Projekts „Strafjustiz und DDR-Vergangenheit" eine entscheidende Voraussetzung für die vorliegende Dokumentation geschaffen. Die Bundesstiftung zur Aufarbeitung der SED-Diktatur hat durch ihre finanzielle Unterstützung sowohl die Zusammenstellung und redaktionelle Bearbeitung als auch die Drucklegung dieses Bandes ermöglicht, der die Dokumentationsreihe abschließt.

Berlin, im März 2009

Klaus Marxen *Gerhard Werle*

Inhaltsverzeichnis

Dokumente

Teil 1: Gefangenenmisshandlung

Teil 2: Doping

Teil 3: Denunziationen

Teil 4: Sonstige Wirtschaftsstraftaten

Abkürzungsverzeichnis

a.a.O.	am angegebenen Ort
a.S.	anabole Steroide
Abs.	Absatz
Abtl.-Ltr.	Abteilungsleiter
AD	Außendienst
AG	Arbeitsgemeinschaft/Arbeitsgruppe/Amtsgericht/ Allgemeine Genehmigung
ähnl.	ähnlich
Anm.	Anmerkung
AO	Abgabenordnung
APuZ	Aus Politik und Zeitgeschichte
Art.	Artikel
ASK	Armeesportklub
Aufl.	Auflage
AWG	Außenwirtschaftsgesetz
Az.	Aktenzeichen
Bd.	Band
BDVP	Bezirksbehörde der Deutschen Volkspolizei
BdZL	Büro der Zentralen Leitung (der SV Dynamo)
Beschl.	Beschluss
BGBl.	Bundesgesetzblatt
BGH	Bundesgerichtshof
BGHR	BGH-Rechtsprechung, hrsg. von den Richtern des Bundesgerichtshofs (Loseblattsammlung)
BGHSt	Entscheidungen des Bundesgerichtshofs in Strafsachen
Bigew.	Bindegewebe
Bl.	Blatt
BMSR	Betriebs-, Mess-, Steuer und Regelungstechnik
BND	Bundesnachrichtendienst
BRD	Bundesrepublik Deutschland
BStU	Bundesbeauftragte(r) für die Unterlagen des Staatssicherheitsdienstes der ehemaligen DDR
BT-Drs.	Bundestags-Drucksache
BVerfG	Bundesverfassungsgericht
BVerfGE	Amtliche Sammlung der Entscheidungen des Bundesverfassungsgerichts
bzw.	beziehungsweise
cm	Zentimeter
CoCom	Coordinating Committee for East-West Trade Policy (später: Coordinating Committee on Multilateral Export Controls)
d.	der, des, dem
d.h.	das heißt
D.T.	Depot-Turinabol
DA	Deutschland-Archiv
DDR	Deutsche Demokratische Republik
ders.	derselbe

DHfK	Deutsche Hochschule für Körperkultur
DM	Deutsche Mark
DNS	Desoxyribonukleinsäure
DSSV	Deutscher Schwimmsport-Verband der DDR
DTSB	Deutscher Turn- und Sportbund der DDR
DVP	Deutsche Volkspolizei
EB	Erziehungsbereich(e)
ebd.	ebenda
EGStGB	Einführungsgesetz zum Strafgesetzbuch
EK	Einkaufspreis
EM	Europameisterschaft
EMRK	Europäische Menschenrechtskonvention
erw.	erweitert(e), (er), (es)
etc.	et cetera
evtl.	eventuell
evtl.	eventuell(e), (er), (es)
Ex.	Exemplar
F	Freistil (Schwimm-Disziplin)
ff.	fortfolgende Seiten
FG	Forschungsgruppe
FINA	Fédération Internationale de Natation Amateur (Dachverband aller nationalen Sportverbände für Schwimmen, Wasserspringen, Synchronschwimmen und Wasserball)
FKS	Forschungsinstitut für Körperkultur und Sport
Fn.	Fußnote
FSH	follikelstimulierendes Hormon
GA	Goltdammer's Archiv für Strafrecht
GBl.	Gesetzblatt
geb.	geborene(r)
gem.	gemäß
Gen.	Genosse
Gew.	Gewicht
gez.	gezeichnet
GG	Grundgesetz der Bundesrepublik Deutschland
ggf., ggfs.	gegebenenfalls
GmbH	Gesellschaft mit beschränkter Haftung
GMS	Gesellschaftlicher Mitarbeiter Sicherheit
GnRH	Gonadotropin-Releasing-Hormon
H.	Heft
HBS	(Sportärztliche) Hauptberatungsstelle
hcG, HCG	Human Chorionic Gonadotropin
HDL	High Density Lipoprotein
Hg.	Herausgeber
HNO	Hals-Nasen-Ohren
Hptm.	Hauptmann
Hptwm.	Hauptwachtmeister
i.	in, im
i.m.	intramuskulär
i.V.	in Vertretung

i.v.	intravenös
i.V.m.	in Verbindung mit
IAAF	International Association of Athletics Federations (Internationaler Leichtathletikverband)
idF, i.d.F.	in der Fassung
IM	Inoffizieller Mitarbeiter
IMB	Inoffizieller Mitarbeiter der Abwehr mit Feindverbindung bzw. zur unmittelbaren Bearbeitung im Verdacht der Feindtätigkeit stehender Personen
IMF	Inoffzieller Mitarbeiter der inneren Abwehr mit Feindverbindung zum Operationsgebiet
IMV	Inoffizieller Mitarbeiter, der unmittelbar an der Bearbeitung und Entlarvung im Verdacht der Feindtätigkeit stehender Personen mitarbeitet (1979 abgelöst durch die Kategorie IMB)
IOC	International Olympic Committee (Internationales Olympisches Komitee)
ITP	individueller Trainingsplan
IZH-VO	Interzonenhandelsverordnung
JR	Juristische Rundschau
JuS	Juristische Schulung
JZ	Juristenzeitung
K.-M.-Stdt.	Karl-Marx-Stadt (heute Chemnitz)
KJS	Kinder- und Jugendsportschule
KLD	komplexe Leistungsdiagnostik
KoKo	Kommerzielle Koordinierung
Kolln.	Kollegin
KSZE	Konferenz für Sicherheit und Zusammenarbeit in Europa
KVP	Kasernierte Volkspolizei
LA	Leichtathletik
LBM	Lean Body Mass (fettfreie Körpermasse)
LDL	Low Density Lipoprotein
LDPD	Liberal Demokratische Partei Deutschlands
lfd. Nr.	laufende Nummer
LG	Landgericht
LH	luteinisierendes Hormon
li.	links
LK	Länderkampf
LS II	Leistungssportbereich II (Unterabteilung des SMD)
LSK	Leistungssportkommission
Ltr.	Leiter
m	Meter
m.w.N.	mit weiteren Nachweisen
M/DDR	Mark der DDR
MA	Mitarbeiter
männl.	männlich
mcg/l	Mikrogramm pro Liter
MD	Medizinischer Dienst
MdI	Ministerium des Innern der DDR
MDR	Monatsschrift für Deutsches Recht
MedR	Medizinrecht

MfS, MFS	Ministerium für Staatssicherheit
mg	Milligramm
mg	Milligramm
mg/d	Milligramm pro Tag
mgr.	Milligramm
ml, mL	Milliliter
MRG	Militärregierungsgesetz
MRK	(Europäische) Menschenrechtskonvention
MschKrim	Monatsschrift für Kriminologie und Strafrechtsreform
Mstr.	Meister (des Strafvollzugs)
MTA	Medizinisch-Technische Assistentin
n.n.	noch niemand
ng	Nanogramm
NJ	Neue Justiz
NJW	Neue Juristische Wochenschrift
NN	noch niemand
NOK	Nationales Olympisches Komitee
Nr.	Nummer
nrk	nicht rechtskräftig
Nrn.	Nummern
NStE	Neue Entscheidungssammlung für Strafrecht
NStZ	Neue Zeitschrift für Strafrecht
NStZ-RR	NStZ-Rechtsprechungs-Report Strafrecht
NSW	nichtsozialistisches Wirtschaftsgebiet
NVA	Nationale Volksarmee
o.	oben/oder
o.g.	oben genannt(e), (er), (es)
O.T.	Oral-Turinabol
Oblt.	Oberleutnant
OG	Oberstes Gericht (der DDR)
OLG	Oberlandesgericht
Oltn.	Oberleutnant
OS	Olympische Spiele
OSL	Oberstleutnant
OSS	Olympische Sommer-Spiele
OT	Oral-Turinabol
pg/ml	Pikogramm pro Milliliter
PHK	Polizeihauptkommissar/in
PKW	Personenkraftwagen
pol.	politisch(e), (er), (es)
Prof.	Professor
R	Rücken (Schwimm-Disziplin)
Rdn.	Randnummer
RIA	Radioimmunoassy (Radioimmunologischer Nachweis)
rk	rechtskräftig
Rn.	Randnummer
RNr.	Randnummer
Rö-NNH	Röntgenaufnahme der Nasennebenhöhlen
RTP	Rahmentrainingsplan

Rz.	Randziffer
S	Schmetterling (Schwimm-Disziplin)
S.	Seite, Satz
s.o.	siehe oben
S/S	Schönke/Schröder (Kommentar zur Strafgesetzbuch)
SC	Sportclub
SED	Sozialistische Einheitspartei Deutschlands
SG	Strafgefangene(r) oder Sportgemeinschaft
SGOT	Serum-Glutamat-Oxalacetat-Transaminase
SGPT	Serum-Glutamat-Pyruvat-Transaminase
SHB	Sportärztliche Hauptberatungsstelle(n)
SKS	Staatssekretariat für Körperkultur und Sport
SMD	Sportmedizinischer Dienst
sog.	sogenannt(e), (er), (es)
soz.	sozialistische(r), (s)
Spfrd.	Sportfreund
sportmed.	sportmedizinisch
SPT	Staatsplanthema
SpuRt	Zeitschrift für Sport und Recht
StA	Staatsanwaltschaft
stellv.	stellvertretende(r)
StGB	Strafgesetzbuch
StPO	Strafprozessordnung
STS	Steroidsubstanz
StV	Strafverteidiger
StVE	Strafvollzugseinrichtung
StVG, StVollzG	Strafvollzugsgesetz (der DDR)
SU	Sowjetunion
SV	Sportvereinigung oder Strafvollzug
SVE	Strafvollzugseinrichtung(en)
SVO	Strafvollstreckungsordnung
SVWG	Strafvollzugs- und Wiedereingliederungsgesetz (der DDR)
T/E	Quotient des Testosteronspiegels (Verhältnis Testosteron/Epitestosteron)
Tabl.	Tablette(n)
T-D	Depot-Turinabol
T-Konzentration	Testosteron-Konzentration
TGr.	Trainingsgruppe
TSC	Turn- und Sportclub
u.	und/unten
u.a.	und anderen, unter anderem
u.M., U.M.	unterstützende Mittel
u.U.	unter Umständen
UA	Urteilsausfertigung
UdSSR	Union der Sozialistischen Sowjetrepubliken
UHA	Untersuchungshaftanstalt
UM	unterstützende Mittel
UMV	unmittelbare Wettkampfvorbereitung
Urt.	Urteil
US	United States

USA	United States of America
usw.	und so weiter
v.	von, vom
VD	Vertrauliche Dienstsache
VEB	Volkseigener Betrieb
vgl.	vergleiche
VK	Verkaufspreis
Vorbem.	Vorbemerkung
VP	Volkspolizei
VP	Volkspolizei
VS	Verschlusssache
weibl.	weiblich
wistra	Zeitschrift für Wirtschafts- und Steuerrecht
WM	Weltmeisterschaft
z.	zum, zur
z.B.	zum Beispiel
ZfW	Zentrum für Wissenschaftsinformation Körperkultur und Sport
ZI	Zentralinstitut
ZIM	Zentralinstitut für Molekularbiologie (Forschungsinstitut der Akademie der Wissenschaften der DDR)
ZK	Zentralkomitee
ZtStrVo	Zeitschrift für Strafvollzug und Straffälligenhilfe
Zulei	(Abteilung) Zusätzliche Leistungsbeeinflussung am Forschungsinstitut für Körperkultur und Sport

Einführung in die Dokumentation „Strafjustiz und DDR-Unrecht“

Beabsichtigt ist eine umfassende Dokumentation der strafrechtlichen Verfolgung systembedingten DDR-Unrechts. Zeitlich setzt die Dokumentation im Jahre 1989 ein, denn erste Verfahren wurden schon unmittelbar nach der politischen Wende noch in der DDR betrieben. Den weitaus größeren Teil der dokumentierten Verfahren führte allerdings die Strafjustiz der Bundesrepublik Deutschland nach der Wiedervereinigung durch.

Die Dokumentation bietet vor allem zwei übergreifende Perspektiven. Sie zeigt erstens die Strafverfolgungsaktivitäten der Justiz auf, und sie gibt zweitens zeitgeschichtlich bedeutsame Feststellungen wieder. Damit ermöglicht die Dokumentation nicht nur eine fundierte kritische Auseinandersetzung mit der strafrechtlichen Aufarbeitung des DDR-Unrechts selbst; vielmehr wird auch die DDR-Vergangenheit mittelbar zum Gegenstand der Dokumentation. So richtet sich das Angebot des Gesamtvorhabens sowohl an die allgemeine Öffentlichkeit wie auch an die Fachöffentlichkeit verschiedener wissenschaftlicher Disziplinen: Rechtswissenschaft, Geschichtswissenschaft, Politikwissenschaft, Sozialwissenschaften.

I. Begründung des Vorhabens

Mit der Strafverfolgung von DDR-Unrecht unternahm die deutsche Justiz einen weiteren Versuch, Systemkriminalität aufzuarbeiten. Zuvor waren – im Osten und im Westen Deutschlands – Strafverfahren gegen NS-Täter durchgeführt worden. Ihnen waren die Strafverfolgungsmaßnahmen der Alliierten vorangegangen, die mit den Nürnberger Prozessen ihren Anfang genommen hatten. Die Linie der Verfolgung staatlich initiierter Kriminalität führt bis hin zu den Tribunalen, die derartige im ehemaligen Jugoslawien und in Ruanda begangenen Verbrechen ahnden. Die Verfolgung von DDR-Unrecht ist – ungeachtet aller Besonderheiten dieser Verfahren – Bestandteil einer Entwicklung, die darauf zielt, die faktische Straflosigkeit der Kriminalität der Mächtigen zu beenden. Diese Ausdehnung der Herrschaft des Rechts verdient es, eine Wende genannt zu werden. Sie leitet einen neuen Abschnitt in der Entwicklung des Rechts ein. Gesellschaftlich, politisch und juristisch sollte diesem Vorgang daher höchste Aufmerksamkeit gewidmet werden. Dazu bedarf es einer uneingeschränkten und ungefilterten Wahrnehmung. Eine solche Wahrnehmung soll diese Dokumentation für den Bereich der Strafverfolgung von DDR-Unrecht ermöglichen.

Auch zeithistorische Gründe rechtfertigen das Vorhaben. Zum einen bieten die Justizdokumente eine wertvolle historische Materialgrundlage, denn sie enthalten zeitgeschichtlich bedeutsame Feststellungen, die durch die hohen Beweisanforderungen des Strafverfahrens abgesichert sind. Zum anderen bildet die Dokumentation einen justiziellen Vorgang ab, der sich nach Art und Umfang deutlich von den sonstigen Justizaktivitäten abhebt. Bei der politischen und historischen Bewertung dieses Vorgangs wird nicht allein danach gefragt werden, ob die Justiz ihre selbst gesteckten Ziele erreicht hat. Vielmehr werden Nutzen und Nachteil der Verfahren für den Prozess der deutschen

Vereinigung ein wichtiges Thema sein, für dessen Behandlung die Dokumentation das wesentliche Material bereitstellt.

Die Bewertungen der Strafverfahren wegen DDR-Unrechts gehen weit auseinander. Nicht wenige sind der Ansicht, dass die Justiz einen Irrweg beschritten habe. Sie vermissen eine ausreichende Rechtsgrundlage, erheben wegen der Unvergleichbarkeit von DDR-Unrecht und NS-Verbrechen den Vorwurf der Unverhältnismäßigkeit und kritisieren die Verfahren als verkappte politische Abrechnung und letztlich als „Siegerjustiz“. Andere dagegen lasten der Justiz an, nur halbherzig gegen Systemtäter vorgegangen zu sein und dadurch den Systemopfern Genugtuung verweigert zu haben. Die Justiz habe die Hauptverantwortlichen verschont und viel zu milde Strafen verhängt. Dieser Meinungsstreit beruht zu einem erheblichen Teil auf einer jeweils nur selektiven Wahrnehmung des Gesamtvorgangs. Darin wirkt sich nicht allein der Unterschied der politischen Standpunkte aus. Grenzen sind auch denjenigen gesetzt, die sich unvoreingenommen eine Meinung bilden wollen. Denn die dafür nötige Materialbasis steht nicht zur Verfügung. Die Medien und die juristische Fachpresse bieten nur Ausschnitte. Die Medien konzentrieren sich auf spektakuläre Einzelfälle. In der juristischen Fachöffentlichkeit sind fast nur Entscheidungen aus dem Bereich höchstrichterlicher Rechtsprechung präsent. Ihre Auswahl erfolgt nach rein rechtlichen Gesichtspunkten. Als Endprodukte verraten sie nichts über den Verlauf der Strafverfolgung und über den Rechtsfindungsgang. Weitgehend ausgeblendet bleibt auch der zeithistorisch besonders bedeutsame Vorgang der Sachverhaltsfeststellung, für den die unteren Instanzen zuständig sind. Nicht einmal ansatzweise kommt der Gesamtvorgang in den Blick. Die Selektivität der Wahrnehmung gilt es zu beseitigen, damit eine sachliche Diskussion über Stärken und Schwächen der Strafverfolgung von DDR-Unrecht geführt werden kann. Ein geeignetes Mittel dafür ist eine auf Vollständigkeit angelegte Dokumentation.

II. Rechtsgrundlagen der Strafverfolgung von DDR-Unrecht

Auch nach der deutschen Wiedervereinigung sollte DDR-Unrecht verfolgt werden können. Das geht zweifelsfrei aus Regelungen im Einigungsvertrag und in Folgegesetzen hervor, die das anzuwendende Recht und Verjährungsfragen betreffen.

Nach Artikel 8 des Einigungsvertrages wurde mit dem Beitritt der DDR das Strafrecht der Bundesrepublik gesamtdeutsch verbindlich. Auf vorher in der DDR begangene Straftaten, sog. „DDR-Alttaten“, ist nach Artikel 315 Absatz 1 des Einführungsgesetzes zum Strafgesetzbuch § 2 des Strafgesetzbuches anzuwenden. Daraus ergibt sich: Zunächst muss die Tat nach beiden Rechtsordnungen, also nach DDR-Recht wie nach bundesdeutschem Recht strafbar sein (Zwei-Schlüssel-Ansatz). Trifft dies zu, so ist das mildere Recht anzuwenden. Für die Ahndung von DDR-Unrecht ist damit das Meistbegünstigungsprinzip maßgeblich. Es veranlasst eine Prüfung in mehreren Schritten.

Dem ersten Prüfungsschritt liegt das Strafrecht der DDR zugrunde. Ausgeschieden werden die Fälle, die bereits nach diesem Strafrecht straflos sind. Der zweite Prüfungsschritt gilt der Frage, ob in den verbleibenden Fällen eine Strafbarkeit auch nach dem Strafrecht der Bundesrepublik gegeben ist. Ein positives Ergebnis hat zur Folge, dass nun nach der Unrechtskontinuität zwischen den anwendbaren Vorschriften des DDR-Strafrechts und des Strafrechts der Bundesrepublik gefragt wird. Eine bloß formale

Übereinstimmung der Vorschriften genügt nämlich nicht. Es muss sichergestellt sein, dass das alte und das neue Recht im Wesentlichen denselben Unrechtstyp erfassen. Andernfalls würde das strafrechtliche Rückwirkungsverbot verletzt. Wird die Unrechtskontinuität bejaht, so folgt als letzter Prüfungsschritt der Vergleich der Strafvorschriften mit dem Ziel, die mildere Strafdrohung zu bestimmen.

Verjährungsfragen regelt Artikel 315a des Einführungsgesetzes zum Strafgesetzbuch. Die Vorschrift sieht vor, dass eine bis zum Beitritt noch nicht eingetretene Verjährung mit dem Tag des Beitritts als unterbrochen gilt. Die Unterbrechung hat zur Folge, dass die Frist in voller Länge erneut zu laufen beginnt. Die Regelung zielt auf eine Kompensation des Zeitaufwandes, der für den Neuaufbau der Justiz auf dem Gebiet der früheren DDR zu veranschlagen war. Nachdem sich abzeichnete, dass der justizielle Neuaufbau mehr Zeit in Anspruch nahm, als ursprünglich vorgesehen, wurden 1993 und 1997 Gesetze erlassen, die die Verjährungsfristen verlängerten. Zudem stellte ein weiteres 1993 erlassenes Verjährungsgesetz klar, dass systembedingte Straftaten verfolgbar blieben, auch wenn die Verjährungsfrist noch vor dem Beitritt abgelaufen war. Da eine Verfolgung von Taten dieser Art in der DDR unterblieb, wurde – in Übereinstimmung mit der Rechtsprechung zu systembedingten Straftaten in der NS-Zeit – ein Ruhen der Verjährung angenommen.

Im Wesentlichen blieb es bei diesen Vorgaben. Verfassungs- und Gesetzgeber verzichteten auf eine weitergehende Gestaltung der Strafverfolgung von DDR-Unrecht. Die Aufgabe einer Präzisierung der rechtlichen Grundlagen musste zur Hauptsache von der justiziellen Praxis bewältigt werden. Auch dieser Umstand rechtfertigt eine Dokumentation des justiziellen Vorgehens.

III. Konzeption und Ziele der Dokumentation

Dokumentiert werden soll die strafrechtliche Aufarbeitung des systembedingten DDR-Unrechts. Was unter „systembedingt" zu verstehen ist, hat die Justiz selbst durch die Organisationsform der Schwerpunktstaatsanwaltschaft und die Bildung von Fallgruppen in der Entscheidungspraxis näher bestimmt. Als systembedingt sind danach Taten anzusehen, die durch das System, das den Staat DDR trug, initiiert, gefördert oder geduldet wurden. Dazu sind folgende Fallgruppen zu zählen: Wahlfälschung, Gewalttaten an der deutsch-deutschen Grenze, Rechtsbeugung, Amtsmissbrauch und Korruption, Straftaten unter Beteiligung des Ministeriums für Staatssicherheit, Denunziation, Misshandlung von Gefangenen, sonstige Wirtschaftsstraftaten, Doping sowie Spionage. Darüber hinaus wurden von den Schwerpunktstaatsanwaltschaften teilweise auch Taten verfolgt, die erst nach dem Ende der DDR begangen wurden. Dazu gehören etwa Fälle vereinigungsbedingter Wirtschaftskriminalität und Aussagedelikte, die im Zusammenhang mit Strafverfahren wegen DDR-Unrechts verübt wurden. Diese Bereiche bleiben hier jedoch unberücksichtigt, weil schon aus zeitlichen Gründen allenfalls ein mittelbarer Zusammenhang mit dem System der DDR besteht.

Die Dokumentation soll gewährleisten, dass die Strafverfolgung in ihrem zeitlichen Ablauf vollständig abgebildet wird. Einbezogen werden daher auch die Verfahren, die nach der politischen Wende noch in der DDR begonnen und teilweise dort sogar abgeschlossen wurden. Im Zentrum stehen allerdings die Strafverfahren, die die Justiz der

Bundesrepublik Deutschland nach dem Beitritt der DDR am 3. Oktober 1990 durchgeführt hat.

In die Dokumentation werden nur Verfahren aufgenommen, in denen Anklage erhoben wurde. Denn erst mit der Anklageerhebung verlässt das Strafverfahren das Stadium unabgeschlossener Ermittlungen und ungesicherter Annahmen über Tat und Täter.

Zur Hauptsache werden gerichtliche Sachurteile dokumentiert. Die in ihnen getroffenen oder überprüften Sachverhaltsfeststellungen sind durch erhöhte Anforderungen an die Beweiserhebung und -würdigung abgesichert. Auch bestimmen maßgeblich Entscheidungen dieser Art über die Reichweite staatlicher Strafverfolgung, weil sie verbindlich zwischen strafbarem und straflosem Verhalten abgrenzen. Daneben werden Prozessurteile und gerichtliche Beschlüsse wiedergegeben, sofern sie Verlauf und Ergebnis des Verfahrens wesentlich mitgestaltet haben. Auf Anklagen und Einstellungsentscheidungen wird ausnahmsweise dann zurückgegriffen, wenn eine Identifizierung des Verfahrensgegenstandes anders nicht möglich ist.

Die Fallgruppen bestimmen den Aufbau der Dokumentation. Nach ihnen richtet sich auch die Aufteilung in Einzelbände. Damit wird den erheblichen Unterschieden zwischen den Fallgruppen Rechnung getragen. Sie betreffen nicht allein die tatsächliche und rechtliche Seite des jeweiligen Unrechtskomplexes, sondern auch die Verfolgungspraxis. Die Präsentation nach Fallgruppen lässt die jeweiligen Besonderheiten in der Entwicklung der justiziellen Verarbeitung deutlich hervortreten und bringt über den einzelnen Fall hinausgehende zeithistorische Zusammenhänge zur Geltung.

IV. Materialgewinnung

Das Dokumentationsvorhaben war nicht leicht zu realisieren. Denn die Strafverfolgung von DDR-Unrecht wurde dezentral betrieben. Auf die Einrichtung einer zentralen Stelle der Landesjustizverwaltungen, vergleichbar derjenigen in Ludwigsburg zur Aufklärung nationalsozialistischer Verbrechen, wurde verzichtet. Die Materialien mussten also über die im jeweiligen Fall zuständigen Staatsanwaltschaften gewonnen werden. Diese Bemühungen konnten sich auf die neuen Bundesländer und Berlin konzentrieren, weil die Verfahren nach den strafprozessrechtlichen Zuständigkeitsregeln fast ausnahmslos dort durchzuführen waren. Etwas erleichtert wurde das Vorhaben durch organisatorische Maßnahmen im Bereich der Staatsanwaltschaften in den Jahren 1992 und 1993. Die neuen Bundesländer übertrugen die Zuständigkeit auf Schwerpunktstaatsanwaltschaften oder Schwerpunktabteilungen bei Staatsanwaltschaften. Berlin richtete eine allein mit den Verfahren wegen DDR-Unrechts befasste Staatsanwaltschaft II ein. Mit diesen Staatsanwaltschaften sowie mit der für die Spionageverfahren zuständigen Bundesanwaltschaft mussten unter Einbeziehung der jeweiligen Justizministerien Absprachen darüber getroffen werden, wie die einschlägigen Verfahren erfasst werden konnten und in welchen Formen eine Überlassung und Verwertung von Verfahrensmaterialien möglich war. Zu beteiligen waren auch die für den Datenschutz zuständigen Behörden, weil Strafverfahrenakten datenschutzrechtlich besonders sensibles Material enthalten.

Es bedurfte somit umfangreicher Kooperationsvereinbarungen. Auch musste für die Erfassung, die Übergabe, die Anonymisierung, die Verarbeitung mit EDV-Mitteln und die Aufbewahrung der Materialien ein hoher personeller und organisatorischer Aufwand geleistet werden. Derartige Aufgaben überfordern Einzelpersonen und auch universitäre Einrichtungen. Nötig war die Etablierung eines Forschungsprojekts auf Drittmittelbasis. Die Förderungszusage der VolkswagenStiftung ermöglichte die Einrichtung des Forschungsprojekts „Strafjustiz und DDR-Vergangenheit" an der Juristischen Fakultät der Humboldt-Universität zu Berlin. Das Projekt entwickelte Formen der Kooperation mit den beteiligten Behörden, die eine vollständige Erfassung und sachgerechte Verarbeitung gewährleisteten.

Die Staatsanwaltschaften machten dem Projekt die relevanten Verfahrensmaterialien in kopierter Form zugänglich. Die Anonymisierung der Daten solcher Personen, die nicht zu den Personen der Zeitgeschichte gehören, erfolgte zunächst noch vor Übernahme der Materialien in den Arbeitsbereich des Projekts, nach Änderung der datenschutzrechtlichen Auflagen vor Veröffentlichung der Texte. Im Projekt wurden die Verfahren und die Materialien mit kennzeichnenden Daten sowie die Texte der Materialien unter Einsatz von EDV-Techniken verarbeitet. In regelmäßig Abständen wurde der Bestand an Verfahren und Verfahrensmaterialien mit den Staatsanwaltschaften abgeglichen. Dadurch ist sichergestellt, dass das Projekt zumindest für den Zeitraum seit der Begründung spezieller staatsanwaltschaftlicher Zuständigkeiten in den Jahren 1992 und 1993 über eine vollständige Materialsammlung verfügt. Dagegen können Lücken für den Zeitraum davor nicht völlig ausgeschlossen werden. Betroffen sind Verfahren, die vor der Wiedervereinigung noch von DDR-Staatsanwaltschaften und in den ersten Jahren nach der Wiedervereinigung von örtlich zuständigen Staatsanwaltschaften der Bundesrepublik Deutschland eingeleitet wurden. Sie sind nirgends systematisch erfasst. Die Quote fehlender Verfahren dürfte jedoch gering sein. Das Projekt ist allen Hinweisen auf derartige Verfahren nachgegangen, die sich aus den erfassten Verfahren und aus der Presseberichterstattung ergaben.

V. Materialauswahl

Der Intention einer vollständigen Dokumentation würde der Volltextabdruck sämtlicher Dokumente aus allen Verfahren am besten entsprechen. Der Umfang einer solchen Publikation würde jedoch jedes vertretbare Maß übersteigen. Zudem hätten zahlreiche Dokumente einen weitgehend identischen Inhalt. Es war daher eine Materialauswahl vorzunehmen. Sie orientierte sich an den folgenden generellen Leitlinien.

Es war sicherzustellen, dass die wesentlichen Strafverfolgungsaktivitäten vollständig abgebildet wurden. Auch mussten die dokumentierten Verfahren in ihrem Ablauf nachvollziehbar bleiben. Zur Hauptsache sollten, wie oben dargelegt, tat- und revisionsrichterliche Entscheidungen mit wichtigen rechtlichen Aussagen und zeitgeschichtlich bedeutsamen Sachverhaltsfeststellungen zur Geltung kommen. Nur ausnahmsweise sollte auf sonstige richterliche und staatsanwaltschaftliche Entscheidungen oder sonstige Materialien zurückgegriffen werden. Welche Konsequenzen diese Leitlinien für die einzelnen Fallgruppen hatten, wird in der Einleitung der einzelnen Bände dargelegt. Dort werden auch zusätzliche spezielle Auswahlkriterien erläutert, die sich aus den Besonderheiten der einzelnen Fallgruppen ergaben.

VI. Systematik der Dokumentation

Die Dokumentation ist nach Fallgruppen in Einzelbände aufgeteilt. Besonders umfangreiche Fallgruppen erstrecken sich auf zwei Bände. Die Dokumentation der Fallgruppen ist so angelegt, dass eine separate Nutzung der Bände möglich ist. Die Abfolge des Erscheinens richtet sich nach dem Stand der Verfolgungsaktivitäten. Vorrangig werden Fallgruppen dokumentiert, in denen die Strafverfolgung vollständig oder nahezu abgeschlossen ist.

Im Zentrum jedes Einzelbandes steht der Dokumententeil. Die darin enthalten Verfahren sind mit laufenden Nummern und einem Kurztitel versehen, der den Verfahrensgegenstand benennt. Vorangestellt ist ein Verzeichnis der aus diesem Verfahren zum Abdruck kommenden Materialien. Die Abfolge der dokumentierten Verfahren richtet sich nach den Besonderheiten der Fallgruppe. Sie wird in der Einleitung des Einzelbandes dargelegt und begründet.

Die zu einem Verfahren gehörenden Dokumente werden chronologisch nach dem Zeitpunkt der Entscheidung angeordnet. An erster Stelle ist in der Regel das erstinstanzliche Urteil abgedruckt. Es folgen, soweit vorhanden, Entscheidungen weiterer Instanzen. Die jeweils zuletzt wiedergegebene Entscheidung hat, sofern nichts anderes angemerkt ist, Rechtskraft erlangt. Den einzelnen Dokumenten ist ein Inhaltsverzeichnis vorangestellt.

Dem Dokumententeil geht ein einleitender Beitrag voraus. Er enthält für die jeweilige Fallgruppe einen Überblick über Gegenstand, Umfang und Entwicklung der Strafverfolgungsmaßahmen. Ferner werden darin die Materialauswahl und die Reihenfolge der Wiedergabe erläutert. Ein dem Dokumententeil nachfolgender umfangreicher Anhang bietet weiterführende Informationen sowie mehrere Register (näher dazu unten VIII).

VII. Bearbeitung der Materialien

Größtmögliche Authentizität ist durch Wiedergabe von Dokumenten im Faksimile-Abdruck erreichbar. Davon wurde jedoch abgesehen, weil die Bände viel zu umfangreich geworden wären. Auch wäre es wegen der erheblichen formalen Unterschiede der einzelnen Dokumente nicht möglich gewesen, eine übersichtliche und gut lesbare Dokumentation vorzulegen.

Günstige Rezeptionsbedingungen lassen sich unter weitgehender Wahrung der Authentizität durch einen Abdruck von Texten im Wortlaut erreichen. Dieser Weg wurde hier gewählt. Die editorische Grundlinie lautet daher: Texteingriffe werden nur vorgenommen, wenn sie aus datenschutzrechtlichen Gründen unvermeidlich und zur Gewährleistung von Übersichtlichkeit und Lesbarkeit geboten sind. Selbstverständlich werden Eingriffe durch Kürzungen oder Zusätze als solche kenntlich gemacht. Annotierungen haben, wie es dem Charakter einer Quellenedition entspricht, lediglich die Funktion, Verständnishilfe zu bieten. Auf Bewertungen jeder Art wird verzichtet.

Im Einzelnen wurden an den Materialien, die fast ausnahmslos als Kopien der Originaldokumente vorlagen, folgende Bearbeitungsschritte vorgenommen (vgl. auch das Beispiel auf S. XXV). Zunächst erfolgte eine Überprüfung der Materialien unter dem Gesichtspunkt des Persönlichkeitsschutzes. Stets wurden Tag und Monat des Geburtsdatums sowie Angaben zum Geburts- und Wohnort entfernt. Ferner wurden Nachnamen bis auf den Anfangsbuchstaben unkenntlich gemacht, sofern die Betroffenen nicht zum Kreis der Personen der Zeitgeschichte gehören. Wiesen Personen identische Anfangsbuchstaben auf und war eine Verwechslung nicht auszuschließen, so blieb auch der zweite Buchstabe des Namens erhalten. Im Falle einer auch dann noch bestehenden Übereinstimmung wurden völlig andere Buchstaben vergeben. Nach der Anonymisierung personenbezogener Angaben wurden die Kopien mit Hilfe eines Scanners eingelesen. Es schloss sich eine Bearbeitung der Dateien mittels eines Textverarbeitungsprogramms an. In mehreren Korrekturdurchläufen wurde die Übereinstimmung mit der kopierten Vorlage überprüft. Eine inhaltliche Überprüfung – z.B. der in den Texten verwendeten Zitate – wurde nicht vorgenommen.

Die äußere Gestaltung der Texte wurde unter Wahrung größtmöglicher Nähe zum Original vereinheitlicht. Zur Erleichterung der Identifizierung und Zuordnung des Dokuments wurde ein Text mit folgenden Angaben vorangestellt: Aussteller sowie Datum, Aktenzeichen und Art des Dokuments. Zitate im Text erhielten eine einheitliche Form. Hervorhebungen blieben erhalten, soweit sie nicht Namen von Verfahrensbeteiligten betrafen. Das gilt auch für Hervorhebungen in Zitaten. Bei ihnen muss offen bleiben, ob sie Bestandteil des Zitats sind oder hinzugefügt wurden. Aufgenommen wurde die Seitenzählung des Originals. Sie ist mit geschweiften Klammern „{ }“ eingefügt. Genannt wird die Zahl der Seite, die im Original der angegebenen Stelle folgt.

Rechtschreibung und Zeichensetzung wurden in der vorgefundenen Form belassen. Eingegriffen wurde lediglich in Fällen offensichtlicher Schreib- und Zeichensetzungsfehler. Sie wurden – ohne Kennzeichnung – korrigiert. Fehler sonstiger Art wurden durch Anmerkungen ausgewiesen. Fehlten Wörter oder Satzteile, so wurde der fehlende Text in eckigen Klammern eingefügt, falls er aus dem Kontext zweifelsfrei zu erschließen war. Selten aufgetretene unleserliche Passagen wurden durch den Hinweis „⊗ unleserlich ⊗“ kenntlich gemacht.

Über die Anonymisierung personenbezogener Angaben hinaus wurden Textkürzungen nur in Ausnahmefällen vorgenommen. Im Wesentlichen dienten sie dazu, unnötige Wiederholungen zu vermeiden oder Textteile entfallen zu lassen, die wegen der Anonymisierung bedeutungslos geworden waren. Aus Gründen des Persönlichkeitsschutzes wurden gelegentlich auch Textpassagen mit datenschutzrechtlich besonders sensiblen Informationen gestrichen, wie etwa gutachtliche Aussagen über den Gesundheitszustand von Angeklagten. Die Stelle des weggelassenen Textes nimmt eine kurze Beschreibung des Inhalts ein. Ihr ist das Zeichen „⊗“ voran- und nachgestellt, das die Kürzung kenntlich macht. Es unterscheidet sich deutlich von Auslassungen im Original („...“). Generell weggelassen wurden Verweise auf Beiakten und Beweismittelordner, ebenso wie Ausführungen zu den Verfahrenskosten.

Gelegentlich wurde, um den Text besser erfassbar zu machen, eine Überschrift hinzugefügt, die sich auf Grund der Untergliederung des Textes aufdrängte. Eckige Klammern markieren den Beginn und das Ende des Zusatzes.

Die Anmerkungen, die dem jeweiligen Dokument nachfolgen, sind knapp gehalten. Sie erklären Fachbegriffe und weisen auf historische Zusammenhänge hin, die nicht als bekannt vorausgesetzt werden können. Nähere Erläuterungen zu historischen und politischen Hintergründen enthalten die Einleitungen zu den Einzelbänden. Die Anmerkungen verweisen ferner auf verfahrenspraktische Zusammenhänge, z.B. auf andere Strafverfahren gegen den Angeklagten oder auf Strafverfahren gegen im Dokument erwähnte Personen. Vollständigkeit ist insoweit jedoch nicht gewährleistet. Die Anonymisierung, die nach den zunächst geltenden datenschutzrechtlichen Auflagen vor der Verarbeitung vorzunehmen war, erschwerte die Zuordnung. Abkürzungen werden nicht in Anmerkungen, sondern in einem gesonderten Verzeichnis erläutert.

VIII. Hilfsmittel

Die Erschließung der Dokumente wird durch verschiedene Hilfsmittel erleichtert. Das Abkürzungsverzeichnis steht vor dem Dokumententeil. Im Anhang sind zunächst Gesetze und andere Rechtsvorschriften abgedruckt, die für die jeweilige Fallgruppe von Bedeutung sind. Gelegentlich werden weitere Materialien hinzugefügt, die für das Verständnis historischer Zusammenhänge wichtig sind, z.B. Organigramme von DDR-Institutionen. Anschließend ist in einer Auswahlbibliographie die einschlägige juristische und zeitgeschichtliche Literatur zusammengestellt. Es folgt eine Übersicht über alle Verfahren der jeweiligen Deliktsgruppe, die bis zur Fertigstellung des Manuskripts bekannt waren. Dieser Übersicht lassen sich die Aktenzeichen, die Urteile sowie die Verfahrensergebnisse für die einzelnen Angeklagten entnehmen. Den Abschluss bilden verschiedene Register. Das Gesetzesregister ermöglicht die gezielte Suche nach gesetzlichen Vorschriften, die in der Dokumentation erwähnt sind. Das Personenregister führt zu den Textstellen, an denen bestimmte Personen genannt werden. Allerdings sind wegen der Anonymisierung im Übrigen nur Personen der Zeitgeschichte recherchierbar. Das Ortsregister enthält Verweise auf geographische Begriffe. Das Sachregister erschließt die Dokumentation nach Schlagworten und enthält auch Namen von Institutionen. Die Register werden mit Beendigung der Dokumentation zu einem Gesamtregister zusammengefasst werden.

IX. Ergänzung der Dokumentation

Eine Dokumentation dieser Art ist mit dem Risiko verbunden, dass Nachträge notwendig werden. Zwar ist die Strafverfolgung von DDR-Unrecht insgesamt weitgehend abgeschlossen. Auch kann durch die Abfolge der Bände ein größtmögliches Maß an Vollständigkeit gewährleistet werden, indem diejenigen Fallgruppen den Vorrang erhalten, in denen die Verfolgung am weitesten vorangeschritten ist. Gleichwohl können Lücken dadurch entstehen, dass Verfahren zum Erscheinungszeitpunkt noch nicht beendet sind. Diese Möglichkeit lässt sich allein schon wegen der Dauer der Rechtsmittelverfahren und der verfassungsgerichtlichen Verfahren nicht ausschließen. Auch können noch so intensive Recherchen nicht vollständig davor bewahren, dass in bereits abgeschlossenen Verfahren relevante Materialien erst nach dem Erscheinen der Buchpublikation bekannt werden. Um derartige Lücken schließen zu können, wird die Buchpublikation durch eine Volltextedition aller Verfahren in digitalisierter Form ergänzt werden.

Beispiel einer Dokumentseite

Bezirk Erfurt ① ② Lfd. Nr. 12

① Kurztitel, charakterisiert den Verfahrensgegenstand

Landgericht Erfurt ③ 3. November 1994
Az.: Js 6/94 – 2 KLs

② Laufende Nummer

③ Aussteller, Datum und Aktenzeichen

URTEIL ④

④ Art des Dokuments

Im Namen des Volkes

In der Strafsache gegen

den Rentner
Gerhard Müller, ⑤
geboren 1928,
Deutscher, verheiratet,

⑤ Angaben zu den Angeklagten (ohne Geburts- und Wohnort)

wegen Anstiftung zur Wahlfälschung

hat die 2. Große Strafkammer des Landgerichts Erfurt aufgrund der Hauptverhandlung vom 11.10.1994, 12.10.1994, 18.10.1994, 19.10.1994, 25.10.1994, 26.10.1994 und 03.11.1994, an der teilgenommen haben:

⊗ Es folgt die Nennung der Verfahrensbeteiligten. ⊗ ⑥

⑥ Redaktionelle Zusammenfassung einer gekürzten Passage zwischen Auslassungszeichen

am 03.11.1994 für Recht erkannt:

Der Angeklagte wird wegen Anstiftung zur Wahlfälschung zu einer Freiheitsstrafe von

8 Monaten

verurteilt.
Die Vollstreckung der Freiheitsstrafe wird zur Bewährung ausgesetzt.
Der Angeklagte trägt die Kosten des Verfahrens.
Angewendete Strafvorschriften: §§ 107a Abs. 1, 26, 56 StGB; Art. 315 Abs. 1 EGStGB, § 211 Abs. 1 StGB/DDR {3} ⑦

⑦ Beginn der Originalseite in geschweiften Klammern

Gründe

(abgekürzt nach § 267 Abs. 4 StPO)

I. [Feststellungen zur Person] ⑧

⑧ Redaktionelle Textergänzung in eckigen Klammern

Der Angeklagte Müller wurde 1928 in C. als uneheliches Kind einer Arbeiterin geboren. Da seine Mutter allein für den Lebensunterhalt zu sorgen hatte, wurde er bereits kurz nach seiner Geburt in die Familie eines Schneiders zur Pflege gegeben. Dort wuchs er als letztes von zwölf Kindern auf.

Von 1934 bis 1942 besuchte er in Bad Brambach die Grund- und weiterführende Schule, anschließend absolvierte er bis Januar 1945 eine Lehrausbildung im Lehrerbildungsinstitut in Auerbach. Nach Kriegsende arbeitete der Angeklagte zunächst in Bad Brambach in der Landwirtschaft, um dann von Januar bis August 1946 einen Kurs für

147

Die bundesdeutschen Strafverfahren wegen Gefangenenmisshandlung, Dopings, Denunziationen, Wirtschaftsstraftaten und sonstigen DDR-Unrechts

Der vorliegende Band dokumentiert eine Auswahl der Strafverfahren, die nach der Vereinigung von der bundesdeutschen Strafjustiz wegen Gefangenenmisshandlung, Dopings, Denunziationen und Wirtschaftsstraftaten in der DDR geführt wurden. Da es sich sowohl unter zeitgeschichtlichen als auch unter rechtlichen Aspekten um sehr heterogene Erscheinungsformen von DDR-Unrecht handelt, werden die Deliktsgruppen im Folgenden gesondert betrachtet (I.-IV.). Jeweils werden Umfang und Ergebnisse der Strafverfolgung (1.), die zeitgeschichtlichen Feststellungen (2.) und die strafrechtliche Einordnung durch die Gerichte (3.) dargestellt. Soweit zum Verständnis erforderlich, informieren Vorbemerkungen über allgemeine Zusammenhänge. Es folgt eine kurze Schilderung derjenigen Verfahren, die sich keiner Deliktsgruppe zuordnen ließen (V.). Abschließend werden Auswahl und Präsentation der Dokumente erläutert (VI.).

I. Die Strafverfahren wegen Gefangenenmisshandlung

Die DDR hielt sich auf ihr Gefängniswesen einiges zugute. Es galt als Aushängeschild der modernen sozialistischen Gesellschaft. Indes belegen Vielzahl und Intensität der bis heute zutage getretenen strafrechtlichen Verfehlungen, dass die Misshandlung inhaftierter Personen in der DDR zur Normalität gehörte.

Mit dieser Diskrepanz verbindet sich das Grundproblem der Fallgruppe: Sind die Misshandlungen als systembedingte Kriminalität oder als systemwidrige Exzesstaten von allerdings erschreckender Häufigkeit einzuordnen? Ein Systemzusammenhang ist in unterschiedlicher Form und Stärke denkbar. Die Taten könnten als Mittel zur Durchsetzung politischer Interessen vom sozialistischen Herrschaftssystem initiiert, gefördert oder zumindest gebilligt worden sein. Sollte alles zu verneinen sein, so bleibt zu prüfen, ob seinerzeit eine strafrechtliche Verfolgung aus Gründen unterblieb, die einen Systemzusammenhang aufwiesen.

Bevor anhand der gerichtlichen Feststellungen auf diese Frage näher eingegangen wird, soll zunächst das DDR-Haftsystem kurz allgemein dargestellt werden.

Die Strafvollzugsanstalten unterstanden in der DDR grundsätzlich dem Ministerium des Innern.[1] Das Ministerium für Staatssicherheit (MfS) verfügte jedoch etwa ab Mitte der 1950er Jahre über 17 eigene Untersuchungshaftanstalten, in denen auch Strafgefangene einsaßen.[2] Außerdem verfügte die Nationale Volksarmee über eigene Gefängnisse.[3]

1 Bis 1952 fielen der Untersuchungshaftvollzug und teilweise auch der Strafvollzug noch in die Verantwortung der Justiz, wurden dann aber auf das Ministerium des Innern übertragen (vgl. die Verordnung zur Übertragung der Geschäfte des Strafvollzuges auf das Ministerium des Innern der DDR v. 16.11.1950, DDR-GBl. I, S. 1165).

2 Zu MfS und Strafvollzug vgl. *Beleites*, Abteilung XIV: Haftvollzug; *ders.*, Untersuchungshaftvollzug; *Wunschik,* DDR-Strafvollzug.

3 Vgl. hierzu *Kaschkat*, Militärjustiz.

Das Gesetz über den Vollzug der Strafen mit Freiheitsentzug und über die Wiedereingliederung Strafentlassener in das gesellschaftliche Leben vom 12. Januar 1968 – Strafvollzugs- und Wiedereingliederungsgesetz – SVWG –[4] regelte die Zuständigkeit für den Strafvollzug erstmals auf Gesetzesebene und verband die Regelungen des Strafvollzugs mit den bis dahin gesondert normierten Bestimmungen über die Reintegration Strafgefangener[5].

Unter den Begriff des Strafgefangenen fielen nach § 25 SVWG alle entsprechend einer rechtskräftigen gerichtlichen Entscheidung in Strafvollzugseinrichtungen Untergebrachten. Dazu zählten zu Freiheitsstrafe verurteilte Erwachsene in Strafvollzugsanstalten, Strafvollzugskommandos und Strafvollzugsabteilungen, zu Arbeitserziehung Verurteilte in Arbeitserziehungskommandos und Arbeitserziehungsabteilungen, zu Haftstrafe Verurteilte in Strafhaftabteilungen, zu Freiheitsstrafe verurteilte Jugendliche in Jugendstrafanstalten, zu Einweisung in ein Jugendhaus Verurteilte in so genannten Jugendhäusern[6] und zu Jugendhaft Verurteilte in Jugendhafteinrichtungen.[7] Das Strafvollzugs- und Wiedereingliederungsgesetz wurde am 5. Mai 1977 durch das Gesetz über den Vollzug der Strafen mit Freiheitsentzug vom 7. April 1977 – StVG –[8] ersetzt. Dessen § 18 sah vor, den Freiheitsentzug an Jugendlichen nunmehr ausschließlich in Jugendhäusern zu vollziehen. Straffällige und als schwer erziehbar eingestufte Jugendliche wurden jedoch teilweise auch zwangsweise in so genannte Jugendwerkhöfe eingewiesen. Das Jugendgerichtsgesetz der DDR vom 23. Mai 1952[9] ordnete in § 14 Absatz 1 die Heimerziehung von Jugendlichen im Alter von 14 bis 18 Jahren in so genannten Jugendwerkhöfen an, „wenn andere Erziehungsmaßnahmen nicht ausreichen, um die gesellschaftliche Entwicklung des Jugendlichen zu fördern und zu sichern." Gemäß § 2 Absatz 3 Satz 2 der Anordnung über die Spezialheime der Jugendhilfe vom 22. April 1965[10] wurden in

4 DDR-GBl. I, S. 109; vgl. Anhang S. 470ff.

5 Vgl. die Anordnung über die Eingliederung entlassener Strafgefangener in den Arbeitsprozeß v. 27.12.1955 (DDR-GBl. I, S. 57) sowie die Verordnung über die Wiedereingliederung aus der Strafhaft entlassener Personen in das gesellschaftliche Leben v. 11.7.1963 (DDR-GBl. II, S. 561).

6 Solche Jugendhäuser waren nach Verabschiedung des Jugendgerichtsgerichtsgesetzes v. 23.5.1952 (DDR-GBl. I, S. 411) eingerichtet worden, um einen von Erwachsenen getrennten Vollzug zu gewährleisten.

7 Über die Anzahl der Gefangenen in DDR-Strafvollzugseinrichtungen und -Untersuchungshaftanstalten sind keine eindeutigen Angaben vorhanden. Das *LG Bautzen* gibt in seinem Urteil v. 2.9.1994 – Az. 1 KLs 183 Js 5993/91, UA S. 28ff. = lfd. Nr. 1-1, S. 18f. die nach seiner Ansicht glaubwürdigen Ausführungen eines Sachverständigen wieder, wonach im Zeitraum von Frühjahr 1950 bis zur Wende im Herbst 1989 über 700.000 Personen in Haftanstalten aus dem Zuständigkeitsbereich des Ministerium des Innern inhaftiert gewesen sind. Hinzugekommen seien insgesamt weitere ca. 70.000 Menschen, die im selben Zeitraum als Strafgefangene im „versteckten Strafvollzug" in den MfS-Untersuchungshaftanstalten eingesessen hätten. *Wunschik*, DDR-Strafvollzug, S. 468, spricht davon, dass im Zeitraum von 1976 bis 1989 meist zwischen 30.000 und 40.000 Personen in DDR-Haftanstalten untergebracht gewesen seien. In den 1950er Jahren hätten zeitweilig über 60.000 Inhaftierte eingesessen (ebd., S. 487). *Beleites*, Untersuchungshaftvollzug, S. 433, nennt die Zahl von mehr als 30.000 Menschen in den Haftanstalten des MfS allein seit 1970.

8 DDR-GBl. I, S. 109; vgl. Anhang S. 491ff. Zwischenzeitlich war das SVWG durch Gesetz v. 19.12.1974 reformiert und in dieser Neufassung bekannt gemacht worden, DDR-GBl. I 1975 S. 109, vgl. Anhang S. 488f.

9 DDR-GBl. I, S. 411.

10 DDR-GBl. I, S. 368.

den Geschlossenen Jugendwerkhof Jugendliche aufgenommen, die in den Jugendwerkhöfen und Spezialkinderheimen die Heimordnung vorsätzlich schwerwiegend und wiederholt verletzt hatten. Die vorbeugende Bekämpfung der Jugendkriminalität sowie die „Umerziehung" von so genannten schwer erziehbaren und straffälligen Minderjährigen gehörte nach DDR-Verständnis zu den Aufgaben der Jugendhilfe,[11] die dem Ministerium für Volksbildung oblag. Bei der Einweisung in einen Jugendwerkhof oder der zwangsweisen Unterbringung von Kindern und Jugendlichen in anderen Einrichtungen, wie etwa Spezialkinderheimen, handelte es sich um Maßnahmen in einer rechtlichen Grauzone, die sich nur schwer von freiheitsentziehenden Maßnahme im Rahmen des regulären Jugendstrafvollzugs abgrenzen lassen.[12]

Die Strafvollzugseinrichtungen stellten einen Teil der „bewaffneten Organe" dar und waren militärähnlich hierarchisiert.[13] Den Haftanstalten stand jeweils der Leiter der Strafvollzugseinrichtung vor. Seine Stellvertretung übten die Leiter der nachgeordneten Bereiche „Operativ", „Vollzug", „Ökonomie-Verwaltungsdienst", „Parteiangelegenheiten" und „Zentrale Produktionseinheiten" aus. Zu jeder Strafvollzugseinrichtung gehörten darüber hinaus eine Abteilung der Kriminalpolizei und eine des MfS.[14] Die einzelnen Verwahrhäuser der Haftanstalten bildeten ein so genanntes Kommando, wobei die als Stationen bezeichneten Hausetagen jeweils von einem Stationsleiter geführt wurden.[15] Im Bereich „Operativ" waren Wachtmeister tätig, die eine reine Schließertätigkeit ausübten und während des Dienstes mit einem feststehenden, 70 cm langen Kunststoffschlagstock sowie mit einer 50 cm langen Teleskop-Schlagrute bewaffnet waren. Die Verantwortung für die ideologische und persönliche Betreuung der Gefangenen lag bei den so genannten Erziehern, die als Offiziere[16] die aus jeweils sechs bis acht Gemeinschaftszellen gebildeten „Erziehungsbereiche" leiteten. Gem. § 13 SVWG bzw. § 61 StVG sollte durch die Personalauswahl sichergestellt werden, dass Strafvollzugsangehörige für ihre Tätigkeit geeignet waren, über ein gutes politisches und Allgemeinwissen verfügten sowie pädagogische und psychologische Kenntnisse und Fähigkeiten besaßen. Bei den im Jugendstrafvollzug tätigen Personen wurde darüber hinaus

---

11 Vgl. § 1 der Jugendhilfeverordnung vom 3.3.1966 (DDR-GBl. II, S. 215).

12 So schreibt etwa die Enquête-Kommission „Überwindung der Folgen der SED-Diktatur im Prozeß der deutschen Einheit" in ihrem Schlussbericht über den Jugendwerkhof Torgau: „Von 1965 bis 1989 befand sich in Torgau der einzige ‚Geschlossene Jugendwerkhof' der DDR, in dem ‚schwererziehbare' Kinder und Jugendliche, unter Aufsicht des Volksbildungsministeriums, unter *gefängnisähnlichen* Bedingungen gefangengehalten wurden." (BT-Drs. 13/11000 v. 10.6.1998, S. 252; Hervorhebung nur hier). Im Hinblick auf eine Rehabilitierung der ehemals dort Untergebrachten wird ausgeführt: „Eine Rehabilitierung ist jedoch zumindest für diejenigen angebracht, die im Jugendwerkhof Torgau untergebracht wurden. Zweck dieser Anstalt war es, die Persönlichkeit der dorthin eingewiesenen Jugendlichen zu brechen. Deshalb muß hier bereits die Einweisung selbst als rechtswidrig betrachtet werden. In Einweisungsfällen anderer Jugendwerkhöfe dürfte eine differenzierte Einzelfallbetrachtung nötig sein." (ebd., S. 28). Vgl. auch *Plath*, Jugendgerichtsgesetz, S. 29, die geschlossene Jugendwerkhöfe als „strafvollzugsähnlich" bezeichnet. Zu Jugendwerkhöfen insgesamt vgl. *Jörns*, Jugendwerkhof.

13 Das Personal besaß militärähnliche Dienstränge, wie z.B. Meister des Strafvollzugs, Obermeister des Strafvollzugs.

14 *StA Neuruppin*, Anklage v. 23.9.1993 – Az. 60/4 Js 16/93, S. 15f.

15 *StA Neuruppin*, Anklage v. 23.9.1993 – Az. 60/4 Js 16/93, S. 12.

16 Im Rang eines Leutnants oder Oberleutnants.

eine entsprechende Ausbildung und Eignung im Umgang mit Jugendlichen vorausgesetzt. Da sämtliche dienstlich im Strafvollzug tätigen Personen auf ihre politische Zuverlässigkeit überprüft werden mussten, besaß das MfS großen Einfluss auf die Personalpolitik.[17]

Der überwiegende Teil der bekannt gewordenen und verfolgten Delikte wurde während der Geltung des StVG begangen, so dass im Folgenden dessen Zielsetzungen und Regelungen näher zu betrachten sind.

Gemäß § 2 Absatz 1 StVG diente der Strafvollzug in Übereinstimmung mit den in § 39 DDR-StGB[18] niedergelegten Grundsätzen der Anwendung von Freiheitsstrafen[19] dazu, den Strafgefangenen ihre Verantwortung als Mitglieder der Gesellschaft bewusst zu machen und sie zu erziehen, künftig die Gesetze des sozialistischen Staates einzuhalten und ihr Leben verantwortungsbewusst zu gestalten. Gemäß § 6 StVG hatte hierbei die gesellschaftlich nützliche Arbeit als erzieherisches Element im Vordergrund zu stehen.

Inhalt und Gestaltung des Vollzuges der Strafen mit Freiheitsentzug sollten gemäß § 2 Absatz 1 StVG „durch das humanistische Wesen des sozialistischen Staates" bestimmt werden. Aus diesem Grunde war gemäß § 4 Absatz 2 StVG die Anwendung von anderen als im StVG vorgesehenen Disziplinar- und Sicherungsmaßnahmen unzulässig.

Als Sicherungsmaßnahmen waren in § 33 StVG der Entzug von Einrichtungs- und sonstigen Gegenständen sowie die Absonderung von anderen Strafgefangenen und die Unterbringung in Einzelhaft vorgesehen.[20] Derartige Maßnahmen durften gemäß § 33 Absatz 1 StVG lediglich zur Verhinderung körperlicher Angriffe oder einer Flucht und zur Aufrechterhaltung der Sicherheit angewandt werden und mussten gemäß § 33 Absatz 1 StVG in ihrer Intensität und Dauer in ausgewogenem Verhältnis zur Gefährlichkeit des Anlasses stehen. Nach § 33 Absatz 5 waren auch Maßnahmen des unmittelbaren Zwanges nur zulässig, wenn auf andere Weise ein Angriff auf Leben oder Gesundheit oder ein Fluchtversuch nicht verhindert oder Widerstand gegen Maßnahmen zur Aufrechterhaltung der Sicherheit nicht beseitigt werden konnte.

Als Disziplinarmaßnahmen kamen gemäß § 32 Absatz 3 StVG der Ausspruch einer Missbilligung oder einer Verwarnung, die Einschränkung oder der Entzug von Vergünstigungen, die Einschränkung des monatlichen Verfügungssatzes sowie die Verhängung von Arrest[21] in Betracht. Die auf eine Höchstdauer von 21 Tagen bei Erwachsenen und von 14 Tagen bei Jugendlichen beschränkte Arrestierung setzte gemäß § 32 Absatz 4 StVG voraus, dass andere Disziplinarmaßnahmen wiederholt erfolglos geblieben oder

---

17 Vgl. *Wunschik*, DDR-Strafvollzug, S. 473.

18 Strafgesetzbuch der DDR v. 12.1.1968 in der Neufassung v. 19.12.1974 (DDR-GBl. I 1975, S. 14).

19 Die Freiheitsstrafe sollte gemäß § 39 DDR-StGB die Unantastbarkeit der sozialistischen Staatsordnung bewusst machen und andererseits die Bereitschaft des Staates demonstrieren, verurteilte Straftäter nach der Erziehung im Strafvollzug in die sozialistische Gesellschaft zu reintegrieren.

20 Demgegenüber nannte das SVWG als Vorläufergesetz des StVG im Katalog der Sicherungsmaßnahmen in § 37 Abs. 3 unter Nr. 3 noch die Anwendung körperlicher Gewalt mit oder ohne Hilfsmittel. Allerdings durften auch während der Geltung des SVWG Sicherungsmaßnahmen gem. § 37 Abs. 1 nur angewendet werden, wenn sie zur Verhinderung einer Flucht, eines körperlichen Angriffs auf Strafvollzugsangehörige, andere Personen oder Strafgefangene sowie zur Aufrechterhaltung der Sicherheit erforderlich waren. Ihre Anwendung durfte gem. Abs. 2 den Grad der Gefährlichkeit des Anlasses nicht übersteigen und nicht länger als notwendig andauern.

21 Die Arrestierung konnte in Form von Freizeit- oder Einzelarrest erfolgen.

die vorgeworfenen Verstöße besonders schwer waren. Die Vollziehung des Einzelarrestes als härtester disziplinarischer Maßnahme erfolgte gemäß § 41 der Ersten Durchführungsbestimmung zum StVG vom 7. April 1977[22] in gesonderten Arresträumen, deren Größe und Ausstattung genormt waren.

Eine körperliche Züchtigung Gefangener war im StVG mithin nicht vorgesehen und aufgrund der enumerativen Auflistung in Betracht kommender Zwangsmaßnahmen in § 4 Absatz 2 StVG unzulässig. Gefangenenmisshandlungen standen somit eindeutig im Widerspruch zum geltenden Recht der DDR.

Misshandlungen fanden zwar nicht ausschließlich im Bereich des Strafvollzuges statt. Eine Reihe von Straftaten wurde auch anlässlich vorläufiger Festnahmen und während der Untersuchungshaft begangen. Doch betraf der weitaus größte Teil der bekannt gewordenen Delikte Misshandlungen im Rahmen des Strafvollzuges. Daher konzentriert sich die nachfolgende Darstellung darauf.[23] Unberücksichtigt bleiben auch Misshandlungen unter Beteiligung von Angehörigen des MfS; sie wurden bereits an anderer Stelle behandelt.[24]

1. Umfang und Ergebnisse der Strafverfolgung

Nach der Wiedervereinigung wurden 79 Strafverfahren wegen Gefangenenmisshandlung in der DDR gegen insgesamt 92 Personen durchgeführt. Damit liegt der Anteil der dieser Verfahren an allen Verfahren wegen DDR-Unrechts bei 7,7%.[25]

---

22 DDR-GBl. I 1977, S. 118.

23 Über den Gesamtumfang von Gefangenenmisshandlungen in der DDR gibt es keine vollständig gesicherten Informationen. In den Statistiken der Zentralen Erfassungsstelle der Landesjustizverwaltungen in Salzgitter wurden seit 1961 insgesamt 625 Körperverletzungen registriert, „die zuverlässig als Ausdruck des in der DDR bestehenden Gewaltregimes gewertet werden können", sowie weitere 2.000 Misshandlungen an politischen Häftlingen in den Strafvollzugseinrichtungen der DDR, „die keine erkennbare politische Motivation hatten", *Sauer/Plumeyer*, Salzgitter-Report, S. 196. Diese Zahlen basieren auf Aussagen von ehemaligen DDR-Strafgefangenen, die im Rahmen des Häftlingsfreikaufs oder durch Flucht in den Westen gelangt waren. Vgl. zur Zuverlässigkeit solcher Aussagen, auch soweit sie sich in publizierten Häftlingsberichten finden, *Beleites*, Untersuchungshaftvollzug, S. 434f. Das *LG Bautzen* zitiert in seinem Urteil v. 2.9.1994 – Az. 1 KLs 183 Js 5993/91, UA S. 29f. = lfd. Nr. 1-1, S. 19f. zustimmend die Äußerungen eines Sachverständigen, wonach im Hinblick auf Gefangenenmisshandlungen drei Phasen unterschieden werden können. In der Zeit von 1950 bis 1956 sei die physische Misshandlung von Häftlingen eindeutig als offizielle staatliche Maßnahme nachzuweisen. In der zweiten Phase nach 1956 sei man stärker von der physischen zur psychischen Misshandlung übergegangen. Ab Beginn der 1970er Jahre sei den Dokumenten zu entnehmen, dass Gefangenenmisshandlungen offiziell nicht erwünscht gewesen, aber weiterhin bis in die 1980er Jahre in erheblicher Zahl vorgekommen seien. Zu Übergriffen auf Inhaftierte insgesamt vgl. auch *Wunschik*, DDR-Strafvollzug, S. 487ff., sowie die Ausführungen unten unter 3. b), S. XXXVI zu den Eintragungen in den Nachweisbüchern der Verwaltung Strafvollzug über „besondere Vorkommnisse" in den Untersuchungs- und Strafhaftanstalten.

24 Vgl. *Marxen/Werle*, Strafjustiz, Bd. 6, S. XLVf. Die diesbezüglichen Strafverfahren wurden im Rahmen des Projekts „Strafjustiz und DDR-Vergangenheit" der Deliktsgruppe MfS-Straftaten zugeordnet; vgl. hierzu auch *Schißau*, Strafverfahren.

25 Vgl. *Marxen u.a.*, Strafverfolgung, S. 28, 32; werden Mehrfachanklagen gegen ein und derselbe Person berücksichtigt, ergibt sich die Zahl von 81 angeklagten natürlichen Personen (ebd., S. 32).

Gegen 20 Angeklagte wurde das Verfahren eingestellt. 15 Angeklagte wurden freigesprochen, und in einem Fall lehnte das zuständige Amtsgericht den Antrag der Staatsanwaltschaft auf Erlass eines Strafbefehls ab. Eine Verwarnung mit Strafvorbehalt wurde gegen fünf Angeklagte ausgesprochen. 26 Angeklagte erhielten eine Geldstrafe. Drei Angeklagte wurden gem. § 33 DDR-StGB auf Bewährung verurteilt. Die Gerichte verhängten gegen 13 Angeklagte Freiheitsstrafen, deren Vollzug in elf Fällen zur Bewährung ausgesetzt wurde. Lediglich zwei Angeklagte wurden zu einer vollziehbaren Freiheitsstrafe von zwei Jahren und drei Monaten bzw. zwei Jahren und acht Monaten verurteilt.

2. *Sachverhaltsfeststellungen*

Mit dem Haftsystem und den Haftbedingungen in der DDR allgemein haben sich die Gerichte kaum beschäftigt.[26] Die Urteile konzentrierten sich stattdessen auf Feststellungen zu den konkreten einzelnen Vorfällen. Dass Gefangene in der DDR trotz der eindeutigen gesetzlichen Verbote vielfach körperlichen Repressalien unterschiedlicher Art und Intensität ausgesetzt waren, verdeutlichen die nachfolgend exemplarisch geschilderten Sachverhalte.

Im Verfahren gegen einen in der Funktion eines so genannten Erziehers in der Strafvollzugseinrichtung Bautzen II tätigen Strafvollzugsbediensteten verurteilte das LG Bautzen den Angeklagten auf der Grundlage folgender Feststellungen wegen vorsätzlicher Körperverletzung in sieben Fällen. Er prügelte unter anderem mit einem Gummiknüppel auf einen Gefangenen ein, der von einem anderen Vollzugsbeamten an das Fenstergitter gefesselt worden war und vernehmlich dagegen protestierte. Der Misshandelte trug Hämatome davon, die mehrere Tage Schmerzen verursachten. Einen weiteren Insassen der Haftanstalt schlug der Angeklagte „mit der Faust, in welcher er einen Schlüsselbund hielt, mindestens zweimal ins Gesicht, wodurch dem Zeugen zwei Bakkenzähne […] ausgeschlagen wurden, ihm Blut aus den Ohren kam und er durch die Zelle flog, wobei er einen Schrank mit umriß."[27]

Das LG Cottbus verurteilte, ausgehend von dem folgenden Sachverhalt, einen Strafvollzugsbediensteten der Strafvollzugseinrichtung Cottbus wegen vorsätzlicher Körperverletzung in 26 Fällen. Er misshandelte insbesondere Gefangene, die wegen politischer Delikte einsaßen. Einen Insassen der Haftanstalt, der sich weigerte, seine Haare noch kürzer schneiden zu lassen, als sie ohnehin schon waren, schlug er gemeinsam mit anderen Strafvollzugsbediensteten und den Worten „Feuer frei!" mit dem Gummiknüppel am ganzen Körper und trat mit Stiefeln auf ihn ein.[28]

---

26 Lediglich im bereits erwähnten Urteil des *LG Bautzen* v. 2.9.1994 – Az. 1 KLs 183 Js 5993/91, UA S. 28ff. = lfd. Nr. 1-1, S. 18f. werden entsprechende Ausführungen eines Sachverständigen wiedergegeben. Dieser hatte im Auftrag des Bundesministeriums für Familie und Senioren im Mai 1990 untersucht, ob und in welchem Umfang es in der DDR politische Todesopfer gegeben hat. In diesem Zusammenhang hatte er sich auch mit der Gesamtsituation im DDR-Strafvollzug beschäftigt.

27 *LG Bautzen*, Urteil v. 2.9.1994 – Az. 1 KLs 183 Js 5993/91, UA S. 6f., 8 = lfd. Nr. 1-1, S. 7, 8.

28 *LG Cottbus*, Urteil v. 14.5.9.1997 – Az. 64 Js 175/93, UA S. 10f. = lfd. Nr. 2-1, S. 54f.

Auf der Grundlage folgender Sachverhaltsfeststellungen verurteilte das AG Eilenburg[29] einen ehemaligen SED-Funktionär wegen Körperverletzung in drei Fällen. Der Angeklagte misshandelte drei vorläufig festgenommene Personen im Rahmen eines polizeilichen Verhörs. Das erste Opfer schlug er mit dem Kopf derart gegen die Wand, dass dessen Nase blutete. Dabei rief er: „Mal sehen, was mehr aushält, dein Kopf oder die Wand“. Ein weiteres Opfer, das mit dem Rücken zu ihm stand, forderte er auf, sich umzudrehen. Darauf trat er mit dem Fuß in dessen Geschlechtsteil und schlug den Festgenommenen mit einem Gegenstand ins Gesicht. Der Schlag hinterließ eine mehrere Zentimeter lange Narbe. Auf die Beschwerde des Gefangenen entgegnete der Angeklagte: „Wohin geschlagen wird, bestimmen wir“. Schließlich schlug der Angeklagte das dritte Opfer mit der Faust einmal rechts und einmal links in das Gesicht und verursachte so Hämatome und Nasenbluten.

Das LG Bautzen[30] verurteilte einen ehemaligen Strafvollzugsbediensteten wegen Körperverletzung in zwei Fällen und stellte dazu folgenden Tathergang fest. In einem Fall richtete sich die Tat gegen einen Gefangenen, der durch Hungerstreik körperlich so geschwächt war, dass er die vorgeschriebene Meldung nicht abgeben konnte, als der Angeklagte die Zelle betrat. Der Angeklagte brachte ihn zusammen mit einem anderen Bediensteten in eine Arrestzelle. Auf dem Weg dorthin zog er ihn an den Haaren eine Treppe hinunter, schlug ihn mit der flachen Hand und trat ihn mit Füßen. Im zweiten Fall rasierte er einen anderen Gefangen, wiederum unter Mitwirkung eines weiteren Bediensteten, zwangsweise und kniete sich zu diesem Zweck auf den Brustkorb des Opfers, dem dabei eine Rippe brach. Die Rasur führte der Angeklagte sodann weiter aus, indem er einen Fuß auf das Gesicht des Opfers setzte und dessen Kopf so auf den Boden drückte.

Auch unter den Gefangenen kam es teilweise zu Misshandlungen. In einem Jugendhaus wurde eine Insassin von ihren Mitgefangenen geschlagen. Die Quälereien gipfelten in dem Versuch, das Opfer durch Erhängen zu töten. Eine in dem Jugendhaus tätige Erzieherin weigerte sich, der Misshandelten zu helfen und gegen die fortgesetzten Misshandlungen einzuschreiten.[31]

3. *Strafrechtliche Einordnung*

a) *Strafanwendungsrecht*

Nach dem Beitritt der DDR zur Bundesrepublik stellte sich zunächst die Frage, ob die Gefangenenmisshandlungen auf der Grundlage des DDR-Rechts oder in Anwendung des bundesdeutschen Strafrechts zu verfolgen und zu ahnden waren. Gemäß Artikel 315 Absatz 1 EGStGB in Verbindung mit § 2 Absatz 1 StGB bleibt das Tatzeitrecht, also das Strafrecht der DDR, maßgeblich, wenn seine Regelungen mit dem Grundgesetz ver-

29 *AG Eilenburg*, Urteil v. 28.2.1995 – Az. 4 Ds 810 Js 7480/92.

30 *LG Bautzen*, Urteil v. 24.6.1997 – 1 KLs 811 Js 7548/91.

31 *AG Greiz*, Strafbefehl v. 14.4.1997 – Az.: 550 Js 12605/93 = lfd. Nr. 2. Die Angeklagte wurde wegen Körperverletzung durch Unterlassen und Verletzung der Obhutspflicht (§ 120 DDR-StGB, vgl. Anhang S. 468) unter Androhung einer Geldstrafe verwarnt.

einbar sind und das bundesdeutsche Recht eine entsprechende Vorschrift enthält.[32] Sollten sich die entsprechenden Regelungen des bundesdeutschen Rechts im Einzelfall jedoch als das „mildeste Gesetz“ erweisen, sind diese anzuwenden, § 2 Absatz 3 StGB.

Die in Betracht kommenden Körperverletzungsdelikte des DDR-StGB[33] (§§ 115, 116 und 118) korrespondieren im Wesentlichen mit den Regelungen der §§ 223, (223a, 224 a.F.) 224, 226 und 230 StGB.[34] § 119 DDR-StGB und § 323c StGB enthalten nahezu gleichlautend den Tatbestand der unterlassenen Hilfeleistung. Die in § 120 DDR-StGB normierte Verletzung der Obhutspflicht entspricht der Aussetzung (§ 221 StGB); beide Vorschriften regeln Hilfeleistungspflichten im Rahmen einer besonderen Täter-Opfer-Beziehung. Mit dem Nötigungstatbestand in § 129 DDR-StGB stimmt § 240 StGB überein. Der Tatbestand der Freiheitsberaubung, § 131 DDR-StGB, ist nahezu identisch mit der in § 239 StGB getroffenen Regelung. Gleiches gilt für die Aussageerpressungsdelikte (§§ 243 DDR-StGB, 343 StGB). Allerdings fehlte eine dem § 340 StGB entsprechende Strafbarkeit der Körperverletzung im Amt im DDR-StGB.

Der Vergleich nach dem Grundsatz der Anwendung des „mildesten Gesetzes“ lässt sich nicht losgelöst vom konkreten Fall durchführen.[35] Erforderlich ist eine den gesamten materiellen[36] Rechtszustand berücksichtigende Betrachtung der jeweils zur Tatzeit geltenden Fassungen.

Unzulässig ist allerdings eine kumulative Verwertung aller tätergünstigen Elemente der beiden Strafrechtssysteme.[37] Ausgeschlossen ist folglich die Aussetzung einer Freiheitsstrafe zur Bewährung, wenn die Verurteilung in Anwendung der Normen des DDR-Rechts erfolgt.[38] Denn das DDR-Recht kannte eine Strafaussetzung zur Bewährung nicht.[39] Das LG Potsdam hat gleichwohl in einem Urteil in Anwendung der §§ 115, 64 DDR-StGB (Körperverletzung) eine zweijährige Freiheitsstrafe verhängt und diese unter Hinweis auf § 45 Absatz 1 DDR-StGB[40] zur Bewährung ausgesetzt.[41]

---

32 *BGH*, Urteil v. 25.3.1993 – Az. 5 StR 418/92, BGHSt 39, 168, 176; *BGH*, Urteil v. 29.4.1994 – Az. 3 StR 528/93, BGHSt 40, 125, 128ff.

33 Die im Folgenden genannten einschlägigen Normen des DDR-StGB sind teilweise im Anhang auf S. 467ff. abgedruckt.

34 Allerdings normierte das DDR-Strafrecht eine dem § 224 StGB vergleichbare gefährliche Begehungsweise lediglich als Voraussetzung für die Versuchsstrafbarkeit in § 115 Abs. 2 DDR-StGB. Die im Rahmen des § 224 StGB geregelte lebensgefährdende Behandlung findet sich in § 116 DDR-StGB wieder, der im übrigen § 226 StGB entspricht.

35 *BGH*, Urteil v. 12.2.1991 – Az. 5 StR 523/90, BGHSt 37, 320, 321f. Ein Vergleich der in Betracht kommenden Regelstrafrahmen für Freiheitsstrafen ergibt zwar, dass das StGB – außer im Fall des § 323c – weit höhere Strafdrohungen vorsieht. Da das DDR-StGB jedoch keine Möglichkeit der Strafaussetzung zur Bewährung enthielt (siehe Fn. 39), konnte sich das StGB im Einzelfall gleichwohl als das „mildeste Gesetz“ erweisen.

36 Das formelle Recht, wie z.B. die Regelungen über die Verjährung, bleibt außer Betracht, *BVerfG*, Beschluss v. 22.8.1994 – Az. 2 BvR 1884/93, NJW 1995, 315, 316.

37 *BGH*, Urteil v. 12.2.1991 – Az. 5 StR 523/90, BGHSt 37, 320, 322.

38 *BGH*, Urteil v. 26.4.1995 – Az. 3 StR 93/95 = lfd. Nr. 1-2.

39 § 33 DDR-StGB regelte allein die Verurteilung auf Bewährung, die – im Gegensatz zur Aussetzung der Freiheitsstrafe zur Bewährung im Sinne des § 56 StGB – eine selbständige Strafart ohne Freiheitsentzug darstellte.

40 Die Vorschrift lautet: „Das Gericht setzt den Vollzug einer zeitigen Freiheitsstrafe unter Auferlegung einer Bewährungszeit von einem Jahr bis zu fünf Jahren mit dem Ziel des Straferlasses aus, wenn [...]“.

Offensichtlich ist das Landgericht davon ausgegangen, dass nach DDR-Recht – ebenso wie gemäß § 56 StGB – die Strafe von vornherein zur Bewährung ausgesetzt werden konnte. Dies ist aber nicht der Fall. Nach § 45 Absatz 1 DDR-StGB kam allein eine Aussetzung des laufenden Vollzuges in Betracht.[42]

Das LG Bautzen verurteilte einen Angeklagten, der als Stationsleiter in der Strafvollzugseinrichtung Bautzen II Gefangene körperlich misshandelt hatte, wegen Körperverletzung in sieben Fällen in Anwendung der §§ 115, 64 DDR-StGB zu einer Freiheitsstrafe von einem Jahr und sechs Monaten und setzte die Strafe unter Hinweis auf § 33 Absatz 1 DDR-StGB und § 56 StGB zur Bewährung aus.[43] Der BGH hob den Strafausspruch mit dem Hinweis auf, dass sich das Landgericht rechtsfehlerhaft mit der Frage des anzuwendenden Rechts auseinandergesetzt habe. Nach Ansicht des BGH hätte die Strafkammer prüfen müssen, ob nicht auch eine Verurteilung auf Bewährung gem. §§ 115, 33 DDR-StGB in Betracht kommt.[44] Nach der Zurückverweisung verurteilte eine andere Kammer des LG Bautzen den Angeklagten gemäß §§ 223, 223a (a.F.) StGB zu einer Freiheitsstrafe von zwei Jahren und setzte diese zur Bewährung aus.[45]

b) Verjährung

Gemäß Artikel 315a Absatz 1 EGStGB können Straftaten, die bis zum Wirksamwerden des Beitritts nach DDR-Recht noch nicht verjährt waren, weiter verfolgt werden. Bei der Berechnung der Verjährungszeit bleibt allerdings gemäß Artikel 1 des Gesetzes über das Ruhen der Verjährung bei DDR-Unrechtstaten vom 26. März 1993[46] – erstes Verjährungsgesetz – die Zeit vom 11. Oktober 1949 bis zum 2. Oktober 1990 außer Betracht, soweit die Straftaten nach dem ausdrücklichen oder mutmaßlichen Willen der DDR-Führung aus politischen oder sonst mit wesentlichen Rechtsstaatsgrundsätzen unvereinbaren Gründen nicht geahndet worden sind. Für die Strafverfahren wegen Gefangenenmisshandlung stellte sich folglich die Frage, ob eine Verfolgung dieser Taten nach dem Willen des SED-Regimes aus politischen oder anderen rechtsstaatswidrigen Gründen unterblieben war.

Eine Gesetzesinitiative dazu scheiterte. Die vom Bundesrat vorgeschlagene Auflistung der systemimmanent nicht verfolgten Delikte, die auch die Gefangenenmisshandlungen enthielt, wurde nicht Gesetz, weil angenommen wurde, dass eine abschließende Aufzählung der Vielfalt der in Betracht kommenden Delikte nicht gerecht werde.[47] Die Prüfung, ob in der DDR eine konsequente strafrechtliche Verfolgung stattgefunden hat und somit bereits Verjährung eingetreten ist, oblag also den Ermittlungsbehörden und Gerichten.

---

41 *LG Potsdam*, Urteil v. 24.6.1994 – Az. 24 KLs 39/93, UA S. 40.

42 Ministerium der Justiz (1987), DDR-StGB, § 45 Anm. 1.

43 *LG Bautzen*, Urteil v. 2.9.1994 – Az. 1 KLs 183 Js 5993/91 = lfd. Nr. 1-1.

44 *BGH*, Beschluss v. 26.4.1995 – Az. 3 StR 93/95, UA S. 6ff. = lfd. Nr. 1-3, S. 38f.; vgl. auch das Urteil des BGH vom selben Tag und unter demselben Az., UA S. 7ff. = lfd. Nr. 1-2, S. 33f.

45 *LG Bautzen*, Urteil v. 17.10.1995 – Az. 1 KLs 183 Js 5993/91 = lfd. Nr. 1-4.

46 BGBl. I 1993, S. 392.

47 *Tröndle/Fischer*, StGB, vor § 3 Rn. 42.

Das LG Potsdam[48] stellte in einem Verfahren gegen einen ehemaligen Wachtmeister der Strafvollstreckungseinrichtung Brandenburg fest, dass Strafverfahren wegen Gefangenenmisshandlung in der DDR grundsätzlich nicht durchgeführt worden seien. Es vernahm hierzu den ehemaligen Leiter der Strafvollstreckungseinrichtung Brandenburg, einen „Stellvertreter Operativ“ der Strafvollstreckungseinrichtung Bautzen II, einen Offizier des MfS in den Einrichtungen Bautzen I und II, einen Abteilungsleiter im Vollzugsdienst in der Einrichtung Brandenburg sowie einige Angehörige von DDR-Ermittlungsorganen, und zwar Staatsanwälte für die Strafvollzugsaufsicht und Bedienstete der Volkspolizei. Sämtliche Zeugen sagten aus, von strafrechtlichen Ermittlungsverfahren wegen Misshandlungen an Inhaftierten nie etwas gehört zu haben. Bekannt geworden seien lediglich vereinzelte disziplinarische Maßnahmen gegen die Täter. Von einer generellen Billigung der Straftaten durch die DDR-Führung sei allerdings nicht auszugehen. Vielmehr hätten derartige Delikte im Widerspruch zu den Zielen des Strafvollzuges gestanden. Die Durchführung öffentlicher Strafverfahren sei jedoch vermieden worden, um das Ansehen des Strafvollzuges nicht zu schädigen. Das Landgericht kam zu dem Ergebnis, dass Gefangenenmisshandlungen in der DDR generell und systematisch strafrechtlich nicht verfolgt wurden und dass deshalb von einem Ruhen der Verjährung auszugehen sei.

Das LG Bautzen[49] hat zur Klärung der Frage, ob die DDR-Organe derartige Misshandlungsdelikte verfolgt haben, unter anderem mehrere Beamte des Landeskriminalamtes Brandenburg vernommen, welche die Nachweisbücher über Vorkommnisse im Strafvollzug zwischen 1972 und 1990 ausgewertet hatten. Die Zeugen berichteten über mindestens 18 Eintragungen zu Misshandlungstaten. Sie hätten aber lediglich Verweise auf Disziplinarstrafen enthalten. Eine als sachverständige Zeugin vernommene Mitarbeiterin der Bundesbehörde für die Unterlagen der Staatssicherheit sagte aus, sie habe in Aussageprotokollen und Berichten Inoffizieller Mitarbeiter 20 Einzelberichte über Misshandlungen gefunden. Einen Hinweis auf strafrechtliche Sanktionen habe es nicht gegeben. Der ehemals für den Bezirk Cottbus zuständige Haftstaatsanwalt bekundete, nie von entsprechenden Strafverfahren gehört zu haben. Die Strafkammer gelangte auf der Grundlage dieser Beweise zu der folgenden Einschätzung. Tätlichkeiten von Vollzugsangehörigen gegen Gefangene seien grundsätzlich von Staat und Partei nicht gebilligt, sondern sogar als verwerflich angesehen worden. Allerdings sei nach dem Willen der DDR-Regierung die Durchführung von Strafverfahren generell und systematisch vermieden worden, um das Ansehen des sozialistischen Strafvollzuges zu schützen. Dem stehe nicht entgegen, dass vereinzelt Strafverfahren bekannt geworden seien. Zu entsprechenden Verurteilungen sei es nämlich in diesen Fällen allein aus politischen Opportunitätsgründen gekommen, etwa wenn Einzelfälle an die Öffentlichkeit gedrungen seien.[50]

---

48 *LG Potsdam*, Urteil v. 24.6.1994 – Az. 24 KLs 39/93, UA S. 25ff.

49 *LG Bautzen*, Urteil v. 2.9.1994 – Az. 1 KLs 183 Js 5993/91, UA S. 21ff. = lfd. Nr. 1-1, S. 14ff.

50 In einem weiteren Verfahren, das im Rahmen des Projekts „Strafjustiz und DDR-Vergangenheit“ der Deliktsgruppe MfS-Straftaten zugeordnet wurde, hat das *LG Meiningen* durch Beschluss v. 21.12.1994 – Az. 4 Kls 550 Js 11636/93 – die Eröffnung des Hauptverfahrens gegen zwei ehemalige Mitarbeiter des MfS wegen in den Jahren 1957 und 1959 begangener Aussageerpressungs- und Körperverletzungsdelikte abgelehnt und ausgeführt, die bekannt gewordenen Straf- und Disziplinarmaßnahmen stünden der Annahme einer generellen Nichtverfolgung entgegen. Auf die hiergegen gerichtete sofor-

Der BGH hat die Auffassung des LG Bautzen zur Verfolgungsverjährung bestätigt.[51]

Die Entwicklung der Rechtsprechung zum Ruhen der Verjährung legt als Antwort auf die oben angesprochene Frage nach dem Systemzusammenhang nahe: Die Misshandlungen in Haftanstalten waren zumindest in der Weise systembedingt, dass die Täter in der Regel eine Strafverfolgung nicht befürchten mussten, weil eine Aufdeckung der Vorfälle politisch inopportun war.

Für den weiteren Verjährungsverlauf waren das zweite und das dritte Verjährungsgesetz bestimmend.[52] Sie hatten zum Ergebnis, dass mit Ablauf des 2. Oktober 2000 eine weitere Verfolgung der Taten dieser Deliktsgruppe ausnahmslos, also auch unter Berücksichtigung der so genannten absoluten Verjährung, ausgeschlossen war.

c) *Strafzumessung*

Die gerichtliche Strafzumessung erfolgte zumeist sehr schematisch. Als Besonderheit sind Strafzumessungserwägungen hervorzuheben, die sich günstig für die Angeklagten auswirkten.

Vielfach berücksichtigten die Gerichte strafmildernd, dass die Taten lange zurücklagen und die Angeklagten nicht vorbestraft waren. Beide Erwägungen begegnen Bedenken. Da die bundesdeutsche Justiz erst Anfang der 1990er Jahre mit der Aufarbeitung von DDR-Alttaten beginnen konnte, betrug zwangsläufig der Zeitabstand zwischen Tatbegehung und Verurteilung mindestens drei Jahre. Auch taugt bei diesem Täterkreis das Fehlen von Vorstrafen kaum als Indiz für ein Leben ohne Straftaten. Vielmehr musste vielfach angenommen werden, dass gleichartige Straftaten vorangegangen oder gefolgt waren, deren strafrechtliche Ahndung in der DDR aber in der Regel unterblieb.

Bedenken erweckt auch eine Entscheidung des LG Bautzen, in der zur Strafmilderung beitrug, dass sich die zahlreichen Körperverletzungshandlungen des Angeklagten durchweg gegen politische Häftlinge gerichtet hatten.[53] Unabhängig von den konkreten Tatumständen hielt das Landgericht dem Angeklagten zugute, dass er aufgrund seiner Ausbildung politische Häftlinge als besonders gefährliche Feinde seines Vaterlandes betrachtet habe.

Soweit die Gerichte eine Freiheitsstrafe in Anwendung bundesdeutschen Strafrechts[54] verhängten, war zu prüfen, ob eine Strafaussetzung zur Bewährung in Betracht kam. Zu beachten war in diesem Zusammenhang auch der zwingende Versagungsgrund der Verteidigung der Rechtsordnung für Fälle einer Verurteilung zu einer Freiheitsstrafe von mindestens sechs Monaten nach § 56 Absatz 3 StGB. Darauf wurde jedoch in kei-

---

tige Beschwerde der *StA Erfurt* hat das *Thüringer Oberlandesgericht* den landgerichtlichen Beschluss am 28.8.1995 – Az. 1 Ws 21/95 – aufgehoben und unter Hinweis auf die oben dargestellten Feststellungen der Landgerichte Potsdam und Bautzen ausgeführt, dass Gefangenenmisshandlungen systematisch unverfolgt geblieben seien. Einer der Angeklagten verstarb, bevor es zu einer Sachentscheidung kam. Das Verfahren gegen den zweiten Angeklagten wurde schließlich durch Beschluss des *LG Meiningen* v. 13.12.1999 – Az. 550 Js 11636/93 - 1 KLs – wegen Verhandlungsunfähigkeit eingestellt.

51 *BGH,* Urteil v. 26.4.1995 – Az. 3 StR 93/95, UA S. 4ff. = lfd. Nr. 1-2, S. 31f.

52 Näher dazu *Marxen/Werle*, Aufarbeitung, S. 6f.

53 *LG Bautzen*, Urteil v. 17.10.1995 – Az. 1 KLs 183 Js 59993/91= lfd. Nr. 1-4.

54 Im Falle der Anwendung des DDR-StGB scheiterte eine Strafaussetzung daran, dass das DDR-StGB sie nicht vorsah; siehe hierzu Fn. 39.

ner Entscheidung eingegangen. Die Staatsanwaltschaft Dresden rügte diesen Umstand in ihrer Revision[55] gegen ein Urteil des LG Bautzen.[56] Für die große Mehrheit unter den Opfern des DDR-Unrechts sei nicht nachvollziehbar, dass die Vollstreckung einer auf Grund jahrelanger Misshandlung von Gefangenen verhängten Freiheitsstrafe allein wegen der Dauer der seither verstrichenen Zeit unterbleiben solle. Die Verteidigung der Rechtsordnung erfordere hier die Versagung der Strafaussetzung. Der BGH hob das Urteil aus anderen Gründen auf und verwies die Sache zurück.[57] Das LG Bautzen führte in seiner daraufhin ergangenen Entscheidung aus, dass der Angeklagte sei 1983 nicht mehr strafrechtlich in Erscheinung getreten sei. Die Verteidigung der Rechtsordnung erfordere demgegenüber die Versagung der Strafaussetzung nicht. Vielmehr sei davon auszugehen, dass ein verständiger, außenstehender Betrachter die Entscheidung ohne Weiteres nachvollziehen könne.[58]

d) Beweisfragen

Die größten Schwierigkeiten der strafrechtlichen Aufarbeitung von Gefangenenmisshandlungsdelikten lagen im tatsächlichen Bereich.[59] Nachweis und Rekonstruktion der Misshandlungen wurden dadurch erschwert, dass die Taten zum Teil mehrere Jahrzehnte zurücklagen. Die Verletzungen waren oft nur lückenhaft dokumentiert.[60] Auch erkannten die Opfer ihre Peiniger nach Jahren oft nicht wieder, und es standen nur selten Zeugen zur Verfügung, die ihre Aussagen bestätigen konnten.[61]

II. Die Strafverfahren wegen Dopings[62]

Im justiziellen Gesamtprozess der Aufarbeitung von DDR-Systemunrecht nehmen die Dopingverfahren mit 3,8% aller Verfahren nur einen kleinen Teil ein.[63] Dennoch erreg-

---

55 *StA Dresden*, Revisionsbegründung v. 2.1.1995 – Az. 183 Js 5993/91.

56 *LG Bautzen*, Urteil v. 2.9.1994 – Az. 1 KLs 183 Js 5993/91 = lfd. Nr. 1-1.

57 *BGH*, Urteil v. 26.4.1995 – Az. 3 StR 93/95 = lfd. Nr. 1-2; aus der Sicht des *BGH* bedurfte es keiner Erörterung des § 56 Abs. 3 StGB, denn die Anwendung der Vorschriften über die Strafaussetzung war schon deswegen fehlerhaft, weil das DDR-Recht kumulativ mit bundesdeutschem Strafrecht angewendet worden war.

58 *LG Bautzen*, Urteil v. 17.10.1995 – Az. 1 KLs 183 Js 5993/91 = lfd. Nr. 1-4.

59 So hat beispielsweise das *AG Frankfurt/Oder* durch Urteil v. 14.6.1995 – Az. 4.3 Ls 64 Js 01/92 – zwei Angeklagte aus Mangel an Beweisen rechtskräftig freigesprochen.

60 In einem Verfahren des *LG Potsdam*, Urteil v. 24.6.1994 – Az. 24 KLs 39/93, scheiterte eine Verurteilung wegen einer Straftat nach § 116 DDR-StGB daran, dass das vorgelegte medizinische Gutachten erst fünf Jahre nach der Tat erstellt worden war und daher eine nachhaltige Störung im Sinne der Norm als nicht zuverlässig bewiesen angesehen wurde.

61 Das *AG Chemnitz* sprach mit Urteil v. 9.2.1996 – Az. 4 Ds 812 Js 12913/92 – einen Angeklagten frei, weil die Zeugenaussagen dessen Täterschaft nicht zweifelsfrei belegen konnten. In einem weiteren Urteil v. 20.3.1996 – Az. 10 Ls 812 Js 33906/95 – gelangte es zum Freispruch, weil es die belastenden Zeugenaussagen für unglaubhaft hielt.

62 Dieses Kapitel beruht auf Vorarbeiten von Mario Piel im Rahmen seines Dissertationsprojekts zu den Strafverfahren wegen DDR-Dopings.

63 Bei *Marxen u.a.*, Strafverfolgung, S. 28 ist mit Stand von 2007 noch ein Anteil von 3,7% ausgewiesen. In der Zwischenzeit ist dem Projekt jedoch ein weiteres Doping-Verfahren bekannt geworden.

ten die in ihnen getroffenen Feststellungen über die Dopingpraxis der DDR großes Aufsehen in der gesamtdeutschen Öffentlichkeit. Die Erkenntnisse flossen in die generelle Debatte über Doping im Sport ein, die sich in den letzten Jahren in der allgemeinen und der Fachöffentlichkeit unter anderem als Reaktion auf Dopingskandale bei wichtigen internationalen Wettkämpfen entwickelt hat.[64] Die Tatsache, dass am DDR-Dopingsystem beteiligte Sportfunktionäre und Trainer heute noch wichtige Akteure im nationalen und internationalen Sport sind, ist immer wieder Gegenstand öffentlicher Kritik. Betroffene Athletinnen und Athleten, die nach wie vor an den Nebenwirkungen und Folgeschäden der Dopingmittelvergabe leiden, kämpften über lange Zeit für Entschädigungen[65] und dafür, dass die gesamtdeutschen Sportverbände ihre Verantwortung für die DDR-Dopingpraxis anerkennen.[66] Auch diese Debatte trug dazu bei, dass das Thema nach wie vor im öffentlichen Bewusstsein präsent ist.

1. Umfang und Ergebnisse der Strafverfolgung

Die erste Anklage wegen staatlich gesteuerten Dopings in der DDR wurde im September 1997 erhoben. Damit setzte die Strafverfolgung in diesem Bereich deutlich später ein als bei anderen Deliktsgruppen. Eine weitere Besonderheit der Dopingverfahren lag darin, dass die Anfangsermittlungen ausschließlich von der Staatsanwaltschaft II bei dem LG Berlin vorgenommen wurden. Anschließend wurde ein Teil der Verfahren zur weiteren Bearbeitung an die örtlich zuständigen Staatsanwaltschaften der einzelnen Bundesländer abgegeben.[67]

Das Hauptaugenmerk der Ermittlungen richtete sich auf Trainer und Ärzte von Sportlerinnen. Sachverhalte, in denen Sportler in die Vergabe von Dopingmitteln – zumeist Anabolika – involviert waren, gaben in der Regel keinen Anlass für eingehende Ermittlungen, weil die befragten Sportler in den meisten Fällen Gesundheitsschäden verneinten. Ohnehin gingen die Staatsanwaltschaften davon aus, dass sich anabole Steroide auf den weiblichen Körper stärker auswirken. Aus diesem Grund und auch aus verfahrensökonomischen Gründen wurde von einer weiteren Strafverfolgung zum Nachteil männlicher Sportler abgesehen.[68]

---

64 Vgl. beispielsweise *Deutscher Sportbund/Deutsches Nationales Olympisches Komitee* (Hg.): Bericht der Unabhängigen Dopingkommission, 1991.

65 Im Doping-Opfer-Hilfegesetz – DOHG (BGBl. I S. 3410) v. 24.8.2002 – beschloss der Bundestag „aus humanitären und sozialen Gründen“ die Einrichtung eines Fonds in Höhe von zwei Millionen Euro zur finanziellen Unterstützung von Doping-Opfern der DDR.

66 Vgl. beispielsweise die Klage gegen das Nationale Olympische Komitee vor dem LG Frankfurt – Az.: 2 – 31 O 158/01 oder die Schadensersatzklage wegen Verabreichens von Doping gegen verantwortliche Sportärzte und die Bundesrepublik Deutschland OLG Dresden, Urteil v. 29.2.1996 – Az.: 4 U 1226/95, abgedruckt in SpuRt 1997, 132ff. Weiterhin entstand eine Debatte darüber, wer nach der Wiedervereinigung zur Zahlung von Schmerzensgeld in Anspruch genommen werden konnte: die Sportärzte, die gesamtdeutschen Sportverbände oder sogar die Bundesrepublik Deutschland, vgl. dazu *Lehner/Freibüchler*, SpuRt 1995, 2ff.

67 *Marxen/Werle*, Aufarbeitung, S. 102.

68 Vgl. z.B. die Verfügungen der *Staatsanwaltschaft Neuruppin* v. 7.12.1999 – Az. 361 Js 27693/98 – sowie vom v. 21.12.1999 – Az. 361 Js 32623/98. Lediglich in zwei Fällen beantragten Staatsanwaltschaften Strafbefehle wegen Körperverletzung (auch) von männlichen Athleten, vgl. *AG Neubran-*

Der strafrechtliche Vorwurf beschränkte sich auf die Beteiligung an bestimmten vorsätzlich begangenen Körperverletzungen als Täter oder Teilnehmer. Die Mitwirkung an der Gestaltung oder Steuerung des staatlich gelenkten Dopingsystems wurde nicht explizit zum Gegenstand einer strafrechtlichen Würdigung gemacht.

Im Bereich des Dopings ergingen insgesamt 39 gerichtliche Entscheidungen. Sie beruhten zunächst auf Anklagen mit dem Antrag, das Hauptverfahren zu eröffnen. In den Jahren 1999 und 2000 gingen die Staatsanwaltschaften vermehrt dazu über, Strafbefehle zu beantragen. Das ist zum einen auf das Näherrücken des Zeitpunktes der absoluten Verjährung am 3. Oktober 2000 zurückzuführen. Das Strafbefehlsverfahren ermöglichte eine raschere Erledigung. Ein weiterer Grund ist darin zu sehen, dass nach dem ersten Urteil des LG Berlin vom 31. August 1998 im Verfahren gegen den Trainer *Gläser,* den Sportarzt *Binus und andere*[69] die wesentlichen tatsächlichen und rechtlichen Fragen als geklärt gelten konnten. Der in diesem Urteil niedergelegten Grundlinie der Rechtsprechung hinsichtlich der Dopingmittelvergabe in der DDR folgten die Gerichte in allen weiteren Verfahren. So ist es zu erklären, dass es letztlich nur in sechs[70] Verfahren zu einer Hauptverhandlung kam.

Insgesamt richteten sich die 39 Verfahren wegen DDR-Dopings gegen 68 Angeschuldigte.[71] In zwei Fällen kam es zu einer Verbindung des Verfahrens mit einem anderen. Für drei Angeschuldigte endete das Verfahren durch Einstellung, weil bereits die Eröffnung des Hauptverfahrens wegen Verjährung rechtskräftig abgelehnt wurde. Ebenfalls wegen Verjährung erging im weiteren Verfahrensverlauf in Bezug auf zwei Angeschuldigte eine Einstellungsentscheidung. Gegen 13 weitere Angeschuldigte erfolgte eine Einstellung aus anderen Gründen. 48 Angeklagte wurden rechtskräftig verurteilt, 35 davon im Strafbefehlsverfahren. Gegen 31 Angeklagte wurde eine Geldstrafe verhängt. In zwei Fällen bestand das Verfahrensergebnis in einer Verurteilung auf Bewährung gem. § 33 DDR-StGB. Lediglich 15 Angeklagte erhielten eine Freiheitsstrafe, deren Vollstreckung jedoch ausnahmslos zur Bewährung ausgesetzt wurde.

2. *Sachverhaltsfeststellungen*

Nur wenige der in Strafverfahren wegen Dopings ergangenen Urteile und Strafbefehle enthalten detaillierte Ausführungen zum Leistungssport- und Dopingsystem der DDR. Als Ausnahmen hervorzuheben sind das Urteil gegen den ehemaligen Schwimmtrainer

denburg, Strafbefehl v. 28.9.2000 – Az. 3 Cs 997/00 sowie *AG Suhl* Strafbefehl v. 14.1.2000 – Az. 510 Js 8730/99.

69 Vgl. lfd. Nr. 5.

70 In diesen sechs Verfahren ergingen folgende sieben Urteile: *LG Berlin,* Urteil v. 31.8.1998 – Az. (534) 28 Js 39/97 KLs (17/98) = lfd. Nr. 5-1; *LG Berlin* v. 7.12.1998 – Az. (534) 28 Js 39/97 KLs (33/97) = lfd. Nr. 5-2; *LG Berlin,* Urteil v. 25.9.1998 – Az. (512) 28 Js 105/97 KLs (8/98); *LG Berlin,* Urteil v. 7.12.1998 – Az. (534) 28 Js 39/97 KLs (33/97) = lfd. Nr. 5-2; *LG Berlin,* Urteil v. 22.12.1999 – Az. (522) 28 Js 195/97 KLs (40/99); *LG Berlin,* Urteil v. 12.1.2000 – Az. (522) 28 Js 195/97 Kls (50/99); *LG Berlin,* Urteil v. 18.7.2000 – Az. (538) 28 Js 14/98 KLs (23/99) = lfd. Nr. 7.

71 Das entspricht einem Anteil an allen Angeschuldigten in Strafverfahren wegen DDR-Unrechts von 3,9% bzw. von 4,5%, wenn jede innerhalb einer Deliktsgruppe mehrfach angeklagte Person nur einmal gezählt wird.

des SC Dynamo Berlin *Rolf Gläser* und den Sektionsarzt[72] *Dr. Dieter Binus*[73] sowie das Urteil gegen die Sportfunktionäre *Manfred Ewald* und *Dr. Manfred Höppner*[74].

Die Feststellungen der Gerichte in den genannten Urteilen betreffen im Wesentlichen die Bedeutung des Sports im politischen System der DDR, das Sportsystem, das Dopingsystem, die Planung und Geheimhaltung des Dopings und schließlich die Nebenwirkungen der Dopingmitteleinnahme. Es fällt auf, dass die Rolle des Ministeriums für Staatssicherheit (MfS) bei der Konzeption und der Umsetzung des DDR-Dopingsystems nicht thematisiert wird. Das erstaunt, weil der Einfluss des MfS erheblich gewesen sein dürfte.[75]

a) Die Bedeutung des Sports im politischen System der DDR

Sport gehörte zu einem der wesentlichen Elemente im kulturellen Leben der DDR.[76] In nahezu allen Gesellschaftsschichten genoss der Sport immens hohes Ansehen. Das Bestreben der Staatsführung, den Leistungssport für politische Zwecke zu instrumentalisieren, hatte seinen Ausgangspunkt in der politischen und wirtschaftlichen Lage der DDR in der zweiten Hälfte der 1960er Jahre.[77]

Außenpolitisch erstrebte die DDR die völkerrechtliche Anerkennung als zweiter deutscher Staat mit eigener Staatsangehörigkeit, was aber gegen den Widerstand der Bundesrepublik Deutschland nicht durchsetzbar war. Hinzu kamen innenpolitische Probleme.[78] Im Gegensatz zur florierenden Wirtschaft in der Bundesrepublik war die Lage auf dem Konsumgütermarkt in der DDR problematisch. Dieser Umstand führte zu einer zunehmenden Unzufriedenheit innerhalb der Bevölkerung.[79] Auch nahm der Druck auf die SED zu, Meinungs-, Presse- und Rundfunkfreiheit zu gewähren.[80]

Die DDR hatte daher das dringende Bedürfnis, ein Korrektiv für die innen- wie außenpolitisch schwierige Lage zu finden. Sehr bald wurde die Möglichkeit entdeckt, den

---

72 Die Sportclubs der DDR waren nach Sportarten in einzelne Sektionen aufgeteilt. Sektionsärzte waren in erster Linie für die gesundheitliche Betreuung der Sportler verantwortlich und stellten darüber hinaus ein Bindeglied zwischen den einzelnen Sektionen dar; *LG Berlin*, Urteil v. 31.8.1998 – Az. (534) 28 Js 39/37 KLs (17/98), UA S. 13 = lfd. Nr. 5-1, S. 119.

73 *LG Berlin*, Urteil v. 31.8.1998 – Az. (534) 28 Js 39/97 KLs (17/98) = lfd. Nr. 5-1. Auch das Urteil des *LG Berlin* v. 7.12.1998 – Az. (534) 28 Js 39/97 KLs (33/97) – gegen den gemeinsam mit *Gläser* und *Binus* angeklagten Arzt Dr. *Bernd Pansold* (= lfd. Nr. 5-2) enthält diesbezüglich umfangreiche Ausführungen, die allerdings bis auf wenige Abweichungen wörtlich aus dem Urteil v. 31.8.1998 übernommen wurden.

74 *LG Berlin*, Urteil v. 18.7.2000 – Az. (538) 28 Js 14/98 KLs (23/99) = lfd. Nr. 7. Vgl. zu diesem Verfahren auch *Geipel*, Verlorene Spiele und *dies.*, No Limit, S. 34ff.

75 Vgl. hierzu *Ulmen*, S. 28ff.; *Spitzer*, Sicherungsvorgang; *Geiger*, Sport, S. 662ff.

76 *LG Berlin*, Urteil v. 31.8.1998 – Az. (534) 28 Js 39/97 KLs (17/98), UA S. 6 = lfd. Nr. 5-1, S. 113.

77 *LG Berlin*, Urteil v. 31.8.1998 – Az. (534) 28 Js 39/97 KLs (17/98), UA S. 6 = lfd. Nr. 5-1, S. 113; *LG Berlin*, Urteil v. 25.9.1998 – Az. (512) 28 Js 105/97 KLs (8/98), UA S. 3; *LG Berlin*, Urteil v. 18.7.2000 – Az. (538) 28 Js 14/98 KLs (23/99), UA S. 5 = lfd. Nr. 7, S. 288.

78 *LG Berlin*, Urteil v. 31.8.1998 – Az. (534) 28 Js 39/97 KLs (17/98), UA S. 6 = lfd. Nr. 5-1, S. 114.

79 *LG Berlin*, Urteil v. 31.8.1998 – Az. (534) 28 Js 39/97 KLs (17/98), UA S. 6 = lfd. Nr. 5-1, S. 113; *LG Berlin*, Urteil v. 25.9.1998 – Az. (512) 28 Js 105/97 KLs (8/98), UA S. 3; *LG Berlin*, Urteil v. 18.7.2000 – Az. (538) 28 Js 14/98 KLs (23/99), UA S. 5 = lfd. Nr. 7, S. 289.

80 *LG Berlin*, Urteil v. 31.8.1998 – Az. (534) 28 Js 39/97 KLs (17/98), UA S. 6 = lfd. Nr. 5-1, S. 113.

Sport kompensatorisch zu nutzen.[81] Das Ziel der Staatsführung bestand darin, durch Erfolge bei internationalen Wettkämpfen wie Welt- und Europameisterschaften oder bei den Olympischen Spielen die „Überlegenheit der sozialistischen Gesellschaftsordnung" gegenüber dem Kapitalismus unter Beweis zu stellen[82] und zumindest auf diesem Gebiet die Bundesrepublik Deutschland zu übertreffen.[83] Gleichzeitig sah die SED im Erreichen sportlicher Erfolge ein Mittel, die Lage im Innern ruhig zu halten.[84]

b) Das Leistungsportsystem der DDR

Das politische Ziel der SED, die DDR zu einer sportlichen Weltmacht heranwachsen zu lassen, setzte eine straffe Organisation des Sports voraus.[85] Daher war die Förderung des Hochleistungssports eng mit der sonstigen Staatsstruktur und der staatstragenden Partei verbunden.[86] Der Spitzensport in der DDR gehörte zu den Bereichen, die mit einem außerordentlich hohen ökonomischen, wissenschaftlichen und personellen Aufwand gefördert wurden.[87]

Anders als im wirtschaftlichen Sektor betrug die Planungsphase hier nicht fünf, sondern aufgrund des Veranstaltungszyklus der Olympischen Spiele nur vier Jahre. Jeweils nach den Olympischen Spielen traf das Politbüro Beschlüsse zur weiteren Entwicklung des Sports bis zu den nächsten Spielen.[88]

---

81 *LG Berlin,* Urteil v. 31.8.1998 – Az. (534) 28 Js 39/37 KLs (17/98), UA S. 6 = lfd. Nr. 5-1, S. 114; *LG Berlin,* Urteil v. 18.7.2000 – Az. (538) 28 Js 14/98 KLs (23/99), UA S. 5 = lfd. Nr. 7, S. 288; vgl. auch *StA II bei dem LG Berlin,* Anklage v. 30.7.1999 – Az. 28 Js 14/98, S. 52.

82 *LG Berlin,* Urteil v. 31.8.1998 – Az. (534) 28 Js 39/37 KLs (17/98), UA S. 6 = lfd. Nr. 5-1, S. 114; *LG Berlin,* Urteil v. 18.7.2000 – Az. (538) 28 Js 14/98 KLs (23/99), UA S. 5 = lfd. Nr. 7, S. 288; vgl. auch *StA II bei dem LG Berlin,* Anklage v. 30.7.1999 – Az. 28 Js 14/98, S. 52.

83 *LG Berlin,* Urteil v. 31.8.1998 – Az. (534) 28 Js 39/97 KLs (17/98), UA S. 6 = lfd. Nr. 5-1, S. 114; *LG Berlin,* Urteil v. 25.9.1998 – Az. (512) 28 Js 105/97 KLs (8/98), UA S. 3; vgl. auch *StA II bei dem LG Berlin,* Anklage v. 24.2.1998 – Az. 28 Js 105/97, S. 24.

84 *LG Berlin,* Urteil v. 31.8.1998 – Az. (534) 28 Js 39/97 KLs (17/98), UA S. 6 = lfd. Nr. 5-1, S. 114; *LG Berlin,* Urteil v. 25.9.1998 – Az. (512) 28 Js 105/97 KLs (8/98), UA S. 3; *LG Berlin,* Urteil v. 18.7.2000 – Az. (538) 28 Js 14/98 KLs (23/99), UA S. 5 = lfd. Nr. 7, S. 289.

85 *LG Berlin,* Urteil v. 31.8.1998 – Az. (534) 28 Js 39/97 (17/98), UA S. 7, 12 = lfd. Nr. 5-1, S. 114, 118; *BGH,* Beschluss v. 9.2.2000 – Az. 5 StR 451/99, BA S. 6 = lfd. Nr. 5-3, S. 275; vgl. auch *StA II bei dem LG Berlin,* Anklage v. 18.9.1997 – Az. 28 Js 39/97, S. 27.

86 *BGH,* Beschluss v. 9.2.2000 – Az. 5 StR 451/99, BA S. 6 = lfd. Nr. 5-3, S. 275.

87 *LG Berlin,* Urteil v. 18.7.2000 – Az. (538) 28 Js 14/98 KLs (23/99), UA S. 6 = lfd. Nr. 7, S. 289; vgl. auch *BGH,* Beschluss v. 9.2.2000 – Az. 5 StR 451/99, BA S. 6 = lfd. Nr. 5-3, S. 275.

88 *LG Berlin,* Urteil v. 18.7.2000 – Az. (538) 28 Js 14/98 KLs (23/99), UA S. 19 = lfd. Nr. 7, S. 292. Die Gerichte gingen nicht näher auf die Rolle des Politbüros bzw. des Zentralkomitees der SED ein. Den Anklagen der *StA II bei dem LG Berlin* v. 18.9.1997 – Az. 28 Js 39/97, S. 27, sowie v. 24.10.1997 – Az. 28 Js 40/97, S. 28, zufolge legte das ZK fest, welcher Platz in der Nationenwertung zu erreichen war. Auf dieser Grundlage sei der dafür notwendige Goldmedaillenbedarf von Sportwissenschaftlern errechnet worden. Ein daraufhin erlassener Beschluss des Zentralkomitees habe quasi Gesetzeskraft gehabt. Die zuständigen Ministerien hätten zur Verwirklichung des jeweiligen Beschlusses die sachlichen Voraussetzungen schaffen und die Sportverbände eine Selektion geeigneter potenzieller Siegerkandidaten vornehmen müssen. Die Sportbeschlüsse des Politbüros sind dokumentiert bei *Teichler,* Sportbeschlüsse.

Wie alle politischen Bereiche war auch der Bereich des Sports nach dem Prinzip des „demokratischen Zentralismus“[89] strukturiert. Das Sportsystem der DDR war dementsprechend vertikal aufgebaut und umfasste eine Reihe gesellschaftlicher und staatlicher Einrichtungen, an deren Spitze das Zentralkomitee der SED stand.

Kennzeichnend für die Beziehung zwischen Politik und Sport in der DDR war ihre außerordentlich enge Verzahnung. Sportpolitische Rahmenentscheidungen wurden zwischen politischen bzw. staatlichen Institutionen und Sportorganisationen abgestimmt.[90] Dabei spielte vor allem *Manfred Ewald* eine entscheidende Rolle. Er war Mitglied im Zentralkomitee der SED und bekleidete in Personalunion verschiedene Ämter in den wichtigsten Einrichtungen des Sportsystems der DDR.[91] In diesen bestimmte *Ewald* die Richtung und die Aufgabe des Hochleistungsports der DDR.[92]

Die Institutionen des Leistungssportsystems ergänzten sich bei ihrem gemeinsamen Ziel, Medaillenerfolge und internationales Ansehen zu erlangen. Die Erkenntnisse der Wissenschaft und Forschung sollten sowohl für die Trainerausbildung als auch für das Training selbst genutzt werden. Die Deutsche Hochschule für Körperkultur und Sport, das Forschungsinstitut für Körperkultur und Sport und der Sportmedizinische Dienst waren für die Erarbeitung der wissenschaftlichen Grundlagen zuständig. Der ebenfalls staatlich organisierte Deutsche Turn- und Sportbund und die Leistungssportkommission waren für die praktische Umsetzung der Forschungsergebnisse verantwortlich.[93]

Aber nicht nur die einzelnen Einrichtungen des Spitzensports waren von Bedeutung. Für die Verwirklichung der Sportpolitik der SED waren die Sportverbände, die jeweiligen Sportvereine, vor allem aber die Sportlerinnen und Sportler gleichermaßen wichtig. Die Talentsichtung erfolgte durch Sportfunktionäre im gesamten Gebiet der DDR.[94] Geeignete Personen wurden bestimmten Kadern zugeordnet, die in drei Leistungsklassen unterteilt waren.[95]

c) Das Dopingsystem

Mitte der 1960er Jahre gelangten Sport- und Staatsführung zu der Auffassung, dass es in der DDR wegen der geringen Bevölkerungszahl nicht genügend Ausnahmetalente gab, um der internationalen Konkurrenz standhalten zu können.[96] Mangelnde Ergiebig-

89 Vgl. Art. 47 Abs. 2 Verfassung der DDR von 1968.

90 *LG Berlin*, Urteil v. 31.8.1998 – Az. (534) 28 Js 39/37 KLs (17/98), UA S. 12 = lfd. Nr. 5-1, S. 118.

91 *LG Berlin*, Urteil v. 31.8.1998 – Az. (534) 28 Js 39/97 KLs (17/98), UA S. 7 = lfd. Nr. 5-1, S. 114; *LG Berlin*, Urteil v. 25.9.1998 – Az. (512) 28 Js 105/97 KLs (8/98), UA S. 4; *LG Berlin*, Urteil v. 18.7.2000 – Az. (538) 28 Js 14/98 KLs (23/99), UA S. 7 = lfd. Nr. 7, S. 290.

92 *LG Berlin*, Urteil v. 31.8.1998 – Az. (534) 28 Js 39/97 KLs (17/98), UA S. 12 = lfd. Nr. 5-1, S. 118; *LG Berlin*, Urteil v. 18.7.2000 – Az. (538) 28 Js 14/98 KLs (23/99), UA S. 8f. = lfd. Nr. 7, S. 290.

93 *LG Berlin*, Urteil v. 31.8.1998 – Az. (534) 28 Js 39/97 KLs (17/98), UA S. 7ff. = lfd. Nr. 5-1, S. 114.

94 *LG Berlin*, Urteil v. 31.8.1998 – Az. (534) 28 Js 39/97 KLs (17/98), UA S. 13f. = lfd. Nr. 5-1, S. 119f.; vgl. auch *LG Berlin*, Urteil v. 18.7.2000 – Az. (538) 28 Js 14/98 KLs (23/99), UA S. 22 = lfd. Nr. 7, S. 289.

95 *LG Berlin*, Urteil v. 18.7.2000 – Az. (538) 28 Js 14/98 KLs (23/99), UA S. 22 = lfd. Nr. 7, S. 294. Teilweise wurden sie auch als A-, B- und C-Kader bezeichnet, vgl. *LG Berlin*, Urteil v. 31.8.1998 – Az. (534) 28 Js 39/97 KLs (17/98), UA S. 14, 22 = lfd. Nr. 5-1, S. 120.

96 *LG Berlin*, Urteil v. 31.8.1998 – Az. (534) 28 Js 39/97 KLs (17/98), UA S. 19 = lfd. Nr. 5-1, S. 124.

keit der Nachwuchssichtung und die Erkenntnis, dass auch die beste Trainingsmethodik an ihre Grenzen stößt,[97] führten zum Aufbau eines flächendeckenden Dopingsystems.

Nachdem die Dopingmittelvergabe zunächst eher unkontrolliert erfolgt war, entwickelte sie sich seit den 1970er Jahren zu einem umfassenden, von der Staats- und Sportführung verordneten System.[98] An der Spitze standen über zwei Jahrzehnte hinweg *Manfred Ewald* und *Dr. Manfred Höppner*.[99] Federführend machten sie als Verbindungsglieder zwischen Sport und Politik das Doping zum Regierungsprogramm. Im Jahre 1975 wurde eine Arbeitsgruppe unter der Leitung von *Höppner* gebildet, die aus Sportmedizinern und Sportfunktionären bestand. Zu ihren Aufgaben gehörten im Wesentlichen die Beschaffung und Verteilung von Dopingmitteln sowie die Kontrolle ihrer Anwendung.

Der hohe politische Stellenwert des Dopings kam auch darin zum Ausdruck, dass die Unterstützung durch Forschung zum Staatsplanthema 14.25[100] gemacht wurde. Demgegenüber wurde die Gesundheit der Sportlerinnen und Sportler dem Ansehen des Staates untergeordnet.[101] So äußerte der Sportfunktionär *Ewald* über etwaige Risiken der Dopingmittelvergabe, dass „man zwar die Sportler der DDR nicht schädigen wolle, aber ein gewisses Risiko in Kauf nehmen müsse.“[102]

Kennzeichnend für das Dopingsystem der DDR war dessen außerordentlich gut geplante und organisierte Geheimhaltung. Sie sollte verhindern, dass das Ansehen der DDR als erfolgreiche Sportnation beschädigt wurde.[103] Die Maßnahmen reichten von der Vernichtung sämtlicher Gesprächsprotokolle zu diesem Thema bis hin zu einem umfangreichen Kontrollsystem bei der Ausreise von Sportlerinnen und Sportlern, um sicherzustellen, dass der Einsatz von Dopingmitteln bei internationalen Wettkämpfen unentdeckt blieb.[104] Um die Gefahr einer Aufdeckung zu verringern, musste insbesondere eine eigenmächtige Vergabe von Dopingmitteln durch Verbandsärzte oder Trainer verhindert werden.[105]

---

97 *LG Berlin*, Urteil v. 31.8.1998 – Az. (534) 28 Js 39/97 KLs (17/98), UA S. 19 = lfd. Nr. 5-1, S. 124; *LG Berlin*, Urteil v. 18.7.2000 – Az. (538) 28 Js 14/98 KLs (23/99), UA S. 6 = lfd. Nr. 7, S. 289.

98 *LG Berlin*, Urteil v. 31.8.1998 – Az. (534) 28 Js 39/97 KLs (17/98), UA S. 19 = lfd. Nr. 5-1, S. 124; *LG Berlin*, Urteil v. 18.7.2000 – Az. (538) 28 Js 14/98 KLs (23/99), UA S. 6 = lfd. Nr. 7, S. 289.

99 *LG Berlin*, Urteil v. 18.7.2000 – Az. (538) 28 Js 14/98 KLs (23/99), UA S. 7ff. = lfd. Nr. 7, S. 290ff.

100 „Staatsplanthemen nahmen im System der Forschung der ehemaligen DDR eine besondere Stellung ein, weil das Ministerium für Wissenschaft und Technik dabei als Koordinator auftrat und den Fortgang der einzelnen Projekte überwachte. Es war dabei dazu berechtigt, im Zusammenhang mit solchen Projekten Anforderungen an andere Ministerien zur Bereitstellung von Kapazitäten, Geräten, Chemikalien bzw. zur Bearbeitung bestimmter Forschungsthemen zu richten.“; *LG Berlin*, Urteil v. 31.8.1998 – Az. (534) 28 Js 39/97 KLs (17/98), UA S. 34 = lfd. Nr. 5-1, S. 131.

101 *BGH*, Beschluss v. 9.2.2000 – Az. 5 StR 451/99, BA S. 6 = lfd. Nr. 5-3, S. 275; *LG Berlin*, Urteil v. 18.7.2000 – Az. (538) 28 Js 14/98 KLs (23/99), UA S. 7, 26 = lfd. Nr. 7, S. 290, 296.

102 Vgl. *LG Berlin*, Urteil v. 18.7.2000 – Az. (538) 28 Js 14/98 KLs (23/99), UA S. 19, 53 = lfd. Nr. 7, S. 292, 317.

103 *LG Berlin*, Urteil v. 31.8.1998 – Az. (534) 28 Js 39/97 KLs (17/98), UA S. 48 = lfd. Nr. 5-1, S. 143; *LG Berlin*, Urteil v. 18.7.2000 – Az. (538) 28 Js 14/98 KLs (23/99), UA S. 6 = lfd. Nr. 7, S. 289.

104 *LG Berlin*, Urteil v. 31.8.1998 – Az. (534) 28 Js 39/97 KLs (17/98), UA S. 48ff. = lfd. Nr. 5-1, S. 143ff.

105 *LG Berlin*, Urteil v. 31.8.1998 – Az. (534) 28 Js 39/97 KLs (17/98), UA S. 20, 50, 62, 101f. = lfd. Nr. 5-1, S. 125, 144f., 153, 184; *LG Berlin*, Urteil v. 18.7.2000 – Az. (538) 28 Js 14/98 KLs (23/99), UA S. 25f. = lfd. Nr. 7, S. 292.

Die Staats- und Sportführung sah aber auch in den Sportlerinnen und Sportlern selbst ein Sicherheitsrisiko.[106] Durch gezielte Desinformation sollte zum einen vermieden werden, dass sie bewusst oder unbewusst Informationen an Dritte weitergaben. Zum anderen sollte verhindert werden, dass sich die Betroffenen der Dopingvergabe entzogen oder sogar protestierten.[107] Als Strategie zur Verwirklichung der Geheimhaltung wurde daher beschlossen, Sportlerinnen und Sportlern unter 18 Jahren und ihren Eltern nicht mitzuteilen, welche Präparate man verabreichte. Insbesondere wurden sie nicht über Risiken und Nebenwirkungen aufgeklärt. Vielmehr wurde die Legende gewählt, dass es sich bei den Medikamenten um Vitaminpräparate handele.[108] Personen über 18 Jahren wurden teilweise informiert und zum Schweigen verpflichtet.[109] Zumeist wurde ihnen erklärt, dass die Präparate nur dazu dienten, das harte Training besser zu überstehen.[110] Daher war bis in die letzten Jahre der DDR die euphemistische Bezeichnung „unterstützende Mittel“[111] gebräuchlich.[112] Von „Doping“ war nie die Rede.

d) *Dopingmittel und ihre Wirkung*

Das in der DDR am häufigsten verwendete Dopingmittel war Oral-Turinabol, das im volkseigenen Betrieb Jenapharm hergestellt wurde.[113] Dieses anabole Steroid hat bei medizinisch nicht indiziertem Einsatz nicht nur die gewünschten leistungssteigernden Wirkungen wie Muskelzuwachs, sondern auch etliche Schäden und Krankheiten zur Folge. Insbesondere bei heranwachsenden Frauen treten vor allem im Fall langfristiger und hoch dosierter Anwendung von Anabolika schwere, teilweise irreversible Nebenwirkungen auf. Augenscheinlichste Nebenwirkung ist die „Vermännlichung“ (Virilisierung) bei Sportlerinnen (Veränderungen der Stimme, der Köperbehaarung, des Körperbaus).

---

106 *LG Berlin*, Urteil v. 31.8.1998 – Az. (534) 28 Js 39/97 KLs (17/98), UA S. 48 = lfd. Nr. 5-1, S. 144.

107 *LG Berlin*, Urteil v. 31.8.1998 – Az. (534) 28 Js 39/97 KLs (17/98), UA S. 51 = lfd.Nr. 5-1, S. 144.

108 *LG Berlin*, Urteil v. 31.8.1998 – Az. (534) 28 Js 39/97 KLs (17/98), UA S. 51, 117 = lfd.Nr. 5-1, S. 145, 197; *LG Berlin*, Urteil v. 20.8.1998 – Az. (512) 28 Js 105/97 KLs (8/98), UA S. 5; *BGH*, Beschluss v. 9.2.2000 – Az. 5 StR 451/99, BA S. 3 = lfd. Nr. 5-3, S. 274.

109 *LG Berlin*, Urteil v. 31.8.1998 – Az. (534) 28 Js 39/97 KLs (17/98), UA S. 51 = lfd.Nr. 5-1, S. 145; *LG Berlin*, Urteil v. 12.2000 – Az. (552) 28 Js 195/97 KLs (50/99), UA S. 7.

110 Vgl. *LG Berlin*, Urteil v. 18.7.2000 – Az. (538) 28 Js 14/98 KLs (23/99), UA S. 30. Allerdings gab es Ausnahmen. Einige Trainer hielten sich nicht an die Weisungen zur Geheimhaltung. – Einige Sportlerinnen haben im Verfahren erklärt, über die Wirkungsweise der verwendeten Präparate aufgeklärt worden oder sonst informiert gewesen zu sein oder das Mittel des Erfolges wegen eingenommen zu haben. In diesen Fällen wurde das Verfahren gemäß § 170 Abs. 2 StPO eingestellt, vgl. Verfügung der *StA Neuruppin* v. 7.12.1999 – Az. 361 Js 27693/98.

111 Dieser Begriff sollte „ideologisch klar zum Ausdruck zu bringen, dass für die Leistungsentwicklung das Training mit all seinen Grundsätzen bestimmend ist.“; vgl. *LG Berlin*, Urteil v. 31.8.1998 – Az. (534) 28 Js 39/97 KLs (17/98), UA S. 23 = lfd. Nr. 5-1 126.

112 *LG Berlin*, Urteil v. 25.9.1998 – Az. (512) 28 Js 105/97 KLs (8/98), UA S. 3; *LG Berlin*, Urteil v. 20.1.2000 – Az. (5522) 28 Js 195/97 KLs (50/99), UA S. 4.

113 *LG Berlin*, Urteil v. 31.8.1998 – Az. (534) 28 Js 39/97 KLs (17/98), UA S. 27 = lfd. Nr. 5-1 134; *LG Berlin*, Urteil v. 18.7.2000 – Az. (538) 28 Js 14/98 KLs (23/99), UA S. 26 = lfd. Nr. 7, S. 297.

Daneben kann es zu Muskelverhärtungen, Organschädigungen und Knochenschäden kommen.[114]

3. Strafrechtliche Einordnung

a) Strafanwendungsrecht

Die strafanwendungsrechtliche Problematik stellte sich bei Dopingstraftaten nicht wesentlich anders dar als in der Fallgruppe der Gefangenenmisshandlung, soweit Vorschriften aus dem Bereich der Körperverletzungsdelikte in Betracht kamen. Daher kann hier auf die entsprechenden Ausführungen verwiesen werden.[115] Probleme im Zusammenhang mit dem Erfordernis, das „mildeste Gesetz" (§ 2 Abs. 3 StGB) anzuwenden, traten bei der Bestimmung der Beteiligungsform und bei der Strafzumessung auf; sie werden im Folgenden an entsprechender Stelle behandelt.[116]

b) Verjährung

Die Frage der Verjährung hing bei den Dopingverfahren gleichermaßen wie bei den Verfahren wegen Gefangenenmisshandlung zunächst davon ab, ob im Sinne des ersten Verjährungsgesetzes vom 26. März 1993 für den Zeitraum der Existenz der DDR ein Ruhen der Verjährung anzunehmen war, weil entsprechend dem ausdrücklichen oder mutmaßlichen Willen der Staats- und Parteiführung aus politischen oder sonst mit wesentlichen Grundsätzen einer freiheitlichen rechtsstaatlichen Ordnung unvereinbaren Gründen eine Ahndung unterblieben war. Da die Taten im Rahmen eines staatlich gelenkten Systems begangen worden waren, drängte sich eine bejahende Antwort auf. Der BGH bestätigte diesen Standpunkt in einem Beschluss vom 9. Februar 2000. Darin führte er unter Bezugnahme auf frühere Entscheidungen zu anderen Deliktsgruppen aus, dass die Verjährung auch bei staatlich gelenkter Vergabe schädlicher Dopingmittel an uneingeweihte Athletinnen und Athleten aufgrund eines quasigesetzlichen Verfolgungshindernisses geruht habe.[117] Zwar sei „der Einsatz von Dopingmitteln im Hochleistungssport keine Besonderheit [...], die ausschließlich für totalitäre Unrechtssysteme kennzeichnend wäre"[118]. In der DDR hätten das Doping sowie dessen Geheimhaltung jedoch als zentrale staatliche Aufgaben gegolten. Aus der Gesamtheit dieses systematischen Vorgehens ergebe sich, dass die entsprechenden Körperverletzungshandlungen in der DDR aus politischen Gründen ohne strafrechtliche Folgen geblieben seien.[119]

Somit hat die Verjährung vom 11. Oktober 1949 bis zum 2. Oktober 1990 geruht. Gemäß § 78 Absatz 3 Nr. 4 StGB wäre die Verjährung nach fünf Jahren eingetreten.

114 *LG Berlin*, Urteil v. 31.8.1998 – Az. (534) 28 Js 39/97 KLs (17/98), UA S. 41ff. = lfd. Nr. 5-1 138; *BGH*, Beschluss v. 9.2.2000 – Az. 5 StR 451/99, BA S. 4 = lfd. Nr. 5-3, S. 274; *LG Berlin*, Urteil v. 18.7.2000 – Az. (538) 28 Js 14/98 KLs (23/99), UA S. 26ff. = lfd. Nr. 7, S. 297ff.

115 Oben I. 3. a), S. XXXIIIf.

116 Unten II. 3. d) und e), S. XLVIIIf. und XLVIIIf.

117 *BGH*, Beschluss v. 9.2.2000 – Az. 5 StR 451/99, BA S. 4 = lfd. Nr. 5-3, S. 274].

118 *BGH*, Beschluss v. 9.2.2000 – Az. 5 StR 451/99, BA S. 8 = lfd. Nr. 5-3, S. 276 unter Hinweis auf *Berendonk*, Doping-Dokumente, S. 228ff.

119 *BGH*, Beschluss v. 9.2.2000 – Az. 5 StR 451/99, BA S. 7 = lfd. Nr. 5-3, S. 276.

Das zweite und das dritte Verjährungsgesetz bewirkten eine Fristverlängerung bis zum 2. Oktober 2000.[120] Seither sind DDR-Dopingstraftaten nicht mehr verfolgbar.

c) *Strafbarkeit*

Die Feststellung einer tatbestandsmäßigen Körperverletzungshandlung bereitete den Gerichten in aller Regel keine Probleme. Beide Strafvorschriften – § 115 Absatz 1 DDR-StGB und § 223 Absatz 1 StGB – setzen eine Gesundheitsschädigung beim Opfer voraus. Dafür reicht bereits aus, dass eine Verabreichung anaboler Steroide zu „somatisch faßbaren nachteiligen Veränderungen der Körperbeschaffenheit" führt, „auch wenn klinisch erkennbare Schäden nicht oder nicht sogleich erkennbar sind".[121] Konkret wurden sogar ganz erhebliche Gesundheitsschädigungen festgestellt, weil den zumeist jugendlichen Sportlerinnen über einen längeren Zeitraum anabole Steroide in größerer Dosis zugeführt worden waren, was massive Eingriffe in das gesamtkörperliche Geschehen und gravierende innerliche und äußerliche körperliche Veränderungen zur Folge hatte.[122] Die Kausalität konnte zumeist „mit einem nach der Lebenserfahrung ausreichendem Maß an Sicherheit" angenommen werden.[123] Insbesondere durch den großen Zeitabstand bedingte Beweisprobleme ließen jedoch in einigen Verfahren Zweifel aufkommen, die sich dann zugunsten der Angeklagten auswirkten. Keinen Anlass sahen die Gerichte, die Dopingmittelvergabe als straflosen ärztlichen Heileingriff einzustufen.[124] Dieser setze eine medizinische Indikation voraus, die jedoch nicht vorgelegen habe.[125]

Thematisiert wurde noch eine Rechtfertigung im Wege der Einwilligung. Sowohl das Recht der DDR als auch das Recht der Bundesrepublik kennen einen solchen Rechtfertigungsgrund. Er hat aber zur Voraussetzung, dass der Betroffene die Einwilligung frei von Willenmängeln, wie Täuschung, Irrtum oder Zwang, sowie in Kenntnis der Tragweite und Folgen abgibt.[126] Diese Anforderungen waren in keinem gerichtlich entschie-

---

120 Vgl. *Marxen/Werle*, Aufarbeitung, S. 6f.

121 *LG Berlin*, Urteil v. 31.8.1998 – Az. (534) 28 Js 39/97 KLs (17/98), UA S. 154 = lfd. Nr. 5-1, S. 227.

122 *LG Berlin*, Urteil v. 31.8.1998 – Az. (534) 28 Js 39/97 KLs (17/98), UA S. 154 = lfd. Nr. 5-1, S. 228; vgl. auch *StA II bei dem LG Berlin*, Anklage v. 18.9.1997 – Az. 28 Js 39/97, S. 124 unter Hinweis auf *Ahlers*, Doping, S. 39; s. auch die Ausführungen dazu bei *Karakaya*, Doping, S. 90f.; *Mestwerdt*, Doping, S. 68ff.; *Klug*, S. 75ff.

123 *LG Berlin*, Urteil v. 31.8.1998 – Az. (534) 28 Js 39/97 KLs (17/98), UA S. 155 = lfd. Nr. 5-1, S. 228.

124 *LG Berlin*, Urteil v. 31.8.1998 – Az. (534) 28 Js 39/97 KLs (17/98), UA S. 152ff. = lfd. Nr. 5-1, S. 226f.; vgl. auch *StA II bei dem LG Berlin*, Anklage v. 18.9.1997 – Az. 28 Js 39/97, S. 123.

125 *LG Berlin*, Urteil v. 31.8.1998 – Az. (534) 28 Js 39/97 KLs (17/98), UA S. 153 = lfd. Nr. 5-1, S. 227; *LG Berlin*, Urteil v. 18.7.2000 – Az. (538) 28 Js 14/98 KLs (23/99), UA S. 58 = lfd. Nr. 7, S. 320. Vgl. dazu auch die ähnlichen Ausführungen bei *Karakaya*, Doping, S. 93f.; *Mestwerdt*, Doping, S. 75f.; *Müller*, Doping, S. 43ff.; *Rain*, Einwilligung, S. 66ff. Vgl. auch die Darstellung in der Anklage der *StA II bei dem LG Berlin* v. 18.9.1997 – Az. 28 Js 39/97, S. 123 (unter Hinweis auf *Ahlers*, Doping, S. 32 sowie *Linck*, NJW 1987, 2545ff. und *Turner*, MDR 1991, 569-575): Bei gesunden Sportlerinnen und Sportlern gebe es keinen medizinischen Grund, Dopingmittel einzusetzen. Aus ärztlicher Sicht sei Doping strikt und unmissverständlich abzulehnen gewesen. Doping diene einer künstlichen Leistungssteigerung; dies begründe keine medizinische Indikation.

126 *LG Berlin*, Urteil v. 31.8.1998 – Az. (534) 28 Js 39/97 KLs (17/98), UA S. 156 = lfd. Nr. 5-1, S. 229, *LG Berlin*, Urteil v. 7.12.1998 – Az. (534) 28 Js 39/97 KLs (33/97), UA S. 180 = lfd. Nr. 5-2 268 und *LG Berlin*, Urteil v. 18.7.2000 – Az. (538) 28 Js 14/98 KLs (23/99), UA S. 59, 65 = lfd. Nr. 7,

denen Fall erfüllt. Bei Opfern im Alter von 14 Jahren und jünger schloss mangelnde Einwilligungsfähigkeit eine Rechtfertigung von vornherein aus.[127] Soweit die Dopingmittelvergabe minderjährige Sportlerinnen betraf, die älter als 14 Jahre waren, war hinsichtlich der Frage, ob sie das Wesen, die Bedeutung und die Tragweite des Eingriffs in vollem Umfang hatten erkennen können, auf den jeweiligen individuellen Reifegrad abzustellen.[128] Letztlich kam es darauf aber nicht an, weil die Betroffenen ohnehin mittels der Legende der Vitaminvergabe über die tatsächliche Dopingmittelverabreichung getäuscht worden waren.[129] Das Fehlen der Voraussetzungen für eine rechtfertigende Einwilligung stellten die Gerichte auch bei volljährigen Sportlerinnen als Opfer fest, weil sie nicht hinreichend über die schädlichen Nebenwirkungen aufgeklärt worden waren.[130]

d) Beteiligungsformen

Die an der Dopingmittelvergabe beteiligten Trainer der Sportvereine wurden durchweg als Täter einer Körperverletzung verurteilt. Denn sie waren es gewesen, die die Dopingmittel an die Sportlerinnen übergeben und deren Einnahme auch teilweise überwacht hatten. Im Hinblick auf Ärzte wurde unterschieden: Wer den Athletinnen Dopingpräparate direkt verabreicht hatte, wurden als Täter eingestuft, während diejenigen, die lediglich Dopingmittel an die Trainer übergeben hatten, nur wegen Beihilfe belangt wurden.

Das Verfahren gegen *Ewald* und *Höppner* wies in dieser Hinsicht Besonderheiten auf. Zwar waren sie die maßgeblichen Personen auf der Planungs- und Leitungsebene des Dopingsystems gewesen. Gleichwohl wurden sie lediglich wegen Beihilfe verurteilt. Ihnen kam zugute, dass nur nach bundesdeutschem Recht, nicht aber nach dem Recht der DDR die Möglichkeit bestand, sie als Mittäter einzustufen. Wegen des Grundsatzes des Vorrangs des milderen Rechts musste es bei einer Bestrafung wegen Beihilfe bleiben.[131]

e) Strafzumessung

Auch für die Festlegung der Rechtsfolgen in den Strafverfahren wegen Dopings galt das Prinzip, dass zunächst strikt alternativ eine Strafe sowohl nach bundesdeutschem Recht als auch nach dem Strafgesetzbuch der DDR zu bilden und sodann unter Berücksichtigung des Grundsatzes des mildesten Gesetzes die zu verhängende Strafe zu bestimmen

---

S. 321f., 325, teilweise unter Hinweis auf § 12 Abs. 3 des Arzneimittelgesetzes der DDR v. 27. November 1986; vgl. auch *StA II bei dem LG Berlin*, Anklage v. 18.9.1997 – Az. 28 Js 39/97, S. 126 unter Hinweis auf das Lehrbuch der DDR zum Strafrecht, Allgemeiner Teil, Berlin, 1976, S. 420; vgl. auch *Kargl*, JZ 2002, 394; *Fischer*, § 228 Rn. 4-7; *Schönke/Schröder*, § 228 Rn. 18.

127 *StA II bei dem LG Berlin*, Anklage v. 18.9.1997 – Az. 28 Js 39/97, S. 126; *Mestwerdt*, S. 91.

128 *StA II bei dem LG Berlin*, Anklage v. 18.9.1997 – Az. 28 Js 39/97, S. 127 unter Hinweis auf *Kohlhaas*, NJW 1979, S. 1960.

129 *StA II bei dem LG Berlin*, Anklage v. 18.9.1997 – Az. 28 Js 39/97, S. 127; *LG Berlin*, Urteil v. 31.8.1998 – Az. (534) 28 Js 39/97 KLs (17/98), UA S. 156 = lfd. Nr. 5-1, S. 229.

130 *AG Cottbus*, Strafbefehl v. 9.2.2000 – Az. 74 Cs 361 Js 27693/98 (1318/99).

131 *LG Berlin*, Urteil v. 18.7.2000 – Az. (538) 28 Js 14/98 KLs (23/99), UA S. 59ff., 66 = lfd. Nr. 7, S. 321ff., 326.

war.[132] Der Vorgang erforderte einen Gesamtvergleich der einschlägigen Körperverletzungsnormen im Hinblick auf den konkreten Einzelfall.

Schwierigkeiten ergaben sich vor allem in den Fällen, in denen aufgrund der Tatschwere eine Geldstrafe nicht in Betracht kam. Nach § 45 Absatz 1 DDR-StGB konnte eine Freiheitsstrafe allein während des laufenden Vollzugs zur Bewährung ausgesetzt werden. Demgegenüber ermöglicht § 56 StGB das Aussetzen des Vollzugs einer Freiheitsstrafe zur Bewährung bereits zum Zeitpunkt der Verurteilung. Allerdings verfügte das DDR-StGB mit der in § 33 geregelten Verurteilung auf Bewährung über eine selbstständig ausgestaltete Strafart ohne Freiheitsentzug. § 115 DDR-StGB, der die Körperverletzung unter Strafe stellte, sah diese Sanktionsform ausdrücklich vor.

In einem Verfahren, das Fälle von Gefangenenmisshandlung betraf, hatte der BGH in seinem Urteil vom 26. April 1995 sowie in einem Beschluss vom gleichen Tage festgestellt, „daß für DDR-Alttaten auch nach dem Wirksamwerden des Beitritts die dem StGB fremde Verurteilung auf Bewährung nicht ausgeschlossen ist".[133] Er hatte das erstinstanzliche Urteil unter anderem deshalb aufgehoben, weil sich die Richter nicht mit der Möglichkeit auseinandergesetzt hatten, den Angeklagten gem. §§ 115, 33 DDR-StGB auf Bewährung zu verurteilen.[134]

Vor dem Hintergrund dieser BGH-Rechtsprechung erscheinen sämtliche Verurteilungen zu Freiheitsstrafen in Doping-Verfahren, die im Strafbefehlsverfahren ergingen, bedenklich, weil sie die Möglichkeit einer Verurteilung auf Bewährung – wie auch generell die Frage des mildesten Rechts – nicht erörtern.[135] Auch in den beiden einzigen Urteilen in einem Doping-Verfahren, in denen auf eine Freiheitsstrafe erkannt wurde, scheint das zuständige LG Berlin eine Verurteilung auf Bewährung nach dem DDR-StGB nicht erwogen zu haben. Es begründete die Anwendung des bundesdeutschen StGB damit, „dass die Vollstreckung der hier einzig in Frage kommenden Freiheitsstrafe nach StGB gemäß § 56 StGB zur Bewährung ausgesetzt werden konnte, was das StGB der DDR im Fall des § 115 Abs. 1 StGB/DDR nicht zulässt."[136]

Demgegenüber kam eine andere Kammer desselben Gerichts in einem Urteil vom 18. Juli 2000 zu dem Ergebnis, dass eine Verurteilung auf Bewährung nach DDR-StGB

---

132 *LG Berlin,* Urteil v. 12.1.2000 – Az. (522) 28 Js 195/97 Kls (50/99), UA S. 12; *LG Berlin,* Urteil v. 18.7.2000 – Az. (538) 28 Js 14/98 KLs (23/99), UA S. 56 = lfd. Nr. 7, S. 319.

133 *BGH,* Urteil v. 26.4.1995, UA S. 7ff. = lfd. Nr. 1-2, S. 33f.; *ders.,* Beschluss v. 26.4.1995 – Az. 3 StR 93/95, UA S. 6ff. = lfd. Nr. 1-3, S. 38f.

134 *BGH,* Beschluss v. 26.4.1995 – Az. 3 StR 93/95, UA S. 6ff. = lfd. Nr. 1-3, S. 38f.

135 Vgl. statt aller AG *Tiergarten,* Strafbefehl v. 15.4.1999 – Az. 244 Cs 293/99. Auch bei den Verurteilungen zu einer Geldstrafe wurde die Frage des milderen Rechts meist nicht problematisiert. So verhängte das *LG Berlin* durch Urteil v. 31.8.1998 – Az. (534) 28 Js 39/97 KLs (17/98), UA S. 157 = lfd. Nr. 5-1, S. 230 Geldstrafen gegen die Angeklagten und wendete dabei, ohne die Gründe näher zu erörtern, das DDR-StGB als das im konkreten Vergleich mildere Recht an. Insbesondere vielen Strafbefehlen lässt sich nicht einmal entnehmen, ob letztlich bundesdeutsches oder DDR-Recht zu Anwendung kam. Eine Ausnahme hiervon stellen die Strafbefehle des *AG Leipzig* v. 28.2.2000 – Az. 63 Cs 606 Js 45824/99, S. 4 sowie v. 6.3.2000 – Az. 83 Cs 606 Js 45784/99, S. 4f. dar, wo es heißt, der Vergleich führe im konkreten Fall zur Anwendung von DDR-Recht, da dort auch unter Berücksichtigung der zwingenden Strafmilderung für Beihilfe gemäß §§ 27 Abs. 2, 49 Abs. 1 Nr. 2 die geringere Höchststrafe angedroht werde.

136 *LG Berlin,* Urteil v. 22.12.1999 – (522) 28 Js 195/97 Kls (40/99), UA S. 17 und v. 12.1.2000 – Az. (522) 28 Js 195/97 Kls (50/99), UA S. 12.

möglich sei und gegenüber einer Verurteilung nach dem StGB zu einer Freiheitsstrafe, deren Vollzug zur Bewährung ausgesetzt werde, die günstigere Rechtsfolge darstelle.[137]

Sofern eine Verurteilung zu einer Freiheitsstrafe erfolgte, wurde deren Vollstreckung durchgängig zur Bewährung ausgesetzt. Die Strafen fielen zumeist recht milde aus.[138] Als Grund wurde unter anderem angeführt, dass die Taten bereits längere Zeit zurücklägen und nicht mehr verfolgt werden könnten, wenn der Gesetzgeber nicht die Verjährungsfrist verlängert hätte.[139] Darüber hinaus müsse die Einbindung in einen Systemzusammenhang zugunsten der Angeklagten berücksichtigt werden.[140] Strafmildernd wurden auch Geständnisse[141] oder zumindest Entschuldigungen[142] der Angeklagten gewertet. Dagegen wirkte es sich strafschärfend aus, wenn die Angeklagten die Gesundheit der ihnen anvertrauten Sportlerinnen und Sportler aus Eigennutz aufs Spiel gesetzt hatten, um ihre privilegierten Stellungen nicht zu verlieren.[143]

III. Die Strafverfahren wegen Denunziationen

Insgesamt richtete sich die Strafverfolgung wegen Denunziationen gegen Beschuldigte, die offiziellen Stellen in der DDR Informationen über angebliche oder tatsächliche Regimegegner geliefert haben. Diese Informationen sind den Beschuldigten in ihrer Eigenschaft als Inoffizielle Mitarbeiter des MfS, durch ihre berufliche Tätigkeit, etwa als Arzt oder Rechtsanwalt, oder aufgrund privater Kontakte bekannt geworden. Denunziationen, die von MfS-Mitarbeitern begangen worden sind, wurden bereits andernorts ausführlich behandelt.[144] Die folgenden Ausführungen beschränken sich deshalb auf die Strafverfahren gegen solche Personen, bei denen ein Bezug zum MfS zum Tatzeitpunkt (noch) nicht vorhanden war[145] oder zumindest nicht nachgewiesen werden konnte.

---

137 *LG Berlin*, Urteil v. 18.7.2000 – Az. (538) 28 Js 14/98 KLs (23/99), UA S. 66f. = lfd. Nr. 7, S. 326f.

138 Zur Höhe der verhängten Freiheits- und Geldstrafen vgl. *Marxen u.a.*, Strafverfolgung, S. 44 bzw. 46.

139 Vgl. z.B. *LG Berlin*, Urteil v. 31.8.1998 – Az. (534) 28 Js 39/97 KLs (17/98), UA S. 157 = lfd. Nr. 5-1, S. 230.

140 *LG Berlin*, Urteil v. 20.1.2000 – Az. (522) 28 Js 195/97 Kls (50/99), UA S. 12.

141 Vgl. statt aller *LG Berlin*, Urteil v. 31.8.1998 – Az. (534) 28 Js 39/97 KLs (17/98), UA S. 157 = lfd. Nr. 5-1, S. 230.

142 *LG Berlin*, Urteil v. 18.7.2000 – Az. (538) 28 Js 14/98 KLs (23/99), UA S. 68 = lfd. Nr. 7, S. 327.

143 Vgl. z.B. *LG Berlin*, Urteil v. 31.8.1998 – Az. (534) 28 Js 39/97 KLs (17/98), UA S. 157 = lfd. Nr. 5-1, S. 230; *LG Berlin*, Urteil v. 7.12.1998 – Az. (534) 28 Js 39/97 KLs (33/97), UA S. 181 = lfd. Nr. 5-2 269.

144 Sie wurden im Rahmen des Projekts „Strafjustiz und DDR-Vergangenheit" der Deliktsgruppe MfS-Straftaten zugeordnet; vgl. hierzu *Marxen/Werle*, Strafjustiz, Bd. 6, S. XXVIII, XLII, XLIV sowie die darin abgedruckten lfd. Nrn. 3, 6, 8 und 10; *Schißau*, Strafverfahren (allerdings mit teilweise abweichender Zuordnung zur Deliktsgruppe MfS-Straftaten).

145 Die Angeklagten hatten sich in diesen Fällen meist auf eigene Initiative an das MfS oder andere Staats- oder Parteiorganisationen gewandt, um von republikfeindlichen Aktivitäten in ihrem Umfeld zu berichten. Über diesen Kontakt wurden manche von ihnen für eine spätere Zusammenarbeit mit dem MfS angeworben. Insofern bestand auch in diesen Fällen ein Bezug zum MfS. Diese Verfahren wurden dennoch der Deliktsgruppe der Denunziationen zugeordnet, weil die Anwerbung der Angeklagten erst erfolgte, nachdem sie zunächst von sich aus als Denunzianten aktiv geworden waren.

1. *Umfang und Ergebnisse der Strafverfolgung*

Insgesamt zwölf Strafverfahren wegen Denunziationen wurden gegen Personen durchgeführt, bei denen ein (nachweisbarer) MfS-Bezug zum Tatzeitpunkt fehlte. Acht dieser Anklagen wurden in Berlin erhoben,[146] zwei von der Staatsanwaltschaft Dresden, eine von der Staatsanwaltschaft Magdeburg und eine von der Staatsanwaltschaft Hildesheim. In diesen zwölf Verfahren waren insgesamt 13 Personen angeklagt, darunter zwei Personen, die zum Tatzeitpunkt Bürger der Bundesrepublik Deutschland waren. Vier Angeklagte wurden freigesprochen. Gegen zwei Angeklagte wurde das Verfahren eingestellt, in dem einen Fall wegen Verhandlungsunfähigkeit, in dem anderen nach gerichtlicher Ablehnung der Eröffnung des Hauptverfahrens mangels hinreichenden Tatverdachts. Die übrigen sieben Angeklagten wurden zu Freiheitsstrafen zwischen acht Monaten und zwei Jahren verurteilt, deren Vollstreckung durchgängig zur Bewährung ausgesetzt wurde.

2. *Sachverhaltsfeststellungen*

Die Strafverfahren hatten in der Regel Fälle zum Gegenstand, in denen die Angeklagten offizielle Stellen in der DDR über ein Fluchtvorhaben von DDR-Bürgern in Form einer Strafanzeige oder auf andere Weise in Kenntnis gesetzt hatten. In zwei Strafverfahren hatten die Angeklagten regimekritische Äußerungen zur Anzeige gebracht.[147]

Die Motivation der Angeklagten war durchaus unterschiedlich. So hatte etwa eine Angeklagte die Fluchtpläne ihres Ehemannes verraten, weil sie hoffte, sich durch dessen Inhaftierung aus der Ehe lösen zu können, in der sie sich auch physischer Misshandlung ausgesetzt sah.[148] Manche Angeklagte wollten sich durch die Denunziation persönliche Vorteile verschaffen. So informierte ein Angeklagter einen Abschnittsbevollmächtigten über den gescheiterten Fluchtversuch eines Freundes, um sich die Wohnungseinrichtung zu sichern, die dieser ihm in der Hoffnung auf eine erfolgreiche Flucht überlassen hatte.[149] Schließlich sahen sich manche Angeklagte ihrer Darstellung zufolge auch zu einer Strafanzeige gedrängt, weil sie befürchteten, bei den ihnen zu Ohren gekommenen Fluchtplänen handele es sich um eine „Falle", die den Zweck habe, ihre eigene Systemtreue auf die Probe zu stellen.[150] Ein angeklagtes Ehepaar hatte im Vorfeld eines eigenen Fluchtversuchs sein Grundstück verkauft und nach dem Scheitern der Pläne ver-

---

146 Eine dieser Berliner Anklagen wurde bereits am 7.2.1990, also noch vor der Gründung der „Arbeitsgruppe Regierungskriminalität", die – später in Form einer eigenständigen Behörde als Staatsanwaltschaft II – schwerpunktmäßig für die Strafverfolgung von DDR-Unrecht in Berlin zuständig war (vgl. hierzu *Marxen/Werle*, Aufarbeitung, S. 157f.), von der Staatsanwaltschaft bei dem Landgericht Berlin erhoben. Diese Anklage wurde nicht in die statistische Auswertung der Strafverfahren wegen DDR-Unrechts von *Marxen u.a.*, Strafverfolgung, einbezogen. Deshalb sind dort (S. 28 bzw. 32) nur elf Verfahren wegen Denunziation ausgewiesen.

147 Vgl. *AG Berlin-Tiergarten*, Urteil v. 26.4.1995 – Az. (278) 30 Js 1900/93 Ls (58/94); *LG Halle*, Urteil v. 19.10.1994 – Az. 21 KLs St 1/94.

148 Vgl. *LG Hildesheim*, Urteil v. 10.12.1993 – Az. 12 KLs 17 Js 1863/90 = lfd. Nr. 9-1.

149 Vgl. *AG Berlin-Tiergarten*, Urteil v. 25.1.1994 – Az. (424) 76 Js 610/91 Ls (154/93).

150 Vgl. *LG Berlin*, Urteil v. 29.3.1995 – Az. (573) 30 Js 2313/92 (159/94), UA S. 14 = lfd. Nr. 10-2, S. 377. Der Geschädigte in dem unter lfd. Nr. 10 abgedruckten Verfahren verklagte den Täter später auf Schadensersatz, vgl. hierzu *BGH*, Urteil v. 11.10.1994 – Az. VI ZR 243/93 = NJW 1995, 256.

sucht, eine Rückübertragung zu erreichen, indem es die Erwerberin beim MfS mit der Behauptung denunzierte, sie unterstütze Fluchtvorhaben und erwäge selbst die Flucht.[151] Wirtschaftliche Gründe spielten auch in anderer Form eine Rolle. Beispielsweise verpflichtete sich ein in der Bundesrepublik ansässiger Spediteur gegenüber dem MfS dazu, Fluchthilfeorganisationen auszukundschaften, weil er sich von der Zusammenarbeit geschäftliche Vorteile versprach.[152]

Die Denunziationen hatten für die Opfer schwerwiegende Folgen. Alle wurden in der DDR in Untersuchungshaft genommen. Die gegen sie geführten Strafverfahren endeten – mit einer Ausnahme[153] – mit Verurteilungen zu teilweise mehrjährigen Haftstrafen.

3. *Strafrechtliche Einordnung*

a) *Strafanwendungsrecht*

In den Verfahren wegen Denunziationen von DDR-Bürgern durch DDR-Bürger traten komplizierte strafanwendungsrechtliche Probleme auf, die zur Hauptsache die Frage betrafen, ob die durch die Denunziationen herbeigeführten Inhaftierungen als Freiheitsberaubung nach dem Recht der Bundesrepublik oder dem der DDR zu beurteilen waren. Unbestritten war hingegen der bundesdeutsche Straftatbestand der politischen Verdächtigung gem. § 241a StGB auch auf Denunziationen von DDR-Bürgern gegen DDR-Bürger anwendbar. Der Gesetzgeber hatte mit der Einführung von § 241a StGB im Jahre 1951 gerade beabsichtigt, auch solche politischen Verdächtigungen zu erfassen, die außerhalb des Gebietes der Bundesrepublik begangen wurden. Die Rechtsprechung hatte § 241a StGB daher auch in der Vergangenheit bereits auf in der DDR begangene Taten angewendet, ohne das Recht des Tatorts zu berücksichtigen. Eine Verdrängung des § 241a StGB durch DDR-Recht wurde somit auch in den hier vorgestellten Verfahren mit Verweis auf § 315 Absatz 4 EGStGB ausgeschlossen.

Hinsichtlich der zusammen mit der politischen Verdächtigung verwirklichten Freiheitsberaubungen erhoben die Staatsanwaltschaften im Regelfall Anklage gem. § 239 StGB. Sie folgten damit der bis dahin ständigen Rechtsprechung des BGH, der die Freiheitsberaubung quasi als Annex zur politischen Verdächtigung ebenfalls der Beurteilung nach bundesdeutschem Strafrecht unterzog.[154] Danach wurden Fälle, in denen eine Freiheitsberaubung durch eine politische Verdächtigung begangen worden war, bereits vor dem Beitritt der DDR vom Strafrecht der Bundesrepublik erfasst. Soweit die Verfolgung nach den Straftatbeständen des bundesdeutschen Strafrechts wegen Verjährung

151 Vgl. *LG Berlin*, Urteil v. 10.4.1990 – Az. (502) 2 P Js 1089/89 - KLs - (9/90) = lfd. Nr. 8.

152 Vgl. zum Sachverhalt *LG Berlin*, Urteil v. 17.10.1994 – Az. (504) 76 Js 14456/92 KLs (6/94) sowie die kurze Darstellung bei *Marxen/Werle*, Aufarbeitung, S. 67f. Dieses Verfahren wurde im Projekt „Strafjustiz und DDR-Vergangenheit" der Deliktsgruppe MfS-Straftaten zugeordnet.

153 Der von der Denunziation Betroffene musste auf freien Fuß gesetzt werden, nachdem es dem MfS nicht gelungen war, ihn irgendwelcher strafbarer Handlungen zu überführen, weil er selbst die Vorwürfe abstritt und außer der Aussage des Denunzianten keine belastenden Beweismittel zur Verfügung standen; vgl. *AG Berlin-Tiergarten*, Urteil v. 26.4.1995 – Az. (278) 30 Js 1900/93 Ls (58/94), UA S. 6f.

154 Grundlegend: *BGH* v. 26.11.1980 – Az. 3 StR 393/80, BGHSt 30, 1ff., sowie die Entscheidung v. 7.3.1984 – Az. 3 StR 550/83, BGHSt 32, 293ff.

nicht mehr möglich war, stützten die Staatsanwaltschaften die Anklage auf den Vorwurf der Beteiligung an einer Freiheitsberaubung nach dem Recht der DDR. Dieser Strafanspruch, so hieß es, sei nicht verjährt; vielmehr habe die Verjährung geruht, weil während der SED-Herrschaft eine Strafverfolgung aus politischen Gründen unterblieben sei.[155]

Der BGH reagierte darauf mit einer Entscheidung, die im Hinblick auf den Tatbestand der Freiheitsberaubung einen wahlweisen Zugriff sowohl auf das Recht der Bundesrepublik als auch auf das der DDR ausschloss.[156] Er erklärte allein das Strafrecht der DDR auf eine in der DDR zum Nachteil eines DDR-Bürgers durch eine politische Verdächtigung begangene Freiheitsberaubung für anwendbar. Damit gab er den zuvor vertretenen Standpunkt auf, dass in Fällen dieser Art neben § 241a StGB auch der Tatbestand der Freiheitsberaubung gemäß § 239 StGB zur Anwendung komme.

Der Meinungswechsel beruhte zur Hauptsache auf einer Änderung in der Interpretation der hier maßgeblichen Vorschriften des Strafanwendungsrechts in §§ 5 Nr. 6 und 7 Abs. 1 StGB. So blieb es zwar bei der Annahme, dass die in § 5 Nr. 6 StGB vorgesehene Geltung der Tatbestände der Verschleppung und politischen Verdächtigung (§§ 234a, 241a StGB) für im Ausland gegen Deutsche begangene Taten auch politische Verdächtigungen eines DDR-Bürgers gegen einen anderen erfasse. Aufgegeben wurde jedoch die Ansicht, dass eine mit der politischen Verdächtigung herbeigeführte Freiheitsberaubung ebenfalls dem Geltungsanspruch des Strafrechts der Bundesrepublik unterfalle, und zwar unter Anwendung von § 7 Absatz 1 StGB, der allgemein dem Schutz Deutscher als Opfer im Ausland begangener Taten diene. Wegen der Besonderheiten des Verhältnisses zwischen der Bundesrepublik und der DDR seien die Regelungen in § 7 StGB, die den typischen Fall der Auslandstat zum Bezugsgegenstand hätten, auf DDR-Taten nicht anwendbar. Wolle man von der Unanwendbarkeit des § 7 Abs. 1 StGB auf Straftaten gegen DDR-Bürger in der DDR eine Ausnahme für Fälle machen, in denen DDR-Bürger infolge einer in der DDR begangenen Verdächtigung Opfer einer Inhaftierung geworden seien, so ergäben sich Wertungswidersprüche, weil die durch die Verdächtigung herbeigeführte Freiheitsberaubung nach § 239 StGB zu ahnden wäre, während bei Inhaftierungen, die von Amts wegen veranlasst worden seien, für die Ahndung als Freiheitsberaubung das Strafrecht der DDR heranzuziehen wäre. Aus § 5 Nr. 6 StGB ergebe sich nichts anderes. Als Ausnahme vom Territorialitätsprinzip in § 3 StGB sei die Vorschrift einer Erweiterung über die dort genannten Tatbestände hinaus nicht zugänglich.

b) Verjährung

Diese materiellrechtlichen Vorgaben des BGH hatten Konsequenzen für eine eventuelle Verjährung. Die Verfolgbarkeit einer politischen Verdächtigung gemäß § 241a StGB endete nach § 78 Absatz 3 Nr. 5 StGB mit dem Ablauf von fünf Jahren. Als Fristbeginn

155 Vgl. Art. 1 des ersten Verjährungsgesetzes v. 26.3.1993, BGBl. I 1993, S. 392.

156 *BGH*, Urteil v. 29.4.1994 – Az. 3 StR 528/93 = BGHSt 40, 125ff.; der *5. Strafsenat* ist dem *3. Senat* in der Entscheidung v. 8.2.1995 – Az. 5 StR 157/95 gefolgt, NStZ 1995, 288; ebenso die Urteile v. 23.10.1996 – Az. 5 StR 695/95 = NStZ-RR 1997, 100 und Az. 5 StR 183/95 = NJW 1997, 951; vgl. auch BGH, Beschluss v. 8.2.1995 – Az.: 5 StR 157/94 = lfd. Nr. 9-2.

war der Zeitpunkt der Verdächtigungshandlung und nicht etwa erst das Ende der durch die Tat verursachten Inhaftierung des Tatopfers anzusetzen.[157] Gleichermaßen fünf Jahre betrug die Verjährungsfrist für eine Beteiligung an einer Freiheitsberaubung gemäß § 131 DDR-StGB, wie sich aus § 82 Absatz 1 Nr. 2 DDR-StGB ergab. Insoweit bestimmte sich der Beginn der Frist nach dem Zeitpunkt der Haftentlassung des Opfers.[158] Für diesen Strafanspruch galten die Regelungen der Verjährungsgesetze, also die gesetzliche Festlegung eines Ruhens der Verjährung bis zum 2. Oktober 1990 und die zweimalige Verlängerung der Verjährungsfrist bis zum 2. Oktober 2000. Keines der wegen des Vorwurfs der Denunziation betriebenen Verfahren musste wegen Eintritts der Verjährung beendet werden.

c) *Strafbarkeit*

aa) Rechtsprobleme im Zusammenhang mit der Strafverfolgung wegen politischer Verdächtigung gemäß § 241a StGB

Der Tatbestand der politischen Verdächtigung gemäß § 241a StGB wurde zur Bewertung von Denunziationen zum Nachteil von DDR-Bürgern unabhängig davon herangezogen, ob der Denunziant ein DDR-Bürger oder ein Bürger der Bundesrepublik gewesen war. In der konkreten Anwendung wirkte sich dieser Unterschied aber gleichwohl aus. Auch gelangte die höchstrichterliche Rechtsprechung zu einer erheblichen Einschränkung der Strafbarkeit, indem sie diejenigen rechtlichen Maßstäbe heranzog, nach denen die durch die Denunziationen ausgelösten Maßnahmen der DDR-Organe beurteilt wurden.

Bereits in seiner Rechtsprechung zu in der NS-Zeit begangenen politischen Verdächtigungen hatte der BGH den Grundsatz entwickelt, dass die Frage, ob die durch den Vollzug eines Strafurteils herbeigeführte Folge rechtmäßig oder rechtswidrig sei, für alle Beteiligten – den Anzeigenden, den Polizeibeamten, den Staatsanwalt und den Richter – nur einheitlich entschieden werden könne, wenn der Anzeigende einen wahren Sachverhalt angezeigt und der wahre Sachverhalt in einem ordnungsgemäßen Verfahren zutreffend ermittelt worden sei.[159] Dementsprechend bezog der BGH in Anlehnung an seine Rechtsprechung zu den Rechtsbeugungsverfahren gegen DDR-Juristen das Merkmal einer offensichtlichen und schweren Verletzung von Menschenrechten in die Anwendung von § 241a StGB ein. Während nach dem Wortlaut der Vorschrift die Begründung einer Gefahr für das Opfer ausreicht, im Widerspruch zu rechtsstaatlichen Grundsätzen durch Gewalt oder Willkürmaßnahmen Schaden an Leib oder Leben zu erleiden, kam nunmehr das Erfordernis hinzu, dass aufgrund der Denunziation mit einer Bestrafung gerechnet werden musste, die in einem unerträglichen Missverhältnis zur Tat stand, so dass sie als grob ungerecht und als schwerer, offensichtlicher Verstoß gegen die Menschenrechte erscheinen musste, oder dass in dem Ermittlungs- oder Strafverfahren sonst mit schweren Verstößen gegen die Menschenrechte zu rechnen war.[160]

---

157 *BGH*, Urteil v. 7.3.1984 – Az. 3 StR 550/83(S) = BGHSt 32, 293ff.

158 Vgl. § 82 Abs. 3 S. 1 DDR-StGB.

159 *BGH*, Urteil v. 8.7.1952 – Az. 1 StR 123/51, BGHSt 3, 110f.

160 *BGH*, Urteil v. 29.4.1994 – Az. 3 StR 528/93, BGHSt 40, 125, 136; *BGH*, Urteil v. 23.10.1996 – Az. 5 StR 695/95 = NStZ-RR 1997, 100, 101. Diese Einschränkung des Tatbestands ist in der Literatur

Somit erfüllte nicht jede Anzeige, durch die ein DDR-Bürger der in § 225 DDR-StGB[161] normierten Anzeigepflicht nachkam, den Tatbestand des § 241a StGB. Erfasst wurden nur solche Anzeigen, die den Angezeigten der Gefahr aussetzten, rechtsstaatswidrige Gewalt- oder Willkürmaßnahmen zu erleiden, die wegen ihrer offensichtlichen und schweren Verletzung von Menschenrechten auch eine Strafbarkeit der dafür verantwortlichen DDR-Organe begründen konnten.[162]

Eine noch weitergehende Einschränkung unter Berücksichtigung von § 225 DDR-StGB, wonach DDR-Bürger mit bis zu zehn Jahren Freiheitsstrafe[163] bestraft werden konnten, wenn sie einen geplanten Grenzübertritt nicht anzeigten, lehnte der BGH ab. Er setzte damit eine ältere Rechtsprechung fort, die sich darauf stützte, dass der Bundesgesetzgeber mit der Einführung von § 241a StGB gerade Verdächtigungen und Bespitzelungen in der DDR erfassen wollte.[164] Mit diesem Ziel sei eine Berücksichtigung der Anzeigepflicht als Grund für eine Einschränkung der Strafbarkeit nicht zu vereinbaren. Der Gefahr, wegen der Unterlassung einer Anzeige verfolgt zu werden, kann, so der BGH, nur unter dem Gesichtspunkt eines rechtfertigenden oder entschuldigenden Notstandes nach §§ 34, 35 StGB Rechnung getragen werden.[165]

Da eine Anzeigepflicht nach § 225 DDR-StGB nur für DDR-Bürger bestand, kam ein Eingreifen des rechtfertigenden oder entschuldigenden Notstandes auch nur für sie in Betracht. Bundesbürger waren davon ausgeschlossen. Ob die Einschränkung des Tatbestandes auf Verdächtigungen, welche die Gefahr grob menschenrechtswidriger Maß-

---

heftig kritisiert worden, vgl. *Wassermann* NJW 1995, 931; *Reimer* NStZ 1995, 83. Der Tatbestand des § 241a StGB lasse für eine derartige Differenzierung keinen Raum. Erforderlich sei lediglich die Gefahr, dass Gewaltmaßnahmen ergriffen würden. Auf ein Mehr oder Weniger an Ungerechtigkeit und an Menschenrechtsverletzung komme es nach dem klaren Wortlaut des Gesetzes nicht an. Die in § 213 Abs. 3 DDR-StGB vorgesehene Strafandrohung für Personen, die lediglich von dem Menschenrecht der Freizügigkeit hätten Gebrauch machen wollen, sei eindeutig unter den Begriff der „Gewaltmaßnahme“ zu subsumieren. Das Ausreiseverbot sei Ausdruck einer Gewaltherrschaft, die dieses Recht außer Kraft gesetzt und die Einwohner der DDR zu Gefangenen im eigenen Lande gemacht habe.

161 Vgl. Anhang S. 469.

162 *BGH*, Urteil v. 29.4.1994 – Az. 3 StR 528/93, BGHSt 40, 125, 136. Diese Verknüpfung wird in der Literatur ebenfalls angegriffen, vgl. *Wassermann* NJW 1995, 931; *Reimer* NStZ 1995, 83. Bereits die Übertragung des richterlichen Haftungsprivilegs aus dem bundesdeutschen Strafrecht als „mildestes Gesetz“ nach Art. 315 Abs. 1 S. 1 EGStGB i.V.m. § 2 Abs. 3 StGB sei unzulässig. Die Annahme einer einheitlichen Rechtswidrigkeit für Amtsträger und Anzeigende sei zudem fragwürdig. Dagegen spreche der Schutzzweck des richterlichen Haftungsprivilegs. Bei der Beurteilung der Verfahren gegen Denunzianten komme die besondere Schwierigkeit hinzu, dass die Maßstäbe dafür, ob Anzeigender oder Richter rechtmäßig handelten, unterschiedlichen Rechtsordnungen entstammten. Der Richter sei für sein Verhalten mangels eines Geltungsanspruchs im Strafgesetzbuch (§§ 4ff.) nur nach dem Recht der DDR zu bestrafen. Die Denunziation unterliege hingegen nach § 5 Nr. 6 StGB dem bundesdeutschen Strafrecht. Es widerspreche eindeutig dem Willen des historischen Gesetzgebers bei Einführung der §§ 234a, 241a StGB im Jahre 1951, das DDR-Recht selbst darüber entscheiden zu lassen, wann in der DDR eine staatliche Gewalt- oder Willkürmaßnahme vorgelegen habe.

163 Bei Unterlassen der Anzeige eines gemeinschaftlichen ungesetzlichen Grenzübertritts sah das DDR-StGB eine Freiheitsstrafe von bis zu fünf Jahren vor, in besonders schweren Fällen bis zu zehn Jahren.

164 *BGH*, Urteil v. 2.2.1960 – Az. 3 StR 53/59, BGHSt 14, 104, 106.

165 *BGH*, Urteil v. 29.4.1994 – Az. 3 StR 528/93, BGHSt 40, 125, 137.

nahmen herbeigeführt hatten, in gleicher Weise nur für DDR-Bürger, nicht aber für Bürger der Bundesrepublik galt, blieb offen, weil in der Grundsatzentscheidung des BGH, die Bundesbürger betraf, hinsichtlich § 241a StGB Verjährung eingetreten war.[166]

bb) Rechtsprobleme im Zusammenhang mit der Strafverfolgung wegen Freiheitsberaubung gemäß §§ 131 DDR-StGB, 239 StGB

Aus der Grundsatzentscheidung des BGH vom 29. April 1994[167] ergab sich, dass § 131 DDR-StGB anzuwenden war, wenn die Inhaftierung auf der Denunziation eines DDR-Bürgers durch einen DDR-Bürger beruhte. Eine Anwendung von § 239 StGB hatte hingegen zur Voraussetzung, dass ein Bundesbürger einen DDR-Bürger denunziert hatte. Hierzu äußerte sich der BGH etwa zwei Jahre später. In dem dazu ergangenen Urteil vom 23. Oktober 1996[168] zeigte er auf, dass bei Anwendung von § 239 StGB andere Beurteilungsmaßstäbe anzulegen sind.

Dies betraf zunächst die Festlegung der Beteiligungsform. Das DDR-Recht schloss es aus, durch eine Anwendung der Figur der mittelbaren Täterschaft zum Ausdruck zu bringen, dass eine Denunziation nahezu zwingend Inhaftierungsmaßnahmen durch staatliche Organe auslöste. Die Regelung der mittelbaren Täterschaft in § 22 Absatz 1 DDR-StGB erforderte, dass das „Werkzeug“ für sein Handeln strafrechtlich nicht verantwortlich war. Das schloss eine Anwendung der Figur des „Täters hinter dem Täter“ aus, die im Strafrecht der Bundesrepublik entwickelt worden war. Die strengeren Anforderungen des DDR-Rechts an den Tatmittler waren jedenfalls bei einer inhaltlich zutreffenden Anzeige für die unmittelbar ausführenden Amtsträger nicht erfüllt. Demzufolge konnten DDR-Bürger, die einen Mitbürger mit der Folge einer Inhaftierung denunziert hatten, nur wegen Anstiftung oder Beihilfe zur Freiheitsberaubung belangt werden. Dagegen konnte ein Bundesbürger, der einen DDR-Bürger denunziert hatte, als mittelbarer Täter eingestuft werden, wie der BGH in seiner Entscheidung vom 23. Oktober 1996[169] klarstellte.

Weitere Folgen hatte die unterschiedliche rechtliche Behandlung für die Bestimmung der Reichweite der jeweiligen Tatbestände. Eine Einschränkung des DDR-Tatbestands der Freiheitsberaubung (§ 131 DDR-StGB) nahm der BGH unter Bezugnahme auf die Rechtsprechung zu den Rechtsbeugungsverfahren gegen Richter und Staatsanwälte der DDR vor, indem er auch hier das Erfordernis einer „schweren und offensichtlichen Menschenrechtsverletzung“ zur Anwendung brachte. Nur unter der Voraussetzung, dass die Inhaftierungen diesen Grad an Rechtsstaatswidrigkeit aufwiesen, sollten Denunziationen durch DDR-Bürger als Freiheitsberaubung erfassbar sein.[170] Durch die Angleichung sollte verhindert werden, dass die Anzeigeerstatter strafrechtlich gegenüber den Amtspersonen benachteiligt wurden, welche die Inhaftierungen unmittelbar zu vertreten

166 *BGH*, Urteil v. 23.10.1996 – Az. 5 StR 183/95 = NJW 1997, 951ff.
167 *BGH*, Urteil v. 29.4.1994 – Az. 3 StR 528/93 = BGHSt 40, 125ff.
168 *BGH*, Urteil v. 23.10.1996 – Az. 5 StR 183/95 = NJW 1997, 951.
169 *BGH*, Urteil v. 23.10.1996 – Az. 5 StR 183/95 = NJW 1997, 951, 952.
170 *BGH*, Urteil v. 29.4.1994 – Az. 3 StR 528/93 = BGHSt 40, 125, 133f. unter Bezugnahme auf *BGH*, Urteil v. 13.12.1993 – Az. 5 StR 76/93 = BGHSt 40, 30, 42f. = *Marxen/Werle*, Strafjustiz, Bd. 5, lfd. Nr. 1-2.

hatten. Kein Anlass für eine entsprechende Einschränkung bestand im Hinblick auf die strafrechtliche Verantwortlichkeit von Bundesbürgern nach § 239 StGB.

Bedeutung erlangte die strafbewehrte Anzeigepflicht nach § 225 DDR-StGB, die der BGH im Zusammenhang mit dem Tatbestand der politischer Verdächtigung für unbeachtlich erklärt hatte, bei der Bestimmung des Anwendungsbereichs der Freiheitsberaubung nach § 131 DDR-StGB. Aus der mit der Strafandrohung verbundenen Zwangslage für die betroffenen Bürger leitete der BGH eine Einschränkung der Strafbarkeit ab.[171] Ein DDR-Bürger habe sich jedenfalls dann nicht nach § 131 DDR-StGB strafbar gemacht, wenn er von einer so genannten Republikflucht vor deren Beendigung glaubhaft Kenntnis erlangt und sich in Befolgung des Gebots des § 225 Absatz 1 und 4 DDR-StGB darauf beschränkt habe, bei einer Dienststelle der Sicherheitsorgane der DDR Anzeige zu erstatten und in einem anschließenden Strafverfahren die Angaben als Zeuge zu bestätigen.

Eine Übertragung dieser Strafbarkeitseinschränkung auf Bundesbürger lehnte der BGH in seinem Urteil vom 23. Oktober 1996 ab.[172] Einem von vornherein unter der Strafdrohung des § 239 StGB stehenden Bürger der Bundesrepublik könne sie nicht zugute kommen, weil für ihn durchgängig die Rechtsordnung verbindlich gewesen sei, in der er gelebt habe. Eine Verurteilung des Angezeigten wegen Republikflucht gemäß § 213 DDR-StGB ändere nichts an der vom Anzeigeerstatter begangenen Freiheitsberaubung, und zwar unabhängig davon, ob die Richter der DDR, die diese Entscheidung gefällt hätten, wegen Rechtsbeugung zur Verantwortung gezogen werden könnten. Die Strafvorschrift des § 213 DDR-StGB habe einen wesentlichen Teil des offensichtlich menschenrechtswidrigen, durch Mauer, Stacheldraht, Todesstreifen und Schießbefehl gekennzeichneten Grenzregimes der DDR gebildet.[173] Einer solchen Bestimmung, durch deren Anwendung bereits die bloße Inanspruchnahme der Ausreisefreiheit nach dem Recht des Tatorts zur Verhängung einer längeren Haftstrafe habe führen können, müsse die Anerkennung versagt werden. Auch die Anzeigepflicht nach § 225 DDR-StGB sei Ausfluss der insgesamt rechtsstaatswidrigen Ausreisegesetzgebung der DDR gewesen. Zwar könnten Besonderheiten des Tatortrechts grundsätzlich bei der Anwendung der hier maßgeblichen Vorschrift des Strafanwendungsrechts (§ 7 Absatz 2 Nr. 1 StGB) Berücksichtigung finden. Das gelte jedoch nicht im Falle eines offensichtlichen Widerspruchs zu international anerkannten Rechtsgrundsätzen. Eine solcher Widerspruch sei bei der DDR-Strafvorschrift gegen den „ungesetzlichen Grenzübertritt“ gegeben.

IV. Die Strafverfahren wegen Wirtschaftsstraftaten

Die im Rahmen der strafrechtlichen Aufarbeitung von DDR-Unrecht geführten Verfahren wegen Wirtschaftsstraftaten[174] betrafen insgesamt sehr unterschiedliche Sachverhal-

171 *BGH*, Urteil v. 29.4.1994 – Az. 3 StR 528/93 = BGHSt 40, 125, 134.

172 *BGH*, Urteil v. 23.10.1996 – Az. 5 StR 183/95 = NJW 1997, 951, 952.

173 *BGH*, aaO, 953 unter Bezugnahme auf *BVerfG*, Urteil v. 31.7.1973 – Az. 2 BvF 1/73 = BVerfGE 36, 1, 35 und *BGH*, Urteil v. 3.11.1992 – Az. 5 StR 370/92 = BGHSt 39, 1, 20 = *Marxen/Werle*, Strafjustiz, Bd. 2, lfd. Nr. 2-2.

174 Nicht mehr zu den Wirtschaftsstrafverfahren, die der Aufarbeitung spezifischen DDR-Unrechts dienten, gehören Verfahren, die wirtschaftliche Vorgänge in der Phase der Transformation der politischen

te. Sofern sie Fälle von Amtsmissbrauch und Korruption zum Gegenstand hatten, bleiben sie hier außer Betracht, weil sie eine eigene Deliktsgruppe bilden, die bereits an anderer Stelle ausführlich behandelt worden ist.[175] Damit beschränkt sich der Bereich der Wirtschaftsstrafverfahren im Wesentlichen auf Strafverfahren wegen Nötigung oder Erpressung von Ausreiseantragstellern und auf Strafverfahren wegen Embargoverstößen. Nötigungs- und Erpressungsfälle, die durch die Beteiligung von MfS-Angehörigen geprägt sind, wurden der Deliktsgruppe der MfS-Straftaten zugeordnet und sind ebenfalls bereits anderweitig dokumentiert und untersucht worden.[176] Da die Sachverhaltsfeststellungen der Gerichte in den einschlägigen Verfahren gegen Angeklagte, die nicht dem MfS angehörten, keine über die bereits dokumentierten Verfahren mit MfS-Bezug hinausgehenden Informationen enthalten und auch keine anderen rechtlichen Probleme zu verzeichnen waren, werden diese Verfahren zwar in die statistische Auswertung einbezogen (1.); auf eine Berücksichtigung in der Darstellung der Sachverhalte (2.) und der Rechtsprobleme (3.) wird jedoch verzichtet. Die Ausführungen in den genannten Abschnitten beschränken sich somit auf die Strafverfahren wegen Embargoverstößen.

1. Umfang und Ergebnisse der Strafverfolgung

Insgesamt wurden 14 Anklagen erhoben.[177] Die Hälfte davon hatte Delikte im Zusammenhang mit Repressalien gegen Ausreiseantragsteller zum Gegenstand. Angeklagt waren in diesen Verfahren zehn Personen. In einem Fall erledigte sich das Verfahren durch Verbindung mit einem anderen Verfahren. Gegen vier Angeklagte wurde das Verfahren eingestellt. Drei Angeklagte wurden freigesprochen. Gegen einen Angeklagten wurde eine Geldstrafe verhängt, ein weiterer Angeklagter wurde zur einer Freiheitsstrafe verurteilt, deren Vollstreckung zur Bewährung ausgesetzt wurde.

Sämtliche der sieben Anklagen wegen Embargoverstößen gegen insgesamt 23 Angeklagte erhob die Staatsanwaltschaft in Berlin. Allein in fünf Verfahren war der frühere Staatssekretär im Ministerium für Außenhandel und Leiter des Bereichs Kommerzielle Koordinierung (KoKo), *Alexander Schalck-Golodkowski*, angeklagt, so dass sich die Verfahren wegen Embargoverstößen letztlich gegen 19 Personen richteten. Zehn dieser Angeklagten waren zum Tatzeitpunkt Bürger der Bundesrepublik.[178] Hinsichtlich eines

---

und gesellschaftlichen Verhältnisse zum Gegenstand hatten, wie Vermögensstraftaten im Zusammenhang mit der Bildung der Währungsunion. Zwar sind solche Wirtschaftsstrafverfahren ebenfalls bei den für DDR-Unrecht zuständigen Schwerpunktstaatsanwaltschaften geführt worden. Der für diese Dokumentation maßgebliche Bezug zum politischen System der DDR ist jedoch nicht gegeben; vgl. dazu bereits *Marxen/Werle*, Aufarbeitung, S. 125f.

175 Vgl. hierzu *Marxen/Werle*, Strafjustiz, Bd. 3 sowie *Fahnenschmidt*, DDR-Funktionäre.

176 Vgl. hierzu *Marxen/Werle*, Strafjustiz, Bd. 6, S. XLVI und lfd. Nr. 12 sowie *Schißau*, Strafverfahren, S. 20f., 217ff.

177 Bei *Marxen u.a.*, Strafverfolgung, S. 28 bzw. 32 wurden noch 16 Verfahren mit insgesamt 38 Angeklagten im Bereich Wirtschaftsstraftaten ausgewiesen. Zwei dieser Verfahren wurden jedoch mittlerweile der Deliktsgruppe MfS-Straftaten zugeordnet, weil sich ergeben hatte, dass die Angeklagten dem MfS angehörten.

178 Da sich die vorliegende Dokumentation auf Strafverfahren wegen DDR-Unrechts beschränkt, wurden nur solche Verfahren wegen Embargoverstößen einbezogen, in denen mindestens ein DDR-Bürger angeklagt war. Für ein gegen Bürger der Bundesrepublik geführtes Verfahren vgl. beispielsweise BGH, Urteil v. 14.12.1994 – Az. 5 StR 210/94 = BGHSt 40, 378.

Angeklagten wurde das Verfahren durch Verbindung erledigt. Eine Verfahrenseinstellung erfolgte in fünf Fällen. Die Gerichte lehnten in Bezug auf vier Angeklagte eine Eröffnung des Hauptverfahrens ab. Zwei Personen wurden freigesprochen. Gegen vier Angeklagte wurde eine Verwarnung mit Strafvorbehalt ausgesprochen. Eine Geldstrafe erhielten zwei Angeklagte. Eine Verurteilung zu einer Freiheitsstrafe, deren Vollstreckung zur Bewährung ausgesetzt wurde, erging in zwei Fällen.

2. *Sachverhaltsfeststellungen*

Das LG Berlin befasste sich in einem Urteil gegen *Schalck-Golodkowski* wegen Verstoßes gegen das Militärregierungsgesetz Nr. 53 (MRG Nr. 53) bzw. Verordnungen der Alliierten Streitkräfte gegen *Schalck-Golodkowski* auch mit den politischen Verhältnissen, die zur Entstehung dieser Vorschriften geführt hatten. Im Ost-West-Konflikt wollten die westlichen Industrienationen die Lieferung von Gütern, die militärischen Zwecken dienen konnten, in solche Länder unterbinden, die man als potentielle militärische Gegner ansah. Die Kontrolle des Warenverkehrs erfolgte vor allem nach Maßgabe einer durch das „Coordinating Committee for East-West Trade Policy“ (CoCom) in Paris zusammengestellten Liste von Gütern, deren Export in Ostblockländer untersagt war. Im Wirtschaftsverkehr zwischen der Bundesrepublik und der DDR bildeten das MRG Nr. 53[179] sowie die Verordnung Nr. 500 der Kommandanten des amerikanischen, britischen und französischen Sektors die Grundlage für das Handelsembargo. Nach diesen Vorschriften war für jedes Geschäft im innerdeutschen Handel eine behördliche Genehmigung erforderlich. Die Genehmigung wurde für bestimmte Warengruppen allgemein erteilt, für technologisch hochwertige Waren oder militärisch nutzbare Güter musste sie jedoch im Einzelfall eingeholt werden.[180]

Die DDR war nicht in der Lage, den Bedarf an Erzeugnissen der Mikroelektronik aus eigener Produktion oder durch Importe aus anderen Ostblockstaaten zu decken.[181] Außerdem hatte sie ein Interesse an moderner westlicher Waffentechnologie, wie etwa Nachtsichtgeräten.[182] Einem legalen Import solcher hochwertigen Technologiegüter standen jedoch Ausfuhrbeschränkungen entgegen.[183] Um diese Güter unter Umgehung der bestehenden Handelsrestriktionen dennoch zu beschaffen, wurde unter Leitung von *Schalck-Golodkowski* im Bereich KoKo ein spezieller Handelsbereich für Embargowaren aufgebaut, der auch für die Bereitstellung der benötigten finanziellen Mittel zuständig war. Zu diesem Zweck nahmen *Schalck-Golodkowski* und weitere Mitarbeiter des Bereichs KoKo Kontakt zu westlichen Firmen und Einzelpersonen auf, die bereit waren,

179 Vgl. Anhang S. 461ff.
180 *LG Berlin*, Urteil v. 9.7.1998 – Az. 505 Kls 21/98, UA S. 9.
181 *LG Berlin*, Urteil v. 9.7.1998 – Az. 505 Kls 21/98, UA S. 9.
182 *LG Berlin*, Urteil v. 31.1.1996 – Az. (505) 23/2 Js 41/93 Kls (6/94), UA S. 4 = lfd. Nr. 11-2, S. 422. Nach den Feststellungen des Gerichts erfolgte die Beschaffung etwa von Handfeuerwaffen nicht nur zu militärischen Zwecken; vielmehr dienten die Waffen auch einzelnen Repräsentanten der DDR zum persönlichen Gebrauch (ebd.).
183 *LG Berlin*, Urteil v. 9.7.1998 – Az. 505 Kls 21/98, UA S. 9.

die begehrten Embargowaren zu liefern.[184] Diese übergaben die Güter an einen Kurier und wurden in der Regel im Austausch bar in westlichen Devisen bezahlt.[185]

3. *Strafrechtliche Einordnung*

Die Handlungen der Angeklagten wurden von den Gerichten unter dem Gesichtspunkt möglicher Verstöße gegen das Kriegswaffenkontrollgesetz bzw. das MRG 53 sowie die einschlägigen Verordnungen der Alliierten Streitkräfte bewertet. Bei angeklagten Bürgern der Bundesrepublik war zudem der Tatbestand der Steuerhinterziehung (§ 370 Absatz 1 Nr. 1 und 2 AO) zu prüfen.[186] Die wesentlichen rechtlichen Probleme traten am deutlichsten in dem Verfahren gegen *Schalck-Golodkowski* hervor. Bereits das in erster Instanz zuständige LG Berlin befasste sich eingehend mit ihnen.

Anlass für nähere Ausführungen gab zunächst der Umstand, dass das MRG 53 seit dem 3. Oktober 1990 nicht mehr galt. In Anbetracht der Regelungen in § 2 Absatz 2 und 3 StGB konnte eine Anwendung nur erfolgen, soweit das MRG 53 als Zeitgesetz anzusehen war, also als ein Gesetz, das von vornherein nur für eine bestimmte Zeit gelten soll. § 2 Absatz 4 StGB erlaubt die Anwendung eines solchen Zeitgesetzes auf Taten, die während seiner Geltung begangen worden sind, auch wenn das Gesetz später wieder außer Kraft getreten ist. Wegen der besonderen politischen Umstände, die der Gesetzgebung zugrunde gelegen hatten, erachtete das LG Berlin die Voraussetzungen für gegeben.[187]

Ferner befasste sich das Landgericht mit der Frage, ob das vom BVerfG im Zusammenhang mit Spionagetaten entwickelte unmittelbar verfassungsrechtlich begründete Verfolgungshindernis auch auf Embargoverstöße anzuwenden sei. Ein solches Verfolgungshindernis hatte das BVerfG aus dem Verhältnismäßigkeitsprinzip abgeleitet. Dieses sei verletzt, wenn der Strafanspruch aus Spionagetatbeständen in der einzigartigen Situation, die mit der Überwindung der deutschen Teilung entstanden sei, gegenüber solchen Bürgern der DDR durchgesetzt werde, die im Zeitpunkt des Wirksamwerdens der Einheit Deutschlands ihren Lebensmittelpunkt in der ehemaligen DDR gehabt und allein vom Boden der DDR oder solcher Staaten aus gehandelt hätten, in denen sie sowohl vor Auslieferung als auch vor Bestrafung wegen dieser Taten sicher gewesen seien.[188] Aus zwei Gründen sprach sich das Landgericht gegen eine Anwendung dieses Verfolgungshindernisses im vorliegenden Fall aus. Sie scheide aus, weil das BVerfG in seiner Entscheidung ausdrücklich auf den Ausnahmecharakter der Spionagebestimmungen abgestellt habe und das MRG 53 mit den Spionagevorschriften nicht vergleichbar sei. Außerdem fehle es an der weiteren Voraussetzung, wonach der Täter zum Zeitpunkt des Wirksamwerdens der Einheit Deutschlands seinen Lebensmittelpunkt in der DDR

184 *LG Berlin*, Urteil v. 9.7.1998 – Az. 505 Kls 21/98, UA S. 9ff.; *LG Berlin*, Urteil v. 31.1.1996 – Az. (505) 23/2 Js 41/93 Kls (6/94), UA S. 4ff. = lfd. Nr. 11-2, S. 422ff.

185 *LG Berlin*, Urteil v. 9.7.1998 – Az. 505 Kls 21/98, UA S. 9ff.; *LG Berlin*, Urteil v. 31.1.1996 – Az. (505) 23/2 Js 41/93 Kls (6/94), UA S. 8ff. = lfd. Nr. 11-2, S. 425ff.

186 *LG Berlin*, Urteil v. 8.7.1994 – Az. (505) 23/2 Js 41/93 KLs (4/94) = lfd. Nr. 11-1.

187 *LG Berlin*, Urteil v. 31.1.1996 – Az. (505) 23/2 Js 41/93 Kls (6/94), UA S. 33f. = lfd. Nr. 11-2, S. 434 unter Verweis auf die diesbezügliche Rechtsprechung des BGH.

188 *BVerfG*, Beschluss v. 15.5.1995 – Az. 2 BvL 19/91 u.a. = BVerfGE 92, 277ff. = *Marxen/Werle*, Strafjustiz, Bd. 4, lfd. Nr. 2-4.

gehabt haben müsse; der Angeklagte *Schalck-Golodkowski* habe die DDR bereits zehn Monate vorher verlassen und daher nicht mehr auf den Schutz durch die DDR vertrauen können.[189]

Die Revision des Angeklagten blieb erfolglos. Nach eingehender Prüfung, die insbesondere verfassungsrechtliche Fragen zum Gegenstand hatte, bestätigte der BGH im Ergebnis das landgerichtliche Urteil. In seiner Begründung erachtete der BGH zwar verfassungsrechtliche Restriktionen in verschiedener Hinsicht für geboten. Sie wirkten sich aber letztlich nicht auf die Entscheidung aus.

Verfassungsrechtliche Bedenken des BGH betrafen zunächst den Umstand, dass die Strafbarkeit sich auf Handelbeschränkungen stützte, die außerordentlich rigide waren, indem sie ein umfassendes Verbot statuierten, das nur durch einen Erlaubnisvorbehalt gelockert war. Einen Verfassungsverstoß vermochte das Gericht darin letztlich aber nicht zu erkennen. Der Grundsatz der Verhältnismäßigkeit könne gewahrt und das MRG Nr. 53 verfassungskonform ausgelegt werden, wenn als Maßstab das wesentlich liberalere Außenwirtschaftsgesetz angelegt werde und nur solches Verhalten Berücksichtigung finde, das auch nach dem Außenwirtschaftsgesetz verboten und mit Strafe bedroht sei. Mit der Anwendung dieses Maßstabs sah der BGH auch den Einwand widerlegt, dass mit einer Bestrafung auf der Grundlage außer Kraft getretener Vorschriften keiner der dem Strafrecht zugedachten Zwecke mehr verfolgt werden könne.[190]

Eine Anwendung des vom BVerfG im Zusammenhang mit Spionagetaten entwickelten unmittelbar verfassungsrechtlich begründeten Verfolgungshindernisses auf Embargoverstöße lehnte der BGH wie zuvor schon das Landgericht ab. Zwar lasse das Verhalten des Angeklagten eine Nähe zu nachrichtendienstlichen Straftaten erkennen, denn auch die Embargobestimmungen bezögen ihren Unrechtsgehalt wesentlich aus dem Schutz des strafenden Staates und seiner Verbündeten. Jedoch diene die Sanktionierung von Embargoverstößen auch der Einhaltung internationaler Verpflichtungen der Bundesrepublik Deutschland zum Zwecke der Friedenssicherung.[191] In diesem Zusammenhang nahm der BGH ausdrücklich Bezug auf das strafbewehrte Friedensgebot nach Artikel 26 GG. Ein aus dem Verhältnismäßigkeitsprinzip abgeleitetes Verfolgungshindernis sei damit nicht vereinbar. Die Bestrafung ungenehmigter, zur Friedensstörung geeigneter Waffenexporte beruhe auf einem sozialethischen Unwerturteil, das die Rechtsordnung der Bundesrepublik Deutschland aus geschichtlicher Erfahrung auch verfassungsrechtlich zum Ausdruck gebracht habe.[192] Zudem scheitere eine Übernahme des vom BVerfG entwickelten Verfolgungshindernisses daran, dass der Angeklagte im Zeitpunkt des Beitritts seinen Lebensmittelpunkt nicht mehr in der DDR gehabt habe.[193]

---

189 *LG Berlin*, Urteil v. 31.1.1996 – Az. (505) 23/2 Js 41/93 Kls (6/94), UA S. 34f. = lfd. Nr. 11-2, S. 435f.

190 *BGH*, Urteil v. 9.7.1997 – Az. 5 StR 544/96, UA S. 10ff. = lfd. Nr. 11-3, S. 446ff. Unter Berufung auf diese Rechtsprechung des BGH kam das *KG Berlin* in einem anderen Fall jedoch zu dem Ergebnis, das Verhalten der Angeklagten sei nach dem Außenwirtschaftsgesetz nicht strafbar. Es verwarf deshalb die sofortige Beschwerde der Staatsanwaltschaft gegen die Nichteröffnung des Hauptverfahrens; *KG Berlin*, Beschluss v. 30.7.1999 – Az. 4 Ws 132/97.

191 *BGH*, Urteil v. 9.7.1997 – Az. 5 StR 544/96, UA S. 21ff. = lfd. Nr. 11-3, S. 451ff.

192 *BGH*, Urteil v. 9.7.1997 – Az. 5 StR 544/96, UA S. 23ff. = lfd. Nr. 11-3, S. 452.

193 *BGH*, Urteil v. 9.7.1997 – Az. 5 StR 544/96, UA S. 25ff. = lfd. Nr. 11-3, S. 453f.

Die gegen diese Entscheidung gerichtete Verfassungsbeschwerde blieb erfolglos. Das BVerfG nahm sie nicht zur Entscheidung an.[194]

V. Sonstige Verfahren

Einige Verfahren lassen sich keiner der im Rahmen der Dokumentationsreihe „Strafjustiz und DDR-Unrecht" gebildeten Deliktsgruppen zuordnen. Diese insgesamt 13 Verfahren betreffen sehr unterschiedliche Sachverhalte.

Fünf Verfahren haben Vorgänge in psychiatrischen Einrichtungen der DDR zum Gegenstand. Den beschuldigten Ärzten und Mitarbeitern wurde vorgeworfen, ohne Einwilligung der Patienten medizinisch nicht indizierte schwerwiegende Eingriffe mit teilweise gravierenden Folgen vorgenommen zu haben. Dem ärztlichen Direktor des Psychiatrischen Krankenhauses Hochweitzschen wurde darüber hinaus zur Last gelegt, Patienten ohne ausreichenden Anlass oder länger als nötig in Räumen isoliert zu haben, die eine menschenwürdige Unterbringung nicht zugelassen hätten. Die Durchführung dieser Verfahren von staatsanwaltschaftlichen Abteilungen, die für die Verfolgung systembedingten Unrechts zuständig waren, erklärt sich aus dem häufig geäußerten Verdacht, dass die Psychiatrie in der DDR systematisch zur Unterdrückung oppositionellen oder sonst politisch unerwünschten Verhaltens missbraucht worden sei.[195] Anklagen wurden erhoben wegen Körperverletzung und Freiheitsberaubung. Der Nachweis einer systematischen Förderung oder Duldung des Missbrauchs psychiatrischer Einrichtungen durch staatliche Organe oder Parteiorgane ist jedoch in keinem der Fälle gelungen. Auch endete keines der Verfahren mit einer Verurteilung. In vier Fällen wurde bereits das Hauptverfahren nicht eröffnet.[196] In dem verbleibenden Verfahren, das sich zuletzt nur noch mit dem Vorwurf der Freiheitsberaubung befasste, erfolgte ein Freispruch aus tatsächlichen Gründen.[197] Im Unterschied zu den Staatsanwaltschaften gelangten die Gerichte zu der Einschätzung, dass den Behandlungen eine entsprechende Indikation zugrunde gelegen habe und dass sie gemäß den Regeln ärztlicher Kunst durchgeführt worden seien. Nach dem zur Anwendung kommenden Recht der DDR erfüllten solchermaßen bewertete ärztliche Behandlungen von vornherein nicht den Tatbestand der Körperverletzung, ohne dass es noch auf eine Einwilligung der Betroffenen ankam. Auch die Isolierung von Patienten wurde als medizinisch indiziert und zur Aufrechterhaltung der Anstaltsordnung für notwendig befunden.[198]

Nur in einem der übrigen acht Verfahren kam es zu einer Verurteilung. Die beiden Angeklagten wurden wegen Nötigung zu einer Aussage unter Vorbehalt einer Geldstrafe

---

194 *BVerfG*, Beschluss v. 17.3.1999 – Az. 2 BvR 1565/97 = lfd. Nr. 11-4.

195 Dabei wurde insbesondere die Rolle des MfS diskutiert. Zwei entsprechende Fälle werden in *Marxen/Werle*, Strafjustiz, Bd. 6 unter lfd. Nr. 15 dokumentiert.

196 *LG Leipzig*, Beschluss v. 10.7.1995 – Az.: 4 Kls 20 Js 1013/92; *LG Chemnitz*, Beschluss v. 29.9.1993 – Az.: 1 KLs 20 Js 1009/92; *LG Chemnitz*, Beschluss v. 29.9.1993 – Az.: 1 KLs 21 Js 103702/92; *LG Chemnitz*, Beschluss v. 29.9.1993 – Az.: 1 KLs 20 Js 1010/92. Die *StA Leipzig* legte in allen genannten Verfahren sofortige Beschwerde gegen die Ablehnung der Eröffnung ein, die jedoch vom *OLG Dresden* durch Beschlüsse vom 20.10.1994 – Az. 1 Ws 18/94; 1 Ws 19/94; 1 Ws 20/94 – bzw. vom 25.11.1996 – Az.: 1 Ws 192/96 – jeweils verworfen wurde.

197 *LG Leipzig*, Urteil v. 28.12.1998 – Az.: 6 KLs 20 Js 1008/92.

198 *LG Leipzig*, Urteil v. 28.12.1998 – Az.: 6 KLs 20 Js 1008/92.

verwarnt.[199] Sieben Verfahren endeten mit Freisprüchen bzw. wurden eingestellt. In einem Verfahren, das den Vorwurf der Nötigung zum Abschluss eines Kaufvertrages über ein Grundstück zum Gegenstand hatte, erging zwar zunächst ein Strafbefehl; nachdem der Angeklagte jedoch Einspruch gegen den Strafbefehl eingelegt hatte, wurde das Verfahren gem. § 153 Absatz 1 und 2 StPO eingestellt.[200] Aus tatsächlichen und rechtlichen Gründen sprach das Landgericht Berlin zwei Mitarbeiter des MfS vom Vorwurf der Strafvereitelung nach § 258 StGB bzw. der Begünstigung nach § 233 DDR-StGB frei, die als Referatsleiter einer Untersuchungskommission des MfS an der Vertuschung der genaueren Umstände der Tötung eines Westberliners mitgewirkt hatten. Dieser war in einem so genannten Führungspunkt der Grenztruppen erschossen worden, nachdem er unerlaubt von der Mauer in den Ostteil Berlins gesprungen war.[201] Ein Freispruch aus tatsächlichen Gründen erfolgte in einem Verfahren wegen Urkundenunterdrückung gegen eine ehemalige Richterin. Sie wurde beschuldigt, in einem arbeitsgerichtlichen Verfahren wegen einer Kündigung durch Manipulation der Akte verschleiert zu haben, dass dem Kläger wegen seines Antrags auf Ausreise in die Bundesrepublik gekündigt worden sei.[202] Aus rechtlichen Gründen kam das LG Halle zu einem Freispruch in einem Verfahren gegen zwei ehemalige Volkspolizisten, die Teilnehmer an Demonstrationen im Zusammenhang mit dem 40. Jahrestag der DDR über Nacht zum Verhör in unbeheizten Garagen ohne Verpflegung festgehalten hatten. In Anwendung der Notstandsregelung in § 18 DDR-StGB gelangte das Gericht zu der Auffassung, dass die Angeklagten zur Abwendung einer dem sozialistischen Staat drohenden Gefahr gehandelt hätten und dass ihnen eine Überschreitung der gesetzlich geforderten Zweck-Mittel-Relation nicht nachzuweisen sei.[203] Das Verfahren gegen einen wegen Körperverletzung mit Todesfolge angeklagten ehemaligen Volkspolizisten, der im Jahr 1959 einem Fliehenden mit tödlichen Folgen in den Rücken geschossen hatte, wurde wegen Verjährung eingestellt, weil der für ein Ruhen der Verjährung erforderliche Nachweis nicht erbracht werden konnte, dass seinerzeit eine rechtsstaatswidrige Staatspraxis den Verzicht auf eine Strafverfolgung veranlasst hatte.[204]

Als für eine Verurteilung nicht ausreichend wurde die Beweislage in einem Verfahren wegen Urkundenfälschung erachtet. Die Staatsanwaltschaft beschuldigte die beiden Angeklagten, das Protokoll der Vernehmung eines Untersuchungshäftlings inhaltlich neu gefasst und sodann den Häftling zur Unterschrift gezwungen zu haben. Das Gericht lehnte bereits die Eröffnung des Hauptverfahrens aus tatsächlichen Gründen ab.[205]

---

199 *AG Wismar*, Urteil v. 18.9.1996 – Az.: 17 Ls 15/95.

200 *AG Freiberg*, Strafbefehl v. 20.5.1999 – Az.: Cs 821 21 Js 26729/99 sowie Beschluss v. 31.8.1999 – Az. 4 Cs 821 Js 26729/99.

201 *LG Berlin*, Urteil v. 8.6.1999 – Az.: (503) 28 Js 22/96 KLs (32/98). Das Verfahren gegen einen ursprünglich mitangeklagten weiteren MfS-Mitarbeiter wurde zunächst abgetrennt und dann wegen Verhandlungsunfähigkeit eingestellt, vgl. *LG Berli*n, Beschluss v. 3.12.1999 – Az. 503 - 25/99.

202 *LG Chemnitz*, Urteil v. 4.6.1996 – Az.: 6 KLs 837 Js 7568/94.

203 *LG Halle*, Urteil v. 20.3.1995 – Az.: 27 (14) Js 67/13. Die Anklage war noch vor Vereinigung erhoben worden, vgl. *StA Stadt Halle*, Anklage v. 6.3.1990 – Az. 221 - 167-89 - 4.

204 *BGH*, Beschluss v. 6.11.2001 – Az.: 5 StR 363/01.

205 *AG Dresden*, Beschluss v. 11.10.1999 – Az.: 203 Ds 821 Js 33623/98; auf die Beschwerde der StA bestätigt durch Beschluss des *LG Dresden* v. 22.11.1999 – Az. 4 Qs 272/99.

Als Sonstiges Verfahren wurde schließlich eine vom Generalbundesanwalt erhobene Anklage gegen den Leiter der Hauptverwaltung Aufklärung *Markus Wolf* wegen Freiheitsberaubung und Nötigung[206] eingeordnet. Das Verfahren wurde durch Verbindung mit einem gegen Wolf geführten Verfahren wegen Spionage erledigt.[207]

VI. Auswahl und Präsentation der Dokumente

1. Auswahl der Materialien

Die Dokumentationsreihe verfolgt das Ziel, einen möglichst repräsentativen Überblick über die Strafverfolgungsaktivitäten und gleichzeitig ein umfassendes Bild der bedeutsamen zeitgeschichtlichen Feststellungen und rechtlichen Bewertungen der Gerichte zu bieten.

Für die Auswahl der Dokumente aus der Fülle des zur Verfügung stehenden Materials waren die folgenden Kriterien ausschlaggebend.

Die zum Abdruck ausgewählten Verfahren aus der Deliktsgruppe *Gefangenenmisshandlung* betreffen zum einen Vorkommnisse in den Strafvollzugseinrichtungen Bautzen II[208] und Cottbus[209]. Diese insgesamt drei Verfahren zeigen beispielhaft die Häufigkeit und Intensität von körperlichen Übergriffen insbesondere auf politische Gefangene im Strafvollzug. Sie setzen sich zudem ausführlich mit der Frage auseinander, wie auf Gefangenenmisshandlungen in der DDR reagiert wurde. Auch wird in diesen Entscheidungen deutlich, dass sich die Beweissituation oft als sehr schwierig herausstellte, weil Zeugen fehlten oder die Geschädigten sich nicht mehr genau erinnern konnten. Ein viertes Verfahren beschäftigt sich mit einem Sonderfall. Hier wurde eine Erzieherin in einem Jugendhaus wegen Körperverletzung durch Unterlassen und Verletzung der Obhutspflicht angeklagt, weil sie nicht gegen die Misshandlung einer jugendlichen Insassin durch Mitgefangene eingeschritten war. Das Verfahren wurde in die Dokumentation aufgenommen, weil es eines der wenigen ist, das die Situation im Jugendstrafvollzug zum Gegenstand hat.[210]

Bei den Strafverfahren wegen *Dopings* waren aufgrund der in ihnen enthaltenen ausführlichen Darstellungen zum Leistungssport- und Dopingsystem der DDR die gerichtlichen Entscheidungen aus den bereits mehrfach erwähnten Verfahren gegen *Gläser, Binus und andere*[211] sowie gegen *Ewald* und *Höppner*[212] aufzunehmen. Sie verdeutlichen das Zusammenwirken der politischen und staatlichen Ebene mit der Ebene der Sportorganisationen und zeigen, welche Rolle Ärzten und Trainern auf der einen und Sportfunktionären auf der anderen Seite im Dopingsystem zukam. Nicht zuletzt aufgrund der Prominenz der Angeklagten und teilweise auch der beteiligten Nebenklägerinnen bzw. Zeuginnen erfuhren diese Verfahren zudem große öffentliche Aufmerksamkeit. Auch wurden in den Urteilen, die in diesen Verfahren ergingen, sämtliche für

206 *GBA*, Anklage v. 23.2.1996 – Az. 3 StE 4/96 - 4 (1).
207 Vgl. *Marxen/Werle*, Strafjustiz, Bd. 4, lfd. Nr. 1.
208 Vgl. lfd. Nr. 1.
209 Vgl. lfd. Nr. 3 und 4.
210 Vgl. lfd. Nr. 2.
211 Vgl. lfd. Nr. 5.
212 Vgl. lfd. Nr. 7.

die Dopingverfahren wichtigen Rechtsfragen angesprochen. Diese Urteile bildeten sowohl hinsichtlich der zeitgeschichtlichen Feststellungen als auch bezüglich der rechtlichen Würdigung die Grundlage für die nachfolgenden Judikate. Insbesondere Strafbefehle beschränkten sich in der Regel nur noch auf eine formelhafte Wiedergabe der tatsächlichen und rechtlichen Aspekte. Da jedoch solche Strafbefehle für die Strafverfolgungspraxis im Bereich des DDR-Dopings besonders typisch sind, enthält die Dokumentation stellvertretend auch ein Beispiel hierfür.[213]

Als besonders typisch für die Deliktsgruppe *Denunziationen* kann der Verrat von Fluchtvorhaben gelten. Deshalb haben alle drei für den Abdruck ausgewählten Verfahren solche Fälle zum Gegenstand.[214] Sie lassen zudem erkennen, dass den Tathandlungen durchaus unterschiedliche Motive zugrunde lagen. Außerdem werden in diesen Entscheidungen die wichtigsten Rechtsprobleme der Denunziationsverfahren angesprochen.

In der Deliktsgruppe der *Wirtschaftsstraftaten* wurde ein Verfahren wegen Embargoverstößen gegen *Schalck-Golodkowski u.a.* für den Abdruck ausgewählt. Die darin enthaltenen Feststellungen zum Ablauf der Taten können als exemplarisch für sämtliche anderen Strafverfahren aus diesem Deliktsbereich gelten. Außerdem erörtern die im Rahmen dieses Verfahrens ergangenen Entscheidungen die maßgeblichen rechtlichen Probleme, die im Zusammenhang mit Strafverfahren wegen Embargoverstößen aufgetreten sind. Auf den Abdruck eines Verfahrens wegen Wirtschaftsstraftaten im Zusammenhang mit Repressalien gegen Ausreiseantragsteller, die teilweise ebenfalls dieser Deliktsgruppe zuzuordnen sind, wurde hingegen verzichtet, weil sie bereits anderweitig dokumentiert wurden.[215]

Auch der Abdruck eines Verfahrens aus der Gruppe der *Sonstigen Verfahren* erwies ansgesichts der Disparatheit der Sachverhalte und Rechtsfragen als nicht sinnvoll.

2. *Präsentation der Materialien*

Der Dokumententeil ist nach Deliktsgruppen gegliedert: An erster Stelle stehen die Strafverfahren wegen Gefangenenmisshandlung (1. Teil), gefolgt von den Dopingverfahren (2. Teil), den Verfahren wegen Denunziationen (3. Teil) und den Verfahren wegen Wirtschaftsstraftaten (4. Teil).

Die Reihenfolge des Abdrucks innerhalb der einzelnen Teile der Dokumentation erfolgt chronologisch nach dem Datum des erstinstanzlichen Urteils bzw. Strafbefehls.

Eine Besonderheit gilt für die Dopingverfahren im Hinblick auf die Anonymisierung. Hier wurde von dem ansonsten eingehaltenen Vorgehen bei der Personenbezeichnung abgewichen, das darin besteht, dass Namen in den Dokumenten bis auf den Anfangsbuchstaben unkenntlich gemacht werden, sofern die Betroffenen nicht zum Kreis der Personen der Zeitgeschichte gehören.[216] Stattdessen wurden für die Namen der Geschädigten durchgängig willkürlich gewählte Buchstaben gesetzt. Die Entscheidung für dieses Vorgehen beruht auf folgenden Umständen. In den gerichtlichen Entscheidungen werden die durch Dopingmittel hervorgerufenen Gesundheitsschäden zu einem erhebli-

213 Vgl. lfd. Nr. 6.
214 Vgl. lfd. Nr. 8-10.
215 Vgl. Fn. 176.
216 Vgl. hierzu die Einführung in die Dokumentation auf S. XXI.

chen Teil sehr ausführlich beschrieben. Dabei handelt es sich datenschutzrechtlich um besonders sensible persönliche Informationen. Die Herausgeber der Dokumentation haben sich daher um Kontakt zu den einzelnen Dopinggeschädigten bemüht, um sie um ihre Zustimmung zu einer Namensnennung zu bitten. Leider ist es in der überwiegenden Zahl der Fälle nicht gelungen, die Betroffenen zu erreichen. Sofern ein Kontakt hergestellt werden konnte, war die Reaktion ganz überwiegend ablehnend.

Literatur

Ahlers, Rainer: Doping und strafrechtliche Verantwortlichkeit. Zum strafrechtlichen Schutz des Sportlers vor Körperschäden durch Doping, Baden-Baden 1994.

Beleites, Johannes: Abteilung XIV: Haftvollzug, Berlin 2004 [Anatomie der Staatssicherheit; MfS-Handbuch, Teil III/9].

Beleites, Johannes: Der Untersuchungshaftvollzug des Ministeriums für Staatssicherheit der DDR. In: Engelmann, Roger/Vollnhals, Clemens (Hg.): Justiz im Dienste der Parteiherrschaft, Rechtspraxis und Staatssicherheit in der DDR, Berlin 1999, S. 433ff.

Berendonk, Brigitte: Doping-Dokumente – Von der Forschung zum Betrug, Berlin u.a. 1991.

Fahnenschmidt, Willi: DDR-Funktionäre vor Gericht, Berlin 2000.

Fischer, Thomas: Strafgesetzbuch, Kommentar, 55. Aufl., München 2008.

Geiger, Hansjörg: Sport und Staatssicherheit: Überwachung, Verfolgung und Außendarstellung. In: Deutscher Bundestag (Hg.): Materialien der Enquete-Kommission „Aufarbeitung von Geschichte und Folgen der SED-Diktatur in Deutschland", Bd. III/1, Baden-Baden 1995, S. 662ff.

Geipel, Ines: Verlorene Spiele. Journal eines Dopingprozesses, Berln 2001.

Geipel, Ines: No Limit. Wie viel Doping verträgt die Gesellschaft, Stuttgart 2008.

Hohoff, Ute: An den Grenzen des Rechtsbeugungstatbestands. Eine Studie zu den Strafverfahren gegen DDR-Juristen, Berlin 2001.

Jörns, Gerhard: Der Jugendwerkhof im Jugendhilfesystem der DDR, Göttingen 1995.

Karakaya, Ilkin: Doping und Unterlassen als strafbare Körperverletzung, 2004.

Kargl, Walter: Probleme der Strafbegründung bei Einwilligung des Geschädigten am Beispiel des Dopings, JZ 2002, S. 389ff.

Kaschkat, Hannes: Militärjustiz in der DDR, In: Deutscher Bundestag (Hg.): Materialien der Enquete-Kommission „Aufarbeitung von Geschichte und Folgen der SED-Diktatur in Deutschland", Bd. IV, Baden-Baden 1995, S. 585ff.

Klug, Uwe: Doping als strafbare Verletzung der Rechtsgüter Leben und Gesundheit, Würzburg 1998.

Kohlhaas, Max: Zur Anwendung aufputschender Mittel im Sport, NJW 1970, S. 1958ff.

Lehner, Michael/*Freibüchler*, Thorsten: Doping im DDR-Sportsystem – Schadenersatzansprüche der Opfer? SpuRt 1995, S. 2ff.

Linck, Joachim: Doping und staatliches Recht, NJW 1987, S. 2545ff.

Marxen, Klaus/*Werle*, Gerhard: Die strafrechtliche Aufarbeitung von DDR-Unrecht. Eine Bilanz, Berlin, New York 1999.

dies. (Hg.): Strafjustiz und DDR-Unrecht. Dokumentation. Bd. 2: Gewalttaten an der deutsch-deutschen Grenze, unter Mitarbeit von Toralf Rummler und Petra Schäfter, Berlin 2002; Bd. 3: Amtsmissbrauch und Korruption, unter Mitarbeit von Willi Fahnenschmidt und Petra Schäfter, Berlin 2002; Bd. 4: Spionage, unter Mitarbeit von Petra Schäfter und Ivo Thiemrodt, Berlin 2004; Bd. 5: Rechtsbeugung, unter Mitarbeit von Boris Burghardt, Ute Hohoff und Petra Schäfter, Berlin 2007; Bd. 6: MfS-Straftaten, unter Mitarbeit von Roland Schissau und Petra Schäfter, Berlin 2006.

Marxen, Klaus/*Werle*, Gerhard/*Schäfter*, Petra: Die Strafverfolgung von DDR-Unrecht: Fakten und Zahlen, Berlin 2007.

Mestwerdt, Thomas: Doping – Sittenwidrigkeit und staatliches Sanktionsbedürfnis? Hamburg 1987.

Ministerium der Justiz (Hg.): Strafrecht der DDR. Kommentar zum StGB. 5. Auflage, Berlin (Ost) 1987.

Müller, Anja: Doping im Sport als strafbare Gesundheitsbeschädigung (§§ 223 Abs. 1, 230 StGB)? Baden-Baden 1993.

Plath, Jennifer: Das Jugendgerichtsgesetz der DDR von 1952. Eine darstellende und vergleichende Untersuchung, Hamburg 2005.

Rain, Joachim: Die Einwilligung des Sportlers beim Doping, Frankfurt/M. u.a. 1998.

Reimer, Ekkehart: Anmerkung zum Urteil des BGH vom 29.4.1994 – Az. 3 StR 528/93, NStZ 1995, 83f.

Sauer, Heiner/*Plumeyer*, Hans-Otto: Der Salzgitter-Report, erw. Aufl., Frankfurt 1993.

Schißau, Roland: Strafverfahren wegen MfS-Unrechts. Die Strafverfahren bundesdeutscher Gerichte gegen ehemalige Mitarbeiter des Ministeriums für Staatssicherheit der DDR, Berlin 2007.

Schönke, Adolf/*Schröder*, Horst: Strafgesetzbuch, Kommentar, 27. Aufl., München 2006.

Spitzer, Giselher: Sicherungsvorgang Sport – Das Ministerium für Staatssicherheit und der DDR-Spitzensport, Bonn 2005.

Teichler, Hans Joachim (Hg.): Die Sportbeschlüsse des Politbüros. Eine Studie zum Verhältnis von SED und Sport mit einem Gesamtverzeichnis und einer Dokumentation ausgewählter Beschlüsse, Köln 2002.

Turner, George: Rechtsprobleme beim Doping im Sport, MDR 1991, S. 569ff.

Ulmen, Karl-Josef: Pharmakologische Manipulationen (Doping) im Leistungssport der DDR. Eine juristische Untersuchung, Frankfurt/M. u.a. 2000.

Wagner, Walter: Aus der Rechtsprechung in Staatsschutzverfahren, GA 1966, S. 65ff.

ders.: Zur Auslegung der Staatsschutzvorschriften über den Schutz der persönlichen Freiheit, Teil I, MDR 1967, S. 629ff.

Wassermann, Rudolf: Die DDR-Denunzianten und der Bundesgerichtshof, NJW 1995, S. 931ff.

Wunschik, Tobias: Der DDR-Strafvollzug unter dem Einfluß der Staatssicherheit in den siebziger und achtziger Jahren. In: Roger Engelmann/Clemens Vollnhals (Hg.): Justiz im Dienste der Parteiherrschaft. Rechtspraxis und Staatssicherheit in der DDR, Berlin 1999, S. 467ff.

Dokumente

Teil 1:
Gefangenenmisshandlung

Lfd. Nr. 1

Misshandlungen in der Strafvollzugseinrichtung Bautzen II

Inhaltsverzeichnis
Erstinstanzliches Urteil des Landgerichts Bautzen vom 2.9.1994,
Az.: 1 KLs 183 Js 5993/91

Landgericht Bautzen 2. September 1994
Az.: 1 KLs 183 Js 5993/91
(mitverbunden: 1 KLs 811 Js 7693/91)

URTEIL

Im Namen des Volkes

In der Strafsache gegen

Christian Jahn
1934 in P.
verheiratet, Vorruheständler, Deutscher

wegen Körperverletzung

hat die 1. Strafkammer des Landgerichts Bautzen aufgrund der Hauptverhandlung vom 22.06., 23.06., 24.06., 28.06., 30.06., 01.07., 04.07., 05.07., 06.07., 07.07., 08.07., 11.07., 20.07., 22.08. und 02.09.1994, an der teilgenommen haben

⊗ Es folgt die Nennung der Verfahrensbeteiligten. ⊗

für *Recht* erkannt:

Jahn, Christian, geb. 1934, ist schuldig der vorsätzlichen Körperverletzung in 7 Fällen.
Er wird deshalb zur

Freiheitsstrafe von 1 Jahr 6 Monaten

verurteilt.
Die Vollstreckung der Freiheitsstrafe wird zur Bewährung ausgesetzt.
Der Angeklagte trägt die Kosten des Verfahrens.

Angewendete Vorschriften:
§§ 115 Abs. 1, 22 Abs. 1, Abs. 2 Nr. 2, 63 Abs. 1 und 2 2. Alternative, 64 Abs. 1, 83 Nr. 2 StGB/DDR, Artikel 315 Abs. 1 EG StGB in der Fassung des Einigungsvertrages vom 30.08.1990, § 2 StGB.

Gründe

I. [Feststellungen zur Person]

Der heute 60jährige Christian Jahn wurde 1934 in P. geboren. Gemeinsam mit seinen drei Geschwistern W., R. und S. Jahn wuchs der Angeklagte im Elternhaus auf. Sein Vater P. Jahn war Schlosser und Forstarbeiter, seine Mutter E. Jahn, geb. H., Hausfrau. {3}

Von 1940 bis 1948 besuchte der Angeklagte die Grundschule in P. und schloß diese mit der 8. Klasse ab. Danach erlernte er den Beruf eines Maurers in Bischofswerda. Nach 1/2jähriger Ausbildung und gleichzeitigem Besuch der Berufsschule in Bautzen legte er die Facharbeiterprüfung mit Erfolg ab.

Mit 17 Jahren meldete er sich dann freiwillig zur KVP und wurde am 04.04.1951 nach Löbau einberufen. Im Oktober 1951 erfolgte die Versetzung nach Berlin-Treptow und von dort im Mai 1953 zu der Dienststelle nach Leipzig. Im Oktober 1956 wurde der Angeklagte aus gesundheitlichen Gründen entlassen.

Daraufhin wurde er in der Strafvollzugseinrichtung Bautzen I mit Wirkung vom 01.11.1956 als Oberwachtmeister eingestellt.

1956 erfolgte die Heirat mit H. Jahn, geborene G. Aus dieser Ehe gingen drei Kinder B., A. und F. hervor.

Zunächst versah der Angeklagte den Wachdienst in der Strafvollzugseinrichtung Bautzen I. Ab 1957 wurde er im Aufsichtsdienst eingesetzt.

1958 bis 1959 meldete er sich freiwillig zum Wachpersonal des Haftarbeitslagers in Schwarze Pumpe.

1959 kehrte er wieder in den Aufsichtsdienst in der Strafvollzugseinrichtung Bautzen I zurück. Dort war er auf der Vollzugsgeschäftsstelle tätig und versah Arbeiten wie Strafzeitberechnung, Postein- und -ausgang und Briefzensur. 1961 wurde der Angeklagte zum Stationsleiter ernannt. Im gleichen Jahr sollte er an einem Offizierslehrgang teilneh-{4}men. Aufgrund der Schwierigkeiten mit seinem Bein (⊗ es folgt die Bezeichnung der Krankheit ⊗) konnte er die Aufnahmeprüfung nicht absolvieren.

Am 01.07.1963 erfolgte die Versetzung als Stationsleiter in die Strafvollzugseinrichtung Bautzen II. Seit dem 01.01.1966 nahm er die Funktion als Vollzugsabteilungsleiter wahr. Im gleichen Jahr nahm er ein 4jähriges Fernstudium auf, welches er 1970 mit dem Fachabschluß Heimerzieher ablegte.

In der Folgezeit bis zu seinem Ausscheiden aus dem Strafvollzugsdienst zum 01.06.1990 nahm der Angeklagte dann in der Strafvollzugseinrichtung Bautzen II im wesentlichen die Funktion eines sogenannten Erziehers wahr. Er erlangte im Laufe der Jahre den Dienstrang eines Hauptmanns des Strafvollzuges. Am 31.05.1990 wurde er in den Vorruhestand aufgrund gesundheitlicher Probleme entlassen.

Seine Freizeit widmete er der Freiwilligen Feuerwehr. Seit 1949 ist er Angehöriger der Freiwilligen Feuerwehr in P. Die letzten 15 Jahre leitete er die Feuerwehr in T. 1993 gab er seine Tätigkeit als Leiter der Freiwilligen Feuerwehr auf.

Zur Zeit bemüht er sich jedoch immer noch um die Einsatzbereitschaft von Fahrzeugen und Geräten der Freiwilligen Feuerwehr.

Ausweislich des Bundeszentralregisters ist der Angeklagte bisher strafrechtlich nicht in Erscheinung getreten. {5}

II. [Feststellungen zum Sachverhalt]

1. [Erster Vorfall zum Nachteil von B.]

Der Zeuge B. wurde durch Urteil des Militärobergerichts Berlin vom 08.08.1969 zu 10 Jahren Freiheitsstrafe wegen angeblicher Spionage verurteilt.

Nachdem er sich bereits seit 16.05.1968 in der Untersuchungshaftanstalt des Ministeriums für Staatssicherheit in Hohenschönhausen befand, wurde er noch im Jahre 1969 in die Strafvollzugsanstalt Bautzen II verlegt, wo er bis zum 14.11.1972 inhaftiert blieb.

An einem nicht mehr bestimmbaren Tag, vermutlich zu Beginn des Jahres 1970, wurde gegen den Zeugen B. ein Arrest für die Dauer von 3 Wochen angeordnet.

Auf dem Weg in die Arrestzelle befand sich der Zeuge B. kurzfristig in einer sogenannten „Wartezelle“. Nun kam der Angeklagte auf ihn zu und forderte ihn auf, in die Arrestzelle zu folgen. Der Zeuge weigerte sich jedoch aufgrund der äußerst harten, entwürdigenden und gesundheitsgefährdenden Arrestbedingungen, die auch dem Angeklagten bekannt waren, mitzukommen.

Obwohl der Angeklagte wußte, daß er lediglich bei Widerstand eines Strafgefangenen gegen seine Anweisung zur Anwendung leichter körperlicher Gewalt berechtigt gewesen wäre, ergriff er einen Holzhocker und schlug auf den Oberkörper des Zeugen zweimal kräftig ein. Daraufhin gab der Zeuge seinen passiven Widerstand auf und folgte dem Angeklagten in die Arrestzelle.

Durch die Schläge erlitt der Zeuge Prellungen und Hämatome {6} am Oberkörper, welche einige Tage Schmerzen bereiteten.

2. [Zweiter Vorfall zum Nachteil von B.]

An einem ebenfalls nicht mehr bestimmbaren Tage während der Inhaftierung des Zeugen in Bautzen II, jedoch wahrscheinlich nach der Tat Ziffer 1, betrat der Angeklagte gemeinsam mit drei namentlich nicht bekannten Vollzugsbediensteten den Zellenraum des Zeugen B. und forderte diesen auf, in den Arrest zu folgen. Wiederum leistete der Zeuge passiven Widerstand. Aufgrund gemeinschaftlichen Willensentschlusses schlugen nun der Angeklagte und die drei weiteren Vollzugsbediensteten mit Knüppeln und Fäusten auf den Zeugen ein und traktierten ihn mit Tritten. Wieviele Schläge der Angeklagte selbst dem Zeugen versetzte, konnte nicht mehr festgestellt werden. Er schlug jedoch mindestens einmal auf den Zeugen ein.

Auch hier war dem Angeklagten bewußt, daß er bei Widerstand eines Strafgefangenen entgegen bestehender Anweisungen handelte, weil er nur zur Anwendung leichter körperlicher Gewalt berechtigt gewesen wäre.

Der Zeuge B. erlitt durch die Mißhandlung blaue Flecken und hatte einige Wochen Schmerzen.

3. [Dritter Vorfall zum Nachteil von B.]

Vermutlich im zeitlichen Anschluß an die Tat Ziffer 2, möglicherweise alsbald nach Verbringen in die Arrestzelle oder wenige Tage danach, betrat der Angeklagte die Arrestzelle, in welcher sich der Zeuge B. befand. Dieser war zuvor durch einen Vollzugsbeamten mit Spitznamen „Eule“ an das Fenstergitter gefesselt worden. Vor Hunger und Kälte hatte der Zeuge B. geschrien und gegen das Gitter {7} geklopft. Durch diesen Protest aufmerksam geworden, kam der Angeklagte in die Zelle herein und prügelte mit dem Gummiknüppel auf den Oberkörper und die Arme des Zeugen ein. Der Angeklagte betrat alleine die Zelle, während andere Vollzugsbeamte an der Türschwelle warteten. Der Angeklagte schlug einige Sekunden lang ca. 10 mal zu. Der Zeuge wurde meistens an den Armen getroffen. Hierdurch erlitt der Zeuge Hämatome, welche zwei bis drei Tage Schmerzen verursachten.

4. [Erster Vorfall zum Nachteil von S.]

Der Zeuge S. wurde wegen versuchter Republikflucht zu einer 4jährigen Haftstrafe verurteilt. 1 1/2 Jahre davon verbüßte er in der Untersuchungshaftanstalt Frankfurt/Oder, den Rest in Bautzen II. An einem nicht mehr feststellbaren Tag im September 1973 betraten der Angeklagte und weitere Vollzugsbedienstete die Zelle des Zeugen S., welcher sich im Hungerstreik befand, weil er erreichen wollte, daß man ihm Schreibpapier und Stift zur Verfügung stelle, damit er die ihm nach wie vor verweigerte Berufung gegen sein Urteil einlegen könne.

Der Angeklagte und weitere Vollzugsbedienstete versuchten dem Zeugen nun gewaltsam Suppe einzuflößen. Sie verdrehten ihm die Arme. Um zu erreichen, daß er seinen Mund öffnete, drückte man ihm gewaltsam eine Zwinge aus Metall in den Mund und zwischen die Zähne, wobei ein kleines Stück Zahn abbrach.

Der Zeuge nahm die Suppe auf, spuckte diese dann jedoch sofort wieder aus, wodurch er die Uniform des Angeklagten verschmutzte. Daraufhin schlug der Angeklagte den Zeugen drei Mal kräftig mit der flachen Hand ins Gesicht. {8}

5. [Zweiter Vorfall zum Nachteil von S.]

Einige Tage später kam der Angeklagte mit weiteren Vollzugsbediensteten erneut in die Zelle des Zeugen S., um ihm Suppe einzuflößen. Der Angeklagte schlug dem Zeugen S. mit der flachen Hand mit voller Wucht ins Gesicht, um ihn zur Nahrungsaufnahme zu veranlassen. Hierdurch erlitt der Zeuge Schmerzen und eine Schwellung der Wange.

6. [Vorfall zum Nachteil von Bl.]

Der Zeuge Bl. wurde wegen angeblicher Fluchthilfe zu 12 Jahren Freiheitsstrafe verurteilt und saß in Bautzen II ein. Zu einem nicht näher bestimmbaren Tag im Jahre 1977 nahm der Zeuge Bl. wahr, wie ein Mitgefangener namens Hartmut R. durch den Angeklagten und einen weiteren Vollzugsbediensteten mit Spitznamen „Napoleon" geschlagen wurde. Aus diesem Grund trommelte der Zeuge Bl. gegen seine Zellentür und schrie, daß diese den Mann in Ruhe lassen sollten. Kurze Zeit darauf, ca. 2 bis 3 Minuten später, riß der Angeklagte die Zellentür des Zeugen Bl. auf und schlug diesem mit der Faust, in welcher er einen Schlüsselbund hielt, mindestens zweimal ins Gesicht, wodurch dem Zeugen zwei Backenzähne (unten rechts und oben links) ausgeschlagen wurden, ihm Blut aus den Ohren kam und er durch die Zelle flog, wobei er einen Schrank mit umriß.

7. [Vorfall zum Nachteil von H.]

Der Zeuge H. wurde wegen Fahnenflucht und Landesverrat zu insgesamt 4 1/2 Jahren Freiheitsstrafe verurteilt. Diese Freiheitsstrafe verbüßte er in verschiedenen Strafvollzugseinrichtungen, von Anfang 1983 bis 1984 in der Vollzugseinrichtung Bautzen II. {9}

An einem nicht mehr bestimmbaren Tage im September 1983 verfaßte er ein Lied gegen die „praktizierten Menschenrechte". Dabei unterlegte er die Melodie zu dem Lied von Marlene Dietrich „Sag mir wo die Blumen sind" mit einem anderen Text, welchen er auf die Situation in der JVA zugeschnitten hatte. Der Zeuge wurde denunziert und bekam daraufhin Arrest. In diesem Zusammenhang wurde er von dem Angeklagten mit der Faust einmal heftig ins Gesicht geschlagen, so daß ihm dadurch ein Stück eines Schneidezahnes abbrach.

III. [Beweiswürdigung]

1. [Feststellungen zur Person]

Die Feststellungen zur Person und der beruflichen Situation des Angeklagten beruhen vor allem auf seinen Angaben, dem Auszug aus dem Bundeszentralregister und den nach Maßgabe des Protokolls verlesenen Urkunden, insbesondere aus den seinerzeitigen Personal- und GMS-Akten für den Angeklagten.

2. [Feststellungen zum Sachverhalt]

Die Feststellungen zu den einzelnen Taten hat die Kammer aufgrund des Ergebnisses der Beweisaufnahme getroffen, deren Umfang sich aus dem Sitzungsprotokoll ergibt.

Zu den Taten selbst hat sich der Angeklagte generell auf sein Schweigerecht berufen. Er hat jedoch, insbesondere in seinem letzten Wort, die Vorwürfe bestritten und geltend gemacht „nur mit einfacher körperlicher Gewalt" und mit den ihm „zustehenden gesetzlichen Mitteln" Widerstand von Gefangenen gebrochen zu haben. Keinesfalls habe er mit einem Hocker oder mit einem Schlüsselbund zugeschlagen. Sollte er, da er tatsächlich „körperlich sehr kräftig sei", einem {10} der Gefangenen etwas getan haben, wolle er sich dafür entschuldigen.

Durch die Angaben der verletzten Zeugen und weiterer Tatzeugen ist der Angeklagte zur Überzeugung der Kammer im Sinne der getroffenen Feststellungen überführt.

Alle Tatzeugen befanden sich in einer für sie extremen Lebenssituation. Vor dem Hintergrund langjähriger Freiheitsstrafen, verbunden zu Schicksalsgemeinschaften und empfundener Rechtlosstellung lebten sie zum Teil gemeinsam in der Welt der Strafvollzugseinrichtung Bautzen II. Aufgrund dieser Ausnahmesituation ist naturgemäß nachvollziehbar, daß sich die Erlebnisse ihrer jeweiligen Zeit teilweise sehr nachhaltig in das Gedächtnis der Betroffenen eingeprägt haben. Insoweit war es für die Kammer auch nachvollziehbar, daß die Geschädigten ihre Erlebnisse sehr detailliert berichten konnten und sich an die jeweiligen Vorfälle eindeutig erinnern konnten. Kleinere Abweichungen in der Darstellung des Tatgeschehens von früheren, ihnen vorgehaltenen Aussagen im Ermittlungsverfahren sind aufgrund der sehr lang zurückliegenden Ereignisse für die Kammer kein Anlaß gewesen, an der Glaubwürdigkeit zu zweifeln. Es ist nachvollziehbar, daß aufgrund der lang zurückliegenden Ereignisse sich Erinnerungslücken, Erinnerungsverluste und Erinnerungsvermischungen einstellen, die in der Darstellung zu Nuancen führen.

Die Strafkammer hat ihrer Entscheidung daher nur solche Umstände dem Angeklagten zur Last gelegt, an welche sich die Zeugen sicher, eindeutig und zweifelsfrei erinnern konnten.

Alle Tatzeugen erkannten eindeutig in dem Angeklagten denjenigen Vollzugsbediensteten, der die oben unter Ziffer II ge-{11}schilderten Mißhandlungen begangen hat. Ihnen war der Angeklagte nicht nur von seinem Aussehen her bekannt, sie konnten den Angeklagten auch alle mit seinem Spitznamen „Bobby“ in Verbindung bringen.

Das visuelle Erkennen, die Zuordnung zu dem Spitznamen „Bobby“ sowie die Häufung der Zeugenaussagen, die den Angeklagten unabhängig voneinander als Täter von Mißhandlungen in der Strafvollzugseinrichtung Bautzen II darstellten, sprachen zur Überzeugung der Strafkammer für die Täterschaft des Angeklagten.

Der Zeuge B. hat sehr sachlich, sehr ausführlich und ohne Übertreibungen, zumindest nach außen hin emotionslos über seine Erlebnisse in der Strafvollzugseinrichtung Bautzen II und die ihm zugefügten Schläge berichtet. So räumte der Zeuge auch ein, den Anweisungen u.a. des Angeklagten nicht immer freiwillig gefolgt zu sein und ihn wohl auch verbal provoziert zu haben. Für ihn sei dieser passive Widerstand ein Akt der Angst und der Verzweiflung gewesen.

Auch über die Folgen der ihm durch den Angeklagten zugefügten Schläge berichtet der Zeuge Bl. sehr zurückhaltend und darum bemüht, sie ohne Übertreibungen darzustellen.

Die Aussagen des Zeugen Bl. sind umso glaubhafter, da sie durch den Zeugen K. in wesentlichen Teilen bestätigt wurden. So bestätigt dieser Zeuge den ersten unter Ziffer II 2 geschilderten Vorfall durch eigenes Erleben als damals in der gleichen Zelle anwesender Mitgefangener. Die oben unter Ziffer II 3 geschilderte Tat hat der Zeuge K.[1] von einer Nachbarzelle aus nur akustisch wahrgenommen. Den dritten Fall mit dem Holzhocker habe er nicht mit-{12}bekommen.

Soweit er jedoch zwei der Fälle von Mißhandlungen des Zeugen B. mitbekommen hat, sind die Aussagen darüber deckungsgleich mit denen des Zeugen B.

Hinsichtlich des Falles Ziffer II 3 habe er die Stimmen eindeutig dem Zeugen B. und dem Vollzugsbediensteten mit dem Spitznamen „Bobby“ zuordnen können. Er schildert auch nachvollziehbar, daß er aufgrund der Situation in der Strafvollzugseinrichtung Bautzen gelernt habe, Gerüche, Stimmen, Schritte und viele sonstige Kleinigkeiten zu unterscheiden und die Sinne dafür entsprechend zu schärfen. Schließlich habe ihm der Zeuge Bl. wenig später das Vorgefallene bestätigt, was er anhand der unübersehbaren blauen Flecke an dem Körper des Zeugen Bl. wiederum habe nachvollziehen können.

An der Glaubwürdigkeit der Ausführungen des Zeugen K. zum Tatgeschehen in den Fällen II 2 und 3 hat die Strafkammer keinerlei Zweifel. Wenn der Zeuge auch seine Ausführungen gelegentlich mit zynischen und plakativen Ergänzungen begleitete, so z.B. „Er war der Erzieher mit der Methode Faust der Arbeiterklasse in Stiefeln mit Knüppeln“, so bestätigte er jedoch im Kern aus eigener Anschauung die Ausführungen des Zeugen B. Der Zeuge K. war auch durchaus in der Lage, die Situation in der Strafvollzugseinrichtung Bautzen II differenziert zu schildern. So räumte er auch ein, daß es zwar wenige, aber immerhin einige Ausnahmen von Vollzugsbediensteten gegeben habe, die seiner Meinung nach anständige Menschen waren.

Ebenso wie die Zeugen B. und K. konnten die Zeugen S., Bl. und H. den Angeklagten eindeutig als den Vollzugsbediensteten mit dem Spitznamen „Bobby“ und als {13} denjenigen erkennen, welcher sie im Sinne der angeklagten Taten mißhandelt hatte.

Der Zeuge S. bestätigte wiederum seine bereits am 27.01.1977 getroffene und auszugsweise in die Verhandlung eingeführte Aussage vor dem Bayrischen Landeskriminalamt zu den angeklagten Taten. In dieser Vernehmung hatte er bekundet, daß der

Vollzugsbedienstete mit dem Spitznamen „Bobby" ihn bei dem betreffenden Vorfall mit der flachen Hand ins Gesicht geschlagen habe. In der Zeugenvernehmung vor der Strafkammer bekundete der Zeuge zunächst lediglich einen Schlag. Auf Vorhalt gab er jedoch zu verstehen, daß das, was er damals gesagt habe, auf jeden Fall richtig sei, da die damalige Vernehmung zeitnaher gewesen sei. Die zunächst eingeschränkte Aussage spricht für die Gewissenhaftigkeit des Zeugen, der damit deutlich zu erkennen gab, daß er nur das aussagen wollte, was er noch in klarer Erinnerung hatte.

Das Gericht hatte keinerlei begründete Anhaltspunkte dafür, daß er den Angeklagten zu Unrecht belasten wollte.

Der Zeuge Bl. bekundete, daß er den Vorfall noch sehr gut in Erinnerung habe. Dieser Vorfall wird zudem durch den Zeugen St. bestätigt, welcher zur gleichen Zeit sich auf der gegenüberliegenden Seite eine Etage höher befand und aufgrund der Gegebenheiten der Strafvollzugseinrichtung Bautzen II das Geschehen gut beobachten konnte. Hinsichtlich des Zeugen St. hatte die Strafkammer ebenfalls keinerlei begründete Anhaltspunkte dafür, daß er den Angeklagten Jahn zu Unrecht belasten wolle. So schilderte er das Verhältnis zu dem Angeklagten als teils gut und als teils schlecht. Es habe Sachen gegeben, da habe man mit ihm reden können. Er habe auch gelegentlich versucht, Dinge zugunsten eines Gefangenen zu regeln. Es habe aber auch {14} negative Seiten gegeben. Diese Beschreibung des Zeugen über den Angeklagten zeigt, daß er die Person des Angeklagten differenziert sieht und nicht nur einseitig belasten will.

Auch der Zeuge H. hat den Vorfall mit ihm und dem Angeklagten sehr sachlich und ruhig berichtet. Er hat auch eingeräumt, den Angeklagten mit seinem verfaßten Lied provoziert zu haben. Die Strafkammer und die übrigen Beteiligten konnten auch die durch den Schlag verursachte und noch sichtbare Zahnbeschädigung bei dem Zeugen in Augenschein nehmen.

Die Strafkammer hatte deshalb auch hinsichtlich des Zeugen H. keinen begründeten Anlaß, an dessen Glaubwürdigkeit zu zweifeln.

Allgemein war sich die Strafkammer sehr wohl darüber im klaren, daß angesichts des langen Zeitablaufes die Zeugenaussagen zum Tatgeschehen mit großer Vorsicht zu bewerten waren. Aber auch bei Anlegung eines sehr strengen Maßstabes konnten die oben unter Ziffer II geschilderten Feststellungen zweifelsfrei getroffen werden.

IV. [Rechtliche Würdigung]

Der Angeklagte hat sich daher in sieben Fällen eines Vergehens der vorsätzlichen Körperverletzung nach § 115 StGB/DDR[2] schuldig gemacht. Diese sieben Fälle stehen zueinander in Tatmehrheit gem. § 63 StGB/DDR. {15}

Sämtliche Taten wurden auf dem Gebiet der ehemaligen DDR begangen. Gem. Artikel 8 Einigungsvertrag i.V.m. Artikel 315 Abs. 1 EGStGB in der Fassung der Anlage 1 zum Einigungsvertrag (Kapitel III Sachgebiet C Abschnitt II, Nr. 1 b) kommt auch nach dem 3. Oktober 1990 der Körperverletzungstatbestand des StGB/DDR zur Anwendung.

Artikel 315 Abs. 1 EGStGB und § 2 StGB/BRD bestimmen, daß nach einem Vergleich zwischen dem bundesdeutschen Recht und dem Recht der früheren DDR das mildere Gesetz anzuwenden ist. § 115 StGB der DDR ist danach als das mildere Recht anzusehen. Nach § 115 StGB wird außer den nicht mehr anwendbaren Strafsanktionen

Geld-, Haft- oder Freiheitsstrafe bis zu 2 Jahren angedroht. § 223 Abs. 1 StGB/BRD sieht Geldstrafe oder eine Freiheitsstrafe bis zu 3 Jahren vor. Unter Anwendung eines gefährlichen Werkzeuges sieht § 223a StGB sogar eine Freiheitsstrafe bis zu 5 Jahren vor.

Der damit erheblich geringere Strafrahmen des § 115 StGB/DDR muß auch zu einer konkret geringeren Strafe in den Einzelfällen führen. Dem steht auch nicht Artikel 315 Abs. 4 StGB entgegen. Nach Artikel 315 Abs. 4 EGStGB scheidet die Anwendung der sogenannten Günstigkeitsregel in den Fällen aus, in denen das Strafrecht der Bundesrepublik Deutschland schon vor dem 3. Oktober 1990 auf die Tat anwendbar war. Die vom Angeklagten auf dem Gebiet der ehemaligen DDR begangenen Taten unterfielen nicht nur nach dem Inkrafttreten des sogenannten Grundlagenvertrages vom 21.12.1972, sondern auch schon davor nicht den Strafgesetzen der Bundesrepublik Deutschland. Dies ist durch die Rechtsprechung des Bundesgerichtshofes inzwischen eindeutig geklärt (BGHSt 30, 1 ff; 32, 293).

In allen sieben Fällen hat der Angeklagte den Tatbestand der Körperverletzung des § 115 StGB/DDR in der Alternative der {16} körperlichen Mißhandlung verwirklicht. Körperliche Mißhandlungen im Sinne dieser Bestimmung sind Handlungen, die durch hohe Tatintensität bei den Geschädigten eine erhebliche Störung des körperlichen Wohlbefindens hervorrufen. Die Handlungen des Angeklagten in den oben bezeichneten Fällen stellen Tätlichkeiten dieser Art dar. Er hat die Geschädigten mit der Faust, der flachen Hand, mit dem Schlagstock und dem Schlüsselbund in der Hand sowie teilweise gemeinschaftlich handelnd mit anderen Vollzugsbediensteten jeweils so massiv geschlagen, daß diese starke Schmerzen, Schwellungen oder Hämatome erlitten.

Die Strafkammer sah keine Veranlassung, diese Mißhandlungen in Abgrenzung zu dem Tatbestand einer tätlichen Beleidigung gem. § 137 StGB/DDR näher zu erörtern, da das Tatbild aller Fälle weit entfernt von bloß tätlicher Beleidigung der betroffenen Zeugen liegt.

Die Verhaltensweisen des Angeklagten waren auch in keinem Fall gerechtfertigt. Nach § 33 Abs. 5 StVollzG/DDR vom 07.04.1977[3] und dementsprechend § 37 des StVollz- und Wiedereingliederungsgesetzes/DDR vom 12.01.1968 waren sogenannte Maßnahmen des unmittelbaren Zwanges nur zulässig, wenn „auf andere Weise ein Angriff auf Leben und Gesundheit oder ein Fluchtversuch nicht verhindert oder Widerstand gegen Maßnahmen zur Aufrechterhaltung der Sicherheit nicht beseitigt werden können", wobei die Maßnahme den Grad der Gefährlichkeit des Anlasses und dessen Dauer nicht übersteigen durfte.

Nach Überprüfung aller dargestellten körperlichen Mißhandlungen an den Maßstäben der hier geschilderten möglichen Rechtfertigungsnorm für den Einsatz von körperlicher Gewalt mit und ohne Schlagstock, sah die Strafkammer bei keinem Fall, daß der Gewalteinsatz auf der Grundlage dieser Bestim-{17}mungen gerechtfertigt gewesen wäre.

Der Angeklagte hat sich daher in sieben Fällen nach § 115 StGB/DDR schuldig gemacht.

V. [Keine Verjährung]

Die Verfolgung der Straftaten des Angeklagten ist nicht verjährt.

Zwar wäre die Verfolgungsverjährung sowohl nach § 82 Abs. 1 Nr. 2 StGB/DDR als auch nach § 78 Abs. 3 Nr. 4 StGB (der BRD) bereits eingetreten. Denn diese beiden Bestimmungen sehen jeweils für Delikte der vorliegenden Art eine Verjährungsfrist von 5 Jahren vor, so daß für die letzte der oben unter Ziffer II festgestellten Taten, die im Jahre 1983 verübt wurde, bereits im Jahr 1988 die Verjährung eingetreten wäre.

Das Verfahrenshindernis der Verjährung liegt jedoch nicht vor, weil der Lauf der Verjährungsfrist während der Existenz des Staates DDR geruht hat, die Taten mithin im Zeitpunkt des Beitritts zur Bundesrepublik Deutschland noch nicht verjährt waren und somit gem. Artikel 315a Satz 1 EGStGB der Lauf der Verjährungsfristen für diese Straftaten mit dem Tag des Wirksamwerdens des Beitritts am 03. Oktober 1990 neu begonnen hat.

Dies ergibt sich zunächst aus Artikel 1 des Gesetzes über das Ruhen der Verjährung bei SED-Unrechtstaten (VerjährungsG) vom 26.03.1993 (BGBl. 1993 Teil I, Seite 392). Danach bleibt bei der Berechnung der Verjährungsfrist die Zeit vom 11. Oktober 1949 bis zum 02. Oktober 1990 außer Ansatz, wenn es sich um Taten handelt, die während {18} der Herrschaft des SED-Unrechtsregimes begangen wurden, aber entsprechend dem ausdrücklichen oder mutmaßlichen Willen der Staats- und Parteiführung der ehemaligen Deutschen Demokratischen Republik aus politischen oder sonst mit wesentlichen Grundsätzen einer freiheitlichen rechtsstaatlichen Ordnung unvereinbaren Gründen nicht geahndet worden sind. In derartigen Fällen hat dem Verjährungsgesetz zur Folge die Verjährung während des genannten Zeitraumes geruht. Die in diesem Gesetz genannten Voraussetzungen für den Nichteintritt der Verjährung sind im vorliegenden Fall – wie noch darzulegen sein wird – gegeben. Die Frage, ob das Verjährungsgesetz vom 26.03.1993 ein evtl. bereits eingetretenes Verfahrenshindernis der Verfolgungsverjährung nachträglich wieder beseitigen und mit konstitutiver Wirkung bestimmen konnte, daß die Verjährung der dort genannten Straftaten bis zum Ende der DDR geruht habe, hat die Strafkammer bejaht.

Durchgreifende verfassungsrechtliche Bedenken gegen diese Rechtsauffassung bestehen nach Meinung der Strafkammer nicht. Insbesondere steht die hier vertretene Auffassung nicht im Widerspruch zu Artikel 103 Abs. 2 GG. Diese Verfassungsnorm bestimmt, daß eine Tat nur bestraft werden kann, wenn die Strafbarkeit gesetzlich bestimmt war, bevor die Tat begangen wurde – was hier in Form des § 115 StGB/DDR gegeben war. Verjährungsvorschriften regeln dagegen, wie lange eine für strafbar erklärte Tat verfolgt werden soll. Da sie lediglich die Verfolgbarkeit betreffen, die Strafbarkeit dagegen unberührt lassen, fallen sie aus dem Geltungsbereich des Artikels 103 Abs. 2 GG heraus; eine Verlängerung oder Aufhebung von Verjährungsfristen kann deshalb nicht gegen diesen Verfassungssatz verstoßen (BVerfGE 1, 418 (423); 25, 269 (287)). {19}

Auch das verfassungsrechtliche Rechtsstaatsprinzip steht der hier vertretenen Rechtsauffassung nicht entgegen. Dieses gehört zu den allgemeinen Grundsätzen und Leitideen, die der Verfassungsgeber, weil sie das vorverfassungsmäßige Gesamtbild geprägt haben, von dem er ausgegangen ist, nicht zu einem besonderen Rechtssatz verdichtet hat (BVerfGE 2, 380 (403)). Aus dem Rechtsstaatsprinzip ergibt sich die Forderung nach Rechtssicherheit, so daß der Staatsbürger die ihm gegenüber möglichen staatlichen Eingriffe voraussehen und sich dementsprechend einrichten kann. Er soll sich grundsätzlich darauf verlassen können, daß der Gesetzgeber an abgeschlossene Tatbestände keine ungünstigeren Folgen knüpft, als im Zeitpunkt der Vollendung dieser Tatbestände voraussehbar war. Rechtssicherheit bedeutet für den Bürger in erster Linie Vertrauensschutz.

Der verfassungsrechtliche Vertrauensschutz gilt jedoch nicht ausnahmslos. Der Bürger kann sich insbesondere auf Vertrauensschutz als Ausprägung des Rechtsstaatsprinzips dann nicht berufen, wenn sein Vertrauen auf den Fortbestand einer gesetzlichen Regelung eine Rücksichtnahme durch den Gesetzgeber billigerweise nicht beanspruchen kann, das Vertrauen auf eine bestimmte Rechtslage also sachlich nicht gerechtfertigt ist (ständige Rechtsprechung des Bundesverfassungsgerichts, vgl. insbesondere BVerfGE 25, 290 (291)).

Unter diesen Gesichtspunkten besteht ein aus dem Rechtsstaatsprinzip abgeleiteter Vertrauensschutz für den Angeklagten im vorliegenden Fall nicht. Denn ein Täter, der – wie hier – unter dem Schutz einer unrechtsmäßigen Staatspraxis Straftaten begeht und allenfalls mit disziplinarrechtlicher, nicht jedoch mit strafrechtlicher Verfolgung zu rechnen braucht, kann nicht darauf vertrauen, daß er {20} weiterhin geschützt bleibt, wenn der betreffende Staat sein Ende findet.

Abgesehen davon ist die Strafkammer zu dem Ergebnis gelangt, daß dem Verjährungsgesetz ohnehin im Ergebnis nur deklaratorische, also einen bereits bestehenden Rechtszustand beschreibende Wirkung zukommt. Denn die Verjährung von Straftaten der vorliegenden Art hat bereits während der Existenz des Staates DDR in entsprechender Anwendung des § 83 Nr. 2 StGB/DDR geruht. Nach dieser Bestimmung ruhte die Verjährung der Strafverfolgung u.a. dann, wenn ein Strafverfahren „aus einem anderen gesetzlichen Grunde nicht eingeleitet oder fortgesetzt werden kann." Ein im Gesetz geschriebener Hinderungsgrund stand zwar der Strafverfolgung in der ehemaligen DDR nicht im Wege, vielmehr galt auch dort das strikte Legalitätsprinzip (§ 2 Abs. 1 StPO/DDR), nach welchem alle Straftaten durch die Verfolgungsbehörden einer Ahndung zuzuführen waren. Einem gesetzlichen Hinderungsgrund im Sinne der genannten Bestimmung ist jedoch der Fall gleichzustellen, daß eine auf dem ausdrücklichen oder mutmaßlichen Willen der Staats- und Parteiführung beruhende Staatspraxis die Strafverfolgung aus politischen oder sonst mit wesentlichen Grundsätzen einer freiheitlichen rechtsstaatlichen Ordnung unvereinbaren Gründen verhindert. Ein solches quasi gesetzliches Verfolgungshindernis muß nach dem Sinn und Zweck der Ruhensnorm auch im Interesse der Verwirklichung materieller Gerechtigkeit wie ein gesetzliches Verfahrenshindernis behandelt werden (ständige Rechtsprechung des Bundesgerichtshofs, vgl. insbesondere das BGH-Urteil vom 19.04.1994 – 5 StR 204/93[4]).

Dabei kommt es auf das Ausmaß und das Gewicht der Straftaten, die, rechtsstaatlichen Grundsätzen zu widerlaufend, unverfolgt geblieben sind, nicht an. Maßgeblich ist {21} allein, daß die Voraussetzung für das Ruhen der Verjährung, nämlich die generelle Nichtverfolgung aufgrund rechtsstaatswidriger Staatspraxis, sicher feststehen muß (vgl. BGHSt 23, 137 (140)).

Die Strafkammer hat im Freibeweisverfahren Beweis dafür erhoben, wie die Fälle von körperlichen Mißhandlungen an Strafgefangene durch Angehörige des Strafvollzuges in Strafvollstreckungseinrichtungen der DDR in der staatlichen Praxis des SED-Regimes behandelt worden sind. Zur notwendigen Klärung dieser Frage hat die Strafkammer eine sehr umfangreiche Beweisaufnahme durchgeführt. Teilweise wurden weitere wichtige Zeugen erst durch Zeugenaussagen bekannt. Die Kammer ließ nichts unversucht, auch auf Antrag der Verteidigung, diese Zeugen innerhalb kürzester Zeit ausfindig zu machen und zu hören. Ebenso konnten wichtige Urkunden noch ausfindig gemacht und im Verfahren eingeführt werden. Schließlich konnte die hier wichtige Frage zur sicheren Überzeugung der Strafkammer eindeutig beantwortet werden. Solche strafbaren Handlungen wurden in der ehemaligen DDR generell und systematisch strafrechtlich nicht verfolgt und zwar aus den Gründen, wie sie oben als Voraussetzung für die Anwendung der Ruhensvorschrift gegeben wurden. Diese Taten wurden nach dem ausdrücklichen oder mutmaßlichen Willen der Staats- und Parteiführung der DDR aus politischen oder sonst rechtsstaatswidrigen Gründen strafrechtlich nicht geahndet.

So konnte die Strafkammer zunächst sicher feststellen, daß es zu Strafverfahren gegen Angehörige des Strafvollzuges wegen Körperverletzung an Strafgefangenen in der früheren DDR generell nicht gekommen ist (auf 3 Ausnahmefälle, die sämtlich besonders gelagert waren, wird an anderer Stelle noch eingegangen werden). {22}

Alle als ehemalige Gefangene gehörten Zeugen wie die Tatzeugen zu den dem Angeklagten vorgeworfenen Handlungen und alle ergänzend gehörten Zeugen wie z.B. die Zeugen A. und Hö., welche in den Strafvollzugseinrichtungen in Torgau bzw. Cottbus einsaßen, konnten aus eigener Anschauung oder aufgrund von Berichten anderer Gefangener Aussagen über Mißhandlungen durch das Aufsichtspersonal treffen, nicht aber darüber, daß ihnen auch nur ein Fall bekannt geworden wäre, in welchem ein Strafverfahren wegen einer solchen Tat gegen einen Vollzugsbediensteten eingeleitet worden wäre.

Ebenso wenig wie die gehörten ehemaligen Strafgefangenen aus verschiedenen Strafvollzugseinrichtungen konnten die als Zeugen gehörten ehemaligen Funktionsträger auf dem Gebiet der Strafverfolgung und des Strafvollzuges über Verfahren gegen Vollzugsbedienstete wegen Mißhandlung von Gefangenen berichten. Mit Ausnahme der Zeugen Fischer und Neupert, die jeweils von einem der unten geschilderten Ausnahmefälle berichteten, bekundeten sie übereinstimmend, daß ihnen solche Verfahren nicht bekanntgeworden sind.

Wenngleich auch die von den früheren Funktionsträgern in einigen Fällen dafür angegebene Begründung, es habe keine derartigen Straftaten in ihrem Bereich gegeben, teilweise wider besseres Wissen vorgetragen worden ist, obwohl den Zeugen bekannt war oder vorgehalten worden ist, daß allein in dieser Hauptverhandlung eine große Zahl von Zeugen glaubhaft von ihren gegenteiligen Erlebnissen berichtet hat, obwohl diese Begründungen also offensichtlich unzutreffend waren, sprach für die Richtigkeit der Kernaussage, daß es praktisch so gut wie keine einschlägigen Strafverfahren in der DDR gegeben hat, vor allem die gänzliche {23} Übereinstimmung aller Zeugenaussagen in diesem Punkt.

Der Zeuge Erich Kurt Kunze, Mitte bis Ende der 60er Jahre Haftstättenstaatsanwalt bei der Generalstaatsanwaltschaft der DDR mit Aufsichtsfunktion über die Strafvollzugseinrichtung Bautzen II, bekundete, von Strafverfahren gegen Vollzugsbedienstete wegen Mißhandlungen an Gefangenen in seinem Bereich als auch außerhalb nichts gehört zu haben. Das gleiche haben die Zeugen Steudtner, Kassner, Weber, Kampa, Seibt, Jüttner, Schulze, Hiekel, Alex und Lustik bekundet.

Der Zeuge Steudtner war mehrere Jahre von 1959 bis 1963 für die Strafvollzugseinrichtung Bautzen I und ab 1961 bis 1963 auch für die Strafvollzugseinrichtung Bautzen II als Verbindungsoffizier des Ministeriums für Staatssicherheit eingesetzt. Während ihm zwischenzeitlich andere Aufgaben übertragen wurden, nahm er diese Funktion wiederum ab Februar 1983 auf.

Der für Cottbus zuständige Haftstaatsanwalt Kassner konnte von keinem konkreten Strafverfahren gegen einen Vollzugsbeamten einer Strafvollzugseinrichtung wegen Gefangenenmißhandlung berichten. Dieser Zeuge hatte als Staatsanwalt für Strafvollzugsaufsicht die Aufgabe, die „Einhaltung der sozialistischen Gesetzlichkeit" in Strafvollzugseinrichtungen der DDR zu überwachen. Er hatte damit unmittelbar ermittelnde Aufgaben im Strafvollzug wahrzunehmen und war daher durch seine Tätigkeit im Aufsichtswesen ständig im Kontakt mit dem Vollzugsgeschehen.

Der Zeuge Weber, Kreisstaatsanwalt von 1973 bis 1986 für Görlitz, konnte lediglich von einem Fall berichten, in welchem der Vollzugsbedienstete sein Notwehrrecht überschritt {24} und damit einen Exzeß beging. Er berichtete, daß durch den Leiter der Strafvollzugseinrichtung gegen diesen Vollzugsbediensteten ein Disziplinarverfahren eingeleitet wurde. Von einem Strafverfahren konnte er nicht berichten.

Der Zeuge Rudi Kampa war von 1979 bis November 1984 als Jugendstaatsanwalt bei der Kreisstaatsanwaltschaft Halle/Neustadt und ab November 1984 bis 30.04.1991 Staatsanwalt bei der Staatsanwaltschaft Halle.

Im Rahmen seiner letzten Tätigkeit hatte er u.a. auch Beschwerden von Gefangenen zu bearbeiten, die von Mißhandlungen ihnen gegenüber bei Vernehmungen oder durch Vollzugsbedienstete in den Strafvollzugseinrichtungen berichteten. Die Hinweise darüber fanden sich in Vernehmungsprotokollen oder wurden durch Sitzungsvertreter dem Stadtstaatsanwalt mitgeteilt. Dieser zog die Fälle an sich und teilte sie dem Zeugen Kampa zur Bearbeitung zu.

Der Zeuge bekundete, daß eindeutige Fälle, d.h. solche mit eindeutigem Tatnachweis wiederum von der Bezirksstaatsanwaltschaft zur weiteren Bearbeitung angezogen wurden. Über den Ausgang dieser Verfahren konnte er dann nichts mehr trotz Bemühungen in Erfahrung bringen. Eine Entscheidung des Bezirksgerichts, des Obersten Gerichts oder eines sonstigen Gerichts der DDR ist ihm nicht bekanntgeworden, daß ein Strafvollzugsbediensteter oder ein ehemaliger Strafvollzugsbediensteter wegen Gefangenenmißhandlung verurteilt wurde.

Der Zeuge Eberhard Seibt konnte ebenfalls von keinem Strafverfahren gegen einen Vollzugsbeamten wegen Körperverletzung zum Nachteil von Gefangenen berichten. Dieser Zeuge war bei der Gruppe des K I/4 der Bezirksgruppe der Volkspolizei[5] beschäftigt gewesen. Er war stellvertretender Leiter des Dezernats I vom 01.09.1986 bis 01.10.1990. Aufgabe {25} der in den Strafvollzugseinrichtungen konspirativ tätigen Gruppe des K I/4 war die Aufdeckung der latenten Kriminalität aus dem Strafvollzug heraus. Diese Gruppe sollte die Sicherheit und Ordnung im Strafvollzug gewährleisten, wie z.B. geplante Ausbrüche oder Straftatenaufklärung. Der Zeuge Seibt bekundete, daß die Weisung bei Straftaten von Vollzugsbediensteten gegenüber Häftlingen generell so gewesen sei, daß diese Vorfälle der Abteilung Strafvollzug der Bezirksgruppe der Volkspolizei mitzuteilen waren. Diese habe dann die Hinweise an die Disziplinarabteilung weitergegeben. Von Strafverfahren sei ihm jedoch nichts bekanntgeworden.

Der Zeuge Jüttner war von 1969 bis 1990 Stellvertreter Operativ in der Strafvollzugseinrichtung Bautzen II. Der Zeuge Schulze war als Stellvertreter Vollzug mehrere Jahre lang bis 1989 ebenfalls dort beschäftigt. Der Zeuge Hiekel, der seit 1981 im Strafvollzug tätig ist, war zunächst als Wachtmeister in der Strafvollzugseinrichtung Bautzen I eingesetzt, und nach Absolvierung eines Studiums an der Hochschule der Deutschen Volkspolizei von 1985 bis 1987 als Stellvertreter Operativ im Vollzugsdienst in der Haftanstalt Bautzen I tätig.

Der Zeuge Alex war von Ende 1985 bis Febr./März 1991 Leiter der Strafvollzugseinrichtung Bautzen II. Der Zeuge Herbert Neupert war stellvertretender Leiter von 1981 bis 1983 und ab 1983 Leiter der Strafvollzugseinrichtung Plauen sowie ab 1987 bis 1990 Leiter der Strafvollzugseinrichtung Chemnitz. Auf eine von diesem geschilderte Ausnahme wird später noch eingegangen. Alle diese vernommenen Zeugen haben ausnahmslos übereinstimmend bekundet, daß ihnen Strafverfahren gegen Vollzugsangehörige wegen Gefangenenmißhandlung oder tätlichen Übergriffen gegen Gefangene nicht bekannt geworden sind. {26}

Selbst der ehemalige Leiter der Verwaltung Strafvollzug im Ministerium des Inneren der früheren DDR, der Zeuge Lustik, welcher von 1975 bis Okt. 1980 stellvertretender Leiter und ab 1980 bis 30.04.1990 Leiter der Verwaltung Strafvollzug war, bekundete ebenfalls, daß ihm nicht bekannt sei, daß ein Gerichtsverfahren gegen Vollzugsbedienstete wegen Gefangenenmißhandlung stattgefunden habe.

Auffallend bei der Aussage des Zeugen Lustik war, daß er seine Aussagen sehr allgemein hielt und auf die entsprechenden Gesetze und Richtlinien verwies. Hinsichtlich der Frage, ob ihm solche Strafverfahren bekanntgeworden seien, bekundete er sein Nichtwissen mit der Antwort: „Ich kann nicht sagen es gab sie oder es gab sie nicht".

Daß ihm solche Vorkommnisse zumindest bekanntgeworden sein mußten, konnte durch den Zeugen Löffler, einem Kriminalbeamten des Landeskriminalamtes Brandenburg nachgewiesen werden. Dieser Zeuge konnte über minutiös geführte Nachweisbücher über sogenannte „Vorkommnisse" im Strafvollzug der DDR berichten, welche in der Abteilung des Zeugen Lustik geführt wurden. Diese wurden im Bundesarchiv – Zwischenarchiv in Dahlwitz-Hoppegarten – aufgefunden und durch den Zeugen und drei weitere Beamte des Landeskriminalamtes ausgewertet. Dieses Vorkommnisverzeichnis über einen Zeitraum von 1972 bis 1990 enthält neben monatlich im Schnitt um die 20 sonstigen Eintragungen über Vorkommnisse im Strafvollzug insgesamt 18 Eintragungen über Körperverletzungen, welche von Vollzugsbediensteten an Strafgefangenen begangen wurden. Nach Auswertung dieser Eintragungen konnten diese eindeutig als derartige Körperverletzungsdelikte subsumiert werden, wobei anzunehmen sei, daß noch weitere, lediglich als „Körperverletzung" bezeichnete Vorgänge die Mißhandlung Gefangener durch das Aufsichtspersonal betreffen. Bis zum {27} 17.11.1989 finden sich keinerlei Hinweise darauf, ob wegen dieser Vorkommnisse ein Strafverfahren eingeleitet wurde. In einer neben diesen Eintragungen befindlichen Rubrik finden sich lediglich Hinweise auf Disziplinarmaßnahmen wie z.B. Verweis, Tadel oder Parteiausschluß. Erstmals nach dem 17.11.1989 finden sich Eintragungen, daß der Vorgang an die Kriminalpolizei übergeben wurde oder Strafverfahren eingeleitet wurden.

Der Zeuge konnte lediglich von einem Fall berichten, in dem ein Zivilangestellter im Strafvollzug einen Lehrling mit einem Elektrokabel geschlagen hatte und in dem dann ausweislich der Nachweisbücher ein Strafverfahren eingeleitet wurde. Dieser Lehrling war Strafgefangener. Durch diese Behandlung erlitt er erhebliche Verletzungen. Gegen den Zivilangestellten, welcher nicht zu den „bewaffneten Organen der DDR“ gehörte, wurde bezüglich des Körperverletzungsdeliktes ein Strafverfahren durchgeführt.

Der Zeuge bekundete, daß die Eintragungen sich auf alle Strafvollzugseinrichtungen quer durch die ehemalige DDR bezogen. Er bekundete weiterhin, daß diese Eintragungen unter anderem auch durch den Zeugen Lustik abgezeichnet waren.

In vollem Umfang hat die Beweisaufnahme in der Hauptverhandlung den Vortrag der Staatsanwaltschaft in den beiden Anklageschriften des vorliegenden Verfahrens bestätigt, wonach die Arbeitsgruppe der Schwerpunktabteilung der Staatsanwaltschaft Dresden zur Verfolgung von SED-Unrecht sehr umfangreiche und detailgenaue Ermittlungen angestellt und insbesondere zahlreiche Archive, Karteien und Unterlagensammlungen von MfS-, Strafverfolgungs- und Strafvollzugsbehörden der früheren DDR gesichtet und ausgewertet habe und als Ergebnis dieser aufwendigen Recherchen festgestellt {28} worden sei, daß zwar körperliche Mißhandlungen, Schläge oder unzulässiger Einsatz des Schlagstockes vorkamen, gegen die betroffenen Vollzugsbediensteten aber – mit Ausnahme eines bereits erwähnten besonders gelagerten Falles – keine Strafverfahren eingeleitet wurden, sondern lediglich teilweise disziplinarisch geahndet wurde.

Dies war auch das Ergebnis einer schriftlichen Anfrage der Staatsanwaltschaft Dresden vom 28.10.1991 bei 8 Vollzugsanstalten des Landes Sachsen (Görlitz, Zeithain, Bautzen, Zwickau, Plauen, Stollberg, Waldheim und Torgau), deren Antworten die Strafkammer in der Hauptverhandlung verlesen hat. Danach lagen bei den Leitungen dieser Anstalten zum Anfragezeitpunkt keinerlei Erkenntnisse über Strafverfahren dieser Art für die Zeit während des Bestehens der DDR vor. Auch das Sächsische Staatsministerium der Justiz hatte der Staatsanwaltschaft Dresden am 07.11.1991 mitgeteilt, daß dort keine Fälle feststellbar seien, in welchen Strafvollzugsbedienstete wegen Körperverletzung zum Nachteil von Gefangenen strafrechtlich zur Verantwortung gezogen worden sind. Dieses Schreiben wurde durch Verlesen in die Hauptverhandlung eingeführt.

Der Sachverständige Bernhard Priesemuth, ein Mitarbeiter des Bundesministeriums für Familie und Senioren, bekam im Mai 1990 den Dienstauftrag, zu prüfen, ob und in welchem Umfang es in der DDR politische Todesopfer gegeben hat. Der Grund war eine eventuelle Erweiterung des Deutschen Gräbergesetzes im Zusammenhang mit dem Einigungsvertrag. In Ausführung dieses Dienstauftrages bekam der Sachverständige Einsicht in sämtliche einschlägige DDR-Archive, insbesondere überprüfte er das Zentralarchiv des Ministeriums des Inneren der DDR, das Gauck-Archiv[6] sowie einige Nebenarchive, z.B. des Obersten Gerichts und der Generalstaatsanwalt-{29}schaft, zur Feststellung von politischen Todesopfern.

Der Sachverständige kam dabei zu dem Ergebnis, daß es in der DDR ab Frühjahr 1950 bis zur Wende im Herbst 1989 im wesentlichen drei Haftzuständigkeiten gegeben hat: In den Strafvollzugseinrichtungen des Ministeriums für Inneres (MdI) seien während des genannten Zeitraumes über 700.000 Personen inhaftiert gewesen. Daneben habe es in den Untersuchungshaftanstalten des Ministeriums für Staatssicherheit (MfS) einen „versteckten Strafvollzug“ gegeben, der eigentlich dem DDR-Recht widersprochen habe. Insgesamt hätten dort weitere ca. 70.000 Menschen, vielfach nur als sogenannte Nummernhäftlinge, als Strafgefangene eingesessen, ein Gefangener habe nachweislich 10 Jahre dort Strafe verbüßt. Die dritte Zuständigkeit sei der sogenannte Militärstrafarrest gewesen, der dem Ministerium für Verteidigung unterstanden habe.

In diesen drei Zuständigkeitsbereichen seien von 1950 bis 1989 nachweislich ca. 2.500 Menschen während der Haft verstorben, davon nach dem gegenwärtigen Stand der Überprüfung mindestens 100 eines unnatürlichen Todes.

Was die Mißhandlungen von Häftlingen in der ehemaligen DDR angehe, seien im wesentlichen 3 Zeitabschnitte zu unterscheiden: In der Zeit von 1950 bis 1956 sei die physische Mißhandlung von Häftlingen eindeutig als offizielle staatliche Maßnahme nachzuweisen. Dies habe er durch zahlreiche Dokumente und Gespräche mit Überlebenden festgestellt. Es habe Dunkel- und Wasserzellen, in großem Umfange auch direkte Mißhandlungen gegeben. In dieser Zeit von 1950 bis 1956 seien jährlich 200 bis 300 Todesopfer unter den Gefangenen der DDR nachzuweisen. In der zweiten Phase nach 1956 sei man stärker von der physischen Mißhandlung, die nur mehr verdeckt gelaufen sei, zur psychischen Mißhandlung der {30} Gefangenen übergegangen, u.a. mit dem Ziel, die ungewöhnlich hohe Zahl von Todesfällen zu senken. Diese seien dann tatsächlich bis Ende der 60er Jahre auf ca. 150 bis ca. 50 pro Jahr zurückgegangen. Ab Beginn der 70er Jahre sei den Dokumenten zu entnehmen, daß Gefangenenmißhandlungen offiziell nicht erwünscht waren, sie seien aber weiterhin bis in die 80er Jahre in erheblicher Anzahl vorgekommen, wie sich insbesondere aus zahlreichen Dokumenten des Gauck-Archives für die Unterlagen des ehemaligen Ministeriums für Staatssicherheit ergebe.

Bei all seinen Recherchen ist dem Sachverständigen Priesemuth, wie dieser glaubwürdig berichtete, kein einziger Fall untergekommen, in dem gegen einen Angehörigen des MdI oder des MfS ein Strafverfahren wegen Gefangenenmißhandlung stattgefunden hätte. In „besonders groben Fällen“, insbesondere wenn es sich um einen ausländischen Gefangenen gehandelt oder sich ein Rechtsanwalt eingeschaltet habe, seien teilweise Disziplinarverfahren, in keinem Fall aber die Einleitung oder Durchführung eines Strafverfahrens festzustellen.

Die Strafkammer hat auch die sachverständige Zeugin Lorenz gehört. Die Zeugin ist Mitarbeiterin der Behörde des Bundesbeauftragten für die Unterlagen des Ministeriums für Staatssicherheit der ehemaligen DDR. Sie befaßt sich seit 1991 mit den Unterlagen des Ministeriums für Staatssicherheit. Diese Unterlagen umfassen einen Zeitraum von 1950 bis 1989. Als Mitarbeiterin der Behörde hatte sie sich speziell mit Fragen des Strafvollzuges in der früheren DDR zu befassen.

Aufgrund des Studiums der Unterlagen des ehemaligen Ministeriums für Staatssicherheit, konnte sie der Strafkammer {31} bekunden, daß sie in diesen Unterlagen Hinweise auf Gefangenenmißhandlung durch Vollzugsbedienstete gefunden hat. Als Fundstellen haben ihr Aussagenprotokolle, Berichte in offizieller Mitarbeiter und Beschwerden von Gefangenen zur Verfügung gestanden. So hatte sie in 6 Fundstellen etwa 20 Einzelberichte über Körperverletzungsdelikte, begangen von Vollzugsbediensteten an Gefangenen, gefunden. Ein Fall war ihr noch näher erinnerlich, in welchem ein Vollzugsangehöriger wegen Verstoßes gegen die sozialistische Gesetzlichkeit und Übergriffen in eine andere Strafvollzugseinrichtung versetzt wurde. Von der Einleitung strafrechtlicher Ermittlungen konnte sie in den Unterlagen nichts finden.

Auf der Grundlage der Dienstanweisungen, Befehle und Richtlinien sowie aufgrund des Netzes von inoffiziellen Mitarbeitern, der Tätigkeit von Offizieren im besonderen Einsatz, der offiziell angeordneten Zusammenarbeit zwischen dem Ministerium für Staatssicherheit, dem Ministerium des Innern (Abteilung Strafvollzug), könne davon ausgegangen werden, so die Zeugin, daß das Ministerium für Staatssicherheit Informationen zu allen Vorkommnissen im Strafvollzug gehabt habe.

Davon konnte sich die Kammer, wie noch darzulegen ist, überzeugen.

Nach diesen Beweiserhebungen kommt die Strafkammer zunächst zur sicheren Überzeugung, daß – von drei weiter unten erörterten Ausnahme abgesehen – eine strafrechtliche Verfolgung von Strafvollzugsbediensteten wegen Straftaten an Gefangenen in der DDR nicht stattgefunden hat.

Zur sicheren Überzeugung konnte die Strafkammer ferner feststellen, daß diese Unterlassungen der Strafverfolgung eine {32} dem Willen der Staats- und Parteiführung der DDR entsprechende Staatspraxis darstellte, der dezidierte politische Motive zugrunde lagen und die mit wesentlichen Grundsätzen einer freiheitlichen rechtsstaatlichen Ordnung unvereinbar war.

Nach den Feststellungen der Strafkammer sollte nach dem Willen der politischen Führung der DDR bei Körperverletzungen gegenüber Gefangenen, die von Angehörigen des Strafvollzuges bei Ausübung ihres Dienstes begangen wurden – und nur bei diesen – generell und systematisch die Durchführung von Strafverfahren verhindert werden.

Anders als bei Tötungsdelikten an der Grenze zur Bundesrepublik Deutschland, bei denen von Staat und Partei gemäß bewußt eingerichteter allgemeiner Befehls- und Erlaubnislage Grenzdurchbrüche durch „entschlossenes, auch tödliches Handeln“ in jedem Fall zu verhindern waren (vgl. dazu BGH NStZ 1993, 486 ff.[7]), wurden Tätlichkeiten von Vollzugsangehörigen gegen Gefangene auch von Staat und Partei generell nicht gebilligt, ja sogar als verwerflich angesehen. Es widersprach völlig den höchst anspruchsvollen Zielen des sozialistischen Strafvollzuges.

So heißt es u.a. in den Grundsätzen über die Aufgabe, Prinzipien der Führung, Arbeitsweise, Organisation und Struktur der Strafvollzugseinrichtungen – Grundsätze SVE – vom 10.07.1968 in der Fassung vom 15.12.1971 das Ministerium des Innern u.a.:

„Die Strafvollzugseinrichtung gewährleistet in jeder Lage und unter allen Bedingungen bei strikter Einhaltung der sozialistischen Gesetzlichkeiten einen wirksamen, den gesellschaftlichen Erfordernissen entsprechenden Vollzug der Strafen mit Freiheitsentzug und trägt durch die sichere Verwahrung der Strafgefangenen, die strikte Durchsetzung der Ordnung und Disziplin sowie eine nachhaltige rückfallverhü-{33}tende Erziehung der Strafgefangenen zur Gewährleistung der öffentlichen Ordnung und Sicherheit bei.
Sie hat auf der Grundlage des Gesetzes über den Vollzug der Strafe mit Freiheitsentzug und über die Wiedereingliederung Strafentlassener in das gesellschaftliche Leben vom 12.01.1968 (nachfolgend Strafvollzugs- und Wiedereingliederungsgesetz genannt) sowie anderer Rechtsvorschriften und Weisungen den Vollzug der Strafen mit Freiheitsentzug bei ständiger Erhöhung der Sicherheit wirksam zu gestalten.“

Im weiteren Verlaufe wird ausgeführt:

„Die Entwicklung einer zielstrebigen Arbeit mit den Strafvollzugsangehörigen durch die gründliche Erläuterung der Beschlüsse und Dokumente der Sozialistischen Einheitspartei Deutschlands, der Gesetze, anderen Rechtsvorschriften und Weisungen mit dem Ziel, Menschen zu erziehen, die sich durch Treue zur Arbeiterklasse und ihrer Partei, eine feste Freundschaft zur Sowjetunion, eine konsequente Haltung gegenüber dem Klassenfeind und seiner Ideologie, hohe Pflichtauffassung, Wachsamkeit und Geheimhaltung, Berufsstolz, Einsatzbereitschaft und Befehlstreue, schöpferisches Denken und Arbeiten, Bescheidenheit, Korrektheit, Ehrlichkeit, Unbestechlichkeit, Mut, Ausdauer, Sauberkeit, Höflichkeit und Hilfsbereitschaft auszeichnen.
Die Durchsetzung der sozialistischen Kaderprinzipien, die perspektivische Planung des Kaderbedarfs und die Entwicklung der Kader unter ständiger Berücksichtigung des Grundsatzes, daß für die Durchführung der gegenwärtigen und künftigen Aufgaben des Strafvollzuges die Fähigkeiten der Strafvollzugsangehörigen, ihr Wissen und Können und ihr Bewußtsein der Sache unseres sozialistischen Staates getreu zu dienen, die wichtigsten Voraussetzungen sind. {34}
Die Konzentrierung der Kräfte und Mittel der Strafvollzugseinrichtung auf die konsequente Verwirklichung der Strafvollzugsaufgaben, insbesondere die ständige Gewährleistung der Sicherheit, Ordnung und Disziplin, die erfolgreiche Erziehung der Strafgefangenen sowie die rechtzeitige und zweckmäßige Vorbereitung auf die Wiedereingliederung in das gesellschaftliche Leben.
Die Verwirklichung der führenden Rolle der Partei, die konsequente Durchsetzung des Prinzips der Einheit von politischer und fachlicher Führung durch straffe Einzelleitung, die klare Abgrenzung der Verantwortung, die ständige Vervollkommnung der Arbeitsweise und die kritische Einschätzung und Abrechnung der erreichten Ergebnisse."

In gleicher Weise wird in den Grundsätzen über Aufgaben, Stellung, Prinzipien der Führung, Arbeitsweise, Organisation und Struktur der Strafvollzugseinrichtungen und Jugendhäuser – Grundsatz der StVE und JH – vom 20.12.1977 des Ministeriums des Innern der DDR zu den Aufgaben und Stellung der Strafvollzugseinrichtungen und des Jugendhauses ausgeführt:

„Die StVE und das JH haben zur allseitigen Stärkung und zum zuverlässigen Schutz der Arbeiter-und-Bauern-Macht unter strikter Wahrung der sozialistischen Gesetzlichkeit sowie in Einheit von Sicherheit, Erziehung und Ökonomie jederzeit einen wirksamen und den gesellschaftlichen Erfordernissen entsprechenden Vollzug der Strafen mit Freiheitsentzug zu gewährleisten. Soweit einer StVE und einem JH eine Untersuchungshaftanstalt nachgeordnet ist, schließt das die Gewährleistung der Aufgaben des Untersuchungshaftvollzuges mit ein.
Die Erfüllung der der StVE und dem JH übertragenen Aufgaben erfordert eine ständige hohe Kampfkraft und Einsatzbereit-{35}schaft, feste innere Ordnung, militärische Disziplin und revolutionäre Wachsamkeit. Das verlangt eine zunehmende Qualität der Effektivität und Wirksamkeit des Dienstes, die strikte und initiativreiche Durchsetzung der Beschlüsse, Gesetze und anderen Rechtsvorschriften, Befehle, Direktiven und Weisungen sowie die umfassende und differenzierte Einbeziehung gesellschaftlicher Kräfte zur Gestaltung eines wirkungsvollen Vollzugsprozesses.
Die StVE und das JH verwirklichen ihre Aufgaben auf der Grundlage des Programmes der SED, der Beschlüsse der Parteitage der SED, der Beschlüsse des ZK und seines Sekretariats sowie des Politbüros des ZK der SED, der Verfassung der DDR, der Gesetze und Beschlüsse der Volkskammer, der Beschlüsse und Anordnungen des Nationalen Verteidigungsrates der DDR und der Befehle, Direktiven und Weisungen seines Vorsitzenden, der Verordnung und Beschlüsse des Ministerrates sowie Anordnungen und Weisungen seiner Vorsitzenden sowie anderer allgemeinverbindlicher Rechtsvorschriften …".

Diesen Bestimmungen des Ministeriums des Innern korrelieren die Dienstanweisungen z.B. Nr. 2/75 und Nr. 5 aus 85 des Ministeriums für Staatssicherheit der DDR. Dort in den Dienstanweisungen Nr. 2/75[8] wird ausgeführt:

„Das Organ Strafvollzug des Ministerium des Innern hat als Bestandteil der sozialistischen Staatsmacht bedeutsame Aufgaben zum Schutz und zur Gewährleistung der Sicherheit der DDR und ihrer Bürger zu erfüllen. Die in diesem Zusammenhang durch die zuständigen Diensteinheiten des MfS zu lösenden politisch-operativen Aufgaben erfordern unter Beachtung der neuen politisch-operativen Lagebedingungen die weitere Qualifizierung der politisch-operativen Abwehrarbeit im Strafvollzug und die zielgerichtete Einflußnahme auf die Erhöhung der Wirksamkeit des Organs Strafvollzug des Ministeriums des {36} Innern bei der Gewährleistung einer hohen Sicherheit und Ordnung in den Strafvollzugseinrichtungen und Untersuchungshaftanstalten (in weiteren Vollzugseinrichtungen genannt) sowie bei der Vorbeugung und Bekämpfung der Kriminalität im Zusammenhang mit anderen staatlichen und wirtschaftsleitenden Organen, Betrieben, Kombinaten und Einrichtungen sowie gesellschaftlichen Organisationen und Kräften."

In der Dienstanweisung Nr. 5/85 wird ausgeführt:

„Die weitere Gestaltung der entwickelten sozialistischen Gesellschaft und ihr zuverlässiger Schutz vor allen Angriffen des Gegners sowie feindlicher Kräfte im Innern der DDR erfordern die konsequente Durchsetzung der sozialistischen Staats- und Rechtsordnung und die allseitige Gewährleistung der staatlichen Sicherheit. Eine Voraussetzung dafür ist die Gewährleistung einer hohen Sicherheit, Ordnung und Disziplin in der Verwaltung Strafvollzug des MdI, den Abteilungen Strafvollzug der BDVP, der BDVP Berlin, den Strafvollzugseinrichtungen, der Jugendhäuser und Untersuchungshaftanstalten (nachfolgend Organ Strafvollzug genannt) die Durchsetzung der sozialistischen Gesetzlichkeit beim Vollzug der Strafen und Freiheitsentzug sowie der Untersuchungshaft."

Den Inhalt der zitierten Grundsätze und Dienstanweisungen wurden durch die Strafkammer im Selbstleseverfahren in die Hauptverhandlung eingeführt.

Aufgrund dieser Dienstanweisungen und Grundsätze, welche hier nur beispielhaft zitiert werden, auf deren gesamten Inhalt jedoch Bezug genommen wird, wird das Bild der für den Strafvollzug verantwortlichen Staats- und Parteifunktionäre eines ‚reinen Hauses' einer unangreifbaren Wirklichkeit der sozialistischen Gesellschaft als Gesellschaftsdoktrin im Sinne einer „Saubermannpolitik" deutlich. {37}

Bei diesem Ausgangspunkt mußte jede Verletzung dieses hohen Anspruches als Verletzung des Ansehens von Partei und Staat durch genau die Funktionsträger erscheinen, die durch vorbildhaftes Verhalten in der Ausübung ihres Dienstes gerade diese Ziele zu garantieren hatten. Beschädigungen des Idealbildes vom sozialistischen Strafvollzug in der Öffentlichkeit des In- und Auslandes durch das Bekanntwerden von Strafverfahren wegen Mißhandlungen von Strafgefangenen durch Vollzugsbedienstete, sollten daher auf jeden Fall verhindert werden. Eine nicht steuerbare öffentliche Erörterung derartiger Vorkommnisse in Strafvollzugsanstalten, in der Presse als Anlaß von Gerichtsverhandlungen, durften im SED-Regime nicht zugelassen werden. Sie mußten stets intern im Wege disziplinarischer Ahndung ohne jedes Aufsehen in der Öffentlichkeit und unter Wahrung des Geheimhaltungsgrundsatzes aller vollzugsinternen Vorgänge abgehandelt und erledigt werden. Gerichtliche Strafverfahren mit dem Grundsatz der Öffentlichkeit wären diesem Ziel in jeder Weise zuwidergelaufen. Sie mußten verhindert werden.

Die Konsequenz dieses selbstgesetzten hohen sozialistischen Menschenbildes und der selbstgesetzten hohen sozialistischen Gesellschaftsdoktrin in der Umsetzung in die sozialistische Wirklichkeit, d.h. hier speziell des Vollzugsalltages, war den verantwortlichen Funktionären des Strafvollzuges in den Ministerien für Staatssicherheit und des Innern der DDR bewußt. Dies ergibt sich insbesondere aufgrund der engen Zusammenarbeit des Ministerium des Innern mit dem Ministerium für Staatssicherheit und weiterer untergeordneter Organe, aufgrund des engmaschigen Netzes von Befehls-, Richtlinien- und Informationsordnungen und durch einen breitgefächerten Mittelapparat. {38}

Jedes sogenannte Vorkommnis in den Haftanstalten, wozu nebst vielen anderen auch jeder tätliche Angriff von Strafvollzugsbediensteten gegen Gefangene gehörte, war meldepflichtig und mußte nach eigens dafür erlassenen sogenannten „Informationsordnungen“ (vgl. z.B. Ordnung Nr. 081/83 – Vertrauliche Verschlußsache) des Ministeriums des Innern, dem der gesamte Bereich des Strafvollzuges unterstand, über die Bezirksbehörden der deutschen Volkspolizei dem Innenministerium gemeldet werden und wurde danach unter anderem in sogenannten Nachweisbüchern über Vorkommnisse im Strafvollzug genau registriert. Das hat insbesondere die bereits erwähnte Vernehmung des Zeugen Löffler ergeben, welcher über seine Recherchen in den Vorkommnisbüchern des Ministeriums des Innern berichtete, sowie die Vernehmung des Zeugen Lustik, der Zeugen Jüttner, Schulze, Hiekel, Fischer und Kassner ergeben, die als frühere Funktionsträger und Ermittlungsbedienstete genaue Detailkenntnisse wiedergeben konnten. Alle Zeugen haben bekundet, daß in den Informationsordnungen meldepflichtige Vorgänge informativ aufgezählt und sie zu unverzüglichen Meldung an die genau bezeichneten Dienststellen verpflichtet waren.

Auf die Vermerke über Meldungen von Mißhandlung von Gefangenen durch Strafvollzugsangehörige im Nachweisbuch der Vorkommnisse des MdI, aus dem sich die Nichtdurchführung von Ermittlungsverfahren ergibt, ist bereits hingewiesen worden.

Ein noch genaueres System der Information über alle Ereignisse im Strafvollzug ergibt sich aus Stellung, Arbeitsweise und Einfluß des Ministeriums für Staatssicherheit im Strafvollzug. Dieses Ministerium hatte in jeder Strafanstalt in der DDR, einen oder mehrere sogenannte Verbindungsoffiziere, denen jederzeit freier Zugang zu allen Bereichen der Anstalt zu gewährleisten war. Die Arbeit dieser Dienststellen rich-{39}tete sich nach eigens hierfür erlassenen Dienstanweisungen des MfS (wie die bereits erwähnten Dienstanweisungen des MfS 2/75 vom 13.03.1975 und 5/85 vom 03.06.1985), durch die gewährleistet war, daß ihnen alle meldepflichtigen Informationen zuflossen und keine bedeutsame Entscheidung ohne ihre Mitwirkung getroffen werden konnte. So heißt es zum Beispiel in der Dienstanweisung 5/85 auf Seite 22, daß durch die zielgerichtete Einflußnahme auf das Organ Strafvollzug die politisch operativen Interessen des MfS zur allseitigen Gewährleistung der staatlichen Ordnung im Organ Strafvollzug durchzusetzen seien. Dem entsprachen die vom Ministerium des Innern als „Geheime Verschlußsache“ herausgegebenen bereits erwähnten „Grundsätze über Aufgaben, Stellung, Prinzipien der Führung, Arbeitsweise, Organisation und Struktur der Strafvollzugseinrichtung und Jugendhäuser“ (Grundsätze der StVE und JH, herausgegeben mit jeweils abgeänderten Titeln in den Jahren 1971, 1977 und 1984), in denen die jeweilige Anstaltsleitung zur Gewährleistung enger Zusammenarbeit mit den Mitarbeitern des MfS verpflichtet wurde. Die Dienststelle unterhielt daneben ein dichtes Netz von inoffiziellen Mitarbeitern unter den Gefangenen und im Personal und war so nicht nur über offizielle mitgeteilte Ergebnisse, sondern auch über alle Vorgänge in der Anstalt aus der Quelle dieses engen Spitzelsystems unterrichtet. So führte der Zeuge Steudtner aus, daß er die inoffiziellen Mitarbeiter unter den Gefangenen von Berlin bekommen hat. Diese waren schon dort in Untersuchungsgefängnissen des Ministeriums für Staatssicherheit angeworben worden. Diese erhielten aufgrund ihrer Informationen in den Strafvollzugseinrichtungen Vergünstigungen wie Geld, Zigaretten oder sonstige Gutscheine.

Zusätzlich verfügten die Dienststellen des MfS über alle die Informationen, die ihnen von ebenfalls eigens zu diesem Zweck in den Vollzugsanstalten eingerichteten Außenbüros der {40} Kriminalpolizei, den K I/4 Dienststellen, zugingen.

Diese waren in den Strafvollzugseinrichtungen konspirativ tätig, wie der Zeuge Seibt berichtete. So bekundete er, daß sie den sogenannte „Briefkasten des Vertrauens" kontrollierten, in welchem die Gefangenen Beschwerden und sonstige Anliegen einwerfen konnten. Dieser Briefkasten war als Briefkasten für den Anstaltsleiter getarnt. Dieser Briefkasten sei täglich von dieser K I/4-Gruppe entleert und ausgewertet worden.

Die Pflicht zur Zusammenarbeit zwischen Stellen des Ministeriums für Staatssicherheit und den Dienststellen des K I/4 war ebenfalls in den schon erwähnten Dienstanweisungen genau geregelt. Auf diese Weise waren die MfS-Dienststellen auch über solche Tätlichkeiten von Strafvollzugsangehörigen gegen Gefangene genau unterrichtet, bei denen es nicht zu Beschwerden der Gefangenen oder Meldungen über die Bezirksbehörde der Deutschen Volkspolizei an das Innenministerium gekommen war.

Wie dicht das Spitzel- und Informationsnetz des Ministeriums für Staatssicherheit war, hat zum Beispiel auch der Zeuge Steudtner durch seine Aussage bestätigt, er habe, wenn es zu meldepflichtigen Vorfällen gekommen sei, von der Zentrale in Berlin immer wieder Vorhaltungen bekommen, daß „so etwas nicht hätte passieren dürfen", obwohl er natürlich auch bei gewissenhaftester Informationstätigkeit nicht alles habe voraussehen und verhindern können. So habe er zum Beispiel einmal, als im Zuge einer Auseinandersetzung zwischen zwei Anstaltsbediensteten einer der beiden verletzt worden sei, einen regelrechten „Anschiß" aus Berlin bekommen, warum er als Stasi-Verbindungsoffizier vor Ort dies nicht schon im Vorfeld erfahren und verhindert habe. {41}

Der Zeuge Jüttner hat erklärt, nach seiner Einschätzung hätten Strafverfahren nicht stattgefunden, „um das Ansehen der bewaffneten Organe nicht zu beschädigen". Von den Dienstvorgesetzten sei immer wieder auf das Ansehen der bewaffneten Organe hingewiesen worden. Der Zeuge hat bekundet, daß es Direktiven, Mißhandlungen nicht bekanntwerden zu lassen, zwar nicht gegeben habe, aber man habe zwischen den Zeilen lesen müssen. Solche Dinge hätten eben „nicht vorkommen dürfen", um nicht einen erheblichen Imageverlust der bewaffneten Organe zu riskieren.

Ein weiterer Grund für die staatliche Praxis der Verhinderung von Strafverfahren gegen Vollzugsbedienstete wegen tätlicher Angriffe auf Gefangene war die politische Brisanz derartiger Vorgänge für das Bild der DDR im Ausland. Die Aufmerksamkeit der Öffentlichkeit, vor allem der westlichen Medien, in Bezug auf die Praxis des Haftvollzuges in den Staaten des Ostblocks und insbesondere der DDR war hoch. Da die Haftpraxis bekanntermaßen allgemein als ein Indikator für das Maß der tatsächlich ausgeübten Rechtsstaatlichkeit und Rechtssicherheit im Innern der DDR angesehen wurde, wäre jede bekanntgewordene Gewaltausübung in diesem Bereich Gegenstand der öffentlichen Aufmerksamkeit geworden. Das wurde insbesondere durch den Zeugen Steudtner bestätigt, der im Dienst des Ministeriums für Staatssicherheit gestanden hat. Der Zeuge Steudtner hat bekundet, daß ihm immer wieder von seinem Vorgesetzten mitgeteilt worden sei, die westliche Presse dürfe von solchen Vorkommnissen nichts erfahren. Der Zeuge Schulze erklärte dazu, daß ihm immer wieder von seinem Vorgesetzten mitgeteilt wurde, daß man im Ausland keinen Anlaß haben dürfe, über den Strafvollzug der Deutschen Demokratischen Republik zu reden. {42}

Für die Strafkammer stand daher sicher fest, daß sowohl die unbedingte Bewahrung des unbeschädigten Bildes vom angeblich humanen Strafvollzug in der sozialistischen Gesellschaft, als auch die Verhinderung von diskreditierenden Angriffen westlicher Medien auf vermeintliche oder tatsächliche Vollzugsmängel in der DDR der Anlaß dafür waren, Strafverfahren, aus denen Rückschlüsse auf die insgesamt auf hoher Geheimhaltungsstufe stehenden vollzugsinternen Vorgänge gezogen werden konnten, gar nicht erst zuzulassen. Hierzu bedienten sich die verantwortlichen Funktionäre für den Strafvollzug in den Ministerien eines ausgeklügelten Spitzel-, Informations- und gegenseitigen Überwachungssystems, nach welchen von vornherein die latente Gefahr einer Herabwürdigung der Organe des Strafvollzuges durch öffentliche Diskussion verhindert werden sollte. Kam es dennoch zu solchen unerwünschten Erscheinungen, so wurden sie ebenso intern auf disziplinarischem Wege geregelt. So zum Beispiel die schon erwähnten Feststellungen des Zeugen Löffler.

Dem steht auch nicht die Feststellung entgegen, daß die Strafverfolgung von Strafvollzugsangehörigen wegen anderer Delikte der allgemeinen Kriminalität (z.B. Diebstähle, Verkehrsstraftaten u.a.) – auch wenn sie im Zusammenhang mit der Ausführung des Dienstes begangen wurden –, stattfand. Die Praxis der generellen Nichtverfolgung bezog sich insoweit nur auf die Mißhandlung von Strafgefangenen im Strafvollzug, weil dieses Delikt auf eine besondere Sensibilität in der Öffentlichkeit stieß und der Staats- und Parteiführung bekannt war, daß ihm in besonderer Weise die Funktion eines Gradmessers für die Verhältnisse im Strafvollzug beigemessen wurde.

Der Feststellung, daß in der ehemaligen DDR die Mißhandlung von Gefangenen durch das Aufsichtspersonal generell nicht {43} strafrechtlich verfolgt wurde, steht auch nicht entgegen, daß in wenigen, sehr seltenen Fällen ausnahmsweise doch eine strafrechtliche Verfolgung stattfand. Die Kammer hat in der Hauptverhandlung im Rahmen der sehr umfangreichen Beweisaufnahme nur für drei derartige Verfahren – während des rund 40jährigen Bestehens der DDR – Hinweise finden können:

Als 1963 ein entflohener jugendlicher Strafgefangener aus dem Jugendhaus Torgau durch mehrere Strafvollzugsbedienstete bei seiner Auffindung und Festnahme auf das Schwerste mißhandelt worden war, wurden die Verantwortlichen wegen Vergehen nach § 340 StGB vor Gericht gestellt und jeweils zur Bewährung verurteilt, wobei die vorbehaltenen Freiheitsstrafen zwischen 6 und 10 Monaten lagen. Die dazu einschlägigen Unterlagen wurden in der Hauptverhandlung verlesen. Aus diesen Urkunden ergibt sich aber auch, daß sich die Prügelszenen vor den Augen einer erregten Menschenmenge, teilweise auf einem Hof, danach auf der Straße unter heftigen Protest einzelner Bürger abgespielt hatten. Der Vorfall hatte auf diese Weise öffentliches Aufsehen erregt, das nicht mehr verhindert werden konnte. Diese Vorkommnis nicht strafrechtlich zu verfolgen, hätte auch im Sinne des Motivs für die sonstige Verhinderung von Strafverfahren eine unmittelbare kontraproduktive Wirkung gehabt. Diese ausnahmsweise gerichtliche Strafverfolgung wegen Mißhandlung eines Strafgefangenen hatte deshalb keine den Grundsatz beeinträchtigende Bedeutung.

Das gleiche gilt für ein von dem Zeugen Herbert Neupert angegebenes Strafverfahren gegen einen Vollzugsbediensteten der Strafvollzugseinrichtung Plauen. Der Zeuge, der ab Anfang der 80er Jahre Anstaltsleiter der Strafvollzugseinrichtung Plauen und ab 1987 der Strafvollzugseinrichtung Karl-Marx-Stadt (Chemnitz) war, berichtete, während seiner Tätigkeit habe es sowohl in Plauen als auch in Chemnitz körper-{44}liche Übergriffe von Aufsichtspersonal gegenüber Gefangenen gegeben. In einem Fall sei auch ein Wachtmeister, der Gefangene schikaniert und geschlagen hatte, entlassen worden. Gegen diesen habe es auch eine Hauptverhandlung, wohl vor dem Kreisgericht Plauen gegeben.

Auch der Zeuge Hans Fischer, von 1971 bis 1990 Staatsanwalt für Strafvollzugsaufsicht, glaubte sich vom Hörensagen an einen Fall erinnern zu können, in dem ein Strafvollzugsangehöriger einen Gefangenen geschlagen habe, daraufhin entlassen und wohl auch strafrechtlich zur Verantwortung gezogen worden sei. Er selbst konnte sich angeblich nicht daran erinnern, in all den Jahren seiner Tätigkeit als Staatsanwalt für Vollzugsaufsicht eine Beschwerde wegen Mißhandlung eines Gefangenen erhalten zu haben.

Die näheren Umstände dieser beiden letztgenannten Fälle konnten in der Hauptverhandlung nicht aufgeklärt werden. Soweit es in diesen Fällen tatsächlich zur Durchführung eines Strafverfahrens gekommen sein sollte, kann aufgrund der bereits geschilderten Staatspraxis in der ehemaligen DDR davon ausgegangen werden, daß es sich jeweils um Verfahren handelte, die wegen einer bereits aufmerksam gewordenen Öffentlichkeit oder aus sonstigen politischen Opportunitätsgründen ausnahmsweise durchgeführt wurden.

Aber selbst wenn es in diesen beiden Fällen keine derartigen Gründe für die Durchführung eines Strafverfahrens – sofern dies überhaupt stattgefunden hat – gegeben hätte, würde es sich nach Sachlage allenfalls um sogenannte „Ausreißer" handeln, die nichts an der bereits dargestellten Staatspraxis in der ehemaligen DDR ändern würden, derartige Straftaten grundsätzlich nicht zu verfolgen. {45}

Nicht einschlägig in diesem Zusammenhang ist ein Fall aus der Zeit von 1980 bis 1982, der von der Zeugin Gerlach geschildert worden ist. Die Zeugin war zum damaligen Zeitpunkt Richter beim Kreisgericht Potsdam-Stadt. Sie konnte sich an eine Verurteilung von Polizeibeamten wegen Schlägen gegen einen polnischen Staatsangehörigen erinnern, der nach einer Auseinandersetzung in einer öffentlichen Gaststätte festgenommen, einer Polizeiwache zugeführt und dort geschlagen worden war. Abgesehen davon, daß es sich nicht um einen Vorgang im Strafvollzug handelte, lag auch hier nahe, anzunehmen, daß dieser Vorgang nicht mehr hätte geheimgehalten werden können. Schon die Schauplätze, eine öffentliche Gaststätte und eine allgemein zugängliche Polizeiwache, sprachen dagegen.

Nach alledem kam die Strafkammer zur Auffassung, daß die dem Angeklagten vorgeworfenen Straftaten nicht verjährt sind.

VI. [Strafanwendungsrecht]

Es war zwischen dem zweifellos hohen Unrechtsgehalt der Straftaten und dem inzwischen auch hohen Maß an Zeitablauf seit ihrer Begehung die angemessene Strafe zu finden.

Paragraph 115 StGB der DDR sieht für eine vorsätzliche Körperverletzung Sanktionen zwischen Geldstrafe, Haft und Freiheitsstrafe bis zu 2 Jahren vor.

Bei mehreren Straftaten, also Tatmehrheit, soll nach § 64 Abs. 1 StGB der DDR eine sogenannte Hauptstrafe ausgesprochen werden, die dem Charakter und der Schwere des gesamten Handelns angemessen ist. {46}

Falls das Obermaß der verletzten Norm im Falle von Tatmehrheit nach dem Gewicht des Gesamtverhaltens nicht ausreicht, kann das Gericht dieses Obermaß bis zur Hälfte überschreiten (§ 64 Abs. 3 StGB/DDR).

Die Strafkammer hätte daher unter den besonderen Voraussetzungen des § 64 Abs. 3 StGB/DDR eine höchstmögliche Freiheitsstrafe von 3 Jahren verhängen können.

Innerhalb des vorgegebenen Strafrahmens hat die Strafkammer alle für und gegen den Angeklagten sprechenden Gesichtspunkte umfassend gewürdigt, um eine konkrete tat- und schuldangemessene Strafe zu bestimmen.

Insbesondere hat die Strafkammer in ihrer Abwägung die Beweggründe und Ziele des Angeklagten, die aus der Tat sprechende Gesinnung, das Maß der Pflichtwidrigkeit, die Art der Ausführung und die verschuldeten Auswirkungen der Tat, das Vorleben des Angeklagten sowie sein Verhalten nach der Tat einbezogen.

Gegen den Angeklagten sprach, daß er unter Ausnutzung der ihm seiner Zeit zugefallenen Macht- und Dienststellung gegenüber den ihm anvertrauten Gefangenen die Mißhandlungen begangen hatte. In Kenntnis des „besonderen Gewaltverhältnisses“ und der dadurch bedingten Wehrlosigkeit und der weitgehenden Rechtlosstellung der Gefangenen hat der Angeklagte ohne zwingende Notwendigkeit auf brutale Weise auf die Gefangenen eingewirkt. Besondere Folgen hatte sein Vorgehen bei dem Zeugen Bl., welcher durch die Schläge des Angeklagten zwei Backenzähne verlor. Ebenso brachen bei den Zeugen S. und H. jeweils ein Zahnstück aus einem Zahn durch die Mißhandlung des Angeklagten. Zur Begehensweise der Mißhandlungen bediente er sich teilweise eines Schlagstocks, eines Holzhockers und eines Schlüsselbundes. Teilweise handelte der Angeklagte auch im Zusammenwirken mit {47} anderen Bediensteten, was besonders geeignet war, dem Opfer noch größere Angst und das Gefühl gänzlicher Auslieferung zu vermitteln.

Die festgestellten Mißhandlungen unter Ausnutzung der dem Angeklagten zugefallenen Machtposition und der Wehrlosigkeit der Gefangenen ist als ein besonders verwerfliches und in seinem Unrechtsgehalt schwerwiegendes Versagen des Angeklagten anzusehen.

Gegen den Angeklagten sprach auch die Vielzahl der festgestellten Mißhandlungen.

Einen Grund für das strafwürdige Versagen des Angeklagten sah die Strafkammer in der besonderen psychischen Belastung des Angeklagten im Vollzugsalltag. Allgemein ist bekannt, daß es im Vollzugsalltag immer wieder aufgrund der besonderen Situation zu Spannungen kommen kann, die sich in Aggressionen und schließlich auch in körperlichen Auseinandersetzungen kompensieren. Die besondere Situation ergibt sich aus der Zusammenballung vieler Menschen auf einen relativ eng begrenzten Raum unter der

Wirkung freiheitsentziehender Maßnahmen. Gefangene und Personal sind in dieser Situation erheblichen psychischen Belastungen ausgesetzt. Die Situation im Strafvollzug Bautzen II war auch dadurch gekennzeichnet und zugespitzt, daß dort „politische Gegner des DDR-Regimes“ inhaftiert waren.

In dieser besonderen Situation sah die Strafkammer eine Erklärung für das Verhalten des Angeklagten, welcher aufgrund anderer Zeugenaussagen nicht nur als von Grund auf brutaler Mensch geschildert wurde. Die besondere Situation im Vollzugsalltag mit ihren psychischen Belastungen mußte dem Angeklagten bis zu einem gewissen Grade zu Gute gehalten werden. {48}

Zugunsten des Angeklagten sprach auch, daß seit der letzten festgestellten Tat im Jahre 1984 keine weiteren Taten mehr bekanntgeworden sind.

Erheblich zugunsten des Angeklagten mußte berücksichtigt werden, daß die festgestellten Taten bis zu 24 Jahre zurückliegen. Das Straf- und Sühnebedürfnis mußte daher durch die Kammer zugunsten des Angeklagten anders berücksichtigt werden, als in den sonst üblicherweise zu beurteilenden Straftaten, deren Begehung erst verhältnismäßig kurze Zeit zurückliegt. Dabei hat die Strafkammer nicht außer acht gelassen, daß das Strafbedürfnis in den neuen Bundesländern aufgrund der besonderen Gegebenheiten deutlicher wachgeblieben ist.

Unter Berücksichtigung dieser und aller sonstigen für und gegen den Angeklagten sprechenden Gesichtspunkte hielt die Strafkammer eine Freiheitsstrafe *von 1 Jahr und 6 Monaten* für tat- und schuldangemessen.

Die Vollstreckung der Strafe konnte zur Bewährung ausgesetzt werden, da die Strafkammer keinen Zweifel an der Erwartung hat, daß der Angeklagte auch ohne die Vollstreckung zukünftig straffrei bleiben wird und daß der Zweck der Strafe, auch der der Genugtuung nach 10 bis 24 Jahren, ohne Vollstreckung erreicht werden wird. Insbesondere den Zeitablauf und die gegenüber den damaligen Verhältnissen geänderten Lebensbedingungen des Angeklagten hat die Strafkammer auch als besondere Umstände angesehen, die eine Strafaussetzung rechtfertigen (§ 33 Abs. 1 StGB/DDR, § 56 Abs. 1 und 2 StGB). {49}

Anmerkungen

1 Der genannte Zeuge hat über ein Buch über seine Erfahrungen mit der DDR-Justiz und seine Haftzeit veröffentlicht, vgl. *Kuo, Xing-Hu*: Ein Chinese in Bautzen II. 2675 Nächte im Würgegriff der Stasi, Böblingen 1990.

2 Vgl. Anhang S. 467f.

3 Vgl. den Abdruck im Anhang auf S. 491ff.

4 Mittlerweile veröffentlicht in BGHSt 40, 113. Vgl. auch den Dokumentationsband zu den Gewalttaten an der deutsch-deutschen Grenze, lfd. Nr. 7-4.

5 Im Original. Gemeint ist wohl die Bezirks*behörde* der Deutschen Volkspolizei.

6 Gemeint ist das Archiv des Bundesbeauftragten für die Unterlagen des Staatssicherheitsdienstes der ehemaligen Deutschen Demokratischen Republik.

7 BGHSt 39, 168. Vgl. auch den Dokumentationsband zu den Gewalttaten an der deutsch-deutschen Grenze, lfd. Nr. 1-2.

8 Die Dienstanweisung 2/75 des Ministers für Staatssicherheit zu den politisch-operativen Aufgaben des Ministeriums für Staatssicherheit im Strafvollzug der DDR vom 13.3.1975 ist vollständig abgedruckt in *Fricke, Karl Wilhelm*: Zur Menschen- und Grundrechtssituation politischer Gefangener in der DDR, 2. Aufl., Köln 1988, S. 167ff.

Inhaltsverzeichnis
Revisionsurteil des Bundesgerichtshofs vom 26.4.1995, Az.: 3 StR 93/95

Bundesgerichtshof 26. April 1995
Az.: 3 StR 93/95

URTEIL

in der Strafsache gegen

Christian Jahn aus T.,
geboren 1934,

wegen vorsätzlicher Körperverletzung {2}

Der 3. Strafsenat des Bundesgerichtshofs hat in der Sitzung vom 26. April 1995, an der teilgenommen haben:

⊗ Es folgt die Nennung der Verfahrensbeteiligten. ⊗

für Recht erkannt: {3}

1. Auf die Revision der Staatsanwaltschaft wird das Urteil des Landgerichts Bautzen vom 2. September 1994 mit den zum Strafausspruch gehörenden Feststellungen aufgehoben; die Feststellungen zum äußeren und inneren Tatgeschehen der Körperverletzungen bleiben aufrechterhalten.
   Im Umfang der Aufhebung wird die Sache zu neuer Verhandlung und Entscheidung, auch über die Kosten des Rechtsmittels, an eine andere Strafkammer des Landgerichts zurückverwiesen.
2. Die weitergehende Revision wird verworfen.

Von Rechts wegen

Gründe

Das Landgericht hat den Angeklagten wegen vorsätzlicher Körperverletzung in sieben Fällen gemäß § 115 StGB/DDR[1] zu einer Freiheitsstrafe von einem Jahr und sechs Monaten verurteilt und die Vollstreckung der Strafe zur Bewährung ausgesetzt. Der Verurteilung liegen körperliche Mißhandlungen Strafgefangener in der Strafvollzugseinrichtung Bautzen II zugrunde, die der Angeklagte als Stationsleiter und sogenannter Erzieher, zuletzt im Dienstrang eines Hauptmanns des Strafvollzugs, zwischen 1970 und 1983 begangen hat. Mit ihrer Revision rügt die Staatsanwaltschaft die Verletzung {4} sachlichen Rechts; sie beanstandet insbesondere, daß das Landgericht im Fall II 3 der Urteilsgründe nicht auch § 120 Abs. 1 StGB/DDR[2] – Verletzung der Obhutspflicht durch Belassen in hilfloser Lage – angewandt und daß es die Vollstreckung der Strafe zur Bewährung ausgesetzt hat. Das Rechtsmittel hat teilweise Erfolg.

1. Das Landgericht geht zutreffend davon aus, daß die Taten des Angeklagten nicht verjährt sind. Zwar war die gemäß § 82 Abs. 1 Nr. 2 StGB/DDR fünfjährige Verjährungsfrist für die zwischen 1970 und 1983 begangenen Taten an sich spätestens 1988 abgelaufen. Gleichwohl ist Verfolgungsverjährung nicht eingetreten; diese ruhte bis zum 3. Oktober 1990, weil entsprechend § 83 Nr. 2 StGB/DDR ein Strafverfahren ge-

gen den Angeklagten „aus einem anderen gesetzlichen Grund“ nicht eingeleitet wurde. Die Taten des Angeklagten wurden in der DDR aus Gründen nicht verfolgt, die der Gesetzgeber der Bundesrepublik in Art. 1 des Gesetzes über das Ruhen der Verjährung bei SED-Unrechtstaten (VerjährungsG) vom 26. März 1993 (BGBl I 392) als Voraussetzung für die Anwendung der Ruhensvorschriften aufgeführt hat. Denn es handelte sich um Taten, die nach „dem ausdrücklichen oder mutmaßlichen Willen der Staats- und Parteiführung der ehemaligen DDR aus politischen oder sonst mit wesentlichen Grundsätzen einer freiheitlichen rechtsstaatlichen Ordnung unvereinbaren Gründen nicht geahndet worden sind“ (vgl. BGHSt 40, 48, 55[3]; 40, 113, 115[4] – jeweils m.w.N.).

Der Senat braucht nicht zu entscheiden, ob jede – auch geringfügige – Körperverletzung, die von einem Vollzugsbediensteten an einem Strafgefangenen während des Vollzuges {5} der Haft begangen wurde, diesen Grundsätzen unterfällt. Jedenfalls aber entspricht es dem Sinn und Zweck der genannten Vorschriften, daß ein Ruhen der Strafverfolgung dann angenommen werden muß, wenn es sich um nicht unerhebliche körperliche Mißhandlungen der hier festgestellten Art handelt.

Die Strafkammer hat auch in rechtsfehlerfreier Weise dargelegt, daß Fälle von körperlichen Mißhandlungen an Strafgefangenen durch Angehörige des Strafvollzugs grundsätzlich – als sogenannte systemtragende Rechtsbrüche – nach dem ausdrücklichen oder mutmaßlichen Willen der Staats- und Parteiführung der DDR aus den genannten Gründen strafrechtlich nicht geahndet wurden. Sie hat zu dieser Frage zahlreiche Zeugen, darunter sowohl ehemalige Gefangene als auch hohe Funktionsträger – z.B. den zuständigen Haftstättenstaatsanwalt bei der Generalstaatsanwaltschaft der DDR; weitere Haft-, Kreis- und Jugendstaatsanwälte; den für Bautzen I und II eingesetzten Verbindungsoffizier des MfS; mehrere Leiter von Vollzugseinrichtungen sowie den ehemaligen Leiter der Verwaltung Strafvollzug im Ministerium des Inneren – gehört und Urkunden verwertet – z.B. ein Nachweisbuch über sogenannte Vorkommnisse im Strafvollzug, das auch Eintragungen über Körperverletzungen, begangen von Vollzugsbediensteten, enthielt, ohne daß auf Grund eines solchen Hinweises ein Strafverfahren eingeleitet worden wäre; Umfragen der Staatsanwaltschaft Dresden an die Leiter der Vollzugseinrichtungen; Dokumente aus dem Gauck-Archiv[5]; Dienstanweisungen, Befehle, Richtlinien – und sich die Überzeugung davon verschafft, daß solche Straftaten aus den dargestellten Gründen nicht verfolgt wurden. Dabei hat das Landgericht gewürdigt, daß den verantwortlichen Stellen zahlreiche entsprechende {6} Vorkommnisse wie körperliche Mißhandlungen an Strafgefangenen durch Vollzugsbedienstete bekannt geworden sind, ein Strafverfahren aber nicht stattgefunden hat, „um das Ansehen der bewaffneten Organe nicht zu beschädigen“ und das Bild der DDR im Ausland nicht zu belasten, da die Haftpraxis als Indikator für das Maß der tatsächlich ausgeübten Rechtsstaatlichkeit im Inneren der DDR angesehen wurde (UA S. 41).

Dem steht auch nicht entgegen, daß in der erstinstanzlichen Beweisaufnahme einzelne Strafverfahren bekannt wurden, die sich gegen Vollstreckungsbedienstete gerichtet haben. Diese betrafen nämlich Delikte der allgemeinen Kriminalität (UA S. 42) oder Mißhandlungen Strafgefangener, die wegen einer bereits aufmerksam gewordenen Öffentlichkeit oder aus sonstigen politischen Opportunitätsgründen ausnahmsweise durchgeführt wurden. Zu Recht hat die Strafkammer festgestellt, daß es sich bei diesen Verfahren nach Sachlage allenfalls um besondere Ausnahmefälle („Ausreißer“, UA S. 44) handelte, die nichts an der dargestellten Staatspraxis in der ehemaligen DDR änderten, derartige Straftaten grundsätzlich nicht zu verfolgen.

2. Auf die Revision des Angeklagten war das Urteil mit den zum Strafausspruch gehörenden Feststellungen aufzuheben. Die vom Landgericht zum inneren und äußeren Tatgeschehen (Schuldspruch) getroffenen Feststellungen bleiben aufrechterhalten. Zutreffend hat das Landgericht die der Verurteilung zugrundeliegenden Handlungen als sieben Körperverletzungen beurteilt. Der Strafausspruch war aufzuheben, weil sich das Landgericht nicht in rechtsfehlerfreier Weise mit der Frage auseinandergesetzt hat, ob das Recht der ehemaligen {7} DDR oder das StGB anzuwenden ist. Es hat die seiner Ansicht nach in Frage kommenden Strafrahmen des § 115 Abs. 1 StGB/DDR (Freiheitsstrafe bis zu zwei Jahren) und der §§ 223, 223a StGB (§ 223 StGB in der Fassung zur Tatzeit: Freiheitsstrafe bis zu drei Jahren, § 223a StGB: bis zu fünf Jahren) verglichen und gemäß § 2 Abs. 3 StGB die Strafvorschrift des § 115 Abs. 1 StGB/DDR angewendet. Die Vollstreckung der nach § 64 StGB/DDR gebildeten Hauptstrafe von einem Jahr und sechs Monaten hat es sodann zur Bewährung („§ 33 Abs. 1 StGB/DDR, § 56 Abs. 1 und 2 StGB“ [UA S. 48]) ausgesetzt.

a) Die Rechtsprechung des Bundesgerichtshofs verlangt in Fällen dieser Art einen Gesamtvergleich des früher und des derzeit geltenden Strafrechts (vgl. BGHSt 37, 320, 322; 38, 18, 20). Dabei hat der Tatrichter die Strafrahmen der unter Zugrundelegung einer konkreten Betrachtungsweise der besonderen Umstände des Einzelfalles (vgl. BGHSt 20, 22, 25; Dreher/Tröndle, StGB 47. Aufl. § 2 Rdn. 10, 12b m.w.N.) in Frage kommenden Strafvorschriften zu vergleichen und – jedenfalls für die hier vorliegenden Fälle von Körperverletzungen (vgl. BGHSt 37, 320, 322) – den Grundsatz der strikten Alternativität zu beachten.

b) Unter Berücksichtigung dieser Rechtsprechung hätte das Landgericht prüfen müssen, ob für die festgestellten Körperverletzungen entweder § 115 Abs. 1 StGB/DDR – die Voraussetzungen des § 120 Abs. 1 StGB/DDR lagen entgegen der Ansicht der Revision der Staatsanwaltschaft ersichtlich nicht vor, weil die Gefangenen nicht in hilfloser Lage belassen wurden – oder § 223 Abs. 1, § 340 Abs. 1 StGB (je-{8}weils in der Fassung vor dem Inkrafttreten des Verbrechensbekämpfungsgesetzes vom 28. Oktober 1994) sowie § 223a StGB das mildere Recht ist. Dabei hätte näherer Darlegung bedurft, daß § 115 Abs. 1 StGB/DDR sowohl eine Verurteilung zur Bewährung als auch eine Freiheitsstrafe bis zu zwei Jahren für jede festgestellte Körperverletzung vorsieht, wobei eine verhängte Freiheitsstrafe *nicht* zur Bewährung hätte ausgesetzt werden können. Gemäß § 64 Abs. 1 StGB/DDR wäre für die sieben Körperverletzungen eine Hauptstrafe zu bilden, wobei nach § 64 Abs. 2, 3 StGB/DDR nicht auf eine höhere Freiheitsstrafe als auf drei Jahre hätte erkannt werden dürfen. Dem stehen die Strafrahmen des § 223 Abs. 1 StGB a.F. (Geldstrafe oder Freiheitsstrafe bis zu drei Jahren), des § 223a StGB (Geldstrafe oder Freiheitsstrafe bis zu fünf Jahren) und des § 340 Abs. 1 StGB a.F. (Freiheitsstrafe von drei Monaten bis zu fünf Jahren; in minder schweren Fällen Geldstrafe oder Freiheitsstrafe bis zu drei Jahren) gegenüber, wobei für den Fall, daß der Tatrichter auf Einzelstrafen erkannt hätte, die unter zwei Jahren liegen, diese, für sich allein genommen, – ebenso wie die gemäß § 58 Abs. 1 StGB aus den Einzelstrafen zu bildende Gesamtfreiheitsstrafe, wenn auch diese zwei Jahre nicht überschreiten würde – zur Bewährung hätten ausgesetzt werden können.

Einen solchen Gesamtvergleich hat die Strafkammer nicht vorgenommen. Da sich dieser Rechtsfehler nur auf den (gesamten) Strafausspruch auswirkt, bleibt der Schuldspruch bestehen. Der den Angeklagten möglicherweise begünstigende Strafausspruch war dagegen aufzuheben. {9}

Das Landgericht hat entgegen dem hier zu berücksichtigenden Grundsatz der strikten Alternativität die Vollstreckung der den §§ 115 Abs. 1, 64 StGB/DDR entnommenen Freiheitsstrafe gemäß § 56 StGB zur Bewährung ausgesetzt, also in unzulässiger Weise bei verschiedenen Schritten der Rechtsfindung (vgl. BGHR StGB § 2 III DDR-StGB 2) die aus seiner Sicht für den Angeklagten jeweils günstigere Regelung zugrundegelegt. Soweit das Landgericht zur Begründung der Aussetzung der Freiheitsstrafe zur Bewährung auch auf § 33 Abs. 1 StGB/DDR hinweist, übersieht es, daß diese Vorschrift sich auf eine Verurteilung auf Bewährung, mithin auf eine andere Rechtsfolge bezieht als eine Verurteilung zu einer Freiheitsstrafe. Aus Art. 315 Abs. 1 und 3 EGStGB folgt, daß für DDR-Alttaten auch nach dem Wirksamwerden des Beitritts die dem StGB fremde Verurteilung auf Bewährung nicht ausgeschlossen ist.

Anmerkungen

1 Vgl. Anhang S. 467f.
2 Vgl. Anhang S. 468.
3 Vgl. Dokumentationsband zu den Gewalttaten an der deutsch-deutschen Grenze, lfd. Nr. 11-2.
4 Vgl. Dokumentationsband zu den Gewalttaten an der deutsch-deutschen Grenze, lfd. Nr. 7-4.
5 Gemeint ist das Archiv des Bundesbeauftragten für die Unterlagen des Staatssicherheitsdienstes der ehemaligen Deutschen Demokratischen Republik.

Inhaltsverzeichnis
Beschluss des Bundesgerichtshofs vom 26.4.1995, Az.: 3 StR 93/95

Bundesgerichtshof 26. April 1995
Az.: 3 StR 93/95

BESCHLUSS

in der Strafsache gegen

Christian Jahn aus T.,
geboren 1934,

wegen vorsätzlicher Körperverletzung {2}

Der 3. Strafsenat des Bundesgerichtshofs hat nach Anhörung des Beschwerdeführers und des Generalbundesanwalts, zu Ziffer 2 auf dessen Antrag, am 26. April 1995 gemäß § 349 Abs. 2 und 4 StPO einstimmig beschlossen:

1. Auf die Revision des Angeklagten wird das Urteil des Landgerichts Bautzen vom 2. September 1994 mit den zum Strafausspruch gehörenden Feststellungen aufgehoben; die Feststellungen zum äußeren und inneren Tatgeschehen der Körperverletzungen bleiben aufrechterhalten.
   Im Umfang der Aufhebung wird die Sache zu neuer Verhandlung und Entscheidung, auch über die Kosten des Rechtsmittels, an eine andere Strafkammer des Landgerichts zurückverwiesen.
2. Die weitergehende Revision wird verworfen.

Gründe

Das Landgericht hat den Angeklagten wegen vorsätzlicher Körperverletzung in sieben Fällen gemäß § 115 StGB/DDR[1] zu einer Freiheitsstrafe von einem Jahr und sechs Monaten verurteilt und die Vollstreckung der Strafe zur Bewährung ausgesetzt. Der Verurteilung liegen körperliche Mißhandlungen Strafgefangener in der Strafvollzugseinrichtung Bautzen II {3} zugrunde, die der Angeklagte als Stationsleiter und sogenannter Erzieher, zuletzt im Dienstrang eines Hauptmanns des Strafvollzugs, zwischen 1970 und 1983 begangen hat. Der Angeklagte begründet seine Revision mit dem Vorliegen des Verfahrenshindernisses der Strafverfolgungsverjährung und beanstandet die Verletzung materiellen Rechts. Das Rechtsmittel hat teilweise Erfolg und führt in demselben Umfang und im wesentlichen aus denselben Gründen zur teilweisen Aufhebung des angefochtenen Urteils wie die Revision der Staatsanwaltschaft, über die der Senat durch Urteil vom heutigen Tage entschieden hat.[2]

1. Ein Verfahrenshindernis besteht nicht. Zutreffend geht das Landgericht davon aus, daß die Taten des Angeklagten nicht verjährt sind. ⊗ Es folgen Ausführungen zur Frage der Verjährung, die wortgleich sind mit den diesbezüglichen Ausführungen des unter lfd. Nr. 1-2 abgedruckten BGH-Urteils, S. 31-32. ⊗ {6}

2. Auf die Revision des Angeklagten war das Urteil mit den zum Strafausspruch gehörenden Feststellungen aufzuheben. Die vom Landgericht zum inneren und äußeren Tatgeschehen (Schuldspruch) getroffenen Feststellungen bleiben aufrechterhalten. Zu-

treffend hat das Landgericht die der Verurteilung zugrunde liegenden Handlungen als sieben Körperverletzungen beurteilt. Der Strafausspruch war aufzuheben, weil sich das Landgericht nicht in rechtsfehlerfreier Weise mit der Frage auseinandergesetzt hat, ob das Recht der ehemaligen DDR oder das StGB anzuwenden ist. Es hat die seiner Ansicht nach in Frage kommenden Strafrahmen des § 115 Abs. 1 StGB/DDR (Freiheitsstrafe bis zu zwei Jahren) und der §§ 223, 223a StGB (§ 223 StGB in der Fassung zur Tatzeit: Freiheitsstrafe bis zu drei Jahren, § 223a StGB: bis zu fünf Jahren) verglichen und gemäß § 2 Abs. 3 StGB die Strafvorschrift des § 115 Abs. 1 StGB/DDR angewendet. Die Vollstreckung der nach § 64 StGB/DDR gebildeten Hauptstrafe von einem Jahr und sechs Monaten hat es sodann zur Bewährung („§ 33 Abs. 1 StGB/DDR, § 56 Abs. 1 und 2 StGB" [UA S. 48]) ausgesetzt.

Der Senat kann aufgrund dieser Ausführungen nicht nachprüfen, ob das Landgericht das für den Angeklagten mildere Recht im Sinne des § 2 Abs. 3 StGB angewendet hat. Denn es hat sich weder mit der Frage auseinandergesetzt, ob bei Zugrundelegung einer konkreten Betrachtungsweise der besonderen Umstände des Einzelfalles (vgl. BGHSt 20, 22, 25; Dreher/Tröndle, StGB 47. Aufl. § 2 Rdn. 10, 12b m.w.N.) ein Gesamtvergleich des früher und des jetzt geltenden Strafrechts (vgl. BGHSt 37, 320, 322; 38, 18, 20) zur Anwendung einer Strafvorschrift mit einem für den Angeklagten günsti-{7}-geren Strafrahmen geführt hätte, noch damit, ob bei Anwendung des § 115 Abs. 1 StGB/DDR auch die Rechtsfolge der Verurteilung auf Bewährung in Betracht hätte kommen können.

a) Das Landgericht hätte zunächst prüfen müssen, ob für die festgestellten Körperverletzungen entweder § 115 Abs. 1 StGB/DDR oder § 223 Abs. 1, § 340 Abs. 1 StGB (jeweils in der Fassung vor dem Inkrafttreten des Verbrechensbekämpfungsgesetzes vom 28. Oktober 1994) sowie § 223a StGB das mildere Recht ist. Dabei hätte näherer Darlegung bedurft, daß § 115 Abs. 1 StGB/DDR sowohl eine Verurteilung zur Bewährung als auch eine Freiheitsstrafe bis zu zwei Jahren für jede festgestellte Körperverletzung vorsieht, wobei eine verhängte Freiheitsstrafe nicht zur Bewährung hätte ausgesetzt werden können. Gemäß § 64 Abs. 1 StGB/DDR wäre für die sieben Körperverletzungen eine Hauptstrafe zu bilden, wobei nach § 64 Abs. 2, 3 StGB/DDR nicht auf eine höhere Freiheitsstrafe als auf drei Jahre hätte erkannt werden dürfen. Dem stehen die Strafrahmen des § 223 Abs. 1 StGB a.F. (Geldstrafe oder Freiheitsstrafe bis zu drei Jahren), des § 223a StGB (Geldstrafe oder Freiheitsstrafe bis zu fünf Jahren) und des § 340 Abs. 1 StGB a.F. (Freiheitsstrafe von drei Monaten bis zu fünf Jahren; in minder schweren Fällen Geldstrafe oder Freiheitsstrafe bis zu drei Jahren) gegenüber, wobei für den Fall, daß der Tatrichter auf Einzelstrafen erkannt hätte, die unter zwei Jahren liegen, diese, für sich allein genommen, – ebenso wie die gemäß § 58 Abs. 1 StGB aus den Einzelstrafen zu bildende Gesamtfreiheitsstrafe, wenn auch diese zwei Jahre nicht überschreiten würde – zur Bewährung hätten ausgesetzt werden können. {8}

Einen solchen Gesamtvergleich hat die Strafkammer nicht vorgenommen. Da er unter Umständen dazu geführt hätte, daß auf die Taten des Angeklagten Strafvorschriften angewendet worden wären, die zu einer milderen, auf Bewährung ausgesetzten Gesamtfreiheitsstrafe nach dem StGB oder zu einer Verurteilung auf Bewährung nach dem StGB-DDR geführt hätten, war der Strafausspruch schon aus diesem Grunde aufzuheben.

b) Das Landgericht hat sich – auf der Grundlage seiner Rechtsansicht – nicht mit der Möglichkeit auseinandergesetzt, im Rahmen des § 115 Abs. 1 StGB/DDR den Angeklagten auf Bewährung zu verurteilen. Zwar liegt eine solche Strafe an sich nicht nahe. Begründet der Tatrichter aber die Aussetzung der Vollstreckung der Strafe unter anderem mit § 33 StGB/DDR und läßt damit erkennen, daß er – unter Verstoß gegen den Grundsatz der strikten Alternativität (vgl. BGHSt 37, 320, 322) – die erkannte Strafe zur Bewährung aussetzen will, so muß er darlegen, warum er nicht die für den Angeklagten günstigere Rechtsfolge einer Verurtei-{9}lung auf Bewährung gewählt hat. Aus Art. 315 Abs. 1 bis 3 EGStGB folgt, daß für DDR-Alttaten auch nach dem Wirksamwerden des Beitritts die dem StGB fremde Verurteilung auf Bewährung nicht ausgeschlossen ist.

Anmerkungen

1 Vgl. Anhang S. 467f.
2 Vgl. lfd. Nr. 1-2.

Inhaltsverzeichnis
Urteil nach Zurückverweisung des Landgerichts Bautzen vom 17.10.1995, Az.: 1 KLs 183 Js 5993/91

Landgericht Bautzen 17. Oktober 1995
Az.: 1 KLs 183 Js 5993/91

URTEIL

Im Namen des Volkes

der 1. Jugendkammer des Landgerichts Bautzen in der Strafsache

gegen Christian Jahn,
geboren 1934,

wegen Körperverletzung

aufgrund der Hauptverhandlung vom 17. Oktober 1995, an der teilgenommen haben

⊗ Es folgt die Nennung der Verfahrensbeteiligten. ⊗

für *Recht* erkannt: {2}

Der Angeklagte wird wegen Körperverletzung im Amt in sieben tatmehrheitlichen Fällen, davon in drei Fällen in Tateinheit mit gefährlicher Körperverletzung zu der

Gesamtfreiheitsstrafe von 2 Jahren

verurteilt, deren Vollstreckung zur Bewährung ausgesetzt wird.

Der Angeklagte trägt die Kosten des Verfahrens einschließlich der Kosten seiner Revision und der der Staatsanwaltschaft. Jedoch wird die Gebühr der staatsanwaltlichen Revision auf ein Viertel ermäßigt; auch fallen der Staatskasse drei Viertel der dem Angeklagten durch die Revision der Staatsanwaltschaft entstandenen und ausscheidbaren notwendigen Auslagen zur Last.

Gründe

I. [Verfahrensgeschichte]

Die 1. Strafkammer des Landgerichts Bautzen hatte den Angeklagten wegen vorsätzlich begangener Körperverletzung in 7 Fällen nach §§ 115 Abs. 1[1], 22 Abs. 1 Abs. 2 Nr. 2, 63 Abs. 1 und 2, 2. Alternative, 64 Abs. 1, 83 Nr. 2 StGB der DDR, Artikel 315 Abs. 1 EGStGB in der Fassung des Einigungsvertrages vom 30. August 1990 und § 2 StGB zu einer Freiheitsstrafe von 1 Jahr und 6 Monaten – mit Strafaussetzung zur Bewährung – verurteilt, wobei die Bewährungszeit auf 3 Jahre festgesetzt wurde.[2] Hiergegen hatten sowohl der Angeklagte als auch die Staatsanwaltschaft Bautzen frist- und formgerecht Revision eingelegt.

Am 26. April 1995 hat der Bundesgerichtshof das angefochtene {3} Urteil auf die Revisionen des Angeklagten und der Staatsanwaltschaft mit den zum Strafausspruch gehörenden Feststellungen aufgehoben; die Feststellungen zum äußeren und inneren Tatgeschehen der Körperverletzungen blieben aufrechterhalten. Im Umfang der Aufhebung wurde die Sache zu neuer Verhandlung und Entscheidung an das Landgericht zurückverwiesen.[3]

Da infolge dieser Beschränkung die tatsächlichen und rechtlichen Feststellungen zur Schuld im erstinstanzlichen Urteil für die Kammer verbindlich geworden sind, wird auf diese – wie auch auf die erneut gleichgetroffenen Feststellungen zur Person des Angeklagten, soweit nicht nachfolgend anders oder ergänzend festgestellt – und zwar von Urteilsausfertigung Seite 2 bis 4 in vollem Umfang Bezug genommen.

II. [Ergänzende Feststellungen zur Person]

Zum Werdegang des Angeklagten war ergänzend festzustellen, der Angeklagte ist seit Juni 1990 im Vorruhestand und ⊗ es folgen Angaben zu den Einkommensverhältnissen des Angeklagten. ⊗

III. [Ergänzende Feststellungen zur Person – Beweiswürdigung]

Die ergänzenden Feststellungen zu den persönlichen Verhältnissen des Angeklagten beruhen auf den glaubhaften Einlassungen des Angeklagten. {4}

IV. [Rechtliche Würdigung]

Bei der verbleibenden Rechtsfolgenentscheidung ließ sich die Kammer im wesentlichen von folgenden Erwägungen leiten:

Die dem Angeklagten vorgeworfenen Handlungen – zwischenzeitlich rechtskräftig festgestellt – wurden im Zeitraum 1969 bis 1983 begangen.

Gemäß Artikel 315 Abs. 1 EGStGB findet auf vor dem Wirksamwerden des Beitritts in der DDR begangene Taten § 2 des Strafgesetzbuches Anwendung.

Gemäß § 2 Abs. 3 StGB ist das mildeste Gesetz anzuwenden, wenn das Gesetz, das bei Beendigung der Tat galt, vor der Entscheidung geändert wurde. Im vorliegenden Falle hatte die Kammer einen Gesamtvergleich des früher und derzeit geltenden Strafrechts vorzunehmen, wobei unter konkreter Betrachtungsweise der besonderen Umstände des Einzelfalles die infrage kommenden Strafvorschriften bei Beachtung des Grundsatzes der strikten Alternativität zu vergleichen waren.

Unter Berücksichtigung dessen war festzustellen, daß die Bestimmungen der §§ 223 Abs. 1, 340 Abs. 1 sowie 223a StGB das mildere Recht darstellen.

Paragraph 115 Abs. 1 StGB der DDR sah für den Fall einer festgestellten Körperverletzung als Rechtsfolge sowohl eine Verurteilung zur Bewährung als auch eine Freiheitsstrafe bis zu 2 Jahren vor. Im vorliegenden Fall wäre eine Verurteilung zur Bewährung ausgeschlossen gewesen: Voraussetzung hierfür wäre gemäß § 30 StGB ein minderes Maß an Schuld- und Tatschwere, was auch in einer Gesamtwürdigung (vgl. unten) {5} offenkundig nicht vorliegt. Die Aussetzung einer *verhängten* Freiheitsstrafe zur Bewährung war dem StGB der DDR fremd.

Demgegenüber lassen die Vorschriften des StGB eine Strafaussetzung zu, wie nachstehende Erwägungen zeigen. Der Angeklagte ist deshalb der Körperverletzung im Amt in sieben tatmehrheitlichen Fällen, davon in drei Fällen in Tateinheit mit gefährlicher

Körperverletzung nach §§ 340 Abs. 1, 223, 223a Abs. 1, jeweils alte Fassung), 52 StGB schuldig.

V. [Strafzumessung]

Bei der Bemessung der Dauer der zu verhängenden Freiheitsstrafe ließ sich das Gericht von folgenden Gesichtspunkten leiten.

Für den Angeklagten sprach zunächst, daß er nicht vorbestraft ist.

Eine – gerade noch nachvollziehbare – Ursache für das strafwürdige Versagen des Angeklagten sah die Strafkammer in der psychischen Belastung des Angeklagten im Vollzugsalltag, die ihm immerhin bis zu einem gewissen Grade zu Gute gehalten werden konnte. Allgemein ist bekannt, daß es im Vollzugsalltag immer wieder aufgrund der besonderen Situation zu Spannungen kommen kann, die sich in Aggressionen und schließlich auch in körperlichen Auseinandersetzungen kompensieren. Die besondere Situation ergibt sich aus der Zusammenballung vieler Menschen auf einem relativ eng begrenzten Raum unter der Wirkung freiheitsentziehender Maßnahmen. Gefangene und Personal sind in dieser Situation nicht unerheblichen psychischen Belastungen ausgesetzt.

Dabei darf nicht unberücksichtigt bleiben, daß der in der {6} DDR aufgewachsene Angeklagte einen Ausbildungsweg beschritten (seit dem 1. November 1956 war der Angeklagte in verschiedenen Strafvollzugseinrichtungen der DDR tätig; seit dem 1. Juli 1963 als Stationsleiter der Strafvollzugseinrichtung Bautzen II), der ihm die angebliche Gefährlichkeit der zugewiesenen Verurteilten stets und ständig vor Augen führte. Der Angeklagte hat deshalb den Eindruck gewinnen können, daß die ihm zugewiesenen Verurteilten nicht nur gewöhnliche Straftäter seien, sondern, was in seinen Augen weitaus schwerer wog, Feinde des Landes waren.

Erheblich zugunsten des Angeklagten mußte berücksichtigt werden, daß die festgestellten Taten bis zu 24 Jahre zurückliegen und daß der Angeklagte die eingetretene Verfahrensverzögerung nicht zu vertreten hat.

Das Straf- und Sühnebedürfnis ist deshalb von deutlich geringem Gewicht, als in den sonst üblicherweise zu beurteilenden Straftaten, deren Begehung erst verhältnismäßig kurze Zeit zurückliegt.

Gegen den Angeklagten sprach, daß er unter besonders niederträchtiger Ausnutzung der ihm seinerzeit zugefallenen Wach- und Dienststellung gegenüber den ihm anvertrauten nahezu wehr- und rechtlosen Gefangenen mit erheblicher Brutalität vorgegangen ist. Besondere Folgen hatte seine üble Handlungsweise bei dem Zeugen B., welcher durch die Schläge des Angeklagten zwei Backenzähne verlor. Ebenso brach bei den Zeugen S. und H., jeweils ein Zahnstück aufgrund der Mißhandlungen des Angeklagten ab. Teilweise handelte der Angeklagte auch im Zusammenwirken mit anderen Bediensteten. Als besonders verwerfliches und in seinem Unrechtsgehalt schwerwiegendes Versagen des Angeklagten war die unter 3. beschriebene Handlung des Angeklagten gegenüber {7} dem Zeugen B. zu werten: der Angeklagte prügelte ohne jede Notwendigkeit mit einem Gummiknüppel einige Sekunden lang ca. zehnmal auf den ohnehin bereits an das Fenstergitter gefesselten Gefangenen ein, wodurch dieser Hämatome erlitt, welche zwei bis drei Tage Schmerzen verursachten.

Straferschwerend war auch zu werten, daß die Tathandlungen über einen langen Zeitraum von immerhin 13 Jahren begangen wurden; zudem handelte es sich um eine Vielzahl von Mißhandlungen.

Unter Berücksichtigung dieser und aller sonstigen für und gegen den Angeklagten sprechenden Gesichtspunkte und unter Berücksichtigung der jeweils einzeln gebildeten Einzelfreiheitsstrafen (Tathandlung 1: fünf Monate; Tathandlung 2: sechs Monate; Tathandlung 3: neun Monate; Tathandlung 4: drei Monate; Tathandlung 5: drei Monate; Tathandlung 6: zehn Monate, Tathandlung 7: vier Monate) hielt die Strafkammer gemäß §§ 53, 54 StGB eine Gesamtfreiheitsstrafe von zwei Jahren für tat und schuldangemessen.

Die Vollstreckung der Strafe konnte zur Bewährung ausgesetzt werden, da die Strafkammer keinen Zweifel an der Erwartung hat, daß der Angeklagte auch ohne die Vollstreckung zukünftig straffrei bleiben wird.

Bei dem nicht mehr im Strafvollzug tätigen Angeklagten ist zu erwarten, daß er künftig auch ohne Einwirkung des Strafvollzuges keine Straftaten mehr begehen wird. Diese Prognose resultiert schon daraus, daß der Angeklagte nach den Feststellungen des Gerichts seit 1983 keine strafbaren Handlungen mehr begangen hat. {8}

Bei der Gesamtwürdigung von Tat und Persönlichkeit des Angeklagten liegen auch besondere Umstände vor: der Angeklagte ist nicht vorbestraft und insbesondere liegen die Straftaten bereits sehr lange Zeit zurück. Auch die Verteidigung der Rechtsordnung gebietet die Vollstreckung der Freiheitsstrafe nicht; denn das Vertrauen der Bevölkerung in die Unverbrüchlichkeit des Rechts wird durch die bewilligte Strafaussetzung nicht erschüttert; die Kammer ist vielmehr davon überzeugt, daß ein Verständiger und in die Einzelheiten dieser Strafsache eingeweihter außenstehender Betrachter im Hinblick auf den außergewöhnlich langen Zeitraum seit der Begehung der Taten die getroffene Entscheidung ohne weiteres nachvollziehen kann.

Anmerkungen

1 Vgl. Anhang S. 467f.
2 Vgl. lfd. Nr. 1-1.
3 Vgl. lfd. Nr. 1-2.

Lfd. Nr. 2

Verletzung der Obhutspflicht in einem Jugendhaus

Amtsgericht Greiz 14. April 1997
Az.: 550 Js 12605/93

STRAFBEFEHL

Frau
Martina M.
geboren 1959

Die Staatsanwaltschaft Erfurt klagt sie an
in der 2. Jahreshälfte 1983
in Hohenleuben
durch dieselbe Handlung

a) einen Menschen, der unter Ihrer Obhut stand und für dessen Unterbringung Betreuung und Behandlung Sie zu sorgen hatten, in hilfloser Lage gelassen zu haben,
b) durch Unterlassen vorsätzlich die Gesundheit eines Menschen geschädigt und ihn körperlich mißhandelt zu haben.

Sie waren in der Zeit vom 01.08.1982 bis Juni 1984 als Erzieherin im Jugendhaus Hohenleuben im Range eines Leutnant tätig. Ihnen oblag u.a. die Aufsicht und Betreuung der damals 18-jährigen Gefangenen Cornelia Q. Obwohl Sie wußten, daß Cornelia Q. durch die Mithäftlinge in ihrer Zelle erheblich geschlagen und mißhandelt wurde, verweigerten Sie der Gefangenen Hilfe und unterließen geeignete Maßnahmen (Verlegung der Geschädigten, Bestrafung der Mißhandler, Meldung an die Leitung der Haftanstalt u.a.), um die hilflose Jugendliche vor weiteren Mißhandlungen zu schützen. {2}

Dabei wußten Sie, daß Sie Ihre Dienstpflichten verletzten. Infolge dessen kam es zu weiteren Mißhandlungen, die in dem Versuch der Mitgefangenen ihren Höhepunkt fanden, Cornelia Q. durch Erhängen zu töten.

Vergehen: gemäß den §§ 115 Abs. 1, 1 Abs. 1, 9; 120 Abs. 1; 63 StGB/DDR i.V.m. Art. 315 Abs. 2 EGStGB, §§ 2 Abs. 3, 223, 223 b, 52 StGB

Beweismittel

Zeugen

⊗ Es folgt die Nennung von insgesamt sieben Zeuginnen und Zeugen, darunter die Geschädigte. ⊗ {3}

Urkunden

Kopien aus der Akte „Strafvollzugsaufsicht“ der Staatsanwaltschaft Gera 153/83,
Kopien aus der Strafakte Bs 7/84 (Bezirksgericht Gera) in der Strafsache gegen Kerstin U. u.a.

Auf Antrag der Staatsanwaltschaft werden Sie

verwarnt

Die Verhängung einer Geldstrafe in Höhe von

50 Tagessätzen zu je 30,00 DM

bleibt vorbehalten.

Dabei wurde Ihr monatliches Netto-Einkommen nach Abzug Ihrer Unterhaltspflichten auf 900,00 DM geschätzt (§ 40 Abs. 3 StGB).

Die Bewährungszeit wird auf 1 – ein – Jahr festgesetzt.

Nach § 59b StGB verurteilt Sie das Gericht zu der vorbehaltenen Strafe, sofern Sie in der Bewährungszeit eine Straftat begehen und dadurch zeigen, daß Sie die Erwartungen, die der Strafaussetzung zugrunde lagen, nicht erfüllt haben (§ 56f StGB). Andernfalls stellt das Gericht nach Ablauf der Bewährungszeit fest, daß es bei der Verwarnung sein Bewenden hat.

Außerdem haben Sie die Kosten des Verfahrens und Ihre notwendigen Auslagen zu tragen.

Lfd. Nr. 3

Misshandlungen in der Strafvollzugseinrichtung Cottbus (I)

Inhaltsverzeichnis
Erstinstanzliches Urteil des Landgerichts Cottbus vom 14.5.1997, Az. 64 Js 175/93

Landgericht Cottbus 14. Mai 1997
Az.: 64 Js 175/93

URTEIL

Im Namen des Volkes {2}

In der Strafsache

gegen

Hubert Schulze,
geb. 1935 in H.,
verheiratet, Deutscher

wegen Körperverletzung

hat die 2. große Strafkammer des Landgerichts Cottbus in der Hauptverhandlung vom 01., 08., 10., 17., 22., 24. und 30.10.1996, 11., 19. und 27.11.1996, 02. und 09.12.1996, 08., 15., 22. und 29.01.1997, 03., 05., 12., 19. und 26.02.1997, 05., 12., 19. und 26.03.1997, 03., 09., 17., 23. und 29.04.1997, 06. und 14.05.1997, an der teilgenommen haben:

⊗ Es folgt die Nennung der Verfahrensbeteiligten. ⊗ {3}

für Recht erkannt:

Der Angeklagte wird wegen vorsätzlicher Körperverletzung in 26 Fällen zu einer Freiheitsstrafe von 2 Jahren und 8 Monaten verurteilt (Hauptstrafe nach § 64 I StGB-DDR).
Er trägt auch die Kosten des Verfahrens.

Angewendete Vorschriften:

§§ 15 I, 63, 64, 22 StGB-DDR, Art. 315 EGStGB in der Fassung des Einigungsvertrages vom 30.08.1990
§ 2 StGB.

Gründe

I. [Feststellungen zur Person]

Der nun 62jährige Angeklagte wuchs als jüngstes von 3 Kindern und einer Stiefschwester bei seinen Eltern, einer Arbeiterfamilie, in H., Kreis L., seinem Geburtsort, auf. {4}

Die dortige Grundschule besuchte er von 1941 bis 1949 bis zum Abschluß der 8. Klasse. Anschließend war er bei zwei Landwirten tätig. Von Mai 1951 bis zum Jahresende war er als Tiefbauarbeiter bei der Bau-Union Potsdam beschäftigt.

Am 02.01.1951 begann er eine Lehre als Zimmermann, wurde jedoch vor Ablegung der Gesellenprüfung mit dem Versprechen, er, könne sie auch bei der Kasernierten

Volkspolizei (KVP) ablegen, Anfang 1954 dort angeworben. Darüber, daß er die Prüfung dann doch nicht ablegen konnte, war er sehr enttäuscht.

1956 trat er der Nationalen Volksarmee (NVA) bei und wurde 2 Jahre später Zugführer. Sodann erfolgte die Übernahme zur Deutschen Volkspolizei (DVP) und seine Tätigkeit bei der Strafvollstreckungseinrichtung (StVE) Cottbus begann am 23.11.1959 im Wachdienst, den er zunächst ein halbes Jahr auf dem Wachturm versah und wobei er 270,00 Mark monatlich verdiente.

Geprägt durch die hinter ihm liegende Militärzeit und eingebunden als Volksbediensteter in die Bezirksbehörde der Deutschen Volkspolizei (BDVP) Cottbus, die zu den bewaffneten Organen der ehemaligen DDR gehörte, versah er seinen Dienst. Ordnung, Disziplin und Gehorsam standen für ihn im Mittelpunkt und so ging er bis auf eine Ausnahme, auf die später eingegangen wird, nie in der Zeit seiner Tätigkeit bei der StVE Cottbus auf seine jeweiligen Vorgesetzten zu, um einen bestimmten Einsatzort oder eine bestimmte Position zu erlangen. Er überließ dies stets der Leitung der StVE und wollte dies auch so.

Der Angeklagte war im Dienst allgemein und im Umgang mit der Hausordnung äußerst penibel. Darunter hatten nicht nur die {5} Strafgefangenen zu leiden, sondern auch die Dienstkollegen des Angeklagten. Er pflegte in lautstarkem Ton den militärischen Drill und ließ zum Beispiel die Gefangenen im Gleichschritt laufen und Meldung machen. Insbesondere ließ er seine Persönlichkeit bei den sogenannten politischen Gefangenen, also denen, die wegen Spionage (§ 97 StGB-DDR), landesverräterischer Nachrichtenübermittlung (§ 99 StGB-DDR), landesverräterischer Agententätigkeit (§ 100 StGB-DDR), staatsfeindlicher Hetze (§ 106 StGB-DDR) und ungesetzlichen Grenzübertritts (§ 213 StGB-DDR) verurteilt wurden, aus. Besonders hatte er einen Haß auf alle, die ausreisen wollten und die den „kapitalistischen Westen“ der DDR, mit der er sich identifizierte, vorzogen.

So waren es insbesondere die politischen Gefangenen, die seine Art, die Gefangenen zu behandeln, als „SS-Manieren“ bezeichneten oder sogar Vergleiche zu Konzentrationslagern in der nationalsozialistischen Zeit zogen.

Die Schwierigkeiten des Angeklagten, mit den politischen Gefangenen umzugehen, entstanden auch deshalb, weil diese ihm oft intellektuell überlegen waren und ihn wegen seiner Anhänglichkeit zur DDR provozierten. Auf der anderen Seite provozierte aber auch der Angeklagte diese Gefangenen, indem er ihnen zum Beispiel drohte, sie könnten sich den Westen abschminken oder daß, wenn er es wolle, sie für immer im Gefängnis blieben. Von den Strafgefangenen erhielt der Angeklagte wegen seines Äußeren – er war groß, blond und sehr kräftig – den Spitznamen „RT“. Dies war zunächst die Abkürzung für „Reservetod“ und entstammte einem Buch der Bücherei der StVE Cottbus mit dem Titel „SS im Einsatz“. In diesem Buch wurden SS-Angehörige beschrieben, die im Aussehen und Auftreten Ähnlichkeit mit dem Angeklagten anpriesen[1]. Einer der beschriebenen Personen hatte die Bezeichnung „Reservetod“. Später wandelte sich die Abkürzung „RT“ in eine solche für „Roter Terror“. {6}

Im Verlaufe der Jahre sprach sich „RT“ bei den Häftlingen herum, so daß auch Neuankömmlinge der StVE Cottbus bereits von „RT“ wußten und auch gezielt nach ihm fragten.

Bis zum 30.06.1969 war der Angeklagte zunächst im Aufsichtsdienst tätig. Seine Persönlichkeitszüge spiegeln sich auch in Eintragungen aus seiner Personalakte wieder, in der regelmäßig Attestationen bzw. Beurteilungen und sogenannte Unterhaltungsblätter, die Aussprachen mit Vorgesetzten protokollierten und u.a. auf diese Persönlichkeitsmerkmale des Angeklagten eingingen, abgeheftet waren.

So heißt es in einem Attestationsblatt vom 12.09.1962 u.a.:

„Wegen mangelhafter Dienstaufsichtspflicht mußte er (gemeint war der Angeklagte) jedoch disziplinarisch zur Verantwortung gezogen werden. Später war er im Außenkommando tätig. Auch hier hat er sich von Strafgefangenen provozieren lassen und Methoden angewandt, die unserem Strafvollzug fremd sind, deshalb wurde er wiederum zur Verantwortung gezogen."

Bis 1978 wurde der Angeklagte auf verschiedenen Posten innerhalb der StVE Cottbus eingesetzt, und zwar als Gruppenführer (01.07.1969 bis 31.10.1971), als Wachhabender (01.11.1971 bis 31.10.1973), als Postenführer der Untersuchungshaftanstalt (UHA) (01.11.1973 bis 30.08.1976), als Wachtmeister im operativen Dienst (01.11.1976 bis 31.10.1977) und als Postenführer im Außendienst (AD) (01.11.1977 bis 31.07.1978).

Seit dem 01.08.1978 bis zu seinem Ausscheiden aus dem Dienst Ende April 1990 war er in der Aufnahme tätig. Im Aufnahmebereich verblieben die Häftlinge zwischen einer Woche und drei Wochen in Gemeinschaftszellen, in denen zwi-{7}schen 10 bis 20 Personen gleichzeitig untergebracht wurden, bis sie in die einzelnen Erziehungsbereiche (EB) verteilt wurden. Des weiteren erfolgte in dieser Zeit auch die Einteilung zu den Arbeitsstätten innerhalb der StVE. Bekannteste Arbeitsstätte in der StVE Cottbus war das sogenannte PENTACON-Werk, in dem verschiedene Fotoapparate-Teile hergestellt wurden. Hauptfunktion der Aufnahmezeit war es jedoch, die Häftlinge mit den Gepflogenheiten und insbesondere der Hausordnung der Strafvollstreckungseinrichtung Cottbus bekanntzumachen. Der Angeklagte machte hinsichtlich seiner Verwendung in der Aufnahme erstmals Bedenken geltend. In dem Unterhaltungsblatt vom 01.08.1978 heißt es dazu u.a.:

„... durch Kaderveränderungen ist es erforderlich, die Funktion des Wachtmeisters in der Aufnahmestation neu zu besetzen. Gen. Schulze wurde erläutert, daß er für diese Funktion vorgesehen ist und er alle Voraussetzungen dafür besitzt. Gen. Schulze erklärte, daß er kein Interesse für diese Aufgabe aufbringt und nicht in die Aufnahmestation möchte ..."

„... Gen. Schulze will nicht als Einzelposten arbeiten, sondern möchte in einem Kollektiv mit SV-Angehörigen (Strafvollstreckungs-Anhörigen[2]) tätig sein ..."

„...Gen. Schulze wurde nochmals erläutert, daß ein Einsatz in der Isostation und im Haus I nicht erfolgt, weil von den SG (Strafgefangenen) dieser Bereiche wiederholt und zielgerichtet versucht wurde, den Gen. Schulze zu provozieren und zu verleumden. So wurden wiederholt von SG unberechtigt Beschwerden gegen die Arbeit des Gen. Schulze geführt. Gen. Schulze nimmt seine Arbeit im Haus III – Aufnahme – nur auf Befehlsbasis auf, unterstreicht aber im Gespräch, daß er diese Arbeit mit hoher Einsatzbereitschaft und in guter Qualität erfüllen wird." {8}

In seiner Beurteilung vom 20.08.1980 steht u.a.:

„Den Strafgefangenen tritt er konsequent und fordernd gegenüber und ist bestrebt, die Disziplin und Ordnung entsprechend den Weisungen durchzusetzen ..."

„... Charakterlich ist Gen. Schulze als Choleriker einzustufen. Er ist impulsiv, läßt sich schwer von einer vorgefaßten Meinung abbringen. Zum Kollektiv hat er einen guten Kontakt. Sein

Verhalten ist kameradschaftlich. Sein Auftreten ist diszipliniert. Eine weitere Qualifizierung hinsichtlich der Übernahme einer höheren Verantwortung ist nicht vorgesehen und wird vom Gen. Schulze nicht angestrebt ..."

Schon in einem „Protokoll über die am 16.04.1966 durchgeführte Berichterstattung zur Einschätzung des Standes des soz. Wettbewerbs" vom 18.04.1956 heißt es in dem „Bericht des Gen. Oblt. W.:

„... Weiterhin zeigt sich die Bewußtseinsänderung der Genossen in der Einstellung zur Durchsetzung der SVO (Strafvollstreckungsordnung). Allgemein kann festgestellt werden, daß die Genossen gewillt sind, höhere Verantwortung zu übernehmen und selbständiger an die Lösung der Aufgaben heranzugehen. Das drückt sich besonders in der Einflußnahme und des Verantwortlichfühlens der Genossen in der Durchsetzung der Ordnung, Sauberkeit und Disziplin der Strafgefangenen aus.
Besonders gute Ergebnisse durch das Stellen von hohen Anforderungen und ständiges Einwirken auf die Strafgefangenen erreichen die Gen. Mster. L., Mster. S., Mster. G., Mster. R. und Hptwm. La.
Durch ihr korrektes Auftreten verschaffen sie sich Autorität bei den Strafgefangenen. {9}
Anders sah es bei den Gen. Mster. Sch., Hptwm. Schulze und Hptwm. K. aus.
Durch Voreingenommenheit und überspitzte Forderungen gegenüber Strafgefangenen sowie durch unkorrektes Auftreten gab es immer wieder berechtigte Beschwerden."

Aus demselben Protokoll heißt es im „Bericht des Gen. Hptwm. B.":

„... Durch das überspitzte und sture Auftreten der Gen. Mster. Schulze, Hubert und Le. und teilweise auch des Gen. Bö. in der Durchsetzung von Weisungen gab es in der Vergangenheit genügend berechtigte Beschwerden der Strafgefangenen ... das überspitzte Auftreten des Gen. Schulze, Hubert, ging sogar soweit, indem er gegen Strafgefangene handgreiflich wurde. Die geführten Auseinandersetzungen mit den Genossen brachten nur Teilerfolge. Wenn beim Gen. Bö., und Le. eine Verbesserung ihrer Handlungsweise eingetreten ist, kann dies beim Gen. Mster. Schulze nicht gesagt werden. Gen. Mster. Schulze reagiert auf die geübte Kritik an seiner Person dahingehend, indem er bei dem Genossen, der ihn kritisiert hat, solange nach einem Fehler sucht, bis er ihn gefunden hat, um ihm dann entsprechende Vorhaltungen zu machen bzw. spricht mit dem Genossen eine bestimmte Zeit nicht. Mit dem Gen. Schulze wird dienstlicher- sowie parteilicherseits ständig gearbeitet, um seine Charakterschwächen zu beseitigen ..."

Zum 31.03.1990 beendete der Angeklagte seine Tätigkeit in der StVE Cottbus in gegenseitigem Einvernehmen. Er verdiente zuletzt etwa 1000 Mark.

Der Angeklagte ist nicht vorbestraft. {10}

II. [Feststellungen zum Sachverhalt]

1. Der 1940 in R. geborene Zeuge Hans Joachim We. wurde am 10.06.1969 wegen Republikflucht zu 4 Jahren Freiheitsstrafe verurteilt. Nach Untersuchungshaft im Stasi-Gefängnis Neustrelitz wurde er zur Verbüßung der Strafhaft in die StVE Cottbus eingeliefert.

Am 20.10.1969 wurde der Zeuge aufgefordert, zum Friseur der Haftanstalt zu gehen und aus seiner Zelle herauszutreten. Dies verweigerte der Zeuge, weil er sich bereits mit seinen Mithäftlingen die Haare geschnitten hatte und er sie als kurz genug empfand. Der Zeuge wurde daraufhin mit körperlicher Gewalt aus der Zelle in den Gang geschafft und dort von sieben bis acht Angehörigen des Strafvollzugs, darunter der Angeklagte, mit dem Gummiknüppel geschlagen. Dabei schlug der Angeklagte mit den Worten „Feuer frei!“ als Erster los. Die Schläge trafen den Zeugen am gesamten Körper, also auch am Kopf, Hals, den Füßen und den Kniegelenken. Dabei wurde der Zeuge auch mit den Füßen der Strafvollzugsangehörigen getreten, die Stiefel trugen und am Bein getroffen. Schon damals litt der Zeuge unter einer Bewegungseinschränkung des Kopfes im Halsbereich, einem sogenannten Schiefhals, die durch die von den Bediensteten und dem Angeklagten verursachten Mißhandlungen verschlechtert wurde. In Briefen an seine Großmutter berichtete der Zeuge über dieses Vorkommnis und daß er dadurch den Hals nicht nach links bewegen könne.

Ausweislich eines ärztlichen Befundes vom 21.10.1969 (Verfasser unbekannt) heißt es:

„Bei dem Strafgefangenen mußte am 20.10.1969 Gewalt angewendet werden, da er sich nicht die Haare {11} schneiden lassen wollte.
– Hämatom linker Unterschenkel
– Striemenzeichnung quer über die HWS zum Hinterkopf.
Sonst klagt er über Schmerzen in den Handgelenken. Er hält den Kopf schief, bei Ablenkung gerade.“

Eine internistische Untersuchung am 22.10.1969 ergab:

„Primitiv-Reaktion mit Schütteln und einseitigem Kopfhalten“.

Eine neurologische Untersuchung am 24.10.1969 (Dr. Kaufmann) ergab:

„Macht Schiefhals nach rechts mit pschogenem Tremor. Spricht mit zeitträger Stimme. War zur Begutachtung in Waldheim. Demonstrative Tendenz ‚Ich bin geschlagen worden, seitdem Rükkenschmerzen“.

Es folgt ein unleserlicher neurologischer Befund. Bei dem psychischem Befund heißt es unter anderem:

„Kritik-schwacher Psychopath mit Primitiv-Reaktion, demonstrative Tendenz“.

2. Der 1949 in F. geborene Zeuge Walter P. wurde am 18.11.1969 wegen Fahnenflucht zu 3 Jahren Strafhaft verurteilt.

Nach Unterbringung in der StVE Neustrelitz kam er am 09.12.1969 in die ehemalige StVE Cottbus. Bei einem seiner zahlreichen Arrestaufenthalte innerhalb der Haftverbüßung in Cottbus wurde er zu einem nicht mehr genau feststellbaren Zeitpunkt im Winter während seiner Haftzeit von Dezember 1969 bis August 1972 von dem Angeklagten und 2 weiteren Bediensteten der StVE mit Gummiknüppeln geschlagen. Der Zeuge P. hatte seine {12} Leistung in dem Zivilwerk Pentacon (Herstellung von u.a. Ersatzteilen für Fotoapparate) nicht geschafft. Dies wurde ihm als Leistungsverweigerung ausgelegt, und er erhielt Absonderungshaft in einer Zelle, die „Eisenkäfig“ oder „Tigerkäfig“ genannt wurde. Diese war dadurch gekennzeichnet, daß zwischen der Zellentür und dem eigentlichen Verwahrraum noch ein Gitter eingesetzt war, damit der Eintretende sich nicht unmittelbar im Verwahrraum befand. Als Bett diente ein an der Wand befindliches hochklappbares Brett, welches tagsüber hochgeklappt und an die Wand geschraubt wurde, um tagsüber ein Hinlegen unmöglich zu machen. Dem Zeugen war es aber gelungen, die Halterung zu lösen und sich hinzulegen. Als dies von den Bediensteten abgestellt werden sollte, stellte der Zeuge P. den in der Arrestzelle befindlichen Hocker vor das

Innengitter und blockierte so zunächst den Zugang zu seinem Verwahrraum. Als die Bediensteten mit Stemmwerkzeugen nahten, gab der Zeuge auf und nahm den Hocker beiseite. Daraufhin wurde er von Bediensteten, darunter dem Angeklagten, die sich allesamt darüber wunderten, daß er es habe schaffen können, die Schrauben des Klappbettes zu lösen, mit Gummiknüppeln geschlagen. Der Angeklagte trat dabei als Hauptakteur auf. Geschlagen wurde mit dem großen schwarzen, starren Gummiknüppel. Dieser gehörte zusammen mit einem kleineren einschiebbaren Gummiknüppel, der in der Hosentasche getragen werden konnte, zur damals üblichen Ausstattung des Strafvollzugs.

Der Zeuge P. wurde mehrfach am Rücken, am Hinterteil und an den Beinen getroffen. Dabei stürzte er auf das Holzbett, unter das er flüchten wollte und brach sich zwei Zähne ab. Der Zeuge P. schrie unter diesen Mißhandlungen laut auf, was zur Folge hatte, daß andere Strafgefangene im Trakt, die den Vorfall nicht sehen, aber hören konnten, ebenfalls anfingen zu schreien. Aufgrund der Mißhandlungen konnte der Zeuge etwa 14 {13} Tage lang nicht richtig liegen.

3. Der Zeuge Hartmut H., geboren 1949 in A., wurde am 26.03.1970 wegen ungesetzlichen Grenzübertrittes und Staatsverleumdung zu einer Freiheitsstrafe von 3 Jahren und 6 Monaten verurteilt. Er wurde am 16.04.1970 in die StVE Cottbus verlegt. Gleich an diesem Tag der Aufnahme traf er auf den in der Aufnahme tätigen Angeklagten. Dieser schlug ihm mit seiner Faust ins Gesicht, nachdem der Zeuge H. während eines Hofganges ein ihm aus einer Zelle zugeworfenes Päckchen Tabak aufgehoben hatte. Das Päckchen Tabak – solche Handlungen von Zuwendungen an Neuankömmlinge kamen des öfteren vor – wurde von einem Strafgefangenen Gerd Ho., der mit dem Zeugen H. schon vorher bekannt war, unter Rufen des Vornamens des Zeugen H. zugeworfen.

4. Mitte des folgenden Monats Mai 1970 schlug der Angeklagte den Zeugen H. während des Durchzählens der im Arbeitsbereich „Pentacon" angetretenen Häftlinge mit einem Schlüsselbund in den linken Rippenbereich, weil dieser aus der Sicht des Angeklagten keine ordentliche Haltung eingenommen hatte. Der Zeuge erlitt dadurch eine Rippenprellung, die ihm tagelang bei der Arbeit zu schaffen machte. Obwohl der Zeuge durch den Schlag mit dem Schlüsselbund zusammensackte, stellte er sich gleich wieder aufrecht hin. Dies deshalb, weil er sonst erneut mit entsprechenden Maßnahmen des Angeklagten zu rechnen hatte.

5. In der Faschingszeit Februar/März 1971 streuten die Zeugen H., Bo., und Go. vorher mit Hilfe eines Lochers hergestelltes Konfetti in den Flur und Treppenbereich. Dies war als Faschings-Ulk geplant, {14} stellte aber auch gleichzeitig eine gewisse Provokation dar. Den beteiligten Zeugen war denn auch klar, daß sie das Konfetti wieder wegzuwischen hatten. Dabei ließen sie als erneute Provokation viel zuviel Wasser durch den Flur und Treppenhausbereich laufen. Daraufhin wurde der Zeuge H., auf den der Angeklagte ohnehin nicht gut zu sprechen war, von diesem mit dem Gummiknüppel geschlagen. Der Schlag traf den Zeugen im Gesicht und hinterließ eine noch heute sichtbare kleine Narbe über der rechten Augenbraue.

6. Einige Tage später mußten die Zeugen H. und Bo. den Flurbereich bohnern. Dabei trugen die beiden extrem viel Bohnerwachs auf, so daß der Angeklagte im Flur ausrutschte, was den Zeugen H. zum Lachen verleitete. Daraufhin boxte der Angeklagte den Zeugen H. in den Unterleib, so daß dieser hinfiel, und schlug und trat ihn an den Kopf und Oberkörper. Neben Blutergüssen und blutenden Wunden erlitt der Zeuge H.

auch eine aufgeplatzte Oberlippe, in deren Folge eine heute noch sichtbare kleine Narbe verblieb.

7. Der 1951 in M. geborene Zeuge Manfred Ha. wurde am 25.11.1970 wegen staatsfeindlicher Hetze und Terror, §§ 102, 106 StGB-DDR, zu einer 3jährigen Freiheitsstrafe verurteilt. Am 26.01.1971 wurde er zur Verbüßung dieser Haft in die StVE Cottbus verlegt.

Am Tag der Volkspolizei, dem 01.07.1971, arbeitete der Zeuge Ha. in der Stanzerei der StVE Cottbus, als es zu einem nicht mehr näher aufklärbaren Vorfall mit einem anderen Strafgefangenen kam und der Zeuge Ha. daraufhin den am Vorfall beteiligten Bediensteten der StVE zurief: „Sind wir denn hier noch Menschen oder sind wir schon Tiere!“. {15}

Dies hörte der Angeklagte, der den Zeugen zusammen mit einem weiteren Bediensteten ergriff und in den Raum des Zivilmeisters verbrachte, der daraufhin sofort sein Zimmer räumte. Es traten weitere Bedienstete und ein Diensthund in den Raum ein. Der Zeuge Ha. nahm bei den Bediensteten Alkoholgeruch wahr. Der Hund, der von einem angetrunkenen Bediensteten nicht gehalten werden konnte, biß den Zeugen Ha. in die Jacke am Unterarm. Den sich gegen den Hund wehrenden Zeugen Ha. schlug der nach Meinung des Zeugen Ha. ebenfalls angetrunkene Angeklagte dann hart mit seinen Fäusten auf den Rücken.

An diesem Tag war der Angeklagte vom Meister des Strafvollzugs zum Obermeister befördert worden. Der Tag der Volkspolizei wurde grundsätzlich gefeiert. Er war außerdem Anlaß für Beförderungen im Dienst. Gefeiert wurde in der Regel in der Kantine der Bediensteten innerhalb des Geländes der StVE.

8. Der 1954 in K. (ehem. UdSSR) geborene Zeuge Georg Sa. wurde am 08.07.1977 wegen ungesetzlichen Grenzübertritts zu einer Freiheitsstrafe von 2 Jahren und 6 Monaten verurteilt. Er verbüßte seine Strafe vom 03.08. bis 09.11.1977 und vom 30.11.1977 bis zum 19.09.1979 in der StVE Cottbus.

Aufgrund einer Verletzung am linken Fuß, aber auch weil er für den Staat der DDR nicht arbeiten wollte, verweigerte er grundsätzlich die für Strafgefangene sonst übliche Arbeit.

Am 18.09.1977, während eines Hofganges des Zeugen Sa., wurde von einem Strafvollzugs-Bediensteten mit dem Spitznamen „Arafat“[3] die äußere Aufmachung des Zeugen in Gestalt eines offenen Knopfes an der Jacke gerügt. Der Zeuge Sa. hatte gerade Absonderungshaft von zweimal 21 {16} Tagen wegen seiner Arbeitsverweigerung hinter sich. Die Haft, war hier jeweils nach 21 Tagen nur kurz unterbrochen worden, um den gesetzlichen Bestimmungen, die höchstens 21 Tage Arrest zuließen, formal zu genügen. Weil er die Einsamkeit in der Absonderungshaft nicht mehr ertragen konnte, hatte er sich nunmehr doch entschlossen, arbeiten zu gehen. Nun sollte er wegen des nicht geschlossenen Knopfes erneut in den Arrest. Dagegen verwahrte sich der Zeuge Sa., der für sein Aufbegehren bei den Bediensteten bekannt und gerade deswegen beim Angeklagten nicht beliebt war. Aufgrund seiner Weigerung wurde der Zeuge von dem gesondert Verfolgten „Arafat“ und weiteren Strafvollzugs-Bediensteten mit den Fäusten geschlagen und den Füßen getreten. Daran beteiligte sich auch der Angeklagte. Die Kammer konnte nicht klären, ob sich der Angeklagte von Anfang an an den Mißhandlungen beteiligte oder erst nachträglich dazustieß. Durch die Schläge und Fußtritte erlitt der Zeuge Sa. Platzwunden im Gesicht und wurde anschließend wieder arrestiert. Später zeigte er seine Verletzungen, insbesondere die Blutergüsse und die abgeklungenen Platzwunden, den Zeugen Kr. und Ba.

9. Der 1948 in B. geborene Zeuge Klaus Jürgen Ka. wurde wegen ungesetzlichen Grenzübertritts zu einer Freiheitsstrafe von 2 Jahren und 2 Monaten verurteilt. Am 13.01.1978 wurde er zur Verbüßung in die StVE Cottbus verlegt.

Am 28.06.1978, am Tag seiner Verlegung anläßlich seiner bevorstehenden Entlassung, ging der Zeuge Ka., seine Sachen über die Schulter gehängt, über den Gefängnishof, als ihm ein Strafgefangener von einem über dem Gefängnishof liegenden Zellenfenster etwas zum Abschied zurief und ihm viel Glück in der Freiheit wünschte. Dabei wurde {17} der Zeuge Ka. der wegen seines Küchendienstes bei den Strafgefangenen bekannt war, auch beim Vornamen genannt und er erwiderte den Zuruf mit etwa den Worten: „Geht alles klar, wir sehen uns wieder in Freiheit!“.

Der Angeklagte, der diese Unterhaltung mitbekam, lief hinter dem Zeugen Ka. her und schlug ihn mit der Faust und trat ihn mit den Schuhen. Der Zeuge zog sich oberflächliche Verletzungen am Kopf, Oberkörper und Hinterteil zu. Die anderen Strafgefangenen, die den Vorgang mitbekamen, brachen in laute „Buh-Rufe“ aus und skandierten „Du Schwein!“

10. Der 1941 in S. geborene Zeuge Gerhard M. wurde am 04.10.1978 wegen Spionage (§ 98 StGB-DDR) Zu einer Freiheitsstrafe von 3 Jahren und 6 Monaten verurteilt. Ab dem 28.10.1978 wurde die Strafe in der StVE Cottbus vollstreckt.

Aufgrund eines im Jahr 1957 erlittenen Verkehrsunfalls mit einem mehrfach und kompliziert gebrochenen linken Unterschenkel (Trümmerbruch) war der Zeuge stark gehbehindert und lief an Krücken. Am Tag der Aufnahme in der StVE Cottbus, am 28.10.1978, trugen deshalb andere Strafgefangene die persönlichen Sachen des Zeugen M. Nach dem Eindruck, des Zeugen fühlte sich der Angeklagte durch die Hilfe, die der Zeuge erfuhr, übergangen und der Angeklagte sprach ihn sogleich mit den Worten: „Ihnen werde ich noch das Laufen beibringen!“ an. Der Zeuge M. machte ebenfalls keinen Hehl aus seiner Verachtung gegenüber dem Staat DDR und äußerte, daß er zurück in den Westen wolle.

Aufgrund eines weiteren Vorfalls mit einem anderen Strafgefangenen, den der Zeuge M. vom Angeklagten ungerecht behandelt sah und dies auch zum Ausdruck brachte, erregte der Zeuge M. am folgenden Tag {18} wiederum die Aufmerksamkeit des Angeklagten. Dieser packte sich den Zeugen M. und holte ihn in sein Zimmer. Dort beschimpfte der Angeklagten den Zeugen in übelster Weise und drohte ihm erneut an, ihm das Laufen beizubringen. Plötzlich zog der Angeklagte sein Knie an und stieß dein Zeugen M. mit seinem Knie in dessen Genitalbereich. Der Zeuge sackte daraufhin mit Atemnot zu Boden und konnte zunächst nicht aufstehen. Der Angeklagte trat dem auf dem Boden liegenden Zeugen zudem noch mit dem Fuß in die rechte Nierenseite. Als der Angeklagte sah, daß er übertrieben hatte, ließ er von dem Zeugen ab, ihn jedoch auch am Boden liegen. Insgesamt dauerte dieser Vorgang etwa eine Viertelstunde. Danach gelangte der Zeuge M. wieder in die Gemeinschaftsunterkunft zu seinem Mitzelleninsassen, dem Zeugen Bodo Sz. Letzterer sah, daß der Zeuge M. stark angegriffen war, und ihm wurde vom Zeugen M. die Nierenverletzung gezeigt. Der Zeuge Sz. erkannte Blauverfärbungen in diesem Bereich. Auch im Genitalbereich des Zeugen M. zeigten sich Verfärbungen, die nach einigen Tagen sehr dunkel wurden.

Am 31.10.1978 wurde die Aufnahmeuntersuchung des Zeugen M. durch den Zeugen Dr. Ke., einem zivilen Vertragsarzt zur damaligen Zeit, durchgeführt. Während der 4 bis 6minütigen Aufnahmeuntersuchung erzählte der Zeuge M. dem Arzt auch den Vorfall mit dem Angeklagten. Es wurde jedoch dem Zeugen nicht geglaubt, was den Zeugen zu der Bemerkung veranlaßte, ob man denn davon ausginge, er habe sich diese Verletzung auf dem Berliner Alexanderplatz zugezogen. Der Zeuge Dr. Ke. ließ mit dem Bemerken, daß hier nicht geschlagen werde, den Zeugen M. abtreten. Zuvor hatte der Zeuge Dr. Ke. trotz dessen Behinderung die Arbeitstauglichkeitsgruppe III mit der Einschränkung „nur sitzende Tä-{19}tigkeit“ bescheinigt. Der Zeuge M., der mit dieser Einschätzung auch aufgrund der Tatsache, daß er für die DDR nicht arbeiten wollte, nicht einverstanden war, wurde am nächsten Tag dem Arzt und Zeugen Is. vorgeführt, dem er gleichfalls von dem Vorkommnis mit dem Angeklagten berichtete. Auch dieser Zeuge schenkte den Schilderungen M. keinen Glauben.

Auf dem standardisierten Untersuchungsbogen war durch den Zeugen Dr. Ke. die Position „Genital-Analregion“ nicht ausgefüllt, während andere Positionen Eintragungen oder Zeichen für mangelnden Befund enthielten. Auch hinsichtlich des Nierenbereichs fanden sich keine Eintragungen.

11. Der 1956 in R. geborene Zeuge Matthias St. wurde an 07.07.1980 wegen landesverräterischer Agententätigkeit und ungesetzlichen Grenzübertritts zu einer Freiheitsstrafe von 2 Jahren und 8 Monaten verurteilt. Ab dem 12.08.1980 verbüßte er seine Strafe in der StVE Cottbus.

Der Zeuge St. traf auch hier erstmals in der Aufnahme auf den Angeklagten. Gemäß seinem militärischen Stil drillte der Angeklagte die Strafgefangenen in der Aufnahme und ließ die in ihre teilweise braunen Anstaltsuniformen gekleideten Strafgefangenen in Zweier-Reihen marschieren. Diese Marschiererei in Anstaltsuniform mit Kappen bei herrlichstem Sonnenschein verursachte bei dem Zeugen St. ein gewisse Heiterkeit, und er mußte lachen. Alsbald hörte er von hinten schwere Schritte und bekam vom Angeklagten den Gummiknüppel in den Rücken, worauf sich der Zeuge St. sofort zum Schutz auf den Boden warf. Dort erhielt er weitere Schläge in den Rücken durch den Angeklagten. Infolge der Schläge litt {20} der Zeuge St. tagelang an Schmerzen. Besonders schlimm für ihn war jedoch, daß er diese Behandlung vor den Augen der anderen Strafgefangenen als äußerst demütigend empfunden hatte.

12. Der 1955 in P. geborene Zeuge Uwe-Carsten Gü. wurde wegen landesverräterischer Nachrichtenübermittlung zu einer Freiheitsstrafe von 3 Jahren und 6 Monaten verurteilt. Diese Strafe verbüßte er ab dem 28.04.1981 in der StVE Cottbus.

Gleich am ersten Tag seines Aufenthaltes in der StVE Cottbus wurde der Zeuge vom Angeklagten mit der Faust ins Gesicht geschlagen, weil er beim Marschieren aus dem Tritt gekommen war. Diese Mißhandlung war verbunden mit Drohungen des Angeklagten, er werde dem Zeugen Gü. das Leben schwer machen, wenn dieser sich nicht anpasse.

13. Kurze Zeit später fiel der Zeuge Gü. dem Angeklagten erneut wegen seines Marschierstils auf. Die anderen Strafgefangenen der Aufnahme wurden weggeschlossen und der Zeuge von dem Angeklagten in einen Raum gesperrt. Es war mindestens ein weite-

rer Bediensteter anwesend, und der Angeklagte schlug dem Zeugen erneut mit der Faust ins Gesicht.

Die Faustschläge ins Gesicht hinterließen keine nennenswerten Folgen beim Zeugen Gü.

14. Zwei Stunden später sollte der Zeuge Gü. einen für seine Begriffe herabwürdigenden kurzen Haarschnitt erhalten, wogegen er sich zunächst verbal wehrte. Er wurde dann in das Büro des Angeklagten befördert, wo ihn der Angeklagte erneut befragte, ob er sich dem Haareschneiden unterziehen würde. Als sich der Zeuge wiederum sperrte, telefonierte der Angeklagte und holte nach Ein-{21}druck des Zeugen Gü. eine Art Genehmigung für das weitere Vorgehen ein. Das Telefonat endete mit den Worten des Angeklagten: „Wir schlagen zu!". Daraufhin wurde der Zeuge Gü. vom Angeklagten und mindestens von 2 weiteren Bediensteten des Strafvollzugs gepackt und mit Handschellen und mit einer Knebelkette, einer sogenannten Führungskette, gewaltsam zu einem Hocker geführt. Die Knebelkette wurde dem Zeugen vom Angeklagten über die Handgelenke gedreht und sollte den Zeugen zum Mitgehen zwingen. Die Kette verursachte beim Zeugen enorme Schmerzen an den Handgelenken. Auf dem Hocker angekommen, wurde das eine Ende der Handschellen an diesem Hocker fest gemacht. Sodann legte der Angeklagte dem Zeugen Gü. Stacheldraht locker um den Hals, um ihn in der Bewegungsfreiheit seines Kopfes einzuschränken. Unter diesen Umständen, die dem Zeugen Gü. Schmerzen bereiteten, wurden ihm von einem Kalfaktor die Haare geschnitten. Da der Zeuge sich weiterhin unruhig verhielt, schnitt ihm der Kalfaktor einige Male in die Kopfhaut, so daß es zu Blutungen kam.

Das gesamte Vorgehen wurde von Schreien des Zeugen, aber auch von lauten Anweisungen des Angeklagten begleitet.

Anschließend wurde der Zeuge entgegen seinem Wunsch nicht dem Arzt vorgeführt, sondern in den Erziehungsbereich (EB) 12 in einen sogenannten „Tigerkäfig" verbracht.

Der Zeuge leidet noch heute seelisch unter diesen Mißhandlungen und kann die Ereignisse nicht vergessen. An den Handgelenken des Zeugen blieben kleinere Narben zurück.

In einem Protokoll vom 30.04.1981 über die Anwendung einer Sicherungsmaßnahme gemäß § 33 des Strafvollstreckungsgesetzes der ehemaligen DDR vom 07.04.1977 in Ver-{22}bindung mit Punkt 2.22.4 der Ordnung 0107/77 des Zeugen und damaligen Hauptmeisters des Strafvollzugs Lü. heißt es :

Der Strafgefangene Gü. Uwe-Carsten, geb. 1955, kam 29.04.1981 als Zugang aus der UHA Erfurt zur StVE Cottbus.

Im Rahmen der Aufnahmeformalitäten haben sich die Strafgefangenen dem Haareschneiden zu unterziehen. Gü. lehnt dies kategorisch ab, unter dem Vorwand und mit der Begründung:

- daß er ein politischer Gegner der DDR sei und die Ordnung des Strafvollzugs nicht anerkenne
- daß ihm das lange Haar in der UHA als Ausdruck der Achtung seiner Menschenwürde nicht abgeschnitten würde und Maßnahmen der Staatssicherheitsorgane entscheidender seien als die des Strafvollzugs
- er festgestellt habe, daß hier in der StVE etwa 70% der Strafgefangenen keinen der Hausordnung gemäßen Haarschnitt hätten.

Da der Strafgefangene G. die Belehrungen und wiederholten Aufforderungen zur Erfüllung und Ausführung der festgelegten Maßnahmen negierte (trotz Androhung der Anwendung von kör-

perlicher Gewalt), wurde die Führungskette an beiden Händen angelegt und unter Brechung seines Widerstandes durch diese Maßnahme das Haareschneiden vollzogen.
Nach erfolgtem Haarschnitt wurde die Führungskette wieder abgenommen.
Die Durchführung der Maßnahme erfolgte mit Genehmigung bzw. Weisung des Stellvertreters Vollzug. Meldung des Meisters des Strafvollzugs Schulze und schriftliche Stellungnahme des Strafgefangenen über seine Weigerung liegen vor.
Gegen den Strafgefangenen wird ein Disziplinarverfahren durchgeführt. Bis zum Abschluß wurde G. auf {23} Weisung des Stellvertreters Vollzug in Einzelunterbringung verlegt."
Unterschrift: Lü. Hauptmeister des Strafvollzugs

Des weiteren existiert eine „Verfügung über eine Anerkennung/Disziplinarmaßnahme/ Sicherungsmaßnahme/Vollzugsmaßnahme" vom 30.04.1981 bezüglich des Zeugen Uwe-Carsten Gü. Dort wurde als Anlaß aufgeführt:

„Weigerung festgelegte Vollzugsmaßnahmen auszuführen, gesetzliche Grundlage: § 33 StVG Art und Dauer der Maßnahme: Anwendung des unmittelbaren Zwangs durch Anlegen der Führungskette Vorschlag und Begründung: Der Strafgefangene weigerte sich unter dem Vorwand, daß er ein politischer Gegner der DDR sei, die Haare schneiden zu lassen (siehe Stellungnahme und Bericht des Strafgefangenen und des Genossen Obermeisters des Strafvollzugs Schulze).
Unterschrift: Lü. Hauptmeister des Strafvollzugs"

15. Der 1944 in K. geborene Zeuge Bernd S. wurde wegen landesverräterischer Nachrichtenübermittlung (§ 99 StGB-DDR) zu einer Freiheitsstrafe von 3 Jahren und 10 Monaten verurteilt. Er wurde zur Verbüßung dieser Haft am 08.09.1983 in die StVE Cottbus verlegt.

Der Zeuge S. war als nautischer Offizier mit Leib und Seele Seemann. Weil er seine „Westkontakte" zu seiner Verwandtschaft nicht aufgeben wollte, erhielt er von den Behörden Berufsverbot. Dies veranlaßte ihn, Ausreiseanträge zu stellen. In diesem Zusammenhang wurde das Ermittlungsverfahren gegen den Zeugen S. eingeleitet, das mit dem bereits mitgeteilten Ergebnis endete.

Aufgrund seines Berufsverbotes betätigte sich der Zeuge S. bis zu seiner Verhaftung als Grabmacher. {24}

Am 09.09.1983 unterzog sich der Zeuge S. der Aufnahmeprozedur in der StVE Cottbus. Dazu gehörte unter anderem die Aufbereitung der Personaldaten durch die Vollzugsgeschäftsstelle. Dabei wurden unter anderem die bereits mit der Untersuchungshaft aufgenommenen personengebundenen Daten durch Vorhalt und Fragen überprüft und gegebenenfalls abgeändert. Diese Überprüfung fand 09.09.1983 durch die Vollzugsgeschäftsstellenmitarbeiterin, die Zeugin Monika Wa. im Beisein des Angeklagten statt. Es war generell so, daß weibliche Bedienstete der Geschäftsstelle nicht ohne männliche Begleitung bzw. Absicherung durch Wachpersonal ihrer Tätigkeit nachgehen durften.

Wahrheitsgemäß und wie schon in den Vollzugsakten des Zeugen S. ersichtlich, gab der Zeuge S. zu Protokoll, daß er Unteroffizier der Volksmarine und zuletzt als Grabmacher tätig gewesen sei.

Als der Angeklagte dies hörte, schrie er den Zeugen S. mit den Worten: „Wollen Sie mich verarschen" an, sprang von seinem Stuhl auf und den Zeugen an, beschimpfte ihn und drückte ihn an die Zimmerwand, wobei er den Zeugen würgte und mit dem Kopf mehrmals an die Wand schlug. Die durch diese Handlungsweise entsetzte Zeugin Wa. ging dazwischen, weil sie eine weitere Eskalation befürchtete.

Die durch diese Handlung des Angeklagten verursachten Geräusche nahm der Strafgefangene Werner Gr., der aus gesundheitlichen Gründen als Zeuge nicht gehört werden konnte, vor dem Zimmer wartend wahr. In einem späteren Gespräch mit der Ehefrau des Zeugen S., der Zeugin Dorit S., teilte er, Gr., ihr mit, daß sie froh sein könne, daß ihr Mann noch lebe.

In der Folge spürte der Zeuge S. auch weiterhin die Macht des Angeklagten, weil dieser ihn ständig drangsalierte, indem er sich über dessen Bettenbau be-{25}schwerte oder ihn, wenn die anderen Strafgefangenen Freigang hatten, gegenüber einer Wand stehen ließ, die sich der Zeuge S. angucken mußte. Dabei genoß der Angeklagte diese Behandlungsweise gegenüber dem Zeugen S. unter anderem mit den Worten: „Damit ist es nun vorbei, Herr nautischer Offizier!“.

Durch die Behandlung des Angeklagten hatte der Zeuge S. mehrere Tage lang Kopfschmerzen.

16. Der 1948 in M. geborene Zeuge Herbert Sc. wurde am 23.12.1983 wegen öffentlicher Herabwürdigung und landesverräterischer Nachrichtenübermittlung (§§ 220, 99 StGB-DDR) zu einer Freiheitsstrafe von 3 Jahren und 4 Monaten verurteilt. Er wurde am 28.02.1984 in die StVE Cottbus verlegt.

Wie üblich wurden die Neuankömmlinge vom Angeklagten in der Aufnahme in Empfang genommen. Auf Anweisung des Angeklagten wurde das Abendessen erst einmal gestrichen. Am nächsten Tag wurde der Zeuge Sc., dessen Akte dem Angeklagten offenbar bekannt war, befragt, ob er seinen Ausreiseantrag in den Westen zurücknehme. Dies verneinte der Zeuge. Dem Zeugen stellte sich der Angeklagte aufgrund seiner Handlungsweise und dem Befehlston als Anstaltsleiter sowie als „Verkörperung des Sozialismus“ dar. Er trichterte wie üblich den Neuankömmlingen die Hausordnung ein. Unter anderem wurden die Neuankömmlinge vom Angeklagten als „Faschistenschweine“ bezeichnet.

Sodann ließ der Angeklagte an die Aufnahmestrafgefangenen Rasierklingen ausgeben, wobei er mit Absicht dem Zeugen Sc. eine Packung mit nur 3 Rasierklingen unterschob, obwohl jedem Strafgefangenen 4 Rasierklingen {26} zustanden. Sodann wies er die Strafgefangenen, darunter auch den Zeugen Sc., an, die Rasierklingen nachzuzählen und gegebenenfalls Fehlmeldung zu erstatten. Da die dem Zeugen Sc. überreichte Rasierklingenpackung nur 3 Rasierklingen enthielt, wandte sich der Zeuge Sc. weisungsgemäß an den Angeklagten und teilte mit, daß er nur 3 Klingen erhalten habe. Daraufhin wandte sich der Angeklagte an den Zeugen Sc. mit den Worten: „Ach, Sie kenne ich!“. Der Angeklagte beschimpfte sodann den Zeugen Sc. mit der Bemerkung, er sei zu doof zum Zählen und versetzte ihm unter der Bemerkung: „Unsere Beamten verzählen sich nicht!" mit dem Gummiknüppel einen Schlag ins Gesicht. Der Angeklagte schleifte den Zeugen Sc. aus dem Haftraum, in dem die Rasierklingenausgabe stattgefunden hatte, nach draußen und fragte ihn, ob er noch auf 4 Klingen bestehe und ob er immer noch in den Westen wolle. Als der Zeuge dies bejahte, wurde er vom Angeklagten erneut ins Gesicht geschlagen, so daß er auf den Boden stürzte, und sodann auch mit Fußtritten behandelt. Andere Bedienstete des Strafvollzugs sahen sich das Ganze an, ohne einzugreifen. Der Angeklagte geriet so in Rage, daß er den Zeugen auch verbal weiter quälte, unter anderem mit der Frage, ob sich seine Frau schon habe scheiden lassen und beschimpfte diese dann als „Hure, Schlampe" und daß sie auf den Strich gehe. Dem sich mit Worten widersetzenden Zeugen Sc. schlug der Angeklagte daraufhin erneut.

Der Zeuge hatte daraufhin 3 Wochen lang Beschwerden am Kopf, er erlitt einen Nasenbeinbruch und Blutergüsse am Körper. Der Zeuge Sc. leidet noch heute psychisch unter den erlittenen Mißhandlungen. In einem Überweisungsschreiben der Ärztin für HNO-Heilkunde, Anna Am.-Ko. vom 10.10.1991 an Herrn Dr. T. Ko. heißt es:{27}

„Sehr geehrter Herr Kollege Ko.,
besten Dank für die freundliche Überweisung Ihres Pat. Herrn Sc. geb. 48,
Der HNO.-Befund lautet wie folgt:
Leichte Schiefnase li., Nasenscheidewand stark verbogen, posttraumatisch, behinderte Nasenventilation. Der übrige HNO.-Befund ist im wesentlichen reizlos. Rö-NNH und Nasenbein, keine frische Entzündung. Zeichen einer alten Fraktur ist vorhanden.
Audiologisch: Geringgradige Innenohrschwerhörigkeit li.
Die Beschwerden wie Kopfschmerzen, Nasenschmerzen, behinderte Nasenventilation, können durchaus als Folge der Mißhandlungen entstanden sein.
Mit freundlichem Gruß, A. Am.-Ko."

Der Zeuge hatte sich seinerzeit nicht getraut, ärztliche Hilfe in der StVE in Anspruch zu nehmen.

17. Der 1944 in G. geborene Zeuge Friedhelm K. wurde am 16.02.1984 wegen Beeinträchtigung staatlicher oder gesellschaftlicher Tätigkeit und ungesetzlicher Verbindungsaufnahme zu einer Freiheitsstrafe von 1 Jahr und 6 Monaten verurteilt. Er wurde erstmals am 17.05.1984 in die StVE Cottbus verlegt. Im Anschluß an seine Verlegung nach Cottbus wurden der Zeuge K. sowie die anderen Strafgefangenen, die mit ihm verlegt wurden, in der Aufnahme vom Angeklagten empfangen und auf die Haft in Cottbus vorbereitet.

In Feldwebelmanier ließ der Angeklagte die Strafgefangenen und auch den Zeugen K., der sich um seine psychisch kranke Frau sorgte, antreten. Sie mußten stundenlang stehen und sich die Hausordnung anhören, die der {28} Angeklagte verlesen ließ. Sodann suchte sich der Angeklagte mit Absicht einen sprachbehinderten Strafgefangenen heraus und verlangte von ihm das Zitieren der Brandschutzordnung. Der Angeklagte weidete sich an den Schwierigkeiten des Strafgefangenen und erntete dafür böse Blicke des Zeugen K.

Sodann verlangte der Angeklagte vom Zeugen K. das Vorlesen dieser Ordnung. Der Zeuge, der den Angeklagten mit „Herr Obermeister" anreden mußte, erklärte diesem, daß er zur Zeit diesen Dingen geistig nicht folgen könne.

Daraufhin zerrte der Angeklagte den Zeugen K. in eine leerstehende Zelle und schrie ihn im Beisein eines dem Angeklagten offensichtlich zur Ausbildung zugewiesenen Vollzugsangehörigen an, wie blöd er doch sei. Als daraufhin der Zeuge K. dem Angeklagten erklärte, daß er es immerhin bis zum Elektromaschinenbaumeister gebracht habe, holte der Angeklagte mit dem Gummiknüppel aus und schlug den Zeugen K. auf den Kopf und traf ihn an der Stirn. Als der Zeuge die Hände zum Schutz erhob, stieß ihm der Angeklagte mit dem Gummiknüppel in die Magengegend. Daraufhin krümmte sich der Zeuge und nahm seine Arme wieder herab, worauf der Angeklagte den Zeugen erneut mit dem Knüppel auf den Kopf schlug und ihn am Hinterkopf traf. Zu dem Ausbildungsbediensteten, der von den Strafgefangenen als „Filzstift" bezeichnet wurde, sagte er dann: „Das haben Sie gesehen! Das war ein tätlicher Angriff auf einen Vollzugsbeamten!" Für den Zeugen K., der zu NVA-Zeiten ausgebildete Kampftaucher war, war es eine große Überwindung, sich nicht zu wehren.

Der Zeuge K. erlitt aufgrund der Behandlung durch den Angeklagten eine Platzwunde an der Stirn mit einer senkrechten Narbe von 1,5 cm an der Stirnmitte sowie eine derbe Verwölbung am Hinterkopf in Tischtennisball-{29}größe mit einer Erhabenheit von 0,5 cm.

Viele Jahre später und inzwischen wieder in Freiheit erlitt der dann übergewichtige Zeuge K. einen Zwerchfelldurchbruch und ist aufgrund seiner Atmungsbehinderung zur Arbeit nicht mehr in der Lage. Er leidet noch heute unter schweren seelischen, psychosomatischen Störungen wie Angstzuständen und häufigem Kopfschmerz, die durch die gesamte Haftsituation ausgelöst wurden.

18. Der 1951 in R. geborene Günter Ko. wurde am 13.11.1984 wegen Beeinträchtigung staatlicher oder gesellschaftlicher Tätigkeit und ungesetzlicher Verbindungsaufnahme zu einer Freiheitsstrafe von 2 Jahren und 3 Monaten verurteilt. Am 06.12.1984 wurde er in die StVE Cottbus verlegt, die er Ende Mai 1985 verließ.

Im März 1985 meldete sich der Zeuge beim Morgenappell, weil er starke Zahnschmerzen hatte. Er wurde daraufhin vom Angeklagten zum Zahnarzt geführt und auch von diesem wieder abgeholt.

Auf der Rückführung durch den Angeklagten durch das Gefängnisgebäude traf der Angeklagte einen anderen Bediensteten und wollte sich mit diesem kurz unterhalten. Er pfiff daher kurz, um den Zeugen Ko. zum Anhalten zu bewegen, was dieser jedoch nicht sofort wahrnahm, so daß der Angeklagte den Zeugen mit einem leichten Gummiknüppelschlag auf den Rücken zum Anhalten brachte. Nach einer kurzen Unterhaltung forderte der Angeklagte den Zeugen verbal zum Weitergehen auf, und der Zeuge setzte sich auf einem Treppenaufgang in Bewegung. Dabei schlug der Angeklagte den Zeugen nochmals mit dem Gummiknüppel und traf ihn diesmal am linken Ohr bzw. Hinterkopf. Der Zeuge verspürte dabei sofort an einen lang anhaltenden Pfeifton, und es bildete sich ein blauer Fleck {30} am linken Ohr.

19. Der 1955 in P. geborene Zeuge Klaus-Dieter V. wurde am 13.08.1985 wegen öffentlicher Herabwürdigung (§ 220 StGB-DDR) zu einer Freiheitsstrafe von 1 Jahr und 4 Monaten verurteilt. Er hatte ein Gedicht zu den Lebensbedingungen in der ehemaligen DDR verfaßt, in dem er sich kritisch gegenüber der Menschenrechtssituation in der ehemaligen DDR geäußert hatte.

Am 23.08.1985 wurde er in die StVE Cottbus verlegt. Gleich an diesem Tag ersten Tag konnte er bei der vom Angeklagten üblichen Marschierprozedur Richtung Effektenkammer nicht Schritt halten und kam aus dem Tritt. Das Zurufen des Angeklagten, er solle Schritt halten, beachtete er nicht und ging weiter. Auf den erneuten, nunmehr energischen Zuruf des Angeklagten, er solle Schritt aufnehmen, reagierte der Zeuge V. mit dem für den Angeklagten vernehmbaren Satz: „Steht nicht in meiner Geburtsurkunde.". Daraufhin stürzte der Angeklagte von hinten auf den Zeugen V. zu und versetzte ihm einen starken Faustschlag in den Rücken, so daß der Zeuge in Richtung eines Kohlehaufens stürzte. Der Angeklagte packte den Zeugen daraufhin nochmals und stieß ihn auf den Kohlehaufen zurück.

Kurze Zeit später schüttelte der immer noch wütende Angeklagte den Zeugen nochmals an der Effektenkammer, würgte ihn und drückte ihn mehrfach gegen das dort vorhandene Gitter.

Der Zeuge litt nach dem Schlag in den Rücken kurzfristig unter Atemnot und hatte knapp 2 Wochen Rückenschmerzen. Beim Würgen in der Effektenkammer wurde dem Zeugen kurzfristig schwarz vor den Augen. Den Vorgang am Kohlehaufen konnte der zur gleichen Zeit inhaftierte {31} Zeuge Z. zumindest teilweise von seiner Zelle aus beobachten.

20. Anfang Juni 1986 befand sich der Zeuge V. im Arrest, weil er seine ironische Idee, Strafgefangene in bezug auf Verletzungen von Menschenrechten zu befragen, schriftlich gegenüber der Anstaltsleitung formuliert hatte. Dabei setzte sich der Zeuge V. schon seit Beginn seiner Inhaftierung in Cottbus gegen die Anstaltsbedingungen durch Eingaben und Sich-Berufen auf Gefangenenrechte zur Wehr.

Zudem befand sich der Zeuge V., weil man ihm suggerierte, seine Frau wolle sich scheiden lassen, im Hungerstreik. Es war für solche Fälle so üblich, daß Häftlingen im Hungerstreik Milch zum Trinken angeboten wurde. Hielt der Hungerstreik länger als 5 Tage an, so war die Verlegung in ein Haftkrankenhaus die Regel. Daher war es auch beim Zeugen V. so, daß er im Arrestbereich eine Tasse Milch zu sich nehmen sollte, die ihm vom gesondert verfolgten Strafvollzugsbediensteten Jahn[4] (Spitzname „Arafat") gereicht wurde. Aufgrund seiner Weigerung befleckte der Zeuge V. den Bediensteten Jahn mit Milch an dessen Schuhen und Hose und wurde daraufhin von diesem sowie dem Angeklagten am gesamten Körper mit den Fäusten geschlagen und mit den Schuhen getreten. Der Angeklagte erlitt Blutergüsse am gesamten Körper. Anschließend wurde er in seinem Arrestbereich „kurzgeschlossen", d.h. ihm wurden die Arme mittels Handschellen am Gitter hochgeschlossen, was mehrere Stunden anhielt.

21. Der 1963 in Ü. geborene Zeuge Dirk Ri. wurde am 28.01.1986 wegen Vorbereitung eines ungesetzlichen Grenzübertritts (§ 213 Abs. 1 u. 4 StGB-DDR) zu einer Freiheitsstrafe von 1 Jahr und 3 Monaten {32} verurteilt. Er befand sich vom 04.02. bis 02.12.1986 in der StVE Cottbus.

Im Aufnahmebereich traf der Zeuge Ri. auf den Angeklagten, der den Zeugen und die anderen Neuankömmlinge sogleich mit entsprechenden Vorhaltungen, die der Zeuge Ri. als „Standpauke" bezeichnete, empfing. Danach bezeichnete der Angeklagte die politischen Gefangene allesamt als „Staatsfeinde" und der Zeuge Ri. fühlte sich von ihm auch so behandelt.

Im Aufnahmebereich mit den Gemeinschaftszellen mit Belegung bis zu 15 Mann war es üblich, daß sich die Strafgefangenen das Essen einzeln vom Flur in die Zelle hineinholten. Dies wurde dann unter anderem von dem Angeklagten beaufsichtigt. Der Zeuge Ri. war an einem Tag kurz nach seiner Aufnahme als letzter an der Reihe, sein Essen hineinzuholen. Dabei berührte er versehentlich den Angeklagten, der im Flur an der Zelleneingangstür stand. Ob auch etwas vom Essen auf die Uniform des Angeklagten fiel, konnte nicht festgestellt werden. Der Angeklagte sagte jedenfalls etwas zum Zeugen Ri., der jedoch nicht reagierte, sondern mit seinem Teller weiter in Richtung Zelle ging. Daraufhin schlug der Angeklagte mit seinem Gummiknüppel den Zeugen Ri. heftig in den Rücken, so daß das Essen auf den Boden flog und der Zeuge Ri. in Richtung seiner Haftzelle. Der Schlag war so heftig, daß der Zeuge Ri. in die Knie ging und es sehr schmerzte. Die Schlagstelle im Rücken des Zeugen Ri., wurde anschließend vom Zeugen und Zellenmitinsassen T., der das Geschehen mitbekam, mittels eines feuchten Lappens gekühlt.

22. Im September 1986 befand sich der Zeuge Ri. wegen Arbeitsverweigerung im Arrest. Ihm war die Arbeit auch zu {33} gefährlich gewesen, da kurz zuvor ein Strafgefangener sich in der Stanzerei, in der der Zeuge Ri. auch zu arbeiten hatte, verletzt hatte. Außerdem war es dem Zeugen Ri. nicht recht, für den Staat der DDR zu arbeiten.

Der Angeklagte holte den Zeugen Ri. mit dem Bemerken, er habe jetzt Arbeit für ihn, aus dem Arrestbereich und führte ihn in einen Duschraum. Dort hatte der Angeklagte schon einen Eimer und einen Lappen bereitgelegt und forderte den Zeugen Ri. auf, eine größere Blutlache im Duschraum aufzuwischen, was der Zeuge jedoch verweigerte. Der daraufhin wütend werdende Angeklagte schrie laut herum und kettete den Zeugen Ri. mit Handschellen an einem Heizkörper fest und verließ den Duschraum. Er kam kurze Zeit später mit 2 Bediensteten des Strafvollzugs, die bei den Strafgefangenen unter den Spitznamen „Arafat“ und „Elefantenbaby“ bekannt waren, zurück. Erneut wurde der Zeuge Ri. gefragt, ob er das Blut wegwische. Als der Zeuge dies nochmals verneinte, begannen die Bediensteten mit den Spitznamen „Arafat“ und „Elefantenbaby“ mit ihren Gummiknüppeln leicht auf die Gelenke des noch angeketteten Zeugen Ri. zu schlagen. Der Angeklagte ging nochmals kurz weg und kam zurück. Sodann wurde der Zeuge nochmals mit der Knebelkette umgeschlossen und anschließend mit dem Gummiknüppel am gesamten Körper geschlagen. Die Kammer konnte nicht feststellen, ob der Angeklagte auch selbst zuschlug. Er hielt jedoch auf jeden Fall den Zeugen Ri. fest und ermöglichte dadurch die Schläge seiner Kollegen. Ob der Zeuge vom Angeklagten oder von dem gesondert Verfolgten „Arafat“ nochmals umgeschlossen wurde, konnte der Zeuge nicht mehr sagen. Der Zeuge wurde dann infolge der vielen Schläge ohnmächtig und wachte erst wieder in seiner Arrestzelle auf. Er konnte zunächst gar nicht aufstehen und heulte wie ein Schloßhund wegen der Schmerzen und empfand auch ohnmächtige Wut, weil er den Gescheh-{34}nissen so hilflos ausgeliefert war.

23. Der 1958 im M. geborene Zeuge Uwe B. wurde am 14.07.1986 wegen Beeinträchtigung staatlicher oder gesellschaftlicher Tätigkeit (§ 214 StGB-DDR) zu einer Freiheitsstrafe von 1 Jahr und 2 Monaten verurteilt. Er wurde am 29. Juli 1986 in die StVE Cottbus verlegt.

Auch der Zeuge B. wurde zusammen mit ca. 20 teilweise politischen Häftlingen vom Angeklagten in Empfang genommen. Zunächst wurden die politischen von den gewöhnlichen Häftlingen getrennt.

Noch am 1. Tag wandte sich der Angeklagte den politischen Strafgefangenen zu und rief ihnen laut unter einem knallenden Schlag mit dem Gummiknüppel auf den Tisch mit den Worten zu: „Ich werde euch schon zeigen, wo es lang geht!“, „Mir sind 5 Mörder lieber als ein politischer Gefangener!“ und „Wenn ich das will, bleibt ihr für immer hier!“. Um seine Einstellung zu untermauern, schlug der Angeklagte 4 oder 5 Strafgefangenen, darunter auch dem Zeugen B., mit dem Gummiknüppel mit voller Wucht auf den Oberarm.

Der Zeuge B. erlitt dort einen Bluterguß.

24. Anfang August 1986 ging der Zeuge B. nicht zur Freistunde, sondern verblieb in seiner Zelle, weil er starke Zahnschmerzen und ein geschwollenes Auge aufgrund einer

eitrigen Zahnentzündung hatte. Vom Angeklagten bei der Zellenkontrolle zur Rede gestellt, teilte er ihm seine Beschwerden mit. Der Angeklagte forderte ihn jedoch gleichwohl zum Abgang in die Freistunde auf, nachdem er zuvor dem Zeugen mit dem Zeigefinger in die geschwollene Wange tippte, was bei dem Zeugen Schmerzen hervorrief. Als sich der Zeuge B. rücklings dem Angeklagten zugewandt bückte, um seine Jacke aufzuheben, bekam er vom {35} Angeklagten 2 Schlagstockhiebe in den Rücken, die 2 Wochen Schmerzen und blaue Streifen hinterließen.

25. Der 1960 in B. geborene Zeuge René Wa. wurde am 19.01.1987 wegen Beeinträchtigung staatlicher oder gesellschaftlicher Tätigkeit (§ 214 StGB-DDR) zu einer Freiheitsstrafe von 1 Jahr und 2 Monaten verurteilt.

Am 17. Februar 1987 wurde er in die StVE Cottbus verlegt.

Auch hier gebärdete sich der Angeklagte in der Weise, daß der Zeuge Wa. ihn für den Anstaltsleiter hielt, als er im Zugang bzw. der Aufnahme auf ihn traf. Der Angeklagte wollte die neuen Strafgefangenen auf den Pfad der Tugend zurückholen und teilte ihnen mit, daß eine Rückkehr zur BRD nicht mehr in Betracht komme. Diese Einstellung vertrat er wiederum mit lautem Ton und übertriebenem Achten auf Sauberkeit und Ordnung. Der Angeklagte nahm jede Gelegenheit wahr, Dinge zu beanstanden und die Strafgefangenen zu schikanieren.

Als der Angeklagte circa eine Woche nach der Aufnahme des Zeugen Wa. sah, daß dessen Jacke nach seinen Vorstellungen nicht ordnungsgemäß aufgehängt worden war, nämlich am Spindschlüssel, riß er den Zeugen Wa. an den Haaren aus der Zelle heraus und schlug ihn mehrfach mit der Hand, was beim Zeugen Wa. erhebliche Schmerzen verursachte. Der Angeklagte steigerte sich in seiner Wut und trat den Zeugen auch mit seinen Winterstiefeln, die er zu der Zeit trug und warf den Zeugen die Treppe herunter bis zum Treppenpodest. Der Zeuge Wa. erlitt Blutergüsse, Beulen, eine Rippenprellung und Nackenschmerzen. Auch wurden ihm durch die Behandlung des Angeklagten Haare herausgerissen.{36}

26. Der 1962 in G. geborene Zeuge Udo Hi. wurde am 29.02.1988 wegen Beeinträchtigung staatlicher oder gesellschaftlicher Tätigkeit (§ 214 StGB-DDR) zu einer Freiheitsstrafe von 1 Jahr und 6 Monaten verurteilt. Am 10. März 1988 gelangte er in die StVE Cottbus.

Auch der Zeuge Hi. mußte unter der akribischen und penetranten Durchsetzung der Hausordnung durch den Angeklagten leiden. Kurz nach seiner Aufnahme war der Angeklagte mit dem Bettenbau des Zeugen Hi. nicht einverstanden. Er regte sich – ersichtlich als Vorwand gedacht – über eine kleine Falte im Bettbezug des Zeugen auf. Aufgrund der Nichtigkeit dieses Anlasses konnte der Zeuge Hi. die Aufregung des Angeklagten nicht verstehen und fragte nach, was der Angeklagte überhaupt von ihm wolle. Daraufhin wurde der Angeklagte dermaßen wütend und aufgebracht, daß er auf den Zeugen zu stürmte und ihn gegen das Bettgestell drückte. Der Zeuge mußte dem Angeklagten, der einen Gummistock in der Hand hatte, so zwangsläufig den Rücken zuwenden und so schlug der Angeklagte zweimal mit dem Gummiknüppel auf den Rücken des Zeugen Hi. ein. Er traf dabei zweimal auf das Schulterblatt. Die mit großer Wucht geführten Schläge führten zu Schwellungen und Blutergüssen, die der Zeuge Hi. beim späteren Duschen noch wahrnehmen konnte. Unmittelbar nach diesen Schlägen riß der Angeklagte das Bett des Zeugen Hi. noch auseinander.

Das spätere Verlangen des Zeugen nach einer Salbe wurde vom Angeklagten abgelehnt. {37}

III. [Beweiswürdigung]

Die Feststellungen der Kammer beruhen auf der Einlassung des Angeklagten, soweit ihr gefolgt werden konnte und sämtlichen laut Verhandlungsprotokoll erhobenen Beweisen. Auf das Protokoll wird im vollen Umfang Bezug genommen.

Der Angeklagte hat sich zur Sache zunächst nicht eingelassen. Als er im Verlaufe des Verfahrens zu einzelnen Vorfällen Einlassungen abgab, stellte er die Zeugenaussagen zu den jeweiligen Vorfällen, soweit sie anklagerelevante Vorwürfe enthielten, in Abrede. Er habe sich stets, so der Angeklagte, an Weisungen gehalten und diese durchgesetzt. Die von den Zeugen beschriebenen Mißhandlungen seien nicht erfolgt und aus verschiedensten Gründen auch gar nicht möglich gewesen. Auf die Einlassung des Angeklagten wird bei den verschiedenen Fällen eingegangen werden.

1. Der von dem Zeugen We. geschilderte Vorfall gehört zu den wenigen, die sich durch Unterlagen in der Vollzugsakte oder bei den Gesundheitsunterlagen objektivieren ließen. Dabei sprechen insbesondere die vom medizinischen Dienst festgehaltenen Verletzungen (Striemen über den gesamten Hals- und Kopfbereich) für eine massive Behandlung mittels Schlagstöcken. Die Aussage des Zeugen We. wird außerdem bestätigt durch die Vernehmung des Zeugen F., der schilderte, der Zeuge We. hätte ihm von den Mißhandlungen erzählt. Dabei konnte der Zeuge F. bekunden, daß er Verletzungsfolgen des Zeugen We. selbst gesehen hatte. Auch fiel ihm eine Veränderung vor und nach dem Vorfall in der Person des Zeugen We. auf. Er schilderte das Zittern des Zeugen We. am ganzen Körper. Dies spricht dafür, daß die körperliche Behandlung des Zeugen We. zu einer Verschlimmerung seines {38} krankhaften Vorzustandes geführt hat. Diese Erkrankung wurde durch den Sachverständigen Dr. Ferdinand Haenel geschildert, der zu dem Ergebnis kommt, daß der Zeuge We. unter einem psychosomatischen Symptom eines Schiefhalses mit Bewegungseinschränkung des Kopfes im Halsbereich gelitten habe, eine Symptomatik, die nicht in unmittelbarem Zusammenhang als direkt physische Folge von Schlägen im Oktober 1969 gesehen werden kann, aber sicherlich mittelbar auch mit den Ereignissen der gesamten Haftzeit in Zusammenhang stehe Der Zeuge We., so der Sachverständige Haenel, spiele seinen Zustand eher herunter, als daß er die Tendenz zeige, seine Leiden beruhten nur auf den Haftvorkommnissen bzw. der Behandlung durch den Angeklagten. Diesen Eindruck hat auch die Kammer gewonnen. Außerdem ergibt sich aus dem Schreiben des Zeugen an seine Großmutter vom 26.07.1970, daß er seine Erkrankung bereits vor dem Vorfall hatte. In dem Brief gab er an, daß er trotz seines „Leidens" (dem psychosomatisch bedingten Schiefhals) geschlagen worden sei. Hieraus ergibt sich, daß er zu keiner Zeit den Angeklagten für seine Erkrankung verantwortlich machen wollte, aber zugleich, daß seine Leiden durch die Schläge des Angeklagten verschlimmert wurden. Die Feststellungen der Ärzte, so wie sie den Krankenunterlagen entnommen werden konnten, berücksichtigen diese Umstände gerade nicht, sondern hängen dem Zeugen We. ein Verstellen („Primitiv-Reaktion mit Schütteln") an, so daß die eindeutigen Spuren der Mißhandlungen auch von den Ärzten übergangen wurden.

2. Der Zeuge P. war für die Kammer glaubwürdig. Er bekundete zwar in der Hauptverhandlung etwas mürrisch zur Sache, und es fehlten ihm auch die sprachlichen Möglichkeiten, sich differenziert zu äußern. Jedoch entsprach die Art und Weise seiner Bekundungen seiner Persönlichkeit und ist nicht auf {39} übertriebene Emotionen hinsichtlich des Angeklagten zurückzuführen.

Soweit nach dem Ablauf von über 25 Jahren überhaupt noch eine detaillierte Schilderung möglich war, hat sich der Zeuge aufgrund seiner Erstbefragung in Bielefeld im Juni 1975, einige Jahre nach seiner Entlassung in den Westen, seiner erneuten Vernehmung durch das Landeskriminalamt Brandenburg vom Januar 1995 und seinen Bekundungen nicht widersprüchlich gezeigt.

Kerninhalt aller drei Aussagen bleibt die Mißhandlung durch den ihm damals nur unter der Bezeichnung „RT“ bekannten Angeklagten und mindestens zwei weiteren Bediensteten in der Arrestzelle.

Die Glaubwürdigkeit seiner Aussage wird auch nicht durch die Einlassung des Angeklagten widerlegt, der davon sprach, es sei nicht möglich gewesen, die Halterung des Bettes zu lösen und den Hocker, weil festmontiert, vor das Gitter zu stellen. So haben Zeugen, ehemalige Insassen der Arrestzellen, bekundet, daß es sehr wohl nichtfixierte Hocker in den Arrestzellen gegeben habe, wie der Zeuge Gerhard O. schilderte. Die Kammer hält es außerdem für gut möglich, daß infolge langzeitiger Manipulation ein ansonsten fest montiertes Klappbett zu lösen war. Der Ausnahmecharakter dieses Zustandes wurde von dem Zeugen P. selbst beschrieben, indem er bekundete daß sich die Bediensteten darüber gewundert hätten, daß er die Halterung habe lösen können. Auch soweit der Angeklagte den Zeugen in der Hauptverhandlung nicht wiedererkannte, steht doch die Täterschaft des Angeklagten für die Kammer fest. Wie auch der Vernehmungsbeamte und Zeuge Schiewe bekundete, erkannte der Zeuge P. den Angeklagten auf der Lichtbildvorlage bei der landeskriminalamtlichen Vernehmung. Dieser lagen sehr alte Bilder und was den Angeklagten betrifft dessen Foto aus der Personalakte zugrunde, welches aus den 50iger oder 60iger Jahren stammen dürfte. Aufgrund der Vorfallzeit spricht es für die Glaub-{40}würdigkeit des Zeugen, daß er den Angeklagten in der Hauptverhandlung, die mindestens 25 Jahre später stattfand, nicht erkannte und dies auch offen zugab.

3.-6. Der Zeuge H. machte in der Hauptverhandlung einen gequälten Eindruck. Im Grunde wollte er sich mit diesen Vorfällen nicht mehr beschäftigen und sie verdrängt haben. Seine Bekundungen waren daher mürrisch und leidend. Er zeigte jedoch Aussagekonstanz hinsichtlich der 4 von ihm geschilderten Vorfälle mit 2 Ausnahmen. Zum einen war er nicht mehr sicher, ob es der Angeklagte war, der auf dem Bohnerwachs ausgerutscht war oder ein anderer Bediensteter. Der Angeklagte habe ihn aber auf jeden Fall daraufhin geschlagen. Zum anderen meinte er bei seiner Aussage in der Hauptverhandlung, daß die letzten beiden Vorfälle an einem Tag in unmittelbarer Folge gewesen seien.

Die Aussage des Zeugen H. zu den letzten drei Vorfällen wird aber bestätigt durch die Aussage der Zellmitinsassen Go. und Bo. So war der Zeuge Bo. bei den letzten drei Vorfällen zugegen und bekundete, daß bei dem Schlag mit dem Schlüsselbund während des Appells wohl ein kurzer Wortwechsel zwischen dem Zeugen H. und dem Angeklagten vorangegangen sei. Er habe dann gesehen, daß der Zeuge H. Atemnot hatte, und war der Meinung, daß er einige Tage daran zu „knappsen“ hatte. Der Zeuge Bo. war sich außerdem sicher, daß es der Angeklagte gewesen sei, der aufgrund des zuviel aufgetragenen Bohnerwachses ausgerutscht sei. Daß indessen das Auftragen des Bohnerwachses nicht unmittelbar nach dem Verschütten des Wassers erfolgte, ergibt sich schon daraus, daß Bohnerwachs nicht auf nasse Flächen aufgetragen werden kann. Der Zeuge Go. bestätigte den Vorfall mit dem Konfet-{41}ti und dem anschließenden übertriebenen Verschütten von Wasser.

Nicht bestätigen konnte der Zeuge Bo., daß er auch Zeuge des ersten Vorfalls gewesen sei. Nach Vorhalt der verschiedenen Aufnahmezeiten kam er von selbst darauf, daß er dann wohl nicht Vorfallszeuge gewesen sein könne. Er bekundete aber glaubhaft, daß es solche Vorfälle des öfteren gegeben habe.

7. Die Bekundungen des Zeugen Ha. zeigten bis auf die Tatsache, daß er nicht mehr genau sagen konnte, ob ihn der Angeklagte mit dem Gummiknüppel oder den Fäusten geschlagen hatte, Aussagekonstanz zu seinen polizeilichen Vernehmungen. In diesem Zusammenhang ist auch bedeutsam, daß einige ehemalige Inhaftierte als Zeugen bekundet haben, daß der Angeklagte aufgrund seiner kräftigen Statur und Ausprägung seiner Hände sehr fest zuschlagen konnte, so daß der Unterschied zum Gummiknüppel als nicht bedeutsam empfunden wurde.

Der Vorgang im Raum des Zivilmeisters wird außerdem bestätigt durch die Zeugenaussage Ha., der von außen durch die offene Tür sehen konnte, daß der Hund den Zeugen Ha. angesprungen hatte. Erst als die Tür zum Zivilmeisterraum geschlossen wurde, konnte er nur noch Geräusche hören, aus denen der Zeuge Has. jedoch schloß, daß es einen ziemlichen Tumult gegeben habe. Des weiteren bestätigte der Zeuge Has. auch, daß an diesem Tag das Wachpersonal teilweise angetrunken und ziemlich gereizt gewesen sei. Der Zeuge Has. konnte auch bei dem Hund keinen Maulkorb erkennen. {42}

8. Die Tatsache, daß der Zeuge Sa. mißhandelt wurde, bestätigen auch die Zeugen Ba. und Kr., die zeitgleich mit dem Zeugen Sa. inhaftiert waren. Der Zeuge Ba. erinnerte sich sogar daran, daß dem Ganzen ein Vorfall mit einem Knopf zugrunde lag. Die Zeugen Ba. und Kr. waren nicht Zeugen der Mißhandlungen, aber sie haben mit dem Zeugen Sa. darüber gesprochen und die Verletzungsfolgen noch nach der unmittelbar im Anschluß an den Vorfall geschehenen Arrestierung des Zeugen Sa. selbst an ihm gesehen. Nach den Bekundungen des Zeugen Ba. habe der Zeuge Sa. noch 4 Wochen nach dem Vorfall über Schmerzen in der Schulter geklagt. Er, der Zeuge Ba., selbst habe in dieser Zeit abklingende blaue Flecke bei Sa. bemerken können. Der Sachverständige Dr. Mattik hat in den Bekundungen der Zeugen aus medizinischer Sicht keinen Widerspruch entdecken können. Er, so der Sachverständige, gehe anhand der Einwirkungen auf den Zeugen Sa. davon aus, daß die Mißhandlungen durch die Schläge und Tritte sehr intensiv gewesen seien. Die Kammer folgt den Bekundungen der glaubwürdigen Zeugen. Die Bekundungen werden vom Sachverständigen Dr. Mattik aus medizinischer Sicht für möglich gehalten, so daß die Kammer keinerlei Veranlassung hat, die Bekundungen in Zweifel zu ziehen.

9. Der Zeuge Ka. erschien der Kammer vor allem deshalb glaubwürdig, weil er neben den den Angeklagten belastenden Aussagen auch von einer Art Legendenbildung in bezug auf den Angeklagten sprach. D.h., daß aufgrund der vielen Vorfälle, in die der Angeklagte verwickelt war, auch weitere Handlungen dem Angeklagten zugesprochen

wurden und es auch zu in solchen Zusammenhängen üblichen Übertreibungen kam. Nach Ansicht der Kammer wußte der Zeuge sehr wohl zwischen tat-{43}sächlichen Geschehnissen und Erzählungen mit Übertreibungstendenz zu differenzieren. Zudem wurde der Vorgang von dem Zeugen A. bestätigt, der am gleichen Tag verschubt werden sollte.

10. Der Zeuge M. stellte sich in der Hauptverhandlung als redegewandter Zeuge dar. Die Emotionen während seiner Aussage waren unübersehbar. Obwohl diese Emotionen zu einer etwas überspitzten Aussage führten, beruhigte sich der Zeuge auch immer wieder selbst und bekundete, daß es auch anständige Bedienstete in der StVE Cottbus gegeben habe.

Zumindest seine Verletzung im Nierenbereich wurde von dem Zeugen Sz. bestätigt. Seine Gesamtaussage hinsichtlich der erlittenen Mißhandlungen und der dadurch hervorgerufenen Verletzungen wurde durch den Sachverständigen Dr. Mattik begutachtet. Dieser kam in seinem erstatteten Gutachten zu dem Ergebnis, daß die Schilderung des Zeugen M. in sich geschlossen sei. Insbesondere sei ein Zusammenbrechen nach dem Kniestoß in die Genitalien mit der anschließenden Atemnot ohne weiteres durch eine Nervenreaktion zu erklären, bei der sogar vorübergehende Bewußtlosigkeit möglich sei. Bei den von dem Zeugen M. geschilderten Folgen handele es sich um typische Folgen einer solchen stumpfen Verletzung. Insgesamt sei seine Schilderung also lebensnah und eine zwanglose Zuordnung der geschilderten Handlungen und Folgen möglich.

Die Aussage des Zeugen M. erscheint auch deshalb nicht unglaubhaft, weil sowohl der Zeuge Dr. Ke. als auch der Zeuge Is. die Schilderung des Vorfalls durch den Zeugen M. nicht bestätigen konnten. Zum einen hatten sie keine ausreichende Erinnerung an den Fall oder gaben dies zumindest vor. Auf der anderen Seite besteht bei der Aussage {44} des Zeugen Dr. Ke. ein enormer Widerspruch, der auch durch seine nochmalige Vernehmung nicht ausgeräumt, sondern noch verstärkt wurde. Zunächst hatte der Zeuge Dr. Ke. neben allgemeinen Schilderungen über die Aufnahmeuntersuchung bekundet, daß er alle Befunde, die er entdecke, auch aufschreibe. Da zu der Aufnahmeuntersuchung auch gehöre, daß sich die Strafgefangenen ausziehen, hätten ihm Verletzungen der vom Zeugen M. geschilderten Art nicht verborgen bleiben können, und er hätte sie dann dokumentiert. Auf Vorhalt des dem Gericht vorliegenden Standarduntersuchungsbogens, bei dem gerade die Position „Genital-Analregion" nicht ausgefüllt wurde, reagierte er in den Augen der Kammer recht merkwürdig dadurch, daß er das Zeichen „Kreis mit Schrägstrich", das gemeinhin und auch nach der Aussage des Zeugen ein Zeichen für die Feststellung „ohne Befund" ist, nicht der vorherigen Position „Brüche: Schenkel-, Leisten-, Nabel-, Bauchdecken-, Narbenbrüche" zuordnete, sondern eben dieser Position „Genital-Analregion". Für die Kammer war aber klar erkennbar, daß dieses Zeichen der Position darüber zuzuordnen war. Die Kammer zieht daraus den Schluß, daß der Zeuge Dr. Ke. damit seine in diesem Punkt widersprüchliche und vermutlich unrichtige Aussage kaschieren wollte, zumal er auf die Frage, welche Eintragung dann für die Vorposition „Brüche" zu gelten habe, keine Antwort wußte. Schließlich traut die Kammer dem Zeugen Dr. Ke. auch der vom Zeugen M. geschilderten Handlungsweise des militärischen „Abtretenlassens" zu. Zwar war der Zeuge Dr. Ke. nach seinen Angaben ziviler Vertragsarzt, sein Verhalten in der Hauptverhandlung zeigte jedoch eine steife, zackige Art. Er nickte dem Gericht gegenüber zu, wie es auch im militärischen Bereich und gerade auch im Bereich der Strafvollstreckungseinrichtung der DDR, die zu den bewaffneten Organen der Volkspolizei gehörten, üblich gewesen sein dürfte. Die Kammer sieht daher die Aussage des Zeugen M. durch die Bekundungen der Zeugen Dr. Ke. und Is. nicht erschüttert. {45}

11. Der Zeuge St. war ebenso wie der Zeuge M. ein redegewandter Zeuge, was sich auch durch den Beruf des Zeugen, er ist Pfarrer, erklären läßt. Die Schilderung der Mißhandlung durch den Angeklagten geschah in völliger Übereinstimmung mit seinen polizeilichen Aussagen, die darüber hinaus umfangreiche Schilderungen der Haftbedingungen enthielten. Diese trug er auch mündlich in der Hauptverhandlung vor. Die Kammer konnte in vielen Teilen Übereinstimmung mit Aussagen anderer Strafgefangener und Zeugen des Verfahrens feststellen. Besonders anschaulich schilderte der Zeuge einen Arrestgrund, den er seinerzeit zunächst überhaupt nicht nachvollziehen, jedoch durch spätere Gespräche und Einsichtnahme in Stasi-Unterlagen begreifen konnte. Danach sei es so gewesen, daß von seiten der Anstaltsleitung eine mangelnde Pflichterfüllung im Arbeitsbereich moniert wurde, die man auf Boykottierung durch die Strafgefangenen zurückführte. Da es zufällig Reformationstag gewesen war und der Zeuge St. der einzige Student der evangelischen Theologie war, sei ihm eine Aufwiegelung zur Arbeitsverminderung vorgeworfen und er kurzerhand in Arrest gesteckt worden. Der Zeuge hat jedoch hier in der Hauptverhandlung überzeugend bekundet, daß ihm aufgrund der Haftsituation der Reformationstag völlig untergegangen und es deshalb zu keinerlei Boykottanfragen durch ihn gekommen sei.

12.-14. Die Aussage des Zeugen Gü. ist glaubhaft. Sie steht in Übereinstimmung mit der polizeilichen Vernehmung des Zeugen vom 07.02.1995, in dem der Zeuge auf seinen Brief mit den Schilderungen der Ereignisse vom 26.12.1990 Bezug nimmt. Schließlich werden die vom Zeugen geschilderten Ereignisse belegt durch die dem Zeugen Lü. vorgehaltenen Schrift-{46}stücke, dem Protokoll über die Anwendung einer Sicherungsmaßnahme und die Verfügung über eine solche vom 30.04.1981. Der Zeuge Lü. hat auf Vorhalt dieser handschriftlichen Meldungen eingeräumt, diese abgefaßt zu haben. An den konkreten Vorgang könne er sich nicht mehr erinnern.

Soweit der Zeuge Roberto Sch. bei seiner Vernehmung in Zweifel zog, daß der Angeklagte an Stacheldraht herankommen könne, widerlegt dies die Aussage des Zeugen Gü. in diesem Punkt nicht. Denn einmal sind die anderen Schilderungen hinsichtlich der Fesselung und dem Anlegen der Führungskette durch die oben genannten schriftlichen Unterlagen objektiviert und belegt. Zum anderen ist es von seiten der Kammer nicht nachvollziehbar, wieso der Angeklagte nicht an Stacheldraht hätte herankommen können, da doch Stacheldraht zu den üblichen Sicherheitsmitteln für Außenanlagen bei Gefängnissen zählt.

Der Sachverständige Dr. Mattik hat in den Bekundungen des Zeugen Gü. aus seiner Sicht keine Widersprüche entdeckt. Der Stacheldraht allerdings habe – im Gegensatz zur Führungskette an den Handgelenken – keine Spuren im Halsbereich hinterlassen, so daß er nur locker angebracht worden sein müsse und wohl im wesentlichen nur psychischen Druck auf den Zeugen, damit er beim Haareschneiden den Knopf nicht bewege, ausgeübt habe. Diesen Einschätzungen ist die Kammer nach eigener Sachprüfung gefolgt.

15. Der Zeuge S. machte auf die Kammer einen äußerst glaubwürdigen Eindruck. Er war aufgrund seiner Vorbildung in der Lage, den Sachverhalt umfassend und verständlich zu schildern. Seine glaubhafte Aussage war für die Kammer auch gerade deshalb gut nachvollziehbar, weil der Angeklagte in {47} militärischer Umgebung beruflich aufgewachsen war und diesen Stil hegte und pflegte, auch im Umgang mit den Strafgefangenen. Insoweit ist es plausibel, daß der Angeklagte, als der Zeuge S. als Beruf den nautischen Offizier und als zuletzt ausgeübte Tätigkeit Grabmacher angab, sozusagen ausrastete, weil es für ihn unverständlich schien, daß ein Offizier der Volksmarine sich als Grabmacher betätigte.

Bestätigt wird die Schilderung des Zeugen S. auch durch Vorhalt seiner Vollzugsakte an die Zeugin Monika Wa., die daraufhin erkannte, daß sie die Aufnahme in der Vollzugsgeschäftsstelle seinerzeit durchgeführt hatte. Dabei ergaben die Angaben im Aufnahmebogen tatsächlich die vom Zeugen S. dargestellten Berufs- bzw. Tätigkeitsangaben.

Zwar hatte die Zeugin Monika Wa. keine genaue Erinnerung mehr an den Zeugen und konnte ihn auf den der Vollzugsakte beiliegenden Fotografien, einmal mit und einmal ohne Bart, nicht wiedererkennen. Sie sprach aber von einem Vorfall, bei dem es nach einem Wortwechsel zwischen Strafgefangenen und dem Angeklagten zu einer Schubserei bzw. Rempelei gekommen sei. Das Würgen und das Mit-dem-Kopf-an-die-Wand-Schlagen durch den Angeklagten bestätigte die Zeugin Wa. indes nicht. Die Kammer hat aber keinen Grund, an der weitergehenden Schilderung des Zeugen S. zu zweifeln, zumal die Zeugin Wa. an den Vorfall keine genaue Erinnerung mehr hatte. Zudem sah sich die Kammer veranlaßt, aufgrund eines nach der Hauptverhandlung gegenüber der örtlichen Zeitung gegebenen Interviews, die Zeugin Wa. erneut vorzuladen, um ihr die dort gemachten Aussagen vorzuhalten. Danach hatte sie, so der Zeitungsartikel, sich dahingehend geäußert, daß sie mit vielem in der StVE Cottbus nicht einverstanden gewesen sei und daher den Dienst Ende der 80er Jahre quittiert habe. Bei der erneuten Vernehmung hat sie zwar angeben, daß das von ihr geschilderte Vorkommnis mit einem Strafgefangenen und {48} dem Angeklagten nicht der Auslöser gewesen sei, weil sie auch erst Jahre später den Dienst quittiert habe. Die Kammer kann aber aufgrund des Gesamteindruckes aus beiden Vernehmungen sowie dem erfolgten Interview, das die Zeugin nicht in Abrede stellte, nicht ausschließen, daß die Zeugin Vorfälle, die letztendlich zu ihrem Ausscheiden geführt haben, der Kammer bei ihrer Vernehmung verschwiegen hat. Die Kammer hält es daher auch für möglich, daß sie den Vorfall mit dem Zeugen S. nicht in der tatsächlich sich abgespielten Intensität in Erinnerung hat oder ihn in abgemilderter Form bekundet hat. Die Kammer hat daher die Überzeugung gewonnen, daß sich der Vorfall, so wie von dem Zeugen S. glaubhaft geschildert, auch abgespielt hat.

16. Der Zeuge Sc. hatte bei seiner Vernehmung in der Hauptverhandlung merklich psychische Schwierigkeiten, bedingt durch die Anwesenheit des Angeklagten, den er sogleich wiedererkannt hatte. Die Beschreibung des Angeklagten und das Sich-Aufspielen vor den Neuankömmlingen stand in Einklang mit der Schilderung vieler anderer Strafgefangenen, die von der Kammer als Zeugen bzw. geschädigte Zeugen vernommen wurden.

Soweit der Zeuge von seiner Vernehmung durch das Landeskriminalamt Brandenburg im geringen Maße abwich, erklärte dies der Zeuge dadurch, daß diese Vernehmung unmittelbar nach einer zwölfstündigen Nachtschicht stattgefunden habe und er sich im Hinblick auf seine Zeugenaussage im Prozeß nochmals angestrengt habe, sich genau zu erinnern. Der Zeuge war auch trotz seiner psychischen Belastung während seiner Aussage in überzeugender Weise in der Lage, seine damalige Haftsituation und die Einwirkung des Angeklagten auf die Strafgefangenen in der Aufnahme darzustel-{49}len. So beschrieb er auch, wie viele andere von der Kammer vernommene Strafgefangene, und wie sich auch aus den verschiedenen Beurteilungen und Unterhaltungsblättern des Angeklagten aus seiner Personalakte ergibt, daß dieser äußerst penibel in Sachen Ordnung und Sauberkeit war. Der Zeuge beschrieb den Angeklagten mit den Worten, daß, wenn dieser nur einen Floh im Haftraum fände, sie dermaßen Prügel bekämen, daß sie schon Ordnung halten würden.

17. Auch der Zeuge K. war bei seiner Vernehmung in der Hauptverhandlung psychisch engagiert. Er leitete seine Zeugenbekundungen mit der Aussage ein, daß er auf diese nun 13 Jahre gewartet habe. Dem Zeugen war anzumerken, daß er einen großen Haß und Groll auf den Angeklagten hegte, dem er seinen körperlichen Verfall zuschrieb. Gleichwohl verstand er es, die Aufnahmesituation zur damaligen Zeit mit dem Angeklagten so zu schildern, daß die Gefühle, die er für den Angeklagten hegte, aus Sicht der Kammer verständlich waren. Zudem beruhigte er sich auch immer wieder selbst und gab offen zu, daß es nicht gut sei, daß er einen solchen Haß auf diesen Menschen hege. Seine Erregung gipfelte in der Bemerkung in der Hauptverhandlung gegenüber dem Angeklagten: „Wenn Du straffrei ausgehst, dann, RT, finden wir Dich!“.

Die zweifellos beim Zeugen K. vorliegende Belastungstendenz wirkt sich aber in den Augen der Kammer nicht dergestalt aus, daß der Zeuge unglaubwürdig bzw. seine Schilderungen unglaubhaft sind. Vielmehr läßt sich die Erregung des Angeklagten mit der damals empfundenen Haftsituation und dadurch erklären, daß sich dem Zeugen K. in dem Angeklagten auch die Verkörperung der Ursache für seine geistigen und körperlichen Leiden darstellt. Die von dem Zeugen gezeigten Emotionen, insbesondere sein oben genannter Zuruf {50} an den Angeklagten, dürfen daher nicht überbewertet werden. Denn seine Schilderungen standen in Einklang mit den Schilderungen anderer Strafgefangener. So die Tatsache, daß der Angeklagte sich immer wieder aus der Gruppe der Neuankömmlinge spezielle Personen heraussuchte, um sie aus „erzieherischen Gründen“ besonders zu quälen.

Der Sachverständige Dr. Mattik hat in seinem Gutachten nachvollziehbar dargelegt, daß zwar die beim Zeugen K. noch vorhandenen psychischen Beschwerden auf die Haftsituation im allgemeinen und die Behandlung durch den Angeklagten im besonderen zurückzuführen seien. Für äußerst unwahrscheinlich halte er es jedoch, daß der von dem Zeugen K. erlittene Zwerchfelldurchbruch von dem Gummiknüppelstoß des Angeklagten in die Magengegend des Zeugen stamme. Insoweit hat der Sachverständige anschaulich und nachvollziehbar geschildert, daß der Zwerchfelldurchbruch vielmehr dadurch hervorgerufen worden sei, daß der Zeuge als Kampftaucher diese Körperregion stark beansprucht habe. Sodann sei nach Abbruch dieser Tätigkeit diese Muskulatur erschlafft und infolge der Drucksteigerung durch die spätere Fettleibigkeit des Zeugen der Zwerchfelldurchbruch entstanden. Dies sah der Sachverständige auch darin begründet, daß der Zeuge mitteilte, daß seine Schmerzen in der Magengegend ein paar Tage nach der Mißhandlung durch den Angeklagten nachgelassen hätten.

Die Kammer hat daher die schwere Folge des Zwerchfelldurchbruchs den Mißhandlungen durch den Angeklagten nicht zugerechnet. Wohl aber muß dem Angeklagten eine Mitverursachung der psychischen Leiden des Zeugen und die übrigen physischen Folgen angelastet werden. {51}

18. Der Zeuge Ko. war glaubwürdig, seine Aussage glaubhaft. Der Zeuge war sich bei seiner Vernehmung bewußt, daß das Vorkommnis mit dem Angeklagten nur eine kleine Sache gewesen sei, er wisse vom Hörensagen und Erzählen, daß es weit schlimmere Vorfälle im Strafvollzug und auch mit dem Angeklagten gegeben habe. Auch hier waren bei den Schilderungen des Zeugen Ko. Übereinstimmungen mit den Schilderungen anderer Strafgefangener zu verzeichnen. So schilderte der Zeuge im Einklang mit anderen Zeugen, daß der Angeklagte immer herumgeschrien und mit dem Gummiknüppel herumgefuhrwerkt habe.

Auch der Sachverständige Dr. Mattik kam zu dem Ergebnis, daß die Schilderung des Zeugen, was die Folgen des Gummiknüppelschlages an das Ohr angehe, nachvollziehbar und medizinisch zurechenbar sei. Die allerdings bei dem Zeugen Ko. heute bestehende Hörschwäche sei nicht auf das Ereignis zurückzuführen, da es medizinisch unwahrscheinlich sei und der Hörschaden nunmehr auf beiden Seiten bestehe. Im übrigen wies der Zeuge auch selbst darauf hin, daß diese Folge nicht auf die Mißhandlung durch den Angeklagten zurückzuführen sei, sondern wahrscheinlich auf einen Sturz in ein Gewässer zu Kinderzeiten. Der Zeuge zeigte daher keinerlei Belastungstendenzen und war um eine objektive Darstellung bemüht.

19. und 20. Der Zeuge V. schilderte bei seiner Vernehmung in der Hauptverhandlung die Vorgänge in der ehemaligen StVE Cottbus sehr wortreich. Seine Aussage war zunächst in bezug auf die Anklagevorwürfe nicht konkret. Hier mußten Vorhaltungen gemacht werden bzw. ihm Stichworte, wie zum Beispiel „Tasse {52} Milch“ genannt werden. Die Schwierigkeiten des Zeugen ließen sich aber dadurch erklären, daß er einen großen Teil seiner Haft im Arrestbereich absitzen mußte, weil er, wie er offen zugab, sich ständig gegen die Haftbedingungen zur Wehr gesetzt habe. Er müsse daher einräumen, so schilderte er in der Hauptverhandlung, daß die im Arrestbereich verschiedentlich erlittenen Mißhandlungen in seiner Erinnerung ineinander übergingen und es zu Verwechslungen kommen könnte. So sei er sich nicht mehr sicher, ob [er] anläßlich des Vorfalles mit der Tasse Milch, an die er sich jedoch nach dem Stichwort „Tasse Milch“ gut erinnern konnte, von dem gesondert Verfolgten Strafvollzugsangehörigen Jahn und dem Angeklagten nur mit den Fäusten und Fußtritten oder auch mit Gummiknüppelschlägen behandelt worden sei. Auch das sogenannte „Kurzschließen“ sei mehrfach vorgekommen. Er sei sich jedoch sicher, daß er auch nach dem Vorgang mit der Tasse Milch diese Behandlung erfahren habe.

Der Zeuge wird von der Kammer trotz seiner Schwierigkeiten für glaubwürdig und seine Aussage für glaubhaft gehalten. So konnte der Vorgang am Kohlehaufen durch die Zeugenaussage des Z. bestätigt werden. Dieser hat zwar nur bekundet, er habe gesehen, wie der Angeklagte den Zeugen V. an Schulter und Gesäß packte und auf den Kohlehaufen schmiß. Er hielt es aber für möglich, daß der Zeuge V. auch geschlagen worden sei, als ihm die Aussage des Zeugen V. vorgehalten wurde. Die Kammer hält es aber in diesem Zusammenhang für gut möglich, daß dieser vom Zeugen Z. geschilderten Handlung, die auch der Zeuge V. bestätigt, ein Schlag des Angeklagten mit der Faust in den Rücken des Zeugen V. vorangegangen ist.

Auch das Sachverständigengutachten Dr. Mattik geht davon aus, daß die Schilderung der Mißhandlung und die geschilderten und erlebten Mißhandlungsfolgen im Einklang stehen. Insbesondere könne der Faustschlag in den Rücken des Zeugen {53} V. über einen Nervenimpuls zu einer kurzzeitigen Atemnot geführt haben.

Bestätigt wird der Vorfall mit der Milchtasse zudem durch den Zeugen und ehemaligen Bediensteten der StVE Cottbus Horst Be., der zur damaligen Zeit Offizier für die medizinische Betreuung war. Der Zeuge hat zunächst grundsätzlich beschrieben, wie bei Strafgefangenen im Hungerstreik verfahren worden sei. Sodann hat er sich auf Vorhalt der Schilderung des Zeugen V. an denselben erinnert. Dies deshalb, weil dieser Zeuge mehrfach und auch für längere Zeit die Nahrung verweigert hätte und deshalb ihm besonders bekannt gewesen sei. Den Vorfall mit der Tasse Milch schildert er jedoch so, daß er gerade in dem Moment, wo er die Tür zur Arrestzelle geöffnet habe und dort den Zeugen V. den gesondert Verfolgten Bediensteten Jahn und auch den Angeklagten gesehen habe, die Milchtasse durch die Zelle geflogen und ihn an seiner gesamten Uniform beschmutzt habe. Er sei danach ohne ein Wort zurück zu seinem Schreibtisch gegangen, um im folgenden Meldung über diesen Vorfall zu erstatten. Auch wenn der Zeuge Be. somit das Verschütten der Milchtasse anders schildert, bestätigt er jedoch den vom Zeugen V. geschilderten Vorfall mit der Tasse Milch. Zu den darauffolgenden Mißhandlungen, die der Zeuge V. geschildert habe, könne er, so der Zeuge Be., nichts sagen, da er unmittelbar nach diesem Vorfall den Arrestbereich verlassen hätte. Die Zweifel der Kammer an der Aussage des Zeugen Be. insoweit, als der Zeuge Be. ohne irgendeine Reaktion kehrt und Meldung gemacht haben will, können dahinstehen, weil auch in dem Fall, daß seine Aussage der Wahrheit entsprach, die vom Zeugen V. geschilderten Mißhandlungen, die sich dann nach dem Weggang des Zeugen Be. abgespielt haben müssen, möglich gewesen sind. {54}

21. und 22. Der Zeuge Ri. mußte zweimal vernommen werden. Bei seiner ersten Vernehmung am 27.11.1996 war er der Befragung psychisch nicht gewachsen und verwechselte Ereignisse und beteiligte Personen. Er teilte mit, daß er am 08.08.1996 durch einen Unfall mehrfache Schädelbrüche erlitten habe und Tabletten abgesetzt habe, um erscheinen zu können.

Bei seiner zweiten Vernehmung, 3 Monate später, fühlte er sich der Befragung gewachsen und gab zu, daß er bei seiner ersten Vernehmung durcheinander gewesen sei und die Personen verwechselt habe. Bei seiner zweiten Vernehmung stimmten die Bekundungen wieder mit seinen Aussagen in der polizeilichen Vernehmung des LKA Brandenburg vom Oktober 1994 überein. Soweit der Zeuge sich seiner Erinnerung nicht mehr sicher war, schwächte er die Belastungen hinsichtlich des Angeklagten regelmäßig ab. So besteht auch bei dem Vorfall beim Essenholen zwischen seiner Aussage und der des Zeugen T. insoweit eine Abschwächung des Zeugen Ri. zugunsten des Angeklagten, [als] daß Ri. nur von einem Schlag mit dem Gummiknüppel in den Rücken sprach, während der Zeuge T. den Vorfall so schilderte, daß er in seiner Zelle Schlaggeräusche vom Flur vernommen habe und dann die letzten Schläge des Angeklagten auf den Zeugen Ri. noch gesehen habe, als der Angeklagte den Zeugen Ri. in die Gemeinschaftszelle zurücktrieb. Die Kammer hat hier zugunsten des Angeklagten nur den einmaligen vom Zeugen Ri. bekundeten Schlag in den Rücken zugrundegelegt.

Aber auch die Bekundungen zum Vorfall im Duschraum hält die Kammer trotz der psychischen Schwierigkeiten des Zeugen Ri. für glaubhaft. Das Bild, das die Kammer bei der Vernehmung des Zeugen Ri. gewonnen hat, läßt keine Annahme oder nur die Möglichkeit zu, der Zeuge habe den Vorfall im Duschraum erfunden. Die Art und Weise, wie der Angeklagte – {55} auch im Zusammenwirken mit den gesondert verfolgten ehemaligen Kollegen – vorgegangen ist, entspricht dem Persönlichkeitsbild des Angeklagten, der sich grundsätzlich über die politischen Gefangenen, die „seine DDR“ ablehnten und für diese auch nicht arbeiten wollten, wie hier der Zeuge Ri. erboste. Dann nämlich suchte der Angeklagte und fand auch Wege, diesen Gefangenen den Aufenthalt in der Vollstreckungseinrichtung unangenehm zu machen. Das haben sowohl die Aussagen der übrigen geschädigten Zeugen in ihrer Gesamtheit ergeben, als auch die Formulierungen in den Beurteilungsbeiträgen seiner Personalakte. Er war gegenüber den Gefangenen unversöhnlich und glaubte nicht an deren Umerziehung im Sinne des DDR-Staates. Darin mußte er sich auch durch die „Freikaufmethode“ der politischen Gefangenen in den Westen bestätigt sehen. Denn die Umerziehung von Gefangenen, die für den Freikauf in den Westen vorgesehen waren, ergab für ihn keinen Sinn.

Die Kammer hat daher keinen Grund an der inhaltlichen Darstellung des Zeugen Ri. sowie sie den Feststellungen zugrunde gelegt wurden, zu zweifeln.

23. und 24. Auch der Zeuge B. verspürte durch die Anwesenheit des Angeklagten, den er sofort wiedererkannte, eine erhebliche innere Unruhe. Er war jedoch stets bemüht, nur das zu bekunden, was ihm auch wirklich in Erinnerung war und er teilte dem Gericht selbst mit, er wolle nichts hinzufügen, wovon er nicht mehr sicher überzeugt sei. Konnte er den 1. Fall der Anklageschrift (Ziffer II. 23. der Feststellungen) noch ohne Vorhalt schildern, so benötigte er bei dem 2. Vorfall der Anklage mehrere Anläufe, da er zusehends nervöser wurde. Befragt, warum er bei seiner Vernehmung durch das Landeskriminalamt im März 1995 den Vorfall noch ausführlich habe schil-{56}dern können, erklärte er, daß er damals ruhiger gewesen sei und sich habe besser konzentrieren können. Im Moment falle ihm dieser Vorfall nicht ein. Der Zeuge bejahte dann zwar den Vorgang, nachdem ihm seine Vernehmung vom 27.04.1987 durch den Polizeipräsidenten Berlin vorgehalten wurde, sagte aber erneut, er könne sich jetzt in Anwesenheit des Angeklagten nicht mehr an diesen Vorfall erinnern.

Die Kammer hält auch den 2. Vorgang trotz der Erinnerungsschwierigkeiten des Zeugen B. für erwiesen. Zum einen hat er seine frühere Aussage, daß es einen solchen Vorfall gegeben habe, nicht bestritten. Eine Teilerinnerung des Zeugen war vorhanden, er konnte sich nur an die Einzelheiten nicht mehr erinnern. Dies, so der Zeuge, deshalb, weil ihn die Anwesenheit des Angeklagten so nervös mache. Zum anderen besteht zwischen den beiden polizeilichen Befragungen hinsichtlich des Kerngeschehens Übereinstimmung. Die erste Vernehmung ist nicht einmal 1 Jahr nach den Vorfällen durchgeführt worden. Die Schilderungen des Vorfalls, die dann erst bei seiner zweiten Vernehmung vor dem Landeskriminalamt Brandenburg in Einzelheiten näher geschildert wurde, entspricht auch dem typischen Verhaltensmuster des Angeklagten im Dienst, das die Kammer aufgrund des Inbegriffs der Hauptverhandlung insgesamt feststellen konnte.

25. Auch der Zeuge Wa. war glaubwürdig und seine Aussage glaubhaft. So war er nicht der einzige Zeuge, der schilderte, daß sich der Angeklagte manchmal aus nichtigem Anlaß in regelrechte Wutausbrüche steigern konnte und seine Wut auch körperlich an den Strafgefangenen ausließ. Die Schilderungen des Zeugen, wie sich der Angeklagte in der Aufnahmezeit verhielt, korrespondierte mit den Schilderungen anderer Zeugen und den Eintragungen des Angeklagten in seiner Personalakte. {57}

So wurde er auch dort als cholerisch eingestuft und als ungeheuer penibel im Umgang mit der Hausordnung. Die Hinweise in den Personalakten, daß der Angeklagte im Strafvollzug Methoden anwandte, die dem Strafvollzug fremd sind, lassen erkennen, daß Mißhandlungen, wie sie von vielen Strafgefangenen und hier auch vom Zeugen Wa. geschildert werden, vorgekommen sind.

Auch die Bekundungen des Zeugen Wa., bei der anschließenden Arbeit sei er gefragt worden, wie er den Angeklagten habe ertragen können, spricht für die Glaubhaftigkeit seiner Aussage.

26. Auch beim Zeugen Hi. hatte die Kammer keine Zweifel an der Glaubwürdigkeit des Zeugen, da es sich bei der Schilderung des Zeugen um ein typisches Verhalten des Angeklagten handelte. Der Zeuge bekundete bei seiner Vernehmung auch ähnliche Sprüche des Angeklagten, die die Kammer schon bei anderen Zeugenvernehmungen vernehmen konnte. So die Aussage des Angeklagten, daß politische Gefangene ein Dreck für ihn seien und Mörder ihm lieber wären.

Die Einlassungen des Angeklagten werden insoweit durch die gewürdigten Zeugenaussagen und die anderen gewürdigten Beweismittel widerlegt. {58}

IV. [Rechtliche Würdigung]

Die Feststellungen zu II. 1.-26. stellen 26 Handlungen der vorsätzlichen Körperverletzung gemäß § 115 StGB-DDR[5] dar.

1. [Keine Rechtfertigungs- oder Entschuldigungsgründe]

Dem Angeklagten können keine Rechtfertigungs- oder schuldausschließende Umstände zugute kommen.

Weder die Vorschriften aus dem StGB-DDR, die §§ 13, 17-20, noch die einschlägigen Vorschriften aus dem bundesdeutschen Recht kommen zur Anwendung.

Auch und gerade nach dem jeweils geltenden DDR-Recht waren die Rechte der Strafgefangenen in Vollstreckungseinrichtungen geschützt und ein Eingriff in diese Rechte dem Grundsatz der Verhältnismäßigkeit unterworfen.

So heißt es zum Beispiel im Gesetz über den Vollzug der Strafen mit Freiheitsentzug und über die Wiedereingliederung Strafentlassener in das gesellschaftliche Leben (Strafvollzugs- und Wiedereingliederungsgesetz) der DDR vom 12.01.1968 in § 3:

„(1) Beim Vollzug der Strafen mit Freiheitsentzug ist die sozialistische Gesetzlichkeit strikt einzuhalten. Die Gerechtigkeit und die Achtung der Menschenwürde, von der sich die sozialistische Gesellschaft auch gegenüber dem Gesetzesverletzer leiten läßt, sind unverbrüchliches Gebot.

(2) Im Strafvollzug darf niemand wegen seiner Nationalität, seiner Rasse, seines Glaubensbekenntnisses, seiner Weltanschauung oder wegen seiner Zugehörigkeit zu einer Klasse oder sozialen Schicht benachteiligt werden. {59}

(3) Die Rechte der Strafgefangenen dürfen im Strafvollzug nur insoweit eingeschränkt werden, als das durch Gesetz zulässig ist. Die Anwendung anderer als in diesem Gesetz vorgesehenen Disziplinar- und Sicherungsmaßnahmen ist nicht zulässig."

In § 37:

„Sicherungsmaßnahmen

(1) Sicherungsmaßnahmen gegen Strafgefangene dürfen nur angewandt werden, wenn sie zur Verhinderung einer Flucht, eines körperlichen Angriffs auf Strafvollzugsangehörige, andere Personen oder Strafgefangene sowie zur Aufrechterhaltung der Sicherheit erforderlich sind.

(2) Die Anwendung von Sicherungsmaßnahmen darf den Grad der Gefährlichkeit des Anlasses nicht übersteigen und nicht länger als notwendig andauern. Ihre Anwendung schließt Disziplinarmaßnahmen oder eine strafrechtliche Verfolgung nicht aus.

(3) Sicherungsmaßnahmen sind:
1. Absonderung durch Unterbringung in Einzelhaft.
2. Entzug von Einrichtungs- oder sonstigen Gegenständen mit Ausnahme des Entzuges der Beleuchtung.
3. Anwendung körperlicher Gewalt mit oder ohne Hilfsmittel.
4. Anwendung der Schußwaffe entsprechend den Schußwaffengebrauchsbestimmungen." {60}

Im Gesetz über den Vollzug der Strafen mit Freiheitsentzug (Strafvollzugsgesetz) vom 07.04.1977 der DDR heißt es in § 2:

„(1) Inhalt und Gestaltung des Vollzuges der Strafen mit Freiheitsentzug werden durch das humane Wesen des sozialistischen Staates bestimmt. Den Strafgefangenen ist ihre Verantwortung als Mitglieder der Gesellschaft bewußt zu machen. Sie sind zu erziehen, künftig die Gesetze des sozialistischen Staates einzuhalten und ihr Leben verantwortungsbewußt zu gestalten.

(2) Die sozialistische Gesellschaft gewährleistet ihre Verantwortung für die Erziehung der Strafgefangenen während des Vollzugs, insbesondere durch die Verwirklichung des Rechts der Strafgefangenen auf Arbeit sowie durch differenzierte Mitwirkung geeigneter gesellschaftlicher Kräfte im Vollzugsprozeß und bei der langfristigen Vorbereitung der Wiedereingliederung in das gesellschaftliche Leben."

In § 3:

„(1) Beim Vollzug von Strafen mit Freiheitsentzug ist die sozialistische Gesetzlichkeit strikt zu wahren.

(2) Die sozialistische Gesellschaft läßt sich auch im Strafvollzug konsequent von der Gerechtigkeit sowie der Achtung der Menschenwürde und der Persönlichkeit leiten.

(3) Kein Strafgefangener darf wegen seiner Nationalität oder Staatsbürgerschaft, seiner Rasse, seines Geschlechts, seines weltanschaulichen oder religiösen Bekenntnisses oder wegen seiner sozialen {61} Herkunft und Stellung benachteiligt werden.

(4) Die Rechte der Strafgefangenen dürfen im Strafvollzug nur soweit eingeschränkt werden, als das durch Gesetz zulässig ist. Den Strafgefangenen ist der Schutz ihres Lebens, ihrer Gesundheit und Arbeitskraft zu gewährleisten. Unterbringung, Versorgung und Betreuung der Strafgefangenen haben so zu erfolgen, daß sie den allgemeinen Grundsätzen der Förde-

rung und Erhaltung der Gesundheit, den allgemeinen Grundsätzen der Hygiene und des Zusammenlebens in der Gemeinschaft entsprechen.“

In § 32:

„Disziplinarbestimmungen

(1) Bei schuldhaften Verstößen Strafgefangener gegen die Pflichten und Verhaltensregeln sind Disziplinarmaßnahmen anzuwenden.

(2) Eine Disziplinarmaßnahme darf nur angewandt werden, wenn der Sachverhalt gründlich untersucht und geklärt wurde. Dazu ist der Strafgefangene zu hören, und ihm ist Gelegenheit zur Stellungnahme zu den gegen ihn erhobenen Vorwürfen zu geben. Die Anwendung einer Disziplinarmaßnahme erfolgt individuell und muß der Schwere des Verstoßes angemessen sein. Sie ist nicht mehr anzuwenden, wenn der Anlaß dafür länger als 3 Monate zurückliegt. Es ist unzulässig, einen Verstoß durch mehrere Disziplinarmaßnahmen zu ahnden.

(3) … {62}

(4) Der Arrest darf 21 Tage, bei Jugendlichen 14 Tage, nicht übersteigen. Arrest darf nur ausgesprochen werden, wenn andere Disziplinarmaßnahmen wiederholt ohne Erfolg angewandt wurden oder aufgrund der Schwere des Verstoßes die sofortige nachdrückliche Disziplinierung in. Interesse der Aufrechterhaltung der Ordnung und Gewährleistung der Sicherheit diese Disziplinarmaßnahmen erforderlich macht. Während des Arrestes sind die Strafgefangenen unter ärztlicher Kontrolle zu halten.

(5) …“

In § 33:

„Sicherungsmaßnahmen

(1) Sicherungsmaßnahmen gegen Strafgefangene dürfen nur angewandt werden, wenn sie zur Verhinderung eines körperlichen Angriffs auf Strafvollzugsangehörige, andere Personen oder Strafgefangene, eine Flucht sowie zur Aufrechterhaltung der Sicherheit und zur Verhinderung eines Angriffs eines Strafgefangenen auf das eigene Leben erforderlich sind.

(2) Die Anwendung von Sicherungsmaßnahmen darf den Grad der Gefährlichkeit des Anlasses nicht übersteigen und nur solange andauern, bis der Zweck der Maßnahme erreicht ist. Die Anwendung von Sicherungsmaßnahmen ist anzudrohen, sofern nicht die Notwendigkeit der Abwendung einer unmittelbaren Gefahr besteht. Ihre Anwendung schließt Disziplinarmaßnahmen oder eine strafrechtliche Verfolgung nicht aus. {63}

(3) Sicherungsmaßnahmen sind:
   1. Entzug von Einrichtungs- oder sonstigen Gegenständen, wenn zu befürchten ist, daß sie zu Angriffen gegen andere Personen oder auf das eigene Leben mißbraucht werden können.
   2. Absonderung von anderen Strafgefangenen oder Unterbringung in Einzelhaft.

(4) Die Verfügung zur Anwendung von Sicherungsmaßnahmen obliegt den Leitern der Strafvollzugseinrichtung oder der Jugendhäuser.

(5) Maßnahmen des unmittelbaren Zwanges sind nur zulässig, wenn auf andere Weise ein Angriff auf Leben oder Gesundheit oder ein Fluchtversuch nicht verhindert oder Widerstand gegen Maßnahmen zur Aufrechterhaltung der Sicherheit nicht beseitigt werden können.

(6) …“

In der Anweisung Nr. 27/68 des Ministers des Innern und Chefs der Deutschen Volkspolizei über die körperliche Einwirkung und die Anwendung von Hilfsmitteln vom 21.06.1968 heißt es u.a.:

„...

2. (1) Die körperliche Einwirkung ist unter Beachtung der nachstehend aufgeführten Voraussetzungen nur möglich, wenn der Deutschen Volkspolizei bei der Ausübung ihre Befugnisse Widerstand entgegengesetzt wird oder von ihr angeordnete Maßnahmen, deren Durchführung unerläßlich ist, behindert oder nicht befolgt wurden und andere Mittel nicht ausreichen, um ernste Auswirkungen für die öffentliche Ordnung und Sicherheit {64} zu verhindern.
(2) Vor der körperlichen Einwirkung ist anzustreben, daß die Maßnahme freiwillig befolgt wird.
(3) Die Anwendung von Hilfsmitteln ist nur gestattet zur Abwehr von Gewalttätigkeiten, Verhinderung von Fluchtversuchen oder wenn die körperliche Einwirkung nicht zum Erfolg führt. [...]
4. (1) Die körperliche Einwirkung und die Anwendung von Hilfsmitteln muß im Verhältnis zu Art und Schwere der Rechtsverletzungen des Widerstandes stehen. Es sind dabei die Formen der körperlichen Einwirkung und die Hilfsmittel zu wählen, die die Durchsetzung der erforderlichen Maßnahmen gewährleisten, den Bürger jedoch am wenigsten beeinträchtigen. Jede körperliche Einwirkung und die Anwendung von Hilfsmitteln, die nicht in dem gesetzlich geforderten Verhältnis steht, ist unzulässig.
(2) Die körperliche Einwirkung die Anwendungen von Hilfsmitteln darf nur solange erfolgen, bis der Zweck. der Maßnahme erreicht ist. Jede weitergehende Maßnahme ist ungesetzlich.
5. Bei Nichtbefolgung von Maßnahmen, deren sofortige Durchführung nicht notwendig ist, um ernste Auswirkungen für die öffentliche Ordnung und Sicherheit zu verhindern, ist die körperliche Einwirkung oder die Anwendung von Hilfsmitteln unzulässig.

... {65}

körperliche Einwirkung

8. (1) Die körperliche Einwirkung kann erfolgen durch Festhalten, Zurückdrängen, Wegführen, Judogriffe oder Boxen. Sie ist anzuwenden zur Brechung des Widerstandes bei Behinderung oder Nichtbefolgung von angeordneten Maßnahmen, die im Interesse der Verhinderung von ernsten Störungen der öffentlichen Ordnung und Sicherheit unbedingt durchgesetzt werden müssen, wenn nur durch die körperliche Einwirkung der Widerstand gebrochen und die Behinderung der Nichtbefolgung beseitigt werden kann.
(2) Sofern es die konkrete Situation zuläßt, ist die körperliche Einwirkung anzukündigen.

...

Hilfsmittel

10. (1) Als Hilfsmittel können der Schlagstock (starr oder einschiebbar), der Diensthund, die Führungskette oder die Handfessel verwendet werden.
(2) Stehen solche Mittel nicht zur Verfügung, können auch andere Mittel mit gleichem Wirkungseffekt verwendet werden.
11. (1) Die Anwendung von Hilfsmitteln ist nur zulässig
– zur Abwehr von Gewalttätigkeiten gegen Personen,
– zur Abwehr von Gewalttätigkeiten gegen Sachen, sofern durch die Gewalttätigkeit ernste Auswirkung für die öffentliche Ordnung und Sicherheit entstehen
– zur Verhinderung von Fluchtversuchen Verurteilter, vorläufig Festgenommener, Verhafteter oder {66} zwangsweise in Einrichtungen eingewiesener Personen
– wenn die körperliche Einwirkung erfolglos blieb oder offensichtlich keinen Erfolg verspricht.
(2) Vor der Anwendung von Hilfsmitteln bei der Abwehr von Gewalttätigkeiten oder der Verhinderung von Fluchtversuchen ist anzustreben, den Erfolg durch körperliche Einwirkung herbeizuführen. Das gilt nicht, wenn aufgrund der Sachlage von vornherein erkennbar

ist, daß mittels körperlicher Einwirkung der Zweck der Maßnahme nicht erreicht werden kann.

...

13. Der Schlagstock ist nur aus dem Handgelenk zu führen. Er darf nur auf Muskelpartien der Arme oder Beine oder auf das Gesäß angewendet werden ..."

Der Angeklagte kann sich bei den von ihm verübten körperlichen Mißhandlungen nicht darauf berufen, er habe nur bestehende Weisungen bzw. die Ordnung und Disziplin in der Anstalt durchsetzen wollen. Alle Handlungen, außer bei dem Vorfall mit dem Zeugen Gü. (Punkt II. 14. der Feststellungen) gingen entweder über die zulässige Gewaltanwendung weit hinaus bzw. stellen erst keine erlaubte körperliche Gewaltanwendung dar, weil der Angeklagte aus nichtigen oder gar provozierten Anlässen gegen den geschädigten Zeugen vorging.

Soweit im oben genannten Fall des Zeugen Gü. der Angeklagte aufgrund der bestandenen durch die vorhandenen Unterlagen objektivierte Weisungslage vorgegangen ist, geht die Kammer im Sinne von § 20 StGB-DDR nicht von einer Straftat {67} aus.

Nicht gedeckt von der Weisung ist allerdings das Anlegen des Stacheldrahtes durch den Angeklagten. Insoweit bleibt das Handeln des Angeklagten strafbar nach § 115 StGB-DDR.

2. *[Keine Verjährung]*

Die Taten des Angeklagten sind auch nicht verjährt.

Aufgrund einer in einem Parallelverfahren eingelegten Revision, in dem es um 7 Fälle der vorsätzlichen Körperverletzung gemäß § 115 StGB-DDR, ebenfalls begangen an Strafgefangenen, hier in der StVE Bautzen II, zwischen 1970 und 1983 durch einen Erzieher der Einrichtung ging, hat der Bundesgerichtshof wie folgt entschieden (Urteil vom 26.04.1995, Aktenzeichen: 3 StR 93/95[6]):

„Das Landgericht geht zutreffend davon aus, daß die Taten des Angeklagten nicht verjährt sind. Zwar war die gemäß § 82 Abs. 1 Nr. 2 StGB/DDR fünfjährige Verjährungsfrist für die zwischen 1970 und 1983 begangenen Taten an sich spätestens 1988 abgelaufen. Gleichwohl ist Verfolgungsverjährung nicht eingetreten; diese ruhte bis zum 3. Oktober 1990, weil entsprechend § 83 Nr. 2 StGB/DDR ein Strafverfahren gegen den Angeklagten ‚aus einem anderen gesetzlichen Grund' nicht eingeleitet wurde. Die Taten des Angeklagten wurden in der DDR aus Gründen nicht verfolgt, die der Gesetzgeber der Bundesrepublik in Art. 1 des Gesetzes über das Ruhen der Verjährung bei SED-Unrechtstaten (VerjährungsG) vom 26. März 1993 (BGBl I 392) als Voraussetzung für die Anwendung der Ruhensvorschriften aufgeführt hat. Denn es handelte sich um Taten, die nach ‚dem ausdrücklichen oder mutmaßlichen Willen der Staats- und Parteiführung der ehemaligen DDR aus politischen oder sonst mit wesentlichen Grundsätzen einer freiheitlichen rechts-{68}staatlichen Ordnung unvereinbaren Gründen nicht geahndet worden sind' (vgl. BGHSt. 40, 48, 55[7]; 40, 113, 115[8] jeweils m.w.N.).
Der Senat braucht nicht zu entscheiden, ob jede auch geringfügige Körperverletzung, die von einem Vollzugsbediensteten an einem Strafgefangenen während des Vollzuges der Haft begangen wurde, diesen Grundsätzen unterfällt. Jedenfalls aber entspricht es dem Sinn und Zweck der genannten Vorschriften, daß ein Ruhen der Strafverfolgung dann angenommen werden muß, wenn es sich um nicht unerhebliche körperliche Mißhandlungen der hier festgestellten Art handelt.

Die Strafkammer hat auch in rechtsfehlerfreier Weise dargelegt, daß Fälle von körperlichen Mißhandlungen an Strafgefangenen durch Angehörige des Strafvollzugs grundsätzlich – als sogenannte systemtragende Rechtsbrüche – nach dem ausdrücklichen oder mutmaßlichen Willen der Staats- und Parteiführung der DDR aus den genannten Gründen strafrechtlich nicht geahndet wurden. Sie hat zu dieser Frage zahlreiche Zeugen, darunter sowohl ehemalige Gefangene als auch hohe Funktionsträger – z.B. den zuständigen Haftstättenstaatsanwalt bei der Generalstaatsanwaltschaft der DDR; weitere Haft-, Kreis- und Jugendstaatsanwälte; den für Bautzen I und II eingesetzten Verbindungsoffizier des MfS; mehrere Leiter von Vollzugseinrichtungen sowie den ehemaligen Leiter der Verwaltung Strafvollzug im Ministerium des Innern – gehört und Urkunden verwertet – z.B. ein Nachweisbuch über sogenannte Vorkommnisse im Strafvollzug, das auch Eintragungen über Körperverletzungen, begangen von Vollzugsbediensteten, enthielt, ohne daß auf Grund eines solchen Hinweises ein Strafverfahren eingeleitet worden wäre; Umfragen der Staatsanwaltschaft Dresden an die Leiter der Vollzugseinrichtungen; Doku-{69}mente aus dem Gauck-Archiv[9]; Dienstanweisungen, Befehle, Richtlinien – und sich die Überzeugung davon verschafft, daß solche Straftaten aus den dargestellten Gründen nicht verfolgt wurden. Dabei hat das Landgericht gewürdigt, daß den verantwortlichen Stellen zahlreiche entsprechende Vorkommnisse wie körperliche Mißhandlungen an Strafgefangenen durch Vollzugsbedienstete bekannt geworden sind, ein Strafverfahren aber nicht stattgefunden hat, „um das Ansehen der bewaffneten Organe nicht zu beschädigen“ und das Bild der DDR im Ausland nicht zu belasten, da die Haftpraxis als Indikator für das Maß der tatsächlich ausübten Rechtsstaatlichkeit im Inneren der DDR angesehen wurde (UA S. 41).
Dem steht auch nicht entgegen, daß in der erstinstanzlichen Beweisaufnahme einzelne Strafverfahren bekannt wurden, die sich gegen Vollzugsbedienstete gerichtet haben. Diese betrafen nämlich Delikte der allgemeinen Kriminalität (UA S. 42) oder Mißhandlungen Strafgefangener, die wegen einer bereits aufmerksam gewordenen Öffentlichkeit oder aus sonstigen politischen Opportunitätsgründen ausnahmsweise durchgeführt wurden. Zu Recht hat die Strafkammer festgestellt, daß es sich bei diesen Verfahren nach Sachlage allenfalls um besondere Ausnahmefälle (‚Ausreißer‘, UA S. 4) handelte, die nichts an der dargestellten Staatspraxis in der ehemaligen DDR änderten, derartige Straftaten grundsätzlich nicht zu verfolgen.“

Die Kammer geht daher davon aus, daß die Frage der Verjährung höchstrichterlich geklärt ist. Die Kammer hat jedoch noch geprüft, ob sich aufgrund der örtlichen Verhältnisse im Bereich der StVE Cottbus eine andere Sicht ergeben könnte. {70}

Dazu hat die Kammer zu Beginn zahlreiche Zeugen, ehemalige Bedienstete der StVE Cottbus, Mitarbeiter der BDVP und der Abteilung K I/4 der BDVP sowie den für Cottbus zuständigen Haftstättenstaatsanwalt vernommen. Sie hat feststellt, daß auch für den Bereich der StVE Cottbus solche Taten, wie sie dem Angeklagten vorgeworfen und wie sie im Umfang der vorstehenden Feststellungen stattgefunden haben, strafrechtlich nicht verfolgt wurden, sondern allenfalls disziplinarisch bzw. bei der Beurteilung des Angeklagten eine Rolle spielten.

So hat der Zeuge Kurt Ma., der etwa 20 Jahre bis 1984 in der StVE Cottbus zuletzt als operativer Diensthabender (24-Stunden-Dienst) und Ende der 60er Jahre als Vollzugsdienstleiter und damit direkter Vorgesetzter des Angeklagten tätig war, bekundet, er habe keine Kenntnisse von Mißhandlungen an Strafgefangenen überhaupt. Zwar beschränkte er diese Unkenntnis zunächst auf Vorfälle in seiner Schicht. Er stellte jedoch auf Nachfragen klar, daß solche Vorfälle in Dienstberatungen Gegenstand gewesen sein müßten. Dies sei ihm indessen nicht bekannt gewesen. Ein- oder zweimal habe er Schlagstockeinsätze von SV-Angehörigen an Strafgefangenen gemeldet, habe aber keine Rückmeldung erhalten.

Auch der Zeuge Heinz Lü., der von 1951 bis 1989 in der StVE Cottbus seit 1958 mit verschiedenen Leitungsaufgaben betraut war, will zu keiner Zeit etwas von Mißhandlungen an Strafgefangenen erfahren haben. Sicherlich habe es Beschwerden über Mißhandlungen gegeben. Dies seien aber Beschwerden über Bedienstete wegen angeblich nicht gerechtfertigter Behandlungen von Strafgefangenen gewesen. Die Masse der Beschwerden habe sich auf andere Dinge bezogen. Obwohl der Zeuge die Frage der Zuständigkeit zur Erfassung und Überprüfung von Mißhandlungsvorfällen bejahte, war ihm weder ein Fall mit dem Angeklagten noch sonst ein Fall in Erinnerung. Was von den Auskünften des Zeugen in bezug auf [die] Behandlung {71} der Strafgefangenen in den Augen der Kammer zu halten war, zeigt sich auch vor allem in der Aussage des Zeugen, es habe seines Wissens keinen sofortigen Arrest bei Arbeitsverweigerung gegeben, obwohl dies nach Auskunft der Zeugen Gerhard O. und Marian Wen., die beide als SV-Angehörige im Arrestbereich tätig waren, die Regel gewesen sei, was auch eine Reihe geschädigter Zeugen bekundete. Darüber hinaus konnte der Zeuge Lü. auch auf Vorhalt der entsprechenden Passagen aus dem oben dargestellten „Protokoll über die am 16.04.1966 durchgeführten Berichterstattungen zur Einschätzung des Standes des soz. Wettbewerbs“, in denen Mißhandlungen durch den Angeklagten offen angesprochen wurden, weder an dieses Protokoll noch an Vorfälle erinnern.

Schließlich war auch der langjährige Leiter der StVE Cottbus (1974 bis 1989), der Zeuge Horst Re., nicht in der Lage, sich an Mißhandlungsvorwürfe an Strafgefangenen durch den Angeklagten oder andere Strafvollstreckungsangehörige zu erinnern. Auch Strafverfahren wegen solcher Vorfälle seien ihm demzufolge nicht bekannt geworden.

Auch der Zeugin Waltraud Bi., die seit 1969 bis heute in der Vollstreckungseinrichtung in Cottbus in der Personalverwaltung tätig ist und Einblick in die Personalakten einschließlich der Beurteilungen/Attestationen hatte, waren Vorfälle, wie sie der Anklage bzw. der Feststellungen der Kammer zugrunde liegen, nicht bekannt geworden. Zu solchen Vorkommnissen hätte es sonst durch den Haftstättenstaatsanwalt Untersuchungen gegeben, so die Zeugin.

Die Kammer hat auch den für Cottbus und Dresden zuständigen Haftstättenstaatsanwalt, den Zeugen Götz Kassner vernommen. Dabei stellte sich heraus, daß der Zeuge infolge seines großen Zuständigkeitsbereichs, er hatte 6 StVEs zu betreuen, regelmäßig nur circa alle 3 Wochen in die StVE Cottbus kam. Dabei überprüfte er Vorkommnisse wie z.B. Einsatz von {72} Hilfsmitteln, z.B. mit Schlagstock, nur nach Aktenlage. Er sprach weder mit den beteiligten SV-Angehörigen noch mit den betreffenden Strafgefangenen.

Die Kammer hat daraus den Schluß gezogen, daß eine wirkliche Aufklärung der Vorkommnisse gar nicht durchgeführt, auch nicht gewollt war.

Die Staats- und Parteiführung der DDR hatte durch die Einflechtung der StVE in die Bezirksbehörde der Deutschen Volkspolizei (BDVP) und die Unterstellung des Strafvollzugs unter das Ministerium des Innern (MdI) genügend Möglichkeiten, Einfluß zu nehmen. Vor allem diente dazu das Ministerium für Staatssicherheit (MfS), dessen Mitarbeiter nicht nur ein eigenes Büro in den Strafvollstreckungseinrichtungen, sondern auch in der StVE-Cottbus, hatten, sondern sie konnten nach Mitteilung des Zeugen Re. Strafgefangene ohne seine Zustimmung sich vorführen lassen und richteten ein Spitzelnetz ein, das nicht nur der Überwachung der Strafgefangenen, sondern auch der der SV-

Angehörigen diente. Ebenso hatte die Abteilung K I/4 der BDVP ein eigenes Büro in der StVE Cottbus und eigene Befugnisse.

Der Zeuge Dietmar Bu., der als Mitarbeiter der Abteilung K I/4 für Sicherheit der Haftanstalt zuständig war, nachdem er zuvor als Wachtmeister zum Teil mit dem Angeklagten Erfahrungen im Strafvollzug gesammelt hatte, bestätigte, daß es z.B. für den Bereich Ausbruchssicherheit ein Informationssystem in der StVE Cottbus gab, das auch von dem MfS genutzt wurde. Eine Steuerung bei der Behandlung der Mißhandlungsvorwürfe durch das MfS oder das MdI war daher gut möglich.

Schließlich hat auch die Vernehmung der Zeugin Monika Ga., Fachärztin für Allgemeinmedizin und seit Anfang 1981 als Leiterin des Medizinischen Dienstes in der StVE Cottbus tätig, zu keinen Erkenntnissen geführt, die die Behandlung von an Strafgefangenen begangenen Mißhandlungsfällen aufge-{73}hellt hätten. Sie bekundete, es habe häufiger Verletzungen der Strafgefangenen untereinander gegeben. Körperliche Einwirkungen von Bediensteten auf Strafgefangene seien kaum vorgekommen. Außer den offiziellen Vorführungen in diesen Fällen sei ihr nichts bekannt geworden. Die Vorwürfe gegen den Angeklagten kämen ihr unverständlich vor, so die Zeugin.

Aus diesen Vernehmungen zog die Kammer den Schluß, daß auch für den Bereich der StVE-Cottbus Mißhandlungen von Strafgefangenen durch Strafvollzugsbedienstete nicht in strafrechtlich relevanter Weise nachgegangen wurde bzw. das weitere Verfahren durch die Staats- und Parteiführung über das MdI und das MfS oder die BDVP gesteuert wurde, so daß es zu einem das Ansehen der DDR und seiner bewaffneten Kräfte schädigenden offiziellen Verfahren nicht kam, sondern allenfalls, wie die vielen Anspielungen und Eintragungen in der Personalakte des Angeklagten zeigen, diese Vorfälle auf Disziplinarebene verfolgt wurden.

V. [Strafzumessung]

Zur Findung einer gerechten Strafe hatte die Kammer zunächst gemäß Art. 315 EGStGB i.V.m. § 2 III StGB das mildeste Gesetz, § 115 StGB-DDR oder die jeweils gültige Fassung der Körperverletzungsbestände, § 340 StGB bzw. die §§ 223, 223a StGB a.F. zu bestimmen. Die Kammer hat dazu, weil nach dem StGB-DDR bei mehrfacher Gesetzesverletzung gemäß § 64 StGB-DDR keine Einsatzstrafen, sondern eine Hauptstrafe zu bilden ist, zunächst Einsatzstrafen nach den alten Fassungen der §§ 340 bzw. 223, 223a a.F. StGB gebildet.

Allgemein für alle Fälle hat sich die Kammer von folgenden Strafzumessungsgesichtspunkten zu Gunsten bzw. zu Ungunsten des Angeklagten leiten lassen: {74}

Zu Gunsten des Angeklagten mußte sich der lange Zeitablauf nach Begehung der Straftaten und die damit verbundene lange Verfahrensdauer auswirken. Die erste dem Angeklagten zur Last gelegte Handlung stammt vom 20.10.1969, die letzte Handlung vom 10.03.1988.

Darüber hinaus hat die Kammer zu seinen Gunsten gewertet, daß er in der Diktatur der ehemaligen DDR aufgewachsen und deren Einflüssen ausgesetzt war. Schließlich hat der Angeklagte durch dieses System, was dem Angeklagten gerade nicht angelastet werden darf, sondern im Gegenteil strafmildernd zu berücksichtigen ist, in Gestalt der jeweiligen Leitung der StVE und der sonstigen Befehlsgewaltinhaber des Staates eine

Art Rückendeckung durch die strafrechtliche Nichtverfolgung erhalten. Dies mußte auch zu einer Senkung der Hemmschwelle bei seinen Tathandlungen führen. Zumindest seit 1978, als der Angeklagte bis kurz vor seinem Ausscheiden aus der Strafvollstreckungseinrichtung in Cottbus in der Aufnahme eingesetzt war, muß zugunsten des Angeklagten auch angenommen werden, daß er und seine der Anstaltsleitung bekannte Persönlichkeit bewußt dazu mißbraucht wurde, um die ankommenden Strafgefangenen für die Häftlingszeit entsprechend abzuschrecken und ruhig und gefolgsam zu stellen. In diesem Zusammenhang ist es auch in den Augen der Kammer bedeutsam, daß dies die einzige Versetzung war, bei der der Angeklagte zunächst opponierte, sich jedoch der Befehlsgewalt der Anstaltsleitung beugte und den Dienst in der Aufnahme antrat. Auch das Abstellen des Angeklagten in den Aufnahmedienst entgegen seine Wünschen spricht dafür, daß er bewußt dort eingesetzt werden sollte.

Des weiteren hat die Kammer berücksichtigt, daß der Angeklagte nicht vorbestraft ist und dies seine erste Gerichtsverhandlung darstellt. Zudem wurde auch das fortgeschrittene Alter berücksichtigt. {75}

Zu Ungunsten des Angeklagten hat die Kammer gewertet, daß dieser die Vorfälle teilweise selbst provozierte und an den Qualen, die er den politischen Gefangenen beibrachte, sichtlich Vergnügen hatte. Der Angeklagte hat seine Charakterschwäche teilweise an den Gefangenen ausgelassen und sich ausgetobt, da er sich keiner wirklichen Sanktion ausgesetzt sah.

Demzufolge hinterließen die Mißhandlungen bei den geschädigten Zeugen anhaltende psychische Beschwerden, die bei der Vernehmung in der Hauptverhandlung offen und deutlich hervortraten. Einige Zeugen sahen sich aufgrund der psychischen Folgen nicht imstande, der Zeugenladung Folge zu leisten. Diese Verfahren wurden nach § 154 II StPO eingestellt, nachdem entsprechende Briefe und Atteste in der Hauptverhandlung verlesen wurden. Auch wenn die gesamte Haftsituation gerade für die hier allesamt geschädigten politischen Gefangenen sehr einschneidend war, was dem Angeklagten nicht zur Gänze angelastet werden kann, so hat doch der Angeklagte, soweit er mit den Gefangenen zu tun hatte, diese Beschwerden mitverursacht und die negativen Erinnerungen der Gefangenen mitgeprägt.

Aufgrund dieser Umstände und den noch mitzuteilenden besonderen Umständen des jeweiligen Einzelfalles hat die Kammer Einsatzstrafen gebildet. Soweit sie in den jeweiligen Einzelfällen auch Freiheitsstrafe unter 6 Monaten verhängt, hat sie die besonderen Umstände jeweils darin gesehen, daß die Strafgefangenen dem Angeklagten aufgrund ihrer Haftsituation ausgeliefert und den Mißhandlungen nahezu hilflos ausgesetzt waren. Die Kammer hat nach dem bundesdeutschen Recht a.F. folgende Strafen für tat- und schuldangemessen gehalten: {76}

1. Fall We.

eine Freiheitsstrafe von 1 Jahr als minder schwerer Fall des § 340 StGB a.F., wobei über die oben genannten Umstände hinaus zu Lasten des Angeklagten die gemeinschaftliche Vorgehensweise, die angewandte Intensität von mehreren Schlägen mit dem Gummiknüppel und die Tatsache, daß der Angeklagte die Schläge mit den Worten „Feuer frei!“ eingeleitet und zu ihnen aufgefordert hatte, obwohl der Zeuge bereits erkennbar krank war. Die Kammer hat gleichwohl aufgrund des Zeitablaufs und der sonstigen zugunsten des Angeklagten sprechende Umstände einen minder schwereren Fall angenommen.

2. Fall P.

eine Freiheitsstrafe von 1 Jahr als minder schwerer Fall des § 340 StGB a.F. unter Berücksichtigung zu Lasten des Angeklagten, daß auch hier eine gemeinschaftliche Vorgehensweise stattfand, der Angeklagte der Hauptakteur der Mißhandlung war und der geschädigte Zeuge 2 Zähne verloren hatte. Zur Begründung des minder schwerer Falles gilt das oben zu 1. Gesagte.

3.-6. Fälle H.

eine Geldstrafe gemäß § 223 StGB a.F. von 10 Tagessätzen zu je 10,00 DM für die Tat Ziffer II. 3. der Feststellungen. Eine Freiheitsstrafe gemäß den §§ 223, 223a StGB a.F. von 3 Monaten für die Tat Ziffer II. 4. der Feststellungen, weil {77} der Schlag mit dem Schlüsselbund als Körperverletzung mittels eines gefährlichen Werkzeugs angesehen wurde.

Jeweils 4 Monate Freiheitsstrafe gemäß den §§ 223, 223a StGB a.F. für die Taten Ziffer II. 5 und 6. der Feststellungen, wobei dem Angeklagten strafmildernd die vom Zeugen H. erfolgte jeweilige Provokation zugute kam. Das Schlagen mit dem Gummiknüppel bzw. das Treten mit dem beschuhten Fuß hat die Kammer als Körperverletzung jeweils mittels eines gefährlichen Werkzeugs angesehen.

7. Fall Ha.

eine Geldstrafe von 30 Tagessätzen zu je 10,00 DM gemäß § 223 StGB a.F., wobei zu Gunsten des Angeklagten bei diesem eine gewisse alkoholbedingte Enthemmung aufgrund der Feier seiner Beförderung unterstellt wurde.

8. Fall Sa.

eine Freiheitsstrafe gemäß §§ 223, 223a StGB a.F. von 3 Monaten, wobei das Treten mit den beschuhten Füßen als Körperverletzung mittels eines gefährlichen Werkzeugs gewertet wurde.

9. Fall Ka.

eine Freiheitsstrafe gemäß §§ 223, 223a StGB a.F. von 3 Monaten, wobei in den Tritten mit dem beschuhten Fuß eine Körperverletzung mittels eines gefährlichen Werkzeugs gese-{78}hen wurde.

10. Fall M.

eine Freiheitsstrafe gemäß §§ 223, 223a StGB a.F. von 6 Monaten, wobei zu Lasten des Angeklagten gewertet wurde, daß der Zeuge erkennbar krank war und bei Ausführung der Handlung von dem Angeklagten mit Worten noch beschimpft wurde.

Auch hat die Kammer den § 223a StGB spätestens durch den Tritt mit dem beschuhten Fuß in die Nierenseite angenommen.

11. Fall St.

eine Freiheitsstrafe gemäß 223 StGB a.F. von 3 Monaten, wobei zu Lasten des Angeklagten gewertet wurde, daß der Zeuge durch die Handlungsweise des Angeklagten vor den anderen Strafgefangenen gedemütigt wurde.

12.-14. Fälle Gü.

jeweils eine Geldstrafe gemäß §§ 223 StGB a.F. von 20 Tagessätzen zu je 10,00 DM für die Taten zu den Ziffern II. 12. und 13. sowie eine Freiheitsstrafe gemäß §§ 223, 223a StGB a.F. von 2 Monaten zu der Ziffer II. 14., wobei nur das Anlegen des Stacheldrahtes dem Angeklagten angelastet wurde. Die gemeinschaftliche Vorgehensweise führte allerdings zur Anwendung des Strafrahmens aus § 223a StGB a.F. {79}

15. Fall S.

eine Freiheitsstrafe gemäß 223 StGB a.F. von 3 Monaten, wobei zu Lasten des Angeklagten und zur weiteren Begründung der Freiheitsstrafe unter 6 Monaten gewertet wurde, daß der Angeklagte eine bedrohliche Situation heraufbeschwor, die nur durch das Eingreifen der Zeugin Wa. verhindert wurde.

16. Fall Sc.

eine Freiheitsstrafe gemäß den §§ 223, 223a StGB a.F. von 8 Monaten, wobei zu Ungunsten des Angeklagten gewertet wurde, daß der Zeuge einen Nasenbeinbruch erlitt und der Angeklagte ihn noch beschimpfte und beleidigende Äußerungen in bezug auf dessen Ehefrau machte. Schließlich auch die Tatsache, daß der gesamte Vorfall mit den Rasierklingen von dem Angeklagten eingefädelt und provoziert wurde.

Die Anwendung des § 223a StGB erfolgte wegen des Schlages mit dem Gummiknüppel ins Gesicht und der Fußtritte durch den Angeklagten.

17. Fall K.

eine Freiheitsstrafe gemäß § 223, 223a StGB a.F. von 8 Monaten, wobei zu Lasten des Angeklagten ins Gewicht fiel, daß er dem Zeugen mehrere Schläge zufügte und ihn zusätzlich noch beschimpfte. Die Anwendung des Gummiknüppels führte wiederum zum Strafrahmen des § 223a StGB a.F. {80}

18. Fall Ko.

eine Geldstrafe von 90 Tagessätzen zu je 10,00 DM, wobei die hier allerdings nur leichte Anwendung des Gummiknüppels zum Strafrahmen des § 223a StGB a.F. führte.

19. und 20. Fälle V.

eine Geldstrafe gemäß § 223 StGB a.F. von 90 Tagessätzen zu je 10,00 DM für die Tat Ziffer II. 19. der Feststellungen, wobei zu Gunsten des Angeklagten gewertet wurde, daß seiner Handlung eine verbale Provokation durch den Zeugen V. vorangegangen ist.

Eine Freiheitsstrafe von 6 Monaten gemäß §§ 223, 223a StGB a.F. für die Tat Ziffer II. 20. der Feststellungen, wobei der Strafrahmen des § 223a StGB durch die gemeinschaftliche Begehungsweise und das Treten mit den beschuhten Füßen begründet war.

21. und 22. Fälle Ri.

Freiheitsstrafen jeweils gemäß den §§ 223, 223a StGB a.F. von 4 Monaten für die Tat Ziffer II. 21. und 1 Jahr und 2 Monate für die Tat Ziffer II. 22. der Feststellungen, wobei der Strafrahmen des § 223a StGB im Fall 21. aufgrund des Gummiknüppeleinsatzes und in Fall 22. aufgrund der Schläge mit dem Gummiknüppel, die sich der Angeklagte zurechnen lassen muß, weil er den Zeugen zumindest festgehalten hat, und der gemeinschaftlichen Begehungsweise anzuwenden war. {81}

23. und 24. Fälle B.

Freiheitsstrafen jeweils gemäß §§ 223, 223a StGB a.F. von 3 Monaten für die Tat Ziffer II. 23. und 8 Monate für die Tat Ziffer II. 24. der Feststellungen, wobei sich der Strafrahmen des 223a StGB jeweils aus der Anwendung des Gummiknüppels ergab.

25. Fall Wa.

eine Freiheitsstrafe von 6 Monaten gemäß den §§ 223, 223a StGB a.F., wobei zu Lasten des Angeklagten gewertet wurde, daß er mit hoher Intensität aus nichtigem Anlaß zu Werke ging. Die Anwendung des § 223a StGB ergibt sich aus den Tritten mit den Winterstiefeln.

26. Fall Hi.

eine Freiheitsstrafe von 5 Monaten gemäß den §§ 223, 223a StGB a.F., wobei die Anwendung des Strafrahmens des § 223a aus dem Gummiknüppeleinsatz des Angeklagten resultiert.

Die Kammer hat dann durch Erhöhung der schwersten verwirkten Einsatzstrafe von 1 Jahr und 2 Monaten unter nochmaliger Würdigung aller Strafzumessungsgesichtspunkte eine Gesamtfreiheitsstrafe von 3 Jahren und 2 Monaten gebildet, wobei sich nochmals strafmildernd auswirkte, daß dem Angeklagten die Mißhandlungen über einen solchen langen Zeitraum durch {82} die Nichtahndung aufgrund der politischen Verhältnisse möglich waren.

Da gemäß der §§ 115, 64 III StGB-DDR höchstens eine Hauptstrafe von 3 Jahren gebildet werden darf, stellt sich nach der oben vorgenommenen Gesamtstrafenbildung nach bundesdeutschem Recht das StGB-DDR als das mildere Gesetz dar.

Die Kammer hat dann aufgrund aller bereits oben angegebenen Umstände eine Anwendung des § 64 III StGB-DDR für geboten erachtet. Innerhalb des zur Verfügung stehenden Strafrahmens von bis zu 3 Jahren Freiheitsstrafe hat die Kammer unter Abwägung aller genannten Strafzumessungsgesichtspunkte und insbesondere aufgrund der Vielzahl der Vorfälle auf eine Hauptstrafe von 2 Jahren und 3 Monaten Freiheitsstrafe erkannt.

Anmerkungen

1 Im Original. Gemeint ist wohl „aufwiesen".

2 Im Original. Die Abkürzung „SV" steht üblicherweise für „Strafvollzug", so dass es wohl eigentlich „Strafvollzugs-Angehörigen" heißen müsste.

3 Horst Helmut Günter Jahn, genannt „Arafat", wurde von der Staatsanwaltschaft Neuruppin am 7.11.1997 unter dem Az. 64 Js 360/94 angeklagt. Das Landgericht Cottbus verurteilte Jahn am 3.6.1999 – Az. 22 KLs 75/97, 64 Js 360/94 – wegen vorsätzlicher Körperverletzung in 23 Fällen, davon in einem Fall in Tateinheit mit Nötigung, zu zwei Jahren und drei Monaten Freiheitsstrafe. Dieses Urteil wurde rechtskräftig, nachdem der BGH durch Beschluss vom 4.7.2000 – 5 StR 111/00 – die Revision des Angeklagten als unbegründet verworfen hatte.

4 Vgl. Anm. 3.

5 Vgl. Anhang S. 467f.

6 NJW 1995, 2861f.; NStZ 1995, 505. Vgl. auch lfd. Nr. 1-2.

7 Vgl. den Dokumentationsband zu den Gewalttaten an der deutsch-deutschen Grenze, lfd. Nr. 11-2.

8 Vgl. den Dokumentationsband zu den Gewalttaten an der deutsch-deutschen Grenze, lfd. Nr. 7-4.

9 Gemeint ist das Archiv des Bundesbeauftragten für die Unterlagen des Staatssicherheitsdienstes der ehemaligen Deutschen Demokratischen Republik.

Bundesgerichtshof 30. März 1998
Az.: 5 StR 30/98

BESCHLUSS

in der Strafsache gegen

Hubert Schulze aus Cottbus,
geboren am 4. Juli 1935 in Hennickendorf,

wegen vorsätzlicher Körperverletzung {2}

Der 5. Strafsenat des Bundesgerichtshofs hat am 30. März 1998 beschlossen:

Die Revision des Angeklagten gegen das Urteil des Landgerichts Cottbus vom 14. Mai 1997[1] wird nach § 349 Abs. 2 StPO als unbegründet verworfen.
Der Beschwerdeführer hat die Kosten des Rechtsmittels zu tragen.

Gründe

Der Schuldspruch erfaßt 26 zwischen Oktober 1969 und März 1988 begangene Fälle vorsätzlicher Körperverletzung. Der Angeklagte hat diese Taten als Strafvollzugsbediensteter der DDR in der Strafvollstreckungseinrichtung Cottbus an dort wegen politischer Straftaten einsitzenden Gefangenen verübt.

Ohne Rechtsfehler hat das Landgericht angenommen, daß auch die bis August 1985 begangenen 19 Fälle nicht verjährt sind, da die Verjährung geruht hat. Zutreffend hat sich das Landgericht bei der Verjährungsfrage am Urteil des 3. Strafsenats des Bundesgerichtshofs vom 26. April 1995 – 3 StR 93/95[2] – (BGHR StGB § 78b Abs. 1 Ruhen 2) orientiert. Taten wie die hier abgeurteilten sind in der DDR systematisch unverfolgt geblieben – ersichtlich insbesondere auch, weil eine Gefährdung des internationalen Ansehens der DDR vermieden werden sollte. Dies wird auch vorliegend belegt durch Feststellungen zu Verhalten und Einstellung im Strafvollzug Verantwortlicher, die Miß-{3}handlungen durchweg ignoriert haben (UA S. 70 ff.), zudem durch Feststellungen zu Reaktionen anderer im Strafvollzug Tätiger in einigen Einzelfällen (vgl. UA S. 11, 18 f., 24, 47 f.). Insbesondere macht aber die Gesamtzahl der – wenngleich für einen insgesamt langen Zeitraum festgestellten Einzelfälle im Zusammenhang mit den über Einstellung und Methoden des Angeklagten getroffenen Feststellungen (UA S. 4 ff., 74) deutlich, daß sich der Angeklagte bei seiner Vorgehensweise stets des mangelnden Risikos, strafrechtlich zur Verantwortung gezogen zu werden, sicher sein konnte. Abgesehen von den zutreffenden Ausführungen des Generalbundesanwalts zu Zeitablauf und Gewicht bei den vergleichsweise geringfügigen Einzelfällen scheidet die Annahme von Einzelverjährungen hier von vornherein schon im Blick auf das Gesamtbild der Taten aus, die durchweg gegen die vom Angeklagten systematisch drangsalierte Zielgruppe wegen politischer Straftaten verurteilter Gefangener gerichtet waren.

Eine Hauptstrafe in Anwendung von § 115 Abs. 1[3], § 64 Abs. 3 Satz 1 StGB-DDR war hier im Vergleich zu einer Anwendung des Strafgesetzbuchs milder. Ihre Bemessung mit zwei Jahren und acht Monaten Freiheitsstrafe läßt bei dem {4} Gesamtgewicht der abgeurteilten Taten – auch eingedenk der zutreffend beachteten Milderungsgründe – Rechtsfehler nicht erkennen.

Anmerkungen

1 Vgl. lfd. Nr. 2-1.
2 NJW 1995, 2861f.; NStZ 1995, 505. Vgl. auch lfd. Nr. 1-2.
3 Vgl. Anhang S. 467f.

Lfd. Nr. 4

Misshandlungen in der Strafvollzugseinrichtung Cottbus (II)

Inhaltsverzeichnis
Erstinstanzliches Urteil des Landgerichts Cottbus vom 2.12.1999, Az. 22 Kls 64/99

Landgericht Cottbus 2. Dezember 1999
Az.: 22 Kls 64/99
364 Js 357/94

URTEIL

Im Namen des Volkes

In der Strafsache *gegen*

Reinhard Erich Edgar Kaergel
geboren 1954 in C.,
verheiratet, deutscher Staatsangehöriger

wegen Körperverletzung und Nötigung

hat die 2. große Strafkammer des Landgerichts Cottbus in der Hauptverhandlung vom 02.12.1999, an der teilgenommen haben

⊗ Es folgt die Nennung der Verfahrensbeteiligten. ⊗ {2}

für *Recht* erkannt:

Der Angeklagte wird wegen vorsätzlicher Körperverletzung in 16 Fällen, davon in 2 Fällen tateinheitlich mit Nötigung zu einer Gesamtfreiheitsstrafe von 1 Jahr und 8 Monaten verurteilt.
Die Vollstreckung der Gesamtfreiheitsstrafe wird zur Bewährung ausgesetzt.
Der Angeklagte trägt die Kosten des Verfahrens.
Angewendete Vorschriften:
§§ 115 Abs. 1, 129 Abs. 1 StGB-DDR, 223 Abs. 1, 223a Abs. 1, 240, 25 Abs. 2, 53, 54, 56 Abs. 2 StGB

Gründe

(abgekürzt gemäß § 267 Abs. 4 StPO)

I. [Feststellungen zur Person]

Der Angeklagte wuchs als einziges Kind seiner Eltern in C. auf. Sein Vater arbeitete als Krankenpfleger, die Mutter als Krankenschwester. Der Familie ging es finanziell gut.

Nach dem Besuch des Kindergartens wurde der Angeklagte im Alter von 7 Jahren eingeschult. Er besuchte eine Polytechnische Oberschule in Cottbus bis zum Abschluß der 10. Klasse. Besonderes Interesse an einem der Schulfächer hatte der Angeklagte nicht. Die Abschlußprüfungen bestand er mit dem Prädikat „gut".

Nach der Schule folgte eine Lehre als Maschinist für Verkehrsbautechnik in Cottbus. In dieser Zeit wohnte der Angeklagte noch bei seinen Eltern. Nach 2 Jahren schloß er die Lehre ab. Anschließend arbeitete er an verschiedenen Objekten in der näheren Umgebung von Cottbus.

In der Freizeit trieb der Angeklagte Sport.

Nachdem er zu dem von ihm erstrebten Technikstudium in Löbau nicht zugelassen worden war, wollte der Angeklagte den Wehrdienst möglichst zeitnah absolvieren. Er wurde daher auf {3} seinen Wunsch hin zur Bereitschaftspolizei nach Basdorf in der Nähe von Berlin eingezogen. Dort absolvierte er den Dienstanfängerlehrgang für Angehörige der Schutzpolizei.

Nach dem Wehrdienst arbeitete der Angeklagte einige Monate als Schutzpolizist.

Im Alter von 21 Jahren nahm er am 01.06.1976 den Dienst in der Strafvollzugseinrichtung (im folgenden „StVE“) in Cottbus auf. Zunächst war er Wachtmeister im operativen Dienst. Inhalt der Tätigkeit war es, den Tagesablaufplan in der StVE zu gewährleisten. Danach nahm der Angeklagte Aufgaben als Postenführer, u.a. in der Produktionsaufsicht wahr. Anfang der achtziger Jahre wurde er Gruppenführer im Aufsichtsdienst. Zunächst wurde er für ein Jahr bei der Objektsicherung eingesetzt, später, bis Februar 1983, im Aufsichtsdienst. Ab diesem Zeitpunkt war der Angeklagte als Stationsleiter in der Untersuchungshaftabteilung tätig.

Der Angeklagte erreichte den Dienstgrad „Obersekretär“.

Nach der politischen Wende in der ehemaligen DDR arbeitete der Angeklagte in der Justizvollzugsanstalt Cottbus in der Untersuchungshaftabteilung weiter. Zum 31.12.1991 wurde das Dienstverhältnis aufgelöst.

Im Jahre 1992 begann der Angeklagte eine Tätigkeit als ⊗ es folgen Angaben zur Erwerbstätigkeit und zum Einkommen des Angeklagten.⊗

Der Angeklagte war zweimal verheiratet. ⊗ Es folgen Angaben zur familiären Situation des Angeklagten. ⊗ {4}

Der Angeklagte ist bislang strafrechtlich nicht in Erscheinung getreten.

II. [Feststellungen zum Sachverhalt]

Die StVE Cottbus war eine der Haftanstalten in der DDR, in denen Strafgefangene, die wegen des Vorwurfes des ungesetzlichen Grenzübertritts, der öffentlichen Herabwürdigung u.ä. Delikte verurteilt worden waren, inhaftiert wurden. In vielen Fällen wurden diese Gefangenen nach Verbüßung einer von Gerichten der DDR verhängten Freiheitsstrafe oder eines Teils davon in die Bundesrepublik Deutschland entlassen.

Gesetzwidrige Übergriffe von Angehörigen des Vollzugsdienstes gegenüber Inhaftierten waren nicht selten. Beispielsweise wurden aus nichtigen Anlässen Strafgefangene geschlagen. Strafrechtliche Konsequenzen hatten jene Angehörigen des Strafvollzugsdienstes aus politischen Gründen nicht ernsthaft zu befürchten.

Auch dem Angeklagten fallen Übergriffe der geschilderten Art zur Last. Im einzelnen:

1. Im Zeitraum Januar/Februar 1978 schlug der Angeklagte einmal mit einem Schlüsselbund, den er am Lederriemen trug, in das Gesicht des Zeugen Klaus S. Der Schlag traf die linke Lippenseite und durchschlug die Unterlippe, wobei die Wunde stark blutete und eine noch heute sichtbare Narbe hinterließ.

2. Anfang Mai 1978 schlug der Angeklagte je einmal mit seiner Faust auf den Brustkorb und in den Magen des Zeugen Holger W. Anlaß für die Schläge war eine vorangegangene Gehorsamsverweigerung durch den Strafgefangenen.

3. In der Zeit vom 13.05.1980 bis 23.06.1980 schlug der Angeklagte gemeinsam mit einem weiteren Strafvollzugsangehörigen zunächst mehrfach mit der Faust in das Gesicht des Zeugen Wolfgang Me. und trat diesem nachfolgend von hinten in die Beine. Der Zeuge Me. war zuvor durch den Angeklagten zu einer Reflexhandlung provoziert worden. {5}

4. Am 19.12.1980, gegen 22.30 Uhr, schlug der Angeklagte dem Zeugen Rolf L. einmal mit der Faust ins Gesicht, wobei bei diesem ein Stück eines oberen Schneidezahns abbrach. Anlaß für die Mißhandlung war, daß der Zeuge entgegen den Vorschriften der Hausordnung wegen der Kälte eine Hand in der Hosentasche belassen hatte.

5. In der Zeit von August 1981 bis Mai 1982 schlug der Angeklagte gemeinsam mit weiteren Strafvollzugsangehörigen mittels Stock- und Faustschlägen mehrfach auf den Zeugen Uwe Mü. ein. Die Schläge erfolgten jeweils ohne einen besonderen Anlaß.

6. Im September 1981 schlug der Angeklagte mit zwei kräftigen Faustschlägen auf die Schläfe des Martin D. ein, wodurch dieser zu Boden ging und eine Zeitlang ohne Besinnung war. Den Schlägen war eine Weigerung des Zeugen D. vorausgegangen, seine geöffnete Arbeitsjacke zu schließen.

7. Am 31.10.1981 schlug der Angeklagte dem Zeugen Knut Da. mehrfach mit einem Türschlüssel auf beide Handgelenke und gleichzeitig mehrfach mit der Faust gegen den Oberkörper. Der Zeuge Da. hatte sich zuvor wegen Magenbeschwerden in der Toilette des Verwahrraumes vor dem Ausschließen versteckt.

8. In der Zeit von Dezember 1981 bis Anfang Januar 1982 schlug der Angeklagte den Zeugen Werner La. eine Treppe empor und billigte gleichzeitig die durch den gesondert verfolgten Strafvollzugsangehörigen Holz durchgeführten Faustschläge in das Gesicht des La.

9. In der Zeit von Ende 1981 bis zum 16.02.1984, an einem Sonntagnachmittag, griff der Angeklagte in die Haare des Zeugen Uwe-Carsten G. und fuhr mit dessen Kopf gewaltsam eine rauhe Wand hoch und runter. Mit dieser Maßnahme hörte der Angeklagte erst auf, als der Zeuge G. erklärte, was vom Angeklagten gewollt war, daß die Zellenwand grün sei, obwohl diese tatsächlich grau war. Anlaß der Mißhandlung war, daß der Zeuge G. blinden Gehorsam lerne, um einen von ihm gestellten Ausreiseantrag zurückzunehmen.

10. In der Zeit vom 01.02.1983 bis 15.05.1984 schlug der Angeklagte dem Zeugen Rolf Si. auf dem Weg zum Vorplatz zwischen Poststelle und Zugang zum Keller einmal mit einem {6} Schlagstock in das Gesicht. Der Schlag traf die linke Gesichtshälfte, wobei der Kiefer oben links zertrümmert und 3 Backenzähne ausgeschlagen wurden. Anlaß der Mißhandlung war, daß sich der Zeuge Si. über eine in seinen Augen unmenschliche Behandlung eines Mitinhaftierten erregt hatte.

11. Anfang Juli 1983 schlug der Angeklagte dem Zeugen Thomas Pf. in einem Trafohäuschen zunächst mehrfach mit der flachen Hand ins Gesicht und würgte diesen nachfolgend so nachhaltig, daß andere Strafgefangene die Abdrücke der Finger am Hals des Geschädigten sehen konnten. Anlaß für diese Behandlung durch den Angeklagten

war, daß der Zeuge Pf. in einer Marschkolonne von weiteren Strafgefangenen ein Lied gepfiffen hatte.

12. Anfang Juli 1983 schlug der Angeklagte gemeinschaftlich handelnd mit einem weiteren Strafvollzugsangehörigen im Gang vor der Zelle des Zeugen Harald L. diesem mit der Faust in den Nierenbereich und trat ihm mit dem Knie in die Geschlechtsteile. Anlaß für die Handlung war, daß der Zeuge L., welcher nach einem gescheiterten Fluchtversuch in die Bundesrepublik Deutschland ein Bein verloren hatte, einer in der Zelle ausgesprochenen Aufforderung zum Aufstehen nicht schnell genug nachgekommen war.

13. und 14. Am 09.11.1983, in der Zeit von 4.30 Uhr bis 5.45 Uhr, schlug der Angeklagte zweimal den Hinterkopf des Zeugen Peter St., nachdem er diesen am Hals gepackt hatte, gegen eine Wand. Anlaß für diese Handlung war, daß sich der Zeuge St. beim Warten auf den Abmarsch zur Arbeit mit dem Rücken gegen eine warme Wand des Schornsteins zum Zwecke des Aufwärmens gelehnt hatte.

Nach ca. weiteren 5 bis 10 Minuten griff sich der Angeklagte beim Abrücken zur Arbeit den Zeugen St. aus der Marschkolonne heraus und nahm ihn mit dem Arm in den Schwitzkasten. Dabei drückte er so zu, daß dieser Zeuge sofort rot anlief und kaum noch atmen konnte.

15. 1983, an einem nicht mehr näher feststellbaren Tag, trat der Angeklagte vor der Zelle des Zeugen Jürgen Ha. gegen dessen bei einem Fluchtversuch angebrochenen und verstauchten linken Fußknöchel. Obwohl der Angeklagte auf die Verletzung durch den {7} Zeugen hingewiesen wurde, trat dieser zunächst nochmals gegen den Fußknöchel, anschließend packte er den Zeugen Ha. am Hals und würgte ihn. Anlaß der Handlung war, daß der Zeuge Ha. bei einem zuvor durchgeführten Zellendurchgang eine ergänzende Meldung betreffend das Fehlen eines Inhaftierten, welcher sich auf der Toilette befunden hatte, gemacht hatte.

16. Im Juli 1988 schlug der Angeklagte gemeinsam mit einem weiteren Strafvollzugsangehörigen bei einer Vernehmung des Zeugen Andre Pr. diesem mit der Faust ins Gesicht. Anlaß des Schlages war, daß der Zeuge Pr. sich geweigert hatte, ein Protokoll zu unterschreiben. Der Faustschlag führte zu einem Bluterguß am rechten Auge.

III. [Beweiswürdigung]

Die Feststellungen unter I. beruhen auf den Angaben, die der Angeklagte zu seiner Person und zu seinem Werdegang gemacht hat und die nachvollziehbar und in sich widerspruchsfrei waren.

Der Sachverhalt zu II. ist, soweit er allgemeine Feststellungen zu den Aufgaben und Vorfällen in der StVE Cottbus enthält, gerichtskundig. Die Kammer hat insoweit Erkenntnisse, die sie in den Strafverfahren gegen Hubert Schulze (Az.: 22 Kls 16/96)[1], Horst Jahn (Az.: 22 Kls 75/97)[2] und Helmut D. (Az.: 22 KLs 60/98)[3] gewonnen hat, verwertet. Im übrigen beruhen die Feststellungen unter II. auf der geständigen und glaubhaften Einlassung des Angeklagten, der die Kammer insoweit folgen konnte.

IV. [Rechtliche Würdigung]

Nach den Feststellungen unter Ziff. II. hat sich der Angeklagte in 16 Fällen der vorsätzlichen Körperverletzung, davon in 2 Fällen in Tateinheit mit Nötigung schuldig gemacht.

Die einzelnen Handlungen waren nach dem zur Tatzeit in der DDR geltenden Strafrecht gemäß §§ 115 Abs. 1[4] und 129 Abs. 1 StGB-DDR (Strafgesetzbuch der Deutschen Demokratischen Republik vom 12.01.1968 in der Neufassung vom 19.12.1974, GBl. DDR I 1975, S. 14, u.a. {8} geändert durch das 4. Strafrechtsänderungsgesetz vom 18.12.1987, GBl. DDR I, S. 301) mit Strafe bedroht. Diesen Vorschriften hat die Kammer den Schuldspruch entnommen.

Die Strafbarkeit des Handelns des Angeklagten folgt auch aus den entsprechenden Vorschriften der §§ 223 Abs. 1, 223a Abs. 1, 240 StGB in der zur Tatzeit geltenden Fassung (durch das EGStGB vom 02.03.1974, BGBl. I, S. 469). Danach hat sich der Angeklagte der Körperverletzung in 9 Fällen, darunter in einem Fall in Tateinheit mit Nötigung sowie in 7 Fällen der gefährlichen Körperverletzung, darunter in einem Fall in Tateinheit mit Nötigung schuldig gemacht. Darüber hinaus sind die Taten unter II. Nrn. 3, 5, 8, 12 und 16 von mehreren, d.h. gemeinschaftlich begangen worden.

Die Handlungen des Angeklagten waren auch nicht gerechtfertigt oder entschuldigt.

Die Rechte der Gefangenen in den StVE waren im Recht der DDR geschützt. Die Anwendung unmittelbaren Zwanges war nur unter engen Voraussetzungen zulässig. Diese Voraussetzungen waren im Strafvollzugs- und Wiedereingliederungsgesetz der DDR vom 12.01.1968 (GBl. DDR I, S. 109) und später im Strafvollzugsgesetz der DDR vom 07.04.1977 (GBl. DDR I, S. 109) geregelt. Die allgemeinen und die konkret für die Anwendung unmittelbaren Zwanges einschlägigen Regelungen waren in diesen beiden Gesetzen im Kern identisch. Insbesondere Gewaltanwendung gegenüber Gefangenen war nur in bestimmten, eng begrenzten Situationen unter Wahrung des Verhältnismäßigkeitsgrundsatzes erlaubt.

So heißt es im Strafvollzugsgesetz der DDR vom 07.04.1977[5] u.a.:

„§ 2

(1) Inhalt und Gestaltung des Vollzuges der Strafen mit Freiheitsentzug werden durch das humane Wesen des sozialistischen Staates bestimmt. Den Strafgefangenen ist ihre Verantwortung als Mitglieder der Gesellschaft bewußt zu machen. Sie sind zu erziehen, künftig die Gesetze des sozialistischen Staates einzuhalten und ihr Leben verantwortungsbewußt zu gestalten.

(2) Die sozialistische Gesellschaft gewährleistet ihre Verantwortung für die Erziehung der Strafgefangenen während des Vollzuges insbesondere durch die Verwirklichung des Rechts der Strafgefangenen auf Arbeit sowie durch differenzierte Mitwirkung geeigneter gesellschaftlicher Kräfte im Vollzugsprozeß und bei der langfristigen Vorbereitung der Wiedereingliederung in das gesellschaftliche Leben. {9}

§ 3

(1) Beim Vollzug von Strafen mit Freiheitsentzug ist die sozialistische Gesetzlichkeit strikt zu waren.

(2) Die sozialistische Gesellschaft läßt sich auch im Strafvollzug konsequent von der Gerechtigkeit sowie der Achtung der Menschenwürde und der Persönlichkeit leiten.

(3) …

(4) Die Rechte der Strafgefangenen dürfen im Strafvollzug nur soweit eingeschränkt werden, als das durch Gesetz zulässig ist. Den Strafgefangenen ist der Schutz ihres Lebens, ihrer Gesundheit und Arbeitskraft zu gewährleisten. Unterbringung, Versorgung und Betreuung der Strafgefangenen haben so zu erfolgen, daß sie den allgemeinen Grundsätzen der Förderung und

Erhaltung der Gesundheit, den allgemeinen Grundsätzen der Hygiene und des Zusammenlebens in der Gemeinschaft entsprechen.

§ 4

(1) Im Strafvollzug ist die sichere Verwahrung der Strafgefangenen zu gewährleisten und eine für die Aufrechterhaltung der Sicherheit erforderliche und das Zusammenleben in der Gemeinschaft notwendige Ordnung und Disziplin durchzusetzen.

(2) Die Anwendung von anderen als in diesem Gesetz vorgesehenen Disziplinar- und Sicherungsmaßnahmen ist nicht zulässig.

§ 32

(1) Bei schuldhaften Verstößen Strafgefangener gegen die Pflichten und Verhaltensregeln sind Disziplinarmaßnahmen anzuwenden.

(2) Eine Disziplinarmaßnahme darf nur angewendet werden, wenn der Sachverhalt gründlich untersucht und geklärt wurde. Dazu ist der Strafgefangene zu hören und ihm ist Gelegenheit zur Stellungnahme zu dem gegen ihn erhobenen Vorwurf zu geben. Die Anwendung einer Disziplinarmaßnahme erfolgt individuell und muß der Schwere des Verstoßes angemessen sein. Sie ist nicht mehr anzuwenden, wenn der Anlaß dafür länger als 3 Monate zurückliegt. Es ist unzulässig, einen Verstoß durch mehrere Disziplinarmaßnahmen zu ahnden.

(3) Disziplinarmaßnahmen sind:

1. Ausspruch einer Mißbilligung,
2. Verwarnung durch eine Aussprache mit Androhung einer strengeren Disziplinarmaßnahme,
3. Einschränkung oder Entzug von Vergünstigungen,
4. Einschränkung des Verfügungssatzes für den monatlichen Einkauf,
5. Arrest. {10}

(4) Der Arrest darf 21 Tage, bei Jugendlichen 14 Tage, nicht übersteigen. Arrest darf nur ausgesprochen werden, wenn andere Disziplinarmaßnahmen wiederholt ohne Erfolg angewandt wurden oder auf Grund der Schwere des Verstoßes die sofortige nachdrückliche Disziplinierung im Interesse der Aufrechterhaltung der Ordnung und Gewährleistung der Sicherheit diese Disziplinarmaßnahme erforderlich macht. Während des Arrestes sind die Strafgefangenen unter ärztlicher Kontrolle zu halten.

…

§ 33

(1) Sicherungsmaßnahmen gegen Strafgefangene dürfen nur angewandt werden, wenn sie zur Verhinderung eines körperlichen Angriffs auf Strafvollzugsangehörige, andere Personen oder Strafgefangene, einer Flucht sowie zur Aufrechterhaltung der Sicherheit und zur Verhinderung eines Angriffs des Strafgefangenen auf das eigene Leben erforderlich sind.

(2) Die Anwendung von Sicherungsmaßnahmen darf den Grad der Gefährlichkeit des Anlasses nicht übersteigen und nur solange andauern, bis der Zweck der Maßnahme erreicht ist. Die Anwendung von Sicherungsmaßnahmen ist anzudrohen, sofern nicht die Notwendigkeit der Abwendung einer unmittelbaren Gefahr besteht. Ihre Anwendung schließt Disziplinarmaßnahmen oder eine strafrechtliche Verfolgung aus.

(3) Sicherungsmaßnahmen sind:

1. Entzug von Einrichtungs- oder sonstigen Gegenständen, wenn zu befürchten ist, daß sie zu Angriffen gegen andere Personen oder auf das eigene Leben mißbraucht werden können,
2. Absonderung von anderen Strafgefangenen oder Unterbringung in Einzelhaft.

(4) Die Verfügung zur Anwendung von Sicherungsmaßnahmen obliegt den Leitern der Strafvollzugseinrichtungen oder der Jugendhäuser.

(5) Maßnahmen des unmittelbaren Zwanges sind nur zulässig, wenn auf andere Weise ein Angriff auf Leben oder Gesundheit oder ein Fluchtversuch nicht verhindert oder Widerstand gegen Maßnahmen zur Aufrechterhaltung der Sicherheit nicht beseitigt werden können. {11}

…“

Bei keiner der Taten lagen die Voraussetzungen der Anwendung unmittelbaren Zwanges vor. Es wäre allenfalls die Anwendung einer Disziplinarmaßnahme in Betracht gekommen. Das war dem Angeklagten auch bewußt.

Die festgestellten Taten sind schließlich auch nicht verjährt. Die Verfolgungsverjährung ruhte bis zum 02.10.1990 entsprechend § 83 Nr. 2 StGB-DDR/§ 78b Abs. 1 Nr. 2 StGB. Es handelt sich nämlich um Taten, die von Art. 1 des Gesetzes über das Ruhen der Verjährung bei SED-Unrechtstaten vom 26.03.1993 (Verjährungsgesetz, BGBl. I, S. 392) erfaßt sind, weil sie nach „dem ausdrücklichen oder mutmaßlichen Willen der Staats- und Parteiführung der ehemaligen DDR aus politischen oder sonst mit wesentlichen Grundsätzen einer freiheitlichen rechtsstaatlichen Ordnung unvereinbaren Gründen nicht geahndet worden sind“. Die Kammer orientiert sich insoweit am Urteil des 3. Strafsenats des Bundesgerichtshofes vom 26.04.1995 (– 3 StR 93/95 –, NJ 1995, 597 f.[6]).

Die Verjährung, die danach am 03.10.1990 begonnen hat, ist nicht schon gemäß § 78 Abs. 3 Nr. 4 StGB nach 5 Jahren eingetreten. Für Taten, die in dem in Artikel 3 des Einigungsvertrages genannten Gebiet begangen worden sind und die im Höchstmaß mit Freiheitsstrafe von mehr als einem Jahr bis zu fünf Jahren bedroht sind, geht nämlich die Spezialregelung des Art. 315a Abs. 2 EGStGB vor. Die in dieser Vorschrift genannten Taten, zu denen auch die vom Angeklagten eingeräumten zählen, verjähren frühestens mit Ablauf des 02. Oktober 2000 (vgl. Tröndle-Fischer, StGB, 49. Aufl., vor § 78 Rz. 16 ff.).

V. [Strafzumessung]

Bei der Strafzumessung hatte die Kammer gemäß Art. 315 EGStGB i.V.m. § 2 Abs. 3 StGB das für den Angeklagten mildeste Recht anzuwenden. Der anzustellende Vergleich zwischen den einschlägigen Vorschriften des StGB-DDR und des StGB ergab, daß die §§ 223, 223a, 240 StGB a.F. das mildere Gesetz darstellen. Die Anwendung des StGB erlaubt nämlich im Gegensatz zum StGB-DDR, eine verhängte Freiheitsstrafe nach § 56 StGB zur Bewährung auszusetzen (BGH a.a.O.). {12}

Die Kammer hat folglich die Vorschriften des zur Tatzeit geltenden Rechtes der Bundesrepublik Deutschland, namentlich die §§ 223, 223a, 240 StGB, angewandt und gemäß §§ 53, 54 StGB eine Gesamtfreiheitsstrafe gebildet.

Zur Tatzeit waren die Körperverletzung mit Freiheitsstrafe bis zu 3 Jahren oder mit Geldstrafe, die gefährliche Körperverletzung mit Freiheitsstrafe bis zu 5 Jahren oder mit Geldstrafe und die Nötigung mit Freiheitsstrafe bis zu 3 Jahren oder mit Geldstrafe, in besonders schweren Fällen mit Freiheitsstrafe von 6 Monaten bis zu 5 Jahren bedroht. Diese Strafandrohungen namentlich die der §§ 223, 223a StGB stellen sich gegenüber dem jetzigen Rechtszustand als milder dar (§ 2 Abs. 3 StGB).

Die Kammer hat sich allgemein von folgenden Strafzumessungsgesichtspunkten leiten lassen:

Zugunsten des Angeklagten war strafmildernd zu berücksichtigen, daß die Taten schon lange zurückliegen. Die erste Tat hat der Angeklagte nach den Feststellungen vor mehr als 21 Jahren begangen. Auch zwischen der Begehung der Tat zu II. 16. und der Hauptverhandlung liegt noch ein Zeitraum von mehr als 11 Jahren.

Ferner war der Angeklagte über einen außerordentlich langen Zeitraum dem in dieser Sache laufenden Ermittlungsverfahren ausgesetzt.

Darüber hinaus mußte sich strafmildernd auswirken, daß der Angeklagte zum Zeitpunkt des Begehens der einzelnen Taten nicht mit einer Strafverfolgung rechnen mußte, weil u.a. aus Gründen der internationalen Reputation von der Verfolgung derartiger Taten in der DDR abgesehen wurde. Der Angeklagte ist auch anderweitig strafrechtlich nicht in Erscheinung getreten.

Schließlich hat der Angeklagte auch die ihm zur Last gelegten Übergriffe auf Strafgefangene vollumfänglich eingeräumt und dadurch insbesondere den Geschädigten eine – erfahrungsgemäß psychisch erheblich belastende – Aussage erspart.

Zu Lasten des Angeklagten hatte die Kammer zu gewichten, daß es relativ häufig zu Übergriffen auf Strafgefangene kam, die teilweise auch von erheblicher Intensität waren. Dabei {13} standen die Häftlinge dem seine Machtposition ausnutzenden Angeklagten, eben weil sie Strafgefangenen waren, wehrlos gegenüber. Dies auch insbesondere dann, wenn die Mißhandlungen durch den Angeklagten und andere Strafvollzugsangehörige gemeinschaftlich begangen wurden.

Unter Berücksichtigung dieser Umstände hat die Kammer für jede Tat eine Einzelstrafe gebildet und zwar für die Taten in der numerischer Reihenfolge wie unter II.:

1. Hier hat der Angeklagte ein gefährliches Werkzeug benutzt und durch den Schlag eine nachhaltige Körperverletzung verursacht. Die Kammer sah daher eine Freiheitsstrafe von 7 Monaten als tat- und schuldangemessen an.

2. Bei dieser Tat wiegt der Vorwurf geringer als bei der vorherigen. Für die Faustschläge erschien eine Geldstrafe von 60 Tagessätzen zu 100 DM ausreichend.

3. Für diese im Zusammenwirken mit weiteren Strafvollzugsangehörigen ausgeführten Faustschläge in das Gesicht des Zeugen Me. und das nachfolgende Treten durch den Angeklagten hat die Kammer auf eine Geldstrafe von 90 Tagessätzen zu 100 DM erkannt.

4. Der gegen den Zeugen L. geführte Schlag erfolgte aus nichtigem Anlaß und hatte nachhaltige Folgen. Daher erschien der Kammer eine Freiheitsstrafe von 8 Monaten angemessen.

5. Bei dieser Handlung wirkte der Angeklagte mit weiteren Strafvollzugsangehörigen zusammen. Außerdem wurde bei den Schlägen, die jeweils ohne besonderen Anlaß erfolgten, ein Werkzeug eingesetzt. Die Kammer brachte daher eine Geldstrafe von 90 Tagessätzen zu 100 DM in Ansatz.

6. Die zweimal auf die Schläfe des Zeugen D. geführten Schläge erfolgten ohne erheblichen Anlaß. Insbesondere wegen ihrer Folge – der Zeuge ging zu Boden und war eine Zeitlang ohne Besinnung – hielt die Kammer eine Freiheitsstrafe von 11 Monaten für tatangemessen. {14}

7. Auch in diesem Fall erkannte die Kammer auf Freiheitsstrafe und zwar in einer Länge von 5 Monaten. Ausschlaggebend dafür war, daß der Angeklagte bei vergleichsweise geringfügigem Anlaß mehrfach mit einem Türschlüssel und zugleich mit der Faust auf den Zeugen eingeschlagen hat. Die Kammer hielt wegen der wiederholten Mißhandlung eines Strafgefangenen die Verhängung einer Freiheitsstrafe für angebracht (§ 47 Abs. 1 StGB).

8. Für diese, dem Unrechtsgehalt nach geringfügigere Tat erschien der Kammer eine Geldstrafe von 60 Tagessätzen als schuldangemessen.

9. Die Handlung des Angeklagten hebt sich insofern aus den anderen Taten heraus, als der Angeklagte sich neben einer Körperverletzung zugleich einer Nötigung schuldig gemacht hat, indem er den Zeugen G. zwang, eine von ihm gewünschte Erklärung abzugeben, und mit der Mißhandlung erst aufhörte, nachdem der Nötigungserfolg eingetreten war. Die Kammer erkannte deswegen auf eine Freiheitsstrafe von 8 Monaten.

10. Auch diese, mit einem Schlagstock ausgeführte Köperverletzungshandlung hebt sich wegen ihrer Folgen aus den anderen Taten heraus. Der den Zeugen Si. an der linken Gesichtshälfte treffende Schlag führt zur Zertrümmerung des Kiefers oben links und zum Verlust von 3 Backenzähnen. Wegen dieser schwerwiegenden Folgen hat die Kammer eine Freiheitsstrafe von 1 Jahr und 2 Monaten angesetzt.

11. Die Kammer hat in diesem Fall wegen der mehrfach ausgeführten Schläge und dem sich anfügenden Würgen des Gefangenen Pf. unter Berücksichtigung des § 47 Abs. 1 StGB auf eine Freiheitsstrafe von 5 Monaten erkannt.

12. Das Handeln des Angeklagten und der weiteren Strafvollzugsangehörigen richtete sich gegen einen Gefangenen, der, weil er bei einem Fluchtversuch ein Bein verloren hatten, dem Strafvollzugsangehörigen hilflos gegenüberstand. Sie ist außerdem durch das besonders entwürdigende Treten in die Geschlechtsteile gekennzeichnet. Die Kammer sah daher eine Freiheitsstrafe in einer Länge von 8 Monaten als tat- und schuldangemessen an.

13. Für diese Körperverletzung hielt die Kammer eine Geldstrafe von 120 Tagessätzen zu je 100 DM für ausreichend. {15}

14. Auch auf die sich an die Handlung zu Ziff. 13. anschließende Körperverletzung sah die Kammer die Verhängung einer Geldstrafe von 120 Tagessätzen als angemessene aber auch ausreichende Sanktion an.

15. Die Tat des Angeklagten richtete sich gegen einen infolge Verletzung hilflosen Gefangenen. Auch hier hielt die Kammer die Verhängung einer Freiheitsstrafe in einer Länge von 5 Monaten für nötig (§ 47 Abs. 1 StGB).

16. Für diese Tat hat die Kammer schließlich ebenfalls auf Freiheitsstrafe in einer Länge von 8 Monaten erkannt. Dafür war ausschlaggebend, daß die Tat seitens des Gefangenen weder provoziert noch irgendwie veranlaßt worden ist. Durch sein Handeln hat der Angeklagte den Zeugen zugleich genötigt.

Aus diesen Einzelstrafen hat die Kammer unter Erhöhung der Einsatzstrafe eine Gesamtstrafe gebildet, §§ 53, 54 StGB. Bei der Zumessung der Gesamtstrafe hat sich die Kammer von der Vorgabe des § 54 Abs. 1 S. 3 StGB leiten lassen und nochmals alle für und gegen den Angeklagten sprechenden Umstände berücksichtigt. Dabei hat sich nochmals strafmildernd ausgewirkt, daß die Taten bereits eine ganz erhebliche Zeit zurückliegen und dadurch begünstigt wurden, daß der Angeklagte bei ihrer Begehung mit keiner Strafverfolgung rechnen mußte. Im Ergebnis dieser Gesamtbetrachtung hat die Kammer auf eine

Gesamtfreiheitsstrafe von 1 Jahr und 8 Monaten

erkannt.

Die Vollstreckung der Gesamtfreiheitsstrafe war gemäß § 56 Abs. 2 StGB zur Bewährung auszusetzen. Es ist zu erwarten, daß der Angeklagte sich schon die Verurteilung zur Warnung dienen lassen und künftig auch ohne die Einwirkung des Strafvollzuges keine Straftaten mehr begehen wird. Die damaligen, lange zurückliegenden Straftaten sind aus dem speziellen Zusammenhang seiner ehemaligen Tätigkeit in der StVE Cottbus heraus begangen worden. Diese Tätigkeit übt der Angeklagte seit Jahren nicht mehr aus. Er ist anderweitig nicht strafrechtlich in Erscheinung getreten. Der Angeklagte ist sozial und beruflich integriert. Die {16} Aussetzung der Vollstreckung zur Bewährung soll insbesondere unter Berücksichtigung der zuvor genannten Umstände auch dazu führen, daß die Verurteilung für den Angeklagten keine irreversiblen beruflichen Nachteile mit sich bringt.

Anmerkungen

1 Vgl. lfd. Nr. 2.

2 Horst Helmut Günter Jahn, genannt „Arafat“, wurde von der Staatsanwaltschaft Neuruppin am 7.11.1997 unter dem Az. 64 Js 360/94 angeklagt. Das Landgericht Cottbus verurteilte Jahn am 3.6.1999 – Az. 22 KLs 75/97, 64 Js 360/94 – wegen vorsätzlicher Körperverletzung in 23 Fällen, davon in einem Fall in Tateinheit mit Nötigung, zu zwei Jahren und drei Monaten Freiheitsstrafe. Dieses Urteil wurde rechtskräftig, nachdem der BGH durch Beschluss vom 4.7.2000 – 5 StR 111/00 – die Revision des Angeklagten als unbegründet verworfen hatte.

3 Helmut D. wurde von der Staatsanwaltschaft Neuruppin am 11.8.1998 unter dem Az. 64 Js 359/94 angeklagt. Das Landgericht Cottbus verurteilte D. am 3.8.1999 – Az. 22 KLs 60/98 – wegen wegen gefährlicher Körperverletzung in drei Fällen zu einer Freiheitsstrafe von acht Monaten verurteilt, deren Vollstreckung zur Bewährung ausgesetzt wurde.

4 Vgl. Anhang S. 467f.

5 Vgl. den Abdruck im Anhang auf S. 491ff.

6 Vgl. lfd. Nr. 1-2.

Teil 2:
Doping

Lfd. Nr. 5

Das Leistungssport- und Dopingsystem der DDR (I) – Die Rolle von Ärzten und Trainern

Inhaltsverzeichnis
Erstinstanzliches Urteil des Landgerichts Berlin vom 31.8.1998, Az.: (534) 28 Js 39/97 KLs (17/98) bzgl. Gläser und Binus

Landgericht Berlin 31. August 1998
Az.: (534) 28 Js 39/97 KLs (17/98)

URTEIL

Im Namen des Volkes

Strafsache *gegen*

1. den Schwimmtrainer
   Rolf Gläser,
   geboren 1939 in D.,
2. den Arzt
   Dr. Dieter Max Werner Binus,
   geboren 1939 in B.,

wegen vorsätzlicher Körperverletzung

Die 34. große Strafkammer des Landgerichts Berlin hat aufgrund der Hauptverhandlung vom 18., 25., 30. März, 3., 14., 15., 20., 27., 29. April, 6., 11., 13., 18., 25. Mai, 3., 8., 15., 17., 22. Juni, 1., 6., 13. Juli, 12., 17., 19., 24., 26., 31. August 1998, an der teilgenommen haben: {2}

⊗ Es folgt die Nennung der Verfahrensbeteiligten. ⊗ {3}

in der Sitzung vom 31. August 1998
für *Recht* erkannt:

1. Der Angeklagte Gläser wird wegen vorsätzlicher Körperverletzung in neun Fällen zu einer Geldstrafe von
   90 (neunzig) Tagessätzen zu je 80,-- (achtzig) DM
   verurteilt.
2. Der Angeklagte Dr. Binus wird wegen vorsätzlicher Körperverletzung in zwei Fallen sowie wegen Beihilfe zur vorsätzlichen Körperverletzung in sieben Fällen zu einer Geldstrafe von
   90 (neunzig) Tagessätzen zu je 1000,- (einhundert) DM
   verurteilt.
3. Die Angeklagten haben die Kosten des Verfahrens, ihre eigenen notwendigen Auslagen und die notwendigen Auslagen der Nebenklägerinnen A., E. und L. zu tragen.

Angewandte Strafvorschriften:
für den Angeklagten Gläser:
§ 223 StGB i.d.F. vor dem VerbrechensbekämpfungsG v. 28.10.1994, §§ 25 Abs. 2, 53 StGB; Art. 315 EGStGB; §§ 115 Abs. 1, 22 Abs. 1 und Abs. 3, 64 Abs. 1 StGB/DDR.

für den Angeklagten Dr. Binus:
§ 223 StGB i.d.F. vor dem VerbrechensbekämpfungsG v. 28.10.1994, §§ 25 Abs. 2, 53 StGB; Art. 315 EGStGB; §§ 115 Abs. 1, 22 Abs. 1, 22 Abs. 2 Nr. 3 und Abs. 3, 64 Abs. 1 StGB/DDR. {4}

Gründe

(bezüglich des Angeklagten Gläser abgekürzt gemäß § 267 Abs. 4 StPO)

I. Teil: Feststellungen

A. Verfahrensgegenstand

Gegenstand des vorliegenden Verfahrens ist die den Angeklagten Dr. Binus und Rolf Gläser sowie den gesondert Verfolgten Dr. Bernd Pansold, Volker Frischke, Dieter Krause und Dieter Lindemann[1] zur Last gelegte Vergabe von anabolen Steroiden an 19 damals minderjährige Schwimmerinnen des SC Dynamo Berlin in der Zeit von 1975 bis 1989.

Das Verfahren über diesen als gemeinschaftliche Körperverletzung angeklagten Vorwurf ist zunächst gegen alle sechs Angeklagten gemeinsam verhandelt worden, bis das Verfahren gegen den Angeklagten Dr. Binus durch Beschluß der Kammer vom 12. Juli 1998 und das Verfahren gegen den Angeklagten Rolf Gläser durch Beschluß der Kammer vom 24. August 1998 zur gesonderten Verhandlung und Entscheidung abgetrennt wurde. Durch Beschluß der Kammer vom 26. August 1998 bzw. vom 31. August 1998 sind die Verfahren zur gemeinsamen Entscheidung verbunden worden.

Im Zuge der Hauptverhandlung hat die Kammer durch Beschluß vom 12. August 1998 die Strafverfolgung bezüglich des Angeklagten Dr. Binus auf die Fälle der Zeuginnen A., D., F., Dr. K., J., E., G., L. und R. beschränkt und das Verfahren hinsichtlich der übrigen Fälle der Anklage gemäß § 154 StPO vorläufig eingestellt. Gegenstand des Verfahrens für die Angeklagten Dr. Binus und Rolf Gläser waren daher nur die Fälle dieser neun Zeuginnen.

B. Lebensläufe der Angeklagten

1. Rolf Gläser

Der 58 Jahre alte Angeklagte Gläser absolvierte nach dem Besuch der Grundschule ab 1953 eine zweijährige Lehre als Werkzeugmacher und arbeitete anschließend bis 1957 als Maschinenschlosser. 1957 meldete er sich freiwillig zur Grenzpolizei, 1961 wurde er in die Volkspolizei übernommen. Im gleichen Zeitraum war er als Schwimmsportler aktiv. 1958 {5} wurde er in den Sportzug der Grenzpolizei nach Magdeburg delegiert, später zum SC Dynamo Berlin.

Nach dem Ende seiner aktiven Laufbahn als Schwimmer nahm er 1962 das vom SC Dynamo Berlin ihm unterbreitete Angebot an, sich zum Trainer und Sportlehrer ausbilden zu lassen. Er holte das Abitur nach, besuchte einen Vorbereitungslehrgang und begann 1965 ein Fernstudium an der Deutschen Hochschule für Körperkultur, welches er

1971 mit Erfolg abschloß. Während des Studiums betreute er Anfängergruppen und arbeitete als Trainer im Nachwuchsbereich. Ab September 1971 war er bis August 1984 als Schwimmtrainer beim SC Dynamo Berlin ausschließlich im weiblichen Bereich tätig, anschließend arbeitete er bis 1989 als Methodiker beim SC Dynamo Berlin im Bereich Schwimmen. Mit der Wende schied er ebenfalls aus dem Dienst der Volkspolizei mit dem Dienstgrad eines Majors aus.

Seit September 1990 arbeitet der verheiratete Angeklagte Gläser als Landestrainer für Schwimmen in Oberösterreich. Nach seinen eigenen Angaben verbleibt ihm ein monatliches Nettogehalt von ⊗ es folgen Angaben zum Einkommen ⊗. Er ist nicht vorbestraft.

2. Dr. Dieter Binus

Der 59 Jahre alte Angeklagte Dr. Binus war wie der Angeklagte Gläser in seiner Jugend Schwimmleistungssportler. Von 1969 bis 1974 arbeitete er als Ausbildungsassistent bei der SV Dynamo Berlin mit dem Ziel, Facharzt für Sportmedizin zu werden. Sein anfängliches Zivilbeschäfigtenverhältnis wurde 1973 in ein Dienstverhältnis der Volkspolizei umgewandelt, welches mit einer 10-jährigen Verpflichtung verbunden war. Nach seiner Facharztausbildung zum Facharzt für Sportmedizin arbeitete er ab 1974/1975 als Sektionsarzt in der Sektion Schwimmen des SC Dynamo Berlin. Ab 1985 arbeitete der Angeklagte als Betriebsarzt des SC Dynamo Berlin. Nachdem die Verpflichtungszeit abgelaufen war, verließ er am 31. März 1986 den SC Dynamo Berlin und arbeitete danach im allgemeinen Gesundheitswesen ohne weiteren Bezug zum Leistungssport.

Der Angeklagte Dr. Binus ist praktizierender Arzt. Nach seinen eigenen Angaben verbleibt dem verheirateten Angeklagten ein monatliches Nettogehalt von ⊗ es folgen Angaben zum Einkommen ⊗. Er ist nicht vorbestraft. {6}

C. Allgemeine Organisation und Struktur des DDR-Leistungssports und des Staats-Dopings

Die Angeklagten Dr. Binus und Gläser handelten im Rahmen eines von der Staats- und Sportführung der Deutschen Demokratischen Republik (fortan DDR) organisierten Gesamtkonzeptes zur optimalen Förderung des DDR-Hochleistungssports, bei dem ein geheimgehaltener Teilaspekt die Anwendung von Doping im allgemeinen und von anabolen Steroiden im besonderen betraf. Organisation und Strukturen des Hochleistungssports der DDR, Organisation und Ablauf der systematischen Vergabe von anabolen Steroiden im DDR-Hochleistungssport bzw. im DDR-Frauenschwimmsport sowie Wirkungsweise, Risiken und Nebenwirkungen der Vergabe anaboler Steroide hat die Kammer im einzelnen wie folgt festgestellt:

1. Ziele und Bedeutung des Sports in der DDR

Im Hinblick auf die unbefriedigende außenpolitische und innenpolitische Lage gewann der Sport in der DDR eine immens große Bedeutung. Zwar war der Bestand der DDR nach der Niederschlagung des Volksaufstandes vom 17. Juni 1953 und nach dem Mauerbau vom 13. August 1961 infolge einer festen Einbindung in den Warschauer Pakt gesichert. Außenpolitisch versagte aber die Bundesrepublik Deutschland der DDR die von dieser erstrebte völkerrechtliche Anerkennung als zweiten deutschen Staat mit eigener Staatsangehörigkeit. Dazu kamen die andauernden wirtschaftlichen Mißerfolge und die unbefriedigende Lage auf dem Konsumgütermarkt, die eine ständige Quelle der Unzufriedenheit in der Bevölkerung war. Auch die Lage der Menschen- und Bürgerrechte in der DDR war kritisch, zumal insbesondere nach der KSZE-Konferenz von Helsinki im gesamten damaligen Ostblock und auch in der DDR der Druck nach Gewährung von Meinungs-, Presse- und Reisefreiheit zunahm. Es bestand für die DDR daher ein dringendes Interesse daran, zumindest auf einigen Gebieten besser als die Staaten des sogenannten nichtsozialistischen Wirtschaftsgebiets (NSW) zu sein und ein Korrektiv für die unbefriedigende Lage im Innern zu finden.

Die DDR entdeckte den Sport und dessen internationale Wettbewerbe wie Welt- und Europameisterschaften bzw. Olympische Spiele als Möglichkeit, durch dort errungene Erfolge zum einen doch die „Überlegenheit der sozialistischen Gesellschaftsordnung über den Kapitalismus" zu beweisen und zum anderen der eigenen Bevölkerung etwas Stolz auf das eigene Land zu geben, um auch dadurch die Stimmung und die Lage im Innern ruhig zu halten und die Bevölkerung von den eigentlichen Sorgen im täglichen Leben abzulenken.

Die DDR versuchte daher, durch Optimierung der Sichtung und Förderung geeigneter Nachwuchssportler, durch Optimierung der Trainingsmethodik und Wettkampfvorbereitung {7} sowie auch durch Optimierung der medizinischen Unterstützung in den Medaillenspiegeln bei internationalen Sportgroßereignissen vordere Plätze zu besetzen und dabei insbesondere besser zu sein als die Bundesrepublik Deutschland. Ein Bereich, in dem die DDR mit dieser staatlichen Unterstützung besondere Erfolge feiern konnte, war das internationale Frauenschwimmen.

Voraussetzung und notwendige Bedingung der sportlichen Erfolge der DDR im Sport und besonders im internationalen Frauenschwimmen waren die Organisationsstrukturen im (Schwimm-)Sport der DDR, die Art und Weise, wie in der DDR und beim SC Dynamo Berlin trainiert wurde, die Art und Weise, wie sich Trainingszyklen und Wettkampfvorbereitung ergänzten sowie die medizinische und pharmakologische Betreuung, die in der DDR und beim SC Dynamo Berlin zur Unterstützung der Schwimmerinnen zur Verfügung stand.

2. Organisationsstrukturen im DDR-Sport

a) Politbüro und Zentralkomitee der SED

Die Zielstellung der Erringung internationaler Spitzenpositionen im Sport ging vom Politbüro der Sozialistischen Einheitspartei Deutschlands (fortan: SED) als dem höchsten Entscheidungsgremium der SED und damit de facto dem höchsten Machtorgan der damaligen DDR aus. Dem Politbüro bzw. dem Zentralkomitee der SED für die Umsetzung dieses Ziels verantwortlich war bis 1988 der Präsident des Deutschen Turn- und Sportbundes (DTSB) der DDR, Manfred Ewald[2], selbst Mitglied des ZK der SED.

Im ZK der SED zuständig für Sport war Rudolf Hellmann[3] als sogenannter „Leiter der Abteilung Sport". Sein Stellvertreter in dieser Funktion war Walter Gröger.

b) Leistungssportkommission (LSK)

Das Verbindungselement zwischen der SED bzw. dem Politbüro der SED als de facto Staatsführung der DDR und den Organisationen aus Sport und Forschung war dabei die unter dem Vorsitz von Manfred Ewald existierende sogenannte Leistungssportkommission (LSK).

Mitglieder der LSK neben Manfred Ewald als Vorsitzenden waren u.a. auch der Vizepräsident des DTSB (Prof. Röder[4]), ein Vertreter des Forschungsinstituts für Körperkultur und {8} Sport (FKS), ein Vertreter des Sportmedizinischen Dienstes (SMD), ein Vertreter des Staatssekretariats für Körperkultur und Sport (SKS) und der jeweilige Leiter der Abteilung Sport im Zentralkomitee der SED. Die LSK war dabei eher für die Richtungsentscheidungen zuständig, die dann von den übrigen Organisationsstrukturen in der DDR in konkrete Arbeit umzusetzen waren.

c) Deutscher Turn- und Sportbund (DTSB)

Der DTSB fungierte als Dachvereinigung der Sportverbände in der DDR. Der DTSB gliederte sich in 15 Bezirkssportorganisationen, in denen jeweils Stadt-, Kreis-, Stadtbezirksorganisationen, Sportgemeinschaften und die Bezirksfachausschüsse der Sportverbände erfaßt waren. Die Armeesportvereinigung „Vorwärts" der Nationalen Volksarmee und die Sportvereinigung Dynamo gehörten ebenfalls dem DTSB an und hatten den Status von Bezirksorganisationen.

d) Deutscher Schwimmsport-Verband der DDR (DSSV)

Mitglied im DTSB war auch der Deutsche Schwimmsport-Verband der DDR (DSSV) unter seinem Präsidenten Georg Zorowka. Dieser hatte für die politische Gesamtleitung einen Generalsekretär, anfänglich Herrn Barthelmes, zuletzt Herrn Müller[5], und in Herrn Richter[6] seinen Chefverbandstrainer. Zusätzlich gab es einen Verbandstrainer für die männlichen Schwimmer und in Jürgen Tanneberger[7] einen Verbandstrainer für die weiblichen Schwimmerinnen. Die Verbandsebene war für die Organisation und Beschickung der Lehrgänge in den Trainingslagern in der DDR und im Ausland, für die Nominierungen von Schwimmerinnen und Schwimmern für internationale Wettkämpfe, für die Aufstellung der sogenannten Kadergruppen (z.B. Nationalmannschafts- oder Olympiakader) und die Erarbeitung der Rahmentrainingspläne (RTP's) zuständig.

Jeder Sportverband besaß auch einen Verbandsarzt. Verbandsarzt des DSSV war während der überwiegenden Zeit des Tatzeitraums Dr. Lothar Kipke[8], der zu einem nicht mehr feststellbaren Datum[9] durch einen anderen Verbandsarzt ersetzt wurde. Der Verbandsarzt war dabei für sämtliche medizinischen Probleme in den Vorbereitungslehrgängen und in der unmittelbaren Wettkampfvorbereitung (UMV) sowie für alle medizinischen Fragen am Wettkampfort zuständig. Der Verbandsarzt leitete auch die Ärztekommission des DSSV, in denen die jeweiligen Sektionsärzte der einzelnen Sektionen Schwimmen der regionalen Sportclubs, darunter auch der Sektionsarzt der Sektion Schwimmen des SC Dynamo Berlin, zusammenkamen. {9}

Der Verbandsarzt des DSSV Dr. Kipke war zugleich auch informationeller Mitarbeiter[10] des Ministeriums für Staatssicherheit der DDR (fortan: MfS) und berichtete diesem regelmäßig unter dem Namen IM „Rolf".[11]

e) Staatssekretariat für Körperkultur und Sport (SKS)

Wichtig für die systematische Förderung des Leistungssports in DDR war vor allem das Staatssekretariat für Körperkultur und Sport beim Ministerrat der DDR in Berlin, und besonders die ihm nachgeordneten Organisationen.

Als Staatssekretariat mit eigenem Geschäftsbereich war das 1970 gegründete SKS ein zentrales staatliches Organ des Ministerrates der DDR. Das SKS nahm die Aufgaben und Funktionen eines „Sportministeriums der DDR" wahr, indem es verantwortlich wurde für die Planung und Leitung der staatlichen Aufgaben sowie für die Wahrnehmung der staatlichen Belange auf dem Gebiet von Körperkultur und Sport. Neben der staatlichen Planung von Sportbauten, -geräten und -materialien war das SKS auch für die Entwicklung und Lenkung der Sportwissenschaft und für die Ausbildung von Trainern und Sportlehrern an der Deutschen Hochschule für Körperkultur in Leipzig zuständig. Geleitet wurde das SKS wie andere Staatssekretariate auch von einem Staatssekretär nach dem Prinzip der Einzelleitung. Leiter des SKS von 1974 bis 1989 war Günter Erbach[12], sein Stellvertreter war Prof. Buggel[13].

Neben dem Kinder-, Jugend-, Freizeit- und Erholungssport war das SKS auch für die Förderung des Leistungssports zuständig und entschied in allen diesen Bereichen über die Verteilung staatlicher Investitionsmittel.

Dem SKS unterstanden direkt der Sportmedizinische Dienst der DDR (SMD), die Deutsche Hochschule für Körperkultur (DHfK) in Leipzig und das der DHfK angegliederte Forschungsinstitut für Körperkultur und Sport (FKS) in Leipzig. Dem SMD wiederum untergeordnet war das Zentralinstitut (ZI) des Sportmedizinischen Dienstes in Kreischa bei Dresden. Als Unterabteilung des ZI existierte das Doping-Kontroll-Labor in Kreischa.

Diese Organisationen ergänzten sich dabei wechselseitig im Hinblick auf das gemeinsame Ziel, Medaillenerfolge im internationalen Spitzensport zu erringen. Dies sollte durch Ausnutzung der Erkenntnisse der Forschung und Wissenschaft sowohl für die Trainerausbildung und für das Training selbst sowie durch die Optimierung der Wettkampfvorbereitung und der medizinischen Unterstützung der DDR-Leistungssportler erfolgen. {10}

Für die wissenschaftliche Seite waren dabei die DHfK und das FKS zuständig.

f) Deutsche Hochschule für Körperkultur (DHfK)

Die DHfK existierte seit Oktober 1950 und wurde die wichtigste Aus- und Weiterbildungsstätte der DDR für die verschiedenen Bereiche von Körperkultur und Sport. Dort durchliefen Studenten als Trainer- und Sportlehrernachwuchs eine regelmäßig 8 Semester dauernde Ausbildung, die mit dem akademischen Grad „Diplomsportlehrer" abgeschlossen wurde.

g) Forschungsinstitut für Körperkultur und Sport (FKS)

Auf dem Gelände der DHfK in Leipzig lag auch das FKS, das 1969 in eine selbständige wissenschaftliche Einrichtung umgewandelt wurde. Dort wurden zum einen sportmethodische Untersuchungen durchgeführt und teilweise auch Sportgeräte verbessert. Zu der bekanntesten sportmethodischen Einrichtung in Leipzig gehörte der Strömungs- oder Schwimmkanal, in dem die Schwimmerinnen und Schwimmer der DDR im Rahmen der komplexen Leistungsdiagnostik (KLD) meistens einmal im Jahr getestet wurden. Bei diesen Versuchen im Wasser des Schwimmkanals wurden die Schwimmer auch zum Teil gefilmt und es wurden Untersuchungen sowohl im Hinblick auf Strömungsverhältnisse beim Schwimmen als auch im Hinblick auf die Optimierung der Schwimmbewegungen hin unternommen.

Zum FKS gehörte auch ein „Sportmedizinisches Zentrum" mit Speziallabors, in dem Neuheiten des nationalen und internationalen Pharmakaangebots im Hinblick auf ihre Eignung zur Leistungssteigerung und Leistungsunterstützung der Athleten hin untersucht wurden. Ergebnisse und Resultate dieser Forschung wurden dem SMD übermittelt.

Von den Erkenntnissen des FKS profitierte auch die DHfK, da neueste Erkenntnisse aus der Sportmedizin und der Sportmethodik auch in die Ausbildung der Sportlehrer und Trainer einfließen konnten.

h) Sportmedizinischer Dienst (SMD)

Der 1963 geschaffene SMD unterstand ab 1970 dem SKS. Obwohl er regional strukturiert war, war er eine besondere Einrichtung des staatlichen Gesundheitswesens der DDR. Er {11} wurde von einem Direktor zentral geleitet. Direktor des SMD war bis 1976 Dr. Günter Welsch und von 1977 bis 1990 Dr. Dietrich Hannemann[14]. Stellvertretender Direktor des SMD war bis Januar 1975 Dr. Manfred Höppner[15]. Zugleich war Dr. Höppner auch informationeller Mitarbeiter[16] des MfS (zuerst IMV, später IMB) und berichtete diesem regelmäßig unter dem Namen IM „Technik".[17]

Der SMD verfügte über 15 Sportärztliche Hauptberatungsstellen (SHB's), deren Chefärzte zugleich als Bezirkssportärzte fungierten, sowie über 233 Sportärztliche Kreisberatungsstellen, deren jeweilige Leiter als Kreissportärzte tätig waren. Die Sportvereinigung Dynamo in Berlin hatte dabei eine eigene SHB.

Der Direktor des SMD übte auch die Dienstaufsicht über die Verbandsärzte aus, die in den einzelnen Sportverbänden des DTSB die Ärztekommissionen leiteten. Die sportmedizinische Betreuung im SMD bzw. in den SHB's oblag dabei den Fachärzten für Sportmedizin.

Der SMD war als zentral geleitete Einrichtung für die sportmedizinische Anleitung der Sportverbände des DTSB sowie für die sportmedizinische Betreuung der Sporttreibenden in den Bezirken und Kreisen der DDR zuständig. Seit Beginn der 70er Jahre hatte er zunehmend den gesellschaftlichen Auftrag zu erfüllen, vordringlich zur Leistungssteigerung im Hochleistungssport beizutragen.

So wie das FKS die wissenschaftlichen Voraussetzungen für die Erforschung und den Einsatz leistungssteigernder Mittel im DDR-Hochleistungssport schaffte, stellte der SMD die praktische und organisatorische Seite der Anwendung und Umsetzung sicher.

Denn über die dem SMD obliegende Leitung der bezirklichen SHB's bzw. über die Aufsicht über die Verbandsärzte und damit über die Ärztekommissionen der einzelnen Sportverbände des DTSB konnte unmittelbar Einfluß auf den Umfang und die Art der medizinischen Betreuung der Sportler genommen werden.

i) Zentralinstitut des SMD in Kreischa (ZI)

U.a. zur Absicherung und Verschleierung des Einsatzes der leistungssteigernden Mittel, die nach den Statuten der europäischen und weltweiten Sportverbände als unerlaubte Dopingmittel qualifiziert waren, diente das Zentralinstitut des Sportmedizinischen Dienstes in Kreischa mit seinem Doping-Kontroll-Labor. Das Doping-Kontroll-Labor in Kreischa wurde etwa zu Beginn des Jahres 1977 aufgebaut. Leiter des Labors war von Anfang an Herr Dr. Claus Clausnitzer, sein Stellvertreter war von kurz nach Beginn des Aufbaus bis zu seiner Flucht aus der DDR im Jahre 1988 der Zeuge Dr. Dietrich Behrendt. {12}

Der Leiter des Labors Dr. Clausnitzer war zugleich informationeller Mitarbeiter des MfS und berichtete diesem regelmäßig unter dem Namen IM „Meschke".[18]

j) Wechselwirkung zwischen Politik und Sport

In der DDR gab es bezüglich sportpolitischer Rahmenentscheidungen eine Wechselwirkung zwischen Politik und Sport, und damit zwischen Staat und Sport. Diese Wechselwirkung wird besonders in der Person von Manfred Ewald offensichtlich, der als Vorsitzender der LSK, als Präsident des DTSB und als Mitglied des ZK der SED in einer Person Mitglied der entscheidenden politischen Organisation der DDR und Leiter der zwei entscheidenden sportlichen Gremien war, die zusammen und in Absprache miteinander die Richtung und die Aufgaben des Leistungssports in der DDR bestimmten.

Die Umsetzung der in der LSK getroffen Rahmenentscheidungen in konkrete Arbeit in den Vereinen und in den wissenschaftlichen Zentren sowie der dafür notwendige Informationsfluß zwischen Sport, Wissenschaft und Politik wurde gesichert, weil die Leiter und Verantwortlichen des SKS, des FKS und des SMD auch in der LSK vertreten waren und das LSK wiederum mittelbar über das Politbüro bzw. das ZK der SED gesteuert war.

So wie zentrale Leitungs- und Entscheidungsgremien im DDR-Leistungssport straff und effizient organisiert und miteinander verwoben waren, waren auch die Sportclubs straff organisiert. Einer der erfolgreichsten und damit bedeutendsten Sportclubs in der DDR war der SC Dynamo Berlin, bei dem die Angeklagten Dr. Binus und Gläser arbeiteten.

3. Struktur der Sportvereinigung Dynamo und des SC Dynamo Berlin

SV Dynamo war der Oberbegriff für alle Sportler und Sportarten, die der Sportvereinigung Dynamo angehörten. Träger dieser Sportvereinigung Dynamo war das Ministerium des Innern der DDR,[19] weshalb alle Angestellten, und mit ihnen auch die Ärzte, in der Regel Polizeiangehörige mit Dienstgrad, Dienststellung und Weisungsgebundenheit waren.[20] Die Sportvereinigung Dynamo besaß auch eine eigene sportärztliche Hauptberatungsstelle (SHB), die von Dr. Thümmler[21] geleitet wurde.

Teil dieser Sportvereinigung Dynamo war der Sportclub Dynamo, d.h. der SC Dynamo Berlin, u.a. mit seiner Sektion Schwimmen. Leiter des SC Dynamo Berlin war Herr Kramer bzw. später Herr Büttner. Cheftrainer war anfänglich Herr Kleefeld und später Herr Berger. {13} Die Sektion Schwimmen des SC Dynamo Berlin besaß einen eigenen Sektionsarzt: diese Stelle bekleidete ab circa 1974/75 der Angeklagte Dr. Binus.

Sektionsärzte bildeten das Bindeglied zu den einzelnen Sektionen. Sie waren vor allem für die gesundheitliche Betreuung der Sportler verantwortlich und außerdem für Probleme der Regenerierung und Substituierung nach dem harten Training. Die Sektionsärzte entschieden auch, in welchen Fällen Fachärzte konsultiert werden mußten. Für den weiblichen Bereich gab es zusätzlich einen Gynäkologen.

Bis circa 1978/79 unterstand der Angeklagte Dr. Binus als Sektionsarzt dem Leiter der SHB, Dr. Thümmler, direkt. Ab circa 1978/79 wurde der Bereich Sektionsärzte dem Sportclub Dynamo unter einem eigenen ärztlichen Leiter zugeordnet. Diesem ärztlichen Leiter des Sportclubs Dynamo, d.h. Dr. Lehnigk bzw. Dr. Wendler sowie ab circa 1980/81 dem gesondert Verfolgten Dr. Bernd Pansold, unterstand der Angeklagte Dr. Binus dann direkt.

Beim SC Dynamo Berlin wurden im Bereich des Frauenschwimmens verschiedene Trainer eingesetzt. Von 1971 bis 1984 arbeitete dabei der Angeklagte Gläser ausschließlich im Bereich des Frauenschwimmens. Im Gegensatz zu den bis 1984 als Anschluß- bzw. als Nachwuchstrainer tätigen gesondert Verfolgten Volker Frischke, Dieter Lindemann und Dieter Krause, war der Angeklagte Gläser dabei ab circa 1973/74 wegen seiner Erfolge Trainer des sogenannten Spitzen- bzw. Olympia- oder A-Kaders. Diesem Kader gehörten nur die Schwimmerinnen an, die sich – aus dem Nachwuchsbereich kommend – durch sehr gute Trainingsleistungen bzw. durch Erfolge bei den Jugendeuropameisterschaften für diesen Kader empfahlen. Dort wurden sie mit dem Ziel trainiert, an die absolute Weltspitze herangeführt zu werden, um für die DDR bei internationalen Wettkämpfen Medaillen und vordere Plätze zu erringen.

4. Sichtung und Aufbau von Nachwuchskadern beim SC Dynamo

Das System der Entdeckung und Förderung geeigneter Nachwuchskader für das Frauenschwimmen war dabei im Bereich des SC Dynamo Berlin gut organisiert. Viele Mädchen erlernten entweder in der Schule oder in gesonderten Trainingszentren (z.B. in Berlin-Adlershof) schon früh das Schwimmen. In diesen Trainingszentren bzw. im Schulschwimmen wurden von den dafür Verantwortlichen des SC Dynamo Berlin regelmäßig Sichtungen durchgeführt, um Schwimmerinnen, die vom Körperbau und von ihrer Motorik her oder sonst für das Schwimmen talentiert waren, zu entdecken und zu fördern. Die Sichtungen fanden statt, wenn die Mädchen etwa 11 Jahre alt waren, da die Aufnahme in {14} die Kinder- und Jugendsportschule (KJS) „Werner Seelenbinder" in Berlin-Hohenschönhausen in der Regel mit der 5. Klasse begann. Geeignete Kandidatinnen wurden danach „delegiert", d.h. sie wurden dann nach Genehmigung der Eltern in die KJS „Werner Seelenbinder" aufgenommen und gingen dort zur Schule. In sportlicher Hinsicht waren sie mit der Aufnahme in die KJS „Werner Seelenbinder" automatisch auch Mitglied im SC Dynamo Berlin, wo sie von den gesondert Verfolgten Volker Frischke, Dieter Lindemann und Dieter Krause sowie von Herrn Richter und Herrn Hoffmann trainiert wurden.

Über das Training, die DDR-Meisterschaften, die Nachwuchsländerkämpfe, die Kinder- und Jugend-Spartakiade sowie über die Jugendeuropameisterschaften hatten die Nachwuchsschwimmerinnen die Chance, sich durch dort gezeigte gute Leistungen für den Wechsel in eine höhere Trainingsgruppe zu qualifizieren. Im Hinblick auf den A-Kader als Spitzenkader wurden die Nachwuchs- oder Anschlußtrainingsgruppen verschiedentlich als B-Kader oder C-Kader bezeichnet. Mit dem Wechsel in eine andere Trainingsgruppe oder in einen anderen Kader wurde in der Regel immer der dortige Trainer zuständig.

Die auf der Clubebene beim SC Dynamo Berlin für die Schwimmerinnen zuständigen Heimtrainer waren in der Regel auch in den Trainingslagern und auf Lehrgängen der gesamten DDR-Schwimmnationalmannschaft für die Betreuung und das Training zuständig. So begleitete der Angeklagte Gläser in seiner Zeit als verantwortlicher Cheftrainer für das Frauenschwimmen beim SC Dynamo Berlin von etwa 1973/74 an bis 1984, mit Ausnahme der Jahre 1982 und 1983, seine Athletinnen zu fast allen internationalen Jahreshöhepunkten, d.h. zu Europa- oder Weltmeisterschaften, Europacups, Länderkämpfen und Olympischen Spielen ins Ausland.

5. Trainingsablauf und Trainingsplanung beim SC Dynamo Berlin

Hinsichtlich des Trainingsablaufs und der Trainingsplanung beim SC Dynamo Berlin ist zu unterscheiden, ob sich die Schwimmerinnen in Berlin oder auf Trainingslagern in der übrigen DDR oder im Ausland aufhielten.

a) Rahmentrainingspläne

Basis des Trainingsprogramms war der von den Verbandstrainern erarbeitete sogenannte Rahmentrainingsplan (RTP). Er sah drei bis vier Trainingsabschnitte pro Jahr vor, die sich am Jahreshöhepunkt orientierten und für jeden Clubtrainer verbindlich waren. Gleichzeitig mit dem RTP wurden die jeweiligen Kadergruppen aufgrund der letzten Wettkampfleistun-{15}gen für das kommende Sport- bzw. Trainingsjahr nominiert und den Sportclubs bekanntgegeben. Dabei gab es Rücksprachen mit den Trainern der Schwimmclubs und den dortigen Sektionsärzten, da diese am besten über den aktuellen Trainings- und Gesundheitszustand ihrer Schwimmerinnen Bescheid wußten. Individuelle Änderungen des RTP im Hinblick auf die jeweiligen Kadergruppen waren möglich, sollten aber mit dem Verbandstrainer abgesprochen werden.

Der RTP teilte das Trainingsjahr anders als das Kalenderjahr auf und legte Belastungsschwerpunkte bzw. Belastungskennziffern fest. Ein erster Trainingsabschnitt begann im Herbst eines Kalenderjahres, dem die Hallenmeisterschaft folgte. Der zweite Trainingsabschnitt ging bis circa März des nächsten Kalenderjahres (Länderkampf gegen die Sowjetunion), der dritte etwa bis Juni zur jährlich stattfindenden DDR-Meisterschaft. Wer sich dort für den jeweiligen Jahreshöhepunkt, der meistens im August lag, qualifiziert hatte, wurde in die unmittelbare Wettkampfvorbereitung (UMV) für diesen Höhepunkt aufgenommen.

Bis zur DDR-Meisterschaft nahmen alle dem A-Kader angehörigen Sportlerinnen an zentralen Lehrgängen in der DDR oder im Ausland teil, danach nur noch die für den Jahreshöhepunkt nominierten. Nach dem Jahreshöhepunkt endete das Trainingsjahr, und die Sportlerinnen bekamen Urlaub bis zum Beginn des neuen Trainingsjahres im Herbst.

Auf der Basis des RTP wurde für jede Schwimmerin ein individueller Trainingsplan (ITP) erarbeitet, der individuelle Belastungskennziffern enthielt. Diese wurden mit den im Training gezeigten Leistungen abgeglichen, um die für schlechte Leistungen ursächlichen Fehler herausfiltern zu können.

Regelmäßig gab es dazu auch nach dem Training die Bestimmung der Laktatwerte durch Blutentnahme aus dem Ohrläppchen. Diese Werte erlaubten Rückschlüsse auf den Trainingszustand der Schwimmerin. U.a. anhand dieser Werte und anhand der Beobachtung der Trainingsleistungen durch die Trainer war es möglich, bezüglich der einzelnen Schwimmerinnen Entscheidungen über die Optimierung des Trainings, den Wechsel in eine andere Trainingsgruppe oder den Wettkampfeinsatz zu treffen.[22]

b) Konkreter Ablauf eines Trainingstages in Berlin

Waren die Schwimmerinnen in Berlin, begann ein Trainingstag in der Regel mit einer Wassertrainingseinheit, gefolgt von Schulunterricht und einer weiteren Trainingseinheit im Wasser oder im Kraftraum. Nach dem Mittagessen und einer weiteren Einheit mit Schulunterricht durchliefen die Sportlerinnen des A-Kaders in der Regel noch eine dritte Trainingseinheit. Dieser Rhythmus ging von Montag bis Freitag, während der Samstag in der Regel nur {16} zwei Trainingseinheiten hatte und der Sonntag trainingsfrei war. Schwimmerinnen, deren Eltern in Berlin wohnten, wohnten zu Hause, während auswärtige Schwimmerinnen im Internat der KJS „Werner Seelenbinder" untergebracht waren.

Während einer Wassertrainingseinheit wurden in der Aufbauphase, in der es um die Steigerung der Kondition ging, zum Teil sehr lange Strecken zurückgelegt. Zum Teil mußten die Schwimmerinnen pro Trainingseinheit 6 bis 8 km schwimmen, d.h. am Tag bei zwei Trainingseinheiten zwischen 12 bis 16 km. Auch im Kraftraum wurden zum Teil erhebliche Gewichte am sogenannten „Herkules" oder durch andere Kraft- und Schnellkraftübungen trainiert.

c) Konkreter Ablauf eines Trainingstages im Trainingslager

In den Trainingslagern fielen die Unterbrechungen durch den Schulunterricht weg und es konnte regelmäßig dreimal pro Tag durchtrainiert werden. In der DDR wurden Trainingslager in Lindow bei Berlin, in Kienbaum und auf dem Rabenberg abgehalten. Darüber hinaus gab es manchmal bis zu viermal pro Jahr, fast immer aber im Januar/ Februar eines jeden Jahres, ein sogenanntes Höhentrainingslager. Dieses fand meistens auf dem Belmeken in Bulgarien, in späteren Jahren auch in Mexico-City statt. Auf diesen Trainingslagern, besonders im Ausland, waren dann auch oft die Schwimmerinnen der anderen DDR-Clubs dabei. Trainiert wurden die Schwimmerinnen dort allerdings weiterhin von ihren jeweiligen Heimtrainern. In der Intensität waren die Trainingslager zum Teil dem Training im Club vergleichbar, zum Teil aber gerade in konzentriert durchgeführten Aufbauphasen für die Schwimmerinnen noch intensiver und härter.

6. Die medizinische Unterstützung bzw. Begleitung des Trainings

Angesichts der vom täglichen Pensum her für minderjährige Mädchen teilweise sehr großen Trainingsbelastung und der damit verbundenen Notwendigkeit, die Körper der Schwimmerinnen umfassend zu regenerieren und mit notwendigen Vitaminen und Mineralien zu versorgen, wurden schon den Nachwuchskadern der Schwimmclubs, auch beim SC Dynamo Berlin, Medikamente im weitesten Sinne vergeben.

Vitamine kamen dabei als Brausepulver (Dynvital) sowie als Tabletten zum Einsatz. Im einzelnen waren dies Vitamin C, Vitamin B, Vitamin E, Vitamin B-6 und „Sumavit Forte". Dazu kam die Vergabe von Magnesium, Eisen und Eiweißpräparaten. Diese Vitamine und Mineralien erhielten die Schwimmerinnen jeweils als Getränke in Form von Tees oder Brause {17} bzw. als Tablettenmenge, die vom Trainer täglich nach dem Training auf dem Tisch am Schwimmbecken oder in der Trainerkabine bereitgelegt wurden, und die die Schwimmerinnen, zumeist unter Aufsicht des Trainers, einzunehmen hatten. Zur medizinischen Unterstützung gehörten neben der Vitaminvergabe auch die Ernährung, Elektromyostimulation, Glucoseinfusionen und Injektionen mit Alpha-Lipoesäure.

Die Schwimmerinnen wurden beim SC Dynamo Berlin auch sonst regelmäßig medizinisch betreut. Mindestens einmal, meistens aber zweimal im Jahr gab es eine routinemäßige körperliche Untersuchung, um Aufschluß über den Gesundheitszustand der Schwimmerinnen zu erhalten. Zu diesen regelmäßigen Medizinchecks, die meist vom Sektionsarzt vorgenommen wurden, gehörte auch eine Blutuntersuchung.

Bei Medizinern und Trainern bestand zudem ein Interesse daran, möglichst frühzeitig zu erfahren, wann die minderjährigen Mädchen ihre Menarche (die erste Regelblutung) hatten. Grund dafür waren die durch die Menstruation und deren hormonelle Vorgänge bedingten Schwankungen im Leistungsvermögen und in der Stimmung der Schwimmerinnen, die insbesondere bei Wettkämpfen störend sein konnten. Teilweise fragten die Trainer daher aus eigenem Antrieb die Mädchen nach ihrer Menarche, teilweise erzählten die Mädchen dies von sich aus den Trainern oder Ärzten.

Da durch die Vergabe der „Antibabypille" eine Regulierung des Menstruationszyklusses erreicht werden konnte, bestand unabhängig von der Antikonzeptionswirkung der „Pille" schon allein deshalb ein Interesse daran, daß die Mädchen möglichst frühzeitig die „Pille" einnahmen. Da beim SC Dynamo bzw. bei der SV Dynamo ein eigener Gynäkologe zur Verfügung stand, wurden die Mädchen dort entsprechend ihrem Alter auch gynäkologisch untersucht und konnten sich dort auch die Antikonzeptiva verschreiben lassen. Allerdings wurden die Mädchen zur Einnahme der „Pille" nicht gezwungen, wenn sie selbst oder deren Eltern die Einnahme von Antikonzeptiva ablehnten.

Ein Sonderbereich der medizinischen Versorgung der Schwimmerinnen betraf die Anwendung sogenannter „unterstützender Mittel" (u.M.). Denn für die Spitzenkader des DDR-Sports und auch des DDR-Frauenschwimmsports kam, verstärkt ab den frühen

70er Jahren, auch der Einsatz leistungssteigernder Pharmaka in Form des Dopings, besonders die Vergabe anaboler Steroide hinzu. {18}

D. Die Entscheidung für das systematische Doping als geheime Staatsaufgabe

Der steigende Einsatz von Dopingmitteln im DDR-Hochleistungssport und die immer stärkere Systematisierung des Einsatzes ging mit der Entwicklung des Einsatzes von Dopingmitteln im Weltsport einher.

1. Die Entwicklung des Dopings im Weltsport

Im Weltsport wurden schon seit den 60er Jahren mit sich immer weiter steigernder Intensität pharmakologische Mittel zur Leistungssteigerung eingesetzt.

Der sportrechtliche bzw. sportmedizinische Begriff des Dopings bezeichnet dabei allgemein ein „nach den internationalen Wettkampfregeln verbotenes Verabreichen oder Einnehmen körperfremder oder physiolog. wirkender Substanzen (in hoher Dosis) zum Zweck der [unfairen] Leistungssteigerung“ (Definition aus: Meyers Enzyklopädisches Lexikon, 9. Auflage Mannheim 1973). Beim Nachweis des Dopings kann es zu Sanktionen in Form der Disqualifikation oder von zeitlich befristeten Wettkampfsperren kommen.

Im nachhinein ist mit hoher Wahrscheinlichkeit davon auszugehen, daß schon bei der Olympiade in Rom 1960 und bei der Olympiade in Tokio 1964 eine Reihe von Athleten gedopt an der Start gegangen sind. 1968 bei der Olympiade in Mexico wurden erstmals Dopingkontrollen durchgeführt, die aber wegen noch nicht ausgereifter Analysemethoden unbefriedigend verliefen.

Neben der Verwendung von Stimulantien und Narkotika als Dopingmitteln bekam die Anwendung anaboler Steroide im Sport seit dem Ende der 60er Jahre eine steigende Bedeutung. Dies beruht auf dem nach Vergabe von Anabolika vermehrten Muskelaufbau besonders bei Frauen und Jugendlichen und einer dadurch bedingten Leistungssteigerung in allen Sportarten, bei denen es vor allem auf die Entfaltung von Kraft ankommt.

Die Kennzeichnung von Anabolika als verbotenes Dopingmittel geschah nicht einheitlich. Zwar wurden schon auf einer Sitzung der Dopingkommission des Internationalen Leichtathletikverbandes (IAAF) im Mai 1970 Anabolika für die Leichtathletik als Dopingmittel klassifiziert. Kontrollen gab es dort allerdings erst Mitte der 70er Jahre. So wurden erstmals bei der Leichtathletik-Europameisterschaft 1974 in Rom, beim folgenden Europacup-Finale und bei den Juniorenmeisterschaften Kontrollen vorgenommen. Die Namen der positiv getesteten Athleten wurden aber damals geheimgehalten. {19}

Für die Olympischen Spiele begann die Entwicklung zur Einführung von Dopingkontrollen auf Anabolika erst später. Während man sich schon auf einem der Olympiade in München 1972 vorgeschalteten Kongreß kritisch mit der Frage des Dopings durch Anabolika beschäftigte, wurden Anabolika für die Olympischen Spiele jedoch erst 1974 als Dopingmittel verboten. Auf ihrer Sitzung in Innsbruck im April 1974 beschloß die medizinische Kommission des Internationalen Olympischen Komitees (IOC), Anabolika auf die Liste der verbotenen Dopingsubstanzen zu setzen und bei den nächsten

Wettkämpfen Kontrollen durchzuführen. So konnten bei den Olympischen Spielen in Innsbruck und in Montreal 1976 erstmals Athleten mittels der wenig exakten Bestimmungsmethode des RIA-Tests [Radioimmunoassy] kontrolliert werden, und es wurden in Montreal auch Athleten des Anabolikadopings überführt. In der Folgezeit konnte der direkte Nachweis der Vergabe von Dopingmitteln durch die Einführung der besseren Kontrollmethoden in Form der Gaschromatographie und der Massenspektrometrie bzw. Massenspektrographie entscheidend verbessert werden.

2. Die Entwicklung des Dopings in der DDR bis 1974

Entsprechend dieser Entwicklung im internationalen Hochleistungssport kamen auch in der DDR seit 1966 zielgerichtet, allerdings noch unsystematisch und ohne umfassende wissenschaftliche Erforschung, pharmakologische Mittel zur Leistungssteigerung zum Einsatz.

Motiv für die Entscheidung zur Anwendung von Doping war dabei die Erkenntnis, daß auch bei Hochleistungssportlern die beste Trainingsmethodik früher oder später auf ihre Grenzen trifft und keine weitere Leistungssteigerung mehr zuläßt. Da die DDR zudem schon wegen der geringeren Einwohnerzahl nur ein kleineres Reservoir an Ausnahmesporttalenten hatte als beispielsweise die USA und die damalige Sowjetunion, wuchs in der DDR zum Beginn der 70er Jahre die Erkenntnis, daß bei den hauptsächlich nur durchschnittlichen Sporttalenten weitere Leistungssteigerungen, und damit der Unterschied zwischen Medaillen und hinteren Plazierungen, nur durch den systematischen Einsatz von Dopingmitteln zur Steigerung der körperlichen Leistungsfähigkeit zu erreichen waren.

Vorherrschend war in der Sportführung dabei die Einschätzung, daß ohne die Verabreichung der Anabolika die bisher erreichte internationale Spitzenstellung in wesentlichen Bereichen des Leistungssports der DDR, in erster Linie in den Frauendisziplinen im Schwimmen und in der Leichtathletik, nicht zu halten gewesen wäre.

Oberbegriff für die Anwendung u.a. der Dopingmittel in der DDR war dabei die Bezeichnung „unterstützende Mittel“ bzw. kurz „u.M.“ Zum Teil wurden die Maßnahmen zur Vergabe von {20} anabolen Steroiden und anderen Dopingmitteln aber auch als „Sondermaßnahmen“ bezeichnet.

Unter dem Begriff „u.M.“ verstand man dabei in der DDR in weiter Auslegung alle pharmakologischen Präparate, die den Stoffwechsel aktivieren, das Muskelwachstum fördern, die Herausbildung bestimmter Koordinationsfähigkeiten fördern oder die Wiederherstellungsvorgänge nach hohen Belastungen in Training und Wettkampf unterstützen. Zum Teil wurde der Begriff „u.M.“ enger aber auch nur auf die Anwendung und Vergabe anaboler Steroide bezogen, die einen wesentlichen Anteil an der Gesamtmenge der als „u.M.“ angewandten Präparaten besaßen.

Bis Mitte 1974 wurde der Einsatz von Dopingmitteln, insbesondere von anabolen Steroiden, in der DDR ohne umfassende zentrale und systematische Steuerung durchgeführt, was insbesondere auch dadurch begünstigt wurde, daß die Nachweisführung der Einnahme von Anabolen mit dem sogenannten RIA-Test erst ab etwa 1974 so weit verbessert war, daß sichere Ergebnisse gewonnen werden konnten. Die fehlende zentrale Steuerung begünstigte Auswüchse, so daß man um das Jahr 1974 herum darüber nachzudenken begann, wie man der teilweise eigenmächtigen Anwendung von u.M. seitens der Sportclubs durch ein umfassendes Kontrollsystem begegnen könnte.

1974 war daher aus Sicht der Verantwortlichen der Punkt erreicht, an dem angesichts der immer mehr verbesserten Dopingnachweismethoden einerseits und der teilweisen Disziplinlosigkeiten bei der Anwendung anaboler Steroide andererseits die Anwendung von u.M. in der DDR systematisiert und zentral gesteuert werden mußte. Die Entscheidung zum systematischen Doping war dabei auch maßgeblich von den erstmalig durchgeführten Dopingkontrollen bei der Leichtathletik-Europameisterschaft 1974 in Rom und dem Entschluß des IOC vom April 1974 zur Ahndung des Anabolikadopings bei der Olympiade 1976 mitbestimmt worden. Denn ab jetzt war damit zu rechnen, daß unorganisiertes und nicht abgesichertes wahlloses Doping eine echte Gefahr der Entdekkung mit sich brachte.

3. Die Gründung der Arbeitsgruppe unterstützende Mittel

Am Beginn des systematischen Dopings in der DDR stand eine sogenannte Vorlage für den Vorsitzenden des Leistungssportkommission der DDR, also für Manfred Ewald, vom 24. Juni 1974, die sich mit dem Vorschlag der Bildung einer sogenannten Arbeitsgruppe „unterstützende Mittel“ und der Organisation der begleitend durchzuführenden Forschung beschäftigt. Diese Vorlage und die beigefügte Anlage hatten folgenden Wortlaut: {21}

„*Abschrift*[23]
Vizepräsident — Berlin, den 24.6.1974
Prof. Dr. Röder — Vertraulich!

Vorlage

für den Vorsitzenden der Leistungsportkommission der DDR

Betreff: Vorschläge zur planmässigen Anwendung und Untersuchung unterstützender Mittel im Leistungssport

Beschlußentwurf:

1. Die Zusammensetzung und die vorgeschlagenen Aufgaben der Arbeitsgruppe ‚unterstützende Mittel‘ werden bestätigt
2. Die Aufnahme eines Forschungsvorhabens zu der vorgeschlagenen Thematik und die Leitung der Forschungsgruppe werden bestätigt. Die Forschungskonzeption für den Zeitraum bis 1976 ist dem zuständigen Vizepräsidenten vorzulegen und durch ihn zu bestätigen.
   Verantwortlich: Sportfreund H. Röder
   Termin: 15.9.1974
3. Für die Anleitung und Kontrolle der Arbeitsgruppe und der Forschungsgruppe sind seitens der Leistungssportkommission der DDR die Sportfreunde B. Orzechowski und H. Röder verantwortlich.
4. Im März 1975 ist dem Vorsitzenden der Leistungsportkommission ein Zwischenbericht über die Erfüllung der gestellten Aufgaben vorzulegen.
   Verantwortlich: Sportfreund Orzechowski und Röder in Verbindung mit Dr. Höppner und Prof. Dr. Lehnert

Verantwortlich für die Durchführung der Kontrolle:
Sportfreund B. Orzechowski und H. Röder {22}

Folgende Beschlüsse werden mit Bestätigung dieser Vorlage aufgehoben:

keine

Folgende Beschlüsse werden mit Bestätigung dieser Vorlage verändert bzw. ergänzt:
keine
Vertraulichkeitsgrad: vertraulich
Die Vorlage wurde ausgearbeitet von:
Prof. Dr. Lehnert und Dr. Höppner
Zur Behandlung der Vorlage sind hinzuzuziehen:
Prof. Dr. Erbach
B. Orzechowski
Prof. Dr. Röder
Dr. Welsch
Prof. Dr. Schuster
Dr. Höppner
Prof. Dr. Lehnert
Der Vorlage liegt 1 Anlage bei

Vizepräsident

Verteiler
1. Ex. M. Ewald
2. Ex. Prof. Dr. Erbach
3. Ex. B. Orzechowski
4. Ex. Prof. Dr. Röder
5. Ex. Dr. Welsch
6. Ex. Prof. Dr. Schuster
7. Ex. Dr. Höppner
8. Ex. Prof. Dr. Lehnert

1. Gegenwärtige Lage in der Welt

Im zunehmenden Maße werden in allen Ländern pharmakologische Mittel zur Leistungssteigerung angewandt. Es handelt sich dabei um Präparate, die in den hormonellen Regulationsmechanismus eingreifen, die den Energiestoffwechsel sowie die physischen und psychischen Wiederherstellungsprozesse fördern. Die dazu notwendigen wissenschaftlichen Grundlagen wurden aus den verschiedenen Bereichen der klinischen Medizin entnommen. In zahl-{23}reichen Ländern, insbesondere der USA, der BRD, Großbritannien, Schweden und der UdSSR, befassen sich einzelne Sportmediziner mit wissenschaftlichen Forschungen zur Anwendung von Pharmaka im Leistungssport.

Die praktische Anwendung von Pharmaka zur Leistungsentwicklung erfolgt gegenwärtig gezielt in den USA, der BRD, Frankreich, Großbritannien, Italien, Schweden, Finnland und den europäischen sozialistischen Ländern.

2. Gegenwärtige Lage in der DDR

In der DDR werden seit 1966 zielgerichtet pharmakologische Mittel als sogenannte ‚unterstützende Mittel' (z.B.) zur Leistungsentwicklung angewandt.

Der Begriff ‚unterstützende Mittel' wurde gewählt, um ideologisch klar zum Ausdruck zu bringen, dass für die Leistungsentwicklung das Training mit all seinen Grundsätzen bestimmend ist.

Folgende pharmakologische Mittel werden angewandt:
1. Anabolika
2. Energiereiche Elektrolytlösungen mit Vitaminzusätzen
3. Nebennierenrindenhormone
4. Pharmaka zur Verbesserung der Sauerstoffausnutzung des Herzmuskels
5. Pharmaka zur Ökonomisierung des Hirnstoffwechsels
6. Vitamine und Mineralien

Nach den bisherigen Erfahrungen und Erkenntnissen erfolgte der Einsatz der U.M. zu folgenden Aufgaben:

- zur Entwicklung der Kraftfähigkeit
- zur Beschleunigung der Wiederherstellung nach hohen Trainings- und Wettkampfbelastungen
- zur Verkürzung der Lernprozesse

Die Anwendung der u.M. erfolgte auf der Grundlage von durchgeführten Literaturstudien und nach mündlichen Unterweisungen durch eine 1969 im Auftrag der LSK gebildete ‚Arbeitsgruppe‘ in Verantwortung des Sportmed. Dienstes. {24}
Die Anwendungsformen haben überwiegend empirischen Charakter und haben mit unterschiedlichem Niveau in allen Sportverbänden mit zur Leistungsentwicklung beigetragen.
Einige zielgerichtete wissenschaftliche Untersuchungen zur Anwendung von u.M. im Leistungssport wurden zu folgenden Themenkreisen durchgeführt:

- ‚Untersuchungen zur Bedeutung der 2,3-Diphesphoglyzeratkonzentration in Erythrozyten für die Sauerstoffversorgung der Muskulatur des Hochleistungssportlers‘
  (durchgeführt in der HBS Dynamo Berlin in Zusammenarbeit mit Mitarbeitern der Akademie der Wissenschaften)
- ‚Zur Problematik intravenöse oder pororale Glukose-Applikation‘
  (durchgeführt in der HSB Dynamo Berlin und im Zentralinstitut des Sportmed. Dienstes Kreischa)

Das bisher erreichte Niveau reicht gegenwärtig nicht mehr aus, um das notwendige Tempo der Leistungsentwicklung durch die Anwendung u.M. wesentlich zu fördern.
Es ist deshalb erforderlich, durch eine straffere Führung und Kontrolle sowie wissenschaftliche Bearbeitung der Anwendung der u.M. im Leistungssport der DDR weiter zu verbessern.

3. Zukünftige Hauptaufgaben

Im Interesse einer weiteren progressiven Einflußnahme auf die Entwicklung der Leistungsfähigkeit der DDR-Sportler müssen folgende Aufgaben gelöst werden:

1. Überzeugung aller Funktionäre, Trainer, Sportler und Ärzte davon, dass eine Leistungssteigerung nur über den Weg der planmäßigen Belastungserhöhung in Umfang, Intensität und Qualität möglich ist und daß pharmakologische Mittel den Ausbildungsprozeß lediglich unterstützen können. {25}
2. Straffere Durchsetzung der bisher angeordneten Maßnahmen zur planmässigen Einordnung der u.M. in die ITP, zur Analyse der gesammelten Erfahrungen der Verbandsärzte und zur gesundheitlichen Kontrolle der Sportler während der Anwendung der u.M.
3. Die Aktivierung der Arbeit der Arbeitsgruppe mit dem Ziel, einer strafferen Leitung und Anwendung der u.M. einschließlich der Einführung der regelmäßigen Dokumentation und Erfassung der angewandten u.M.
4. Die Durchführung eines Forschungsvorhabens zur Anwendung der u.M. im Leistungssport bei besonderer Berücksichtigung der unterschiedlichen methodischen Probleme in ausgewählten Sportarten.

4. Zu den Aufgaben der ‚Arbeitsgruppe unterstützende Mittel‘

Zur Lösung der genannten Hauptaufgaben sind von der Arbeitsgruppe folgende Aufgaben zu lösen:

- die politisch-organisatorische Anleitung und Kontrolle der Anwendung der u.M. in den Sportclubs und Sportverbänden
- die Erarbeitung von inhaltlichen Empfehlungen und die Beratung für die Anwendung der u.M.
- die Verallgemeinerung der in der praktischen Anwendung der u.M. gewonnenen Erkenntnisse und Erfahrungen in Zusammenarbeit mit der ‚Forschungsgruppe unterstützende Mittel‘
- die Beschaffung und Verteilung der u.M.

Zur Realisierung dieser Aufgaben sind folgende Einzelmaßnahmen vorgesehen:

- Aufbau eines Kontrollsystems der Anwendung der u.M. mit Hilfe der internen EDV-gestützten Trainingsdokumentation {26}
- Organisation eines internen Erfahrungsaustausches zwischen den Verbandsärzten in Zusammenarbeit mit dem DTSB
- individuelle Beratungen der Verbands- und Sektionsärzte zur Optimierung der Anwendung der u.M.
- verstärkte Einflußnahme auf Ärzte und Trainer mit dem Ziel der disziplinierten Anwendung der u.M.

Vorschlag für die Zusammensetzung der ‚Arbeitsgruppe unterstützende Mittel'

1. Dr. Höppner	–	Leiter (Leitung SMD)
2. Dr. Freiberg[24]	–	Sekretär "
3. Dr. Thümmler	–	(HBS Dynamo)
4. Dr. Gürtler	–	(FKS)
5. Prof. Dr. Lehnert	–	(FKS)
6. Dr. Grundmann	–	(DTSB)

5. Zu den Aufgaben und zum Aufbau der Forschungsgruppe ‚Unterstützende Mittel'

5.1. Forschungsaufgaben

In den Jahren 1975/76 soll mit der Untersuchung folgender Aufgaben begonnen werden: {27}

5.1.1. Einsatz u.M. zur Entwicklung der Kraftfähigkeit am Beispiel der Wurf- und Stoßdisziplinen sowie der Sprungdisziplinen der Leichtathletik und das Gewichthebens.

Teilaufgaben

- Wirkungsgrad und Wirkungsdauer anaboler Substanzen in Abhängigkeit von unterschiedlicher Trainingsgestaltung und Trainingsbelastung
- Einfluss und Wirkung anaboler Substanzen auf Hormongefüge, Ermittlung der Verträglichkeit der Anabolika mit Antikonzeptiva
- Verhinderung des negativen Einflusses der zusätzlichen Mittel auf die Bewegungskoordination und Bewegungsgenauigkeit
- Einsatz weiterer zusätzlicher Mittel (Vitamine und andere Substanzen) zur Erhöhung der Wirksamkeit der anabolen Steroide und zur Verringerung der Verletzungsgefahr
- Ermittlung von prophylaktischen Untersuchungsmethoden, um Therapieschäden vorzubeugen

5.1.2. Einsatz u.M. zur Beschleunigung der Entwicklung der Ausdauerfähigkeit am Beispiel des Schwimmens und des Skilaufs

Teilaufgaben:

- Ermittlung der zweckmässigsten Zeitpunkte und Dosen der u.M. zur Erhöhung der Steigerungsfähigkeit und zur Beschleunigung der Wiederherstellung
- Untersuchung der günstigsten Zusammensetzung u.M. in Abhängigkeit von der trainingsmethodischen Aufgabenstellung
- Ermittlung der zweckmäßigsten Methoden zur Verabreichung u.M. in Abhängigkeit von der Aufgabenstellung im Training und Wettkampf.

5.1.3. Einsatz u.M. zur Verkürzung der Lernzeiten für die Herausbildung und Stabilisierung komplizierter Bewegungsfertigkeiten am Beispiel des Turnens {28}

Teilaufgaben

- Auswahl und Überprüfung der Wirkung biologischer Mittel (Hormon der Hypophyse und der Nukleinsäure) auf die zentralnervöse und neuromuskuläre Steuerung im Lernprozeß
- Klärung der komplexen Wirkung der u.M. und des Trainings auf die Verkürzung des Lernprozesses und die Stabilisierung von Fertigkeiten

- Ausarbeitung effektiver Anwendungsmöglichkeiten für das Training und den Wettkampf in den technischen Sportarten

Durch die Untersuchungen in den Jahren 1975/76 sind folgende Ergebnisse zu erbringen:

- Ausarbeitung von methodischen Hinweisen für eine zweckmässige Anwendung u.M. durch Ärzte und Trainer
- Ausarbeitung eines aussagefähigen Kontrollsystems zur Anwendung und Wirksamkeit u.M.
- Ausarbeitung von Empfehlungen und Hinweisen für eine Herstellung von u.M.

Die konkreten Arbeitsergebnisse werden im Leistungsplan ausgewiesen. {29}

5.2. Organisierung der Forschung

- Die Verantwortung und Federführung für die Forschung zum Problem ‚Unterstützende Mittel' liegt am FKS. Die Leitung des Instituts schafft die erforderlichen Bedingungen – Einhaltung der Sicherheitsbestimmungen, finanzielle und materielle Voraussetzungen – zur Durchführung der Untersuchungen.
- Die Untersuchungen werden in ausgewählten Sportarten und Disziplinen durchgeführt, die eine Verallgemeinerung und Übertragung auf Sportartengruppen gestatten.
- Die Untersuchungen werden durchgeführt in Form von experimentellen Untersuchungen zur Aufklärung grundsätzlicher Fragen der allgemeinen Wirkung bereits bekannter und besonders neuer zusätzlicher Mittel am FKS und in Zusammenarbeit mit der SHB der SV Dynamo und in Form von empirischen Untersuchungen über die praktische Anwendung der unterstützenden Mittel und ihrer Einordnung in den Trainings- und Wettkampfprozeß an den Auswahlkadern bzw. einem Teil der Kader der genannten Sportarten.
- Die zu bildende Forschungsgruppe wird eng mit der Arbeitsgruppe ‚Unterstützende Mittel' zusammenarbeiten. Unter Wahrung der erforderlichen Vertraulichkeit ist schrittweise die Zusammenarbeit mit Einrichtungen der DDR ausserhalb des Leistungssports, die in gleicher Richtung arbeiten und ähnliche Bedingungen wie der Leistungssport haben, (z.B. wissenschaftliche Einrichtungen der Armee), zu entwickeln.
- Die materiellen und finanziellen Anforderungen für das Jahr 1974 sind aus den Haushaltsplänen des FKS und des SMD abzusichern. Die materiell-technischen Konsequenzen für 1975/76 sind in der zu erarbeitenden Forschungskon-{30}zeption auszuweisen und in die Volkswirtschafts- und Haushaltspläne der Einrichtungen aufzunehmen.

5.3. Leitung des Forschungsvorhabens

– Gesamtleitung und Bereich Trainingsmethodik	–	Prof. Lehnert	FKS
Stellvertreter und Bereich Sportmedizin	–	Dr. Gürtler	FKS
Bereich Biochemie	–	Dr. Gerber	FKS
Leiter der Arbeitsgruppe	–	Dr. Höppner	SMD
Vertreter des Auftraggebers	–	Dr. Grundmann	DTSB
Wissenschaftsorganisator	–	NN	FKS

- Mit der Durchführung der Untersuchungen in den genannten Sportarten bzw. Disziplinen werden je ein Arzt und ein Sportmethodiker beauftragt.

6. Anleitung und Kontrolle

- Im Auftrag der Leistungssportkommission der DDR nehmen der Vizepräsident f. Leistungssport und der Vizepräsident für Wissenschaft/Kinder- und Jugendsport die Anleitung und Kontrolle der Arbeitsgruppe und der Forschungsgruppe wahr.
- Sie übernehmen für die aufzubauende Forschung die Funktion als Auftraggeber und bestätigen die Arbeits- und Leistungspläne und Ergebnisberichte der beiden Gruppen.
- Etwa zweimal im Jahr finden unter Leitung der beiden Vizepräsidenten gemeinsame Beratungen mit der Arbeitsgruppe und der Leitung der Forschungsgruppe statt.
- Sie sichern in Zusammenwirken mit dem Direktor des Sportmed. Dienstes, dem Direktor des FKS und den Leitern der {31} beiden Gruppen die erforderlich Internität zu allen Fragen der

Anwendung und Untersuchung u.M. im Leistungssport. Dazu ist eine besondere Ordnung auszuarbeiten und in Kraft zu setzen.
Auf der Grundlage dieser Ordnung sind allen Mitarbeiter der Gruppen und alle Mitarbeiter am Forschungsvorhaben gründlich einzuweisen und schriftlich zu strengster Vertraulichkeit zu verpflichten."

Diese Vorlage wurde erstmals am 11. September 1974 in einer Sitzung der LSK beraten und in der Sitzung vom 23. Oktober 1974 ohne große Änderungen beschlossen.

Zur Umsetzung dieser beschlossenen Vorlage traf Manfred Ewald als Vorsitzender der LSK unter dem 26. November 1974 ferner Festlegungen, die die Konstituierung der Arbeitsgruppe unterstützende Mittel, das Forschungsvorhaben zur wissenschaftlichen Untersuchung der Nutzung und Anwendung unterstützender Mittel sowie die Sicherung der Geheimhaltung und begleitende Maßnahmen betraf. Diese Festlegungen hatten folgenden Wortlaut:

„Berlin, den 26.11.1974
Vertraulich!
Exemplar-Nummer: 4

Festlegungen des Vorsitzenden der Leistungssportkommission der DDR
Am 23.10.1974 fand unter Leitung des Vorsitzenden der LSK der DDR eine Aussprache über die Anwendung und Untersuchung unterstützender Mittel im Leistungssport statt. Im Ergebnis dieser Beratung wurden folgende Festlegungen getroffen:

1. Die Arbeitsgruppe unterstützende Mittel ist neu zu konstituieren und setzt sich künftig aus folgenden Mitgliedern zusammen: {32}

Dr. Höppner	SMD
Prof. Dr. Lehnert	FKS
Dr. T(h)ummler	HBS (eigentl. SHB) Dynamo[25]
Prof. Dr. Gürtler	FKS
Dr. Grundmann	DTSB
Sekretär der Arbeitsgruppe	n.n.

Verantwortlich für die Konstituierung der Arbeitsgruppe: Dr. Höppner
Termin: 1.12.1974

2. Mit Wirkung vom 15.1.1975 wird Sportfreund Dr. Höppner von seiner Funktion als Stellvertreter des Direktors des Sportmedizinischen Dienstes entbunden und als hauptamtlicher Leiter der Arbeitsgruppe unterstützende Mittel eingesetzt.
Verantwortlich: Prof. Dr. Erbach
Dr. Welsch
3. Das Staatssekretariat für Körperkultur und Sport stellt der Arbeitsgruppe zur Lösung der ihr übertragenen Aufgaben ab 1.1.1975 2 Planstellen für wissenschaftliche Mitarbeiter sowie 1 Planstelle für eine Sekretärin zur Verfügung.
Verantwortlich: Prof. Dr. Erbach
4. Die Maßnahme eines Forschungsvorhabens zur wissenschaftlichen Untersuchung der Nutzung und Anwendung unterstützender Mittel wird bestätigt. Mit der Leitung des Vorhabens wird Prof. Dr. Lehnert beauftragt.
Die Forschungskonzeption für den Zeitraum bis 1976 ist dem Vorsitzenden der AG Wissenschaft und dem Vizepräsidenten für Kinder- und Jugendsport/Wissenschaft zur Bestätigung vorzulegen.
Verantwortlich: Prof. Dr. Schuster
Termin: 15.11.1974
5. Das FKS wird beauftragt, umgehend die erforderlichen Maßnahmen zur Entwicklung eines Nachweisverfahrens für anabole Steroide einzuleiten.

Verantwortlich: Prof. Dr. Schuster {33}

6. Dem Vorsitzenden der LSK ist im März und im Dezember 1975 ein Zwischenbericht über den erreichten Stand der Arbeit auf dem Gebiet der Anwendung und Untersuchung unterstützender Mittel im Leistungssport vorzulegen.
   Verantwortlich: Dr. Höppner
   Termin: 31.3. und 15.12.1975
7. Es ist eine Ordnung über die Sicherheit bei der Anwendung und Untersuchung unterstützender Mittel zu erarbeiten und dem Vorsitzenden der LSK zur Bestätigung vorzulegen.
   Verantw.: Dr. Höppner
   Termin: 15.1.1975

gez.:
Ewald
Vorsitzender der LSK

Verteiler:
Spfrd. M. Ewald
" R. Hellmann
" Prof. Dr. Erbach
" B. Orzechowski
" Prof. Dr. Röder
" Dr. Welsch
" Prof. Dr. Schuster
" Dr. Höppner"

4. Die Organisationsstrukturen des systematischen Dopings in der DDR

In Umsetzung des Punktes 1. dieser Festlegungen von Manfred Ewald konstituierte sich in der Folgezeit die Arbeitsgruppe unterstützende Mittel und in Umsetzung der Punkte 4. und 5. dieser Festlegungen von Manfred Ewald wurde für die Erforschung der Anwendung anaboler Steroide eine eigene Forschungsgruppe unterstützende Mittel am FKS gegründet.

Die Arbeitsgruppe unterstützende Mittel unter Leitung von Dr. Höppner wurde in der Folgezeit als Sektor Leistungssport bei der Leitung des SMD geführt und Dr. Höppner direkt dem Direktor des SMD unterstellt. Die Arbeitsgruppe unterstützende Mittel nahm ihren Sitz in den Räumlichkeiten des Staatssekretariats für Körperkultur und Sport in der Charlottenstra-{34}ße in Berlin (Ost) und tagte jeden 1. Mittwoch im Monat. Der Arbeitsgruppe gehörten neben ihrem Leiter Dr. Höppner ferner an:

Prof. Dr. Lehnert – gleichzeitig Leiter der Forschung
Prof. Dr. Gürtler
Dr. Thümmler
Dr. Grundmann
Dr. Schramm, Elke[26] – Sekretär der AG

Die Gründung der Forschungsgruppe unterstützende Mittel am FKS in Leipzig war mit einem schriftlichen Auftrag für die Forschung verbunden, der dem FKS 1975 durch Manfred Ewald erteilt wurde und für den das Staatsplanthema 14.25 geschaffen wurde.

Staatsplanthemen nahmen im System der Forschung der ehemaligen DDR eine besondere Stellung ein, weil das Ministerium für Wissenschaft und Technik dabei als Koordinator auftrat und den Fortgang der einzelnen Projekte überwachte. Es war dabei dazu berechtigt, im Zusammenhang mit solchen Projekten Anforderungen an andere Ministerien zur Bereitstellung von Kapazitäten, Geräten, Chemikalien bzw. zur Bearbeitung bestimmter Forschungsthemen zu richten.

Auftraggeber für das Staatsplanthema 14.25 war der Vizepräsident des DTSB für Wissenschaft, Prof. Röder. Der Auftraggeber schloß dabei mit dem FKS alle vier Jahre einen Leistungsvertrag ab, in dem die zu bearbeitenden Themen festgelegt wurden und grundsätzlich vereinbart wurde, welche Leistungen der Auftraggeber und welche der Auftragnehmer in der Forschung zu erbringen hatte.

Eine koordinierende Funktion für die Zusammenarbeit mit anderen wissenschaftlichen Einrichtungen oder den Betrieben der pharmazeutischen Industrie, die an der Bearbeitung beteiligt waren (z.B. der VEB Jenapharm), hatte dabei das FKS. Die getroffenen Vereinbarungen wurden dann über das Staatssekretariat in Abstimmung mit dem Ministerium für Wissenschaft und Technik in die zentrale Planung der Ministerien hineingebracht, denen die beteiligten Einrichtungen unterstellt waren.

Der Leistungsvertrag zwischen Auftraggeber und FKS enthielt jeweils eine Reihe von Arbeitsrichtungen und Themen, zu denen Ergebnisse aus der wissenschaftlichen Arbeit erwartet wurden. Der Auftraggeber erwartete dabei u.a. Leistungen in drei Richtungen:

- trainingsbegleitende Untersuchungen,
- angewandte Forschung,
- Weiterbildung. {35}

Das FKS als Auftragnehmer sollte im Rahmen des Staatsplanthemas 14.25 jährlich einen Bericht über die bearbeiteten Themen und die Ergebnisse liefern. Ferner sollte es alle vier Jahre eine zusammenfassende Darstellung der wesentlichen Ergebnisse und Schlußfolgerungen liefern.

Einer im Rahmen der Anwendung von u.M. wichtigsten Themenschwerpunkte, die dabei vom FKS zu bearbeiten waren, betraf die Frage der Entwicklung von Behandlungsschemata bzw. Ergebnisse ihrer Überprüfung aus trainingsbegleitenden Untersuchungen und die sich daraus ableitenden Dosierungsempfehlungen.

Als Folge der Gründung der Forschungsgruppe unterstützende Mittel am FKS und dem Staatsplanthema 14.25 wurde am FKS zur Durchführung der erforderlichen Forschungsaufgaben eine selbständige Abteilung „Zulei“ (Zusätzliche Leistungsbeeinflussung) gebildet, welche direkt den Professoren Dr. Lehnert und Gürtler unterstellt wurde. Die zur Abteilung gehörenden Mitarbeiter wurden aus den einzelnen Bereichen des FKS herausgezogen und ihr Unterstellungsverhältnis geändert.

In der Folgezeit nach dem Beschluß der LSK vom 23. Oktober 1974, den Festlegungen von Manfred Ewald vom 26. November 1974 und der Festlegung des Staatsplanthemas 14.25 im Jahre 1975 wurden diese Leitentschlüsse in die Praxis umgesetzt. Die wichtigsten Tätigkeiten oblagen dabei der Forschungsgruppe unterstützende Mittel am FKS und der Arbeitsgruppe unterstützende Mittel unter Leitung von Dr. Höppner, die eng zusammenarbeiteten.

Zu den wichtigsten Aufgaben der Arbeitsgruppe unterstützende Mittel gehörte dabei die Zusammenarbeit mit der Forschungsgruppe unterstützende Mittel am FKS. Infolge dieser Zusammenarbeit gab die Forschungsgruppe unterstützende Mittel am FKS eigene

Erkenntnisse an die Arbeitsgruppe unterstützende Mittel unter Leitung von Dr. Höppner weiter und verarbeitete andererseits Erkenntnisse der Arbeitsgruppe unterstützende Mittel.

Die Arbeitsgruppe unterstützende Mittel erarbeitete dabei in Zusammenarbeit mit der Forschungsgruppe unterstützende Mittel am FKS eine Zusammenfassung der Erkenntnisse und Erfahrungen bei der praktischen Anwendung der u.M. Die so entstandene Richtlinie enthielt methodische Hinweise an Ärzte und Trainer zur Verabreichung unterstützender Mittel in Abhängigkeit von der Aufgabenstellung im Training und im Wettkampf. Diese Richtlinie als Basis für die Vergabe anaboler Steroide wurde anhand neuer Erkenntnisse überarbeitet.

Parallel dazu arbeitete die Forschungsgruppe unterstützende Mittel am FKS zusammen mit dem Pharmahersteller VEB Jenapharm an der Herstellung und Entwicklung von leistungssteigernden Pharmaka, insbesondere an der Herstellung anaboler Steroide. {36}

Zugleich erarbeitete sie ein Kontrollsystem zur Anwendung und Wirksamkeit von u.M. Unmittelbare Folge war Einrichtung des dem SMD unterstehenden Doping-Kontroll-Labors Anfang 1977 in Kreischa.

Die Arbeitsgruppe unterstützende Mittel erarbeitete die logistische Abwicklung der Dopingkontrollen, indem sie die Abgabe der Urinproben und der dabei zu erstellenden Listen und Protokolle sowie die Geheimhaltung der Sportlernamen organisierte.

Sie war auch zuständig für das Beschaffen und Verteilen der u.M. und organisierte ferner in Zusammenarbeit mit dem DTSB einen internen Erfahrungsaustausch zwischen den Verbandsärzten. Zur Optimierung der Anwendung der u.M. führte die Arbeitsgruppe unterstützende Mittel auch individuelle Beratungen der Verbands- und Sektionsärzte durch. Damit verfolgte sie das Ziel, über eine verstärkte Einflußnahme auf Ärzte und Trainer eine disziplinierte Anwendung der u.M. zu erreichen.

In der Zeit von 1975 bis 1978 wurde die weitere Verteilung der u.M. über den jeweiligen Verbandsarzt umgesetzt. Dieser erarbeitete aufgrund der Beratungen mit der Arbeitsgruppe unterstützende Mittel zusammen mit seinen Sektionsärzten eine Konzeption zum Einsatz unterstützender Mittel (sogenannte UM-Konzeption), in der konkret für jedes Trainings- bzw. Wettkampfjahr festgelegt wurde, welche Sportler in welchen Vergabezeiträumen welche Mengen an anabolen Steroiden oder sonstigen Dopingmitteln erhalten sollten.

Noch im Jahre 1978 trat nach einem nicht mehr genau feststellbaren Datum insofern eine Änderung ein, als zur weiteren Systematisierung und Koordination des Beschaffens und Verteilens sowie der Einflußnahme auf die von Trainern, Verbandsärzten und Sektionsärzten erarbeiteten UM-Konzeptionen der sogenannte Leistungssportbereich II (LS II) als Unterabteilung des SMD mit einem Büro in Berlin (Ost) in der Czernikauer Straße 21 unter Leitung von Dr. Höppner eingerichtet wurde. Dort arbeitete Dr. Höppner mit seinen ärztlichen und nichtärztlichen Mitarbeitern.

1981 änderte sich die Zusammensetzung der Arbeitsgruppe unterstützende Mittel. Ihr gehörten nunmehr an:

Dr. Höppner	Prof. Dr. Gürtler
Prof. Dr. Lehnert	Dr. Roth
Dr. Freiberg	Dr. Thümmler

Dr. Schramm, Elke	Dr. Müller, Roland
Dr. Raabe[27]	je ein MA aus den Bereichen
	von Prof. Röder und Dr. Köhler[28] {37}

Die neue Zusammensetzung änderte aber nichts an der Wichtigkeit der Person ihres Leiters. Weiterhin lagen die oberste Verantwortung und die Leitentscheidungen in den Händen von Dr. Manfred Höppner.[29]

Die unmittelbare Vergabe der anabolen Steroide in Tablettenform an die Sportler nahmen dann in der Zeit von 1975 bis 1989 in der Regel die Sektionsärzte bzw. die von ihnen damit beauftragten Trainer vor. Die Sektionsärzte hielten sich dabei in der Regel an die mit ihren jeweiligen Verbandsärzten in den Tagungen der Ärztekommissionen der Verbände abgesprochenen bzw. erarbeiteten UM-Konzeptionen. Es sind aber auch Ausnahmen bekanntgeworden, in denen mehr als die abgesprochenen Mengen von anabolen Steroiden an Sportler der DDR verabreicht wurden. Die Vergabe von Spritzen mit anabolen Steroiden und die Vergabe anderer Dopingmittel oblagen dagegen allein den eingeweihten und beteiligten Ärzten.

5. Die Verwendung „unterstützender Mittel" (u.M.) in der DDR

a) Einsatz anaboler Steroide in der DDR

An anabolen Steroiden im Leistungssport der DDR kamen hauptsächlich die Präparate des Volkseigenen Betriebes Jenapharm (fortan: VEB Jenapharm) zum Einsatz, in kleineren Mengen auch Produkte aus dem westlichen Ausland oder den sozialistischen Bruderstaaten.

Unter den Produkten des VEB Jenapharm wurden hauptsächlich Oral-Turinabol-Tabletten verwendet. Diese enthielten als Wirkstoff Chlordehydromethyltestosteron zu 1 mg (kleine rosafarbene stumpfe Tablette) und zu 5 mg (kleine blaue stumpfe Tablette).

Ferner kamen auch die Präparate Turinabol-Ampullen und Turinabol-Depot-Ampullen (auch als Depot-Turinabol bezeichnet) des VEB Jenapharm zum Einsatz, die als ölige Lösung intramuskulär injiziert wurden. Turinabol-Ampullen enthielten dabei als Wirkstoff 25 mg Nandrolonphenylpropionat in 1 ml öliger Lösung, und Turinabol-Depot-Ampullen enthielten als Wirkstoff 50 mg Nandrolondekanoat in 1 ml öliger Lösung.

Oral-Turinabol-Tabletten sowie Turinabol-Ampullen und Turinabol-Depot-Ampullen sind anabole Steroide bzw. Anabolika. Zur Unterscheidung vom Testosteron werden sie als Testosteronderivate bezeichnet. Die Einnahme dieser Anabolika-Präparate ist innerhalb bestimmter Zeiträume nach der Vergabe mittels Analyse des Urins nachweisbar, da sich im Urin die Metabolite dieser Präparate nachweisen lassen und somit einen Rückschluß auf die Vergabe zulassen. {38}

Nach 1978 wurden Turinabol-Depot-Ampullen nicht mehr verwendet, da man zu diesem Zeitpunkt entdeckt hatte, daß deren Metabolite zu lange im Körper nachweisbar sind und [sie] daher nicht mehr in der unmittelbaren Wettkampfvorbereitung benutzt werden konnten.

Statt dessen kam deshalb als intramuskuläre Spritze neben dem nur partiell verwendeten Testosteron-Depot des VEB Jenapharm (mit 250 mg Testosteronönanthat als

Wirkstoff in 1 ml öliger Losung) überwiegend nur noch das Präparat Testosteron-Ampullen des VEB Jenapharm zum Einsatz, das als Wirkstoff 25 mg Testosteronpropionat in 1 ml öliger Losung enthielt. Testosteron als Präparat war auch schon vor 1978 verwendet worden, jedoch zunächst in der Anwendung beschränkt geblieben.

Dieses Präparat Testosteron-Ampullen hatte aufgrund seines Wirkstoffes bezüglich der Nachweisbarkeit den Vorteil, daß es nicht vom körpereigenen Testosteron, das auch jede Frau in ihrem Körper hat, unterschieden werden konnte. Denn innerhalb der Anabolika ist Testosteron zwar eine chemische Zusammensetzung und damit nachweisbar, jedoch bei reiner Anwendung eine physiologische Substanz, deren künstliche Zuführung mit den wissenschaftlichen Methoden der 70er und 80er Jahre jedenfalls nicht direkt nachgewiesen werden konnte. Ein direkter Nachweis über die Metabolite wie bei der Vergabe von Oral-Turinabol und anderen Testosteronderivaten war deshalb mittels Urinproben bei Testosteron nicht möglich. Solange daher weder ein direkter noch ein indirekter Nachweis über die Zuführung von körperfremden Testosteron geführt werden konnte, war dessen Einsatz im Spitzensport möglich, ohne eine Entdeckung befürchten zu müssen. In der Zeit von 1978 bis etwa 1981 setzte daher auch die DDR das Testosteron im Spitzensport verstärkt in der unmittelbaren Wettkampfvorbereitung ein.

Diese Lücke in der Nachweisbarkeit von Testosteronvergaben wurde erst etwa im Jahre 1981 geschlossen. Erst zu diesem Zeitpunkt wurde von Prof. Dr. Donicke[30] in der Bundesrepublik Deutschland ein indirektes Nachweisverfahren für Testosteron entwikkelt, bei dem das Verhältnis bzw. der Quotient von Testosteron zu Epitestosteron im Körper eines Sportlers gemessen werden konnte. Da der natürliche Quotient in einer Bandbreite von etwa „2“ liegt und sich bei Zuführung körperfremden Testosterons erhöht, ließ die Messung höherer Quotienten als „2“ den Rückschluß zu, daß exogen (d.h. von außen) Testosteron zugeführt worden war. Überschritt der Quotient des Testosterons zum Epitestosteron zwar den Wert „2“, nicht aber den international festgelegten Grenzwert von „6“, so war eine exogene Zuführung von Testosteron (z.B. mit dem Präparat Testosteron-Ampullen des VEB Jenapharm mit 25 mg Testosteronpropionat als Wirkstoff) in den Körper der Sportler zwar wahrscheinlich, aber nicht zwingend beweisbar, so daß bei Werten des Quotienten unter „6“ keine Disqualifikation erfolgte. {39}

Auch diese Erkenntnisse machte sich die DDR in der Anwendung des Testosterons im Spitzensport zunutze, indem sie Epitestosteron künstlich herstellen ließ. Denn dadurch besaß sie die Möglichkeit, nach der Vergabe von Testosteronspritzen zur Sicherheit Epitestosteron-Testosteron gegenzuspritzen, wodurch der Quotient des Testosteronspiegels (T/E) nach unten gedrückt wurde und so den kritischen Wert von „6“ nicht überschritt.

Daß in der DDR anabole Steroide sowohl als Tabletten als auch Spritzen zum Einsatz kamen, hatte dabei folgende Ursache:

Die Halbwertzeit des Testosteron und damit auch die Abbauzeit ist kurz und beträgt zwischen 10 und 20 Minuten. D.h.: Da Testosteron nach oraler Gabe rasch in der Leber abgebaut wird, ist es in reiner Form als Tablette nicht anwendbar. In reiner Form können daher nur Fettsäureverbindungen des Testosterons (sog. Testosteron-Ester) eingesetzt werden, die als ölige Lösung, zum Teil mit Depotwirkung, intramuskulär injiziert werden.

In oraler Vergabeform können daher von den Testosteronderivaten nur die sogenannten 17-alpha-alkylierten Testosteronderivate eingesetzt werden. Ein solches 17-alpha-alkyliertes Testosteronderivat ist auch die Oral-Turinabol-Tablette. Oral-Turinabol hat heute zwar noch eine fiktive Zulassung bis zum Jahr 2000, wegen ihrer leberschädigenden Wirkung erscheinen 17-alpha-alkylierte Testosteronderivate in Deutschland allerdings nicht mehr in der „Roten Liste“[31].

b) Einsatz weiterer Präparate

Im DDR-Spitzenschwimmsport kamen auch weitere Dopingpräparate zum Einsatz. Darunter war zum einen das STS 646 [Steroidsubstanz 646, auch als Mestanolon bezeichnet], ein vom VEB Jenapharm produziertes Anabolikum, das aber in der DDR keine Zulassung hatte. Gleichwohl wurde es teilweise neben dem klassischen Anabolikum Oral-Turinabol verwendet. Zum Einsatz im Sport, zumindest in einer Erprobung, kamen auch Substanzen, die die Testosteronproduktion stimulieren sollten (z.B. Gonabion-Ampullen [auch hCG genannt] und Clomiphen), sowie Neuropeptide in der Form des Präparats Oxytocin, das in der DDR auch als „B 17“ bezeichnet wurde. 1977 kamen auch Stoffe der Pervitin-Reihe [Anm.: heute z.B. als „Speed“ bekannt] im DDR-Schwimmsport zum Einsatz.

Parallel dazu liefen auch Versuche mit neuen Anabolika im Schwimmsport der DDR, von denen man sich weniger bzw. keine Nebenwirkungen, jedoch gleichzeitig eine stärkere anabole Wirkung versprach. So kam es 1978 im Schwimmsport der DDR u.a. zu Testversu-{40}chen zur Erprobung eines neuentwickelten anabolen Steroids durch den VEB Jenapharm unter der Bezeichnung STS 83.

Der Einsatz ständig neuer und weiterentwickelterer u.M seit dem Beginn der 70er Jahre war dabei im dopingunterstützten DDR-Spitzensport nur Ausdruck des typischen Phänomens, daß ein technischer Fortschritt auf der einen Seite mit einem weiteren technischen Fortschritt auf der anderen Seite beantwortet wird. Gelang den internationalen Kontrolleuren der Nachweis eines Dopingmittels, so wurden von den Anwendern andere Dopingmittel verwendet oder es wurde nach neuen Dopingmitteln geforscht, bis auch diese wieder von den Kontrolleuren nachweisbar waren.

E. Pharmakologie, Nebenwirkungen und Dosierung anaboler Steroide

Die Wirkungsweise anaboler Steroide im Körper eines Menschen ist komplex. Gleiches gilt für die Risiken und Nebenwirkungen anaboler Steroide, besonders bei der Vergabe solcher Mittel an Frauen und Kinder.

1. Allgemeine Wirkungsweise anaboler Steroide

Männliche Sexualhormone (Androgene), zu denen das Testosteron und seine Derivate als anabole Steroide zählen, werden zeitlebens von beiden Geschlechtern benötigt, von der verschiedenartigen sexuellen Differenzierung des Embryos bis hin zur Entwicklung sexueller Geschlechtsmerkmale während der Pubertät. Auch zur Aufrechterhaltung sexueller Funktionen und der Fruchtbarkeit des Erwachsenen sind sie von Bedeutung.

Neben diesen geschlechtsspezifischen Eigenschaften wirken Androgene auch auf die Neubildung von Zellen und Geweben, auf die Skelettmuskulatur, das Knochen- und Fettgewebe, aber auch auf Organe wie Gehirn, Prostata und die Nieren. Diese extrem unterschiedlichen biologischen Wirkungen werden über einen speziellen Rezeptor in der Zelle vermittelt (Androgenrezeptor). Mit diesem Rezeptor bildet das Androgen einen Komplex, der in den Zellkern wandert und dort eine spezielle Information an das genetische Material (DNS) abgibt. Hierauf reagiert die Zelle mit der Bildung neuer Proteine.

Biologisch aktive Androgene werden überwiegend in den Hoden, den Eierstöcken, den Nebennieren, der Haut und dem Fettgewebe gebildet. Männer produzieren dabei täglich zwischen 2,5 bis 10 mg Testosteron, Frauen etwa ein Zehntel davon. Entsprechend liegen die Plasmaspiegels des Testosterons beim Mann bei 3.000 bis 9.000 pg/ml und bei der Frau nur bei 100 bis 500 pg/ml. {41}

Werden nun dem weiblichen oder männlichen Körper über dessen jeweilige körpereigene Produktion hinaus exogen (d.h. von außen) zusätzliche anabole Steroide in Form von Testosteron oder seinen Derivaten zugeführt, so werden auch diese anabolen Steroide über den Androgenrezeptor in den Zellen aufgenommen und beeinflussen entsprechend ihrer Dosierung zusätzlich zum schon vorhandenen körpereigenen Testosteron ebenfalls Organe und Stoffwechselfunktionen im Körper eines Menschen.

Die exogene Zuführung von Testosteron (z.B. von Testosteron-Ampullen) erhöht dabei im Körper der Frau den normalen Plasmaspiegel des Testosterons und erreicht bei entsprechender Zufuhr einen Plasmaspiegel, der vom weiblichen Körper selbst niemals produziert werden könnte.

Dagegen ist die exogene Zuführung von Testosteronderivaten (z.B. von Oral-Turinabol oder von Turinabol-Depot-Ampullen) im Körper der Frau nur über die Metabolite der Testosteronderivate, nicht aber über eine Messung des Testosteronplasmaspiegels nachweisbar. Genauso wie das körpereigene Testosteron und das exogen zugeführte Testosteron werden aber auch die Testosteronderivate über den Androgenrezeptor in den Zellen aufgenommen und beeinflussen entsprechend ihrer Dosierung zusätzlich zum schon vorhandenen körpereigenen Testosteron Organe und Stoffwechselfunktionen im Körper der Frau.

Die Anabolikawirkung, auf die es den Sportfunktionären bzw. den Sportärzten in der DDR für ihre Athleten ankam, war die des vermehrten Muskelaufbaus und einer damit einhergehenden Steigerung der körperlichen Leistungsfähigkeit. Die Medikation mit anabolen Steroiden sollte dabei innerhalb von zyklenweise durchgeführten Trainingsabschnitten in Verbindung mit einem sportartspezifischen Training einen Anstieg der leistungsvoraussetzenden konditionellen Fähigkeiten zur Folge haben. In einer zeitlichen Aufeinanderfolge sollten dabei die Maxima von Maximalkraft, Schnellkraft, Schnelligkeit und spezifischer Leistung der einzelnen Sportler objektiviert und optimiert werden.

2. Heutige wissenschaftlich gesicherte Erkenntnisse über Nebenwirkungen der Anabolika

Das gesamte Spektrum der Nebenwirkungen und Risiken anaboler Steroide ist wissenschaftlich umfassend erforscht. Als Therapeutikum haben anabole Steroide dabei heute so gut wie keinen Anwendungsbereich mehr.

So sind Anabolika nach heutiger Erkenntnis nur noch bei einer Unterfunktion der Hoden (Hypogonadismus) therapeutisch indiziert. Ansonsten gibt es keine therapeutische Indika-{42}tion. Dies beruht vor allem auf den Nebenwirkungen von anabolen Steroiden. Denn da anabol-androgene Steroide wichtige Organe und Stoffwechselfunktionen beeinflussen, können besonders bei Überdosierung schwere Gesundheitsschäden entstehen.

In der Leber können Anabolika bei Männern und bei Frauen zu einer passageren Erhöhung der Transaminasen SGOT und SGPT (Nachweisparameter für die Zerstörung von Leberzellen), zu einer Peliosis hepatis, zu Leberkarzinomen und zu Lebertumoren führen. In Verbindung mit Androgenen wurde auch über mehrere Fälle mit Herzinfarkt berichtet. Androgene können zudem in Verbindung mit Training zu Muskel- und Sehnenverletzungen führen.

Weitere typische Nebenwirkungen, die bei einer Vergabe von anabolen Steroiden an Frauen auftreten können, sind Wachstumsretardierungen, Störungen der Fruchtbarkeit oder Herzerkrankungen. Zu befürchten sind bei ihrer Vergabe an Frauen auch Stimmvertiefungen, die zum Teil reversibel, zum Teil aber auch irreversibel sind. Ferner kann es unter der Vergabe von anabolen Steroiden an Frauen zu einer Zunahme der weiblichen Körperbehaarung an den Beinen, im Schambereich und bis hinauf zum Bauchnabel kommen. Im Extremfall kann es bei der Vergabe von anabolen Steroiden an Frauen zu einem starken Wachstum der Klitoris (Klitorishypertrophie) kommen.

Die Gefährlichkeit der Vergabe anaboler Steroide liegt auch darin, daß sie auch ohne Überdosierung schädliche Wirkungen im Körper einer Frau hervorrufen können, weil sie in den hormonellen Regelkreislauf einer Frau eingreifen. Denn durch jede therapeutisch wirksame Vergabe von Testosteron (wie z.B. Testosteron-Ampullen des VEB Jenapharm) bzw. von Testosteronderivaten (wie z.B. Oral-Turinabol oder Turinabol-Depot-Ampullen des VEB Jenapharm) werden im Körper einer Frau die sogenannten Releasing-Hormone im Hypothalamus, welche den sogenannten Pulsgenerator steuern, gestört. Durch die Störung des Pulsgenerators werden die Steuerungshormone LH und FSH, die in der Hirnanhangsdrüse (Hypophyse) gebildet werden und die den Zyklus der Eierstöcke regeln, gestört.

Ferner wirken anabol-androgene Steroide auch auf die Lipide im Blut, d.h. sie beeinflussen den Fettstoffwechsel. Es kommt unter ihrer Anwendung regelmäßig zu einem Absinken des sogenannten „guten“ oder unbedenklichen HDL-Cholesterins und zu einem Anstieg des sogenannten „schlechten“ oder schädlichen LDL-Cholesterins.

Der heutige Wissensstand über die Nebenwirkungen und Risiken ist in Umfang und Genauigkeit mit dem Kenntnisstand der Wissensstand in der Welt und in der DDR in den 70er Jahren, jedenfalls bezüglich der Hauptrisiken anaboler Steroide, identisch. {43}

3. Zur Dosierung anaboler Steroide im Sport der DDR

Die Wirkungsweise jedes Präparats hängt unmittelbar mit seiner Dosierung zusammen. Zwar muß man bei anabolen Steroiden grundsätzlich zunächst zwischen der Dosis, mit der therapeutische Wirkungen erzielt werden sollen, und der Dosis, mit der ein sportmedizinisch erwünschter Muskelaufbau erzielt werden soll, unterscheiden.

Hinsichtlich des Auslösens körperlicher Veränderungen und des Auslösens möglicher schädlicher Nebenwirkungen gilt aber, daß dazu eine sogenannte therapeutisch wirksame Dosis ausreicht.

Hinsichtlich der Oral-Turinabol-Tabletten und der Testosteron-Spritzen hat die Kammer zu den Dosierungen folgende Feststellungen getroffen:

a) Dosierungsanleitungen gemäß Produktinformationen des VEB Jenapharm

Die Produkte des VEB Jenapharm enthielten im Anklagezeitraum von 1975 bis 1989 keine Beipackzettel. Es existierten jedoch Informationen für Ärzte und Apotheker mit Dosierungsanleitungen, und Dosierungsanleitungen waren auch auf den Verpackungen (Faltschachteln) angebracht.

Danach sollten Oral-Turinabol-Tabletten gemäß der ersten Präparat- bzw. Produktbeschreibung des VEB Jenapharm von 1965 folgendermaßen dosiert werden:

„Oral-Turinabol besitzt im allgemeinen nach Gaben von 20 mg (4 Tabletten zu je 5 mg täglich) in den ersten drei bis vier Tagen, dann 5-10 mg (1 oder 2 Tabletten zu je 5 mg täglich) in den folgenden Tagen die sicherste Wirkung. Derartige Tagesdosen werden in 2 bis 3 Einzelgaben verabreicht. ... Nach drei- bis vierwöchiger Behandlung ist eine etwa gleichlange Behandlungspause einzuschalten. Steigerung der Dosis bringt nur dann eine Verstärkung des anabolen Effekts, wenn eine extrem katabole Stoffwechsellage entsteht.“

Bezüglich der 1965 festgelegten Dosierungsempfehlung von 20 mg in den ersten drei bis vier Tagen und 5-10 mg in den folgenden Tagen bei einer Behandlungsdauer von 3 bis 4 Wochen enthalten weder die Informationen für Ärzte und Apotheker (NIM) Turinabol® von 1974, noch die Informationen für Ärzte und Apotheker (NIM) Turinabol® von 1976 Änderungen. Allerdings gab es 1976 bei der Dosierung folgenden zusätzlichen Warnhinweis:

„Bei Erkennen androgener Nebenwirkungen, insbesondere auch schon beim Tieferwerden der Stimme, sollte die Therapie, sofern es die Grundkrankheit gestattet, abgebrochen werden.“ {44}

Auf der Seite der Faltschachtel Inland Oral-Turinabol® 1 mg von 1969-1990, in der die rosafarbenen Oral-Turinabol-Tabletten zu 1 mg ohne Beipackzettel verkauft wurden, befand sich folgender Dosierungshinweis:

„Anfangsdosis für Kinder je nach Alter und Indikation 2 bis 5 Tabletten täglich; Erhaltungsdosis die Hälfte.
Tagesdosis über den Tag verteilt einnehmen.“

Auf der Seite der Faltschachtel Inland Oral-Turinabol® 5 mg von 1970-1989, in der die blauen Oral-Turinabol-Tabletten zu 5 mg ohne Beipackzettel verkauft wurden. befand sich folgender Dosierungshinweis:

„Anfangsdosis für Erwachsene 2 bis 4 Tabletten täglich; Erhaltungsdosis 1 bis 2 Tabletten. Tagesdosis auf 2-3 Einzelgaben verteilen.“

Danach galt für die Dosierung der blauen Oral-Turinabol-Tabletten zu je 5 mg nach den Informationen des VEB Jenapharm, daß für medizinische Zwecke die Tabletten in einem Zyklus von höchstens 3-4 Wochen vergeben werden durften und daß danach eine Behandlungspause einzulegen war. Rechnet man die über die Jahre stets gleich gebliebenen Dosierungsanweisungen in drei- bzw. vierwöchige Vergabezyklen um, so ergeben sich folgende Dosierungsbandbreiten für therapeutisch wirksame Dosen:

Bei einem dreiwöchigem Zyklus sollen zwischen minimal 150 mg und maximal 250 mg Oral-Turinabol vergeben werden.

Bei einem vierwöchigen Zyklus sollen dagegen zwischen minimal 185 mg und maximal 320 mg Oral-Turinabol vergeben werden.

Mithin war nach den Dosierungsinformationen des VEB Jenapharm eine therapeutisch wirksame Dosis von Oral-Turinabol bereits erreicht, wenn in einem dreiwöchigem Behandlungszyklus mindestens 150 mg Oral-Turinabol eingenommen wurden.

Aufgrund wissenschaftlicher Erforschungen existierten in der DDR aber auch spezielle Erkenntnisse, in welchen Dosierungen Oral-Turinabol bzw. andere Anabolika zum Zwecke der sportlichen Leistungssteigerung vergeben werden mußten, um optimale Ergebnisse zu erzielen. {45}

b) Im Sport verwendete Dosierungen von Oral-Turinabol und Testosteronpropionat

Die wissenschaftliche Forschung in der DDR-Sportmedizin verfolgte u.a. auch das Ziel, die Kenntnisse über die besten Vergabezeiträume und Vergabedosierungen anaboler Steroide unter Berücksichtigung individueller Anwendungsprofile für jede Sportart zu optimieren. Gegen Mitte und Ende der 80er Jahre hatte die sportmedizinische Forschung der DDR dabei auf der Grundlage vieler vorangehender Studien mit dem Einsatz von Oral-Turinabol, Mestanolon [= STS 646], Testosteronpropionat, hCG und Testo-Tropin unter kontrollierten Trainings- und Ernährungsbedingungen bei Sportlern umfassende Erkenntnisse über die besten Vergabezeiträume und Vergabedosierungen anaboler Steroide gewonnen.

1986 war daher auch wissenschaftlich abgesichert, daß als optimale Medikationszeiträume von anabolen Steroiden 14 Tage ermittelt wurden, wobei sowohl im Einzelzyklus als auch bei wiederholter Applikation eine ansteigende Dosierung gewählt werden sollte. Die Schwellendosis für Oral-Turinabol lag danach bei einer täglichen Dosis von 10 mg (Männer) und 5 mg (Frauen); nur oberhalb dieser Schwelle waren mit hoher Wahrscheinlichkeit eine Stimulierung der Proteinsynthese und damit Wirkungen zu erwarten.

Die sportmedizinische Erkenntnis, daß bei Frauen mindestens 5 mg Oral-Turinabol pro Tag vergeben werden müssen, um eine nachweisbare Wirkung zu erzielen, korrespondierte daher im Ergebnis mit den Dosierungsanleitungen des VEB Jenapharm. Dort war zur Erzielung einer therapeutischen Wirkung eine Anfangsdosis von 20 mg pro Tag und eine Erhaltungsdosis von mindestens 5 mg pro Tag für die restliche Dauer eines drei- bis vierwöchigen Anwendungszyklus für notwendig erachtet und empfohlen worden.

Die sportmedizinische Forschung in der DDR hatte sich auch der Erforschung der Dosierung von Testosteronpropionat, das intramuskulär injiziert wurde, gewidmet und dabei die Erkenntnis gewonnen, nach denen mit Einzelinjektionen von 25 mg (Männer) und 10 mg (Frauen) im Abstand von 2 Tagen die nach Medikationsende von Oral-Turinabol beobachteten Nebenwirkungen begrenzt werden konnten, so daß die Sportler zum Wettkampf mit hoher Wahrscheinlichkeit eine erhöhte physisch/psychische Leistungsbereitschaft erreichen konnten.

Basierend auf der Erforschung des Anabolikaeinsatzes in der DDR in den vorangegangenen zwei Jahrzehnten hatten sich daher 1989 aus sportmedizinischer Sicht in den Ausdauersportarten folgende Anwendungsempfehlungen von Oral-Turinabol und STS 646 durchgesetzt: {46}

„1. Es leiten sich zwei im Prinzip unterschiedliche Einsatzindikationen ab.
   - Einsatz zur direkten Beeinflussung der Entwicklung von konditionellen Fähigkeiten;
   - Einsatz zur indirekten Beeinflussung der Entwicklung von konditionellen Fähigkeiten über die Verbesserung der Belastungsverarbeitung bzw. Wiederherstellungsprozesses.

   Den entscheidenden Unterschied im Vorgehen stellt die deutlich niedrigere tägliche Dosierung im letzteren Fall dar.
2. In den Phasen einer betonten Kraftentwicklung bzw. der Herausbildung der aeroben Grundlagen ist vorrangig die alleinige OT-Applikation in Dosierungen von 5-15 mg pro Tag (Männer) bzw. 3-10 mg pro Tag (Frauen) anzuwenden.
3. In den Phasen des spezifischen Trainings bzw. in der unmittelbaren Wettkampfvorbereitung soll die Kombination von OT und STS 646 bei einer Gesamttagesdosierung von maximal 20 mg (Männer) bzw. 15 mg (Frauen) erfolgen. Dabei überwiegt zunächst der OT-Anteil. In Annäherung an den Wettkampfhöhepunkt verschiebt sich der Anteil in Richtung STS 646.
4. Dosierungen von mehr als 10 mg OT pro Tag und über einen Zeitraum von länger als drei Wochen sind zu vermeiden bzw. durch applikationsfreie Intervalle zu unterbrechen.
5. Die Medikation sollte vormittags erfolgen, da aufgrund des zeitlichen Konzentrationsverlaufes im Blut eine ausreichende Wirkstoffkonzentration sowohl zum Zeitpunkt der zu absolvierenden Trainingsbelastungen (tagsüber) als auch in der Wiederherstellungsphase (nachts) vorhanden ist."

4. Fazit zur Wirkungsweise der Vergabe von anabolen Steroiden an Frauen in Abhängigkeit von der Dosierung

Die Kammer hat als Ergebnis der unter den Ziffern E.1. bis E.3 festgehaltenen Tatsachen die Wirkungsweise und Risiken bei der Anwendung anaboler Steroide bei Frauen im Zusammenhang und in Abhängigkeit zur Dosierung wie folgt festgestellt:

1. Jede exogene Zuführung von Testosteron im Körper der Frau erhöht den normalen Plasmaspiegel des Testosterons und erreicht bei entsprechender Zufuhr einen Plasmaspiegel, der vom weiblichen Körper selbst niemals produziert werden könnte.
2. Jede exogene Zuführung von Testosteron (z.B. Testosteron-Ampullen) und von Testosteronderivaten (z.B. von {47} Oral-Turinabol bzw. Depot-Turinabol) führt dazu, daß diese Stoffe über den Androgenrezeptor in den Zellen aufgenommen werden und entsprechend ihrer Dosierung zusätzlich zum körpereigenen Testosteron Organe und Stoffwechselfunktionen im Körper der Frau beeinflussen.

3. Anabole Steroide, d.h. Testosteron und Testosteronderivate, greifen in den hormonellen Regelkreislauf einer Frau ein. Durch jede in therapeutisch wirksamer Dosis erfolgende exogene Vergabe von Testosteron (wie z.B. Testosteron-Ampullen des VEB Jenapharm) bzw. von Testosteronderivaten (wie z.B. Oral-Turinabol oder Depot-Turinabol des VEB Jenapharm) werden im Körper einer Frau die sogenannten Releasing-Hormone im Hypothalamus, welche den sogenannten Pulsgenerator steuern, gestört. Durch die Störung des Pulsgenerators können die Steuerungshormone LH und FSH, die in der Hirnanhangsdrüse (Hypophyse) gebildet werden und die den Zyklus der Eierstöcke regeln, gestört werden.
4. Anabol-androgene Steroide, d.h. Testosteron und Testosteronderivate, wirken auch auf die Lipide im Blut, d.h. sie beeinflussen den Fettstoffwechsel. Es kommt bei jeder exogenen Zuführung von therapeutisch wirksamen Dosen von anabol-androgenen Steroiden zu einem Absinken des sogenannten „guten“ oder unbedenklichen HDL-Cholesterins und zu einem Anstieg des sogenannten „schlechten“ oder schädlichen LDL-Cholesterins.
5. Ausgehend von den Dosierungsanleitungen und den sonstigen wissenschaftlichen Erkenntnissen über die Wirkungsweise anaboler Steroide stellt dabei schon die Vergabe einer Dosis von 150 mg Oral-Turinabol, die einer Vergabe von 2 blauen 5 mg Oral-Turinabol-Tabletten am Tag an fünf Tagen der Woche über einen Zeitraum von 3 Wochen entspricht, eine therapeutisch wirksame Dosis dar.
6. Durch diesen Eingriff in den hormonellen Regelkreis bzw. durch die Beeinflussung von Organen und Stoffwechselfunktionen wird die Gesundheit einer Frau, die schon eine ein-{48}zige dieser therapeutisch wirksamen Dosis von 150 mg Oral-Turinabol über drei Wochen erhalten hat, darüber hinaus erheblich gefährdet. Denn je nach der individuell unterschiedlichen Reaktion einer Frau auf die anabolen Steroide können früher oder später zusätzlich zu der bei therapeutisch wirksamer Dosis immer eintretenden Störung des hormonellen Regelkreislaufs und der Störung des Fettstoffwechsels zusätzlich die schon oben unter E.2. beschriebenen Nebenwirkungen in Form von Akne, Stimmvertiefung, Zunahme der Körperbehaarung, Schädigungen der Leber und Herzkrankheiten auftreten.

Über die Risiken und Nebenwirkungen anaboler Steroide bei der Vergabe an Frauen und Mädchen wußten auch die Trainer und Ärzte im DDR-(Frauen)Schwimmsport Bescheid. Trotz dieses Wissens hielten die beteiligten Ärzte und Trainer – bis auf wenige Ausnahmen – an der Vergabe fest, da sie zum einen ohne den Einsatz anaboler Steroide ein Erreichen von Medaillen und sonstigen Erfolgen bei internationalen Wettkämpfen für ausgeschlossen hielten. Zum anderen waren sportliche Erfolge die Voraussetzung für Geldprämien bzw. Beförderungen, Auszeichnungen und sonstige Vorzugsbehandlung im DDR-System.

F. *Die Absicherung des Einsatzes von Dopingmitteln und anabolen Steroiden im DDR-Hochleistungssport*

1. Die Geheimhaltung des Dopings

Das Doping, und speziell der Einsatz anaboler Steroide, unterlagen in der DDR strengster Geheimhaltung. Diese Geheimhaltung war für die DDR-Sportführung aus zwei Gründen wesentlich.

Zum einen wäre es bei einer Aufdeckung der Vergabe anaboler Steroide häufiger zu Disqualifikationen von DDR-Sportlern und damit zu sportlichen Mißerfolgen gekommen, die den angestrebten Spitzenplatz im Weltsport in Gefahr gebracht hätten. Zum anderen wäre bei einer Aufdeckung der Vergabe anaboler Steroide für die stets auf internationale Anerkennung bedachte Partei- und Staatsführung der DDR ein nicht wiedergutzumachender Prestigeverlust eingetreten, zumal in diesem Fall darüber hinaus der gesamte DDR-Sport und die bisher erreichten Ergebnisse in Frage gestellt worden wären. {49}

Da bei einem Prestigeverlust infolge Disqualifikation eines DDR-Sportlers wegen Dopings die für eine solche Blamage verantwortlichen Personen zweifelsohne dafür zur Verantwortung gezogen worden wären, hätte dies materiell gesehen auch bei den beteiligten Trainern, Ärzten, Funktionären und Sportlern negative Auswirkungen in Form des Verlustes von Prämien und sonstiger Vorteile (z.B. Bevorzugung bei Wohnungszuteilung usw.) geführt.

Um alle diese negativen Folgen zu vermeiden, mußte es also unbedingt geheimgehalten werden, daß die Erfolge der Sportler und insbesondere der Schwimmerinnen der DDR auch auf der Vergabe von Dopingmitteln beruhten.

Zur Geheimhaltung des Dopings gegenüber der DDR-Bevölkerung wurden dabei folgende Maßnahmen ergriffen:

Um zum einen so wenig wie möglich „belastendes Material" zu produzieren, wurden die bei der Tagung der LSK am 23. Oktober 1974 benutzten Beschlußvorlagen, die die planmäßige Anwendung unterstützender Mittel betrafen, hinterher eingesammelt und bis auf eine Ausnahme vernichtet.

In Umsetzung des Punktes 7 (Ordnung über die Sicherheit bei der Anwendung und Untersuchung unterstützender Mittel) der von Manfred Ewald am 26. November 1974 getroffenen Festlegungen wurden darüber hinaus entsprechend einer erarbeiteten Sicherungs-Konzeption nur die Funktionäre und Trainer in die u.M.-Vergabe eingeweiht, die eingeweiht werden mußten. Zusätzlich wurden alle beteiligten Funktionäre und Trainer zur Verschwiegenheit verpflichtet. Eingeweiht war deshalb zunächst nur folgender Personenkreis:

Verbandsärzte
Bezirkssportärzte
Abt.-Leiter. Clubbetreuung der SHB
Sektionsärzte – Förderstufe II und III
Sekretärin der SHB
Arbeitsgruppe
Cheftrainer
Verbandstrainer

Trainer der einbezogenen Sportler
Einbezogene Mitglieder der LSK.

Entsprechend der Sicherungs-Konzeption wurden sodann bei der Einweisung der Sektionsärzte alle Eintragungen in sogenannten VD-Büchern (Bücher, die als geheime Verschlußsache deklariert in Tresoren aufzubewahren waren) vorgenommen. Die Sektionsärzte wurden dabei vom Leiter der SHB im jeweiligen Bezirk schriftlich zur Verschwiegenheit verpflichtet. {50}

In den Sportklubs wurden die Cheftrainer und die betreffenden Trainer der ausgewählten Trainingsgruppen eingeweiht. Die Cheftrainer wurden dabei 1975 anläßlich der DDR-Meisterschaften in Piesteritz vom Generalsekretär des Schwimmsportverbandes der DDR zur Verschwiegenheit verpflichtet und auf die besondere Verantwortung bei der Anwendung unterstützender Mittel hingewiesen. Die Cheftrainer bekamen dann ihrerseits den Auftrag, in gleicher Weise mit ihren Clubtrainern zu sprechen, und führten dies in der Folge auch durch.

Gegenüber den internationalen Verbänden und internationalen Wettkampfveranstaltern wurde die Geheimhaltung der Vergabe anaboler Steroide an Sportler unter Berücksichtigung der in der DDR in der Anfangszeit noch wenig verläßlichen Nachweisverfahren (z.B. fehlte bis circa zum Frühjahr 1978 noch ein Molekularspektrometer) auf unterschiedliche Art und Weise sichergestellt.

Da durch die IAAF bereits vor den Olympischen Spielen 1976 in Montreal festgelegt worden war, daß sich 100 Leichtathleten entweder vor oder nach den Wettkämpfen der Anabolikakontrolle unterziehen müssen, konnten unangemeldete Kontrollen von DDR-Sportlern nur umgangen werden, wenn sich die Athleten außerhalb des olympischen Dorfes in speziellen „Ausweichlagern" aufhielten. Dies wurde dann auch so durchgeführt und Untersuchungen vor dem Wettkampf wurden auf diese Weise durch die DDR umgangen. Zu Diskussionen darüber kam es nicht, da neben der DDR auch die Bundesrepublik Deutschland und die USA in Montreal ähnliche „Ausweichlager" eingerichtet hatten.

Die Furcht vor positiven Dopingergebnissen bei DDR-Sportlern bei der Olympiade in Montreal 1976 resultierte daraus, daß sich einige Sportler und Ärzte der DDR in der Vorbereitung auf die Olympiade nicht an die Festlegungen zur Vergabe von Anabolika gehalten hatten. Solche für die Gesamtgeheimhaltung gefährlichen Disziplinlosigkeiten in der Vorbereitung waren bekanntgeworden, weil einzelne Athleten in Kienbaum (bei Berlin) an Dr. Höppner mit der Bitte herangetreten waren, bereits begonnene Zyklen der Vergabe von anabolen Steroiden fortzusetzen.

Grundsätzlich wurde jedoch auch schon in den 70er Jahren die Geheimhaltungspflicht und die Befolgung der Richtlinien zur Vergabepraxis von anabolen Steroiden sehr ernst genommen.

Der Zwang zur Geheimhaltung und zur Optimierung der Verschleierung des Dopingeinsatzes erhöhte sich jedoch weiter, als im Jahre 1977 die DDR-Leichtathletin Ilona Slupianek vom SC Dynamo positiv getestet und disqualifiziert wurde. Weitere positive Dopingfälle {51} konnte sich die um ihr internationales Renommee bemühte DDR-Sportführung nicht mehr leisten.

Die umfassende Absicherung der Anabolikavergabe setzte zu diesem Zweck weiter voraus, daß zumindest den jugendlichen Sportlern die Vergabe anaboler Steroide verheimlicht wurde und daß auch den älteren Sportlern nicht in allen Fällen die Wahrheit über die verwendeten Medikamente und ihre Risiken mitgeteilt wurde. Zum einen bedeuteten weniger Mitwisser eine geringere Gefahr, daß ungewollt etwas „ausgeplaudert" würde. Zum anderen wurde so von vornherein verhindert, daß Sportler oder deren Eltern gegen den Einsatz der anabolen Steroide protestieren und damit die Erfolge gefährden konnten.

Folgende Prinzipien zur Desinformation bezüglich der Vergabe anaboler Steroide an Schwimmer und Schwimmerinnen galten deshalb in der DDR für Trainer und Ärzte:

- bei Sportlern unter 18 Jahren wird die Legende Verabreichung von Vitaminen angewendet, d.h. alles geschieht ohne Wissen der Betreffenden.
- Sportler über 18 Jahren werden in die Problematik einbezogen und vom Trainer mündlich zum Schweigen verpflichtet.

Auch bezüglich der Vergabe von Spritzen mit anabolen Steroiden an Schwimmerinnen wurde nicht die Wahrheit gesagt, sondern es wurde auch hier zur Desinformation der Sportlerinnen die Legende der Vergabe von Vitaminen mittels Spritzen gewählt.

Damit die Athleten nicht von selbst den Gebrauch anaboler Steroide herausfinden konnten, mußte vermieden werden, daß sie die Ampullen oder Schachteln des VEB Jenapharm zu Gesicht bekamen. Deshalb wurde angeordnet, daß die Vergabe der Präparate an die Athleten entweder in Fremdpackungen bzw. ohne Packung zu erfolgen hat und daß die Athleten keinesfalls in den Besitz der Originalpackung gelangen dürfen.

Letztlich wurden auch besorgte Eltern der jugendlichen Sportler in der DDR belogen, wenn sie die Verantwortlichen auf die Vergabe anaboler Steroide ansprachen.

2. Die Bedeutung des Doping-Kontroll-Labors des ZI in Kreischa

Um die Geheimhaltung des Einsatzes von anabolen Steroiden und anderer Dopingmittel umfassend abzusichern, wurde zusätzlich ein funktionierendes Kontroll- und Nachweissystem benötigt. In diesem Zusammenhang setzte die Bedeutung des Doping-Kontroll-Labors des ZI in Kreischa ein. {52}

Der Nachweis der Einnahme anaboler Steroide für einen oder bei einem Wettkampf führt nach den Statuten der internationalen Sportverbände u.a. regelmäßig eine Disqualifikation nach sich.[32] Dies galt auch schon für die internationalen Großereignisse im Schwimmen in den Jahren 1976 bis 1989. Die Drohung der rufschädigenden Disqualifikation blieb aber in Bezug auf das systematische Doping von DDR-Spitzensportlern mit Anabolika weitgehend eine stumpfe Drohung. Denn im Anklagezeitraum von 1975 bis 1989 gab es Dopingkontrollen nur während der Schwimmwettkämpfe, nicht aber bereits im Training und in der unmittelbaren Wettkampfvorbereitung. Solche Trainingskontrollen wurden weitgehend erst mit Beginn der 90er Jahre eingeführt.

D.h., daß selbst ein intensiver Einsatz anaboler Steroide während des Trainings und in der Wettkampfvorbereitung geheim gehalten werden konnte, wenn die so auf den Wettkampf vorbereiteten Schwimmerinnen und Schwimmer die Anabolika rechtzeitig vor dem Wettkampf absetzten und so beim Wettkampf selbst negativ auf Spuren anaboler Steroide getestet wurden.

Dann aber blieb die Einnahme bzw. Vergabe verbotener Dopingmittel im Training und in der Wettkampfvorbereitung mangels Kontrollen folgenlos und konnte daher den ungehinderten Einsatz anaboler Steroide im Spitzensport der DDR nicht verhindern. Die Dopingkontrollen bewirkten allerdings eine intensive Forschung über die Wirkungs- und Nachweisdauer besonders der anabolen Steroide.

Denn es mußte zur Vermeidung einer Disqualifikation im Wettkampf unbedingt erreicht werden, daß zum Zeitpunkt des Wettkampfs die anabolen Steroide bzw. die sonstigen Dopingmittel schon wieder aus dem Körper des Sportlers ausgeschieden waren und somit kein Rückschluß auf deren vorherige Einnahme möglich war.

Ein systematischer Einsatz anaboler Steroide in der DDR setzte daher zum einen voraus, daß Sportler noch in der DDR 100% verläßlich auf Dopingspuren getestet werden konnten. Damit die Vergabe anaboler Steroide rechtzeitig vor einem Wettkampf unterbrochen werden konnte und die Sportler Zeit hatten, wieder „clean“ zu werden, war zum anderen unbedingt erforderlich, daß gesicherte Erkenntnisse über die Dauer der Nachweisbarkeit der Einnahme von Anabolika (sogenannte „Abklingrate“) vorlagen. Für diesbezügliche Forschungen war in der DDR zunächst nur das FKS zuständig. Zur Abrundung und zur notwendigen Ergänzung der Forschungsarbeiten am FKS wurde dann aber die Einrichtung eines Doping-Kontroll-Labors notwendig.

Das Doping-Kontroll-Labor des ZI in Kreischa wurde dann auch etwa zu Beginn des Jahres 1977 aufgebaut. Leiter des Labors war von Anfang an Dr. Claus Clausnitzer, sein Stellver-{53}treter war von kurz nach Beginn des Aufbaus bis zu seiner Flucht aus der DDR im Jahre 1988 der Zeuge Dr. Dietrich Behrendt. Im Doping-Kontroll-Labor arbeiteten zeitweise, d.h. etwa 1982/83, etwa 15 bis 17 Mitarbeiter.

Schon Ende 1976 wurde dabei in Bezug auf die optimale technische Ausstattung des Labors über die Anschaffung eines Massenspektrometers der US-Firma Hewlett & Packert[33] im Werte von 187.000 Dollar nachgedacht.

Die Kenntnisse über die Nachweisführung von Anabolika mit Hilfe der Massenspektrometrie bzw. Massenspektrographie verschaffte sich die DDR u.a. durch die Mithilfe von Dr. Donicke aus der Bundesrepublik Deutschland, der Dr. Höppner den von ihm entwickelten Verfahrensweg zur Nachweisführung von Anabolika mit Hilfe der Massenspektrografie erläuterte.

Die Massenspektrometrie bzw. Massenspektrographie war dem herkömmlichen RIA-Test [Radioimmunoassy] bei der Genauigkeit der Nachweisführung von Anabolika weit überlegen. In der Folge setzte das Doping-Kontroll-Labor in Kreischa dann spätestens im Frühjahr 1978 das Massenspektrometer ein und war deshalb in der Lage, 100% verläßlich auch kleinste Dopingspuren, insbesondere Anabolikasubstanzen, nachzuweisen. Der Ablauf der Untersuchungen auf Dopingspuren in Kreischa war dabei ab etwa 1978 wie folgt:

3. Der Ablauf von Doping-Kontrolluntersuchungen in Kreischa

Die in Kreischa durchgeführten Dopingkontrolluntersuchungen wurden entsprechend der Sicherungs-Konzeption zur Geheimhaltung des Dopings angeordnet, weil für bestimmte Sportarten, darunter für das Schwimmen, sogenannte „Ausreisekontrollen“

Pflicht waren. D.h., daß kein Sportler dieser Sportart aus der DDR ausreisen durfte, ohne daß seine auf Doping kontrollierte Urinprobe negativ war.

Bei der koordinierenden Organisation der Dopingkontrollen arbeitete der SMD in Berlin (Ost) mit den Verbänden zusammen, so daß die rechtzeitige Abnahme der Urinproben bei den Sportlern, sei es im Sportclub, sei es in einem Trainingslager in der DDR, gewährleistet war. Zuständig beim SMD war dabei Dr. Höppner als der beim SMD angesiedelte Leiter der Arbeitsgruppe „unterstützende Mittel“. Ab einem nicht mehr genau feststellbaren Datum im Jahre 1978 war für die Koordination der Dopingkontrollen die neu geschaffene Leistungssportabteilung II (LS II) des SMD zuständig, die in Berlin (Ost) in der Czernikauer Straße 21 residierte. Leiter von LS II war ebenfalls Dr. Höppner, der zugleich Leiter der Arbeitsgruppe unterstützende Mittel war. {54}

Aus allen Bereichen des Sports und aus allen Gegenden der DDR wurden daher die von den Sportlern der DDR abgegebenen Urinproben mit dem PKW zum Zwecke der Durchführung dieser „Ausreisekontrollen“ nach Kreischa gebracht. Die Proben waren in einheitlichen, vom Dopinglabor vorgegebenen Glasflaschen abgefüllt. Die Proben waren mit einer Codenummer versehen und ließen mittels eines vereinbarten Kürzels (z.B. LA für Leichtathletik) die Herkunftssportart, nicht aber den Namen des Sportlers erkennen. Zu allen angelieferten Proben gab es eine Begleitliste, aus der die Codenummer, mittels Kürzels die Sportart und der Herkunftsort der Proben zu erkennen war.

Jede angelieferte Probe wurde in einem Probeneingangsbuch erfaßt, in dem sie mit ihrer angelieferten Codenummer und ihrer durch das Labor vergebenen umcodierten Laborcodenummer vermerkt war. Das Dopinglabor in Kreischa unterlag strengen Sicherheitsvorschriften. Die angelieferten Proben kamen sofort in einen besonders gesicherten Bereich und waren deshalb nicht mehr allgemein zugänglich. Positive Proben, d.h. Proben, in denen Dopingsubstanzen direkt oder über ihre Metabolite nachgewiesen wurden, wurden extra archiviert. Zu diesen Befunden bzw. zu den Protokollen über diese Befunde hatte grundsätzlich nur der Leiter Dr. Clausnitzer Zugang.

Die Untersuchungsergebnisse der Dopingproben aus Kreischa gingen jeweils direkt an Dr. Höppner beim SMD bzw. ab der Gründung des LS II irgendwann im Jahre 1978 jeweils direkt an das LS II in Berlin, wobei in der Regel eine telefonische Vorabinformation erfolgte, der ein schriftlicher Bericht folgte. Zur Weitergabe der Untersuchungsbefunde nach Berlin waren in der Regel nur der Leiter des Dopinglabors, also Dr. Clausnitzer, und im Vertretungsfall der Zeuge Dr. Behrendt befugt. Dritte bedurften zu einer Weitergabe einer ausdrücklichen Bevollmächtigung entweder durch Herrn Clausnitzer oder durch den Zeugen Dr. Behrendt. Im SMD bzw. später bei LS II wurde dann der vom Dopinglabor gemeldeten Probe über die Codenummer der jeweilige Sportler, der diese Probe abgegeben hatte, zugeordnet.

Diese Zuordnung geschah mit Hilfe der bei der Abnahme der Urinprobe gefertigten Protokolle. Die Sportler bekamen nämlich bei Abnahme der Urinprobe bereits ein vorgefertigtes Protokoll mit ihrem Namen, einer siebenstelligen Code-Nummer und mit Durchschlägen in die Hand.[34] Ein Protokoll-Exemplar wurde vom Ort der Abnahme der Urinprobe aus nach Berlin zum SMD bzw. zu LS II geschickt, während die Probe selbst zusammen mit einem anderen Durchschlag des Protokolls, das nur die Code-Nummer, nicht aber den Namen des Sportlers enthielt, nach Kreischa ging und dort bearbeitet wurde. Über die nach der Analyse nach Berlin durchgegebenen Ergebnisse mit Aufstellung aller Proben, geordnet nach Code-Nummern, konnte der SMD bzw. LS II anhand der inzwischen bei ihnen eingetroffe-{55}nen Exemplare der Protokolle vom Abnahmeort der Probe die Codenummern den Namen der Sportler zuordnen.

Wenn eine Dopingprobe positiv war, gab es in der Regel zwei Verfahrensweisen. Waren noch einige Tage bis zur Abreise Zeit, wurden von dem betreffenden Sportler in regelmäßigen Abständen immer wieder neue Urinproben genommen, bis diese negativ waren. Gelang dies bis zur Abreise nicht, so wurde der betreffende Sportler kurzfristig von der Ausreise und damit vom Wettkampf ausgenommen. Manchmal nahmen aber auch dann Mediziner und Funktionäre auf eigene Verantwortung den Sportler doch zum Wettkampf mit, in der Hoffnung, daß seine Dopingwerte bis zum Start negativ werden würden.

Ein großes Problem für das Dopinglabor in Kreischa war, daß die Untersuchungen bei Ausreisekontrollen so dicht wie möglich zum Abreisetermin hin gelegt wurden. Dies lag daran, weil die Mediziner in den Sportclubs bzw. in der Verbandsebene daran interessiert waren, die Dopingmedikation möglichst bis dicht vor dem Abreisetermin durchführen zu können. Daraufhin kam es teilweise zu einem Engpaß, wenn manchmal nur Stunden vor der geplanten Ausreise der Sportler eine Unmenge von Urinproben auf Dopingspuren getestet werden mußten.

Neben den „Ausreisekontrollen“ vor Wettkampfhöhepunkten im Ausland gab es nach einem von LS II festgelegten nationalen Kontrollprogramm zu verschiedenen Zeitpunkten im Jahr auch während bestimmter Trainingsabschnitte die Untersuchung der Urinproben von DDR-Sportlern auf Dopingsubstanzen. Darüber hinaus analysierte das Labor in Kreischa auch im Auftrag ausländischer Verbände international abgenommene Dopingproben.

4. Die Doping-„Panne“ vor der Schwimmweltmeisterschaft in Berlin (West) 1978

Einen folgenschweren Rückschlag für den u.M.-unterstützten DDR-Frauenschwimmsport brachte die Vorbereitung zur Schwimmweltmeisterschaft 1978 in Berlin (West), bei der es mit der Anwendung von Turinabol-Depot-Ampullen (Depot-Turinabol) des VEB Jenapharm zu einer folgenschweren Panne kam. 1978 besaß das Doping-Kontroll-Labor in Kreischa bereits das Massenspektrometer, und war deshalb in der Lage, bis zum vollständigen Ausscheiden auch kleinste Spuren anaboler Steroide über deren Metabolite 100% verläßlich in Urinproben nachweisen zu können.

Durch die routinemäßig vor der Schwimmweltmeisterschaft 1978 in Berlin (West) im DDR-Doping-Kontroll-Labor in Kreischa durchgeführte Analyse der Urinproben der {56} DDR-Schwimmerinnen fiel dabei auf, daß zunächst von 13 getesteten Schwimmerinnen 10 Schwimmerinnen positiv auf Dopingsubstanzen getestet wurden.

Nach den ersten Nachuntersuchungen durch erneute Urinproben blieben bei zwei Schwimmerinnen, nämlich bei I. und bei der Zeugin L., die Urinproben positiv, d.h. daß diese Proben noch Metabolite des Nandrolon aufwiesen, die nur auf eine Injektion eines Nandrolon-Depotpräparates zurückzuführen waren. Da Nandrolondekanoat der Wirkstoff des Präparats Turinabol-Depot-Ampullen (Depot-Turinabol) des VEB Jenapharm ist, bedeutete dies, daß diesen Schwimmerinnen noch im Juni 1978, d.h. etwa 8 Wochen vor dem Beginn der Weltmeisterschaft, in der Phase der unmittelbaren Wettkampfvorbereitung das Präparat Depot-Turinabol intramuskulär injiziert worden war.

Bei den betreffenden zwei Schwimmerinnen, die nach Kreischa anreisen mußten, wurden dann im 12 Stunden-Rhythmus immer wieder Urinproben genommen, die aber bis zuletzt positiv blieben. Im Ergebnis durften dann die Schwimmerinnen I. und L. nicht zu den Weltmeisterschaften nach Berlin (West) reisen, sondern blieben in der DDR. Nach außen wurde dazu die Legende verbreitet, daß die Sportlerinnen an Grippe oder ähnlichem erkrankt seien.

Gerade diese durch das nicht rechtzeitige Absetzen der Anabolikavergabe verursachte Panne zeigte der DDR-Sportführung die Wichtigkeit auf, exakte Erkenntnisse über die Dauer des Zeitraums zu erlangen, nach der die Vergabe anaboler Steroide im Körper nicht mehr nachweisbar war. Hierzu gab es vor 1978 nur Forschungen der Forschungsgruppe unterstützende Mittel am FKS. Nach der Panne von 1978 wurden verstärkt die Erkenntnisse des Doping-Kontroll-Labors in Kreischa herangezogen.

5. Erkenntnisse über die Abklingzeit von anabolen Steroiden und daraus gezogene Folgerungen

Bis zum Sommer 1978 hatte man in der DDR bezüglich der Abbauzeit die Erkenntnis, daß die Einnahme von Depot-Turinabol nach einem Zeitraum von 30 Tagen und die Einnahme von Oral-Turinabol-Tabletten nach einem Zeitraum von bis zu 14 Tagen nicht mehr nachweisbar waren. Auf dieser Erkenntnis waren auch die Vergabezeiträume der Spritzen mit Depot-Turinabol und der Oral-Turinabol-Tabletten abgestimmt. So wurde nach Beratungen der Forschungsgruppe unterstützende Mittel am FKS in Zusammenarbeit mit den Verbandsärzten eine Richtlinie herausgegeben, nach der die Depot-Turinabol-Injektionen 30 Tage vor dem Wettkampf und der Kontrolle und die Oral-Turinabol-Tabletten 14 Tage vor dem Wettkampf und der Kontrolle abzusetzen waren. Gemäß dieser Richtlinie war für die Teilnahme der DDR-Mannschaft in Montreal zu den Olympischen Spielen 1976 auch eine {57} Sicherheitsgrenze verbindlich, die sich auf 40 Tage belief, d.h., daß die Anabolika bei den DDR-Sportlerinnen 1976 vier Wochen vor dem Beginn der Wettkämpfe abgesetzt wurden.

Durch die verfeinerte Untersuchungsmethode mit Hilfe der Massenspektrografie am ZI Kreischa wurde aber im April/Mai 1978 festgestellt, daß das vollständige Ausscheiden von Depot-Turinabol aus dem Körper in verschiedenen Fällen mindestens bis zu 60 Tage, in Einzelfällen sogar bis zu 95 Tage andauert.

Diese Erkenntnis hatte Einfluß auf die bis dahin verwendete Konzeption zur Vergabe anaboler Steroide. Denn die DDR hatte bisher die Konzeption, daß zunächst Depotpräparate wie z.B. Depot-Turinabol verwandt wurden und daß erst in der letzten Phase vor dem Wettkampf Tablettenpräparate wie das Oral-Turinabol verabreicht wurden.

Auf Grund der neuen Erkenntnisse über die Abbauzeit von Anabolikapräparaten vom April und Mai 1978 wurde die DDR-Sportführung 1978 mithin kurz vor Beginn der unmittelbaren Wettkampfvorbereitung auf die Schwimmweltmeisterschaft in Berlin (West) vor die Tatsache gestellt, daß diese Konzeption wegen der zu langen Nachweiszeit der Depotpräparate nicht bis zum Ende durchgeführt werden konnte und daß mithin die Vergabe der Anabolika früher als geplant abzusetzen war.

Die Sportführung gab dann auch eine entsprechende Anweisung, diese Präparate früher abzusetzen, wodurch allerdings auch die aufgrund der ursprünglichen Konzeption fest eingeplante Leistungssteigerung durch die Vergabe dieser anabolen Steroide nicht mehr zur vollen Entfaltung kommen konnte. Die DDR-Schwimmnationalmannschaft der Frauen schnitt dann bei der Schwimmweltmeisterschaft 1978 in Berlin (West) auch schlecht ab und verlor ihre Spitzenposition, die sie 1976 bei der Olympiade in Montreal errungen hatte.

Daß es trotz der Erkenntnisse vom April/Mai 1978 über die längere Abbauzeit des Depot-Turinabol zu der Doping-Panne bezüglich der Schwimmerinnen I. und L. kommen konnte, lag daran, daß der Verbandsarzt des DSSV, Dr. Kipke, nicht sofort nach dem Untersagen der Anwendung von Depot-Turinabol alle Sektionsärzte rechtzeitig informierte, so daß noch im Juni 1978 bei den DDR-Schwimmerinnen zum Teil Depot-Turinabol gespritzt wurde.

Nach den Schwimmweltmeisterschaften von 1978 wurde aufgrund der wissenschaftlichen Erkenntnisse über die „Abklingraten“ der verschiedenen anabolen Steroide die Konzeption in der Vergabe von u.M. geändert. {58}

Auf Grund der gewonnenen Erkenntnisse, daß Depot-Turinabol teilweise bis zu 95 Tage nach der Verabreichung noch nachweisbar ist, wurde die weitere Anwendung in der DDR unter den Leistungssportlern untersagt. Gleiches galt für das Depot-Testosteron, welches noch 3-4 Wochen nach der Injektion nachweisbar war. Auch dieses Präparat durfte nicht mehr angewendet werden.

Die Befürchtung, daß durch den Wegfall dieser Depot-Präparate eine Lücke in der Trainings- und Wettkampfvorbereitung entstehen könnte, die bis 1980 nicht allein durch trainingsmethodische Verbesserungen geschlossen werden konnte, bewahrheitete sich allerdings nicht.

Die entstandene Lücke wurde nach 1978 durch die verstärkte Anwendung des normalen Testosterons geschlossen, welches in der unmittelbaren Wettkampfvorbereitung nunmehr anstelle der Depot-Präparate bei den DDR-Leistungssportlern angewendet wurde und welches lediglich bis zu drei Tage nachweisbar war.

Nachdem etwa ab 1981 auch die Testosteronvergabe durch das von Dr. Donicke entwickelte indirekte Nachweisverfahren aufgedeckt werden konnte, begann die DDR-Sportmedizin zur Sicherheit gegebenenfalls Epitestosteron-Testosteron gegenzuspritzen, wodurch der Quotient des Testosteronspiegels (T/E) nach unten, d.h. unter den erlaubten Wert von „6“ gedrückt wurde. Ausschließlich für den Leistungssport stellte man deshalb im VEB Jenapharm die benötigten kleinen Mengen an Epitestosteron her, was sehr kostenaufwendig war. In der Bundesrepublik Deutschland wurde zur selben Zeit eine Ampulle mit Epitestosteron mit 100,00 DM gehandelt.

Wie schon vor 1978 gelangte auch nach 1978 weiterhin das Oral-Turinabol im DDR-Leistungssport und dabei insbesondere im DDR-Frauenschwimmsport zur Anwendung, welches nach eindeutigen Erkenntnissen nach maximal 10 Tagen nicht mehr nachweisbar war.

Mithin berücksichtigte man bei der systematischen Vergabe von Anabolika im DDR-Leistungssport nach circa 1981, daß Testosteronspritzen über den Quotienten Testosteron/Epitestosteron und Oral-Turinabol-Tabletten noch bis zu 10 Tage später im Urin eines Sportlers nachweisbar waren.[35]

Inwieweit die Kenntnisse über Nebenwirkungen anaboler Steroide und die Ursachen der Vergabe anaboler Steroide für Erfolge einerseits, im Zusammenwirken mit dem Problem der Geheimhaltung, des Nachweises und der Abklingrate von Anabolika andererseits Einfluß auf die Vergabe- und Anwendungspraxis von anabolen Steroiden im DDR-{59}(Frauen)Leistungssport in der Zeit vom Beginn der 70er Jahre bis 1989 hatten, zeigt eine chronologische Darstellung der wichtigsten Entwicklungen.

G. *Chronologie der Verwendung anaboler Steroide im DDR-Leistungssport vom Beginn der 70er Jahre bis 1989*

1. Die Zeit bis Mitte 1974

Auch schon in der Zeit vor Mitte 1974 kamen Anabolika im DDR-Leistungssport zur Anwendung. Zwar gab es auch damals schon Begrenzungen und Kontrolle der Anwendung von u.M., da die Sportverbände Listen über Personenkreis und Dosierung von anabolen Steroiden beim SMD hinterlegen mußten. Gleichwohl gab es Verstöße, indem zwischen Aktiven und Trainern zusätzliche Maßnahmen der Vergabe von u.M. durchgeführt wurden, die nicht genehmigt waren, jedoch durch den materiellen Anreiz gefördert wurden.

In der Leichtathletik waren die anabolen Steroide seit 1970 als Dopingmittel klassifiziert und verboten worden. Mit effektiven Kontrollen mußte jedoch erstmals bei der Europameisterschaft 1974 in Rom gerechnet werden. Auf Grund dieser möglichen Nachweisführung der Einnahme von Anabolen, speziell von Oral-Turinabol, ordnete man in der Sportführung des DTSB an, daß die Europameisterschafts-Kader der Leichtathletik 25 Tage vor Beginn der Wettkämpfe den Verbrauch der anabolen Steroide abzusetzen hatten. Gleichzeitig suchte man jedoch in der Sportmedizin nach Mittel und Wegen, einen zu großen Leistungsabfall wegen der Nichteinnahme der Anabolika zu verhindern. Die Lösung wurde dann darin gefunden, daß anstelle der Oral-Turinabol-Tabletten bei der Europameisterschaft in Rom 1974 Testosteron-Spritzen, d.h. intramuskuläre Injektionen mit Testosteronpropionat, angewendet wurden, obwohl man sich der Gefährlichkeit in Bezug auf die Nebenwirkungen und der ungenügenden Erfahrungswerte bei ihrem Einsatz bewußt war.

Auch aus diesem Grund wuchs das Bedürfnis nach einem umfassenden Kontrollsystem und einer systematischen wissenschaftlichen Absicherung des Einsatzes und der Anwendung von anabolen Steroiden im DDR-Hochleistungssport.

2. Das Jahr 1975

Nachdem am 23. Oktober 1974 dann der Beschluß zur planmäßigen Anwendung anaboler Steroide gefaßt worden war, sollte 1975 u.a. versucht werden, über eine bessere Nach-{60}weisführung von Anabolika deren Einsatz zu systematisieren und Verstöße gegen die Verbandsfestlegungen zur Menge der anzuwendenden Anabolika zu vermeiden.

Im Jahr 1975 wurden dann auch die Cheftrainer von der systematisierten Verfahrensweise unterrichtet und zur Verschwiegenheit verpflichtet. Gleichzeitig instruierten die Cheftrainer die Sektionsärzte ihres jeweiligen Clubs. Auch in den SHB's der Bezirke wurden nur wenige Kader über die neue Systematik eingeweiht.

Im Jahre 1975 wurden in Vorbereitung auf die Olympiaden in Innsbruck und Montreal 1976 im DDR-Leistungssport weiterhin Anabolika verwendet, darunter die Oral-Turinabol-Tabletten und das Depot-Turinabol als Injektion. Wegen zu erwartender Dopingkontrollen bei der Olympiade in Innsbruck 1976 und des dabei geplanten Einsatzes der neuen und genaueren Massenspektrometrie- bzw. Massenspektrographieverfahren sorgten die Verantwortlichen der DDR-Sportführung dafür, daß die Depot-Turinabol-Spritzen nach damaligem Kenntnisstand rechtzeitig, d.h. spätestens am 24.12.1975, abgesetzt und so die Gefahr einer Entdeckung vermieden wurde.

3. Das Jahr 1976

Im Jahr 1976 fanden dann die Olympischen Winterspiele in Innsbruck und die Olympischen Sommerspiele in Montreal statt. Zur Vorbereitung auf die Sommer-Olympiade wurde im DDR-Frauenschwimmen über das Trainingsjahr 1975/76 auf etwa 4 Zyklen verteilt eine Kombination von Depot-Turinabol-Injektionen und Oral-Turinabol-Tabletten zur Unterstützung des Trainingsprogramms und in der UMV benutzt. Allerdings bestand auch hier das Problem, daß in Montreal mit Anabolika-Dopingkontrollen zu rechnen war, die DDR aber noch nicht eine zuverlässige Nachweistechnik in Form eines Molekular- bzw. Massenspektrometers besaß.

Da aber die Dopingkontrollen in Montreal vor Beginn der Wettkämpfe nur im Olympischen Dorf, nicht aber außerhalb des Dorfes stattfinden sollten, wurde ein Teil der DDR-Olympiamannschaft zunächst nicht im Olympischen Dorf untergebracht. Die Gefahr eines positiven Befundes wurde auf diese Weise vermieden.

Trotz der seit Ende 1974 weiter systematisierten Vergabepraxis von Anabolika waren Überschreitungen der festlegten Dosis von Anabolikavergaben durch die Athleten und Trainer weiterhin nicht vollständig zu vermeiden. So wurde dem Leiter der Arbeitsgruppe unterstützende Mittel, Dr. Höppner, bekannt, daß von den einzelnen Klubs in der DDR sehr unterschiedliche unkontrollierte Maßnahmen bei den einzelnen Sportlern in Vorbereitung auf die Olympischen Sommerspiele durchgeführt wurden. {61}

Allerdings hielten sich die Verantwortlichen im DDR-Sport an die nach Beratungen der Forschungsgruppe unterstützende Mittel am FKS in Zusammenarbeit mit den Verbandsärzten herausgegebene Richtlinie, nach der die Depot-Turinabol-Injektionen nach damaligen Kenntnisstand rechtzeitig, d.h. 30 Tage vor dem Wettkampf und der Kontrolle, und die Oral-Turinabol-Tabletten 14 Tage vor dem Wettkampf und der Kontrolle abzusetzen waren.

Mangels genauerer Nachweismethoden reichte dieser Absetzzeitpunkt bei den Anabolika 1976 noch aus, um bei einer Dopingprobe negativ getestet zu werden. Mit der Genauigkeit der Nachweismethoden von 1978 hätte dieser Absetzzeitpunkt nicht mehr ausgereicht, da 1978 Depot-Turinabol auch noch 60 Tage nach der Vergabe nachweisbar war.

Abhilfe bezüglich der ungenauen Nachweismethoden von Anabolika in der DDR bot erst die geplante Anschaffung eines Massenspektrometers, die dann auch erst etwa im Frühjahr 1978 realisiert wurde.

Da die DDR-Sportler aber gemessen an dem Kenntnisstand und der Nachweisbarkeit von Anabolika 1976 rechtzeitig mit dem Absetzen der Anabolika begonnen hatten, gab es für sie bei der Olympiade 1976 in Montreal keinen Dopingfall. Die DDR war dann dort auch, besonders beim Schwimmen, sehr erfolgreich und erreichte in der Nationenwertung aller Disziplinen hinter der damaligen UdSSR und vor den USA den zweiten Platz.

Dieses Leistungsniveau sollte gehalten werden, so daß zunächst auch in der Perspektive für die Jahre 1976 bis 1980 die Anwendung von unterstützenden Mitteln, d.h. auch von Anabolika, fortgesetzt werden sollte.

Allerdings traten dann immer mehr die Berichte über die Nebenwirkungen von Anabolika in den Vordergrund, die besonderes in Montreal beobachtet worden waren. So hatte der IM „Technik“/Dr. Höppner in seinem Bericht an das MfS vom 5. August 1976 u.a. berichtet, daß es unbedingt notwendig sei, „... Ordnung in das System der Anwendung unterstützender Mittel zu bringen ...“, weil „... die gegenwärtige Methode im Interesse der Sportler nicht weiter zu verantworten ist. ...“ Aus Sicht des IM „Technik“/ Dr. Höppner war es notwendig, „... daß ein bestimmter Teil, speziell der weiblichen Athleten für die Dauer von mindestens zwei Jahren von der Einnahme von Anabolika ausgeschlossen wird, damit sich die inneren Organe erst einmal wieder normalisieren und stabilisieren ...“, auch wenn dann deshalb „... bei einigen folgenden internationalen Wettkämpfen, einschließlich EM und WM auf einige Medaillen verzichtet werden müßte.“ {62}

Die Zeit für eine Entscheidung über den weiteren Einsatz oder Nichteinsatz von Anabolika drängte, da es bereits nach der Olympiade von Montreal die ersten Überlegungen gab, welche Maßnahmen mit anabolen Steroiden in Vorbereitung auf die Europameisterschaft im Schwimmen 1977 in Schweden durchgeführt werden sollten.

Zunächst wurde aber im November 1976 über die weitere Einsatzrichtung unterstützender Mittel im Programm des deutschen Schwimmsportverbandes beraten. In der Folgezeit wurde dann zur Jahreswende 1976/77 die neue UM-Konzeption betreffend den Einsatz von anabolen Steroiden im Schwimmsport an Dr. Höppner weitergeleitet und es wurde zusätzlich ein Großversuch über die Anwendung von u.M. im Schwimmverband gestartet. In den Großversuch wurden nur die Nationalmannschaftskader für 1977/78 einbezogen und es wurden dabei an die Frauen und Mädchen u.a. folgende Medikamente verabreicht:

vom 25.4.-22.5.77	200 mgr. Turinabol
vom 6.6.-3.7.77	200 mgr. "

Eine der Zielstellungen des Großversuches war es dabei, u.a. die individuelle Anstiegs- und Abklingrate der zu verabreichenden Substanzen bei Männern und Frauen zu überprüfen.

Weil die Befürchtung bestand, Sektionsärzte und Trainer würden weiterhin entgegen den Festlegungen eigenmächtig und damit „illegal“ selbst die Sportler mit u.M. versorgen, sollte bei dem Großversuch auch eine Ärztin mitfahren und bei den Sportlern zusätzliche Kontrollabnahmen machen, die nicht mit zum ausgewählten Kaderstamm gehören, um zu verhindern, daß die Sektionsärzte gemeinsam mit den Trainern illegale Verabreichung von Medikamenten vornehmen. Zur Aufbewahrung der Medikamente durch die Sektionsärzte wurden keine speziellen Festlegungen getroffen, da sie in der

Regel in allen Apotheken gegen Rezept zu erhalten sind. Vom SC Dynamo Berlin waren folgende Sportler in den Großversuch einbezogen:

T.	
V.	[die Zeugin D., geb. V.]
P.	[die Zeugin E., geb. P.]
W.	[die Zeugin R., geb. W.]
Z.	[die Zeugin J., geb. Z.]
A.	[die Zeugin A.]
M.	[die Zeugin L., geb. M.]
H.	[die Zeugin H.[36]] {63}

Die Planung im Schwimmverband der DDR gegen Ende 1976 ging also dahingehend, daß die Spitzenschwimmerinnen des A-Kaders des SC Dynamo Berlin unter ihrem Trainer, dem Angeklagten Rolf Gläser, für 1976/77 weiterhin Anabolika bekommen sollten und in einen Großversuch eingebunden wurden.

4. Das Jahr 1977

Aufgeschreckt von den Berichten über Nebenwirkungen der Anabolikavergabe an Frauen nach den Olympischen Spielen in Montreal 1976 gab es allerdings in der DDR etwa zu Anfang des Jahres 1977 den Versuch bzw. die Diskussion darüber, die Anwendung anaboler Steroide zu begrenzen und einige Sportler von der Vergabe dieser Mittel auszunehmen.

Die erfolgreichen DDR-Schwimmtrainer waren allerdings solchen Überlegungen abgeneigt, weil die Erfahrungen gezeigt hatten, daß bei den Frauen in Montreal ein maximaler Erfolg nur durch das Schema aus der Kombination von gutem Training und der Verabreichung von u.M. erreicht werden konnte.

Die Überlegungen gingen dann auch eher dahin, ob man die Altersgrenze für Anabolika bei weiblichen Sportlern erhöhen und die Dosierung bei weiblichen Sportlern verringern soll. Teilweise herrschte aber auch bezüglich der weiteren Zukunft des Einsatzes von Anabolika im Leistungssport der DDR die Einschätzung, daß man nach und nach aufgrund der sich verstärkenden internationalen Kontrollen und der eingetretenen Nachwirkungen von der Vergabe von Anabolika abkommt und sich mehr für die Erprobung neuer Mittel einsetzt.

Auch auf der Ebene der DDR-Sportfunktionäre war man zwischen der sportlichen Notwendigkeit einerseits, für das Erreichen von Erfolgen Anabolika weiterhin anzuwenden und den andererseits dokumentierten Nebenwirkungen dieser Mittel hin- und hergerissen. In Diskussionen wurden die Widersprüche sichtbar, weil die DDR-Sportführung einerseits die Stellung im internationalen Sport halten und weiter ausbauen wollte, andererseits aber die Verantwortung für Nebenwirkungen nicht übernehmen wollte.

Diese Unentschiedenheit resultierte auch aus der Erkenntnis, daß die Erfüllung der sportlichen Leistungsaufträge bis 1980 mit neuen Anabolikapräparaten, die bei Frauen eine geringere Nebenwirkung haben, nur schwer zu lösen sein würde.

Im Ergebnis wurde dann so verfahren, daß zwar grundsätzlich keine Anabolika mehr angewendet werden sollten, es aber weitreichende Ausnahmen gab. Die für eine Teilnahme an der Schwimmweltmeisterschaft 1978 vorgesehenen Schwimmerinnen aus dem A-Kader {64} erhielten als Ausnahme weiterhin anabole Steroide, was auch der UM-Konzeption vom Dezember 1976 entsprach.

Eine weitere Ausnahme bildeten die 1980er Kader, mit denen 1978 in Vorbereitung auf die Olympiade in Moskau wieder mit der Vergabe von anabolen Steroiden begonnen werden sollte. Eine weitere Ausnahme betraf Kader, welche 1980 keine Perspektive mehr besitzen. Durch die Clubs wurden in der Folge die Aktiven, die für eine Beeinflussung mit Anabolika vorgesehen waren, vorgeschlagen und durch die Ärztekommission bestätigt.

Somit wirkte sich die Entscheidung von Anfang 1977, im bestimmten Umfang von der Anwendung anaboler Steroide für 1977 Abstand zu nehmen, in der Folgezeit kaum aus.

So kamen 1977 im DDR-Frauenschwimmen in Vorbereitung auf die Schwimmeuropameisterschaft 1977 in Schweden, und ab Herbst 1977 in Vorbereitung auf die Schwimmweltmeisterschaft 1978 in Berlin (West) über das Trainingsjahr 1976/77 und 1977/78 auf je etwa 4 Zyklen verteilt eine Kombination von Depot-Turinabol-Injektionen und Oral-Turinabol-Tabletten zur Unterstützung des Trainingsprogramms und in der UMV zur Anwendung.

Das Jahr 1977 war aber auch durch die Panne mit der DDR-Leichtathletin Ilona Slupianek vom SC Dynamo Berlin gekennzeichnet, die der verbotenen Anabolikaeinnahme überführt und disqualifiziert wurde. In der Folgezeit widmete man sich in der DDR-Sportmedizin der verstärkten Ursachenforschung dieses Dopingfalls.

Als Ursache dieser „Panne“ wurden im Frühjahr/Frühsommer 1978 die längeren „Abklingraten“ bestimmter anaboler Steroide bei gleichzeitiger Verbesserung der Dopingnachweisverfahren entdeckt, so daß der Dopingfall Slupianek auf die Unkenntnis bezüglich des Termins zum rechtzeitigen Absetzens der Anabolika zurückzuführen war.

5. Das Jahr 1978

In diesem Jahr fand die Schwimmweltmeisterschaft in Berlin (West) statt, die am 18. August 1978 begann.

Da die A-Kader weiterhin in die Anabolikavergabe eingebunden waren, wurde weiterhin mit einem 4er Zyklus Oral-Turinabol-Tabletten und der Verwendung von Depot-Turinabol im DDR-Frauenschwimmsport gearbeitet. Einigen Trainern und Ärzten im DDR-Sport reichten die genehmigten Dosierungen von Oral-Turinabol bzw. Depot-Turinabol aber immer noch {65} nicht aus, und es kam im Vorfeld der Weltmeisterschaft in einigen Fällen entgegen den Festlegungen zu einer eigenmächtigen Vergabe von zusätzlichen anabolen Steroiden.

Zusammenfassend hat die Kammer daher festgestellt, daß der nach der Olympiade 1976 unternommene Versuch einer Minimierung der Vergabe anaboler Steroide im DDR-Frauenschwimmsport weitgehend gescheitert ist. Die A-Kader für den Saisonhöhepunkt der Europameisterschaft in Schweden 1977 und der Weltmeisterschaft 1978 in Berlin (West) wurden weiterhin mit anabolen Steroiden versorgt.

Im Jahre 1978 wurden beim SC Dynamo weitere „Sondermaßnahmen“ in Form der Anabolikavergabe für notwendig erachtet und auch eigenmächtig durchgeführt. Im übrigen wurde 1978 mit der Vorbereitung der 1980er Kader auf die Olympiade in Moskau begonnen und es kamen wie geplant anabole Steroide zum Einsatz. Dazu sind auch die Kader mit Anabolika versorgt worden, die ohne diese Mittel für 1980 keine Perspektive mehr gehabt hätten, also dringend einer Leistungssteigerung bedurften. Dann aber blieben nur leistungsschwache Nachwuchsschwimmerinnen oder leistungsschwache Schwimmerinnen der Anschlußkader übrig, denen keine Anabolika vergeben wurden.

Das Jahr 1978 brachte allerdings einen Rückschlag, da das bis dahin häufig, vor allem im Schwimmsport, verwandte Präparat Depot-Turinabol des VEB Jenapharm nicht mehr benutzt werden konnte. Denn im Zusammenhang mit Forschungserkenntnissen aus dem April/Mai 1978 und der in diesem Jahr erlittenen Panne bei der Anwendung von Depot-Turinabol wurde dieses Präparat des VEB Jenapharm ersatzlos aus der bisherigen Konzeption der Anabolikavergabe herausgenommen. Mithin führte nur die Panne bei der Schwimmweltmeisterschaft 1978 in Berlin (West) dazu, daß das Depot-Präparat Depot-Turinabol überhaupt nicht mehr bzw. andere Depotpräparate kaum noch zur Anwendung kamen.

6. Das Jahr 1979

Nach dem Frühjahr/Sommer 1978 kam es durch den Wegfall des Depot-Turinabol bei den meisten Schwimmerinnen zunächst zu einem Leistungsabfall, der nicht allein durch trainingsmethodische Verbesserungen geschlossen werden konnte.

Tatsächlich hatte die DDR-Schwimmnationalmannschaft bei den Weltmeisterschaften im Sommer 1978 besonders im Vergleich zu den USA schlecht abgeschnitten. Bis zum Schwimm-Länderkampf im Januar/Februar 1979 wurde durch den verstärkten Einsatz von Testosteron-Spritzen, d.h. Spritzen mit Testosteronpropionat (z.B. Testosteron-Ampullen des VEB Jenapharm), aber wieder eine Leistungssteigerung erreicht und die DDR-Athleten schnitten wieder besser ab. {66}

Die noch nach der Olympiade 1976 ins Auge gefaßte geringere Vergabe von Anabolika wurde letztlich im Laufe des Jahres 1979 gänzlich konterkariert, da im Spitzen-Schwimmbereich festgelegt wurde, daß künftig die doppelte Menge an Anabolika verabreicht wird.

Mithin wurde im Jahre 1979 im DDR-Frauenschwimmsport weiterhin mit einem 4er Zyklus Oral-Turinabol-Tabletten gearbeitet, diesmal ergänzt durch Injektionen mit Testosteronpropionat.

7. Die Jahre von 1980 bis 1989

Auch in den Jahren 1980 bis 1989 wurde im DDR-Frauenschwimmsport weiterhin mit einem 4er Zyklus Oral-Turinabol-Tabletten gearbeitet, ergänzt durch die Verwendung von Testosteron-Ampullen, so daß insofern keine Änderungen zu 1979 zu verzeichnen waren.

Die Forschung auf dem Gebiet der u.M. wurde allerdings weiterhin vorangetrieben. Schwerpunktmäßig beschäftigte sich das FKS mit folgenden Forschungsvorhaben auf dem Gebiet der u.M.:

- Entwicklung eines Nachweisverfahrens für Testosteron,
- Effektivere Anwendung der bisher bekannten u.M. und deren anteilige Einordnung in die Trainingsmethodik,
- Anwendung von Anabolika bei weiblichen Athleten in Verbindung mit der Anti-Baby-Pille,
- Entwicklung neuer u.M.

Die Entwicklung eines Nachweisverfahrens für Testosteron war wichtig geworden, weil es sich 1981 abzeichnete, daß über die Ermittlung des Quotienten Testosteron/Epitestosteron die künstliche Zufuhr von Testosteron schon bald nachweisbar sein würde, so daß die Gefahr einer Entdeckung mit anschließender Disqualifikation von so gedopten Sportlern wieder stieg.

1981 gab es zudem wieder Klagen über die ausufernde Anwendung von u.M. Angesichts der bis Anfang 1981 ausufernden Zunahme der Anwendung von anabolen Steroiden auch für unwichtige Sportereignisse, über die Dr. Höppner den Manfred Ewald informiert hatte, hatte dieser in einem nicht mehr genau datierbaren Zeitraum 1981 angeordnet, daß die Athleten nur noch zu besonderen internationalen Höhepunkten wie Welt- und Europameisterschaften und Olympischen Spielen mit anabolen Steroiden vorbereitet werden dürften. {67}

Auch dieser nach 1977 erneute Versuch einer Minimierung der Vergabe anaboler Steroide ließ sich in der Praxis aber nicht durchsetzen, da der Druck auf Athleten und Trainer, international auch bei relativ unwichtigen Länderkämpfen erfolgreich zu sein, größer war und die Interdependenz zwischen Vergabe von Anabolika und Erfolg eine Eigendynamik entwickelt hatte, der sich die Beteiligten und Eingeweihten nicht mehr zu entziehen vermochten.

So wurden beispielsweise bei den Schwimmern für den internationalen Vergleich Anfang Januar 1982 in den USA alle Maßnahmen durchgeführt wie zu den Olympischen Spielen, d.h. einschließlich des Spritzens der Athleten unmittelbar vor dem Wettkampf mit Testosteron. Obwohl diese Maßnahme bei diesem relativ unwichtigen Wettkampf den Festlegungen von Manfred Ewald widersprach, wurde sie von Dr. Höppner genehmigt, weil ohne diese Maßnahmen die vorgegebenen Leistungen in keiner Weise zu erbringen waren.

In der Folgezeit ging der Einsatz unterstützender Mittel im DDR-Hochleistungssport bis zum Ende der DDR im Jahre 1989 weiter, wobei wie in fast allen Jahren zuvor das Problem der teilweise eigenmächtigen Vergabe von u.M. über die Festlegungen hinaus weiterhin bestand.

Ausgestattet mit dem Wissen um den sportlichen Nutzen der Vergabe anaboler Steroide und mit dem Wissen, wie die Vergabe erfolgreich verschleiert werden konnte, entschloß man sich also im Schwimmsportverband der DDR schon seit etwa Mitte der 70er Jahre trotz der gesundheitlichen Risiken zu einer systematischen und durchorganisierten Vergabe anaboler Steroide an minderjährige Schwimmerinnen bzw. hielt trotz der Berichte über gravierende Nebenwirkungen an der Vergabepraxis fest.

H. Die Konzeption zur Anwendung unterstützender Mittel (UM-Konzeption)

Mittel der Koordination und Kontrolle der systematischen Vergabe anaboler Steroide an die Schwimmerinnen der DDR war dabei die sogenannte UM-Konzeption. Diese UM-Konzeption, die es auch in anderen Verbänden gab, wurde für die Schwimmer auf der regelmäßig mindestens einmal pro Jahr stattfindenden Tagung der Ärztekommission des Schwimmsportverbandes festgelegt.

Vor dem Beginn der systematischen Vergabe anaboler Steroide hatte es nur die Praxis gegeben, daß die Verbände Listen über Personenkreis und Dosierung von anabolen Steroiden beim SMD hinterlegen mußten. Da sich z.B. der Schwimmsportverband 1973 nicht an diese Vorlagepflicht hielt, bedurfte es zur Sicherstellung einer geordneten Verga-{68}bepraxis von anabolen Steroiden einer weiteren Systematisierung und Kontrolle, die mittels der UM-Konzeption erreicht wurde.

Die UM-Konzeption betraf das jeweils kommende Trainingsjahr, welches wie schon dargestellt jeweils im Herbst eines Kalenderjahres begann, und in der geplant wurde, welche Maßnahmen im Hinblick auf den sportlichen Höhepunkt im Sommer des kommenden Kalenderjahres (Europameisterschaft, Weltmeisterschaft oder Olympische Spiele) durchzuführen war. Insofern korrespondierte die UM-Konzeption mit dem RTP.

Im einzelnen wurden dabei im Hinblick auf die für diese Zeit anstehenden Wettkämpfe in Abstimmung mit der Trainingsmethodik Belastungsbereiche vorgegeben und sämtliche unterstützenden Maßnahmen festgelegt. Dazu gehörten neben Vitaminvergabe, Ernährung, Elektromyostimulation, Glucoseinfusionen und Injektionen mit Alpha-Lipoesäure auch die Vergabe anaboler Steroide, insbesondere in Form der Vergabe von Oral-Turinabol-Tabletten des VEB Jenapharm und der Injektion von Depot-Turinabol bzw. ab 1978 Testosteron in Form intramuskulärer Spritzen. Dabei wurden durch die UM-Konzeption auch die Menge der Tabletten bzw. Spritzen pro Sportlerin und die Vergabezeiträume festgelegt.

Seit etwa 1975 und 1976 hatte sich dabei ein fester Jahreszyklus bezüglich der Dauer und der Zeiträume der Vergabe von Oral-Turinabol-Tabletten herausgebildet, der mit kleinen zeitlichen Abweichungen bis 1989 in stets gleicher Weise beschlossen und dann auch angewendet wurde.

Innerhalb des im Herbst eines jeden Kalenderjahres beginnenden Trainingsjahres folgte ein erster Vergabezyklus in der Regel im Zeitraum Oktober/November (manchmal auch Dezember), gefolgt von den Hallenmeisterschaften, ein zweiter Vergabezyklus in der Regel im Zeitraum Januar/Februar, gefolgt von dem üblicherweise jährlich stattfindenden Länderkampf DDR/Sowjetunion, ein dritter Vergabezyklus in der Regel im Zeitraum März bis Mai, gefolgt von den DDR-Meisterschaften. Dort mußten sich die Schwimmerinnen für den Saisonhöhepunkt einer Europa- bzw. einer Weltmeisterschaft oder die Olympischen Spiele qualifizieren. Schwimmerinnen, die sich durch ihre Leistung bei den DDR-Meisterschaften qualifiziert hatten, durchliefen zusammen mit den anderen qualifizierten Schwimmerinnen als Nationalmannschaft vereint im Juni bis August, zumeist in einem Höhentrainingslager auf dem Belmeken in Bulgarien, später auch in Mexico-City, einen vierten Vergabezyklus, während für die nicht qualifizierten Schwimmerinnen der UM-Konzeption das Trainingsjahr ohne weitere Vergabe anaboler Steroide zu Ende war und erst im Herbst des Jahres mit dem neuen Trainingsjahr wieder begann. Jeder Zyklus mußte entsprechend den Erkenntnissen über die Abbauzeit von

Oral-Turinabol im Körper spätestes 14 Tage {69} (Erkenntnisstand im Jahre 1978) bzw. 10 Tage (Erkenntnisstand im Jahre 1983) vor dem nächsten Wettkampf und der nächsten Kontrolle beendet sein.

Innerhalb eines solchen Vergabezyklus wurde der Einsatz der Oral-Turinabol-Tabletten in einer Dosis von 5-10 mg pro Tag zeitlich auf drei bis vier Wochen limitiert. Damit eine Gesamtdosis von 600 bis 1000 mg pro Jahr pro Sportlerin nicht überschritten werden konnte, wurden deshalb pro Sportlerin in einem Vergabezyklus von 3-4 Wochen zwischen 150 mg bis 250 mg Oral-Turinabol vergeben. Die Vergabe dieser Substanz durfte zudem grundsätzlich nur an Sportlerinnen erfolgen, die bereits ihre Menarche hatten und gynäkologisch untersucht waren.

Zusätzlich wurden in der UM-Konzeption die Schwimmerinnen namentlich benannt, die aufgrund ihrer bisherigen Leistungen bzw. der zu erwartenden Leistungssteigerung und ihrer prognostizierten Medaillenchancen für den Kanon der unterstützenden Maßnahmen vorgesehen wurden. Diese Schwimmerinnen gehörten dann DDR-weit dem sogenannten Olympiakader bzw. Nationalmannschaftskader an, auch wenn sie außerhalb der Wettkämpfe und der Lehrgänge der Nationalmannschaft jede für sich in den verschiedenen Clubs von ihren jeweiligen Heimtrainern trainiert wurden.

Nachdem die UM-Konzeption von der Ärztekommission bzw. übergeordnet von LS II gebilligt war, erhielt der jeweilige Sektionsarzt eines Schwimmclubs die durch die Verbandskonzeption festgelegte Menge an Oral-Turinabol-Tabletten und Ampullen von Depot-Turinabol bzw. Testosteron. Diese wurden dem jeweiligen Sektionsarzt entweder vom Verbandsarzt, zuerst Dr. Kipke, oder von seinem jeweils zuständigen Bezirkssportarzt als Leiter der bezirklichen SHB's übergeben. Die Vergabepraxis an den jeweiligen Sektionsarzt Schwimmen beim SC Dynamo Berlin war dagegen anders.

Dort galt die Festlegung, daß die Sektionsärzte über numerierte Anträge die erforderlichen Mengen an u.M. beantragten, welche erst durch die entsprechenden Stellen bei der Sportmedizin der SV Dynamo genehmigt werden mußten, bevor die Rezepte ausgeschrieben wurden und die u.M., darunter die anabolen Steroide, von der eigenen Apotheke der SV Dynamo abgefordert werden konnten.

Der Sektionsarzt gab nach Erhalt der anabolen Steroide dann die Oral-Turinabol-Tabletten an die jeweiligen Trainer der Schwimmerinnen weiter, die in die UM-Konzeption eingebunden waren. Die Trainer wiederum überreichten dann in den jeweiligen Vergabezyklen diese Tabletten an die Sportlerinnen und überwachten mehr oder weniger deren Einnahme. {70}

Wer im vorgesehenen Vergabezyklus die zusätzlich zu den Oral-Turinabol-Tabletten vorgesehenen Spritzen mit Depot-Turinabol bzw. ab 1978 mit Testosteron-Ampullen setzte, hing davon ab, wer zu diesem Zeitpunkt die Schwimmerinnen ärztlich betreute. Fiel der Vergabezyklus in die Heimtrainingsphase in den jeweiligen Schwimmclubs, setzte in der Regel der Sektionsarzt bzw. bei dessen Abwesenheit sein Vertreter die Spritzen. Fiel der Vergabezyklus dagegen in die Phase eines Trainingslagers, z.B. auf dem Belmeken bzw. in Lindow, so setzte entweder der dortige Arzt, ein mitgereister Sektionsarzt oder möglicherweise sogar der Verbandsarzt selbst die Spritzen.

I. Fazit über den organisierten Einsatz von Dopingmitteln im DDR-Hochleistungssport

Zusammenfassend hat die Kammer den organisierten Einsatz von Dopingmitteln im DDR-Hochleistungssport wie folgt festgestellt:

1. Die Staats- und Sportführung der ehemaligen DDR hatte den Wunsch, unbedingt Medaillenerfolge und vordere Plazierungen bei internationalen Sportgroßereignissen zu erreichen, um internationales und nationales Prestige zu erreichen.
2. Da man in der Staats- und Sportführung nach den Berichten aus der Praxis dauerhafte Spitzenleistungen und Erfolge nur über den Einsatz von Dopingmitteln im DDR-Hochleistungssport zu erreichen glaubte, wurde der Einsatz von Dopingmitteln von der Staats- und Sportführung der ehemaligen DDR gebilligt bzw. ab 1974 sogar systematisch organisiert und befohlen.
3. Die Umsetzung des Entschlusses, zur Erringung sportlicher Erfolge systematisch Dopingmittel und insbesondere anabole Steroide einzusetzen, wurde durch die im Bereich sportpolitischer Rahmenentscheidungen herrschende Wechselwirkung zwischen Politik und Sport, und damit zwischen Staat und Sport gewährleistet. {71}
4. Die Umsetzung der in der Leistungssportkommission getroffenen Rahmenentscheidungen in konkrete Arbeit in den Vereinen und in den wissenschaftlichen Zentren sowie der dafür notwendige Informationsfluß zwischen Sport, Wissenschaft und Politik wurde gesichert, weil die Leiter und Verantwortlichen des Staatssekretariates für Körperkultur, des Forschungsinstituts für Körperkultur und Sport, der Deutschen Hochschule für Körperkultur und des Sportmedizinischen Dienstes der DDR auch in der Leistungssportkommission vertreten waren und die Leistungssportkommission wiederum mittelbar über das Politbüro bzw. das Zentralkomitee der SED gesteuert war.
5. Das SKS, FKS, die DHfK und der SMD im Zusammenwirken mit der LSK ergänzten sich dabei wechselseitig im Hinblick auf das gemeinsame Ziel, Medaillenerfolge im internationalen Spitzensport zu erringen. Dieses Ziel wurde durch eine systematische Förderung der Forschung und Wissenschaft sowohl für die Trainerausbildung und für das Training selbst sowie durch die Optimierung der Wettkampfvorbereitung und der medizinischen Unterstützung der DDR-Leistungssportler auch erreicht.
6. Genaue Kenntnis über das Ausmaß der Organisation und die Leitentscheidungen zur konkreten Anwendung von Dopingmitteln besaß nur ein relativ geringer Teil von Sportfunktionären, Trainern und Wissenschaftlern, da jeder nur soviel wissen durfte, wie er für die Erfüllung seiner Arbeit zu wissen brauchte. In der Regel waren in den Sportverbänden der ehemaligen DDR der Generalsekretär, der Verbandsarzt und der Verbandstrainer für den Einsatz von Dopingmitteln verantwortlich.
7. Spitzentrainer und -sportler waren in das bestehende System eingebunden und hatten im Prinzip nur die Wahl, sich {72} allen „leistungsunterstützenden Maßnahmen“ zu unterwerfen oder ihre sportliche Karriere zu beenden. Viele jüngere Sportler wurden zudem gar nicht darüber informiert, welche Medikamente ihnen vergeben wurden und welche Risiken dies für sie mit sich brachte.
8. Die meisten Trainer der in die UM-Konzeption eingebundenen Sportler bzw. die meisten der bei der Vergabe von u.M. eingesetzten Ärzte hatten schon seit 1973,

spätestens aber im Laufe der im Herbst 1975 beginnenden Vorbereitung für die Olympischen Spiele 1976 in Montreal Kenntnisse von den Nebenwirkungen, die eine Vergabe von anabolen Steroiden an Frauen, besonders im Schwimmsport, mit sich brachten.

9. Die Bedenken der Trainer und Ärzte – soweit solche überhaupt vorhanden waren – wurden durch die Einordnung der Erfüllung des Leistungsauftrages in die Auseinandersetzung der Gesellschaftssysteme gering gehalten. Gleichzeitig gab es für erfolgreiche Sportler, Trainer, Ärzte und Funktionäre als Anreiz zum Mitmachen „materielle Stimuli" in Form von Prämien und Auszeichnungen und zum Teil ausgeübter Vorzugsbehandlung gegenüber normalen DDR-Bürgern.
10. Aus den heute vorliegenden wissenschaftlichen Publikationen und internen Berichten ist erkennbar, daß die Anwendung von Dopingmitteln sowie auch die Möglichkeiten der Verschleierung ihres Gebrauchs im Rahmen zentraler Forschungsvorhaben (Staatsplan) wissenschaftlich bearbeitet wurden.
11. Unter Ausnutzung der Tatsache, daß vor jeder Ausreise mittels im DDR-Doping-Kontroll-Labor in Kreischa durchgeführter Dopingkontrollen sichergestellt wurde, daß keine DDR-Sportler bei internationalen Wettkämpfen positiv auf {73} die Einnahme unerlaubter Dopingmittel getestet werden konnten, gelang es der DDR, der Weltöffentlichkeit, insbesondere aber dem überwiegenden Teil der Bevölkerung und auch anderen nicht eingeweihten staatlichen Stellen in der DDR den Eindruck zu vermitteln, in der DDR werde nur „sauberer" Weltspitzensport betrieben.
12. Umfassend informiert über die Erkenntnisse, die Funktionäre, Trainer und Ärzte in der DDR über die Bedeutung anaboler Steroide für die errungenen Erfolge und über die Risiken der Vergabe hatten, war daher neben den Eingeweihten nur das Ministerium für Staatssicherheit.
13. Zu einer Aufklärung und Verhinderung des Dopings konnte es bei dieser Sachlage nicht kommen und in der ehemaligen DDR wurden keinerlei Bemühungen zur Aufklärung und Verhinderung des Doping unternommen, da es Doping „offiziell nicht gab".

J. Handlungen der Angeklagten bei der Vergabe anaboler Steroide

1. Die Umsetzung der UM-Konzeption und das Wissen um deren Risiken

In diese vorstehend geschilderten Strukturen im DDR-Leistungs- und Schwimmsport und in die zuvor erörterte UM-Konzeption waren die Angeklagten Dr. Binus und Gläser eingebunden. Ihr Handeln bei der Vergabe anaboler Steroide an junge Schwimmerinnen ihres SC Dynamo Berlin bestand in jeweils 9 Fällen in folgender Vorgehensweise:

Als Sektionsarzt des SC Dynamo Berlin war auch der Angeklagte Dr. Binus verpflichtet, an den in der Regel einmal jährlich stattfindenden Tagungen der Ärztekommission des Schwimmsportverbandes unter ihrem Leiter, Herrn Dr. Kipke, teilzunehmen. Neben medizinischen und leistungsphysiologischen Aspekten wurde bei den Beratungen der Ärztekommission auch über die schon beschriebene UM-Konzeption gesprochen. Nachdem auf diesen Tagungen auch jeweils die UM-Konzeptionen für die Schwimmerinnen des SC Dynamo Berlin gebilligt worden war, erhielt der Angeklagte Dr. Binus als Sektionsarzt über ein Rezept durch die Hausapotheke des SC Dynamo

Berlin bzw. der SV Dynamo nach schriftlicher Genehmigung eines verantwortlichen Leiters die durch die Verbandskonzeption {74} festgelegte Menge an Oral-Turinabol-Tabletten und Depot-Turinabol-Ampullen bzw. Testosteron-Ampullen für die Schwimmerinnen des SC Dynamo Berlin.

Obwohl der Angeklagte Dr. Binus wußte, daß die medizinisch nichtindizierte Vergabe dieser Oral-Turinabol-Tabletten in der Dosis von 150 mg über drei bis vier Wochen sowie die intramuskuläre Injektion von Depot-Turinabol die Gesundheit der Schwimmerinnen erheblich gefährdete, reichte er in den neun Fällen der Zeuginnen A., D., F., Dr. K., J., E., G., L. und R. die entsprechend der UM-Konzeption vorgesehenen Tabletten abgezählt in Originalverpackung an den Angeklagten Gläser weiter, damit dieser die Vergabe an diese Sportlerinnen vornimmt. Der Angeklagte Dr. Binus teilte bei der Übergabe der Tabletten dem Angeklagten Gläser mit, wie lange und wieviel Oral-Turinabol-Tabletten zu welchem Zeitraum an die einzelnen Zeuginnen vergeben werden sollten. Aufgrund seiner Anweisungen wußte der Angeklagte Dr. Binus, daß der Angeklagte Gläser die Tabletten auch tatsächlich an die Schwimmerinnen A., D., F., Dr. K., J., E., G., L. und R. verabreichen wird.

Die Spritzen mit dem Präparat Depot-Turinabol im Fall der Zeuginnen E. und L. setzte der Angeklagte Dr. Binus dagegen selbst, obwohl er wußte, daß diese nicht medizinisch indiziert waren.

Dabei nahm er sowohl hinsichtlich der Vergabe der Oral-Turinabol-Tabletten als auch hinsichtlich der Injektionen mit Depot-Turinabol bewußt in Kauf, daß durch die Vergabe bzw. durch die Injektion des Präparats bei den Zeuginnen schädigende Nebenwirkungen in Form einer Virilisierung[37], verstärkter Akne, Leberschäden, einem Tieferwerden der Stimme, einer Zunahme der Behaarung und des Gewichts auftreten könnten.

Der Angeklagte Gläser nahm die Oral-Turinabol-Tabletten aus der Originalverpackung. Während des Vergabezyklus verteilte er jeweils nach der Trainingseinheit an jede Schwimmerin der UM-Konzeption eine oder zwei blaue Oral-Turinabol-Tabletten zu je 5 mg und überwachte die Einnahme, obwohl auch er wußte, daß die Vergabe dieser Oral-Turinabol-Tabletten in der Dosis von mindestens 150 mg über drei bis vier Wochen an die Zeuginnen A., D., F., Dr. K., J., E., G., L. und R. medizinisch nicht indiziert war. Daß bei diesen Zeuginnen durch die Einnahme der Oral-Turinabol-Tabletten schädigende Nebenwirkungen in Form einer Virilisierung, verstärkter Akne, einem Tieferwerden der Stimme und einer Zunahme der Behaarung und des Gewichts auftraten bzw. auftreten konnten, nahm auch er dabei bewußt in Kauf. {75}

2. Konkrete Vergabemenge und Vergabepersonen

Während ihrer Zugehörigkeit zur Trainingsgruppe Gläser waren die Zeuginnen A., D., F., Dr. K., J., E., G., L. und R. jeweils als Mitglied dieses Spitzenkaders auch in die sogenannte UM-Konzeption eingebunden, so daß sie grundsätzlich für die Vergabe der blauen Oral-Turinabol-Tabletten zu je 5 mg das Stück in Frage kamen.

Entsprechend der UM-Konzeption und entsprechend der beim SC Dynamo Berlin geübten und oben geschilderten Vergabeweise verabreichte der Angeklagte Gläser daher aus seinem vom Angeklagten Dr. Binus für diesen Zweck erhaltenen und immer wieder aufgefüllten Vorrat von Oral-Turinabol-Tabletten während der Vergabezyklen den Zeuginnen A., D., F., Dr. K., J., E., G., L. und R. Oral-Turinabol-Tabletten zum Einnehmen. Allen neun Zeuginnen wurde dabei weder vom Angeklagten Dr. Binus noch vom Angeklagten Gläser erklärt, um was es sich bei den blauen Oral-Turinabol-Tabletten handelte, und auch ihr Einverständnis oder das Einverständnis ihrer Eltern zur Vergabe dieser Oral-Turinabol-Tabletten wurde nicht eingeholt.

Im einzelnen wurden von den Angeklagten Dr. Binus und Gläser jeweils in Kenntnis und jeweils unter bewußter Inkaufnahme der Nebenwirkungen auf diese Weise den Zeuginnen in folgenden Dosierungen 5 mg blaue Oral-Turinabol-Tabletten bzw. den Zeuginnen E. und L. auch jeweils eine Spritze mit Depot-Turinabol vergeben, wobei der Angeklagte Gläser jeweils die Einnahme der blauen Oral-Turinabol-Tabletten überwachte:

a) A.

Zu einem nicht mehr feststellbaren Datum im August des Jahres 1978 wechselte die damals 15 Jahre alte Zeugin A. in die Trainingsgruppe des Angeklagten Gläser beim SC Dynamo Berlin. In der Folgezeit trainierte der Angeklagte Gläser die Zeugin A. auf Clubebene in seinem sogenannten A-Kader und auch bei Lehrgängen des Nationalmannschaftskaders in der DDR und im Ausland. Im Jahre 1979 verließ die Zeugin A. zu einem nicht mehr feststellbaren Datum im Sommer die Trainingsgruppe Gläser und beendete ihren aktiven Leistungssport.

Die Zeugin A. erhielt vom Angeklagten Gläser in den Jahren 1978 bis 1979 in *insgesamt zwei Vergabezyklen zu jeweils mindestens 150 mg Oral-Turinabol* folgende Einzeldosierungen der 5 mg blauen Oral-Turinabol-Tabletten zum Einnehmen: {76}

(Zyklus 1)

In Vorbereitung auf den Europacup im Sommer 1979 erhielt die Zeugin A. in einem nicht mehr genau datierbaren Zeitraum im Oktober/November 1978 von dem Angeklagten Gläser über einen Zeitraum von 3 bis 4 Wochen insgesamt mindestens 150 mg Oral-Turinabol in Form einer entsprechenden Menge der Oral-Turinabol-Tabletten zu je 5 mg das Stück und nahm diese ein.

(Zyklus 2)

In weiterer Vorbereitung auf den Europacup im Sommer 1979 erhielt die Zeugin A. in einem weiteren nicht mehr genau datierbaren Zeitraum im Januar/Februar 1979 von dem Angeklagten Gläser über einen Zeitraum von 3 bis 4 Wochen insgesamt mindestens 150 mg Oral-Turinabol in Form einer entsprechenden Menge der Oral-Turinabol-Tabletten zu je 5 mg das Stück und nahm diese ein.

Im Mai 1979 war die Zeugin A. erkrankt. Sie erhielt deshalb im zweiten Vergabezyklus, der in den Zeitraum März bis Mai 1979 gefallen wäre, keine weiteren Oral-Turinabol-Tabletten. Noch im Sommer 1979 verließ sie die Trainingsgruppe Gläser.

Während ihrer Zeit in der Trainingsgruppe Gläser erhielt die Zeugin A. wahrscheinlich auch Spritzen mit Depot-Turinabol bzw. mit Testosteron, in einigen Fällen wahrscheinlich vom Angeklagten Dr. Binus. Mit der für eine Feststellung erforderlichen Sicherheit ließ sich aber kein Fall feststellen, in dem eine solche Spritze mit Depot-Turinabol bzw. mit Testosteron dem Angeklagten Dr. Binus sicher zugerechnet werden konnte.

b) D., geborene V.

Zu einem nicht mehr genau feststellbaren Datum im Sommer des Jahres 1975, auf jeden Fall nach der Jugendeuropameisterschaft, wechselte die damals etwa 14 Jahre alte Zeugin D. in die Trainingsgruppe des Angeklagten Gläser beim SC Dynamo Berlin. In der Folgezeit trainierte der Angeklagte Gläser die Zeugin D. auf Clubebene in seinem sogenannten A-Kader und auch bei Lehrgängen des Nationalmannschaftskaders in der DDR und im Ausland. Im Jahre 1980 verließ die Zeugin D. zu einem nicht mehr genau feststellbaren Datum nach den Olympischen Spielen in Moskau die Trainingsgruppe Gläser und beendete ihren aktiven Leistungssport.

Die Zeugin D. erhielt vom Angeklagten Gläser in den Jahren 1975 bis 1980 in *insgesamt achtzehn Vergabezyklen zu jeweils mindestens 150 mg Oral-Turinabol* folgende Einzeldosierungen der 5 mg blauen Oral-Turinabol-Tabletten zum Einnehmen: {77}

(Zyklen 1 bis 4)

In Vorbereitung auf die Olympischen Spiele in Montreal 1976 erhielt die Zeugin D. von dem Angeklagten Gläser in einem nicht mehr genau datierbaren Zeitraum im Oktober/November 1975 über einen Zeitraum von 3 bis 4 Wochen insgesamt mindestens 150 mg Oral-Turinabol in Form einer entsprechenden Menge der Oral-Turinabol-Tabletten zu je 5 mg das Stück und nahm diese ein. In Fortsetzung der Vorbereitung auf die Olympischen Spiele in Montreal 1976 erhielt die Zeugin D. von dem Angeklagten Gläser in weiteren nicht mehr genau datierbaren Zeiträumen im Januar/Februar 1976, im März bis Mai 1976 und im Juni bis August 1976 über einen Zeitraum von jeweils 3 bis 4 Wochen insgesamt mindestens jeweils 150 mg Oral-Turinabol in Form einer entsprechenden Menge der Oral-Turinabol-Tabletten zu je 5 mg das Stück und nahm diese ein. Sie nahm dann auch an der Olympiade teil.

(Zyklus 5)

In Vorbereitung auf die Europameisterschaft in Schweden 1977 erhielt die Zeugin D. von dem Angeklagten Gläser in einem weiteren nicht mehr genau datierbaren Zeitraum im Oktober/November 1976 ein weiteres Mal insgesamt mindestens 150 mg Oral-Turinabol in Form einer entsprechenden Menge der Oral-Turinabol-Tabletten zu je 5 mg das Stück und nahm diese ein.

(Zyklen 6 bis 13)

Gleiches wiederholte sich in den gleichen Zeiträumen in den Jahren 1977 und 1978, so daß die Zeugin D. in diesen Jahren in jeweils 4 Zyklen über einen Zeitraum von jeweils 3 bis 4 Wochen insgesamt mindestens jeweils 150 mg Oral-Turinabol in Form einer entsprechenden Menge der Oral-Turinabol-Tabletten zu je 5 mg das Stück, d.h. für 1977 und 1978 jeweils insgesamt mindestens 600 mg Oral-Turinabol vom Angeklagten Gläser erhielt und auch einnahm. Diese Vergabe erfolgte entsprechend der UM-Konzeption, weil die Zeugin D. an den Europameisterschaften in Schweden im Sommer 1977 teilnahm, sich ab Herbst 1977 auf die Weltmeisterschaft in Berlin (West) für 1978 vorbereitete, dann im Sommer 1978 an dieser Weltmeisterschaft teilnahm, sich ab Herbst 1978 auf den Europacup in Holland für den Sommer 1979 vorbereitete und dann auch daran teilnahm.

(Zyklen 14 bis 16)

In nicht mehr genau datierbaren Zeiträumen im Januar/Februar 1979, im März bis Mai 1979 und im Juni bis August 1979 erhielt die Zeugin D. von dem Angeklagten Gläser über einen Zeitraum von jeweils 3 bis 4 Wochen insgesamt jeweils mindestens weitere 150 mg Oral-Turinabol in Form einer entsprechenden Menge der Oral-Turinabol-Tabletten zu je 5 mg das Stück und nahm diese ein. {78}

Die Zeugin D. erkrankte im September 1979 und mußte sich von Oktober bis Dezember 1979 im Dynamo-Krankenhaus stationär behandeln lassen. Sie erhielt deshalb im vierten Vergabezyklus für 1979, der in diesem Jahr konkret in die Zeit vom 26. November bis zum 11. Dezember 1979 fiel, keine weiteren Oral-Turinabol-Tabletten.

In Vorbereitung auf die Olympischen Spiele in Moskau 1980 begann die Zeugin D. im Januar 1980 langsam wieder mit dem Training, hatte aber zu Beginn des Jahres 1980 immer wieder kurzzeitige Trainingspausen. Die Kammer geht daher zu Gunsten der Angeklagten davon aus, daß die Zeugin D. im ersten Vergabezyklus für 1980, der in dem Zeitraum vom 21. Januar bis 17. Februar 1980 fiel, keine Oral-Turinabol-Tabletten erhalten hat.

(Zyklen 17 bis 18)

In der Folgezeit steigerte die Zeugin D. ihre Leistungsfähigkeit wieder und erhielt von dem Angeklagten Gläser in weiteren Zeiträumen vom 7. April bis 19. Mai 1980 und vom 2. bis 28. Juni 1980 über einen Zeitraum von jeweils mindestens 3 bis 4 Wochen insgesamt mindestens jeweils 150 mg Oral-Turinabol in Form einer entsprechenden Menge der Oral-Turinabol-Tabletten zu je 5 mg das Stück und nahm diese ein. Die Zeugin D. nahm dann auch an den Olympischen Spielen in Moskau 1980 teil und verließ danach die Trainingsgruppe Gläser.

Während ihrer Zeit in der Trainingsgruppe Gläser erhielt die Zeugin D. wahrscheinlich auch Spritzen mit Depot-Turinabol bzw. mit Testosteron, in einigen Fällen wahrscheinlich vom Angeklagten Dr. Binus. Mit der für eine Feststellung erforderlichen Sicherheit ließ sich aber kein Fall feststellen, in dem eine solche Spritze mit Depot-Turinabol bzw. mit Testosteron dem Angeklagten Dr. Binus sicher zugerechnet werden konnte.

c) F.

Zu einem nicht mehr genau feststellbaren Datum um den Monat Juni des Jahres 1978 herum, auf jeden Fall nach den DDR-Meisterschaften, in denen sie sich für die kommende Weltmeisterschaft im August 1978 in Berlin (West) qualifiziert hatte, wechselte die damals 16 Jahre alte Zeugin F. in die Trainingsgruppe des Angeklagten Gläser beim SC Dynamo Berlin. In der Folgezeit trainierte der Angeklagte Gläser die Zeugin F. auf Clubebene in seinem sogenannten A-Kader und auch bei Lehrgängen des Nationalmannschaftskaders in der DDR und im Ausland. Im Jahre 1979 verließ die Zeugin F. zu einem nicht mehr genau feststellbaren Datum gegen Ende des Jahres die Trainingsgruppe Gläser und beendete ihren aktiven Leistungssport. {79}

Während ihrer Zugehörigkeit zur Trainingsgruppe Gläser schaffte es die Zeugin F. als Mitglied dieses Kaders allerdings nicht immer, zur DDR-Spitze in ihren Spezialdisziplinen vorzustoßen. Sie nahm daher nur im Trainingsjahr 1979/80 an der UM-Konzeption teil.

In Vorbereitung auf die Olympischen Spiele in Moskau 1980 erhielt die Zeugin F. von dem Angeklagten Gläser in der Zeit vom 26. November 1979 bis zum 11. Dezember 1979 insgesamt *mindestens 150 mg Oral-Turinabol* in Form einer entsprechenden Menge der Oral-Turinabol-Tabletten zu je 5 mg das Stück und nahm diese ein.

Während ihrer Zeit in der Trainingsgruppe Gläser erhielt die Zeugin F. wahrscheinlich auch Spritzen mit Depot-Turinabol bzw. mit Testosteron, in einigen Fällen wahrscheinlich vom Angeklagten Dr. Binus. Mit der für eine Feststellung erforderlichen Sicherheit ließ sich aber kein Fall feststellen, in dem eine solche Spritze mit Depot-Turinabol bzw. mit Testosteron dem Angeklagten Dr. Binus sicher zugerechnet werden konnte.

Wegen ihrer nicht ausreichenden Leistungen verließ die Zeugin F. gegen Ende des Jahres 1979 die Trainingsgruppe Gläser. An den weiteren vorgesehenen Vergabezyklen von Oral-Turinabol-Tabletten im Januar/Februar 1980 usw. nahm die Zeugin F. deshalb nicht mehr teil.

d) Dr. K., geborene M.

Zu einem nicht mehr genau feststellbaren Datum im Monat Januar des Jahres 1980 wechselte die damals 15 Jahre alte Zeugin Dr. K. in die Trainingsgruppe des Angeklagten Gläser beim SC Dynamo Berlin. In der Folgezeit trainierte der Angeklagte Gläser die Zeugin Dr. K. auf Clubebene in seinem sogenannten A-Kader und auch bei Lehrgängen des Nationalmannschaftskaders in der DDR und im Ausland. Zu einem nicht mehr genau feststellbaren Datum im Herbst des Jahres 1984, jedenfalls nach ihrer Teilnahme an den Wettkämpfen der Freundschaft in Moskau, der sogenannten Ersatzolympiade für die vom Ostblock boykottierte Olympiade 1984 in Los Angeles, verließ die Zeugin Dr. K. aus Gesundheitsgründen die Trainingsgruppe Gläser und beendete ihren aktiven Leistungssport.

Die Zeugin Dr. K. erhielt in den Jahren 1980 bis 1984 in *insgesamt achtzehn Vergabezyklen zu jeweils mindestens 150 mg Oral-Turinabol* folgende Einzeldosierungen der 5 mg blauen Oral-Turinabol-Tabletten vom Angeklagten Gläser zum Einnehmen: {80}

(Zyklen 1 bis 2)

Da sie schon im Januar 1980 in die Trainingsgruppe Gläser kam, erhielt die Zeugin Dr. K. für die Vorbereitung auf die Olympischen Spiele in Moskau 1980 erstmals im Zeitraum vom 21. Januar bis 17. Februar 1980 sowie vom 7. April bis 19. Mai 1980 von dem Angeklagten Gläser über einen Zeitraum von mindestens 3 bis 4 Wochen insgesamt jeweils mindestens 150 mg Oral-Turinabol in Form einer entsprechenden Menge der Oral-Turinabol-Tabletten zu je 5 mg das Stück und nahm diese ein.

Da die Zeugin Dr. K. wegen fehlender Leistungen an der Olympiade in Moskau 1980 dann doch nicht teilnahm, fiel für sie der dritte Vergabezyklus im Zeitraum Juni 1980 weg, so daß sie für diesen Zyklus auch keine Oral-Turinabol-Tabletten erhielt.

(Zyklus 3)

In Vorbereitung auf die Europameisterschaft in Jugoslawien 1981 erhielt die Zeugin Dr. K. von dem Angeklagten Gläser in einem weiteren nicht mehr genau datierbaren Zeitraum im Oktober/November 1980 insgesamt mindestens 150 mg Oral-Turinabol in Form einer entsprechenden Menge der Oral-Turinabol-Tabletten zu je 5 mg das Stück und nahm diese ein.

(Zyklen 4 bis 15)

Die zyklenweise Vergabepraxis wiederholte sich in den gleichen Zeiträumen in den Jahren 1981, 1982 und 1983, so daß die Zeugin Dr. K. in diesen Jahren in jeweils 4 Zyklen über einen Zeitraum von jeweils 3 bis 4 Wochen insgesamt mindestens jeweils 150 mg Oral-Turinabol in Form einer entsprechenden Menge der Oral-Turinabol-Tabletten zu je 5 mg das Stück, d.h. für 1981, 1982 und 1983 jeweils insgesamt mindestens 600 mg Oral-Turinabol vom Angeklagten Gläser erhielt und auch einnahm.

Diese Vergabe erfolgte entsprechend der UM-Konzeption, weil die Zeugin Dr. K. an den Europameisterschaften in Jugoslawien im Sommer 1981 teilnahm, sich ab Herbst 1981 auf die Weltmeisterschaft in Ecuador für 1982 vorbereitete, dann im Sommer 1982 an dieser Weltmeisterschaft teilnahm, sich ab Herbst 1982 auf die Europameisterschaft in Rom für den Sommer 1983 vorbereitete und dann auch daran teilnahm. Im Herbst 1983 begann die Vorbereitung auf die Olympiade in Los Angeles für den Sommer 1984, so daß auch der vierte Vergabezyklus von Oral-Turinabol-Tabletten das Kalenderjahr 1983 abschloß.

(Zyklen 16 bis 18)

In weiterer Vorbereitung auf den Jahreshöhepunkt 1984, den für die DDR wegen ihrer Olympiablockade die Wettkämpfe der Freundschaft in Moskau als sogenannte {81} „Ersatzolympiade“ bildeten, erhielt die Zeugin Dr. K. von dem Angeklagten Gläser in weiteren nicht mehr genau datierbaren Zeiträumen im Januar/Februar 1984, im März bis Mai 1984 und im Juni bis August 1984 über einen Zeitraum von jeweils 3 bis 4 Wochen insgesamt mindestens jeweils 150 mg Oral-Turinabol in Form einer entsprechenden Menge der Oral-Turinabol-Tabletten zu je 5 mg das Stück und nahm diese ein.

Während ihrer Zeit in der Trainingsgruppe Gläser erhielt die Zeugin Dr. K. wahrscheinlich auch Spritzen mit Testosteron, in einigen Fällen wahrscheinlich vom Angeklagten Dr. Binus. Mit der für eine Feststellung erforderlichen Sicherheit ließ sich aber kein Fall feststellen, in dem eine solche Spritze mit Testosteron dem Angeklagten Dr. Binus sicher zugerechnet werden konnte.

e) J., geborene Z.

Zu einem nicht mehr genau feststellbaren Datum im Monat September des Jahres 1976 herum wechselte die damals 13 Jahre alte Zeugin J. in die Trainingsgruppe des Angeklagten Gläser beim SC Dynamo Berlin. In der Folgezeit trainierte der Angeklagte Gläser die Zeugin J. auf Clubebene in seinem sogenannten A-Kader und auch bei Lehrgängen des Nationalmannschaftskaders in der DDR und im Ausland. Im Jahre 1979 verließ die Zeugin J. zu einem nicht mehr genau feststellbaren Datum im August oder September die Trainingsgruppe Gläser und beendete ihren aktiven Leistungssport.

Die Zeugin J. erhielt in den Jahren 1976 bis 1979 in insgesamt *neun Zyklen zu jeweils mindestens 150 mg Oral-Turinabol* folgende Einzeldosierungen der 5 mg blauen Oral-Turinabol-Tabletten vom Angeklagten Gläser zum Einnehmen:

(Zyklus 1)

In Vorbereitung auf die Europameisterschaft in Schweden 1977 erhielt die Zeugin J. in einem nicht mehr genau datierbaren Zeitraum im Oktober/November 1976 von dem Angeklagten Gläser über einen Zeitraum von 3 bis 4 Wochen insgesamt mindestens 150 mg Oral-Turinabol in Form einer entsprechenden Menge der Oral-Turinabol-Tabletten zu je 5 mg das Stück und nahm diese ein.

(Zyklen 2 bis 3)

In weiterer Vorbereitung auf die Europameisterschaft in Schweden 1977 erhielt die Zeugin J. in weiteren nicht mehr genau datierbaren Zeiträumen im Januar/Februar 1977 und im März bis Mai 1977 von dem Angeklagten Gläser über einen Zeitraum von jeweils 3 bis 4 {82} Wochen insgesamt mindestens jeweils 150 mg Oral-Turinabol in Form einer entsprechenden Menge der Oral-Turinabol-Tabletten zu je 5 mg das Stück und nahm diese ein.

Da die Zeugin J. wegen fehlender Leistungen an der Europameisterschaft in Schweden 1977 nicht teilnahm, fiel für sie der dritte Vergabezyklus im Zeitraum Juni bis August 1977 weg, so daß sie für diesen Zyklus auch keine Oral-Turinabol-Tabletten erhielt.

(Zyklus 4)

In Vorbereitung auf die Weltmeisterschaft in Berlin (West) 1978 erhielt die Zeugin J. von dem Angeklagten Gläser in einem weiteren nicht mehr genau datierbaren Zeitraum im Oktober/November 1977 insgesamt mindestens 150 mg Oral-Turinabol in Form einer entsprechenden Menge der Oral-Turinabol-Tabletten zu je 5 mg das Stück und nahm diese ein.

(Zyklen 5 bis 6)

In weiterer Vorbereitung auf die Weltmeisterschaft in Berlin (West) 1978 erhielt die Zeugin J. in weiteren nicht mehr genau datierbaren Zeiträumen im Januar/Februar 1978 und im März bis Mai 1978 von dem Angeklagten Gläser über einen Zeitraum von jeweils 3 bis 4 Wochen insgesamt mindestens jeweils 150 mg Oral-Turinabol in Form einer entsprechenden Menge der Oral-Turinabol-Tabletten zu je 5 mg das Stück und nahm diese ein.

Da die Zeugin J. wegen fehlender Leistungen an der Weltmeisterschaft in Berlin (West) 1978 nicht teilnahm, fiel für sie der dritte Vergabezyklus im Zeitraum Juni bis August 1978 weg, so daß sie für diesen Zyklus auch keine Oral-Turinabol-Tabletten erhielt.

(Zyklus 7)

In Vorbereitung auf den Europacup 1979 erhielt die Zeugin J. von dem Angeklagten Gläser in einem weiteren nicht mehr genau datierbaren Zeitraum im Oktober/November 1978 insgesamt mindestens 150 mg Oral-Turinabol in Form einer entsprechenden Menge der Oral-Turinabol-Tabletten zu je 5 mg das Stück und nahm diese ein.

(Zyklen 8 bis 9)

In weiterer Vorbereitung auf den Europacup 1979 erhielt die Zeugin J. in weiteren nicht mehr genau datierbaren Zeiträumen im Januar/Februar 1979 und im März bis Mai 1979 von dem Angeklagten Gläser über einen Zeitraum von jeweils 3 bis 4 Wochen insgesamt mindestens jeweils 150 mg Oral-Turinabol in Form einer entsprechenden Menge der Oral-Turinabol-Tabletten zu je 5 mg das Stück und nahm diese ein.

Da sie sich für den Europacup 1979 nicht qualifizierte und im August bzw. September 1979 die Trainingsgruppe Gläser verließ, fielen zwei weitere Vergabezyklen für sie weg. {83}

Während ihrer Zeit in der Trainingsgruppe Gläser erhielt die Zeugin J. wahrscheinlich auch Spritzen mit Depot-Turinabol bzw. mit Testosteron, in einigen Fällen wahrscheinlich vom Angeklagten Dr. Binus. Mit der für eine Feststellung erforderlichen Sicherheit ließ sich aber kein Fall feststellen, in dem eine solche Spritze mit Testosteron dem Angeklagten Dr. Binus sicher zugerechnet werden konnte.

f) E., geborene P.

Zu einem nicht mehr genau feststellbaren Datum im Monat September des Jahres 1975 herum wechselte die damals 13 Jahre alte Zeugin E. in die Trainingsgruppe des Angeklagten Gläser beim SC Dynamo Berlin. In der Folgezeit trainierte der Angeklagte Gläser die Zeugin E. auf Clubebene in seinem sogenannten Olympiakader bzw. A-Kader und auch bei Lehrgängen des Nationalmannschaftskaders in der DDR und im Ausland. Zu Anfang des Jahres 1979 verließ die Zeugin E. zu einem nicht mehr genau feststellbaren Datum wegen einer Auseinandersetzung um die Vergabe der Tabletten und Spritzen die Trainingsgruppe Gläser und kehrte in die Trainingsgruppe Hoffmann zurück, bevor sie im Jahre 1980 ihren aktiven Leistungssport beendete.

Die Zeugin E. erhielt erstmals vor der Olympiade 1976 und dann bis einschließlich 1977 in insgesamt *fünf Vergabezyklen zu jeweils mindestens 150 mg Oral-Turinabol* folgende Einzeldosierungen der 5 mg blauen Oral-Turinabol-Tabletten vom Angeklagten Gläser zum Einnehmen:

(Zyklus 1)

In Vorbereitung auf die Olympiade 1976 in Montreal erhielt die Zeugin E. in einem nicht mehr genau datierbaren Zeitraum im Juni bis August 1976 von dem Angeklagten Gläser über einen Zeitraum von jeweils 3 bis 4 Wochen insgesamt mindestens 150 mg Oral-Turinabol in Form einer entsprechenden Menge der Oral-Turinabol-Tabletten zu je 5 mg das Stück und nahm diese ein. Die Zeugin nahm dann auch an der Olympiade teil.

(Zyklus 2)

In Vorbereitung auf die Europameisterschaft 1977 in Schweden erhielt die Zeugin E. in einem nicht mehr genau datierbaren Zeitraum im Oktober/November 1976 von dem Angeklagten Gläser über einen Zeitraum von jeweils 3 bis 4 Wochen insgesamt mindestens 150 mg Oral-Turinabol in Form einer entsprechenden Menge der Oral-Turinabol-Tabletten zu je 5 mg das Stück und nahm diese ein. {84}

(Zyklen 3 bis 5)

In weiterer Vorbereitung auf die Europameisterschaft 1977 in Schweden erhielt die Zeugin E. in weiteren nicht mehr genau datierbaren Zeiträumen im Januar/Februar 1977, im März bis Mai 1977 und im Juni bis August 1977 von dem Angeklagten Gläser über einen Zeitraum von jeweils 3 bis 4 Wochen insgesamt mindestens jeweils 150 mg Oral-Turinabol in Form einer entsprechenden Menge der Oral-Turinabol-Tabletten zu je 5 mg das Stück und nahm diese ein. Die Zeugin E. nahm dann auch an den Europameisterschaften 1977 in Schweden teil.

Da die Zeugin E. im Verlaufe des Jahres 1977 starke Gewichtsprobleme hatte und die blauen Oral-Turinabol-Tabletten nicht mehr einnehmen wollte, konnte nicht festgestellt werden, ob die Zeugin auch noch im Oktober/November 1977 und während des gesamten Jahres 1978 Oral-Turinabol-Tabletten erhalten hat. Wahrscheinlich ist, daß sie auch noch im Herbstzyklus 1977 und während des gesamten Jahres 1978 diese Tabletten erhalten hat. Da dies aber nicht mit der notwendigen Sicherheit festgestellt werden kann, ist zu Gunsten der Angeklagten Dr. Binus und Gläser davon auszugehen, daß die Zeugin E. vom Angeklagten Gläser im Herbstzyklus 1977 und während des gesamten Jahres 1978 keine Oral-Turinabol-Tabletten mehr erhalten hat.

Während ihrer Zeit in der Trainingsgruppe Gläser verabreichte der Angeklagten Dr. Binus der Zeugin E. zu einem nicht mehr genau feststellbaren Datum in der Zeit vor ihrer Teilnahme an der Europameisterschaft 1977 in Schweden *eine intramuskulär injizierte Spritze mit Depot-Turinabol und damit mit mindestens 50 mg Nandrolondekanoat.* Entsprechend der damaligen Kenntnis in der DDR über die Abbauwerte von Depotpräparaten und der vorgegebenen Richtlinie ihrer Anwendung mußten mindestens 30 Tage zwischen letzter Applikation und dem Wettkampf bzw. der Kontrolle liegen, so daß die Spritze mit Depot-Turinabol in einem Zeitraum von bis zu 30 Tagen vor der EM bzw. dem ersten Wettkampf injiziert wurde. Der Angeklagte Dr. Binus tat dies, obwohl er wußte, daß die Spritze medizinisch nicht indiziert war und daß die vergebene Dosis von Nandrolondekanoat den hormonellen Regelkreis der Zeugin E. erheblich veränderte sowie die Gesundheit der Zeugin erheblich gefährdete. Der Angeklagte Dr. Binus wehrte sich dann auch mit „Händen und Füßen“ dagegen, als die Zeugin E. die Aufschrift auf der Ampulle sehen wollte.

Wahrscheinlich hat die Zeugin E. während ihrer Zeit in der Trainingsgruppe Gläser vom Angeklagten Dr. Binus weitere Spritzen mit Depot-Turinabol bzw. mit Testosteron erhalten. Mit der für eine Feststellung erforderlichen Sicherheit ließ sich aber bis auf {85} die eine Spritze kein weiterer Fall feststellen, in dem eine solche Spritze mit Depot-Turinabol bzw. mit Testosteron dem Angeklagten Dr. Binus sicher zugerechnet werden konnte.

g) G., geborene H.

Zu einem nicht mehr genau feststellbaren Datum um Ostern des Jahres 1977 herum wechselte die damals 16 Jahre alte Zeugin G. in die Trainingsgruppe des Angeklagten Gläser beim SC Dynamo Berlin. In der Folgezeit trainierte der Angeklagte Gläser die Zeugin G. auf Clubebene in seinem sogenannten A-Kader und auch bei Lehrgängen des Nationalmannschaftskaders in der DDR und im Ausland. Im Jahre 1979 verließ die Zeugin G. zu einem nicht mehr feststellbaren Datum um Weihnachten herum die Trainingsgruppe Gläser und beendete ihren aktiven Leistungssport.

Während ihrer Zugehörigkeit zur Trainingsgruppe Gläser schaffte es die Zeugin G. als Mitglied dieses Kaders allerdings nicht immer, zur DDR-Spitze in ihren Spezialdisziplinen vorzustoßen.

Da die Zeugin G. 1978 zur Weltmeisterschaft nach Berlin (West) mitfahren durfte, ist es wahrscheinlich, daß sie auch im Jahre 1977 in drei Zyklen Oral-Turinabol-Tabletten, und im Jahre 1978 in vier Zyklen Oral-Turinabol-Tabletten erhalten hat. Da dies aber nicht mit der notwendigen Sicherheit festgestellt werden kann, ist zu Gunsten der Angeklagten Dr. Binus und Gläser davon auszugehen, daß die Zeugin G. vom Angeklagten Gläser im Jahr 1977 und im Jahr 1978 keine Oral-Turinabol-Tabletten erhalten hat.

Die Zeugin wurde wegen ihrer schwankenden Leistungen deshalb nur für das Trainingsjahr 1979/80 in die sogenannte UM-Konzeption eingebunden.

In Vorbereitung auf die Olympiade in Moskau 1980 erhielt die Zeugin G. in der Zeit vom 26. November 1979 bis zum 11. Dezember 1979 von dem Angeklagten Gläser *insgesamt mindestens 150 mg Oral-Turinabol* in Form einer entsprechenden Menge der Oral-Turinabol-Tabletten zu je 5 mg das Stück und nahm diese ein.

Während ihrer Zeit in der Trainingsgruppe Gläser erhielt die Zeugin G. auch Spritzen mit Depot-Turinabol bzw. Testosteron, wahrscheinlich vom Angeklagten Dr. Binus. Mit der für eine Feststellung erforderlichen Sicherheit ließ sich aber kein Fall feststellen, in dem eine solche Spritze mit Depot-Turinabol bzw. Testosteron dem Angeklagten Dr. Binus sicher zugerechnet werden konnte. {86}

Zu Weihnachten 1979 faßte die Zeugin G. den Entschluß, mit dem Leistungssport aufzuhören und teilte dies dem Angeklagten Gläser zu einem nicht mehr genau feststellbaren Datum nach Weihnachten 1979 mit, so daß sie an den weiteren vorgesehenen Vergabezyklen von Oral-Turinabol-Tabletten im Jahre 1980 nicht mehr teilnahm.

h) L., geborene M.

Zu einem nicht mehr genau feststellbaren Datum im Juli des Jahres 1977 herum wechselte die damals 15 Jahre alte Zeugin L. in die Trainingsgruppe des Angeklagten Gläser beim SC Dynamo Berlin. In der Folgezeit trainierte der Angeklagte Gläser die Zeugin L. auf Clubebene in seinem sogenannten A-Kader und auch bei Lehrgängen des Nationalmannschaftskaders in der DDR und im Ausland. Im Jahre 1980 verließ die Zeugin L. zu einem nicht mehr genau feststellbaren Datum im Herbst, auf jeden Fall nach der Olympiade in Moskau, die Trainingsgruppe Gläser und beendete ihren aktiven Leistungssport.

Die Zeugin L. erhielt in den Jahren 1977 bis 1980 in insgesamt elf Vergabezyklen zu jeweils mindestens 150 mg Oral-Turinabol folgende Einzeldosierungen der 5 mg blauen Oral-Turinabol-Tabletten vom Angeklagten Gläser zum Einnehmen:

(Zyklus 1)

In Vorbereitung auf die Europameisterschaft in Schweden 1977 erhielt die Zeugin L. in einem nicht mehr genau datierbaren Zeitraum im Juni bis August 1977 von dem Angeklagten Gläser über einen Zeitraum von 3 bis 4 Wochen insgesamt mindestens 150 mg Oral-Turinabol in Form einer entsprechenden Menge der Oral-Turinabol-Tabletten zu je 5 mg das Stück und nahm diese ein. Sie nahm anschließend an der Europameisterschaft teil.

(Zyklus 2)

In Vorbereitung auf die Weltmeisterschaft in Berlin (West) für 1978 erhielt die Zeugin L. in einem nicht mehr genau datierbaren Zeitraum im Oktober/November 1977 von dem Angeklagten Gläser über einen Zeitraum von 3 bis 4 Wochen insgesamt mindestens 150 mg Oral-Turinabol in Form einer entsprechenden Menge der Oral-Turinabol-Tabletten zu je 5 mg das Stück und nahm diese ein.

(Zyklen 3 bis 5)

In weiterer Vorbereitung auf die Weltmeisterschaft in Berlin (West) für 1978 erhielt die Zeugin L. in weiteren nicht mehr genau datierbaren Zeiträumen im Januar/Februar 1978, im März bis Mai 1978 und im Juni bis August 1978 von dem Angeklagten Gläser über {87} einen Zeitraum von jeweils 3 bis 4 Wochen insgesamt mindestens jeweils 150 mg Oral-Turinabol in Form einer entsprechenden Menge der Oral-Turinabol-Tabletten zu je 5 mg das Stück und nahm diese ein. Die Zeugin nahm dann wegen noch in der DDR festgestellter positiver Dopingproben nicht an der Weltmeisterschaft in Berlin (West) teil.

(Zyklus 6)

In Vorbereitung auf den Europacup 1979 erhielt die Zeugin L. in einem weiteren nicht mehr genau datierbaren Zeitraum im Oktober/November 1978 von dem Angeklagten Gläser über einen Zeitraum von 3 bis 4 Wochen insgesamt mindestens 150 mg Oral-Turinabol in Form einer entsprechenden Menge der Oral-Turinabol-Tabletten zu je 5 mg das Stück und nahm diese ein.

(Zyklen 7 bis 8)

Da die Zeugin L. im Jahre 1979 von Mai bis September verletzt war und nicht trainieren konnte, fiel sie aus zwei Vergabezyklen von Oral-Turinabol-Tabletten heraus. Mithin erhielt die Zeugin L. vom Angeklagten Gläser in diesem Jahr nur in nicht mehr genau datierbaren Zeiträumen im Januar/Februar 1979 und vom 26. November bis 11. Dezember 1979 über einen Zeitraum von jeweils mindestens 3 bis 4 Wochen insgesamt mindestens jeweils 150 mg Oral-Turinabol in Form einer entsprechenden Menge der Oral-Turinabol-Tabletten zu je 5 mg das Stück und nahm diese ein.

(Zyklen 9 bis 11)

In Vorbereitung auf die Olympiade 1980 in Moskau erhielt die Zeugin L. in weiteren Zeiträumen vom 21. Januar bis 17. Februar 1980, vom 7. April bis 19. Mai 1980 sowie vom 2. bis 28. Juni 1980 von dem Angeklagten Gläser über einen Zeitraum von jeweils mindestens 3 bis 4 Wochen insgesamt mindestens jeweils 150 mg Oral-Turinabol in Form einer entsprechenden Menge der Oral-Turinabol-Tabletten zu je 5 mg das Stück und nahm diese ein. Da die Zeugin L. nach der Olympiade 1980 die Trainingsgruppe Gläser verließ, fiel für sie der vierte Herbstzyklus 1980 weg und sie bekam keine weiteren Oral-Turinabol-Tabletten mehr.

Während ihrer Zeit in der Trainingsgruppe Gläser verabreichte der Angeklagte Dr. Binus der Zeugin L. zu einem nicht mehr genau feststellbaren Datum in der Zeit vor der Weltmeisterschaft 1978 in Berlin (West), höchstwahrscheinlich im Juni 1978, *eine intramuskulär injizierte Spritze mit Depot-Turinabol und damit mit mindestens 50 mg Nandrolondekanoat.* Dies tat er, obwohl er wußte, daß die Spritze medizinisch nicht indiziert war und daß die vergebene Dosis von Nandrolondekanoat den hormonellen Regelkreis der {88} Zeugin L. erheblich veränderte sowie die Gesundheit der Zeugin erheblich gefährdete.

Wahrscheinlich hat die Zeugin L. während ihrer Zeit in der Trainingsgruppe Gläser vom Angeklagten Dr. Binus weitere Spritzen mit Depot-Turinabol bzw. mit Testosteron erhalten. Mit der für eine Feststellung erforderlichen Sicherheit ließ sich aber kein weiterer Fall feststellen, in dem eine solche Spritze mit Depot-Turinabol bzw. mit Testosteron dem Angeklagten Dr. Binus sicher zugerechnet werden konnte.

i) R., geborene W.

Zu einem nicht mehr genau feststellbaren Datum im Jahre 1976 herum wechselte die damals etwa 14 Jahre alte Zeugin R. in die Trainingsgruppe des Angeklagten Gläser beim SC Dynamo Berlin. In der Folgezeit trainierte der Angeklagte Gläser die Zeugin R. auf Clubebene in seinem sogenannten A-Kader und auch bei Lehrgängen des Nationalmannschaftskaders in der DDR und im Ausland. Im Jahre 1978 verließ die Zeugin R. zu einem nicht mehr feststellbaren Datum die Trainingsgruppe Gläser und beendete ihren aktiven Leistungssport.

Die Zeugin R. erhielt im Jahr 1977 in insgesamt *vier Vergabezyklen zu jeweils mindestens 150 mg Oral-Turinabol* folgende Einzeldosierungen der 5 mg blauen Oral-Turinabol-Tabletten vom Angeklagten Gläser zum Einnehmen:

(Zyklen 1 bis 3)

In Vorbereitung auf die Europameisterschaft in Schweden 1977 erhielt die Zeugin R. in nicht mehr genau datierbaren Zeiträumen im Januar/Februar 1977, im März bis Mai 1977 und im Juni bis August 1977 von dem Angeklagten Gläser über einen Zeitraum von jeweils 3 bis 4 Wochen insgesamt mindestens jeweils 150 mg Oral-Turinabol in Form einer entsprechenden Menge der Oral-Turinabol-Tabletten zu je 5 mg das Stück und nahm diese ein. Sie nahm anschließend an der Europameisterschaft teil.

(Zyklus 4)

In Vorbereitung auf die Weltmeisterschaft 1978 in Berlin (West) erhielt die Zeugin R. in einem nicht mehr genau datierbaren Zeitraum im Oktober/November 1977 von dem Angeklagten Gläser über einen Zeitraum von 3 bis 4 Wochen insgesamt mindestens weitere 150 mg Oral-Turinabol in Form einer entsprechenden Menge der Oral-Turinabol-Tabletten zu je 5 mg das Stück und nahm diese ein. {89}

Während ihrer Zeit in der Trainingsgruppe Gläser erhielt die Zeugin R. wahrscheinlich auch Spritzen mit Depot-Turinabol bzw. mit Testosteron, in einigen Fällen wahrscheinlich vom Angeklagten Dr. Binus. Mit der für eine Feststellung erforderlichen Sicherheit ließ sich aber kein Fall feststellen, in dem eine solche Spritze mit Testosteron dem Angeklagten Dr. Binus sicher zugerechnet werden konnte.

3. Schäden und Folgeschäden der Zeuginnen durch die Einnahme von Oral-Turinabol bzw. (bei E. und L.) durch die Injektion mit Nandrolondekanoat

Weder die Vergabe von Oral-Turinabol-Tabletten an die Zeuginnen A., D., F., Dr. K., J., E., G., L. und R. noch die Injektion von Spritzen mit Depot-Turinabol im Fall der Zeuginnen E. und L. waren medizinisch indiziert. Sie waren bei den gesunden Schwimmerinnen kontraindiziert, weil die jeweils in therapeutisch wirksamen Dosen verabreichten Oral-Turinabol-Tabletten bzw. die Spritzen mit Depot-Turinabol den hormonellen Regelkreis der Zeuginnen im Vergleich zum Normalzustand erheblich veränderten.

Es kam deshalb bei allen neun Zeuginnen bei jedem einzelnen Vergabezyklus infolge der Zuführung von jeweils mindestens 150 mg Oral-Turinabol mindestens zu einer Störung der sogenannten Releasing-Hormone im Hypothalamus, welche den sogenannten Pulsgenerator steuern. Durch die Störung des Pulsgenerators[38] wurden auch die Steuerungshormone LH und FSH, die in der Hirnanhangsdrüse (Hypophyse) gebildet werden und die den Zyklus der Eierstöcke regeln, bei diesen Zeuginnen gestört. Dieser Effekt wurde bei den Zeuginnen E. und L. zusätzlich durch die Zuführung von jeweils 50 mg Nandrolondekanoat in Form von jeweils einer Spritze mit Nandrolondekanoat verstärkt.

Ferner kam es bei allen neun Zeuginnen bei jedem Vergabezyklus infolge der Zuführung von jeweils mindestens 150 mg Oral-Turinabol zu einer ungünstigen Beeinflussung des Fettstoffwechsels. Da den neun Zeuginnen mit jedem Vergabezyklus jeweils mindestens 150 mg Oral-Turinabol und damit jeweils eine therapeutisch wirksame Dosis vergeben wurden, kam es bei jedem Vergabezyklus jeweils zu einem Absinken des sogenannten „guten" oder unbedenklichen HDL-Cholesterins und zu einem Anstieg des sogenannten „schlechten" oder schädlichen LDL-Cholesterins. Dieser Effekt wurde bei den Zeuginnen E. und L. jeweils in einem Fall zusätzlich durch die Zuführung von jeweils 50 mg Nandrolondekanoat in Form von jeweils einer Spritze mit Nandrolondekanoat verstärkt. {90}

Zusätzlich zu diesen bei allen neun Zeuginnen festgestellten Störungen der Steuerungshormone und damit des hormonellen Regelkreislaufs sowie der Veränderung der Blutfettwerte, sind folgende körperliche Schäden eingetreten:

Bei den Zeuginnen A., J., E., L. und Dr. K. trat während des Anklagezeitraumes eine signifikante Stimmvertiefung ein. Dafür war die Vergabe von Oral-Turinabol-Tabletten mindestens mitursächlich.

Bei der Zeugin A. kam es im März 1977, im April 1978 und im Mai 1979 und bei der Zeugin E. kam es im Juni 1976 zu Transaminasenanstiegen, die durch eine Zerstörung von Leberzellen verursacht wurden. Die Vergabe von Oral-Turinabol-Tabletten war für die Transaminasenanstiege bei diesen beiden Zeuginnen mindestens mitursächlich.

Bei der Zeugin Dr. K. entwickelte sich ein gutartiger Lebertumor (fokale noduläre Hyperplasie [FNH]), der im Jahre 1993 festgestellt wurde. Für die Entstehung dieses gutartigen Lebertumors war die Vergabe von Oral-Turinabol-Tabletten mindestens mitursächlich.

Bei der Zeugin A. kam es zu einer verstärkten Behaarung im Gesichtsbereich (Hirsutismus), besonders auf der Oberlippe. Dafür war die Vergabe von Oral-Turinabol-Tabletten mindestens mitursächlich.

Soweit übrige körperliche Veränderungen und gesundheitliche Schäden bei den Zeuginnen durch die begleitend zur Hauptverhandlung durchgeführte Untersuchung durch den Sachverständigen Prof. Dr. Lübbert nachweisbar waren, lassen sie keinen wahrscheinlichen Zusammenhang mit einer Anabolikaeinnahme erkennen.

II. Teil: Beweiswürdigung

Die Angeklagten haben ihre im I. Teil festgestellte jeweilige Beteiligung an der medizinisch nicht indizierten Vergabe von anabolen Steroiden an die von ihnen betreuten jugendlichen Schwimmerinnen im wesentlichen eingeräumt. Soweit sie bestreiten, dabei keine[39] Nebenwirkungen erwartet oder bemerkt zu haben, werden sie widerlegt vor allem durch die glaubhaften Angaben der Zeuginnen A., Dr. K., J., E. und L., die verlesenen Treffberichte der gesondert verfolgten Ärzte Dr. Bernd Pansold und Dr. Manfred Höppner, mehreren bei dem gesondert verfolgten Arzt Dr. Lothar Kipke aufgefundenen Urkunden sowie den überzeugenden Ausführungen der Sachverständigen über die Nebenwirkungen anaboler Steroide. Soweit Dr. Binus bestritten hat, den Zeuginnen E. {91} und L. anabole Substanzen gespritzt zu haben, wird er vor allem durch die glaubhaften Bekundungen der Zeuginnen E. und L., die verlesene Treffberichte der gesondert Verfolgten Dr. Manfred Höppner und Dr. Claus Clausnitzer sowie den glaubhaften Angaben des Zeugen Dr. Behrendt widerlegt.

Im Einzelnen beruhen die im I. Teil getroffenen Feststellungen auf folgenden Erkenntnissen:

Die Feststellungen zu den persönlichen Lebensverhältnissen der Angeklagten beruhen auf ihren Angaben, an denen die Strafkammer nicht zweifelt.

Die Feststellungen zu den *Zielen und Bedeutung des Sports in der DDR* beruhen auf allgemeinkundigen Tatsachen aus Sport, Politik und neuerer deutscher Zeitgeschichte. Der Stellenwert des Sports für die DDR wird auch durch die vom Angeklagten Gläser, aber auch von einem Teil der Zeuginnen plastisch und nachvollziehbar dargestellten Vergünstigungen, wie z.B. Geldprämien, Orden und Auslandsreisen, deutlich.

Die Erkenntnisse über Struktur, Aufgabenbereich und Funktion des Politbüros und des Zentralkomitees der SED sowie die Feststellungen zu *den Organisationsstrukturen im DDR-Sport*, insbesondere des Deutschen Turn- und Sportbundes, des Deutschen Schwimmsport-Verbandes der DDR, des Staatssekretariates für Körperkultur und Sport, der Deutschen Hochschule für Körperkultur, des Forschungsinstituts für Körperkultur und Sport und des Sportmedizinischen Dienstes sind zum Teil ebenfalls allgemeinkundige Tatsachen oder beruhen auf allgemein zugänglichen Quellen (Herbst/Ranke/Winkler, „So funktionierte die DDR", Hamburg 1994), darunter auf dem in der Hauptverhandlung verlesenen Bericht der Unabhängigen Dopingkommission[40]. Die zusätzlichen Erkenntnisse zum Deutschen Schwimmsport-Verband der DDR beruhen auf den ergänzenden Angaben des Angeklagten Gläser, die die Kammer für zutreffend und glaubhaft hält.

Die Feststellungen *zur Struktur der Sportvereinigung Dynamo und des SC Dynamo Berlin* beruhen zunächst ebenfalls auf den Erkenntnissen des allgemein zugänglichen Werkes „So funktionierte die DDR". Sie werden darüber hinaus durch die Einlassungen der Angeklagten Gläser und Dr. Binus, die sich auch zur Struktur und zu den wichtigen Personen in der SV Dynamo und dem SC Dynamo geäußert haben, ergänzt und bestätigt. Diese unabhängig voneinander gewonnenen und einander bestätigenden Erkenntnisse überzeugen die Kammer von der Richtigkeit der basierend auf diesen Quellen getroffenen Feststellungen.

Die Feststellungen *zur Sichtung und zum Aufbau von Nachwuchskadern beim SC Dynamo* beruhen auf den Einlassungen der Angeklagten Gläser und Dr. Binus, die sich auch {92} ergänzend zu diesem Bereich ihrer Tätigkeit geäußert haben. Ergänzt und bestätigt werden sie durch die glaubhaften Aussagen der Zeuginnen A., D., F., Dr. K., J., E., G., L. und R., die sich ausführlich und überzeugend zu ihrer Delegation zum SC Dynamo Berlin, zum Training im Nachwuchsbereich und zu ihrem Aufstieg in den A-Kader und damit zur Leistungsspitze geäußert haben und die diese Erinnerungen der Kammer lebhaft und detailgetreu mit eigenen Worten und plastisch beschrieben haben.

Auf diesen Einlassungen der Angeklagten und den damit übereinstimmenden Aussagen der neun Zeuginnen basieren auch die Feststellungen der Kammer zum *Trainingsablauf* und zur *Trainingsplanung beim SC Dynamo Berlin*, wie z.B. die Einteilung des sog. Sportjahres in vier Zyklen.

Die Feststellungen, die die Kammer *zur medizinischen Unterstützung bzw. Begleitung des Trainings* getroffen hat und die den Bereich des Einsatzes anaboler Steroide noch ausklammerten, beruhen ebenfalls auf den Einlassungen der Angeklagten und den Aussagen der neun Zeuginnen. Diese haben freimütig und glaubhaft in teilweise ausführlicher detailhafter Schilderung die Einzelheiten der medizinischen Betreuung im Trainingsalltag (Vitamin- und Mineralvergabe, jährliche Medinzinchecks, Fragen zur Menarche, Vergabeort der Vitamine und Aufsicht des Trainers bei der Einnahme) geschildert. An der Glaubhaftigkeit dieser Aussagen bzw. Einlassungen zu der strafrechtlich nicht relevanten Vergabe von Vitaminen und Mineralien hat die Kammer keinen Zweifel.

Daß es eine *Entscheidung für das systematische Doping als geheime Staatsaufgabe gab und wie sie organisiert wurde*, folgt für die Kammer aus der bei dem gesondert Verfolgten Dr. Manfred Höppner aufgefundenen „Vorlage für den Vorsitzenden der LSK der DDR“ vom 24. Juni 1974 sowie aus den „Festlegungen des Vorsitzenden der LSK der DDR“, die der Kammer im Originalwortlaut vorlagen und die in der Hauptverhandlung verlesen wurden.

Daß diese Vorlage erstmals am 11. September 1974 in einer Sitzung der LSK beraten wurde, schließt die Kammer aus einem Treffbericht des IM „Technik“/Dr. Höppner gegenüber dem MfS vom 11. September 1974, in dem es heißt:

„... In der heutigen engeren Sitzung der Leistungssportkommission wurde eine Vorlage über die Überprüfungen und perspektivische Anwendung von unterstützenden Mitteln bei Leistungssportlern behandelt. ... Gen. Ewald ... schob die endgültige Entscheidung bis zur erneuten Beratung der überarbeiteten Vorlage am 25.10.1974 hinaus. ...“ {93}

Daß die Vorlage von der LSK bereits am 23. Oktober 1974 beschlossen wurde, folgt aus dem Treffbericht des IM „Technik“/Dr. Höppner vom 7. November 1974 wie folgt:

„... An der Sitzung, wo es speziell um die Vorlage ‚unterstützende Mittel‘ ging, nahmen teil: Ewald [Präsident des DTSB], Erbach [Staatssekretär des SKS], Oppel, Röder [Vizepräsident des DTSB], Orzechowski [Vizepräsident des DTSB], Welsch [damals Direktor des SMD], Gröger [Mitglied des ZK der SED und Vertreter von Hellmann, dem Leiter der Abt. Sport im ZK], Höppner [damals noch Stellvertreter des Direktors des SMD], Schuster, Lehnert [beide vom FKS]. ...“

Aus diesem Bericht hat die Kammer auch entnehmen können, welche Personen 1974 Mitglieder der Leistungsportkommission der DDR waren.

Die Feststellungen der Kammer zu der Gründung sowie zu den Aufgaben der Arbeitsgruppe unterstützende Mittel und der Forschungsgruppe unterstützende Mittel am FKS sowie zu ihrer Zusammenarbeit beruhen auf den Festlegungen unter Ziffern 4, 5 und 6 der Vorlage vom 24. Juni 1974 sowie auf den eindeutigen Festlegungen von Manfred Ewald vom 26. November 1974.

Daß diese Vorlage bzw. daß die Festlegungen auch in konkrete Arbeit umgesetzt wurden, folgt für die Kammer aus diversen Treffberichten. So berichtete der IM „Technik“/Dr. Höppner gemäß dem Treffbericht vom 21. Januar 1975 gegenüber dem MfS zur Aufnahme der Tätigkeit durch die Arbeitsgruppe unterstützende Mittel:

„1. *Zum Komplex ‚Unterstützende Mittel‘*
Die hauptamtliche Arbeitsgruppe unter Leitung des IMV wird nach den bisherigen Vorstellungen als Sektor Leistungssport bei der Leitung des Sportmedizinischen Dienstes geführt und der IMV direkt dem Direktor des Sportmedizinischen Dienstes unterstellt. Sie wird ihren Sitz in Räumlichkeiten des Staatssekretariats für Körperkultur und Sport in der Charlottenstraße haben. ... Die ehrenamtliche Arbeitsgruppe ‚Unterstützende Mittel‘ steht ebenfalls unter Leitung des IMV, ihr gehören an
Prof. Dr. Lehnert – gleichzeitig Leiter der Forschung
Prof. Dr. Gürtler
Dr. Thümmler
Dr. Grundmann
Dr. Schramm, Elke – Sekretär der AG
Diese Arbeitsgruppe tagt jeden 1. Mittwoch im Monat.

Am FKS wurde zur Durchführung der erforderlichen Forschungsaufgaben eine selbständige Abteilung ‚Zulei‘ (Zusätzliche Leistungsbeeinflussung) gebildet, welche direkt den Professoren Dr. Lehnert und Gürtler unterstellt ist und alle Mitarbeiter sind diesen direkt verantwortlich. Die zur Abteilung gehörenden Mitarbeiter wurden aus den einzelnen Bereichen des FKS herausgezogen und ihr Unterstellungsverhältnis geändert. Diese gebildete Abteilung müßte nach Einschätzung des IMV den unmittelbaren Schwerpunkt der Absicherung bilden. Eingeschlossen muß weiterhin werden die ausgewählten Mitarbeiter {94} der SHB der SV Dynamo, welche engste Kooperationspartner dieser Abteilung sind, jedoch nur Teil-Forschungsaufträge durchführen. ...“

Über die Gründung der Forschungsgruppe „unterstützende Mittel“ am FKS berichtete auch die Leipziger Volkszeitung vom 13. September 1991, die sich dabei auf einen Bericht des gesondert Verfolgten ehemaligen stellvertretenden Direktors am FKS, Prof. Dr. Häcker, stützte. Aufgrund seiner Detailgenauigkeit und der vielfachen Übereinstimmung mit den Treffberichten des IM „Technik“/Dr. Höppner[41] bestehen für die Kammer keine Zweifel an der inhaltlichen Richtigkeit dieses Berichtes.

„Der Auftrag für die Forschung wurde dem Forschungsinstitut für Körperkultur und Sport (FKS) 1975 durch Manfred Ewald schriftlich erteilt, und dafür das Staatsplanthema (SPT) 14.25 gegründet. Anlaß für den Forschungsauftrag war die Tatsache, daß Medikamente, insbesondere anabole Steroide, bereits im breiten Umfang im Trainingsprozeß angewendet wurden, Nebenwirkungen auftraten und ein Nachweis befürchtet wurde ...“

Die Feststellungen zur Bedeutung und zum Umfang des Staatsplanthemas 14.25 in der DDR hat die Kammer ebenfalls auf den Auszug aus der Leipziger Volkszeitung vom 13. September 1991 gestützt:

„Auftraggeber für das Staatsplanthema 14.25 war der Vizepräsident des DTSB für Wissenschaft (Prof. Röder). Der Verantwortliche des zuständigen Ministeriums, des Staatssekretariats für Körperkultur und Sport, war der stellv. Staatssekretär Prof. Buggel. Der Auftraggeber schloß mit dem FKS alle vier Jahre einen Leistungsvertrag ab, in dem die zu bearbeitenden Themen festgelegt wurden und grundsätzlich vereinbart wurde, welche Leistungen der Auftraggeber und welche der Auftragnehmer in der Forschung zu bringen hatte.
Eine koordinierende Funktion hatte das FKS in diesem Rahmen für die Zusammenarbeit mit anderen wissenschaftlichen Einrichtungen oder den Betrieben der pharmazeutischen Industrie, die an der Bearbeitung beteiligt waren (z.B. Jenapharm und Berlin-Chemie). Die getroffenen Vereinbarungen wurden dann über das Staatssekretariat in Abstimmung mit dem Ministerium für Wissenschaft und Technik in die zentrale Planung der Ministerien hineingebracht, denen die beteiligten Einrichtungen unterstellt waren.
Die gesamte Thematik unterstützende Mittel war zum Staatsgeheimnis, zur ‚Vertraulichen Verschlußsache‘ erklärt worden. Die Bearbeiter mußten Einschränkungen ihrer persönlichen Entscheidungsfreiheit hinnehmen, sich zum Schweigen verpflichten, jeglicher Westkontakt war verboten bzw. melde- oder genehmigungspflichtig.
Organisation und Ablauf der Forschung:
Der Leistungsvertrag zwischen Auftraggeber und FKS enthielt eine Reihe von Arbeitsrichtungen und Themen, zu denen Ergebnisse aus der wissenschaftlichen Arbeit erwartet wurden. Es wurden Leistungen zu drei Richtungen erwartet:
– trainingsbegleitende Untersuchungen.
  Dies betraf alle Untersuchungen und Analysen, die für bestimmte Sportarten im praktischen Trainingsprozeß erwartet wurden. Hier waren in der Regel auch die entsprechen-{95}den Leiter der verschiedenen Forschungsgruppen am FKS, die für die jeweiligen Sportarten zu-

ständig waren, sowie die Chefverbandstrainer, der Verbandsarzt und die Trainer der untersuchten Gruppen einbezogen bzw. informiert.

– angewandte Forschung.
  Diese Themen umfaßten alle Aufgaben, in denen es um die Abklärung grundsätzlicher Zusammenhänge in der hormonellen Regulation, der Einflüsse der verwendeten Pharmaka auf die Funktionssysteme des Organismus und ihre Regulation ging. Hier waren die Leiter der Forschungsgruppen bzw. die Vertreter der Verbände, die Verbandsärzte dann einbezogen bzw. informiert, wenn die Untersuchungen an bestimmten Sportlergruppen durchgeführt wurden. Untersuchungen an freiwilligen Versuchspersonen lagen in der alleinigen Verantwortung des FKS.
– Weiterbildung.
  Es gehörte zu den Aufgaben des FKS, Forschungsergebnisse und die daraus abgeleiteten Empfehlungen vor dem Kreis der berechtigten Ärzte vorzutragen, damit diese Ergebnisse Eingang in die praktische Anwendung finden konnten. Unter diese Rubrik fielen auch individuelle Beratungen von Ärzten bzw. von Ärzten und Trainern zu Fragen des Einsatzes dieser Mittel.

Die Generalforderung der Sportführung, des Auftraggebers, war stets pauschal, immer neue, wirksamere Mittel zu entwickeln und zu erproben.
Der Auftragnehmer, das FKS, war gehalten, jährlich einen Bericht über die bearbeiteten Themen und die Ergebnisse zu liefern. Weiterhin wurde alle vier Jahre eine zusammenfassende Darstellung der wesentlichen Ergebnisse und Schlußfolgerungen erwartet, die in schriftlicher Form an den Auftraggeber zu übermitteln war.
Praktische Forschungsarbeit:
Dem Forschungsauftrag konnte als Staatsauftrag nicht ausgewichen werden. Bei vielen Sportfunktionären, aber auch bei Trainern und Fachkollegen, gab es eine bestimmte ‚Wundergläubigkeit', die davon ausging, daß man nur irgendwie ausreichende Mittel erproben müsse, dann werde man schon ‚neue' Möglichkeiten finden. Daraus ergab sich ein ständiger Druck auf die Forschungsarbeit.
Bearbeitete Themen:

– Behandlungsschemata bzw. Ergebnisse ihrer Überprüfung aus trainingsbegleitenden Untersuchungen und die sich daraus ableitenden Dosierungsempfehlungen.
– Ergebnisse epidemiologischer Natur, die den Einsatz, zum Teil auch den verantwortungslosen Umgang mit den Medikamenten, deutlich machen …
– Arbeiten zum Stoffwechsel und der Ausscheidung des Epitestosterons …
– Arbeiten zum Stoffwechsel des Androstendions. Diese basierten auf der Grundüberlegung der physiologischen Beeinflussung des Testosteronstoffwechsels unter Aufgabe der Medikation von Anabolika. Es wurde die prinzipielle Möglichkeit der Beeinflussung des Stoffwechsels im Tierversuch und wenigen freiwilligen Versuchspersonen nachgewiesen. {96}

Von einer Veröffentlichung dieser Ergebnisse wurde abgesehen, um nicht einem breiten Kreis Anleitung zum Handeln und damit zum Mißbrauch zu geben und um den Datenschutz zu wahren und keine Rückschlüsse auf Sportler, Sportarten oder Ärzte und Trainer zuzulassen …"

Die geänderte Zusammensetzung der Arbeitsgruppe „u.M." und zugleich deren Fortbestand belegt der Treffbericht des IM „Technik"/Dr. Höppner vom 16. Februar 1981:

„… Die neue Zusammensetzung der AG u.M. soll der IMB Gen. Ewald übergeben, damit er sie über seinen Weg überprüfen lassen kann. Abgesehen davon wäre die Neubildung nicht so vorrangig, da bis jetzt der IMB sowieso alles allein entschieden hätte und auch künftig die alleinige Verantwortung tragen müsse.

Vorgesehene Zusammensetzung:

Dr. Höppner	Prof. Dr. Gürtler
Prof. Dr. Lehnert	Dr. Roth
Dr. Freiberg	Dr. Thümmler
Dr. Schramm, Elke	Dr. Müller, Roland
Dr. Raabe	je ein MA aus den Bereichen von Prof. Röder und Dr. Köhler"

Der Begriff „Unterstützende Mittel", abgekürzt „u.M.", wurde seit den 70er Jahren als Arbeitsbegriff verwendet. Dies belegt[42] die Anlage zum Treffbericht des IM „Technik"/ Dr. Höppner vom 3. März 1977:

„Der Begriff u.M. ist ein Arbeitsbegriff. Wir verstehen darunter pharmakologische Präparate, die z.B. den Stoffwechsel aktivieren, das Muskelwachstum fördern, die Herausbildung bestimmter Koordinationsfähigkeiten fördern oder die Wiederherstellungsvorgänge nach hohen Belastungen in Training und Wettkampf unterstützen."

Zum Teil wurde der Begriff „u.M." nur[43] auf die Anwendung und Vergabe anaboler Steroide bezogen. So berichtete der GMS „Hans" gemäß einem Bericht vom 7. Mai 1975 gegenüber der Hauptabteilung XX/3 des MfS:

„... Der Begriff ‚unterstützende Mittel' umschreibt den Komplex der Anwendung von Anabolen Steroiden im Leistungssport der DDR. ..."

Die Feststellungen, daß im Spitzensport der ehemaligen DDR, insbesondere im Frauenschwimmsport – dort wiederum vor allem im sogenannten A-Kader bzw. National- oder Olympiakader – bis zum Jahre 1989 anabole Steroide zentralistisch verordnet und kontrolliert, wissenschaftlich begründet und demzufolge systematisch und umfassend zur Erreichung sportlicher Höchstleistungen eingesetzt worden sind, werden durch die umfangreichen Berichte der gesondert verfolgten Ärzte Dr. Manfred Höppner, Dr. Lothar Kipke und Dr. Bernd Pansold an das MfS belegt. {97}

Daß es sich bei dem IM „Technik" um Dr. Höppner handelt, ergibt sich aus der Übereinstimmung des Treffberichts vom 11. September 1974 des IM „Technik" und der „Vorlage für den Vorsitzenden der LSK der DDR" vom 24. Juni 1974, in welcher die Bildung der Arbeitsgruppe „unterstützende Mittel" unter Vorsitz von Dr. Manfred Höppner angeregt und schließlich in der Sitzung der Leistungssportkommission vom 23. Oktober 1974 beschlossen wurde.

Daß sich unter dem Decknamen IM „Rolf" der Zeuge Dr. Kipke verbirgt, ist belegt durch den ebenfalls verlesenen Treffberichten des IM „Rolf" vom 22. und 31. Mai 1979, in denen der IM „Rolf" über die Gründe seiner Nichtteilnahme an der Tagung des Medizinischen Komitees der FINA vom 25. und 26. Mai 1979 in Mexico City berichtete und den von ihm an das MfS übergebenen Unterlagen des DSSV, insbesondere mehrerer Fernschreiben des DSSV an den mexikanischen Schwimmverband vom 14. April 1979 und 17. Mai 1979, aus denen sich der Klarname Dr. Lothar Kipke entnehmen läßt, der als einziger Vertreter der DDR an der Tagung des Medizinischen Komitees der FINA teilnehmen sollte.

Daß es sich bei dem IM „Jürgen Wendt" um den gesondert Verfolgten Dr. Bernd Pansold handelt, wird bereits durch den in der Hauptverhandlung verlesenen Auskunftsbericht der Hauptabteilung XX/3 des MfS vom 27. November 1974 belegt, in dem die Werbung von Dr. Bernd Pansold durch Hauptmann Müller am 28. Januar 1972 dokumentiert ist. Der Auskunftsbericht belegt ebenfalls die Vergabe des Decknamens „Jürgen Wendt“ an Dr. Bernd Pansold und dessen Einordnung in die Kategorie „IMS“. Die Identität von Dr. Pansold und IM „Jürgen Wendt“ folgt darüber hinaus aus den übereinstimmenden Personaldaten, z.B. zu der Promotion des Dr. Pansold, die der IM „Jürgen Wendt“ gegenüber seinem Führungsoffizier des MfS bei der Besprechung persönlicher Angelegenheiten des IM „Jürgen Wendt“ angegeben hat, mit der in der Hauptverhandlung verlesenen Volkspolizei-Personalakte von Dr. Pansold. Darüber hinaus bestätigte der Angeklagte Gläser die Identität des IM „Jürgen Wendt“: Dessen an das MfS weitergegeben – teilweise privaten – Begebenheiten, habe er, der Angeklagte Gläser, nur Dr. Pansold anvertraut.

Die Kammer ist davon überzeugt, daß die Treffberichte der informellen Mitarbeiter des MfS den tatsächlichen Ablauf der Geschehnisse zutreffend wiedergeben. Zum einen ergänzen sich insbesondere die Berichte des IM „Technik“/Dr. Höppner, des IM „Jürgen Wendt“/Dr. Pansold sowie des IM „Rolf“/Dr. Kipke gegenseitig. Da alle drei informellen Mitarbeiter zum Teil über denselben Zeitraum (die frühen 70er Jahre, die Olympiade in Montreal, die Doping-„Panne“ 1978 usw.) berichteten, hält die Kammer die in Tendenz und teilweise in den Schilderungen von Einzelheiten und Begebenheiten identischen Berichte für zutreffend. Dazu kommt, daß diese drei informellen Mitarbeiter mit Konsequenzen von Seiten des MfS zu rechnen gehabt hätten, wenn sie die Unwahrheit berichtet hätten. Daß {98} Dr. Höppner als Leiter der Arbeitsgruppe unterstützende Mittel und als stellvertretender Direktor des SMD, daß Dr. Pansold als Chefarzt der SV Dynamo und daß Dr. Kipke als Verbandsarzt Schwimmen der DDR sowohl von der Ausbildung als auch von ihrer beruflichen Stellung umfassendes Wissen von den Geschehnissen besaßen, über die sie dem MfS berichteten, bedarf keiner weiteren Ausführung.

Über den wissenschaftlichen Hintergrund der Anwendung von anabolen Steroiden berichtet der IM „Jürgen Wendt“/Dr. Pansold an das MfS gemäß seines Treffberichts vom 25. Februar 1976, in dem es heißt:[44]

„... Der sogenannte Urvater der Anabole ist das ‚Testosteron‘, welches durch Injektionen verabreicht wird und keine Nachweisführung gestattet. Wegen nicht ausbleibender Nachwirkungen ist es in der Regel bei Frauen nicht anwendbar (erfolgte jedoch in Vorbereitung auf die LA-EM [= Leichtathletik-Europameisterschaft 1974 in Rom]) und sollte nach Möglichkeit nur im letzten Wettkampfjahr zur Anwendung kommen.
Sogenannte Abkömmlinge sind das ‚Uraltribunabol‘ [gemeint ist *Oral*-Turinabol] in Tablettenform, welches gegenwärtig sehr weit verbreitet ist und mittels des Ria-Testes nachgewiesen werden kann, das ‚Turinabol‘ (Injektionen), an dessen Nachweisführung gegenwärtig Prof. Dr. Brooks arbeitet und das ‚Gonatex‘, welches nicht als Doping zählt und ein indirektes Anabol darstellt. ...“

Zur Bedeutung der anabolen Steroide im DDR-Sport seit Mitte der sechziger Jahre führte der IM „Technik“/Dr. Höppner gegenüber dem MfS in einer Anlage zum Treffbericht vom 3. März 1977 aus:

„... Den Hauptanteil unter den bisher angewandten Präparaten haben die anabolen Hormone, auch als anabole Steroide bezeichnet. Sie wurden im DDR-Leistungssport seit 1966 angewandt. Insbesondere im verstärkten Maße während der Vorbereitung der Olympischen Spiele 1972 und 1976. ...“

Nach den handschriftlichen Aufzeichnungen des IM „Jürgen Wendt"/Dr. Pansold hatten die Erfahrungen – unter anderem auch des Angeklagten Gläser – gezeigt, daß bei den Frauen in Montreal ein maximaler Erfolg nur durch das Schema aus der Kombination von gutem Training und der Verabreichung von u.M. erreicht werden konnte.[45] Im einzelnen hieß es dazu in den handschriftlichen Aufzeichnungen als Anlage zum Treffbericht vom 5. Februar 1977:

„... Die erfolgreichen weiblichen Schwimmtrainer[46] Mothes, Neumann[47], Gläser sind sicher, daß die Olympialeistungen ohne Anabolika nicht zu realisieren sind. Mathematische Bearbeitungen der 4-Jahresentwicklung von Dynamo-Sportlern zeigen dies deutlich.
Folgendes Schema gilt:
1. Trainer trainiert systematisch + richtig (Grundvoraussetzung)
   gute Leistungen, keine Weltspitze grundsätzlich {99}
2. Sportmediziner/Beeinflussung 1 + 2
   Voraussetzung für Weltspitzenleistungen
3. Psychologische Mobilisierung auf der Grundlage von 1 + 2 schafft weitere Leistungssteigerung.

Während bei den Männern keine Wirksamkeit
bei den Frauen in Montreal Erfolg *nur* durch Schema erreicht. Eine ähnl. starke Betonung muß für LA [Leichtathletik] erfolgen. ..."

Im Hinblick auf die Gefährdung der Erfolge und politische Folgen durch eine geringe Dosierung bei weiblichen Sportlern führt der IM „Jürgen Wendt"/Dr. Pansold im selben Treffbericht weiter aus:

„... Was soll man tun bzw. nicht tun
1. optimale Gestaltung des Trainings – Reservekraft durch Training
2. Altersgrenze für Anabolika bei weibl.[ichen] Sportlern erhöhen – Kontrollen im Republikmaßstab durchführen
   Konsequenzen für Leistung – pol. Folgen?
3. Dosierung bei weiblichen Sportlern verringern. Dies führt unter Umst.[änden] bei intern.[ationalen] Wettkämpfen 1977 im weibl.[ichen] Bereich zu empfindlichen Niederlagen im Schwimmen u.[nd] in d.[er] LA [Leichtathletik].
4. Substanzen auf nicht hormoneller Basis finden, die Muskel- und Kraftzuwachs bewirken – ein Schwerpunkt
5. andere Systeme langfristig beeinflussen (B 17 – Preis?!)

...

6. hochempfindliche Nachweistechnik importieren, bzw. aufbauen hat nur bei weiterer Anwendung wie bisher Bedeutung. ..."

Der flächendeckende und republikweite Einsatz anaboler Steroide im Schwimmspitzensport der DDR wird besonders anhand des Treffberichts des Verbandsarztes des DSSV, Dr. Lothar Kipke, vom 28. Januar 1977 offenkundig, in dem dieser dem MfS als IM „Rolf" von einer Beratung am 11. November 1976 über Richtlinien der Anwendung von „UM" und eines entsprechenden „Großversuches" berichtete, an der auch der Angeklagte Dr. Binus teilgenommen hatte. Bei diesem Großversuch aller Mitglieder der DDR-Schwimm-Nationalmannschaft war die Teilnahme von insgesamt 11 Sektionsärzten – darunter der Angeklagte Dr. Binus –, insgesamt 13 Trainern – darunter der Angeklagte Gläser und der gesondert verfolgte Trainer Dieter Krause – und insgesamt 75 Schwimmerinnen und Schwimmern – darunter die Zeuginnen D., E., W., J., A., L. und

G. – vorgesehen: Dabei sah die Planung allein an die weiblichen Schwimme-{100}-rinnen die Verabreichung von jeweils zweimal 200 mg Turinabol in den Zeiträumen vom 25. April bis 22. Mai und vom 6. Juni bis 3. Juli 1977 vor:

„IMV ‚Rolf' berichtete, wie beim Treff am 13.1.77 vereinbart ausführlich über den Großversuch bzw. den praktischen Anwendung von ‚UM' im Rahmen der Bearbeitung des Forschungsthemas ‚zusätzliche Leistungsreserven'. Am Treff nahm der für die Sicherung des vorgenannten Themas zuständige Gen. Oltn. Cizek teil.
Am 11.11.76 fand eine interne Arbeitsberatung am FKS statt, auf der die Prinzipien der Anwendung von UM im Schwimmverband der DDR festgelegt wurden.
Teilnehmer:

Prof. Dr. Schramme	– Verbandstrainer
Dr. Kipke	– Verbandsarzt
Dr. Schäker	– FKS
Binius	– Arzt beim SC Dynamo

[gemeint ist der Angeklagte Dr. Binus]
Am 12.11.76 wurden die erarbeiteten Prinzipien und am 20.12.76 die ‚UM-Konzeption' an Dr. Höppner (Sportmediz. Dienst der DDR) weitergeleitet.
In den Großversuch werden nur die Nationalmannschaftskader für 1977/78 einbezogen.
Es werden folgende Medikamente verabreicht:
Mädchen:

vom	25.4.-22.5.77	200 mgr Turinabol
vom	6.6.-3.7.77	200 mgr. "

Männer:

vom	3.1.-30.1.77	zwischen 200 u. 400 mgr
	21.2.-6.3.77	Turinabol – zwischen-
	25.4.-22.5.77	durch bekommen sie
	6.6.-3.7.77	Testostropin (männl. Hormon)

70 Kader für Länderkampf mit der Sowjetunion

vom	25.2.-10.4.77	Vitamin B 17 (bis 8 Tabletten am Tag)
	25.5.-5.7.77	dieses B 17 wird im Labor des Arzneimittelwerkes Dresden ausschließlich für das FKS hergest. Zusätzlich werden 4x2 Tabl. Dioktazit (Ferment zur Aktivierung des Stoffwechsels) verabreicht [gemeint ist wohl: Thioctacid]

Die Nationalmannschaftskader erhalten in der Zeit vom 1.1.-5.7.77 bis zu 5 Infusionen Glucose, die durch die Sektionsärzte im VD-Buch nachweispflichtig sind. {101}
Folgende Sektionsärzte sind einbezogen:

SC Empor Rostock	Dr. Ingendorf	SHB
SC Dynamo Berlin	Binius Dieter	SHB Dynamo
TSC Berlin	Dr. Schneider (Männer)	SHB
	Dr. Fehling Ute (Frauen)	"
SC Magdeburg	Kegel	SHB
ASK Potsdam (Rostock)	Dr. Kamke Wolfg.	SHB ASK
SC DHfK	Engelhard Gisela	SHB
SC Einheit Dresden	Steinert Gerd (ab 1.1. Kreissportarzt)	SHB
SC Karl-Marx-Stadt	Dr. Tolkmitt Ullrich	SHB
SC Turbine Erfurt	Dr. Tausch Horst[48]	SHB
SC Chemie Halle	Dr. Franke Margot	SHB ..."

Nachdem er dann ausführlich über die Umsetzung zur Geheimhaltung dieser Maßnahmen allgemein und gegenüber den Schwimmerinnen berichtet hatte, führte der IM „Rolf"/Dr. Kipke zu den Zielstellungen weiter aus:

„... *Zielstellungen*:
- individuelle Anstiegs- u. Abklingrate der zu verabreichenden Substanzen bei Männer u. Frauen prüfen
- Verhalten des körpereigenen Testosteronspiegels (männliches Sexualhormon) bei Männern testen u. prüfen inwieweit sich das schädlich o. positiv auf die Leistungsentwicklung auswirkt
- Verhalten der Maximalkraft – Wettkampfwerte u. welche Leistung möglich
- Feststellung der Laktatsenkung bei sportartspezifischen Testen (Dioktazit bei 8x200 m)
- bessere Erholungs- u. Belastungsverträglichkeit mit Präparat B 17 prüfen

Methode:
Zu bestimmten Terminen werden den Sportlern 5 ml Blut und 10 ml Urin abgenommen und zur speziellen Untersuchung dem FKS zugeleitet. Zusätzlich werden durch die Sektionsärzte und Trainer schriftliche bzw. mündliche Einschätzungen und sportmethodische Tests vorgenommen. Die Laktatbestimmung erfolgt ausschließlich am FKS.
Im Prinzip werden diese Proben zu folgenden Zeiten von einem PKW des FKS abgeholt
Nordroute
11.2/4.3/15.3/5.4./4.6/18.6
(Halle, Magdeburg, Potsdam, Berlin)
Rostock muß selbst anliefern
Südroute
6.4./26.4./10.5./7.6./22.6.
(Dresden, K.-M.-Stdt., Erfurt) ..."

Weil die Befürchtung bestand, Sektionsärzte und Trainer würden weiterhin entgegen den Festlegungen eigenmächtig und damit „illegal" selbst die Sportler mit u.M. versorgen, wurde folgende Kontrollmaßnahme durchgeführt: {102}

„... Im wesentlichen soll die Ärztin Bauersfeld mitfahren u. bei Sportlern zusätzliche Kontrollabnahmen machen, die nicht mit zum ausgewählten Kaderstamm gehören, um zu verhindern, daß die Sektionsärzte gemeinsam mit den Trainern illegale Verabreichung von Medikamenten vornehmen.
Zur Aufbewahrung der Medikamente durch die Sektionsärzte wurden keine speziellen Festlegungen getroffen, da sie in der Regel in allen Apotheken gegen Rezept zu erhalten sind.
Zusätzliche sportmethod. Tests vom Trainer zum Institut
Laktatbestimmung im SHB
Sportler:
SC Dynamo
...
TGr. Gläser/Krause
T.
V. [die Zeugin D., geb. V.]
P. [die Zeugin E., geb. P.]
W. [die Zeugin R., geb. W.]
Z. [die Zeugin J., geb. Z.]
A. [die Zeugin A.]
M. [die Zeugin L., geb. M.]
H. [die Zeugin G., geb. H.]

...
[es folgen die Namen weiterer Klubs und Schwimmer]...".

Die Beratungen über den Großversuch werden auch von einer anderen Quelle belegt; dem Treffbericht vom 10. November 1976 aus den Akten der Bezirksverwaltung für Staatssicherheit Leipzig, Abteilung XX/Sport ist zu entnehmen:

„... Der IMB teilte mit, daß am 11.11.76, 09.30 Uhr, in der Wohnung von Dr. Lothar Kipke, 701 Leipzig, [geschwärzt], eine Zusammenkunft stattfinden wird, wo über die weitere Einsatzrichtung unterstützender Mittel in das Programm des deutschen Schwimmsportverbandes beraten wird. Folgende Teilnehmer wurden bekannt:

Prof. Schramme	Deutscher Schwimmsportverband
[geschwärzt]	" "
Dr. Tolckmitt	Abt.-Ltr. Leistungssport K.-M.-Stadt Schwimmen
Dr. Binus	Sektionsarzt Schwimmen Dynamo Berlin
Dr. Schäker	FKS
Dr. Kipke	FKS

Die Beratung soll zum Inhalt den Aufbau und die Nachweisbarkeit von Depot-Spritzen von unterstützenden Mitteln bei Mädchen haben.
... Der IMB berichtete weiter über die Bildung einer neuen Testgruppe aus Mitarbeitern des Institutes zur Erprobung neuer Präparate im Januar 1977. ..." {103}

Der Einsatz weiterer Präparate im DDR-Schwimmsport unter teilweiser Mitwirkung des Angeklagten Dr. Binus belegen nachfolgende Treffberichte des IM „Jürgen Wendt"/ Dr. Pansold.

So steht im Treffbericht vom 5. Februar 1977:

„*Anwendung unerlaubter Mittel*
In einer Anordnung über den im August stattfindenden Schwimmländerkampf gegen die USA, an welchem Dr. Binus [der Angeklagte], Dr. Schäker, Dr. Kipke und Prof. Schramme teilnehmen, wurde festgelegt, daß in der Vorbereitung ein Präparat der Pervitin-Reihe [Anm.: heute z.B. als ‚Speed' bekannt] zur Anwendung kommen soll. Es handelt sich dabei um ein eindeutiges Dopingmittel und Dr. Schäker schätzte ein, daß durch die Anwendung Schädigungen nicht ausgeschlossen werden können. ..."

Im Treffbericht vom 28. Februar 1978 heißt es:

„Die Trainingsgruppe von Esser[49] ist einbezogen in Testversuche zur Erprobung eines neuentwickelten anabolen Steroids durch den VEB Jenapharm unter der Bezeichnung STS 83. Dieses Präparat soll keine Nachwirkungen zeigen jedoch gleichzeitig eine stärkere anabole Wirkung erzeugen. Diesbezügliche Gespräche fanden kürzlich am FKS zwischen Prof. Dr. Gürtler und Dr. Binus [der Angeklagte Dr. Binus] statt. ..."

Im Treffbericht vom 7. März 1979 wird ausgeführt:

„... Er [der Trainer Esser] kennt alle Probleme der unterstützenden Maßnahmen und war einbezogen in die Durchführung von Experimenten mit dem B 17 Komplex. Nach Einschätzung des IMS ist dieses Präparat nicht pauschal anwendbar, wie z.B. die anabolen Steroide, und nur in Verbindung mit Theoctacid. Es handelt sich um ein Hirnhormonpräparat, welches Fluchtreflexe auslöst und dadurch die Geschwindigkeit der Schwimmer beeinflußt. Die Zusammensetzung besteht aus körpereigenen Substanzen, die sehr schnell im Körper zerfallen und demzufolge nicht nachweisbar sind. Es wird vermutet, daß die USA-Schwimmer ein ähnliches Präparat in

Form eines Nasensprays angewandt haben, da dieses besonders über die Nasenschleimhäute eine schnelle Wirkung erreicht. Die Tests mit dem B 17 Komplex werden bereits seit 1976 durchgeführt, jedoch ist das Wirkungsprinzip noch nicht eindeutig zu bestimmen. ..."

Die Feststellungen zur Bedeutung des Doping-Kontroll-Labors in Kreischa, zum Ablauf der Doping-Kontrolluntersuchung sowie zu der „Doping-Panne" vor der Schwimmweltmeisterschaft in Berlin (West) 1978 beruhen auf den überaus detaillierten und von profunder Sachkenntnis getragenen glaubhaften Bekundungen des Zeugen Dr. Dietrich Behrendt, der den diesbezüglichen Sachverhalt wie festgestellt geschildert hat. Die Angaben dieses sachverständigen Zeugen, welcher bis zu seiner Flucht in die Bundesrepublik Deutschland im Jahre 1988 stellvertretender Leiter des Doping-Kontroll-Labors war, bestätigen die Richtigkeit mehrerer MfS-Berichte von Dr. Höppner als IM „Technik", von Dr. Claus Clausnitzer, dem Leiter des Doping-Kontroll-Labors in Kreischa, als IM „Meschke", und von Dr. Kipke, dem Verbandsarzt des DSSV. Daß sich hinter dem IM „Meschke" Dr. Claus Clausnitzer verbirgt, ergibt sich aus den glaubhaften Angaben des Zeugen Dr. Behrendt. Dieser führte gegenüber der Kammer nach Vorhalt von Berichten des IM „Meschke" überzeugend aus, {104} daß wegen ihrer Detailgenauigkeit und deren wissenschaftlichen Angaben als Urheber derselben nur sein unmittelbarer Vorgesetzter Dr. Clausnitzer in Betracht komme.

So lautet es im Treffbericht des IM „Technik"/Dr. Höppner vom 17 November 1976:

„... Im Gespräch mit Dr. Donicke spielte auch die geplante Anschaffung eines Spektrometers der USA-Firma Hawlett & Packert[50] im Werte von 187.000 Dollar für das ZI Kreischa in Verbindung mit der Einrichtung eines Antidoping-Labors eine Rolle ..."

Im Treffbericht des IM „Technik"/Dr. Höppner vom 3. März 1977 steht:

„... Auftragsgemäß lenkte der IMV das Gespräch auf die im Besitz von Dr. Donicke befindliche Analysenvorschrift zur Nachweisführung von Anabolika mit Hilfe der Massenspektrografie. Dr. Donicke erläuterte freimütig den von ihm entwickelten Verfahrensweg und war damit einverstanden, daß sich der IMV handschriftliche Aufzeichnungen über den Verfahrensweg macht. Nach Einschätzung des IMV ist damit gewährleistet, daß am ZI Kreischa mit der praktischen Untersuchung spätestens Mitte dieses Jahres begonnen werden kann. ... Er [Dr. Donicke] konzentriert sich in der Perspektive ausschließlich auf die Anwendung der Gaschromatographie und Massenspektrometrie. Ausgehend von dieser Einschätzung ist es nach Auffassung des IMV notwendig, auch bei uns neue Überlegungen anzustellen und es ist zweckmäßig, weiterhin die Anwendung des Riatests am FKS zu forcieren oder sich auch ausschließlich auf die Anwendung der Massenspektromie am ZI Kreischa zu konzentrieren. ..."

IM „Meschke"/Dr. Claus Clausnitzer, berichtet gemäß MfS-Tonbandabschrift vom 4. August 1977 wie folgt:

„... Zum Problem der Doping-Kontrollen in der DDR
Normale Doping-Untersuchungen können 10 Proben/Tag erledigt werden. Bei negativer Tendenz und Ergebnis erfolgt die Vernichtung der Proben, bei positivem Befund wird die Probe aufgehoben bis zur Festlegung des Termins für die Nachuntersuchung.
Bei Anabolika-Untersuchung 3 Proben/Tag zeigen erste Ergebnisse, bei negativem Befund – Verfahrensweise wie o.a.
Es werden in der Regel 2 Flaschen mit Urinmengen 50 mL (Myli-Liter) eingebracht, versiegelt und beschildert.

Zu den Informationsbeziehungen zwischen Berlin und Kreischa, ist zu sagen, daß diese schlecht eingeschätzt werden. Clausnitzer bekommt keine Hinweise von Dr. Höppner oder anderen einzelnen Verbandsärzten, welche Ärzte verwenden welche UM usw.
Es bestehen jedoch direkte Beziehung zwischen Dr. Höppner und C., der auch direkte Aufträge erteilt und die erledigt werden und wo sofort Informationen ausgetauscht werden. Jedoch sagt auch Dr. H. nicht wer was bekommt und C. ist nicht Mitglied der Arbeitsgruppe Unterstützende Mittel und ist somit auch nicht aussagefähig, wer was bekommt.
Es gab und gibt bislang auch kein Programm, man ist dabei ein Programm zu erarbeiten. Bisher haben die Mitarbeiter derartiger Labors nur die Urinproben bekommen. Diese Proben werden direkt von den Wettkampfstätten nach der Erstuntersuchung (RIA-Methode) zum Doping-Labor nach Kreischa, wo sie in Kühltruhen aufbewahrt werden bzw. auf Anabolika untersucht werden. {105}
Eine MTA des Doping-Labors erkennt sofort die positiven Befunde einer Untersuchung und weiß auch welches Präparat das ist bzw. genommen wurde, sie kann keinen Gruppennachweis führen, sondern nur aussagen, welches Präparat genommen wurde bzw. enthalten ist.
Bei nationalen und internationalen Veranstaltungen die untersucht werden kennt sie alle Ergebnisse der Untersuchungen wie auch der Leiter des Doping-Labors. Sie erhält lediglich keine Rücklauf-Informationen zu den geplanten Maßnahmen durch die Verbände.
Bei Starts von Aktiven, die im Ausland auftreten sollen, wo geprüft wird ob sie ‚sauber' sind oder nicht, wird und muß mit Code-Schlüssel gearbeitet werden, um keine Namen zu kennen bzw. genannt zu werden.
Zum Werdegang der Proben:
Bei internationalen Veranstaltungen werden für jeden Sportler eine 6-stellige Zahl ausgegeben, die er sich merken muß und für die er quittiert auf einer Liste. Die gesamten Untersuchungen laufen unter dieser Zahl ab.
Es gibt 2 Protokolle –
1 x Name, Vorname; 6-stellige Zahl, Unterschrift d. Sportl.
1 x Liste fürs Labor mit nur 6-stelligen Zahlen
Das Ergebnis der Untersuchungen enthält jedoch alle Werte des Befundes, es taucht die 6-stellige Zahl auf und der Befund positiv oder negativ und das gefundene Medikament (also Ephedrin, Herbetrin usw.).
In der Regel werden alle Sieger und 3 ausgeloste Sportler untersucht. Diese Angaben kann auch die MTA des Labors geben.
Bei negativen Ergebnisse der Untersuchungen wird telefonisch Bescheid erteilt bzw. die normale Dienstpost benutzt.
Bei positiven Ergebnissen der Untersuchungen wird dies persönlich geklärt, dann fährt das Labor hin zum Wettkampfort bzw. zum Einsender.
Nachsatz zu einigen Erfahrungswerten bei der Behandlung der 6-stelligen Zahlen.
Durch die Verwendung runder Flaschen und deren Beschriftung hat es Verschreiben gegeben bzw. undeutlich leserliche Zahlen z.B. 9 und 0.
Die Fehlerquote bei der Beschriftung war zu hoch, da die Sportler – ihre Zahlen gewählt hatten, und unterschrieben;
- 2 x auf die Flaschen schreiben mußten
- 1 x Protokoll
- 1 x Liste für Labor

Dies war deutlich bei den DDR-Meisterschaften im Schwimmen zu erkennen, wo bei 120 Proben einige Nummern und Zahlen verwechselt wurden.
Es existiert jedoch ein Vorschlag von Dr. Höppner in Umsetzung der Ergebnisse und Erfahrung von Montreal 1976, dass sogenannte Wertpapier-Rollen mit entspr. Umschlägen vorbereitet

werden und an die betr. Aktiven bereits vorgefertigt übergeben werden können und dann eingesammelt werden können. Bisher scheiterte jedoch die Einführung dieser Methode. ..." {106}

Die Erkenntnisse zur Abbauzeit von Depot-Turinabol werden darüber hinaus belegt durch den Treffbericht des IM „Technik"/Dr. Höppner vom 8. August 1978:

„... Durch die verfeinerte Untersuchungsmethode mit Hilfe der Massenspektrografie am ZI Kreischa wurde festgestellt, daß das Ausscheiden von Depo[t]-Turinabol (gespritzt) in verschiedenen Fällen bis zu 60 Tage andauert. Die bisherigen Erkenntniswerte lagen bei 30 Tagen und darauf waren auch alle Maßnahmen abgestimmt.
Durch diese Feststellungen mußten in den letzten Monaten einige Leistungssportler von Starts im NSW fernbleiben, da konsequent durchgesetzt wird, daß alle Sportler bei Einsätzen im NSW und zu EM und WM vorher untersucht werden und nur bei negativen Befunden eine Ausreisegenehmigung erteilt wird. Weiterhin wurde festgelegt, daß vorerst die Anwendung von Depo[t]-Turinabol generell untersagt ist bis zum Zeitpunkt des Vorliegens ausreichender Erkenntniswerte über den zeitlichen Abbau im menschlichen Körper.
Gegenwärtig kommt nur noch das Oral-Turinabol (Tabletten) zur Anwendung, da ein neues Präparat noch nicht zur Verfügung steht.
Nach Einschätzung des IMV wird es zwar durch die vorläufige Nichtanwendung von Depo[t]-Turinabol nicht zu einem unbedingten Leistungsabfall kommen, jedoch war diese Methode des Spritzens einfacher und besser kontrollierbar als die Vergabe von Tabletten.
...
Am 16.8.1978 sollten sechs Leichtathleten zu einem Internationalen Wettkampf nach Zürich ausreisen. Die Meldungen sind bereits erfolgt und die Flugtickets gebucht. Nunmehr wurde bekannt, daß mit Anabolika-Kontrollen zu rechnen ist, so daß einer Ausreise nicht stattgegeben werden kann. Alle vorgesehenen Athleten befinden sich in der Vorbereitung auf die EM und sind demzufolge zu diesem Zeitpunkt noch positiv.
Zwischenzeitlich wurde nach einer Absprache zwischen den Genossen Hellmann, Ewald und Röder mit den Athleten und Trainern gesprochen, in deren Ergebnis diese auf einen Start verzichteten. Gegenüber dem Veranstalter wird kurz vor Beginn der Wettkämpfe zum Ausdruck gebracht, daß die vorgesehenen Athleten an infektiösen Darmerkrankungen leiden und deshalb durch die staatlichen Stellen keine Ausreisegenehmigung erteilt wurde.
In diesem Zusammenhang erklärte Gen. Röder gegenüber dem IMV, daß weder er noch Gen. Ewald einen weiteren positiven Fall, der international nachgewiesen wird, überleben würden. ..."

Das Bild wird ergänzt durch den Treffbericht des IM „Rolf"/Dr. Kipke vom 9. September 1978:

„... Die DDR-Schwimmer wurden vor Ausreise genau untersucht, ob hier noch Anabolika oder andere Substanzen nachzuweisen waren und mit hochempfindlichen Methoden wurde also erst der Sportler zur Ausreise zugelassen, wenn seine Urinprobe in Ordnung war.
1976 waren diese Untersuchungsmethoden in der DDR noch nicht vorhanden und es bestand die Ansicht aus Literaturhinweisen, daß der Abbau von Anabolika etwa 14 Tage {107} bis 4 Wochen benötigt. So wurden die Anabolika bei den DDR-Sportlerinnen 1976 4 Wochen vor dem Beginn der Wettkämpfe abgesetzt und man war sich damals sicher, daß keine Anabolikaspuren mehr nachweisbar waren, obwohl es nicht vorher kontrolliert werden konnte. Durch die neu eingesetzten Untersuchungsverfahren im Jahre 1978 muß man heute nachträglich konstatieren, daß 1976 die DDR-Schwimmerinnen noch unter dieser Einwirkung geschwommen sind. Das gleiche muß man heute auch annehmen von vielen europäischen Schwimmerinnen, die oben bereits genannt worden sind. ...

In welcher Form das dargereicht worden ist, ob mit Tabletten oder mit Spritzen, ist im einzelnen natürlich nicht herauszubekommen, wenn dazu keine Analysemöglichkeiten vorhanden sind. Bei den DDR-Mädchen wurden zum Teil Depotpräparate verwendet, die bereits Anfang Juni letztmalig gegeben worden sind, aber laufende Urinkontrollen auch nach 4 Wochen, was bisher als normale Abklingrate bezeichnet wurde, zeigte, daß die Urinproben immer noch positiv waren. Aus diesem Grunde konnte die weiterhin geplante Phase von Tabletten in der Endphase nicht gegeben werden, weil man erst abwarten mußte, bis die Urinproben negativ waren. Bei anderen Sportlerinnen könnte man schlußfolgern, daß sicherlich Tablettenpräparate verwendet wurden, die 14 Tage vor dem Wettkampf abgesetzt worden sind.
Die DDR hatte bisher die Konzeption, daß zunächst Depotpräparate verwandt wurden und in der letzten Phase nun Tablettenpräparate verabreicht wurden. Dadurch wurden in den letzten Jahren erhebliche Erfolge damit erzielt.
In diesem Jahr wurden wir aber kurz vor Beginn der unmittelbaren Wettkampfvorbereitung vor die Tatsache gestellt, daß die Konzeption nicht bis zum Ende durchgeführt werden konnte, weil die neuen Untersuchungsmethoden uns die Analyseergebnisse brachten, daß diese Depotpräparate doch länger im Organismus sind, als das bisher immer üblich angenommen worden ist. Diese unglückliche Situation, daß die Konzeption, die von der Forschungsgruppe Unterstützende Mittel am Anfang des Jahres gebilligt worden ist, dann aber auf Grund dieser Analysenergebnisse im April und Mai dieses Jahres verändert werden mußte, brachte natürlich eine Situation, so daß die Leistungssteigerung nicht wie bisher zur vollen Entfaltung kommen konnte. …
In zahlreichen zentralen Anweisungen und Beratungen der Forschungsgruppe Unterstützende Mittel mit den Verbandsärzten wurde die Richtlinie herausgegeben, daß Depotpräparate, also Mittel, die gespritzt werden, 30 Tage vor dem Wettkampf abzusetzen sind und orale Präparate, also Tabletten, 14 Tage vor dem Wettkampf abzusetzen sind. Nach dieser Richtlinie wurde im allgemeinen von allen Verbänden verfahren. Erst der Dopingfall Slubjanek[51] nach dem Weltcup der Leichtathleten machte die Forschungsgruppe stutzig und man beschuldigte erst den Arzt der Leichtathleten, daß der Arzt bei Anweisungen nicht korrekt gehandelt hatte. Aber die Untersuchungen, die in diesem Jahr gelaufen sind und eine Reihenuntersuchung darstellten von vielen Sportlern, die diese Präparate erhalten hatten, zeigt auf, daß die Ausscheidungsdauer bis 95 Tage dauern kann. Dies war bisher nicht bekannt gewesen. In Zukunft müssen solche Präparate wie Depotpräparate ausscheiden, wenn man mit der Konzeption an die Vorbereitung herangehen will, Anabolika zu verwenden. Es wird eine ganze Reihe von Forschungsarbeit benötigt, um diesen Fehler wieder wett zu machen.
Es ist erforderlich, daß die erfahrensten Sportärzte und Chemiker zusammengefaßt werden. Wichtig erscheint, daß es ausgewählte Fachleute sind, die schon umfangreiche Grundkenntnisse über die praktische Anwendung von Anabolika im Leistungssport besitzen. Es zeigt sich ganz eindeutig, daß die entstandene Lücke bis 1980 nicht allein durch trainingsmethodische Verbesserungen geschlossen werden kann. …“ {108}

IM „Meschke“/Dr. Clausnitzer führt gemäß MfS-Tonbandabschrift vom 7. September 1978 zu den Abklingraten der Anabolika näher aus:

„… Entsprechend der bisher bekannten Faustregel bzw. der Tatsache, daß Anabolika bis 28 Tage nach der Einnahme noch nachgewiesen werden kann, diese Frist wurde vom FKS Leipzig postuliert, man hat diese Angaben aus der einschlägigen Literatur als Informationen entnommen und hat dazu keine einzige Messung durchgeführt, um auf einen echten Wert zu kommen. für die Teilnahme der DDR-Mannschaft in Montreal zu den Olympischen Spielen 1976 wurde eine Sicherheitsgrenze angewandt, die sich auf 40 Tage belief. Heute ist das Dopinglabor des ZI Kreischa in der Lage, Anabolikaeinnahmen im Schnitt zwischen 60 und 70 Tagen Karenzzeit sogar in Einzelfällen bis 90 Tage im Nachhinein nachzuweisen, so daß man von der ortsüblichen Faustregel 28 Tage abgehen muß. Uns ist nicht bekannt, wie der

Stand des Nachweises im Dopinglabor der BRD bei Prof. Donige [Donicke] gegenwärtig ist. ...“

Der systematische Einsatz von Anabolika im DDR-Leistungssport seit dem Jahre 1974 und der beginnende Versuch einer wissenschaftlichen Aufarbeitung wird belegt durch Treffberichte des IM „Technik“/Dr. Höppner.

Im Treffbericht vom 8. August heißt es:

„... Auf Grund der nunmehr möglichen Nachweisführung der Einnahme von Anabolen ist es erforderlich, daß die EM-Kader der LA 25 Tage vor Beginn der Wettkämpfe den Verbrauch absetzen. Entsprechend einer Weisung des Präsidenten des DTSB sind alle Vorkehrungen zu treffen, damit zu den bevorstehenden LA-EM nichts passiert, zum anderen jedoch durch die Sportmedizin versucht werden soll, einen evtl. zu großen Leistungsabfall zu verhindern. ...“

Daß daraufhin das Anabolikum „Testosteron“ als Alternativpräparat zum Einsatz kam, belegt für die Kammer der Treffbericht vom 11. September 1974[52]. Dort heißt es:

„... Auf Grund der Aufgabenstellung wurde daraufhin festgelegt, zu dem Präparat ‚Testosteron‘ zu greifen. ...
Nach Konsultation mit Dr. Pansold, SHB der SV Dynamo, ... war man sich der Gefährlichkeit speziell bei Frauen (Bartwuchs, tiefe Stimme) bewußt und hatte keine endgültigen Werte über die Auswirkungen im unmittelbaren Trainingsprozeß. ...
Daraufhin wurde in Kienbaum zuerst mit den verantwortlichen Verbandstrainern gesprochen und diese mit den möglichen unterstützenden Mittel bekanntgemacht, jedoch gleichzeitig darauf hingewiesen, daß noch ungenügende Erfahrungen vorliegen, jedoch dies die einzige gegenwärtige Chance ist. ...
Nach Einschätzung des IMV kann diese Methode maximal einmal im Jahr zur Anwendung gebracht werden, um evtl. eintretende mögliche Schäden zu vermeiden. ... Klarheit herrscht darüber, daß die angewandte Methode nicht zu einer ständigen Einrichtung werden kann und neue Wege auf dem Gebiet der unterstützenden Mittel gesucht werden müssen. ... Dazu dient auch die erarbeitete Vorlage [d.h. die Vorlage zur systematischen Anwendung von u.M.], welche im internen Kreis der LSK am heutigen Tage behandelt wurde, jedoch auch gleichzeitig dem noch vorhandenen unkontrollierten Mißbrauch in verschiedenen Clubs zu begegnen. ... Aus diesen genannten Gründen ist es dringend erforderlich, ein umfassendes Kontrollsystem einzuführen, was entsprechend {109} der erarbeiteten Vorlage der zu bildenden Kommission ‚Unterstützende Mittel‘ unter Leitung des IMV obliegen soll. ...“

Die Feststellungen der Kammer, daß es vor dem Beginn der systematischen Vergabe anaboler Steroide und vor der UM-Konzeption nur die Praxis gegeben hatte, daß die Verbände Listen über Personenkreis und Dosierung von anabolen Steroiden beim SMD hinterlegen, beruhen auf dem Treffbericht des IM „Technik“/Dr. Höppner vom 20. September 1973. Dort hieß es:

„... Nach Einschätzung des IMV gibt es jedoch hierbei [d.h. beim Einsatz anaboler Steroide] enorme Verstöße, indem zwischen Aktiven und Trainern zusätzliche Maßnahmen durchgeführt werden, die nicht unter Kontrolle sind, jedoch durch den materiellen Anreiz gefördert werden. Bei der Leitung des Sportmedizinischen Dienstes liegen Listen von den Aktiven vor, bei welchen die Anwendung von Anabolen erfolgt. Dies geschieht auch für die Sicherheit der Aktiven, da es nicht ausbleibt, daß bestimmte Erscheinungen haften bleiben. ... Seitens des Verbandsarztes Dr. Kipke [vom Deutschen Schwimmsportverband der DDR] wurden bisher als einzigem Verband keine Listen bei der Leitung des Sportmedizinischen Dienstes über Personenkreis und Dosierung hinterlegt.

Er begründete dies damit, daß dies angeblich im Rahmen eines Forschungsvorhabens erfolgt und deshalb noch nicht darüber gesprochen werden könne. Eine erfolgte Rücksprache mit Prof. Schuster [vom FKS] ergab jedoch, daß dies nicht den Tatsachen entspricht und es besteht der Verdacht, daß Dr. Kipke im Alleingang mehr angewendet hat als üblich. ... Da Dr. Kipke bei allen Lehrgängen usw. stets anwesend ist, vermutet der IMV weiter, daß dieser auch ohne Wissen der Aktiven zusätzliche Mittel zusammen mit dem Essen verabreicht. Dr. Kipke wurde auf Grund der WM bereits zu einer klärenden Aussprache zur Leitung des Sportmedizinischen Dienstes berufen. ..."

Den fortwährenden Einsatz von Anabolika belegen auch Treffberichte des IM „Jürgen Wendt"/Dr. Pansold:

So steht im Treffbericht vom 8. November 1975:

„... Gegenwärtig werden am FKS Versuche durchgeführt hinsichtlich der Methode der Nachweisführung bei Anabolika. Etwa Ende November sind die Versuche abgeschlossen und bieten dann die Möglichkeit, unangemeldete Kontrollen speziell im Bereich der Förderstufe II durchzuführen, um den Mißbrauch in der Anwendung zu begegnen. Durch die Spartakiade wurde erneut offensichtlich, daß Sportler im jugendlichen Alter bereits in die unterstützenden Maßnahmen einbezogen wurden. Möglichkeiten bestehen dadurch, daß bestimmte Arten von Anabolen auf Rezept in öffentlichen Apotheken bezogen werden können. Bei einem abgestimmten Verhalten zwischen Trainer und Arzt kann dadurch die zentrale Beschaffung und Bereitstellung unterlaufen werden. ..."

Und im Treffbericht vom 22. Dezember 1975 wird ausgeführt:[53]

„... Wie bekannt wurde, haben die österreichischen Organisatoren für die Dopingkontrollen zu den Olympischen Winterspielen 1976 [in Innsbruck] den bekannten Doping-Arzt der BRD Dr. Donicke verpflichtet. ... Zur schnelleren und genaueren Nachweisführung von anabolen Steroiden beabsichtigt Dr. Donicke die Methode der Massenspektrografie anzuwenden, die im Gegensatz zum Ria-Test aussagekräftiger ist. Während in der Regel beim Ria-Test nach 10 Tagen der letzten Vergabe kein genauer Nachweis mehr möglich ist, weist die Massenspektrografie nach Wochen noch positive Werte aus. Unter Berücksichtigung dieser vorliegenden Hinweise ist es erforderlich, spätestens am {110} 24.12.1975 die Injektionen abzusetzen. Seitens der Verantwortlichen werden alle diesbezüglichen Vorkehrungen getroffen, damit zu den Olympischen Winterspielen kein Nachweis von positiven Werten möglich ist. ..."

Der Treffbericht des GMS „Hans" vom 7. Mai 1975 gegenüber der Hauptabteilung XX/3 des MfS belegt ebenfalls die Vergabe anaboler Steroide im Frauenschwimmsport:

„Die gegenwärtige Situation in einigen wesentlichen Bereichen des Leistungssports der DDR ist, daß ohne die Verabreichung der Anabolika die internationale Spitzenstellung nicht zu halten wäre. Das betrifft in erster Linie die Frauendisziplinen im Schwimmen und in der Leichtathletik. Dabei ist zu beachten, daß eine so veranlagte Schwimmerin wie [Name geschwärzt] auch ohne Verabreichung dieser Präparate Welthöchstleistungen erreichen würde. Dagegen hätten solche Schwimmerinnen wie [Namen geschwärzt] u.a. nie Weltrekorde im Schwimmen und Weltmeistertitel erreichen können. ...
Auf Grund der großen Breite in den USA kommen auf einen talentierten Schwimmer der DDR 20 in den USA. ..."

Daß die Vergabe „Unterstützender Mittel" trotz zunehmender Diskussionen über die bei den Olympischen Spielen 1976 deutlich zu Tage getretenen Nebenwirkungen vor allem aufgrund politischer Einflußnahme für die Spitzenkader weiterhin uneingeschränkt fortgesetzt wurde, belegen die nachfolgenden Treffberichte.[54]

Im Treffbericht des IM „Jürgen Wendt"/Dr. Pansold vom 1. Juni 1976 heißt es dazu:

„*Zur Perspektive 1976-1980*
Um der Forderung gerecht zu werden, die erreichten Ergebnisse bis zum Jahre 1980 zu halten bzw. noch zu verbessern, ist es nach Einschätzung des IMS erforderlich, neben einer mäßigen Erweiterung des Trainingsumfangs eine extreme Beeinflussung der Krafteigenschaften vorzunehmen und die Anwendung von unterstützenden Mitteln auf eine höhere Stufe zu heben. ...
Zur Leistungsbeeinflussung
In Vorbereitung auf die OSS wurden im Bereich des SC Dynamo eine Reihe Sondermaßnahmen durchgeführt, speziell in der LA und im Schwimmen. ..."

Im Treffbericht des IM „Jürgen Wendt"/Dr. Pansold vom 30. Juli 1976 steht:

„... daß es bereits jetzt die ersten Überlegungen gibt, welche Maßnahmen in Vorbereitung auf die EM im Schwimmen 1977 [in Schweden] durchgeführt werden können. ..."

In den handschriftlichen Aufzeichnungen als Anlage zum Treffbericht vom 5. Februar 1977 des IM „Jürgen Wendt"/Dr. Pansold heißt es allerdings zu den grundsätzlichen Überlegungen, die Vergabe der Anabolika zu beschränken:

„... Beratungen im Schwimmverband ergaben: Das Jahr 1976/77 wird ohne Anabolika gestaltet werden (derzeitiger Stand offiziell); der USA-Länderkampf soll mit Mitteln der Pervitin-Reihe gestaltet werden (also echtes Doping)!! ..." {111}

Gleichzeitig berichtete der IM „Jürgen Wendt"/Dr. Pansold gegenüber dem MfS gemäß diese handschriftlichen Aufzeichnungen als Anlage zum Treffbericht vom 5. Februar 1977 aber auch von den weitreichenden Ausnahmeregelungen, nach denen für bestimmte Kader weiterhin Anabolika zur Anwendung kommen sollten. Dort heißt es nämlich auch:

„*Anwendung unerlaubter Mittel*
... Diese Festlegung wurde getroffen, da Anabolika in diesem Jahr nicht zur Anwendung kommen sollen. Für die 1978er Kader erfolgte dennoch weiterhin die Anwendung bis zur EM und für die 1980er Kader wird 1978 wieder begonnen. ..."

Daß man auch in der Ebene der Sportfunktionäre zwischen der sportlichen Notwendigkeit zur Anwendung von Anabolika und den Nebenwirkungen hin- und hergerissen war, folgt für die Kammer aus dem Bericht des IM „Technik"/Dr. Höppner gegenüber dem MfS gemäß dem Treffbericht vom 3. März 1977 über eine Beratung mit dem Vorsitzenden der LSK am 2.3.1977:

„ ... Es gab eine längere Diskussion zur Anwendung von anabolen Hormonen im Zusammenhang mit den zunehmenden internationalen Kontrollen im Ausland und den aktuellen Leistungsaufträgen der Sportverbände für das Jahr 1977.
Von mir wurde dargelegt, daß die für 1977 verteilten Leistungsaufträge an die Sportverbände bei Verzicht auf die Anwendung von u.M., insbesondere aber anabole Hormone nicht voll realisiert werden können und die Verbandstrainer und Jugendtrainer die Mediziner zur Anwendung dieser Mittel nötigen.
Antwort des Gen. E.: Die Verbände müssen doch nicht überall hinfahren und teilnehmen. Nur Medaillen 1980 zählen.
Einwurf dazu vom Gen. Röder: Gen. E., wir brauchen aber schon internationale Spitzenleistungen und Siege auch im Jahre 1977.

Zwischenfrage von mir: An Gen. E., wie z.B. die Schwimmer und Leichtathleten 1977 auftragsgemäß ihre Länderkämpfe, Europa- und Weltpokalwettkämpfe gewinnen sollen, wenn auf die Anwendung von u.M. verzichtet werden soll, denn mit dem Training allein reicht es nicht.
Antwort von Gen. E.: Keine – betroffenes Schweigen.
... In dieser Diskussion wurden die Widersprüche sichtbar. Einerseits will man die Stellung im internationalen Sport halten und weiter ausbauen, andererseits möchte man sich zu bestimmten Problemen nicht festlegen und vielleicht auch die Verantwortung dafür übernehmen.
Hauptproblem für die Sportverbände ist hierbei, daß sie bei Auslandswettkämpfen gleich welcher Kategorie von der Sportleitung die Ausreise für ihre Sportler nur erhalten, wenn sie für die jeweilige Veranstaltung eine hohen Leistungsauftrag, d.h. einen Sieg oder eine vordere Plazierung übernehmen. ...“ {112}

In demselben Treffbericht vom 3. März 1977 hatte der IM „Technik“/Dr. Höppner auch berichtet, daß die Erfüllung der Leistungsaufträge bis 1980 mit neuen Anabolikapräparaten nur schwer zu lösen sein würde, was gegen ein Verbot der Anabolikavergabe an Spitzenkader sprach. So hieß es in diesem Treffbericht auch:

„... Mit der Sportleitung und den Sportverbänden besteht Übereinstimmung, daß die hohen Leistungsaufträge in der Periode bis 1980 ohne Abstriche erfüllt werden sollen. Es soll deshalb versucht werden, neue anabol wirksame Präparate zu entwickeln, die bei Frauen eine geringere Nebenwirkung und bei Männern eine stärkere Wirkung als die bisher bekannten Präparate haben.
Diese Aufgabe wird außerordentlich schwer lösbar sein. ...“

Daß im Ergebnis dann so verfahren wurde, daß zwar grundsätzlich keine Anabolika mehr angewendet werden sollten, es aber weitreichende Ausnahmen für die Spitzenkader gab, belegen für die Kammer auch folgende verlesenen Treffberichte.

Gemäß dem Treffbericht vom 18. Mai 1977 berichtete der IM „Jürgen Wendt“/ Dr. Pansold gegenüber dem MfS, daß es auch eine weitere Ausnahme gab und daß sich nicht alle an die Festlegungen vom Unterbleiben unterstützender Maßnahmen hielten:

„*Unterstützende Maßnahmen im Schwimmsport*
Im Schwimmsport wurde nach den Olympischen Spielen festgelegt, daß vorerst keinerlei unterstützende Maßnahmen durchgeführt werden. Eine Ausnahme bildeten Kader, welche 1980 keine Perspektive mehr besitzen. Durch die Klubs wurden die Aktiven, die für eine Beeinflussung vorgesehen sind, vorgeschlagen, und durch die Ärztekommission bestätigt. ... Bekannt wurde, daß der Verbandstrainer Kipke entgegen den Festlegungen bereits im zweiten Abschnitt der Vorbereitung mit Anabolika gearbeitet und zusätzlich Testosteron gespritzt hat. ...“

Aus all diesen vorstehenden Treffberichten hat die Kammer den Schluß gezogen, daß sich die Entscheidung von Anfang 1977, im bestimmten Umfang von der Anwendung anaboler Steroide für 1977 Abstand zu nehmen, in der Folgezeit wegen der weitreichenden Ausnahmen kaum auswirkte.

Mithin erhielten die für eine Teilnahme an [der] WM 1978 vorgesehenen Schwimmerinnen aus dem 1978 [A]-Kader auch nach 1976 weiterhin anabole Steroide. Dies entsprach auch der UM-Konzeption vom Dezember 1976 und dem Großversuch, über den der IM „Rolf“/Dr. Kipke im Treffbericht vom 28. Januar 1977 berichtet hatte.

Insbesondere wurde noch spätestens im Frühjahr 1978 das Massenspektrometer für Kreischa erworben. Diese teure Anschaffung machte nur Sinn, weil weiter Anabolika verwendet werden sollten und man deshalb zuverlässige Kontrollsysteme für die „Ausreisekontrollen“ {113} benötigte. Auch daraus hat die Kammer geschlossen, daß nach

1976 jedenfalls für die A-Kader/Spitzenkader im Schwimmen weiterhin Anabolika vergeben wurden.

Daß auch im übrigen Leistungssport der DDR weiterhin Anabolika zur Anwendung kam, belegt für die Kammer der Treffbericht des IM „Jürgen Wendt“/Dr. Pansold vom 12. Dezember 1977 über die Ursachenforschung bezüglich des Dopingfalls der DDR-Leichtathletin Ilona Slupianek:

„Nach Auffassung des IMS gibt es zwei Möglichkeiten, die zu dem positiven Befund bei der Dynamo-Sportlerin Slupianek führten.

1. Anstelle des Präparates Testosteron wurde unmittelbar vor dem Wettkampf ein Oralturinabolpräparat gespritzt [Anm.: es gab zum Injizieren nur Turinabol-Ampullen und Depot-Turinabol vom VEB Jenapharm; Oral-Turinabol gab es nur als Tablette]. In der Praxis kommen dafür infrage das DDR-Präparat Turinabol, das holländische Präparat Dekaturinabol oder das ungarische Präparat Reta pollil. Alle diese 3 Oralpräparate unterscheiden sich von der äußeren Form her fast überhaupt nicht von Testosteron und es kann durchaus zu einer Verwechslung gekommen sein.
2. Das Präparat Turinabol wurde nicht wie festgelegt 30 Tage vorher abgesetzt. Dem IMS sind Diskussionen aus dem Vorbereitungslager in Kienbaum bekannt, nach denen speziell unter Trainerkreisen die Auffassung vertreten wurde, daß es ausreichen würde, 18 Tage vorher das Spritzen mit Turinabol abzusetzen. Ob diese Methode zur Anwendung kam, ist dem IMS nicht bekannt. Es wäre zu prüfen, in welchem Zeitraum die Vorbereitung in Kienbaum erfolgte und welche Ärzte für das Spritzen der Sportler zum Einsatz gekommen sind. ...“

Über weitere „Sondermaßnahmen“ im Jahre 1978 heißt es im Treffbericht des IM „Jürgen Wendt“/Dr. Pansold vom 24. April 1978:[55]

„*Anwendung unterstützender Mittel*
In Vorbereitung auf das NOK-Schwimmfest wurden gegenüber den Schwimmerinnen des SC Dynamo V. [Anm.: die Zeugin D., geborene V.] und T. Sondermaßnahmen durchgeführt. Zur Anwendung kam das englische Präparat Ocetacin, welches nach Einschätzung des IMS nicht nachweisbar ist. Über diese durchgeführten Maßnahmen war außer dem IMS lediglich noch der Trainer Gläser informiert und es wurden achtbare Ergebnisse erzielt.
Der IMS vertrat in diesem Zusammenhang die Auffassung, daß auch in anderen Sportclubs nicht genehmigte unterstützende Maßnahmen durchgeführt werden und nannte dabei speziell den SC Karl-Marx-Stadt. Aus diesem Grunde ist es unumgänglich, daß auch beim SC Dynamo [Berlin] außer den angewiesenen Sondermaßnahmen im eigenen Ermessen zusätzliche durchgeführt werden.
Zum gegenwärtigen Stand der Anwendung von Orotsäure informierte der IMS, daß die Überprüfungen noch nicht abgeschlossen sind. Mit der Anwendung dieser Säure werden einerseits anabole Effekte erzielt, jedoch zeigten sich schädliche Nebenwirkungen auf die Leber. Eine endgültige Entscheidung über die generelle Anwendung wurde deshalb noch nicht getroffen bzw. ist eine solche dem IMS nicht bekannt. ...“ {114}

Über die nach der Weltmeisterschaft 1978 durch den Ausfall des Depot-Turinabol entstandene „Lücke“ bei den u.M. berichtet der IM „Rolf“/Dr. Kipke in seinem Treffbericht vom 9. September 1978 wie folgt:

„Es zeigt sich ganz eindeutig, daß die entstandene Lücke bis 1980 nicht allein durch trainingsmethodische Verbesserungen geschlossen werden kann. Es ist einzuschätzen, daß sich in der Perspektive im absoluten Spitzenbereich nur noch solche Talente wie K. E. und R. M. durchsetzen. Sie waren ihrer Zeit weit voraus und sind ohne diese Hilfsmittel ausgekommen. Man muß jedoch erklären, daß die Weltspitze breiter geworden ist und durch Anwendung dieser Mittel doch eine erhebliche Leistungssteigerung zu verzeichnen ist. ..."

Die weitere Fortsetzung der Anabolikavergabe belegt der Treffbericht des IM „Jürgen Wendt"/Dr. Pansold vom 20. Februar 1979, in dem es heißt:

„*Situation im Schwimmsportverband*
Die Vorbereitung unserer Athleten zu den Schwimm-Wettkämpfen in den USA mit Hilfe von Testosteron erfolgte besser als zu den Weltmeisterschaften [1978 in Berlin (West)], worin der IMS eine wesentliche Ursache für das Abschneiden sieht. ..."

Die andauernde Vergabe von Anabolika belegt der Treffbericht des IM „Jürgen Wendt"/Dr. Pansold vom 9. November 1979, wörtlich heißt es:

„*1. Gläser, Rolf – Trainer*
... Im Spitzen-Schwimmbereich wurde jetzt festgelegt, daß künftig die doppelte Menge an Anabolika verabreicht wird. Dem IMS ist diese Maßnahme vollkommen unverständlich, da es keine Veranlassung für eine solche Maßnahme gibt. ..."

Mithin wurde in den Jahren 1977, 1978 und 1979 im DDR-Frauenschwimmsport weiterhin mit einem 4er Zyklus Oral-Turinabol-Tabletten gearbeitet, ergänzt durch Injektionen mit Depot-Turinabol bzw. ab 1978 mit Testosteronpropionat.

Auch in den Jahren 1980 bis 1989 wurde im DDR-Frauenschwimmsport weiterhin mit einem 4er Zyklus Oral-Turinabol-Tabletten gearbeitet, ergänzt durch die Verwendung von Testosteron-Ampullen, so daß insofern keine Änderungen zu 1979 zu verzeichnen waren, daneben wurde die Forschung auf dem Gebiet der „u.M." vorangetrieben, wie die Anlage zum Treffbericht des IM „Technik"/Dr. Höppner vom 16. Februar 1981 belegt, in der es heißt:

„... *Forschungsvorhaben auf dem Gebiet der u.M.*
Als Auftraggeber fungiert Prof. Dr. Röder über den IMB, Auftragnehmer ist das FKS. Ausgehend von den Disziplinen Schwimmen, Leichtathletik und Gewichtheben geht es schwerpunktmäßig um vier Problemkreise:

- Entwicklung eines Nachweisverfahrens für Testosteron
- Effektivere Anwendung der bisher bekannten u.M. und deren anteilige Einordnung in die Trainingsmethodik {115}
- Anwendung von Anabolika bei weiblichen Athleten in Verbindung mit der Anti-Baby-Pille
- Entwicklung neuer u.M.

Abzusichernder Personenkreis

- AG u.M.
- Forschungsgruppe u.M. am FKS
- Verbandsärzte
- Disziplingruppenärzte
- Sektionsärzte, die als Mannschaftsärzte zum Einsatz kommen

Im wesentlichen müsse man sich auf die Ärzte-Kommissionen der einzelnen Verbände konzentrieren, außer Segeln, Eiskunstlauf und Fechten, da dort die wesentlichsten Ärzte erfaßt sind."

Der gleiche Treffbericht setzt fort über ein Gespräch mit „Gen. Ewald über u.M.":

„... Überhaupt müsse man die Frage aufwerfen, ob es notwendig sei, zu solch vielen internationalen Veranstaltungen zu fahren. Zum anderen läge es in der Verantwortung des IMB, was er genehmigt und was nicht.

Demgegenüber stehen jedoch solche Anträge wie beispielsweise des SC Dynamo, Ilona Slupianek wegen der Teilnahme an der Hallen-EM, die keine große Bedeutung hat, mit Testosteron zu spritzen.
Die Konzeption im Schwimmen ist vorrangig auf der Testosteron-Basis aufgebaut und der Trainer Heritz, SC Dynamo, will seine Turner auf die EM und WM gleichermaßen mit u.M. vorbereiten. Es ist in diesem Zusammenhang notwendig, daß eine Veränderung im Prämiensystem erfolgt. Die Summe für die WM muß so hoch sein wie gegenwärtig die beiden Summen aus EM und WM, um zu erreichen, daß eine differenzierte Vorbereitung entsprechend der Qualität der Wettkämpfe erfolgt. …
Die Ausreisekontrollen sind nicht mehr generell durchzuführen, sondern nur noch in den Fällen, wo mit Dopingkontrollen zu rechnen ist. Dies betrifft auch Ausreisen in das NSW. Aus Kapazitätsgründen ist ein anderer Weg nicht mehr gangbar. In Zukunft muß man sich deshalb mehr auf die Sektionsärzte und Trainer verlassen, daß tatsächlich 14 Tage vor dem Wettkampf die Vergabe von Oral-Turinabol abgesetzt wird. …"

Das weitere Andauern der Vergabe von Anabolika belegt die Anlage zum Treffbericht des IM „Technik"/Dr. Höppner vom 29. Januar 1982 mit den Worten:

„… Entgegen den Festlegungen des Gen. Ewald, die Athleten nur noch zu besonderen internationalen Höhepunkten mit besonderen Maßnahmen vorzubereiten, wurden bei den Schwimmern für den internationalen Vergleich Anfang Januar in den USA alle Maßnahmen durchgeführt wie zu den Olympischen Spielen, d.h. einschl. das Spritzen unmittelbar vor dem Wettkampf mit Testosteron. Der IMB sah sich gezwungen, die Genehmigung dafür zu erteilen, da sonst die vorgegebenen Leistungen in keiner Weise zu erbringen waren.
Auf Grund eines Beschlusses, die Anschlußkader an den unmittelbaren Spitzenbereich heranzuführen, ist es notwendig künftig beispielsweise im Rudern bereits bei 15jährigen und im Gewichtheben bei 17jährigen Maßnahmen mit unterstützenden Mitteln durchzuführen. …"{116}

Auch 1983 berichtet der IM Technik/Dr. Höppner gegenüber dem MfS in einer Anlage zum Treffbericht vom 5. November 1983 über die Fortsetzung der Vergabe anaboler Steroide und die verbesserten Methoden zum Unterlaufen von Doping-Kontrollen:

„Auf Grund der dabei gewonnenen Erkenntnisse, daß Depot-Turinabol mehrere Monate nach der Verabreichung noch nachweisbar ist, wurde die weitere Anwendung in der DDR unter den Leistungssportlern untersagt.
Ähnlich verhält es sich mit dem Depot-Testosteron, welches noch 3-4 Wochen nach der Injektion nachweisbar ist. Auch hier wurde ein Verbot für die weitere Anwendung ausgesprochen. Nach Einschätzung des IMV besteht jedoch der begründete Verdacht, daß einige Clubs sich nicht an diese Festlegung halten. …
Genehmigt zur Anwendung gelangt bei den DDR-Leistungssportlern nach wie vor in der unmittelbaren Wettkampfvorbereitung das normale Testosteron, welches lediglich bis zu drei Tage nachweisbar ist. Zur Sicherheit besteht die Möglichkeit, Epi-Testosteron gegenzuspritzen, wodurch der Quotient des Testosteronspiegels (T/E) nach unten gedrückt wird.
Diese Methode soll in Los Angeles angewendet werden und ist Bestandteil des Staatsplan-Forschungsvorhabens 08. Ausschließlich für den Leistungssport werden im VEB Jenapharm die benötigten kleinen Mengen an Epi-Testosteron hergestellt, was sehr kostenaufwendig ist. In der BRD wird eine Ampulle mit 100,- DM gehandelt.
Weiterhin gelangt zur Anwendung das Oral-Turinabol, welches nach eindeutigen Erkenntnissen nach maximal 10 Tagen nicht mehr nachweisbar ist. Da nach diesem Zeitraum die leistungsfördernde Wirkung gerade noch vorhanden ist, wird es zu den Olympischen Sommerspielen auf Grund der frühzeitigen Ausreise notwendig sein, die Vergabe und Einnahme in Los Angeles fortzusetzen. Das setzt eine hohe Disziplin bei den Trainern und Aktiven voraus, indem sie sich

unbedingt an den Absetzungstermin – 10 Tage vor dem Wettkampf – halten, da Überprüfungskontrollen faktisch nicht mehr möglich sind. Zusammenfassend kann eingeschätzt werden, daß das angewandte System der unterstützende Mittel im DDR-Leistungssport bei strikter Einhaltung der getroffenen Festlegungen nach den gegenwärtig vorliegenden internationalen Erkenntnissen keine Nachweisführung ermöglicht. ...“

Der weitere Einsatz von „Oral-Turinabol“ in jährlich zweimal zwei Zyklen wird schließlich belegt durch den Treffbericht des IM „Jürgen Wendt“/Dr. Pansold vom 2. April 1985. Dort heißt es:

„Dem IM wurde vorgegeben, aus seiner Sicht einzuschätzen, ob es in der DDR möglich wäre, einen Handel mit Anabolika aufzuziehen und welche Voraussetzungen dafür notwendig wären. Dazu notwendige Voraussetzungen:

- die Beschaffung einer größeren Menge des in der DDR produzierten und im Leistungssport der DDR angewandten Präparats ‚Oral-Turinabol‘, hergestellt im VEB Jenapharm.
- Die notwendige Größenordnung für eine Person wären ca. 1000 Tabletten jährlich
- Anwendung – Zweimal jährlich einen Zyklus
  - Ein Zyklus umfaßt zwei Monate mit Unterbrechung
  - Durchschnittliche Einnahme pro Tag von vier Tabletten. {117}
- Wesentliches Problem ist die Kontrolle der Einnahme und der weiteren Kontrolle vor allem der Leberfunktionen, da Nebenwirkungen von ‚Oral-Turinabol‘ auf die Leber nachgewiesen sind.
- In die grundsätzlichen Überlegungen müßten selbstverständlich einbezogen werden: Arzneimittelgesetz (bei entsprechender med. Absicherung noch zu umgehen).“

Daß die Zeuginnen im Hinblick auf die Vergabe anaboler Steroide und ihrer Risiken von den Angeklagten belogen und nicht aufgeklärt worden sind, ergibt sich aus den übereinstimmenden Bekundungen aller Zeuginnen. Alle Tabletten, einschließlich der kleinen blauen und roten Tabletten (Oral-Turinabol à 5 mg und 1 mg), wie auch die Spritzen seien ihnen gegenüber als „Vitamine“ und als „Aufbaustoffe, durch die das Training besser vertragen werden kann“ deklariert worden. Alle Zeuginnen berichteten übereinstimmend, die Tabletten nach dem Wassertraining vom Angeklagten Gläser erhalten zu haben. Es habe für jede Schwimmerin ein Plastikbecher mit Flüssigkeit und ein entsprechendes Häufchen loser Tabletten auf dem Trainertisch bereit gestanden. Der Angeklagte Gläser habe dabei darauf geachtet, daß die Tabletten genommen werden.

Dies hat auch der Angeklagte Gläser eingeräumt. Er habe den von ihm betreuten jugendlichen Schwimmerinnen die losen Tabletten jeweils abgezählt und ohne Umverpackung gegeben und darauf geachtet, daß die Tabletten genommen werden. Die Angeklagten handelten dabei, wie nachfolgende Treffberichte belegen, entsprechend der grundlegenden Geheimhaltungsdoktrin der DDR bei der Vergabe anaboler Steroide, die sich nicht nur auf die Geheimhaltung nach außen erstreckte, sondern auch die jugendlichen Sportler und ihre Eltern bewußt unwissend ließ:

Die Geheimhaltung nach außen belegt auch der Treffbericht des IM „Technik“/ Dr. Höppner vom 11. September 1974, in dem er sich auf seine Bestellung zum Leiter der Arbeitsgruppe „unterstützende Mittel“ bezieht. Dort heißt es:

„... Gen. Ewald erklärte dazu, daß er für die Besetzung dieser streng vertraulichen Funktion nicht einen neuen Kader nach Kaderakten suchen kann, ..., sondern einen Arzt braucht wie den IMV, der lange Jahre seine absolute Zuverlässigkeit unter Beweis gestellt habe. Man müsse davon ausgehen, wenn in dieser Richtung etwas schiefgeht bzw. platzt, der gesamte DDR-Sport und die bisher erreichten Ergebnisse in Frage gestellt werden und es darüber hinaus noch zu erheblichen diplomatischen Verwicklungen kommen kann. ...“

Über den Geheimnisschutz im Umgang mit den ausgegebenen Exemplaren der Vorlage vom 24. Juni 1974 berichtete der IM „Technik“/Dr. Höppner im Treffbericht vom 7. November 1974:

„... Soweit vorhanden wurden die nicht mehr gültigen Erstausfertigungen durch Prof. Dr. Röder eingezogen. Das Exemplar des IMV blieb in dessen Händen, da er es noch für die Ausarbeitung einer Sicherungsbestimmung im Umgang mit unterstützenden Mitteln benötigt. Zu einem späteren Zeitpunkt wird auch dieses zur Vernichtung übergeben. {118}
Die anläßlich der Sitzung ausgegebenen Neuausfertigungen wurden zum Schluß wieder eingezogen, nachdem Ewald den Vorschlag unterbreitete, lediglich ein Protokoll über die Sitzung anzufertigen und diese Maßnahme damit begründete, daß es besser wäre, wenn über diese spezielle Frage kein unnötiges Material vorhanden ist, man könne nie wissen, wie alles einmal kommt. ...“

Daß die Angeklagten ebenfalls dem Geheimnisschutz unterlagen, belegt der Treffbericht des IM „Technik“/Dr. Höppner vom 21. Januar 1975, in dem es heißt:[56]

„Am FKS wurde eine sehr gute Sicherungs-Konzeption erarbeitet, die bei strikter Einhaltung gewährleistet, daß keine Informationen in unbefugte Hände gelangen können.
Ein wesentliches Problem stellt die Absicherung im Bereich der übrigen Sportmedizin und des DTSB dar.
Folgender Personenkreis muß in diese Ordnung einbezogen und verpflichtet werden:
Verbandsärzte
Bezirkssportärzte
Abt.-Ltr. Clubbetreuung der SHB
Sektionsärzte – Förderstufe II und III
Sekretärin der SHB
Arbeitsgruppe
Cheftrainer
Verbandstrainer
Trainer der einbezogenen Sportler
Einbezogene Mitglieder der LSK
Geklärt werden muß weiterhin die Verfahrensweise bei den einbezogenen Sportlern. Es ist zu prüfen, inwieweit ein entsprechender Vermerk über Schweigepflicht bereits in den abgeschlossenen Förderungs-Verträgen beinhaltet und ausreichend ist. ...“

Die Geheimhaltung der Vergabe anaboler Steroide wurde im Jahre 1976 unter Berücksichtigung der in der DDR benutzten, jedoch noch wenig verläßlichen Nachweisverfahren auf unterschiedliche Art und Weise sichergestellt. Dies belegt ein Schreiben der Bezirksverwaltung für Staatssicherheit Dresden, Abt. XX, vom 8. Juli 1976. Dort hieß es:

„*Dopingproblem vor den Olympischen Sommerspielen.*
Die Leitung des DTSB hat vor einigen Tagen verschiedene Olympiakader der Sportart Schwimmen mit unreinen Blutbildern sondiert.
Da der DDR kein Molekularspektrometer (Kosten 1/2 Million M) zur Verfügung steht, können die chemischen Substanzen im Blutbild nicht ermittelt werden. Nach Befragen der zuständigen Trainer konnte nicht ermittelt werden, auf welche Medikamente die Befunde zurückzuführen sind.
Es liegt die Befürchtung nahe, daß es in Montreal diesbezüglich zu Komplikationen kommen kann. Aus diesem Grund soll ein Teil unserer Olympiamannschaft zunächst nicht im Olympi-

schen Dorf untergebracht werden, da dort mit überraschenden Dopingkontrollen zu rechnen ist. ...“{119}

Über die Probleme bei der Olympiade berichtete dann auch der IM „Technik“/ Dr. Höppner gegenüber dem MfS gemäß dem Treffbericht vom 5. August 1976:

„... Durch die IAAF war bereits vor den Olympischen Sommerspielen festgelegt worden, daß sich 100 Leichtathleten entweder vor oder nach den Wettkämpfen der Anabolikakontrolle unterziehen müssen. Einer Untersuchung vor dem Wettkampf sollten sich die DDR-Sportlerin A. und der DDR-Sportler G. unterziehen, was jedoch nicht wirksam werden konnte, da sich beide zum festgelegten Termin noch außerhalb des Olympischen Dorfes befanden. Ausgehend von dieser Tatsache und der Möglichkeit, daß sich alle Leichtathleten in Ruhe auf ihre Wettkämpfe vorbereiten können, war nach Auffassung des IMV die kurzfristige Einrichtung dieses Ausweichlagers gerechtfertigt. Zu Diskussionen darüber kam es nicht, da neben der DDR auch die BRD und die USA ähnliche Lager eingerichtet hatten. ...“

In der Vorbereitung auf die Olympiade hatten sich einige Sportler und Ärzte der DDR nicht an die Festlegungen zur Vergabe von Anabolika gehalten. Über solche für die Gesamtgeheimhaltung gefährlichen Disziplinlosigkeiten in der Vorbereitung berichtete der IM „Technik“/Dr. Höppner gemäß dem Treffbericht vom 5. August 1976:

„... In diesem Zusammenhang erklärte der IMV, daß von den einzelnen Klubs sehr unterschiedliche unkontrollierte Maßnahmen bei den einzelnen Sportlern in Vorbereitung auf die Olympischen Sommerspiele durchgeführt wurden. Bekannt wurde dies im Rahmen der unmittelbaren Wettkampfvorbereitung in Kienbaum, als die einzelnen Athleten mit unterschiedlichen Programmen ihrer betreuenden Ärzte und Trainer anreisten und der IMV gezwungen war, diese weiterzuführen. Besondere Maßnahmen wurden speziell von Dynamo durchgeführt, indem deren Sportler Injektionen erhielten, die von ihrer Wertigkeit her das fünffache gegenüber den festgelegten betrugen. Während die normale bestätigte Injektion ca. 34,- M kostet, mußte der sogenannte ‚Dynamotropf‘ in einem Wert von rund 80,- M gespritzt werden. ...“

Die Sicherstellung der Geheimhaltungsdoktrin und die Einbindung beider Angeklagten belegt weiterhin der Treffbericht vom 28. Januar 1977 des IM „Rolf“/Dr. Kipke, in dem es heißt:

„... Alle Eintragungen bei der Einweisung der Sektionsärzte wurden in VD-Büchern vorgenommen. Nach Auskunft des IM sind im wesentlichen alle Sektionsärzte vom Leiter der SHB im jeweiligen Bezirk schriftlich verpflichtet. Es ist jedoch empfehlenswert, das durch die Sportsachbearbeiter in den Bezirken nachprüfen zu lassen.
In den Clubs sind die Cheftrainer u. die betreffenden Trainer der ausgewählten Trainingsgruppen eingeweiht. Die Cheftrainer wurden 1975 anläßlich der DDR-Meisterschaften in Piesteritz vom Generalsekretär des Schwimmsportverbandes der DDR VD-verpflichtet und auf die besondere Verantwortung bei der Anwendung unterstützender Mittel hingewiesen. Die Cheftrainer hatten ihrerseits den Auftrag, in gleicher Weise mit ihren Clubtrainern zu sprechen. Der IM informierte, daß wir unbedingt unseren Einfluß geltend machen, da erfahrungsgemäß

- die Verpflichtung der Trainer sehr oberflächlich durchgeführt wird u.
- unterdessen eine ganze Reihe Trainer gewechselt haben oder ausgeschieden sind bzw. durch neue ersetzt wurden. {120}

In den SHB's der Bezirke dürfen von den gesamten Maßnahmen nur

- der Leiter der SHB
- der stellv. Ltr. der SHB für Leistungssport

– u. der obengenannte Sektionsarzt
wissen. ..."

Die Glaubhaftigkeit der Angaben der Zeuginnen wird unterstrichen durch die von IM „Rolf"/Dr. Kipke in seinem Treffbericht an das MfS vom 28. Januar 1977 dokumentierte Geheimhaltungsdoktrin im Hinblick auf die Vergabe anaboler Steroide auch gegenüber den Sportlern. Dort heißt es wörtlich:

„...
Prinzipien:
– bei Sportlern unter 18 Jahren wird die Legende Verabreichung von Vitaminen angewendet, d.h. alles geschieht ohne Wissen der Betreffenden.
– Sportler über 18 Jahren werden in die Problematik einbezogen und vom Trainer mündlich zum Schweigen verpflichtet. ..."

Auch bezüglich der Vergabe von Spritzen mit anabolen Steroiden an Schwimmerinnen wurde nicht die Wahrheit gesagt, wie der IM „Technik"/Dr. Höppner in seinem Treffbericht vom 5. August 1976 mitteilt:

„... Es gibt auch keine Ehrlichkeit gegenüber den Schwimmerinnen, da zum Teil ihnen gesagt wird, daß es sich lediglich um Vitaminspritzen handeln würde, obwohl andere Substanzen enthalten sind. Dies wurde auch durch Dr. Tolkmitt (SHB Karl-Marx-Stadt) in der Vorbereitung in Kienbaum bestätigt, daß die Sportler nicht wissen, welche Spritzen in welcher Zusammensetzung sie bekommen.
Gegenargumente des IMV wurden in Kienbaum durch Gen. Ewald und Hellmann abgetan mit der Bemerkung, daß die Leichtathleten in der Regel älter sind, aber aufgrund des jungen Alters der Schwimmer ihrer Meinung nach es nicht notwendig sei, daß sie bereits alles wissen. ..."

Den Eltern der jugendlichen Sportler in der DDR wurde über die Vergabe anaboler Steroide ebenfalls nicht die Wahrheit gesagt. Ein konkretes Beispiel berichtete der IM „Technik"/Dr. Höppner im Treffbericht vom 17. November 1976 gegenüber dem MfS:

„... Speziell nach den OSS [Anm.: Olympische Sommer-Spiele in Montreal] mehren sich die Fälle, wo Eltern wegen der Verabreichung von Medikamenten bei den Sportärzten vorsprechen. Konkrete Beispiele wurden aus dem Schwimmsport durch die Bezirkssportärzte aus Leipzig und Halle bekannt.
Durch Prof. Dr. Strauszenberg[57] wurde informiert, daß Prof. Dr. Haller an ihn herantrat und mitteilte, daß zwei Mütter von Leistungssportlerinnen aus Dresden bei ihm waren und Auskunft haben wollten über die Schädlichkeit anaboler Steroide. St. habe gegenüber H. zum Ausdruck gebracht, daß eine Anwendung im DDR-Leistungssport generell verboten sei. ..." {121}

Die Angaben der Zeuginnen, wonach die Angeklagten vor ihnen bewußt Umverpakkungen der Tabletten und Ampullen versteckt hielten, werden bestätigt durch den Treffbericht des IM „Technik"/Dr. Höppner gegenüber dem MfS vom 7. Juni 1983. Dort heißt es:

„... Die Vergabe der Präparate an die Athleten hat entweder in Fremdpackungen bzw. ohne Packung zu erfolgen, keinesfalls dürfen die Athleten in den Besitz der Originalpackung gelangen. ..."

Die Feststellungen zu den konkreten Vergabemengen und -zeiträumen und zur sog. „U.M.-Konzeption" beruhen zunächst auf den Angaben des Angeklagten Dr. Binus und der insoweit nachvollziehbaren Bekundung des Angeklagten Gläser, er habe die „Oral-

Turinabol"-Tabletten vom Angeklagten Dr. Binus erhalten und sich die ganze Zeit an die ihm vom Angeklagten Dr. Binus vorgegebene Dosierung gehalten und deren Vergabe an die Schwimmerinnen kontrolliert.[58]

Die vom Angeklagten Dr. Binus eingeräumten Dosierungen[59] entsprechen – wie nachfolgendes Schrifttum belegt – der von der DDR-Literatur dokumentierten Forschung zu einer „Schwellendosis" bei Anwendung von Anabolika nicht zu Heilzwekken, sondern zur Verbesserung sportlicher Leistungen:

So schreibt Dr. Hartmut Riedel[60] in seiner Dissertation „Zur Wirkung anaboler Steroide auf die sportliche Leistungsentwicklung in den leichtathletischen Sprungdisziplinen", Bad Saarow [Militärmedizinische Akademie], 1986:

„Während die Erstanwendung von a.S. und eine niedrigere Leistungsfähigkeit große Zuwachsraten der physischen Leistung zeigen, sind in der Mehrjahresanwendung ansteigende Dosierungen im Einzel- und Jahreszyklus in Verbindung mit einem … höheren Fähigkeitspotential für eine kontinuierliche Leistungsentwicklung nötig.
… In der sich anschließenden experimentellen Untersuchung wurden bei 65 männlichen Sportlern (18 bis 29 Jahre) und 30 weiblichen Sportlern (17 bis 26 Jahre) der höchsten Leistungsklasse die Pharmaka Oral-Turinabol, Mestanolon [= STS 646], Testosteronpropionat, hCG und Testo-Tropin unter kontrollierten Trainings- und Ernährungsbedingungen eingesetzt. …
Als optimale Medikationszeiträume wurden 14 Tage ermittelt, wobei sowohl im Einzelzyklus als auch bei wiederholter Applikation eine ansteigende Dosierung gewählt werden sollte. Für OT [Oral-Turinabol] wurden in Übereinstimmung mit tierexperimentellen Befunden deutlich höhere anabole (myotrope) Wirkungen festgestellt.
Die Schwellendosis für OT liegt bei einer täglichen Dosis von 10 mg (Männer) und 5 mg (Frauen); oberhalb dieser Schwelle ist mit hoher Wahrscheinlichkeit eine Stimulierung der Proteinsynthese vorhanden. Im Gegensatz zur bisherigen Applikationsweise sind daher kleinere Dosisabstufungen zur individuellen, auf die LBM bezogenen Dosierung notwendig. Bei der Anwendung von Mestanolon (10 bis 20 mg/d) und OT in niedrigen Dosierungen sind anabole Wirkungen nicht nachweisbar, so daß die objektivierten Erhöhungen der Leistungsfähigkeit und der Belastbarkeit vorwiegend Teil der psychotropen {122} und/oder antikatabolen Steroidwirkungen sein sollten. Die Anwendung von OT und Mestanolon in einem abgestuften Medikationsschema kann für die leichtathletischen Sprungdisziplinen empfohlen werden, hingegen nicht die alleinige Mestanolon-Medikation. …
Wegen der Beziehung zwischen physischer Leistungsfähigkeit und Höhe der Gesamttestosteronkonzentration hätte die parenterale Applikation von Testosteronpropionat nicht nur eine schnelle Erhöhung der T-Konzentration nach der vorherigen OT-Medikation, sondern auch eine weitere Erhöhung der sportlichen Leistung zur Folge. Mit Einzelinjektionen von 25 mg (Männer) und 10 mg (Frauen) im Abstand von 2 Tagen können die nach Medikationsende von OT beobachteten Nebenwirkungen begrenzt und zum Wettkampf mit hoher Wahrscheinlichkeit eine erhöhte physisch/psychische Leistungsbereitschaft erreicht werden. …"

In der Dissertation des Dr. Günter Rademacher, „Wirkungsvergleich verschiedener anaboler Steroide im Tiermodell und auf ausgewählte Funktionssysteme von Leistungssportlern und Nachweis der Praxisrelevanz der theoretischen und experimentellen Folgerungen", Bad Saarow [Militärmedizinische Akademie], 1989, heißt es:

„Zusammenfassend ergeben sich für den Einsatz von OT und STS 646 in den Ausdauersportarten folgende Empfehlungen:
1. Es leiten sich zwei im Prinzip unterschiedliche Einsatzindikationen ab.
   – Einsatz zur direkten Beeinflussung der Entwicklung von konditionellen Fähigkeiten,

- Einsatz zur indirekten Beeinflussung der Entwicklung von konditionellen Fähigkeiten über die Verbesserung der Belastungsverarbeitung bzw. Wiederherstellungsprozesses.

Den entscheidenden Unterschied im Vorgehen stellt die deutlich niedrigere tägliche Dosierung im letzteren Fall dar.

2. In den Phasen einer betonten Kraftentwicklung bzw. der Herausbildung der aeroben Grundlagen ist vorrangig die alleinige OT-Applikation in Dosierungen von 5-15 mg pro Tag (Männer) bzw. 3-10 mg pro Tag (Frauen) anzuwenden.
3. In den Phasen des spezifischen Trainings bzw. in der unmittelbaren Wettkampfvorbereitung soll die Kombination von OT und STS 646 bei einer Gesamttagesdosierung von maximal 20 mg (Männer) bzw. 15 mg (Frauen) erfolgen. Dabei überwiegt zunächst der OT-Anteil. In Annäherung an den Wettkampfhöhepunkt verschiebt sich der Anteil in Richtung STS 646.
4. Dosierungen von mehr als 10 mg OT pro Tag und über einen Zeitraum von länger als drei Wochen sind zu vermeiden bzw. durch applikationsfreie Intervalle zu unterbrechen.
5. Die Medikation sollte vormittags erfolgen, da aufgrund des zeitlichen Konzentrationsverlaufes im Blut eine ausreichende Wirkstoffkonzentration sowohl zum Zeitpunkt der zu absolvierenden Trainingsbelastungen (tagsüber) als auch in der Wiederherstellungsphase (nachts) vorhanden ist.“ {123}

Wie der Vergleich mit der bei dem Verbandsarzt Dr. Kipke aufgefundenen maschinenschriftlichen Aufstellung „Individuelle UM-Maxima pro Zyklus“ zeigt, stellen die vom Angeklagten Dr. Binus eingeräumten jährlichen Mengen von 600 mg bis 1.000 mg Turinabol lediglich die von der Kammer als sicher festzustellenden Mindestmengen an jährlicher Anabolika-Dosierung für jede Zeugin dar. In dieser Aufstellung von 37 in die UM-Konzeption einbezogenen jugendlichen Schwimmerinnen beträgt die jährliche Gesamtdosierung allein für 17 Mädchen – darunter die Zeuginnen G., D., F. und L. – 1.895 mg, für weitere 4 Mädchen 1.725 mg und für jeweils weitere 8 jugendliche Schwimmerinnen 1.320 mg und 1.010 mg:

Name	Jahrgang	regelm. Mens.	Klub	Disziplin	Gesamtdosierung
...					
H.	9.61	ja	Dyn.	100 F	1895
V.	5.61	ja	"	100 S	1895
M.	4.62	ja	"	100 S	1895
F.	3.62	ja	"	100 S	1895

[es folgen die Namen weiterer 32 Schwimmerinnen]

...

Die vom Angeklagten Dr. Binus geschilderte Vergabe der Anabolika in vier Zyklen des im Herbst beginnenden und im Sommer mit dem Wettkampfhöhepunkt (Olympische Spiele, Welt- und Europameisterschaften) endenden Sportjahres wird durch die verlesenen Unterlagen, insbesondere der vom Zeugen Dr. Kipke unter Mitarbeit des Angeklagten Dr. Binus angefertigten „Analyse zur Wirksamkeit unterstützender Mittel im DSSV und Olympiajahr 1979/1980“ vom 24. Oktober 1980 bestätigt. Dort heißt auf Seite 15R diesbezüglich:

„Im weiblichen Bereich wurden die U.M. zur Belastungssteigerung und zur Stimulierung einer kurzfristigen Leistungssteigerung angewendet. Dabei wurden 4 Anwendungszyklen mit dem trainingsmethodischen Vorgehen entsprechend dem RTP [= Rahmentrainingsplan] gekoppelt. Als Wettkampfhöhepunkte galten

1. Intern. Wettkämpfe 7-8.1.1980 USA
2. LK DDR – SU im März

3. DDR-Meisterschaften (Ausscheidungswettkämpfe für OS 80)
4. Olympische Spiele 1980 in Moskau."

Daß der Angeklagte Dr. Binus mit Dr. Kipke als Verbandsarzt des DSSV nicht nur bei der nachträglichen Analyse der UM-Konzeption im Hinblick auf die Olympischen Spiele 1980, sondern bereits bei deren Aufstellung zusammengearbeitet hat, belegt die Anlage zum Treffbericht des IM „Rolf" vom 4. Februar 1980, wonach Dr. Kipke „... *[die] medizinischen Maßnahmen in Vorbereitung auf [die OS] Moskau bei den Frauen*" mit dem Angeklagten Dr. Binus abgesprochen und festgelegt hat. {124}

Auch die maschinenschriftliche Aufstellung „Individuelle UM-Maxima pro Zyklus" geht, wie sich aus den – teilweise unleserlichen – handschriftlichen Veränderungen ergibt, für den gleichen Zeitraum von vier UM-Vergabezyklen aus, welche in Vorbereitung für den jeweils nächsten Wettkampfhöhepunkt eingesetzt werden:

I. 26.11.-11.12.79 – 17 d (170)
II. 21.1.-17.2.80 – 28 d (280)
III. 7.4.-11[?]5.80 – [??]d
IV. 2.6.-25.6.80 – 24 d – (240)

Wie sich aus der Division der Zahlen in den Klammern durch die jeweilige Tagesanzahl errechnen läßt, betrug die tägliche Dosis 10 mg Oral-Turinabol.

Dasselbe Bild läßt sich aus der ebenfalls bei dem Zeugen Dr. Kipke sichergestellten und in der Hauptverhandlung verlesenen vom 20. Oktober 1980 stammenden handschriftlichen „Einschätzung der Wirksamkeit der Anwendungskonzeption UM" entnehmen, welche die Kammer aufgrund des größtenteils identischen Inhalts und der unmittelbaren zeitlichen Nähe zur „Analyse zur Wirksamkeit unterstützender Mittel im DSSV und Olympiajahr 1979/1980" vom 24. Oktober 1980 als Studie und Vorarbeit zur o.g. Analyse ansieht. Dort heißt es unter „2.1. Zeitraum des Einzelzyklus":

oral:	1.	Zyklus	26.11.-11.12.79	(17 d)
	2.	"	21.1.-17.02.80	(28 d)
	3.	"	7.4.-19.05.80	(42 d)
	4.	"	2.6.-28.06.80	(26 d)

Die Kammer ist von der inhaltlichen Richtigkeit der Studie vom 20. Oktober 1980 überzeugt. Sie und die auf ihr aufbauende Studie vom 24. Oktober 1980 haben den zurückliegenden UM-Zyklus zum Inhalt und sind erkennbar in der Vergangenheitsform abgefaßt worden. Diese Umstände sprechen dagegen, daß es sich bei ihnen lediglich um (nicht realisierte) Planungen handelte. Vielmehr stellt zur Überzeugung der Kammer hingegen die maschinenschriftliche Aufstellung „Individuelle UM-Maxima pro Zyklus" die vormalige sog. UM-Konzeption dar, da sie – wie sich aus der Zeile „vorgesehene Dosis pro Zyklus" ergibt – auf die Zukunft gerichtet war. Aus den frappierenden inhaltlichen Übereinstimmungen ihrer handschriftlichen Zusätze mit den Ausarbeitungen vom 20. und 24. Oktober 1980 und der offensichtlich identischen Handschrift mit der Ausarbeitung vom 24. Oktober 1980 und mehreren handschriftlichen Berichten des IM „Rolf" (z.B. den in der Hauptverhandlung am 13. Mai 1998 in Augenschein genommenen Bericht über die Nicht-Teilnahme an der Tagung des medizinischen Komitees der FINA v. 25. und 26.5.1979 als Anlage zum Treffbericht vom 31. Mai 1979) entnimmt die Kammer, daß die handschriftlichen Zusätze erst nach Abschluß des Wettkampfjahres 1979/80 als die tatsächlich vergebene Dosierung nachträglich vom Verbandsarzt Dr. Kipke eingefügt worden sind. Entscheidend für die Richtigkeit ihres Inhalts ist damit ihre Erarbei-{125}tung unmittelbar im Anschluß an das Wettkampfjahr 1979/1980. Es sind keine Gründe ersichtlich, weshalb in diesen vom gesondert Verfolgten Dr. Kipke unter Mithilfe des Angeklagten Dr. Binus für den vertraulichen und internen Gebrauch angefertigten und sehr detaillierten Studien unzutreffende Angaben in Bezug auf die jeweils vergebene Dosis von Oral-Turinabol-Tabletten und Testosteron-Injektionen an die verschiedenen Sportler und Sportlerinnen gemacht worden sein sollen.

Das in der Hauptverhandlung gegen die inhaltliche Richtigkeit der Studie vorgebrachte Argument, es habe gar keine Schwimmerin mit dem Namen Be. gegeben, ist falsch. Wie sich aus der Aufstellung „Individuelle UM-Maxima pro Zyklus" ergibt, gab es zwar bei dem SC Dynamo Berlin keine Schwimmerin mit diesem Namen, jedoch zwei Schwimmerinnen mit dem Namen Be., welche bei anderen Sportclubs der DDR (SC K[arl-Marx-Stadt] und SC E[inheit Dresden]) trainierten und erkennbar in die genannte UM-Konzeption einbezogen worden waren. Über die beiden Sportlerinnen mit dem Namen Be. führt die UM-Konzeption näher aus:

Name	Jahrgang	regelm. Mens.	Klub	Disziplin	Gesamtdosierung
...					
Be. K II	6.64	ja	SC K	100 R	1010
...					
Be.	61	ja	SC E		1895

Die Kammer geht daher bereits aufgrund der eindeutigen Angaben der Studie vom 20. Oktober 1980 davon aus, daß die Zeuginnen F. und G., geb. H., zumindest im Zeitraum vom 26. November 1979 bis zum 11. Dezember 1979 mindestens 150 mg „Oral-Turinabol" von den Angeklagten verabreicht bekamen:

F. + H. nur 1. Zyklus [oral: 26.11.-11.12.79 (16 d)]

Die Zeuginnen F. und G., geb. H., betonten in ihren Zeugenvernehmungen übereinstimmend, nach dem Training vom Angeklagten Gläser täglich mehrere verschiedene farbige Tabletten erhalten zu haben; die Einnahme der blauen „Oral-Turinabol" sei „gut möglich" gewesen. Die Tablettenvergabe habe bis zu ihrem Ausscheiden aus der Trainingsgruppe Gläser angedauert. Indem die Zeuginnen F. und G. bekundet haben, zwar nicht im „Herbst" 1979, sondern jeweils Ende des Jahres 1979 mit dem Hochleistungssport aufgehört zu haben, bestätigen sie die Richtigkeit der genannten Analyse vom 20. Oktober 1980, wonach beiden Schwimmerinnen nur noch im 1. Zyklus (26.11.1979 bis 11.12.1979) das Anabolikum Oral-Turinabol verabreicht worden ist. Daß die Zeugin G., geb. H., bereits im Jahr 1977 für die Vergabe von Anabolika vorgesehen war, ergibt sich darüber hinaus aus den MfS-Berichten des Verbandsarztes Dr. Kipke über den Großversuch des Jahres 1977, bei der für sich die Vergabe von zweimal 200 mg Turinabol in den Zeiträumen vom 25. April bis 22. Mai und vom 6. Juni bis 3. Juli 1977 vorgesehen war. {126}

Die festgestellte langjährige Vergabe von „Oral-Turinabol" an die Zeuginnen Dr. K., geborene M., und D., geborene V., beruht vor allem auf den insoweit geständigen Angaben des Angeklagten Gläser. Beide Zeuginnen, die sich bezüglich der Vergabe von Anabolika nur noch an täglich „etwa acht Tabletten" bzw. „sehr viele Tabletten" und mehrere Spritzen zu erinnern vermochten, gehörten nach den insoweit übereinstimmenden Angaben des Angeklagten Gläser und beider Zeuginnen über mehrere Jahre hinweg zur Weltspitzengruppe und durchliefen somit jeweils alle vier jährlichen UM-Zyklen, soweit nicht Krankheitspausen, wie sie sich aus der Krankenakte der Zeugin D. ergeben, oder Nichtteilnahme an Wettbewerben, wie es bei der Zeugin Dr. K. bei der Olympiade 1980 der Fall war, dem entgegenstanden. Darüber hinaus stützen sich die Feststellungen auf die Teilnahme der Zeugin D. für den „UM-Großversuch" des Jahres 1977 sowie ihrer Einbindung in die maschinenschriftliche UM-Konzeption für das Olympiajahr 1979/1980 und der Studien vom 20. und 24. Oktober 1980. Der Beginn der Anabolika-Vergabe an die Zeugin Dr. K., geb. M., ab ihrem im Januar 1980 erfolgten Übergang in die vom Angeklagten Gläser trainierte Spitzengruppe wird schließlich von der UM-Studie vom 20. Oktober 1980 belegt, in der es heißt:

M. ab 2. Zyklus [oral: 21.1.-17.02.80 (28 d)].

Die Feststellungen zur Vergabe an die Zeuginnen J., geb. Z., und R., geborene W., beruhen auf ihren Angaben, die teilweise vom Angeklagten Gläser bestätigt werden. Beide Zeuginnen bekundeten, die „blauen Tabletten" vom Angeklagten Gläser ein- bis zweimal am Tag mit verschiedenen anderen Tabletten erhalten zu haben. Die „blauen Tabletten" hätten sie jedoch – im Gegensatz zu den anderen Tabletten – nicht immer, sondern „phasenweise" erhalten. Die Zeugin J. erkannte in der Hauptverhandlung unter mehreren verschiedenen Tabletten die hellblaue Oral-Turinabol à 5 mg als diejenige „blaue Tablette" wieder. Während die Zeugin R. sich nur ein Jahr im A-Kader halten konnte – Leistungshöhepunkt war ihr 3. Platz bei der EM 1977 in Schweden –, verblieb die Zeugin J. von September 1976 bis zum September 1979 in der von Angeklagten Gläser trainierten Spitzengruppe. Ein weiteres wichtiges Indiz für die Vergabe von „Oral-Turinabol" an beide Zeuginnen im jeweils festgestellten Zeitraum ist die Einbindung beider Zeuginnen in den für 1977 vorgesehenen „UM-Großversuch" der DDR-Schwimmnationalmannschaft, bei der für sie jeweils die Vergabe von zweimal 200 mg Turinabol in den Zeiträumen vom 25. April bis 22. Mai und vom 6. Juni bis 3. Juli 1977 vorgesehen war.

Die Kammer ist im Hinblick auf die durchweg glaubhaften Bekundungen der Zeugin Birgit A. davon überzeugt, daß auch sie vom Angeklagten Gläser das Anabolikum „Oral-Turinabol" in dem festgestellten Zeitraum und Umfang erhalten hat. Diese Zeugin, welche {127} heute als Kriminalbeamtin arbeitet, hat ihre Aussage, wonach sie die kleinen blauen Tabletten (Oral-Turinabol à 5 mg) bereits in ihrer letzten Trainingsphase bei dem gesondert Verfolgten Dieter Krause und sodann von Beginn an auch vom Angeklagten Gläser erhalten habe, ruhig und sachlich vorgetragen. Anzeichen dafür, daß sie die Angeklagten zu Unrecht belasten wollte, haben sich nicht ergeben. Ihre Angaben waren sowohl zum Randgeschehen (z.B. zur Lage des sog. Arztzimmers des Angeklagten Dr. Binus, zu ihrem täglichen Trainingspensum von 5 x 800 Metern und 8 x 400 Metern) als auch zum Tatvorwurf (die blauen Tabletten seien ihr etwa 1 x pro Tag, mindestens 14 Tage lang, während des Trainings und nicht mehr unmittelbar vor den Wettkämpfen) plastisch und beruhten erkennbar auf echtem Erleben. Die Zeugin hat glaubhaft vorgetragen, auf mehreren Trainingslagern im Ausland, darunter auch in Mexico, sowie an der Jugend-Europameisterschaft, bei der sie den 3. Platz belegt habe, sowie bei dem Länderkampf UdSSR-DDR in Leningrad teilgenommen zu haben. Auch ihre ab

Frühjahr 1979 eingetretene Leistungsstagnation sowie ihre Erkrankung im Mai 1979, welche sich auch aus ihrer Krankenakte entnehmen läßt, hat die Zeugin freimütig geschildert. Ihre Bekundung, bereits vom gesondert verfolgten Angeklagten Dieter Krause im Jahre 1977 die „blauen Tabletten" bekommen zu haben, wird zudem bestätigt durch ihre Aufnahme in den Großversuch der Vergabe von Oral-Turinabol im Jahre 1977, bei der auch für die Zeugin A. die Vergabe von zweimal 200 mg Turinabol in den Zeiträumen vom 25. April bis 22 Mai und vom 6. Juni bis 3. Juli 1977 vorgesehen war.

Daß die Zeugin E., geborene P., in der Zeit von Mitte 1976 – wahrscheinlich beginnend in einem Trainingslager auf dem Belmeken in Bulgarien – bis nach dem Ende der Europameisterschaft in Schweden im Sommer 1977 Anabolika-Tabletten des VEB Jenapharm der Marke „Oral-Turinabol" in dem festgestellten Umfang vom Angeklagten Gläser erhalten und auch eingenommen hat, beruht – neben den geständigen Angaben des Angeklagten Gläser – auf den glaubhaften Bekundungen der Zeugin.

Die Aussage der Zeugin E. ist durchweg glaubhaft.

Ihre ruhig und bestimmt vorgetragenen detaillierten Angaben waren persönlich gehalten. Die Zeugin bekundete plausibel, daß sie – sensibilisiert durch ihre Eltern, die nicht wollten, daß ihre Tochter „so viele" unbekannte Tabletten einnehme – einerseits vor ihren Eltern verheimlicht habe, täglich mehrere Tabletten zu bekommen, andererseits sich auch getraut habe, ihren Trainer und den sie betreuenden Arzt zu fragen, welche Tabletten und Spritzen sie von ihnen erhalte. Darauf habe sie sowohl vom Angeklagten Gläser als auch vom Angeklagten Dr. Binus die Antwort erhalten, diese enthielten „Vitamine und Aufbaustoffe". Es ist auch ihre Bekundung gut nachzuvollziehen, daß sie zusammen mit der Zeugin D. und der weiteren SC Dynamo-Schwimmerin T. vom Angeklagten Gläser „zum Spritzen abholen" zum Angeklagten Dr. Binus geschickt worden seien. {128}

Ein weiteres Indiz für die Vergabe von Oral-Turinabol im Jahre 1977 an die Zeugin E. ist deren Aufnahme in den „UM-Großversuch" des Jahres 1977, welcher für sie die Vergabe von zweimal 200 mg Turinabol in den Zeiträumen vom 25. April bis 22 Mai und vom 6. Juni bis 1. Juli 1977 vorsah.

Die festgestellte Vergabe des Anabolikums „Oral-Turinabol" an die Zeugin L., geborene M., beruht zunächst auf den Angaben beider Angeklagten, insbesondere der des Angeklagten Gläser. Die Zeugin gehörte über mehrere Jahre hinweg zur Weltspitzengruppe und durchlief somit jeweils alle vier jährlichen UM-Zyklen, soweit nicht Verletzungspausen, wie sie sich aus ihrer Krankenakte ergeben, dem entgegenstanden. Sie war sowohl für die Teilnahme am „UM-Großversuch" im Jahre 1977 mit zweimal 200 mg Turinabol in den Zeiträumen vom 25. April bis 22. Mai und vom 6. Juni bis 3. Juli 1977 vorgesehen, wie auch in die UM-Konzeption für das Olympiajahr 1979/1980, wie sich zudem aus den Studien vom 20. und 24. Oktober 1980 ergibt, eingebunden. Darüber hinaus bestätigte auch die Zeugin L. die Vergabe von „blauen Tabletten", welche sie zum ersten Mal vor der EM 1977 in Schweden auf einem Trainingslager in Belmeken/Bulgarien vom Angeklagten Gläser erhalten habe.

Die Einlassung des Angeklagten Dr. Binus, er habe den von ihm betreuten Sportlerinnen kein Testosteron gespritzt, und das durch seine Verteidigung erfolgte ausdrückliche Bestreiten der Injektion von Depot-Turinabol (Nandrolon) an die jungen Schwimmerinnen ist zur Überzeugung der Kammer in mindestens zwei Fällen widerlegt.

Daß den Sportlerinnen, darunter auch den Zeuginnen, Anabolika nicht nur in Tablettenform (Oral-Turinabol) verabreicht, sondern ebenso regelmäßig als Depot-Turinabol (bis 1978) bzw. als Testosteron (hauptsächlich ab 1978) gespritzt worden ist, läßt sich den bereits zitierten MfS-Treffberichten entnehmen, in denen die Ärzte Dr. Höppner (IM „Technik“ vom 5. August 1976, 8. August 1978, 5. November 1983), Dr. Kipke (IM „Rolf“ vom 5. September 1979), Dr. Clausnitzer (IM „Meschke“ vom 7. September 1978) und Dr. Pansold (IM „Jürgen Wendt“ vom 20. Februar 1979) dem MfS die Vergabe von Depot-Turinabol und Testosteron an die Sportlerinnen schilderten.

Darüber hinaus ergibt sich die Verabreichung von Anabolika-Spritzen aus den Studien vom 20. bzw. 24. Oktober 1980, in denen durch die Kürzel „O.T.“, „D.T.“/„T-D“, und die Worte „oral“ und „Injektion“ ausdrücklich auf beide Vergabeformen abgestellt wurde. Dem Angeklagten Dr. Binus, der an dieser „Analyse der Wirksamkeit der Anwendung unterstützender Mittel im DSSV im Olympiajahr 1979/1980“ mitgearbeitet hatte, war somit neben der Vergabe von Anabolika-Tabletten der ebenfalls republikweite und regelmäßige Einsatz von Ana-{129}bolika-Spritzen in Dosierung von 50 mg oder 100 mg Depot-Turinabol bzw. Testosteron bewußt.

Das flächendeckende Spritzen von anabolen Substanzen wird insbesondere durch die vom Zeugen Dr. Dietrich Behrendt geschilderte „Doping-Panne“ aus Anlaß der Schwimm-WM 1978 in Berlin (West) deutlich: Bei der Ausreisekontrolle wurde festgestellt, daß von 13 untersuchten Teilnehmerinnen 10 mit dem Anabolikum „Depot-Turinabol“ gespritzt wurden, da in ihrem Urin Metabolite des Nandrolon, dem Wirkstoff des „Depot-Turinabol“, welche sich von den Abbauprodukten des „Oral-Turinabol“ unterscheiden, nachgewiesen werden konnten.

Die Einlassung des Angeklagten Dr. Binus, er habe den Zeuginnen zwar jede andere Leistungsstimulanz oder medizinisch indizierte Medikamente wie „Gammaglobulinpräparate zur Infektionsprophylaxe, Thioctacid-Injektionen i.m. oder i.v. vor hohen körperlichen Belastungen und Wettkämpfen zur Lactatreduktion (damaliger Wissensstand), Vitamin B 12-Injektionen und vereinzelt Triamcinolon (Volon A) bei Allergien“, jedoch nicht Anabolika in Form von Testosteron oder Depot-Turinabol gespritzt, erachtet die Kammer für eine widerlegte Schutzbehauptung. Sie widerspricht nicht nur jeder Plausibilität, sondern auch der Struktur des SC Dynamo Berlin und der dem Angeklagten Dr. Binus bekannten Geheimhaltungsdoktrin. Die Vergabe von Spritzen setzte ein Vertrauensverhältnis zwischen dem Arzt und der Schwimmerin voraus, wie es bei dem Angeklagten Dr. Binus und den von ihm betreuten Zeuginnen der Fall gewesen ist. Dieses wäre durch mißtrauische Fragen der Schwimmerinnen untergraben worden, wenn sie vom Angeklagten Gläser oder gar vom Angeklagten Dr. Binus, der als Sektionsarzt der Sektion Schwimmen für ihre umfassende sportmedizinische Betreuung zuständig war, zur Vergabe „besonderer“ Spritzen zu einem anderen Arzt geschickt worden wären. Darüber hinaus ist es auch nicht nachvollziehbar, daß der Angeklagte Dr. Binus zwar in die orale Vergabe von Anabolika an die Zeuginnen eingebunden war – obwohl dazu die Mithilfe eines Arztes an sich nicht nötig gewesen wäre –, in die Verabreichung von Anabolika-Spritzen an die von ihm betreuten Sportlerinnen indes nicht. Die Kammer erachtet daher auch die Einlassung des Angeklagten Dr. Binus, ausschließlich seine Kollegen wie Dr. Kipke, Dr. Thümmler und andere Ärzte auf den Trainingslagern hätten den von ihm betreuten Sportlerinnen Anabolika-Spritzen gesetzt, für widerlegt.

Vielmehr ist die Kammer davon überzeugt, daß dies nur der Fall war, wenn der Angeklagte Dr. Binus nicht ortsanwesend war.

In Anbetracht des Umstandes, daß sich der Angeklagte Dr. Binus – wie die Zeugin E. überzeugend schilderte – „mit Händen und Füßen" und damit entsprechend der bereits ausgeführten Geheimhaltungsdoktrin dagegen wehrte, als sie die Aufschrift auf der Ampulle sehen wollte, die er ihr zuvor zu einem nicht mehr genau feststellbaren Datum bis {130} etwa 30 Tage vor der Europameisterschaft 1977 in Schweden intramuskulär injiziert hatte, ist die Kammer davon überzeugt, daß die Spritze nicht ein nach dem damaligen Wissensstand medizinisch indiziertes Medikament wie Thioctacid, Vitamin B 12 oder Triamcinolon, sondern mindestens 50 mg Nadrolondekanoat, den Wirkstoff des Depot-Turinabol, enthielt.

Die Vergabe zumindest einer intramuskulär gesetzten Spritze mit zumindest 50 mg Nadrolondekanoat, dem Wirkstoff des Depot-Turinabol, an die Zeugin L. zu einem nicht mehr genau feststellbaren Datum vor der Weltmeisterschaft 1978 in Berlin (West), höchstwahrscheinlich im Frühsommer 1978, durch den Angeklagten Dr. Binus ergibt sich aus der glaubhaften Bekundung der Zeugin L., im damaligen Zeitraum vom Angeklagten Dr. Binus gespritzt worden zu sein. Die Zeugin L. schilderte glaubhaft, daß der Angeklagte Dr. Binus während eines Trainingslagers in Belmeken/Bulgarien den Angeklagten Gläser geholt habe, damit dieser der sich zunächst weigernden Zeugin L. „befohlen" habe, sich der von Dr. Binus gesetzten schmerzhaften intramuskulären Spritze nicht zu widersetzen. Daß der Zeugin L. Depot-Turinabol gespritzt worden ist, belegen die vom Zeugen Dr. Behrendt glaubhaft geschilderten Feststellungen des Dopingkontrollabors in Kreischa vom August 1978, wonach bei der Zeugin L. – neben neun weiteren Schwimmerinnen – im Urin das Metabolit des Nandrolon nachgewiesen werden konnte. Zugleich legte der Zeuge Dr. Behrendt in Übereinstimmung mit dem Sachverständigen Prof. Dr. Rietbrock überzeugend dar, daß die in beiden vor der Schwimmweltmeisterschaft in Berlin (West) im August 1978 positiv verbliebenen Urinproben der Zeugin L. und der weiteren Schwimmerin I. festgestellten Metabolite des Nandrolon wegen der eindeutigen chemischen Zusammensetzung nicht auf die Gabe von Testosteron oder „Oral-Turinabol", sondern nur auf eine Injektion des einzigen in der DDR verwendeten Nandrolonpräparats Depot-Turinabol zurückzuführen seien, welches den Schwimmerinnen entsprechend dessen Abklingzeiten etwa acht Wochen zuvor im Juni 1978 gespritzt worden sein müsse. Indiz dafür, daß der Angeklagte Dr. Binus als Sektionsarzt – und nicht Dr. Kipke als Verbandsarzt – die Spritze an die Zeugin L. verabreicht hat, ist außerdem der Treffbericht des IM „Technik"/Dr. Höppner vom 8. August 1978, in dem es diesbezüglich heißt:

„... Gegenwärtig ist ein erheblicher Teil der Schwimmer für die WM in Westberlin noch positiv, jedoch ist damit zurechnen, daß bis zur Ausreise der endgültige Abbau im Körper erfolgt ist. Auch hier liegt ein Verstoß durch den Verbandsarzt Dr. Kipke vor, welcher nicht sofort nach dem Untersagen der Anwendung von Depo[t]-Turinabol alle Sektionsärzte informierte, sondern noch drei Tage danach weiter gespritzt wurde."

Auch diesbezüglich wird die inhaltliche Richtigkeit der Berichts von Dr. Clausnitzer als IM „Meschke" vom 16. August 1978 bestätigt. Dort heißt es:

„... Bei den letzten Untersuchungen der Nationalmannschaft der Schwimmer, speziell im Bereich weiblich, sind von 13 untersuchten Proben 10 positiv mit Befund festgestellt {131} worden. Entsprechende Meldungen an den SMD wurde durch das Dopinglabor getätigt. Zu bemerken ist dazu, daß am Freitag, dem 18.08.78. zur Eröffnung der Schwimmweltmeisterschaft in Berlin-West bereits erste Proben und Kontrollen genommen werden. ...“

IM „Meschke“/Dr. Clausnitzer fährt in seinem Bericht vom 7. September 1978 fort:

„... Nachzutragen wäre zu meiner Berichterstattung vom 16.08.78, daß unter den Schwimmerinnen der DDR-Mannschaft bis zum Start in Westberlin 2 bekannte Aktive als krank gemeldet werden mußten, da die Untersuchungen im Dopinglabor auf Anabolikarückstände bis zuletzt positiv verliefen. ...“

61Die Feststellungen zur Pharmakologie und den heutigen wissenschaftlich gesicherten Erkenntnissen über die Nebenwirkungen anaboler Steroide (E.1., E.2.) beruhen auf den nachvollziehbaren Ausführungen der Sachverständigen Prof. Dr. Rietbrock und Prof. Dr. Lübbert, die sie so vorgetragen haben, wie sie von der Kammer nach eigener Prüfung als richtig festgestellt worden sind. Die Kenntnisse von den Wirkstoffen der im DDR-Schwimmsport verwendeten Präparate Oral-Turinabol, Depot-Turinabol, Testosteron und Depot-Testosteron beruhen auf den in der Hauptverhandlung im Selbstleseverfahren eingeführten Informationen des VEB Jenapharm.

Die Feststellungen zu den Gesundheitsschäden der Zeuginnen beruhen ebenfalls auf den überzeugenden Ausführungen der Sachverständigen Prof. Dr. Rietbrock und Prof. Dr. Lübbert. Daneben beruhen die Angaben zu den einzelnen festgestellten Gesundheitsschäden auf den glaubhaften Angaben der jeweiligen Zeugin gegenüber der Kammer, bei der Zeugin A. darüber hinaus auf ihrer Krankenakte, in denen die Transaminasenanstiege dokumentiert sind. Schließlich beruhen die Feststellungen auf der eingehenden endokrinologischen und gynäkologischen Untersuchung der Zeuginnen durch den Sachverständigen Prof. Dr. Lübbert.

Danach ist es wissenschaftlich erwiesen, daß es bei allen neun Zeuginnen bei jedem einzelnen Vergabezyklus infolge der Zuführung von jeweils mindestens 150 mg Oral-Turinabol mindestens zu einer Störung der sogenannten Releasing-Hormone im Hypothalamus kam, welche den sogenannten Pulsgenerator steuern. Durch die Störung des Pulsgenerators wurden auch die Steuerungshormone LH und FSH, die in der Hirnanhangsdrüse (Hypophyse) gebildet werden, und die den Zyklus der Eierstöcke regeln, bei diesen Zeuginnen gestört. Dieser Effekt wurde bei den Zeuginnen E. und L. zusätzlich durch die Zuführung von jeweils 50 mg Nandrolondekanoat in Form von jeweils einer Spritze mit Nandrolondekanoat verstärkt.

Nach den überzeugenden Ausführungen der Sachverständigen kam es bei allen neun Zeuginnen bei jedem Vergabezyklus infolge der Zuführung von jeweils mindestens 150 mg Oral-Turinabol zu einer ungünstigen Beeinflussung des Fettstoffwechsels, und zwar jeweils {132} zu einem Absinken des sogenannten „guten“ oder unbedenklichen HDL-Cholesterins und zu einem Anstieg des sogenannten „schlechten“ oder schädlichen LDL-Cholesterins. Dieser Effekt wurde bei den Zeuginnen E. und L. jeweils in einem Fall zusätzlich durch die Zuführung von jeweils 50 mg Nandrolondekanoat in Form von jeweils einer Spritze mit Nandrolondekanoat verstärkt.

Ferner trat nach dem überzeugenden Gutachten der Sachverständigen bei fünf Schwimmerinnen, nämlich bei den Zeuginnen E., A., J., L. und Dr. K. eine Stimmvertiefung auf, wobei sich außer bei der Zeugin A. bei allen die Vertiefung der Stimme nach Beendigung des Leistungssports wieder zurückgebildet hat. Auch die immer noch sehr tiefe Stimme der Zeugin Dr. K. hat sich im Laufe der Jahre wieder etwas angehoben. Gerade die teilweise Normalisierung der Stimmhöhe nach Absetzen der Anabolika ist für eine exogene Ursache eher typisch. Auch die bei der Zeugin A. kurz nach der Menarche aufgefallene deutliche Stimmerniedrigung ist mit großer Wahrscheinlichkeit überwiegend exogen bedingt. Hierfür spricht der sehr früh – schon vor der Menarche – einsetzende Anabolikaeinfluß, von dem die Zeugin in der Hauptverhandlung berichtet hat. Eine physiologische, pubertätsbedingte Vertiefung hätte, wie der Sachverständige Prof. Dr. Lübbert ausgeführt hat, später einsetzen müssen, zumal die sehr unregelmäßigen Blutungen im ersten Jahr nach der Menarche auf eine verzögerte Pubertät bei der Zeugin A. hinweisen.

Neben der tief gebliebenen Stimme hat die Untersuchung bei der Zeugin A. eine vermehrte Behaarung im Gesicht festgestellt. Die Sachverständigen haben die evidente Virilisierung im Bereich von Oberlippe und Kinn aus zwei Gründen nur als wahrscheinliches, nicht aber sicheres Zeichen für die Verabreichung anaboler androgener Steroide angesehen, weil diese Virilisierung erst gegen oder nach Ende des Leistungssports (1979/1980) auftrat und weil bei der Zeugin ein aktuell deutlich erhöhter Testosteronspiegel im Blut festgestellt wurde. Die Sachverständigen bekunden indes, daß diese bei der Zeugin A. festgestellte angeborene sog. ovariell bedingte Hyperandrogenämie zumindest mitverantwortlich für das Ausmaß der jetzigen Virilisierung ist und die unvermindert tief gebliebene Stimme erklärt. Die Tatsache, daß die Virilisierung trotz der von der Zeugin bereits während des Leistungssports eingenommenen „Pille“, welche normalerweise die Testosteronbildung in den Eierstöcken stark hemmt, gleichwohl auftrat, weist daraufhin, daß exogene Einflüsse wie Anabolika die endogenen Einflüsse verstärkt haben müssen. Dies ist auch deshalb wahrscheinlich, weil die Zeugin A. die „Oral-Turinabol“-Tabletten schon ein gutes halbes Jahr vor ihrer Menarche erhalten hat.

Nach dem Gutachten der Sachverständigen ist es fragwürdig, ob die bei der Zeugin A. festgestellte leicht zystische Transformation des linken Eierstockes durch die frühere androgene/anabole Medikation induziert oder verstärkt wurde, da auch diskutiert wird, daß sie eine Folge eines erhöhten Testosteronspiegels, z.B. durch vermehrte Produktion in den Ne-{133}bennierenrinden sein kann. Ein Hinweis auf eine derartige Überproduktion von Testosteron in den Nebennierenrinden fand sich jedoch bei der Zeugin nicht, so daß die Frage, ob exogene anabol-androgene Steroide hier möglicherweise einen Verstärkereffekt ausgeübt haben, offen bleibt. Das Beispiel der Zeugin A. verdeutlicht jedoch, daß für Frauen, die bereits endogen vermehrt Androgene bilden und eventuell besonders sensibel auf Androgene reagieren, jegliche zusätzliche exogene Zufuhr dieser Hormone ein besonders hohes Gesundheitsrisiko bedeuten.

Im Hinblick auf Lebertumore und andere Leberschäden betonten die Sachverständigen, daß die gleichzeitige Einnahme von „Oral-Turinabol“ und der „Pille“ eine deutliche Steigerung des Risikos für solche Leberschäden bedeutet, da beide die diese Schäden auslösenden sog. 17-Alpha-alkylierten Steroide enthalten. Das Risiko erhöht sich weiterhin mit der Dosis und der Einnahmedauer dieser alkylierten Steroide. Die bei der Zeugin Dr. K. diagnostizierte Hepatitis C sowie die bei den Zeuginnen E. und R. festgestellten kleinen gutartigen Gefäßgeschwülste („Hämangiome“) und die bei der Zeugin F. festgestellte Zyste sind nicht als Folge der Steroidmedikation anzusehen. Hingegen ist es plausibel, daß die in den Krankenakten der Zeuginnen E. und A. angeführten erhöhten Leberenzyme auf eine wiederholte Gabe anaboler Steroide zurückzuführen sind. Als Ursache dieser sog. „Transaminasenanstiege“, die Anzeichen für eine Zerstörung von Leberzellen sind, ist sowohl die bei der Zeugin A. aus der Krankenakte ersichtliche chronische Harnwegsentzündung oder die ebenfalls aus der Krankenakte zu entnehmende Halotannarkose im September 1977 auszuschließen. Letztere kann nur zu einem kurzfristigen, nicht aber über Monate andauernden Anstieg der Transaminasen führen, insbesondere nicht den vorangegangenen Transaminasenanstieg im März 1977, aber auch die zeitlich späteren Transaminasenanstiege vom April 1978 und Mai 1979 verursacht haben. Die bei der Zeugin Dr. K. im November 1993 diagnostizierte sog. fokale noduläre Hyperplasie, ein sehr seltener, gutartiger Lebertumor, ist wahrscheinlich durch eine langjährige Pilleneinnahme und eine eventuell ebensolange, der Pilleneinnahme vorangegangene und später gleichzeitige Einnahme von anabolen Steroiden (Überlappungszeit: 6 Monate) ausgelöst worden. Seit Absetzen der Medikamente hat der Tumor sich von 10 cm auf 3,5 cm Durchmesser zurückgebildet.

Insgesamt ergibt sich nach dem in der Hauptverhandlung erstatteten Gutachten,

daß bei fünf von neun bzw. elf untersuchten Schwimmerinnen – den Zeuginnen E., A., J., L. und Dr. K. – eine zum Teil reversible Stimmvertiefung als wahrscheinliche Folge von Anabolika auftrat;
daß die bei einer Schwimmerin – der Zeugin A. – im Gesicht zu erkennende starke Behaarung mit großer Wahrscheinlichkeit durch Anabolika bedingt oder verstärkt worden ist;
daß bei zwei Schwimmerinnen – den Zeuginnen A. und E. – eine passagere Schädigung der Leber (Transaminasenanstieg) aufgetreten ist, die wahrscheinlich auf einen Anabolikaeinfluß zurückzuführen ist; {134}
daß bei einer Schwimmerin – der Zeugin Dr. K. – ein Lebertumor gefunden wurde, der nach einer 8jährigen Pilleneinnahme und einer eventuell ebenso langen Anabolikaanwendung auftrat. Die Mitbeteiligung der Anabolika ist von medizinischem Standpunkt aus wahrscheinlich.

Die Kammer hat sich den umfassenden sachverständigen Ausführungen nach eigener Prüfung anhand des von ihnen angegebenen medizinischen Schrifttums, der von den Nebenklägerinnen eingereichten und im Selbstleseverfahren in die Hauptverhandlung eingeführten zahlreichen medizinischen Aufsätze, Studien und Dissertationen, insbesondere der DDR, sowie weiteren sportmedizinischen und juristischen Schrifttums (Sehling/Pollert/Hackfort, Doping im Sport, Medizinische, sozialwissenschaftliche und juristische Aspekte, 1989, S. 28-52; Schneider-Grohe, Doping. Eine kriminologische und kriminalistische Untersuchung zur Problematik der künstlichen Leistungssteigerung im Sport und zur rechtlichen Handhabung dieser Fälle, Lübeck 1979, S. 47-52; Schild, Doping in strafrechtlicher Hinsicht, in: Rechtliche Fragen des Dopings, Heidelberg 1986, S. 13 ff.; Müller, Doping im Sport als strafbare Gesundheitsbeschädigung [§§ 223 Abs. 1, 230 StGB]?, Baden-Baden 1993; Ahlers, Doping und strafrechtliche Verantwortlichkeit – Zum strafrechtlichen Schutz des Sportlers vor Körperschäden durch Doping, Baden-Baden 1994) angeschlossen.

Hinsichtlich der weiteren festgestellten körperlichen Schäden hat die Kammer nach Anhörung der Zeuginnen und Gutachter sowie der Sichtung weiterer medizinischer Fachliteratur mit einem nach der Lebenserfahrung ausreichenden Maß an Sicherheit, das keinen vernünftigen Zweifel bestehen läßt, die Überzeugung gewonnen, daß die bei den Zeuginnen A., Dr. K., J., E. und L. eingetretene Stimmvertiefung, die bei der Zeugin E. im Juni 1976 und bei Zeugin A. im März 77, April 78 und Mai 1979 eingetretenen Transaminasenanstiege, die auf Virilisierung zurückgehende Behaarung der Zeugin A. sowie die fokale noduläre Hyperplasie der Zeugin Dr. K. zumindest mitursächlich auf die teilweise langandauernde Vergabe der Anabolika zurückzuführen und daher den Angeklagten zuzurechnen sind.

Dafür sprechen vor allem die umfassenden und zutreffenden Ausführungen der Sachverständigen, wonach die genannten Spätfolgen aus medizinischer Sicht als wahrscheinliche bzw. sehr wahrscheinliche Folgen der Anabolikavergabe anzusehen sind (vgl. BGH, Urt. v. 12. November 1997 – 3 StR 325/97 – BGHR, vor § 1 StGB/Kausalität, Beweiswürdigung 3).

Zudem läßt die festgestellte frappierende Häufigkeit gerade derjenigen Symptome, welche für die Verabreichung von Anabolika typisch sind, nach Auffassung der Kammer den Schluß zu, daß die festgestellten Schäden ihre Ursache vor allem – wenn auch nicht aus-{135}schließlich – in den von den Angeklagten begangenen Straftaten haben. Andere Ursachen – z.B. Vererbung oder die vom Angeklagten Gläser als Erklärung behaupteten „nicht auskurierten Erkältungskrankheiten“ –, konnten ausgeschlossen werden. Gerade die – bei den Zeuginnen Dr. K. und vor allem A. allerdings nur sehr beschränkte – Normalisierung der Stimmhöhe nach Absetzen der Anabolika ist für eine exogene Verursachung durch Anabolika typisch und schließt insbesondere eine vererbte tiefe Stimme – wie z.B. bei der Zeugin F. – aus. Anhaltspunkte dafür, daß die bei der Zeugin A. im Alter von fünf Jahren diagnostizierte Stimmerkrankung für die etwa zehn Jahre später – während der Anabolikaeinnahme – aufgefallene deutliche Stimmerniedrigung ursächlich sein könnte, sind nicht erkennbar geworden: Vielmehr stellte sich gemäß der Krankenakte der Zeugin A. die bei ihr am 1. März bzw. 9. Oktober 1968 diagnostizierte Stimmerkrankung als ein Lispeln heraus, welches vor allem durch eine Kieferkorrektur behoben werden sollte. Der bei dieser Zeugin in der sachverständigen Untersuchung auch heute noch festgestellte erhöhte natürliche Testosteronspiegel ist als alleinige Ursache des bei ihr festgestellten Hirsutismus nach den überzeugenden Ausführungen der Sachverständigen nicht anzunehmen, dies gilt auch – und sogar erst recht – unter Berücksichtigung der gleichzeitigen Einnahme der Pille. Vielmehr zeigt gerade die Zeugin A. exemplarisch auf, daß im Falle einer genetischen Disposition auch im Verhältnis zu Gewichtheber- und Bodybuildern-Dosierungen verhältnismäßig geringe Mengen ausreichen, um die für die Anabolikavergabe an Frauen typischen Virilisierungserscheinungen auszulösen.

In den Fällen der Stimmvertiefungen, der passageren Schädigungen der Leber und der vermännlichenden Behaarung kommt zudem hinzu, daß diese Folgen bereits während der Einnahme bzw. unmittelbar an den Anschluß der Anabolikavergabe eingetreten sind. Daß die bei den Zeuginnen A. und E. bereits während der Tatzeit aufgetretenen passageren Schädigungen der Leber (sog. Transaminasenanstiege) etwa auf extreme Muskelbelastungen zurückzuführen seien, haben die Sachverständigen ebenfalls mit wissenschaftlich zutreffender und nachvollziehbarer Begründung verneint. Solche sog. „untypischen“ Transaminasenanstiege seien bisher nur bei Gewichthebern beobachtet worden, welche ihre Muskeln einer sehr kurzzeitigen, extrem ruckartigen Spitzenbelastung aussetzten. Die Muskelbeanspruchung von Schwimmerinnen bestehe jedoch – sowohl bei dem Training im Wasser als auch am sog. „Herkules“ – nicht aus solchen extrem kurzfristigen ruckartigen Höchstbelastungen, sondern im Training von Dauerbelastung und dem Aufbau von Muskelmasse durch andauernde mehrmalige Wiederholung der Gewichtsübungen. Ebenfalls stehen die in der Krankenakte der Zeugin A. dokumentierte chronische Harnwegsentzündung wie auch die der bei ihr im September 1977 angewandte Halotannarkose bei Tonsillektomie wissenschaftlich ohne jeden Zweifel in keinem Zusammenhang mit den Transaminasenanstiegen. {136}

Dem Ursachenzusammenhang zwischen der Anabolikavergabe der Angeklagten und den bei den jeweiligen Zeuginnen eingetretenen Spätfolgen steht auch nicht im Falle des Lebertumors der Zeugin Dr. K. der lange zeitliche Abstand zwischen Vergabezeitraum und Entdeckung des Lebertumors entgegen. Die Auffassung, in solchen Fällen sei eine für die strafrechtliche Zurechnung notwendige wissenschaftlich abgesicherte Beweisführung einer adäquaten Kausalität wegen des Zeitablaufs nicht mehr möglich (Ahlers, a.a.O., S. 205 ff.), verkennt, daß nach den vollumfänglich zutreffenden Ausführungen der Sachverständigen im vorliegenden Falle sich beide eruierbaren möglichen Ursachen, nämlich die Vergabe der Anabolika in Form des Testosteronderivats Oral-Turinabol und die Einnahme der Pille, nicht gegenseitig ausschließen, sondern erst deren gemeinsame Einnahme als Ursache anzusehen ist. In ihnen wirken dieselben 17-Alpha-alkylierten Substanzen, so daß zwar keine Alleinverursachung des Lebertumors durch die im Oral-Turinabol (nicht im Depot-Turinabol oder exogenen Testosteron) enthaltenen 17-Alpha-alkylierten Substanzen, jedoch deren Miturheberschaft angenommen werden kann. Die Kammer folgte auch der Einschätzung der Sachverständigen, daß der lange Zeitraum zwischen der Beendigung der Anabolikavergabe im Jahre 1984 und der Entdeckung des Lebertumors im Jahre 1993 die Mitursächlichkeit der jahrelangen Anabolikavergabe – neben der zeitweise gleichzeitigen bzw. anschließenden Einnahme der Pille aufgrund der Besonderheiten des Organs der Leber – welche tumorfördernde Stoffe über mehrere Jahre zunächst ohne Entwicklung eines Tumors „schlukken“ kann – nicht entgegensteht, sondern geradezu typisch ist. Die Kammer befindet sich mit dem von ihr vertretenen Standpunkt zudem in Übereinstimmung mit der in der strafrechtswissenschaftlichen Literatur vertretenen Wertung, daß die – auch hier festgestellten – Folgeschäden derart typisch für Anabolika-Substanzen bei Frauen seien, daß deren Auftreten nur auf einer Dopingmitteleinnahme beruhen könnten (Müller, a.a.O., S. 79 f.; Schild, a.a.O., S. 23).

Die Angeklagten handelten (bedingt) vorsätzlich.

Sie wußten, daß weder die verabreichten Oral-Turinabol-Tabletten noch die injizierten Testosteron- bzw. Depot-Turinabol-Spritzen medizinisch indiziert waren. Sie wollten den – wie sie wußten – gesunden Sportlerinnen gleichwohl anabole Steroide in therapeutisch wirksamer Dosis verabreichen, um deren schwimmerisches Leistungsvermögen weiter zu steigern. Besonders wird dies bei der Analyse der Wirksamkeit der Anwendung unterstützender Mittel im DSSV im Olympiajahr 1979/80 vom 24. Oktober 1980 deutlich, die von Dr. Kipke und dem Angeklagten Dr. Binus angefertigt wurde. Aus ihr wird erkennbar, daß Anabolika ausschließlich verabreicht worden sind, um „*den 1. Platz in der Gesamtnationenwertung*“ im „*Weltschwimmsport*“ zu „*erkämpfen*“ bzw.

„zurückzuerobern“. Das Eintreten der ihnen bekannten Nebenwirkungen nahmen sie dabei billigend in Kauf. {137}

Die Einlassung des Angeklagten Dr. Binus, er habe teilweise von den Nebenwirkungen nichts gewußt bzw. bei den vorgesehenen Dosierungen keine schädlichen Nebenwirkungen erwartet, ist zur Überzeugung der Kammer widerlegt. Sie ist schlicht unwahr.

Tatsächlich war, wie die Sachverständigen unter Nachweis von medizinischem Schrifttum überzeugend belegten, bezogen auf das gesamte wissenschaftliche Schrifttum im deutsch- und fremdsprachigen Raum schon im Jahre 1977 die ganze Bandbreite der erheblichen schädlichen Nebenwirkungen und damit der Gesundheitsrisiken beim Einsatz anaboler Steroide bekannt. Bezogen auf die schädlichen Nebenwirkungen beim Einsatz anaboler Steroide ist daher der Wissensunterschied in der Forschung und Wissenschaft zwischen 1977 und heute minimal. Auch wenn klinische Studien meistens die Behandlung von Männern mit anabolen Steroiden erfaßte, waren die geschilderten Nebenwirkungen bei der Vergabe von anabolen Steroiden an Frauen ebenfalls ausreichend erforscht und daher ebenfalls allgemein schon 1977 bekannt.

Zum großen Teil wußten sowohl Wissenschaftler des deutschsprachigen Raums als auch Wissenschaftler der VEB Jenapharm als Hersteller der meisten in der DDR benutzten anabolen Steroide sogar schon vor 1977 um die schädlichen Nebenwirkungen anaboler Steroide. Dabei schilderten die Wissenschaftler die Nebenwirkungen allerdings schonungsloser als der VEB Jenapharm, wie ein Vergleich zeigt.

Das in der DDR im Sport am häufigsten verwandte anabole Steroid war das als Tablette applizierte Präparat Oral-Turinabol des VEB Jenapharm. Es kam in der DDR 1965 auf den Markt, wobei die Produkte des VEB Jenapharm dabei bis 1989 keine Beipackzettel enthielten.

Es existierten jedoch schon 1965 eine Präparat- bzw. Produktbeschreibung von Oral-Turinabol und ab 1974 sogenannte „Informationen für Ärzte und Apotheker“ über die gesamte Palette der vom VEB Jenapharm produzierten anabolen Steroide. In diesen Informationen für Ärzte und Apotheker wurden die Pharmakologie und die Nebenwirkungen der Präparate beschrieben. Dosierungsanleitungen waren in den Informationen für Ärzte und Apotheker enthalten und waren zusätzlich auch auf den Verpackungen (Faltschachteln) aufgedruckt.

In der ersten Präparat- bzw. Produktbeschreibung von 1965 waren dabei folgende Hinweise zu den Nebenwirkungen von Oral-Turinabol enthalten:

„Die androgenen Nebenerscheinungen jedes Anabolikums sind für die Beurteilung seines Anwendungsbereiches wesentlich. Sie können sich in der Hauptsache bei Frauen und Kindern unangenehm auswirken. Wird die Behandlung mit anabolen Steroiden {138} langfristig und in hohen Dosen durchgeführt, besteht die Möglichkeit androgener Effekte: Hautveränderungen im Sinne einer Akne, allgemein virilisierende [= vermännlichende] Wirkung (Tieferwerden der Stimme, Bartwuchs, Haarausfall, männlicher Habitus, Libidosteigerung und Klitorishypertrophie), vorzeitige Entwicklung sekundärer Behaarung, Hyperkalzämie, vorzeitiger Verschluß der Epiphysenfugen. ...“

Ferner war bei der Dosierung der Hinweis enthalten:

„Bei Patientinnen im Alter von 10 bis 25 Jahren sollten wegen der besonderen Empfindlichkeit der Stimme Anabolika nur mit Zurückhaltung angewandt werden, um einer möglichen androgenen Wirkung bei Frauen mit individueller Virilisierungstendenz vorzubeugen. ...“

Insoweit gab die Produktinformation des VEB Jenapharm von 1965 den damaligen Erkenntnisstand der Wissenschaft über das mögliche Spektrum der Nebenwirkungen anaboler Steroide zutreffend wieder.

Diese Nebenwirkungen anaboler Steroide waren schon 1965 auch im wissenschaftlichen Schrifttum der DDR bekannt. So berichteten Konrad Seige, Renate Köhler (beide Medizinische Klinik der Martin-Luther-Universität Halle-Wittenberg) und Gisela Mühlberg (Medizinische Klinik der Karl-Marx-Universität Leipzig) in der (DDR-)*Zeitschrift für die gesamte Innere Medizin* 1964 in einem Aufsatz über die *„Klinische Anwendung der anabolen Steroide"* auf Seiten 178 ff.:

„Obwohl die differenzierte Hormonwirkung der Anabolika so gehalten ist, daß der myotrope [d.h. anabole] Effekt wesentlich stärker als der androgene ausgeprägt ist, muß man doch mit Nebenwirkungen dieser Pharmaka rechnen. Sie sind in Tabelle 3 zusammengestellt. Androgene Effekte können bei Frauen auftreten und sich in Virilismus, Hautveränderungen und Menstruationsanomalien äußern.

Tabelle 3

Nebenwirkungen

Frauen	Virilismus (Haar, Bart, Stimme), Menstruationsanomalien, Akne, ölige Haut, Klitoriswachstum
Kinder	vorzeitiger Epiphysenfugenschluß, Hirsutismus, Mädchen wie oben
Männer	Libidosteigerung, Hemmung der Spermiogenese

...

Neben diesen gewissermaßen spezifischen Effekten oder Nebenwirkungen kommen aber auch toxische Allgemeinerscheinungen zur Beobachtung, die sich in Inappetenz, Abgeschlagenheit und allgemeinem Unwohlsein äußern. Eine gefürchtete Komplikation, {139} die allerdings nicht sehr häufig ist, ist das Auftreten einer Cholostase. Die Leberzellfunktion kann so gehemmt werden, daß es zum Auftreten des sog. Steroidikterus kommt. ...

Eine absolute Kontraindikation für die Anwendung der Anabolika stellt die Schwangerschaft dar. Die Keimschädigungen können erheblich sein und müssen vermieden werden. ..."

Zur Wahrscheinlichkeit des Eintretens solcher androgener Nebenwirkungen unter Anwendung von Oral-Turinabol enthielt die Produktinformation des VEB Jenapharm von 1965 folgende Aussage:

„4-Chlor-1-dehydo-metyhltestosteron [der Oral-Turinabol-Wirkstoff] stimuliert die Proteinsynthese nach oraler Applikation ohne nennenswerte androgene Nebenwirkungen."

Im letzten Absatz zu den Nebenwirkungen fand sich in der Produktinformation von 1965 sogar folgender Passus:

„Nach Oral-Turinabol sind diese [oben beschriebenen] Nebenwirkungen unter der Therapie auch nach längerer Anwendung nur in besonderen Einzelfällen bekanntgeworden."

Ferner wurde in der Produktinformation von 1965 gewarnt:

„Die Applikation von Anabolika ist bis zur 16. Schwangerschaftswoche nicht ratsam, da während dieser Zeit mit erhöhter Virilisierung gerechnet werden muß."

Hätte somit ein Anwender von Oral-Turinabol noch 1965 davon ausgehen können, daß, mit Ausnahme von Schwangerschaften, Nebenwirkungen unter der Therapie mit Oral-Turinabol auch nach längerer Anwendung nur in besonderen Einzelfällen auftreten würden, so sah die Erkenntnis der Wissenschaft schon 1973 anders aus. 1973 war vielmehr bekannt, daß bei langzeitiger Steroidbehandlung vor allem bei jugendlichen Sportlern im Wachstumsalter *fast immer mit Nebenwirkungen* zu rechnen ist.

So berichtete Klaus-Peter Littmann von der Medizinischen Universitätsklinik Marburg an der Lahn 1973 in der Zeitschrift *Internist* 1973, Heft 14, S. 621 ff. in seinem Aufsatz *„Was ist gesichert in der Therapie mit anabolen Steroiden?“* wie folgt [Seite 627]:

„... Viele Spitzensportler nehmen anabole Steroide zur Verbesserung ihrer Muskelkraft. ... Kontrollierte Studien an Sportlern wurden bisher mit Dianabol und Primobolan durchgeführt. Dabei zeigte sich, daß unter Dianabol bei regelmäßigem Training sowohl die Muskelkraft ... als auch das Körpergewicht anstiegen. Es sollte berücksichtigt werden, daß bei langzeitiger Steroidbehandlung vor allem bei jugendlichen Sportlern im Wachstumsalter fast immer mit Nebenwirkungen zu rechnen ist. ...
[Seite 628]... Die Beobachtung virilisierender Erscheinungen gehört zu den geläufigsten, leicht verständlichsten und häufigsten Nebenwirkungen. In der Regel handelt es sich nur um diskrete Veränderungen, die besonders bei Kindern und Frauen beobachtet werden. Rauhere Stimmlage, Zunahme der Pubes- und Gesichtsbehaarung, ölige Haut, Acne, {140} Cyclusstörungen, Veränderungen des Vaginalepithels und manchmal eine Steigerung der Libido sind die häufigsten Zeichen.“

Schon 1973 war auch die Nebenwirkung der Stimmvertiefung bei Frauen nach Anwendung von Anabolika bekannt, wobei *besonders junge Frauen gefährdet* waren. Zusätzlich gab es die Erkenntnis, daß auch Anabolika mit geringer spezifisch androgener Wirkung bei längerem Gebrauch zu den gleichen Stimmveränderungen führen können. Dies bedeutet, daß der Versuch, bei synthetisch hergestellten Steroiden die androgenen Wirkungen zu minimieren und nur die anabolen bzw. myotropen Wirkungen zu betonen, jedenfalls in Bezug auf Stimmveränderungen bei Frauen nicht gelungen war. *Es gab bei den anabolen Steroiden folglich keine anabole Wirkung ohne androgene Nebenwirkungen.* So berichteten 1973 auch H. E. Voss und G. Oertel in ihrem Werk, *Androgene I,* Berlin, Heidelberg, New York 1973, auf Seite 582 über Nebenwirkungen der Androgene:

„...
Eine bis vor kurzem wenig beachtete Nebenwirkung der Androgenbehandlung bei Frauen sind die Störungen der weiblichen Stimme ..., die meist als Folge einer Behandlung mit Androgenen oder Androgenen + Oestrogenen auftreten. Die hörbaren Stimmveränderungen bestanden in einer Vertiefung der Sprech- und Singstimme, einem Heiserwerden und in Störungen der Stimmintensität, ...
Der Grad der Stimmveränderung und die Zeit bis zu ihrem Auftreten hängen nicht nur von der Dosis der Medikamente, sondern wahrscheinlich noch mehr von einer konstituellen hormonalen Labilität ab; sehr junge Frauen und solche kurz vor der Menopause sollen besonders empfindlich sein. Bei fortgeschrittenen Stimmveränderungen ist mit einer Regression der Symptome nach Absetzen der Behandlung nicht zu rechnen, bei frühzeitigem Absetzen können sich leichtere Grade zurückbilden; Zugaben von Oestrogenen sind wirkungslos. ...
Es ist zu beachten, daß auch Anabolica mit geringer spezifisch androgener Wirkung bei längerem Gebrauch zu den gleichen Stimmveränderungen führen können wie die eigentlichen Androgene (Arendt, Bauer). Auf diese Gefahr hat Schlöndorff (166) neuerdings besonders eindrücklich hingewiesen und eine sehr strenge Indikationsstellung bei der Anwendung anaboler Hormone bei der Frau verlangt, vor allem auch bei solchen mit Sprechberufen, also Sängerinnen und Schauspielerinnen, aber auch bei Telefonistinnen und Verkäuferinnen. ...“

1974 wurden die VEB Jenapharm-Informationen für Ärzte und Apotheker (NIM) Turinabol®, die die Produkte Oral-Turinabol, Turinabol-Ampullen und Turinabol-Depot-Ampullen betrafen, überarbeitet. Trotz der 1973 schon vorhandenen wissenschaftlichen Erkenntnis, daß auch Anabolika mit geringer spezifisch androgener Wirkung bei längerem Gebrauch zu Stimmveränderungen führen können, hieß es zur Pharmakologie dort noch:

„Ein anaboler Effekt ist mit beiden Anabolika bereits nach Dosen zu erreichen, die weit unterhalb des androgenen Wirkungsbereiches liegen, so daß therapeutisch eine sehr hohe Sicherheit gegenüber androgenen Nebenwirkungen gewährleistet ist. ...“ {141}

Andererseits wurde bezüglich des Auftretens von Nebenwirkungen vor zu langer Anwendung und zu hoher Dosierung gewarnt. Es hieß dort nämlich auch [im Original ohne Hervorhebung]:

„Androgene Nebenwirkungen können sich hauptsächlich bei Frauen und Kindern nachteilig auswirken, *wenn die Behandlung mit anabolen Steroiden langfristig und in hohen Dosierungen durchgeführt wird.*
Androgene Effekte manifestieren sich zuerst im Tieferwerden der Stimme, sodann in allgemein virilisierenden Wirkungen (Bartwuchs usw.), in Hyperkalzämie und vorzeitigem Epiphysenschluß bei Kindern.“

Trotz der Erkenntnisse von 1973, daß bei langzeitiger Steroidbehandlung vor allem bei jugendlichen Sportlern im Wachstumsalter fast immer mit Nebenwirkungen zu rechnen ist, war in den Informationen zu den Nebenwirkungen von 1974 dann aber weiterhin folgender verharmlosender Passus enthalten, der der in der gleichen Information ausgesprochenen Warnung vor Nebenwirkungen bei einer langfristig und in hohen Dosierungen durchgeführten Behandlung mit anabolen Steroiden widerspricht:

„Nach Oral-Turinabol sind derartige Nebenwirkungen selbst bei längerer Anwendung bisher nicht bekannt geworden.“

1976 wurde die VEB-Jenapharm-Information für Ärzte und Apotheker bezüglich der Produkte Oral-Turinabol, Turinabol-Ampullen und Turinabol-Depot-Ampullen erneut überarbeitet. Im Gegensatz zur Information von 1974 enthielt diese zwei Jahre später herausgegebene Information für Ärzte und Apotheker (NIM) Turinabol® von 1976 zusätzliche Warnhinweise zu androgenen Nebenwirkungen. Der einschränkende Zusatz zu den Nebenwirkungen von 1974, daß „nach Oral-Turinabol ... derartige Nebenwirkungen selbst bei längerer Anwendung bisher nicht bekannt geworden“ sind, fiel weg. Im letzten Absatz zu den Dosierungshinweisen fand sich dann ein neu eingefügter Warnhinweis:

„Bei Erkennen androgener Nebenwirkungen, insbesondere auch schon beim Tieferwerden der Stimme, sollte die Therapie, sofern es die Grundkrankheit gestattet, abgebrochen werden.“

Anabole Steroide waren auch die intramuskulär zu injizierenden Testosteron- und Turinabolpräparate des VEB Jenapharm, die grundsätzlich dieselben Nebenwirkungen hervorrufen können wie die Oral-Turinabol-Tabletten. Zum verstärkten Einsatz nach 1978 kam dabei im DDR-Sport das Präparat Testosteron-Jenapharm bzw. Testosteron-Ampullen mit dem Wirkstoff Testosteronpropionat.

Die Information für Ärzte und Apotheker (NIM) Testosteron Jenapharm von 1975 betrafen das Präparat Testosteron-Jenapharm mit 10 mg bzw. 25 mg Testosteronpropionat pro Ampulle zu 1 ml und das Präparat Testosteron-Depot mit 250 mg Testosteronönanthat zu 1 ml. Angesichts des schon 1975 vorhandenen Wissens um die generellen Nebenwirkungen ana-{142}boler Steroide, die sich auch in den Hinweisen zu Oral-Turinabol finden, enthielt die Information dieser Produkte zu den Nebenwirkungen nur folgende überraschend kurze Angabe, die der wissenschaftlichen Erkenntnis über die möglichen Nebenwirkungen anaboler Steroide widersprach:

„Bei sachgemäßer Dosierung sind keine Nebenwirkungen zu erwarten und Unverträglichkeitserscheinungen nicht zu befürchten."

1985 wurde die Information dann auch überarbeitet. Diese überarbeitete Information für Ärzte und Apotheker (ZIM) Testosteron Jenapharm von 1985 betraf weiterhin das Präparat Testosteron-Ampullen Jenapharm mit 25 mg Testosteronpropionat und das Präparat Testosteron-Depot-Ampullen mit 250 mg Testosteronenantat. Hier wurden dann als Nebenwirkungen auch Virilisierungserscheinungen bei Frauen angesprochen. Im einzelnen hieß es dazu:

„Bei therapeutischer Dosierung sind keine Unverträglichkeitserscheinungen zu erwarten, gelegentlich werden Akne und Gynäkomastie beobachtet. Hohe Testosterongaben über einen längeren Zeitraum erhöhen die Neigung zu Wasserretention und Ödemen und können die Spermatogenese irreversibel beeinträchtigen sowie zu Priapismus führen.
Virilisierungserscheinungen (Stimmveränderungen, Hirsutismus, Akne) sind bei Frauen möglich. Besondere Vorsicht ist bei Frauen mit Sprechberufen geboten. Leberfunktionsstörungen sind beschrieben worden."

Unter Warnhinweisen fand sich folgender zusätzlicher Passus:

„Bei Auftreten von Virilisierungserscheinungen bei der Frau im Rahmen einer Karzinomtherapie ist die Anwendung unter Abwägung des Nutzen-Risiko-Verhältnisses zu überprüfen. Entwickelt sich unter der Karzinomtherapie eine Hyperkalzämie, ist die Testosterongabe abzubrechen (Knochenmetastasen)."

Dagegen enthielten die Faltschachteln Inland Oral-Turinabol® 1 mg von 1969-1990 und Inland Oral-Turinabol® 5 mg von 1970-1989, in denen die rosafarbenen Oral-Turinabol-Tabletten zu 1 mg und die blauen Oral-Turinabol-Tabletten zu 5 mg verkauft wurden, keine Beipackzettel oder Informationen über Pharmakologie und Nebenwirkungen. Auf den Seiten der Faltschachtel waren nur die Dosierungshinweise aufgedruckt. Auch die Faltschachtel Inland Turinabol®-Depot von 1974-1991, in der je 10 Ampullen zu je 1 ml verkauft wurden, die jeweils 25 mg Nandrolonphenylpropionat enthielten, enthielt weder Ärzte- und Apotheker-Informationen noch einen Beipackzettel.

Die Informationen für Ärzte und Apotheker des VEB Jenapharm gaben den tatsächlichen Erkenntnisstand über die Risiken und Nebenwirkungen beim Einsatz anaboler Steroide bezüglich der Gefahr von Stimmvertiefungen bei Frauen in der Tendenz nur unvollkommen wieder. Denn gerade die Fälle der Stimmstörungen bzw. Stimmvertiefungen wurden in der {143} DDR *schon Mitte der 70er Jahre* in öffentlich zugänglichen Medizinzeitschriften ganz offen geschildert und diskutiert.

1975 schrieb z.B. der Hals-Nasen-Ohrenarzt Dr. K. Zehmisch von der Poliklinik Plauen in der DDR-Medizinerzeitschrift *Medicamentum* 1975, Heft 12, S. 113 Bemerkungen zur Arbeit „Über den Einfluß des anabolen Steroids Oral-Turinabol auf die konstitutionelle Entwicklungsverzögerung" von G. K. Hinkel und W. Leupold und „Stimmvirilisierung nach Oral-Turinabol" von H. Vierus. Er warnte darin vor irreversiblen Stimmstörungen nach Anabolikavergabe und riet von einer Anabolikaverordnung bei Mädchen ab. Im einzelnen führte er aus:

„Die nachteilige Wirkung von androgen wirkenden Medikamenten auf die weibliche Stimme ist in der internationalen Literatur, speziell im phoniatrischen Schriftentum, seit Jahren bekannt. Diese Mitteilungen wurden 1974 durch die Publikation phoniatrischer Erfahrungsberichte in der Zeitschrift für ärztliche Fortbildung (H. 1) und im Deutschen Gesundheitswesen (H. 27) auch für die DDR erneut bestätigt. In Dresden sahen Tzschoppe und Steude innerhalb von 2 Jahren 8 Patientinnen und Zehmisch registrierte im gleichen Zeitraum in Plauen 19 Patientinnen, bei denen es nach der Behandlung mit Anabolika oder Sexualhormonen zu einer Dysphonie gekommen war.
Charakteristisch für eine Stimmstörung solcher Genese sind immer ein Tieferwerden der Stimme, das Nachlassen der Stimmstärke und die Einschränkung des Stimmumfangs. Die Stimmstörung hat ganz erhebliche Auswirkungen, wenn die Patientin einen sogenannten Sprecherberuf ausübt (Pädagogin, Sängerin, Schauspielerin, Verkäuferin, Telefonistin).
Jede geschlechtliche Hormontherapie sollte deshalb bei Frauen einer strengen medizinischen und sozialen Indikationsstellung unterliegen. Da Hinkel und Leupold selbst bei einem von den vier in ihrer Patientengruppe befindlichen Mädchen eine irreversible Stimmstörung nach der Anabolikabehandlung schildern, sollte von einer Anabolikaverordnung bei Mädchen abgeraten werden. Im Prä- bzw. Pubertätsalter, also in der Periode des physiologischen Kehlkopfwachstums, resultieren nach jahrelanger androgener Einwirkung irreversible Stimmschäden! Damit verbunden sind Einschränkungen der beruflichen Entwicklungsmöglichkeiten und die Prägung einer neuen psychosozialen Konfliktsituation: virilisierte Mädchen bzw. Frauen. Androgen verursachte Stimmschäden erinnern schließlich an die ärztliche Aufklärungspflicht!"

Derselbe Dr. K. Zehmisch von der Poliklinik Plauen berichtete in der DDR-Medizinerzeitschrift *Medicamentum* 1976, Heft 17, S. 283 f. erneut und noch eindrücklicher zu dem Zusammenhang zwischen Stimmvertiefung und Anabolikavergabe. Dabei wies er besonders auf die wissenschaftliche Erkenntnis hin, daß *die anabole Wirksamkeit immer mit einer androgenen Komponente verknüpft* ist, und daß die „Information für Ärzte und Apotheker" – NIM, Ausfertigung 1974 zu den Nebenwirkungen der Turinabolpräparate durch die Praxis widerlegt sind. Er führte dazu aus: {144}

„Nochmals: Hormonell verursachte Stimmstörungen
… Stimmschäden sind vor allem durch folgende Präparate zu erwarten:
– Anabolika
Die anabole Wirksamkeit wird immer mit einer androgenen Komponente verknüpft sein! Aus der DDR-Produktion ist besonders das Oral-Turinabol des VEB Jenapharm zu erwähnen. In Tablettenform sind die Stärken zu 1 mg und 5 mg Dehydrochlormethyltestosteron pro Tablette im Handel.
In der ‚Information für Ärzte und Apotheker' – NIM, Ausfertigung 1974 werden aber die Turinabolpräparate als Testosteron-Derivate ohne ‚nennenswerte androgene Nebenwirkungen' charakterisiert und dem Oral-Turinabol sogar androgene Nebenerscheinungen wie Tieferwerden der Stimme und Bartwuchs abgesprochen.

Die Praxis hat längst das Gegenteil bewiesen. Das Auftreten von Nebenerscheinungen ist hauptsächlich abhängig von der Dosierung des Präparates und von der Empfindlichkeit der Patientinnen. ...“

Dr. Zehmisch berichtete in diesem Aufsatz auch über die Wirkung des Präparates Hormo-Turigeran des VEB Jenapharm, eines anderen anabolen Steroids, das als „Geriatrikum“ in der DDR angewendet wurde und bei dem ein Dragee als Wirkstoff 1 mg Methyltestosteron und 1 mg Chlordehydromethyltestosteron enthält. Der Autor untersuchte im Juni 1975 eine 50jährige Frau, deren mittlere Sprechstimmlage an der unteren Grenze der Sprechstimmlage für Frauen lag und bei der neben Heiserkeit auch eine bis dahin nicht bekannte Oberlippenbehaarung aufgetreten war. Er führte dazu aus:

„... Die genaue Anamnese erbrachte schließlich: zur allgemeinen Stabilisierung erhielt die Patientin seit August 1974 Hormo-Turigeran, zunächst vier Wochen lang 3 x 1 Dragee, danach täglich 2 Dragees. Die Patientin hatte damit jeweils ca. 650 mg Methyltestosteron und Chlordehydromethyltestosteron innerhalb von 10 Monaten eingenommen! Das Präparat wurde sofort abgesetzt. Bei der Kontrolluntersuchung im Januar 1976 gab die Patientin an, ihre normale Stimme wieder zu haben, obwohl die mittlere Sprechstimmlage mit ‚gis‘ nur um einen halben Ton höher eingepegelt war.“

Sodann berichtete er über folgende wissenschaftliche Erkenntnis:

„Wie Pascher und Johannsen mitteilen, sollen schon 500 mg Testosteron genügen, um eine irreparable Stimmstörung hervorzurufen. ...“

Die wissenschaftlichen Berichte in der *Zeitschrift für die gesamte Innere Medizin* und im *Medicamentum* (beides DDR-Fachzeitschriften) waren in der DDR jedem Mediziner frei zugänglich. Die anderen Berichte aus dem ausländischen Schrifttum waren in der DDR ebenfalls verfügbar und wurden insbesondere in Dissertationen gerne verarbeitet und zitiert. {145}

In Bezug auf die schädlichen Auswirkungen der Vergabe anaboler Steroide an Frauen hatten gerade die Ärzte und die Trainer im Sport wie die beiden Angeklagten aus eigenem – über mehrere Jahre andauernden – unmittelbaren Erleben teilweise bessere praktische Erkenntnisse als Mediziner und Pharmakologen. Im Gegensatz zu den im Hinblick auf die Nebenwirkungen verharmlosenden Informationen des VEB Jenapharm berichteten Trainer und Ärzte an das MfS ungeschminkt über die beobachteten Nebenwirkungen der Anwendung anaboler Steroide bei Frauen:

So berichtete der IM „Technik“/Dr. Höppner gegenüber dem MfS schon am 20. September 1973, d.h. vor dem Beschluß zum planmäßigen Einsatz von anabolen Steroiden im Leistungssport der DDR, über die Nebenwirkungen der Anabolikavergabe an Frauen im Schwimmsport:

„...

Zur Anwendung von Anabolen

Nach Einschätzung des IMV wurde bei den Schwimmern etwas zuviel getan. Die enormen körperlichen Veränderungen (Oberschenkel, Rücken) sind eindeutig auf die Anwendung von Anabolen zurückzuführen, wie auch Auswirkungen auf die Sprache und das Zurückgehen der Brüste. Daß speziell bei den weiblichen Aktiven derartige Nachwirkungen auftreten, hat seine Ursache darin, daß durch die Anwendung von Anabolen männliche Hormone dem Körper zugeführt werden und quasi Schein-Zwitter erzeugt werden. Deshalb ist mit der Anwendung sehr verantwortungsvoll umzugehen und vor allem [sind] bestimmte Fristen für das Aussetzen einzuhalten. ..."

Nachdem 1974 der Beschluß zum planmäßigen Einsatz anaboler Steroide gefallen war, berichtete der GMS „Hans" gemäß einem Bericht vorn 7. Mai 1975 gegenüber der Hauptabteilung XX/3 des MfS ebenfalls über die Nebenwirkungen anaboler Steroide bei Mädchen und jüngeren Frauen:

„... Die wesentliche Substanz der Anabolika ist das männliche Sexualhormon, welches sowohl in einer bestimmten Mischung mit anderen Substanzen als auch in fast reiner Form verabreicht wird. Die Wirkung dieses Hormon-Präparates bei Mädchen und jüngeren Frauen im Leistungssport führt zu erheblichen Leistungssteigerungen, wobei jedoch folgende negativen Nebenwirkungen feststellbar sind:
- Schäden der Leber
- Körperveränderungen in der äußeren Form
- Veränderung der Stimme und des Haarwuchses

Die bisherigen Untersuchungen negativer Auswirkungen durch die Sportmedizin zeitigen das Ergebnis, daß diese Nebenwirkungen nicht mehr korrigierbar sind.
Eines der bekanntesten negativen Beispiele stellt die ehem. Leichtathletin des SC Dynamo Berlin, [geschwärzt], dar (tiefe Stimme, Leberschaden, verlorene Fähigkeit, Kinder zu gebären).
Problematisch ist ferner die Verabreichung dieser Mittel bei sehr jungen Sportlerinnen und Sportlern, bei denen das Wachstum noch nicht abgeschlossen ist. {146}
Von einer ganzen Anzahl Trainern und Sektionsärzten werden ohne Kenntnis und Abstimmung mit der Leitung des Sportmed. Dienstes derartige Präparate verabreicht, um in klub-egoistischer Weise bereits junge Sportler zu Höchstleistungen zu bringen. Das findet insbesondere seine Anwendung in der Vorbereitung auf die zentrale Kinder- und Jugendspartakiade der DDR. ...
Die gegenwärtige Situation in einigen wesentlichen Bereichen des Leistungssports der DDR ist, daß ohne die Verabreichung der Anabolika die internationale Spitzenstellung nicht zu halten wäre.
Das betrifft in erster Linie die Frauendisziplinen im Schwimmen und in der Leichtathletik."

Ähnlich äußerte sich Dr. Höppner. Schon in seinem Bericht an das MfS vom 5. August 1976 schilderte der IM „Technik"/Dr. Höppner ein krasses Beispiel der Nebenwirkungen anaboler Steroide und kam dann zu einer Schlußfolgerung:

„Durch eine Krankheit während der Olympischen Sommerspiele der 19jährigen Sprinterin des TSC X. mußte sich der IMV mit dieser eingehender beschäftigen und stellte fest, daß diese zum Rasieren gezwungen ist, die Oberschenkel an der Innenseite stark behaart sind und die Schamhaare bereits bis in die Nabelgegend reichen. Daraufhin führte er mit ihr mehrere Gespräche, da nach der bestätigten Festlegung diese erst seit einem Jahr mit Anabolika versorgt werden durfte. Es stellte sich heraus, daß die X. bereits durch ihren Trainer seit ihrem 15. Lebensjahr mit derartigen unterstützenden Mitteln versorgt wurde. ...
Aufgrund dieser angeführten Beispiele und weiterer getroffener Feststellungen, speziell bei den Schwimmerinnen, ist es nach Auffassung des IMV unbedingt notwendig, Ordnung in das System der Anwendung unterstützender Mittel zu bringen und die gegenwärtige Methode im Interesse der Sportler nicht weiter zu verantworten ist. Es ist notwendig, im kommenden Olympiazyklus nach neuen Mitteln und Wegen zu suchen, die nicht derartige verheerende Auswirkungen nach sich ziehen. Weiterhin wäre es notwendig, daß ein bestimmter Teil, speziell der weiblichen Athleten für die Dauer von mindestens zwei Jahren von der Einnahme von Anabolika ausgeschlossen wird, damit sich die inneren Organe erst einmal wieder normalisieren und stabilisieren. Dies würde jedoch bedeuten, daß bei einigen folgenden internationalen Wettkämpfen, einschließlich EM und WM auf einige Medaillen verzichtet werden müßte.

Der IMV erhielt den Auftrag, eine Ausarbeitung anzufertigen über den gegenwärtigen Stand der Gesamtproblematik (unterstützende Mittel) und darin gleichzeitig Vorstellungen zu entwickeln, was zu tun ist, um hier eine entscheidende Änderung herbeizuführen. ...“

1977 berichtete der IM „Technik“/Dr. Höppner über weitere Nebenwirkungen der Anabolikavergabe an Frauen, speziell im Schwimmsport. Im Treffbericht vom 3. März 1977 gegenüber dem MfS hieß es dazu:

„... 3. Die bisherige Anwendung von anabolen Hormonen hat bei zahlreichen Frauen, insbesondere aber im Schwimmsport zu irreversiblen Schäden geführt.
Zum Beispiel Vermännlichungserscheinungen wie Zunahme der Körperbehaarung, Stimmveränderungen und Triebstörungen. Die Beeinflussung des Geschlechtstriebes {147} war bei einigen Frauen relativ stark ausgeprägt. Dies führte zu Problemen, insbesondere bei Trainingslehrgängen, wo die offiziellen männlichen Partner dieser Frauen nicht anwesend waren.
Psychische Spannungen bis zu Aggressivitäten konnten beobachtet werden. Die Gefahr, daß sich Frauen dann einem anderen Partner zuwandten, war gegeben und ist in einigen Fällen auch erfolgt. Da die Anwendung von anabolen Hormonen während einer Frühschwangerschaft zu Mißbildungen bei dem sich entwickelnden Kind führen kann, wurde die gleichzeitige Anwendung von Antikonzeptionsmitteln empfohlen.
Trat während des Anwendungszeitraumes von anabolen Hormonen dennoch eine Schwangerschaft ein, wurde in jedem Fall eine Schwangerschaftsunterbrechung angeordnet.
Schwangerschaften, die nach der Anwendung von anabolen Hormonen eintraten, verliefen bisher komplikationslos und die Sportlerinnen haben gesunde Kinder geboren.
4. ... Ebenso lassen sich gewisse unerwünschte Nebenwirkungen bei Frauen aufgrund physiologisch-biologischer Aspekte generell nicht vermeiden, ohne Abstriche in der Leistungsunterstützung durch diese Präparate machen zu wollen. ...“

Auch dem Angeklagten Gläser waren die Nebenwirkungen entgegen seiner Einlassung bekannt. Die gesamten Nebenwirkungen anaboler Steroide auf den menschlichen Organismus lassen sich dem Referat des Verbandsarztes Dr. Kipke zu diesem Thema zur Weiterbildung der DDR-Schwimmtrainer, an welcher nach der geführten Anwesenheitsliste auch der Angeklagte Gläser teilgenommen hatte, entnehmen, dessen handschriftliche Ausarbeitung in einem bei ihm beschlagnahmten hellblauen Schnellhefter von der Kammer im Original in Augenschein genommen und verlesen wurde. Dort heißt es (Hervorhebungen im Original):

„... Frage was ist die *Wirkung*, die im *Frauenbereich* den Klassenunterschied bewirkt: anabol oder androgen.

– *anabol*	–	Muskelhypertrophie – Kraft-Gew. Zunahme
– *androgen*	–	*Veränd. des psych. Verhaltens, Belastungverträglichkeit, Angriffslust, gute Stimmung, körperl. Wohlbefinden. (Umgestaltung des weibl. – mehr zum männl. Bau (Umwandlung Fett in Muskululatur. Verfestigung des Bigew.)*

Das birgt *äußerliche Kennzeichen: tiefe Stimme, Behaarung, Akne.*
... {148}
Nachteile

[Frauen]:	*Virilisierung, Stimme, Behaarung, Akne, Zyklusverschiebungen.* bei Schwangerschaft transplazentare Virilisierung der weiblichen Foeten. (Pille)
[Männer]:	*Hemmung der Eigenprod. an Testosteron* (nicht bei O.T.-Gabe) (Testo[?], Akne.

[Frauen + Männer]: *Leberstörungen*
a. *intrahepatische* Cholostase
b. *zellige Infiltration* mit Oedem in den Periportalfeldern
c. *fokale Nekrosen*"

Die Kammer nimmt daher beiden Angeklagten nicht ab, das bei den Zeuginnen A., Dr. K., J., E. und L. bereits während ihrer aktiven Laufbahn eingetretene frappierende Tieferwerden ihrer Stimme und den insbesondere von den Zeuginnen L., E., D. und Dr. K. geschilderten enormen Körpermassenzuwachs nicht bemerkt bzw. – wie der Angeklagte Gläser behauptet hat – nicht mit der Vergabe von Anabolika in Verbindung gebracht zu haben. Die Kammer erachtet vielmehr die Einschätzung von Dr. Pansold für zutreffend, die er gegenüber dem MfS als IM „Jürgen Wendt" am 5. Februar 1977 zum Ausdruck brachte:

„... Es kann nur der laienhaften Vorstellung mancher Sportfunktionäre entsprechen, die z.B. tiefen Stimmen, das struppige Haar und die aknegesprenkelte Haut als unerklärliches, ‚früher' durch die Anwendung von Anabolika zustandegekommenenes Merkmal zu bezeichnen und jeden aktuellen Zeitbezug, wie in Montreal vorgeführt, zu leugnen.
Neben der Gefahr der Lächerlichkeit bestehen aber auch Gefahren für die Sportler. Die bisher angedeuteten Schädigungen (z.B. Krebs) sind gegenwärtig nicht schlüssig zu beweisen. Die grundsätzliche Möglichkeit einer längerfristigen Wirkung und Spätwirkung bleibt bestehen (Prostata-Carzinom, Leber-Carzinom usw.).
Für die sozialistische Gesellschaft bestehen natürlich ethische Probleme insbesondere im Frauen-Leistungssport stärker als im Kapitalismus. Deshalb kann in Zukunft der Sieg um jeden Preis bei den Frauen (Schwimmen, Kinder!!) zum Selbstschuß werden."

Die unglaubhafte Einlassung des Angeklagten Dr. Binus, er habe bei den von ihm eingeräumten an den Angeklagten Gläser weitergegebenen Dosierungen von Oral-Turinabol keine Nebenwirkungen erwartet oder solche bemerkt, kann ihn auch deswegen nicht entlasten, weil ihm aufgrund seiner Einbindung in die jährliche UM-Konzeption bekannt war, daß es nicht bei den von ihm an den Angeklagten Gläser zur Verabreichung an die Sportlerinnen weitergegebenen Oral-Turinabol-Tabletten verblieb, sondern darüber hinaus den {149} Sportlerinnen Anabolika durch Spritzen, zunächst Depot-Turinabol (Nandrolon), ab 1978 Testosteron, injiziert wurde.

Tatsächliche objektive Anhaltspunkte dafür, daß die Angeklagten zur Vermeidung der teilweise bereits kurze Zeit nach dem Beginn der Vergabe eingetretenen Nebenwirkungen wie z.B. das Tieferwerden der Stimme und aus Rücksichtnahme auf die Gesundheit der von ihnen betreuten Sportlerinnen auf die Vergabe der Anabolika verzichtet hätten, hat die Kammer nicht feststellen können. Die Anabolika-Vergabe wurde von ihnen nur dann abgesetzt, wenn die Sportlerin erkrankte oder die Leistungen nicht mehr erbrachte, um sie in die UM-Konzeption aufzunehmen. Insoweit kann daher die regelmäßige Überwachung des Gesundheitsszustandes der Sportlerinnen nicht als „Abschirmung" der durch die Anabolika-Vergabe gesetzten Gefahr der Nebenwirkungen gewertet werden. Dies ergibt sich vor allem aus der Krankenakte der Zeugin A., bei der trotz des Eintritts eines typischen Anabolika-Folgeschadens, nämlich des Transaminasenanstiegs im März 1977, die Vergabe der Anabolika wiederaufgenommen wurde und es erneut zu zwei weiteren Transaminasenanstiegen im April 1978 und im Mai 1979 gekommen war. Es wird auch deutlich an der Fortdauer der Anabolika-Vergabe an die Zeugin E. im Verlauf der Jahre 1976 und 1977 und den von ihr glaubhaft geschilderten

Anstieg ihrer Leberwerte bereits im Juni 1976, von der ihr der Angeklagte Gläser mit der Bemerkung „Deine Leberwerte sind erhöht“ berichtet habe.

Die vom Angeklagten Dr. Binus in seiner in der Hauptverhandlung vorgetragenen Einlassung behaupteten Bedenken im Bezug auf Testosteronspritzen vermögen ihn in Anbetracht der festgestellten von ihm an den Angeklagten Gläser zur Verabreichung an die Sportlerinnen weitergegebenen Mindest-Dosierung ebenso wenig zu entlasten wie seine von dem gesondert verfolgten Angeklagten Dr. Pansold am 29. September 1976 an das MfS weitergetragene Einstellung, im Hinblick auf die Vergabe von Anabolika „nur noch nach schriftlichen Anweisungen“ handeln zu wollen. Ein solches „pflichtgemäßes“ Handeln stellt keine Manifestation eines Willens dar, den Erfolgseintritt zu vermeiden. Es ist vielmehr die Manifestation eines schlechten Gewissens. Es wird deutlich, daß der Angeklagte Dr. Binus eine – wenn auch strafrechtlich irrelevante – Absicherung verlangte, da er bereits 1976 um die Gefährlichkeit und das Bedenkliche seines Tun wußte. Mit dieser Erkenntnis stand er nicht alleine, wie sich dem Treffbericht von Dr. Pansold/IM „Jürgen Wendt“ vom 30. Juli 1976 entnehmen läßt. Dort heißt es:

„*Zur Anwendung unterstützender Mittel im Leistungssport*
Ausgehend von dem Verlauf der Olympischen Sommerspiele, den gezeigten Leistungen und besonders der durchgeführten Interviews mit den Schwimmerinnen der DDR ist zu verzeichnen, daß unter den Kreisen der Sportmedizin die Diskussionen über die Anwendung unterstützender Mittel erneut eine wesentliche Rolle spielt. Besonders auffällige Nachwirkungen wurden festgestellt bei den Schwimmerinnen B. und I. und {150} man muß zu der Einschätzung kommen, daß speziell in Karl-Marx-Stadt und Dresden über die Festlegungen hinaus zusätzliche unterstützende Mittel zur Anwendung kamen.
Nach Einschätzung des IMS ist es erforderlich, nach den Olympischen Sommerspielen ernsthafte Überlegungen darüber anzustellen, wie in der Perspektive die Anwendung unterstützender Mittel, speziell im DDR-Frauensport, durchgeführt werden soll.
Seiner Auffassung nach ist nicht länger zu verantworten, daß man derartige Mittel ständig verabreicht, um dadurch auch die zwischen den einzelnen Olympiaden gelegenen Wettkämpfe wie Europa- und Weltmeisterschaften abzusichern.
Notwendig wäre es, nach den Olympischen Sommerspielen bei einem festzulegenden Kreis von Sportlerinnen mindestens für zwei Jahre mit der Vergabe unterstützender Mittel auszusetzen und danach wiederum zielgerichtet die Vorbereitung der nächsten Olympischen Spiele in Angriff zu nehmen.
Dies würde jedoch bedeuten, daß auf bestimmte Erfolge bei Wettkämpfen zwischen den Olympiaden verzichtet werden müßte.
Als Beispiel führt der IMS an, daß es bereits jetzt die ersten Überlegungen gibt, welche Maßnahmen in Vorbereitung auf die EM im Schwimmen 1977 durchgeführt werden können.
Unter einem Teil der Sportmediziner gibt es Äußerungen dahingehend, daß die durchgeführten Maßnahmen, speziell hinsichtlich der Sportlerinnen, im gewissen Maßen kriminellen Vergehen gleichkommen. ...“

III. Teil: Rechtliche Würdigung

Aufgrund des festgestellten Sachverhalts haben sich die Angeklagten sowohl nach dem Recht der Bundesrepublik Deutschland als auch nach dem im konkreten Vergleich milderen Recht der DDR schuldig gemacht.

A. Verfahrenshindernisse

Verfahrenshindernisse stehen einer Verfolgung der Angeklagten nicht entgegen.

Es ist weder Verjährung eingetreten, noch ist die Verfolgbarkeit durch die in der DDR erlassenen Amnestien ausgeschlossen. Die Amnestiebeschlüsse vom 24. September 1979 (GBI. I S. 281), vom 27. Oktober 1989 (GBl. I S. 237) und vom 6. Dezember 1989 (GBl. I S. 266) sind bereits aufgrund ihres eindeutigen Wortlauts und begrenzten Regelungsinhaltes auf die Taten der Angeklagten unanwendbar. Der Amnestiebeschluß vom 11. Juli 1987 (GBl. I S. 191) nebst den dazu getroffenen Festlegungen des Vorsitzenden des Staatsrates der DDR umfaßt die von den Angeklagten begangenen Taten ebensowenig. Auch diese Amnestie beschränkte sich auf rechtskräftig abgeschlossene bzw. ausermittelte Verfahren, {151} so daß die vorliegenden Straftaten, die erst nach 1990 ermittelt wurden, nicht amnestiert sind (vgl. BGHSt 39, 353 [358 ff.][62]).

Soweit das Recht der DDR (§ 115 StGB/DDR[63]) Anwendung findet, hat die Verjährung in der DDR wegen eines quasigesetzlichen Verfolgungshindernisses aufgrund des ausdrücklichen oder mutmaßlichen Willens der Staats- und Parteiführung, solche Taten aus mit wesentlichen Grundsätzen einer freiheitlichen rechtsstaatlichen Ordnung unvereinbaren Gründen nicht zu ahnden, bis zum 3. Oktober 1990 geruht, § 83 Nr. 2 StGB/DDR: entsprechend § 78b Abs. 1 Satz 1 StGB (vgl. BGH, Urt. v. 19. April 1994 – 5 StR 204/93, BGHR, § 78b Abs. 1 StGB [Verfolgungshindernis 1][64]). Dieser Strafanspruch der DDR ist mit deren Beitritt auf die Bundesrepublik Deutschland übergegangen, so daß bislang keine Verjährung eingetreten ist (1. VerjährungsG vom 26. März 1993, 2. VerjährungsG vom 27. September 1993, 3. Verjährungsgesetz vom 22. Dezember 1997).

Die genannten Verjährungsgesetze sind nicht verfassungswidrig, insbesondere verstoßen sie nicht gegen das Rückwirkungsverbot des Art. 103 Abs. 2 GG. Das Rückwirkungsverbot gilt nicht für Verjährungsvorschriften; diese betreffen nicht die materielle Strafbarkeit von Handlungen, sondern deren Verfolgbarkeit (BGH, Urt. v. 19. April 1994 – 5 StR 204/93, BGHR, § 78b Abs. 1 StGB [Verfolgungshindernis 1]; Tröndle, § 1 StGB, Rz. 11 b). Die Kammer hat deshalb keine Veranlassung gesehen, das Verfahren bis zur Entscheidung des Bundesverfassungsgerichts über die Verfassungsbeschwerden 2 BvR 2560/95[65] und 2 BvR 61/96 auszusetzen bzw. auszusetzen, um eine Entscheidung gemäß Art. 100 Abs. 1 GG einzuholen. Die Kammer sieht sich in ihrer Auffassung durch den im Laufe des Verfahrens ergangenen Beschluß des Bundesverfassungsgerichts über die Verfassungsbeschwerde 2 BvR 61/96 vom 12. Mai 1998[66] bestätigt, deren Annahme es nach § 93a Abs. 2 BVerfGG abgelehnt hat (NStZ 98, 455 ff.).

Taten wie die hier abgeurteilten sind in der DDR systematisch unverfolgt geblieben – ersichtlich insbesondere auch, weil eine Gefährdung des internationalen Ansehens der DDR vermieden werden sollte. Sie stellen im Hinblick auf ihr sportpolitisch zentral gesteuertes und zugleich durch das Ministerium für Staatssicherheit überwachtes Vorgehen, der großen Anzahl der in das Tatgeschehen verstrickten Personen und der noch größeren Anzahl der über teilweise mehrere Jahre betroffenen Menschen sowie der möglichen Spätfolgen keine Fälle minderer Kriminalität dar, die es geböten, durch deren Nichtverfolgung dem bei den Verjährungsvorschriften ebenfalls zu bedenkenden Grundsatz des Rechtsfriedens Vorrang einzuräumen (vgl. BGH, Urt. v. 26. April 1995 –

3 StR 93/95, BGHR, § 78b Abs. 1 StGB [Ruhen 2][67]; BGH, Beschl. v. 30. März 1998 – 5 StR 30/98, BGHR, § 78b Abs. 1 StGB [Ruhen 6][68]). {152}

Ein Prozeßhindernis der überlangen Verfahrensdauer, welches zur Einstellung des Verfahrens gemäß Art. 6 MRK zwänge, liegt erkennbar nicht vor.

B. Materielles Recht

I. Tatbestand

1. Tathandlung

Das Verhalten der Angeklagten war zur Tatzeit und auch danach in der Bundesrepublik und in der DDR als vorsätzliche Körperverletzung unter Strafe gestellt. Die wegen der erforderlichen Unrechtskontinuität vergleichbaren Vorschriften sind die §§ 223, 25 Abs. 1 und 2, 27 StGB und §§ 115 Abs. 1, 22 Abs. 1, Abs. 2 Nr. 2 und 3, Abs. 3 StGB/DDR.

Die Strafbarkeit des Handelns der Angeklagten nach § 115 StGB/DDR wird durch die Strafbestimmungen des Arzneimittelgesetzes der DDR (§§ 35-36 ArzneimittelG vom 5. Mai 1964 [GBl. I Nr. 7, S. 101], §§ 22-24 ArzneimittelG vom 27. November 1986 [GBl. I Nr. 37, S. 473]) nicht berührt. Die zur Tatzeit geltenden Strafbestimmungen der §§ 35-36 ArzneimittelG/DDR vom 5. Mai 1964 betreffen die Herbeiführung einer Gemeingefahr; ihr Rechtsgut ist nicht die körperliche Unversehrtheit des einzelnen Menschen, sondern der Gesundheitsschutz der gesamten Bevölkerung. Die gleiche Intention verfolgen auch § 22 Abs. 1 und 2 ArzneimittelG/DDR vom 27. November 1986. Zwar stellen § 22 Abs. 3 und § 23 ArzneimittelG/DDR vom 27. November 1986 auf die Schädigung einzelner Menschen ab, erkennbar beschränken sich die genannten Strafvorschriften jedoch auf deren fahrlässige Verursachung. Die vorsätzliche Herbeiführung eines Gesundheitsschadens einer Einzelperson wird demnach durch den Grundsatz der Spezialität nicht der Strafbarkeit nach § 115 StGB/DDR entzogen.

Die unterschiedliche Rubrizierung des ärztlichen Heileingriffs im Tatbestandsgefüge des § 223 StGB einerseits (Rechtfertigungsgrund) und des § 115 StGB/DDR andererseits (Tatbestandsausschließungsgrund) hat auf vorliegende Entscheidung keine Auswirkung. Für die Unrechtskontinuität von § 115 Abs. 1 StGB/DDR zu § 223 StGB ist es unerheblich, ob der äußere Tatbestand des § 115 Abs. 1 StGB/DDR bereits durch die in die körperliche Unversehrtheit eingreifenden Maßnahmen der Angeklagten (Angeklagter Gläser: Die Verabreichung der anabolen Steroide beinhaltenden Medikamente an die jugendlichen Sportlerinnen; Angeklagter Dr. Binus: Das Spritzen von anabolen Steroiden beinhaltenden Medikamenten und die Weitergabe von anabolen Steroide beinhaltender Medikamente an den Angeklagten Gläser zur Verabreichung an die jugendlichen Sportlerinnen) erfüllt ist (so die {153} ständige Rechtsprechung des BGH, vgl. BGHR, § 223 Abs. 1 StGB [Heileingriff 4]). Es kann gleichfalls dahinstehen, ob ein schuldhaftes Verhalten des Arztes Dr. Binus bzw. des Schwimmtrainers Gläser trotz fehlender oder unzureichender Aufklärung bereits aufgrund ansonsten de lege artis durchgeführter Behandlung ausgeschlossen ist oder nicht (vgl. zur unterschiedlichen gerichtlichen Beurteilung der ärztlichen Aufklärungspflicht zwischen der Bundesrepublik Deutschland und der DDR: Strasberg/Cohn/Grieger, Zur gerichtlichen Beurteilung der ärztlichen Haftpflicht, NJ 1968, S. 555 ff.; Schneider-Grohe, a.a.O., S. 137).

Entscheidend ist, daß beide Rechtssysteme zur Straflosigkeit einer medizinischen Behandlung dasselbe voraussetzen: ihre medizinische Indikation.

Diese war im vorliegenden Fall jedoch bei keiner der Sportlerinnen gegeben. Die Kammer schließt sich diesbezüglich den ausführlichen und zutreffenden Ausführungen der Sachverständigen Prof. Dr. Lübbert und Prof. Dr. Rietbrock nach eigener Prüfung an.

Eine solche haben auch weder der Angeklagte Gläser noch der Angeklagte Dr. Binus behauptet. Vielmehr haben beide die anabolen Steroide in Kenntnis ihrer schädlichen Nebenwirkungen nur dann verabreicht, wenn die Sportlerinnen gesund und leistungsfähig waren, und zwar in der Absicht, durch die Vergabe der Medikamente deren Leistungsvermögen noch weiter zu steigern.

Auch das Recht der DDR betonte jedoch die auf dem Hippokratischen Eid basierende besondere ethisch-wissenschaftliche Verantwortung des Arztes (Strasberg/Cohn/Grieger, a.a.O., S. 557) und bezeichnet als Heileingriffe „nur solche Eingriffe ..., die indiziert sind, nach den Regeln ärztlicher Kunst durchgeführt werden und ausschließlich Heilzwecken dienen." (Wittenbeck/Amboß, Rechtspflichtverletzungen bei der Ausübung medizinischer Berufe, NJ 1968 S. 552 m.w.N. auf Hansen/Vetterlein, Ärztliches Handeln – rechtliche Pflichten, Leipzig 1962, S. 62). Die fehlende medizinische Indikation der von den Angeklagten vorgenommenen Medikamentenvergabe kann daher auch nicht durch die Erwägung ersetzt bzw. gerechtfertigt werden, die medizinisch nicht indizierte Vergabe anaboler Steroide habe zumindest der Entwicklung der DDR und ihrer Staats- und Gesellschaftsordnung genützt oder ihr nützen sollen. Solche Erwägungen würden den auch in der ehemaligen DDR vorhandenen Strafrechtsschutz der Rechtsgutsinhaberinnen völlig leerlaufen lassen. Vielmehr stellen die von den Angeklagten begangenen Straftaten auch im Lichte der Gesellschafts- und Rechtsordnung der DDR „schuldhaft begangene gesellschaftswidrige oder gesellschaftsgefährliche Handlungen" im Sinne des § 1 StGB/DDR dar, welche für andere Personen oder für die Gesellschaft besondere Gefahren heraufbeschwörten, § 9 StGB/DDR. {154}

Das Handeln beider Angeklagten führte bei allen neun Sportlerinnen zu einer Gesundheitsbeschädigung im Sinne des § 115 Abs. 1 StGB/DDR. Ihnen wurden von den Angeklagten anabole Steoride in Form von Oral-Turinabol und Turinabol-Depot in einer therapeutisch wirksamen Dosis verabreicht. Diese Einwirkung durch anabole Steroide führt zu somatisch faßbaren nachteiligen Veränderungen der Körperbeschaffenheit, auch wenn klinisch erkennbare Schäden nicht oder nicht sogleich wahrnehmbar sind. Die natürliche Bildung und der Einsatz der Hypothalamus-, insbesondere der Releasing-Hormone, welche im Rahmen des Hypothalamus-Hypophysen-Systems die im Hypophysenvorderlappen gebildeten Steuerungshormone FSH (follikelstimulierendes Hormon) und LH (luteinisierendes Hormon) regeln, wird gestört. Selbst wenn die zur größtmöglichen Schonung des weiblichen hormonellen Regelkreises entwickelten Techniken (z.B. mehrwöchige Behandlungspausen) lege artis – d.h. nach dem Stand der medizinischen Wissenschaft aufgrund medizinischer Indikation – eingesetzt worden wären, ist die Behandlung mit anabolen Steroiden regelmäßig und vor allem für Frauen mit Nebenwirkungen verbunden, die allerdings bei ordnungsgemäßer Dosierung in der Regel alsbald wieder abklingen: Durch die dem weiblichen Organismus zugeführten

Anabolika wurde bei den damals jugendlichen Frauen eine Erhöhung der normalen Plasmaspiegels des Testosterons herbeigeführt, der von ihnen selbst niemals produziert werden konnte. Hinzu trat eine Beeinträchtigung des körpereigenen Fettstoffwechsels, welches das Risikoprofil für Herz-Kreislauf-Erkrankungen ungünstig beeinflußt, nämlich zum Absinken des sog. „guten" oder unbedenklichen HDL-Cholesterins und zu einem Anstieg des prognostisch ungünstigen LDL-Cholesterins. Dabei tritt bereits bei – wie hier – niedrig dosierter Anwendung eine ausgeprägte, ungünstige Verschiebung des Risikoprofils ein (vgl. Sehling/Pollert/Hackfort, a.a.O., S. 41, m.w.N.). Daneben können als dauerhafte Folgen einer anabol-androgenen Therapie Vermännlichungserscheinungen wie das Tieferwerden der Stimme, vermehrter Haarwuchs im Gesicht, an der Brust und im Schambereich, Aknebildung und Klitorisvergrößerung sowie vor allem Leberschäden auftreten. Dabei ist die individuelle Empfindlichkeit bei der Entwicklung solcher Folgeerscheinungen bei Frauen sehr unterschiedlich ausgeprägt, es können daher nach den ausführlichen und nachvollziehbaren Darlegungen der gehörten Sachverständigen, denen sich die Kammer nach eigener Prüfung anschließt, Grenzdosisbereiche, welche nicht zur Auswirkung solcher Nebenwirkungen führen, nicht angegeben werden (vgl. Sehling/Pollert/Hackfort, a.a.O., S. 39.). Angesichts dieser Nebenwirkungen und möglicher Folgen ist der mit der Verabreichung anaboler Steroide verbundene Eingriff in den weiblichen Organismus jedenfalls, wenn er – wie hier – bereits in therapeutisch wirksamer Dosis erfolgt, als nicht mehr unerhebliche Gesundheitsbeeinträchtigung anzusehen (vgl. zur Problematik der Schwellendosis: BGH, Urt. vom 3. Dezember 1997, 2 StR 397/97; zur Problematik der therapeutischen Dosis: BGH, Urt. vom 19. November 1997, 3 StR 271/97). {155}

Das Gefährdungspotential anaboler Steroide für die Gesundheit des weiblichen Organismus hat sich im Rahmen des vorliegenden Verfahrens manifestiert. Nach den überzeugenden Ausführungen der Sachverständigen trat bei fünf von elf untersuchten – darunter fünf der hier verfahrensrelevanten neun – Schwimmerinnen bereits während ihrer aktiven Zeit eine signifikante und anschließende mehr oder weniger reversible, bei der Zeugin Dr. K. kaum reversible Stimmvertiefung ein. Bei der Zeugin A. ist auch noch heute im Gesicht eine starke virilisierende Behaarung zu erkennen. Bei ihr und der Zeugin E. sind zudem in den Jahren 1976 bis 1979 passagere Schädigungen der Leber, die sich in Transaminasenanstiegen manifestierten, welche stets mit der Zerstörung von Lebergewebe einhergingen, eingetreten. Bei der Zeugin Dr. K. ist ein äußerst seltener Lebertumor, eine sog. fokale noduläre Hyperplasie, diagnostiziert worden, der Folge des Zusammenwirkens der jahrelangen Einnahme der Steroide der Pille und der ihr verabreichten anabolen Steroide ist.

Hinsichtlich dieser weiteren festgestellten körperlichen Schäden hat – wie bereits ausgeführt – die Kammer nach Anhörung der Zeuginnen und Gutachter sowie der Sichtung weiterer medizinischer Fachliteratur mit einem nach der Lebenserfahrung ausreichenden Maß an Sicherheit, das keinen vernünftigen Zweifel bestehen läßt, die Überzeugung gewonnen, daß sie zumindest mitursächlich auf die Vergabe der Anabolika zurückzuführen und daher den Angeklagten zuzurechnen sind (vgl. BGH, Urt. v. 12. November 1997 – 3 StR 325/97 – BGHR, vor § 1 StGB/Kausalität, Beweiswürdigung 3).

2. Teilnahmeform

a) Recht der Bundesrepublik

Nach dem Strafrecht der Bundesrepublik haben der Angeklagte Gläser bei der Vergabe der Anabolika-Tabletten und der Angeklagte Dr. Binus bei der Injektion der Anabolika-Spritzen jeweils als unmittelbarer Täter gehandelt, § 25 Abs. 1 StGB.

Zudem waren sie bei der Vergabe der Anabolika-Tabletten Mittäter gemäß § 25 Abs. 2 StGB. Dabei handelte auch der Angeklagte Dr. Binus in Umsetzung eines bei den Tatbeteiligten für die Mittäterschaft konstitutiven Einverständnisses, die Tat durch gemeinsames, arbeitsteiliges Handeln zu begehen und nicht nur mit dem Willen, fremdes Tun als Gehilfe zu fördern (vgl. zur strafrechtlichen Einordnung der Zusammenarbeit von Trainern und Sportärzten: Müller, a.a.O., S. 51, 66). {156}

b) Recht der DDR

Nach dem Strafrecht der DDR haben der Angeklagte Gläser bei der Vergabe der Anabolika-Tabletten und der Angeklagte Dr. Binus bei der Injektion der Anabolika-Spritzen jeweils als unmittelbarer Täter gehandelt, § 22 Abs. 1 StGB/DDR.

Bei der Vergabe der Anabolika-Tabletten hat der Angeklagte Dr. Binus nicht als Mittäter des Angeklagten Gläser im Sinne des § 22 Abs. 2 Nr. 2 StGB/DDR, sondern nur als dessen Gehilfe gemäß § 22 Abs. 2 Nr. 3 StGB/DDR gehandelt. Mittäterschaft lag nach dem Recht der DDR nur vor, wenn mindestens zwei Personen unmittelbar an der Ausführung einer Straftat beteiligt waren.

II. Rechtswidrigkeit

Die Angeklagten handelten rechtswidrig.

Ihr Tun war insbesondere nicht durch eine sowohl nach bundesdeutschen als auch nach DDR-Strafrecht mögliche Einwilligung der Sportlerinnen gerechtfertigt.

Eine solche wirksame Einwilligung hätte vorausgesetzt, daß sie von einem Berechtigten, frei von Willensmängeln wie Täuschung, Irrtum oder Zwang und in Kenntnis der Tragweite und Folgen (vgl. § 12 Abs. 3 ArzneimittelG/DDR vom 27. November 1986) abgegeben worden wäre.

Diese Voraussetzungen lagen schon deshalb nicht vor, weil gemäß der UM-Konzeption die minderjährigen Schwimmerinnen über Inhalt und Wirkungsweise der Tabletten und Spritzen von den Angeklagten belogen wurden.

III. Schuld

Die Angeklagten haben auch schuldhaft gehandelt.

Anhaltspunkte dafür, daß ihre Zurechungsfähigkeit zur Tatzeit aufgehoben oder eingeschränkt war, lagen nicht vor. Dies gilt auch für einen möglichen Verbotsirrtum. Zudem wäre nach dem Recht der DDR die Vorstellung, mit einer ungesetzlichen Handlung „recht getan" zu haben, unbeachtlich (BGHSt 39, 1 [35][69]; 168 [190][70]; BGH, Urt. v. 24. April 1996, 5 StR 322/95[71]).

Ein Schuldauschluß aus sonstigen Erwägungen gemäß § 10 StGB/DDR kommt nicht in Betracht. {157}

IV. Teil: Strafzumessung

Bei dem der Verurteilung zugrundegelegten Strafrecht der DDR, welches gemäß § 115 Abs. 1 StGB/DDR Geldstrafe oder Freiheitsstrafe bis zu zwei Jahren vorsieht, handelt es sich bei einem auf den konkreten Fall bezogenen Gesamtvergleich um das mildeste Gesetz im Sinne des § 2 Abs. 3 StGB (S/S-Eser, § 2 StGB, Rz. 29; ders., Vorbem. §§ 3 – 7 StGB, Rz. 96).

Die Kammer hat daher für die von den Angeklagten begangenen Taten keine Einzelstrafen festgesetzt, sondern nach § 64 StGB/DDR für jeden Angeklagten jeweils eine Hauptstrafe ausgesprochen, da diese nach dem durch Art. 315 Abs. 1 Satz 1 EGStGB, § 2 Abs. 3 StGB zugunsten der Angeklagten gebotenen Gesamtvergleich milder als eine gemäß den §§ 53, 54 StGB gebildete Gesamtstrafe ausfällt.

Bei der Strafzumessung war erheblich strafmildernd zu berücksichtigen, daß die Taten bereits längere Zeit zurückliegen und auch nach dem Ruhen der Verjährung bis zum 3. Oktober 1990 ohne die im III. Teil A. genannten Verjährungsgesetze nicht mehr hätten verfolgt werden können. Zugunsten beider Angeklagten war zu werten, daß die bei einigen der jungen Frauen eingetretene – wenn auch tatbestandgemäße – Gesundheitsbeschädigung ohne weitere Spätfolgen blieb. Zugunsten beider Angeklagten fiel neben ihrer sonstigen Unbescholtenheit ins Gewicht, daß sie auf unteren Stufen in ein flächendeckendes und hierarchisch durchorganisiertes System staatlich angeordneter Kriminalität eingebunden waren, was zu einer Herabsetzung ihrer eigenen Hemmschwelle führen mußte. Daß beide Angeklagten – vor allem und zuerst Dr. Binus, dann Gläser – durch ihre Angaben zur Sachaufklärung beigetragen haben, spricht für sie. Ihren sachgerechten Einlassungen kommt aber nicht die strafmildernde Wirkung von rechtzeitigen und rückhaltlosen Geständnissen zu: Zum einen waren sie verharmlosend, zum anderen haben die Angeklagten durch den späten Zeitpunkt der Einlassungen ihren Opfern nicht eine quälende Befragung und ärztliche Untersuchung erspart. Zugunsten des Angeklagten Gläser sprach seine gegenüber den Zeuginnen ausgesprochene Entschuldigung. Er war – bis zum Abschluß des Verfahrens – der einzige, bei dem überhaupt eine ernsthafte Auseinandersetzung mit seiner Vergangenheit erkennbar geworden ist. Bei der Strafzumessung hat die Kammer schließlich die aus der Verurteilung für die Angeklagten resultierenden Folgen und die sie treffenden Kostenbelastungen beachtet.

Demgegenüber fiel zu Lasten der Angeklagten ins Gewicht, daß sie die Gesundheit der jungen Sportlerinnen nicht nur nach dem Grundsatz „Sieg um jeden Preis“, sondern teils auch aus Eigennutz aufs Spiel gesetzt haben, um ihre privilegierten Stellungen nicht zu verlieren. Beide haben das Vertrauen der ihnen unmittelbar anvertrauten jungen Menschen {158} und deren Eltern mißbraucht. Gegen den Angeklagten Dr. Binus sprach zudem der Umstand, daß er bewußt und in gravierendem Umfang gegen ärztliche Pflichten und Ethik verstoßen hat.

Ungeachtet der bei einigen Zeuginnen eingetretenen weiteren Spätfolgen hat die Kammer unter Abwägung der für und gegen den Angeklagten Dr. Binus sprechenden Umstände auf eine Geldstrafe von

90 Tagessätzen zu je 100,- DM

als mildest mögliche Strafe erkannt. Sie liegt am untersten Rand einer schuldangemessenen Reaktion.

Die Kammer hat unter Abwägung der oben genannten für und gegen den Angeklagten Gläser sprechenden Umstände auf eine Geldstrafe von

90 Tagessätzen zu je 80,- DM

als schuldangemessen, aber auch erforderlich erkannt.

Die Tagessätzhöhe richtete sich nach den persönlichen und wirtschaftlichen Verhältnissen der Angeklagten.

Anmerkungen

1 Die Staatsanwaltschaft II bei dem Landgericht Berlin hatte am 18.9.1997 unter dem Az. 28 Js 39/97 zunächst Frischke, Krause, Gläser und Lindemann angeklagt. Eine weitere Anklage derselben Staatsanwaltschaft gegen Binus und Pansold vom 24.10.1997 – Az. 28 Js 40/97 – wurde durch Beschluss des Landgerichts Berlin vom 4.2.1998 – Az. (534) 28 Js 39/97 (33/97); (534) 28 Js 40/97 (AR 11/97), früher 510 - 54/97 – zum vorliegenden Verfahren hinzuverbunden. Das Verfahren gegen die Angeklagten Frischke, Lindemann und Krause wurde vom Landgericht Berlin jeweils gegen Zahlung einer Geldbuße nach § 153a Abs. 2 i.V.m. Abs. 1 Satz 1 Nr. 2 StPO zunächst vorläufig und dann endgültig jeweils nach § 153a Abs. 2 StPO eingestellt – Az. 534 - 33/97. Die endgültige Einstellung bzgl. Frischke erfolgte nach Zahlung einer Geldbuße in Höhe von 5.000 DM durch Beschluss vom 29.9.1998, bzgl. Lindemann – Geldbuße 4.000 DM – durch Beschluss vom 3.11.1998 und bzgl. Krause – Geldbuße 3.000 DM – durch Beschluss vom 3.11.1998. Zum Verfahren gegen Pansold vgl. lfd. Nr. 5-2.

2 Vgl. lfd. Nr. 7.

3 Rudolf Hellmann wurde durch Strafbefehl des Amtsgerichts Berlin-Tiergarten vom 21.3.2000 – Az. 249 Cs 213/00 – wegen Beihilfe zur Körperverletzung in 137 Fällen zu einer Freiheitsstrafe von zehn Monaten verurteilt, deren Vollstreckung zur Bewährung ausgesetzt wurde.

4 Horst Röder wurde vom Amtsgericht Berlin-Tiergarten durch Strafbefehl vom 9.8.1999 – Az. 270 Cs 928/99 – wegen Beihilfe zur Körperverletzung in 137 Fällen zu einer Freiheitsstrafe von einem Jahr verurteilt, deren Vollstreckung zur Bewährung ausgesetzt wurde.

5 Egon Müller wurde von der Staatsanwaltschaft II bei dem Landgericht Berlin am 13.8.1999 unter dem Az. 28 Js 195/97 gemeinsam mit Lothar Kipke, Wolfgang Richter und Lothar Tanneberger, die alle auch beim Deutschen Schwimmsportverband (DSSV) tätig gewesen waren, wegen Körperverletzung angeklagt. Nachdem das Verfahren gegen Kipke abgetrennt worden war, verurteilte das Landgericht Berlin die übrigen drei Angeklagten am 22.12.1999 – Az. (522) 28 Js 195/97 Kls (40/99) – wegen Körperverletzung in 67, 62 bzw. 48 tateinheitlich begangenen Fällen zu einer Freiheitsstrafe von jeweils einem Jahr, deren Vollstreckung zur Bewährung ausgesetzt wurde. Gegen Kipke verhängte das Landgericht Berlin durch Urteil vom 12.1.2000 – Az. (522) 28 Js 195/97 Kls (50/99) – dann wegen Körperverletzung in 58 tateinheitlich begangenen Fällen eine Freiheitsstrafe von einem Jahr und drei Monaten, deren Vollstreckung ebenfalls zur Bewährung ausgesetzt wurde.

6 Vgl. Anm. 5.

7 Vgl. Anm. 5.

8 Vgl. Anm. 5.

9 Das Urteil des LG Berlin vom 7.12.1998 (vgl. lfd. Nr. 5-2) enthält an der entsprechenden Stelle folgenden zusätzlichen Text: „der zu einem nicht mehr feststellbaren Datum nach 1985 durch Dr. Tausch ersetzt wurde“ (UA S. 9, insoweit nicht abgedruckt).

10 Im Original. Gemeint ist „Informeller Mitarbeiter“ (IM).

11 Das Urteil des LG Berlin vom 7.12.1998 (vgl. lfd. Nr. 5-2) enthält an der entsprechenden Stelle folgenden zusätzlichen Text: „Vom Funktionstyp war er dabei ebenfalls ein sogenannter ‚IMS', d.h. ein inoffizieller Mitarbeiter, der mit der Sicherung gesellschaftlicher Bereiche oder Objekte bzw. mit der politisch-operativen Durchdringung und Sicherung des Verantwortungsbereiches beauftragt war." (UA S. 9f., insoweit nicht abgedruckt).

12 Das Urteil des LG Berlin vom 7.12.1998 (vgl. lfd. Nr. 5-2) enthält an der entsprechenden Stelle folgenden zusätzlichen Text: „Prof. Dr." (UA S. 10, insoweit nicht abgedruckt). Günter Erbach wurde durch Strafbefehl des Amtsgerichts Berlin-Tiergarten vom 21.3.2000 – Az. 249 Cs 213/00 – wegen Beihilfe zur Körperverletzung durch Unterlassen in 137 Fällen zu einer Freiheitsstrafe von zehn Monaten verurteilt, deren Vollstreckung zur Bewährung ausgesetzt wurde.

13 Edelfried Buggel wurde durch Strafbefehl des Amtsgerichts Berlin-Tiergarten vom 21.3.2000 – Az. 249 Cs 213/00 – wegen Beihilfe zur Körperverletzung in 137 Fällen zu einer Freiheitsstrafe von zehn Monaten verurteilt, deren Vollstreckung zur Bewährung ausgesetzt wurde.

14 Dietrich Hannemann wurde durch Strafbefehl des Amtsgerichts Berlin-Tiergarten vom 16.3.1999 – Az. 248 Cs 309/99 – wegen Beihilfe zur Körperverletzung in 109 Fällen zu einer Geldstrafe von 250 Tagessätzen zu je 180 DM verurteilt.

15 Vgl. lfd. Nr. 7.

16 Vgl. Anm. 10.

17 Das Urteil des LG Berlin vom 7.12.1998 (vgl. lfd. Nr. 5-2) enthält an der entsprechenden Stelle folgenden zusätzlichen Text: „Vom Funktionstyp war er dabei zunächst ein sogenannter ‚IMV', d.h. ein inoffizieller Mitarbeiter, der unmittelbar an der Bearbeitung und Entlarvung im Verdacht der Feindtätigkeit stehender Personen mitarbeitet. Später wurde er als sogenannter ‚IMB' geführt, d.h. als ein inoffizieller Mitarbeiter der Abwehr mit Feindverbindung bzw. zur unmittelbaren Bearbeitung im Verdacht der Feindtätigkeit stehender Personen." (UA S. 12, insoweit nicht abgedruckt).

18 Das Urteil des LG Berlin vom 7.12.1998 (vgl. lfd. Nr. 5-2) enthält an der entsprechenden Stelle folgenden zusätzlichen Text: „Vom Funktionstyp war auch er dabei ein sogenannter ‚IMS', d.h. ein inoffizieller Mitarbeiter, der mit der Sicherung gesellschaftlicher Bereiche oder Objekte bzw. mit der politisch-operativen Durchdringung und Sicherung des Verantwortungsbereiches beauftragt war." (UA S. 13, insoweit nicht abgedruckt).

19 Gemäß der Präambel ihrer Satzung war „Die Sportvereinigung Dynamo [...] die einheitliche, nach dem Prinzip des demokratischen Zentralismus aufgebaute Sportorganisation des Ministeriums des Innern, des Ministeriums für Staatssicherheit und der Zollverwaltung der Deutschen Demokratischen Republik."

20 Das Urteil des LG Berlin vom 7.12.1998 (vgl. lfd. Nr. 5-2) enthält an der entsprechenden Stelle folgenden zusätzlichen Text: „Wegen ihrer Größe und ihrer Trägerschaft durch das Ministerium des Innern der DDR war die Sportvereinigung Dynamo nicht in die SHB Berlin eingegliedert, sondern fungierte als eigene sportärztliche Hauptberatungsstelle (SHB). Intern wurde die sportmedizinische Abteilung der SV Dynamo verschiedentlich auch als Sportmedizinischer Dienst der SHB der SV Dynamo Berlin bezeichnet. Leiter der Sportmedizin bei der SV Dynamo war im Anklagezeitraum der Zeuge Dr. Thümmler als ärztlicher Direktor.
Der sportmedizinische Bereich der SV Dynamo war in drei Bereiche gegliedert. Der Bereich I betraf die Klinik bzw. Poliklinik. Der Bereich II betraf die Leistungsmedizin/Leistungsdiagnostik und wurde vom Zeugen Dr. Roth geleitet. Ihm war der Angeklagte Dr. Pansold seit 1977 als Stellvertretender Leiter unterstellt, bis er 1982 zum SC Dynamo Berlin wechselte. Der Bereich III betraf den Bereich Sportmedizin, wurde aber auch zum Teil als Sektion Clubbetreuung bezeichnet." (UA S. 14, insoweit nicht abgedruckt).

21 Manfred Max Thümmler wurde von der Staatsanwaltschaft II bei dem Landgericht Berlin am 26.8.1999 – Az. 28 Js 31/99 – wegen Beihilfe zur Körperverletzung angeklagt. Das Landgericht Berlin stellte das Verfahren gegen Thümmler durch Beschluss vom 10.8.2000 – 503 - 34/99 – zunächst vorläufig und am 26.9.2000 unter demselben Aktenzeichen dann schließlich gem. § 153a Abs. 2 StPO endgültig ein.

22 Das Urteil des LG Berlin vom 7.12.1998 (vgl. lfd. Nr. 5-2) formuliert an der entsprechenden Stelle abweichend: „Regelmäßig gab es dazu auch nach dem Training die Bestimmung der Laktatwerte

durch Blutentnahme aus dem Ohrläppchen, die der Angeklagte Dr. Pansold im Rahmen seiner Tätigkeit bei der Leistungsmedizin der SV Dynamo erforschte. U.a. anhand dieser Laktatwerte und anhand der Beobachtung der Trainingsleistungen durch die Trainer war es möglich, bezüglich der einzelnen Schwimmerinnen Entscheidungen über die Optimierung des Trainings bzw. über die optimale Vorbereitung auf einen Wettkampfeinsatz zu treffen.“ (UA S. 17, insoweit nicht abgedruckt).

23 Bei der Übernahme des Originaldokuments in das Urteil kam es zu offensichtlichen Schreibfehlern. Sie wurden anhand der in der Anklage vorhandenen Kopie des Originals korrigiert.

24 Dietbert Freiberg wurde durch Strafbefehl des Amtsgerichts Tiergarten vom 15.4.1999 – Az. 244 Cs 293/99 – wegen Beihilfe zur Körperverletzung in 72 Fällen zu einer Freiheitsstrafe von sechs Monaten verurteilt, deren Vollstreckung zur Bewährung ausgesetzt wurde.

25 Die Klammerzusätze finden sich im Original. Es sind wohl redaktionelle Anmerkungen des Gerichts. Allerdings müsste der Name korrekt „Thümmler“ lauten und die Abkürzung HBS steht für (Sportmed.) Hauptberatungsstelle.

26 Elke Schramm wurde durch Strafbefehl des Amtsgerichts Berlin-Tiergarten vom 9.8.1999 – Az. 270 Cs 928/99 – wegen Beihilfe zur Körperverletzung in 137 Fällen zu einer Freiheitsstrafe von sechs Monaten veurteilt, deren Vollstreckung zur Bewährung ausgesetzt wurde.

27 Im Original. Gemeint ist wohl Hans-Günther Rabe. Er wurde durch Strafbefehl des Amtsgerichts Berlin-Tiergarten vom 9.8.1999 – 270 Cs 928/99 – wegen Beihilfe zur Körperverletzung in 130 Fällen zu einer Freiheitsstrafe von sieben Monaten verurteilt, deren Vollstreckung zur Bewährung ausgesetzt wurde.

28 Thomas Köhler wurde durch Strafbefehl des Amtsgerichts Berlin-Tiergarten vom 9.8.1999 – Az. 270 Cs 928/99 – wegen Beihilfe zur Körperverletzung in 99 Fällen zu einer Geldstrafe in Höhe von 330 Tagessätzen zu je 80 DM verurteilt.

29 Das Urteil des LG Berlin vom 7.12.1998 (vgl. lfd. Nr. 5-2) formuliert an der entsprechenden Stelle abweichend: „Weiterhin lagen die oberste Verantwortung und die Leitentscheidungen u.a. hinsichtlich der Beschaffung und Verteilung der u.M. in der DDR in den Händen des Zeugen Dr. Manfred Höppner.“ (UA S. 38, insoweit nicht abgedruckt).

30 Im Original. Gemeint ist wohl der Doping-Forscher Manfred Donike.

31 Die Rote Liste ist ein Verzeichnis von in Deutschland bwz. der EU zugelassenen Arzneimitteln. Sie enthält Kurzinformationen zu Humanarzneimitteln und bestimmten Medizinprodukten, die aus Fach-, Gebrauchs- und Produktinformationen erstellt werden. Sie richtet sich an medizinisch-pharmazeutische Fachkreise mit dem Zweck, diese über im Handel befindliche Präparate zu informieren.

32 Im Original.

33 Im Original. Gemeint ist wohl die Firma Hewlett & Packard.

34 Das Urteil des LG Berlin vom 7.12.1998 (vgl. lfd. Nr. 5-2) enthält an der entsprechenden Stelle folgenden zusätzlichen Text: „Die ersten vier Ziffern standen dabei für das Abnahmedatum, so daß z.B. die Codenummer 07 08 104 am 7. August abgenommen wurde und im übrigen die laufende Nummer 104 trug. Ein Protokoll-Exemplar, das neben der Codenummer auch den Namen des Athleten enthielt, wurde vom Ort der Abnahme der Urinprobe aus nach Berlin zum SMD bzw. zu LS II geschickt, während die Probe selbst zusammen mit einem anderen Durchschlag des Protokolls, das nur die Codenummer, nicht aber den Namen des Sportlers enthielt, zum Doping-Kontroll-Labor nach Kreischa ging und dort bearbeitet wurde.“ (UA S. 55, insoweit nicht abgedruckt).

35 Das Urteil des LG Berlin vom 7.12.1998 (vgl. lfd. Nr. 5-2) formuliert an der entsprechenden Stelle abweichend: „Dabei berücksichtigte man bei der systematischen Vergabe von Anabolika im DDR-Leistungssport, daß Testosteronspritzen über den Quotienten Testosteron/Epitestosteron (Erkenntnisstand im Jahre 1981), und daß Oral-Turinabol-Tabletten noch bis zu 10 Tage später (Erkenntnisstand im Jahre 1983) bzw. noch bis zu 14 Tage später (Erkenntnisstand im Jahre 1978) im Urin eines Sportlers nachweisbar waren.“ (UA S. 59, insoweit nicht abgedruckt).

36 Im Original. Es müsste eigentlich heißen: „[die Zeugin G., geb. H.]“.

37 „Virilisierung“ ist der medizinische Fachausdruck für das Phänomen einer „Vermännlichung“ bei Frauen. Im Einzelnen ist damit gemeint: Hirsutismus (abnorme Vermehrung des männlichen Behaarungstyps etwa an Kinn, Oberlippe, Brust, Schamregion, Oberschenkel) sowie zusätzlich weitere se-

kundäre männliche Geschlechtsmerkmale (wie tiefere Stimme, größerer Kehlkopf, Vermännlichung der Körperproportionen, Vergrößerung der Klitoris).

38 Das Urteil des LG Berlin vom 7.12.1998 (vgl. lfd. Nr. 5-2) enthält an der entsprechenden Stelle folgenden zusätzlichen Text: „im Sinne einer graduellen Abweichung vom Normalzustand bzw. von der Normalfunktion“ (UA S. 97, insoweit nicht abgedruckt).

39 Im Original. Tatsächlich wurde wohl bestritten, Nebenwirkungen erwartet zu haben.

40 Das Präsidium des Deutschen Sportbundes beschloss am 25.1.1991 die Einsetzung einer „ad-hoc-Kommission zur Beratung in aktuellen Doping-Fragen“. Diese Kommission legte am 14.12.1991 einen Abschlussbericht vor.

41 Das Urteil des LG Berlin vom 7.12.1998 (vgl. lfd. Nr. 5-2) enthält an der entsprechenden Stelle folgenden zusätzlichen Text: „und dem ‚Zulei‘-Bericht“ (UA S. 106, insoweit nicht abgedruckt).

42 Das Urteil des LG Berlin vom 7.12.1998 (vgl. lfd. Nr. 5-2) enthält an der entsprechenden Stelle folgenden zusätzlichen Text: „– neben dem bereits zitierten ‚Zulei‘-Bericht“ (UA S. 109, insoweit nicht abgedruckt).

43 Das Urteil des LG Berlin vom 7.12.1998 (vgl. lfd. Nr. 5-2) enthält an der entsprechenden Stelle folgenden zusätzlichen Text: „bzw. vor allem – wie auch der ‚Zulei‘-Bericht zeigte –“ (UA S. 109, insoweit nicht abgedruckt).

44 Das Urteil des LG Berlin vom 7.12.1998 (vgl. lfd. Nr. 5-2) formuliert hier abweichend: „Über den wissenschaftlichen Hintergrund der Anwendung von anabolen Steroiden berichtet der Angeklagte Dr. Pansold als IM ‚Jürgen Wendt‘ an das MfS gemäß seines Treffberichts vom 25. Februar 1976. Zugleich bestätigt er, daß bereits zu diesem Zeitpunkt der Angeklagte aufgrund seiner Mitarbeit in der Forschungsgruppe ‚Zulei‘ umfassende Kenntnisse über anaboler Steroide besaß. Im Treffbericht heißt es“ (UA S. 110, insoweit nicht abgedruckt).

45 Das Urteil des LG Berlin vom 7.12.1998 (vgl. lfd. Nr. 5-2) enthält an der entsprechenden Stelle folgenden zusätzlichen Text: „Dem Angeklagten Dr. Pansold war demnach bewußt, daß im Schwimmspitzensport sein ‚offizieller‘ Beitrag als Leistungsdiagnostiker zur Trainingssteuerung durch Laktatwertanalysen nicht ausreichte, sondern erst durch die Vergabe anaboler Steroide Weltspitzenleistungen erreicht werden konnten.“ (UA S. 110f., insoweit nicht abgedruckt).

46 Im Original. Gemeint sind wohl die männlichen Trainer der Schwimmerinnen.

47 Uwe Neumann wurde durch Strafbefehl des Amtsgerichts Dresden vom 22.7.1999 – Az. 214 Cs 414 Js 21881/99 – wegen Körperverletzung in neun Fällen zu einer Geldstrafe von 80 Tagessätzen zu je 100 DM verurteilt.

48 Horst Tausch wurde durch Strafbefehl des Amtsgerichts Berlin-Tiergarten vom 4.6.1999 – Az. 279 Cs 445/99 – wegen Beihilfe zur Körperverletzung in 22 Fällen zu einer Freiheitsstrafe von zehn Monaten verurteilt, deren Vollstreckung zur Bewährung ausgesetzt wurde.

49 Im Original. Gemeint ist der Schwimmtrainer Eßer, siehe dazu unten S. 263.

50 Im Original. Gemeint ist wohl die Firma Hewlett & Packard.

51 Im Original. Gemeint ist die Sportlerin Ilona Slupianek, siehe dazu oben S. 144.

52 Das Urteil des LG Berlin vom 7.12.1998 (vgl. lfd. Nr. 5-2) enthält an der entsprechenden Stelle foglenden zusätzlichen Text: „des IM ‚Technik‘/Dr. Höppner. Zugleich zeigt der Treffbericht auf, daß auch der Angeklagte Dr. Pansold in den Einsatz dieses Anabolikums dadurch eingebunden war, indem man ihn zur Gefährlichkeit dieses Präparats ‚konsultierte‘.“ (UA S. 121, insoweit nicht abgedruckt).

53 Das Urteil des LG Berlin vom 7.12.1998 (vgl. lfd. Nr. 5-2) formuliert hier abweichend: „Erkennbar stimmt dieser Treffbericht des Angeklagten inhaltlich mit dem ‚Zulei-Bericht‘ aus der Akte Dr. Weigand/IM ‚Mai‘ überein. Im Treffbericht vom 22. Dezember 1975 führt der Angeklagte Dr. Pansold als IM ‚Jürgen Wendt‘ aus:“ (UA S. 124, insoweit nicht abgedruckt).

54 Das Urteil des LG Berlin vom 7.12.1998 (vgl. lfd. Nr. 5-2) enthält an der entsprechenden Stelle folgenden zusätzlichen Text: „Insbesondere die Treffberichte des Angeklagten [Pansold] zeigen, daß dieser das Trainingsprogramm nicht nur in seiner Eigenschaft als Leistungsdiagnostiker, sondern ebenfalls als ausgewiesener Experte für die Vergabe unterstützender Mittel steuerte:“ (UA S. 125, insoweit nicht abgedruckt).

55 Das Urteil des LG Berlin vom 7.12.1998 (vgl. lfd. Nr. 5-2) enthält an der entsprechenden Stelle folgenden zusätzlichen Text: „Auch aus diesem Treffbericht läßt sich entnehmen, daß der Angeklagte [Pansold] neben seiner offiziellen Tätigkeit als Leistungsdiagnostiker des Bereiches II der Sportmedizin der SV Dynamo zugleich in die der Geheimhaltung unterliegenden Sonderstruktur der organisierten Vergabe von Dopingmitteln eingebunden war. Wörtlich führt der Treffbericht des Angeklagten Dr. Pansold aus:“ (UA S. 128, insoweit nicht abgedruckt).

56 Das Urteil des LG Berlin vom 7.12.1998 (vgl. lfd. Nr. 5-2) enthält an der entsprechenden Stelle folgenden zusätzlichen Text: „Daß der Angeklagte [Pansold] bereits aufgrund seiner Mitarbeit an der FKS-Forschungsgruppe ‚Anabolika‘ ebenfalls dem Geheimnisschutz unterlag, belegt der schon zitierte ‚Zulei-Bericht‘, welcher den Angeklagten als ‚verpflichtet‘ ausweist.“ (UA S. 140, insoweit nicht abgedruckt).

57 Im Original. Gemeint ist Stanley Ernest Strauzenberg.

58 Das Urteil des LG Berlin vom 7.12.1998 (vgl. lfd. Nr. 5-2) enthält an der entsprechenden Stelle folgenden zusätzlichen Text: „Daß der Angeklagte Dr. Pansold Kenntnis von den Vergabemengen und -zeiträumen hatte, ergibt sich aus seiner Kontroll- und Genehmigungsfunktion bei der Vergabe der Oral-Turinabol-Tabletten, da Dr. Binus entsprechende Rezepte vom Angeklagten Dr. Pansold vorher genehmigen lassen mußte und für die Überprüfung der Menge entsprechender Doping-Mittel-Anforderungen die Kenntnis der entsprechenden ‚UM-Konzeption‘ unabdingbar war.“ (UA S, 143, insoweit nicht abgedruckt).

59 Das Urteil des LG Berlin vom 7.12.1998 (vgl. lfd. Nr. 5-2) enthält an der entsprechenden Stelle folgenden zusätzlichen Text: „von mindestens 600 bis 1.000 mg Turinabol jährlich pro Schwimmerin“ (UA S. 143, insoweit nicht abgedruckt).

60 Hartmut Riedel war als Sektionsarzt beim SC Motor Jena tätig. Das Amtsgericht Berlin-Tiergarten verurteilte ihn durch Strafbefehl vom 5.10.1999 – Az. 271 Cs 1017/99 – wegen Beihilfe zur Körperverletzung in sieben und wegen Körperverletzung in elf Fällen zu einer Geldstrafe von 180 Tagessätzen zu je 60 DM.

61 Das Urteil des LG Berlin vom 7.12.1998 (vgl. lfd. Nr. 5-2) enthält an der entsprechenden Stelle folgenden zusätzlichen Text: „Trotz des Wissens, welches der Angeklagte Dr. Pansold – wie mehrere seiner bereits zitierten Treffberichte zeigen – unzweifelhaft von den Depot-Turinabol-(Nandrolon-) bzw. Testosteron-Spritzen an die Schwimmerinnen hatte, konnte die Kammer nicht mit letzter Sicherheit ausschließen, daß diese unter anderem vom ehemaligen Angeklagten Dr. Binus gesetzten Spritzen nicht der Genehmigung und Kontrolle des Angeklagten Dr. Pansold unterlagen, sondern Dr. Binus diese Spritzen direkt vom Verbandsarzt Dr. Kipke erhalten hat, welcher diese zuvor direkt bei der LS II des SMD abgefordert hatte. Einer Zuordnung der dem vormaligen Angeklagten Dr. Binus nachgewiesenen Anabolika-Spritzen zum Angeklagten Dr. Pansold stand vor allem die Einlassung des vormaligen Angeklagten Dr. Binus entgegen, welcher die Genehmigungsfunktion des Angeklagten Dr. Pansold dem Wortlaut nach auf die Oral-Turinabol-Tabletten beschränkte.“ (UA S. 154, insoweit nicht abgedruckt).

62 Vgl. den Dokumentationsband zu den Gewalttaten an der deutsch-deutschen Grenze, lfd. Nr. 10-2.

63 Vgl. Anhang S. 467f.

64 BGHSt 40, 113. Vgl. auch den Dokumentationsband zu den Gewalttaten an der deutsch-deutschen Grenze, lfd. Nr. 7-4.

65 Das Bundesverfassungsgericht lehnte durch Beschluss vom 7.4.1998 die Annahme der Verfassungsbeschwerde ab, vgl. den Dokumentationsband zu den Rechtsbeugungsverfahren, lfd. Nr. 4-5.

66 Vgl. den Dokumentationsband zu den Rechtsbeugungsverfahren, lfd. Nr. 6-3.

67 Veröffentlicht in NJW 1995, 2861f.; NStZ 1995, 505.

68 Vgl. lfd. Nr. 2-2.

69 Vgl. den Dokumentationsband zu den Gewalttaten an der deutsch-deutschen Grenze, lfd. Nr. 2-2.

70 Vgl. den Dokumentationsband zu den Gewalttaten an der deutsch-deutschen Grenze, lfd. Nr. 1-2.

71 Vgl. den Dokumentationsband zu den Gewalttaten an der deutsch-deutschen Grenze, lfd. Nr. 13-4.

Inhaltsverzeichnis
Erstinstanzliches Urteil des Landgerichts Berlin vom 7.12.1998,
Az.: (534) 28 Js 39/97 KLs (33/97) bzgl. Pansold

Landgericht Berlin 7. Dezember 1998
Az.: (534) 28 Js 39/97 KLs (33/97)

URTEIL

Im Namen des Volkes

Strafsache *gegen*

den Arzt Dr. Bernd Fritz Pansold,
geboren am 3. April 1942 in Zwickau,

wegen vorsätzlicher Körperverletzung

Die 34. große Strafkammer des Landgerichts Berlin hat aufgrund der Hauptverhandlung vom 18., 25., 30. März, 3., 14., 15., 20., 27., 29. April, 6., 11., 13., 18., 25. Mai, 3., 8., 15., 17., 22. Juni, 1., 6., 13. Juli, 12., 17., 19., 24., 31. August, 7., 9., 14., 16., 28. September, 5., 14., 19., 26. Oktober, 2., 9., 16., 18., 30. November und 7. Dezember 1998, an der teilgenommen haben: {2}

⊗ Es folgt die Nennung der Verfahrensbeteiligten. ⊗ {3}

in der Sitzung vom 7. Dezember 1998

für *Recht* erkannt:

Der Angeklagte wird wegen Beihilfe zur vorsätzlichen Körperverletzung in neun Fällen zu einer Geldstrafe von

180 (einhundertachtzig) Tagessätzen zu je 80,- (einhundert)[1] *DM*

verurteilt.

Der Angeklagte hat die Kosten des Verfahrens, seine eigenen notwendigen Auslagen und die notwendigen Auslagen der Nebenklägerinnen A., E. und L. zu tragen.

Angewandte Strafvorschriften:
§ 223 StGB i.d.F. vor dem VerbrechensbekämpfungsG v. 28.10.1994, §§ 25 Abs. 2, 27, 53 StGB; Art. 315 EGStGB; §§ 115 Abs. 1, 22 Abs. 1, 22 Abs. 2 Nr. 3 und Abs. 3, 64 Abs. 1 StGB/DDR. {4}

Gründe

I. Teil: Feststellungen

A. Verfahrensgegenstand

Gegenstand des vorliegenden Verfahrens ist die dem Angeklagten Dr. Bernd Pansold sowie den rechtskräftig Verurteilten Dr. Dieter Binus und Rolf Gläser sowie den ehemalig gesondert Verfolgten Volker Frischke, Dieter Krause und Dieter Lindemann zur Last gelegte Vergabe von anabolen Steroiden an 19 damals minderjährige Schwimmerinnen des SC Dynamo Berlin in der Zeit von 1975 bis 1989.

Das Verfahren über diesen als gemeinschaftliche Körperverletzung angeklagten Vorwurf ist zunächst gegen alle sechs Angeklagten gemeinsam verhandelt wurde, bis das Verfahren gegen den Angeklagten Dr. Binus durch Beschluß der Kammer vom 12. Juli 1998, und das Verfahren gegen den Angeklagten Rolf Gläser durch Beschluß der Kammer vom 24. August 1998 zur gesonderten Verhandlung und Entscheidung abgetrennt wurde. Durch Urteil vom 31. August 1998 hat die Kammer den Angeklagten Rolf Gläser wegen vorsätzlicher Körperverletzung in neun Fällen zu einer Geldstrafe von 90 Tagessätzen zu je DM 80,00 und den Angeklagten Dr. Binus wegen vorsätzlicher Körperverletzung in zwei Fällen sowie wegen Beihilfe zur vorsätzlichen Körperverletzung in sieben Fällen zu einer Geldstrafe von 90 Tagessätzen zu je DM 100,00 verurteilt.[2] Das Urteil gegen den Angeklagten Gläser ist seit dem 31. August 1998, das Urteil gegen den Angeklagten Dr. Binus ist seit dem 16. Dezember 1998 rechtskräftig.

Das Verfahren gegen den Angeklagten Volker Frischke hat die Kammer durch Beschluß vom 14. September 1998 gegen Zahlung einer Geldbuße in Höhe von DM 5.000,00 nach § 153a Abs. 2 i.V.m. Abs. 1 Satz 1 Nr. 2 StPO vorläufig, und nach Zahlung dieser Geldbuße durch Beschluß vom 29. September 1998 endgültig eingestellt. Das Verfahren gegen den Angeklagten Dieter Lindemann hat die Kammer durch Beschluß vom 28. September 1998 gegen Zahlung einer Geldbuße in Höhe von DM 4.000,00 nach § 153a Abs. 2 i.V.m. Abs. 1 Satz 1 Nr. 2 StPO vorläufig, und nach Zahlung dieser Geldbuße durch Beschluß vom 3. November 1998 endgültig eingestellt. Das Verfahren gegen den Angeklagten Dieter Krause hat die Kammer durch Beschluß vom 5. Oktober 1998 gegen Zahlung einer Geldbuße in Höhe von DM 3.000,00 nach § 153a Abs. 2 i.V.m. Abs. 1 Satz 1 Nr. 2 StPO vorläufig, und nach Zahlung dieser Geldbuße durch Beschluß vom 3. November 1998 endgültig eingestellt. {5}

Im Zuge der Hauptverhandlung hat die Kammer durch Beschluß vom 16. November 1998 die Strafverfolgung bezüglich des Angeklagten Dr. Pansold auf die Fälle der neun Zeuginnen A., D., F., Dr. K., J., E., G., L. und R. beschränkt und das Verfahren hinsichtlich der übrigen Fälle der Anklage gemäß § 154 StPO vorläufig eingestellt. Gegenstand des Verfahrens für den Angeklagten Dr. Pansold waren daher nur die Fälle dieser neun Zeuginnen.

B. Lebenslauf des Angeklagten Dr. Pansold

Der heute 56-jährige Angeklagte Dr. Pansold lebte von 1942 bis 1947 in seiner Geburtsstadt Z. Sein leiblicher Vater ist noch im Mai 1945 gefallen. 1947 heiratete die Mutter des Angeklagten erneut und er zog mit seiner Mutter und seinem Stiefvater nach Kassel, wo er ab 1949 die Grundschule besuchte.

Im Jahre 1954 zog die Familie nach Z. zurück, und der Angeklagte besuchte dann bis 1961 in Z. die Oberschule, die er mit dem Abitur abschloß.

Nach einem praktischen Jahr im Städtischen Klinikum Berlin-Buch begann der Angeklagte 1962 mit dem Studium der Medizin. Im Rahmen des Medizinstudiums wurde er 1962 für zwei Jahre an die Universität nach Bukarest in die damalige Volksrepublik Rumänien delegiert, bevor er 1967 an der Humboldt-Universität in Berlin (Ost) sein Medizinstudium abschloß.

Seit 1968 war der Angeklagte in der SV Dynamo in Berlin (Ost) tätig. 1972 erwarb der Angeklagte den Facharzt für Sportmedizin und übte anschließend als Stellvertretender Bereichsleiter eine Leitungsfunktion in der Leistungsmedizin der SV Dynamo aus.

Zugleich war der Angeklagte auch inoffizieller Mitarbeiter (IM) des Ministeriums für Staatssicherheit der DDR (fortan: MfS) und berichtete dem MfS unter seinem Decknamen „Jürgen Wendt“ über sein Wissen um unterstützende Mittel im DDR-Hochleistungssport sowie über die Geschehnisse in der SV Dynamo. Vom Funktionstyp war er dabei ein sogenannter „IMS“, d.h. ein inoffizieller Mitarbeiter, der mit der Sicherung gesellschaftlicher Bereiche oder Objekte bzw. mit der politisch-operativen Durchdringung und Sicherung des Verantwortungsbereiches beauftragt war. {6}

1977 wurde der Angeklagte in das Büro der Zentralen Leitung der SV Dynamo (BdZL) versetzt, wo er als Oberarzt unter seinem Vorgesetzten, dem Zeugen Dr. Roth, die Funktion des Stellvertretenden Leiters des Bereiches Leistungsmedizin innehatte. 1978 legte der Angeklagte die Promotion A ab, der 1985 die Promotion B folgte.

Ein wesentlicher Bereich der Tätigkeit des Angeklagten im Bereich Leistungsmedizin bestand in seiner Forschung auf dem Gebiet der Leistungsdiagnostik mittels Laktatbestimmung (Laktatleistungskurve). Sein Verdienst bestand dabei darin, die Zusammenhänge zwischen Leistung bzw. Leistungsvermögen des Sportlers und seinen Laktatwerten wissenschaftlich zu beschreiben und diese Erkenntnisse zur praktisch nutzbaren gezielten Trainingssteuerung, u.a. auch für den Bereich der Sektion Schwimmen einzusetzen.

Als Angestellter der SV Dynamo Berlin war der Angeklagte zugleich Mitglied der deutschen Volkspolizei und bekleidete ab 1980 den Rang eines Oberstleutnants der Volkspolizei. Im Zuge von Umsetzungen wechselte der Angeklagte im Januar 1982 von der SV Dynamo zum SC Dynamo Berlin, wo er die Dienststellung des Leiters der Sportmedizin des SC Dynamo Berlin innehatte und als solcher der unmittelbare Vorgesetzte der Sektionsärzte, und damit auch des rechtskräftig Verurteilten Dr. Binus war. Im Zuge der Auflösung des SC Dynamo und der SV Dynamo wurde der Arbeitsvertrag des Angeklagten auf seinen Wunsch hin noch 1990 aufgelöst.

Eine im Anschluß daran geplante Tätigkeit im Olympiastützpunkt Berlin kam nicht zustande. Zur Zeit arbeitet der Angeklagte als Leiter des Olympiastützpunktes Obertauern in Österreich und verdient monatlich umgerechnet etwa ⊗ es folgen Angaben zum Einkommen. ⊗

Seit 1966 ist der Angeklagte verheiratet; seine Ehefrau ist als Ärztin berufstätig. Der Angeklagte hat drei Kinder, wobei er für eine Tochter noch unterhaltspflichtig ist.

Der Angeklagte ist nicht vorbestraft.

C. Allgemeine Organisation und Struktur des DDR-Leistungssports und des Staats-Dopings

⊗ Die folgenden Ausführungen zu den Gliederungspunkten „C. Allgemeine Organisation und Struktur des DDR-Leistungssports und des Staats-Dopings“ bis „G. Chronologie der Verwendung anaboler Steroide im DDR-Leistungssport vom Beginn der 70er Jahre bis 1989“ entsprechen bis auf einige sprachliche Anpassungen im Hinblick auf den Angeklagten und die Zeuginnen und Zeugen weitgehend der Darstellung des unter lfd. Nr. 5-1 abgedruckten Urteils (vgl. lfd. Nr. 5-1, S. 113 ff.). Mit Bezug auf den Angeklagten Pansold stellte das Landgericht Berlin zusätzlich fest: „Wegen ihrer Größe und ihrer Trägerschaft durch das Ministerium des Innern der DDR[3] war die Sportvereinigung Dynamo nicht in die SHB Berlin eingegliedert, sondern fungierte als eigene sportärztliche Hauptberatungsstelle (SHB). Intern wurde die sportmedizinische Abteilung der SV Dynamo verschiedentlich auch als Sportmedizinischer Dienst der SHB der SV Dynamo Berlin bezeichnet. Leiter der Sportmedizin bei der SV Dynamo war im Anklagezeitraum der Zeuge Dr. Thümmler[4] als ärztlicher Direktor. Der sportmedizinische Bereich der SV Dynamo war in drei Bereiche gegliedert. Der Bereich I betraf die Klinik bzw. Poliklinik. Der Bereich II betraf die Leistungsmedizin/Leistungsdiagnostik und wurde vom Zeugen Dr. Roth geleitet. Ihm war der Angeklagte Dr. Pansold seit 1977 als Stellvertretender Leiter unterstellt, bis er 1982 zum SC Dynamo Berlin wechselte. Der Bereich III betraf den Bereich Sportmedizin, wurde aber auch zum Teil als Sektion Clubbetreuung bezeichnet.“ (UA S. 14). „Regelmäßig gab es dazu auch nach dem Training die Bestimmung der Laktatwerte durch Blutentnahme aus dem Ohrläppchen, die der Angeklagte Dr. Pansold im Rahmen seiner Tätigkeit bei der Leistungsmedizin der SV Dynamo erforschte. U.a. anhand dieser Laktatwerte und anhand der Beobachtung der Trainingsleistungen durch die Trainer war es möglich, bezüglich der einzelnen Schwimmerinnen Entscheidungen über die Optimierung des Trainings bzw. über die optimale Vorbereitung auf einen Wettkampfeinsatz zu treffen.“ (UA S. 17). Sofern das vorliegende Urteil weitere zusätzliche Informationen zu allgemeinen Aspekten enthält, wurden diese in Form von Anmerkungen in den unter lfd. Nr. 5-1 abgedruckten Text eingearbeitet. ⊗ {69}

H. Fazit über den organisierten Einsatz von Dopingmitteln im DDR-Hochleistungssport

⊗ Die folgenden Ausführungen entsprechen bis auf einige sprachliche Anpassungen im Hinblick auf den Angeklagten und die Zeuginnen und Zeugen der Darstellung des unter lfd. Nr. 5-1 abgedruckten Urteils unter Gliederungspunkt I. (vgl. lfd. Nr. 5-1, S. 160 ff.). ⊗ {72}

I. Die Organisationsstrukturen des Beschaffens und Verteilens der u.M. in der DDR und bei SC Dynamo Berlin

1. Zuständigkeit

In Umsetzung der oben unter D.3 und D.4 genannten Beschlüsse zum Beginn des systematischen Dopings im DDR-Hochleistungssports von 1974 war für die Organisation des Beschaffens und Verteilens der u.M. die Arbeitsgruppe unterstützende Mittel zuständig.

2. Organisationsprinzipien

Die Organisationsstruktur der Beschaffung, Verteilung und Anwendung von u.M. mußte dabei vor allem zwei wesentlichen Prinzipien genügen. Zur Sicherung des sportlichen Erfolgs mußte sichergestellt werden, daß aus sportlicher Sicht nur die leistungsfähigsten und im Hinblick auf Medaillenerfolge aussichtsreichsten Sportlerinnen und Sportler in die Vergabe von Anabolika eingebunden wurden. {73}

Zur Sicherstellung der Geheimhaltung und zur Vermeidung positiver Dopingbefunde bei internationalen Wettbewerben mußte vermittels einer Kontrollinstanz als Bindeglied zwischen LS II und den Trainern bzw. Sektionsärzten auf der anderen Seite sichergestellt werden, daß auf der Ebene der Trainer und Sektionsärzte Anabolika nicht unkontrolliert eingesetzt wurden.

Dementsprechend wurde die sportliche Seite der Organisationsstruktur von unten nach oben, d.h. von den Sportclubs über die Verbände bis hinauf zu LS II, und die Kontrollebene von oben nach unten, d.h. über LS II und über die SHB's bis hinunter zu den Sportclubs, organisiert, wobei nur die Personen eingebunden und informiert wurden, die zur Erfüllung ihrer Aufgaben unbedingt Kenntnis vom Einsatz der u.M., speziell der anabolen Steroide, haben mußten.

3. Die Organisation der Auswahl der in das u.M.-Programm einzubindenden Sportler und die sogenannte UM-Konzeption

In der Zeit von 1975 bis 1978 wurde die unter sportlichen Gesichtspunkten getroffene Auswahl der in das u.M.-Programm einzubindenden Sportler im Bereich der DDR-Schwimmsportverbandes zunächst über den jeweiligen Verbandsarzt organisiert. Auf der Basis der von den Schwimmtrainern der einzelnen Sportclubs gemeldeten sportlichen Leistungen der Schwimmerinnen und Schwimmer erarbeitete der Verbandsarzt zusammen mit seinen Sektionsärzten und unter Mitwirkung des Schwimmsportverbandes der DDR eine Konzeption zum Einsatz unterstützender Mittel (sogenannte UM-Konzeption), in der konkret für jedes Trainings- bzw. Wettkampfjahr festgelegt wurde, welche Sportler in welchen Vergabezeiträumen welche Mengen an anabolen Steroiden oder sonstigen Dopingmitteln erhalten sollten. Den Wissensstand über die Vergabezeiträume und Vergabemengen von Anabolika hatte der jeweilige Verbandsarzt aufgrund der Beratungen mit der Arbeitsgruppe unterstützende Mittel erworben, die ihrerseits ihre diesbezüglichen Erkenntnisse mit der Forschungsgruppe unterstützende Mittel beim FKS abstimmte bzw. aktualisierte.

Diese UM-Konzeption, die es auch in anderen Verbänden gab, wurde für die Schwimmer auf der regelmäßig mindestens einmal pro Jahr stattfindenden Tagung der Ärztekommission des Schwimmsportverbandes festgelegt und stellte neben der sportlichen Seite zugleich ein Mittel der Koordination und Kontrolle der systematischen Vergabe anaboler Steroide an die Schwimmerinnen der DDR dar.

Vor dem Beginn der systematischen Vergabe anaboler Steroide hatte es nur die Praxis gegeben, daß die Verbände Listen über Personenkreis und Dosierung von anabolen Steroiden beim SMD hinterlegen mußten. Da sich z.B. der Schwimmsportverband 1973 {74} nicht an diese Vorlagepflicht hielt, bedurfte es zur Sicherstellung einer geordneten

Vergabepraxis von anabolen Steroiden einer weiteren Systematisierung und Kontrolle, die ab 1975 mittels der UM-Konzeption erreicht wurde.

Die UM-Konzeption betraf das jeweils kommende Trainingsjahr, welches jeweils im Herbst eines Kalenderjahres begann, und in der geplant wurde, welche Maßnahmen im Hinblick auf den sportlichen Höhepunkt im Sommer des kommenden Kalenderjahres (Europameisterschaft, Weltmeisterschaft oder Olympische Spiele) durchzuführen war. Insofern korrespondierte die UM-Konzeption mit dem vom Schwimmsportverband für jedes Trainingsjahr aufgestellten Rahmentrainingsplan (RTP).

Im einzelnen wurden dabei im Hinblick auf die für diese Zeit anstehenden Wettkämpfe in Abstimmung mit der Trainingsmethodik Belastungsbereiche vorgegeben und sämtliche unterstützenden Maßnahmen festgelegt. Dazu gehörten neben Vitaminvergabe, Ernährung, Elektromyostimulation, Glucoseinfusionen und Injektionen mit Alpha-Lipoesäure auch die Vergabe anaboler Steroide, insbesondere in Form der Vergabe von Oral-Turinabol-Tabletten des VEB Jenapharm und der Injektion von Depot-Turinabol, bzw. ab 1978 Testosteron in Form intramuskulärer Spritzen. Dabei wurden durch die UM-Konzeption auch die Menge der Tabletten bzw. Spritzen pro Sportlerin und die Vergabezeiträume festgelegt.

Seit etwa 1975 und 1976 hatte sich dabei ein fester Jahreszyklus bezüglich der Dauer und der Zeiträume der Vergabe von Oral-Turinabol-Tabletten herausgebildet, der mit kleinen zeitlichen Abweichungen bis 1989 in stets gleicher Weise beschlossen und dann auch angewendet wurde.

Innerhalb des im Herbst eines jeden Kalenderjahres beginnenden Trainingsjahres folgte ein erster Vergabezyklus in der Regel im Zeitraum Oktober/November (manchmal auch Dezember), gefolgt von den Hallenmeisterschaften, ein zweiter Vergabezyklus in der Regel im Zeitraum Januar/Februar, gefolgt von dem üblicherweise jährlich stattfindenden Länderkampf DDR/Sowjetunion, ein dritter Vergabezyklus in der Regel im Zeitraum März bis Mai, gefolgt von den DDR-Meisterschaften. Dort mußten sich die Schwimmerinnen für den Saisonhöhepunkt einer Europa- bzw. einer Weltmeisterschaft oder die Olympischen Spiele qualifizieren. Schwimmerinnen, die sich durch ihre Leistung bei den DDR-Meisterschaften qualifiziert hatten, durchliefen zusammen mit den anderen qualifizierten Schwimmerinnen als Nationalmannschaft vereint im Juni bis August, zumeist in einem Höhentrainingslager auf dem Belmeken in Bulgarien, später auch in Mexico-City einen vierten Vergabezyklus, während für die nicht qualifizierten Schwimmerinnen der UM-Konzeption das Trainingsjahr ohne weitere Vergabe anaboler Steroide zuende war und erst im Herbst des Jahres mit {75} dem neuen Trainingsjahr wieder begann. Jeder Zyklus mußte entsprechend den Erkenntnissen über die Abbauzeit von Oral-Turinabol im Körper spätestes 14 Tage (Erkenntnisstand im Jahre 1978) bzw. 10 Tage (Erkenntnisstand im Jahre 1983) vor dem nächsten Wettkampf und der nächsten Kontrolle beendet sein.

Innerhalb eines solchen Vergabezyklus wurde der Einsatz der Oral-Turinabol-Tabletten in einer Dosis von 5-10 mg pro Tag zeitlich auf drei bis vier Wochen limitiert. Damit eine Gesamtdosis von 600 bis 1000 mg pro Jahr und pro Sportlerin nicht überschritten werden konnte, wurden deshalb pro Sportlerin in einem Vergabezyklus von 3-4 Wochen zwischen 150 mg bis 250 mg Oral-Turinabol vergeben. Die Vergabe dieser

Substanz durfte zudem grundsätzlich nur an Sportlerinnen erfolgen, die bereits ihre Menarche hatten und gynäkologisch untersucht waren.

Zusätzlich wurden in der UM-Konzeption die Schwimmerinnen namentlich benannt, die aufgrund ihrer bisherigen Leistungen bzw. der zu erwartenden Leistungssteigerung und ihrer prognostizierten Medaillenchancen für den Kanon der unterstützenden Maßnahmen vorgesehen wurden. Diese Schwimmerinnen gehörten dann DDR weit dem sogenannten Olympiakader bzw. Nationalmannschaftskader an, auch wenn sie außerhalb der Wettkämpfe und der Lehrgänge der Nationalmannschaft jede für sich in den verschiedenen Clubs von ihren jeweiligen Heimtrainern trainiert wurden.

Im September 1978 trat bezüglich der UM-Konzeptionen und bezüglich der Beschaffung und Verteilung von Anabolika insofern eine Änderung ein, als zur weiteren Systematisierung und Koordination des Beschaffens und Verteilens von u.M. sowie zur Einflußnahme auf die von Trainern, Verbandsärzten und Sektionsärzten erarbeiteten UM-Konzeptionen der sogenannte Leistungssportbereich II (LS II) als Unterabteilung des SMD mit einem Büro in Berlin (Ost) in der Czernikauer Straße 21 unter Leitung des Zeugen Dr. Höppner[5] eingerichtet wurde. Dem Bereich LS II mußten fortan alle von den Sportverbänden bzw. den Verbands- bzw. Sektionsärzten entworfenen UM-Konzeptionen zuerst zur Genehmigung vorgelegt werden. Erst nach einer solchen Genehmigung durfte die UM-Konzeption in die Praxis umgesetzt werden.

4. Die Beschaffung der u.M.

Mit Ausnahme der SV Dynamo, bei der es eine eigene Beschaffungs- und Vergabestruktur für die Oral-Turinabol-Tabletten gab, bestellte der Bereich LS II in Berlin ab 1978 auch zentral die notwendigen Mengen an anabolen Steroiden (d.h. Oral-Turinabol-Tabletten sowie Depot-Turinabol- und Testosteron-Ampullen), die im Rahmen der verschiedenen {76} UM-Konzeptionen der einzelnen Sportverbände an die Sportler der DDR vergeben werden sollten. Diese anabolen Steroide wurden dann beim LS II in der Czernikauer Straße in Berlin (Ost) gelagert und in Höhe des jeweils errechneten Gesamtbedarfs an die einzelnen SHB's und die ihnen zugeordneten Clubs verteilt.

5. Die Verteilung der u.M. an die SHB's

Die weitere Verteilung der u.M. an die einzelnen SHB's der DDR war von der Arbeitsgruppe unterstützende Mittel mit der Maßgabe organisiert worden, daß eine Kontrolle der Ebene der Trainer und Sektionsärzte hinsichtlich der Menge der an die Sportler zu vergebenden u.M. möglich war. Dazu bestand eine Notwendigkeit, weil schon vor 1974 und auch danach verschiedentlich festgestellt wurde, daß in den einzelnen Sportclubs teilweise unkontrolliert mehr anabole Steroide an die Sportler vergeben wurden, als von der Arbeitsgruppe unterstützende Mittel bzw. später vom Bereich LS II genehmigt und in den UM-Konzeptionen festgeschrieben war. Da die in den UM-Konzeptionen festgeschriebenen Vergabezeiträume und Vergabemengen von anabolen Steroiden aber mit der zuvor errechneten notwendigen Abbauzeit im Körper der Athleten („Abklingrate") korrespondierten, bargen eigenmächtige Überschreitungen der Vergabezeiträume und Vergabemengen von anabolen Steroiden das Risiko, daß die Sportler nicht mehr rechtzeitig vor den Wettkämpfen „sauber“ wurden, d.h. daß bei ihnen noch Anabolikaspuren im Urin nachweisbar waren. Dieses Risiko wollte die Arbeitsgruppe unterstützende Mittel durch Kontrollen ausschalten.

Die Kontrollfunktion bezüglich der Vergabemenge von u.M. übten in den SHB's der DDR mit Ausnahme der SV Dynamo die jeweiligen Bezirkssportärzte oder deren Beauftragte aus, indem sie als Bindeglied bzw. Schnittstelle zwischen dem SMD bzw. dem LS II und den jeweiligen Sportclubs fungierten. Ihnen wurde vom SMD bzw. später von LS II zu Anfang eines jeden Trainingsjahres mitgeteilt, welche Sportler in welchen Zyklen Anabolika erhalten sollten.

Zur Übernahme der ab 1978 zentral bei LS II gelagerten Anabolika reisten mithin die Bezirkssportärzte der 15 SHB's der DDR bzw. deren beauftragte Stellvertreter im regelmäßigen Turnus nach Berlin zum LS II in die Czernikauer Straße und übernahmen dort die für die jeweiligen Vergabezyklen notwendige Menge an anabolen Steroiden, quittierten diese Menge und verteilten dann auf der Grundlage der ihnen zuvor vom SMD bzw. später von LS II mitgeteilten Dosierungen und Vergabezyklen die u.M. weiter in ihren SHB's bzw. Clubs.

Da die Sektionsärzte in den SHB's Oral-Turinabol und andere Anabolika nicht in den normalen staatlichen Apotheken bestellen durften, war somit prinzipiell sichergestellt, daß die {77} Trainer oder Sektionsärzte der Clubs nur die Menge an Anabolika zur Vergabe an die Sportler erhielten, die im Rahmen der UM-Konzeption genehmigt war. Beschafften sich Sektionsärzte oder Trainer eigenmächtig weitere Anabolika, so wurde dies bei Entdeckung bestraft.

Ein typischer Ablauf der Übernahme der u.M. in den SHB's der DDR stellt die bei der SHB Berlin geübte Praxis dar. In der SHB Berlin wurde der Zeuge Sünder[6] vom Bezirkssportarzt der SHB Berlin mit der Übernahme und Verteilung der u.M. im Bereich der SHB Berlin beauftragt und erschien deshalb regelmäßig in der Czernikauer Straße, wo er vom Zeugen Dr. Höppner oder den beauftragten Mitarbeitern des LS II die erforderliche Menge an Oral-Turinabol-Tabletten erhielt, die für die Clubs bestimmt waren, die unter dem Dach der SHB Berlin organisatorisch zusammengefaßt waren. Der Zeuge Sünder gab dann die Oral-Turinabol-Tabletten mit Anweisungen zur Dosierungsmenge und Dosierungsdauer an die einzelnen Sektionsärzte weiter, die wiederum selbst oder über die Trainer die Vergabe der Oral-Turinabol-Tabletten an die einzelnen Sportler umsetzten.

Für die Übernahme der intramuskulär zu injizierenden Präparate Depot-Turinabol und Testosteron waren zum überwiegenden Teil dagegen die Verbandsärzte der einzelnen Sportrichtungen zuständig, so daß nicht der Bezirkssportarzt, sondern z.B. der Verbandsarzt Schwimmen diese Präparate beim LS II in Berlin (Ost) abholte und sie zum Teil bei den Tagungen der Ärztekommission des Schwimmsportverbandes oder bei sonstigen Gelegenheiten an die einzelnen Sektionsärzte Schwimmen der einzelnen Sportclubs der DDR verteilte und diese Sektionsärzte über den Vergabezeitraum und die Vergabemenge informierte.

Nachdem die UM-Konzeption von der Ärztekommission entworfen bzw. übergeordnet von LS II gebilligt war, erhielt in den SHB's der DDR der jeweilige Sektionsarzt eines Schwimmclubs auf diese Weise über seinen Bezirkssportarzt bzw. über dessen Beauftragten die durch die Verbandskonzeption festgelegte Menge an Oral-Turinabol-

Tabletten und über den jeweiligen Verbandsarzt die Ampullen von Depot-Turinabol bzw. Testosteron. Der Sektionsarzt gab nach Erhalt der anabolen Steroide dann die O-ral-Turinabol-Tabletten an die jeweiligen Trainer der Schwimmerinnen weiter, die in die UM-Konzeption eingebunden waren. Die Trainer wiederum überreichten dann in den jeweiligen Vergabezyklen diese Tabletten an die Sportlerinnen und überwachten mehr oder weniger deren Einnahme.

Wer im vorgesehenen Vergabezyklus die zusätzlich zu den Oral-Turinabol-Tabletten vorgesehenen Spritzen mit Depot-Turinabol bzw. ab 1978 mit Testosteron-Ampullen setzte, hing davon ab, wer zu diesem Zeitpunkt die Schwimmerinnen ärztlich betreute. Fiel der Vergabezyklus in die Heimtrainingsphase in den jeweiligen Schwimmclubs, setzte in der Regel {78} der Sektionsarzt bzw. bei dessen Abwesenheit sein Vertreter die Spritzen. Fiel der Vergabezyklus dagegen in die Phase eines Trainingslagers, z.B. auf dem Belmeken bzw. in Lindow, so setzte entweder der dortige Arzt, ein mitgereister Sektionsarzt oder möglicherweise sogar der Verbandsarzt selbst die Spritzen.

6. Vergabestruktur in der SV Dynamo und im SC Dynamo Berlin

Etwas anders als in den übrigen SHB's der DDR war die Vergabestruktur von Anabolika dagegen in der SV Dynamo und im SC Dynamo Berlin organisiert.

Während wie schon geschildert in den übrigen Sportclubs der DDR die durch die Verbandskonzeption festgelegte Menge an Oral-Turinabol-Tabletten dem jeweiligen Sektionsarzt entweder vom Verbandsarzt direkt oder von seinem jeweils zuständigen Bezirkssportarzt als Leiter der bezirklichen SHB's bzw. von dessen Stellvertreter übergeben wurden, war die Vergabepraxis an die jeweiligen Sektionsärzte beim SC Dynamo Berlin, und damit auch an den jeweiligen Sektionsarzt für den Bereich Schwimmen beim SC Dynamo Berlin zum Teil anders organisiert.

Die im Gegensatz zu den anderen SHB's eigenständige Verteilungspraxis bei der SV Dynamo und dem SC Dynamo Berlin basierte zum einen auf der Tatsache, daß die SV Dynamo eine eigene Apotheke besaß, und zum anderen darauf, daß die SV Dynamo und damit auch der SC Dynamo Berlin dem Ministerium des Innern der DDR unterstanden und insofern nicht der Dienstaufsicht des SMD unterfielen.

Um jedoch einerseits gemäß der Sicherungskonzeption die Geheimhaltung der u.M.-Vergabe sicherzustellen und um andererseits eine eigenmächtige Vergabepraxis in unkontrollierter Menge zu verhindern, bestand auch bei der SV Dynamo die Notwendigkeit, zentral zu kontrollieren und zu steuern, welche Sektionsärzte wann wieviel Oral-Turinabol-Tabletten zur Weitergabe an die Sportler erhielten bzw. sicherzustellen, daß die Sektionsärzte nicht eigenmächtig Anabolika von der eigenen Apotheke abforderten.

Diese Kontroll- bzw. Steuerfunktion erfüllte in den SHB's der jeweilige Bezirkssportarzt oder der von diesem mit der u.M.-Verteilung beauftragte Vertreter, während sie bei der SV Dynamo bzw. beim SC Dynamo Berlin von einem dazu beauftragten Arzt der Sportmedizin wahrgenommen wurde.

Bei der SV Dynamo, dem die Sektionsärzte des SC Dynamo Berlin bis etwa 1978/79 dienstlich direkt unterstellt waren, galt deshalb die Festlegung, daß die Sektionsärzte über {79} numerierte Anträge die erforderlichen Mengen an Oral-Turinabol-Tabletten bei der zuständigen Person in der Sportmedizin beantragen mußten, bevor sie sie per Rezept aus der Apotheke abfordern durften.

Da die Sektionsärzte der SV Dynamo bzw. des SC Dynamo Berlin über die Tagungen der jeweiligen Ärztekommission über die Daten der einzelnen Vergabezyklen von Oral-Turinabol informiert waren, beantragte u.a. auch der rechtskräftig Verurteilte Dr. Binus in der Zeit zwischen 1975 bis einschließlich zum Herbst 1984 regelmäßig bei der zuständigen Stelle in der Sportmedizin der SV Dynamo die Genehmigung, die entsprechend benötigte Menge an Oral-Turinabol-Tabletten über die eigene Apotheke beziehen zu dürfen. Lag die schriftliche Genehmigung vor, die nach Informierung des jeweiligen Sektionsarztes in der Verwaltung verblieb, stellte der rechtskräftig Verurteilte Dr. Binus als Sektionsarzt Schwimmen selbst ein entsprechendes Rezept über Oral-Turinabol aus und erhielt dann, nach einer vorherigen Bestellung entsprechend der benötigten Menge, diese Tabletten aus der eigenen Apotheke der SV Dynamo. Die Spritzen mit Depot-Turinabol bzw. mit Testosteron erhielt der rechtskräftig Verurteilte Dr. Binus dagegen vom jeweiligen Verbandsarzt Schwimmen. Diese Genehmigungs- und Vergabepraxis für den SC Dynamo Berlin blieb während der ganzen Zeit des Anklagezeitraumes unverändert.

Durch diese Kontrollpraxis wurde sichergestellt, daß grundsätzlich nur die genehmigten Mengen von Anabolika zur Vergabe kamen. Ferner wurde durch dieses System der quasi „doppelten Buchführung" im Hinblick auf die angestrebte größtmögliche Geheimhaltung sichergestellt, daß den einzelnen Trainern und Schwimmerinnen sowie der eigenen Apotheke der SV Dynamo weitgehend unbekannt blieb, daß es im Hintergrund eine Genehmigungs- bzw. Kontrollinstanz bei der SV Dynamo bzw. bei dem SC Dynamo Berlin gab, bevor die Oral-Turinabol-Tabletten vom Sektionsarzt aus der Apotheke abgefordert wurden.

J. Handlungen des Angeklagten Dr. Pansold bei der Vergabe anaboler Steroide

1. Die Umsetzung der UM-Konzeption und das Wissen um deren Risiken

In diese vorstehend geschilderten Strukturen im DDR-Leistungs- und Schwimmsport und in die zuvor erörterte UM-Konzeption sowie in die Vergabepraxis bei der SV Dynamo Berlin bzw. beim SC Dynamo Berlin war auch der Angeklagte Dr. Pansold eingebunden.

In der Zeit von 1975 bis 1989 nahm der Angeklagte Dr. Pansold die oben unter 1.6 geschilderte Kontroll- bzw. Steuerfunktion bei der SV Dynamo bzw., beim SC Dynamo Berlin wahr, indem er für die Entgegennahme und Genehmigung der Anträge der Sektionsärzte des SC {80} Dynamo Berlin zuständig war, mit denen diese die Ausgabe von Oral-Turinabol von der eigenen Apotheke beantragten. Über diese Aufgabe berichtete der Angeklagte Dr. Pansold selbst dem MfS unter seinem Decknamen „Jürgen Wendt" in der Anlage zum Treffbericht vom 4. November 1975. Dort hieß es nämlich:

„Im Bereich Dynamo gilt eine solche Festlegung, daß die Sektionsärzte über einen Antrag (numeriert) die erforderlichen Mengen beantragen, welche durch den IMS [dem Angeklagten Dr. Pansold] bestätigt wird und beim IMS [Dr. Pansold] verbleibt. Auf dieser Grundlage erfolgt dann das Ausschreiben der Rezepte mit Abforderung von der eigenen Apotheke. …"

Der Angeklagte Dr. Pansold wurde für diese Kontrollfunktion ausgewählt, weil er schon zusammen mit dem Zeugen Dr. Wuschech im Rahmen der Vorbereitung der Olympischen Winterspiele von Sapporo 1972 bei der Anwendung von u.M. im Leistungssport mitgearbeitet hatte und dort insbesondere die Biathleten betreut hatte. 1973 war der Angeklagte Dr. Pansold auch in der Betreuung der Leichtathleten mit u.M. im Einsatz.

Der Angeklagte Dr. Pansold war 1975 auch eine der Personen, die im Rahmen der Arbeitsgruppe „Zulei“ am FKS an der Erforschung des Einsatzes von Anabolika mitarbeiteten. Zusätzlich wurde der Angeklagte Dr. Pansold in den 70er und 80er Jahren über jede neue Entwicklung von u.M. in der DDR (wie den B 17-Komplex, das STS 83 usw.) informiert und verfolgte diese Maßnahmen in der Erprobung bei der SV Dynamo bzw. beim SC Dynamo Berlin. Er war mithin der Fachmann für Anabolika bei der SV Dynamo bzw. beim SC Dynamo Berlin und anders als die mehr für die Organisation der Sportmedizin der SV Dynamo zuständigen Zeugen Dr. Thümmler und Dr. Roth dazu prädestiniert, die Kontrollfunktion über u.M. bei Dynamo auszuüben und damit das Bindeglied zum LS II bzw. zum SMD und zur Arbeitsgruppe unterstützende Mittel zu sein.

Die Ausübung dieser Kontrollfunktion durch den Angeklagten Dr. Pansold war mithin von der dienstlichen Stellung im Bereich der Leistungsmedizin, bzw. von der ab Januar 1982 ausgeübten Stellung als Leiter der Sportmedizin beim SC Dynamo Berlin vollkommen unabhängig, sondern allein durch das fachliche Wissen des Angeklagten Dr. Pansold bestimmt.

Im einzelnen handelten der Angeklagte Dr. Pansold und die rechtskräftig Verurteilten Dr. Binus und Gläser dabei in neun Fällen bei der Vergabe anaboler Steroide an junge Schwimmerinnen ihres SC Dynamo Berlin wie folgt:

In die vorstehend geschilderten Strukturen im DDR-Leistungs- und Schwimmsport und in die zuvor erörterte UM-Konzeption waren auch die rechtskräftig Verurteilten Dr. Binus und Gläser eingebunden. Als Sektionsarzt des SC Dynamo Berlin war der rechtskräftig Verur-{81}teilte Dr. Binus dabei verpflichtet, an den in der Regel einmal jährlich stattfindenden Tagungen der Ärztekommission des Schwimmsportverbandes unter ihrem Leiter (im Anklagezeitraum u.a. der Zeuge Dr. Kipke[7]) teilzunehmen. Neben medizinischen und leistungsphysiologischen Aspekten wurde bei den Beratungen der Ärztekommission auch über die schon beschriebene UM-Konzeption gesprochen.

Nachdem auf diesen Tagungen auch jeweils die UM-Konzeptionen für die Schwimmerinnen des SC Dynamo Berlin beschlossen und, ab September 1978 zusätzlich von LS II gebilligt worden waren, beantragte der rechtskräftig Verurteilte Dr. Binus als Sektionsarzt turnusmäßig mittels numeriertem Antrag die durch die Verbandskonzeption festgelegte Menge an Oral-Turinabol-Tabletten für die Schwimmerinnen des SC Dynamo Berlin beim Angeklagten Dr. Pansold, der ebenfalls wußte, welche Mengen an Oral-Turinabol an welche Schwimmerinnen des SC Dynamo Berlin in welchen Zeiträumen vergeben werden sollten.

Wenn der Antrag des rechtskräftig Verurteilten Dr. Binus der festgelegten Menge entsprach, was stets der Fall war, genehmigte der Angeklagte Dr. Pansold die Abforderung der Oral-Turinabol-Tabletten. Er informierte den rechtskräftig Verurteilten Dr. Binus von der Genehmigung und bewahrte den Antrag mit dem Genehmigungsvermerk in der Verwaltung der SV Dynamo gesondert auf. Diese Kontrollfunktion bei der

Genehmigung des Abforderns von Oral-Turinabol u.a. durch den rechtskräftig Verurteilten Dr. Binus nahm der Angeklagte Dr. Pansold ab 1975 wahr, obwohl er wußte, daß die medizinisch nichtindizierte Vergabe dieser Oral-Turinabol-Tabletten in der Dosis von 150 mg über drei bis vier Wochen die Gesundheit der Schwimmerinnen erheblich gefährdete.

Nach der Mitteilung der Genehmigung durch den Angeklagten Dr. Pansold schrieb der rechtskräftig Verurteilte Dr. Binus ein Rezept über die entsprechende (genehmigte) Menge Oral-Turinabol-Tabletten aus und erhielt diese Tabletten dann in Umverpackung wenig später durch die Hausapotheke der SV Dynamo ausgehändigt. Die intramuskulär zu injizierenden Präparate Depot-Turinabol und Testosteron erhielt der rechtskräftig Verurteilte Dr. Binus dagegen nicht über die SV Dynamo, sondern zumeist von seinem Verbandsarzt Schwimmen anläßlich von Tagungen der Ärztekommission des Schwimmsportverbandes oder bei sonstigen Gelegenheiten.

Obwohl auch der rechtskräftig Verurteilte Dr. Binus wußte, daß die medizinisch nichtindizierte Vergabe dieser Oral-Turinabol-Tabletten in der Dosis von 150 mg über drei bis vier Wochen sowie die intramuskuläre Injektion von Depot-Turinabol die Gesundheit der Schwimmerinnen erheblich gefährdete, reichte er in den neun Fällen der Zeuginnen A., D., F., Dr. K., J., E., G., L. und R. die entsprechend der UM-Konzeption vorgesehenen Tabletten abgezählt in Originalverpackung an {82} den rechtskräftig Verurteilten Gläser weiter, damit dieser die Vergabe an diese Sportlerinnen vornahm. Der rechtskräftig Verurteilte Dr. Binus teilte bei der Übergabe der Tabletten dem rechtskräftig Verurteilten Gläser auch mit, wie lange und wieviel Oral-Turinabol-Tabletten zu welchem Zeitraum an die einzelnen Zeuginnen vergeben werden sollten. Aufgrund seiner Anweisungen an den rechtskräftig Verurteilten Gläser wußte der rechtskräftig Verurteilte Dr. Binus, daß jener die Tabletten auch tatsächlich an die Zeuginnen A., D., F., Dr. K., J., E., G., L. und R. verabreichen würde.

Die Spritzen mit dem Präparat Depot-Turinabol im Fall der Zeuginnen E. und L. setzte der rechtskräftig Verurteilte Dr. Binus dagegen selbst, obwohl er wußte, daß diese nicht medizinisch indiziert waren.

Dabei nahm er sowohl hinsichtlich der Vergabe der Oral-Turinabol-Tabletten als auch hinsichtlich der Injektionen mit Depot-Turinabol bewußt in Kauf, daß durch die Vergabe der Oral-Turinabol-Tabletten bzw. daß durch die Injektionen mit Depot-Turinabol bei den Zeuginnen schädigende Nebenwirkungen in Form einer Virilisierung, verstärkter Akne, Leberschäden, einem Tieferwerden der Stimme, einer Zunahme der Behaarung und des Gewichts auftreten könnten.

Der rechtskräftig Verurteilte Gläser nahm die Oral-Turinabol-Tabletten sodann aus der Originalverpackung. Während des Vergabezyklus verteilte er jeweils nach der Trainingseinheit an jede Schwimmerin der UM-Konzeption eine oder zwei blaue Oral-Turinabol-Tabletten zu je 5 mg und überwachte die Einnahme, obwohl auch er wußte, daß die Vergabe dieser Oral-Turinabol-Tabletten in der Dosis von mindestens 150 mg über drei bis vier Wochen an die Zeuginnen A., D., F., Dr. K., J., E., G., L. und R. medizinisch nicht indiziert war. Daß bei diesen Zeuginnen durch die Einnahme der Oral-Turinabol-Tabletten schädigende Nebenwirkungen in Form einer Virilisierung, verstärkter Akne, einem Tieferwerden der Stimme und einer Zunahme der Behaarung und des Gewichts auftraten bzw. auftreten konnten, nahm auch er dabei bewußt in Kauf.

Daß der rechtskräftig Verurteilte Dr. Binus die Oral-Turinabol-Tabletten von der Apotheke abforderte, sie dem rechtskräftig Verurteilten Gläser übergab und diesem bei der Übergabe der Tabletten mitteilte, wie lange und wieviel Oral-Turinabol-Tabletten zu welchem Zeitraum an die einzelnen Zeuginnen vergeben werden sollten, bzw. daß der rechtskräftig Verurteilte Gläser die Tabletten aufgrund dieser Anweisungen auch tatsächlich an die Zeuginnen A., D., F., Dr. K., J., E., G., L. und R. verabreichte, war dem Angeklagten Dr. Pansold bewußt. Dieser wußte auch, daß die rechtskräftig Verurteilten Dr. Binus und Gläser dabei diesen Zeuginnen entsprechend der Siche-{83}rungskonzeption bei der Vergabe von u.M. verheimlichten, um was es sich bei den blauen Oral-Turinabol-Tabletten tatsächlich handelte und welche gesundheitlichen Risiken ihre Einnahme bedeutete.

Dagegen konnte die Kammer nicht mit der erforderlichen Sicherheit feststellen, daß der Angeklagte Dr. Pansold auch an der Vergabe der Spritzen mit dem Präparat Depot-Turinabol an Schwimmerinnen des SC Dynamo Berlin mitwirkte. Zwar wußte der Angeklagte Dr. Pansold im Rahmen seiner Kontrollfunktion bei der Genehmigung der Abforderung von Oral-Turinabol u.a. aufgrund seiner Kenntnisse von den jeweiligen UM-Konzeptionen darum, daß grundsätzlich alle Schwimmerinnen des A-Kaders bzw. Olympia-Kaders im Rahmen der jeweiligen UM-Konzeptionen in regelmäßigen Zyklen intramuskuläre Spritzen mit Depot-Turinabol bzw. mit Testosteron erhielten; er wirkte jedoch im Bereich Schwimmen beim SC Dynamo Berlin weder bei der Beschaffung oder bei der Injektion mit, noch hatte er sonst Einfluß auf das „Ob" und auf das „Wie" der Injektionen mit diesen Präparaten.

Der Angeklagte Dr. Pansold nahm allerdings in Kenntnis dieser weiteren Verabreichung von Anabolika-Spritzen hinsichtlich der Vergabe der Oral-Turinabol-Tabletten bewußt in Kauf, daß durch die Vergabe der Tabletten seitens des rechtskräftig Verurteilten Gläser bei den Zeuginnen schädigende Nebenwirkungen in Form einer Virilisierung, verstärkter Akne, Leberschäden, einem Tieferwerden der Stimme, einer Zunahme der Behaarung und des Gewichts auftreten könnten.

2. Konkrete Vergabemenge und Vergabepersonen

⊗ Die folgenden Ausführungen entsprechen bis auf einige sprachliche Anpassungen im Hinblick auf den Angeklagten und die Zeuginnen und Zeugen der Darstellung des unter lfd. Nr. 5-1 abgedruckten Urteils unter Gliederungspunkt J.2. (vgl. lfd. Nr. 5-1, S. 162ff.). ⊗ {99}

II. Teil: Beweiswürdigung

Der Angeklagte hat von seinem Recht, zur Sache zu schweigen, Gebrauch gemacht. Seine im I. Teil festgestellte Beteiligung an der medizinisch nicht indizierten Vergabe von anabolen Steroiden zusammen mit dem bereits rechtskräftig verurteilten Arzt Dr. Dieter Binus und dem bereits rechtskräftig verurteilten Trainer Rolf Gläser an die von ihnen betreuten jugendlichen Schwimmerinnen beruht vor allem auf den Angaben, die der Angeklagte selbst unter dem Decknamen „Jürgen Wendt" dem MfS als inoffizieller Mitarbeiter (IM) gemacht hat. Die Einbindung des Angeklagten in das in der

DDR staatlich angeordnete System der kontrollierten Vergabe sog. „Unterstützender Mittel" wird darüber hinaus durch die ebenfalls verlesenen Treffberichte des gesondert verfolgten weiteren Arztes Dr. Manfred Höppner sowie der Einlassung des bereits verurteilten Arztes Dr. Dieter Binus deutlich. {100}

Daß der Angeklagte in Kenntnis der Risiken handelte und dabei die bei den jugendlichen Schwimmerinnen eingetretenen Folgen billigend in Kauf nahm, beruht ebenfalls im wesentlichen auf seinen eigenen Angaben als IM „Jürgen Wendt" gegenüber dem MfS sowie den überzeugenden Ausführungen der Sachverständigen über die Nebenwirkungen anaboler Steroide.

Daß es sich bei dem IM „Jürgen Wendt" um den Angeklagten handelt, wird durch den in der Hauptverhandlung verlesenen Auskunftsbericht der Hauptabteilung XX/3 des MfS vom 27. November 1974 belegt, in dem die Werbung von Dr. Bernd Pansold durch Hauptmann Müller am 28. Januar 1972 dokumentiert ist. Der Auskunftsbericht belegt ebenfalls die Vergabe des Decknamens „Jürgen Wend" an den Angeklagten Dr. Bernd Pansold und dessen Einordnung in die Kategorie „IMS" (= Inoffizielle Mitarbeiter, die mit der Sicherung gesellschaftlicher Bereiche oder Objekte beauftragt sind bzw. IM zur politisch-operativen Durchdringung und Sicherung des Verantwortungsbereiches). Die Identität des Angeklagten Dr. Pansold mit IM „Jürgen Wendt" folgt darüber hinaus aus den übereinstimmenden Personaldaten, z.B. zu der Promotion des Angeklagten Dr. Pansold, die der IM „Jürgen Wend" gegenüber seinem Führungsoffizier des MfS bei der Besprechung persönlicher Angelegenheiten des IM „Jürgen Wendt" angegeben hat, mit der in der Hauptverhandlung verlesenen Volkspolizei-Personalakte von Dr. Pansold. Darüber hinaus bestätigte der weitere vormalige Angeklagte Gläser die Identität des IM „Jürgen Wendt": Dessen an das MfS weitergegeben Informationen – teilweise waren dies private Begebenheiten wie Saunabesuche in Hamburg aus Anlaß von Schwimmwettkämpfen – habe er (Gläser), nur dem Angeklagten Dr. Bernd Pansold anvertraut.

Im Einzelnen beruhen die im I. Teil getroffenene Feststellungen auf folgenden Erkenntnissen:

Die Feststellungen zu den persönlichen Lebensverhältnissen des Angeklagten bis zum Jahre 1990 beruhen auf der zu großen Teilen in der Hauptverhandlung verlesenen und in Augenschein genommenen Personalakte des Bundesministeriums des Innern, welches die den Angeklagten betreffende und am 4. Oktober 1967 begonnene Personalkte Nr. 030342430176 mit der Personalnummer 3.301.560 des ehemaligen Innenministeriums der DDR bis zum Ausscheiden des Angeklagten aus dem öffentlichen Dienst am 31. Dezember 1990 geführt hat. An den dort aufgeführten detaillierten Beschreibungen zur Person des Angeklagten und den von ihm wahrgenommenen Aufgaben hat die Kammer keinen Zweifel. Die Feststellungen zu seinen derzeitigen Lebensverhältnissen ergeben sich aus den Angaben des Angeklagten, die er dazu in der Hauptverhandlung gemacht hat. Auch diesbezüglich hatte die Kammer zu durchgreifenden Zweifeln keinen Anlaß. {101}

Die Feststellungen zu den Zielen und Bedeutung des Sports in der DDR beruhen auf allgemeinkundigen Tatsachen aus Sport, Politik und neuerer deutscher Zeitgeschichte. Der Stellenwert des Sports für die DDR wird auch durch die vom vormaligen Angeklagten Gläser, aber auch von einem Teil der Zeuginnen plastisch und nachvollziehbar dargestellten Vergünstigungen, wie z.B. Geldprämien, Orden und Auslandsreisen, erkennbar. Sie wird im Fall des Angeklagten vor allem durch den an ihn am 21. August 1980 vom Staatssekretariat für Körperkultur und Sport verliehenen Gutsmuths-Preis für seine Forschung auf dem Gebiet der Sportmedizin/Biowissenschaft und in seiner Promotion B zum Doktor der Wissenschaften (Dr. sc. med.) am 19. Dezember 1985 deutlich. In dem vom Leiter der Sportmedizin – dem gesondert Verfolgten Dr. Manfred Thümmler – befürworteten Antrag zum Erwerb der „wissenschaftlichen Qualifikation der Promotion B“ des Angeklagten vom 19. August 1980 heißt es:

„... Die Entwicklung sportlicher Höchstleistungen ist eine bedeutende gesellschaftliche und politische Aufgabe, um mit den Mitteln von Körperkultur und Sport das internationale Ansehen unseres sozialistischen Staates weiter zu erhöhen. ... Die Sportmedizin hat dabei eine wichtige Position. ... Genosse Oberstleutnant der VP i. MD Dr. Pansold hat in seiner bisherigen Tätigkeit eine biochemische Methode, die vom Gesundheitswesen übernommen wurde, für die Anforderungen im Leistungssport qualifiziert. ... In der Arbeitspraxis bei der Trainingssteuerung und Leistungsobjektivierung hat sich dieses Verfahren bewährt. ...“

Die Erkenntnisse über Struktur, Aufgabenbereich und Funktion des Politbüros und des Zentralkomitees der SED sowie die Feststellungen zu den Organisationsstrukturen im DDR-Sport, insbesondere des Deutschen Turn- und Sportbundes, des Deutschen Schwimmsport-Verbandes der DDR, des Staatssekretariates für Körperkultur und Sport, der Deutschen Hochschule für Körperkultur, des Forschungsinstituts für Körperkultur und Sport und des Sportmedizinischen Dienstes sind zum Teil ebenfalls allgemeinkundige Tatsachen oder beruhen auf allgemein zugänglichen Quellen (Herbst/Ranke/Winkler, „So funktionierte die DDR“, Hamburg 1994), darunter auf dem in der Hauptverhandlung verlesenen Bericht der Unabhängigen Dopingkommission. Die zusätzlichen Erkenntnisse zum Deutschen Schwimmsport-Verband der DDR beruhen auf den ergänzenden Angaben des ehemaligen Angeklagten Gläser, die die Kammer für zutreffend und glaubhaft hält.

Die Feststellungen zur Struktur der Sportvereinigung Dynamo und des SC Dynamo Berlin beruhen zunächst ebenfalls auf den Erkenntnissen des allgemein zugänglichen Werkes „So funktionierte die DDR“. Sie werden darüber hinaus durch die Einlassungen der ehemaligen Angeklagten Gläser und Dr. Binus, die sich auch zur Struktur und zu den wichtigen Personen in der SV Dynamo und dem SC Dynamo geäußert haben, ergänzt und bestätigt. Darüber hinaus beruhen die Feststellungen – insbesondere zur Aufteilung des sportmedizinischen Bereichs der SV Dynamo – auf den Ausführungen des Zeugen Dr. Wal-{102}ter Roth, welcher als Chefarzt des Bereichs Lesitungsmedizin/Leistungsdiagnostik von 1977 bis 1982 unmittelbarer Vorgesetzter des Angeklagten war. Die Angaben des Zeugen Dr. Roth werden bestätigt durch die ausführlichen, detaillierten Bekundungen des im hiesigen Verfahren als Zeugen vernommenen gesondert verfolgten ärztlichen Direktors und Leiters der Sportmedizin der SV Dynamo, Dr. Manfred Thümmler, welcher wiederum unmittelbarer Vorgesetzter des Zeugen Dr. Roth war. Die genannten Zeugen führten übereinstimmend aus, daß die sportmedizinische Abteilung der SV Dynamo aus drei Bereichen bestand, und zwar

- Bereich I: Klinik/Poliklinik (Chefarzt Dr. Ahrendt)
- Bereich II: Leistungsdiagnostik/Leistungsmedizin (von 1977 bis 1982: Chefarzt Dr. Roth, Oberarzt Dr. Pansold)
- Bereich III: Sportmedizin/Clubbetreuung (bis 1984: Dr. Schneider).

Beide zuletzt genannten Zeugen wie auch der ehemalige Angeklagte Dr. Binus bestätigten auch die Eintragungen der Personalakte des Angeklagten, wonach dieser ab 1. Februar 1982 als Leiter der Sportmedizin des SC Dynamo Berlin für den gesamten gesundheitlichen Betreuungsprozeß der Sportler des SC Dynamo Berlin eingesetzt wurde und damit bis zum Ende des tatgegenständlichen Zeitraums unmittelbarer dienstlicher Vorgesetzter des Angeklagten Dr. Binus war.

Die Kammer hatte in Anbetracht dieser unabhängig von einander gewonnenen und einander bestätigenden Erkenntnisse – welche sie von der Richtigkeit der basierend auf diesen Quellen getroffenen Feststellungen überzeugen – keine Veranlassung, an den ebenfalls damit inhaltlich übereinstimmenden Bekundungen des gesondert Verfolgten Dr. Manfred Thümmler zu zweifeln, der sich im übrigen auf alle Fragen, die sich auf die Einbindung seiner Person und der des Angeklagten Dr. Pansold in die Vergabe anaboler Steroide bezogen, auf sein Auskunftsverweigerungsrecht nach § 55 StPO berufen hatte.

⊗ Die folgenden Ausführungen entsprechen bis auf einige sprachliche Anpassungen im Hinblick auf den Angeklagten und die Zeuginnen und Zeugen der Darstellung des unter lfd. Nr. 5-1 abgedruckten Urteils unter Gliederungspunkt „II. Teil: Beweiswürdigung" von dem Satz „Die Feststellungen zur Sichtung und zum Aufbau von Nachwuchskadern beim SC Dynamo …" bis zu dem Satz „Eingeschlossen muß weiterhin werden die ausgewählten Mitarbeiter der SHB der SV Dynamo, welche engste Kooperationspartner dieser Abteilung sind, jedoch nur Teil-Forschungsaufträge durchführen. …'" (vgl. lfd. Nr. 5-1, S. 176-178). ⊗ {104}

Wie sich dem in der MfS-Akte des Dr. Peter Weigand alias IM „Mai" befindlichen „Zulei-Bericht" entnehmen läßt, beschäftigte sich die am 3. Januar 1975 am FKS in Leipzig konstituierte Forschungsgruppe „Zusätzliche Leistungbeinflussung bzw. Zusätzliche Leistungsreserven (Zulei)" von Januar 1915 bis Ende Oktober 1975 mit der „Problematik unterstützender Mittel" und bestätigt aufgrund der inhaltlichen Übereinstimmung die Angaben des Dr. Höppner/IM „Technik". Im „Zulei-Bericht" heißt es: {105}

„… Am 1.11.1974 wurde von der Sportleitung der Auftrag erteilt, am FKS Leipzig eine Forschungsgruppe zur Problematik unterstützende Mittel zu gründen. Zielstellung der Gruppe:
- Sicherung des effektivsten Einsatzes unterstützender Mittel
- Gesunderhaltung der Sportler (keine negativen Nebenerscheinungen zuzulassen)
- Mit Kontrollen und Nachweisverfahren Verhinderung von unkontrolliertem Einsatz im Leistungssport der DDR und vor Mißbrauch im Nachwuchsbereich

Am 3.1.1975 erfolgte die Konstituierung am FKS Leipzig

Prof. Lehnert	(Forschungsbeauftragter)
Prof. Gürtler	Teilthemenleiter
Dr. Gerber	"
Dr. Schäker	"
Dr. Weigand [= IM „Mai"]	(Beauftragter für Sicherheit)
Dr. T[h]ümmler	(Verbindungsmann zu Dynamo)
Kolln. Seidel	(Sekretärin) …

Die eigentliche Zielstellung macht der „Zulei-Bericht" in der Akte Dr. Weigand/IM „Mai" später deutlich:

„... Das Ziel der FG ‚Zulei', noch für die Erhöhung der Wirksamkeit der OS[Olympische Spiele]-Vorbereitung mit unterstützenden Mitteln durch Erarbeitung von Empfehlungen, wurde erfüllt. Über den Erfahrungsaustausch in Kolloquien ... sowie gezielter, gesteuerter Anwendung und Auswertung unter Kontrolle der FG ‚Zulei" wurden von den drei Teilnehmergrupppen Empfehlungen erarbeitet, die im Abschlußmaterial
‚Bericht zum Stand der Anwendung und Empfehlungen zur Nutzung unterstützender Mittel in Vorbereitung auf die OS 76'
eingehen."

Wie aus der Übersicht der Forschungsgruppe „Zulei" hervorgeht, war der zur Geheimhaltung verpflichtete Angeklagte Dr. Pansold nicht nur zusammen mit dem gesondert verfolgten Schwimm-Verbandsarzt Dr. Kipke (hilfsweiser) Mitarbeiter im Teilnehmergruppe Energetik, sondern vor allem erster Mitarbeiter in der Teilnehmergruppe Anabolika: {106}

„Übersicht FG ‚Zulei'

x *Prof. Lehnert* (Forschungsbeauftragter) *Dr. Höppner* (Beauftragter SMD)

x *Dr. Thümmler* (Verbindung zu Dynamo)

Teilthemen:		*Energetik*		*Anabolika*		*Motorik*
Themenleiter:	x	*Dr. Gerber* (FKS)	x	*Prof. Gürtler* (FKS)	x	*Dr. Schäker* (FKS)
Mitarbeiter:	x	Dr. Kipke	x	Dr. Pansold	x	Dr. Stark, Gottfried
	x	Dr. Buhl	x	Spfrd. Spenke[8]	x	Dr. Erasmus
	x	Dr. Fuchs	x	Dr. Lathan	x	Dr. Pietzko
	x	Dr. Naumann	x	Dr. Nicklas[9]	x	Spfrd. Bauch
		Prof. Pfeifer	x	Spfrd. Roewer	x	Kolln. Rönicke [...]
		Spfrd. Braun		Spfrd. Apel	x	" Müller, Ute
	x	Dr. Roth		Spfrd. Starke		
		Dr. Hasart		Spfrd. Rieger		
	x	Spfrd. Schwiebel				
	x	Spfrd. Franke				
	x	Schramme				
	x	(Dr. Pansold)				

Laborarbeiter:	x	Dr. Langer
Sekretärin:	x	Petra Seidel
Literaturbearbeiterin:	x	Dr. Sabine Stibal (ZfW)

x = verpflichtete Personen"

Der „Zulei"-Bericht belegt zudem, daß der damals noch junge Angeklagte Dr. Pansold neben wenigen höher gestellten Ärzten im Bereich der SV Dynamo in den streng geheimen Themenkreis des radioimmunologischen Nachweis anaboler Steroide (RIA = Radio-Immunassay) eingeweiht war:

„... Übersicht über Informierte
RIA
(Radioimmunologischer Nachweis)

Zentral: Erbach[10], Oppel, Gume, Buggel[11], Welsch, Höppner

...

FKS: – volle Übersicht: Schuster, Lehnert, Gürtler, Weigand, Gerber, Schäker
– RIA und Anabolika
Langer, Lathan, Nicklas

...

ASK Vorwärts:	Rieger, Bauch, Dr. Starke (Arzt Sprung), Hennig (Trainer), Dr. Bahlke (Arzt)
SV Dynamo:	Dr. Thümmler Dr. Pansold Dr. Roth Dr. Hasart Wuschech

...

VEB Jenapharm:

...

[es folgen die Namen weiterer Informierter] ...“ {107}

Zur Verwendung anboler Steroide und dem Nachweis der Anabolika hat die Forschungsgruppe unter Mitarbeit des Angeklagten Dr. Pansold gemäß des „Zulei“-Berichts Folgendes erarbeitet:

„... Da ein Nachweisverfahren nur für Präparate gleicher Molekülstrukturen möglich ist, müssen weitere Nachweisverfahren entwickelt werden
z.B. für Oralturinabol (da Anwendung im Nachwuchsbereich – Kontrollen bei Spartakiaden notwendig)
für Depotturinabol (Kraftsport)
für Testosteron (wird unmittelbar vor Wettkampf gespritzt) ...“

Zuvor schildert der „Zulei“-Bericht bereits die damit zusammenhängende Problematik der Geheimhaltung. Dort heißt es:

„... *Probleme*
- in der Ausweisung der Kooperationspartner ...
- in der Ausweitung der Anwendung der zusätzlichen Mittel ...
- das von uns charakterisierte Vorhaben Dr. Schäker (Motorik) – höchste Vertraulichkeit im ‚Zulei‘ –

ist bei B 17 bereits 46 Personen,
bei RIA bereits 47 Personen
im Zusammenhang bzw. Details bekannt. ...“

⊗ Die folgenden Ausführungen entsprechen bis auf einige sprachliche Anpassungen im Hinblick auf den Angeklagten und die Zeuginnen und Zeugen der Darstellung des unter lfd. Nr. 5-1 abgedruckten Urteils unter Gliederungspunkt „II. Teil: Beweiswürdigung“ von dem Satz „Über die Gründung der Forschungsgruppe ‚unterstützende Mittel‘ ...“ bis zu dem Satz „Bisher scheiterte jedoch die Einführung dieser Methode. ...‘“ (vgl. lfd. Nr. 5-1, S. 178-188). Mit Bezug auf den Angeklagten stellte das Landgericht Berlin zusätzlich fest: „Über den wissenschaftlichen Hintergrund der Anwendung von anabolen Steroiden berichtet der Angeklagte Dr. Pansold als IM ‚Jürgen Wendt‘ an das MfS gemäß seines Treffberichts vom 25. Februar 1976. Zugleich bestätigt er, daß bereits zu diesem Zeitpunkt der Angeklagte aufgrund seiner Mitarbeit in der Forschungsgruppe ‚Zulei‘ umfassende Kenntnisse über anabole Steroide besaß.“ (UA S. 111). „Dem Angeklagten Dr. Pansold war demnach bewußt, daß im Schwimmspitzensport sein ‚offizieller‘ Beitrag als Leistungsdiagnostiker zur Trainingssteuerung durch Laktatwertanalysen nicht ausreichte, sondern erst durch die Vergabe anaboler Steroide Weltspitzenleistungen erreicht werden konnten.“ (UA S. 111 f.) ⊗ {119}

Die als Zeugen vernommenen Mitarbeiter des Zeugen Dr. Höppner, die Arzthelferin Petra B., der vormalige Facharzt Hans-Jürgen Schmidt[12] und die MTA Sylke P. bestätigten die zitierten Angaben des IM „Meschke"/Dr. Claus Clausnitzer und zugleich die inhaltliche Richtigkeit des nachfolgenden Dopinganalysen-Protokolls des Dopingkontroll-Labors in Kreischa vom 9. August 1989, welches in der Berliner Zeitung vom 5. April 1994 veröffentlicht wurde, wobei die unterpunktierten Entschlüsselungen handschriftlich – wahrscheinlich nachträglich von einem der Mitarbeiter des SMD – ergänzt worden sind. Zugleich belegt nachfolgendes Dokument, daß das Anabolikum Testosteron bis kurz vor der Wende im Frauenschwimmsport der DDR angewendet wurde:

„*Zentralinstitut des Sportmedizinischen Dienstes*
Kreischa August-Bebel-Strasse 12
Leitung des SMD der DDR
Außenstelle II
Czernikauer Straße 21
1071 Berlin

9.8.89
8.8.89 Bonn EM

Analysenprotokoll

Wir untersuchten nachstehende Urinproben der Sportart Schwimmen auf anabole Steroide.

Ergebnis	Code	Resultat	Q [Quotient]	T [Testosteron]	E [Epi-Testosteron]
	07 08 101	negativ			
	07 08 102	negativ			
	07 08 103	negativ			
O.	07 08 104	positiv x)	17	34	2
	...				
	07 08 110	negativ			
F.	07 08 111	positiv x)	8,8	35	4
	07 08 112	negativ			
	...				
	07 08 120	negativ			
Hu.	07 08 121	positiv x)	12,5	50	4
	07 08 122	negativ			
	...				
	07 08 127	negativ			
Ha.	07 08 128	positiv x)	10	20	2
	07 08 129	negativ			
	07 08 130				

x) Testosteron
Befunde wurden Kolln. B. am 8.8. tel. mitgeteilt.

Dr. C. Clausnitzer
Leiter des Zentralen
Dopingkontroll-Labors" {120}

⊗ Die folgenden Ausführungen entsprechen bis auf einige sprachliche Anpassungen im Hinblick auf den Angeklagten und die Zeuginnen und Zeugen der Darstellung des unter lfd. Nr. 5-1 abgedruckten Urteils unter Gliederungspunkt „II. Teil: Beweiswürdigung" von dem Satz „Die Erkenntnisse zur Abbauzeit von Depot-Turinabol werden darüber hinaus belegt ...“ bis zu dem Satz „Aus diesen genannten Gründen ist es dringend erforderlich, ein umfassendes Kontrollsystem einzuführen, was entsprechend der erarbeiteten Vorlage der zu bildenden Kommission ‚Unterstützende Mittel‘ unter Leitung des IMV obliegen soll. ...“ (vgl. lfd. Nr. 5-1, S. 188-190). Mit Bezug auf den Angeklagten stellte das Landgericht Berlin zusätzlich fest: „Zugleich zeigt der Treffbericht [vom 11.9.1974, abgedruckt unter lfd. Nr. 5-1, S. 190] auf, daß auch der Angeklagte Dr. Pansold in den Einsatz dieses Anabolikums dadurch eingebunden war, indem man ihn zur Gefährlichkeit dieses Präparats ‚konsultierte‘.“ (UA S. 122). ⊗ {123}

Selbst die sportmedizinische Leitung in der Person des gesondert Verfolgten Dr. Manfred Höppner griff demnach auf die Mithilfe des zum damaligen Zeitpunkt 32-jährigen Angeklagten Dr. Pansold bei dem Einsatz anaboler Steroide zurück, weil dieser bereits zu Anfang der siebziger Jahre neben seiner umfassenden theoretischen Vorbildung vor allem auch eingehende praktische Erfahrung mit dem Einsatz anaboler Steroide im Spitzensport der DDR besaß. Wie sich aus dem verlesenen „Sapporo-Bericht“ des Zeugen Dr. Heinz Wuschech vom 1. März 1971 ergibt, dessen inhaltliche Richtigkeit vom Zeugen Dr. Heinz Wuschech auch bestätigt wurde, war der Angeklagte Dr. Pansold schon bei der Vorbereitung der Olympischen Winterspiele 1972 in Sapporo einer der ambitioniertesten ärztlichen Mitarbeiter bei dem Einsatz anaboler Steroide, bei denen er als ärztlicher Betreuer der Biathleten eingesetzt war. Im „Sapporo-Bericht-Sportmedizin“, welcher durch Anschreiben vom 12. März 1971 direkt an den „1. Vorsitzenden der SV Dynamo – Genossen Minister Mielke“ gerichtet war und „aus Gründen der Geheimhaltung“ nur dem Leiter des Büros der Zentralen Leitung der SV Dynamo, Oberst Welz, und dem Präsidenten des DTSB, Manfred Ewald[13] zugestellt wurde, heißt es u.a.:

„... Nach den ungenügenden Ergebnissen unserer Teilnehmer in den nordischen Disziplinen, im Eisschnellauf und im Biathlon bei den Olympischen Spielen in Grenoble 1968 wurde ich vom Büro der Zentralen Leitung der SV Dynamo beauftragt, besonders mit den profiliertesten Mitarbeitern meines Arbeitskreises (Dr. Roth, Dr. Jagemann, Dr. Pansold und Dr. Schneider) die komplexe leistungsmedizinische Arbeit in diesen Sportarten zu intensivieren. ... In eigenen, umfangreichen experimentellen Untersuchungen überprüften wir in der Praxis zuerst bei uns Ärzten und danach bei Hochleistungssportlern die Wirkung von unterschiedlich zusammengesetzten hochprozentigen Glukoseinfusionen mit Ferment-, Elektrolyt- und Vitaminzusätzen verschiedener Konzentrationen und die Anwendung von anabolen Steroiden.
...
Infusionsprogramm S.: [Biatleth S.] ...
Das Programm für die Vorbereitung auf die WM wird auf die zweite Hälfte Februar noch in Sapporo festgelegt und gemeinsam mit dem Sportler und Trainer besprochen. Es werden das Anabolikum, Elektrolyte und das Neurodynamikum in der weiteren UWV verabreicht. Das I-Programm wird von Dr. Pansold in der UWV fortgesetzt. ...“

Zugleich bestätigte der Zeuge Dr. Wuschech, daß der Sapporo-Bericht – insbesondere wegen des Einsatzes anaboler Steroide – strengster Geheimhaltung unterlag. Wie der Vorschlag für die Auszeichnung mit der Medaille für ausgezeichnete Leistungen“ vom 27. April 1971 aus der Personalakte des Angeklagten zeigt, reicht die ärztliche Unterstützung der von Hochleistungssportlern durch den Angeklagten Dr. Pansold bereits in den Anfang der siebziger Jahre zurück, wobei in der Personalakte freilich der Einsatz von u.M. durch den Angeklagten nicht genannt wird. Dort heißt es: {124}

„... Gen. Hptm. d. VP Pansold hat ... dazu beigetragen, die Leistungsfähigkeit unserer Sportler wesentlich zu fördern. ... Durch vorbildliche Einsatzbereitschaft und gute leistungssportliche Arbeit hat er persönlichen Anteil am Weltmeisterschaftserfolg des Sportfreundes S. im Biathlon 1971, so daß die Auszeichnung mit der ‚Medaille für ausgezeichnete Leistungen' anlässlich des Ministerempfanges am 13.5. [in Bleistift gestrichen und und ersetzt durch 1.7.] 1971 gerechtfertigt ist. ..."

Wie sich aus der polizeilichen Zeugenaussage der ehemaligen Leichtathletin Q., geborene I., vom 1. Februar 1996 ergibt, welche von dem Vernehmungsbeamten PHK Pietsch bestätigt wurde, spritzte ihr der Angeklagte Dr. Pansold im Laufe des Jahres 1973 dreimal das Anabolikum Testosteron, da sie das Anabolikum „Oral-Turinabol" nicht vertragen habe. Zwar stellte die Zeugin Q. in ihrer Vernehmung vor der Kammer in Abrede, vor der Polizei eine solche Aussage gemacht zu haben, insbesondere vom Angeklagten Testosteron gespritzt bekommen zu haben; vielmehr sei sie vom Angeklagten Dr. Pansold wie auch von anderen Ärzten nur dann konsultiert worden, um Verletzungen zu behandeln und „um den Heilungsprozeß zu beschleunigen". Die Kammer glaubt der Erklärung der Zeugin nicht, die Polizisten hätten ihr die Aussage in den Mund gelegt. Sie mußte einräumen, ihre von der Polizei niedergeschriebene Aussage anschließend auf jeder und auf der letzten Seite zur inhaltlichen Bestätigung selbst unterschrieben zu haben. Die Kammer nimmt vielmehr an, daß die Zeugin, welche vom Angeklagten nicht nur sportlich betreut, sondern zugleich – wie sie ebenfalls auf nähere Nachfrage eingeräumt hat – bei der SV Dynamo in den Jahren von 1969 bis 1974 während ihrer Ausbildung als Medizinisch-Technische Assistentin unmittelbar dem Angeklagten unterstellt war, vor Gericht aus falsch verstandener beruflicher und sportpolitischer Kameraderie ihre den Angeklagten belastende polizeiliche Aussage in dessen Gegenwart nicht wiederholen wollte, der sie erkennbar bei der polizeilichen Vernehmung nicht eine solche Bedeutung beigemessen hatte. Der Zeuge PHK Pietsch führte detail- und kenntnisreich aus, daß die von ihm aufgenommene Aussage der Zeugin Q. auf deren originären Wissen beruhte, insbesondere die genaue Anzahl der vom Angeklagten ihr gesetzten Testosteronspritzen nicht etwa auf einem Vorhalt durch andere Quellen basiert habe.

⊗ Die folgenden Ausführungen entsprechen bis auf einige sprachliche Anpassungen im Hinblick auf den Angeklagten und die Zeuginnen und Zeugen der Darstellung des unter lfd. Nr. 5-1 abgedruckten Urteils unter Gliederungspunkt „II. Teil: Beweiswürdigung" von dem Satz „Die Feststellungen der Kammer, daß es vor dem Beginn der systematischen Vergabe anaboler Steroide und vor dem UM-Konzeption ..." bis zu dem Satz „In die grundsätzlichen Überlegungen müßten selbstverständlich einbezogen werden: Arzneimittelgesetz (bei entsprechender med. Absicherung noch zu umgehen)." (vgl. lfd. Nr. 5-1, S. 190-197). Mit Bezug auf den Angeklagten Pansold stellte das Landgericht zusätzlich fest: „Insbesondere die Treffberichte des Angeklagten zeigen, daß dieser das Trainingsprogramm nicht nur in seiner Eigenschaft als Leistungsdiagnostiker, sondern ebenfalls als ausgewiesener Experte für die Vergabe unterstützender Mittel steuerte" (UA S. 126). „Auch aus diesem Treffbericht [vom 24.4.1978, abgedruckt unter lfd. Nr. 5-1, S. 194] läßt sich entnehmen, daß der Angeklagte neben seiner offiziellen Tätigkeit als Leistungsdiagnostiker des Bereiches II der Sportmedizin der SV

Dynamo zugleich in die der Geheimhaltung unterliegenden Sonderstruktur der organisierten Vergabe von Dopingmitteln eingebunden war." (UA S. 129) ⊗ {133}

Die aufgrund der Geheimhaltung notwendige Sonderstruktur der kontrollierte Vergabe sog. unterstützender Mittel, insbesondere anboler Steroide, führte – insbesondere nach Einrichtung der Arbeitsgruppe u.M. und des Leistungssportbereichs (LS) II des SMD der DDR in der Czernikauer Straße in Ost-Berlin (jeweils unter Leitung des gesondert verfolgten Arztes Dr. Höppner) –, wie die als Zeugen vernommenen Ärzte Ulrich Sünder und Hans-Jürgen Schmidt glaubhaft und übereinstimmend bekundeten, zu einer zunehmenden Zentralisierung der Lagerung und Vergabe anaboler Steroide mit dem Ziel, die Einhaltung der zuvor festgelegten sog. UM-Konzeption durch eine kontrollierte Vergabe zu sichern.

Der als Zeuge vernommene bereits rechtskräftig verurteilte Arzt Ulrich Sünder führte detailliert aus, daß er als Vertreter des Bezirkssportarztes der SHB Berlin mit der Übernahme und Verteilung der u.M. im Bereich der SHB Berlin beauftragt worden war und in Ausführung dieser Aufgabe seit September 1978 bis 1989 regelmäßig in der Czernikauer Straße vom gesondert Verfolgten Dr. Höppner oder dessen Mitarbeitern – vor allem von den Zeugen Hans-Jürgen Schmidt und Petra B. – die erforderliche Menge an Oral-Turinabol-Tabletten erhielt, die für die Clubs bestimmt waren, die unter dem Dach der SHB Berlin organisatorisch zusammengefaßt waren. Sodann habe er – der Zeuge Sünder – die Oral-Turinabol-Tabletten zur Weitergabe an die dazu vorgesehenen Sportler den Sektionsärzten ausgehändigt. Der Zeuge Sünder führte weiterhin aus, daß diese Vorgehensweise seines Wissens von allen SHB's praktiziert worden sei. Diese Erkenntnis habe er nicht zuletzt daraus gewinnen können, daß die dafür zuständigen Bezirkssportärzte bzw. deren Stellvertreter sich fünf- bis sechsmal im Jahr zu Arbeitstagungen in Kreischa zusammenfanden. Diese Vorgehensweise könne er jedoch nicht auf den Bereich der SV Dynamo übertragen, da dort eine andere Struktur bestanden habe. Zwar könne er sich daran erinnern, daß er bei den Anleitungen neben Dr. Thümmler, Dr. Richter[14], Dr. Schafenberg, teilweise Dr. Schneider, auch dem Angeklagten Dr. Pansold begegnet sei; ob bei diesen Begebenheiten über Oral-Turinabol gesprochen wurde, könne er er heute allerdings nicht mehr mit der Sicherheit sagen.

Soweit es den von ihr betreuten Arbeitsbereich der LS II des SMD anbelangte, bestätigte die Zeugin B. diese Vorgehensweise, welche wie der Zeuge Schmidt anschaulich die strikte Geheimhaltungspflichten, wie die Aufbewahrung von brisanten Unterlagen wie sog. VS- oder VD-Bücher und Medikamenten wie Oral-Turinabol in Stahlschränken betonte. Zugleich bestätigten beide Zeugen, daß sie beides auf Anweisung des Zeugen Dr. Höppner nach der Wende vernichtet haben. {134}

Von der geschilderten Vorgehensweise der sonstigen SHB's unterschied sich die kontrollierte Vergabe des Anabolikums Oral-Turinabol innerhalb der SV Dynamo. In diese war der Angeklagte Dr. Pansold wie folgt eingebunden:

Wie der Zeuge Sünder, aber auch die als Zeugen gehörten Mitarbeiter der LS II B., P. und Schmidt mehrfach betonten, war die SV Dynamo und damit auch der SC Dynamo Berlin nicht ein normaler Sportclub: Die SV Dynamo wurde bereits aufgrund ihrer Größe und der bei ihr beschäftigen hohen Anzahl von Sportärzten als „eigene SHB" oder gar als „Staat im Staat" angesehen. Während die normalen Sportclubs der DDR von Ärzten der sportärztlichen Kreisberatungsstellen bzw. bezirklichen Sportärztlichen

Hauptberatungsstellen (SHB) betreut wurden und die sie betreuenden Ärzte (wie der Zeuge Sünder) der Dienstaufsicht des SMD der DDR unterlagen, unterstanden die Mitarbeiter der SV Dynamo dem Ministerium des Innern der DDR. Zugleich kam die Besonderheit hinzu, daß der SV Dynamo Berlin seit 1973 bis zu dessen Auflösung als einziger Sportclub der DDR eine eigene Apotheke besaß und demnach eine Kontrolle der Vergabe innerhalb der SV Dynamo notwendig wurde. Dies bestätigt die Zeugin Elfriede B. anschaulich, welche bei der SV Dynamo von 1973 bis 1988 Leiterin der Apotheke war und glaubhaft bestätigte, das Anabolikum „Oral-Turinabol" gegen Vorlage des ärztlichen Rezepts herausgegeben zu haben.

Wie die Zeugin Elfriede B. detailliert ausführte, gab es bei der SV Dynamo Berlin zwei grundsätzlich verschiedene Arten von Arzneimittelrezepten. Einerseits wurden die üblichen sog. Patienten-Einzelrezepte wie Rezepte für die Sozialversicherung und Hausrezepte für erkrankte Sportler verwendet. Andererseits gab es sog. Sammelrezepte ohne den Namen bestimmter Patienten oder Sportler zum einen für den Bedarf der Klinik/Poliklinik und zum anderen für – den hier relevanten – Bedarf einzelnen Sektionen bzw. Trainingsgruppen. Sie bestätigte die Einlassung des vormaligen Angeklagten Dr. Binus, von ihm Oral-Turinabol-Rezepte für die von ihm betreute Sektion Frauenschwimmen des SC Dynamo erhalten zu haben und an diesen herausgegeben zu haben. Zu den einzelnen Mengen bzw. Anzahl der Schachteln an Oral-Turinabol konnte die Zeugin keine genaueren Angaben machen; sie betonte jedoch, daß Medikament Oral-Turinabol in wesentlich höheren Mengen vorrätig gehalten und abgegeben zu haben, als sie es in freien Apotheken gewohnt war. Insbesondere vor anstehenden Trainingslagern sei es in hohen Mengen abgefordert worden.

Um einerseits gemäß der Sicherungskonzeption die Geheimhaltung der u.M.-Vergabe sicherzustellen, eine eigenmächtige Vergabepraxis durch ein abgestimmtes Verhalten zwischen Trainer und Sektionsärzten zu verhindern und um andererseits den geschilderten Besonderheiten der SV-Dynamo Rechnung zu tragen, wurde im Fall der SV Dynamo nicht die bei anderen Sportclubs durch den SMD/LS II gesteuerte zentralisierte Vergabe ange-{135}wandt, sondern eine interne Genehmigungsinstanz geschaffen, die vom Angeklagten Dr. Pansold wahrgenommen wurde. Danach galt die Festlegung, daß die Sektionsärzte über numerierte Anträge die erforderlichen Mengen an Anabolika beantragen mußten, bevor sie diese durch Rezept aus der Apotheke abfordern durften. Diese Vorgehensweise hat der Angeklagte Dr. Pansold seinem MfS-Führungsoffzier selbst mitgeteilt. In der über ihn geführten MfS-Akte heißt es auf der ersten Seite der vom 8. November 1975 datierten „Ergänzung zum Treffbericht IM „Jürgen Wendt" vom 4.11.1975:

„... 2. *Zu Nachweisführung von Anabolika* [Hervorhebung im Original]
Gegenwärtig werden am FKS Versuche durchgeführt hinsichtlich der Methode der Nachweisführung bei Anabolika. Etwa Ende November sind die Versuche abgeschlossen und bieten dann die Möglichkeit, unangemeldete Kontrollen speziell im Bereich der Förderstufe II durchzuführen, um den Mißbrauch in der Anwendung zu begegnen. Durch die Spartakiade wurde erneut offensichtlich, daß Sportler im jugendlichen Alter bereits in die unterstützenden Maßnahmen einbezogen wurden. Möglichkeiten bestehen dadurch, daß bestimmte Arten von Anabolen auf Rezept in öffentlichen Apotheken bezogen werden können. Bei einem abgestimmten Verhalten zwischen Trainer und Arzt kann dadurch die zentrale Beschaffung und Bereitstellung unterlaufen werden.

Im Bereich Dynamo gilt eine solche Festlegung, daß die Sektionsärzte über einen Antrag (numeriert) die erforderlichen Mengen beantragen, welcher durch den IMS bestätigt wird und beim IMS verbleibt. Auf dieser Grundlage erfolgt das Ausschreiben der Rezepte mit Abforderung von der eigenen Apotheke. …"

Die Kammer hat keinen Zweifel an der inhaltlichen Richtigkeit dieser Ergänzung zum Treffbericht des IM „Jürgen Wendt". Anhaltspunkte dafür, daß die offensichtlich von dem MfS-Führungsoffzier des Angeklagten gefertigte Ergänzung nicht auf dessen Angaben beruhen, sind nicht ersichtlich geworden. Wie bereits dargelegt, war es der Angeklagte Dr. Pansold, der unter dem Decknamen „Jürgen Wendt" an das MfS berichtet hat. Der Beweiswert dieses MfS-Berichts wird auch nicht dadurch geschmälert, daß in der MfS-Akte des Angeklagten Dr. Pansold IM „Jürgen Wendt" der eigentliche Treffbericht vom 4. November 1975 wie auch die weiteren Seiten der Ergänzung zum Treffbericht nicht [mehr] enthalten sind; vor allem ist eine – von der Verteidigung behauptete – Verwechslung durch den gemeinsamen MfS-Führungsoffizier Hauptmann Neudel mit dem gesondert verfolgten Dr. Höppner/IM „Technik" ausgeschlossen. Wie sich aus dessen Treffbericht vom 8. November 1975 und der lückenlosen Foliierung entnehmen läßt, gab es keinen Treffbericht des IM „Technik" vom 4. November 1975. Zudem wurde der gesondert verfolgte Dr. Höppner/IM „Technik" vom MfS in der Kategorie IMV (IM, die unmittelbar an der Bearbeitung und Entlarvung im Verdacht der Feindtätigkeit stehender Personen mitarbeiten) geführt, während der Angeklagte Dr. Pansold IM „Jürgen Wendt" in der Kategorie IMS (IM, die mit der Sicherung gesellschaftlicher Bereiche oder Objekte beauftragt sind, bzw. IM zur politisch-operativen Durchdringung und Sicherung des Verantwortungsbereiches) geführt wurde. Die Zuordnung zum Angeklagten rührt insbesondere aus dem auch inhaltlich präzisen {136} Passus *„Im Bereich Dynamo von der eigenen Apotheke"* her, der von der für den bei der SV Dynamo tätigen Angeklagten Dr. Pansold sachlich zutreffend von der „eigenen" Apotheke der SV Dynamo berichtet.

Der Zuordnung zum Angeklagten steht auch nicht der Inhalt des anschließenden Passus entgegen, vielmehr stützt auch dieser die Zuordnung des gesamten MfS-Berichts zum Angeklagten Dr. Pansold. Dieser lautet:

„… 3. *Durchgeführte Sondermaßnahmen* [Hervorhebung im Original]
Der IMS berichtete, daß zu den WM im Gewichtheben und den WM im Rudern/Frauen Sondermaßnahmen mit *Testosteron* durchgeführt wurden und darauf entscheidend die erreichten Erfolge zurückzuführen sind."

Die Argumentation der Verteidigung, der Angeklagte Dr. Pansold hätte dem MfS gar nicht von Sondermaßnahmen im Bereich des Gewichthebens berichten können, da es bei der SV Dynamo keine Sektion Gewichtheben gegeben habe, geht fehl. Wie sich aus der frappierenden inhaltlichen Übereinstimmung mit dem Treffbericht von Dr. Höppner/IM „Technik" vom 8. November 1975 und des „Zulei"-Berichts des gleichen Zeitraums entnehmen läßt, berichten alle drei Quellen (der Angeklagte Dr. Bernd Pansold als IM „Jürgen Wendt", der gesondert verfolgte Arzt Dr. Manfred Höppner als IM „Technik" und der gesondert verfolgte Arzt Dr. Peter Weigand als IM „Mai") über denselben Vorgang, in welchen alle drei Ärzte im Rahmen ihrer gemeinsamen Teilnahme an der Forschungsgruppe „Zulei" eingebunden waren. Im Treffbericht des Dr. Höppner/IM „Technik" vom 8. November 1975 heißt es dazu:

„... 2. Sondermaßnahmen zu den WM im Gewichtheben
In Vorbereitung auf die WM im Gewichtheben wurden Sondermaßnahmen mit ‚Testosteron' analog zu den Vorbereitungen auf den Europa-Cup der Leichtathletik im vergangenen Jahr durchgeführt. Alle eingesetzten Sportler erhielten entsprechende Injektionen und Tabletten, welche jedoch bis auf drei Sportler taub waren. Diese drei Sportler wurden ausgewählt, da sie ausgehend von Trainingszustand echte Chancen hatten, Höchstleistungen zu vollbringen, was dann auch bei *J., Y.* [Hervorhebung im Original] und einem weiteren eintrat. Nach Einschätzung des IMV sind die erzielten Leistungen eindeutig auf die durchgeführten Maßnahmen zurückzuführen und dieser Weg soll in Vorbereitung auf die Olympischen Spiele weitergeführt werden. ... Im Gegensatz zu weiblichen Sportlern ist die Anwendung bei männlichen Sportlern mit keinen erheblichen Nachwirkungen verbunden. ...“

Der betreffende Teil des Zulei-Berichts aus der Akte Dr. Peter Weigand/IM „Mai“, welcher zudem nicht nur die Kenntnis des Angeklagten Dr. Pansold über die „Sondermaßnahmen“ mit Testosteron im Gewichtheben und der Leichtathletik, sondern auch die polizeilichen Bekundungen der Zeugin Q. zur Vergabe von Testosteronspritzen durch den Angeklagten belegt, lautet: {137}

„... Übersicht – Teilthemengruppe
Prof. Dr. Gürtler – Anabolika

Dynamo Berlin	Dr. Pansold (Arzt)
Wurf/Stoß	Spfrd. Spenke (Trainer) – arbeitet mit weiteren Trainern bzw. Ärzten zusammen
ASK Frankfurt	
...	
ASK Potsdam	
...	
Sportler:	[es folgen die Namen von 15 Sportlern, darunter ‚J.', ‚Y.', ‚I.' (die Zeugin Q., geb. I.), ‚V.' (die Zeugin D., geb. V.)]

...“

Wie sich zugleich aus dieser Übersicht der Teilthemengruppe „Anabolika“ ersehen läßt, war der Angeklagte Dr. Pansold neben dem Trainer Spenke der einzige Teilnehmer des „Dynamo Berlin“ in der Untergruppe „Anabolika“. Dadurch wird erkennbar, daß auch im Rahmen der Forschungsgruppe „Zulei“ der zum damaligen Zeitpunkt bei der SV Dynamo angestellte Angeklagte mit dem bei dem SC Dynamo Berlin tätigen Trainer beim Einsatz von Anabolika zusammenarbeitete, obwohl der Angeklagte Dr. Pansold – wie bereits dargelegt – zum damaligen Zeitpunkt nicht im an sich zuständigen Bereich „Sportmedizin-Clubbetreuung“, sondern im Bereich „Leistungsmedizin/Leistungsdiagnostik“ der SV Dynamo tätig war. Demnach bestätigt auch der „Zulei“-Bericht die Existenz einer Sonderstruktur der kontrollierten Vergabe anboler Steroide, in welche im Bereich der SV Dynamo aufgrund seiner theoretischen Vorbildung und seiner praktischen Erfahrung bewußt der Angeklagte Dr. Pansold an der Nahtstelle zwischen Leitung der SMD/LS II und den Sektionsärzten eingeflochten wurde, um durch ihn im Bereich der SV Dynamo zentral zu kontrollieren und zu steuern, welche Sektionsäzte wann und wieviel Oral-Turinabol-Tabletten zu Weitergabe über die Trainer an die Sportler erhielten.

Die getroffenen Feststellungen werden schließlich durch die seinen Tatbeitrag weitgehend einräumende Einlassung des ehemaligen Angeklagten Dr. Binus bestätigt. Dieser führte aus, daß die UM-Konzeption auf Verbandsebene durch die Ärztekommission unter Leitung des Verbandarztes Dr. Kipke festgelegt wurde, die Kontrolle der Einhaltung dieser Konzeption allerdings nicht – wie im Falle des Zeugen Sünder – in den Händen der Ärztekommission verblieb, insbesondere auch nicht dem in Leipzig wohnenden Verbandsarzt Dr. Kipke oblag, sondern einem Dritten, und zwar – wie die Kammer vor allem aufgrund seiner eigenen Angaben gegenüber dem MfS überzeugt ist – dem Angeklagten Dr. Pansold übertragen wurde. Der vormalige Angeklagte Dr. Binus hat sich in der Hauptverhandlung wie folgt {138} eingelassen:

„Die durch die Verbandskonzeption festgelegte Menge der Tabletten pro Sportlerin erhielt der Sektionsarzt über ein Rezept durch die Hausapotheke *nach schriftlicher Genehmigung seines Leiters.* Die vom Verbandsarzt den Sektionsärzten übermittelte Konzeption mußte meines Wissens über die Leitung des Sportmedizinischen Dienstes bestätigt werden. ...“

Damit unterscheidet auch der inzwischen rechtskräftig verurteilte Sektionsarzt Dr. Binus – in Übereinstimmung mit dem übrigen Ergebnis der Beweisaufnahme – bewußt und zutreffend die jeweilige Mitwirkung der ihm in verschiedeneren Funktionen vorgesetzten Ärzte Dr. Kipke, Dr. Höppner und Dr. Pansold bei der Vergabe anaboler Steroide.

Daß der Angeklagte Dr. Pansold an der Anwendung anaboler Steroide zusammen mit Dr. Binus beteiligt war, schließt die Kammer darüber hinaus aus einem weiteren seiner Treffberichte. Im Treffbericht vom 29. September 1976 berichtet Dr. Pansold als IM „Jürgen Wendt“ seinem MfS-Führungsoffizier:

„Speziell auf dem Gebiet der Anwendung unterstützender Mittel im Leistungssport habe er [der Angeklagte Dr. Pansold] in den letzten Jahren einen entscheidenden Anteil gehabt. ...
Diese Arbeiten würden nicht entsprechend honoriert. ...
Ähnliche Diskussionen werden auch durch Dr. Binus ... geführt.“

Zur Überzeugung der Kammer hatte der zum 1. Februar 1982 erfolgte Wechsel des Angeklagten Dr. Pansold von der SV Dynamo zum SC Dynamo Berlin und damit die Einnahme der Stellung des unmittelbaren Vorgesetzten des Sektionsarztes Dr. Binus keinen Einfluß auf die Verantwortlichkeit des Angeklagten Dr. Pansold innerhalb der beschriebenen Sonderstruktur der kontrollierten Vergabe anboler Steroide bei der SV Dynamo Berlin. Sie wird vielmehr durch die Einlassung des Angeklagten Dr. Binus bestätigt. Insbesondere kann dieser auch nicht entnommen werden, daß er (= Dr. Binus) etwa innerhalb des Zeitraumes von Beginn der Taten bis 1978/1979, in dem er dienstrechtlich dem Leiter der Sportmedizin der SV Dynamo – dem gesondert verfolgten Dr. Thümmler – direkt unterstand, etwa diesem und nicht dem Angeklagten Dr. Pansold die jeweiligen Anabolika-Rezepte zur Genehmigung vorlegte. Dagegen spricht vor allem die Mitteilung des Angeklagten Dr. Pansold gegenüber dem MfS, wonach er es selbst war, der die entsprechenden Anträge der Sektionsärzte bestätigte und diese zur Kontrolle einbehielt. Die Kammer geht aufgrund der Einlassung des Angeklagten Dr. Binus, der geschilderten Geheimhaltungsdoktrin, wonach möglichst wenig Personen in die Vergabe anboler Steroide einzubinden waren, sowie den Mitteilungen der bereits zitierten Treffberichte des Angeklagten Dr. Pansold als IM „Jürgen Wendt“ vom 24. April 1978, 20. Februar 1979, 9. November 1979 und vom 2. April 1985, in denen der Angeklagte die Anwendung von Ocetacin bei der Zeugin D. und der weite-{139}ren Schwimmerin T. beschreibt, von der nur er und der Verurteilte Trainer Gläser Kenntnis hatten (Treffbericht vom 24. April 1978); über die Verwendung von Testosteron zur Vorbereitung der Schwimm-Wettkämpfe in den USA berichtet (Treffbericht vom 20. Februar 1979), über eine Verdoppelung der Anabolika-Mengen im Spitzen-Schwimmbereich der Frauen berichtet (Treffbericht vom 9. November 1979) und Ausführungen zur Vergabe von Oral-Turinabol macht (Treffbericht vom 2. April 1985) davon aus, daß der Angeklagte auch im weiteren Tatzeitraum innerhalb der aufgezeigten Sonderstruktur der kontrollierten Vergabe anaboler Steroide die von ihm selbst beschriebene Funktion an der Nahtstelle zwischen Leitung der SMD/LS II und den Sektionsärzten innehielt. Dafür, daß der Angeklagte diese Funktion auch im weiteren Tatzeitraum ausgeübt hat, spricht darüber hinaus der Umstand, daß der Angeklagte Dr. Pansold als IM „Jürgen Wendt“ in keinem seiner anschließenden Treffberichte von einer – zwar grundsätzlich möglichen, jedoch zweifelsohne eminent bedeutsamen – Entbindung von dieser Funktion berichtet hat.

Der festgestellten Beteiligung des Angeklagten an der kontrollierten Vergabe anaboler Steroide stehen die Angaben der als Zeugen vernommenen gesondert verfolgten Ärzte Dr. Manfred Thümmler und Dr. Barbara Töpfer, geborene Krause, nicht entgegen; insbesondere bestätigte Dr. Thümmler nicht die in sein Wissen gestellte Behauptungen der Verteidigung aus ihrem Beweisantrag vom 29. Oktober 1998 (Anlage II zum Protokoll vom 2. November 1998), wonach der Angeklagte keinesfalls in die Vergabe anboler Steroide eingebunden gewesen sei. Sowohl Dr. Thümmler als mittelbarer Vorgesetzter des Angeklagten (vermittelt durch den Zeugen Dr. Roth, der angab, als lediglich „verwaltender Arzt“ von der Anabolika-Vergabe keine Kenntnisse gehabt zu haben) als auch Dr. Töpfer als unmittelbare Untergebene des Angeklagten und Nachfolgerin des Verurteilten Dr. Binus als Sektionsärztin im Bereich Frauenschwimmen ab 1985 verweigerten die Antwort auf alle Fragen, die sich auf die Einbindung des Angeklagten Dr. Pansold in die Vergabe anaboler Steroide bezogen (z.B.: War der Angeklagte berechtigt, Anabolika-Rezepte für die Apotheke des SV Dynamo auszustellen oder entsprechende Rezepte von Sektionsärzten zu „genehmigen“?; Änderte sich der Tätigkeitsbereich des Angeklagten im Hinblick auf dessen Einbindung in die Vergabe anaboler Steroide durch die Versetzung zum SC Dynamo?) unter Berufung auf das ihnen nach § 55 StPO zustehende Auskunftsverweigerungsrecht, da sie sich durch die wahrheitsgemäße Beantwortung dieser Fragen der Gefahr ausgesetzt hätten, sich selbst zu belasten.

Angesichts der ausgeführten Stellung des Angeklagten Dr. Pansold als Genehmigungs- und Kontrollinstanz der Sektionsärzte, der – jedenfalls im Tatzeitraum – nicht an der unmittelbaren Weitergabe der anabolen Steroide an die Schwimmerinnen (wie die vormaligen Angeklagten Gläser und Dr. Binus und der Zeuge Dr. Kipke) beteiligt war, und der dargelegten Geheimhaltungsdoktrin stehen die Aussagen der gehörten Schwimmerinnen, wo-{140}nach der Angeklagte zwar ihre Laktatwerte gemessen, ihnen jedoch keine [Oral-Turinabol-]Tabletten ausgehändigt oder [Nandrolon- bzw. Testosteron-] Spritzen gesetzt habe, dessen festgestelltem Tatbeitrag ebensowenig entgegen wie die glaubhafte Aussage der als Zeugin gehörten Apothekerin Elfriede B., wonach der Angeklagte selbst aus der Apotheke das Medikament Oral-Turinabol nicht abgeholt habe.

Aus dem gleichen Grunde können auch die pauschale Angabe der als Zeugen vernommenen ehemaligen Angeklagten Rolf Gläser und Volker Frischke und des weiteren Schwimmtrainers Gerd Eßer, sie hätten den Angeklagten „ausschließlich“ bzw. „nur“ in dessen Funktion als Leistungsdiagnostiker kennengelernt, Dr. Pansold nicht entlasten. Dies gilt vor allem auch deshalb, weil sie auf Vorhalt entsprechender – bereits zitierter – Treffberichte des Angeklagten, in denen dieser ausführlich deren Kenntnis bzw. deren Zusammenarbeit mit ihm bei der Anwendung von Doping-Mitteln schilderte (betreffend Eßer: Treffberichte vom 28. Februar 1978 und 7. März 1979; betreffend Gläser: Treffberichte vom 5. Februar 1977, 24. April 1978 und 9. November 1979), für die Kammer wenig glaubhaft behaupteten, „keine Erklärung“ für diese Treffberichte bzw. „keine Erinnerung“ für diese Mitteilungen des Angeklagten an das MfS zu haben.

Daß die Zeuginnen im Hinblick auf die Vergabe anaboler Steroide und ihrer Risiken von ihrem Trainer Gläser, dem Sektionsarzt Dr. Binus oder dem Angeklagten Dr. Pansold nicht aufgeklärt, sondern vielmehr belogen worden sind, ergibt sich aus den übereinstimmenden Bekundungen aller Zeuginnen: ⊗ Die folgenden Ausführungen entsprechen bis auf einige sprachliche Anpassungen im Hinblick auf den Angeklagten und die Zeuginnen und Zeugen der Darstellung des unter lfd. Nr. 5-1 abgedruckten Urteils unter Gliederungspunkt „II. Teil: Beweiswürdigung“ von dem Satz „Alle Tabletten, einschließlich der kleinen blauen und roten Tabletten (Oral-Turinabol à 5 mg und 1 mg), ...“ bis zu dem Satz „Die Kammer befindet sich mit dem von ihr vertretenen Standpunkt zudem in Übereinstimmung mit der in der strafrechtswissenschaftlichen Literatur vertretenen Wertung, daß die – auch hier festgestellten – Folgeschäden derart typisch für Anabolika-Substanzen bei Frauen seien, daß deren Auftreten nur auf einer Dopingmitteleinnahme beruhen könnten (Müller, a.a.O., S. 79 f.; Schild, a.a.O., S. 23).“ (vgl. lfd. Nr. 5-1, S. 197-213). Mit Bezug auf den hier angeklagten Pansold stellte das Landgericht zusätzlich fest: „Daß der Angeklagte bereits aufgrund seiner Mitarbeit an der FKS-Forschungsgruppe ‚Anabolika‘ ebenfalls dem Geheimnisschutz unterlag, belegt der schon zitierte ‚Zulei-Bericht‘, welcher den Angeklagten als ‚verpflichtet‘ ausweist.“ (UA S. 141) „Daß der Angeklagte Dr. Pansold Kenntnis von den Vergabemengen und -zeiträumen hatte, ergibt sich aus seiner Kontroll- und Genehmigungsfunktion bei der Vergabe der Oral-Turinabol-Tabletten, da Dr. Binus entsprechende Rezepte vom Angeklagten Dr. Pansold vorher genehmigen lassen mußte und für die Überprüfung der Menge entsprechender Doping-Mittel-Anforderungen die Kenntnis der entsprechenden ‚UM-Konzeption‘ unabdingbar war.“ (UA S. 144) „Trotz des Wissens, welches der Angeklagte Dr. Pansold – wie mehrere seiner bereits zitierten Treffberichte zeigen – unzweifelhaft von den Depot-Turinabol-(Nandrolon-) bzw. Testosteron-Spritzen an die Schwimmerinnen hatte, konnte die Kammer nicht mit letzter Sicherheit ausschließen, daß diese unter anderem vom ehemaligen Angeklagten Dr. Binus gesetzten Spritzen nicht der Genehmigung und Kontrolle des Angeklagten Dr. Pansold unterlagen, sondern Dr. Binus diese Spritzen direkt vom Verbandsarzt Dr. Kipke erhalten hat, welcher diese zuvor direkt bei der LS II des SMD abgefordert hatte. Einer Zuordnung der dem vormaligen Angeklagten Dr. Binus nachgewiesenen Anabolika-Spritzen zum Angeklagten Dr. Pansold stand vor allem die Einlassung des vormaligen Angeklagten Dr. Binus entgegen, welcher die Genehmigungsfunktion des Angeklagten Dr. Pansold dem Wortlaut nach auf die Oral-Turinabol-Tabletten beschränkte.“ (UA S. 155) ⊗ {160}

Der Angeklagte handelte (bedingt) vorsätzlich.

Er wußte – wie auch die bereits Verurteilten Dr. Binus und Gläser –, daß weder die durch ihn genehmigten und an die Schwimmerinnen verabreichten Oral-Turinabol-

Tabletten noch die injizierten Testosteron- bzw. Depot-Turinabol-Spritzen medizinisch indiziert waren. Er wollte den – wie er wußte – gesunden Sportlerinnen gleichwohl anabole Steroide in therapeutisch wirksamer Dosis verabreichen [lassen], um deren schwimmerisches Leistungsvermögen weiter zu steigern. Besonders wird dies bei der Analyse der Wirksamkeit der Anwendung {161} unterstützender Mittel im DSSV im Olympiajahr 1979/80 vom 24. Oktober 1980 deutlich, die von Dr. Kipke und dem vormaligen Angeklagten Dr. Binus angefertigt wurde. Aus ihr wird erkennbar, daß Anabolika ausschließlich verabreicht worden sind, um „den 1. Platz in der Gesamtnationenwertung" im „Weltschwimmsport" zu „erkämpfen" bzw. „zurückzuerobern". Das Eintreten der ihm bekannten Nebenwirkungen nahm er dabei billigend in Kauf.

Daß der Angeklagte Dr. Pansold von den Nebenwirkungen gewußt bzw. bei den von ihm genehmigten Dosierungen deren schädlichen Nebenwirkungen auch erwartet hat, ergibt sich zur Überzeugung der Kammer aus folgenden Überlegungen:

⊗ Die folgenden Ausführungen entsprechen bis auf einige sprachliche Anpassungen im Hinblick auf den Angeklagten und die Zeuginnen und Zeugen der Darstellung des unter lfd. Nr. 5-1 abgedruckten Urteils unter Gliederungspunkt „II. Teil: Beweiswürdigung" von dem Satz „Tatsächlich war, wie die Sachverständigen ..." bis zu dem Satz „„Deshalb kann in Zukunft der Sieg um jeden Preis bei den Frauen (Schwimmen, Kinder!!) zum Selbstschuß werden. ..."" (vgl. lfd. Nr. 5-1, S. 214-223). ⊗ {172}

Darüber hinaus konnte sich der Angeklagte Dr. Pansold bei der Einschätzung der Gefahr von Nebenwirkungen nicht auf die von ihm genehmigte und vom ehemaligen Angeklagten Dr. Binus an den Angeklagten Gläser weitergegebene Dosierung von Oral-Turinabol beschränken, da ihm bekannt war, daß es nicht bei den an die Sportlerinnen weitergegebenen Oral-Turinabol-Tabletten verblieb, sondern darüber hinaus den Sportlerinnen Anabolika durch Spritzen, zunächst Depot-Turinabol (Nandrolon), ab 1978 Testosteron, injiziert wurde. {173}

Tatsächliche objektive Anhaltspunkte dafür, daß der Angeklagte zur Vermeidung der teilweise bereits kurze Zeit nach dem Beginn der Vergabe eingetretenen Nebenwirkungen wie z.B. das Tieferwerden der Stimme und aus Rücksichtnahme auf die Gesundheit der von ihm zusammen mit den ehemaligen Angeklagten Dr. Binus und Gläser betreuten Sportlerinnen auf die Vergabe der Anabolika verzichtet hätte, hat die Kammer nicht feststellen können: Die Anabolika-Vergabe wurde nur dann abgesetzt, wenn die Sportlerin erkrankte oder die Leistungen nicht mehr erbrachte, um sie in die UM-Konzeption aufzunehmen. Insoweit kann daher die regelmäßige Überwachung des Gesundheitszustandes der Sportlerinnen nicht als „Abschirmung" der durch die Anabolikavergabe gesetzten Gefahr der Nebenwirkungen gewertet werden. Dies ergibt sich vor allem aus der Krankenakte der Zeugin A., bei der trotz des Eintritts eines typischen Anabolika-Folgeschadens, nämlich des Transaminasenanstiegs im März 1977, die Vergabe der Anabolika wiederaufgenommen wurde und es erneut zu zwei weiteren Transaminasenanstiegen im April 1978 und im Mai 1979 gekommen war. Es wird auch deutlich an der Fortdauer der Anabolika-Vergabe an die Zeugin E. im Verlauf der Jahre 1976 und 1977 und den von ihr glaubhaft geschilderten Anstieg ihrer Leberwerte bereits im Juni 1976, von der ihr der Angeklagte Gläser mit der Bemerkung „Deine Leberwerte sind erhöht" berichtet habe.

Auch der Umstand, daß der Angeklagte Dr. Pansold höchstwahrscheinlich nach Weisung des ihm Vorgesetzten Dr. Thümmler und letztlich nach sportpolitischen Vorgaben „pflichtgemäß“ gehandelt hat, kann ihn nicht entlasten. Ein solches „pflichtgemäßes“ Handeln stellt keine Manifestation eines Willens dar, den Erfolgseintritt zu vermeiden. Es ist vielmehr die Manifestation eines schlechten Gewissens. Besonders deutlich wird dies im Treffbericht vom 5. Februar 1977 des Angeklagten Dr. Pansold als IM „Jürgen Wendt“, indem dieser im Hinblick auf die Gefährdung der Erfolge und politische Folgen durch eine geringere Dosierung bei weiblichen Sportlern ausführt:

„... Was soll man tun bzw. nicht tun

1. optimale Gestaltung des Trainings – Reservekraft durch Training
2. Altersgrenze für Anabolika bei weibl.[ichen] Sportlern erhöhen – Kontrollen im Republikmaßstab durchführen
   Konsequenzen für Leistung – pol. Folgen?
3. Dosierung bei weiblichen Sportlern verringern. Dies führt unter Umst.[änden] bei intern.[ationalen] Wettkämpfen 1977 im weibl.[ichen] Bereich zu empfindlichen Niederlagen im Schwimmen u.[nd] in d.[er] LA [Leichtathletik].
4. Substanzen auf nicht hormoneller Basis finden, die Muskel- und Kraftzuwachs bewirken – ein Schwerpunkt
5. andere Systeme langfristig beeinflussen (B 17 – Preis?!) {174}
6. hochempfindliche Nachweistechnik importieren, bzw. aufbauen hat nur bei weiterer Anwendung wie bisher Bedeutung. ...“

Es wird deutlich, daß damit der Angeklagte Dr. Pansold eine – wenn auch strafrechtlich irrellevante – politische Absicherung verlangte, da er um die Gefährlichkeit und das Bedenkliche seines Tuns wußte. Schließlich ahnte der Angeklagte Dr. Pansold bereits 1976, daß auch seine Beteiligung an der Verabreichung anaboler Steoride an die jugendlichen Schwimmerinnen kriminelles Unrecht bedeutet, wie sich dem Treffbericht vom 30. Juli 1976 des IM „Jürgen Wendt“ entnehmen läßt. ⊗ Es folgt das bereits unter lfd. Nr. 5-1 auf S. 224 abgedruckte Zitat aus dem genannten Treffbericht. ⊗ {175}

III. Teil: Rechtliche Würdigung

Aufgrund des festgestellten Sachverhalts hat sich der Angeklagte sowohl nach dem Recht der Bundesrepublik Deutschland als auch nach dem im konkreten Vergleich milderen Recht der DDR schuldig gemacht.

A. Verfahrenshindernisse

⊗ Die folgenden Ausführungen entsprechen bis auf einige sprachliche Anpassungen im Hinblick auf den Angeklagten und die Zeuginnen und Zeugen der Darstellung des unter lfd. Nr. 5-1 abgedruckten Urteils unter dem Gliederungspunkt „A. Verfahrenshindernisse“ (vgl. lfd. Nr. 5-1, S. 225 f.). ⊗ {176}

B. Materielles Recht

I. Tatbestand

1. Tathandlung

⊗ Die folgenden Ausführungen entsprechen bis auf einige sprachliche Anpassungen im Hinblick auf den Angeklagten und die Zeuginnen und Zeugen der Darstellung des unter lfd. Nr. 5-1 abgedruckten Urteils unter dem Gliederungspunkt „B.I.1. Tathandlung" (vgl. lfd. Nr. 5-1, S. 226-229).⊗ {180}

2. Teilnahmeform

a. Recht der Bundesrepublik

Nach dem Strafrecht der Bundesrepublik haben der ehemalige Angeklagte Gläser bei der Vergabe der Anabolika-Tabletten und der ehemalige Angeklagte Dr. Binus bei der Injektion der Anabolika-Spritzen jeweils als unmittelbarer Täter gehandelt, § 25 Abs. 1 StGB.

Bei der Vergabe der Anabolika-Tabletten handelten beide zusammen mit dem Angeklagten Dr. Pansold als Mittäter gemäß § 25 Abs. 2 StGB. Dabei handelte auch der Angeklagte Dr. Pansold in Umsetzung eines bei den Tatbeteiligten für die Mittäterschaft konstitutiven Einverständisses, die Tat durch gemeinsames, arbeitsteiliges Handeln innerhalb einer hierarchisch strukturierten Organisation zu begehen und nicht nur mit dem Willen, fremdes Tun als Gehilfe zu fördern (vgl. zur strafrechtlichen Einordnung der Zusammenarbeit von Trainern und Sportärzten: Müller, a.a.O., S. 51, 66). Jedenfalls handelte der Angeklagte als Täter in sog. mittelbarer Täterschaft des Hintermannes, indem sein Beitrag nahezu automatisch zu der von ihm erstrebten Tatbestandsverwirklichung führte und er die durch Organisationsstrukturen bestimmte Rahmenbedingungen ausnutzte, innerhalb derer sein Tatbeitrag regelmäßig Abläufe auslöste, die in Taten der irrtumsfreien und uneingeschränkt schuldfähigen Tatmittler mündeten (vgl. BGHSt 40, 218, 236 f.; 42, 65).

b. Recht der DDR

Nach dem Strafrecht der DDR haben der ehemalige Angeklagte Gläser bei der Vergabe der Anabolika-Tabletten und der ehemalige Angeklagte Dr. Binus bei der Injektion der Anabolika-Spritzen jeweils als unmittelbarer Täter gehandelt, § 22 Abs. 1 StGB/DDR.

Bei der Vergabe der Anabolika-Tabletten hat der Angeklagte Dr. Pansold ebenso wie der bereits Verurteilte Dr. Binus nicht als Mittäter des ebenfalls bereits verurteilten Gläser im Sinne des § 22 Abs. 2 Nr. 2 StGB/DDR, sondern nur als dessen Gehilfe gemäß § 22 Abs. 2 Nr. 3 StGB/DDR gehandelt. Mittäterschaft lag nach dem Recht der DDR nur vor, wenn mindestens zwei Personen unmittelbar an der Ausführung einer Straftat beteiligt waren. {181}

II. Rechtswidrigkeit

Der Angeklagte handelte rechtswidrig.

Sein Tatbeitrag war ebenso wie das Handeln der bereits Verurteilten Gläser und Dr. Binus nicht durch eine sowohl nach bundesdeutschen als auch nach DDR-Strafrecht mögliche Einwilligung der Sportlerinnen gerechtfertigt. Eine solche wirksame Einwilligung hätte vorausgesetzt, daß sie von einem Berechtigten, frei von Willensmängeln wie Täuschung, Irrtum oder Zwang und in Kenntnis der Tragweite und Folgen (vgl. § 12 Abs. 3 ArzneimittelG/DDR vom 27. November 1986) abgegeben worden wäre.

Diese Voraussetzungen lagen schon deshalb nicht vor, weil gemäß der auch dem Angeklagten Dr. Pansold bekannten UM-Konzeption und Geheimhaltungsdoktrin die minderjährigen Schwimmerinnen über Inhalt und Wirkungsweise der Tabletten und Spritzen nicht informiert und aufgeklärt, sondern bewußt belogen wurden.

III. Schuld

Der Angeklagte handelte auch schuldhaft.

Anhaltspunkte dafür, daß seine Zurechnungsfähigkeit zur Tatzeit aufgehoben oder eingeschränkt war, lagen nicht vor. Dies gilt auch für einen möglichen Verbotsirrtum. Zudem wäre nach dem Recht der DDR die Vorstellung, mit einer ungesetzlichen Handlung „recht getan“ zu haben, unbeachtlich (BGHSt 39, 1 [35], 168 [190]). Ein Schuldausschluß aus sonstigen Erwägungen gemäß § 10 StGB/DDR kommt nicht in Betracht.

IV. Teil: Strafzumessung

Bei dem der Verurteilung, zugrundegelegten Strafrecht der DDR, welches gemäß § 115 Abs. 1 StGB/DDR[15] Geldstrafe oder Freiheitsstrafe bis zu zwei Jahren vorsieht, handelt es sich bei einem auf den konkreten Fall bezogenen Gesamtvergleich um das mildeste Gesetz im Sinne des § 2 Abs. 3 StGB (S/S-Eser, § 2 StGB, Rz. 29; ders., Vorbem. §§ 3 – 7 StGB, Rz. 96).

Die Kammer hat daher für die vom Angeklagten begangenen Taten keine Einzelstrafen festgesetzt, sondern nach § 64 StGB/DDR eine Hauptstrafe ausgesprochen, da diese nach dem durch Art. 315 Abs. 1 Satz 1 EGStGB, § 2 Abs. 3 StGB zugunsten der Angeklagten gebotenen Gesamtvergleich milder als eine gemäß den §§ 53, 54 StGB gebildete Gesamtstrafe ausfällt. Eine Strafmilderung nach der Vorschrift des § 22 Abs. 4 StGB/DDR über die {182} Bestrafung der Beihilfe schied aus, da die Voraussetzungen für eine außergewöhnliche Strafmilderung nach § 62 StGB/DDR nicht vorliegen.

Bei der Strafzumessung war erheblich strafmildernd zu berücksichtigen, daß die Taten bereits längere Zeit zurückliegen und auch nach dem Ruhen der Verjährung bis zum 3. Oktober 1990 ohne die im III. Teil A. genannten Verjährungsgesetze nicht mehr hätten verfolgt werden können. Zugunsten des Angeklagten war zu werten, daß die bei einigen der jungen Frauen eingetretene – wenn auch tatbestandgemäße – Gesundheitsbeschädigung ohne weitere Spätfolgen blieb. Zugunsten des Angeklagten fiel neben seiner sonstigen Unbescholtenheit ins Gewicht, daß er noch nicht auf höherer oder gehobener, sondern auf mittlerer Ebene in ein flächendeckendes und hierarchisch durchorganisiertes System staatlich angeordneter Kriminalität eingebunden war, was zu einer Herabsetzung seiner eigenen Hemmschwelle führen mußte. Bei der Strafzumessung hat die Kammer schließlich die aus der Verurteilung für den Angeklagten resultierenden Folgen und die ihn treffenden Kostenbelastungen strafmildernd beachtet.

Demgegenüber fiel [zu] Lasten des Angeklagten ins Gewicht, daß er die Gesundheit der jungen Sportlerinnen letztlich aus Eigennutz aufs Spiel gesetzt hat, um seine privilegierte Stellung nicht zu verlieren. Er hat das Vertrauen der auch ihm anvertrauten jungen Menschen und deren Eltern mißbraucht. Gegen ihn sprach zudem der Umstand, daß er bewußt und in gravierendem Umfang gegen ärztliche Pflichten und Ethik verstoßen hat. Im Verhältnis zum gegen Dr. Binus und Gläser verhängten Strafmaß hat die Kammer die hierarchisch höhere Stellung des Angeklagten Dr. Pansold auf der Grundlage seiner bereits zuvor erreichten hervorgehobenen Stellung bei der erforschenden Anwendung anaboler Steroide im Hochleistungssport strafschärfend gewertet, wobei sie demgegenüber nicht unbeachtet gelassen hat, daß ihm die von Dr. Binus gesetzten Spritzen nicht zuzurechnen waren. Schließlich war in diesem Zusammenhang ebenfalls von Bedeutung, daß dem Angeklagten Dr. Pansold der Strafmilderungsgrund eines Geständnisses bzw. einer die Sachaufklärung fördernden Einlassung nicht zu Gute kommen konnte, ohne daß dieser Umstand etwa zu seinen Lasten Berücksichtigung gefunden hätte.

Ungeachtet der bei einigen Zeuginnen eingetretenen weiteren Spätfolgen hat die Kammer unter Abwägung der für und gegen den Angeklagten Dr. Pansold sprechenden Umstände auf eine Geldstrafe von

180 Tagessätzen zu je 80,- DM

als schuldangemessen, aber auch erforderlich erkannt. {183}

Die Tagessatzhöhe richtete sich nach den persönlichen und wirtschaftlichen Verhältnissen des Angeklagten.

Anmerkungen

1 Die Geldstrafe belief sich auf 180 Tagessätze zu je 80 DM. Bei der abweichenden Angabe „(einhundert)" handelt es sich um einen Schreibfehler, vgl. auch S. 269 sowie lfd. Nr. 5-3, S. 273.

2 Vgl. lfd. Nr. 5-1.

3 Gemäß der Präambel ihrer Satzung war „Die Sportvereinigung Dynamo [...] die einheitliche, nach dem Prinzip des demokratischen Zentralismus aufgebaute Sportorganisation des Ministeriums des Innern, des Ministeriums für Staatssicherheit und der Zollverwaltung der Deutschen Demokratischen Republik."

4 Manfred Max Thümmler wurde von der Staatsanwaltschaft II bei dem Landgericht Berlin am 26.8.1999 – Az. 28 Js 31/99 – wegen Beihilfe zur Körperverletzung angeklagt. Das Landgericht Berlin stellte das Verfahren gegen Thümmler durch Beschluss vom 10.8.2000 – 503 - 34/99 – zunächst vorläufig und am 26.9.2000 unter demselben Aktenzeichen dann schließlich gem. § 153a Abs. 2 StPO endgültig ein.

5 Vgl. lfd. Nr. 7.

6 Der Sportarzt Ulrich Sünder wurde gemeinsam mit seiner Kollegin Dorit Rösler und den drei ehemaligen Trainern Schwimmerinnen des TSC Berlin Berndt Christochowitz, Klaus Klemenz und Peter Mattonet von der Staatsanwaltschaft II bei dem Landgericht Berlin am 24.2.1998 – Az. 28 Js 105/97 – wegen gemeinschaftlicher Körperverletzung angeklagt. Das Landgericht Berlin verhängte durch Urteil vom 20.8.1998 – Az. 512 KLs 8/98 – gegen Sünder und Rösler wegen Beihilfe zur vorsätzlichen Körperverletzung eine Geldstrafe in Höhe von 90 Tagessätzen zu je 300 DM bzw. von 80 Tagessätzen zu je 90 DM sowie gegen Mattonet wegen Körperverletzung in sieben Fällen eine Geldstrafe

von 70 Tagessätzen zu je 100 DM. Das Verfahren gegen die Mitangeklagten Klemenz bzw. Christochowitz wurde vom Landgericht Berlin am 22.2.1999 – Az. 512 - 28.98 – bzw. am 25.2.1999 – Az. 512 - 28.98 – jeweils endültig gem. § 153a Abs. 2 StPO eingestellt.

7 Lothar Kipke wurde von der Staatsanwaltschaft II bei dem Landgericht Berlin am 13.8.1999 unter dem Az. 28 Js 195/97 gemeinsam mit gemeinsam mit Egon Müller, Wolfgang Richter und Lothar Tanneberger, die alle auch beim Deutschen Schwimmsportverband (DSSV) tätig gewesen waren, wegen Körperverletzung angeklagt. Nachdem das Verfahren gegen Kipke abgetrennt worden war, verurteilte das Landgericht Berlin die übrigen drei Angeklagten am 22.12.1999 – Az. (522) 28 Js 195/97 Kls (40/99) – wegen Körperverletzung in 67, 62 bzw. 48 tateinheitlich begangenen Fällen zu einer Freiheitsstrafe von jeweils einem Jahr, deren Vollstreckung zur Bewährung ausgesetzt wurde. Gegen Kipke verhängte das Landgericht Berlin durch Urteil vom 12.1.2000 – Az. (522) 28 Js 195/97 Kls (50/99) – dann wegen Körperverletzung in 58 tateinheitlich begangenen Fällen eine Freiheitsstrafe von einem Jahr und drei Monaten, deren Vollstreckung ebenfalls zur Bewährung ausgesetzt wurde.

8 Joachim Martin Spenke wurde gemeinsam mit drei weiteren Leichtathletik-Trainern des SC Dynamo Berlin am 23.8.1999 StA II bei dem LG Berlin – Az. 28 Js 111/97 – wegen Körperverletzung angeklagt. Das Verfahren gegen ihn wurde vom Amtsgericht Berlin-Tiergarten am 25.4.2000 – Az. 279 Ds 620/99 – gem. § 153 Abs. 2 StPO endgültig eingestellt. Auch gegen die übrigen Angeklagten wurde das Verfahren durch Beschlüsse des Amtsgerichts Berlin-Tiergarten vom 17.2.2000 bzw. 18.5.2000 – Az. 279 Ds 620/99 – eingestellt.

9 Dieter Nicklas wurde durch Strafbefehl des Amtsgerichts Leipzig vom 6.3.2000 – Az. 83 Cs 606 Js 45784/99 – wegen Beihilfe zur Körperverletzung in 8 Fällen zu einer Geldstrafe in Höhe von 90 Tagessätzen zu je 60 DM verurteilt.

10 Günter Erbach wurde durch Strafbefehl des Amtsgerichts Berlin-Tiergarten vom 21.3.2000 – Az. 249 Cs 213/00 – wegen Beihilfe zur Körperverletzung durch Unterlassen in 137 Fällen zu einer Freiheitsstrafe von zehn Monaten verurteilt, deren Vollstreckung zur Bewährung ausgesetzt wurde.

11 Edelfried Buggel wurde durch Strafbefehl des Amtsgerichts Berlin-Tiergarten vom 21.3.2000 – Az. 249 Cs 213/00 – wegen Beihilfe zur Körperverletzung in 137 Fällen zu einer Freiheitsstrafe von zehn Monaten verurteilt, deren Vollstreckung zur Bewährung ausgesetzt wurde.

12 Hans-Jürgen Schmidt wurde durch Strafbefehl des Amtsgerichts Berlin-Tiergarten vom 9.8.1999 – Az. 270 Cs 928/99 – wegen Beihilfe zur vorsätzlichen Körperverletzung in 130 Fällen zu einer Geldstrafe von 180 Tagessätzen zu je 70 DM verurteilt.

13 Vgl. lfd. Nr. 7.

14 Hierbei handelt es sich wahrscheinlich um Wolfgang Richter (vgl. Anm. 7).

15 Vgl. Anhang S. 467f.

Inhaltsverzeichnis
Beschluss des Bundesgerichtshofs vom 9.2.2000, Az.: 5 StR 451/99

Bundesgerichtshof 9. Februar 2000
Az.: 5 StR 451/99

BESCHLUSS

vom 9. Februar 2000

in der Strafsache gegen

Dr. Bernd Fritz Pansold aus W. (Österreich),
geboren 1942 in Z.,

wegen Beihilfe zur Körperverletzung {2}

Der 5. Strafsenat des Bundesgerichtshofs hat am 9. Februar 2000 beschlossen:

Die Revision des Angeklagten gegen das Urteil des Landgerichts Berlin vom 7. Dezember 1998 wird nach § 349 Abs. 2 StPO als unbegründet verworfen. Der Beschwerdeführer hat die Kosten seines Rechtsmittels und die den Nebenklägerinnen dadurch entstandenen notwendigen Auslagen zu tragen.

Gründe

Das Landgericht hat den Angeklagten, einen Arzt für Sportmedizin, wegen Beihilfe zur vorsätzlichen Körperverletzung in neun Fällen zu einer Geldstrafe von 180 Tagessätzen zu je 80 DM (die zum Teil abweichende Angabe der Tagessatzhöhe im Urteilstenor ist ein offensichtliches Fassungsversehen, vgl. auch UA S. 182) verurteilt. Die Revision des Angeklagten hat keinen Erfolg. Im Anschluß an die Ausführungen im Verwerfungsantrag des Generalbundesanwalts bedarf nur folgendes ausdrücklicher Erörterung.

I. [Zu den erstinstanzlichen Sachverhaltsfeststellungen]

Gegenstand der Verurteilung war die Vergabe anaboler Steroide (männliche Sexualhormone) an neun Schwimmerinnen des Sportclubs (SC) Dynamo Berlin (Ost) in der Zeit zwischen 1975 und 1984. Solches Doping wurde in jener Zeit im zentral gelenkten DDR-Sport systematisch zur Lei-{3}stungssteigerung bei Hochleistungssportlern eingesetzt, um verstärkt Weltklasseleistungen und Erfolge des DDR-Sports bei internationalen Wettbewerben, insbesondere Olympischen Spielen sowie Welt- und Europameisterschaften, zu ermöglichen. Mit der zentralen Organisation des Dopings wurde das Ziel möglichst effektiver Steigerung der körperlichen Leistungsfähigkeit der Sportler durch Verabreichung pharmakologischer Mittel, zumeist Anabolika – als „unterstützende Mittel" bezeichnet –, in systematischer, straff gelenkter Vorgehensweise verfolgt. Gleichermaßen war man bestrebt, diese Verfahrensweise, insbesondere vor den Kontrollen bei internationalen Wettkämpfen, wirksam zu verschleiern.

Der Angeklagte war seit 1968 im Bereich Leistungsmedizin der vom Ministerium für Staatssicherheit (MfS) getragenen Sportvereinigung (SV) Dynamo[1] in Berlin (Ost) tätig.

Ab 1972 war er stellvertretender Bereichsleiter, 1982 wurde er Leiter der Sportmedizin beim – dem SV Dynamo untergliederten – SC Dynamo. Dort war er bereits seit 1975 bis zum Jahre 1989 für die Genehmigung der Ausgabe anaboler Steroide zuständig; zur Tatzeit genehmigte er die Aushändigung von Anabolika in Tablettenform an den – bereits rechtskräftig verurteilten – für die Sektion Schwimmen zuständigen Sektionsarzt Dr. Binus zum Zweck ihrer Verabreichung durch den – ebenfalls bereits rechtskräftig verurteilten – Trainer Gläser an die hier betroffenen neun Sportlerinnen, die bei Aufnahme des Schwimmtrainings im „A-Kader" des SC Dynamo sämtlich minderjährig gewesen waren. Mit einer Ausnahme waren sie auch zu Beginn der auf die Genehmigung des Angeklagten zurückgehenden Mittelvergabe noch minderjährig, sieben von ihnen erst zwischen 13 und 16 Jahre alt. Sämtliche Sportlerinnen, einschließlich ihrer Eltern, wurden aufgrund zentral organisierter Geheimhaltung bewußt nicht über die ihnen verabreichten Mittel aufgeklärt. Gemäß den von Trainern und Ärzten befolgten Geheimhaltungsprinzipien wurden die Mittel nicht in Originalverpackungen ausgeteilt; den Sportlerinnen gegenüber wurde die Legende einzunehmender Vitamine oder Aufbaustoffe gebraucht. {4}

So wurde vorgegangen, obgleich eine derartige medizinisch nicht indizierte Vergabe anaboler Steroide bei Frauen zur Störung des hormonellen Regelkreislaufs und des Fettstoffwechsels führt. Ferner können teils gravierende, unter Umständen irreversible Nebenwirkungen auftreten, so u.a. Stimmvertiefung, vermehrte Körperbehaarung, Akne, Wachstumsretardierungen sowie Leberschädigungen und Herzerkrankungen. Bei fünf der neun geschädigten Sportlerinnen kam es zu solchen Nebenwirkungen: Bei ihnen war die Mitteleinnahme mindestens mitursächlich für signifikante Stimmvertiefungen, bei zwei Frauen ferner für passagere Schädigungen der Leber, bei einer zudem für eine stark virilisierende Behaarung, bei einer anderen dieser fünf Frauen auch für einen sehr viel später diagnostizierten gutartigen Lebertumor.

II. [Keine Verjährung]

Verjährung der dem Angeklagten zur Last gelegten Taten scheidet aus. In Fällen systematischer Vergabe schädlicher Dopingmittel an uneingeweihte minderjährige Sportler hat die Verjährung in der DDR aufgrund eines quasigesetzlichen Verfolgungshindernisses geruht.

1. Nach ständiger Rechtsprechung des Bundesgerichtshofs hatte die Staatspraxis der DDR, Straftaten aus politischen oder sonst mit wesentlichen Grundsätzen einer freiheitlichen rechtsstaatlichen Ordnung unvereinbaren Gründen generell nicht zu verfolgen, grundsätzlich die Wirkung eines gesetzlichen Verfolgungshindernisses im Sinne des § 83 Nr. 2 StGB-DDR (vgl. – deklaratorisch – Art. 1 des [1.] Verjährungsgesetzes vom 26. März 1993, BGBl I 392).

Entsprechend wird das Ruhen der Verjährung angenommen für die Strafverfolgung bei Schüssen an der innerdeutschen Grenze (BGHSt 40, 48[2]; 40, 113[3]), für von Angehörigen der DDR-Justiz in politischen Strafsachen begangene Rechtsbeugungen und damit tateinheitlich zusammentreffende De-{5}likte (BGHSt 41, 247, 248; 41, 317, 320), für vom MfS veranlaßte Verschleppungen von Bundesbürgern in die DDR (BGHSt 42, 332, 336 ff.[4]) und für Freiheitsberaubungen durch politische Denunziationen (vgl. BGH

NStZ-RR 1997, 100, 101). Gemeinsam ist diesen Fallgruppen, daß sich das Erfordernis eines sicher feststehenden Willens der Staatsführung der DDR zur Nichtverfolgung (BGHSt 23, 137; 40, 113, 118) aus dem Umstand ergab, daß diese Straftaten bereits generell auf Veranlassung oder wenigstens mit Billigung der politischen Führung verübt worden waren (vgl. die Begründung zum Gesetzentwurf des Bundesrates zum [1.] Verjährungsgesetz, BTDrs. 12/3080, S. 8). Ferner wird ein Ruhen der Verjährung auch angenommen für Körperverletzungen an Gefangenen durch Strafvollzugsbedienstete der DDR, die jedenfalls im Interesse des staatlichen Ansehens als geheimhaltungsbedürftig angesehen wurden (BGHR StGB § 78b Abs. 1 – Ruhen 2 und 6).

Gemäß diesen Grundsätzen hat die Verjährung nicht nur bei Straftaten geruht, die sich als schwerste Menschenrechtsverletzungen darstellen – wie etwa die Todesschüsse an der innerdeutschen Grenze –, bei denen eine Nichtverjährung auch nach § 84 StGB-DDR zu erwägen wäre (vgl. BGHSt 40, 113, 119); vielmehr kommt ein quasigesetzliches Verfolgungshindernis auch für weniger schwerwiegende Taten in Betracht, wenn diese in der DDR aus politischen Gründen oder sonst rechtsstaatswidrigen Motiven prinzipiell nicht verfolgt wurden.

2. Rechtsfehlerfrei ist das Landgericht davon ausgegangen, daß die dem Angeklagten zur Last gelegten Taten in der DDR aus politischen Gründen systematisch nicht verfolgt worden sind. Dafür kommt es auf spezifisch politisch-weltanschauliche Zielrichtungen der DDR-Staatsführung in Verbindung mit der Sportförderung, wie sie im Urteil vorausgesetzt werden (UA S. 7), nicht einmal entscheidend an. Politisch-weltanschaulich ganz unterschiedlich ausgerichtete Staaten, die sich die Förderung des Hochleistungssports zum Ziel setzen, sehen unabhängig vom politischen System im inter-{6}nationalen Erfolg ihrer Sportler eine im staatlichen Interesse liegende Angelegenheit.

Ausschlaggebend ist zunächst, daß die Förderung des Hochleistungssports in der DDR – in Konsequenz zu ihrer sonstigen Staatsstruktur – als unmittelbar staatlich zu regelnde Angelegenheit zentral und straff organisiert war. Dabei war das im staatlichen Interesse verfolgte Streben nach dem Gewinn von internationalem Ansehen durch hochrangige sportliche Erfolge so stark ausgeprägt, daß dieses Ziel nicht nur durch beträchtlichen personellen und sachlichen Aufwand bei der staatlichen Organisation fairer Trainingsförderung von Hochleistungssportlern verfolgt wurde, sondern auch mittels systematischen Dopings, das jedenfalls seit 1974 – insbesondere auch in Form der hier in Rede stehenden Vergabe anaboler Steroide – staatlich zentral gesteuert eingesetzt wurde. Nur so hielt man die erstrebten großen und vielfältigen Erfolge für realisierbar.

Zudem unterlag dieses staatlich organisierte Doping strengster Geheimhaltung. Die Aufdeckung der international als unfair geächteten Praxis, im Hochleistungssport verbotene Dopingsubstanzen einzusetzen, hätte für die „stets auf internationale Anerkennung bedachte Partei- und Staatsführung der DDR“ einen „nicht wiedergutzumachenden Prestigeverlust“ bedeutet (UA S. 50); die Anerkennung der erstrebten und erzielten Erfolge des DDR-Sports wäre grundlegend in Frage gestellt worden.

So wurden das Doping selbst und dessen Geheimhaltung als zentrale staatliche Aufgaben verfolgt. Die gesundheitlichen Belange der betroffenen Sportler wurden dabei den mit der Hochleistungssportförderung verfolgten politischen Zielsetzungen untergeordnet. Bei minderjährigen Sportlern war deren Nichtinformation – wie die ihrer Eltern – gerade auch zum Zweck möglichst effektiver Geheimhaltung vorgesehen. Jedenfalls war ein solches Vorgehen gegenüber gedopten minderjährigen Leistungsschwimmerinnen, wie {7} vom Landgericht rechtsfehlerfrei festgestellt, zentral vorgegeben und geregelt.

Aus der Gesamtheit dieses systematischen staatlichen Vorgehens ergibt sich ohne weiteres, daß die – durch geheime Verabreichung anaboler Steroide an minderjährige Sportlerinnen – begangenen Körperverletzungen, die aus politischen Gründen begangen und geheimgehalten wurden, konsequent ebenso bewußt nicht verfolgt werden sollten.

3. Danach handelt es sich auch bei Fällen der vorliegenden Art um schwerwiegende Rechtsbrüche, welche die Anwendung der Grundsätze über das Ruhen der Verjährung rechtfertigen. Die betroffenen minderjährigen Sportlerinnen wurden von Staats wegen unter Hintanstellung wesentlicher persönlicher Belange für staatliche Zwecke instrumentalisiert. Obgleich sie nicht als Systemgegner angesehen wurden, vielmehr vom System als besonders förderungswürdig anerkannt waren, wurden auch sie zu Opfern des Systems, da ihnen ohne Rücksicht auf ihren Willen eine sogar ihrem Wissen vorenthaltene Aufopferung ihrer Gesundheit durch Hinnahme beträchtlicher gesundheitlicher Gefährdung abverlangt wurde. Dabei konnte das Ausmaß ihrer Rechtsbeeinträchtigung infolge derartigen Systemunrechts namentlich in – nicht trennscharf auszugrenzenden – Fällen irreversibler Schädigung das Ausmaß möglicher Rechtsgutsverletzungen in anerkannten Fällen des Ruhens der Verjährung deutlich übertreffen.

4. Das festgestellte Ausmaß organisierter gesundheitlicher Gefährdung bis hin zu konkreter Schädigung, an dem der Angeklagte nicht nur unwesentlich, seinen Funktionen und seinem Einfluß nach vielmehr bedeutsam beteiligt war, verbietet es – entgegen der Auffassung der Revision – von vornherein zu erwägen, die hier in Frage stehenden Fälle einer Fallgruppe minderer Kriminalität zuzurechnen, für welche die Rechtsprechung des Bundesgerichtshofs – bislang nicht tragend (vgl. aber OLG Jena NJ 1997, 267[5]) – eine Ausnahme von den Grundsätzen des Ruhens der Verjährung erwogen {8} hat. Auf das Ausmaß der Rechtsgutsverletzung in jedem Einzelfall kann es dabei nicht ankommen. Eine abweichende Beurteilung drängt sich indes für etwa als strafbar anzusehende Dopingfälle auf, die erwachsene, nicht uninformierte Sportler betrafen.

Der Senat verkennt nicht, daß der Einsatz von Dopingmitteln im Hochleistungssport keine Besonderheit ist, die ausschließlich für totalitäre Unrechtssysteme kennzeichnend wäre (vgl. nur Berendonk, Doping Dokumente 1991 S. 228 ff.). Für die Frage eines das Ruhen der Verjährung bei in der DDR begangenen Fällen dieser Art ist dies indes nicht unmittelbar relevant.

III. [Zu den sonstigen Rügen]

Das Landgericht hat in einer als „therapeutisch wirksam“ angesehenen zyklischen Mittelvergabe, durch welche Hormonhaushalt und Fettstoffwechsel somatisch faßbar verändert, zudem Risikofaktoren für Folgeschäden geschaffen wurden, eine Gesundheitsschädigung im Sinne des Tatbestandes der Körperverletzung gesehen. Das ist – auch im Blick auf § 115 Abs. 1 StGB-DDR[6], der insoweit keine maßgeblich unterschiedlichen Anforderungen hat – rechtsfehlerfrei (vgl. auch BGHSt 43, 306, 346). Die Beweiswürdigung des Landgerichts, insbesondere zur Verantwortlichkeit des Angeklagten für die ihm angelasteten Beihilfehandlungen und zu den auch auf der Grundlage sachverständiger Beratung festgestellten Auswirkungen der ihm angelasteten Dopingvergabe, ist nicht zu beanstanden.

Ebenso rechtsfehlerfrei ist die Betrachtungsweise des Landgerichts, in einer Mittelvergabe an dieselbe Sportlerin in weiteren Zyklen, wodurch eine begonnene Gesundheitsbeeinträchtigung und -gefährdung aufrechterhalten bzw. verstärkt wurde, jeweils die Fortführung einer einheitlichen Tat der Körperverletzung zu sehen (vgl. BGH NStZ 2000, 25). Daß das Landgericht nicht erwogen hat, durch eine vom Angeklagten gleichzeitig vorgenommene {9} Genehmigung der Mittelvergabe an mehrere Sportlerinnen eine Verbindung zu gleichartiger Idealkonkurrenz anzunehmen, beschwert den Angeklagten nicht. Eine derartige Betrachtungsweise läge freilich nahe; sie könnte hier zur Annahme einer einheitlichen Beihilfe zur Körperverletzung an neun Menschen führen. Der als einheitliche Hauptstrafe ausgesprochenen Geldstrafe (§ 64 StGB-DDR i.V.m. Art. 315 Abs. 2 EGStGB) lag indes ein zutreffend bestimmter Schuldumfang zugrunde, der von der Beurteilung der Konkurrenzen nicht abhängt. Daß dem Angeklagten ein umfassender Strafklageverbrauch auch für etwaige weitere Vorwürfe strafbarer Mitwirkung an der Vergabe von Dopingmitteln an andere Sportlerinnen zugute kommen muß, wenn ein solcher Tatvorwurf mit der Mittelvergabe an eine der hier Geschädigten möglicherweise zusammentraf, steht außer Frage. Auch hierfür bedarf es nicht eines Schuldspruchs wegen tateinheitlicher Begehungsweise.

Anmerkungen

1 Gemäß der Präambel ihrer Satzung war „Die Sportvereinigung Dynamo [...] die einheitliche, nach dem Prinzip des demokratischen Zentralismus aufgebaute Sportorganisation des Ministeriums des Innern, des Ministeriums für Staatssicherheit und der Zollverwaltung der Deutschen Demokratischen Republik."

2 Vgl. Dokumentationsband zu den Gewalttaten an der deutsch-deutschen Grenze, lfd. Nr. 11-2.

3 Vgl. Dokumentationsband zu den Gewalttaten an der deutsch-deutschen Grenze, lfd. Nr. 7-4.

4 Vgl. Dokumentationsband zu den MfS-Straftaten, lfd. Nr. 9-2.

5 Vgl. Dokumentationsband zu den MfS-Straftaten, lfd. Nr. 3-2.

6 Vgl. Anhang S. 467f.

Lfd. Nr. 6

Doping auf Bezirksebene

Amtsgericht Erfurt 28. September 1999
Az.: 510 Js 11509/99

Herrn
Dr. Werner Keyling
geboren 1932 in G.

STRAFBEFEHL

Die Staatsanwaltschaft Erfurt klagt Sie an, von 1974 bis 1989

durch 16 selbständige Handlungen

vorsätzlich anderen zu deren vorsätzlich begangenen rechtswidrigen Taten (Körperverletzung in 16 Fällen) Hilfe geleistet zu haben.

Als Bezirkssportarzt des ehemaligen Bezirkes Erfurt erhielten Sie vom Sportmedizinischen Dienst in Berlin, Sektor Leistungssport II, das Medikament Oralturinabol 5 mg zur Weitergabe an Ihnen namentlich bekannte Spitzensportler des Sportclubs Turbine Erfurt mit dem Ziel der Herbeiführung einer Leistungssteigerung. Eine medizinische Indikation für die Verabreichung des Medikamentes lag nicht vor. Soweit minderjährige Sportler die Dopingmittel erhielten, wussten Sie, dass die minderjährigen Sportler und deren Erziehungsberechtigte über die Folgen der Einnahme der medizinisch nicht indizierten Medikamente im Unklaren gelassen wurden. Sie nahmen zumindest billigend in Kauf, dass die Gesundheit der Sportlerinnen dadurch beeinträchtigt wurde. Das Medikament erhielten in im Einzelnen nicht feststellbarer Menge folgende Sportlerinnen aus den Bereichen Schwimmen (Fälle 1-10) und Leichtathletik (Fälle 11-16): {2}

1. F., geb. am 4.9.1971, im Zeitraum von 1984 bis März 1986 über die gesondert verfolgte Sektionsärztin Dr. Gerullis[1] sowie den Trainer Fricke[2],
2. T., geb. am 9.11.1970, im Zeitraum von 1985 bis März 1986 über die Sektionsärztin Dr. Gerullis sowie den Trainer Fricke,
3. B., geb. am 23.10.1966, im Zeitraum von 1982 bis März 1986 über die Sektionsärztin Dr. Gerullis sowie den Trainer Fricke,
4. W., geb. am 31.3.1968, im Zeitraum von Januar 1981 bis März 1986 über die Sektionsärztin Dr. Gerullis sowie die Trainer Fricke und den gesondert verfolgten Trainer Wiegand,
5. D., geb. 2.6.1972, im Zeitraum von 1985 bis März 1986 über die Sektionsärztin Dr. Gerullis sowie den Trainer Wiegand,
6. S., geb. am 16.6.1968, im Zeitraum von 1984 bis März 1986 über die Sektionsärztin Dr. Gerullis sowie die Trainer Fricke, Wiegand und den gesondert verfolgten Trainer Ahlemann,
7. O., geb. am 26.3.1973, im Zeitraum von 1986 bis 1987 über einen nicht feststellbaren Sektionsarzt sowie den Trainer Fricke,
8. E., geb. am 3.9.1969, im Zeitraum von 1974 bis 1977 über einen nicht feststellbaren Sektionsarzt sowie den Trainer Fricke,
9. A., geb. am 14.7.1960, im Zeitraum von 1984 bis 1988 über einen nicht feststellbaren Sektionsarzt und den Trainer Fricke, {3}

10. C., geb. am 7.6.1967, für den Zeitraum eines Jahres in den 80er Jahren über einen nicht feststellbaren Sektionsarzt und den Trainer Fricke,
11. U., geb. am 19.4.1958, im Zeitraum von 1976 bis 1980 über die Sektionsärze Dr. Schleicher, Dr. Kießling sowie Dr. Ingendorf und den Trainer König,
12. H., geb. 21.11.1959, im Zeitraum von 1976 bis 1980 über den Trainer Schaumburg,
13. M., geb. am 6.10.1962, im Zeitraum von 1978 bis 1984 über die Sektionsärzte Dr. Schleicher, Dr. Kießling, Dr. Ingendorf und den Trainer König,
14. N., geb. am 21.11.1962, im Zeitraum von 1981 bis 1989 über die Sektionsärzte Dr. Schleicher, Dr. Kießling und Dr. Ingendorf sowie den Trainer König,
15. W., geb. 16.2.1963, im Jahre 1981 über den Sektionsarzt Dr. Ingendorf.
16. J., geb. am 12.2.1966, im Zeitraum von 1983 bis 1987 über die Sektionsärzte Dr. Schleicher, Dr. Kießling, Dr. Ingendorf und den Trainer König.

Die Vergabe der Dopingmittel führte bei den genannten Sportlerinnen zu Muskelverspannungen, Virilisierungserscheinungen und einer Veränderung der Leberwerte. Auch führte bei den Sportlerinnen die Einnahme des Medikaments zu einer Erhöhung des normalen Plasmaspiegels von Testosteron. Sie wussten, dass dadurch der hormonelle Kreislauf der Sportlerinnen gestört wurde. {4}

Verbrechen, strafbar nach:
§§ 115 Abs. 1; 22 Abs. 2 Nr. 3; 63 Abs. 2; 64 StGB/DDR
§§ 223 Abs. 1; 230 Abs. 1; 2 Abs. 3; 27; 52; 53 StGB
Art. 315 Abs. 1 u. Abs. 2 EGStGB

Die Staatsanwaltschaft bejaht das besondere öffentliche Interesse an der Strafverfolgung der Körperverletzungen.

Beweismittel

I. Ihre überwiegend geständigen Einlassungen

II. Zeugen

⊗ Es folgen die Namen von insgesamt 22 Zeuginnen und Zeugen, darunter auch die oben genannten Sportlerinnen. ⊗

Auf Antrag der Staatsanwaltschaft wird deshalb gegen Sie als Hauptstrafe gemäß § 64 Strafgesetzbuch/DDR eine Geldstrafe von 140 Tagessätzen verhängt. Die Höhe eines Tagessatzes wird auf 60,00 DM festgesetzt.

Außerdem haben Sie die Kosten des Verfahrens zu tragen.

Anmerkungen

1 Ute Gerullis wurde durch Strafbefehl des Amtsgerichts Erfurt vom 24.9.1999 – Az. 510 Js 33395/98 – wegen Beihilfe zur vorsätzlichen Körperverletzung in sechs Fällen zu einer Geldstrafe von 70 Tagessätzen zu je 150 DM verurteilt.

2 Wolfgang Fricke wurde durch Strafbefehl des Amtsgerichts Erfurt vom 23.9.1999 – Az. 510 Js 33397/98 43 Cs – wegen vorsätzlicher Körperverletzung in neun Fällen zu einer Geldstrafe von 70 Tagessätzen zu je 40 DM verurteilt.

Lfd. Nr. 7

Das Leistungssport- und Dopingsystem der DDR (II)
Die Rolle der Sportfunktionäre

Inhaltsverzeichnis
Erstinstanzliches Urteil des Landgerichts Berlin vom 18.7.2000
Az.: (538) 28 Js 14/98 KLs (23/99)

Landgericht Berlin 18. Juli 2000
Az.: (538) 28 Js 14/98 KLs (23/99)

URTEIL

Im Namen des Volkes

In der Strafsache gegen

1. Manfred Ewald
   geboren 1926 in P.,

2. Dr. Manfred Höppner
   geboren 1934 in W.

wegen Beihilfe zur Körperverletzung

Die große Strafkammer des Landgerichts Berlin hat aufgrund der Hauptverhandlung vom 02., 05., 09., 16., 19., 23., 26., 30. Mai, 02., 09., 13., 16., 20., 22., 23., 27., 29., 30. Juni, 04., 06., 13. und 18. Juli 2000, an der teilgenommen haben:

⊗ Es folgt die Nennung der Verfahrensbeteiligten. ⊗ {3}

in der Sitzung vom 18. Juli 2000 für Recht erkannt:

Die Angeklagten werden wegen Beihilfe zur vorsätzlichen Körperverletzung zum Nachteil von 20 Geschädigten

zur Bewährung

verurteilt.
Im übrigen werden sie freigesprochen.
Die Bewährungszeit wird auf 2 Jahre festgesetzt.
Für den Fall der schuldhaften Nichtbewährung werden dem Angeklagten Ewald eine Freiheitsstrafe von

einem (1) Jahr und zehn (10) Monaten

und dem Angeklagten Dr. Höppner eine Freiheitsstrafe von

einem (1) Jahr und sechs (6) Monaten

angedroht.
Die Angeklagten tragen im Umfang ihrer Verurteilung die Kosten des Verfahrens – der Angeklagte Ewald jedoch diejenigen Kosten allein, die durch seine Begutachtungen entstanden sind – sowie die notwendigen Auslagen der Nebenklägerinnen und des Nebenklägers mit Ausnahme der Nebenklägerinnen J. und K.
Im übrigen trägt die Landeskasse die Verfahrenskosten und die notwendigen Auslagen der Angeklagten.
Angewendete Vorschriften:
§§ 115 Abs. 1, 22 Abs. 2 Nr. 3 StGB-DDR {4}

Gründe

I. [Zu den Angeklagten]

1. Manfred Ewald

Der heute 74 Jahre alte Angeklagte Ewald wurde 1926 in P./Pommern geboren. Der Angeklagte Ewald war von 1961-1988 Präsident des Deutschen Turn- und Sportbunds der DDR (DTSB), daneben Vorsitzender der Leistungssportkommission sowie Mitglied des Zentralkomitees der Sozialistischen Einheitspartei Deutschlands. Der verheiratete, in seinem Gesundheitszustand angegriffene Angeklagte ist zum jetzigen Zeitpunkt Rentner und bezieht nach eigenen Angaben eine monatliche Rente von ⊗ es folgen Angaben zur Höhe der Rente ⊗. Der Angeklagte Ewald ist nicht vorbestraft.

2. Dr. Manfred Höppner

Der heute 66 Jahre alte Angeklagte Dr. Höppner nahm nach dem Abschluß der Oberschule in Meißen 1953 an der Karl-Marx-Universität in Leipzig das Studium der Humanmedizin auf. Dieses Studium schloß er 1958 ab. Anschließend verpflichtete er sich für fünf Jahre als Marinearzt bei der Armee. Zum 1. Dezember 1964 trat der Angeklagte Dr. Höppner in den Sportmedizinischen Dienst (SMD) der DDR ein, wo er zunächst als Verbandsarzt für Leichtathletik tätig war. Parallel hierzu ließ er sich als Facharzt für Sportmedizin ausbilden. 1967 wurde der Angeklagte Dr. Höppner zum Sektorenleiter für den Bereich Leistungssport in der Leitung des Sportmedizinischen Dienstes ernannt. Seine Tätigkeit als Verbandsarzt für Leichtathletik übte er ab diesem Zeitpunkt nur noch nebenamtlich aus, 1977 quittierte er sie aus persönlichen Gründen gänzlich.

Von 1969 bis Oktober 1974 war der Angeklagte Stellvertreter des Chefarztes für den Bereich Leistungssport. Anschließend übernahm der Angeklagte Dr. Höppner die Sektorenleitung des Bereiches Leistungssport. Nachdem er im Jahre 1977 für ein Jahr zur Bezirksparteischule in Berlin delegiert worden war, übernahm er nach seiner Rückkehr im September 1978 die Funktion des stellvertretenden Direktors des neu gegründeten {5} Bereiches Leistungssport II. Im Frühjahr 1990 gab der Angeklagte Dr. Höppner seine Tätigkeit im SMD im Rahmen der allgemeinen Abwicklung desselben auf.

Der Angeklagte Dr. Höppner ist derzeit Arzt im Ruhestand. Nach seinem eigenen Angaben verbleibt dem verheirateten Angeklagten eine monatliche Rente in Höhe von ⊗ es folgen Angaben zur Höhe der Rente ⊗. Er ist nicht vorbestraft.

II. [Feststellungen zum Sachverhalt]

1. Im Hinblick auf die unbefriedigende außenpolitische und innenpolitische Lage gewann der Sport in der DDR Ende der sechziger/Anfang der siebziger Jahre eine immens große Bedeutung.

Mittels Sporterfolgen und Höchstleistungen bei internationalen Wettkämpfen bot sich die Möglichkeit, der kapitalistischen Außenwelt die „Überlegenheit der sozialistischen Gesellschaftsordnung" vorzuführen. Daneben diente der Sport aber auch dazu, bei der eigenen Bevölkerung sportpatriotische Begeisterung zu wecken und dadurch eine latent vorhandene Unzufriedenheit in bezug auf die eigenen Lebensverhältnisse in Grenzen zu halten.

Die Erringung internationaler sportlicher Erfolge stellte damit in der DDR eine im staatlichen Interesse liegende Angelegenheit dar, die es staatlich zu fördern galt. In Konsequenz zu der sonstigen Staatsstruktur in der DDR war auch die Förderung des Hochleistungssports zentral und straff organisiert.

Um dieses im staatlichen Interesse liegende Ziel des Ansehensgewinns im Ausland durch hochrangige sportliche Erfolge zu erreichen, bediente man sich in der DDR mannigfaltiger Mittel: So versuchte man zum einen durch eine systematisch betriebene, sehr frühzeitig nach sportmedizinischen Gesichtspunkten vorgenommene Talentsuche künftige Nachwuchssportler zu sichten und in Leistungssportzentren optimal zu fördern. Daneben war man bestrebt, Trainingsmethodik, Wettkampfvorbereitung als auch medizinische Unterstützung zu optimieren. Der Spitzensport gehörte damit in der DDR zu den Bereichen, {6} die mit außergewöhnlich großem ökonomischen, wissenschaftlich-technischen und personellen Aufwand gefördert wurden.

Ende der 60-er Jahre gewannen anabole Steroide im internationalen Hochleistungssport zunehmend an Bedeutung, weil durch sie vermehrter Muskelaufbau und Kraftzuwachs zu erreichen war. Entsprechend dieser internationalen Entwicklung kamen auch in der DDR Anabolika, wenn auch am Anfang ohne staatliche Steuerung, zum Einsatz. Motiv hierfür war die Erkenntnis, daß man auch mit einer optimalen Trainingsmethodik früher oder später keinen größeren Leistungszuwachs mehr erreichen kann. Man war sich zudem bewußt, daß man aufgrund der verhältnismäßig geringen Bevölkerungszahl der DDR trotz intensiver Talentsichtung nicht eine derartige Anzahl von Spitzensportlern hervorbringen konnte, um im internationalen Vergleich eine konstante Spitzenstellung halten zu können.

Bis Mitte 1974 war auch in der DDR die Gefahr einer Aufdeckung des Einsatzes von Dopingmitteln verhältnismäßig gering. Dies änderte sich, als die Nachweisführung der Einnahme von Anabolika mit neu entwickelten Testverfahren ab etwa 1974 so weit verbessert worden war, daß sicherere Erkenntnisse gewonnen werden konnten. Auch wurden bei der Leichtathletik-Europameisterschaft 1974 in Rom erstmals Dopingkontrollen durchgeführt und Anabolika vom IOC auf die Dopingliste gesetzt. Ab diesem Zeitpunkt war damit zu rechnen, daß unkontrolliertes Doping eine realistische Gefahr der Entdeckung mit sich brachte.

Um jedoch verstärkt Weltklasseleistungen und Erfolge des DDR-Sports bei internationalen Wettbewerben, insbesondere Olympischen Spielen sowie Welt- und Europameisterschaften, zu ermöglichen, ohne im Ausland unlauterer Dopingmethoden überführt werden zu können, begann man daher 1974 in der DDR, die Forschung, Anwendung und auch Kontrolle von Dopingmitteln staatlich systematisch zu lenken und damit Dopingmittel – insbesondere anabole Steroide – staatlich zentral gesteuert einzusetzen. Nur so hielt man die erstrebten großen und vielfältigen Erfolge für realisierbar.

Das staatlich organisierte Doping unterlag dabei größter Geheimhaltung. Eine Aufdeckung hätte im starken Widerspruch zu der offiziell vertretenen Ächtung jeglicher Dopingmittel gestanden und damit einen nicht wiedergutzumachenden Prestigeverlust der Staatsführung der DDR bedeutet. Zudem wären sowohl die bereits erreichten als auch künftige sportliche Höchstleistungen in Frage gestellt worden und damit die erstrebte internationale Anerkennung auf dem Gebiet des Höchstleistungssports nicht mehr möglich gewesen. Um {7} diese Geheimhaltung gewährleisten zu können, wurde nicht nur ein umfangreiches staatliches Dopingkontrollsystem geschaffen, sondern es wurden auch die gesundheitlichen Belange der Sportler der mit dem Hochleistungssport verfolgten politischen Zielsetzung untergeordnet. Insbesondere bei jungen Sportlern war deren Nichtinformation wie auch die ihrer Eltern als Mittel zur Geheimhaltung vorgesehen.

2. Beide Angeklagte hatten Leitungsfunktionen in der Organisation des DDR-Sports, insbesondere des Leistungssportes, inne. Trotz ihrer unterschiedlichen Positionen bestand bei den Angeklagten Einigkeit über die aus ihrer Sicht bestehende Notwendigkeit des Einsatzes von Anabolika, um sportliche Weltspitzenleistungen erreichen zu können. Beide unterstützten im Rahmen ihrer jeweiligen Funktion das arbeitsteilige Gesamtsystem des systematischen staatlichen Anabolikadopings.

a. Der Angeklagte Ewald war von Mai 1961 bis November 1988 Präsident des Deutschen Turn- und Sportbunds der DDR (DTSB), Vorsitzender der Leistungssportkommission (LSK) und daneben Mitglied des Zentralkomitees der Sozialistischen Einheitspartei Deutschlands (SED) als dem höchsten Organ der SED zwischen den Parteitagen.

Der DTSB fungierte als Dachverband der Sportverbände der DDR. Er gliederte sich in 15 Bezirksorganisationen, in denen jeweils Stadt-, Kreis-, Stadtbezirksorganisationen, Sportgemeinschaften und die Bezirksfachausschüsse der Sportverbände erfaßt waren. Auch die Armeesportvereinigung „Vorwärts" der Nationalen Volksarmee und die Sportvereinigung „Dynamo" gehörten dem Sportbund an. Als Präsident des DTSB war der Angeklagte Ewald dem Politbüro bzw. dem Zentralkomitee für die Umsetzung der politischen Zielsetzung, eine Spitzenstellung im internationalen Leistungssport zu erringen, verantwortlich.

Bei der LSK handelt es sich um das höchste Gremium der DDR, welches für den Leistungssport zuständig war. Sie stellte das Verbindungsglied zwischen der SED bzw. dem Politbüro der SED als de facto Staatsführung der DDR und den Organisationen aus Sport und Forschung dar und war für Richtungsentscheidungen zuständig, die dann von den anderen Gremien und Institutionen der DDR umzusetzen waren. Mitglieder der LSK waren neben dem Angeklagten Ewald als Vorsitzendem unter anderen auch die {8} Vizepräsidenten des DTSB, ein Vertreter des Forschungsinstituts für Körperkultur und Sport (FKS), ein Vertreter des Sportmedizinischen Dienstes (SMD), ein Vertreter des Staatssekretariats für Körperkultur und Sport (SKS) und der jeweilige, dem Zentralkomitee der SED unterstellte Leiter der Abteilung Sport.

Entsprechend seinen hohen Positionen im DDR-Leistungssport bestimmte der Angeklagte Ewald die Richtung des systematischen Dopings in der DDR maßgeblich mit. Dabei wirkte der Angeklagte Ewald nicht nur an der Konstituierung der Arbeitsgemeinschaft „unterstützende Mittel" und Forschungsgruppe „unterstützende Mittel" als sich mit dem Thema Doping befassender Gremien mit und ließ sich umfassend über den Einsatz von Dopingmitteln in der DDR berichten, sondern brachte auch immer wieder seine Forderung zum Ausdruck, daß die Vergabe von Anabolika und anderer leistungssteigernder Mittel an Leistungssportler unerläßlich ist, um die erstrebte Spitzenstellung der DDR im internationalen Vergleich beibehalten zu können. Dem Angeklagten Ewald war hierbei bewußt, daß seine Vorgaben richtungslenkend waren und damit die Vergabepraxis an die Sportler maßgeblich mitbeeinflußten und steuerten.

Im einzelnen hat der Angeklagte Ewald an dem systematischen Doping in der DDR wie folgt mitgewirkt:

Dem Angeklagten Ewald wurde in seiner Funktion als Vorsitzender der LSK in einer vom 24. Juni 1974 datierenden Vorlage der Vorschlag zur Bildung einer sogenannten Arbeitsgruppe „unterstützende Mittel" (Arbeitsgruppe u.M.) und zur Organisation einer begleitend durchzuführenden Forschung unterbreitet. Unter dem Begriff „unterstützende Mittel" (u.M.) verstand man in weiter Auslegung alle pharmakologischen Präparate, die den Stoffwechsel aktivieren, das Muskelwachstum fördern oder die Wiederherstellungsvorgänge nach hohen Belastungen in Training und Wettkampf unterstützen. Im engen Sinn war der Begriff „unterstützende Mittel" jedoch gleichzusetzen mit anabolen Steroiden. Diese Vorlage und die beigefügte Anlage hatten folgenden Wortlaut: {9}

⊗ Es folgt der Abdruck der genannten Vorlage, vgl. bereits lfd. Nr. 5-1, S. 125ff. ⊗. {16}

Obwohl der Wortlaut dieser Vorlage ausweist, daß sie von Prof. Dr. Lehnert und Dr. Höppner ausgearbeitet worden sei, traf dies im Hinblick auf den Angeklagten Dr. Höppner nicht zu. Dieser erfuhr erst im Rahmen einer am 23. Oktober 1974 stattgefundenen Sitzung {17} unter der Leitung des Angeklagten Ewald in seiner Funktion als Vorsitzender der LSK, daß eine Arbeitsgruppe u.M. gegründet werden und er deren Führung übernehmen sollte. In dieser Sitzung wurde oben genannte Vorlage von dem Angeklagten Ewald und ausgewählten Mitgliedern der LSK ohne wesentliche Änderungen beschlossen.

Anschließend traf der Angeklagte Ewald als Vorsitzender der LSK zwecks Umsetzung dieser Vorlage unter dem 26. November 1974 weitere Festlegungen, die die Konstituierung der Arbeitsgruppe „unterstützende Mittel", das Forschungsvorhaben zur wissenschaftlichen Untersuchung der Nutzung und Anwendung unterstützender Mittel sowie die Sicherung der Geheimhaltung und begleitende Maßnahmen betrafen. Diese Festlegungen hatten folgenden Wortlaut:

⊗ Es folgt der Abdruck der genannten Festlegungen, vgl. bereits lfd. Nr. 5-1, S. 130f. ⊗ {19}

Die von dem Angeklagten Dr. Höppner entsprechend der Festlegungen vom 26. November 1974 in der Arbeitsgemeinschaft u.M. erarbeitete „Ordnung unterstützender Mittel" bestätigte der Angeklagte Ewald im September 1975 und wies den Angeklagten Dr. Höppner an, sie praktisch umzusetzen. Hiernach wurden ein begrenzter Personenkreis, insbesondere die Verbandstrainer, Cheftrainer der einzelnen Sportclubs, Bezirkssportärzte, Sektionsärzte und Verbandsärzte zur Ablegung einer schriftlichen Verschwiegenheitsverpflichtung aufgefordert, um die Geheimhaltung zu gewährleisten.

Ferner ließ sich der Angeklagte Ewald von 1975-1988 regelmäßig, anfangs halbjährlich, später jährlich von dem Angeklagten Dr. Höppner schriftlich über den Stand der Arbeit der Arbeitsgruppe u.M. berichten. Auf der Grundlage dieses Berichts lud der Angeklagte Ewald den Angeklagten Dr. Höppner sowie weitere Mitglieder der Arbeitsgemeinschaft u.M. und Funktionäre ein. Bei diesen Treffen machte der Angeklagte Ewald regelmäßig deutlich, daß mit dem Einsatz unterstützender Mittel fortzufahren sei, da die sportlichen Leistungsziele anders nicht zu erreichen seien und auch die Sportmedizin hierfür ihren Beitrag zu leisten habe. Auch brachte der Angeklagte Ewald hierbei zum Ausdruck, daß „man zwar die Sportler der DDR nicht schädigen wolle, aber ein gewisses Risiko in Kauf nehmen müsse“. Unabhängig von diesen Treffen ließ der Angeklagte Ewald den Angeklagten Dr. Höppner anläßlich aktueller Vorkommnisse im Zusammenhang mit der u.M.-Vergabe vorsprechen, da dieser ihm insofern rechenschaftspflichtig war.

Der Angeklagte Ewald wirkte als Präsident des DTSB weiterhin an den sogenannten Leistungsbeschlüssen mit. Diese Beschlüsse wurden für jeden Olympiazyklus vom Politbüro gefaßt und enthielten Festlegungen, welche konkreten sportlichen Ziele bezogen auf die jeweilige Olympiade zu erreichen waren. Eine Vorlage für diesen zu fassenden Leistungsbeschluß erfolgte durch den DTSB. Dem Angeklagten Ewald war hierbei bewußt, daß die hohen Leistungsziele ohne den Einsatz leistungssteigernder Mittel nicht zu erreichen waren. Damit erreichte er, wie von ihm beabsichtigt, daß mit dem Einsatz von Dopingmitteln fortgefahren wurde, obwohl er wußte, daß er so weitgehenden politischen Einfluß besaß, den systematischen Einsatz von Anabolika im Leistungssport sogar zu stoppen.

Bei den Olympischen Sommerspielen 1976 in Montreal war mit Dopingkontrollen bei der Anreise zu rechnen. Nach Anfrage des Angeklagten Dr. Höppner, bis zu welchem Zeitpunkt die Vergabe von Anabolika bei den einzelnen Sportlern erfolgen solle, legte der Angeklagte Ewald fest, daß die Planung so erfolgen solle, daß 5 Tage vor Einsatz des jeweiligen {20} Sportlers keine Nachweisführung mehr bestehen solle. Um eine längstmögliche Vergabe zu ermöglichen und Dopingkontrollen bei der Einreise zu umgehen, machte der Angeklagte Ewald in seiner Funktion als Präsident des DTSB und Mitglied des Zentralkomitees seinen Einfluß geltend, um zusätzliche Sicherungsmaßnahmen zu erreichen. Hierdurch bewirkte er, daß ein weiteres Ausweichquartier in Kanada eingerichtet wurde, von welchem die Athleten unmittelbar vor ihren Wettkämpfen in das Olympische Dorf anreisen konnten. Diese Maßnahme war mit zusätzlichen Kosten in Höhe von 100.000,-- Dollar verbunden.

In seiner Funktion als Präsident des DTSB setzte sich der Angeklagte Ewald ferner für die Weiterentwicklung von Anabolika-Nachweisverfahren ein, indem er z.B. in einem unter dem 4.12.1976 datierenden Schreiben auf die Notwendigkeit des Ankaufs eines Gaschromatographen/Massenspektrometer/Computersystems hinwies. Die Entwicklung derartiger Nachweisverfahren war nach Ansicht des Angeklagten Ewald erforderlich, um weiterhin mit der Vergabe anaboler Steroide an Sportler fortfahren zu können, ohne damit bei internationalen Dopingkontrollen aufzufallen.

b. Der Angeklagte Dr. Höppner war ab dem 5. Januar 1975 Leiter der damals neu konstituierten Arbeitsgruppe „unterstützende Mittel“ und zunächst Sektorenleiter des Bereichs Leistungssport, von September 1978 bis 1990 daneben Leiter des Bereichs Leistungssport II (LS II) des Sportmedizinischen Dienstes (SMD).

Beim Sportmedizinischen Dienst handelt es sich um eine zentral geleitete Gesundheitseinrichtung, die für die Planung, Organisation und Leitung der sportmedizinischen Betreuung verantwortlich war. Der SMD war ab 1970 direkt dem zu diesen Zeitpunkt geschaffenen Staatssekretariat für Körperkultur und Sport (SKS) unterstellt, welches in der DDR die Aufgaben und Funktionen eines „Sportministeriums“ wahrnahm. Der SMD wurde von einem Direktor geleitet; der SMD verfügte über 15 „sportärztliche

Hauptberatungstellen“ (SHB) als bezirkliche Einrichtungen, deren Chefärzte zugleich als Bezirkssportärzte fungierten. Die Sportvereinigung Dynamo in Berlin hatte eine eigene Sportärztliche Hauptberatungsstelle. Desweiteren übte der Direktor des SMD die Dienstaufsicht über die Verbandsärzte aus, die in den einzelnen Sportverbänden des DTSB die Ärztekommissionen leiteten. Hauptpartner des SMD in der Praxis war jedoch der DTSB, welcher insbesondere auf dem Gebiet des Leistungssportes gegenüber den Mitarbeitern des SMD weisungsbefugt war. {21} Der SMD gliederte sich anfangs in drei Bereiche: den Bereich Freizeitsport, den Bereich Ökonomie und den Bereich Leistungssport. Später kam noch der Bereich Wissenschaft und Technik hinzu. Ab 1978 war der Bereich Leistungssport aufgeteilt in die eigenständigen Bereiche Leistungssport I und Leistungssport II. Zuvor war der Bereich Leistungssport II als Arbeitssektor in den Bereich Leistungssport I eingebunden gewesen. Jeder Bereich wurde von einem der stellvertretenden Direktoren des SMD als Bereichsleiter geführt. Diese Funktion nahm der Angeklagte Dr. Höppner für den Bereich LS II wahr. Der Bereich Leistungssport II erledigte dabei die im Zusammenhang mit u.M. anfallenden Tagesgeschäfte, wie Bestätigung der Konzeptionen, Sicherstellung des Bedarfs an Anabolika sowie die Organisation der Ausreisekontrollen.

Als Leiter des Bereichs LS II waren dem Angeklagten Dr. Höppner u.a. folgende Aufgaben übertragen:

1. Er hatte politisch, fachlich, wissenschaftlich und organisatorisch die umfassende und planmäßige sportmedizinische Betreuung auf dem Gebiet der aktiven Unterstützung des Trainingsprozesses und der Wettkampfgestaltung zu leiten.
2. Er war verantwortlich für die Erarbeitung von Grundsatzdokumenten, konzeptionellen Programmen und Aufgabenstellungen für die einheitliche Leitung der Prozesse der speziellen sportmedizinischen Betreuung.
3. Er hatte die Vorbereitung und Durchführung nationaler und internationaler Dopingkontrollen.

Im einzelnen hat der Angeklagte Dr. Höppner die Verabreichung von Anabolika wie folgt gefördert:

Von Januar 1975 bis zur Wende im Oktober 1989 leitete der Angeklagte Dr. Höppner die etwa alle vier bis acht Wochen stattfindenden Sitzungen der Arbeitsgemeinschaft u.M. In der Arbeitsgemeinschaft u.M. wurden unter seiner Führung alle Fragen im Zusammenhang mit unterstützenden Mitteln im Leistungssport beraten und entsprechend der Zielsetzung der politischen Sportführung geregelt. Dies erfolgte durch die Erarbeitung von Vorlagen, Berichten als auch Richtlinien über den Einsatz von unterstützenden Mitteln. Die Arbeitsgemeinschaft u.M., die sich aus den Vertretern verschiedenerer Institutionen wie FKS und DTSB zusammensetzte, war zwar nicht Bestandteil des Bereichs Leistungssports II des SMD, diente diesem jedoch als Beratungsorgan. {22}

In Zusammenarbeit mit den anderen Mitgliedern der Arbeitsgemeinschaft u.M. überarbeitete der Angeklagte Dr. Höppner alle zwei Jahre federführend die u.M.-Richtlinie, die von allen Sportverbänden des DTSB bei der Erstellung der Konzeptionen zu beachten war.

Diese für die Vergabepraxis von anabolen Steroiden bedeutende Richtlinie war wie folgt aufgebaut:

In Form einer Präambel wurden zunächst der sportpolitische Leistungsauftrag des DDR-Sports skizziert und die wesentlichen Medaillenziele dargestellt. Hierbei wurde auch zum Ausdruck gebracht, daß sich die DDR nur zur Sicherung der Chancengleichheit bezüglich ausländischer Sportler gezwungen sieht, unterstützende Mittel einzusetzen.

Die anschließenden Abschnitte enthielten nähere Angaben über den Einsatz „unterstützender Mittel" im Leistungssportbereich.

So wurden in der Richtlinie die Voraussetzungen konstituiert, unter welchen ein Sportler in eine Anwendungskonzeption einbezogen werden sollte. Entsprechend den Festlegungen der Richtlinie mußte der Sportler gesund und leistungsfähig sein, seine biologische Reife abgeschlossen haben und ohne wesentlichen Trainingsausfall trainieren. Die biologische Reife eines Sportlers war dabei nicht an ein bestimmtes Mindestalter gekoppelt, so daß auch Minderjährige in die u.M.-Konzeption einbezogen werden konnten.

Desweiteren setzte die Richtlinie voraus, daß mit herkömmlichen Trainingsmethoden eine Leistungssteigerung nicht mehr möglich erscheint. Erforderlich für eine Einbeziehung in die u.M.-Konzeption war nach den Vorgaben der Richtlinie die Zugehörigkeit des Sportlers in eine der sogenannten Kaderklassen I, II oder III. Zum Kaderkreis I gehörten die Sportler, die in ihrer Disziplin zu den fünfzig Weltbesten zählten. Die Kaderklasse II beinhaltete Nachwuchssportler, die auf Jugendeuropameisterschaft und Jugendweltmeisterschaften hin trainiert wurden. Die Sportler, die aufgrund von Verletzungen und Trainingsausfällen nicht mehr in den Kaderkreis I fielen, von denen aber zu erwarten war, daß sie zukünftig den Anschluß wieder finden würden, waren in die Kaderklasse III eingeteilt.

Weiterhin erforderlich für eine Einbeziehung eines Sportlers in eine u.M.-Konzeption war ein außerordentlicher Gesundheitscheck. Hierbei war nach der Richtlinie ein besonderes Augenmerk auf die Leberwerte zu richten, da bekannt war, daß die Einnahme anaboler {23} Steroide Leberschäden verursachen kann. Im Hinblick auf Sportlerinnen war festgelegt, daß diese dahingehend zu belehren sind, daß sie für eine absolut sichere Empfängnisverhütung Sorge zu tragen haben. Auch diese Regelung basierte auf der Erkenntnis, daß Anabolika zu Schäden beim Fötus führen können.

Die Richtlinie enthielt zudem Regelungen, was bei unerwarteten erkennbaren Gesundheitsstörungen, insbesondere bei einem Anstieg der Leberwerte, bei denen der Verdacht besteht, daß sie mit der Vergabe von u.M. in Zusammenhang stehen, zu geschehen hat. Ausweislich der Richtlinie waren der Bereich LS II des SMD zu informieren und bis zur Klärung eines Zusammenhangs die unterstützenden Mittel abzusetzen.

In einem eigenen Abschnitt waren die Mittel genannt, die zum Zeitpunkt der Erstellung der jeweils aktuellen Richtlinie als u.M. in Betracht kamen. Im Anhang der Richtlinie befand sich zudem für alle diese Mittel eine sogenannte Fachinformation mit chemischer Struktur, Dosierungsempfehlungen und möglichen Nebenwirkungen. Es handelte sich hierbei um folgende Substanzgruppen: Anabole Steroide, nämlich Oral-Turinabol, STS 646, HCG, Testosteron, Testotropin, Clomiphen, Vitamine, Elektrolyte, Glukoselösungen, Eiweißkonzentrate, Mineralien, Cocarboxylase, Thioctacid.

In einem weiteren Abschnitt wurden die Erfahrungen der Trainingsmethodik mit unterstützenden Mitteln erläutert und zum Ausdruck gebracht, daß hiermit das Training nicht ersetzt werden kann. Auch wurde mitgeteilt, daß u.M. erst nach längeren Trainingszeiten einzusetzen sind, da die Wirksamkeit der u.M. im Laufe der Anwendungszeit abnimmt.

Die Richtlinie enthielt zudem eine praktische Anleitung, wie im Prozeß der Anwendung von u.M. umzugehen ist. Hierbei wurden sowohl der Verfahrensweg der Erarbeitung von Konzeptionen und Antragsstellung als auch der Geheimhaltungsgrad festgelegt. Es wurde in der Richtlinie herausgestellt, daß nur solche Personen Detailkenntnisse erhalten dürfen, die sie unmittelbar für ihre Aufgabe benötigen. Auch wurden auf Dopingkontrollen hingewiesen und die Absetzungsfristen genau ausgewiesen.

Über den Inhalt dieser Richtlinie und die Vorgabe, für ausgewählte Kader die Anwendung von unterstützenden Mitteln zu beantragen, wurden die Trainer und Sektionsärzte auf vom DTSB und SMD organisierten Veranstaltungen informiert. {24} Der Angeklagte Ewald erhielt jeweils ein Exemplar dieser alle zwei bis drei Jahre in der Arbeitsgemeinschaft u.M. überarbeiteten „u.M.-Richtlinie“.

Als Leiter des Bereiches LS II des SMD hatte der Angeklagte Dr. Höppner die Vereinbarkeit der jeweils beantragten Vereinskonzeptionen, auch die der Schwimm- und Leichtathletikverbände, mit der u.M.-Richtlinie zu überprüfen. Der Angeklagte Dr. Höppner hat dabei jede vorgelegte Jahreskonzeption, die ihm seitens der Trainer in Zusammenarbeit mit den Verbandstrainern, Verbandsärzten und Sektionsärzten bezüglich jedes einzelnen Sportlers unterbreitet wurde, durchgelesen und bestätigt, sofern er mit deren Inhalt einverstanden war.

Entsprechend der von dem Angeklagten Dr. Höppner genehmigten Anwendungskonzeptionen wurden dann nach seiner Billigung an die einbezogenen Sportlerinnen in den einzelnen Vereinen bzw. Trainingslagern Anabolika verabreicht.

Primär kam dabei das Präparat „Oral-Turinabol“ des volkseigenen Betriebes Jenapharm zur Anwendung. Dieses existierte in zweierlei Dosierungsstärken und zwar zu 1 mg und zu 5 mg des Wirkstoffes Chloredydromethyltestosteron pro Tablette. Die 1 mg Wirkstoff enthaltenen Pillen wiesen dabei eine hellrosa Farbe auf, die mit 5 mg Wirkstoff eine blaue. Die Vergabe das Oral-Turinabols an die Sportler erfolgte – wie vorgesehen – ohne Originalverpackung, um die Geheimhaltung zu gewährleisten.

Die Medikamente wurden zunächst von der Leitung des Sportmedizinischen Dienstes bei der Apotheke im Haus der Ministerien bestellt. Von dort wurden sie an den Apotheker des SMD geliefert und anschließend in den Räumen des Bereiches LS II des SMD gelagert. Für diese Räume besaßen nur wenige Personen, unter anderem der Angeklagte Dr. Höppner, einen Schlüssel. Auf Abruf wurden die jeweiligen Mittel per Kurier an die sportärztlichen Hauptberatungsstellen geliefert. Jede sportärztliche Hauptberatungsstelle verfügte durch diesen Vergabeweg über ein eigenes Depot von Dopingpräparaten. Seitens der diesen vorstehenden Bezirkssportärzte wurden die Mittel auf Anforderung an die Sektionsärzte ausgegeben. Diese gaben die Mittel den Sportlern zum Teil schon persönlich, grundsätzlich – so in den vorliegenden Fällen – reichten sie sie an die Trainer weiter, die infolge des täglichen Trainings über den engsten Kontakt zu den Sportlern verfügten.

Daneben erarbeitete der Angeklagte Dr. Höppner eine Sicherheitskonzeption für das zentrale Dopingkontrollabor in Kreischa und für den Bereich Leistungssport II des SMD. Daß eine derartige „Ordnung für Sicherheit“ zu erarbeiten ist, wurde vom Angeklagten Ewald als Vorsitzenden der Leistungssportkommission gemeinsam mit den Mitgliedern der {25} Arbeitsgemeinschaft u.M. Prof. Buggel[1], Prof. Röder[2], Prof. Lehnert, Dr. Hannemann[3] sowie dem Angeklagten Dr. Höppner im Anschluß an eine am 02.03.1977 stattgefundene Beratung festgelegt. Das Dopingkontrollabor in Kreischa analysierte Proben auf die Verabreichung von Dopingmitteln. Dabei wurden nicht nur im internationalen Auftrag Proben von Sportlern verschiedener Nationalitäten dahingehend überprüft, ob sie die Dopingbestimmungen eingehalten haben, sondern im Hinblick auf DDR-Sportler wurde primär kontrolliert, ob die u.M.-Anwendungskonzeptionen eingehalten wurden und damit eine gefahrlose Teilnahme an Auslandswettkämpfen möglich war. Die Aufgabenstellungen und Arbeitsanleitungen für das Dopinglabor in Kreischa erfolgten direkt durch die Leitung des SMD, insbesondere durch den Bereich LS II und damit den Angeklagten Dr. Höppner.

Der Angeklagte Dr. Höppner, der die Vergabe von anabolen Steroiden in der bisher geschilderten Form förderte, unternahm Versuche, einer ausufernden Anwendung unterstützender Mittel entgegenzuwirken. Er bemühte sich im Rahmen von Gesprächen mit dem Angeklagten Ewald, dessen zum Teil überhöhte Erwartungen zu reduzieren, wies auf die Notwendigkeit von Einnahmepausen hin und bat, die hohen Zielvorstellungen der Sportverbände herabzusetzen. Sofern der Angeklagte Dr. Höppner anhand der Jahresendanalyse eines Sportlers merkte, daß diesem höhere als die genehmigten Dosen verabreicht worden waren, ermahnten er oder seine Mitarbeiter die verantwortlichen Ärzte und Trainer und machten ihnen deutlich, daß im Wiederholungsfall deren Dienstvorgesetzte informiert werden würden. Weitergehende Disziplinarbefugnisse standen dem Angeklagten Dr. Höppner nicht zu.

Dem Angeklagten Ewald teilte der Angeklagte Dr. Höppner die ihm bekanntgewordenen Überdosierungen unterstützender Mittel mit. Weiterhin informierte der Angeklagte Dr. Höppner in seiner Funktion als informeller Mitarbeiter seinen Führungsoffizier beim Ministerium für Staatssicherheit über Mißbrauchsfälle und die Forderungen der Basis nach verstärktem Dopingeinsatz trotz der damit einhergehenden Gefahren, in der Hoffnung, daß dieser über weitergehenden mäßigenden Einfluß verfügt.

Auch der Angeklagte Ewald war grundsätzlich bestrebt, daß seitens der Trainer und Verbandsärzte die in den Richtlinien normierten Regeln der u.M.-Vergabe eingehalten werden und eine eigenmächtige u.M.-Vergabe außerhalb einer u.M.-Konzeption unterblieb. Nur so konnte seiner Ansicht nach die Gefahr einer Entdeckung des unerlaubten Einsatzes von Dopingmitteln verhindert werden. Der Angeklagte Ewald hielt daher in seiner Funktion {26} als Präsident des DTSB wiederholt dazu an, daß die bekannten Regeln einzuhalten seien und kündigte anderenfalls Sanktionen bis zur Entlassung an.

c. Beiden Angeklagten war von Anfang an bewußt, daß der Einsatz anaboler Steroide zu gesundheitlichen Schäden führt. Der Angeklagte Dr. Höppner wies insbesondere den Angeklagten Ewald mehrfach auf die Gefahr von Gesundheitsschäden bei der Einnahme anaboler Steroide hin. Beiden Angeklagten war bekannt, daß die Einnahme von Anabolika bei Frauen zu Stimmvertiefungen, stärkerer Behaarung, allgemeinen Virilisierungs- d.h. Vermännlichungserscheinungen sowie Leberschäden führen kann.

Mit dem Eintritt derartiger Folgen bei den Sportlerinnen fanden sich beide Angeklagten als Preis für sportliche Erfolge bewußt ab. Sie wußten, daß diese – wenn auch unerwünschten – Nebenwirkungen nicht vermieden werden konnten. Das Erreichen einer

Spitzenstellung von DDR-Sportlern im internationalen Vergleich stellte für beide Angeklagten jedoch ein höherrangiges Ziel dar als die gesundheitlichen Belange der einzelnen Sportler.

Der Angeklagte Dr. Höppner machte den Angeklagten Ewald zudem auf die besondere Problematik der Anwendung anaboler Hormone bei den Schwimmerinnen aufmerksam, da diese Sportlerinnen im Verhältnis zu anderen Athletinnen ihr Höchstleistungsalter in sehr jungen Jahren erreichten.

Auch hatten beide Angeklagten Kenntnis davon, daß die angemessene Aufklärung der Sportler und Sportlerinnen über mögliche Nebenwirkungen anaboler Steroide nicht erfolgte, insbesondere nicht bei jungen Sportlern. Dies war aus Geheimhaltungsgründen auch nicht vorgesehen. Das Konzept der Angeklagten beinhaltete, den über die Dopingpraxis in der DDR informierten Personenkreis möglichst klein zu halten, um das Risiko einer Aufdeckung zu minimieren. Den Sportlern sollten u.M. in Tablettenform grundsätzlich lose, ohne Originalverpackung ausgehändigt werden. Beiden Angeklagten war bekannt, daß insbesondere jungen Sportlern diese Mittel oft unter der Legende von Vitamintabletten verabreicht wurden, sie jedenfalls bewußt über die Wirkungsweise und die einhergehenden Gefahren im Unklaren gelassen wurden.

3. Als primäres Dopingmittel wurde den Sportlern das von dem volkseigenen Betrieb Jenapharm produzierte Anabolikum „Oral-Turinabol" verabreicht. Bei Oral-Turinabol handelt es sich um ein synthetisches 17α-alkyliertes Testosteronderivat und anabolandrogenes Steroidhormon in bläulich bzw. rosa gefärbter Tablettenform: Als solches ist es strukturell eng mit dem körpereigenen Testosteron (männliches Sexualhormon) verwandt. Die Vorteile dieses Testosteronderivates sind die Möglichkeit einer oralen Verabreichung sowie eine {27} vergleichsweise kurze Verweildauer und somit Nachweisbarkeit im Körper. Ein Nachweis ist in der Regel schon 2 bis 14 Tage nach einer Applikation nicht mehr möglich.

Körpereigene Androgene (männliche Sexualhormone) wie Testosteron werden vom menschlichen Organismus beiderlei Geschlechts ständig produziert, wobei der Spiegel dieser Stoffe durch Regelkreisläufe in engen Grenzen gehalten wird. Der Plasmaspiegel des Testosterons bewegt sich bei Frauen in einem Rahmen von 0,1 bis 0,5 ng/mL (im Vergleich beim Mann von ca. 3 bis 10 ng/mL). Durch die exogene Zuführung von Testosteron erhöht sich im Körper der Frau der normale Plasmaspiegel. Allein eine Verabreichung von 1 mg Oral-Turinabol würde einen Anabolikaspiegel erzeugen, der schon mehrfach über dem für Frauen typischen Spiegel an Testosteron liegt.

Die Freisetzung von Testosteron als körpereigenes Hormon wird vom Gehirn gesteuert und reguliert. Der Hypothalamus setzt dabei Releasing-Faktoren frei, welche in die benachbart liegende Hypophyse (= Hirnanhangdrüse) wandern und dort die Freisetzung spezieller Hormone in die Blutbahn steuern. Diese Hormone (z.B. follikelstimulierendes Hormon FSH und luteinisierendes Hormon LH) wandern zu den Keimdrüsen und führen dort zur Freisetzung von Geschlechtshormonen, bei der Frau insbesondere Östrogen und Progesteron.

Desweiteren steuern die von der Hypophyse freigesetzten Hormone u.a. die Funktion der Schilddrüse. Die von der Keimdrüse und Schilddrüse in die Blutbahn freigesetzten Hormone steuern neben z.B. dem Zyklus der Frau außerdem die Freisetzung ihrer korrespondierenden Releasing-Faktoren im Hypothalamus.

Durch die Zuführung anabol-androgener Steroide wird die Ausschüttung von LH und FHS aus der Hypophyse reduziert sowie die Reaktion von LH und FSH auf GnRH (Gonadotropin-Releasing-Hormon) und die Häufigkeit der pulsativen Ausschüttung von GnRH beeinflußt. Als Folge dieser Effekte wird die Östrogen- und Progesteron-Produktion in den Eierstöcken deutlich verringert. Somit wird durch die Einnahme anaboler Steroide der gesamte weibliche hormonelle Regelkreislauf gestört, welcher auf zyklisch auf- und absteigenden Sexualhormonkonzentrationen beruht. Die zwangsläufige Folge hiervon ist eine Störung des Menstruationszyklus.

Auch die Entwicklung der weiblichen Geschlechtsorgane kann durch die direkte androgene Wirkung anaboler Steroide verzögert werden.

Bei einer Vergabe anaboler Steroide an Frauen treten nahezu zwangsläufig Virilisierungserscheinungen auf. Unter Virilisierung versteht man die Ausbildung männlicher {28} sekundärer Geschlechtsmerkmale, zu denen verstärkte, dem männlichen Behaarungstyp entsprechende Körper- und Gesichtsbehaarung, Stimmvertiefung, Klitorishypertrophie (übermäßiges Wachstum der Klitoris), Seborrhoe (Überfunktion der Talgdrüsen), Akne, Alopezie (Kahlköpfigkeit) zu zählen sind. Eine eingetretene Stimmvertiefung kann dabei ein Leben lang erhalten bleiben.

Daneben kann es zu einer Reduktion weiblicher sekundärer Geschlechtsmerkmale, so einer Reduktion der Brust kommen. Eine derartige Reduktion ist nach Absetzen der Anabolikaeinnahme reversibel.

Zwar kann eine Virilisierung bei Frauen auch bei einer krankhaften überschießenden Produktion körpereigener Androgene (Hyperandrogenämie) eintreten. Aber selbst bei Bestehen einer solchen Grunderkrankung wird die Virilisierung in ihrem Schweregrad, ihrem Verlauf und ihrem Ergebnis durch eine Vergabe anabol-androgener Steroide ganz wesentlich verstärkt.

Daneben haben anabol-androgene Steroide, insbesondere aber oral wirksame 17α-alkylierte Testosteronderivate wie Oral-Turinabol zwingend einen negativen Einfluß auf den Serum-Lipidspiegel im Blut, d.h. sie beeinflussen den körpereigenen Fettstoffwechsel. 17α-alkylierte Testosteronderivate führen zu einer Reduktion der Apolipoproteinfraktion A1 und der HDL-Produktion unter Beteiligung des antiarteriosklerotisch wirksamen HDL_2, so daß der natürliche Schutz gegenüber der Ausbildung von Arteriosklerose bzw. arteriosklerotischen Veränderungen des Gefäßsystems deutlich reduziert wird. Dadurch kommt es zu einem Anstieg der LDL (die für eine koronare Herzerkrankung ungünstigen Lipoproteine) und zusätzlich zu einer deutlichen Reduktion der HDL (die im wesentlichen protektiv wirkenden Lipoproteine). Diese Veränderung des Serum-Lipidspiegels führt zu einer konkreten Schädigung des kardiovaskulären Systems.

Weiterhin verursachen anabole Steroide zwingend psychische Veränderungen. Diese psychischen Veränderungen beruhen darauf, daß in Hirnbereichen, welche die Stimmung und die Urteilsfähigkeit regulieren, Steroidrezeptoren enthalten sind. Steroidrezeptoren sind zudem auch im gesamten Zentralnervensystem vorhanden. Zusätzlich eingenommene anabol-androgene Steroide wirken daher auf das Zentralnervensystem ein und verursachen psychische Effekte. Aufgrund der drogenähnlichen psychischen Wirkung anabol-androgener Steroide auf das Zentralnervensystem kann eine auch irreversible neuronale Schädigung bzw. Prägung nicht ausgeschlossen werden.

Da die psychischen Veränderungen nach Anabolikakonsum jedoch – mit Ausnahme starker Schwankungen des Hormonspiegels – eher verzögert eintreten, da der {29} Wirkungsmechanismus über die Stimulation der Proteinbiosynthese vergleichsweise langsam ist, werden die psychischen Veränderungen vom Einnehmenden selbst nicht unbedingt in direkten Zusammenhang mit dem Anabolikakonsum gebracht. Als wesentlicher Effekt ist eine gesteigerte Aggressivität während einer Anabolikatherapie anzusehen.

Durch die Einnahme von Anabolika, insbesondere bei Anwendung 17α-alkylierter Testosteronderivate, kann es zu Leberschädigungen kommen. Dabei kann es unter anderem zu einem intensiven Anstieg der Leberenzyme, im wesentlichen der Leberzell-Enzyme SGOT und SGPT, im Blut kommen. Zu den sichtbaren krankhaften Veränderungen der Leber, die durch Anabolika verursacht werden können, zählen Hepatitis (Gelbsucht), Cholestase (Gallenstauung), Piliosis hepatis (Blutfleckenkrankheit der Leber, blutgefüllte Zysten), Hyperplasie (Vergrößerung, hier der Leber) und Adenome (primär gutartige Geschwulst). Für gesundheitsschädliche Auswirkungen auf die Leber besteht zwar ein besonders erhöhtes Risiko, jedoch kann hier nicht von einer zwangsläufigen Schädigung ausgegangen werden.

Durch die Anwendung anabol-adrogener Steroide kann es weiterhin zu einer sogenannten Steroidakne kommen, die als krankhafter Prozeß der Haut anzusehen ist und einer Therapie bedarf, um kosmetisch irreversible Schädigungen der Haut wie Narbenbildung zu vermeiden. Nach Absetzen der Anabolikatherapie bilden sich die Symptome allerdings bald zurück.

4. Folgende Nebenklägerinnen und Nebenkläger waren aufgrund ihrer Kaderzugehörigkeit (Kaderklasse I, II oder III) in eine Anwendungskonzeption unterstützender Mittel einbezogen und erhielten infolgedessen in ihrer aktiven Zeit Oral-Turinabol, obwohl die Vergabe dieses Medikaments medizinisch nicht indiziert war:

(1) E.

Die heute 38 Jahre alte Zeugin E. betrieb von 1971 bis Ende 1979 leistungsorientierten Schwimmsport beim SC Dynamo Berlin. Ab 1975 war die Zeugin E. Angehörige der Kaderklasse II. 1976 wurde sie für die Teilnahme an den Olympischen Spiele in Montreal trainiert und war ab diesem Zeitpunkt der Kaderklasse I zugehörig. In Vorbereitung auf die Olympiade 1976 wurde die Zeugin E. in die u.M.-Konzeption einbezogen und erhielt in einem nicht mehr genau feststellbaren Zeitraum {30} im Jahr 1976 Oral-Turinabol in der Dosierung von 5 mg je Tablette durch ihren Trainer Herrn Gläser[4]. Die Vergabe erfolgte in einem der Dauer nicht mehr genau feststellbaren mehrwöchigen Einnahmezyklus, wobei die tägliche Dosierung eine bis maximal drei Tabletten Oral-Turinabol betrug. Sofern sich die Zeugin E. von ihrem Trainer unbeobachtet fühlte, warf sie vereinzelt die ihr ausgehändigte Tablette Oral-Turinabol eigenmächtig weg, da ihr Bedenken gegen die „blauen Tabletten“ kamen, die sie jedoch nicht näher konkretisieren konnte. In einer nicht näher feststellbaren überwiegenden Anzahl von Fällen war ihr dies jedoch nicht möglich. Auch in Vorbereitung auf die Europameisterschaft 1977 nahm die Zeugin E. an mindestens einem weiteren Einnahmezyklus teil. Auch hier versuchte die Zeugin wiederum, was ihr aber nur teilweise gelang, die Einnahme der Oral-Turinabol Tablette nur vorzutäuschen. Die Vergabe von Oral-Turinabol Tabletten erfolgte bis zu einem nicht mehr genau feststellbaren Zeitpunkt im Jahre 1978, ab welchem die Zeugin E. sämtliche Tabletteneinnahmen verweigerte. Über schädliche Nebenwirkungen wurde die Zeugin nicht aufgeklärt. Auf Nachfrage wurde der Zeugin E. seitens ihres Trainers lediglich erklärt, daß es sich bei den blauen Tabletten um Stoffe handele, die ihr helfen würden, das harte Training besser zu überstehen.

(2) G.

Die heute 34-Jahre alte Zeugin G. betrieb von 1978 bis Herbst 1983 leistungsorientierten Sport beim Sportclub TSC Berlin in den Disziplinen Kugelstoß und Diskus. Die Zeugin war 1981 Angehörige der Kaderklasse II. Zu einem nicht genau feststellbaren Datum wurde die Zeugin im Alter von 15-16 Jahren in die u.M.-Konzeption einbezogen und nahm zumindest an einem Vergabezyklus von nicht mehr genau feststellbarer Dauer von Oral-Turinabol teil. Die tägliche Dosierung betrug hierbei 1-2 Oral-Turinabol Tabletten in der Dosis von 5 mg je Stück. Diese Tabletten wurden der Zeugin G. von ihren Trainern Herrn Goldmann und Herrn Börner[5] verabreicht. Eine Aufklärung über schädliche Nebenwirkungen erfolgte nicht.

(3) N.

Die heute 29 Jahre alte Zeugin N. betrieb von 1983 bis 1990 leistungsorientierten Sport beim SC Dynamo Berlin in der Disziplin Diskuswurf. Jedenfalls ab 1986 war die Zeugin N. Angehörige der Kaderklasse I. Zu einem nicht mehr genau feststellbaren Datum wurde die Zeugin 1987 in die u.M.-Konzeption einbezogen und erhielt Oral-Turinabol in der Dosierung 5 mg je Tablette von ihrem Trainer. Die Vergabe erfolgte in {31} zweiwöchigen Einnahmezyklen. Die einnahmefreien Zeiten variierten je nach Wettkampfsituation, betrugen aber in der Regel zwei Wochen. Die tägliche Dosis betrug anfangs 4 Tabletten Oral-Turinabol zu je 5 mg das Stück. Nach einigen in der Anzahl nicht näher feststellbaren Wochen wurde die tägliche Dosis zunächst auf eine halbe Tablette reduziert, zu einem späteren Zeitpunkt erfolgte wiederum eine Steigerung auf eine bis maximal zwei Tabletten Oral-Turinabol je Tag. Die Zeugin N. legte während ihrer Einbindung in die u.M. Konzeption mehrere datumsmäßig sowie anzahlmäßig nicht näher feststellbare Zwangspausen aufgrund festgestellter Verschlechterungen der Leberwerte ein. Sobald sich die Leberwerte jedoch wieder verbessert hatten, wurde ein neuer Einnahmezyklus mit 1 bis 2 Tabletten Oral-Turinabol täglich begonnen. Eine Aufklärung über schädliche Nebenwirkungen erfolgte nicht.

(4) B.

Die heute 35 Jahre alte Zeugin B. betrieb von 1978 bis August 1981 leistungsorientierten Sport beim SC (Sportclub) Dynamo Berlin in der Disziplin Speerwurf und ab 1979 Kugelstoß. Die Zeugin B. war Angehörige der Kaderklasse I oder II. Mit 15 Jahren wurde sie DDR-Jugendmeisterin im Kugelstoßen. Zu einem nicht mehr genau feststellbaren Datum wurde die damals 15jährige Zeugin in die u.M.-Konzeption eingebunden. Sie erhielt Oral-Turinabol in der blauen 5 mg Dosierung von ihrem Trainer Herrn Willi

Kühl. Eine Aufklärung über mögliche Nebenwirkungen erfolgte nicht. Vielmehr wurde der Zeugin B. von ihrem Trainer erklärt, daß es sich bei dieser Tablette lediglich um ein Vitaminaufbaupräparat handele. Die Einbindung der Zeugin B. in die u.M.-Konzeption währte ein Jahr. In dieser Zeit nahm sie an zumindest einem mehrwöchigen Einnahmezyklus von Oral-Turinabol mit einer täglichen Dosierung von mindestens einer Tablette Oral-Turinabol mit 5 mg Wirkstoffgehalt teil.

(5) L.

Die heute 37 Jahre alte Zeugin L. betrieb von 1975-1983 leistungsorientierten Sport beim SC Chemie Halle in der Disziplin Speerwurf. 1981 erreichte sie den vierten Platz bei den Junioren-Europameisterschaften. Die Zeugin L. war zumindest seit 1981 Angehörige der Kaderklasse II. Im Jahre 1981/82 wurde die damals 18jährige Zeugin L. zu einem nicht mehr genau feststellbaren Datum erstmalig in die u.M.-Konzeption eingebunden und nahm über 2 Jahre hinweg an zumindest einem vier- bis sechswöchigen Einnahmezyklus Oral-Turinabol pro Jahr teil. Die Zeugin L. erhielt Oral-Turinabol-{32}Tabletten in der Dosierung von 5 mg je Stück von ihrer Trainerin, wobei die tägliche Dosis während der Einnahmezyklen von 1 bis 3 Tabletten variierte. Der Zeugin L. wurde zwar von ihrer Trainerin mitgeteilt, daß es ich bei diesen blauen Tabletten um „Hormone“ handele, eine Aufklärung über schädliche Nebenwirkungen erfolgte jedoch nicht.

(6) C.

Die heute 40 Jahre alte Zeugin C. betrieb von 1978 bis 1985 leistungsorientierten Sport beim SC Motor Jena, ab 1980 in der Disziplin Sprint. Seit 1980 trainierte die Zeugin C. in der Kaderklasse I. Zu diesem Zeitpunkt wurde die Zeugin C. auch zu einem nicht mehr genau feststellbaren Datum in die u.M.-Konzeption eingebunden und nahm bis zu ihrem Ausscheiden 1985 aus kaderpolitischen Gründen an mehreren Einnahmezyklen von nicht mehr feststellbarer Dauer von Oral-Turinabol teil. Die tägliche Dosierung während der Einnahmezyklen betrug 1-2 Tabletten zu je 5 mg das Stück. Die Oral-Turinabol Tabletten wurden der Zeugin C. von ihrem Trainer ausgehändigt. Über schädliche Nebenwirkungen wurde die Zeugin C. zu keinem Zeitpunkt aufgeklärt.

(7) O.

Die heute 35 Jahre alte Zeugin O. betrieb von 1976-1980 leistungsorientierten Schwimmsport beim SC Magdeburg. Die Zeugin O. war seit 1979 Angehörige der Kaderklasse II. Zu einem nicht mehr genau feststellbaren Datum wurde die Zeugin O. im Alter von 13 Jahren in die u.M.-Konzeption eingebunden und nahm an einem 3 bis 4 Wochen dauernden Vergabezyklus von Oral-Turinabol-Tabletten zu je 5 mg das Stück in einem Trainingslager teil. Bis zur Beendigung ihrer sportlichen Karriere nahm die Zeugin O. zumindest an einem weiteren Trainingslager teil, in welchem sie wiederum einen Vergabezyklus Oral-Turinabol erhielt. Eine Aufklärung, um was für ein Medikament es sich bei der blauen Oral-Turinabol Tablette handelt sowie über schädliche Nebenwirkungen erfolgte seitens des Trainers, welcher der Zeugin die Tablette aushändigte, nicht.

(8) R.

Die heute 34 Jahre alte Zeugin R. betrieb von 1976 bis 1980 leistungsorientierten Schwimmsport beim SC Magdeburg. 1978 wurde die Zeugin R. in die Kaderklasse II aufgenommen. 1979 wurde sie DDR-Meisterin über 100 m und 200 m Rückenschwimmen. {33} Da sie verletzungsbedingt die erforderlichen Leistungen nicht mehr erbringen konnte, beendete die Zeugin R. zu einem nicht mehr genau feststellbaren Zeitpunkt im Jahre 1980 ihren aktiven Leistungssport. Mit Aufnahme in die Kaderklasse II wurde die Zeugin R. zu einem nicht mehr genau feststellbaren Datum im Jahre 1978 in die u.M.-Konzeption aufgenommen und erhielt in der Folgezeit bis zu ihrem Ausscheiden von ihrer Trainerin blaue Oral-Turinabol-Tabletten in der Dosierung von 5 mg je Stück. Die Vergabe erfolgte in von der Dauer nicht mehr feststellbaren Zyklen vor sportlichen Höhepunkten. Während eines solchen Einnahmezyklus betrug die tägliche Dosierung eine Oral-Turinabol Tablette mit 5 mg Wirkstoffgehalt. Eine Aufklärung über schädliche Nebenwirkungen erfolgte nicht.

(9) M.

Die heute 27 Jahre alte Zeugin M. betrieb von 1984 bis 1989 leistungsorientierten Schwimmsport beim SC Chemie Halle. Die Zeugin M. war Angehörige der Kaderklasse II. Während ihrer Kaderangehörigkeit wurde die Zeugin M. in die u.M.-Konzeption eingebunden und erhielt seitens ihres Trainers Oral-Turinabol Tabletten in der Dosierung von 5 mg je Tablette.

(10) P.

Die heute 39 Jahre alte Zeugin P. betrieb von 1974 bis 1980 leistungsorientierten Sport beim TSC Berlin, zunächst in der Disziplin Speerwurf, später Kugelstoß. Die Zeugin P. war Angehörige der Kaderklasse II. Zu einem nicht mehr genau feststellbaren Datum Anfang des Jahres 1977 wurde die Zeugin P. in die u.M.-Konzeption eingebunden. Die blauen 5 mg Oral-Turinabol-Tabletten, die sich in einem mit „Vitamintabletten" beschrifteten Röhrchen befanden, erhielt sie von ihrer Trainerin Frau Börner[6]. Eine Aufklärung über die Art des Mittels sowie über schädliche Nebenwirkungen erfolgte nicht. Bis zur Beendigung mit dem aktiven Leistungssport im Februar 1980 nahm die Zeugin P. an zwei Einnahmezyklen pro Jahr teil. Die Einnahmezyklen erfolgten im Hinblick auf die Hallen- bzw. Freiluftsaison und dauerten jeweils drei Monate an. Zu Beginn eines Einnahmezyklus erhielt die Zeugin P. eine Oral-Turinabol Tablette zu 5 mg. Die tägliche Dosierung steigerte sich dann im Laufe des Zyklus bis auf 3 Tabletten Oral-Turinabol zu je 5 mg und wurde anschließend wieder auf 1 Tablette pro Tag reduziert. Eine Aufklärung über schädliche Nebenwirkungen erfolgte nicht. {34}

(11) U.

Die heute 31 Jahre alte Zeugin U. betrieb von 1979 bis März 1987 leistungsorientierten Schwimmsport beim TSC Berlin. Seit 1984 trainierte die Zeugin U. in der Nationalmannschaft und war damit Angehörige der Kaderklasse I. Zu einem nicht mehr genau feststellbaren Datum im Jahre 1984 wurde die Zeugin U. zur Vorbereitung auf internationale Wettkämpfe, zu diesem Zeitpunkt insbesondere im Hinblick auf die sogenannte „Ersatzolympiade" in Moskau für die vom Ostblock boykottierte Olympiade 1984 in Los Angeles, in die u.M.-Konzeption einbezogen. Seitens ihrer Trainer erhielt sie Oral-Turinabol-Tabletten in der Dosierung zu 5 mg je Stück. Der Zeugin U. wurden die blauen Oral-Turinabol-Tabletten bis zu einem nicht mehr näher feststellbaren Datum Ende des Jahres 1986 in mehreren, anzahlmäßig nicht mehr genau feststellbaren Zyklen verabreicht. Die tägliche Dosierung während des jeweils etwa dreiwöchigen Einnahmezyklus bewegte sich zwischen 1-2 Tabletten Oral-Turinabol zu je 5 mg. Der Zeugin U. wurde lediglich erklärt, daß die blauen Tabletten einer besseren Regeneration nach harten Trainingsphasen dienten. Eine Aufklärung über schädliche Nebenwirkungen erfolgte nicht.

(12) T.

Die heute 37 Jahre alte Zeugin T. betrieb von September 1973 bis Ende 1979 leistungsorientierten Schwimmsport beim SC Magdeburg. Die Zeugin wurde im Herbst 1974 Angehörige der Kaderklasse II, im Jahre 1976 der Kaderklasse I. Zu einem nicht mehr genau feststellbaren Datum zwischen Ende 1977, Anfang 1978 wurde die Zeugin T. in die u.M.-Konzeption einbezogen und erhielt von ihrem Trainer Herrn Vorpagel in der Folgezeit Oral-Turinabol in der Dosierung 5 mg je Pille. Die Zeugin T. nahm an mindestens einem Einnahmezyklus von Oral-Turinabol teil. Eine Aufklärung über die Inhaltsstoffe der blauen Oral-Turinabol Tablette oder über schädliche Nebenwirkungen erfolgte nicht.

(13) S.

Der heute 34 Jahre alte Zeuge S., betrieb von 1979 bis 1991 leistungsorientierten Sport beim SC Dynamo Berlin in der Disziplin Kugelstoß. {35} 1983 nahm der Zeuge an der Jugend-Europameisterschaft teil und belegte dort in der Disziplin Diskus den ersten Platz. Zu diesem Zeitpunkt war der Zeuge Angehöriger der Kaderklasse II. In der Folgezeit nahm der Zeuge S. an mehreren Europa- und Weltmeisterschaften teil und stieg zu einem nicht mehr genau feststellbaren Zeitpunkt in den Olympiakader auf. Zu einem nicht mehr genau feststellbaren Datum Ende des Jahres 1983 wurde der Zeuge S. in die u.M.-Konzeption einbezogen und erhielt jedenfalls bis zum Jahr 1989 Oral-Turinabol Tabletten der 5 mg Dosierung von seinen Trainern Herrn Willi Kühl und Herrn Spenke[7]. Die tägliche Dosierung variierte von 2 bis maximal 5 Tabletten zu je 5 mg. Der Zeuge S. erhielt die Oral-Turinabol-Tabletten über nicht genau feststellbare, aber überwiegende Teile des Jahres hinweg. Die dem Zeugen S. ausgehändigten Oral-Turinabol Tabletten waren lediglich in Silberfolie eingewickelt. Seitens seiner Trainer wurde dem Zeugen S. nur mitgeteilt, daß es sich bei den blauen Tabletten um ein Mittel handele, das der Leistungssteigerung diene. Eine Aufklärung über schädliche Nebenwirkungen erfolgte zu keinem Zeitpunkt.

Die transsexuelle Neigung des Zeugen S. bestand bei ihm schon unabhängig von der späteren Anabolikavergabe und wurde in ihrem Ergebnis auch nicht durch die Einnahme von Oral-Turinabol beeinflußt. Der Zeuge S. war bereits von Kindesbeinen an sehr lebhaft und burschikos und bevorzugte jungenhafte Spiele. Bereits vor 1983 traten beim Zeugen S. während der Pubertät erstmals seelische Probleme auf, deren Ursache er aber selber nicht einordnen konnte. Er fühlte sich als Einzelgänger und von Mitsportlern und Sportlerinnen nicht akzeptiert. Von seiner Umwelt wurde er aufgrund seiner kräftigen Statur nicht als Mädchen angesehen. Immer wieder überkamen den Zeugen S. Aggressionen, die er versuchte im Kraftraum auszuleben. Diese psychischen Beschwerden verstärkten sich im Laufe der Jahre. Spätestens im Jahre 1991 konnte sich der Zeuge S. mit seinem weiblichen Körper endgültig nicht mehr identifizieren. Nachdem der Zeuge S. 1994 seine Transsexualität als solche definitiv erkannt hatte, nahm er 1997 eine Geschlechtsumwandlung vor.

(14) F.

Die heute 39 Jahre alte Zeugin F. betrieb von 1973 bis 1980 leistungsorientierten Sport beim TSC Berlin in den Disziplinen Diskus und Kugelstoß. Die Zeugin F. war Angehörige der Kaderklasse I oder II. Sie errang mehrfach DDR-Meisterschaftstitel sowie einen ersten Platz bei einer Europameisterschaft. Bevor sie ihren aktiven Leistungssport 1980 aus gesundheitlichen Gründen beendete, wurde sie auf die Olympischen Spiele in {36} Moskau hin trainiert. Die Zeugin F. erhielt zu einem nicht mehr genau feststellbaren Datum im Jahre 1975 erstmalig Oral-Turinabol von ihrer Trainerin Frau Börner. Während ihrer Kaderzugehörigkeit war sie in die u.M.-Konzeption eingebunden. Die Zeugin F. nahm ab 1975 jährlich an zwei Einnahmezyklen teil. Der erste erfolgte jeweils in Vorbereitung auf die Hallensaison, der zweite vor dem Höhepunkt der Freiluftsaison. Während eines solchen Einnahmezyklus erhielt die Zeugin F. zwischen 1 bis 5 Oral-Turinabol Tabletten zu je 5 mg das Stück, wobei sich die Anzahl der Pillen zum Ende der jeweiligen Aufbauphase steigerte. Der Zeugin F. wurde von ihrer Trainerin lediglich erklärt, daß diese Tabletten dem Muskelaufbau dienen. Eine Aufklärung über schädliche Nebenwirkungen erfolgte nicht.

(15) A.

Die heute 37 Jahre alte Zeugin A. betrieb von 1972 bis Sommer 1979 leistungsorientierten Schwimmsport beim SC Dynamo Berlin. Zu einem nicht mehr genau feststellbaren Datum im Jahre 1977 bekam die Zeugin in Vorbereitung eines Wettkampfes in Kuba erstmalig Oral-Turinabol Tabletten von ihrem Trainer Dieter Krause[8]. Spätestens im Frühjahr 1978 war die Zeugin A. Angehörige der Kaderklasse II. In der Folgezeit wurde sie für den Olympiakader nominiert und stieg damit in die Kaderklasse I auf. Ab Sommer 1978 erhielt die Zeugin aufgrund ihrer inzwischen erfolgten Einbeziehung in die u.M.-Konzeption von ihrem nunmehrigen Trainer Rolf Gläser Oral-Turinabol in der Dosierung von 5 mg je Tablette. Die Vergabe erfolgte in von der Dauer nicht mehr genau feststellbaren Einnahmezyklen, wobei die tägliche Dosierung jeweils eine Oral-Turinabol Tablette mit 5 mg Wirkstoffgehalt betrug. Eine Aufklärung über den Inhalt der blauen Oral-Turinabol Tabletten sowie über schädliche Nebenwirkungen erfolgte nicht.

(16) V.

Die heute 43 Jahre alte Zeugin V. betrieb von September 1969 bis Juni 1980 leistungsorientierten Sport beim TSC Berlin in der Disziplin Diskuswerfen. Die Zeugin V. war zunächst Angehörige der Kaderklasse II, im Laufe ihrer weiteren sportlichen Karriere stieg sie in den Kaderkreis I auf. Zu einem nicht mehr genau feststellbaren Zeitpunkt, spätestens jedoch im Jahre 1976 wurde die Zeugin V. in die u.M.-Konzeption einbezogen und erhielt bis zu ihrer Beendigung des aktiven Leistungssport im Juni 1980 Oral-Turinabol Tabletten in der Dosierung zu je 5 mg das Stück von ihren Trainern Herrn bzw. Frau Börner. Die Zeugin V. nahm in diesem Zeitraum an jährlich zwei {37} Einnahmezyklen teil, wobei der einzelne Zyklus zwischen drei bis vier Monate betrug. Die tägliche Dosierung variierte von 1 bis maximal 4 Oral-Turinabol Tabletten. Die Zeugin V. wurde seitens ihrer Trainer weder darüber aufgeklärt, um was für ein Medikament es sich bei der blauen Tablette handelte, noch welche schädlichen Nebenwirkungen mit der Einnahme verbunden sein können. Ihr wurde lediglich mitgeteilt, daß diese Tablette ihr helfen solle, die harten Trainingsphasen besser zu überstehen.

(17) D.

Die heute 29 Jahre alte Zeugin D. betrieb von 1981 bis 1988 leistungsorientierten Schwimmsport beim SC Einheit Dresden. Jedenfalls ab 1986 war die Zeugin D. Angehörige der Kaderklasse II. Zu einem nicht mehr genau feststellbaren Zeitpunkt wurde die Zeugin D. im Alter von 16 Jahren in die u.M.-Konzeption einbezogen und erhielt Oral-Turinabol in der Dosierung von 5 mg je Tablette seitens ihres Trainers Herrn Neumann[9]. Die Einnahme erfolgte zyklisch, wobei die tägliche Dosis bei der Zeugin D. eine Tablette Oral-Turinabol mit 5 mg Wirkstoffgehalt betrug. Nach einer Einnahmedauer von etwa 1 1/2 Jahren hörte die Zeugin D. eigenmächtig und heimlich auf, die Tabletten zu schlucken. Auch der Zeugin D. kamen für sie nicht näher konkretisierbare Bedenken gegen die Einnahme der „blauen Tabletten“. Die Zeugin D. wurde nicht darüber aufgeklärt, um was für ein Mittel, es sich bei den blauen Oral-Turinabol Tabletten handelt und welche schädlichen Nebenwirkungen bei einer Einnahme auftreten können.

(18) W.

Die heute 35 Jahre alte Zeugin W. betrieb von 1975-1982 leistungsorientierten Schwimmsport beim SC Einheit Dresden. In Vorbereitung auf die Olympischen Spiele in Moskau 1980 wurde die zum Kaderkreis I gehörige Zeugin W. zu einem nicht mehr genau feststellbaren Zeitpunkt im Frühjahr 1980 in die u.M.-Konzeption einbezogen. In der Folgezeit erhielt sie zyklisch Oral-Turinabol in der Dosierung 5 mg je Tablette bis Dezember 1981 von ihrem Trainer Herrn Neumann. Der Zeugin wurde von ihrem Trainer erklärt, daß es sich bei den blauen Tabletten um ein Aufbaupräparat zur besseren Regeneration des Körpers handele. Eine Aufklärung über schädliche Nebenwirkungen erfolgte nicht. {38}

(19) H.

Die heute 33 Jahre alte Zeugin H. betrieb von 1976 bis 1984 leistungsorientierten Schwimmsport, zunächst beim TSC Berlin, ab 1982 beim SC Magdeburg. Zu einem nicht mehr genau feststellbaren Datum wurde der Zeugin H. im Alter von 13 Jahren erstmalig Oral-Turinabol in der Dosierung zu 5 mg je Tablette eigenmächtig von ihrem Trainer beim TSC Berlin verabreicht. 1982 qualifizierte sich die Zeugin H. für die Jugendeuropameisterschaften und war jedenfalls zu diesem Zeitpunkt Angehörige der Kaderklasse II, zu einem späteren nicht mehr genau feststellbaren Zeitpunkt auch Angehörige des Olympiakaders. Nach ihrem Wechsel zum SC Magdeburg wurde die Zeugin H. zu einem nicht mehr genau feststellbaren Datum im Jahre 1982 in die u.M.-Konzeption einbezogen und nahm in der Folgezeit an mindestens einem Einnahmezyklus von Oral-Turinabol in Form der blauen 5 mg Tabletten teil. Die Oral-Turinabol Tabletten wurden der Zeugin H. auch beim SC Magdeburg von ihrem Trainer verabreicht. Eine Aufklärung über die Wirkweise des Medikaments sowie über schädliche Nebenwirkungen erfolgte nicht.

(20) Z.

Die heute 38 Jahre alte Zeugin Z. betrieb von 1974 bis 1984 leistungsorientierten Sport beim SC Einheit Cottbus in den Disziplinen Sprint und Hürden. 1978 wurde die Zeugin Z. Angehörige des Kaderkreises II, später, im Erwachsenenalter, stieg sie in die Kaderklasse I auf. 1983 wurde die Zeugin Z. DDR-Meisterin im Hürdenlauf. Zu einem nicht mehr genau feststellbaren Datum im Jahre 1978 wurde die Zeugin Z. in die u.M.-Konzeption eingebunden und erhielt Oral-Turinabol-Tabletten in der blauen 5 mg Dosierung seitens ihres Trainers. Über schädliche Nebenwirkungen wurde die Zeugin Z. nicht aufgeklärt. Ihr wurde lediglich mitgeteilt, daß es sich bei dieser blauen Tablette um ein Mittel handele, welches ihr zu höheren Trainingsergebnissen verhelfen werde. Bis Mai 1984 war die Zeugin Z. in die u.M.-Konzeption eingebunden und nahm in dieser Zeit pro Jahr an mindestens einem Vergabezyklus von nicht mehr näher feststellbarer Dauer mit einer täglichen Dosierung von einer 5 mg Oral-Turinabol Tablette teil.

Bei allen Nebenklägerinnen und dem Nebenkläger S. kam es bei jedem einzelnen Vergabezyklus mindestens zu einer Störung der sogenannten Releasing-Hormone im Hypothalamus, welche den sogenannten Pulsgenerator steuern. Durch die Störung dieses {39} Pulsgenerators wurden die Steuerungshormone LH und FSH, die den Zyklus der Eierstöcke regeln, und somit der hormonelle Regelkreislauf bei diesen Zeuginnen und dem Zeugen S. gestört. Ferner kam es bei allen Nebenklägerinnen und dem Nebenkläger S. bei jedem Vergabezyklus zu einer Störung des Fettstoffwechsels und zu einer Veränderung der Psyche, auch soweit diese von den Geschädigten nicht bewußt wahrgenommen wurde. Zusätzlich sind folgende körperliche Schäden eingetreten:

Bei den Zeuginnen E., N., B., R., P., U., T., A., V., W. und H. trat während des Anklagezeitraums eine signifikante Stimmvertiefung ein. Zu dieser kam es in ihrem konkreten Ausmaß infolge der Einnahme der Oral-Turinabol-Tabletten. Bei den Zeuginnen R. und F. ist diese Stimmvertiefung noch heute so ausgeprägt, daß sie des öfteren insbesondere bei Telefonaten für männliche Gesprächspartner gehalten werden. Dies belastet sie in ihrem täglichen Leben.

Bei den Zeuginnen B., P. und A. kam es zu einem regional männlichen Behaarungsmuster. Zu diesem kam es in seinem konkreten Ausmaß infolge der Einnahme der Oral-Turinabol-Tabletten.

Bei der Zeugin D. kam es zu einer Reduktion der Brust. Zu dieser kam es in ihrem konkreten Ausmaß infolge der Einnahme der Oral-Turinabol-Tabletten.

Bei der Zeugin Z. kam es zu einer periodisch mit der Einnahme von Oral-Turinabol einhergehenden Akne. Diese sogenannte Steroidakne war durch die Einnahme von Oral-Turinabol in ihrer Ausprägung bedingt.

Bei der Zeugin C. kam es zu einer periodisch mit der Einnahme von Oral-Turinabol einhergehenden Aggression/Depression. Diese war durch die Einnahme von Oral-Turinabol in ihrer Ausprägung bedingt.

Bei dem Zeugen S. beeinflußte die Einnahme von Oral-Turinabol zwar nicht dessen Transsexualität in ihrem konkreten Ergebnis, der Anabolikakonsum führte aber zu einer Beschleunigung dieser Entwicklung.

Soweit den Geschädigten bereits vor Einbeziehung in die u.M.-Konzeption Oral-Turinabol Tabletten eigenmächtig von ihren jeweiligen Trainern verabreicht worden sind, führte die {40} weitere durch die u.M.-Richtlinie bedingte Vergabe anaboler Steroide jedenfalls zu einer Schadensvertiefung. Virilisierungserscheinungen wurden in ihrem Ausmaß verfestigt und vertieft. Störungen des hormonellen Regelkreislaufes sowie des Fettstoffwechsels wie auch Veränderungen der Psyche traten bei jedem Vergabezyklus aufs neue ein.

Den diesen Zeuginnen bzw. dem Zeugen S. Oral-Turinabol verabreichenden Trainern war aufgrund ihrer täglichen Zusammenarbeit mit den Sportlern bekannt, daß die Einnahme dieses Medikaments mit eintretenden Gesundheitsschädigungen, insbesondere Stimmvertiefungen, allgemeinen Virilisierungserscheinungen und Leberschäden, verbunden sein kann und daß solche Schäden eintreten. Den Eintritt derartiger Folgen nahmen sie jeweils für den Preis sportlicher Erfolge der von ihnen betreuten Sportler billigend in Kauf. Aufgrund des im DDR-Sport herrschenden Wettbewerbssystem mit der Kopplung der Einkommen der Trainer an die sportlichen Leistungen der von ihnen betreuten Sportler hatten sie ein starkes Eigeninteresse an deren sportlichen Erfolgen. Sie wußten, daß mit bloßem Training ohne eine zusätzliche Vergabe die von ihnen angestrebten Höchstleistungen nicht erreicht werden konnten.

Da bereits vor 1974 in den Sportvereinen der DDR Anabolika an die Sportler verabreicht worden sind, kann aufgrund des Eigeninteresses der Trainer an den sportlichen Erfolgen der von ihnen betreuten Sportler nicht ausgeschlossen werden, daß die Trainer den Nebenklägern auch ohne die Tatbeiträge der Angeklagten leistungssteigernde Mittel im Sinne von Anabolika verabreicht hätten. Durch das von den Angeklagten geschaffene System mit der Vorgabe, für kaderangehörige Sportler die Einbeziehung in eine u.M.-Konzeption zu beantragen, und der Versorgung der Sportclubs mit der erforderlichen Anzahl anaboler Steroide, wurde indes die konkrete Anabolikavergabe maßgeblich erleichtert und gefördert. Zudem wurden die Trainer in ihrem Bewußtsein bestärkt, mit der Vergabe fortzufahren, da ihnen hierdurch neben der rein praktischen Unterstützung mit Wollen der Angeklagten vermittelt wurde, ihr Handeln liege im staatlichen, vom System geförderten Interesse.

5. Der Angeklagte Dr. Höppner hat sich in der Hauptverhandlung mehrfach bei allen Geschädigten entschuldigt und sein Bedauern für die eingetretenen Gesundheitsschäden zum Ausdruck gebracht. {41}

III. [Beweiswürdigung]

Der Angeklagte Ewald hat sich nicht eingelassen. Seine sowie die des Angeklagten Dr. Höppner festgestellte Beteiligung an dem staatlich gesteuerten Doping und damit an der medizinisch nicht indizierten Vergabe von anabolen Steroiden an die in die u.M.-Konzeption einbezogenen 20 Zeuginnen bzw. den Zeugen S. beruhen auf den umfassenden Angaben des geständigen Angeklagten Dr. Höppner, auf den glaubhaften Angaben der geschädigten Zeugen, mehreren verlesenen Schriftstücken sowie den überzeugenden Ausführungen des Sachverständigen Dr. Mahler insbesondere über die Nebenwirkungen anaboler Steroide. Der Sachverständige hat sein Gutachten auch konkret auf jede einzelne Geschädigte und den Zeugen S. erstreckt.

Im Einzelnen beruhen die unter I und II getroffenen Feststellungen auf folgenden Erkenntnissen:

Die Feststellungen zu den persönlichen Lebensverhältnissen des Angeklagten Ewald beruhen auf seinen Angaben zu seinen Personalien sowie im Hinblick auf seine berufliche Stellung auf den Angaben des Angeklagten Dr. Höppner. Die Feststellungen zu den persönlichen Verhältnissen des Angeklagten Dr. Höppner beruhen auf dessen Angaben, an denen die Strafkammer nicht zweifelt.

Die Feststellungen zu der Bedeutung, Zielen und Stellenwert des Sports in der DDR werden neben den Angaben der Geschädigten durch die Einlassungen des Angeklagten Dr. Höppner belegt, der umfassende Angaben über die hohen Leistungsaufträge, die Zielvorgaben, daß bei internationalen Wettkämpfen nur die vorderen Medaillenplätze zählten, und das bestehende Wettbewerbssystem unter den Sportverbänden und Trainern gemacht hat.

Die Kammer ist aufgrund der Angaben des Angeklagten Dr. Höppner sowie der in der Hauptverhandlung verlesenen „Vorlage für den Vorsitzenden der Leistungssportkommission“ vom 24.06.1974 davon überzeugt, daß die politische Entscheidung in der DDR im Jahre 1974, Doping staatlich zu steuern, auch in Zusammenhang mit dem Einbezug anaboler Steroide in die Liste verbotener Dopingmittel zu sehen ist. Der Angeklagte Dr. Höppner hat glaubhaft angegeben, daß die Aufnahme von Anabolika in die Dopingliste insbesondere unter den Trainern in der DDR einen Aufruhr verursacht hat, der dazu führte, daß diese eine Reduzierung der Leistungsaufträge {42} forderten. In der verlesenen Vorlage wird unter Ziffer 2 und Ziffer 3 ausgeführt, daß eine straffere Führung und Kontrolle der Anwendung u.M. erforderlich ist, um weiterhin in progressiver Weise auf die Entwicklung der Leistungsfähigkeit der DDR-Sportler Einfluß nehmen zu können. Die Kammer hat hieraus die Schlußfolgerung gezogen, daß die zu diesem Zeitpunkt getroffene Entscheidung, den Einsatz von Dopingmitteln staatlich zu fördern und zu kontrollieren, von der nunmehr höheren Gefahr einer Entdeckung mitbestimmt war.

Die Erkenntnisse über Organisationsstrukturen im DDR-Sport, insbesondere Struktur, Aufgabenbereich und Funktion des Deutschen Turn- und Sportbundes, des Sportmedizinischen Dienstes und der Leistungssportkommission, insbesondere deren personelle Zusammensetzung, beruhen auf den ausführlichen Angaben des Angeklagten Dr. Höppner, an deren Richtigkeit die Kammer keinen Zweifel hat. Der Angeklagte Dr. Höppner war langjähriger Mitarbeiter des Sportmedizinischen Dienstes. Aufgrund seiner Leitungsstellung innerhalb des SMD und seiner Zusammenarbeit mit anderen Sporteinrichtungen in der DDR hatte er einen umfassenden Einblick in das Organisationssystem des DDR-Sportwesens.

Die Feststellungen, daß der Angeklagte Ewald innerhalb des Anklagezeitraums sowohl Präsident des Deutschen Turn- und Sportbundes der DDR als auch Vorsitzender der Leistungssportkommission sowie Mitglied des Zentralkomitees der Sozialistischen Einheitspartei Deutschlands war, beruhen auf den Angaben des Angeklagten Dr. Höppner. Der Angeklagte Dr. Höppner hat in seiner Einlassung ausführlich zu der Funktion des Angeklagten Ewald im DDR-Sport und seiner Zusammenarbeit mit diesem Stellung genommen. Die Kammer ist davon überzeugt, daß der Angeklagte Dr. Höppner die Ämter des Angeklagten Ewald zutreffend dargelegt hat. Daß der Angeklagte Ewald auch Vorsitzender der Leistungssportkommission war, wird außerdem bekräftigt durch die verlesene Urkunde „Festlegungen des Vorsitzenden der LSK der DDR", die mit „Ewald" unterzeichnet ist.

Daß es eine Entscheidung für das systematische Doping als geheime Staatsaufgabe gab, wie dieses organisiert wurde und welchen Umfang die Angeklagten hieran hatten,[10] folgt für die Kammer aus der „Vorlage für den Vorsitzenden der LSK der DDR" vom 24. Juni 1974 sowie aus den „Festlegungen des Vorsitzenden der LSK der DDR", welche in der Hauptverhandlung verlesen wurden, sowie aus den umfassenden glaubhaften Angaben des Angeklagten Dr. Höppner. {43}

Mittels der vom 24. Juni 1974 datierenden Vorlage des Vorschlags zur Bildung der Arbeitsgruppe unterstützende Mittel ist auch belegt, daß unter dem Begriff „unterstützende Mittel" im engeren Sinn anabole Steroide zu verstehen sind. Denn unter Ziffer 2 dieser Vorlage wird ausgeführt, daß pharmakologische Mittel als sogenannte „unterstützende Mittel" zur Leistungsentwicklung angewandt werden. „Anabolika" steht dabei in der nachfolgenden Aufzählung dieser pharmakologischen Mittel an erster Stelle. Diese Überzeugung wird auch durch die Angaben des Angeklagten Dr. Höppner bestätigt, der sich dahingehend eingelassen hat, daß man unter „unterstützende Mittel" zwar einerseits alle Mittel verstand, die dazu dienten, die harten Trainingsbelastungen der Sportler erträglicher zu machen, aber letztlich diesen Begriff doch mit anabolen Steroiden gleichsetzte.

Die Feststellung, daß der Angeklagte Dr. Höppner trotz entgegenstehenden Wortlauts an der Erarbeitung der „Vorlage für den Vorsitzenden der LSK der DDR" vom 24. Juni 1974 nicht beteiligt war, beruht auf den auch insoweit glaubhaften Angaben des Angeklagten Dr. Höppner. Der Angeklagte Dr. Höppner hat angegeben, diese Vorlage erstmals in der Sitzung vom 23. Oktober 1974 zu Gesicht bekommen zu haben. Da der

Angeklagte Dr. Höppner umfassende Angaben zum Tatvorwurf gemacht hat und hierbei keine Tendenz gezeigt hat, seinen eigenen Tatbeitrag abzuschwächen, bestehen keine Zweifel an der Richtigkeit seiner Einlassung auch in diesem Punkt.

Die Feststellung, daß diese Vorlage von ausgewählten Mitgliedern der LSK bereits am 23. Oktober 1974 beschlossen wurde, folgt aus der Einlassung des Angeklagten Dr. Höppner, der glaubhaft angegeben hat, daß zu diesem Datum die Gründung der „Arbeitsgruppe unterstützende Mittel“ beschlossen wurde. Die Gründung derselben war wesentlicher Inhalt der oben genannten Vorlage, geregelt unter Ziffer 4.

Daß der Angeklagte Ewald zwecks Umsetzung dieser Vorlage unter dem 26. November 1974 weitere Festlegungen traf, die u.a. die Konstituierung der Arbeitsgruppe unterstützende Mittel, das Forschungsvorhaben zur wissenschaftlichen Untersuchung der Nutzung und Anwendung unterstützender Mittel sowie die Sicherung der Geheimhaltung betrafen, folgt aus der in der Hauptverhandlung verlesenen Urkunde „Festlegungen des Vorsitzenden der Leistungssportkommission“. {44}

Die Feststellungen der Kammer zu der Gründung sowie zu den Aufgaben der Arbeitsgruppe unterstützende Mittel beruhen auf der Festlegung unter Ziffer 4 der Vorlage vom 24. Juni 1974, auf den eindeutigen Festlegungen des Angeklagten Ewald als Vorsitzender der LSK vom 26. November 1974 sowie auf der diese Erkenntnisse bestätigenden Einlassung des Angeklagten Dr. Höppner.

Davon, daß die Arbeitsgruppe unterstützende Mittel am 5. Januar 1975 unter der Leitung des Angeklagten Dr. Höppner tatsächlich konstituiert wurde und von den Feststellungen bezüglich des konkreten Aufgabenfeldes dieser Arbeitsgruppe ist die Kammer aufgrund der Einlassung des Angeklagten Dr. Höppner überzeugt. Der Angeklagte Dr. Höppner hat in der Hauptverhandlung ausführliche Angaben im Zusammenhang mit der Arbeitsgruppe unterstützende Mittel gemacht. Als Leiter dieser Arbeitsgemeinschaft war der Angeklagte Dr. Höppner über deren Zusammensetzung, Aufgabenbereich und Tätigkeit umfassend im Bilde. Die Kammer hatte keinen Anlaß, an der Richtigkeit seiner Angaben zu zweifeln.

Die Erkenntnis, daß eine der Hauptaufgaben der Arbeitsgruppe u.M. die Erarbeitung und regelmäßige Überarbeitung eines Regelwerkes in Bezug auf die Vergabe anaboler Steroide an Leistungssportler war, und die Feststellungen über die inhaltlichen Festsetzungen dieser sogenannten u.M.-Richtlinie beruhen auf den umfassenden glaubhaften Angaben des Angeklagten Dr. Höppner. Davon, daß der Angeklagte Ewald jeweils ein Exemplar dieser Richtlinie erhielt und sich in anfangs halbjährlichen, später jährlichen Abständen von dem Angeklagten Dr. Höppner schriftlich über den Stand der Arbeit der Arbeitsgruppe u.M. berichten ließ, ist die Kammer aufgrund der Angaben des Angeklagten Dr. Höppner überzeugt. Diese Überzeugung wird durch den Inhalt der verlesenen Urkunde „Festlegungen des Vorsitzenden der Leistungssportkommission der DDR“ bestätigt, in welcher unter Ziffer 6 ein derartiger Zwischenbericht ausdrücklich festgelegt wurde.

Die Feststellungen, daß der Angeklagte Ewald im Anschluß an diese Berichte des Angeklagten Dr. Höppner einen engen Kreis Personen einlud, um über in Zusammenhang mit der Vergabe unterstützender Mittel stehende Fragen zu sprechen, beruht auf den glaubhaften Angaben Dr. Höppners sowie auf dem in der Hauptverhandlung verlesenen Protokoll einer derartigen Sitzung vom 3.3.1977. Die Erkenntnis, daß der Angeklagte Ewald bei diesen Treffen im Wissen um die schädigenden Nebenwirkungen immer wieder forderte, mit dem Einsatz anaboler Steroide fortzufahren, beruht auf den glaubhaften umfassenden Angaben des Angeklagten Dr. Höppner, der an diesen Treffen teilgenommen hat. Der Angeklagte Dr. Höppner hat wiederholt und in sich schlüssig angegeben, daß der {45} Angeklagten Ewald aufgrund seiner Stellung im DDR-Sport zwar den Einfluß besessen habe, die Vergabepraxis zu reduzieren oder sogar einzustellen, dieser aber im Gegenteil die Fortführung stets forciert habe.

Auch die Feststellung, daß der Angeklagte Ewald als Präsident des DTSB an den Leistungsbeschlüssen mitwirkte und welchen Inhalt derartige Leistungsbeschlüsse hatten, beruht auf den glaubhaften Angaben des Angeklagten Dr. Höppner.

Die Feststellung betreffend die Einflußnahme des Angeklagten Ewald an Sicherungsmaßnahmen zur Verhinderung der Entdeckung des Dopings bei den Olympischen Sommerspielen 1976 in Montreal folgen aus den verlesenen Passagen der Treffberichte des Führungsoffiziers des „IM Technik“/Dr. Höppner vom 1.3.1976 und 30.6.1976.

Ausweislich dieser Treffberichte berichtete der Angeklagte Dr. Höppner als „IM Technik“ seinem Führungsoffizier wie folgt:

„... Vorbehaltslos noch ein weiteres Gespräch über diese Angelegenheit zu führen, entschied Gen. Ewald, daß die Planung so erfolgen soll, daß bei den einzelnen Sportlern 5 Tage vor deren Einsatz keine Nachweisführung mehr bestehen ...
... auf den Hinweis des IMV, daß damit zu rechnen ist, bereits bei der Anreise Dopingkontrollen unterzogen zu werden, ..., vertrat der Genosse Ewald die Auffassung, daß die DDR-Delegationsleitung sich einer solchen Festlegung nur beugen wird, wenn alle Olympiateilnehmer im olympischen Dorf angereist sind. Bekannt ist, daß die Delegation der USA und höchstwahrscheinlich weiterer lateinamerikanischer Länder erst unmittelbar vor Beginn der jeweiligen Wettkämpfe anreisen werden und Gen. Ewald hofft, mit dieser Argumentation einen Zeitgewinn herauszuholen. Sollte diese Forderung nicht akzeptiert werden, könnte man einige DDR-Athleten, bei denen noch eine Nachweisführung möglich ist, vorläufig in einem Ausweichquartier unterbringen ...
... der IMV berichtet, daß ... durch die Leitung des DTSB Sondermaßnahmen zur Absicherung der Leistungsziele in der Leichtathletik festgelegt wurden ... Sie beinhalten, daß ein weiteres Ausweichsquartier in Kanada beschafft wird, von welchem die Leichtathleten unmittelbar vor ihrem Wettkampf ins Olympische Dorf anreisen ... Für die daraus entstehenden Transportkosten werden 100.000 Dollar benötigt ...“ {46}

Davon, daß es sich bei dem „IM Technik“ um den Angeklagten Dr. Höppner handelt, ist die Kammer aufgrund der Bestätigung durch den Angeklagten Dr. Höppner überzeugt. Der Angeklagte Dr. Höppner hat in der Hauptverhandlung glaubhaft angegeben, daß der Inhalt dieser Treffberichte die tatsächlichen Geschehnisse zutreffend wiedergibt.

Die Feststellung, daß der Angeklagte Ewald auch auf die Weiterentwicklung von Anabolika-Nachweisverfahren hinwirkte, beruht auf der verlesenen Kopie des Schreibens „Sondervorschläge im Zusammenhang mit der weiteren Entwicklung des Leistungssports und der Absicherung der Zielstellung für die Olympischen Spiele 1980“ vom 4.12.1974. Als Verfasser dieses Schreibens weist diese Urkunde im Briefkopf den Präsidenten des DTSB aus. In diesem Schreiben heißt es unter Ziffer 1 wie folgt:

„In den nächsten Jahren wird der Einsatz natürlicher und synthetischer Hormone sowie von Pharmaka im Leistungssport weiter an Bedeutung gewinnen. Diese zusätzlichen Mittel erhöhen die Effektivität des Kraft- und Ausdauertrainings, fördern die motorischen Lernprozesse, unter-

stützen die Wiederherstellungsvorgänge nach hohen Trainingsbelastungen und begünstigen die Steigerungsfähigkeit bei entscheidenden Wettkämpfen.
Im Zusammenhang damit haben wir die wissenschaftliche Forschung orientiert, neue Präparate, die sich durch geringe Nebenwirkungen, insbesondere auf den weiblichen und durch eine höhere Effektivität auf den männlichen Organismus auszeichnen, zu entwickeln.
Damit beschäftigen sich das Zentralinstitut für Mikrobiologie und experimentelle Therapie, VEB Jenapharm, das Arzneimittelwerk Dresden.
Zur Kontrolle der Anwendung und Wirkungsweise der Anabolika und anderer pharmakologischer Mittel, bei ihrem Einsatz im Training und in Wettkämpfen und im Zusammenhang damit zur Absicherung von Kontrollen, die im internationalen Maßstab durchgeführt werden, müssen unsererseits entsprechende Nachweisverfahren entwickelt bzw. weiterentwickelt werden. Dazu benötigen wir dringend den Ankauf eines Gaschromatographen/Massenspektrometer/Computer-System der Firma Hewlett & Packard, USA, Kaufpreis zwischen 400.000 und 500.000 Valutamark."

Die Überzeugung der Kammer, daß dieses Schriftstück vom Angeklagten Ewald verfaßt wurde, gründet auf dem Umstand, daß das Schreiben mit „Ewald" unterzeichnet ist. {47}

Die Feststellung, daß der Angeklagte Ewald am 2.03.1977 gemeinsam mit dem Angeklagten Dr. Höppner sowie den weiteren Mitgliedern der Arbeitsgemeinschaft u.M. Prof. Buggel, Prof. Röder, Prof. Lehnert und Dr. Hannemann die Festlegung traf, daß der Angeklagte Dr. Höppner die „Ordnung für Sicherheit" als Sicherheitskonzeption für das Dopinglabor in Kreischa zu erarbeiten hat, beruht auf dem in der Hauptverhandlung verlesenen Protokoll dieser Beratung, datiert unter dem 3.03.1977.

Die weiteren unter II getroffenen Feststellungen betreffend die Tatbeiträge des Angeklagten Dr. Höppner beruhen auf dessen umfassendem und detailliertem Geständnis, an dessen Richtigkeit keine Zweifel bestehen. Der Angeklagte Dr. Höppner hat ausführliche Angaben zu seinen Tätigkeitsfeldern als Leiter der Arbeitsgruppe u.M. und Mitarbeiter des SMD, insbesondere [als] Leiter des Bereichs Leistungssport II, gemacht. Dabei hat er keine Tendenz gezeigt, seine eigene Mitverantwortung abzuschwächen.

Die Feststellung, daß den Zeuginnen E., B., C., O., R., P., U., T., F., V., D., W., H., Z. und dem Zeugen S. während ihrer aktiven Leistungssportzeit Oral-Turinabol-Tabletten von ihren Trainern verabreicht worden sind, beruht auf deren glaubhaften Bekundungen in der Hauptverhandlung. Die oben genannten Zeuginnen wie auch der Zeuge S. haben detailliert ihre sportliche Entwicklung geschildert und übereinstimmend bekundet, während ihrer Leistungssportzeit auch „die blauen Tabletten" erhalten und eingenommen zu haben, ohne jemals über schädliche Nebenwirkungen aufgeklärt worden zu sein.

Obwohl sich diese Zeugen bezüglich der Vergabe der Anabolika nicht mehr an die genauen Vergabezeiten [zu] erinnern vermochten, haben sie dennoch alle glaubhafte Angaben zu einer näheren zeitlichen Einordnung der erstmaligen Einnahme gemacht. Die Zeugen haben diesen Zeitpunkt anhand bestimmter Eckdaten ihres Lebens, wie Schuljahr, Alter oder sportliche Erfolge, für die Kammer nachvollziehbar und glaubhaft eingeordnet.

Auch haben sämtliche dieser Zeugen in der Hauptverhandlung in glaubhafter Weise angegeben, diese „blauen Tabletten" im Gegensatz zu anderen Pillen nicht durchgängig, sondern nur phasenweise verabreicht bekommen zu haben, wobei jeweils vor Wettkämpfen dieses Präparat wieder abgesetzt worden sei. Diese für die Einbeziehung in die u.M.-Konzeption durch Vergabe von Oral-Turinabol typische Einnahmeform hat die Kammer in ihrer Überzeugung bekräftigt, daß es sich bei den von den Zeugen als „blaue Tabletten“ bezeichneten Pillen um Oral-Turinabol in der 5 mg Dosierung gehandelt hat. {48}

Die entsprechenden Feststellungen bezüglich der Zeuginnen A., N. und L. beruhen auf den verlesenen polizeilichen Vernehmungen dieser Zeuginnen, in welchen diese detaillierte Angaben zu ihrer sportlichen Entwicklung und der Vergabe von „den blauen Tabletten“ seitens ihrer Trainer gemacht haben. Die Erkenntnis, daß auch die Zeugin G. in eine u.M.-Konzeption einbezogen war und Oral-Turinabol-Tabletten von ihren Trainern erhalten hat, beruht auf ihrer verlesenen polizeilichen Vernehmung sowie ihren ergänzenden glaubhaften Angaben in der Hauptverhandlung.

Die Feststellung, daß auch der Zeugin M. Oral-Turinabol verabreicht worden ist, beruht auf ihrer verlesenen schriftlichen Erklärung und der Überzeugung der Kammer, daß auch diese Zeugin Angehörige einer Kaderklasse war (siehe unten).

Die Feststellungen, daß die Zeuginnen E., N., C., O., R., P., U., T., W., F., A., V., D., H., Z. wie auch der Zeuge S. Angehörige einer sogenannten Kaderklasse waren, beruhen auf deren eigenen glaubhaften Angaben zur Kaderangehörigkeit sowie ihren hiermit in Einklang zu bringenden sportlichen Erfolgen.

Die Feststellung, daß die Zeugin A. spätestens im Frühjahr 1978 Angehörige der Kaderklasse II war, folgt aus dem Umstand, daß die Zeugin zu diesem Zeitpunkt an einem internationalen Wettkampf in Wien teilnehmen sollte und lediglich aufgrund einer positiven Dopingkontrolle nicht fahren durfte. Da eine Teilnahme an einem internationalen Wettkampf im nichtsozialistischen Ausland einen hohen Leistungsstand bedingte, ist die Kammer zu der festen Überzeugung gelangt, daß die Zeugin A. spätestens zu diesem Zeitpunkt Angehörige der Kaderklasse II war.

Bezüglich der Zeuginnen L. und B., die sich nicht mehr [zu] erinnern vermochten bzw. keine Angaben gemacht haben, ob sie in eine der Kaderklassen eingeteilt worden waren, ist die Kammer infolge ihrer sportlichen Erfolge, wie Teilnahme an Jugendeuropameisterschaften (Zeugin L.) und DDR-Jugendmeisterschaftstitel (Zeugin B.), sowie aufgrund der Angaben des Angeklagten Dr. Höppner von deren Kaderangehörigkeit überzeugt. Dieser hat in der Hauptverhandlung erklärt, daß auch diese Zeuginnen während ihrer aktiven Leistungssportzeit in eine Kaderklasse eingeteilt waren. Die Kammer hat keinen Zweifel an der Richtigkeit dieser Angaben, zumal sich der Angeklagte Dr. Höppner mit diesen Angaben letztlich selbst belastet.

Bezüglich der Zeuginnen G. und M. beruht die Überzeugung der Kammer wiederum auf den glaubhaften Angaben des Angeklagten Dr. Höppner. Auch im Hinblick auf diese {49} Nebenklägerinnen hat der Angeklagte Dr. Höppner erklärt, diese seien Kaderangehörige und damit in die u.M.-Konzeption einbezogen gewesen.

Die Feststellungen zur Pharmakologie und den damaligen und heutigen bekannten und wissenschaftlich gesicherten Erkenntnissen über die Nebenwirkungen anaboler Steroide, insbesondere des synthetischen 17α-alkyliertes Testosteronderivats Oral-Turinabol beruhen auf den ausführlichen und nachvollziehbaren Ausführungen des Sachverständigen Dr. Mahler.

Die Feststellungen zu den Gesundheitsschäden der Zeuginnen sowie des Zeugen S. beruhen ebenfalls auf den überzeugenden Ausführungen des Sachverständigen Dr. Mahler sowie den Angaben der jeweiligen Nebenklägerin bzw. des Nebenklägers S. Der Sachverständige Dr. Mahler hat in seinem Gutachten ausgeführt, daß die Vergabe von Oral-Turinabol-Tabletten in den von den Geschädigten geschilderten Dosierungen zwingend zu einer Störung des gesamten hormonellen Regelkreislaufes, zu einer negativen Veränderung in den Blutfettwerten verbunden mit der Entstehung eines therapiebedürftigen LDL/HDL-Quotienten sowie zu einer psychischen Veränderung führt und diese Folgen aus medizinischer Sicht als konkrete Gesundheitsschädigung aufzufassen sind.

Die Feststellung, daß bei den Zeuginnen E., N., B., R., P., T., A., V., D., W. und H. im Anklagezeitraum Virilisierungserscheinungen eingetreten sind – und zwar bei den Zeuginnen E., N., B., R., P., U., T., A., V., W. und H. Stimmvertiefungen, bei den Zeuginnen B., P. und A. regional männliche Behaarungsmuster und bei der Zeugin D. eine Reduktion der Brust – welche in ihren jeweiligen konkreten Ausmaßen durch die Einnahme von Oral-Turinabol verursacht worden sind, beruht auf den glaubhaften Angaben der Zeuginnen sowie den überzeugenden Ausführungen des Sachverständigen Dr. Mahler zur Frage der Ursächlichkeit.

Die Zeuginnen E., N., B., R., P., U., T., A., V., W. und H. haben übereinstimmend bekundet, daß ihnen selbst zwar zunächst die Veränderung ihrer Stimmlage nicht aufgefallen sei, sie aber von Eltern, Verwandten oder sonstigen Bekannten, die nicht im täglichen Kontakt mit ihnen standen, auf ihre Stimmvertiefungen angesprochen und aufmerksam gemacht worden sind. Die Zeuginnen R. und F. haben zudem in der Hauptverhandlung glaubhaft angegeben, des öfteren am Telefon für einen männlichen Gesprächspartner gehalten zu {50} werden, was sie in ihrem täglichen Leben belaste. Die Kammer hat an dem Wahrheitsgehalt dieser Angaben keine Zweifel.

Die Zeuginnen P., B. und A. bekundeten für die Kammer nachvollziehbar, daß der eingetretene verstärkte Haarwuchs ihnen selber unangenehm aufgefallen sei. Auch an den Angaben der Zeugin D., daß ihr eine Reduktion ihrer Brüste aufgefallen sei, hat die Kammer keinen Zweifel. Die Zeugin D. hat diese Erscheinung in der Hauptverhandlung anschaulich und glaubhaft ohne Belastungstendenz geschildert.

Nach dem Gutachten des Sachverständigen Dr. Mahler können zwar diese Virilisierungserscheinungen auch bei Frauen eintreten, bei denen eine überschießende Produktion körpereigener Androgene vorliegt. Der Sachverständige Dr. Mahler hat jedoch für die Kammer überzeugend ausgeführt, daß aber der Schweregrad, der Verlauf und das Ergebnis der jeweiligen Virilisierungserscheinung durch eine zusätzliche Anabolikaeinnahme ganz wesentlich verstärkt wird.

Nach dem Gutachten des Sachverständigen ist eine Virilisierung eine systemische Wirkung anaboler Steroide. Der Sachverständige Dr. Mahler hat ausgeführt, daß Steroide in therapeutischen Dosen in der Regel nicht ohne deutlichen Einfluß auf das Wachstum der sekundären männlichen Geschlechtsmerkmale sein können, weil dies gerade eine ihrer wesentlichen Aufgaben im körperlichen Entwicklungsprozeß darstelle. Die Kammer ist infolgedessen zu der Überzeugung gelangt, daß dic von den Nebenklägerinnen angegebenen Virilisierungserscheinungen in ihrem konkreten Umfang auf der Einnahme von Oral-Turinabol beruhen.

Die Feststellung, daß die bei der Zeugin Z. eingetretene Steroidakne sowie die bei der Zeugin C. eingetretene Aggression/Depression in ihrer jeweiligen Ausprägung auf die Einnahme von Oral-Turinabol zurückzuführen ist, beruht auf den Angaben der Zeuginnen und den Ausführungen des Sachverständigen Dr. Mahler zu diesem Komplex.

Beide Zeuginnen haben in der Hauptverhandlung bekundet, daß diese Erscheinungen jeweils nur periodisch aufgetreten seien und zwar jeweils im Zusammenhang mit einem Einnahmezyklus „der blauen Pillen“.

Der Sachverständige Dr. Mahler hat in seinem Gutachten ausführlich zu dieser Problematik Stellung genommen und für die Kammer nachvollziehbar ausgeführt, daß gerade diese periodisch mit der Einnahme von Oral-Turinabol einhergegangenen Veränderungen und der Umstand, daß es sich hierbei um typische Nebenwirkungen und Wirkungen anabol-androgener Steroide handele, zu dem Schluß führen, daß diese Veränderungen mit an Sicherheit grenzender Wahrscheinlichkeit durch die Einnahme von Oral-Turinabol in ihrer konkreten Ausprägung bedingt seien. {51}

Die Kammer hat sich dem Ergebnis dieser Erläuterungen des Sachverständigen angeschlossen und mit einem nach der Lebenserfahrung ausreichenden Maß an Sicherheit, das keinen vernünftigen Zweifel bestehen läßt, die Überzeugung gewonnen, daß die bei den Zeuginnen Z. und C. während der Einnahmezyklen eingetretene Steroidakne bzw. Depression/Aggression auf der Einnahme von Oral-Turinabol beruhten.

Die Feststellung, daß die Einnahme von Oral-Turinabol bei dem Zeugen S. zu einer Beschleunigung seiner Transsexualität geführt hat, beruht auf den Angaben des Zeugen S. und dem Gutachten des Sachverständigen Dr. Mahler. Der Zeuge S. hat in der Hauptverhandlung detaillierte Angaben zu seiner Transsexualität und deren Entwicklungsprozeß gemacht. Dabei hat er glaubhaft bekundet, daß seine psychischen Probleme bereits bestanden, bevor er mit der Einnahme des Oral-Turinabols begonnen habe. Der Sachverständige hat in seinem Gutachten in der Hauptverhandlung ausgeführt, daß aufgrund dieser Angaben des Zeugen S. nicht davon ausgegangen werden kann, daß im Ergebnis dessen Transsexualität auf der Einnahme von Oral-Turinabol beruht. Jedoch habe die Vergabe anaboler Steroide bei dem Zeugen S. zu einer nachfolgenden Beschleunigung seiner Transsexualität geführt. Die Kammer hat sich dem Ergebnis dieser für sie einleuchtenden Ausführungen angeschlossen.

Im Hinblick auf die von den Zeuginnen F., P., Z. und N. bekundeten Verschlechterungen der Leberwerte in zeitlichem Zusammenhang mit der Einnahme von Oral-Turinabol ist die Kammer nach dem in dubio pro reo-Grundsatz davon ausgegangen, daß diese Gesundheitsschäden nicht auf der Einnahme von Oral-Turinabol beruhen.

Der Sachverständige Dr. Mahler hat in seinem Gutachten ausgeführt, daß diese Beschwerden möglicherweise auf den Anabolikakonsum zurückgeführt werden können. Eine weitergehende Wahrscheinlichkeitsaussage könne nicht getroffen werden, da für diese Verschlechterungen der Leberschäden auch andere Ursachen verantwortlich gewesen sein könnten, welche aus medizinischer Sicht nicht auszuschließen seien. Da die Kammer ihre Zweifel nicht zu beseitigen vermochte, ist zugunsten der Anklagten davon auszugehen, daß die bekundeten Verschlechterungen der Leberwerte keine Folge des Anabolikakonsums waren.

Soweit die Zeuginnen weitergehende Gesundheitsschäden auf die Einnahme von Oral-Turinabol zurückführen – wie Fehlgeburten, Eierstockentzündungen, Bulimie, Probleme mit anderen Organen wie Niere, Schilddrüse, etc. sowie die Brustkrebserkrankung der Zeugin L. –, ist die Kammer nicht mit dem für eine Zurechnung ausreichenden Maß an

{52} Sicherheit davon überzeugt, daß auch für diese Gesundheitschädigungen die Einnahme von Oral-Turinabol ursächlich war. Der Sachverständige hat in seinem Gutachten ausgeführt, daß zwar auch für diese Beschwerden ein Zusammenhang mit Anabolikakonsum denkbar sei, dieser aber nicht nachzuweisen sei. Diese Beschwerden stellten keine typischen Folgen von Anabolikakonsum dar und könnten folglich mannigfaltige anderweitige Ursachen haben.

Im Hinblick auf die Brustkrebserkrankung der Zeugin L. hat der Sachverständige Dr. Mahler dargelegt, daß es zwar Hinweise für eine Erhöhung des Krebsrisikos bei Anabolikakonsum gebe, ein klarer wissenschaftlicher Zusammenhang aber bislang nicht hergestellt werden konnte. Auch der Umstand, daß nach dem in der Hauptverhandlung verlesenen Befund vom 10. Mai 2000 das Mammakarzinom der Zeugin L. eine stark positive Reaktion für den Androgen-Rezeptor aufwies, erlaube keine andere Bewertung. Dieser Befund sei nicht als ungewöhnlich zu bezeichnen.

Die Kammer ist aufgrund dieser detaillierten Ausführungen zu dem Ergebnis gelangt, daß die Brustkrebserkrankung der Zeugin L. nicht einmal wahrscheinlich oder sehr wahrscheinlich als Folge der Anabolikavergabe anzusehen ist. Eine nur denkbare Verursachung vermochte der Kammer nicht das erforderliche Maß an Überzeugung zu verschaffen, daß auch dieser Gesundheitsschaden auf die Vergabe von Oral-Turinabol zurückzuführen und damit den Angeklagten zuzurechnen ist.

Die Feststellung, daß sämtliche geschädigte Zeuginnen wie auch der Zeuge S. weder von ihren Trainern noch ihren Verbandsärzten über mögliche schädliche Nebenwirkungen von Oral-Turinabol Tabletten aufgeklärt worden sind, beruht auf deren glaubhaften Angaben. An der Glaubhaftigkeit dieser Aussagen hat die Kammer keinen Zweifel, da diese Vorgehensweise mit der vorgesehenen grundsätzlichen Geheimhaltungspolitik im Zusammenhang mit Doping in der DDR im Einklang steht.

Die Feststellung, daß die Vergabe von Oral-Turinabol bei keiner der Geschädigten medizinisch indiziert war, beruht auf den detaillierten Ausführungen des Sachverständigen Dr. Mahler auf der Grundlage der Angaben der Geschädigten, denen die Kammer gefolgt ist. Dies wird auch durch die Einlassung des Angeklagten Dr. Höppner bestätigt, nach der Voraussetzung für eine Einbeziehung eines Sportlers in eine u.M.-Konzeption gerade war, daß dieser unbeschadet sportlich bedingter Verletzungen gesund und leistungsfähig ist. {53}

Die Kammer ist davon überzeugt, daß die betreffenden Trainer, welche den 20 Zeuginnen bzw. dem Zeugen Oral-Turinabol Tabletten verabreicht haben, gewußt haben, daß dieses Medikament zu Gesundheitsschäden wie Stimmvertiefungen, allgemeinen Virilisierungserscheinungen sowie Leberschäden führen kann – auch wenn letztere bei keiner der Geschädigten mit einer für eine Zurechnung erforderlichen Sicherheit als auf die Vergabe von Oral-Turinabol zurückführend festzustellen waren – und diese Folgen billigend in Kauf genommen haben. Sowohl die Trainer als auch die jeweiligen Verbandsärzte standen im täglichen engen Kontakt mit den von ihnen betreuten Sportlern. Wesentliche Veränderungen im äußeren Erscheinungsbild wie z.B. männliche Behaarungsmuster und Tieferwerden der Stimme blieben ihnen zur Überzeugung der Kammer nicht verborgen. Zudem hatten sie die Vorgabe, durch ständige Kontrollen die Leberwerte der Sportler beobachten zu lassen und bei einem Anstieg die Vergabe der

Oral-Turinabol Tabletten abzusetzen. Damit war ihnen bekannt, daß die Einnahme von Oral-Turinabol das Risiko von Leberschäden birgt.

Auch beiden Angeklagten waren als schädliche Nebenwirkungen von Oral-Turinabol zumindest Stimmvertiefungen, Virilisierungserscheinungen wie auch Leberschäden bekannt. Dies folgt für die Kammer aus den glaubhaften Angaben des Angeklagten Dr. Höppner. Dieser hat sich in der Hauptverhandlung dahingehend eingelassen, daß er als Arzt Kenntnis derartiger Folgen von Anabolikakonsum gehabt habe und auch den Angeklagten Ewald wiederholt auf den Eintritt dieser Folgen von Anfang an aufmerksam gemacht habe. Der Angeklagte Dr. Höppner hat dabei glaubhaft angegeben, daß der Angeklagte Ewald auf diese Hinweise sinngemäß erwidert habe, „wir wollen unsere Sportler nicht schädigen, aber ein gewisses Risiko müssen wir in Kauf nehmen“.

Der Angeklagte Dr. Höppner hat weiterhin angegeben, den Angeklagten Ewald auch darauf hingewiesen zu haben, daß die Folgen einer Anabolikatherapie gerade bei den im Vergleich zu anderen Leistungssportlern sehr jungen Schwimmerinnen besonders erheblich seien. In diesem Zusammenhang habe er den Angeklagten Ewald gebeten, seinen Einfluß geltend zu machen, um Interviews mit Schwimmerinnen zu verhindern, da deren tiefe Stimmen signifikant waren.

Dies wird auch durch die verlesene „Kurzinformation über eine Beratung mit dem Vorsitzenden der LSK am 2.3.1977“ zum Treffbericht des „ IM Technik“/Dr. Höppner vom 3.3.1977 bestätigt. Dort heißt es wie folgt:

„... Daraufhin richtete ich (Dr. Höppner) wie in der Vergangenheit nochmals die Bitte an Gen. E., seinen Einfluß auf Presse und Fernsehen geltend zu machen, mit dem Ziel, {54} daß Sportlerinnen mit besonders hervorragenden Stimmveränderungen nicht mehr in den Vordergrund gestellt werden ...“

Die Feststellung, daß beiden Angeklagten bekannt war, daß die Sportler generell nicht über die Wirkungsweise und Nebenwirkungen der verabreichten Oral-Turinabol Tabletten im erforderlichen Maße aufgeklärt wurden, beruht auf den glaubhaften Angaben des Angeklagten Dr. Höppner sowie dem Treffbericht „IM Technik“/Dr. Höppner vom 5.8.1976. Der Angeklagte Dr. Höppner hat angeben, daß dieser Umstand ihm bekannt gewesen sei und er den Angeklagten Ewald darauf aufmerksam gemacht habe. Die Kammer hat an der Richtigkeit dieser auch selbstbelastenden Aussage keinen Zweifel, zumal die fehlende Aufklärung der Sportler im Einklang mit der von den Angeklagten verfolgten grundsätzlichen Geheimhaltungspolitik bezüglich der Vergabe von Dopingmitteln steht. Die Angaben des Angeklagten Dr. Höppner werden auch durch den oben genannten Treffbericht vom 5.8.1976 bestätigt. Bei dem Treffen berichtete der Angeklagte Dr. Höppner seinem Führungsoffizier u.a. über die Olympischen Sommerspiele 1976 in Montreal. In dem Treffbericht teilt der Führungsoffizier mit:

„Es gibt auch keine Ehrlichkeit gegenüber den Schwimmerinnen, da ihnen zum Teil gesagt wird, daß es sich lediglich um Vitaminspritzen handeln würde, obwohl andere Substanzen enthalten sind. Dies wurde auch durch Dr. Tol[k]mitt (SHB Karl-Marx-Stadt) in der Vorbereitung in Kienbaum bestätigt, daß die Sportler nicht wissen, welche Spritzen in welcher Zusammensetzung sie bekommen.“

Der Angeklagte Dr. Höppner hat in der Hauptverhandlung erklärt, daß der Inhalt dieses Treffberichts das damalige Gespräch richtig wiedergebe.

Die Festlegung, daß sowohl der Angeklagte Dr. Höppner als auch der Angeklagte Ewald eine Vergabe anaboler Steroide nur entsprechend den Vorgaben der u.M.-Richtlinie wollten, beruhen auf den umfassenden Angaben des Angeklagten Dr. Höppner sowie auf dem verlesenen Bericht über das Treffen des „IM Technik"/Dr. Höppner mit seinem Führungsoffizier vom 21.04.75. So gibt der Führungsoffizier Dr. Höppners dessen Bericht wie folgt wieder:

„Auf der stattgefundenen Tagung in Kleinmachnow sprach Gen. Ewald ebenfalls über die Problematik der Anwendung unterstützender Mittel ... Gen. Ewald hatte u.a. erklärt, daß der Gegner uns derartige Anwendungen aufgezwungen habe und wir diese weiterhin nach der bekannten Regelung durchführen. Gleichzeitig warnte er alle {55} diejenigen, welche sich nicht an die bekannten Regeln halten und kündigte Sanktionen bis zur Entlassung an."

Der Angeklagte Dr. Höppner hat in der Hauptverhandlung mehrfach betont, daß er seine damalige Tätigkeit auch als Möglichkeit angesehen habe, einen weitergehenden Mißbrauch zu verhindern und damit die gesundheitlichen Risiken für die Sportler so gering wie möglich zu halten. Auch der Angeklagte Ewald habe immer wieder darauf hingewirkt, daß die Vergabepraxis entsprechend der in der u.M.-Richtlinie vorgegebenen Art und Weise erfolgte. Die Kammer ist davon überzeugt, daß es sich bei dieser Aussage nicht um eine bloße Schutzbehauptung handelt, sondern dies auch tatsächlich dem Willen beider Angeklagten entsprach. Nur durch eine konsequente Einhaltung der u.M.-Richtlinie war die beabsichtigte Steuerung und Kontrolle der Vergabe von in der Sportwelt verbotenen Dopingmitteln möglich. Nur so konnte das Risiko eines positiven Dopingtests eines DDR-Sportlers minimiert werden und das Image nach außen aufrechterhalten werden, daß die DDR Doping verpöne und derartige Mittel von DDR-Sportlern nicht angewandt werden.

Die Feststellungen, daß beide Angeklagte bisher nicht vorbestraft sind, beruhen auf den in der Hauptverhandlung verlesenen Bundeszentralregisterauszügen der Angeklagten vom jeweils 27. Januar 2000.

IV. [Rechtliche Würdigung]

Das Verhalten der Angeklagten Ewald und Dr. Höppner war sowohl in der Bundesrepublik Deutschland als auch in der DDR als vorsätzliche Körperverletzung unter Strafe gestellt. Die wegen der erforderlichen Unrechtskontinuität vergleichbaren Vorschriften sind § 223 StGB a.F. und § 115 Abs. 1 StGB-DDR.

A. Verfahrenshindernisse

Verfahrenshindernisse stehen einer Verfolgung der Angeklagten nicht entgegen. Insbesondere ist keine Verjährung eingetreten, da in dem vorliegenden Fall staatlich zentral gelenkter Vergabe schädlicher Dopingmittel an uneingeweihte junge Sportler die Verjährung in der DDR aufgrund eines quasigesetzlichen Verfolgungshindernisses geruht hat (vgl. BGH NStZ 2000, 252[11]). {56}

B. Recht der DDR

Gemäß Art. 315 Abs. 1 EGStGB i.V.m. § 2 StGB ist auf die in der DDR vor dem 3. Oktober 1990 begangenen Straftaten grundsätzlich das Strafrecht der DDR anzuwenden, es sei denn das bundesdeutsche Recht ist milder. Dieser Milderungsvergleich gemäß § 2 Abs. 3 StGB hat nach den Grundsätzen der sogenannten „strikten Alternativität“ in der Weise zu erfolgen, daß zunächst nach jedem der beiden Rechtssysteme eine vollständige Prüfung sämtlicher rechtlicher Aspekte ohne Einbeziehung von Elementen des anderen Systems zu erfolgen hat und sodann beide Ergebnisse einander gegenübergestellt werden (BGH NJW 1991, 1242 und 2496).

1. Anwendbarkeit des § 115 StGB-DDR

Die Strafbarkeit des Handelns der Angeklagten nach § 115 StGB[12] wird durch die Vorschriften des Arzneimittelgesetzes der DDR (§ 35-37 Arzneimittelgesetz in der Fassung vom 14. Juni 1968 [GBI. I Nr. 11 S. 257]; § 22-24 Arzneimittelgesetz in der Fassung vom 10. Dezember 1986 [GBI. I Nr. 37 S. 477][13]) nicht berührt. Sowohl § 35 Abs. 1 und Abs. 2 ArzneimittelG in der Fassung vom 14. Juni 1968 als auch § 22 Abs. 1 und Abs. 2 ArzneimittelG in der Fassung vom 10. Dezember 1986 stellen lediglich Gefährdungsdelikte dar, die nicht den Eintritt eines Schadens erfordern (vgl. Wortlaut: „*unmittelbare Gefahr für das Leben oder die Gesundheit von Menschen*“). In der Strafrechtssystematik der DDR wurde zwischen Verletzungsdelikten, d.h. Delikten, bei denen der gesetzliche Tatbestand den Eintritt eines konkreten Schadens forderte, und Gefährdungsdelikten, d.h. Delikten, bei denen der gesetzliche Tatbestand die Herbeiführung eines bestimmten Gefahrenzustandes fordert, unterschieden (vgl. Strafrecht der DDR, Lehrbuch, Staatsverlag der DDR, 1988, S. 187).

Zwar gehört bei § 35 Abs. 3 ArzneimittelG in der Fassung vom 14. Juni 1968 als auch § 22 Abs. 3 ArzneimittelG in der Fassung vom 10. Dezember 1986 der Eintritt eines Schadens im Sinne eines erheblichen Gesundheitsschadens oder Tod eines Menschen zum Tatbestand; diese Vorschriften stellen jedoch lediglich eine fahrlässige Verursachung des Verletzungserfolges unter Strafe.

Die vorsätzliche Herbeiführung eines Verletzungserfolges im Sinne eines Gesundheitsschadens wird demnach durch den Grundsatz der Spezialität nicht der {57} Strafbarkeit des § 115 StGB-DDR entzogen. Eine Vorschrift konnte auch nach den Strafrechtstheorien der DDR nur dann von einer spezielleren verdrängt werden, wenn dieses Gesetz den von dem verdrängten Gesetz allgemeiner erfaßten Sachverhalt durch Hinzutreten weiterer Merkmale besonders regelt. Ein vorsätzliches Verletzungsdelikt wird daher weder von einem fahrlässigen Verletzungsdelikt noch von einem Gefährdungsdelikt verdrängt.

Ergänzenderweise ist auszuführen, daß sowohl § 35 Abs. 1 und Abs. 2 ArzneimittelG in der Fassung vom 14. Juni 1968 als auch § 22 Abs. 1 und Abs. 2 ArzneimittelG in der Fassung vom 10. Dezember 1986 die Herbeiführung einer Gemeingefahr betreffen; ihr Rechtsgut ist im Unterschied zu § 115 StGB-DDR nicht die körperliche Unversehrtheit des einzelnen, sondern einer Vielzahl von Menschen. Auch aus diesem Grunde können bei einer vorsätzlichen Herbeiführung eines Gesundheitsschadens diese Vorschriften des Arzneimittelgesetzes nicht im Wege der Spezialität die Anwendbarkeit des § 115 StGB-DDR verdrängen.

2. Tathandlung

Die Angeklagten haben durch ihre Mitwirkung am staatlich systematischen Dopingsystem die 20 Nebenklägerinnen und Nebenkläger an ihrer Gesundheit beschädigt.

Bei allen Geschädigten führte die Einnahme von Oral-Turinabol Tabletten zu einer Gesundheitsbeschädigung im Sinne des § 115 StGB-DDR. Allen wurde dieses Testosteronderivat während des Anklagezeitraums ohne medizinische Indikation in therapeutisch wirksamen und damit gesundheitsschädigenden Dosen verabreicht. Durch die Einwirkung anaboler Steroide auf den weiblichen Organismus wird ein pathologischer Zustand hervorgerufen, da anabole Steroide zu somatisch faßbaren nachteiligen Veränderungen der Körperbeschaffenheit führen. 17α-alkylierte Testosteronderivate wie Oral-Turinabol haben zwingend einen negativen Einfluß auf den körpereigenen Blutfettstoffwechsel und führen zu einer konkreten Schädigung des kardiovaskulären Systems. Durch den hierdurch verursachten Anstieg des prognostisch ungünstigen LDL-Cholesterins und das Absinken des sogenannten „guten" oder unbedenklichen HDL-Cholesterins wird ein aus medizinischer Sicht therapiebedürftiger LDL/HDL-Quotient hervorgerufen. Weiterhin führen anabole Steroide als männliche Sexualhormone im weiblichen Organismus zwingend zu einer Störung des komplexen hormonellen {58} Regelkreislaufes mit der Folge von Störungen des Menstruationszyklus. Daneben können als Folge einer Anabolikatherapie Virilisierungserscheinungen (Stimmvertiefung, regional männliches Behaarungsmuster, Brustreduktion) eintreten, wie es auch bei den Zeuginnen E., N., B., R., P., U., T., F., A., V., D., W., H. geschehen ist. Auch die mit einer Einnahme von anabolen Steroiden zwingend einhergehenden psychischen Veränderungen, auch soweit diese von den Geschädigten nicht bewußt als solche wahrgenommen worden sind, insbesondere die bei der Zeugin C. periodisch aufgetretenen Aggressionen/Depressionen, stellen eine Gesundheitsbeschädigung im Sinne dieser Vorschriften dar, da die Einnahme anaboler Steroide auf das Zentralnervensystem einwirkt. Somit wird ein pathologischer, somatisch objektivierbarer krankhafter Zustand hervorgerufen. Weiterhin stellt die bei der Zeugin Z. eingetretene Steroidakne einen krankhaften Prozeß der Haut und damit einen pathologischen Zustand dar.

Angesichts dieser Vielzahl von Nebenwirkungen sowie der Potenz und Nachhaltigkeit dieser gesundheitsschädigenden Veränderungen ist der mit der Verabreichung anaboler Steroide verbundene Eingriff nicht mehr als lediglich unerhebliche Gesundheitsbeeinträchtigung, sondern als Gesundheitsbeschädigung im Sinne des § 115 StGB-DDR anzusehen.

Die Vergabe der Oral-Turinabol-Tabletten stellt auch keinen tatbestandsausschließenden ärztlichen Heileingriff dar. Voraussetzung für die Straflosigkeit eines ärztlichen Heileingriffs ist auch nach dem Recht der DDR dessen medizinische Indikation. Diese war aber bei keiner der Sportlerinnen gegeben.

Eine schwere Körperverletzung im Sinne des § 116 StGB-DDR[14] zum Nachteil des Nebenklägers S. liegt nicht vor. Offengelassen werden kann, ob der Verlust der Zeugungsfähigkeit des Zeugen S. als nachhaltige Störung wichtiger körperlicher Funktionen im Sinne dieser Vorschrift aufzufassen ist. Zwar hat der Zeuge S. durch seine 1997 durchgeführte Geschlechtsumwandlung seine Zeugungsfähigkeit verloren. Zu dieser Operation hat sich der Nebenkläger S. jedoch aus freiverantwortlichen Stücken im Bewußtsein der Folgen dieses Eingriffs entschlossen, so daß es an einem rechtlichen Ursachenzusammenhang fehlt und daher diese Folge den Angeklagten nicht zugerechnet werden kann. {59}

3. Teilnahmeform

Die Angeklagten haben sich einer Beihilfe zur Körperverletzung gemäß §§ 115 Abs. 1, 22 Abs. 2 Nr. 3 StGB-DDR schuldig gemacht.

a. Die Angeklagten haben nicht als unmittelbare Täter im Sinne des § 22 Abs. 1, 1. Alt. StGB-DDR gehandelt, weil sie die Tat nicht selbst ausgeführt haben.

b. Nach dem Strafrecht der DDR haben sie auch nicht als mittelbare Täter gemäß § 22 Abs. 1, 2. Alt. StGB-DDR gehandelt. Mittelbarer Täter ist danach nur derjenige, der die Tat durch einen anderen, der für diese selbst nicht verantwortlich ist, ausführen läßt.

Hier waren die Trainer, die den Geschädigten die Oral-Turinabol Tabletten verabreicht haben, für ihre Taten selbst strafrechtlich verantwortlich. Sie haben durch dieses Verhalten täterschaftlich den Tatbestand des § 115 Abs. 1 StGB-DDR verwirklicht. Sie handelten auch rechtswidrig. Ihr Tun war insbesondere nicht durch eine mögliche Einwilligung der Geschädigten gerechtfertigt. Eine solche rechtfertigende Einwilligung hätte vorausgesetzt, daß sie von einem Berechtigten, frei von Willensmängeln wie Täuschung, Irrtum oder Zwang und in Kenntnis der Tragweite und Folgen (vgl. hierzu argumentativ § 12 Abs. 3 ArzneimittelG/DDR vom 27. November 1986) abgegeben worden wäre. Diese Voraussetzungen lagen nicht vor, weil keiner der Geschädigten über die Wirkungsweise dieser Tabletten sowie schädigende Nebenwirkungen aufgeklärt worden war.

c. Die Angeklagten haben nicht gemeinsam mit den Trainern als Mittäter gemäß § 22 Abs. 2 Nr. 2 StGB-DDR gehandelt. Mittäterschaft lag nach dem Recht der DDR nur dann vor, wenn mindesten zwei Personen unmittelbar an der Ausführung der Straftat beteiligt waren und jeder Tatbeteiligte zumindest ein Merkmal des objektiven Tatbestandes selbst unmittelbar verwirklicht hat (vgl. OG/DDR, NJ 1971, S. 242).

d. Die Angeklagten haben die Trainer auch nicht zu deren Tat angestiftet (§ 22 Abs. 2 Nr. 1 StGB-DDR). Der Anstiftung macht sich nach dem Recht der DDR strafbar, wer einen anderen zu einer vorsätzlichen Straftat veranlaßt hat, die dieser ohne diese Beeinflussung nicht begangen hätte (vgl. Strafrecht der DDR, Kommentar, Staatsverlag der DDR, 5. Auflage 1987, § 22 Anm. 4). Die Anstiftung und die Beihilfe stellten nach der Strafrechtssystematik der DDR Teilnahmeformen dar, die aufgrund ihrer jeweiligen Voraussetzungen in einem normativen Stufenverhältnis zueinanderstehen. Da auch das DDR-{60}Strafrecht den Grundsatz „in dubio pro reo" kennt und nicht ausgeschlossen werden kann, daß die Trainer den Geschädigten auch ohne Beeinflussung durch die Angeklagten Anabolika verabreicht hätten, kommt bei dessen Anwendung nur eine Bestrafung der Angeklagten wegen Beihilfe in Betracht.

e. Die Angeklagten haben sich einer Beihilfe zur Körperverletzung gemäß §§ 115 Abs. 1, 22 Abs. 2 Nr. 3 StGB-DDR schuldig gemacht. Nach DDR-strafrechtlichen Grundsätzen war wegen Beihilfe strafrechtlich verantwortlich, wer, ohne selbst objektiv und subjektiv Merkmale des Tatbestandes zu verwirklichen, vorsätzlich den zur Ausführung der Tat bereits entschlossenen Täter unterstützt. Dabei konnte die Hilfeleistung – ebenso wie nach § 27 StGB – auch psychischer Natur sein (vgl. Strafrecht der DDR, Kommentar, Staatsverlag der DDR, 5. Auflage 1987, § 22 Anm. 6).

Durch das von den Angeklagten geschaffene staatlich gelenkte und durchgesetzte organisierte System des Dopings im DDR-Sport, durch die Vorgabe, für Kaderklassenangehörige die Einbeziehung in die u.M.-Konzeption zu beantragen und damit mit der erforderlichen Anzahl Oral-Turinabol Tabletten versorgt zu werden, erleichterten sie die konkrete Anabolikavergabe der Trainer an die Geschädigten. Daneben stellten die Tatbeiträge der Angeklagten eine Hilfeleistung psychischer Art dar, da die Trainer nunmehr in dem Bewußtsein handelten, kein „verbotenes Doping" zu betreiben, sondern einen staatlich gewünschten und geförderten Weg zu beschreiten.

4. Rechtswidrigkeit und Schuld

Die Angeklagten haben auch rechtswidrig und schuldhaft gehandelt. Anhaltspunkte dafür, daß ihre Zurechnungsfähigkeit zur Tatzeit aufgehoben war oder eingeschränkt war, haben sich zu keinem Zeitpunkt der Hauptverhandlung ergeben.

Die Angeklagten haben auch vorsätzlich gehandelt.

Zwar setzt nach dem Recht der DDR Beihilfe eine spezifische, die Teilnahmeform der Beihilfe betreffende Vorsätzlichkeit in Ansehung der jeweiligen konkreten Straftat voraus (vgl. Strafrecht der DDR, Lehrbuch, Staatsverlag der DDR, 1. Auflage, 1988, S. 305). Hierfür ist jedoch nicht erforderlich, daß der Gehilfe in seine Vorstellung alle Einzelheiten des späteren Geschehensablaufs aufgenommen hat, insbesondere Tatort, Tatzeit und {61} Tatopfer und die jeweils unmittelbar handelnde Person für jeden Einzelfall individuell kennt (vgl. BGHSt 40, 218, 231[15]).

Es genügt, wenn der Gehilfe weiß, aufgrund der von ihm veranlaßten Maßnahmen werden Sportlern Anabolika verabreicht, die zu Gesundheitsschäden führen.

Beide Angeklagte waren der Überzeugung, daß die DDR-Sportler nur mit Hilfe von anabolen Steroiden ihre Spitzenstellungen im internationalen Vergleich beibehalten bzw. erringen konnten und wollten daher mittels des von ihnen geschaffenen Systems staatlich gelenkter und kontrollierter Dopingmittelvergabe erreichen, daß die Trainer – nach den vorgegebenen Vergabekriterien – Anabolika an die von ihnen betreuten Sportler verabreichen. Ihnen war bewußt, daß sie die Anabolikavergabe durch die u.M.-Richtlinie und der Versorgung mit den erforderlichen Medikamenten förderten und durch ihr System einer staatlich gewollten Anabolikavergabe eine mögliche Hemmschwelle der Trainer und Verbandsärzte herabsetzten, diese jedenfalls in ihrem Tun bestärkten.

Hinsichtlich eintretender Gesundheitsschäden bei anabole Steroide einnehmenden Sportlern und somit auch im Hinblick auf die 20 Nebenklägerinnen und Nebenkläger dieses Verfahrens handelten sie mit bedingtem Vorsatz im Sinne des § 6 Abs. 2 StGB-DDR, da ihnen die mit dem Anabolikakonsum verbundenen Gesundheitsrisiken bekannt waren, sie sich aber mit dem Eintritt derartiger Gesundheitsschäden für den Preis sportlicher Erfolge bewußt abfanden.

Dabei ist es für den Vorsatz der Angeklagten und eine entsprechende Zurechnung der als ursächlich festgestellten Gesundheitsschädigungen unerheblich, daß beide – von ihrem damaligen Wissensstand aus gesehen – lediglich von Gesundheitsschäden wie Stimmvertiefungen, männlichen Behaarungsmustern und Leberschäden ausgingen. Zwischen den tatsächlich eingetretenen und den von beiden Angeklagten in ihrem Vorsatz umfaßten Gesundheitsschäden besteht Kongruenz, solange diese von § 115 StGB-DDR erfaßt werden.

Dies ist der Fall. Den Angeklagten waren somit auch die als ursächlich festgestellten Gesundheitsschäden wie z.B. „Störung des hormonellen Regelkreislaufes", „Veränderungen der Blutfettwerte" und „psychische Veränderungen" subjektiv zurechenbar. Ihr Vorsatz bezog sich auf Gesundheitsschäden im Sinne des § 115 Abs. 1 StGB-DDR, die durch einen Anabolikakonsum verursacht werden können.

Ein Schuldausschluß aus sonstigen Erwägungen gemäß § 10 StGB-DDR kommt nicht in Betracht. {62}

5. Konkurrenzen

Nach dem Recht der DDR haben die Angeklagten jeweils eine einfache Gesetzesverletzung begangen. Ihr Tatbeitrag stellt sich als eine Tat dar. § 63 StGB-DDR unterscheidet die mehrfache Gesetzesverletzung in Tateinheit und Tatmehrheit. Tatmehrheit ist gegeben, wenn der Täter durch mehrere Taten verschiedene Strafrechtsnormen oder dieselbe Strafrechtsnorm mehrfach verletzt. Tatmehrheit liegt nach dem Rechtsverständnis der DDR bei zeitlich oder räumlich trennbaren Handlungen vor, von denen jede unabhängig von der anderen einen Straftatbestand erfüllt. Die Handlungen der Angeklagten können nicht in mehrere voneinander losgelöste Abschnitte unterteilt werden. Beide Angeklagte haben ein umfangreiches staatliches Dopingvergabesystem aufgebaut. Eine Zuordnung der jeweiligen Anabolikavergaben an die Geschädigten zu einzelnen Tatbeiträgen der Angeklagten in diesem Prozeß ist nicht möglich.

Die Angeklagten haben auch keine mehrfache Gesetzesverletzung im Sinne einer tateinheitlichen Begehungsweise begangen. Tateinheit liegt hiernach nur vor, wenn der Täter durch eine Tat zugleich mehrere Strafrechtsnormen verschiedener Strafgesetze verletzt hat (vgl. Strafrecht der DDR, Kommentar, Staatsverlag, 5. Auflage 1987, § 63 Anmerkung 2).

6. Strafe

Die gegen die Angeklagten zu verhängende Strafe wäre dem Strafrahmen des § 115 Abs. 1 StGB-DDR zu entnehmen, der Freiheitsstrafe bis zu zwei Jahren sowie eine Verurteilung auf Bewährung und Geldstrafe vorsieht.

Eine Strafmilderung nach § 62 StGB-DDR kommt nicht in Betracht. Zwar eröffnet § 22 Abs. 4 StGB-DDR für den Gehilfen die Möglichkeit, die Strafe nach den Grundsätzen über die außergewöhnliche Strafmilderung nach § 62 StGB-DDR herabzusetzen. Diese Vorschrift beinhaltet aber lediglich die Möglichkeit, die Strafe in den Fällen bis auf das Mindestmaß der angedrohten Strafart zu mildern, in denen die Untergrenze der Strafandrohung des verletzten Gesetzes darüberliegt bzw. die Anwendung einer leichteren als der im verletzten Gesetz angedrohten Strafart, jeweils unter der Voraussetzung, daß die Tatschwere wesentlich verringert ist. Da der Strafrahmen des § 115 Abs. 1 StGB-DDR bereits sämtliche Strafarten beinhaltet und keine Mindestfreiheitsstrafe formuliert, bleibt es bei den vorgesehenen Rechtsfolgen dieser Vorschrift. {63}

C. *Recht der Bundesrepublik Deutschland*

1. Tatbestand

Die Angeklagten haben gemeinschaftlich mit den Trainern der Geschädigten eine Körperverletzung begangen (§§ 223a.F., 25 Abs. 2 StGB).

a. Nach dem Strafrecht der Bundesrepublik Deutschland haben sich beide Angeklagten durch ihre Mitwirkung am staatlich gelenkten Dopingsystem keiner mittelbar begangenen Körperverletzung schuldig gemacht.

Mittelbare Täterschaft scheidet auch nach den vom Bundesgerichtshof aufgestellten Grundsätzen zur mittelbaren Täterschaft bei Befehlshierarchien (vgl. BGHSt 40, 218, 236 f.) aus. Danach ist auch bei einem irrtumsfreien und uneingeschränkt schuldfähigen Tatmittler eine mittelbare Täterschaft des Hintermannes anzunehmen, wenn der Beitrag des Hintermannes nahezu automatisch zu der von diesem erstrebten Tatbestandsverwirklichung führt und der Hintermann durch Organisationsstrukturen bestimmte Rahmenbedingungen ausnutzt, innerhalb derer sein Tatbeitrag regelhafte Abläufe auslöst (vgl. BGHSt 40, 218, 236 f.; 42, 65; BGH, Urteil vom 20. März 1996, 5 StR 623/95[16]). Derartige Rahmenbedingungen mit regelhaften Abläufen kommen insbesondere bei staatlichen Organisationsstrukturen und Befehlshierarchien in Betracht. Handelt dann der Hintermann in Kenntnis dieser Umstände, nutzt er dabei die unbedingte Bereitschaft des unmittelbar Handelnden, den Tatbestand zu erfüllen, aus und will er den Erfolg als Ergebnis des eigenen Handelns, ist er Täter in Form der mittelbaren Täterschaft. Er besitzt Tatherrschaft. Er hat auch den umfassenden Willen zur Tatherrschaft, wenn er weiß, daß die vom Tatmittler noch zu treffende, aber durch die Rahmenbedingung vorgegebene Entscheidung gegen das Recht kein Hindernis bei der Verwirklichung des von ihm gewollten Erfolges darstellt (vgl. BGH aaO).

Im hiesigen Verfahren führen diese Grundsätze indes nicht zu einer Strafbarkeit der Angeklagten als mittelbare Täter. Nach den Feststellungen wurden bereits sowohl vor 1974 – ohne staatliche Steuerung und Kontrolle – Dopingmittel von den Trainern an die Sportler verabreicht, als auch nach Erstellung der u.M.-Richtlinie abweichend von den darin enthaltenen Vorgaben Mißbräuche betrieben. Zweiteres zu verhindern lag gerade auch im Bestreben beider Angeklagter, auch wenn Hintergrund hierfür u.a. das Verhindern einer Aufdeckung des Dopingeinsatzes in der DDR war. Desweiteren hätten die Trainer wahrscheinlich auch infolge eines Eigeninteresses an den sportlichen Erfolgen ihrer {64} Sportler diesen Anabolika verabreicht. Aufgrund dieser Umstände führten die Tatbeiträge der Angeklagten nicht nahezu automatisch zu der von ihnen erstrebten Dopingmittelvergabe entsprechend des von ihnen geschaffenen Dopingsystems, so daß eine Strafbarkeit als mittelbare Täter ausscheidet.

b. Die Angeklagten haben jedoch gemeinsam mit den Trainern der Geschädigten als Mittäter gemäß § 25 Abs. 2 StGB gehandelt. Sowohl der Angeklagte Ewald als auch der Angeklagte Dr. Höppner handelten im Rahmen der Anabolikavergabe zusammen mit den Trainern wie auch Verbandsärzten in Umsetzung eines bei allen Tatbeteiligten für die Mittäterschaft konstitutiven Einverständnisses, die Tat durch einvernehmliches, arbeitsteiliges Handeln innerhalb einer hierarchisch strukturierten Organisation zu begehen. Durch die Erarbeitung eines Dopingsystems mit der Vorgabe, kaderangehörige Sportler in die u.M.-Konzeption einzubeziehen, haben sie die Vergabepraxis an die Sportler maßgeblich beeinflußt. Beide Angeklagte handelten auch nicht nur mit dem Willen, fremdes Tun als Gehilfe zu fördern, sondern wollten die Tat als eigene. Der Angeklagte Ewald hatte ein großes Eigeninteresse, daß die DDR-Sportler im internationalen Vergleich Spitzenplazierungen erreichen, was – auch nach seiner Einschätzung – nur mittels einer Anabolikavergabe möglich war. Nur so konnte er sein hohes Ansehen bei den DDR-Funktionären beibehalten. Aufgrund seiner vielfältigen Ämter im DDR-Sport hatte der Angeklagte Ewald die Einflußmöglichkeit, die Vergabepraxis anaboler Steroide in ihrem Ausmaß zu bestimmen. Auch der Angeklagte Dr. Höppner besaß ein eigenes Interesse am Taterfolg. Er war bestrebt, daß den Sportlern anabole Steroide entsprechend den Vorgaben der von seiner Person erarbeiteten Richtlinie verabreicht werden. Durch diese Richtlinie hat der Angeklagte Dr. Höppner die Vergabepraxis maßgeblich mitbestimmt. Beiden Angeklagten war zudem gemein, daß ihnen Befugnisse zur Hand standen, mit denen sie auf eine Einhaltung der u.M.-Richtlinie hinwirken konnten.

Der Verlust der Zeugungsfähigkeit des Nebenklägers S. und damit der Eintritt einer schweren Folge im Sinne des § 224 StGB a.F. ist den Angeklagten auch nach bundesdeutschem Recht nicht zurechenbar, da es infolge des eigenverantwortlichen Entschlusses des Zeugen S. zu dieser Operation an einem rechtlichen Ursachenzusammenhang fehlt. {65}

2. Rechtswidrigkeit und Schuld

Beide Angeklagte handelten rechtswidrig und schuldhaft. Insbesondere war ihr Verhalten nicht durch eine Einwilligung seitens der Nebenklägerinnen und Nebenkläger gerechtfertigt. Eine solche wirksame Einwilligung hätte vorausgesetzt, daß die Geschädigten sie frei von Willensmängeln, Täuschung, Irrtum oder Zwang und in Kenntnis der Tragweite und Folgen abgegeben hätten. Diese Voraussetzungen liegen nicht vor, weil die Nebenklägerinnen und Nebenkläger über die schädigende Wirkungsweise der Oral-Turinabol Tabletten nicht aufgeklärt worden sind.

3. Konkurrenzen

Die Angeklagten haben die mittäterschaftlichen Körperverletzungen zum Nachteil der 20 Geschädigten durch eine einheitliche Handlung begangen (§ 52 Abs. 1 StGB – mehrmalige Verletzung desselben Strafgesetzes durch dieselbe Handlung). Dem steht die Mehrheit der Haupttaten nicht entgegen, da für die Tat jedes Beteiligten nur dessen Tatbeitrag, nicht aber die Haupttat maßgeblich ist (BGH, NStZ 96, 296; BGHR § 52 Abs. 1, Hdlg. dies. 29). Der Tatbeitrag der Angeklagten stellt sich bei natürlicher Betrachtungsweise als Handlungseinheit dar (natürliche Handlungseinheit). Beide Angeklagte haben im Anklagezeitraum ein System staatlich gelenkter Dopingmittelvergabe im DDR-Sportwesen erarbeitet, welches sich die Trainer und Verbandsärzte zunutze gemacht haben. Angesichts des fortlaufenden Prozesses stellt sich das gesamte Tätigwerden der Angeklagten auch angesichts zum Teil nicht unerheblicher zeitlicher Abstände einzelner Tatbeiträge bei natürlicher Betrachtungsweise als ein einheitlich zusammengefaßtes Tun dar.

4. Strafe

Die gegen die Angeklagten zu verhängende Strafe wäre dem Strafrahmen des § 223 StGB a.F. zu entnehmen, der Geldstrafe oder Freiheitsstrafe bis zu drei Jahren vorsieht. {66}

D. Anwendbares Recht

Auf die Taten der Angeklagten war nach Art. 315 Abs. 1 EGStGB, § 2 StGB das Strafrecht der DDR anzuwenden. Die nach § 2 Abs. 3 StGB vorzunehmende Prüfung ergab, daß § 115 Abs. 1 StGB-DDR, der in der Höchststrafe bis zu 2 Jahren Freiheitsstrafe reicht, bei einem Gesamtvergleich mit bundesdeutschen Recht die den Angeklagten günstigere Beurteilung zuläßt und konkret zu ihr führt.

Eine Geldstrafe kam angesichts der Tatschwere weder nach bundesdeutschem noch nach dem Recht der DDR in Betracht.

Die Kammer hat bei dem vorgenommenen Gesamtvergleich nicht außer acht gelassen, daß zwar eine verhängte Freiheitsstrafe nach dem StGB der DDR nicht zur Bewährung hätte ausgesetzt werden können, dies aber nach bundesdeutschen Recht, sofern die Freiheitsstrafe zwei Jahre nicht überschreitet, unter den Voraussetzungen des § 56 Abs. 1, 2 StGB möglich ist.

Bei Anwendung der dem Strafrecht der DDR zugrundeliegenden Strafzumessungsvorschriften (§§ 30, 39, 61 StGB-DDR) ist die Kammer jedoch zu dem Ergebnis gelangt, daß hiernach eine Verurteilung auf Bewährung als schuld- und tatangemessene Strafe zu verhängen ist (siehe unter V.).

Die Verhängung dieser dem StGB fremden Verurteilung auf Bewährung ist – wie aus Art. 315 Abs. 1 bis 3 EGStGB folgt – für DDR-Alttaten auch nach dem Wirksamwerden des Beitritts nicht ausgeschlossen (vgl. BGHR § 2 Abs. 3 StGB, DDR-StGB 10).

Da diese von § 115 StGB/DDR vorgesehene Straffolge der Verurteilung auf Bewährung eine selbständige, mit staatlichen Sanktionen ausgestaltete Strafart ohne Freiheitsentzug darstellt (vgl. Kommentar zum StGB-DDR, Staatsverlag, 5. Auflage 1987, § 33 Anm. 1) ist sie für die Angeklagten eine günstigere Rechtsfolge als eine Freiheitsstrafe nach bundesdeutschem Recht, deren Vollstreckung lediglich zur Bewährung ausgesetzt wird (vgl. BGHR § 2 Abs. 3 StGB, DDR-StGB 10).

Dieses Ergebnis wird auch durch die Überlegung getragen, daß zwar die nach DDR-Recht vorgesehene Verurteilung auf Bewährung und die nach bundesdeutschen Recht lediglich mögliche Aussetzung der Strafvollstreckung zur Bewährung unterschiedliche Rechtsfolgen {67} darstellen, die Kriterien, die zur Anwendung einer dieser Rechtsfolge führen, jedoch im wesentlichen identisch sind. Da sowohl § 115 Abs. 1 StGB-DDR als auch § 223 StGB a.F. eine Freiheitsstrafe, die Verhängung einer Geldstrafe sowie eine Bewährungsmöglichkeit (nach bundesdeutschem Recht unter den Voraussetzungen des § 56 StGB) zuläßt, kommt demzufolge den Höchststrafen der jeweiligen Vorschriften entscheidendes Gewicht bei der Frage zu, welches Recht sich für die Angeklagten als das mildere darstellt. Die Höchststrafe des § 115 StGB-DDR ist mit zwei Jahren Freiheitsstrafe bzw. der Androhung einer Freiheitsstrafe von maximal zwei Jahren bei einer Verurteilung auf Bewährung (§ 33 Abs. 2 Satz 3 StGB-DDR) milder als die des § 223 StGB a.F. (3 Jahre), im übrigen selbst dann, wenn man auch nach bundesdeutschem Recht lediglich eine Strafbarkeit wegen Beihilfe zur Körperverletzung angenommen hätte (Höchststrafe bis zu 2 Jahren und 3 Monaten Freiheitsstrafe infolge Strafrahmenverschiebung gemäß §§ 27 Abs. 2, 49 Abs. 1 Nr. 2 StGB).

V. Strafzumessung

a. Bei der Strafzumessung mußten sich strafschärfend im wesentlichen der längere Tatzeitraum und die Intensität der systematischen Begehensweise auswirken, an denen beide Angeklagte beteiligt waren. Beide Angeklagte setzten die Gesundheit einer Vielzahl von zum Teil besonders jungen Sportlerinnen nach dem Grundsatz „Sieg um jeden Preis" aufs Spiel, wobei nach Auffassung der Kammer der in der Hauptverhandlung konkret festgestellten Anzahl von 20 geschädigten Opfern bei der Frage der Strafzumessung insofern nicht die entscheidende Bedeutung zukommt. Die Kammer hätte aus diesem Gedanken heraus keine geringere Strafe gegen die Angeklagten verhängt, wären ihnen z.B. nach Einstellung gemäß § 154 Abs. 2 StPO oder mangels Tatnachweises lediglich 15 bis 19 verletzte junge Frauen und damit nicht erheblich weniger zuzurechnen gewesen. Zu ihren Ungunsten sprach zudem, daß eingetretene Körperschäden zum Teil nicht reversibel sind. Die bleibenden Stimmvertiefungen belasten die Betroffenen in ihrem täglichen Leben noch heute.

b. Demgegenüber war zu Gunsten beider Angeklagten insbesondere zu berücksichtigen, daß die Tat bereits sehr lange Zeit zurückliegt. Strafmildernd wurden damit die mit der überlangen Verfahrensdauer verbundenen nachteiligen Einwirkungen auf die Angeklagten, insbesondere die hierdurch verursachte psychische Belastung, bewertet. {68} Ferner wirkte sich zu Gunsten der Angeklagten aus, daß sie bisher unbestraft sind und die von ihnen begangene Straftat durch das System und Staatsverständnis der DDR mitbedingt war, eines Staates, der nicht mehr existent ist. Die Angeklagten waren Teil des totalitären Machtapparats der DDR.

Erheblich strafmildernd wirkte sich zugunsten des Angeklagten Dr. Höppner dessen umfassendes Geständnis aus. Dieses Geständnis, welches der Angeklagte Dr. Höppner bereits im Rahmen des Ermittlungsverfahrens abgelegt hatte, hat nicht nur entscheidend zur Sachaufklärung im Hinblick auf das Dopingsystem in der DDR beigetragen und damit eine Reihe von Strafverfahren ermöglicht, sondern auch erheblich zur Verfahrensbeschleunigung, wenn nicht gar Ermöglichung dieses Strafverfahrens beigetragen. Der Angeklagte Dr. Höppner ließ durch seine Einlassungen erkennen, daß er sich ernsthaft mit seiner Vergangenheit auseinandersetzt, sich seiner Verantwortung stellt und seinen eigenen Tatbeitrag nicht verharmlosen will. Dies wurde auch deutlich an seinen strafmildernd zu berücksichtigenden Entschuldigungen gegenüber den Nebenklägerinnen und dem Nebenkläger S.

Strafmildernd sprach für den Angeklagten Ewald dessen angegriffener Gesundheitszustand.

c. Für beide Angeklagten gilt, daß sie das Erreichen sportlicher Erfolge über die gesundheitlichen Belange der Sportlerinnen stellten und damit ein mangelndes Verantwortungsbewußtsein gegenüber der körperlichen Unversehrtheit, einem auch durch die Verfassung der DDR geschützten Bereich (vgl. Art. 35 der Verfassung der Deutschen Demokratischen Republik) zum Ausdruck brachten. Da jedoch die Tat der Angeklagten maßgeblich durch das nicht mehr existente System der DDR mitbedingt war und demzufolge zu erwarten ist, daß beide Angeklagten zukünftig ein straffreies, in die Gesellschaft eingegliedertes Leben führen werden, kam die Kammer bei ihrer umfassenden Abwägung aller im Rahmen der §§ 30, 33, 39, 61 StGB-DDR zu berücksichtigenden Strafzumessungskriterien zu dem Ergebnis, daß bei Anwendung des Strafrechts der DDR die Straffolge der

Verurteilung auf Bewährung (§ 33 StGB-DDR)

die tat- und schuldangemessene Strafart ist. {69}

d. Bei einer erneuten Abwägung aller Strafzumessungserwägungen des § 61 StGB-DDR (vgl. Kommentar zum StGB-DDR, Staatsverlag, 5. Auflage 1987, § 33 Anm. 2) hat die Kammer für den Fall, daß die Angeklagten ihrer Pflicht zur Bewährung schuldhaft nicht nachkommen,

dem Angeklagten Ewald eine Freiheitsstrafe von einem Jahr und zehn Monaten

und

dem Angeklagten Dr. Höppner eine Freiheitsstrafe von einem Jahr und sechs Monaten

angedroht (§ 33 Abs. 2 Satz 3 StGB-DDR) und die Bewährungszeit auf jeweils zwei Jahre festgesetzt. Bei der Bemessung der angedrohten Freiheitsstrafe als untrennbarem Bestandteil der Verurteilung auf Bewährung (vgl. Kommentar zum StGB-DDR, hrsg. vom Ministerium der Justiz und von der Akademie für Staats- und Rechtswissenschaft der DDR, 5. Auflage 1987, § 33 Anm. 2) hat die Kammer berücksichtigt, daß neben den nicht unerheblich strafschärfenden Gesichtspunkten zugunsten beider Angeklagter eine Reihe strafmildernder Faktoren sprach. Dies stand nach Auffassung der Kammer einer Androhung der von der Staatsanwaltschaft geforderten höchstmöglichen Freiheitsstrafe von zwei Jahren (vgl. §§ 33 Abs. 2 Satz 3 und 4, 115 Abs. 1 StGB-DDR) entgegen. Aufgrund des besonders strafmildernden Gewichts des Geständnisses des Angeklagten Dr. Höppner hatte auch eine sichtliche Unterscheidung der anzudrohenden Freiheitsstrafen zu erfolgen.

VI. [Keine Beihilfe zur Körperverletzung in den Fällen J. und K.]

In der zugelassenen Anklage vom 30. Juli 1999 wurde den Angeklagten weiterhin zur Last gelegt, eine Gesundheitsbeschädigung in Form der Beihilfe zur Körperverletzung zum Nachteil der Nebenklägerinnen J. und K. begangen zu haben. Diese den Angeklagten insoweit vorgeworfenen Straftaten konnten aus tatsächlichen Gründen nicht festgestellt werden. Auch wenn diese Gesundheitsbeschädigungen im Falle ihres Erwiesenseins nach Auffassung der Kammer in natürlicher Handlungseinheit mit der erwiesenen Tat ständen, waren die Angeklagten von diesen Vorwürfen ausdrücklich freizusprechen, da die entsprechend eröffnete Anklage von zueinander im Verhältnis der {70} Tatmehrheit stehenden Handlungen der Angeklagten ausging (vgl. Kleinknecht/Meyer-Goßner, StPO 44. Auflage, § 260 Rdn. 13; BGH NStE, StPO, § 260 Nr. 2).

Zwar ist die Kammer aufgrund der glaubhaften Bekundungen dieser beiden Nebenklägerinnen in der Hauptverhandlung sowie den verlesenen polizeilichen Vernehmungen der Nebenklägerin K. zu der Überzeugung gelangt, daß auch ihnen im Anklagezeitraum seitens ihrer jeweiligen Trainer Oral-Turinabol Tabletten verabreicht worden sind.

Es konnte jedoch nicht mit einem für eine Verurteilung ausreichenden Maß an Sicherheit festgestellt werden, daß auch die Nebenklägerinnen J. und K. Angehörige einer Kaderklasse waren und damit in eine u.M.-Konzeption einbezogen waren. Nach der Hauptverhandlung ist eher das Gegenteil wahrscheinlich. Nach den Feststellungen der Kammer ist eine solche Zuordnung aber erforderlich, um die Gesundheitsschäden den Angeklagten zurechnen zu können. Nach dem von den Angeklagten erarbeiteten Dopingsystem bestand die Vorgabe, daß Sportlern nur unter bestimmten Voraussetzungen anabole Steroide verabreicht werden sollten. Voraussetzung hierfür war insbesondere die Zugehörigkeit zu einer der Kaderklassen I, II oder III. Darüber hinausgehende eigenmächtige Anabolikavergaben seitens der Trainer wollten die Angeklagten aus mannigfaltigen Gründen verhindern. Primär konnte im Falle von Verstößen die von ihnen anvisierte Kontrolle über den Dopingeinsatz nicht mehr gewährleistet werden, was ein größeres Risiko der Entdeckung in der Sportwelt beinhaltete.

Die heute 38 Jahre alte Zeugin J. hat in der Hauptverhandlung angeben, nicht zu wissen, ob sie Angehörige einer Kaderklasse gewesen sei. Sie sei mit 12 Jahren auf die Kinder- und Jugendsportschule „Ernst Grube“ gekommen und habe dort von Februar 1974 bis zu einem nicht mehr genau feststellbaren Zeitpunkt im Jahre 1977 leistungsorientierten Sport in den Disziplin Kugelstoß betrieben. Im Februar 1976 habe sie einen Sportunfall erlitten und anschließend das Training nur noch unter Schmerzen absolvieren können. Demzufolge habe sie im Jahre 1977 mit dem Leistungssport auch aufgehört. Sie habe von Anfang an Tabletten unterschiedlicher Farben und Formen von ihrer Trainerin erhalten; seit einem nicht mehr genau feststellbaren Zeitpunkt, jedenfalls im Sommer 1975, seien auch die „Blauen“ dabeigewesen. Diese habe sie bis zu einem nicht mehr erinnerbaren Zeitpunkt im Jahre 1977 erhalten. An internationalen Wettkämpfen wie auch an DDR-Jugendmeisterschaften habe sie mit Ausnahme eines internationalen Länderkampfes in Polen nicht teilgenommen, sondern lediglich an Sportwettkämpfen im Bereich des Kinder-{71} und Jugendsports, den sogenannten Spartakiaden. Schon nach diesen von der Zeugin J. angegebenen sportlichen Erfolgen erscheint der Kammer eine Kaderklassenzugehörigkeit zweifelhaft.

Die Trainerin der Nebenklägerin J., Frau Börner, hat in einer als eidesstattlichen Versicherung bezeichneten Erklärung angegeben, daß die von ihr betreute Zeugin J. „zu keiner Zeit, damit ist der Zeitraum von 1974 bis 1977 gemeint, Angehörige der Kaderkreise 1, 2 oder 3 war“. Die Kammer hat diese Erklärung bei ihrer Überzeugungsbildung lediglich als „einfache“ Erklärung und nicht als eidesstattliche Versicherung gewertet, da sie nicht vor einer für die Abnahme von eidesstattlichen Versicherungen zuständigen Stelle abgegeben wurde.

Aufgrund dieser Angaben der Nebenklägerin J. und der Erklärung ihrer Trainerin hat die Kammer erhebliche Zweifel an der Kaderzugehörigkeit der Zeugin J. Zugunsten der Angeklagten ist daher davon auszugehen, daß die Zeugin J. nicht in die u.M.-Konzeption einbezogen war, sondern Oral-Turinabol Tabletten eigenmächtig entgegen der u.M.-Richtlinienvorgabe von ihrer Trainerin erhielt. Dies ist den Angeklagten nicht zuzurechnen.

Auch bezüglich der Zeugin K. ist die Kammer nicht zu der Überzeugung gelangt, daß sie während ihrer Leistungssportzeit Angehörige einer Kaderklasse war.

Die heute 39 Jahre alte Zeugin K. hat in ihrer in der Hauptverhandlung verlesenen polizeilichen Vernehmung angegeben, von 1973/1974 bis März 1977 leistungsorientierten Schwimmsport beim Sportclub Einheit Dresden betrieben zu haben. „Die blauen Tabletten“ habe sie erstmals nach Beginn der fünften Klasse mit 10 Jahren bis zu ihrer Beendigung mit dem Leistungssport von ihrer Trainerin erhalten. Die Nebenklägerin K. hat in der Hauptverhandlung glaubhaft angeben, in keiner Kaderklasse gewesen zu sein. Sie habe an Spartakiaden, Länderwettkämpfen im sozialistischen Ausland und auch an DDR-Meisterschaften teilgenommen. Die höchste Plazierung bei einer DDR-Meisterschaft sei ein 6. oder 7. Platz im Jahre 1976 gewesen.

Die Trainerin der Nebenklägerin K., Frau Heitmann, hat in der Hauptverhandlung übereinstimmend angegeben, daß die von ihr trainierte Zeugin K. nicht in eine Kaderklasse eingeteilt war. {72}

Aufgrund der Angaben der Zeuginnen K. und Heitmann ist die Kammer davon überzeugt, daß eine Kaderzugehörigkeit und damit eine Einbeziehung in die u.M.-Konzeption bei der Zeugin K. nicht vorlag.

Anmerkungen

1 Edelfried Buggel wurde durch Strafbefehl des Amtsgerichts Berlin-Tiergarten vom 21.3.2000 – Az. 249 Cs 213/00 – wegen Beihilfe zur Körperverletzung in 137 Fällen zu einer Freiheitsstrafe von zehn Monaten verurteilt, deren Vollstreckung zur Bewährung ausgesetzt wurde.

2 Horst Röder wurde vom Amtsgericht Berlin-Tiergarten durch Strafbefehl vom 9.8.1999 – Az. 270 Cs 928/99 – wegen Beihilfe zur Körperverletzung in 137 Fällen zu einer Freiheitsstrafe von einem Jahr verurteilt, deren Vollstreckung zur Bewährung ausgesetzt wurde.

3 Dietrich Hannemann wurde durch Strafbefehl des Amtsgerichts Berlin-Tiergarten vom 16.3.1999 – Az. 248 Cs 309/99 – wegen Beihilfe zur Körperverletzung in 109 Fällen zu einer Geldstrafe von 250 Tagessätzen zu je 180 DM verurteilt.

4 Vgl. lfd. Nr. 5-1.

5 Peter Paul Börner wurde gemeinsam mit seiner Ehefrau Helga Börner und Alfred Walter Papendick, die ebenfalls als Trainerin bzw. Trainer tätig waren, von der StA II bei dem LG Berlin am 4.8.1999 – Az. 28 Js 112/97 – wegen vorsätzlicher Körperverletzung in elf bzw. sieben Fällen angeklagt. Nachdem die Angeklagten nicht zu der Hauptverhandlung erschienen waren, wurden sie auf Antrag der Staatsanwaltschaft gem. § 407 Abs. 1 Satz 1, § 408a StPO durch Strafbefehle des Amtsgerichts Berlin-Tiergarten vom 16.6.2000 – Az. 237 Ds 483/99 – zu Freiheitsstrafen von 10 (P. Börner) bzw. 7 Monaten (H. Börner und Papendick) verurteilt, deren Vollstreckung jeweils zur Bewährung ausgesetzt wurde.

6 Vgl. Anm. 5.

7 Joachim Martin Spenke wurde gemeinsam mit drei weiteren Leichtathletik-Trainern des SC Dynamo Berlin am 23.8.1999 StA II bei dem LG Berlin – Az. 28 Js 111/97 – wegen Körperverletzung angeklagt. Das Verfahren gegen ihn wurde vom Amtsgericht Berlin-Tiergarten am 25.4.2000 – Az. 279 Ds 620/99 – gem. § 153 Abs. 2 StPO endgültig eingestellt. Auch gegen die übrigen Angeklagten wurde das Verfahren durch Beschlüsse des Amtsgerichts Berlin-Tiergarten vom 17.2.2000 bzw. 18.5.2000 – Az. 279 Ds 620/99 – eingestellt.

8 Dieter Krause war ursprünglich Mitangeklagter in dem unter lfd. Nr. 5 abgedruckten Verfahren. Das Verfahren gegen ihn wurde vom Landgericht Berlin jeweils gegen Zahlung einer Geldbuße in Höhe von 3.000 DM durch Beschluss vom 3.11.1998 – Az. 534 - 33/97 – nach § 153a Abs. 2 endgültig eingestellt.

9 Uwe Neumann wurde durch Strafbefehl des Amtsgerichts Dresden vom 22.7.1999 – Az. 214 Cs 414 Js 21881/99 – wegen Körperverletzung in neun Fällen zu einer Geldstrafe von 80 Tagessätzen zu je 100 DM verurteilt.

10 Im Original. Gemeint ist wohl, „welchen Anteil die Angeklagten hieran hatten".

11 Vgl. lfd. Nr. 5-3.

12 Vgl. Anhang S. 467f.

13 Im Original. Gemeint ist wohl das Arzneimittelgesetz vom 27.11.1986, das im DDR-GBl. I Nr. 37 vom 10.12.1986 auf S. 473ff. veröffentlicht wurde.

14 Vgl. Anhang S. 468.

15 Vgl. den Dokumentationsband zu den Gewalttaten an der deutsch-deutschen Grenze, lfd. Nr. 15-2.

16 Vgl. den Dokumentationsband zu den Gewalttaten an der deutsch-deutschen Grenze, lfd. Nr. 12-2.

Teil 3:
Denunziationen

Lfd. Nr. 8

Denunziation eines Fluchtvorhabens (I)

Inhaltsverzeichnis
Erstinstanzliches Urteil des Landgerichts Berlin vom 10.4.1990,
Az.: (502) 2 P Js 1089/89 – KLs – (9/90)

Landgericht Berlin 10. April 1990
Az.: (502) 2 P Js 1089/89 – KLs – (9/90)

URTEIL

Im Namen des Volkes

Strafsache gegen

1. den Kraftfahrer
   Bernd Joachim K.
   geboren 1951
   z.Zt. in der JVA Moabit,
   Gef.-Buch-Nr. 4877/89-8,

2. die Köchin
   Ute Renate K.
   geboren 1954

wegen politischer Verdächtigung. {2}

Die 2. große Strafkammer des Landgerichts Berlin hat in der Sitzung vom 10. April 1990, an der teilgenommen haben:

⊗ Es folgt die Nennung der Verfahrensbeteiligten. ⊗

für *Recht* erkannt:

Jeder der Angeklagten wird wegen politischer Verdächtigung in Tateinheit mit Freiheitsberaubung in vier Fällen zu einer Freiheitsstrafe von

zwei Jahren,

deren Vollstreckung zur Bewährung ausgesetzt wird, verurteilt.
Die Angeklagten tragen die Kosten des Verfahrens sowie ihre insoweit entstandenen notwendigen Auslagen.

Angewandte Strafvorschriften:
§§ 239, 241a Abs. 1 und 4, 25 Abs. 1 und 2, 52, 56 Abs. 1 und 2 StGB. {3}

Gründe

(Abgekürzte Fassung nach § 267 Abs. 4 StPO)

I. [Feststellungen zur Person]

Der Angeklagte Bernd Joachim K. wurde 1951 in B. geboren und wuchs dort auf. Er schloß dort die Schule nach acht Schuljahren ab. Eine Lehre konnte er nicht erfolgreich beenden. Er arbeitete meist, so auch zuletzt, als Kraftfahrer.

1973 heiratete der Angeklagte die Mitangeklagte Ute Renate K. geborene F., die 1954 in B. geboren und gleichfalls dort aufgewachsen ist. Ute K. ist gelernte Köchin; sie arbeitet zuletzt in B. als sogenannte Disponentin.

Aus der Ehe beider Angeklagter gingen 1974 und 1976 zwei Töchter hervor. Beide Angeklagte siedelten dann am 24. November 1989 nach Berlin (West) über. Sie sind unvorbestraft.

Beide Angeklagten wurden am 30. November 1989 vorläufig festgenommen, und gegen sie ist durch Beschlüsse des Amtsgerichts Tiergarten vom 1. Dezember 1989 die Untersuchungshaft angeordnet worden. Der Angeklagte Bernd K. ist auf Grund dieses Beschlusses vom 1. Dezember 1989 bis zur Hauptverhandlung im vorliegenden Verfahren in Untersuchungshaft in der Justizvollzugsanstalt Moabit gewesen, {4} während die Mitangeklagte Ute K. auf Grund eines weiteren Beschlusses des Amtsgerichts Tiergarten vom gleichen Tag vom Vollzug der Untersuchungshaft verschont worden ist.

II. [Sachverhaltsfeststellungen]

Anfang 1988 wollten die Angeklagten mit ihren Töchtern die DDR illegal verlassen und nach Berlin (West) übersiedeln. Sie beabsichtigten dazu, ihr in der DDR gelegenes Vermögen zu veräußern, um im Westen ein Startkapital zu haben. Dazu faßten sie auch ins Auge, ihr in Berlin-Karow gelegenes, von ihnen geerbtes Grundstück mit einem Einfamilienhaus zu verkaufen. Hiervon machten sie dem Bruder der Angeklagten Ute K., dem Ralf F., sowie dessen Ehefrau, der Zeugin Marianne F., Mitteilung. Ralf und Marianne F. hatten, wie die Angeklagten wußten, bereits früher Personen geholfen, die DDR über Ungarn via Österreich zu verlassen, insbesondere den Eheleuten W. sowie dem Bruder Horst P. der Zeugin Marianne F. Da Ralf und Marianne F., wie die Angeklagten gleichfalls wußten, beabsichtigten, die DDR ebenfalls zu verlassen, hatten sie kein Interesse am Erwerb des Grundstücks. Sie schlugen den Angeklagten jedoch vor, dieses an die Mutter der Zeugin Marianne F., Frau Adelheid G., zu veräußern. Sie ihrerseits – Ralf und Marianne F. – würden den Angeklagten bei einem erneuten Fluchtversuch über Ungarn {5} helfen.

Bevor es zu einer solchen Veräußerung des Grundstücks kam, übernahmen die Angeklagten jedoch im Februar 1988 auf eigene Faust einen Fluchtversuch über Ungarn. Dieser scheiterte, weil es den Angeklagten nicht gelang, Personen zu finden, die sie über die Grenze geschleust hätten. Die Angeklagten kehrten deshalb unverrichteter Dinge nach Berlin (Ost) zurück.

Dort angekommen, verhandelten sie nun mit Frau Adelheid G. über den Verkauf des Hauses. Schließlich schlossen sie und Frau G. am 19. Mai 1988 vor dem staatlichen Notariat in Berlin-Weißensee einen notariellen Vertrag über den Verkauf des Grundstücks ab, ausweislich dessen der Kaufpreis 53.574,75 Mark der DDR – dies entsprach dem vorgeschriebenen Taxpreis – betragen sollte. Der Kaufpreis wurde dadurch belegt, daß – wie alsbald auch tatsächlich ausgeführt – sich Adelheid G. zur Ablösung einer Hypothek von 9.737,35 DM verpflichtete. Der Restkaufpreis dagegen sollte ausweislich der Vertragsurkunde bereits bei Vertragsabschluß in bar gezahlt worden sein. Entsprechend dem Kaufvertrag wurde Adelheid G. dann am 13. Juni 1988 als Eigentümerin im Grundstück eingetragen.

Die Angeklagten kauften nun Flugkarten nach Budapest. Mit Ralf und Marianne F. vereinbarten sie, daß sie in Budapest zu einem bestimmten Zeitpunkt eine Person namens {6} „Markus“ vor dem Hotel „Wien“ treffen sollten, der sie nach Österreich bringen könne. Ralf und Marianne F. gaben dazu ein Foto des „Markus“, bei dem es sich um den in Berlin (Ost) ansässigen Markus Z. handelte, damit sie diesen erkennen könnten.

Die Angeklagten hatten jedoch Zweifel, ob die Flucht wirklich gelingen werde. Für den Fall des Scheiterns wollten sie sicher sein, daß ihnen Adelheid G. das Grundstück zurückübertragen werde. Um hierfür ein Druckmittel zu gewinnen, beschlossen sie, Adelheid G. zu sich einzuladen. Adelheid G. erschien sodann einige Tage vor dem 14. Juli 1988 bei den Angeklagten, die damals weiterhin im Hause wohnten, und zwar in Begleitung der Zeugen Ralf und Marianne F. Wie mit dem Angeklagten Bernd K. abgesprochen, hatte sich die Angeklagte Ute K. mit einem aufnahmebereiten Kassettenrekorder hinter einem geöffneten Badezimmerfenster versteckt und schnitt die nun folgenden Gespräche, von den Gästen unbemerkt, mit. Bernd K. brachte dann, wie mit Ute K. vereinbart, das Gespräch auf diejenigen Fluchtversuche, zu denen die Zeugen F. bereits Hilfe geleistet hatten, sowie auf die geplanten Fluchtversuche der Angeklagten wie auch der Eheleute F. selbst. Von der so erstellten Tonband-Kassette fertigte die Angeklagte noch eine Kopie, die sie bei ihrem Bruder Bernd F. hinterlegte. {7}

Bei der anschließenden Reise nach Ungarn gelang den Angeklagten die geplante Flucht nicht. Aus nicht feststellbaren Gründen scheiterte das beabsichtigte Treffen zwischen ihnen und Markus Z. Auch scheiterte der weitere Versuch der Angeklagten, in Ungarn andere Personen zu bewegen, sie über die Grenze zu leiten. Schließlich flogen die Angeklagten mit ihren Töchtern wieder nach Berlin (Ost) zurück.

Dort angekommen, holten sie zunächst ihr Kraftfahrzeug, das sie beim Bruder Ulf F. der Angeklagten untergestellt hatten, zurück. Dann versuchten sie, Frau G. zu bewegen, ihnen das Grundstück zurückzuübertragen. In der folgenden rechtlichen Auseinandersetzung zwischen den Angeklagten und Frau G. entstand Streit, ob diese ihrerseits den Angeklagten mündlich versprochen hatte, im Fall des Scheiterns der Flucht das Grundstück zurückzuübereignen, und ob – so die Behauptungen der Angeklagten – anstelle des schriftlich niedergelegten Kaufpreises in Wahrheit ein Kaufpreis in Höhe von 20.000,-- DM mündlich vereinbart worden sei. Als es den Angeklagten letztlich nicht gelang, Frau G. zum Abschluß eines notariellen Rückübereignungsvertrags zu bewegen, begab sich die Angeklagte Ute K. zu einem Rechtsanwalt. Dieser teilte ihr mit, daß die gerichtliche Geltendmachung von entsprechenden Rückübertragungsansprüchen gegen Frau G. aussichtslos sei. {8}

Als die Angeklagten sodann gerüchteweise erfuhren, daß auch Frau G. beabsichtigte, die DDR zu verlassen, beschlossen sie nun, Adelheid G. und Ralf und Marianne F. unter Druck zu setzen, um die Rückgabe des Grundstücks zu erreichen. Sie schrieben einen Brief an Ralf und Marianne F., in dem sie diesen von der Existenz der Tonbandkassette Mitteilung machten und erklärten, sie würden staatlichen Organen von den Fluchthilfehandlungen sowie den Fluchtabsichten der Eheleute F. berichten, wenn diese sich nicht doch noch erfolgreich für die Rückgabe des Grundstücks an die Angeklagten einsetzen würden.

Als dieses Schreiben erfolglos blieb, begaben sich die Angeklagten beide gemeinsam zur Hans-Beimler-Straße in Berlin (Ost), einem Dienstgebäude, in dem sich damals sowohl die Ostberliner Kriminalpolizei als auch – wie den Angeklagten bewußt war – eine Außenstelle des Ministeriums für Staatssicherheit befand. Von der Pförtnerloge telefonierte Bernd K. dort im Beisein seiner Frau mit einem Mitarbeiter, dem er erklärte, über Fluchthilfeunternehmen und beabsichtigte Fluchtversuche aussagen zu wollen. Der Mitarbeiter notierte den Namen und die Anschrift des Angeklagten und sagte zu, am selben Abend bei ihnen zu erscheinen, um den Sachverhalt zu klären.

Wie abgesprochen, erschien am selben Abend – etwa Ende Juli/Anfang August 1988 – ein Hauptmann des Ministeriums für Staatssicherheit der DDR bei den Angeklagten. Die Ange-{9}klagten berichteten ihm, daß Marianne und Ralf F. bereits früher zu geglückten Fluchten aus der DDR, nämlich den Fluchten der Eheleute W. sowie des Horst P., Hilfe geleistet hatten. Sie berichteten ferner von den Umständen und Hintergründen ihrer eigenen zuletzt unternommenen und fehlgeschlagenen Flucht, wobei sie insbesondere die Rolle von Ralf und Marianne F. sowie von Frau Adelheid G. hinsichtlich dieses Fluchtversuchs hervorhoben und auch die ihnen unter dem Vornamen „Markus“ benannte Person schilderten. Wie mit dem Hauptmann des Staatssicherheitsdienstes verabredet, fertigten sie über die diesbezüglichen Einzelheiten noch ein mehrseitiges Protokoll, welches sie sodann gemeinsam mit der von ihnen gefertigten Tonbandkassette verabredungsgemäß dem Staatssicherheitsdienst zuleiteten.

Wie die Angeklagten vorhergesehen und beabsichtigt hatten, führten ihre Äußerungen dazu, daß seitens des Ministeriums für Staatssicherheit sowie der Strafverfolgungsbehörden der DDR Ermittlungen gegen Adelheid G., Ralf und Bernd F. sowie Markus Z. wegen sogenannter „Fluchthilfe“ aufgenommen wurden. Wie von den Angeklagten gleichfalls vorhergesehen und beabsichtigt, wurden diese Personen von Gerichten der DDR wegen „versuchten ungesetzlichen Grenzübertritts, Beihilfe zum ungesetzlichen Grenzübertritt und Nichtanzeige eines ungesetzlichen Grenzübertritts“ wie folgt verurteilt und in Haft genommen: {10}

a) Ralf und Marianne F. wurden am 14. September 1988 von Mitarbeitern des Ministeriums für Staatssicherheit vorläufig festgenommen. Beide wurden dann am 10. März 1989 vom Stadtbezirksgericht Pankow verurteilt, und zwar Ralf F. zu einer Freiheitsstrafe von zwei Jahren und drei Monaten und Marianne F. zu einer Freiheitsstrafe von einem Jahr und fünf Monaten. Während Ralf F. seine Freiheitsstrafe sofort antreten mußte, erhielt Marianne F wegen eines sogenannten „Mutterjahres“ Strafaufschub bis zum 18. Juni 1989. Entlassen wurden beide dann am 7. bzw. 8. November 1989 auf Grund der im Rahmen der politischen Wende in der DDR erlassenen Amnestieregelung und begaben sich am 9. November 1989 nach Berlin (West).
b) Adelheid G. wurde gleichfalls am 14. September 1988 verhaftet und dann am 7. März 1989 vom Stadtbezirksgericht Pankow zu einer Freiheitsstrafe von einem Jahr und acht Monaten verurteilt, die sie bis zum 8. November 1989 verbüßte. Gleichzeitig mit Adelheid G. wurde Ulf F. zu einer zweijährigen Bewährungsstrafe verurteilt.
c) Markus Z. wurde am 22. März 1989 vor dem Stadtbezirksgericht Pankow zu einer Freiheitsstrafe von einem Jahr verurteilt und ebenfalls in Haft genommen. Wie lan-

ge er diese Haft verbüßt hat und wann er aus der Haft entlassen wurde, ließ sich nicht feststellen. {11}

Die Angeklagten, gegen die die staatlichen Behörden der DDR wegen ihrer Aussagebereitschaft nicht vorgegangen waren, stellten am 14. April 1989 einen Ausreiseantrag aus der DDR. Um die Genehmigung dieses Ausreiseantrags zu erreichen, arbeitete der Angeklagte Bernd K. im Einverständnis mit der Mitangeklagten Ute K. von diesem Zeitpunkt an für das Ministerium für Staatssicherheit als sogenannter „Informant“, wobei er insbesondere Kenntnisse über Sonntagsdemonstrationen Ausreisewilliger im Berliner Stadtbezirk Mitte preisgab. Am 23. November 1989 wurde dem Ausreiseantrag der Angeklagten offiziell entsprochen. Seit dem 24. November 1989 befinden sie sich nunmehr in Berlin (West).

III. [Rechtliche Würdigung]

Nach diesen Feststellungen haben sich beide Angeklagten einer gemeinschaftlich begangenen politischen Verdächtigung im besonders schweren Fall §§ 241a Abs. 1 Abs. 4, 25 Abs. 1, Abs. 2 StGB in Tateinheit mit gemeinschaftlicher Freiheitsberaubung in vier Fällen, §§ 239, 25 Abs. 1, 25 Abs. 2, 52 Abs. 1 StGB schuldig gemacht.

Bei den Angaben, die die Angeklagten gegenüber dem Ministerium für Staatssicherheit gemacht haben, handelt es sich um politische Verdächtigungen. Die von den Angeklagten vorausgesehenen Verfolgungsmaßnahmen gegen Ralf F., {12} Marianne F., Adelheid G. und Markus Z. sind sämtlich Willkürmaßnahmen gewesen, die nicht die Durchsetzung eines legitimen staatlichen Strafanspruchs gegenüber kriminellem Verhalten zum Ziel hatten, sondern die Ahndung politischer Verhaltensweisen und Handlungen. Diese von den Angeklagten zu verantwortenden Freiheitsentziehungsmaßnahmen stehen auch im Widerspruch zu rechtsstaatlichen Grundsätzen. Das Menschenrecht auf Freizügigkeit, dessen Existenz im übrigen die Deutsche Demokratische Republik in den von ihr abgeschlossenen völkerrechtlichen Verträgen ausdrücklich anerkannt hatte und [das] damit auch dort geltendes – wenngleich nicht angewandtes – Recht war, ist unverzichtbarer Teil jedes rechtsstaatlichen Systems. Mit diesem Recht auf Freizügigkeit waren Verurteilungen wegen „Republikflucht“-Delikten, wie sie die Geschädigten erlitten haben, unvereinbar.

Freiheitsberaubungen im Sinne des § 239 StGB haben die Angeklagten dadurch begangen, daß sie durch ihre Aussagen gegenüber dem Ministerium für Staatssicherheit die strafrechtlichen Verurteilungen und Inhaftierungen von Ralf und Marianne F., Adelheid G. und Markus Z. wissentlich veranlaßt haben.

Was eine mögliche politische Verdächtigung zum Nachteil des Ulf F. betrifft, so konnte nicht sicher festgestellt werden, ob die Angeklagten in ihrem Vorsatz auch mit aufgenommen hatten, daß Verfolgungsmaßnahmen auch gegen Ulf F. eingeleitet werden würden. Angesichts dessen kam {13} insoweit eine Verurteilung der Angeklagten nicht in Betracht. Eines besonderen Freispruchs bedurfte es insoweit jedoch nicht, weil die Tat tateinheitlich angeklagt und von der Kammer so auch gewertet worden ist.

IV. [Strafzumessung]

Bei der Strafzumessung ist die Kammer von einem Strafrahmen zwischen einem Jahr und zehn Jahren Freiheitsstrafe ausgegangen, wie er sowohl in § 241a Abs. 4 StGB als auch in § 239 Abs. 2 StGB vorgesehen ist.

Bei der Strafzumessung hat die Kammer zu Gunsten der Angeklagten berücksichtigt, daß sie nicht vorbestraft sind. Zudem sprach für sie, daß sie ein volles Geständnis abgelegt haben. Die Kammer hat auch nicht verkannt, daß die Handlungsweise der Angeklagten ihren Grund auch in der Hoffnungslosigkeit und in der Verzweiflung der Angeklagten hatten, in der sich diese damals angesichts ihrer gescheiterten Fluchtversuche befunden hatten.

Allerdings sprachen auf der anderen Seite ganz erhebliche Gesichtspunkte gegen die Angeklagten. Dabei ist insbesondere zu berücksichtigen, daß die Angeklagten durch ihr rücksichtsloses Verhalten insgesamt vier Menschen für lange Zeit ins Gefängnis gebracht haben und diese Personen – auch angesichts der bekannten Zustände in den Gefängnissen der DDR vor der politischen Wende – einem erheblichen Leidensdruck ausgesetzt haben. Dieses Verhalten der Angeklagten {14} ist um so vorwerfbarer, als sie selbst zu jeder Zeit von einem großen Freiheitsdrang bestimmt waren, der sich in ihren Fluchtversuchen in den Westen ausdrückte. Daß sie diese Freiheit anderen Personen, nämlich den vier Geschädigten, nicht zugestehen wollten, offenbart eine im hohem Maße verwerfliche Gesinnung. Strafschärfend wertet die Kammer auch, daß die Angeklagten ihre eigenen Vermögensinteressen, die auf Rückübertragung eines Grundstücks gerichtet waren, höher bewertet haben als das Freiheitsrecht der vier Geschädigten. Ebenfalls gegen sie spricht die Hartnäckigkeit, mit der sie ihre Ziele verfolgt haben, wie sie insbesondere in der Vorbereitung der Tat durch Schaffung eines geeigneten Druck- und Beweismittels in Form der vorbezeichneten Tonbandkassette zum Ausdruck gekommen ist.

Weil die Tat sich jedoch in ihrem Gesamtbild als nicht typisch für das Wesen der Angeklagten darstellt, sondern Ausdruck einer besonderen Situation ist, in der sich die Angeklagten zum damaligen Zeitpunkt befunden haben, hat die Kammer trotz aller gewichtigen, vorstehend genannten strafschärfenden Umstände eine Freiheitsstrafe von zwei Jahren für jeden der Angeklagten für schuldangemessen und zur Einwirkung auf ihn für ausreichend und erforderlich erachtet.

Die Vollstreckung dieser Strafen konnte bei beiden Angeklagten gemäß §§ 56 Abs. 1, 56 Abs. 2 StGB zur Bewährung {15} ausgesetzt werden.

Angesichts dessen, daß beide Angeklagte bislang unvorbestraft waren, geht die Kammer davon aus, daß sie sich schon diese erste gegen sie ergangene Verurteilung zur Warnung dienen lassen werden und künftig auch ohne die Einwirkung des Strafvollzugs keine Straftaten mehr begehen werden. Zudem erkennt die Kammer gemäß § 56 Abs. 2 StGB bei einer Gesamtwürdigung der Tat und der Persönlichkeit beider Angeklagten Umstände, die die Aussetzung der Freiheitsstrafe zur Bewährung als angemessen erscheinen lassen. Denn ohne die besondere Situation, in der sich die Angeklagten in dem damals in der DDR herrschenden Unrechtssystem befunden haben, wäre die von ihnen begangene Tat nicht vorstellbar gewesen.

Lfd. Nr. 9

Denunziation eines Fluchtvorhabens (II)

Inhaltsverzeichnis
Erstinstanzliches Urteil des Landgerichts Hildesheim vom 10.12.1993,
Az.: 12 KLs 17 Js 1863/90

Landgericht Hildesheim 10. Dezember 1993
Az.: 12 KLs 17 Js 1863/90

URTEIL

Im Namen des Volkes!

In der Strafsache

gegen Sabine O.,
geschiedene B.,
geborene E.,
geboren 1956 in H.,
verheiratet, Deutsche,

wegen schwerer Freiheitsberaubung

hat die 1. große Strafkammer des Landgerichts in Hildesheim in den Sitzungen vom 9. und 10.12.1993, an denen teilgenommen haben:

⊗ Es folgt die Nennung der Verfahrensbeteiligten. ⊗ {2}

am 10.12.1993 für *Recht* erkannt:

Die Angeklagte wird wegen schwerer Freiheitsberaubung zu einer Freiheitsstrafe von 6 Monaten verurteilt, deren Vollstreckung zur Bewährung ausgesetzt wird.
Sie hat die Kosten des Verfahrens zu tragen.
– Angewendete Vorschriften: §§ 239 Abs. 1 u. 2, 7 Abs. 1, 56 StGB –

Gründe

I. [Feststellungen zur Person]

Die Angeklagte ist 1956 in H. in der früheren Deutschen Demokratischen Republik (DDR) geboren. Sie ist im elterlichen Haushalt zusammen mit zwei Geschwistern aufgewachsen. Nach der 8. Klasse hat sie die Schule verlassen, um Geld zu verdienen. Von 1972 bis 1974 hat sie eine Lehre als Köchin absolviert. Anschließend arbeitete sie zunächst in einer örtlichen Mosterei. Dann fand sie für mehrere Jahre eine Einstellung in der Molkerei in H.

Am 23.8.1975 heiratete die Angeklagte den 1955 in H. geborenen Andreas B. Dieser hatte 1974 seine Lehre als Maler abgeschlossen und war mit der Angeklagten seit dieser Zeit befreundet. Vom 5. Mai 1975 bis zum 28. April 1978 diente Herr B. als Soldat auf Zeit bei der nationalen Volksarmee. Danach arbeitete er bis zu seiner Inhaftierung im März 1982 ständig bei der Produktionsgenossenschaft des Malerhandwerks „Drei Schilde“ in H. 1979 erhielt er über die PGH eine zwei Raum-Neubauwohnung in H. zugewiesen. {3}

Nach der Verhaftung ihres früheren Ehemanns lernte die Angeklagte ihren jetzigen Ehemann kennen. Sie zog mit ihm noch 1982 nach S. Am 2.7.1982 wurde ihre erste Ehe mit dem Zeugen B. durch das Kreisgericht H. geschieden.

Am 10.5.1986 heiratete die Angeklagte ihren jetzigen Ehemann. Im gleichen Jahr kauften beide ein Haus, in dem sie noch heute wohnen. Aus der Beziehung sind 2 Kinder hervorgegangen, die am 17.5.1983 und 31.3.1987 geboren wurden.

⊗ Es folgen Angaben zur Einkommenssituation der Angeklagten und ihres Ehemannes. ⊗

Die Angeklagte war nicht Mitglied der SED. Sie ist unbestraft.

II. [Sachverhaltsfeststellungen]

1. Die Ehe der Angeklagten verlief zunächst recht gut. Der Ehemann verwaltete das gemeinsame Einkommen. Er gab in der Ehe den Ton an und entschied vieles, ohne die Angeklagte groß um Rat zu fragen.

Das Verhältnis verschlechterte sich, als der Zeuge B. feststellen mußte, daß die Angeklagte etwa 1980 anläßlich eines Fortbildungslehrganges in der CSSR außereheliche Beziehungen zu einem anderen Mann aufgenommen hatte. Als Herr B. einen Liebesbrief dieses Mannes in die Hände bekam, war er tief entrüstet und versetzte der Angeklagten mehrere kräftige Schläge mit der Hand. {4}

Der Zeuge B. war seitdem argwöhnisch, was die eheliche Treue seiner Frau anging. Er versuchte, möglichst nicht zu auswärtigen Arbeiten eingesetzt zu werden. Als er dennoch Montagearbeiten außerhalb von H. durchführen mußte und an einem Wochenende einen Tag früher als geplant nach Hause kam, traf er die Angeklagte in Gegenwart eines anderen Mannes „in flagranti“ an. Auch dieses Mal schlug er die Angeklagte aus Entrüstung und Enttäuschung über ihre Verfehlung. Möglicherweise kam es darüber hinaus in seltenen Fällen zu vereinzelten Schlägen des Zeugen B. gegenüber seiner Ehefrau im Rahmen von ehelichen Streitigkeiten.

2. Der Zeuge B. hegte seit Ende der 70er Jahre den Wunsch, in die Bundesrepublik überzusiedeln. Ihm – wie auch der Angeklagten – gefiel die schlechte Versorgungslage in der DDR nicht und insbesondere der Umstand, daß er erst als Rentner die Chance haben würde, in die Bundesrepublik zu reisen. Er und die Angeklagte sahen ständig das westdeutsche Fernsehen und erhielten dort Informationen, welche Möglichkeiten es für eine Übersiedlung gab. Auch die Angeklagte fühlte sich durch die besseren Lebensbedingungen in der Bundesrepublik angezogen und war an einer Übersiedlung interessiert.

Beide Eheleute entschlossen sich, zunächst von dem ihnen formal zustehenden Recht der Ausreise Gebrauch zu machen. Im Sommer 1981 besorgte der Zeuge B. Ausreiseanträge und füllte sie für sich und seine Ehefrau aus. Er zögerte jedoch, sie bei den Behörden einzureichen, weil er Unannehmlichkeiten wie den Verlust der Wohnung befürchtete oder sogar einen drohenden Freiheitsentzug. Er verbrannte die Anträge deshalb wieder. {5}

Herr B. bewarb sich anschließend bei der Fischereiflotte und der Deutschen Seereederei in Rostock als Arbeitskraft. Er wollte auf einem Schiff die DDR verlassen und seine Frau nachkommen lassen. Er wurde jedoch nicht eingestellt.

Im Herbst 1981 nahm Herr B. über eine alte Tante in der Bundesrepublik Kontakt zu der „Internationalen Gesellschaft für Menschenrechte“ in Frankfurt auf. Er schickte Paßbilder von sich und seiner Frau an diese Verwandte. Die Tante fühlte sich jedoch altersmäßig nicht mehr in der Lage, Herrn B. bei seinen Bemühungen zu helfen, so daß auch diese Möglichkeit der Übersiedlung keinen Erfolg bot.

Zur gleichen Zeit versuchte auch der Cousin von Herrn B., der in Dessau wohnende 34-jährige Manfred S., über eine kirchliche Kontaktadresse in der Bundesrepublik seine Ausreise aus der DDR zu erreichen. Er hatte damit keinen Erfolg.

Im Januar 1982 lernte der Zeuge B. in H. zwei österreichische Ingenieure kennen. Er traf sich mit ihnen im Februar 1982 in seiner Wohnung, die Angeklagte und Manfred S. waren ebenfalls anwesend. Es wurde vereinbart, daß die Österreicher sich nach ihrer Rückkehr im Februar 1982 im Namen von Herrn B., seiner Ehefrau und von Herrn S. an die bereits genannte Internationale Gesellschaft in Frankfurt wenden und ihre Ausreise beantragen sollten. Ein brieflicher Kontakt zwischen Herrn B. und den österreichischen Staatsangehörigen kam in der Folgezeit jedoch nicht mehr zustande. {6}

Nunmehr entschloß sich der Zeuge B. nach Rücksprache mit der Angeklagten und dem Zeugen S., auf eigene Faust die Ausreise aus der DDR zu organisieren. Sie faßten den Plan, zu Dritt nach Bratislava/CSSR zu fliegen und dann zu Fuß die Grenze nach Österreich zu überschreiten. B. legte zusammen mit S. den Fluchtweg auf einer Karte im einzelnen fest.

Am 5. oder 7.3.1982 besuchte der Zeuge S. die Eheleute B. und besprach mit ihnen, daß er sich in Dessau um die Flugkarten kümmern wollte. Die Zeit begann etwas zu drängen, weil S. einen Bescheid bekommen hatte, daß er im Herbst eine längere Wehrübung abzuleisten habe, was er nicht wollte. Allen drei Beteiligten war klar, daß sie ihren Plan unbedingt geheimhalten mußten, weil andernfalls die Entdeckung durch das allgegenwärtige Ministerium für Staatssicherheit (im folgenden: Stasi) drohte und mit einer Verurteilung zu einer mehrjährigen Freiheitsstrafe wegen versuchter Republikflucht zu rechnen war.

Die Angeklagte war bei den jeweiligen Besprechungen anwesend gewesen und hatte den Fluchtplänen zugestimmt, ohne bei ihrer Ausarbeitung aktiv mitzuwirken. Insgeheim hatte sie jedoch in den letzten Wochen – so ihre nicht zu widerlegende Einlassung – Abstand von dem gemeinsamen Plan gewonnen. Ihr schien im Hinblick auf das gespannte Verhältnis zu ihrem Mann eine Übersiedlung in die Bundesrepublik nicht günstig, weil sie dort keinerlei Kontakte zu ihren Verwandten haben könnte. Sie wollte an der Flucht nicht mehr teilnehmen, teilte dies aber weder ihrem Ehemann noch Herrn S. mit.

Die Angeklagte kam angesichts der gespannten Beziehung zu ihrem Ehemann zu dem Schluß, daß sie sich von ihm trennen wollte. Sie wählte jedoch nicht den Weg der {7} Ehescheidung, sondern nahm die Fluchtpläne ihres Mannes zum Anlaß, sich von seiner Anwesenheit zu befreien. Sie entschloß sich, den staatlichen Behörden von den Plänen Kenntnis zu verschaffen. Sie ging davon aus, daß gegen ihren Mann ein Strafverfahren wegen versuchter Republikflucht in Gang gesetzt werden würde, das – entsprechend der allgemeinen Übung in der DDR – mit einer spürbaren Freiheitsentziehung enden würde. Daß sie nach dem in der DDR geltenden Strafrecht zu einer Anzeige der geplanten Flucht verpflichtet war, war ihr nicht bekannt. Ihr war vielmehr bewußt, daß eine solche Anzeige verwerflich war, weil ihr Mann nicht wegen einer kriminellen

Tat, sondern allein dafür mit Freiheitsentzug bestraft wurde, daß er von seinem Recht, die DDR zu verlassen, Gebrauch machte. Daß im Prinzip nahezu jeder DDR-Bürger das Recht auf Ausreise hatte, wußte sie aus den Gesprächen mit ihrem Mann über die Ausreiseanträge und aus den Sendungen des westdeutschen Fernsehens.

Gleichwohl entschied sich die Angeklagte für eine Anzeige, weil ihr dies als der einfachste Weg erschien, sich von ihrem Mann zu lösen und ihre Freiheit zu erhalten. Ihr war klar, daß auch Manfred S. unter dem schweren Vorwurf der versuchten Republikflucht verhaftet werden würde und eine nicht unerhebliche zu vollstreckende Freiheitsstrafe erhalten würde. Dies nahm sie als eine – wenn auch nicht erwünschte – notwendige Nebenfolge ihrer Anzeige hin.

Da sich die Angeklagte scheute, direkt zur Stasi zu gehen, sprach sie am Morgen des 12.3.1982 an ihrem Arbeitsplatz den Leiter des Molkereikombinats, Herrn Sch., an. Sie teilte ihm mit, daß ihr Mann und dessen Cousin konkrete Pläne für das Verlassen der DDR hätten, die in nächster Zeit realisiert werden sollten. {8}

Herr Sch., der – wie alle Betriebsangehörigen wußten – Mitglied der SED war, erklärte der Angeklagten, daß er die dafür zuständigen Stellen einschalten würde. Er informierte sofort die Bezirksverwaltung der Stasi. Um 12.00 Uhr erschien Hauptmann Lingner von der Untersuchungsabteilung und vernahm die Angeklagte bis 13.45 Uhr als Zeugin. Sie wurde zunächst auf ihre Rechte nach den §§ 25, 26, 27 Abs. 4, 32 der StPO-DDR hingewiesen (Aussagepflicht, eingeschränktes Recht zur Aussageverweigerung als Ehegatte, Recht, sich nicht selbst zu belasten, strafrechtliche Folgen von Falschaussagen). Die Angeklagte teilte dann die Fluchtpläne ihres Mannes einschließlich ihrer Vorgeschichte im einzelnen mit und auch die Verabredung, daß Herr S. am 15.3.1982 die entsprechenden Flugkarten besorgen sollte. Sie versprach, auch die weitere Entwicklung der geplanten Flucht der Stasi mitzuteilen, und versicherte, ihrerseits ihrem Mann und Herrn S. nichts von der Einschaltung der Stasi zu erzählen.

Am 14.3.1982 besuchten die Eheleute B. den Zeugen S. in Dessau. Herr B. wollte sich bei ihm erkundigen, ob die Flugkarten schon bestellt waren und ab wann er Urlaub nehmen müßte. Herr S. hatte jedoch noch nichts erreicht, wollte aber am 15. oder 16.3.1982 das betreffende Reisebüro aufsuchen und die Eheleute B. brieflich davon informieren.

Am 15.3.1982 wurde der Zeuge B. unter dem Vorwurf der landesverräterischen Agententätigkeit und der versuchten Republikflucht von Angehörigen der Stasi festgenommen und in die Haftanstalt nach Halle gebracht. Seine Wohnung und sein Arbeitsplatz wurden durchsucht, wobei die an seine Tante gerichteten Briefe sowie die Landkarte mit dem Fluchtweg sichergestellt wurden. {9}

Herr B. wurde noch am gleichen Tage von Mitarbeitern der Stasi vernommen. Da er ahnte, daß seine Fluchtpläne bekanntgeworden waren, gab er auf entsprechende Fragen unumwunden zu, zusammen mit seinem Cousin die Flucht aus der DDR geplant zu haben. Er räumte in der mehrstündigen Vernehmung seine zahlreichen Versuche, in die Bundesrepublik zu gelangen, ein und schilderte die wesentlichen Punkte der geplanten Flucht über die tschechische Grenze. Da der Zeuge B. nicht wußte, daß seine Ehefrau die Pläne verraten hatte, spielte er ihre Beteiligung an dem Fluchtunternehmen herunter. Sie habe keinerlei Initiative entwickelt, sondern nur das gemacht, was er ihr gesagt habe.

Gegen den Zeugen B. erging am 16.3.1982 ein Haftbefehl des Kreisgerichts Halle-West wegen der genannten Delikte. Er befand sich bis zur späteren Hauptverhandlung in Untersuchungshaft.

Der Zeuge S. bestellte am 16.3.1982 in Unkenntnis der Verhaftung drei Flugkarten nach Bratislava für den 9.8.1982. Er wurde am gleichen Tage von der Stasi festgenommen und in die Untersuchungshaft gebracht. Auch er gestand seine Fluchtpläne ein und blieb bis zum Hauptverhandlungstermin in Untersuchungshaft.

Die Angeklagte wurde am 20.4.1982 nochmals von der Stasi vernommen. Sie bestätigte dabei die Angaben ihres Ehemannes über dessen Fluchtpläne. Sie bezeichnete ihre Ehe als schlecht, weil ihr Mann sie ständig bevormundet und sogar geschlagen habe. Sie wolle die Scheidung einreichen. {10}

Der Zeuge B. erfuhr erst bei einer abschließenden Vernehmung am 6.5.1982, daß seine Ehefrau seine Fluchtpläne verraten hatte. Er brach daraufhin in einen Weinkrampf aus.

Am 18.6.1982 fand die Hauptverhandlung gegen Andreas B. und Manfred S. vor dem 1. Strafsenat des Bezirksgerichts in Halle unter dem Vorsitz des Oberrichters Galuschka statt. Die Angeklagte war nicht als Zeugin geladen. B. und S. räumten ihre Fluchtpläne ein. Das bei ihnen sichergestellte belastende Beweismaterial wurde in der Hauptverhandlung gegen sie verwandt.

Das Gericht legte seiner Verurteilung die von B. und S. eingestandenen Fluchtpläne zugrunde. Andreas B. wurde wegen landesverräterischer Agententätigkeit und wegen Vorbereitung zum ungesetzlichen Grenzübertritt im schweren Fall – Verbrechen und Vergehen nach §§ 100 Abs. 1, 213 Abs. 2 und 3 Ziffer 5 Abs. 4 StGB – zu einer Freiheitsstrafe von 2 Jahren und 8 Monaten verurteilt. Manfred S. erhielt wegen versuchter landesverräterischer Agententätigkeit und wegen Vorbereitung zum ungesetzlichen Grenzübertritt im schweren Fall eine Freiheitsstrafe von 2 Jahren und 4 Monaten. Das Gericht wertete die Tätigkeit der Internationalen Gesellschaft für Menschenrechte als gegen die DDR gerichtete subversive Tätigkeit bzw. als planmäßig organisierte Wühl- und Zersetzungstätigkeit. Die Strafen seien notwendig, um

„den wirksamen Schutz unserer sozialistischen Staats- und Gesellschaftsordnung und die Sicherheit an der Staatsgrenze zu gewährleisten und die Interessen unseres Staates und seiner Bürger vor derartigen Angriffen zu sichern."

Das Urteil wurde am 29.6.1982 rechtskräftig. {11}

Die Angeklagte betrieb die Scheidung von ihrem Ehemann. Diese erfolgte am 2.7.1982 durch das Kreisgericht H.

Die Zeugen B. und S. verbüßten einen Teil ihrer Freiheitsstrafen und wurden dann von der Bundesregierung als politische Flüchtlinge freigekauft. Herr B. wurde am 21.6.1983 aus der Haft entlassen und durfte in die Bundesrepublik ausreisen. Herr S. erhielt bereits am 1.6.1983 seine Freiheit zurück.

Aufgrund der Angaben der Zeugen B. und S. wurde im August 1983 bei der Zentralen Erfassungsstelle in Salzgitter gegen die Angeklagte ein Ermittlungsverfahren wegen politischer Verdächtigung eingeleitet. Nach der Öffnung der Grenze erstattete Herr B. im Dezember 1989 Strafanzeige gegen seine Frau. Am 11.7.1990 bestimmte der Bundesgerichtshof gemäß § 13a StPO das Landgericht Hildesheim als das zuständige Gericht. Mit Schreiben vom 1.3.1991 gab die Staatsanwaltschaft der Angeklagten den Lauf des Ermittlungsverfahrens wegen Freiheitsberaubung bekannt.

Der Zeuge B. hat seine Stasi-Akten im Frühjahr 1993 eingesehen. Dort fand er Vermerke von informellen Mitarbeitern der Stasi. Danach hatte die Angeklagte schon vor dem 12.3.1982 an ihrem Arbeitsplatz unbedachte Äußerungen gemacht, die als Fluchtpläne ihres Mannes verstanden wurden. Die Kammer geht zugunsten der Angeklagten davon aus, daß sie keinesfalls vor dem 12.3.1982 die Fluchtpläne ihres Mannes anderen mitteilen wollte.

III. [Einlassungen der Angeklagten]

Die Angeklagte hat die Entwicklung der Fluchtpläne bis hin zu ihrer Anzeige in der gleichen Weise geschildert, {12} wie sie oben festgestellt wurde und wie sie auch von den Zeugen B. und S. dargestellt worden ist.

Die Angeklagte verteidigt sich jedoch damit, daß sie sich im März 1982 von ihrem Mann unterdrückt gefühlt habe und sich von ihm habe freimachen wollen. Sie sei ihm in den verbalen Auseinandersetzungen nicht gewachsen gewesen. Es treffe zwar zu, daß sie anläßlich eines Aufenthalts in der Tschechoslowakei außereheliche Beziehungen zu einem anderen Mann gehabt habe. Ihr Ehemann habe sie jedoch öfter geschlagen und nicht als Frau anerkannt.

In ihrer Not habe sie sich am 12.03.1982 ihrem Chef, Herrn Sch., offenbart und ihm die Fluchtpläne ihres Mannes und seines Cousins mitgeteilt. Sie habe nicht damit gerechnet, daß dieser die Stasi einschalten würde, sondern gehofft, daß Herr Sch. ihr irgendwie behilflich sein könnte, damit sie von ihrem Mann getrennt wurde und von seiner Anwesenheit bzw. seinem psychischen Druck befreit wurde. Sie habe keinen anderen Weg für sich gesehen.

Zusätzlich weist die Verteidigung daraufhin, daß die angeklagte Tat verjährt sei. Sie sei nach dem Recht der DDR als Tatortrecht zu beurteilen. Da der § 131 StGB-DDR nur Freiheitsstrafe bis zu zwei Jahren vorgesehen habe, sei die Tat nach fünf Jahren gem. § 82 Abs. 1 Nr. 2 StGB-DDR verjährt.

IV. [Beweiswürdigung]

Die Einlassung ist – soweit sie zur Entlastung der Angeklagten geeignet war – in der Hauptverhandlung widerlegt worden. {13}

Die Angeklagte hat den Einfluß ihres Ehemannes auf sie stark übertrieben dargestellt. Nach dem Eindruck des Gerichts in der Hauptverhandlung war der Zeuge B. der Angeklagten zwar geistig überlegen. Es mag auch zutreffen, daß er der in der Ehe dominierende Teil war und der Angeklagten nicht den Einfluß zukommen ließ, der für eine moderne Ehe angebracht ist. Sie war jedoch nicht von ihrem Mann derart eingeschüchtert, daß sie nicht eigene Entscheidungen treffen konnte. So hatte die Angeklagte zur damaligen Zeit einen festen Arbeitsplatz und ein eigenes Einkommen. Daß sie sich von den Vorstellungen ihres Mannes freimachen konnte, zeigt sich etwa darin, daß sie in zwei Fällen außereheliche Beziehungen aufgenommen hat und sich damit über den eindeutigen Widerspruch ihres Mannes hinweggesetzt hat. Die Kammer hat keine Zweifel daran, daß sich die beiden vom Zeugen B. konkret und glaubhaft geschilderten Fälle tatsächlich so abgespielt haben. Die Angeklagte hat nach anfänglichem Bestreiten immerhin eine der außerehelichen Beziehungen eingeräumt.

Der Zeuge B. hat seine Angaben in bezug auf seine frühere Ehe mit Distanz gemacht und auch eingeräumt, daß er die Zerrüttung der Ehe durch unbedachte Vorwürfe mit verursacht haben könnte. Das Gericht hat deshalb keine Bedenken, seinen Angaben zu folgen.

Erst recht lag im März 1982 nicht eine solche Notlage für die Angeklagte vor, daß sie sich aus ihr nur durch die Bekanntgabe der Fluchtpläne befreien konnte. Sie hätte entweder ihrem Mann offenbaren müssen, daß sie an der Flucht nicht mehr teilnehmen wollte. Dann hätte dieser sich entscheiden können, {14} in der DDR zu bleiben oder ohne seine Frau den Staat zu verlassen. Andererseits hätte die Angeklagte sich von ihrem Mann trennen und die Scheidung einleiten können, wenn sie unbedingt von ihm loskommen wollte.

Die Angeklagte wußte weiterhin, daß die Information des Betriebsleiters die Einschaltung der Stasi und die Verhaftung sowie Bestrafung der beiden Männer zur Folge hatte. Zwar mag sie keine positive Kenntnis davon gehabt haben, daß die Leiter von Betrieben und ähnlichen Einrichtungen nach § 18 Abs. 2 StPO-DDR gesetzlich verpflichtet waren, die Organe der Strafrechtspflege bei der Aufklärung von Straftaten zu unterstützen. Jedem erwachsenen Bürger der DDR war jedoch bekannt, daß der „ungesetzliche Grenzübertritt“ streng verfolgt und bestraft wurde und daß der Leiter eines staatlichen Betriebes keine andere Wahl hatte, in einem Fall wie dem vorliegenden die Stasi zu informieren. Andernfalls bestand für ihn die konkrete Gefahr, daß er selbst wegen Beihilfe zur Republikflucht bzw. unterlassener Anzeige verhaftet und bestraft wurde.

Auch der Angeklagten waren diese Zusammenhänge zweifellos klar. Auf Nachfrage hat sie zugegeben, daß sie damals selber nicht geglaubt habe, daß Herr Sch. die empfangene Information geheimhalten konnte. Anders kann man im übrigen auch nicht verstehen, daß sowohl Herr B. und Herr S. als auch die Angeklagte das Fluchtunternehmen äußerst geheim hielten und laufend die Befürchtung hatten, daß bereits eine unbedachte Äußerung unter Freunden zur vorzeitigen Aufdeckung der Fluchtpläne und strafrechtlicher Verfolgung führen könnte. {15}

3. Schließlich wußte die Angeklagte auch, daß die durch sie mittelbar bewirkte Freiheitsberaubung der beiden Männer Unrecht war. Sie hielt sich nicht zur Anzeige der geplanten Flucht für verpflichtet, sondern hätte – wie sie es ausdrückte – „das auch für sich behalten können“ bzw. bei Fragen der Stasi vorgeben können, von einer Flucht nichts gewußt zu haben.

Das Motiv der Angeklagten war vielmehr, sich von ihrem Mann zu befreien und in Zukunft selbständig ohne seinen störenden Einfluß zu leben. Daß unter diesen Umständen die Verhängung einer erheblichen Freiheitsstrafe unrechtmäßig war, die unter Ausnutzung eines politischen Strafrechts und unter Verstoß gegen das Menschenrecht der Freizügigkeit bewirkt wurde, war jedem erwachsenen DDR-Bürger und auch der Angeklagten klar. So hat sie auf entsprechende Frage eingeräumt, daß sie es als „nicht korrekt“ bzw. als Unrecht angesehen habe, wenn jemand wegen versuchter Republikflucht in das Gefängnis gekommen sei. Dies gilt um so mehr, als die Angeklagte dabei das Vertrauen ihres Ehemannes grob mißbraucht hat.

V. [Rechtliche Würdigung]

1. Einem Schuldspruch wegen schwerer Freiheitsberaubung – die Erfüllung dieses Tatbestandes (siehe dazu unten zu 2.) wird zunächst einmal unterstellt – steht nicht das Prozeßhindernis der Verjährung entgegen. Der nach der Rechtsprechung des Bundesgerichtshofes (vgl. insbesondere BGHSt 32, 293 ff) aus § 7 Abs. 1 StGB herzuleitende Strafanspruch der Bundesrepublik nach § 239 StGB ist nicht verjährt, {16} der Lauf der Verjährungsfrist durch die Erhebung der Anklage im Dezember 1991 rechtzeitig unterbrochen worden.

Dazu im einzelnen:

a) Grundsätzlich ist die Verjährungsfrage seit dem 03.10.1990 auch für die in der DDR zuvor begangenen „Alttaten" nach dem westdeutschen Strafrecht, also nach den §§ 78 ff StGB, zu beurteilen. Das folgt aus Art. 8 des Einigungsvertrages vom 06.09.1990. Ob die Ausnahmeregelung des Art. 315a EGStGB hier zum Tragen kommt, ist erst anschließend zu prüfen.

b) Die Besonderheit des vorliegenden Falles, daß möglicherweise ein westdeutscher und ein ostdeutscher Straftatbestand, nämlich eine Freiheitsberaubung nach § 239 StGB bzw. § 131 StGB-DDR, nebeneinander bestehen, führt dazu, daß beide Strafansprüche im Hinblick auf die Verjährungsfrage getrennt zu prüfen sind (vgl. Dreher-Tröndle, 45. Auflage, Rnd.Nr. 56 vor § 3 StGB; KG NStZ 1992, 542; OLG Braunschweig NStZ 1992, 183; König NStZ 1992, 185).

c) Es besteht jedenfalls ein Strafanspruch nach § 239 StGB, weil das westdeutsche Strafrecht in einem Fall wie dem vorliegenden auch in der ehemaligen DDR zum Schutz von DDR-Bürgern galt.

(1.) Nach der herrschenden Rechtsprechung ist bundesdeutsches Strafrecht im Ausland zum Schutze von Deutschen nicht nur für die in § 5 Nr. 6 StGB genannten Delikte der Verschleppung und der politischen Verdächtigung anwendbar, sondern auch auf die aus einer politischen Verdächtigung bzw. Verschleppung {17} hervorgehenden Verletzungsdelikte wie Freiheitsberaubung und Körperverletzung (vgl. BGHSt 30, 1 ff; 32, 293 ff; 39, 1 ff – Mauerschützenurteil vom 03.11.1992 –; KG NStZ 1992, 542; a.M. wohl Dreher-Tröndle, Rnd.Nr. 41 vor § 3 StGB). Wenn schon Taten geringerer Qualität (politische Verdächtigung) von dem deutschen Strafrecht erfaßt werden sollten – § 5 Nr. 6 StGB –, so müsse dies erst recht für die damit verbundenen schwereren Delikte wie etwa die Freiheitsberaubung gelten. Nach der Konzeption des Gesetzgebers sei § 7 Abs. 1 StGB anwendbar, wenn aus einer gegen einen Deutschen begangenen politischen Verdächtigung, dem Täter zurechenbar, eine nach anderen Vorschriften strafrechtlich beachtliche Verletzung erwächst (vgl. grundlegend BGHSt 32, 293 ff).

Die abweichende Meinung von Tröndle, die auf die Entscheidung des Bundesgerichtshofes vom 03.11.1992 gestützt wird, vermag nicht zu überzeugen. Entgegen seiner Ansicht hat der BGH seine im 32. Band niedergelegte Rechtsprechung nicht aufgegeben; er hat lediglich ihre *Ausdehnung* auf Taten, wie etwa die Schüsse an der Mauer, abgelehnt, weil diese Verbrechen nicht Ausfluß einer politischen Verdächtigung gewesen sind.

(2.) Die hier vorliegende Straftat fällt unter die vom BGH entwickelte Rechtsprechung. Die Zeugen B. und S. sind von der Angeklagten politisch verdächtigt worden im Sinne von § 241a Abs. 1 StGB. Die Anzeige hat zu der Gefahr geführt, daß die beiden {18} Männer aus politischen Gründen durch Willkürmaßnahmen der Freiheit beraubt wurden. Die von der Angeklagten veranlaßte Freiheitsentziehung ist aus dieser Verdächtigung voraussehbar erwachsen.

(3.) Auch die weitere Voraussetzung des § 7 Abs. 1 StGB für einen westdeutschen Anspruch, daß die Tat am Tatort mit Strafe bedroht ist, ist hier erfüllt.

Die entsprechende Norm ist § 131 StGB-DDR. Beide Tatbestände stimmen im wesentlichen überein; eine genaue Deckung ist nicht erforderlich (vgl. Dreher-Tröndle Rnd.Nr. 7 zu § 7 StGB).

d) Einem Schuldspruch wegen Freiheitsberaubung stehen allgemeine Rechtfertigungs- oder Entschuldigungsgründe nicht entgegen.

Zwar sah § 225 Abs. 1 StGB-DDR[1] – auch für Eheleute (vgl. § 26 Abs. 1 StPO-DDR) – eine Anzeigepflicht bei schwerer Republikflucht vor. Nach wohl herrschender Meinung finden derartige Straffreistellungen des Tatortrechts jedenfalls dort ihre Grenzen, wo sie mit universal anerkannten Rechtsgrundsätzen im Widerspruch geraten (vgl. Schönke-Schröder-Eser, 25. Auflage, Rnd.Nr. 9; LK-Tröndle, 10. Auflage, Rnd.Nr. 5; Dreher-Tröndle, Rnd.Nr. 7, jeweils zu § 7 StGB).

Die Rechtsprechung (vgl. OLG Düsseldorf NJW 1983, 1277) lehnt die Rechtfertigung durch entsprechende staatliche Vorschriften ebenfalls ab, wenn aufgrund {19} eines politischen Strafrechts erhebliche Freiheitsberaubungen erfolgen (im entschiedenen Fall 9 bzw. 12 Monate Freiheitsstrafe). Auch der BGH hat in seiner Entscheidung im 32. Band die Nichtverfolgung von politisch motivierter Freiheitsberaubung in der DDR nicht als einen Rechtfertigungsgrund angesehen, weil dieser Umstand „nach dem erkennbaren Willen des bundesdeutschen Gesetzgebers außer Betracht zu bleiben hat". Schließlich hat auch der 5. Strafsenat des Bundesgerichtshofes in der grundlegenden Entscheidung vom 03.11.1992 einen gesetzlichen Rechtfertigungsgrund entfallen lassen bei offensichtlich groben Verstößen gegen die Grundgedanken der Menschlichkeit.

Die Strafkammer schließt sich diesen Argumenten an. Die in Art. 12 Abs. 2 des Internationalen Paktes über bürgerliche und politische Rechte vom 19.12.1966 niedergelegte staatliche Garantie der Freizügigkeit galt auch für die DDR (vgl. dazu BGH, Urteil vom 03.11.1992, NStZ 1993, S. 130). Wenn – wie im vorliegenden Fall – regelmäßig mehrjährige Freiheitsstrafen diejenigen treffen, die von ihrem Recht auf Freizügigkeit Gebrauch machen wollen, so ist das ein offensichtlich fundamentaler Verstoß gegen die Grundgedanken der Menschlichkeit, so daß der vorliegende Rechtfertigungsgrund außer Betracht zu bleiben hat.

e) Die Verjährung des Strafanspruchs nach § 239 Abs. 2 StGB ist nicht eingetreten.

Gem. § 78a Satz 2 StGB begann die Verfolgungsverjährung mit der Beendigung der Tat im Juni 1983 zu laufen. Bei der Freiheitsberaubung handelt es sich {20} um ein Dauerdelikt, dessen Erfolg mit der Freilassung der beiden Männer aufgehoben wurde.

Die Verjährungsfrist beträgt 10 Jahre, § 78 Abs. 3 Nr. 3 StGB.

Die Frist ist im Dezember 1991 durch Erhebung der Anklage rechtzeitig unterbrochen worden.

f) Die spezielle Verjährungsregel des Art. 315a EGStGB ändert nichts an der vorstehenden Auffassung. Art. 315a regelt nur die Verjährung bezüglich der Strafansprüche nach DDR-Recht. Diese Vorschrift besagt nichts über die Verjährung von bundesdeutschen Strafansprüchen, die bereits vor dem 03.10.1990 existierten (h.M., z.B. Dreher-Tröndle, Rnd.Nr. 53 vor § 3 StGB).

g) Auch Art. 315 Abs. 1-3 EGStGB (Tatzeitrecht, mildeste Gesetz entsprechend § 2 Abs. 3 StGB pp.) finden keine Anwendung. Im vorliegenden Fall war schon vor dem 03.10.1990 bundesdeutsches Recht anzuwenden, so daß Art. 315 Abs. 4 EGStGB eingreift. Durch den Beitritt der DDR hat sich insoweit nichts verändert (vgl. Dreher-Tröndle, Rnd.Nr. 40, 53 vor § 3 StGB).

h) Neben dem Tatbestand des § 239 StGB dürfte auch der des § 131 Abs. 1 StGB-DDR erfüllt sein, wenn man die systemimmanenten Vorschriften des DDR-Strafrechts (§§ 213, 225 StGB) außer Betracht läßt. Dieser Anspruch wäre aber aufgrund der kurzen Verjährungsfrist von 5 Jahren (§ 82 Abs. 1 Nr. 2 StGB-DDR) verjährt. Dieser Umstand hat aber keine Auswirkung auf den westdeutschen Strafanspruch. {21}

2. Die Angeklagte hat den Tatbestand einer schweren Freiheitsberaubung nach § 239 Abs. 1, Abs. 2 StGB in mittelbarer Täterschaft erfüllt. Sie hat veranlaßt, daß zwei Menschen für ca. 15 Monate widerrechtlich ihrer persönlichen Freiheit beraubt worden sind. Allgemeine Rechtfertigungs- bzw. Schuldausschließungsgründe sind – wie vorstehend erörtert – nicht vorhanden.

Auch persönliche Rechtfertigungs- oder Entschuldigungsgründe sind nicht ersichtlich.

Die Angeklagte befand sich – wie dargelegt – weder in einem Tatbestandsirrtum noch in einem Verbotsirrtum.

Ein rechtfertigender oder entschuldigender Notstand (§§ 34, 35 StGB) lag ebenfalls nicht vor. Die in diesen Vorschriften geforderte gegenwärtige Gefahr war auf seiten der Angeklagten nicht gegeben. Darüber hinaus konnte sie die von ihr als bedrückend empfundene Ehesituation auch anders als durch eine faktische Anzeige bei der Stasi lösen, etwa durch eine Aussprache oder eine Trennung von ihrem Mann. Selbst wenn die Angeklagte in die Gefahr geraten wäre, wegen der erfolgten Flucht bzw. der Fluchtpläne ihres Mannes selbst zur Verantwortung gezogen zu werden, so hätte sie sich dem durch die Einlassung entziehen können, sie habe von den Plänen nichts gewußt. Daß die Möglichkeit bestand, sich mit dieser Ausrede vor eigener strafrechtlicher Verfolgung zu schützen, war der Angeklagten auch klar. Sie hat in der Hauptverhandlung eingeräumt, daß man in den Fällen, daß jemand aus der Verwandtschaft fliehen wollte bzw. geflohen war, zu den Fragen der Stasi entweder geschwiegen oder „nichts gewußt habe". {22}

Aus den obigen Feststellungen folgt, daß die Angeklagte mit direktem Vorsatz gehandelt hat. Sie sah als sichere Folge ihrer Anzeige voraus, daß ihr Ehemann und Herr S. wegen versuchter Republikflucht zu vollstreckbaren Freiheitsstrafen verurteilt wurden. Daß es der Angeklagten letztlich um die Lösung ihrer ehelichen Probleme ging, steht der Annahme des direkten Vorsatzes nicht entgegen.

3. Das Gericht hat geprüft, ob der staatliche Strafanspruch für Taten wie der vorliegenden als verwirkt anzusehen ist, weil die Strafverfolgung nur äußerst schleppend

durchgeführt wird und eine schwerwiegende Verletzung des Rechtsstaatsprinzips vorliegen könnte.

Die Rechtsprechung hat es zwar abgelehnt, z.B. für den Fall einer überlangen Verfahrensdauer ein allgemeines Verfahrenshindernis anzunehmen (BGHSt 21, 81; 24, 239). Sie hat jedoch die Möglichkeit eines Abbruches des Verfahrens und einer Einstellung wegen eines schwerwiegenden Verstoßes gegen das Rechtsstaatsgebot bejaht, wenn diesem Verfahrensfehler nicht auf andere Weise, etwa durch Milderung oder Absehen von Strafe, ausreichend Rechnung getragen werden kann (vgl. BGH – 5 Str 92/86 – NStZ 1987, 19; – 3 Str 104/87 – NStZ 1988, 283; OLG Zweibrücken NStZ 1989, 134; OLG Stuttgart NStZ 1993, 450).

Die Kammer hat durch das Studium der aktuellen Rechtsprechung, durch Kontaktaufnahme mit dem ehemaligen Leiter der Zentralen Erfassungsstelle in Salzgitter und einem Präsidenten eines ostdeutschen Landgerichts zu klären versucht, ob und in welcher {23} Weise derartige Taten von der deutschen Justiz strafrechtlich geahndet werden. Dabei sind lediglich vage Hinweise auf einzelne Ermittlungsverfahren bzw. Anklagen gegen ehemalige DDR-Richter eingegangen, Urteile sind nicht bekannt geworden. Da die DDR-Gerichte zahlreiche Fälle von versuchter Republikflucht mit erheblichen Freiheitsstrafen geahndet haben, stellt sich die Frage, ob das Herausgreifen eines einzelnen Straftäters aus einer Vielzahl gleichartiger, jedoch nicht verfolgter Täter noch mit dem Gebot der materiellen Gerechtigkeit zu vereinbaren ist.

Diese Prüfung ergibt, daß ein Abbruch des Verfahrens oder eine vergleichbare Beendigung nicht geboten ist. Zum einen dürfte die Grenze zur willkürlichen Strafverfolgung noch nicht überschritten sein. Die ostdeutsche Justiz, in deren Bereich das Schwergewicht der politischen Straftaten liegt, hat trotz des seit der Wiedervereinigung vergangenen Zeitraums von 3 Jahren offensichtlich immer noch mit erheblichen personellen Schwierigkeiten zu kämpfen, so daß die Verurteilung der Angeklagten nicht als exemplarisches und damit unzulässiges Bestrafen anzusehen ist.

Zum anderen ist die hier vorliegende Prozeßsituation eine andere als die, die durch eine überlange Verfahrensdauer entstanden ist. Niemand hat einen Anspruch darauf, ebenso fehlerhaft behandelt zu werden wie die anderen Bürger (Maunz-Dürig, Rnd.-Nr. 182 zu Art. 3 Abs. 1 GG). Der Satz „Keine Gleichheit im Unrecht“ gilt auch für das Strafverfahren. Schließlich kann der bekanntgewordenen Strafverfolgungspraxis auch ausreichend im Rahmen der Strafzumessung Rechnung getragen werden. {24}

VI. [Strafzumessung]

Das Gericht hatte zunächst im Wege einer Gesamtwürdigung zu prüfen, ob der normale Strafrahmen des § 239 Abs. 2 S. 1 StGB Anwendung findet oder ob ein minder schwerer Fall nach § 239 Abs. 2 S. 2 StGB vorliegt. Es hat einen minder schweren Fall im Ergebnis aus folgenden Erwägungen bejaht:

Der Angeklagten stehen mehrere schuld- bzw. strafmindernde Faktoren zur Seite. Sie ist bisher nicht bestraft und bereut ihre Tat offensichtlich. Das Tatgeschehen liegt immerhin über 10 Jahre zurück; auch hat die Strafkammer infolge ihrer Überlastung erst zum jetzigen Zeitpunkt die Hauptverhandlung durchführen können, so daß die Angeklagte längere Zeit dem Druck des Strafverfahrens ausgesetzt war.

Zugunsten der Angeklagten ist angenommen worden, daß sie ihre Ehesituation als schwierig und persönlich bedrückend empfunden hat. Das unmenschliche politische System der DDR verschaffte der Angeklagten die Möglichkeit, ihren Mann für ein nichtkriminelles Verhalten auf diese Weise der Freiheit zu berauben. Daß zugleich der Zeuge S. inhaftiert wurde, war von der Angeklagten nicht erwünscht, allerdings als zwingende Folge erkannt worden.

Zu beachten ist auch, daß die zur Tatzeit und am Tatort geltende Strafbestimmung des § 131 Abs. 1 StGB-DDR einen erheblich geringeren Strafrahmen als § 239 Abs. 2 StGB vorsah (vgl. BGH – 4 Str 399/93 – Urteil vom 26.8.1993). {25}

Die Angeklagte ist heute sozial integriert. Ihre Bestrafung darf im Hinblick darauf, daß die Justiz vergleichbare Fälle nur schleppend verfolgt, nur sehr maßvoll erfolgen.

Diesen Umständen stehen schulderhöhende Faktoren gegenüber.

Die Angeklagte hat durch ihre Anzeige das Vertrauen ihres Ehemannes gröblich mißbraucht. Durch ihre Tat sind immerhin 2 Menschen der persönlichen Freiheit beraubt worden. Der erlittene Freiheitsentzug ging erheblich über die in § 239 Abs. 2 StGB enthaltene Grenze von einer Woche hinaus. Die Abkürzung der Strafvollstreckung durch den Freikauf der Bundesrepublik war für sie nicht voraussehbar.

Nach alledem reichen die strafmildernden Faktoren aus, um einen minder schweren Fall zu begründen. Die Strafe konnte daher dem gemilderten Strafrahmen des § 239 Abs. 2 S. 2 StGB entnommen werden.

Innerhalb des so eröffneten Strafrahmens hat das Gericht nochmals die Gesichtspunkte bedacht, die vorstehend bei der Erörterung des minder schweren Falles dargestellt wurden. Bei Abwägung der für und gegen die Angeklagte sprechenden Umstände schien danach eine Freiheitsstrafe von 6 Monaten als tat- und schuldangemessene Ahndung erforderlich.

Die Vollstreckung dieser Freiheitsstrafe konnte gemäß § 56 Abs. 1 StGB zur Bewährung ausgesetzt werden. Es ist zu erwarten, daß die Verurteilte sich schon die Verurteilung zur Warnung dienen lassen und künftig auch ohne die Einwirkung des Strafvollzuges keine Straftaten mehr begehen wird. Die Angeklagte ist bisher nicht bestraft {26} worden. Ihre Tat wurde nur möglich unter dem politischen System der DDR. Von daher erscheint es kaum wahrscheinlich, daß sie erneut in vergleichbarer Weise straffällig werden wird.

Anmerkungen

1 Vgl. Anhang S. 469.

Inhaltsverzeichnis
Beschluss des Bundesgerichtshofs vom 8.2.1995, Az.: 5 StR 157/94

Bundesgerichtshof 8. Februar 1995
Az.: 5 StR 157/94

BESCHLUSS

in der Strafsache gegen

gegen Sabine O.,
geboren 1956 in H.,

wegen schwerer Freiheitsberaubung {2}

Der 5. Strafsenat des Bundesgerichtshofs hat am 8. Februar 1995 beschlossen:

1. Auf die Revision der Angeklagten wird das Urteil des Landgerichts Hildesheim vom 10. Dezember 1993 gemäß § 349 Abs. 4 StPO aufgehoben; die Angeklagte wird freigesprochen.
2. Die Kosten des Verfahrens und die der Angeklagten entstandenen notwendigen Auslagen trägt die Staatskasse.

Gründe

Das Landgericht hat die Angeklagte wegen schwerer Freiheitsberaubung zu einer Freiheitsstrafe von sechs Monaten verurteilt und deren Vollstreckung zur Bewährung ausgesetzt.[1] Die auf die Sachrüge gestützte Revision der Angeklagten hat Erfolg.

I. [Zu den erstinstanzlichen Sachverhaltsfeststellungen]

Nach den Feststellungen teilte die Angeklagte 1982 in S. dem Leiter des Molkereikombinats, bei dem sie beschäftigt war, mit, ihr Ehemann und ein Verwandter ihres Ehemannes planten die Flucht in die Bundesrepublik Deutschland. Sie wollte auf diese Weise den staatlichen Behörden von den Fluchtplänen Kenntnis verschaffen. Dabei ging die {3} Angeklagte davon aus, daß ihr Ehemann und dessen Verwandter „mit einer spürbaren Freiheitsentziehung" bestraft würden. Daß sie nach § 225 Abs. 1 StGB-DDR[2] zu einer solchen Anzeige verpflichtet war, wußte sie nicht. Die Angeklagte wurde darauf von einem Hauptmann des Ministeriums für Staatssicherheit vernommen und dabei belehrt, daß ihr nach § 26 Abs. 1, § 27 Abs. 4 StPO-DDR wegen der gesetzlichen Anzeigepflicht ein Recht zur Aussageverweigerung zugunsten ihres Ehemannes nicht zustehe. Auf Grund dieser Aussage wurden der Ehemann der Angeklagten und dessen Verwandter festgenommen und wegen landesverräterischer Agententätigkeit und Vorbereitung zum ungesetzlichen Grenzübertritt im schweren Fall zu Freiheitsstrafen von zwei Jahren und acht Monaten (der Ehemann der Angeklagten) und zwei Jahren und vier Monaten (der Verwandte des Ehemannes) verurteilt; sie verbüßten bis zu ihrem Freikauf durch die Bundesrepublik etwa die Hälfte dieser Strafen.

II. [Zu den Sachrügen]

Das Rechtsmittel der Angeklagten führt zu ihrem Freispruch.

1. Nach der neueren Rechtsprechung des Bundesgerichtshofs ist auf Sachverhalte der vorliegenden Art teils das Recht der DDR, teils das Recht der Bundesrepublik anzuwenden. {4}

a) Für eine in der DDR zum Nachteil eines DDR-Bürgers durch eine politische Verdächtigung begangene Freiheitsberaubung galt zur Tatzeit das Recht der DDR. Dies hat der 3. Strafsenat des Bundesgerichtshofs im Blick auf das durch den Einigungsvertrag gestaltete innerdeutsche Strafanwendungsrecht unter Aufgabe seiner entgegenstehenden Rechtsprechung (BGHSt 32, 293) entschieden und Grundsätze für eine restriktive Anwendung dieser Vorschrift auf Fälle der vorliegenden Art herausgearbeitet (BGHSt 40, 125 = NStZ 1994, 426 = NJW 1994, 3174).

Danach kommt hier eine Bestrafung der Angeklagten wegen Beteiligung an einer Freiheitsberaubung nach § 131 StGB-DDR nicht in Betracht (nachfolgend unter Ziffer 2).

b) Für eine in der DDR zum Nachteil eines dort ansässigen DDR-Bürgers begangene politische Verdächtigung (§ 241a StGB), wie sie eine Anzeige wegen Republikflucht sein kann, hat dagegen das Strafrecht der Bundesrepublik Deutschland gegolten. Dieses ist gemäß Art. 315 Abs. 4 EGStGB auch nach der Vereinigung maßgebend (BGHSt 40, 125 = NStZ 1994, 426 = NJW 1994, 3174).

Auch nach dieser Vorschrift scheidet hier jedoch eine Verurteilung aus (nachfolgend unter Ziffer 3). {5}

2. Nach der erwähnten neueren Rechtsprechung des Bundesgerichtshofs (BGHSt 40, 125) hat sich ein DDR-Bürger, mag sein Verhalten – wie hier – noch so verwerflich gewesen sein, jedenfalls dann nicht wegen Freiheitsberaubung nach § 131 StGB-DDR strafbar gemacht, wenn er von einer sogenannten Republikflucht vor deren Beendigung glaubhaft Kenntnis erlangt und sich darauf beschränkt hat, dies bei einer Dienststelle der Sicherheitsorgane der DDR zur Anzeige zu bringen und in einem späteren DDR-Strafverfahren als Zeuge zu bekunden, es sei denn gegenüber dem Angezeigten wären schwere und offensichtliche Menschenrechtsverletzungen begangen worden und der Anzeigeerstatter hätte dies billigend in Kauf genommen (BGHSt 40, 125 = NStZ 1994, 426 = NJW 1994, 3174; vgl. auch BGH Urteil vom 11. Oktober 1994 – VI ZR 234/93 –[3]).

Der Senat folgt dieser Auffassung.

Der 3. Strafsenat des Bundesgerichtshofs hat allerdings die Einschränkung gemacht, daß der Anzeigeerstatter in Befolgung der gesetzlichen Anzeigepflicht nach § 225 Abs. 1 und 4 StGB-DDR gehandelt haben müsse. Darauf kann es indes in Fällen der vorliegenden Art nicht ankommen, weil die strafrechtliche Bewertung einer durch Strafurteil bewirkten Freiheitsentziehung für alle Beteiligten – vom Anzeigenden bis zum Richter – nur einheitlich nach objektiven Gesichtspunkten entschieden werden kann, wenn der Anzeigende einen wahren Sachverhalt angezeigt und der Richter den wahren Sachverhalt in einem nicht zu beanstandenden Verfahren zutreffend ermittelt hat (BGHSt 3, 110 f.; {6} BGHSt 40, 125 = NStZ 1994, 426 = NJW 1994, 3174). Ein Richter, der eine Freiheitsstrafe wegen Republikflucht verhängt hat, kann wegen Freiheitsberaubung an dem Verurteilten nur dann bestraft werden, wenn er durch seine Mitwirkung Rechtsbeugung begangen hat (Sperrwirkung der Rechtsbeugung, vgl. BGHSt 40, 125 =

NStZ 1994, 426 = NJW 1994, 3174; BGHSt 32, 357, 364; 10, 294, 298), diese setzt aber eine schwere und offensichtliche Menschenrechtsverletzung voraus (BGHSt 40, 30[4]). Der Anzeigeerstatter kann nicht schlechter stehen.

Die Frage, wann eine Freiheitsentziehung wegen Vorbereitung der Republikflucht eine schwere und offensichtliche Menschenrechtsverletzung ist, hat der Bundesgerichtshof noch nicht entschieden. Die Frage braucht auch in der vorliegenden Sache nicht entschieden zu werden.

Das Landgericht legte seinem Urteil, das vor der Entscheidung BGHSt 40, 125 erging, die Rechtsauffassung zugrunde, wie sie seit BGHSt 32, 293 anerkannt war. Danach galt das Recht der Bundesrepublik für eine gegenüber einem Bürger der DDR durch eine politische Verdächtigung begangene Freiheitsberaubung auch dann, wenn der Täter in der DDR handelte und seine Anzeige einer geplanten „Republikflucht" zur Freiheitsentziehung führte. Nach dieser Auffassung erfüllte jede Anzeige, die zu einer Freiheitsentziehung führte, den Tatbestand der Freiheitsberaubung oder der Teilnahme dazu, ohne daß es auf die Dauer der Freiheitsentziehung angekommen wäre, da ein Rechtfertigungsgrund nach dem Recht der Bundesrepublik nicht gegeben war. {7}

Das Landgericht brauchte deshalb keine genaueren Feststellungen dazu zu treffen, welche Vorstellungen sich die Angeklagte zur Dauer der Freiheitsentziehung gemacht hatte.

Käme der Senat in vorliegender Sache zum Ergebnis, daß die verhängten Strafen bereits das von der neueren Rechtsprechung verlangte hohe Maß an Rechtswidrigkeit aufwiesen, könnte die Verurteilung gleichwohl keinen Bestand haben, weil die unter anderen rechtlichen Voraussetzungen getroffenen Feststellungen zur Vorstellung der Angeklagten von der Dauer der Freiheitsentziehung dann nicht ausreichten. Eine „spürbare Freiheitsentziehung", wie sie die Angeklagte als Folge ihrer Anzeige sich vorgestellt hat, braucht trotz der von § 213 Abs. 3 Nr. 6 StGB-DDR angedrohten hohen Mindeststrafe von einem Jahr noch nicht die Höhe der Strafen zu erreichen, wie sie hier tatsächlich verhängt worden sind. Die Sache müßte also zur Feststellung der genauen Vorstellungen der Angeklagten von der erwarteten Strafe zurückverwiesen werden.

Der Senat schließt aus, daß bei einer Zurückverweisung der Sache zur subjektiven Tatseite weitere Feststellungen zum Nachteil der Angeklagten, die allein auf ihrer Einlassung beruhen könnten, noch zu treffen sind.

3. Die gegen die Verurteilung wegen Freiheitsberaubung aufgezeigten Bedenken gelten im Ergebnis auch für eine – vom Landgericht nicht geprüfte – Strafbarkeit nach § 241a StGB, so daß es nicht {8} darauf ankommt, ob wegen dieser Straftat Verfolgungsverjährung eingetreten sein könnte. Zwar sind Verurteilungen wegen vorbereiteten oder versuchten Grenzübertritts zu erheblichen Freiheitsstrafen in der Regel rechtsstaatswidrig (vgl. § 1 Abs. 1 Nr. 1 Buchst. e StrRehaG). Die erwarteten Folgen müssen aber als Gewalt- oder Willkürmaßnahmen im Sinne des § 241a StGB zu werten sein. Dies war bei einer drohenden Verurteilung aufgrund eines in der DDR geltenden Strafgesetzes bei gebotener einschränkender Auslegung dieses Tatbestandsmerkmals (BGHSt 40, 125 = NStZ 1994, 426 = NJW 1994, 3174) nur dann der Fall, wenn mit einer Bestrafung gerechnet werden mußte, die in einem unerträglichen Mißverhältnis zur Tat steht, so daß sie als grob ungerecht und als schwerer, offensichtlicher Verstoß gegen die Menschenrechte erscheinen muß, oder wenn in dem Ermittlungs- oder Strafverfahren

sonst mit schweren Verstößen gegen die Menschenrechte zu rechnen war. Daraus folgt, daß nicht jede Anzeige einer noch nicht beendeten sogenannten Republikflucht, zu der ein DDR-Bürger nach § 225 StGB-DDR verpflichtet war, den Tatbestand des § 241a StGB erfüllt. Tatbestandserheblich ist vielmehr nur eine Anzeige, die den Angezeigten der Gefahr aussetzte, solche rechtsstaatswidrigen Gewalt- oder Willkürmaßnahmen zu erleiden, die wegen ihrer offensichtlichen, schweren Menschenrechtsverletzungen auch eine Strafbarkeit der dafür verantwortlichen DDR-Organe begründen können. {9}

4. Da weitere Feststellungen nicht zu erwarten sind, hat der Senat selbst auf Freispruch erkannt.

Anmerkungen

1 Vgl. lfd. Nr. 9-1.
2 Vgl. Anhang S. 469.
3 Abgedruckt in NJW 1995, 256ff. In dem Urteil geht es um die Frage einer Schadensersatzpflicht aufgrund der Anzeige einer geplanten „Republikflucht". Der Entscheidung lag der Sachverhalt der lfd. Nr. 10 zugrunde.
4 Vgl. den Dokumentationsband zu den Rechtsbeugungsverfahren, lfd. Nr. 1-2.

Lfd. Nr. 10

Denunziation eines Fluchtvorhabens (III)

Inhaltsverzeichnis
Erstinstanzliches Urteil des Amtsgerichts Tiergarten vom 8.8.1994,
Az.: (258) 76 Js 2313/92 Ls (91/93)

Amtsgericht Berlin-Tiergarten 8. August 1994
Az.: (258) 76 Js 2313/92 Ls (91/93)

URTEIL

Im Namen des Volkes

Strafsache gegen

Björn K.,
geboren 1959,
wegen Freiheitsberaubung

Das Schöffengericht Tiergarten in Berlin hat aufgrund der Hauptverhandlung vom 28. Juli und 8. August 1994, an der teilgenommen haben:

⊗ Es folgt die Nennung der Verfahrensbeteiligten. ⊗

in der Sitzung vom 8. August 1994 für Recht erkannt:

Der Angeklagte wird freigesprochen. Die Kosten des Verfahrens und die dem Angeklagten entstandenen notwendigen Auslagen fallen der Landeskasse Berlin zur Last. {2}

Gründe

Mit der zugelassenen Anklageschrift der Staatsanwaltschaft bei dem Landgericht Berlin vom 15. Juni 1993 wird dem Angeklagten das Verbrechen der nach § 239 Abs. 2 StGB qualifizierten Freiheitsberaubung zur Last gelegt.

Der konkrete Anklagesatz lautet:

„Mit Schreiben vom 8. April 1985 an das Ministerium für Staatssicherheit der ehemaligen Deutschen Demokratischen Republik erstattete er gegen seinen damals in Berlin (Ost) wohnenden Onkel, den Zeugen Dr. Armin G., Strafanzeige. Dabei verriet er dessen Fluchtabsichten in die Bundesrepublik Deutschland. Der Zeuge Dr. G. hatte sich zuvor dem Angeschuldigten anvertraut und ihn in seine Fluchtpläne eingeweiht.

In der nachfolgenden Zeit spionierte der Angeschuldigte im Auftrages des MfS seinen Onkel aus. Unter dem Vorwand, gemeinsam mit diesem flüchten zu wollen, schlich er sich in das Vertrauen des Zeugen ein und verriet anschließend sämtliche Einzelheiten der geplanten Flucht an das MfS.

Der Angeschuldigte wußte, daß bereits die Vorbereitung einer Flucht aus der DDR als Straftat verfolgt wurde und seine Handlung den Zeugen Dr. G. der Gefahr aussetzte, aus politischen Gründen verfolgt und hierbei in Widerspruch zu rechtsstaatlichen Grundsätzen der Freiheit beraubt zu werden. {3}

Aufgrund der Angaben des Angeschuldigten wurde gegen den Zeugen Dr. G. ein Ermittlungsverfahren eingeleitet. Der Zeuge wurde am 31. Mai 1985 inhaftiert und am 7. Dezember 1985 durch das frühere Stadtbezirksgericht Berlin-Lichtenberg wegen seiner geplanten Flucht zu einer Freiheitsstrafe von 3 Jahren und 10 Monaten verurteilt. Er mußte diese Strafe 2 Jahre und 6 Monate verbüßen.“

In objektiver Hinsicht ist dieser Sachverhalt aufgrund der in der Hauptverhandlung durchgeführten Beweisaufnahme, vornehmlich der Angaben des Angeklagten selbst, zur Überzeugung des Gerichts in allen wesentlichen Punkten erwiesen worden.

Gleichwohl lassen die getroffenen Feststellungen – aus rechtlichen Gründen – eine Verurteilung des Angeklagten nicht zu.

I. [Keine Strafbarkeit wegen politischer Verdächtigung]

Nicht in Betracht kam eine Bestrafung des Angeklagten wegen politischer Verdächtigung nach § 241a StGB; sie unterlag allerdings – wegen der anderenfalls gemäß § 74a Abs. 1 Nr. 6 GVG eingreifenden Zuständigkeit der Staatsschutzkammer des Landgerichts – der vorrangigen Prüfung (§ 6 StPO). Zwar galt für eine in der DDR zum Nachteil eines dort ansässigen DDR-Bürgers begangene politische Verdächtigung bereits zur Tatzeit nach § 5 Nr. 6 StGB das Recht der Bundesrepublik Deutschland (vgl. BGHSt 30, 1 ff; 32, 293 ff; ebenso: Urteil vom 29. April 1994 – 3 StR 528/93 –), so daß es insoweit ohne Bedeutung ist, daß im Strafrecht der DDR eine vergleichbare Vorschrift fehlte. Der Umstand, daß das {4} Strafrecht der DDR eine dem § 241a StGB entsprechende Regelung nicht aufwies, bedeutet aber zugleich, daß ein eigenen (abweichenden) Regelungen, namentlich denen des § 83 StGB/DDR in Verbindung mit § 78b StGB unterfallender DDR-Strafanspruch von vornherein nicht bestand und führt jedoch dazu, daß sich auch die Frage der Verjährung in bezug auf eine etwa begangene politische Verdächtigung ausschließlich nach dem Recht der Bundesrepublik richtet.

Hier ist der sich auf ein etwaiges Vergehen nach § 241a StGB beziehende Strafverfolgungsanspruch wegen Verjährung (§ 78 Abs. 3 Nr. 4 StGB) erloschen. Der Angeklagte hat die in Betracht kommenden Handlungen im April und Mai 1985 begangen. Zu diesem Zeitpunkt – und nicht etwa erst mit dem Ende der durch sie verursachten Inhaftierung des Zeugen Dr. G. – begann der Lauf der Frist über die Verfolgungsverjährung in bezug auf das Vergehen nach § 241a StGB (vgl. dazu: BGHSt 32, 293, 294). Sie war hier im Mai 1990, und damit vor der ersten Handlung der Ermittlungsbehörden – nämlich der am 2. Januar 1992 erfolgten Bekanntgabe an den Angeklagten, daß gegen ihn ein Ermittlungsverfahren eingeleitet sei – abgelaufen, die zur Unterbrechung der Verjährung (§ 78c Abs. 1 Nr. 1 StGB) geeignet war. Ein den Eintritt der Verjährung hinauszögerndes Ruhen des bundesdeutschen Strafanspruchs nach § 78b Abs. 1 StGB hat nicht stattgefunden, da der Strafverfolgung insoweit nicht {5} gesetzliche, sondern rein tatsächliche Gegebenheiten entgegenstanden (vgl. dazu: BGH NStZ 1994, 330, 331; OLG Frankfurt NStZ 1991, 585; Dreher-Tröndle, StGB 46. Aufl., Rdn. 56 vor § 3 StGB m.w.N.).

Da mithin schon verfahrensrechtliche Grunde einer Bestrafung des Angeklagten nach § 241a StGB entgegenstanden, obliegt die Entscheidung der vorliegenden Sache der erstinstanzlichen Zuständigkeit des Amtsgerichts.

II. [Keine Strafbarkeit wegen Freiheitsberaubung]

Auch einer Bestrafung des Angeklagten wegen Freiheitsberaubung (bzw. wegen Beteiligung an einer solchen) standen rechtliche Gründe entgegen. Bei der insoweit vorzunehmenden Prüfung war das zur Tatzeit geltende Recht der DDR, mithin § 131 StGB/DDR zugrundezulegen, da diese Bestimmung gegenüber § 239 StGB das mildere Recht darstellt (Art. 315 Abs. 1 EGStGB i.V.m. § 2 Abs. 1, Abs. 3 StGB). Seine frühere abweichende Rechtsprechung (vgl. BGHSt 32 a.a.O.), wonach auch hinsichtlich einer durch politische Verdächtigung begangene Freiheitsberaubung wegen § 5 Nr. 6 StGB von vornherein das Strafrecht der Bundesrepublik gelte, hat der Bundesgerichtshof durch das Urteil vom 29. April 1994 (a.a.O.) aufgegeben; zur Begründung stützt er sich zutreffend u.a. darauf, daß Wertungswidersprüche entstehen würden, wenn das StGB nur auf solche Freiheitsberaubungen durch rechtsstaatswidrige Inhaftierungen in der DDR angewendet würde, die sich aus einer politischen Verdächtigung resultieren, nicht aber auf {6} solche – unter Umständen viel schwerwiegendere – Freiheitsberaubungen, die sich aus von Amts wegen eingeleiteten Strafverfahren ergeben haben. Danach war der Prüfung, ob sich der Angeklagte wegen Freiheitsberaubung schuldig gemacht hat, § 131 StGB/DDR zugrundezulegen.

1. Entgegen der Ansicht der Verteidigung scheitert eine Bestrafung des Angeklagten nach § 131 StGB/DDR nicht bereits daran, daß auch insoweit Strafverfolgungsverjährung eingetreten wäre. § 82 Abs. 1 Nr. 2 StGB/DDR bestimmte für Straftaten mit einer Strafandrohung von bis zu zwei Jahren Freiheitsstrafe – eine solche sah § 131 Abs. 1 StGB/DDR vor – eine Verjährungsfrist von fünf Jahren.

§ 82 Abs. 3 Satz 1 StGB/DDR regelte, daß die Verjährung mit dem Tage begann, an welchem die Straftat beendet ist. Hier ist dies der 30. November 1987, an dem der Zeuge Dr. G. (aufgrund einer Amnestie) aus der Strafhaft entlassen wurde. Die 5 Jahre betragende Verjährungsfrist war danach am Tage des Beitritts der DDR, zu dem sie nach Artikel 315a Satz 3, 1. Halbsatz EGStGB in der Fassung des Verjährungsgesetzes vom 26. März 1993 (BGBl. I, S. 392) als unterbrochen gilt, noch nicht abgelaufen, ohne daß es auf die erweiternde Regelung des Art. 1 des Verjährungsgesetzes ankommt. Ersichtlich ist, daß nach dem in Art. 315a Abs. 1 Satz 3 EGStGB bestimmten Zeitpunkt Strafverfolgungsverjährung nicht eingetreten ist. {7}

2. Eine Bestrafung des Angeklagten wegen Freiheitsberaubung scheitert jedoch daran, daß nicht die Feststellung der Rechtswidrigkeit des dem Zeugen Dr. G. zugefügten Freiheitsentzuges getroffen werden konnte.

Nach § 131 StGB/DDR wurde u.a. mit Freiheitsstrafe bestraft, wer einen Menschen einsperrt oder auf andere Weise rechtswidrig der persönlichen Freiheit beraubt. Prüfungsmaßstab für der Merkmal der Rechtswidrigkeit ist das Recht der DDR; § 131 StGB/DDR erfaßt daher in Fällen der vorliegenden Art nicht solche Handlungen, die das Recht der DDR den ihm unterworfenen Bürgern zur Pflicht gemacht und deren Unterlassung § 225 Abs. 1 StGB/DDR[1] sogar mit Strafe bedroht hat (vgl. BGH, Urteil vom 29. April 1994 a.a.O.). Bei Unterlassen der Anzeige eines gemeinschaftlichen ungesetzlichen Grenzübertritts sah § 225 Abs. 1 Nr. 5, Abs. 3 i.V.m. § 213 Abs. 3 Nr. 5 StGB/DDR Freiheitsstrafe bis zu fünf Jahren, in besonders schweren Fällen bis zu 10 Jahren vor. Daraus folgt, daß ein DDR-Bürger sich jedenfalls dann nicht nach § 131 StGB/DDR strafbar gemacht hat, wenn er von einer sogenannten Republikflucht vor deren

Beendigung glaubhaft Kenntnis erlangt und sich in Befolgung des Gebots des § 225 Abs. 1 und Abs. 4 StGB/DDR darauf beschränkt hat, dies bei einer Dienststelle der Sicherheitsorgane der DDR zur Anzeige zu bringen und in einem späteren DDR-Strafverfahren als Zeuge zu bekunden (vgl. BGH a.a.O.). {8}

Hier allerdings verhält es sich teilweise anders. Denn der Angeklagte hatte nach seiner Anzeige und bevor er als Zeuge vor dem Stadtbezirksgericht Berlin-Lichtenberg auftrat, ca. 1 1/2 Monate lang im Auftrage des MfS seinen Onkel ausspioniert und bei fünf am 18. April, 26. April, 29. April, 20. Mai und 22. Mai 1985 an verschiedenen Orten in der DDR stattgefundenen Treffen dem MfS detaillierte Berichte über die Fluchtpläne seines Onkels und die von diesem zu deren Vorbereitung und Durchführung unternommenen Schritte geliefert; zugleich hatte er seinen Onkel bis zu dessen Festnahme in dem Glauben gelassen, er (der Angeklagte) sei zur Teilnahme an der geplanten Flucht bereit und unterstützte das geplante Vorhaben. Daß allerdings der Angeklagte bei seinen Treffen mit den Angehörigen des MfS der Wahrheit nicht entsprechende, die Pläne seines Onkels entstellende oder übertreibende Schilderungen gegeben hätte, vermochte das Gericht nicht festzustellen.

Die Staatsanwaltschaft und der als Nebenkläger zugelassene Zeuge Dr. G. sehen in der der Anzeige nachfolgenden Zusammenarbeit des Angeklagten mit dem MfS den Grund dafür, daß der Angeklagte wegen Beteiligung an einer Freiheitsberaubung zu bestrafen sei.

Nach Ansicht das Gerichts verkennen sie, daß die Rechtsprechung das Bundesgerichtshofs für eine Konstellation der hier gegebenen Art, die dadurch gekennzeichnet ist, daß die Beteiligung an {9} einem unmittelbar von einem Gericht der ehemaligen DDR zu verantwortenden Freiheitsentzug in Rede steht, weitere die Strafbarkeit einschränkende Grundsätze entwickelt hat, die einer Verurteilung des Angeklagten entgegenstehen. Bereits in einer Entscheidung aus dem Jahre 1952 hatte der Bundesgerichtshof (BGHSt 3, 110 ff) im Hinblick auf eine unter der NS-Herrschaft begangene politische Verdächtigung entschieden, daß unter der Voraussetzung, daß der Anzeigenerstatter einen wahren Sachverhalt anzeigt und der Richter den wahren Sachverhalt in einem ordnungsmäßigen Verfahren zutreffend ermittelt, die Frage, ob die durch den Vollzug des Urteils herbeigeführte Folge rechtmäßig oder rechtswidrig ist, für alle Beteiligten, den Anzeigenden, den Polizeibeamten, den Staatsanwalt und den Richter nur einheitlich entschieden werden kann; hieran hat der Bundesgerichtshof in dem Urteil vom 29. April 1994 (a.a.O.) ausdrücklich festgehalten. Dieser Rechtsprechung ist zuzustimmen, weil sie prinzipiell gewährleistet, daß der Anzeigenerstatter keinem höheren Strafbarkeitsrisiko ausgesetzt ist, als diejenigen (DDR-)Amtspersonen, welche die freiheitsentziehende Maßnahme unmittelbar zu vertreten haben. Da hierbei allein die Frage der Rechtmäßigkeit des angeordneten Freiheitsentzuges in Rede steht, kann es auch nicht darauf ankommen, daß der Angeklagte sich nicht {10} auf die Rolle eines Anzeigenerstatters und späteren Zeugen beschränkt hat. Dies muß jedenfalls dann gelten, wenn durch die über die Anzeigenerstattung hinausgehende Tätigkeit das spätere Strafverfahren nicht in der Weise manipuliert worden ist, daß das Urteil auf einem fehlerhaften Sachverhalt beruht. Daß dem Urteil des Stadtbezirksgericht Berlin-Lichtenberg unzutreffende Tatsachen zugrundeliegen, war nicht festzustellen. Auch dafür, daß dieses Urteil auf einem nicht ordnungsgemäßen, den Bestimmungen der StPO/DDR zuwiderlaufenden Verfahren beruhte, haben sich Anhaltspunkte in der Hauptverhandlung nicht ergeben. An dieser Einschätzung ändert sich nichts dadurch, daß der Angeklagte in der Zeit nach der Anzeigenerstattung in der Art eines Lockspitzels auf seinen Onkel einwirkte. Auch nach der rechtsstaatlichen Ordnung der Bundesrepublik Deutschland berührt der Einsatz von agents provocateurs und V-Leuten grundsätzlich nicht die Rechtmäßigkeit des Strafverfahrens (vgl. Kleinknecht/Meyer-Goßner, StPO 41. Aufl., Rdn. 4 zu § 136a m.w.N.).

Danach war die Prüfung geboten, ob die damals an dem gegen den Zeugen Dr. G. gerichteten Strafverfahren beteiligten Amtspersonen, namentlich die an dem Urteil des Stadtbezirksgerichts Berlin-Lichtenberg vom 7. Dezember 1995 mitwirkenden Richter, der Freiheitsberaubung schuldig sind. Dies wiederum wäre – nur – dann zu bejahen, wenn sie sich der Rechtsbeugung (§ 244 StGB/DDR i.V.m. § 336 StGB) schuldig gemacht hatten; für den Fall der Verhängung einer Freiheitsstrafe {11} wegen Republikflucht ist dies nun ausdrücklich entschieden (vgl. BGH, Urteil vom 29. April 1994 a.a.O.). Auch hinsichtlich der Strafbarkeit wegen Rechtsbeugung ist Prüfungsmaßstab das Recht der DDR; an ihr fehlt es grundsätzlich, wenn die richterliche Handlung vom Wortlaut des Rechts der DDR gedeckt war (vgl. BGHSt 40, 30, 41[2], NStZ 1994, 240, 241). Eine Verurteilung von Richtern der DDR wegen Rechtsbeugung wird daher auf Fälle zu beschränken sein, in denen die Rechtswidrigkeit der Entscheidung so offensichtlich war und insbesondere die Rechte anderer, hauptsächlich ihre Menschenrechte, derart schwerwiegend verletzt worden sind, daß sich die Entscheidung als Willkürakt darstellt; Orientierungsmaßstab wird die offensichtliche Verletzung von Menschenrechten sein, wie sie in der DDR durch den Beitritt zum Internationalen Pakt über bürgerliche und politische Rechte (für die DDR in Kraft getreten am 23. März 1976, GBl. DDR II S. 108) anerkannt waren (vgl. BGHSt 40, 30, 41 f.). Eine in diesem Sinne offensichtliche Menschenrechtsverletzung ist aber – ungeachtet der regelmäßig zu bejahenden Unvereinbarkeit solcher Entscheidungen mit rechtsstaatlichen Grundsätzen, die auch im vorliegenden Fall außer Zweifel steht – nicht schon deswegen anzunehmen, weil der Verurteilung eine der in dem Katalog des § 1 Abs. 1 StrRehaG angeführten Strafbestimmungen – hier § 213 StGB/DDR – zugrundeliegt (vgl. BGHSt 40, 30, 42; Urteil vom 29. April 1994 a.a.O.). {12}

In solchen Fällen muß allerdings das zu überprüfende Urteil der Maßgabe genügen, daß das Recht der DDR auch mit den ihm eigentümlichen Auslegungsmethoden „menschenrechtsfreundlich" so ausgelegt werden konnte, daß Willkürakte im Sinne offensichtlicher, schwer Menschenrechtsverletzungen vermeidbar waren (vgl. BGHSt 39, 1, 23; BGHSt 40 a.a.O.). Als solche durch Willkür gekennzeichnete, offensichtlich schwere Menschenrechtsverletzungen sind vornehmlich Fälle zu bewerten, in denen Straftatbestände unter Überschreitung des Gesetzeswortlauts oder unter Ausnutzung ihrer Unbestimmtheit bei der Anwendung derart überdehnt worden sind, daß eine Bestrafung, zumal mit Freiheitsstrafe, als offensichtliches Unrecht anzusehen ist (vgl. BGHSt 40 a.a.O., 43).

Das Urteil des Stadtbezirksgerichts Berlin-Lichtenberg stellt keinen Willkürakt in dem vorstehend beschriebenen Sinn dar. Da der Zeuge Dr. G. zeitweise geplant hatte, sich eines Agrarflugzeugs zu bemächtigen, welches der Angeklagte bei der Flucht steuern sollte, und vor der Aufgabe dieses Planes bereits etliche seiner Durchführung dienende Auskundschaftungen angestellt hatte, es ferner auch seiner späteren Planung entsprach, daß nicht nur der Angeklagte, sondern auch ein Sohn des Zeugen bei der Flucht mitgenommen werden sollte, unterliegt die Verurteilung des Zeugen wegen „Verbrechens der {13} Vorbereitung zur Entführung eines Luftfahrzeuges und tateinheitlich begangenen Verbrechens der Vorbereitung eines ungesetzlichen Grenzübertritts im schweren Fall sowie wegen Vergehens der Vorbereitung eines ungesetzlichen Grenzübertritts im schweren Fall gemäß § 213 Abs. 1, Abs. 2 und 3 Ziff. 2, 3 und 5 Abs. 4, § 53 Abs. 1 und 4 des Gesetzes über die Luftfahrt vom 27. Oktober 1983" in Ansehung der insoweit allein maßgeblichen DDR-Strafvorschriften hinsichtlich des Schuldspruchs keinen rechtlichen Beanstandungen. Auch die von dem Stadtbezirksgericht angeführten Strafzumessungsgründe, in deren Rahmen dem als Hochschullehrer tätigen Zeugen Dr. G. vornehmlich zur Last gelegt worden ist, daß er die Flucht aus der DDR plante, obwohl er alle „Vorzüge" des sozialistischen Systems genoß, lassen ein Beruhen auf willkürlichen Erwägungen nicht erkennen. Darüber, daß etwa die verhängte Freiheitsstrafe von drei Jahren und 10 Monaten das in vergleichbaren Fällen „übliche" Maß überschritten hätte, lagen dem Gericht keine Erkenntnisse vor; sie entsprach, wie der Zeuge Dr. G. bekundet hat, seinen für den Fall der Entdeckung seiner Pläne in bezug auf die Strafhöhe gehegten Erwartungen und liegt noch unterhalb der Mitte des in § 213 Abs. 3 StGB bestimmten Strafrahmens, der Freiheitsstrafe von einem bis acht Jahren vorsah.

Da danach die an dem Urteil des Stadtbezirksgerichts Berlin-Lichtenberg mitwirkenden Richter wegen Rechtsbeugung nicht werden belangt werden können, {14} sie also auch nicht der Freiheitsberaubung zum Nachteil des Zeugen Dr. G. schuldig sind, kann auch der Angeklagte wegen der ihm zur Last gelegten Freiheitsberaubung strafrechtlich nicht zur Verantwortung gezogen werden, zumal auch nicht festzustellen war, daß die Erduldung seitens der DDR-Behörden angeordneter willkürlicher Maßnahmen durch den Zeugen Dr. G. aufgrund der von dem Angeklagten erstatteten Anzeige und seiner nachfolgenden Zusammenarbeit mit dem MfS von der Vorstellung des Angeklagten umfaßt war.

Nach alledem mußte der Angeklagte – ohne daß es auf seine Einlassung ankam, wonach er es ursprünglich für möglich gehalten habe, daß der Zeuge Dr. G. seine Fluchtpläne nur vorgab, um ihn auf die Probe zu stellen – aus rechtlichen Gründen von dem Vorwurf, sich strafbar verhalten zu haben, freigesprochen werden.

Anmerkungen

1 Vgl. Anhang S. 469.
2 Vgl. den Dokumentationsband zu den Rechtsbeugungsverfahren, lfd. Nr. 1-2.

Inhaltsverzeichnis
Berufungsurteil des Landgerichts Tiergarten vom 29.3.1995,
Az.: (573) 30 Js 2313/92 (159/94)

Landgericht Berlin 29. März 1995
Az.: (573) 30 Js 2313/92 (159/94)

URTEIL

Im Namen des Volkes

Strafsache *gegen*

Björn K.,
geboren 1959,

wegen Freiheitsberaubung

Auf die Berufung des Angeklagten und der Staatsanwaltschaft gegen das Urteil des Schöffengerichts Tiergarten in Berlin vom 8. August 1994[1] hat die 73. kleine Strafkammer des Landgerichts Berlin in der Sitzung vom 29. März 1995, an der teilgenommen haben: {2}

⊗ Es folgt die Nennung der Verfahrensbeteiligten. ⊗

für *Recht* erkannt:

Das Urteil des Schöffengerichts Tiergarten in Berlin vom 8. August 1994 wird aufgehoben.
Der Angeklagte wird wegen Freiheitsberaubung zu einer Freiheitsstrafe von

10 – zehn – Monaten,

deren Vollstreckung zur Bewährung ausgesetzt wird verurteilt.
Er trägt die Kosten des Verfahrens.
§ 131 StGB/DDR.

Gründe

I. [Verfahrenshintergrund]

Dem Angeklagten wird mit Anklage der Staatsanwaltschaft bei dem Landgericht Berlin vom 15. Juni 1993 vorgeworfen, am 31. Mai 1985 durch andere eine Freiheitsberaubung begangen zu haben. Das Schöffengericht Tiergarten in Berlin hat ihn {3} von diesem Vorwurf am 8. August 1994 aus rechtlichen Gründen freigesprochen. Dagegen haben sowohl die Staatsanwaltschaft als auch der Nebenkläger Berufung eingelegt. Die Rechtsmittel hatten Erfolg.

II. [Feststellungen zum Angeklagten]

Aufgrund der Angaben des Angeklagten und des Nebenklägers sowie der verlesenen und im einzelnen bezeichneten Urkunden ist in der Berufungshauptverhandlung folgendes festgestellt worden: Der 1959 geborene Angeklagte ist in zweiter Ehe verheiratet. In seinem Haushalt leben zwei minderjährige Kinder. Nach dem Besuch der Oberschule hatte er den Beruf eines Flugzeugmechanikers erlernt. Zwischen 1979 und 1984 war er Berufssoldat und wurde bei der Nationalen Volksarmee der DDR zum Flugzeugführer ausgebildet. Zuletzt arbeitete er als Fluglehrer. 1982 wurde er Mitglied der SED. Der Angeklagte hatte viele Differenzen beim Militär und wurde Ende März 1984 zum Soldaten degradiert und unehrenhaft aus der NVA und der SED entlassen. Im Anschluß daran war er gezwungen, als Bruchspalter im Steinbruch Kamenz zu arbeiten, eine Arbeit, die ihn nicht befriedigte. Versuche, besser qualifizierte Tätigkeiten zu finden, waren ergebnislos. {4}

Am 13. Oktober 1989 floh der Angeklagte mit seiner Familie über Ungarn in die Bundesrepublik Deutschland. Seitdem lebt er in W. und ist als Finanzberater tätig.

III. [Feststellungen zum Sachverhalt]

Der Angeklagte wuchs als Kind einige Jahre gemeinsam mit seinem Onkel, dem Zeugen und Nebenkläger Dr. G., der nur 12 Jahre älter ist als er, im Haushalt von dessen Mutter auf. Der Zeuge war von Mai 1978 bis August 1984 persönlicher wissenschaftlicher Mitarbeiter des Ministers der Justiz der DDR. 1979 erwarb er die Hochschullehrerbefähigung. Nach Ausscheiden aus dem Justizministerium zum 1. September 1984 wurde er zum Hochschuldozenten für Gerichtsverfassungsrecht an der Akademie für Staats- und Rechtswissenschaft der DDR berufen. Bereits zu dieser Zeit hatte der Zeuge Dr. G. gegenüber den gesellschaftlichen und politischen Verhältnissen in der DDR eine ablehnende Haltung. Er sah insbesondere wirtschaftlich keine gute Zukunft voraus und trug sich mit dem Gedanken, gemeinsam mit seiner Ehefrau und den drei minderjährigen Kindern aus der DDR in die Bundesrepublik Deutschland zu flüchten. Eine legale Übersiedlung zog er nicht in Betracht, weil ihm klar war, daß dies den Verlust seiner beruflichen Stellung bedeuten würde. Ihm war bei näherer Überlegung auch klar, daß eine {5} Flucht mit der gesamten Familie aussichtslos sein würde. Deshalb plante er, mit seinem 13-jährigen Sohn Markus allein die Flucht zu wagen und die restlichen Familienmitglieder im Wege der Familienzusammenführung nachzuholen. Dabei verfolgte er mehrere Pläne zum Teil gleichzeitig:

In Erwägung zog er zunächst, von einem Auslandsaufenthalt nicht zurückzukommen und beantragte schon 1984 eine Reise nach Jugoslawien. Dort wollte er sich als Bürger der Bundesrepublik Deutschland ausgeben und versuchen, mit Hilfe der Botschaft ausreisen zu können.

Im März 1985 meldete er sich selbst und seinen Sohn zu einem Tauchlehrgang an. Er hatte die Idee, eventuell auf dem Wasserwege durch Unterschwimmen von Sperren die Grenze zu überwinden. Schon beim ersten Gespräch mit dem Lehrgangsleiter war ihm jedoch klar, daß dieser Weg wegen der langen Vorbereitung (ein Jahr Grundausbildung und drei weitere Jahre Ausbildung) eine Sackgasse war. Er kaufte trotzdem eine Tauchausrüstung und nahm an den ersten Trainingsstunden teil.

Als der Angeklagte am 1. April 1985 überraschend telefonisch seinen Besuch zu Ostern 1985 ankündigte, entschloß Dr. G. sich, ihn ebenfalls für eine Flucht zu gewinnen. Er {6} wußte, daß der Angeklagte degradiert und unehrenhaft entlassen und mit seiner beruflichen Situation unzufrieden war. Er hatte den Plan, mit einem Agrarflugzeug zu fliehen und wollte den Angeklagten als Piloten gewinnen. Als sich beim Besuch der Familie K. am 6. April 1985 eine Gelegenheit ergab, machte er dem Angeklagten gegenüber keinen Hehl aus seiner Einschätzung der politischen und wirtschaftlichen Lage und erklärte, flüchten zu wollen. Der Angeklagte war von diesem Gedanken fasziniert, wie er selbst sagt, und gab spontan zu erkennen, daß er nicht abgeneigt sei, mitzumachen. Dr. G. fragte daraufhin gezielt, ob er die Flucht mit einem Agrarflugzeug für möglich hielte, was der Angeklagte bejahte. Das Gespräch endete damit, daß Dr. G. ihn aufforderte, sich eine Entscheidung gut zu überlegen und ihn gegebenenfalls anzurufen.

Bereits zwei Tage später, am 8. April 1985, ging der Angeklagte abends nach der Arbeit zum Büro des Ministeriums für Staatssicherheit in Kamenz und zeigte die Fluchtabsichten seines Onkels an. Aufgefordert vom Diensthabenden schrieb er folgende Anzeige: {7}

„Hiermit erstatte ich Anzeige gegen Herrn Armin G., wohnhaft in ⊗ es folgt die Wohnadresse ⊗ 1105 Berlin, da er mich überreden wollte, mit ihm gemeinsam Republikflucht zu begehen. Gleichzeitig widerrufe ich meine ihm gegenüber scheinbare Zusage. Genaueres: S. Anlage."

Das Schreiben wurde von dem Angeklagten unterzeichnet. Die erwähnte und dem Schreiben beigefügte Anlage beinhaltete ein zweiseitiges Gedächtnisprotokoll über Einzelheiten des mit dem Zeugen Dr. G. geführten Gesprächs.

Eine Woche später, am 15. April 1985 wurde der Angeklagte zu einem „Instruktionsgespräch" mit zwei Mitarbeitern des MfS aus Berlin, die nach Kamenz kamen, vorgeladen. Der Angeklagte erklärte sich bereit, die Mitarbeiter des MfS beim weiteren Vorgehen zu unterstützen. Er wurde aufgefordert, Kontakt zu dem Zeugen Dr. G. aufzunehmen und zum Schein auf den Plan, mit dem Flugzeug zu flüchten, einzugehen. Er wurde beauftragt, den Zeugen zu veranlassen, Flugplätze und Flugbewegungen auszukundschaften. Dabei war ihm klar, daß dieses dazu diente, Dr. G. in seinen Fluchtabsichten zu bestärken und ihn zu Aktivitäten zu veranlassen, um auf diese Weise eine Verurteilung und Inhaftierung sicherzustellen. Damit war er auch einverstanden. Er erhoffte sich auf die Art und Weise eine positive Veränderung in seiner {8} beruflichen Situation.

Bei einem Treffen mit dem Zeugen Dr. G. ging der Angeklagte entsprechend vor. Dr. G. nutzte daher seinen jährlichen Angelurlaub Anfang Mai 1985, um die im Perleberger Raum liegenden Flugplätze zu beobachten. Dabei und bei dem Besuch eines weiteren Flugplatzes an der Ostsee wurde ihm klar, daß der Plan aufgrund der starken Bewachung der Flugzeuge undurchführbar war. Während dieser Beobachtungsfahrten war er zum Teil von Mitarbeitern des MfS beschattet worden.

Der Angeklagte hatte zwischenzeitlich zwei weitere Gespräche mit dem Mitarbeiter des MfS, der sich ihm als Münzer vorstellte. Bei einem Treffen mit seinem Onkel am 22. Mai 1985 in dessen Wohnung in Berlin, teilte ihm dieser seine Beobachtungen und seinen Entschluß, den Plan mit dem Flugzeug zu flüchten, aufzugeben, mit. Statt dessen beabsichtigte Dr. G. nunmehr, eine Reise nach Ungarn zu benützen, um die Grenze zu Jugoslawien zu überwinden und entsprechend dem ursprünglichen Plan mit Hilfe der Botschaft auszureisen. Der Angeklagte erklärte wieder zum Schein, mitmachen zu wollen. Noch am selben Tag teilte er dem MfS den Inhalt des Gespräches mit. Dort beschloß man, Vorbereitungen für die Verhaftung des Zeugen Dr. G. zu treffen. {9}

Die Ehefrau des Angeklagten wurde veranlaßt, am 29. Mai 1985 beim MfS in Kamenz anzuzeigen, sie habe von den Fluchtplänen Kenntnis erlangt. Der Angeklagte wurde am 28. Mai 1985 ausführlich vernommen. In beiden Vernehmungsprotokollen, die dann zu den Gerichtsakten genommen wurden, ist kein Hinweis enthalten, daß der Angeklagte bereits am 8. April 1985 Anzeige erstattet und seitdem mit dem MfS zusammengearbeitet hatte, um den Zeugen auszukundschaften. Alle Vernehmungsprotokolle erwecken vielmehr den Anschein, als ob er aus besserer Einsicht heraus erst jetzt von seinen eigene Fluchtplänen Abstand genommen und Anzeige erstattet hätte.

Der Zeuge Dr. G. hatte zwischenzeitlich für sich, den Angeklagten und seinen Sohn Flüge nach Ungarn zu zwei verschiedenen Terminen gebucht. Am 30. Mai 1984 traf er sich mit dem Angeklagten, sie besprachen Einzelheiten und stellten u.a. eine Packliste auf.

Der Zeuge Dr. G. und seine Ehefrau wurden am 31. Mai 1985 morgens festgenommen und inhaftiert. Am 7. Dezember 1985 wurde Dr. G. in einer nichtöffentlichen Sitzung des früheren Stadtbezirksgerichts Berlin-Lichtenberg wegen {10} „Verbrechens der Vorbereitung zur Entführung eines Luftfahrzeuges und tateinheitlich begangenen Verbrechens der Vorbereitung eines ungesetzlichen Grenzübertritts im schweren Fall sowie wegen Vergehens der Vorbereitung eines ungesetzlichen Grenzübertritts im schweren Fall gemäß § 213 Abs. l, 2 und 3 Ziffer 2, 3 und 5, Abs. 4 StGB, § 53 Abs. 1 und 4 des Gesetzes über die Luftfahrt vom 27.10.1983“ zu einer Freiheitsstrafe von drei Jahren und zehn Monaten verurteilt. Seine Ehefrau erhielt eine Bewährungsstrafe wegen Beihilfe von sechs Monaten.

Ausweislich des Urteils ging das Gericht dabei von zwei Taten aus:

1. Der Anfang März 1985 gefaßte allgemeine Fluchtplan, in dessen Ausführung Aktivitäten zur Nichtrückkehr von einer Jugoslawienreise entwickelt wurden (Vorbereitung eines einfachen Falls des § 213 Abs.2 StGB/DDR), Anmeldung zum Tauchsportlehrgang (Vorbereitung eines wegen der Hilfemittels schweren Falls des § 213 Abs. 1, Abs. 3 Ziffer 2 StGB/DDR, wobei wegen freiwilligen Rücktritts von dieser Variante dies nicht strafschärfend berücksichtigt wurde), Aktivitäten zur Nichtrückkehr von einer Ungarnreise (Vorbereitung eines schweren Falls des § 213 Abs. 2 StGB/DDR, da in Mittäterschaft begangen) und {11}
2. der am 6. April 1985 beim Gespräch mit dem Angeklagten gefaßte Entschluß, eine Flucht mit einem Agrarflugzeug zu prüfen (Vorbereitung eines wegen der gefährlichen Methode der Tatverwirklichung, der Mittäterschaft und der besonderen Intensität der Durchführung schweren Falls nach § 213 Abs. 1, Abs. 3, Ziffer 2, 3 und 5 StGB/DDR, wobei der Rücktritt als nicht freiwillig angesehen wurde).

Zur Strafzumessung sagt das Urteil folgendes:

„Bei der Bestimmung der Tatschwere und notwendigen Maßnahme strafrechtlicher Verantwortlichkeit ist davon auszugehen, daß der Angeklagte als in der Deutschen Demokratischen Republik ausgebildeter und alle Vorzüge des Sozialismus nutzender Bürger, der u.a. auch Kenntnisse von geheimzuhaltenden Vorgängen erlangte, seine staatsbürgerliche Treuepflicht mißachtete und Verrat an der Deutschen Demokratischen Republik begehen wollte, für seine Straftaten einen weiteren Bürger gewann und sich nicht scheute, diesen mit seinem minderjährigen Sohn auszuführen. Die Intensität der vorbereitenden Flugzeugentführung sowie die Verfolgung der übrigen Tatvarianten offenbaren einen beharrlichen kriminellen Tatentschluß, mit dem er das

Endziel des ungesetz-{12}lichen Verlassen der Deutschen Demokratischen Republik verfolgte. Bei zusammenhängender Bewertung aller für die Strafzumessung bedeutsamen Umstände, wie des tatsächlichen Verwirklichungsstadiums des Verbrechens und Vergehens, der hervorgehobenen schulderschwerenden Umstände aus der Art und Weise der Tatausführung und der Schwere der Schuld sowie der entlastenden Tatsachen, dem bisherigen Verhalten und der von der Verteidigung hervorgehobenen Bereitschaft, zur Aufklärung der Tat beizutragen, ist eine Freiheitsstrafe von drei Jahren und zehn Monaten angemessen. Sie trägt dem Schatzbedürfnis unseres Staates vor derartigen Angriffen auereichend Rechnung und ist nachhaltig genug, dem Angeklagten die Schwere seines Verbrechens eindringlich vor Augen zu führen. Dabei war abweichend vom staatsanwaltlichen Antrag zu entscheiden, weil hinsichtlich des Vergehens von einer anderen rechtlichen Beurteilung und Bewertung der Tatschwere ausgegangen wird. Eine geringere Strafe, wie von der Verteidigung beantragt, konnte nicht ausgesprochen werden, weil neben der objektiven Tatschwere, die von der Verteidigung eingeräumt wird, auch der erhöhte Grad des individuellen Verschuldens aus der Gesamtheit aller Umstände zu berücksichtigen war.“ {13}

Während Dr. Ramona G. bereits unter Aufhebung des Haftbefehls am 10. Juni 1985 aus der Untersuchungshaft entlassen worden war, mußte der Zeuge Dr. G. von der Strafe zwei Jahre und sechs Monate bis zum 30. November 1987 in der berüchtigten Haftanstalt des Staatssicherheitsdienstes Bautzen II verbüßen. Er wurde aufgrund der Amnestie zum 40. Jahrestag der Gründung der DDR entlassen.

Der Angeklagte erhielt für seine „erfolgreiche Mitarbeit“ vom MfS eine Geldprämie in Höhe von 1.500,00 M. Schon während des Ermittlungsverfahrens wurde er im Oktober 1985 vom MfS als IM für den Bereich Kamenz gewonnen. Im Februar 1986 unterschrieb er eine Verpflichtungserklärung. Schon zum l. Januar 1986 war er zum Betriebsingenieur im Steinbruch befördert worden, im Anschluß daran wurde er Betriebsingenieur in einem Kühlbetrieb und am 1.5.1987 Programmierer in einer Maschinenfabrik.

IV. [Einlassungen des Angeklagten]

Der Angeklagte gibt den unter III. festgestellten Sachverhalt zu. {14}

Er behauptet, er habe die Anzeige am 8. April 1985 erstattet aus Furcht, ihm sei von seinem Onkel eine Falle gestellt worden. Während seiner NVA-Zeit seien ihm laufend Fallen gestellt worden mit der Folge, daß Vorkommnisse gegen ihn ausgelegt worden seien. Beim überdenken des Gesprächs mit seinem Onkel habe er sich nicht vorstellen können, daß dieser tatsächlich die Absicht gehabt habe, zu flüchten. Immerhin sei dieser ein „hohes Tier“ gewesen und er habe deshalb befürchtet, dieser wolle ihn nur testen. Dieser Verdacht habe sich durch folgenden Umstand erhärtet: Am Montag mittag habe er auf der Arbeit im Meisterzimmer einen ihm unbekannten Mann angetroffen, der sich freundlich nach seinem Aufenthalt in Berlin erkundigt habe. Davon habe er jedoch niemandem erzählt gehabt.

Beim Gespräch am 15. April 1985 habe man ihm gesagt, sein Onkel sei nicht greifbar, er schlüpfe wie ein Fisch immer davon. Er müsse daher mitspielen. Als er Bedenken angemeldet habe, hätte man ihm mit Anspielung auf den (seiner Meinung nach) mysteriösen Tod der ersten Ehefrau des Onkels gesagt: „Dann sind Sie vielleicht das nächste Opfer!“ Unter Hinweis auf die von ihm erstattete Anzeige sei er gefragt worden, wie er denn seinem Onkel und seiner Familie noch in die Augen sehen wolle. Im übrigen habe er befürchtet, im Weigerungsfall selbst angeklagt zu werden. {15}

V. [Rechtliche Würdigung und Strafzumessung]

1. Der Angeklagte hat sich wegen Freiheitsberaubung strafbar gemacht, wobei das zur Tatzeit geltende Recht, der DDR, also § 131 StGB/DDR zugrunde zu legen ist, da diese Bestimmung gegenüber § 239 StGB das mildere Recht darstellt (Artikel 315 Abs. 1 EGStGB i.V.m. § 2 Abs. l, Abs. 3 StGB). Dies ist mittlerweile durch die Entscheidung des BGH vom 29.4.94 – 3 StR 528/93 – (NStZ 94 Seite 426)[2] klargestellt.

2. Die Bestrafung scheitert nicht daran, daß mittlerweile Strafverfolgungsverjährung eingetreten ist. Auch § 131 StGB/DDR ist ein Dauerdelikt, die Verjährungsfrist von fünf Jahren (§ 82 Abs.1 Nr. 2, Abs. 3 Satz 1 StGB/DDR) beginnt erst am 30. November 1987 zu laufen. Sie war daher am Tag des Beitritts der DDR noch nicht abgelaufen und gilt nach Artikel 315a Satz 3, 1. Halbsatz EGStGB i.d.F. des Verjährungsgesetzes vom 26. März 1993 (BGBl. I, Seite 392) als unterbrochen.

3. Der Angeklagte hat sich nicht durch seine Anzeige am 8. April 1985 wegen Beteiligung an einer Freiheitsberaubung zum Nachteil des Zeugen und Nebenklägers Dr. G. {16} strafbar gemacht. Nach der Entscheidung des BGH vom 29.4.1994 hat sich in aller Regel nicht wegen Beteiligung an einer Freiheitsberaubung nach § 131 StGB/DDR strafbar gemacht, wer sich als Anzeigenerstatter in einem Ermittlungs- und Strafverfahren wegen sogenannter Republikflucht auf das durch das DDR-Recht gebotene Maß beschränkt hat.

Insoweit kann nicht festgestellt werden, daß durch die Anzeige allein der Zeuge Dr. G. einem Verfahren ausgesetzt wurde, in dem schwere und offensichtliche Menschenrechtsverletzungen begangen wurden, womit der Angeklagte rechnete und welche er auch billigend in Kauf genommen hat. Nur dann wäre nach der mittlerweile als gefestigt geltenden Rechtsprechung des BGH die Berufung auf den Rechtfertigungsgrund, daß dieses Verhalten nach DDR-Recht geboten war, schlechthin als unerträglich anzusehen (vgl. BGH vom 3.11.1992, NStZ 93, Seite 129[3] und BGH vom 29.4.94 a.a.O.).

Es kann ferner nicht festgestellt werden, daß der Tatbestand des § 213 StGB/DDR, soweit es um den zum Zeitpunkt der Anzeige bereits vorliegenden Sachverhalt geht, von den Richtern im Verfahren gegen Dr. G. extensiv ausgelegt wurde oder daß die insoweit ausgesprochenen {17} Strafe – die allerdings nur fiktiv im Wege des Vergleichs ermittelt werden kann – auf einer willkürlichen Handhabung des Rechts beruhen und daß der Angeklagte dies in seinen Vorsatz aufgenommen hatte. Nur dann hatte wegen der sogenannten Sperrwirkung der Rechtsbeugung (BGH vom 29.4.94 a.a.O. und BGH[St] 3, Seite 110) sich auch der Angeklagte gegebenenfalls durch die Anzeige allein strafbar gemacht. Weder das Verfahren selbst weist solche unerträglichen Mängel auf, noch die Subsumtion des auch vom Zeugen Dr. G. zugegebenen Sachverhalts unter dem Straftatbestand des § 213 StGB/DDR, noch die (fiktive) Strafe.

Der Angeklagte wußte, daß dem Zeugen und Nebenkläger eine Verurteilung nach § 213 StGB/DDR erwartete. Der BGH geht davon aus, daß derartige Verurteilungen in der Regel rechtsstaatswidrig waren (BGH 29.4.94 a.a.O.). Aber § 213 war in der DDR geltendes Recht. Unter Berücksichtigung aller Argumente, die gegen die Gültigkeit dieser Vorschrift sprechen (Wahrung des Rechts auf Ausreisefreiheit, zu der sich die DDR durch Unterzeichnung und Ratifizierung der Internationalen Konvention über zivile und politische Rechte vom 16.12.66 verpflichtet habe) bleibt doch festzustellen, daß die Durchbrechung des Prinzips der Rechtssicherheit auf extreme Ausnahme-{18}fälle beschränkt bleiben muß. Der Verstoß muß so schwer wiegen, daß er die allen Völkern gemeinsamen, auf Wert und Würde des Menschen bezogenen Rechtsüberzeugungen verletzt (BGH NStZ 93, 130). Eine drohende Verurteilung nach § 213 StGB/DDR allein reicht also nicht aus, um dem Angeklagten das Recht zu nehmen, sich auf die Gebotenheit seines Handelns zu berufen.

4. Durch die weitere Zusammenarbeit des Angeklagten mit dem MfS und seiner Tätigkeit als „Lockspitzel" hat er aber mehr getan, als seine staatsbürgerliche Pflicht war und § 225 StGB/DDR[4] von ihm sogar verlangte.

Der Zeuge und Nebenkläger verließ sich darauf, einen Mittäter gefunden zu haben, der ihm die Durchführung des Plans, mit einem Agrarflugzeug zu fliehen, ermöglichte. Dies führte zu verstärkten Aktivitäten seinerseits: Er nutzte den Angelurlaub, um Flugplätze auszuspähen und er nahm nach Aufgabe dieses Plans den Angeklagten als Mittäter in die geplante Flucht über Ungarn mit auf. Ausweislich der Urteilsgründe wurde ihm dies als besonders schwerwiegende Verfehlung angekreidet. Die Einbeziehung eines Mittäters machte die erste Tat zur schweren und das Ausspionieren wurde als besonders intensiv gewertet. {19}

Man kann ohne weiteres davon ausgehen, daß dies zu einer Erhöhung der Strafe führte. Das DDR-Recht sah bei Tatmehrheit nicht die Festsetzung von zunächst separaten Einzelstrafen vor. Mittlerweile ist aber gerichtsbekannt, daß bei einfacher Vorbereitung eines ungesetzlichen Grenzübertritts auch in schweren Fällen Freiheitsstrafen von ein bis eineinhalb Jahren die Regel waren. Als Maßstab hier wird nur auf die gegen Ramona G. verhängte Strafe von sechs Monaten verwiesen. Dieses Maß ist bei der Festsetzung der Strafe gegen Dr. G. erheblich überschritten.

Es ist unerheblich, ob das MfS ohne die weitere Mitarbeit des Angeklagten durch z.B. Beschatten des Zeugen G. ebenfalls den schwerwiegenderen Teil der Verurteilung erreicht hätte, die Tatsachen sprechen eher dagegen. Der Angeklagte hat als „Lockspitzel" gearbeitet und damit die Bedingung für eine höhere Bestrafung und längere Inhaftierung seines Onkels gesetzt.

Der Angeklagte handelte rechtswidrig, denn für einen derartigen Fall gilt die oben erwähnte „Sperrwirkung der Rechtsbeugung" nicht. Die einschlägigen Urteile (BGH[St] 3 Seite 110, BGH 29.4.94 a.a.O.) weisen ausdrücklich darauf hin, daß die Einheitlichkeit der Rechtswidrigkeit {20} nur für den Fall gilt, wenn sich die Beteiligten im Rahmen des durch das geltende Recht gebotene Maß gehalten haben.

Der Angeklagte legte Wert darauf, daß er seinem Onkel gegenüber nicht „dekonspiriert" wurde. Dieses Verhalten hat er sogar noch bis zu seiner Aussage als Zeuge im Prozeß in der Hauptverhandlung durchgehalten. Selbst da hat er verschwiegen, daß er selbst keinerlei Fluchtabsichten hatte und seinen Onkel nur ausgespäht hatte. Hinweise auf dieses vorangegangene Verhalten finden sich in den Gerichtsakten nicht. Zu den Gerichtsakten genommen wurde lediglich die Aussage des Angeklagten vom 28. und 29. Mai 1985. Diese Tatsache ist noch nicht einmal bei der Strafzumessung erwähnt worden, insoweit sind die dem Urteil zugrundegelegten Fakten unrichtig.

Der Angeklagte handelte auch vorsätzlich. Er wußte, daß sein Onkel durch sein Verhalten zu diesen weitergehenden Aktivitäten veranlaßt wurde. Ihm war auch bewußt, daß dies zu einer Strafschärfung führen würde. Sein Onkel hatte ihn selbst darauf hingewiesen. Abgesehen davon waren den meisten DDR-Bürgern 1985 bekannt, daß die nach § 213 StGB/DDR verhängten Freiheitsstrafen je nach Intensität der Vorbereitungen höher oder niedriger ausfie-{21}len. Der Angeklagte wußte auch, daß seine Tätigkeit als Lockspitzel keine Erwähnung fand. Dieses wollte er auch. Die höhere Bestrafung und zwangsläufig längere Inhaftierung seines Onkels nahm er zumindest bedingt in Kauf.

Der Angeklagte kann sich nicht darauf berufen, er habe die Tätigkeit als Lockspitzel nicht ohne erhebliche Gefahr für eigene schutzwürdige Belange vermeiden können. Soweit er andeutet, er habe aus Furcht vor der Rache seines Onkels so gehandelt, hält die Kammer dies für absurd. Genauso wenig nimmt ihm die Kammer ab, daß er hier aus Furcht, selbst angeklagt zu werden, so gehandelt hat. Schließlich hatte nicht er seinem Onkel von sich aus angeboten, ihn bei einem Fluchtversuch zu fliegen, sondern sein Onkel hatte vielmehr versucht, ihn als Mittäter zu gewinnen.

Der Angeklagte handelte als mittelbarer Täter. Wer den Erfolg des gesetzlichen Tatbestandes will, ist Täter (BGH[St] 3, Seite 5). Selbst wenn die urteilenden Richter über den wahren Sachverhalt genau informiert gewesen wären und insoweit selbst rechtswidrig gehandelt hätten, ändert sich daran nichts. Mittelbare Täterschaft kommt auch bei einem uneingeschränkt schuldhaft mit Täterqualifikation handelnden Tatmittler in Betracht (BGH {22} 26.7.94 NStZ 94 S. 537).

§ 131 StGB/DDR sieht eine Geldstrafe oder eine Freiheitsstrafe bis zu zwei Jahren vor. Der Angeklagte hat hier einen engen Verwandten angezeigt, zu dem eine noch aus Kinderzeiten her bestehende besondere Verbundenheit bestand. Er hat keinen Versuch unternommen, vor der Anzeige noch einmal mit seinem Onkel zu telefonieren, ihm gegebenenfalls seine Angst zu schildern und klar und deutlich zu sagen, er mache nicht mit. Dieses Verhalten ist zwar damals eine staatsbürgerliche Pflicht gewesen, ist aber moralisch verdammenswert, und wirft ein Licht auf seine Gesinnung.

Die Kammer ist davon überzeugt, daß Triebfeder seines weiteren, strafrechtlich relevanten Handelns der Versuch war, auf diese Art und Weise aus der beruflichen Sackgasse herauszukommen. Der Angeklagte behauptet zwar, seine Beförderungen hätten nichts mit der Zusammenarbeit mit dem MfS zu tun, dies glaubt ihm die Kammer aber nicht. Der Angeklagte war mit seiner kritischen Haltung vorher selbst oft genug angeeckt. Er war alles andere als eine Stütze des Regimes. Er ist aber nicht davor zurückgeschreckt, den Unterdrückungsapparat für eigene Zwecke zu benutzen und dabei seinen Onkel zu opfern. {23}

Dr. G. mußte nicht die gesamte Strafe absitzen, dies ist aber nicht das Verdienst des Angeklagten, sondern beruht auf der Amnestie. Die Haftzeit war mit Sicherheit übermäßig schwer, weil politische Häftlinge in Bautzen II unter besonders schweren Bedingungen litten. Dies war auch allgemein bekannt. Die Kammer hält nach alledem die Verhängung einer Freiheitsstrafe für unbedingt erforderlich und meint, daß innerhalb des vorgegebenen Strafrahmens zehn Monate schuldangemessen sind. Der Angeklagte ist strafrechtlich nicht in Erscheinung getreten. Die Vollstreckung der Freiheitsstrafe kann daher zur Bewährung ausgesetzt werden. Die Kammer ist davon überzeugt, daß bei dem sozial eingebundenen Angeklagten mit keinen weiteren Straftaten zu rechnen ist.

Anmerkungen

1 Vgl. lfd. Nr. 10-1.
2 Mittlerweile veröffentlicht in BGHSt 40, 125.
3 Mittlerweile veröffentlicht in BGHSt 39, 1. Vgl. auch den Dokumentationsband zu den Gewalttaten an der deutsch-deutschen Grenze, Nr. 2-2.
4 Vgl. Anhang S. 469.

Inhaltsverzeichnis
Beschluss des Kammergerichts Berlin vom 21.6.1996,
Az.: (4) 1 Ss 189/95 (38/96)

Kammergericht Berlin 21. Juni 1996
Az.: (4) 1 Ss 189/95 (38/96)

BESCHLUSS

In der Strafsache gegen

Björn K.,
geboren 1959 in L.,

wegen Freiheitsberaubung

hat der 4. Strafsenat des Kammergerichts in Berlin am 21. Juni 1996 beschlossen:

Auf die Revision des Angeklagten wird das Urteil des Landgerichts Berlin vom 29. März 1995[1] gemäß § 349 Abs. 4 StPO aufgehoben; der Angeklagte wird freigesprochen.
Die Kosten des Verfahrens und die notwendigen Auslagen des Angeklagten fallen der Landeskasse Berlin zur Last. {2}

Gründe

Das Amtsgericht Tiergarten hat den Angeklagten von dem Vorwurf der Freiheitsberaubung freigesprochen.[2] Auf die Berufungen der Staatsanwaltschaft und des Nebenklägers hat das Landgericht mit dem angefochtenen Urteil den Angeklagten wegen Freiheitsberaubung zu einer Freiheitsstrafe von zehn Monaten verurteilt, deren Vollstreckung es zur Bewährung ausgesetzt hat. Die Revision des Angeklagten, mit der er das Verfahren und die Verletzung sachlichen Rechts rügt, ist begründet.

Die Staatsanwaltschaft bei dem Kammergericht hat zu dem Rechtsmittel wie folgt Stellung genommen:

„Der Revision des Angeklagten kann der Erfolg nicht versagt werden; sie dringt mit der – allein in zulässiger Weise erhobenen – Rüge der Verletzung materiellen Rechts durch.
Die Feststellungen des angefochtenen Urteils tragen aus rechtlichen Gründen nicht die Verurteilung des Angeklagten wegen Freiheitsberaubung gemäß § 131 StGB/DDR.
1. Aufgrund der getroffenen Feststellungen geht das Landgericht zunächst zutreffend davon aus, daß sich der Angeklagte nicht bereits durch die Anzeigeerstattung am 8. April 1985 bei dem Ministerium für Staatssicherheit (MfS) wegen Beteiligung an einer Freiheitsberaubung zum Nachteil des Geschädigten Dr. G. strafbar gemacht hat (UA S. 15 bis 18 soweit Ziff. 3.). {3}
Vorliegend ist jedoch der Angeklagte über seine Anzeigepflicht gemäß § 225 Abs. 1 Nr. 5 und Abs. 4 StGB/DDR[3] hinausgegangen, indem er in der Art eines ‚Lockspitzels' über mehrere Wochen im Auftrage des MfS hinter dem Geschädigten herspioniert und diesen zum Schein in seinen Fluchtplänen bestärkt hat. Unter welchen Voraussetzungen sich ein DDR-Bürger, der über die pflichtgemäße Anzeige hinaus mit dem MfS zusammengearbeitet hat und dadurch die Ursache für eine längerfristige Freiheitsentziehung zum Nachteil des Denunzierten auf der Grundlage des § 213 StGB/DDR gesetzt hat, hierfür wegen Beteiligung an einer Freiheitsberaubung gemäß § 131 StGB/DDR zu bestrafen ist, wurde – soweit ersichtlich – bislang höchstrichterlich nicht entschieden. Die maßgeblichen Entscheidungen des Bundesgerichtshofes vom 29. April 1994 (BGHSt 40, 125 ff.) sowie vom 8. Februar 1995 (NStZ 1995, 288 f.) konnten

sich nach Lage des jeweiligen Sachverhaltes zunächst auf die Feststellung beschränken, daß eine Strafbarkeit *jedenfalls* dann nicht gegeben sei, wenn der Anzeigende von einer sogenannten Republikflucht vor deren Beendigung glaubhaft Kenntnis erlangt und sich darauf beschränkt hat, dies bei einer Dienststelle der Sicherheitsorgane der DDR zur Anzeige zu bringen und in einem späteren DDR-Strafverfahren als Zeuge zu bekunden, es sei denn gegenüber dem Angezeigten wären schwere und offensichtliche Menschenrechtsverletzungen begangen worden und der Anzeigeerstatter hätte dies billigend in Kauf genommen (vgl. BGHSt 40, 125, 134; BGH NStZ 1995, 288). Ein Gegenschluß des Inhalts, daß ein weitergehendes Handeln des Anzeigenden, durch das er den Unrechtserfolg der Freiheitsentziehung fördert und erweitert, ausnahmslos als rechtswidrig im Sinne des § 131 StGB/DDR zu beurteilen wäre, läßt sich den genannten Entscheidungen des Bundesgerichtshofes nicht entnehmen.

Gegen eine solche Rechtswidrigkeit des Vorgehens des Angeklagten – ungeachtet seiner moralischen Verwerflichkeit – spricht, daß auch insoweit Prüfungsmaßstab für das Merkmal der Rechtswidrigkeit das Recht der DDR sein muß (vgl. BGHSt 40, 125, 134). {4}

Der Angeklagte hat dem Geschädigten nicht aufgrund eigenen Entschlusses, sondern im Auftrage einer staatlichen Behörde nachspioniert, die es als ihre Aufgabe ansah, in dieser Weise gegen Straftaten ihrer Bürger vorzugehen. Auch wenn nicht ersichtlich ist, daß ein derartiges Zusammenwirken mit den Organen der Staatssicherheit auf ‚offizieller' Rechtsgrundlage geschehen wäre, die im Sinne eines geschriebenen Rechtfertigungsgrundes einen Ausschluß der Rechtswidrigkeit gemäß § 131 StGB/DDR bewirken könnte, so ist doch nicht zu verkennen, daß ein derartiges Vorgehen auch unter Ausnutzung familiärer und freundschaftlicher Vertrauensverhältnisse in der Staatspraxis der DDR nicht unüblich, sondern ständig praktizierte Art der Informationsbeschaffung und daher im Sinne des staatlichen Systems erwünscht war (vgl. insoweit zur zivilrechtlichen Würdigung des vorliegenden Sachverhalts BGH NJW 1995, 256, 259).

2. Auch wenn dem Angeklagten nach den vorstehenden Grundsätzen ein Vorwurf der Rechtswidrigkeit noch zu machen wäre, müßte dieser seine Grenze in dem in der Rechtsprechung des Bundesgerichtshofs entwickelten Grundsatz der Einheitlichkeit der Rechtswidrigkeit finden, wonach die Frage, ob die durch den Vollzug eines Strafurteils herbeigeführte Folge rechtmäßig oder rechtswidrig ist, für alle Beteiligten – den Anzeigenden, den Polizeibeamten, den Staatsanwalt und den Richter – nur einheitlich entschieden werden kann, wenn der Anzeigende einen wahren Sachverhalt angezeigt und der Richter den wahren Sachverhalt in einem ordnungsgemäßen Verfahren zutreffend ermittelt hat (vgl. BGHSt 3, 110, 114; BGHSt 40, 125, 136 f.; BGH NStZ 1995, 288 f.).

a) Den Feststellungen des angefochtenen Urteils ist – entgegen der dort getroffenen Wertung (vgl. UA S. 21) – nicht zu entnehmen, daß das Stadtbezirksgericht Berlin-Lichtenberg seinem Urteil vom 7. Dezember 1985 einen unwahren Sachverhalt zugrundegelegt hätte. Es hat den damaligen Angeklagten Dr. G. entsprechend seinen Einlassungen sowie den Angaben des hiesigen Angeklagten wegen der tatsächlich erfolgten {5} Planungen und Vorbereitungen zum Verlassen der DDR verurteilt. Die Vorwürfe, die insoweit gegen den damals Angeklagten erhoben wurden, widersprechen nicht den nunmehr festgestellten Geschehensabläufen im Zeitraum zwischen 1984 und dem 31. Mai 1985. Soweit das Stadtbezirksgericht Berlin-Lichtenberg über den Gang der Ermittlungen und insbesondere die frühzeitige Mitwirkung des Angeklagten K. in Unkenntnis gelassen bzw. durch die Manipulation der Akten getäuscht worden sein sollte, bestehen keinerlei Anhaltspunkte dafür, daß die gerichtliche Kenntnis des Ganges der Ermittlungen die Gerichtsentscheidung zugunsten des damaligen Angeklagten Dr. G. beeinflußt hätte. Bereits im Hinblick auf die – ihm strafmildernd zugute gehaltene – Mitwirkung des seinerzeit Angeklagten bei der Tataufklärung mußte für das Stadtbezirksgericht der Gang der Ermittlungen bis zur Festnahme des Dr. G. nicht von maßgeblicher Bedeutung sein. Hinweise auf eine in der Rechtsprechung praktizierte – geschweige denn rechtlich normierte – Strafmilderung zugunsten des Angeklagten im Falle des Einsatzes eines tatfördernden und tatprovozierenden

‚Lockspitzels' sind in der Rechtsordnung der DDR nicht erkennbar. Die von seiten des MfS offenbar auch gegenüber den Gerichten durch Manipulation der Akten praktizierte Geheimhaltung der Ermittlungsmethoden bietet auch kein hinreichend deutliches Indiz für die Annahme der Rechtswidrigkeit solcher Ermittlungsmethoden, sondern ist als taktisches Mittel des MfS zur weitestgehenden Geheimhaltung seiner Ermittlungstaktik zu verstehen.
Sowohl im Zeitpunkt der Anzeige durch den hier Angeklagten als auch der Verurteilung durch das Stadtbezirksgericht Berlin-Lichtenberg ist demnach in dem gegen Dr. G. betriebenen Strafverfahren ein wahrer Lebenssachverhalt zugrundegelegt worden. Somit wäre nach der bereits zitierten Rechtsprechung des Bundesgerichtshofes dem hier Angeklagten ein Vorwurf der Rechtswidrigkeit nur unter der Voraussetzung zu machen, daß auch die gerichtlich angeordnete Freiheitsentziehung als rechtswidrig anzusehen wäre. {6}
b) Bei einer durch eine strafgerichtliche Verurteilung begründeten Freiheitsentziehung ist jedoch der Grundsatz der Sperrwirkung der Rechtsbeugung dahingehend zu berücksichtigen, daß ein Richter, der eine Freiheitsstrafe etwa wegen Republikflucht verhängt hat, wegen Freiheitsberaubung an dem Verurteilten nur dann bestraft werden kann, wenn er durch seine Mitwirkung Rechtsbeugung begangen hat (vgl. BGHSt 40, 125, 136; BGH NStZ 1995, 288, 289). Nur im Rahmen des Rechtsbeugungstatbestandes ist eine Freiheitsentziehung aufgrund strafgerichtlicher Verurteilung als rechtswidrig anzusehen. Einem Richter der DDR-Justiz ist jedoch insoweit zugute zu halten, daß seine Entscheidungen im Rahmen eines anderen Rechtssystems getroffen wurden und er sich grundsätzlich an dessen Normen zu orientieren hatte. Nach den von dem Bundesgerichtshof entwickelten Grundsätzen ist daher eine Bestrafung von Richtern der DDR wegen Rechtsbeugung auf solche Fälle zu beschränken, in denen die Rechtswidrigkeit der Entscheidung so offensichtlich war und durch sie die Rechte anderer, insbesondere ihre Menschenrechte, derart schwerwiegend verletzt worden sind, daß sich die Entscheidung als Willkürakt darstellt (vgl. BGHSt 40, 30, 41 f.[4]). Die Frage, wann eine Freiheitsentziehung wegen Vorbereitung der Republikflucht eine schwere und offensichtliche Menschenrechtsverletzung beinhaltet, ist vom BGH – soweit ersichtlich – noch nicht entschieden worden (vgl. BGH NStZ 1995, 288, 289).
Die Prüfung des vorliegenden Lebenssachverhalts führt jedoch zu dem Ergebnis, daß derart außergewöhnliche Rechtsverletzungen zum Nachteil des Nebenklägers Dr. G. im Rahmen des seiner damaligen Verurteilung zugrunde liegenden Strafverfahrens nicht erkennbar geworden sind. Weder hinsichtlich der Auslegung der zitierten Tatbestände gemäß § 213 StGB/DDR sowie § 53 Luftfahrtgesetz/DDR (vgl. UA S. 10) noch hinsichtlich der Subsumtion oder der Strafzumessung mit Rücksicht {7} auf die gesetzlichen Strafrahmen ist dem Stadtbezirksgericht Berlin-Lichtenberg eine unvertretbare Entscheidung oder willkürliche Anwendung des seinerzeit geltenden Rechts anzulasten. Auch die Verfahrensgestaltung im Rahmen des damaligen Strafprozesses läßt keine offensichtlichen Menschenrechtsverletzungen erkennen.
Diese Würdigung hat auch der Bundesgerichtshof in dem aufgrund derselben Vorgänge betriebenen Zivilprozeß seiner Entscheidung zugrundegelegt, indem er feststellte, die gegen den Nebenkläger im Rahmen der Strafverfolgung ergriffenen Maßnahmen, so unvereinbar sie auch mit rechtsstaatlichen Grundsätzen waren, seien nicht über die durch die Gesetzeslage gedeckte übliche Praxis der DDR in Fällen des ungesetzlichen Grenzübertritts hinausgegangen und seien nicht als weitergehende besondere Willkürakte erkennbar (vgl. BGH NJW 1995, 256, 259). Auch die mittels eines Lockspitzels unter Ausnutzung des verwandtschaftlichen Vertrauensverhältnisses gegen den Nebenkläger betriebenen Ermittlungen mögen – was die Außerachtlassung dieser Umstände im Rahmen des gerichtlichen Verfahrens angeht – nach herrschendem Rechtsverständnis rechtsstaatswidrig sein, ohne jedoch in den Bereich einer offensichtlichen Menschenrechtsverletzung zu fallen.
Somit kann den Mitgliedern des sachbefaßten Spruchkörpers des Stadtbezirksgerichts Berlin-Lichtenberg – entgegen der Würdigung in dem angefochtenen Urteil (vgl. UA S. 21) – nicht der

Vorwurf rechtsbeugerischen Vorgehens gemacht werden, und zwar ungeachtet der Frage, ob sie über den genauen Gang der Ermittlungen gegen den Nebenkläger nicht informiert waren oder diese Informationen im Rahmen des gerichtlichen Verfahrens unterdrückt haben.

Wenn somit eine Rechtswidrigkeit der gerichtlich angeordneten Freiheitsentziehung nicht festgestellt werden kann, muß nach dem Grundsatz der Einheitlichkeit der Rechtswidrigkeit {8} auch zugunsten des Angeklagten der Vorwurf der Rechtswidrigkeit der durch ihn veranlaßten Freiheitsentziehung entfallen. Da ausgeschlossen erscheint, daß das Landgericht Berlin im Rahmen einer erneuten Hauptverhandlung weitere Feststellungen dahingehend treffen könnte, daß die Freiheitsentziehung zum Nachteil des Nebenklägers in rechtswidriger – weil rechtsbeugerischer – Weise verursacht worden ist, kann das Revisionsgericht gemäß § 354 Abs. 1 StPO vorliegend in der Sache selbst entscheiden und auf Freisprechung des Angeklagten erkennen.

4. Somit kann letztendlich dahingestellt bleiben, ob das angefochtene Urteil auch insoweit durchgreifenden rechtlichen Bedenken unterliegt, als die Beteiligung des Angeklagten an einer Freiheitsberaubung zum Nachteil des Nebenklägers als mittelbar täterschaftliches Handeln gewertet wurde (vgl. UA S. 21 f.). Die Grundsätze der zitierten Entscheidung des BGH vom 26. Juli 1994 (NStZ 1994, 537 ff.) erscheinen jedenfalls insoweit nicht auf den vorliegenden Fall übertragbar, als der BGH nach dem dortigen Sachverhalt die Tatherrschaft des mittelbaren Täters hinter einem uneingeschränkt verantwortlichen Tatmittler auch auf seinen höheren Rang innerhalb einer hierarchischen Struktur gestützt hat (BGH a.a.O. S. 538). Zweifelhaft erschiene auch, ob der Angeklagte – wie in der dort zitierten Entscheidung BGHSt 3, 119 ff. – bewußt einen rechtswidrig handelnden Staatsapparat für die Verfolgung eigener Ziele ausgenutzt hat bzw. inwieweit er nach der Anzeigeerstattung gegenüber dem MfS noch eine Tatherrschaft im Sinne der Möglichkeit zur Verhinderung des Erfolgseintritts gehabt hätte.“ {9}

Der Senat schließt sich diesen zutreffenden Ausführungen an. Er hebt das Urteil des Landgerichts gemäß § 349 Abs. 4 StPO auf und spricht den Angeklagten von dem Vorwurf der Freiheitsberaubung frei.

Anmerkungen

1 Vgl. lfd. Nr. 10-2.
2 Vgl. lfd. Nr. 10-1.
3 Vgl. Anhang S. 469.
4 Vgl. den Dokumentationsband zu den Rechtsbeugungsverfahren, lfd. Nr. 1-2.

Teil 4:
Wirtschaftsstraftaten

Lfd. Nr. 11

Embargoverstöße

Inhaltsverzeichnis
Erstinstanzliches Urteil des Landgerichts Berlin vom 8.7.1994,
Az.: (505) 23/2 Js 41/93 KLs (4/94) bzgl. K.

Landgericht Berlin 8. Juli 1994
Az.: (505) 23/2 Js 41/93 KLs (4/94)

URTEIL[1]

Im Namen des Volkes

Strafsache *gegen*

den Büchsenmachermeister
Edgar Hans Heinrich K.
geboren 1946

wegen Steuerhinterziehung u.a.

Die 5. große Strafkammer – Wirtschaftsstrafkammer – des Landgerichts Berlin hat aufgrund der Hauptverhandlung an sechs Verhandlungstagen vom 13. Juni 1994 bis zum 8. Juli 1994, an der teilgenommen haben: {2}

⊗ Es folgt die Nennung der Verfahrensbeteiligten. ⊗

in der Sitzung vom 8. Juli 1994

für *Recht* erkannt:

Der Angeklagte wird wegen Steuerhinterziehung in 37 Fällen, davon in 31 Fällen in Tateinheit mit einem Vergehen gegen das Gesetz Nr. 53 der Militärregierung zu einer

Gesamtfreiheitsstrafe von drei Jahren

verurteilt.[2]
Der Angeklagte trägt die Kosten des Verfahrens und seine notwendigen Auslagen.
Angewendete Strafvorschriften:
§ 370 Abs. 1 Nr. 1 und 2 AO,
Artikel VIII Nr. 1 und Artikel I Nr. 1d und Nr. 2 MRG 53,
§§ 52, 53 StGB. {3}

Gründe

I. [Feststellungen zur Person]

Der jetzt 47 Jahre alte, bisher nicht bestrafte Angeklagte wuchs mit fünf Halbgeschwistern, die aus der ersten Ehe seines Vaters stammten, bei seinen Eltern in M. und S. auf. Der Angeklagte besuchte die Grundschule bis zur 5. Klasse und wechselte dann zur Realschule. Nach dem Abschluß der mittleren Reife absolvierte er von 1963 bis 1965 bei der Firma B. in Hannover erfolgreich eine Büchsenmacherlehre. 1967 besuchte der Angeklagte in Verlach/Österreich die höhere Schule für Waffentechnik. Anschließend versah er in Lüneburg bei einer waffentechnischen Einheit der Bundeswehr den achtzehnmonatigen Grundwehrdienst.

1969 legte der Angeklagte in Hildesheim die Prüfung als Büchsenmachermeister ab und übernahm dann in Berlin die Firma B. mit ihrem Waffenhandel. Aufgrund der in Berlin geltenden alliierten Vorschriften kam er sowohl mit den deutschen als auch mit den alliierten Behörden in Konflikt. Die gegen den Angeklagten gerichteten Verfahren endeten jedoch entweder mit Einstellung oder Freispruch. {4}

Seit 1972 litt der Angeklagte an ⊗ es folgt die Bezeichnung einer Krankheit ⊗, die häufige Krankenhausaufenthalte erforderte. 1975 erkrankte er zudem an ⊗ es folgt die Bezeichnung einer zweiten Krankheit ⊗, was weitere stationäre Behandlungen nach sich zog.

Nachdem dem Angeklagten 1978 in Berlin die Lizenz für die Lagerung von Waffen entzogen wurde, gab er das Geschäft in Berlin auf und gründete am 18. Oktober 1979 in S. die K. GmbH, in der er auch die Position des Geschäftsführers inne hatte. Gegenstand des Unternehmens war u.a. der Handel mit Waffen und deren Zubehör.

1980 schloß der Angeklagte eine Ehe, die kinderlos blieb und bereits 1981 geschieden wurde. Danach verlobte er sich mit der gesondert verfolgten Renate Bo.

Nachdem ihm die zuständigen Behörden 1987 die Lizenz zur Lagerung von Waffen für Berlin wiedererteilt hatten, übernahm der Angeklagte erneut die Firma B. mit ihrem Waffenhandel. Ende 1989 gab er sowohl die Firma B. in Berlin als auch die K. GmbH in S. auf und zog nach M., wo er eine alte Försterei erworben hatte, die er in der Folgezeit renovieren ließ und die auch als Lager für seine Waffensammlung diente.

Der Angeklagte befand sich in diesem Verfahren aufgrund des Haftbefehls des Amtsgerichts Tiergarten in Berlin vom 14. Juni 1993 – 351 Gs 3294/93 – vom 23. Juni 1993 bis zum {5} 8. Juli 1994 in Untersuchungshaft. Im Anschluß an die Urteilsverkündung am 8. Juli 1994 hat die Kammer ihn unter Auflagen vom Vollzug der Untersuchungshaft verschont.

II. [Feststellungen zur Sache]

Der Angeklagte, der zur Tatzeit die K. GmbH in S. als deren Geschäftsführer und die Firma B. in Berlin, deren Geschäftszweck u.a. der Handel mit Waffen und deren Zubehör war, betrieb, nahm zu einem nicht mehr feststellbaren Zeitpunkt Geschäftsbeziehungen zu dem Bereich kommerzielle Koordinierung (KoKo)[3] der Deutschen Demokratischen Republik auf. Auf Seiten der DDR bestand insbesondere ein Interesse an den von dem Philips Konzern entwickelten Nachtsichtbrillen der Typen BM 8028, BM 8043 und UA 1242. Hierbei handelte es sich um elektronische Geräte, die mit Restlichtverstärkung arbeiten und hierdurch Tätigkeiten jedweder Art auch bei Dunkelheit ermöglichen. Die Herstellerfirma beschreibt den Anwendungsbereich der Nachtsichtgeräte BM 8028 und BM 8043:

„Dieses Gerät (BM 8028) bietet eine Vielzahl von Einsatzmöglichkeiten bei Dunkelheit und eingeschränkter Sicht ohne zusätzliche Sichtquelle. Dazu gehören z.B.: {6}
- Arbeiten in der Landwirtschaft
- Naturbeobachtungen in Wald und Flur
- Such- und Rettungseinsätze
- Grundlagenforschung in der Reproduktionsmedizin
- Unterstützung in der Augenheilkunde

- Qualitätskontrolle bei der Herstellung hochempfindlicher Filme
- Fahren von Fahrzeugen aller Art
- Reparatur- und Wartungsarbeiten bei unzureichenden Sichtverhältnissen
- Überwachung von Gebäuden und öffentlichen Einrichtungen
- Überwachung von verdächtigen Personen und Fahrzeugen
- Grenzüberwachung
- Verbrechensbekämpfung und sämtliche Beobachtungen zu Lande, zu Wasser und aus der Luft."

„Die Nachtsichtbrille 8043, speziell für Piloten entwickelt. Die Konsequenz: Einsätze, die sonst nur bei Tageslicht möglich waren, können jetzt auch während der Nacht, d.h. rund um die Uhr durchgeführt werden. Dazu gehören Einsätze wie z.B.:

- Führungsaufgaben
- Aufklärung
- Kampf
- Kampfunterstützung
- Einsatzunterstützung
- Search and Rescue"

Sowohl die Ausfuhr dieser Nachtsichtbrillen ins Ausland als auch der innerdeutsche Handel mit der DDR bedurfte einer Genehmigung des Bundesausfuhramtes, die jedoch für den innerdeutschen Handel grundsätzlich nicht erteilt wurde. {7}

Ende 1987 entschloß sich der Angeklagte, so viele Nachtsichtbrillen wie möglich an die KoKo zu liefern und die aus diesen Geschäften erzielten Einkünfte nicht oder nur unvollständig gegenüber den zuständigen Finanzbehörden zu erklären, obwohl er wußte, daß die Lieferungen der Nachtsichtbrillen – wie auch auf den Rechnungen und Lieferscheinen ausgewiesen – genehmigungspflichtig waren und die zuständigen Behörden eine solche Genehmigung nicht erteilt hätten, und obwohl er wußte, daß er den Steuerbehörden zu vollständigen Angaben der aus den Geschäften erzielten Einnahmen verpflichtet war.

So erwarb der Angeklagte – teils für seine Firma B. in Berlin, teils für die K. GmbH in S. – von November 1987 bis Ende Juni 1988 bei der Philips GmbH in Bremen, jeweils nach vorheriger telefonischer Bestellung 26 Partien Nachtsichtgeräte unterschiedlicher Stückzahl und Art, transportierte jede Partie selbst mit seinem Pkw oder durch die gesondert verfolgte Renate Bo. in die DDR, zu dem vor dem Grenzübergang Stolpe bei Berlin gelegenen Parkplatz Velten. Dort fand die Übergabe der Geräte – gegen Barzahlung – an den gesondert verfolgten Waradin D.[4] oder einen anderen Kurier der KoKo statt. Damit der Angeklagte bzw. die gesondert verfolgte Renate Bo. ungehindert die Grenzkontrollen passieren und die Übergabe der Nachtsichtbrillen und des {8} Geldes ungestört erfolgen konnte, veranlaßte die KoKo über die Avisierungskartei der Hauptabteilung VI des Ministeriums für Staatssicherheit vor jeder Einreise des Angeklagten und der gesondert Verfolgten die Freimachung der Grenze und die Ausschaltung der Kontrolle des für die Übergabe vorgesehenen Parkplatzes Velten. Die Barmittel für die Bezahlung des Kaufpreises stammten aus der im Bereich der KoKo eingerichteten Bargeldkasse des gesondert verfolgten Dr. Alexander Schalck-Golodkowski[5], die unter der Bezeichnung „Barkasse Schalck" geführt wurde.

Bezüglich eines Teils der abgewickelten Geschäfte fertigte der Angeklagte auf einem Quittungsblock für die Buchhaltung der K. GmbH eine Art Einnahmebelege, die jedoch jeweils wesentlich geringere als die tatsächlich erwirtschafteten Beträge auswiesen.

Die Geschäfte fanden im einzelnen wie folgt statt:

1. (Fall 2 Nr. 1 i.V.m. den Fällen 4 und 5 der Anklage)

Der Angeklagte erwarb von der Philips GmbH in Bremen für die K. GmbH in S. am 25. November 1987 gemäß Lieferschein Nr. 7047 eine Nachtsichtbrille des Typs BM 8028. Den Einkaufspreis von netto 16.900,00 DM entrichtete er am 8. Dezember 1987 in bar. {9}

Anschließend verbrachte der Angeklagte die Nachtsichtbrille in die DDR, übergab sie dort auf dem Parkplatz Velten kurz vor dem Grenzübergang Stolpe bei Berlin an einen Kurier der KoKo und erhielt als Gegenleistung 34.000,00 DM in bar, die am 11. Dezember 1987 für das Geschäft aus der „Barkasse Schalck" entnommen wurden.

2. (Fall 2 Nr. 2 i.V.m. den Fällen 4 und 5 der Anklage)

Am 30. November 1987 erhielt der Angeklagte von der Philips GmbH, Lieferschein Nr. 7063, für die K. GmbH zwei Nachtsichtgeräte des Typs BM 8028. Den Gesamtkaufpreis von netto 33.800,00 DM bezahlte er am 30. November und 8. Dezember 1987 in bar. Danach lieferte er die beiden Geräte in die DDR und erhielt hierfür 68.000,00 DM. Die Entnahme dieser Summe für das Geschäft aus der „Barkasse Schalck" erfolgte am 10. Dezember 1987.

3. (Fall 2 Nr. 3 i.V.m. den Fällen 4 und 5 der Anklage)

Der Angeklagte erwarb am 7. Dezember 1987, Lieferschein Nr. 11006, für die K. GmbH drei Nachtsichtbrillen des Typs BM 8028. Den Gesamtkaufpreis von netto 50.700,00 DM entrichtete er am selben Tage in bar. {10}

Anschließend verbrachte der Angeklagte die Geräte in die DDR und erhielt hierfür 102.000,00 DM. Der Betrag für dieses Geschäft ist am 10. Dezember 1987 aus der „Barkasse Schalck" entnommen worden.

4. (Fall 2 Nr. 4 i.V.m. den Fällen 4 und 5 der Anklage)

Am 16. Dezember 1987, Lieferschein Nr. 7172, erhielt der Angeklagte vier Nachtsichtbrillen des Typs BM 8028 von der Philips GmbH, wobei zwei Brillen für die K. GmbH und zwei Brillen für die Firma B. in Rechnung gestellt wurden. Den Gesamtpreis von netto 67,600,00 DM bezahlte er am 16. Dezember 1987 in bar.

Danach brachte der Angeklagte die Nachtsichtbrillen in die DDR und bekam hierfür 136.000,00 DM in bar. Am 18. Dezember 1987 sind für dieses Geschäft aus der „Barkasse Schalck" 136.000,00 DM entnommen worden.

5. (Fall 2 Nr. 5 i.V.m. den Fällen 4 und 5 der Anklage)

Der Angeklagte erwarb am 21. Dezember 1987, Lieferschein Nr. 7184, für die K. GmbH fünf Nachtsichtbrillen des Typs 8028. Den Gesamtkaufpreis von 84.500,00 DM beglich er am 22. Dezember 1987 in bar. {11}

Im Anschluß lieferte der Angeklagte die Nachtsichtgeräte in die DDR und erhielt als Gegenleistung 170.000,00 DM. Dieser Betrag wurde am 24. Dezember 1987 für das Geschäft aus der „Barkasse Schalck“ entnommen.

Für die Buchhaltung der K. GmbH fertigte der Angeklagte für das Geschäft einen auf den 12. Januar 1988 datierten, laufende Nr. 13887-2, Einnahmebeleg „5 Geräte Philips 106.000,00 DM“.

6. (Fall 2 Nr. 6 i.V.m. den Fällen 4, 5 und 7 der Anklage)

Am 11. Januar 1988, Lieferschein Nr. 7217/7218, erhielt der Angeklagte für die K. GmbH vier Nachtsichtbrillen des Typs BM 8028 und für die Firma B. eine Nachtsichtbrille des Typs 8028. Den Gesamtkaufpreis von 84.500,00 DM leistete er am selben Tage in bar.

Anschließend verbrachte der Angeklagte die fünf Nachtsichtgeräte in die DDR und erhielt 170.000,00 DM. Diese Summe ist für das Geschäft am 18. Januar 1988 aus der „Barkasse Schalck“ entnommen worden.

Für die Buchhaltung der K. GmbH erstellte der Angeklagte einen auf den 22. Januar 1988 datierten Zahlungsbeleg, laufende Nr. 13887-3, über 85.000,00 DM für „4 BM 8028“. {12}

7. (Fall 2 Nr. 7 i.V.m. den Fällen 4, 5 und 7 der Anklage)

Der Angeklagte erwarb am 26. Januar 1988, Lieferschein Nr. 7257/7258, fünf Nachtsichtbrillen des Typs BM 8028, wobei vier Geräte mit insgesamt 67.000,00 DM der K. GmbH und ein Gerät mit 16.900,00 DM der Firma B. in Rechnung gestellt wurden. Den Gesamtkaufpreis von Netto 85.000,00 DM bezahlte er am selben Tage in bar.

Sodann lieferte der Angeklagte die fünf Nachtsichtbrillen in die DDR und erhielt als Gegenleistung 170.000,00 DM. Die Entnahme dieses Betrages aus der „Barkasse Schalck“ für das Geschäft ist am 26. Januar 1988 verzeichnet.

Der Angeklagte fertigte für die K. GmbH einen auf den 26. Januar 1988 datierten, laufende Nr. 13887/4, lautenden Einnahmebeleg „4 Geräte BM 8028“ über 85.000,00 DM.

8. (Fall 2 Nr. 8 i.V.m. den Fällen 4, 5 und 7 der Anklage)

Am 1. Februar 1988, Lieferschein Nr. 7284/7285, erhielt der Angeklagte vier Nachtsichtgeräte BM 8028 für die K. GmbH, ein Nachtsichtgerät BM 8028 für die {13} Firma B. Den Gesamtkaufpreis von 85.000,00 DM entrichtete er am selben Tage in bar.

Im Anschluß verbrachte er die fünf Nachtsichtbrillen in die DDR und erhielt 170.000,00 DM. Diese Summe wurde am 2. Februar 1988 für das Geschäft aus der „Barkasse Schalck“ entnommen.

Für die K. GmbH erstellte der Angeklagte einen auf den 1. Februar 1988 datierten Einnahmebeleg, laufende Nr. 13887-5, über 85.000,00 DM für „4 Geräte Philips BM 8028“.

9. (Fall 2 Nr. 9 i.V.m. den Fällen 4, 5 und 7 der Anklage)

Der Angeklagte erwarb am 8. Februar 1988, Lieferschein Nr. 7301/7302, fünf Nachtsichtgeräte des Typs BM 8028, wobei vier Geräte der K. GmbH mit insgesamt 67.600,00 DM und ein Gerät der Firma B. mit 16.900,00 DM in Rechnung gestellt wurden. Den Gesamtkaufpreis von 85.000,00 DM bezahlte er noch am selben Tage in bar.

Danach lieferte der Angeklagte die fünf Nachtsichtgeräte in die DDR und erhielt als Gegenleistung 170.000,00 DM. Dieser Betrag wurde der „Barkasse Schalck“ am 9. Februar 1988 für das Geschäft entnommen. {14}

Der Angeklagte erstellte für die K. GmbH einen Einnahmenachweis, laufende Nr. 13887-6 über 85.000,00 DM für „4 Geräte Philips 8028“.

10. (Fall 2 Nr. 10 i.V.m. den Fällen 4, 5 und 7 der Anklage)

Am 11. und 15. Februar 1988, Lieferschein Nr. 7317/7318/7324, lieferte die Philips GmbH fünf Nachtsichtbrillen des Typs BM 8028 zu insgesamt 85.000,00 DM und eine Nachtsichtbrille des Typs UA 1242 zu 18.000,00 DM. Dabei wurde eine Brille des Typs BM 8028 der Firma B. in Rechnung gestellt, die übrigen der K. GmbH. Der Angeklagte bezahlte die fünf Nachtsichtgeräte BM 8028 am 15. Februar 1988 und das Gerät UA 1242 am 25. Februar 1988.

Sodann verbrachte er die sechs Nachtsichtgeräte in die DDR und erhielt 170.000,00 DM sowie 23.000 US-Dollar, wobei letztere bei einem Umrechnungskurs von 1,70 DM für 1 Dollar 39.100,00 DM entsprachen. Der Angeklagte unterschrieb hierfür eine Quittung „5mal Glas 170.000,00 DM, 1mal Glas 23.000 US-Dollar“. Für dieses Geschäft wurden am 17. Februar 1988 170.000,00 DM aus der „Barkasse Schalck“ entnommen und am 25. Februar 1988 von dem Dollar-Konto des gesondert verfolgten {15} Schalck-Golodkowski, Nr. 0528 bei der Deutschen Handelsbank, 23.000 US-Dollar abgehoben.

Der Angeklagte fertigte für die K. GmbH einen Einnahmebeleg, laufende Nr. 13887-7 über 85.000,00 DM für „4 Ph. Geräte“.

11. (Fall 2 Nr. 11 i.V.m. den Fällen 4, 5 und 7 der Anklage)

Der Angeklagte erwarb am 25. Februar 1988, Lieferschein Nr. 7364/7365, zehn Nachtsichtbrillen des Typs BM 8028, wobei zwei Geräte der Firma B. mit 33.800,00 DM und acht Geräte der K. GmbH mit 135.200,00 DM in Rechnung gestellt wurden. Den Gesamtkaufpreis von 192.660,00 DM entrichtete er in bar.

Im Anschluß lieferte der Angeklagte die zehn Nachtsichtbrillen gegen Bezahlung vom 340.000,00 DM in die DDR. Die Entnahme dieses Betrages aus der „Barkasse Schalck“ ist am 10. März 1988 erfolgt.

Der Angeklagte erstellte für die K. GmbH einen auf den 25. März 1988 datierten Einnahmebeleg, laufende Nr. 13887-9, über 170.000,00 DM „8 Geräte Ph. 8028“. {16}

12. (Fall 2 Nr. 12 i.V.m. den Fällen 4, 5 und 7 der Anklage)

Am 3. März 1988 erhielt der Angeklagte zehn Nachtsichtbrillen des Typs BM 8028, Lieferschein Nr. 7391/7392. Dabei wurden acht Geräte zu insgesamt 135.200,00 DM der K. GmbH und zwei Geräte zu 33.800,00 DM der Firma B. in Rechnung gestellt. Der Angeklagte bezahlte den Gesamtkaufpreis am selben Tag in bar.

Danach lieferte er die zehn Nachtsichtgeräte in die DDR und bekam als Gegenleistung 340.000,00 DM. Diese Summe wurde am 3. März 1988 für das Geschäft aus der „Barkasse Schalck" entnommen.

Der Angeklagte fertigte unter dem 10. März 1988 für die K. GmbH einen Einnahmebeleg, laufende Nr. 13887-10, über 170.000,00 DM für „8 Geräte Philips".

13. (Fall 2 Nr. 13 i.V.m. den Fällen 4, 5 und 7 der Anklage)

Der Angeklagte erwarb am 9. März 1988, Lieferschein Nr. 7404/7405, zehn Nachtsichtgeräte des Typs BM 8028, wobei sieben Stück mit 118.300,00 DM der K. GmbH, drei Stück mit 50.700,00 DM der Firma B. in Rechnung gestellt wurden. Den Gesamtkaufpreis lei-{17}stete er am selben Tag in bar.

Anschließend lieferte der Angeklagte die zehn Nachtsichtbrillen in die DDR und erhielt hierfür 340.000,00 DM. Dieser Betrag wurde am 10. März 1988 aus der „Barkasse Schalck" für das Geschäft entnommen.

Der Angeklagte erstellte für die K. GmbH unter dem 15. März 1988 über die Einnahme vom 148.000,00 DM einen Buchhaltungsnachweis, laufende Nr. 13887-11, „7 Geräte Ph 8028".

14. (Fall 2 Nr. 14 i.V.m. den Fällen 4, 5 und 7 der Anklage)

Am 16. März 1988, Lieferschein Nr. 7445/7446, erhielt der Angeklagte zehn Nachtsichtbrillen des Typs BM 8028. Acht Geräte wurden mit 135.200,00 DM der K. GmbH und zwei Geräte mit 33.800,00 DM der Firma B. in Rechnung gestellt. Noch am 16. März 1988 bezahlte der Angeklagte den Gesamtkaufpreis in bar.

Sodann verbrachte er die Nachtsichtbrillen gegen Zahlung vom 340.000,00 DM in die DDR. Diese Summe wurde der Barkasse am 10. März 1988 für das Geschäft entnommen. {18}

Unter dem 25. März 1988 schrieb der Angeklagte für die K. GmbH einen Einnahmebeleg, laufende Nr. 13887-12, über 170.000,00 DM für „8 Geräte Ph. 8028".

15. (Fall 2 Nr. 15 i.V.m. den Fällen 4, 5 und 7 der Anklage)

Der Angeklagte erwarb am 22. März 1988, Lieferschein Nr. 7468/7469, acht Nachtsichtbrillen BM 8028 zum Preise von 135.200,00 DM für die K. GmbH und zwei Nachtsichtbrillen BM 8028 zum Preis von 33.800,00 DM für die Firma B. Den Gesamtkaufpreis entrichtete der Angeklagte mit Verrechnungsscheck der Volksbank S. vom 22. März 1988.

Danach lieferte der Angeklagte die zehn Nachtsichtgeräte in die DDR und erhielt hierfür 340.000,00 DM. Dieser Betrag wurde der „Barkasse Schalck“ am 31. März 1988 entnommen.

Der Angeklagte fertigte für die K. GmbH unter dem 25. März 1988 einen Einnahmebeleg, laufende Nr. 13887-13, über 170.00,00 DM für „8 Ph. Geräte 8028“. {19}

16. (Fall 2 Nr. 16 i.V.m. den Fällen 4 und 5 der Anklage)

Am 31. März 1988 erhielt der Angeklagte für die K. GmbH sechs Nachtsichtbrillen BM 8028, Lieferschein Nr. 7524, zum Preis von 101.400,00 DM, den er mit Verrechnungsscheck der Volksbank S. vom selben Tage beglich.

Der Angeklagte übergab diese Geräte gegen 16.30 Uhr des 31. März 1988 gegen Bezahlung von 204.000,00 DM auf dem Parkplatz Velten vor dem Grenzübergang Stolpe an einen Kurier der KoKo. Die Summe für dieses Geschäft ist der Barkasse am selben Tage entnommen worden.

Der Angeklagte erstellte für die K. GmbH einen auf den 14. April 1988 datierten Einnahmebeleg, laufende Nr. 13887-14, über 127.000,00 DM für „6 Geräte Ph. 8028“.

17. (Fall 2 Nr. 17 i.V.m. den Fällen 4, 5 und 7 der Anklage)

Der Angeklagte erwarb am 14. April 1988, Lieferschein Nr. 7558/7559, acht Nachtsichtbrillen BM 8028 zum Gesamtpreis von 135.200,00 DM für die K. GmbH und zwei Nachtsichtbrillen UA 1242 zum Gesamtpreis 49.600,00 DM für die Firma B., die er auch am {20} selben Tag bezahlte.

Der Angeklagte lieferte die oben genannten Geräte am 15. April 1988 in die DDR, wobei er sich gegen 13.00 Uhr auf dem Parkplatz Velten vor dem Grenzübergang Stolpe an den gesondert verfolgten Waradin D. übergab. Als Gegenleistung erhielt er für die acht Geräte BM 8028 272.000,00 DM und für die zwei Geräte UA 1242 50.000 US-Dollar, die bei einem Umrechnungskurs von 1,70 DM pro 1 Dollar 85.000,00 DM entsprachen. Die Zahlung der 50.000 US-Dollar quittierte der Angeklagte mit Namenszug „Hugo Müller“ unter dem Datum des 16. April 1988 „2mal Dollar Night“. Aus der „Barkasse Schalck“ wurde am 15. April 1988 eine Entnahme von 272.000,00 DM verzeichnet. Am 18. April 1988 wurden von den Dollar-Konto des gesondert verfolgten Dr. Schalck-Golodkowski bei der Deutschen Handelsbank Berlin 50.000 US-Dollar abgebucht.

Der Angeklagte erstellte für die K. GmbH einen auf den 20. April 1988 datierten Einnahmebeleg, laufende Nr. 13887-15, über 170.000,00 DM für „8 Geräte Philips 8028“.

18. (Fall 2 Nr. 18 i.V.m. den Fällen 4 und 5 der Anklage)

Am 27. April 1988, Lieferschein Nr. 7599, lieferte die {21} Philips GmbH zwei Vorführgeräte BM 8028 zum Gesamtpreis von 11.403,51 DM an die K. GmbH, die der Angeklagte am selben Tag bar bezahlte.

Anschließend verbrachte er diese Geräte in die DDR und erhielt dafür 39.800,00 DM. Dieser Betrag wurde am 23. April 1988 der „Barkasse Schalck" entnommen.

Der Angeklagte fertigte für die K. GmbH einen auf den 28. April 1988 datierten Einnahmebeleg, laufende Nr. 13887-16, über 14.000,00 DM für „Vorführgeräte Ph. 8028".

19. (Fall 2 Nr. 19 i.V.m. den Fällen 4 und 5 der Anklage)

Der Angeklagte erhielt am 9. Mai 1988, Lieferschein Nr. 7629, für die K. GmbH eine Nachtsichtbrille des Typs BM 8043 zum Preis von netto 40.000,00 DM, den er am selben Tag bar entrichtete.

Sodann lieferte er das Gerät in die DDR und bekam als Gegenleistung 116.200,00 DM. Die Entnahme dieser Summe aus der Barkasse erfolgte am 11. Mai 1988.

Der Angeklagte schrieb für die K. GmbH einen auf den 24. Mai 1988 datierten Einnahmebeleg, laufende Nr. 13887-17, über 50.000,00 DM für „Helm-Brille 8043" aus. {22}

20. (Fall 2 Nr. 20 i.V.m. den Fällen 4, 5 und 7 der Anklage)

Am 18. Mai 1988, Lieferscheinnummer 7655/7656, erwarb der Angeklagte für die K. GmbH 8 Brillen BM 8028 zum Preis von 135.200,00 DM und für die Firma B. 2 Brillen BM 8028 zum Preis von 33.800,00 DM. Den Gesamtkaufpreis von 169.000,00 DM bezahlte er am selben Tage in bar.

Die gesondert verfolgte Renate Bo. übergab die 10 Nachtsichtgeräte am 19. Mai 1988 gegen 15.30 Uhr auf dem Parkplatz Velten vor dem Grenzübergang Stolpe gegen Zahlung von 340.000,00 DM an den Kurier der KoKo, den gesondert verfolgten D. Die Entnahme des Betrages für dieses Geschäft aus der „Barkasse Schalck" wurde am 20. Mai 1988 verzeichnet.

Der Angeklagte erstellte unter dem 24. Mai 1988 für die Buchhaltung der K. GmbH einen Einnahmebeleg, laufende Nummer 13887-18, über 170.000,00 DM für „Nachtgeräte PH. 8028". {23}

21. (Fall 2 Nr. 21 i.V.m. den Fällen 4, 5 und 7 der Anklage)

Der Angeklagte erhielt am 24. Mai 1988, Lieferschein Nr. 7668/7669, 20 Nachtsichtbrillen des Typs BM 8028, wobei der K. GmbH 16 Geräte zu insgesamt 270.400,00 DM und der Firma B. 4 Geräte zu insgesamt 67.600,00 DM in Rechnung gestellt wurden. Den Gesamtpreis von 338.000,00 DM bezahlte der Angeklagte mit Verrechnungsscheck der Volksbank S. am selben Tage.

Am 24. Mai 1988 gegen 23.30 Uhr brachte der Angeklagte die 20 Nachtsichtgeräte zu dem Parkplatz Velten, übergab sie dem gesondert Verfolgten D. und bekam als Gegenleistung 680.000,00 DM, deren Entnahme aus der Barkasse am 25. Mai 1988 verzeichnet wurde.

Der Angeklagte schrieb für die K. GmbH einen auf den 25. Mai 1988 datierten Einnahmenachweis, laufende Nummer 13887-19, über 339.000,00 DM für „16 Geräte BM 8028".

22. (Fall 2 Nr. 22 i.V.m. den Fällen 4, 5 und 7 der Anklage)

Am 26. Mai 1988 erwarb der Angeklagte, Lieferschein {24} Nummer 7674/7675, 2 Brillen BM 8028 zu insgesamt 33.800,00 DM für die B. und 8 Brillen BM 8028 zu insgesamt 135.200,00 DM für die K. GmbH. Den Gesamtpreis von 169.000,00 DM entrichtete er mit Verrechnungsscheck vom selben Tage.

Im Anschluß lieferte der Angeklagte die 10 Nachtsichtgeräte in die DDR und erhielt hierfür 340.000,00 DM, die am 27. Mai 1988 für das Geschäft aus der „Barkasse Schalck" entnommen wurden.

Der Angeklagte erstellte unter dem 10. Juni 1988 für die K. GmbH einen Einnahmebeleg, laufende Nummer 13887-21, über 170.000,00 DM für „8 Geräte NS 8028".

23. (Fall 2 Nr. 25 i.V.m. den Fällen 4, 5 und 7 der Anklage)

Der Angeklagte erhielt am 30. Mai 1988, Lieferschein 7689/7690, für die Firma B. 4 Nachtsichtbrillen BM 8028 zum Preis von 67.000,00 DM und für die K. GmbH 16 Nachtsichtgeräte BM 8028 zum Preis von 270.400,00 DM. Den Gesamtkaufpreis bezahlte er per Verrechnungsscheck am selben Tag. {25}

Gegen 22.15 Uhr des 30. Mai 1988 übergab der Angeklagte gegen Zahlung von 680.000,00 DM die 20 Nachtsichtgeräte an den gesondert verfolgten D. auf dem Parkplatz Velten. Die Entnahme der 680.000,00 DM für dieses Geschäft aus der Barkasse erfolgte am 31. Mai 1988.

Der Angeklagte schrieb für die Buchhaltung der K. GmbH einen auf den 9. Juni 1988 datierten Einnahmebeleg, laufende Nummer 13887-20, über 339.000,00 DM für „16 Brillen PH/8028".

24. (Fall 2 Nr. 24 i.V.m. den Fällen 4, 5 und 7 der Anklage)

Am 6. Juni 1988, Lieferscheinnummer 7714/7715, erwarb der Angeklagte 2 Nachtsichtbrillen BM 8028 zu insgesamt 33.800,00 DM für die Firma B. sowie 8 Nachtsichtbrillen BM 8028 zu insgesamt 135.200,00 DM für die K. GmbH und entrichtete den Gesamtkaufpreis per Verrechnungsscheck am selben Tag.

Gegen 21.00 Uhr des 6. Juni übergab der Angeklagte die Nachtsichtgeräte auf dem Parkplatz Velten an den gesondert verfolgten D. und erhielt hierfür 340.000,00 DM, die für dieses Geschäft am 2. Juni 1988 der „Barkasse Schalck" entnommen wurden. {26}

Der Angeklagte erstellte für die Buchhaltung der K. GmbH einen auf den 14. Juni 1988 datierten Einnahmebeleg, laufende Nummer 13887-22, über 170.000,00 DM für „8 Geräte Phil.8028".

25. (Fall 2 Nr. 25 i.V.m. den Fällen 4 und 5 der Anklage)

Der Angeklagte erhielt am 14. Juni 1988, Lieferschein Nummer 7737, für die K. GmbH 10 Nachtsichtbrillen des Typs UA 1242 zum Gesamtpreis von 240.000,00 DM, den er am selben Tag per Verrechnungsscheck bezahlte.

Gegen 13.00 Uhr des 14. Juli 1988 übergab der Angeklagte die 10 Nachtsichtgeräte auf dem Parkplatz Velten an den gesondert verfolgten D. und bekam als Gegenleistung 260.000,00 US-Dollar, die bei einem Umrechnungskurs von 1,70 DM/Dollar 442.000,00 DM entsprachen. Den Erhalt des Dollarbetrages quittierte der Angeklagte mit dem Namenszug „Hugo Müller, 10 x lange Geräte". Am 3. Juni 1988 ist eine Abbuchung in Höhe von 260.000,00 US-Dollar von dem Konto 0528 des gesondert verfolgten Dr. Schalck-Golodkowski bei der Deutschen Handelsbank Berlin erfolgt. {27}

Der Angeklagte schrieb für die Buchhaltung der K. GmbH unter dem 27. Juni 1988 einen Einnahmebeleg, laufende Nummer 13887-23, über 300.000,00 DM für „UA 1242, 10 NS-Geräte" aus.

26. (Fall 2 Nr. 26 i.V.m. den Fällen 4 und 5 der Anklage)

Am 29. Juni 1988, Lieferschein Nummer 7812, erwarb der Angeklagte für die K. GmbH 4 Nachtsichtbrillen des Typ BM 8043 zum Preis von insgesamt 168.000,00 DM, den er per Verrechnungsscheck vom selben Tage leistete.

Der Angeklagte lieferte die Geräte anschließend in die DDR und erhielt hierfür 352.000,00 DM, die am 29. Juni 1988 für das Geschäft aus der „Barkasse Schalck" entnommen wurden.

Der Angeklagte erstellte für die K. GmbH unter dem 29. Juni 1988 einen Einnahmebeleg, laufende Nummer 13887-24, über 210.000,00 DM für „4 Helm-Brille 8043" aus.

Nach der Lieferung von 26 Partien Nachtsichtbrillen bis Ende Juni 1988 trat zunächst eine Lieferpause ein. Ab Ende September 1988 erfolgten nach dem oben beschriebenen Modus die Lieferungen 5 weiterer Partien Nachtsichtbrillen des Typs 8028, wobei der Angeklagte {28} den Verkaufspreis für eine Nachtsichtbrille auf 21.000,00 DM herabgesetzt hatte. Die Einkünfte aus den jeweiligen Geschäften gab er wiederum nicht vollständig gegenüber den zuständigen Finanzbehörden an.

Die Geschäfte verliefen im einzelnen wie folgt:

27. (Fall 3 Nr. 1 i.V.m. den Fällen 4 und 5 der Anklage)

Der Angeklagte erhielt am 26. September 1988, Lieferschein Nummer 9017, für seine GmbH 12 Nachtsichtbrillen des Typs BM 8028 zum Gesamtkaufpreis von 202.800,00 DM, den er per Verrechnungsscheck am selben Tag beglich.

Sodann verbrachte er die Geräte in die DDR und bekam als Gegenleistung 252.000,00 DM. Die Entnahme aus der Barkasse erfolgte für dieses Geschäft am 21. September 1989.

28. (Fall 3 Nr. 2 i.V.m. den Fällen 6 und 7 der Anklage)

Am 26. September 1989 erwarb der Angeklagte, Lieferschein Nummer 9018, für die Firma B. 12 Nachtsichtbrillen des Typs BM 8028 zum Preis von 202.800,00 DM, den er per Verrechnungsscheck am 3. Oktober 1989 bezahlte. {29}

Anschließend lieferte der Angeklagte die Geräte in die DDR und erhielt dafür 252.000,00 DM. Die Entnahme aus der Barkasse für dieses Geschäft erfolgte am 26. September 1989.

29. (Fall 3 Nr. 3 i.V.m. den Fällen 6 und 7 der Anklage)

Der Angeklagte erhielt am 4. Oktober 1989, Lieferschein Nummer 9046, für die Firma B. 10 Nachtsichtbrillen BM 8028 zu insgesamt 169.000,00 DM, die er per Verrechnungsscheck beglich.

Danach verbrachte er die Geräte in die DDR und bekam als Gegenleistung *210.000,00* DM. Die Entnahme aus der „Barkasse Schalck" für dieses Geschäft erfolgte am 5. Oktober 1989.

30. (Fall 3 Nr. 4 i.V.m. den Fällen 6 und 7 der Anklage)

Am 6. Oktober 1989, Lieferschein Nummer 9056, erwarb der Angeklagte für die Firma B. 10 Nachtsichtgeräte BM 8028 und bezahlte den Kaufpreis von 169.000,00 DM per Verrechnungsscheck am 16. Oktober 1989. {30}

Sodann lieferte der Angeklagte die Geräte in die DDR und erhielt hierfür *210.000,00* DM. Am 10. Oktober 1989 erfolgte die Entnahme dieses Betrages aus der „Barkasse Schalck".

31. (Fall 3 Nr. 5 i.V.m. den Fällen 6 und 7 der Anklage)

Der Angeklagte bekam am 12. Oktober 1989, Lieferschein Nummer 9067, für die Firma B. 10 Nachtsichtgeräte des Typs BM 8028 und entrichtete den Kaufpreis von 169.000,00 DM am 30. Oktober 1989 per Verrechnungsscheck. Anschließend verbrachte der Angeklagte die Nachtsichtgeräte in die DDR und erhielt als Gegenleistung *210.000,00* DM. Für dieses Geschäft erfolgte die Entnahme aus der Barkasse am 17. Oktober 1989.

Über die Nachtsichtbrillen hinaus lieferte der Angeklagte 1989 6 Partien elektronischer Artikel, die er jeweils von der Firma C. aus Großbritannien für die Firma B. erwarb, an die KoKo, wobei er es auch in diesen Fällen pflichtwidrig unterließ, die erzielten Einkünfte vollständig den zuständigen Finanzbehörden gegenüber anzugeben. {31}

Im einzelnen verliefen die Geschäfte wie folgt:

32. Fall 6 und 7 der Anklage

Der Angeklagte erhielt gemäß Rechnung der Firma C. vom 20. März 1989 1 „LIBRA Testing unit" und 2 „Talksafe telephone unit" zum Gesamtpreis von netto 19.265,00 DM.

Diese übergab er am 22. Juni 1989 gegen 16.00 Uhr auf dem Parkplatz Velten vor der Grenzübergangsstelle Stolpe an den gesondert verfolgten D. und bekam als Gegenleistung 20.800,00 US-Dollar, die bei einem amtlichen Umrechnungskurs von 1,70 DM für einen Dollar 35.360,00 DM entsprachen. Der Angeklagte quittierte den Empfang des Dollar-Betrages für „1 Gerät 2 Telefon" mit dem Namenszug „Hugo Müller" unter dem 23. Mai 1989. Die Entnahme des Betrages aus der „Barkasse Schalck" erfolgte am 8. Juni 1989.

33. Fall 6 und 7 der Anklage

Gemäß Rechnung vom 19. Juni 1989 der Firma C. erwarb der Angeklagte ein „LIBRA Testing unit" zum Preis von 9.815,00 DM und 2 Telefone zum Preis von {32} 9.450,00 DM. Diese Geräte übergab er am 24. Juni 1989 gegen 20.00 Uhr auf dem Parkplatz Velten an den gesondert verfolgten D. und erhielt hierfür 20.800,00 US-Dollar, was bei einem Umrechnungskurs von 1,70 DM pro einem Dollar einer Summe von 35.360,00 DM entsprach. Der Angeklagte unterzeichnete eine auf den 22. Juni 1989 datierte Quittung über „2 x Telephon, 2 x Gerät" mit dem Namenszug „Hugo Müller". Die Entnahme des Dollar-Betrages aus der Barkasse erfolgte am 23. Juni 1989.

34. Fall 6 und 7 der Anklage

Der Angeklagte erhielt gemäß der Rechnung der Firma C. vom 3. Juli 1989 2 Radiomodule, ein Ladegerät und 2 Telefone zum Gesamtpreis von 15.482,00 DM. Die gesondert verfolgte Renate Bo. lieferte diese Geräte noch am selben Tage. Gegen 21.00 Uhr desselben Tages übergab die gesondert verfolgte Renate Bo. diese Geräte auf dem Parkplatz Velten an den gesondert verfolgten D. und erhielt hierfür 40.000,00 DM. Die Entnahme dieses Betrages aus der „Barkasse Schalck" erfolgte am 4. Juli 1989. {33}

35. Fall 6 und 7 der Anklage

Gemäß Rechnung der Firma C. vom 19. Juni 1989 und 17. Juli 1989 erwarb der Angeklagte 2 „Dragon portable lights", 2 „Charger unit" und 1 „Spare Reflector" sowie 5 „Dragon" und 2 „Spare" zum Gesamtpreis von 5.368,00 DM.

Der Angeklagte lieferte diese Waren in die DDR und erhielt hierfür 19.230.00 DM, die am 23. August 1989 der „Barkasse Schalck" entnommen wurde.

36. Fall 6 und 7 der Anklage

Der Angeklagte erhielt ausweislich der Rechnung der Firma C. vom 17. Juli 1989 2 „Cryptophon Telephone unit" zum Preis von 28.160,00 DM und lieferte diese selbst in die DDR und erhielt hierfür 41.600,00 DM. Die Barkassenentnahme für dieses Geschäft erfolgte am 23. August 1989.

37. Fall 6 und 7 der Anklage

Wie der Rechnung der Firma C. vom 2. Oktober 1989 [zu entnehmen ist,] erwarb der Angeklagte 6 „Dragon", 6 „Charger" und 6 „Spare" zum Preis von insgesamt 5.040,00 DM und lie-{34}ferte diese Geräte selbst in die DDR. Er erhielt hierfür 15.000,00 DM und quittierte den Erhalt von 5.000,00 DM für „Rest für Lampen 15.000,00 DM Anzahlung 10.000,00 DM 6 mal" am 18. Oktober 1988 mit dem Namenszug „Hugo Müller". Unter dem 18. Oktober 1989 ist als Bargeldentnahme 5.000,00 DM in der „Barkasse Schalck" verzeichnet.

Der Angeklagte führte die insgesamt 37 Lieferungen durch, wobei es ihm vor allem auch darauf ankam, neben der ohnehin lukrativen Gewinnspanne die für die getätigten Geschäfte jeweils anfallenden Steuern zu sparen. Deshalb entschloß er sich bei jedem Geschäft, die aus diesem erwirtschafteten Gewinne – entgegen den ihm bekannten steuerlichen Pflichten – entweder gar nicht oder aber wesentlich niedriger als tatsächlich erzielt den zuständigen Finanzbehörden anzugeben, um so geringere Umsatz-, Einkommens-, Gewerbe- und Körperschaftssteuern zahlen zu müssen. Ihm war ferner bewußt, daß er bei der Lieferung der Nachtsichtgeräte gegen das Gesetz Nr. 53 der Militärregierung verstieß.

Durch sein Handeln verkürzte der Angeklagte die für die Geschäfte mit den Nachtsichtgeräten anfallenden Steuern wie folgt: {35}

USt-Verkürzung

11.87 :	erklärter Umsatz :	8.000,--	
	ermittelter Umsatz	29.824,--	
	Differenz	21.824,--	
	verkürzte USt, 14%	3.055,36	
12.87 :	erklärter Umsatz Nachtsichtbr.	148.719,--	
	ermittelter Umsatz	417.543,--	
	Differenz	268.824,--	
	verkürzte USt, 14%	34.635,36	
01.88 :	erklärter Umsatz Nachtsichtbr.	242.105,--	50.000,--
	ermittelter Umsatz	238.596,--	59.649,--
	Differenz	-,--	9.649,--
	verkürzte USt, 14%	-,--	1.350,86
02.88 :	erklärter Umsatz Nachtsichtbr.	360.500,--	125.000,--
	ermittelter Umsatz	596.491,23	149.122,--
	Differenz	235.991,23	24.122,--
	verkürzte USt, 14%	33.038,77	3.377,08
03.88 :	erklärter Umsatz Nachtsichtbr.	122.719,--	201.000,--
	ermittelter Umsatz	1.103.508,--	268.421,--
	Differenz	980.789,--	67.421,--
	verkürzte USt, 14%	137.310,46	9.438,94
04.88 :	erklärter Umsatz Nachtsichtbr.	161.403,--	
	ermittelter Umsatz	273.508,--	
	Differenz	112.105,--	
	verkürzte USt, 14%	15.694,70	{36}
05.88 :	erklärter Umsatz Nachtsichtbr.	297.026,--	170.000,--
	ermittelter Umsatz	1.192.982,46	298.245,--
	Differenz	895.956,46	128.245,--
	verkürzte USt, 14%	125.433,90	17.954,30
06.88 :	erklärte Umsätze Nachtsichtbr.	181.061,--	100.000,--
	ermittelte Umsätze	477.192,98	119.298,--
	Differenz	296.131,98	19.298,--
	verkürzte USt, 14%	41.458,48	2.701,72
09.89 :	erklärte Umsätze	0,--	211.403,--
	ermittelte Umsätze	221.052,--	221.052,--
	Differenz	221.052,--	9.649,-
	verkürzte USt, 14%	30.947,28	1.350,86
10.89 :	erklärte Umsätze		574.561,--
	ermittelte Umsätze		552.631,58
	Differenz		
	verkürzte USt, 14%		0,--

UST-Rückstellung

GmbH

	1987	1988	1989	
Erlöse bisher netto	148.720,--	2.998.245,--	228.070,--	
Erlöse neu, netto	447.368,42	3.882.280,67	221.052,63	
Differenz		298.648,--	884.035,--	
USt-Rückst		41.810,--	123.764,--	{37}

Einzelfirma

Erlöse bisher, netto	800.000,--	841.000,--
Erlöse neu, netto	894.736,--	773.684,--
Differenz	94.736,--	
USt-Rückst	13.263,04	

VGA

	1987	1988	1989
Umsatzdiff. netto	298.648,--	884.035,--	
USt-Rückst	41.810,--	123.764,--	
Summe VGA	340.458,--	1.007.799,-	

GewSt-Rückst

GmbH

Gewinn lt. Aufzeichnungen		33.871,--		256.076,--	
USt-Rückst.	-	41.810,--	-	123.764,-	
VGA	+	340.458,--	+	1.007.799,-	
Zwischensumme		332.519,--		1.140.111,-	
Verlustvorträge	-	158.518,--		0,-	
Zwischensumme		174.001,--		1.140.111,-	
Dauerschuldz	+	20.000,--		20.000,-	
abgerundete Zwischensumme		194.000,--		1.160.100,--	
Steuermeßbetrag (5%)		9.700		58.005	
Hebesatz 300%		29.100,--		174.015,--	
9/10 Rückst		26.190,--		156.613,--	{38}

Einzelfirma

	1988
Gewinn bisher	49.624,--
Mehrumsatz	94.736,--
Summe	144.360,--
Dauerschuldzinsen	1.165,--
Zwischensumme	145.525,--
Verlustvortrag	220.087,--
verbleiben	0,--

KÖSt

		1987		1988	
Gewinn lt. Aufzeichnungen		33.871,--		256.076,--	
USt-Rückst.	-	41.810,--	-	123.764,--	
GewSt-Rückst.	-	26.190,--	-	156.613,--	
Zwischensumme	-	34.129,--	-	24.301,--	
KSt-Rückst.	-	192.436,--	-	566.884,--	
Gewinn	-	226.565,--	-	591.185,--	
VGA	+	340.458,--	+	1.007.799,--	
nicht abziehbare Aufwendungen					
KSt	+	192.436,--	+	566.884,--	
Zwischensumme	+	306.329,--	+	983.498,--	
Verlust-Vortrag	-	215.799,--			
z.v.E	+	90.530,--	+	983.498,--	{39}

Einkommensteuer

		1987		1988
Eink. aus Gewerbebetrieb				
bisher	-	78.301,--		49.624,--
Änderungen GewSt-Rückst			+	94.736,--
EK neu	-	78.301,--		144.360,--

	1987	1988	1989
Einnahmen aus Kapitalverm.			
bisher	0,--	94,--	
VGA	340.458,--	1.007.799,--	
Einnahmen neu	340.458,--	1.007.893,-	

Verlustvorträge

		1986	1987	1988
aus	1985	11.303,--	11.303,--	
	1986		84.757,--	
Summe		11.303,--	96.060,--	
Verbrauch			96.060,--	
verbleiben			0,--	{40}

GewSt

GmbH

Gewinn lt. Aufzeichn.		33.871,--		256.076,--
UST-Rückst	-	41.810,--	-	123.764,--
GewSt-Rückst.	-	26.190,--	-	156.613,--
VGA	+	340.458,--	+	1.007.799,--
Dauerschuldz	+	20.000,--	+	20.000,--
Verluste	-	158.518,--		0,--
Summe	+	167.811,--	+	1.003.498,--
abgerundet		167.800,--		1.003.400,--
Steuermeßbetrag (5%)		8.390		50.170
Hebesatz 300%				
GewSt		25.170,--		150.510,--

Mehrsteuern

nach Voranmeldungen

USt :	GmbH	Einzelfirma	
11.87	3.055,--		
12.87	34.635,--		
	37.690,--		
01.88		1.350,--	
02.88	33.038,--	3.377,--	
03.88	137.310,--	9.438,--	
04.88	15.694,--		
05.88	125.433,--	17.954,--	
06.88	41.458,--	2.701,--	
	352.933,--	34.820,--	
09.89	30.947,--	1.350,--	
	30.947,--	1.350,--	
USt 87-89	421.570,--	36.170,--	{41}

Nach Jahreserkl.

1987	41.810,--	
1988	123.764,--	13.263,--
Summen	165.574,--	13.263,--
KSt / ESt		
1987	192.436,--	72.563,--
1988	566.884,--	598.303,--
Summen	759.320,--	670.866,--
GewSt		
1987	25.170,--	
1988	150.510,--	
Summen	175.680,--	

Gesamt:

1.			
UST (monatlich)	421.570,--	36.170,--	
KSt/ESt	759.320,--	670.866,--	
GewSt	175.680,--		
1.356.570,--	707.036,--		
2.			
USt (Jahreserkl.)	165.574,--	13.263,--	
KSt/ESt	759.320,--	670.866,--	
GewSt	175.680,--		
insgesamt hinterzogen:	1.100.574,--	684.129,--	{42}

Hinzu kommt noch die aus dem Verkauf der elektronischen Geräte resultierende Umsatzsteuerverkürzung, die sich wie folgt bemißt:

Monat	Abgabedatum	erklärte Umsätze zu 14%	Mehrumsätze in DM	verkürzte UST in DM
1989:				
Januar	07.03.89	17.456	36.577	5.120
Mai	17.07.89	4.869	41.644	5.830
Juli	08.09.89	2.631	50.788	7.110
Sept.	01.11.89	259.094	153.052	21.424
Okt.	14.12.89	576.026	293.860	41.140
Nov.	12.01.90	49.041	45.721	6.400
				87.024

Der von dem Angeklagten angerichtete, strafrechtlich relevante Steuerschaden beläuft sich damit insgesamt auf 1.871.427,00 DM:

Umsatzsteuer	165.274,00 DM
Umsatzsteuer	13.263,00 DM
Umsatzsteuer	87.024,00 DM
Körperschaftssteuer	759.320,00 DM
Einkommensteuer	670.866,00 DM
Gewerbesteuer	175.680,00 DM. {43}

Soweit die Staatsanwaltschaft bei dem Kammergericht mit der Anklageschrift vom 14. Februar 1994 gegen den Angeklagten über die festgestellten Taten hinaus weitere Vorwürfe erhoben hat, sind diese gemäß den Vorschriften der §§ 154 Abs. 2, 154a Abs. 2 StPO vorläufig eingestellt worden.

III. [Beweiswürdigung]

Der Angeklagte hat sich umfassend zu seinem Lebenslauf und seinen persönlichen Verhältnissen geäußert. Zur Sache hat er sich nicht eingelassen, sondern lediglich generell durch seine Verteidiger erklärt, daß der Verkaufspreis für eine Nachtsichtbrille des Typs BM 8028 bei 21.000,00 DM und nicht bei 34.000,00 DM gelegen habe.

Der Angeklagte ist aufgrund der durchgeführten Beweisaufnahme zur Überzeugung der Kammer der 37 festgestellten Taten überführt.

Zunächst ist durch die Verlesung der bei dem Angeklagten aufgefundenen Prospekte, die Verlesung der nahezu vollständig vorhandenen Lieferscheine und Rechnungen der Firma Philips GmbH in Bremen über die Nachtsichtbrillen der {44} Typen BM 8028, BM 8043 und UA 1242 an die K. GmbH S. und die Firma B. in Berlin sowie der Verlesung der auf die Firma B. ausgestellten Rechnungen der Firma C. in Großbritannien über verschiedene Geräte der Gebrauchselektronik und durch die Verlesung der Blätter der aus dem Bereich des MfS stammenden, nur noch unvollständig vorhandenen Avisierungskartei zur Überzeugung der Kammer zumindest in den Fällen 16, 17, 20, 21, 23, 24 und 25 des festgestellten Sachverhalts der Weg der Waren vom Ankauf durch den Angeklagten bis zur Lieferung in die DDR bewiesen. Die Kammer hat keine Zweifel, daß der Angeklagte auch in den verbleibenden festgestellten Fällen nach demselben Muster verfahren ist, denn insoweit sind die dort ebenfalls urkundlich nachgewiesenen Details deckungsgleich zu denen der Fälle 16, 17, 20, 21, 23, 24 und 25.

Auch die Bezahlung des Angeklagten durch die KoKo aus der sogenannten Barkasse Schalck ist zur Überzeugung der Kammer belegt, denn die insoweit von der Zeugin W. laufend vorgenommenen Aufzeichnungen über die erfolgten Geldbewegungen fügen sich – sowohl hinsichtlich des Zeitpunktes der jeweils festgestellten Lieferungen als auch hinsichtlich der Höhe der als entnommen verzeichneten DM- und Dollar-Beträge – widerspruchslos in die übrigen Geschehensabläufe ein. {45}

Der Verkaufspreis für die Nachtsichtbrillen des Typs BM 8028 in Höhe von je 34.000,00 DM ergibt sich für die Fälle 1-26 zunächst aus dem aus dem Jahre 1987 stammenden und in der Wohnung des Angeklagten in der in Berlin aufgefundenen Prospekt über dieses Gerät, auf dem handschriftlich in Bleistift vermerkt ist:

„EK 17.000,00 DM“ und „VK 34.000,00 DM“.

Zum anderen folgt der Verkaufspreis für das Nachtsichtgerät des Typs 8028 aus einer dem Fall 10 zuzuordnenden Quittungskopie, die vom Angeklagten unterzeichnet ist und den Text „5 mal Glas 170,000,00 DM 1 mal Glas 23.000,00 US-Dollar“ enthält. Im Fall 10 lieferte der Angeklagte 5 Nachtsichtgeräte BM 8028 und 1 Nachtsichtgerät UA 1242, so daß sich für das einzelne Nachtsichtgerät BM 8028 ein Stückpreis von 34.000,00 DM ergibt.

Aufgrund derselben Kopie steht auch der Preis für die im Fall 10 gelieferte Nachtsichtbrille des Typs UA 1242 fest, die bei einem Umrechnungskurs von 1,70 DM pro Dollar 39.100,00 DM beträgt.

Die Kammer ist weiterhin aufgrund der von dem Angeklagten mit dem Namenszug „Hugo Müller“ unterschriebenen Quittungen über 50.000,00 US-Dollar für „2 x Dollar night“ und über 260.000,00 Dollar „10 x lange Geräte“, die der Lieferung von 2 und 10 Nachtsichtbrillen des Typs UA 1242 in den Fällen 17 und 25 zuzuordnen sind, über{46}zeugt, daß sich – unter Zugrundelegung eines mittleren Umrechnungskurses von 1,70 DM pro Dollar – der Verkaufspreis pro Stück im Fall 17 auf 42.500,00 DM und im Fall 25 auf 44.200,00 DM belief.

Da die Eintragungen über die Barkassenentnahmen der Höhe nach in den Fällen 1-26 durch die übrigen Beweistatsachen bestätigt werden, hat die Kammer keine Zweifel, daß die dort verzeichneten Bargeldentnahmen den von dem Angeklagten tatsächlichen erzielten Verkaufspreisen entsprachen. Aus den den Fällen 19 und 26 zugeordneten Bargeldentnahmen ergibt sich, daß der Verkaufspreis für die Nachtsichtgeräte des Typs BM 8043 im Fall 19 für ein Gerät 116.000,00 DM und im Fall 26 für ein Gerät 88.000,00 DM betrug.

Soweit sich der Angeklagte durch seine Verteidiger dahingehend eingelassen hat, daß der Verkaufspreis für die Nachtsichtbrillen des Typs BM 8028 lediglich bei 21.000,00 DM gelegen habe, ist dies für die Fälle 27-31 nicht zu widerlegen, da zuvor eine Lieferunterbrechung von mehr als einem Jahr eingetreten war und es daher zur Überzeugung der Kammer naheliegt, daß die von dem Angeklagten erzielten Verkaufspreise danach niedriger lagen. Da in den Fällen 27-31 keine anderen ausreichenden Anhaltspunkte zur Feststellung des Verkaufspreises für die Nachtsichtgeräte des Typs BM 8028 ersichtlich sind, ist die Kammer {47} zugunsten des Angeklagten von dem von ihm angegebenen Verkaufspreis von 21.000,00 DM ausgegangen.

Die von dem Angeklagten für die Gebrauchselektronik im Fall 32-37 erzielten Verkaufspreise ergeben sich zur Überzeugung der Kammer zunächst aus den von dem Angeklagten wiederum mit dem Namenszug „Hugo Müller" unterzeichneten drei Quittungen, die den Fällen 32, 33 und 37 zugeordnet wurden.

Im übrigen stehen die Verkaufspreise aufgrund der entsprechenden Eintragungen über die Bargeldentnahmen aus der Barkasse Schalck fest.

Nach der Überzeugung der Kammer unterliegen die aus dem Bereich der KoKo, des Ministeriums für Staatssicherheit oder anderer staatlicher Sicherheitsorgane stammenden bzw. dort aufgefundenen Quittungen, Barkassenaufzeichnungen, Kontenblätter sowie die Avisierungskartei keinem Beweisverwertungsverbot. Die Kammer hat diese Beweismittel einer besonders sorgfältigen und kritischen Prüfung unterzogen und keine Anhaltspunkte dafür festgestellt, daß diese Beweismittel von staatlichen Stellen der DDR manipuliert worden sind. Bei der Avisierungskartei des Ministeriums für Staatssicherheit erschien zur Überzeugung der Kammer eine Fälschung schon deshalb fernliegend, da diese Kartei der eigenen Kontrolle der DDR über erfolgte Grenzfreimachung {48} diente und von verschiedenen Abteilungen des Ministeriums für Staatssicherheit kontrolliert wurde. Die Aufzeichnungen über die Bargeldentnahmen aus der Barkasse Schalck werden durch andere Beweistatsachen bestätigt.

An der Authentizität der von dem Angeklagten ausgestellten Quittungen bestehen keinerlei Zweifel.

Im übrigen hat die Kammer ihre Überzeugung nicht allein auf die aus dem Einflußbereich der staatlichen Stellen der DDR stammenden Beweismittel gegründet. Vielmehr beruht diese Überzeugung auf einer Gesamtwürdigung der erhobenen Beweise.

Hinsichtlich der Berechnung der hinterzogenen Steuern ist die Kammer den Angaben des sachverständigen Zeugen Zollamtmann S. gefolgt, der die von ihm angestellten Berechnungen in der Hauptverhandlung ausführlich, überzeugend und nachvollziehbar anhand einer zuvor schriftlich ausgearbeiteten Aufstellung darlegte. Diese Berechnungen macht sich die Kammer nach sorgfältiger Überprüfung zu eigen.

IV. [Rechtliche Würdigung]

Bei dem festgestellten Sachverhalt hat sich der Angeklagte tatmehrheitlich (§ 53 StGB) der Steuerhinterziehung in 37 {49} Fällen gemäß § 370 Abs. 1 Nr. 1 und 2 AO, davon zugleich in 31 Fällen tateinheitlich dazu (§ 52 StGB) eines Vergehens gegen das Gesetz Nr. 53 der Militärregierung[6] (Artikel VIII Nr. 1 und Artikel I Nr. 1d und 2 MRG 53) schuldig gemacht.

Der Angeklagte entschloß sich bei jedem der 37 durchgeführten Geschäfte, die hieraus jeweils erzielten Einkünfte entgegen den ihm bekannten steuerlichen Pflichten nicht oder nicht vollständig gegenüber den Finanzbehörden anzugeben, wobei er in den Fällen 1-31 zugleich ohne die erforderliche Berechtigung der zuständigen Stellen Geschäfte mit Personen in der DDR abgeschlossen und Nachtsichtbrillen in das Gebiet der DDR geliefert hat.

Nach Auffassung der Kammer ist jeder der 37 festgestellten Fälle als eine Tat im Sinne einer natürlichen Handlungseinheit gemäß § 52 StGB anzusehen, denn bei natürlicher Betrachtungsweise stellt sich jedes einzelne Geschäft einschließlich der jeweils nachfolgenden Steuerhinterziehungen als ein einheitlich zusammengefaßtes Tun dar, da insbesondere in jedem Fall ein innerer sachlicher Zusammenhang zwischen dem Geschäft und der anschließenden Steuerhinterziehung besteht. Dies gilt um so mehr, als der Angeklagte sich bei jedem Fall spätestens mit der Lieferung entschloß, auch die anfallenden Steuern ganz oder teilweise zu hin-{50}terziehen. Dabei liegt bei jeder Tat – je nachdem, auf welche Steuerart sich das jeweilige Geschäft auswirkte, der Tatbestand der Steuerhinterziehung in der Form der linearen Tateinheit vor.

In den Fällen 1-5, 16, 18, 19, 25 und 26 hat der Angeklagte tateinheitlich jeweils die anfallende Umsatz-, Gewerbe- und Körperschaftssteuer hinterzogen. In den Fällen 6-15, 17 und 20-24 bewirkte er, daß zusätzlich zu der Umsatz-, Gewerbe- und Körperschaftssteuer auch die jeweils fälligen Einkommensteuer nicht rechtzeitig zum Soll gestellt wurde. In den Fällen 27-37 hinterzog der Angeklagte jeweils die Umsatz- und Einkommensteuer.

Für die Annahme eines besonders schweren Falles der Steuerhinterziehung gemäß § 370 Abs. 3 Nr. 1 und Nr. 4 der Abgabenordnung durch groben Eigennutz oder durch Verwendung falscher Belege liegen keine hinreichenden Anhaltspunkte vor.

Weder ist ersichtlich, daß der Angeklagte aufgrund ganz außergewöhnlich hohen Gewinnstrebens gehandelt hat, noch handelt es sich bei dem von ihm zu Buchhaltungszwecken angefertigten Einnahmenachweisen um Belege im steuerrechtlichen Sinn. {51}

Die Bestimmungen des MRG sind in Übereinstimmung mit dem Beschluß des Kammergerichts vom 15. November 1993 (4 Ws 255/93) heute noch anwendbar.

Diese alliierten, den Devisenverkehr und Außenhandel regelnden Gesetze sind durch den Vertrag zur Regelung aus Krieg und Besatzung entstandener Fragen vom 23. Oktober 1954 und das dazu ergangene Zustellungsgesetz vom 24. März 1955 zu weitergeltendem innerstaatlichen Recht geworden. Nach dem Inkrafttreten des Außenwirtschaftsgesetzes vom 28. April 1961 waren diese Bestimmungen nicht mehr auf den Außenwirtschaftsverkehr anzuwenden, sondern bildeten nur noch die Rechtsgrundlage für den Interzonenhandel. Die Verfassungsmäßigkeit dieser Regelungen hat das Bundesverfassungsgericht mit der Entscheidung vom 16. Februar 1965 (NJW 1965, 741) für die Zeit der Beschränkung ihres Anwendungsbereichs auf den Interzonenhandel bestätigt. Mit Beschluß des Vorprüfungsausschusses des Bundesverfassungsgerichts vom 4. August 1983 (NJW 1984, 39) ist nicht nur die weitere Fortgeltung des MRG 53 als solches, sondern auch die Verfassungsmäßigkeit der in ihm enthaltenen strafrechtlichen Bestimmungen im Hinblick auf das Bestimmtheitsgebot des Artikels 103 Abs. 2 des Grundgesetzes festgestellt worden. Auch der Bundesgerichtshof hat nach Inkrafttreten des Außenwirtschaftsgesetzes mit Urteil vom 22. April 1983 (BGHSt 31, 323, 332 f., 338 f.) mit dem Interzonenhandel {52} bestätigt. Nach Auffassung der Kammer ist das MRG 53 kein Zeitgesetz im Sinne des § 2 Abs. 4 StGB, denn dies war zwar durch den Fortbestand der deutschen Teilung bedingt, jedoch erfüllt ein Gesetz, das nach dem Inkrafttreten des Außenwirtschaftsgesetzes immerhin noch 29 Jahre galt, nicht die an ein Zeitgesetz zu stellenden Anforderungen. Auf die Frage nach dem Charakter des MRG 53 als Zeitgesetz kommt es aber nicht entscheidend an, denn auch dies führte nicht zur Straffreiheit des Beschuldigten. Die in § 2 Abs. 3 StGB festgelegte Meistbegünstigungsklausel käme hier nicht zum Zuge, weil es an einer nach dieser Vorschrift zu berücksichtigenden Gesetzesänderung fehlt. Die Änderung des außerstrafrechtlichen Rechtszustandes ist auf die Strafbarkeit der früheren Tat ohne Einfluß und hat somit bei der Ermittlung des milderen Gesetzes im Sinne von § 2 Abs. 3 StGB außer Betracht zu bleiben.

V. [Strafzumessung]

Bei der Strafzumessung hat die Kammer sich von folgenden Erwägungen leiten lassen:

Zunächst war strafmildernd zu berücksichtigen, daß der {53} Angeklagte bislang unvorbestraft ist und sozial eingeordnet lebt. Ebenfalls zu Gunsten des Angeklagten hat die Kammer sein verfahrensförderndes Prozeßverhalten gewertet. Ein weiterer Strafmilderungsgrund ist in der langen Dauer der Untersuchungshaft begründet, die den Angeklagten zudem wegen seines angegriffenen Gesundheitszustandes besonders stark belastet hat. Ferner wirkte sich strafmildernd aus, daß die Strafempfindlichkeit des Angeklagten aufgrund seiner Krankheit höher liegt.

Erheblich zu Lasten des Angeklagten mußte der durch die Taten verursachte, vergleichsweise sehr hohe wirtschaftliche Schaden von über 1,8 Mio DM gewertet [werden]. Zu seinen Ungunsten wirkte sich auch aus, daß keine Aussicht auf Schadensausgleich durch den Angeklagten besteht. Darüberhinaus sprach gegen den Angeklagten, daß er eine Vielzahl von Taten begangen hat und daß diese sich über mehrere Jahre erstreckten.

Den Strafrahmen hat die Kammer jeweils aus § 370 Abs. 1 AO entnommen, der die Verhängung einer Geldstrafe oder einer Freiheitsstrafe von fünf Jahren vorsieht. {54}

Die mehrmalige Erfüllung der Vorschrift des § 370 Abs. 1 AO durch eine Handlung nach § 52 StGB führte nicht zu einer Erhöhung der einzelnen Strafen.

Ebensowenig war eine Straferhöhung wegen der in den Fällen 1-31 jeweils tateinheitlich zu der begangenen einzelnen Steuerhinterziehung verwirklichten Straftat nach MRG Nr. 53 angezeigt, weil die erkennbare Zielrichtung dieser Strafnorm nicht in erster Linie die Verhinderung der Lieferung sicherheitsrelevanter Gegenstände gewesen ist, sondern – nach der Ablösung des Militärregierungsgesetzes auf dem Gebiet des Außenhandels durch das Außenwirtschaftsgesetz – vielmehr der Kontrolle über den innerdeutschen Wirtschafts- und Zahlungsverkehr diente. Daher stellt das Verwirklichen des Tatbestandes des Gesetzes Nr. 53 der Militärregierung durch den Angeklagten im Verhältnis zu der zugleich begangenen Steuerhinterziehung keinen darüber hinausgehenden schulderhöhenden Umstand dar, zumal das MRG Nr. 53, hätte der Angeklagte heute gehandelt, keine Anwendung mehr finden würde.

Für die ersten fünf Taten (Fall 1-5) erschien der Kammer angesichts des noch geringeren Umfangs der Geschäfte mit den Nachtsichtbrillen jeweils die Verhängung einer Geld-{55}strafe tat- und schuldangemessen. Dabei hat die Kammer die Anzahl der Tagessätze insbesondere jeweils entsprechend der Anzahl der im einzelnen gelieferten Nachtsichtgeräte bestimmt.

Die Tagessatzhöhe war gemäß § 40 StGB unter Berücksichtigung der persönlichen und wirtschaftlichen Verhältnisse des Angeklagten, insbesondere angesichts des Umstandes, daß der Angeklagte noch im Besitz des 1989 in M. erworbenen Grundstücks ist, auf 30,00 DM festzusetzen.

Demgemäß hat die Kammer für die Fälle 1-5 auf folgende Einzelgeldstrafen erkannt:

Fall 1	30 Tagessätze	zu je 30,00 DM
Fall 2	60 Tagessätze	zu je 30.00 DM
Fall 3	90 Tagessätze	zu je 30,00 DM
Fall 4	90 Tagessätze	zu je 30,00 DM
Fall 5	120 Tagessätze	zu je 30,00 DM

Für die weiteren, durch die Geschäfte mit den Nachtsichtbrillen (Fall 6-31) sowie mit den elektronischen Gebrauchsartikeln (Fall 32-37) verwirklichten Taten war unter jeweiliger Abwägung aller zu Gunsten und zu Lasten des Angeklagten zu berücksichtigenden Umstände jeweils eine Freiheitsstrafe zu verhängen, die sowohl dem Unrechtsgehalt {56} der Tat als auch der Schuld des Angeklagten entsprach. Dabei waren die Einzelfreiheitsstrafen insbesondere auch in Relation zu ihrer zeitlichen Abfolge sowie zu dem Umfang des der jeweiligen Tat zugrundeliegenden Geschäfts und der Höhe der hieraus erzielten Einnahmen festzusetzen. Dementsprechend sind für die Lieferung eines Nachtsichtgerätes einen Monat, von zwei Nachtsichtgeräten zwei Monate, von vier bis sechs Nachtsichtgeräten drei Monate, von zehn und zwölf Nachtsichtgeräten sechs Monate sowie für die Lieferung von zwanzig Nachtsichtgeräten neun Monate Freiheitsstrafe jeweils als angemessen erachtet [worden]. Hinsichtlich der durch die Lieferung anderer elektronischer Artikel verwirklichten Taten hat sich die Kammer bei der Strafzumessung in erster Linie an der Höhe der hieraus im einzelnen erwirtschafteten Gewinne orientiert.

Deshalb war auch die Verhängung von Einzelfreiheitsstrafen unter sechs Monaten zur Einwirkung auf den Angeklagten gemäß § 47 Abs. 1 StGB unerläßlich, da die jeweiligen Taten nach der Art ihrer Ausführung, insbesondere wegen ihrer – im Verhältnis zu den Vortaten – schnellen zeitlichen Abfolge und dem Maß der Pflichtwidrigkeit des Angeklagten aus dem Durchschnitt der praktisch vorkommenden Fälle dieser Art hinaustreten. Diese Umstände zwangen jeweils zur Verhängung einer kurzen Freiheitsstrafe, da dem Angeklagten {57} auf andere Weise weder das Tatunrecht vor Augen geführt noch der Angeklagte anders künftig von der Begehung weiterer Straftaten abgehalten werden kann.

Die Kammer hat für die Fälle 6-37 auf folgende Einzelfreiheitsstrafen erkannt:

Fall 6	drei Monate
Fall 7	drei Monate
Fall 8	drei Monate
Fall 9	drei Monate
Fall 10	drei Monate
Fall 11	sechs Monate
Fall 12	sechs Monate
Fall 13	sechs Monate
Fall 14	sechs Monate
Fall 15	sechs Monate
Fall 16	drei Monate
Fall 17	sechs Monate
Fall 18	zwei Monate

Fall 19 einen Monat
Fall 20 neun Monate
Fall 21 sechs Monate
Fall 22 neun Monate
Fall 23 sechs Monate {58}
Fall 24 sechs Monate
Fall 25 sechs Monate
Fall 26 drei Monate
Fall 27 sechs Monate
Fall 28 sechs Monate
Fall 29 sechs Monate
Fall 30 sechs Monate
Fall 31 sechs Monate
Fall 32 einen Monat
Fall 33 einen Monat
Fall 34 drei Monate
Fall 35 einen Monat
Fall 36 drei Monate
Fall 37 einen Monat

Die in den Fällen 1-37 verhängten Einzelgeld- und Einzelfreiheitsstrafen sind unter nochmaliger Abwägung aller für und gegen den Angeklagten sprechenden Umstände gemäß den §§ 53, 54 StGB auf eine schuldangemessene

Gesamtfreiheitsstrafe von drei Jahren

zurückgeführt worden. {59}

Diese Strafe entspricht bei Gesamtwürdigung der abzuurteilenden Taten, insbesondere auch unter Berücksichtigung ihrer Häufigkeit und engen zeitlichen Abfolge und unter Würdigung der Schuld des Angeklagten im Hinblick auf das Gesamtgeschehen, sowohl dem Unrechtsgehalt der gesamten Taten als auch der gesamten Tatschuld des Angeklagten. Bei der Bildung der Gesamtstrafe hat die Kammer ebenfalls berücksichtigt, daß der Übergang von der bisherigen Praxis weitgehender Annahme des Fortsetzungszusammenhanges zur Anwendung der §§ 53, 54 StGB jedenfalls dann nicht – zum Nachteil des Angeklagten – zur Erhöhung des allgemeinen Strafniveaus führen muß, wenn – wie hier – zwischen den einzelnen Taten ein sachlicher und situativer Zusammenhang besteht.

Anmerkungen

1 Die StA bei dem KG Berlin hatte Edgar K. am 14.2.1994 – Az. 23/2 Js 41/93 – gemeinsam mit Alexander Schalck-Golodkowski und Waradin D. angeklagt. Durch Beschluss vom 6.5.1994 – Az. 505 - 4/94 – trennte das LG Berlin das Verfahren gegen Schalck-Golodkowski und D. ab. Das Verfahren gegen Waradin D. wurde durch Beschluss des LG Berlin vom 22.7.1994 – Az. (505) 23/2 Js 41/93 (6/94) – erneut abgetrennt und die Eröffnung des Hauptverfahrens wegen Verhandlungsunfähigkeit des Angeklagten abgelehnt. Am 7.4.1995 lehnte das LG Berlin – Az. 505 - 6/94 – die Eröffnung des Hauptverfahrens gegen Schalck-Golodkowski in einigen Anklagepunkten ab. Mit ihrer gegen diesen Beschluss gerichteten Beschwerde beantragte die StA II bei dem LG Berlin, zumindest einen Teil

der abgelehnten Anklagepunkte zuzulassen. Das KG Berlin entsprach durch Beschluss vom 30.6.1995 – Az. 4 Ws 113/95 – der Beschwerde und eröffnete das Hauptverfahren auch im Hinblick auf diese Anklagepunkte. Daraufhin erhob die StA II bei LG Berlin am 13.7.1995 – Az. 23/2 Js 41/93 – gem. § 207 Abs. 3 Satz 1 StPO erneut Anklage gegen Schalck-Golodkowski in dem durch die Eröffnungsbeschlüsse zugelassenen Umfang. Zum weiteren Verfahrensverlauf gegen Schalck-Golodkowski vgl. lfd. Nr. 11-2 bis 11-4.

2 Der Angeklagte hatte gegen dieses Urteil Revision eingelegt. Eine Entscheidung hierüber erging jedoch nicht mehr. Das Verfahren gegen K. wurde durch Beschluss des Landgerichts Berlin vom 14.3.2002 – Az. (505) 23/2 Js 41/93 Kls (4/98) – wegen Verhandlungsunfähigkeit eingestellt.

3 Zum Bereich Kommerzielle Koordinierung vgl. den Dokumentationsband zu Amtsmissbrauch und Korruption, lfd. Nr. 10.

4 Vgl. Anm. 1.

5 Vgl. lfd. Nrn. 12-2 bis 12-4.

6 Vgl. Anhang S. 461ff.

Inhaltsverzeichnis
Erstinstanzliches Urteil des Landgerichts Berlin vom 31.1.1996,
Az.: (505) 23/2 Js 41/93 KLs (6/94) bzgl. Schalck-Golodkowski

Landgericht Berlin 31. Januar 1996
Az.: (505) 23/2 Js 41/93 Kls (6/94)

URTEIL[1]

Im Namen des Volkes

Strafsache *gegen*

den Unternehmensberater
Dr. Alexander Siegfried Schalck-Golodkowski
geboren 1932

wegen Vergehen gegen das MRG 53.

Die 5. große Strafkammer – Wirtschaftsstrafkammer – des Landgerichts Berlin hat aufgrund der Hauptverhandlung an 20 Verhandlungstagen vom 11. September 1995 bis zum 31. Januar 1996, an der teilgenommen haben: {2}

⊗ Es folgt die Nennung der Verfahrensbeteiligten. ⊗

in der Sitzung vom 31. Januar 1996

für *Recht* erkannt:

Der Angeklagte ist in 36 (sechsunddreißig) Fällen der tateinheitlichen Vergehen gegen Artikel I Nr. 1d und gegen Artikel I Nr. 2 MRG 53 schuldig.
Er wird unter Freispruch im übrigen zu einer

Gesamtfreiheitsstrafe von 1 (einem) Jahr

verurteilt.
Die Vollstreckung der erkannten Gesamtfreiheitsstrafe wird zur Bewährung ausgesetzt.
Die Kosten des Verfahrens und seine notwendigen Auslagen hat der Angeklagte zu tragen, soweit er verurteilt worden ist. Im übrigen fallen die Kosten des Verfahrens und die notwendigen Auslagen des Angeklagten der Landeskasse Berlin zur Last.
Angewendete Strafvorschriften:
Artikel I Nr. 1d und Nr. 2, Artikel VIII MRG 53;
§§ 52, 53, 25 Abs. 2 StGB. {3}

Gründe

(Fassung zum Freispruch gemäß § 267 Abs. 5 StPO)

I. [Feststellungen zur Person]

Der jetzt 63 Jahre alte, in zweiter Ehe verheiratete Angeklagte wuchs ohne Geschwister in Berlin in bescheidenen Verhältnissen auf. Sein Vater kehrte aus dem 2. Weltkrieg nicht zurück und wurde 1948 für tot erklärt. Seine Mutter bestritt den Lebensunterhalt für sich und den Angeklagten nach dem Krieg aus Einkünften als Dolmetscherin bei der sowjetischen Besatzungsmacht. Der Angeklagte wurde durch die Kriegsereignisse und durch Verfolgte des Nationalsozialismus stark geprägt. Im folgenden nahm er die Idee des Sozialismus positiv auf und verknüpfte seinen Weg eng mit dem der SED und der DDR. Nachdem er im Anschluß an seinen Schulabschluß erfolgreich eine Lehre als Feinmechaniker absolviert hatte, intensivierte der Angeklagte seine Kenntnisse auf den Gebieten der Wirtschaft sowie des Außenhandels und brachte es schließlich Anfang der 70er Jahre zum Staatssekretär im Ministerium für Außenhandel und Leiter des Bereichs Kommerzielle Koordinierung (KoKo)[2]. Gleichzeitig war er seit Mitte der 70er Jahre auch Offizier im besonderen Einsatz des Ministeriums für Staatssicherheit. Seine Positionen hielt der Angeklagte bis zu seiner Flucht aus der DDR im Dezember 1989 inne.

Heute bestreitet der Angeklagte, der seit Ende 1989 zunächst von den Einkünften seiner Ehefrau lebte, seinen Lebensunterhalt aus seiner Tätigkeit als Unternehmensberater. In dieser Eigenschaft reiste er zuletzt 1995 als Mitglied einer deutschen Handelsdelegation nach China. Der Angeklagte ist bislang unvorbestraft. {4}

II. [Die Beschaffung von Waffen und Nachtsichtgeräten durch den Bereich Kommerzielle Koordinierung]

Spätestens Anfang der 80er Jahre entstand bei dem Ministerium des Inneren der DDR (MdI), der Nationalen Volksarmee der DDR (NVA) und dem Ministerium für Staatssicherheit der DDR (MfS) sowie bei den Repräsentanten der DDR u.a. auch ein Bedarf an Handfeuerwaffen sowie an elektronischen Nachtsichtgeräten nichtsozialistischer Produktion. Die Handfeuerwaffen sollten zum einen einzelnen Repräsentanten der DDR zum persönlichen Gebrauch, zum anderen dem MdI, der NVA sowie dem MfS, d.h. den sogenannten bewaffneten Organen, zu Vergleichszwecken dienen. Die Nachtsichtgeräte waren zum Einsatz bei den bewaffneten Organen, insbesondere bei der NVA bestimmt.

Der Sekretär für Wirtschaft des ZK der SED und Mitglied des Politbüros, Dr. Günter Mittag, betraute den Angeklagten, der als Leiter des Bereiches KoKo und als sogenannter Devisenausländer mit außerordentlichen Rechten und Vollmachten – auch gegenüber anderen staatlichen Organen – ausgestattet war, mit der Beschaffung von Handfeuerwaffen sowie von Nachtsichtgeräten aus dem nichtsozialistischen Ausland. Über das konkrete Vorgehen wurden dabei keinerlei Absprachen getroffen. Der Angeklagte hatte in der Wahl der Mittel und Wege zur Beschaffung der gewünschten Gegenstände völlig freie Hand.

Der Angeklagte entschloß sich, die begehrten Handfeuerwaffen und Nachtsichtgeräte zu beschaffen, da die KoKo in vielen Fällen aus dem Bereich des MdI und der NVA große Unterstützung bei der Bereitstellung von Waffen für den devisenbringenden Export erhalten hatte. Darüber hinaus war der Angeklagte von dem Sekretär für Wirtschaft angehalten, der NVA, dem MdI und dem MfS in dem Maße gewisse Devisenanrechte zur Verfügung zu stellen, wie diese der KoKo durch die Bereitstellung von Waffen Unterstützung bei der Erwirtschaftung zusätzlicher Devisen gewährt hatten. {5}

Zunächst erteilte der Angeklagte, dem bewußt war, daß die Beschaffung von Waffen und militärischem Gerät aus dem nichtsozialistischen Ausland nicht auf legalem Wege erfolgen konnte, dem bei der KoKo beschäftigten, inzwischen verstorbenen Werner W., der sachkundig und mit den Möglichkeiten der Beschaffung von militärischen Geräten und Waffen vertraut war, den Auftrag, den Markt hierfür zu sondieren, bevor die Entscheidung für eine breit angelegte „Importmaßnahme" fallen sollte. W. stellte den ersten Kontakt zu dem – MfS-bekannten und -erprobten – Waffenhändler, dem gesondert verfolgten Edgar K.[3], her, der zur Tatzeit die K. GmbH in S. als deren Geschäftsführer und die Firma B. in Berlin (West) betrieb, deren Geschäftszweck u.a. der Handel mit Waffen und deren Zubehör war. Die Abwicklung der Geschäfte zwischen dem Angeklagten und K. sollte dann über den Kurier der KoKo, den gesondert verfolgten Waradin D.[4], zu dem der Angeklagte aufgrund langjähriger Zusammenarbeit besonders großes Vertrauen hatte, erfolgen.

Nachdem sich K. zur Lieferung von Handfeuerwaffen und Nachtsichtgeräten grundsätzlich – gegen Bezahlung – bereiterklärt hatte und die Prüfung einer von K. zur Verfügung gestellten Nachtsichtbrille des Typs BM 8028 des Philips-Konzerns durch die bewaffneten Organe positiv verlaufen war, entschloß sich der Angeklagte, über K. nicht nur Pistolen und Revolver mit gezogenen Läufen der Marken Erma, I.M.I., Beretta, Browning, Manhurin und Smith & Wesson, sondern auch die von dem Philips-Konzern entwickelten Nachtsichtbrillen der Typen BM 8028, BM 8043 und UA 1242 für die Repräsentanten der DDR bzw. die bewaffneten Organe der DDR zu beschaffen.

Bei den Nachtsichtbrillen der Typen BM 8028, BM 8043 und UA 1242 handelte es sich um elektronische Geräte, die mit Restlichtverstärkung arbeiten und hierdurch „Tätigkeit jedweder Art" auch bei Dunkelheit ermöglichen. Die Herstellerfirma Philips beschreibt den Anwendungsbereich der Nachtsichtgeräte BM 8028 und BM 8043 wie folgt: {6}

„Dieses Gerät (BM 8028) bietet eine Vielzahl von Einsatzmöglichkeiten bei Dunkelheit und eingeschränkter Sicht ohne zusätzliche Lichtquelle. Dazu gehören z.B.:

- Arbeiten in der Landwirtschaft
- Naturbeobachtungen in Wald und Flur
- Such- und Rettungseinsätze
- Grundlagenforschung in der Reproduktionsmedizin
- Unterstützung in den Augenheilkunde
- Qualitätskontrolle bei der Herstellung hochempfindlicher Filme
- Fahren von Fahrzeugen aller Art
- Reparatur- und Wartungsarbeiten bei unzureichenden Sichtverhältnissen
- Überwachung von Gebäuden und öffentlichen Einrichtungen
- Überwachung von verdächtigen Personen und Fahrzeugen
- Grenzüberwachung
- Verbrechensbekämpfung und sämtliche Beobachtungen zu Lande, zu Wasser und aus der Luft."

„Die Nachtsichtbrille 8043, speziell für Piloten entwickelt. Die Konsequenz: Einsätze, die sonst nur bei Tageslicht möglich waren, können jetzt auch während der Nacht, d.h. rund um Uhr durchgeführt werden. Dazu gehören Einsätze wie z.B.:

- Führungsaufgaben
- Aufklärung
- Kampf
- Kampfunterstützung
- Einsatzunterstützung
- Search and Rescue“

Die Nachtsichtbrille UA 1242 hatte denselben Anwendungsbereich wie die Nachtsichtbrille BM 8028. Alle drei Typen waren mit Bildverstärkerröhren der sogenannten 2. Generation ausgestattet.

Sowohl die Geschäfte, die den Erwerb der Nachtsichtbrillen und Handfeuerwaffen zum Gegenstand hatten, als auch die Ausfuhr der Geräte und Waffen aus der Bundesrepublik Deutschland in die DDR erfolgten ohne die nach Art. I Nr. 1d und Nr. 2 des Gesetzes der Militärregierung Nr. 53 (MRG 53)[5] bzw. nach der gleichlautenden Verordnung Nr. 235 des Französischen Hohen Kommissars und der Verordnung 500 der Kommandanten des amerikanischen, britischen und französischen Sektors von Berlin i.V.m. der Interzonenhandelsverordnung vom 18. Juli 1951 (IZH-VO) erforderlichen Genehmigung. {7}

Nach Art. I Nr. 1d und Nr. 2 MRG 53 waren grundsätzlich alle Warengeschäfte zwischen Personen in der DDR und der Bundesrepublik Deutschland sowie das Verbringen von Waren aus der Bundesrepublik Deutschland in die DDR genehmigungspflichtig.

Die Genehmigung galt gemäß § 1 Abs. 1 Satz 2 i.V.m. der Allgemeinen Genehmigung Nr. 2 (L) zur IZH-VO (AG Nr. 2 (L)) vom 12. September 1986 in allgemeiner Form als erteilt, wenn die Waren nicht speziell für militärische Zwecke konstruiert und hergestellt (AG Nr. 2 (L) a), sie in der Anlage zur Allgemeinen Genehmigung Nr. 2 (L) als allgemein genehmigt aufgeführt waren und die Ware in Verrechnungseinheiten bezahlt und unter Verwendung eines Warenbegleitscheins über die in der Interzonenhandelsverordnung genannten Übergangsstellen in die DDR verbracht und das Geschäft 16 Tage nach Abschluß gemeldet wurde (§§ 3, 4 und 5 AG Nr. 2 (L)). Für die nicht von der Liste zur AG Nr. 2 (L) erfaßten Waren bedurfte es einer Einzelgenehmigung gemäß § 1 Abs. 1 Satz 1 Nr. 2 IZH-VO, die nur im Rahmen einer Verwaltungsausnahme oder nach Zustimmung der CoCom[6] erteilt werden konnte

Weder die Handfeuerwaffen noch die Nachtsichtbrillen der Typen BM 8028, BM 8043 und UA 1242 unterfielen den in der Liste zur AG Nr. 2 (L) als allgemein genehmigt aufgeführten Waren und Meldenummern. Darüber hinaus waren auch die sonstigen Voraussetzungen für die Allgemeine Genehmigung gemäß den §§ 3, 4 und 5 der AG Nr. 2 (L) nicht erfüllt.

Die für die Handfeuerwaffen und Nachtsichtgeräte gemäß § 1 Abs. 1 Satz 1 Nr. 1 IZH-VO erforderlichen Einzelgenehmigungen sind von dem Angeklagten oder K. weder beantragt noch sind sie erteilt worden.

Mangels Kenntnis der Geschäfte seitens des für die Genehmigung zuständigen Bundeswirtschaftsministeriums bzw. des diesem nachgeordneten Bundeswirtschaftsamtes lag auch keine Duldung oder konkludente Genehmigung für die Geschäfte und Lieferungen vor. {8}

III. [Die Beschaffung der Nachtsichtgeräte im Einzelnen]

Um bundesdeutsche Kontrollen und damit das Risiko der Entdeckung und Unterbrechung der illegalen Geschäfte und Lieferungen auszuschalten, gingen der Angeklagte und K. hinsichtlich der Nachtsichtbrillen wie folgt vor:

K. ließ sich – nach vorangegangener Bestellung von seiten des Angeklagten, die ihm jeweils zuvor von dem Kurier D. übermittelt worden war – teils für seine Firma B. in Berlin, teils für die GmbH in S., von November 1987 bis Oktober 1989 von der Philips GmbH in Bremen 28 Partien Nachtsichtbrillen der von dem Angeklagten jeweils gewünschten Stückzahl und Art nach S. liefern und brachte diese noch am selben oder darauffolgenden Tag entweder selbst mit dem Pkw über die Grenzübergangsstelle Zarrentin in die DDR oder ließ dies seine damalige Lebensgefährtin und jetzige Ehefrau, die ehemals gesondert verfolgte Renate Bo., tun. Dabei fuhren sie jeweils im Transit nach Berlin (West), da Transitreisende bei der Einreise grundsätzlich keinen bundesdeutschen Kontrollen unterlagen.

Die Nachtsichtbrillen wurden dann jeweils auf dem vor dem Grenzübergang Stolpe bei Berlin gelegenen Parkplatz Velten dem Kurier der KoKo, D., gegen Bezahlung übergeben, der die Nachtsichtgeräte dann zur Zentrale der KoKo in der Wallstraße in Berlin-Mitte brachte. Damit K. oder Renate Bo. ungehindert die Grenzkontrollen auf der DDR-Seite passieren und die Übergabe der Nachtsichtgeräte und des Geldes ungestört erfolgen konnten, veranlaßte der Angeklagte durch Unterzeichnung einer entsprechenden Anweisung über die Avisierungskartei der Hauptabteilung VI des MfS vor jeder Einreise die Freimachung der Grenze und die Ausschaltung der Kontrolle des für die Übergabe vorgesehenen Parkplatzes Velten.

Die Barmittel in Deutscher Mark (DM) für die Bezahlung des jeweiligen Verkaufspreises, der etwa das Doppelte des Einkaufspreises betrug, entnahm der Angeklagte aus der im Bereich KoKo für {9} ihn eingerichteten Bargeldkasse, die dort unter der Bezeichnung „Barkasse Schalck" geführt wurde. Die Bargeldentnahmen wurden von der Zeugin W. zeitnah verzeichnet, wobei allerdings nicht immer das verzeichnete Datum der Entnahme der tatsächlichen Entnahme entsprach und nicht in jedem Fall eine Zahlungsquittung vorlag oder bei den Unterlagen blieb, auch wenn die Zeugin dies so vermerkt hat. Der Angeklagte hatte sich von K. – teils mit dem Namenszug „Hugo Müller" – Quittungen für die ihm gezahlten Geldbeträge ausstellen lassen, um mit Hilfe der Quittungen die von dem Bereich KoKo für die bewaffneten Organe verauslagten Devisen jedenfalls teilweise zurückzuerhalten oder zumindest einen Nachweis darüber zu führen, daß ihnen Devisenanrechte in entsprechender Höhe durch die KoKo eingeräumt worden sind.

Der Angeklagte prüfte die jeweiligen Lieferungen von Nachtsichtgeräten bei ihrer Ankunft und bezeichnete die vorgesehenen Empfänger, teils auch auf der Rückseite der von K. ausgestellten Quittungen, gab dies an seine Sekretärin, die Zeugin B. weiter, die die weisungsgemäße Verteilung veranlaßte. Ein Großteil der Nachtsichtgeräte war für die Luftwaffe der NVA bestimmt und wurde u.a. auch von dem Zeugen C., der Hauptmann der NVA war, aus der Zentrale der KoKo abgeholt.

Insgesamt wurden auf diese Weise 228 Nachtsichtgeräte des Typs BM 8028, fünf Nachtsichtgeräte des Typs BM 8043 und 13 Nachtsichtgeräte des Typs UA 1242 von K.

in der Zeit von November 1987 bis Oktober 1989 an den Angeklagten in die DDR geliefert.

Die Geschäfte und Lieferungen fanden im einzelnen wie folgt statt: {10}

⊗ Es folgt eine detaillierte Darstellung der einzelnen Geschäfte, die bereits unter lfd. Nr. 11-1, S. 396 ff. wiedergegeben wurden (mit Ausnahme der dort unter II.2, 16 und 28 aufgeführten Fälle). ⊗

IV. [Die Beschaffung der Handfeuerwaffen im Einzelnen]

Neben den vorbezeichneten Geschäften und Lieferungen wickelten der Angeklagte und K. auch Geschäfte und Lieferungen, deren Gegenstand Handfeuerwaffen waren, ab. Hierbei gingen sie wie folgt vor:

K. ließ sich zunächst die zuvor von dem Angeklagten über D. bei ihm bestellten Waffen von verschiedenen Waffengroßhändlern nach S. liefern. Die ihm gelieferten Waffen führte er dann zum Schein unter mißbräuchlicher Verwendung von Ausfuhrpapieren per Luftfracht nach Österreich aus. Als Käufer und Empfänger waren in der Regel entweder die österreichische Firma V. GmbH in Kufstein, Tirol oder die K. GmbH & Co. in Kufstein, Tirol, des Zeugen R., in einem Fall die F. GmbH in Ferlach, Kärnten, deklariert, {19} obwohl die Waffen in Wahrheit per Luftfracht sofort unter Einschaltung der Spedition J. in Wien/Flughafen sowie der in der DDR ansässigen Spedition Deutrans an die Scheinfirma der KoKo, Petrov Handelskontor, Flughafen Schönefeld in Berlin (Ost), per Luftfracht übersandt wurden. Zur Verschleierung der Herkunft der Waffen wurde in den Luftfrachtpapieren als Verkäufer nicht K., sondern die österreichischen Firmen V. GmbH, K. bzw. F. GmbH aufgeführt.

Sobald die Lieferungen in Schönefeld ankamen, unterrichtete die Zeugin Bo. die Sekretärin des Angeklagten, den ebenfalls bei der KoKo beschäftigten Fahrer des Angeklagten und Verwalter der Waffenkammer, den Zeugen T., der die Sendungen dann vom Flughafen Schönefeld abholte, zur Zentrale der KoKo in die Wallstraße brachte und den Angeklagten oder seine Sekretärin von deren Ankunft unterrichtete. Der Angeklagte schaute sich in jedem Fall die gelieferten Waffen an und traf die Anordnungen, wer welche Waffe bekommen sollte. Die Abwicklung der Verteilung erfolgte dann über die Zeugin B. und den Zeugen T.

Auf diese Weise ließ sich der Angeklagte von K. insgesamt 69 Revolver und Pistolen mit gezogenen Läufen der Marken Erma, I.M.I., Beretta, Browning, Manhurin und Smith & Wesson liefern.

Die Geschäfte und Lieferungen fanden im einzelnen wie folgt statt:

29. (Fall 1 der Anklage)

Am 23. Mai 1986 lieferte K. dem Angeklagten nach vorheriger Bestellung eine Pistole der Marke Erma, Typ EP 457, Kaliber 7,65 mm, Nr. 001501, die er gemäß Rechnung Nr. 2733 der Alljagd GmbH, Lippstadt, zum Preis von netto 518,80 DM erworben hatte. Die Lieferung erfolgte per Luftfracht unter Einschaltung der österreichischen Spedition J. und der Spedition Deutrans über die V. GmbH im Transit über Österreich an die Schein-{20}firma Petrov Handelskontor der KoKo in Berlin-Schönefeld. Dort wurde sie von dem Zeugen T. in Empfang genommen und in die Waffenkammer der KoKo gebracht.

Am 15. Dezember 1989 ist die Pistole der Marke Erma mit der Nr. 001501 in der Waffenkammer der Wallstraße sichergestellt worden.

30. (Fall 3 der Anklage)

Am 18. Juni 1986 lieferte K. dem Angeklagten fünf Pistolen der Marke I.M.I., Typ Desert Eagle, Kaliber 357 magnum, Nr. 9883, 9910, 9795, 9850 und 9918, die er zuvor zum Preis von insgesamt 2.020 US-Dollar, die bei einem Umrechnungskurs von 1,70 DM pro Dollar 3.893,00 DM entsprachen, von der Firma Israel Military, Bestell-Nr. 81707, bezogen hatte, per Luftfracht über die V. GmbH im Transit durch Österreich an die Scheinfirma der KoKo, das Petrov Handelskontor in Berlin-Schönefeld. Dort wurden die Waffen von dem Zeugen T. abgeholt und in die Waffenkammer der Wallstraße gebracht.

Die Pistole Nr. 9910 befand sich unter den am 15. Dezember 1989 in der Waffenkammer sichergestellten Gegenständen. Die Pistole Nr. 9883 ist ausweislich der Einnahme-Ausgabe-Anweisung Nr. 0324860 am 27. September 1990 vom Bundesinnenministerium aus Beständen der DDR übernommen worden. Die Pistolen Nr. 9795, 9850 und 9918 sind aus den Beständen der NVA nach dem 3. Oktober 1990 in das Militärhistorische Museum Dresden gelangt.

31. (Fall 4 der Anklage)

Am 29. Juli 1986 lieferte K. dem Angeklagten über die V. GmbH per Luftfracht an die Scheinfirma Petrov der KoKo 15 Pistolen der Marke Beretta, Typ 92 F, Kaliber 9 mm, Nr. C 79923 Z, C 79924 Z, C 79941 Z, C 79917 Z, C 79943 Z, D 22916 Y, D 21531 Y, D 21532 Y, D 22628 Y, D 22752 Y, D 21534 Y, D 23010 Y, D 21535 Y, D 23004 Y, D 21533 Y und sieben Pistolen der Marke Browning FN, Typ 140 DA, Kaliber 7,65 mm, Nr. PY 53710, PY 53705, PY 53629, PY 53683, PY 53689 PY 53688 und PY 53684. Die fünfzehn Pistolen {21} der Marke Beretta bezog K. zum Gesamtpreis von netto 9.080,00 DM von der A. GmbH, Rechnungs-Nr. 4033 vom 31. Juli 1986. Die sieben Pistolen der Marke Browning erwarb er bei der Firma H. Aachen, Rechnung vom 2. Juli 1986, zum Preise von insgesamt 6.640,00 DM netto.

Die Pistolen mit den Nrn. C 79923 Z, C 79924 Z, C 79941 Z, C 79917 Z, C 79943 Z und D 22916 Y wurden am 15. Oktober 1989 in der Waffenkammer der KoKo sichergestellt. Die übrigen Pistolen waren am 4. August 1986 an die NVA weitergegeben worden.

32. (Fall 5 der Anklage)

Am 7. August 1986 lieferte K. dem Angeklagten drei Revolver der Marke Manhurin, Typ MR 73, Kaliber 357 magnum, Nr. K 34903, K 35194, K 35197 per Luftfracht über die V. GmbH in Österreich. Die Waffen bezog K. zum Preis von insgesamt netto

4.404,00 DM von der Firma E., Frankfurt/Main, Rechnungs-Nr. 15227 vom 4. August 1986.

Die drei Revolver wurden ebenfalls am 15. Oktober 1989 in der Waffenkammer der KoKo sichergestellt.

33. (Fall 12 der Anklage)

Am 18. April 1988 lieferte K. dem Angeklagten über die Firmen V. GmbH bzw. K. GmbH fünf Pistolen der Marke Smith & Wesson, Nr. TBF 9428, TBH 5239, TBF 8942, TBJ 1908 und TBJ 2960 und einen Revolver der Marke Smith & Wesson, Nr. AYS 8449. Die Waffen hatte K. zuvor von der A. GmbH, Rechnungs-Nr. 1155 vom 8. April 1988 und Rechnungs-Nr. 1368 vom 20. April 1988 zum Gesamtpreis von netto 4.636,50 DM erworben.

Die Pistolen mit den Nrn. TBH 5239 und TBJ 1908 sind am 15. Oktober 1989 in der Waffenkammer der KoKo sichergestellt worden. Die übrigen Waffen wurden nach der Wende 1989 {22} ausweislich der Einnahme-Ausgabe-Belege Nr. 146839, 0324880 und 227510 im Bereich des Ministeriums des Inneren der DDR aufgefunden.

34. (Fall 13 der Anklage)

Am 26. Mai 1988 lieferte K. nach entsprechender Bestellung seitens des Angeklagten 17 Pistolen und neun Revolver der Marke Smith & Wesson, Nr. AHB 4787, AHB 5219, AVD 7017, AVP 7401, AVP 7835, AVP 7840, AVP 8101, AVP 8184, AWH 8624, TBJ 1947, TBJ 9361, TBJ 9524, TBJ 9596, TBJ 9623, TBK 5377, TBK 7709, TBK 7767, TBK 7864, TBK 9362, TBL 2248, TBL 2275, TBN 1101, TBN 1525, TBN 1572, TBN 3970 und TBN 1596. Die Waffen hatte er zuvor von der A. GmbH, Rechnungs-Nr. 16264 vom 20. Mai 1988 und Rechnungs-Nr. 2611 vom 30. Juni 1988, zum Gesamtnettopreis von 18.682,00 DM erworben. Die Lieferung an das Petrov Handelskontor Schönefeld erfolgte unter Einschaltung der V. GmbH über die Spedition J.

Die Waffen mit den Nrn. TBL 2275, TBN 1525, TBK 7767, TBK 7709, TBJ 1947, TBK 7864 und TBK 9362 wurden am 15. Oktober 1989 in der Wallstraße sichergestellt. Ausweislich des Eingabe- und Ausgabebelegs Nr. 146839 wurden die Waffen mit den Nrn. AVD 7835, AVP 8101, AVP 8184, AVD 7017, AWH 8624, TBL 2248, TBJ 5924, TBJ 9623, TBJ 9596, TBN 1101 und TBN 1572, ausweislich des Eingabe- und Ausgabebelegs Nr. 324480 wurden die Waffen TBJ 9361 und TBN 3970, ausweislich des Eingabe-Ausgabebelegs Nr. 116845 wurde die Waffe mit der Nr. TBK 5377, ausweislich des Eingabe-Ausgabebelegs Nr. 227510 wurden die Waffen mit den Nrn. TBN 1596, AHB 5219 und AVP 7840 und ausweislich des Eingabe-Ausgabebelegs Nr. 146845 die Waffen mit den Nrn. AVP 7401 und AVB 4787 nach der Wende 1989 in der DDR aufgefunden. {23}

35. (Fall 14 der Anklage)

Am 14. Juni 1988 lieferte K. dem Angeklagten bestellungsgemäß drei Pistolen der Marke Smith & Wesson, Typ 745, Nr. TBK 7695, TBN 5205 und TBN 5237, die er zuvor von der A. GmbH, Rechnungs-Nr. 2145 vom 10. Juni 1988, zum Gesamtkaufpreis von netto 2.625,00 DM erworben hatte. Die Lieferung erfolgte unter Einschaltung der K. GmbH über die J. Spedition nach Wien und vor dort an das Petrov Handelskontor, die Scheinfirma der KoKo in Schönefeld. Dort nahm sie wiederum der Zeuge T. für die KoKo in Empfang und verbrachte sie in die Waffenkammer der KoKo.

Diese Pistolen waren ausweislich der Eingabe-Ausgabebelege Nr. C 146845, C 146839 und D 227510 als in der DDR aufgefunden verzeichnet.

36. (Fall 19 der Anklage)

Am 11. Oktober 1989 lieferte K. nach vorangegangener Bestellung durch den Angeklagten über die F. GmbH in Ferlach unter Einschaltung der Spedition K., Wien, Flughafen, drei Pistolen der Marke Browning, Typ 140 DA 425, Nr. PY 53669, PT 11438 und PY 53691 an die KoKo. Die Waffen hatte K. zuvor von dem Waffengroßhändler M., Aachen, Rechnungs-Nrn. 229, 230, 231 vom 12. Oktober 1989, zum Gesamtkaufpreis von netto 2.010,00 DM erworben.

Die Pistolen wurden am 15. Oktober 1989 in der Waffenkammer der KoKo sichergestellt. Die Entnahme aus der Barkasse Schalck für dieses Geschäft ist unter dem Datum 18. Oktober 1989 verzeichnet. Die von K. mit den Namenszug „Hugo Müller“ unterzeichnete Quittung „4.950,00 DM für 3 x Braun, Berlin, den 18.10.89“ ist bei den Unterlagen zur Barkasse Schalck verblieben. {24}

Der Beschaffungswert der dem Angeklagten von K. in die DDR gelieferten Waren betrug insgesamt rund 4,85 Mio. DM, wobei auf die Nachtsichtbrillen etwa 4,8 Mio. DM und auf die Handfeuerwaffen etwa 50.000,00 DM entfielen.

V. [Beweiswürdigung]

Der Angeklagte hat in der Hauptverhandlung von seinem Recht Gebrauch gemacht, sich nicht einzulassen.

Aufgrund der durchgeführten Beweisaufnahme ist der Angeklagte zur Überzeugung der Kammer der 36 festgestellten Taten überführt.

Die objektiven Tatvorwürfe hat er in seinen staatsanwaltschaftlichen Vernehmungen vom 9. September 1992, 1. und 15. September 1993 im wesentlichen eingeräumt.

Zwar hat der Angeklagte sich den Angaben der Vernehmungsbeamten zufolge nicht an alle Einzelheiten der ihm zur Last gelegten Taten erinnern können, doch hat er die Umstände, unter denen es zur Bestellung der Nachtsichtgeräte und der Handfeuerwaffen bei K. kam, sowie die Umstände der Abwicklung der Geschäfte und Lieferungen, soweit dies in seinem Einflußbereich lag, wie festgestellt geschildert. Dies steht aufgrund der Bekundungen der Zeugen Mü. und S., die als Staatsanwälte den Angeklagten vernommen haben, fest. Beide haben den Inhalt der Vernehmungen präzise, detailreich und nachvollziehbar geschildert. Die Kammer hat keinerlei Anhaltspunkte dafür, daß die Bekundungen der Zeugen über die Angaben des Angeklagten unglaubhaft sind. Auch an der Glaubwürdigkeit der Zeugen bestehen keinerlei Zweifel. {25}

Die Angaben der Zeugen Mü. und S. werden durch die Bekundungen der Zeugen S., M., T., Bo. und W. bestätigt und in Einzelheiten auch ergänzt.

Die Zeugen S. und M., die in den Jahren 1986 bis 1989 für die Avisierung von Personen und Waren, d.h. für die Freistellung von Zoll- und anderen Kontrollen, zuständig waren, haben übereinstimmend bekundet. daß sie im Tatzeitraum sowohl – jeweils auf Anweisung des Angeklagten – die Grenzfreimachung für K. oder Renate Bo. als auch für die Waffensendungen aus Österreich durchgeführt hatten. Die Zeugin B., die zur Tatzeit als Sekretärin des Angeklagten im Bereich KoKo tätig war, hat angegeben, daß der Angeklagte die Waffen und Nachtsichtgeräte nach deren Anlieferung durch den Zeugen T. bzw. den Kurier D. immer überprüft und ihr, teilweise auf der Rückseite der von K. unterschriebenen Zahlungsquittungen, Anweisungen erteilt habe, wie sie zu verteilen gewesen seien.

Der Zeuge T. hat bekundet, daß die Handfeuerwaffen und Nachtsichtgeräte in der von ihm verwalteten Waffenkammer im Keller des Gebäudes der KoKo in der Wallstraße verwahrt und den über die Zeugin B. übermittelten Anweisungen des Angeklagten entsprechend an die Vertreter der NVA, des MfS und des MdI herausgegeben worden seien. Die Waffen habe er selbst zuvor jeweils vom Flughafen Schönefeld abgeholt und den Angeklagten oder die Zeugin B. davon unterrichtet. Die Nachtsichtgeräte seien nicht von ihm, sondern dem Kurier D. angeliefert worden.

Daß Nachtsichtbrillen der Typen BM 8028, BM 8043 und UA 1242 über die KoKo für die NVA beschafft worden sind, hat auch der Zeuge C. bestätigt, dessen Aufgabe es 1988/89 war, die Geräte aus der Wallstraße für die NVA abzuholen und der sich auf Vorhalt der Prospekte über die vorgenannten Nachtsichtbrillen erinnern konnte, insgesamt etwa 100 Stück aus der Wallstraße abgeholt zu haben. {26}

Aufgrund der vorgenannten Zeugenaussagen in Verbindung mit der Verlesung der bei K. aufgefundenen Prospekte über die Nachtsichtbrillen der Typen BM 8028 und BM 8043 sowie der Inaugenscheinnahme des Prospekts UA 1242, der Verlesung der nahezu vollständig vorhandenen Lieferscheine und Rechnungen der Philips GmbH Bremen über die Nachtsichtbrillen und aufgrund der Verlesung der Blätter der aus dem Bereich des MfS stammenden, nur noch unvollständigen Avisierungskartei steht zur Überzeugung der Kammer in den Fällen 1-28 fest, daß der Angeklagte die Nachtsichtgeräte – jeweils unter Einschaltung des Kuriers D. – bei K. bestellt hat und die Lieferung und Bezahlung – wie festgestellt – erfolgt ist. Da in den Fällen 14, 15, 18, 19, 20, 22 und 23 die Lieferung der Nachtsichtbrillen in die DDR ausweislich der Avisierungskartei entweder noch am Tage oder einen Tag nach dem Erwerb durch K. erfolgt ist, hat die Kammer keine Zweifel, daß auch in den verbleibenden festgestellten Fällen nach demselben Muster verfahren worden ist, da insoweit die dort ebenfalls nachgewiesenen Details mit denen der Fälle 14, 15, 18, 19, 20, 22 und 23 deckungsgleich sind.

Im übrigen werden die einzelnen Geschäfte auch durch die von der Zeugin W. laufend vorgenommenen Aufzeichnungen über die erfolgten Geldbewegungen bestätigt, die sich sowohl hinsichtlich des Zeitpunktes des jeweiligen Geschäfts als auch hinsichtlich der Höhe der als entnommen verzeichneten DM- oder Dollarbeträge widerspruchslos in die im übrigen festgestellten Geschehensabläufe einfügen. Die Aufzeichnungen der Zeugin W. enthielten jeweils den vereinbarten Einzelverkaufspreis oder ein Vielfaches davon.

Der Verkaufspreis für die Nachtsichtbrillen des Typs BM 8028 in Höhe von je 34.000,00 DM für die Fälle 1-24 und je 33.000,00 DM für die Fälle 24-28 ergibt sich zunächst aus den von dem Angeklagten selbst getroffenen Zuordnungen, die er auf Vorhalt der Unterlagen über die Barkasse Schalck in seinen Vernehmungen vorgenommen hat. Dies wird durch den aus dem Jahre 1987 stammenden und in der Wohnung des K. in Berlin aufgefundenen Prospekt über das BM 8028, auf dem handschriftlich in Bleistift vermerkt ist: „EK {27} 17.000,00 DM", „VK 34.000,00 DM" und durch die dem Fall 9 zuzuordnende Quittungskopie, die von K. unterzeichnet ist und den Text „5 x Glas 170.000,00 DM, 1 x Glas 23.000 US-Dollar" enthält, bestätigt. Im Fall 9 lieferte K. dem Angeklagten fünf Nachtsichtgeräte BM 8028 und ein Nachtsichtgerät UA 1242, so daß sich für das einzelne Nachtsichtgerät BM 8028 ein Stückpreis von 34.000,00 DM ergibt. Aufgrund derselben Kopie steht auch der Preis für die im Fall 9 gelieferte Nachtsichtbrille des Typs UA 1242 fest, die bei einem Umrechnungskurs von 1,70 DM/Dollar 39.100,00 DM beträgt. Die Kammer ist weiterhin aufgrund der von K. mit dem Namenszug „Hugo Müller" unterzeichneten Quittungen über 50.000 US-Dollar für „2 x Dollar night" und über 260.000 US-Dollar „10 x lange Geräte", die der Lieferung von zwei und zehn Nachtsichtbrillen des Typs UA 1242 in den Fällen 15 und 23 zuzuordnen sind, überzeugt, daß sich – unter Zugrundelegung eines mittleren Umrechnungskurses von 1,70 DM/Dollar – der Verkaufspreis pro Stück im Fall 15 auf 42.500,00 DM und im Fall 23 auf 44.200,00 DM belief.

Da die Eintragungen über die Entnahmen aus der Barkasse der Höhe nach in den Fällen 1-24 im Einklang mit den übrigen Beweistatsachen stehen, hat die Kammer keine Zweifel, daß die dort verzeichneten Bargeldentnahmen von dem Angeklagten für die mit K. getätigten Geschäfte erfolgten. Auch in den Fällen 17 und 19 lassen sich den festgestellten Geschäften und Lieferungen Bargeldentnahmen zuordnen. Im Fall 17 erfolgte eine Bargeldentnahme in Höhe von 116.000,00 DM und im Fall 19 eine solche von 88.000,00 DM jeweils für ein Nachtsichtgerät des Typs BM 8043. Für die Fälle 24-28 lassen sich auch jeweils Bargeldentnahmen, und zwar solche in Höhe von 33.000,00 DM für je ein Nachtsichtgerät BM 8028, zuordnen.

Die einzelnen Geschäfte und Lieferungen der Handfeuerwaffen stehen zur Überzeugung der Kammer aufgrund der diesbezüglichen vorbenannten Beweismittel und aufgrund der Bekundungen des Zeugen R. in Verbindung mit der Verlesung der Lieferscheine und Rechnungen der A. GmbH, der Firma H. und der Firma I. sowie der Luftfrachtbriefe über die Versendung der Waffen aus der Bundesrepublik über Österreich in die DDR und {28} der Sicherstellungsprotokolle bzw. der Übergabebelege über die nach der Wende in der DDR festgestellten Waffen fest.

Der Zeuge R. hat ohne Umschweife eingeräumt, daß er mit K. übereingekommen sei, diesem – gegen Provision – die Lieferung von Waffen in die DDR zu ermöglichen. Dazu habe der Zeuge seine Firma, die V. und die K. GmbH, als Scheinempfänger und als Scheinabsender der von K. gelieferten Waffen zur Verfügung gestellt. Die Waffen seien jeweils, wenn sie aus der Bundesrepublik Deutschland per Luftfracht nach Wien gelangt seien, direkt von dort, unter Einschaltung der Spedition J., per Luftfracht in die DDR, zum Flughafen Schönefeld, weitergeleitet worden. Die Ausfuhr- und Luftfrachtpapiere hatten dementsprechend die Namen seiner Firmen aufgewiesen.

Die Kammer hat keinerlei Zweifel, daß K. dem Angeklagten auch im festgestellten Fall 36 die Waffen geliefert hat, auch wenn diese Lieferung nicht über die Firma des Zeugen R., sondern über die F. GmbH in Österreich abgewickelt worden ist, da die übrigen festgestellten Tatsachen dem sonst angewendeten Tatmodus entsprechen. Darüber hinaus hat sich der Angeklagte in diesem Fall von K. eine Quittung über 4.950,00 DM „für 3 x Braun, Berlin, den 18.10.89" mit dem Namen „Hugo Müller" unterzeichnen lassen, die auch in den Unterlagen zur Barkasse Schalck aufgefunden wurde.

Der Umstand, daß es sich bei den gelieferten Handfeuerwaffen um solche mit gezogenen Läufen handelt, steht zur Überzeugung der Kammer aufgrund des Gutachtens des Sachverständigen K. fest, das dieser in der Hauptverhandlung mündlich erstattet hat.

Soweit die Verteidigung behauptet, daß die festgestellten Waffen auch anders als auf Bestellung des Angeklagten in die DDR gelangt sein können, ist dies nach dem Ergebnis der Beweisaufnahme widerlegt. Zwar hat der Zeuge V. angegeben, daß Waffen generell auch über die Firma C. in die DDR gelangt sein können, doch ist dies allein nicht geeignet, vernünftige Zweifel {29} an dem insoweit festgestellten Sachverhalt zu begründen. Die Beweisaufnahme hat hinsichtlich der einzelnen Waffenlieferungen keinerlei Hinweise auf die Firma C. ergeben.

Soweit der Angeklagte sich in seinen Vernehmungen und in der Hauptverhandlung über seine Verteidiger dahingehend eingelassen hat, er habe nicht gewußt, ob der Import von Waffen und Nachtsichtgeräten aus der Bundesrepublik Deutschland verboten gewesen sei, wird dies durch die konspirative Art der Beschaffung und die Zahlung sehr hoher Preise widerlegt. Darüber hinaus hatte der Angeklagte aufgrund seiner Funktion und Stellung als Leiter der KoKo und als Staatssekretär im Ministerium für Außenhandel zur Überzeugung der Kammer mit Sicherheit genaue Kenntnisse, welche Waren dem westlichen Embargo unterlagen und welche nicht.

Die Kammer ist weiterhin aufgrund der Bekundungen des Zeugen Wieck, der zur Tatzeit Präsident des Bundesnachrichtendienstes war, sowie aufgrund der verlesenen behördlichen Auskunft des Bundesnachrichtendienstes überzeugt, daß weder die Bundesregierung noch das Bundeswirtschaftsministerium von dem Bundesnachrichtendienst über die festgestellten Lieferungen zur Tatzeit informiert gewesen sind.

Nach Auskunft des BND und nach den Bekundungen des Zeugen Wieck hatte der BND nur generelle Erkenntnisse darüber, daß in der DDR zur Tatzeit ein Bedarf an Nachtsichtgeräten und Waffen westlicher Produktionen bestanden habe. Über welche Firmen bestimmte Nachtsichtgeräte oder Waffen beschafft werden sollten oder worden sind, hätten keine Erkenntnisse vorgelegen bzw. hätten diese Erkenntnisse im Falle ihres Vorliegens wegen des anderslautenden gesetzlichen Auftrags des BND nicht weitergeleitet werden dürfen. Die Bundesregierung und die Ermittlungsbehörden seien seitens des BND lediglich allgemein darüber unterrichtet worden, daß es einen entsprechenden Bedarf in der DDR gebe und daß zu vermuten sei, daß dieser Bedarf auch von bundesdeutschen Firmen gedeckt werde. Die Kammer hatte keinerlei objektive Anhaltspunk{30}te, daß die Behördenauskunft und die Aussage des Zeugen Wieck nicht der Wahrheit entsprachen.

VI. [Rechtliche Würdigung]

1. Nach dem festgestellten Sachverhalt hat sich der Angeklagte in 36 Fällen jeweils eines gemeinschaftlichen (§ 25 Abs. 2 StGB) Vergehens gegen Artikel I Nr. 1d MRG 53 in Tateinheit (§ 52 StGB) mit einem Vergehen gegen Artikel I Nr. 2 MRG 53 i.V.m. Artikel VIII Nr. 1 MRG 53 schuldig gemacht.

Der Angeklagte hat entsprechend seinem unter Einschaltung des Kuriers D. gemeinsam mit dem gesondert verfolgten K. gefaßten Tatplan mit diesem, ohne Genehmigung der zuständigen Stellen, 36 Geschäfte abgeschlossen, die sich auf den Erwerb von genehmigungspflichtigen Waren, nämlich Nachtsichtgeräten der Typen BM 8028, BM 8043 und UA 1242 sowie Handfeuerwaffen mit gezogenen Läufen, bezogen und jeweils zugleich in arbeitsteiliger Weise mit K. – ohne Genehmigung – diese Waren aus dem Bundesgebiet in die DDR verbracht, obwohl er wußte, daß diesbezüglich eine Genehmigungspflicht bestand und weder er noch K. eine solche beantragt hatten.

An dieser Beurteilung ändert auch der Umstand, daß Mitarbeiter des Bundesausfuhramtes, der Nachfolgerin des Bundeswirtschaftsamtes, der Zeuge Dr. H. und die Zeugin P., im Rahmen des Ermittlungsverfahrens 1992 zunächst die Auffassung vertreten haben, daß das Nachtsichtgerät BM 8028 der Meldenummer 371170 der AG Nr. 2 (L) unterfallen würde, nichts. Dies laßt keine Rückschlüsse auf die Behördenmeinung oder gar die Genehmigungspraxis zur Tatzeit zu. {31}

Der Zeuge Dr. H. hat ausdrücklich betont, daß seine Angaben, die er bereits auch schon 1993 nicht mehr für zutreffend gehalten hat, nicht die Behördenmeinung zur Tatzeit widergespiegelt haben, da es eine solche mangels Vorkommens der Anmeldung von Ausfuhren von Nachtsichtgeräten des Typs BM 8028 nicht gegeben habe.

Die Zeugin P. war erst seit 1989 beim Bundesausfuhramt beschäftigt und konnte allein deshalb nichts zu den zur Tatzeit relevanten Fragen bekunden.

Auch nach den Bekundungen des Zeugen Bernd M., der zur Tatzeit Referatsleiter und später Abteilungsleiter bei der Abteilung für innerdeutsche Wirtschaft beim damaligen Bundeswirtschaftsamt war, gab es keine konkrete Genehmigungspraxis, da kein entsprechender Anfall vorhanden gewesen sei. Nach Auffassung des Zeugen sei es zwar nicht grundsätzlich ausgeschlossen, das Nachtsichtgerät BM 8028 unter die Meldenummer 371170 zu subsumieren, doch hätte auch dies nicht zur Annahme einer allgemeinen Genehmigung geführt, da insoweit angesichts des eindeutig militärischen Charakters der Nachtsichtbrille diese offensichtliche Lücke bei Anfall eines entsprechenden Vorgangs geschlossen worden wäre. Dies hätte auch dem Grundsatz, daß bei Lieferung von Waffen in die DDR – insbesondere solcher im embargorelevanten Bereich – diese nicht besser, aber auch nicht schlechter gestellt werden sollte, entsprochen, denn die Ausfuhr von Nachtsichtgeräten des Typs BM 8028, die mit Bildverstärkerröhren der 2. Generation ausgestattet waren, war auch gemäß § 34 AWG verboten, da sie in der in der Anlage zur Außenwirtschaftsverordnung vom 10. November 1981 (Anlage zum Bundesanzeiger Nr. 217 vom 20. November 1981) befindlichen Ausfuhrliste, Abschnitt A, Teil I, Nr. 0015, aufgeführt waren.

Im übrigen hat der Angeklagte auch die weiteren Voraussetzungen, die zur allgemeinen Genehmigung erforderlich gewesen wären, nicht erfüllt. Mangels der Kenntnis der zuständigen oder anderer Behörden von den konkreten Geschäften und Lieferungen lag auch keine die fehlende Genehmigung möglicherweise ersetzende aktive Duldung oder konkludente Genehmigung vor. {32}

Angesichts des festgestellten Sachverhalts ist auch kein entschuldigender oder rechtfertigender Notstand im Sinne der §§ 34 und 35 StGB aufgrund des Handelns des Angeklagten im staatlichen Auftrag ersichtlich.

Die festgestellten Verstöße gegen das MRG 53 können auch nach der Rechtsprechung des 5. Senats des Bundesgerichtshofes (BGHSt 40, 378 ff.) geahndet werden, da diese auch bei Anwendung des Außenwirtschaftsgesetzes gemäß § 34 AWG in Verbindung mit der o.g. Ausfuhrliste, Abschnitt A, Teil I, Nr. 0001 a (Pistolen und Revolver) und 0015 c (Nachtsichtgeräte mit Bildverstärkerröhren der 2. Generation) strafbar gewesen waren.

2. Das MRG 53 ist gemäß § 9 StGB auf den Angeklagten anwendbar, auch wenn dieser selbst ausschließlich auf dem Gebiet der DDR gehandelt hat, da sein Mittäter K. seine Tatbeiträge in der Bundesrepublik Deutschland geleistet hat.

Die Anwendung des MRG 53 gemäß § 9 StGB auf den Angeklagten und die angeklagten Taten verstößt nicht gegen die Bestimmungen des Völkerrechts.

Das Bundesverfassungsgericht hat in seiner Entscheidung vom 15. Mai 1995 (2 BVL 19/91, 2 BVR 1206/91, 2 BVR 1585/91 und 2 BVR 2601/91)[7] festgestellt, daß die Ahndung der im Auftrag der ehemaligen DDR ausgeübten nachrichtendienstlichen Tätigkeiten durch die Bundesrepublik Deutschland nach der Vereinigung der beiden Teile Deutschlands nicht gegen eine allgemeine Regel des Völkerrechts verstößt. Es hat u.a. die Anwendung des § 9 StGB insoweit nicht für völkerrechts- und verfassungsrechtswidrig erklärt, obwohl die §§ 94, 99 StGB im Gegensatz zu anderen Straftatbeständen ihren Unrechtsgehalt nicht aus einem allgemeinen sozial-ethischen Unwerturteil herleiten (vgl. Seite 70 der Entscheidungsgründe).

Wenn aber sogar die Anwendung des § 9 StGB und damit die Ahndung von nachrichtendienstlichen Tätigkeiten, die allein im Auftrag und vom Territorium der DDR aus begangen worden {33} sind und denen nach Auffassung des Bundesverfassungsgerichts kein allgemeines Unwerturteil anhaftet, grundsätzlich nicht gegen das Völkerrecht verstößt, so kann für das gegenständliche Verfahren nichts anderes gelten, zumal der Zweck des MRG 53 jedenfalls nicht den Staatsschutzcharakter der §§ 94 ff. StGB besaß. Das MRG 53 sollte aus wirtschafts- und allgemeinpolitischen Interessen der Bundesrepublik Deutschland dazu dienen, eine wirksame Kontrolle sowie einen Überblick über den innerdeutschen Wirtschafts- und Zahlungsverkehr zu erreichen (so: BVerfGE 62, 169, 184; BVerfGE 18, 353, 362). Die Strafbewehrung dieses Zwecks stellt ein ebenso legitimes Interesse der Bundesrepublik Deutschland im Verhältnis zur ehemaligen DDR dar wie die Verfolgung von Spionagestraftaten.

Die Vorschriften der Artikel I und VIII des MRG Nr. 53 sind anwendbar.

Das Bundesverfassungsgericht hat stets, zuletzt am 4. August 1983 (BVerfG NJW 1984, Seite 39 f.) festgestellt, daß das MRG 53 nicht gegen die Verfassung verstößt. Es hat sowohl die Voraussetzungen der Strafbarkeit nach Artikel VIII des MRG 53 als auch die Abgrenzung zwischen Straftat und Ordnungswidrigkeit als hinreichend bestimmt angesehen. Darüber hinaus hat das Bundesverfassungsgericht ausdrücklich betont, daß für den Bereich des Interzonenhandels keine durchgreifenden rechtsstaatlichen Bedenken gegen das MRG 53 bestehen.

Obwohl das MRG 53 seit dem 3. Oktober 1990 aus Rechtsgründen nicht mehr gilt, kann die Vorschrift auf Taten, die vor diesem Zeitpunkt lagen, angewendet werden, da das MRG Nr. 53 die Rechtsnatur eines Zeitgesetzes im Sinne von § 2 Abs. 4 StGB hat (vgl. BGH Beschluß vom 14. Dezember 1994, 5 StR 210/94 = BGHSt 40, 378 ff.; BGH wistra 1996, 66 ff.). Zeitgesetze sind solche, mit denen der Gesetzgeber keine auf Dauer angelegte Regelung treffen, sondern wechselnden Verhältnissen und Zeitnotwendigkeiten überwiegend nach Gesichtspunkten der Zweckmäßigkeit mit Bestimmungen, die erkennbar Übergangscharakter haben, gerecht werden will (BGHSt 18, 12, 14; BGH NJW 1952, 72). Ein Anhaltspunkt für das Vorliegen eines Zeitge-{34}setzes kann darin liegen, daß das Gesetz verschiedenen Wandlungen unterworfen worden ist, die alle das Ziel hatten, es den wechselnden Verhältnissen anzupassen (BGHSt 20, 177, 183). Das Gesetz Nr. 53 und die ergänzenden Vorschriften des Besatzungsrechts sind jahrzehntelang zwar nicht geändert worden, doch sind die ergänzenden Vorschriften des Bundesrechts, die die Anwendung des Gesetzes Nr. 53 maßgeblich bestimmten (nämlich die Interzonenhandelsverordnung) häufig Änderungen unterworfen gewesen, die den wechselnden Verhältnissen Rechnung trugen. Auch die Genehmigungspraxis für den Wirtschaftsverkehr mit der ehemaligen DDR wurde ständig verändert.

Insgesamt war deutlich, daß das Gesetz Nr. 53 als Notbehelf einen in seiner künftigen Entwicklung schwer absehbaren Sachverhalt vorläufig zu regeln hatte. Unter den besonderen Umständen, die zur Anwendung des Gesetzes Nr. 53 auf den sogenannten Interzonenhandel führten, vermag die lange Geltungsdauer des Gesetzes hier nicht gegen ein Zeitgesetz zu sprechen (BGH Urteil vom 14. Dezember 1994 – 5 StR 210/94 –). Die Kammer ist daher der sorgfältig und überzeugend begründeten Rechtsauffassung des BGH in seinem Urteil vom 14. Dezember 1994 uneingeschränkt gefolgt.

Ein unmittelbar verfassungsrechtliches Verfolgungshindernis im Sinne des Beschlusses des Bundesverfassungsgerichts vom 15. Mai 1995 besteht nicht. Die Voraussetzungen für die Anwendung der Entscheidung des Bundesverfassungsgerichts vom 15. Mai 1995 liegen aus mehreren Gründen nicht vor.

Das Bundesverfassungsgericht hat in seiner Entscheidung ausdrücklich auf den Ausnahmecharakter der Spionagebestimmungen abgestellt (Seite 65 ff. der Entscheidungsgründe). Es hat betont, daß andere aus Anlaß oder im Zusammenhang mit der Spionagetätigkeit verwirklichte eigenständige Straftatbestände unberührt bleiben (Seite 68, 69 der Entscheidungsgründe). Daraus folgt, daß die Entscheidung des Bundesverfassungsgerichts in der Regel nicht auf andere Delikte angewendet werden kann und soll. Das MRG 53 ist mit den Spionagevorschriften {35} nicht in einem Maße vergleichbar, daß diese Regel durchbrochen werden müßte. Während die Tatbestände der Staatsschutzdelikte gemäß den §§ 94 ff. StGB nur erfüllt sind, wenn die Tathandlungen zugunsten eines Staates und zu Lasten der Bundesrepublik Deutschland erfolgen, setzt ein Verstoß gegen das MRG 53 dies nicht notwendig voraus. Darüber hinaus verfolgen das MRG 53 und die §§ 94 ff. StGB keine vollständig deckungsgleichen Zwecke.

Auch die vom Bundesverfassungsgericht in seinem Beschluß mit Gesetzeskraft festgestellte Tatbestandsvoraussetzung des Verfahrenshindernisses, daß „der Beschuldigte zum Zeitpunkt des Wirksamwerdens der Einheit Deutschlands in der DDR seinen Lebensmittelpunkt hatte“ (Seite 74 der Entscheidungsgründe), ist in der Person des Angeklagten nicht erfüllt. Müßten Täter mit ihrer Bestrafung durch die Bundesrepublik

Deutschland rechnen, treffen die Gründe, auf denen das Strafverfolgungshindernis beruht, für sie insgesamt nicht zu (Seite 75 der Entscheidungsgründe).

Der Angeklagte verließ bereits zehn Monate vor dem Wirksamwerden der Einheit Deutschlands die DDR und kam nach Berlin (West). Damit unterwarf er sich zugleich der Rechtsordnung der Bundesrepublik Deutschland einschließlich deren Jurisdiktion. Auf den Schutz durch die DDR vor Strafverfolgung durch bundesdeutsche Justizbehörden konnte er von da an nicht mehr vertrauen. Die DDR war nicht nur tatsächlich gehindert, ihn vor einer Strafverfolgung wegen seiner als Staatsorgan der DDR möglicherweise begangenen Verstöße gegen bundesdeutsches Recht zu bewahren, sondern sie war hierzu wohl auch nicht mehr bereit. Sie selbst leitete gegen den Angeklagten strafrechtliche Ermittlungen wegen des Vorwurfs strafbarer Verstöße als DDR-Staatsorgan gegen DDR-Strafnormen ein. Dies erhellte sich unmißverständlich u.a. aus dem gegen ihn vom Stadtbezirksgericht Berlin-Mitte am 7. Dezember 1989 erlassenen Haftbefehl, in dem ihm vorgeworfen wurde, daß er sich 1977 und 1980 als Leiter des Bereiches Kommerzielle Koordinierung der Untreue zum Nachteil sozialistischen Eigentums im schweren Fall schuldig gemacht habe. {36}

Eine Aussetzung des Verfahrens gemäß Artikel 100 Abs. 1 Grundgesetz kam nicht in Betracht, da die Kammer das MRG 53 in Übereinstimmung mit der höchstrichterlichen Rechtsprechung (BVerfG NJW 84, Seite 39 f., BGH Urteil vom 14. Dezember 1994, 5 StR 210/94 und Kammergericht NStZ 94, 244) nicht für verfassungswidrig hält.

Eine Vorlage gemäß Artikel 100 Abs. 1 Grundgesetz setzt nach allgemeiner Auffassung (vgl. nur Maunz-Düring, Kommentar zum Grundgesetz, Artikel 100, RNr. 35) die Überzeugung von der Ungültigkeit beim erkennenden Gericht voraus. Zweifel oder bloße Bedenken genügen nicht. Für eine Vorlage gemäß Artikel 100 Abs. 1 Grundgesetz war demzufolge kein Raum.

Die Kammer hat sich auch nicht veranlaßt gesehen, das Verfahren gemäß Artikel 100 Abs. 2 Grundgesetz auszusetzen.

Jedes Gericht ist berechtigt und verpflichtet, über die Anwendung von Völkerrecht selbständig zu entscheiden (allgemeine Ansicht, vgl. Maunz-Düring, a.a.O., RNr. 41 zu Artikel 100 Grundgesetz). Dies hat die Kammer unter Berücksichtigung der Bundesverfassungsgerichtsentscheidung vom 15. Mai 1995 getan und die Frage dahin geklärt, daß die Anwendung des § 9 StGB auf den Angeklagten und die angeklagten Taten nicht gegen das Völkerrecht verstößt. Insofern wird auf die obigen Ausführungen verwiesen.

3. Die hinsichtlich der Geschäfte und Lieferungen der Nachtsichtgeräte erhobenen Tatvorwürfe sind entgegen der Auffassung der Verteidigung nicht verjährt. Die Verjährungsfrist für Verstöße gegen das MRG Nr. 53 beträgt nach § 78 Abs. 3 Nr. 4 StGB fünf Jahre. Die diesbezügliche verjährungsunterbrechende Handlung gemäß § 78c Abs. 1 Nr. 1 StGB war die erste staatsanwaltschaftliche Vernehmung des Angeklagten, die auch die Geschäfte mit den Nachtsichtgeräten zum Gegenstand hatte, am 9. September 1992. Entgegen der Auffassung der Verteidi-{37}gung müssen sich Unterbrechungshandlungen nach § 78c StGB nicht auf eine Tat in einer bestimmten rechtlichen Qualifizierung beschränken, sondern ein konkretes geschichtliches Ereignis umfassen, das den Verdacht der Strafbarkeit hervorgerufen hat, auch wenn zur Zeit der Unterbrechungshandlung nähere Einzelheiten der Tat noch nicht ermittelt sind und die Tat möglicherweise unter anderen rechtlichen Gesichtspunkten eingeordnet wird (vgl. nur Jähnke in

LK, StGB, 11. Auflage, RNr. 15; Dreher/Tröndle, StGB, 47. Auflage, RNr. 6; jeweils zu § 78c und m.w.N.).

VII. [Teilweiser Freispruch/teilweise Einstellung]

Soweit die Staatsanwaltschaft dem Angeklagten in der Anklageschrift vom 13. Juli 1995 vorgeworfen hat, in allen Fällen auch jeweils tateinheitlich einen Verstoß gegen [Artikel] I Nr. 1d MRG 53 durch die Bezahlung der gelieferten Gegenstände begangen zu haben, ist das Verfahren gemäß § 154a StPO durch Beschluß der Kammer vom 14. Dezember 1995 vorläufig eingestellt worden.

Soweit die Staatsanwaltschaft dem Angeklagten in den Fallen 2, 6, 7, 8, 9, 10, 11, 15, 16, 17 und 18 der Anklageschrift vom 13. Juli 1995 weitere Verstoße gegen das MRG 53 vorgeworfen hat, war er aus tatsächlichen Gründen freizusprechen.

Auch in den Fällen 1, 4, 12 und 14 der Anklageschrift erwies sich der Umfang der jeweiligen Lieferungen aus tatsächlichen Gründen nur so, wie unter II. festgestellt. Ein gesonderter Freispruch mußte insoweit nicht erfolgen. {38}

VIII. [Strafzumessung]

Bei der Strafzumessung hat die Kammer sich von folgenden Erwägungen leiten lassen:

Erheblich gegen den Angeklagten sprachen der große Umfang der ungenehmigten Geschäfte und Lieferungen bei einem bundesdeutschen Gesamtverkaufspreis von etwa 4,85 Millionen DM, der große personelle Aufwand sowie die mehrjährige Dauer des von einem starken Willen zum Rechtsbruch geprägten deliktischen Handelns. Auch die teilweise schnelle Abfolge der Taten fiel strafschärfend ins Gewicht. Darüber hinaus wirkte sich zu Ungunsten des Angeklagten aus, daß er durch sein Handeln jeweils zwei Strafgesetze verletzt hat. Desweiteren war die Gemeinschaftlichkeit strafschärfend zu berücksichtigen.

Zugunsten des Angeklagten hat die Kammer gewertet, daß er bislang unvorbestraft war und sein Lebensalter relativ fortgeschritten ist. Für den Angeklagten sprach auch, daß er im Ermittlungsverfahren die objektiven Tatumstände rückhaltlos und wahrheitsgemäß eingeräumt hat. Strafmildernd fiel ebenfalls erheblich ins Gewicht, daß die Taten längere Zeit, z.T. nahezu 10 Jahre zurückliegen, daß das inkriminierte Embargogut zu der unteren Kategorie des unerwünschten Technologietransfers zählt und daß das konkrete Verhalten heute in Deutschland nicht mehr strafbar ist. Zugunsten des Angeklagten war auch zu berücksichtigen, daß seine Hemmschwelle aufgrund der realen politischen und gesellschaftlichen Verhältnisse in der DDR, der er sich verpflichtet fühlte, nicht sonderlich hoch war und er sich auch durch die Taten nicht persönlich bereichert hat. Auch mangelte es an ausreichender staatlicher Kontrolle auf Seiten der Bundesrepublik Deutschland, denn sowohl die Bundesregierung als auch die zuständigen Ermittlungsbehörden waren von dem BND zur Tatzeit dahingehend unterrichtet worden, daß die DDR an der Beschaf-{39}fung von Nachtsichtgeräten und Waffen interessiert war und daß die begehrten Gegenstände möglicherweise von bundesdeutschen Firmen in die DDR geliefert werden wurden.

Als strafmildernd ist ferner der Umstand anzusehen, daß der Angeklagte von der Hauptverhandlung sichtlich beeindruckt war.

Den Strafrahmen hat die Kammer der Vorschrift des Art. VIII Nr. 1 des MRG 53 entnommen, die die Verhängung einer Geldstrafe oder Freiheitsstrafe bis zu fünf Jahren vorsieht.

Für die erste Tat (Fall III. 1), die sich auf ein Nachtsichtgerät bezog, hat die Kammer noch die Verhängung einer Geldstrafe von 60 Tagessätzen für tat- und schuldangemessen erachtet. Die Tagessatzhöhe war gemäß § 40 StGB unter Berücksichtigung der persönlichen und wirtschaftlichen Verhältnisse des Angeklagten, der als Unternehmensberater tätig ist, auf der Grundlage der Wirtschaftsrechnungen des Statistischen Bundesamtes für private Haushalte über das ausgabefähige Einkommen im Statistischen Jahrbuch 1995 für die Bundesrepublik Deutschland auf 150,00 DM festzusetzen.

Vom Dezember 1987 an steigerten sich Umfang und Abfolge der Taten derart, daß gemäß § 47 StGB auch die Verhängung kurzfristiger Freiheitsstrafen unerläßlich war, um dem Angeklagten das Tatunrecht vor Augen zu führen.

Die Kammer hat für die Fälle III. 2 bis 28 auf folgende tat- und schuldangemessene Einzelfreiheitsstrafen erkannt, wobei jeweils der bundesdeutsche Warenwert und die Anzahl der Nachtsichtgeräte mitbestimmend waren:

Fall 2 – einen Monat
Fall 3 – einen Monat
Fall 4 – zwei Monate {40}
Fall 5 – zwei Monate
Fall 6 – zwei Monate
Fall 7 – zwei Monate
Fall 8 – zwei Monate
Fall 9 – zwei Monate
Fall 10 – drei Monate
Fall 11 – drei Monate
Fall 12 – drei Monate
Fall 13 – drei Monate
Fall 14 – vier Monate
Fall 15 – drei Monate
Fall 16 – einen Monat
Fall 17 – einen Monat
Fall 18 – drei Monate
Fall 19 – sechs Monate
Fall 20 – sechs Monate
Fall 21 – drei Monate
Fall 22 – drei Monate
Fall 23 – drei Monate
Fall 24 – drei Monate
Fall 25 – acht Monate
Fall 26 – drei Monate
Fall 27 – drei Monate
Fall 28 – drei Monate {41}

Angesichts des geringen Tatumfangs hinsichtlich der Geschäfte und Lieferungen der Handfeuerwaffen erschienen in allen diesen Fällen allein Geldstrafen angemessen. Bei der Bemessung der Einzelgeldstrafen hat sich die Kammer auch an der Stückzahl und dem Nettowarenwert der einzelnen Partien orientiert. Die Einzelstrafen in den Fällen IV. 29-36 hat sie demgemäß wie folgt festgesetzt:

Fall 29 – 30 Tagessätze
Fall 30 – 30 Tagessätze
Fall 31 – 90 Tagessätze
Fall 32 – 30 Tagessätze
Fall 33 – 30 Tagessätze
Fall 34 – 90 Tagessätze
Fall 35 – 30 Tagessätze
Fall 36 – 30 Tagessätze

Wegen der Bemessung der Tagessatzhöhe gemäß § 40 StGB wird auf die diesbezüglichen vorherigen Ausführungen verwiesen.

Die Kammer hat die verhängten Einzelstrafen unter nochmaliger Abwägung aller für und gegen den Angeklagten sprechenden Umstände gemäß den §§ 53, 54 StGB auf eine

Gesamtfreiheitsstrafe von einem Jahr

zurückgeführt. {42}

Diese Strafe entspricht bei Gesamtwürdigung der abzuurteilenden Taten, insbesondere auch unter Berücksichtigung ihrer Häufigkeit und engen zeitlichen Abfolge sowie unter Würdigung der Schuld des Angeklagten im Hinblick auf das Gesamtgeschehen, sowohl dem Unrechtsgehalt der gesamten Taten als auch der gesamten Tatschuld.

Bei der Bildung der Gesamtfreiheitsstrafe war ebenfalls zu berücksichtigen, daß der Übergang von der bisherigen Praxis weitgehender Annahme des Fortsetzungszusammenhanges zur Anwendung der §§ 53, 54 StGB jedenfalls dann nicht zu einem höheren Strafniveau führen darf, wenn, wie hier, zwischen den Taten ein sachlicher und situativer Zusammenhang besteht.

Die Vollstreckung der Gesamtfreiheitsstrafe konnte gemäß § 56 Abs. 1 StGB zur Bewährung ausgesetzt werden, da alle gesetzlichen Voraussetzungen vorlagen. Auch die Verteidigung der Rechtsordnung gebot die Vollstreckung der Strafe nicht.

Anmerkungen

1 Die StA bei dem KG Berlin hatte Schalck-Golodkowski am 14.2.1994 – Az. 23/2 Js 41/93 – gemeinsam mit Edgar K. und Waradin D. angeklagt. Durch Beschluss vom 6.5.1994 – Az. 505 - 4/94 – trennte das LG Berlin das Verfahren gegen Schalck-Golodkowski und D. ab. Edgar K. wurde durch das LG Berlin am 8.7.1994 – Az. 505 KLs 4/94 – zu drei Jahren Freiheitsstrafe verurteilt (vgl. lfd. Nr. 11-1). Das Verfahren gegen Waradin D. wurde durch Beschluss des LG Berlin vom 22.7.1994 – Az. (505) 23/2 Js 41/93 (6/94) – erneut abgetrennt und die Eröffnung des Hauptverfahrens wegen Verhandlungsunfähigkeit des Angeklagten abgelehnt. Am 7.4.1995 lehnte das LG Berlin – Az. 505 - 6/94 – die Eröffnung des Hauptverfahrens gegen Schalck-Golodkowski in einigen Anklagepunkten ab. Mit ihrer gegen diesen Beschluss gerichteten Beschwerde beantragte die StA II bei dem LG Berlin, zumindest einen Teil der abgelehnten Anklagepunkte zuzulassen. Das KG Berlin entsprach durch Beschluss vom 30.6.1995 – Az. 4 Ws 113/95 – der Beschwerde und eröffnete das Hauptver-

fahren auch im Hinblick auf diese Anklagepunkte. Daraufhin erhob die StA II bei LG Berlin am 13.7.1995 – Az. 23/2 Js 41/93 – gem. § 207 Abs. 3 Satz 1 StPO erneut Anklage gegen Schalck-Golodkowski in dem durch die Eröffnungsbeschlüsse zugelassenen Umfang.

2 Zum Bereich Kommerzielle Koordinierung und der Rolle des Angeklagten darin vgl. den Dokumentationsband zu Amtsmissbrauch und Korruption, lfd. Nr. 10.

3 Vgl. lfd. Nr. 11-1.

4 Vgl. Anm. 1.

5 Vgl. Anhang S. 461ff.

6 Die CoCom (Coordinating Committee for East West Trade Policy, später Coordinating Committee on Multilateral Export Controls) wurde am 22. November 1949 gegründet und nahm zum 1. Januar 1950 die Arbeit auf. Mitglieder der CoCom waren außer Island alle NATO-Staaten sowie Japan und Australien. Die CoCom erstellte eine Liste von Gütern, die militärischen Zwecken dienen konnten und deren Export in Ostblockländer untersagt war. Die Mitgliedsstaaten übernahmen die Ausfuhrbeschränkungen und -kontrollen für diese Waren in ihre nationalen Rechtsordnungen.

7 BVerfGE 92, 277; vgl. auch den Dokumentationsband zur Spionage, lfd. Nr. 2-4.

Inhaltsverzeichnis
Revisionsurteil des Bundesgerichtshofs vom 9.7.1997, Az.: 5 StR 544/96, bzgl. Schalck-Golodkowski

Bundesgerichtshof 9. Juli 1997
Az.: 5 StR 544/96

URTEIL

Im Namen des Volkes

vom 9. Juli 1997 in der Strafsache gegen

Dr. Alexander Siegfried Schalck-Golodkowski
aus R.,
geboren 1932 in B.,

wegen Verstoßes gegen das MRG Nr. 53 {2}

Der 5. Strafsenat des Bundesgerichtshofs hat aufgrund der Hauptverhandlung vom 8. und 9. Juli 1997, an der teilgenommen haben:

⊗ Es folgt die Nennung der Verfahrensbeteiligten. ⊗

am 9. Juli 1997 für Recht erkannt: {3}

I. Auf die Revision des Angeklagten gegen das Urteil des Landgerichts Berlin vom 31. Januar 1996[1] wird der Schuldspruch dahin gefaßt, daß der Angeklagte wegen Verstoßes gegen Artikel VIII Abs. 1 (i.V.m. Artikel I Abs. 1 Buchstabe d, Abs. 2) des Militärregierungsgesetzes Nr. 53 (MRG Nr. 53) in 36 Fällen verurteilt ist.
II. Die weitergehende Revision wird verworfen.
III. Der Beschwerdeführer trägt die Kosten seines Rechtsmittels.

– Von Rechts wegen – {4}

Gründe

Das Landgericht hat den Angeklagten wegen tateinheitlicher Vergehen gegen Artikel I Nr. 1d und gegen Artikel I Nr. 2 des Militärregierungsgesetzes Nr. 53 (MRG Nr. 53)[2] in 36 Fällen – unter Freisprechung im übrigen – zu einer Gesamtfreiheitsstrafe von einem Jahr, deren Vollstreckung zur Bewährung ausgesetzt worden ist, verurteilt. Die Revision des Angeklagten, der Verfahrenshindernisse geltend macht und die Verletzung förmlichen sowie sachlichen Rechts rügt, führt zur Neufassung des Schuldspruchs. Die weitergehende Revision hat keinen Erfolg.

A. [Zu den erstinstanzlichen Sachverhaltsfeststellungen]

Der Angeklagte, der bis zu seiner Ausreise aus der DDR im Dezember 1989 Staatssekretär im Ministerium für Außenhandel der DDR und Leiter des Bereichs „Kommerzielle Koordinierung" (KoKo) sowie Offizier im besonderen Einsatz des Ministeriums für Staatssicherheit (MfS) war, wurde Anfang der 80er Jahre vom Sekretär für Wirtschaft des Zentralkomitees der SED und Mitglied des Politbüros Günter Mittag beauftragt, Handfeuerwaffen und Nachtsichtgeräte aus dem „nichtsozialistischen Ausland“ zu beschaffen. Er hatte als Leiter des Bereiches KoKo und als Devisenhändler außerordentliche Rechte und Vollmachten – auch gegenüber anderen staatlichen {5} Organen – und hatte in der Wahl der Mittel und Wege zur Beschaffung der gewünschten Geräte freie Hand. Bei den nachfolgenden Tatbeiträgen handelte der Angeklagte selbst nur im Gebiet der DDR.

Zunächst ließ der Angeklagte, dem bewußt war, daß die beabsichtigte Beschaffung von Waffen und militärischem Gerät aus dem „nichtsozialistischen Ausland“ nicht auf legalem Wege erfolgen konnte, durch einen KoKo-Mitarbeiter den Markt sondieren, bevor die Entscheidung für eine „breit angelegte Importmaßnahme“ fallen sollte. Dieser Mitarbeiter stellte den Kontakt zu dem im niedersächsischen S. ansässigen Waffenhändler Edgar K.[3] her, der sich zur Lieferung der gewünschten Gegenstände bereiterklärte.

Insgesamt wurden von K. in der Zeit von November 1987 bis Oktober 1989 in 28 Fällen 246 (überwiegend für die Luftwaffe der NVA bestimmte) Nachtsichtgeräte der Marke Philips an den Angeklagten nach dessen vorangegangener (von dem KoKo-Kurier D.[4] übermittelter) Bestellung geliefert; der Beschaffungswert betrug 4,8 Mio. DM. K. oder seine damalige Lebensgefährtin fuhren von S. aus mit den Geräten im Transit nach Berlin (West), da Transitreisende bei der Einreise grundsätzlich keinen Kontrollen der Bundesrepublik Deutschland unterlagen. Die Nachtsichtbrillen wurden dann jeweils auf dem vor dem ehemaligen Grenzübergang Stolpe bei Berlin gelegenen Parkplatz Velten dem KoKo-Kurier D. gegen Bezahlung (jeweils das Doppelte des Einkaufspreises) übergeben. D. brachte die Geräte {6} zur Zentrale der KoKo. Damit K. oder seine Lebensgefährtin ungehindert die DDR-Grenzkontrollen passieren konnten, veranlaßte der Angeklagte durch Unterzeichnung einer entsprechenden Anweisung über die Avisierungskartei der Hauptabteilung VI des MfS vor jeder Einreise die Freimachung der Grenze und die Ausschaltung der Kontrolle des Parkplatzes Velten.

In der Zeit von Mai 1986 bis Oktober 1989 lieferte K. (auf Bestellung des Angeklagten) in acht Fällen insgesamt 69 Revolver und Pistolen der Marken Erma, I.M.I., Beretta, Browning, Manhurin sowie Smith & Wesson; der Beschaffungswert betrug ca. 50.000 DM. Die Waffen ließ sich K. zunächst von verschiedenen Großhändlern nach S. liefern. Sodann führte er sie zum Schein unter mißbräuchlicher Verwendung von Ausfuhrpapieren per Luftfracht nach Österreich aus. Als Empfänger waren österreichische Firmen deklariert, obwohl die Waffen tatsächlich sofort per Luftfracht mit Hilfe einer in Wien/Flughafen ansässigen Spedition sowie in der DDR ansässigen Spedition Deutrans an eine am Flughafen Schönefeld ansässige Scheinfirma der KoKo übersandt wurden. Sobald die Lieferungen in Schönefeld ankamen, wurden sie vom Fahrer des Angeklagten abgeholt und zur KoKo-Zentrale verbracht. Der Angeklagte besah in jedem Fall die gelieferten Waffen und traf Anordnungen, wer welche Waffe bekommen sollte. Verschiedene Pistolen und Revolver aus diesen Lieferungen konnten Ende 1989 {7} in der Waffenkammer der KoKo sichergestellt werden. Die Beschlagnahmen wurden durch Beschluß des Amtsgerichts Tiergarten in Berlin vom 14. März 1991 bestätigt.

Die nach Artikel I Abs. 1 Buchstabe d und Abs. 2 MRG Nr. 53 erforderlichen Genehmigungen für den Geschäftsabschluß über die gelieferten Geräte und Schußwaffen sowie für das Verbringen dieser Gegenstände in die DDR waren weder vom Angeklagten noch von K. eingeholt werden. Diese Genehmigungen wären angesichts des militärischen Charakters der Nachtsichtgeräte und Handfeuerwaffen, die unter das CoCom-Embargo der westlichen Staatengemeinschaft gegen Länder des Warschauer Paktsystems fielen, auch nicht erteilt worden.

B. [Keine Verjährung]

Verjährung ist nicht eingetreten.

Die Verjährungsfrist für die nach dem 3. Juni 1988 liegenden Taten (Fälle III.22 bis III.28 und Fälle IV.35, 36) wurde durch die staatsanwaltschaftliche Anordnung der Vernehmung des Angeklagten als Beschuldigtem vom 3. Juni 1993 unterbrochen. Diese Taten sind deshalb schon aus diesem Grunde nicht verjährt. Für die sonstigen Fälle gilt folgendes: Das Doppelte der Verjährung (zehn Jahre) ist in keinem Falle abgelaufen. Sämtliche Fälle sind unverjährt, wenn, wie das Landgericht meint, die Vernehmung des Angeklagten vom 9. September 1992 geeignet wäre, den Lauf der Verjährungsfrist zu unterbrechen. {8}

Dies braucht der Senat nicht zu entscheiden. Diese Vernehmung betraf den Verdacht der Untreue, den der Angeklagte unter anderem unter Hinweis darauf bestritten hat, daß er – angeblich veruntreute – Gelder für den Ankauf von Waffen verwandt hat. Die Staatsanwaltschaft hat diese Einlassung in dem Verfahren wegen Untreue nicht aufgegriffen, dieses vielmehr eingestellt und in dem Einstellungsvermerk vom 10. September 1992 darauf hingewiesen, daß der etwa in dem Erwerb von Waffen liegende strafrechtliche Vorwurf in dem Verfahren 2 Js 8/91 geprüft wurde. In diesem Ermittlungsverfahren hat das Amtsgericht Tiergarten am 14. März 1991 wegen Verdachts des Verstoßes gegen das Kriegswaffenkontrollgesetz Waffen beschlagnahmt, deren Lieferung zum Teil Gegenstand des hier anhängigen Verfahrens ist. Jedenfalls dieser Beschluß hat die Verjährung unterbrochen: Das Verfahren 2 Js 8/91 war nicht auf Verstöße gegen das Kriegswaffenkontrollgesetz beschränkt. Es betraf vielmehr insgesamt den illegalen Besitz und die illegale Einfuhr von Waffen (vgl. Vermerk über den Verfahrensgegenstand des Ermittlungsverfahrens 2 Js 8/91 vom 13. März 1991). Die dem Angeklagten in den Fällen IV.29 bis IV.34 zur Last gelegten Taten (ungenehmigte Einfuhr von Handfeuerwaffen) waren damit auch Gegenstand des Verfahrens 2 Js 8/91, das nach der Abtrennung (durch Verfügung vom 22. Februar 1993) in dem hier anhängigen Verfahren fortgeführt worden ist. Die verjährungsunterbrechende Wirkung des Beschlagnahmebeschlusses des Amtsgerichts Tiergarten vom 14. März 1991 erstreckt sich somit auf das anhängige Verfahren, und zwar, wie eine Gesamtschau der Ermittlungen gegen den Angeklagten zeigt (vgl. die Anlage des Beschlusses vom 14. März 1991), über den Vor{9}wurf des illegalen Erwerbes von Waffen hinaus auch auf den illegalen Erwerb sonstiger Geräte von militärischer Bedeutung, also auch auf die ungenehmigte Beschaffung von Nachtsichtbrillen. Auch die Taten III.1 bis III.21 sind damit unverjährt.

C. [Zur Anwendbarkeit und zur Auslegung des Militärregierungsgesetzes Nr. 53; kein unmittelbar verfassungsrechtlich begründetes Verfolgungshindernis]

Der auf den Verstoß gegen Artikel VIII Abs. 1 (i.V.m. Artikel I Abs. 1 Buchstabe d, Abs. 2) des Militärregierungsgesetzes Nr. 53 (MRG Nr. 53) gestützte Schuldspruch hält rechtlicher Prüfung stand.

Die Strafkammer hat ausgeführt, daß das Verhalten des Angeklagten einen Sachverhalt darstellt, der (bei gedachter Anwendung des Außenwirtschaftsgesetzes – AWG) strafbar gewesen wäre (§ 34 AWG i.V.m. § 33 AWG i.V.m. § 5 Außenwirtschaftsverordnung – AWV – i.V.m. Positionen 0001 [Handfeuerwaffen und Maschinenwaffen] und 0015 [militärische Infrarotgeräte] des Teiles I, Abschnitt A der zu den Tatzeiten geltenden Ausfuhrlisten [Bundesanzeiger Nr. 213 vom 10. November 1984, Nr. 68a vom 12. April 1988, Nr. 136 vom 26. Juli 1988, Nr. 233 vom 15. Dezember 1990]).

Diese Auffassung ist rechtlich nicht zu beanstanden: Nach der zur Tatzeit geltenden Fassung des § 34 Abs. 1 AWG (zur Zeit § 34 Abs. 2 AWG) machte sich strafbar, wer Waffen und Geräte, wie sie hier Gegenstand des Verfahrens sind, ausführt, und zwar in einer Weise, die (unter anderem) geeignet ist, die auswärtigen Beziehungen der Bundesrepublik Deutschland zu gefährden. Solches liegt hier vor, und zwar bei Berücksichtigung des Umstandes, daß die Bundesrepublik Deutschland aufgrund {10} des CoCom-Embargos anderen Embargopartnern gegenüber zugesagt hatte, militärisches Gerät (Waffen, aber auch militärisch einsetzbare Nachtsichtgeräte) nicht auszuführen. Jedenfalls war die Ausfuhr der in Frage stehenden Geräte verboten und nach § 33 AWG als Ordnungswidrigkeit zu ahnden. Diese Überlegung rechtfertigt die Verurteilung des Angeklagten nach dem MRG Nr. 53. Der Senat stellt den Schuldspruch dahin klar, daß die Verstöße nach Artikel VIII Abs. 1 (i.V.m. Artikel I Abs. 1 Buchstabe d, Abs. 2) MRG Nr. 53 zu ahnden sind.

I. Das MRG Nr. 53 ist nach der Entscheidung des Großen Senats für Strafsachen des Bundesgerichtshofs vom 2. April 1996 (BGHSt 42, 113) weiterhin anwendbar. Eine Einschränkung der Strafbarkeit bei Zuwiderhandlungen gegen die Vorschriften über den Wirtschaftsverkehr mit den Währungsgebieten der Mark der Deutschen Demokratischen Republik auf Fälle, die auch bei der Anwendung des Außenwirtschaftsgesetzes (AWG) verboten gewesen wären, besteht, soweit es um die Verfolgung von (Alt-)Bundesbürgern geht, danach nicht. Allerdings hält der Senat in Fällen der vorliegenden Art, welche die Verfolgung eines ehemaligen Bürgers der DDR betreffen, eine abweichende Beurteilung im Sinne restriktiver Auslegung der Strafbestimmung des Artikel VIII MRG Nr. 53 für geboten. Hier ist es angezeigt, die Strafbarkeit insoweit auf Fälle zu beschränken, in denen ein vergleichbarer Sachverhalt bei Anwendung des Außenwirtschaftsgesetzes verboten wäre. Grund dafür sind nicht Billigkeitserwägungen, auf die sich der Senat in seiner Entscheidung vom 14. Dezember 1994 (BGHSt 40, 378, 383 ff.) berufen hat. Vielmehr sprechen zwingende verfassungsrechtliche Gründe für die Einschränkung der Strafbarkeit. {11}

1. Das in MRG Nr. 53 seit dem Inkrafttreten des Außenwirtschaftsgesetz 1961 nur noch für den innerdeutschen Waren- und Geldverkehr geltende umfassende Verbot, das nur durch einen Erlaubnisvorbehalt gelockert war, trug den besonderen Umständen Rechnung, die mit der Teilung Deutschlands verbunden waren. Aus deutschlandpolitischen Gründen war das Bedürfnis unabweisbar, den innerdeutschen Handel trotz der

handelshemmenden Unterschiede der verschiedenen Wirtschaftssysteme zu ermöglichen. Im innerdeutschen Handel stand auf der Gegenseite ein System mit zentral gesteuerter Planwirtschaft. Mit ihm war nur ein Handels- und Wirtschaftsverkehr auf Verrechnungsbasis möglich; die Behörden der Bundesrepublik Deutschland mußten in der Lage sein, auf eine Verletzung des Gegenseitigkeitsprinzips schnell mit Verboten zu reagieren (vgl. auch BGHSt 31, 323, 333 f., 339). In dieser Situation wurde ein System umfassender Kontrollen für notwendig gehalten, das der freiheitlichen Wirtschaftsordnung der Bundesrepublik Deutschland, wie sie im Außenwirtschaftsgesetz zum Ausdruck kam, weithin widersprach. Insbesondere gingen die im MRG Nr. 53 vorgesehenen strafbewehrten Verbote erheblich über die Beschränkungen hinaus, die im Außenwirtschaftsgesetz für den Handelsverkehr mit dem Ausland vorgesehen waren. Die umfassende Strafvorschrift des Artikel VIII MRG Nr. 53 hat im Außenwirtschaftsgesetz keine Parallele. {12}

2. Wenn die bis zum Jahre 1990 bestehenden besonderen deutschlandpolitischen und die durch das Nebeneinander unterschiedlicher Wirtschaftssysteme begründeten Zwänge außer Betracht blieben, begegnete der Umfang der Strafbarkeit nach Artikel VIII MRG Nr. 53 – wie die Revision zutreffend geltend macht – beachtlichen Einwänden.

a) Das Bundesverfassungsgericht hat in mehreren Entscheidungen zum MRG Nr. 53 solche Bedenken erhoben (BVerfGE 12, 281, 293 ff.; 18, 353, 364; 62, 169, 181 ff.; vgl. auch die Entscheidungen des Vorprüfungsausschusses in NJW 1984, 39 und EuGRZ 1983, 438). Der Gesetzgeber muß, wenn er der Ausübung von Grundrechten ein Genehmigungsverfahren vorschaltet, selbst regeln, welche Voraussetzungen für die Erteilung der Genehmigung bestehen sollen und aus welchen Gründen die Genehmigung versagt werden darf (BVerfGE 62, 169, 183). Das Gesetz muß danach die Tätigkeit der Verwaltung inhaltlich normieren und darf sich nicht darauf beschränken, allgemein gehaltene Grundsätze aufzustellen (BVerfGE 62, 169, 182 f.). Zum Fernmeldeanlagengesetz hat das Bundesverfassungsgericht in Konsequenz dieser Erwägungen festgestellt, daß es mit dem Bestimmtheitsgebot des Artikel 103 Abs. 2 GG unvereinbar sei, wenn Strafvorschriften es im Ergebnis der Exekutive überließen, „bestimmenden Einfluß auf Inhalt und Grenzen der Strafbarkeit zu nehmen“ (BVerfGE 78, 374, 389).

b) Daneben sind die Anforderungen zu berücksichtigen, die das Verhältnismäßigkeitsgebot an die Rechtfertigung von Straftatbeständen stellt (vgl. zu diesem Gesichtspunkt – allerdings außerhalb des Strafrechts – BVerfGE 12, 281, 295; 18, 353, 364; insbesondere die im Jahre {13} 1982 ergangene Entscheidung BVerfGE 62, 169, 185, in der die Versagung der devisenrechtlichen Genehmigung nach dem MRG Nr. 53 für verfassungswidrig erklärt wurde, weil die Sicherung der Gegenseitigkeit keine tragfähige Grundlage für den Eingriff in Grundrechte ist). Bei dieser Sachlage vermochten allein die Besonderheiten des Verhältnisses zwischen der Bundesrepublik Deutschland und der DDR das im MRG Nr. 53 vorgesehene Maß der Restriktion des Waren- und Geldverkehrs mit der daran anknüpfenden Strafbarkeit zu rechtfertigen (vgl. BGHSt 31, 323, 333 f.).

3. Bei der Verfolgung von Tätern, die – wie der Angeklagte – im Tatzeitpunkt ihren Lebensmittelpunkt in der DDR hatten, kommen Gesichtspunkte hinzu, die bei Beachtung des Übermaßverbotes – anders als in dem vom Großen Senat entschiedenen, die Strafbarkeit eines (Alt-)Bundesbürgers betreffenden Fall – zu einer Beschränkung des

Anwendungsbereichs von Artikel VIII MRG Nr. 53 gegenüber diesem Personenkreis drängen.

a) Eine Strafverfolgung kann gegen den verfassungsrechtlichen Grundsatz der Verhältnismäßigkeit verstoßen, wenn feststeht, daß durch die Anwendung der einschlägigen Strafvorschriften keiner der gesetzlich anerkannten Strafzwecke mehr zu erreichen ist; Strafverfolgung wäre in einem solchen Fall sinnentleert und als ein Instrument zur Bekämpfung von Unrecht schon nicht (mehr) geeignet (vgl. BVerfGE 92, 277, 347[5]). Mit der Herstellung der deutschen Einheit haben die Verbote und Gebote nach den Devisenbewirtschaftungsgesetzen ihre {14} Geltung verloren. Ein weiterer Verstoß gegen diese Vorschriften und eine daran anknüpfende Strafbarkeit nach Artikel VIII MRG Nr. 53 sind seit dem 3. Oktober 1990 nicht mehr denkbar (vgl. BGHSt 42, 113).

b) Dieser Befund macht es erforderlich, Gesichtspunkte der Prävention und der Sühne gegenüber ehemaligen DDR-Bürgern bei Zuwiderhandlungen gegen Vorschriften des (innerdeutschen) Wirtschaftsverkehrs in besonderem Maße zu rechtfertigen. Eine solche Rechtfertigung wäre zweifelhaft, wenn eine Strafverfolgung nur den Sinn hätte, diese Menschen zur Achtung obsoleter Gesetze anzuhalten, soweit diese Gesetze speziell und ausschließlich den Zweck hatten, das Land, dessen Bürger sie waren, besonders restriktiven Regelungen zu unterwerfen. Eine Sanktion ist dagegen gerechtfertigt, soweit das Verhalten eines Täters selbst bei Zugrundelegen der liberalen Maßstäbe des Außenwirtschaftsgesetzes als sanktionsbewehrtes Unrecht erscheint.

c) Der Strafrichter ist bei der gebotenen verfassungskonformen Auslegung der Vorschrift des Artikel VIII MRG Nr. 53 nicht gehalten, von sich aus die Grenze zwischen unverhältnismäßiger und (noch) verhältnismäßiger Ausdehnung der Norm im Einzelfall zu ziehen. Vielmehr hat er – auch mit Rücksicht auf den Gleichheitssatz (Artikel 3 Abs. 1 GG) – denselben Maßstab heranzuziehen, den das Außenwirtschaftsgesetz für ein gleichwertiges Verhalten vorsieht; Voraussetzung ist, daß das Verhalten dort verboten ist und einer Sanktion unterliegt. {15}

aa) Allerdings sind die Regelungen in §§ 33, 34 AWG und in Artikel VIII MRG Nr. 53 nach Bedeutung und Zielsetzung verschieden. Artikel VIII MRG Nr. 53 sanktionierte ein Regelungswerk, das sich als umfassendes Verbot des Handels mit Erlaubnisvorbehalt darstellte. Demgegenüber ist nach § 1 Abs. 1 AWG der Wirtschaftsverkehr mit dem Ausland „grundsätzlich frei". Dieser Unterschied tritt indes bei der gebotenen verfassungskonformen Auslegung hinter den Gemeinsamkeiten der dieselben Lebenssachverhalte abdeckenden Regelungswerke zurück. Daß der Gesetzgeber den Warenverkehr mit der DDR nicht an den liberalen Grundsätzen des Außenwirtschaftsgesetzes gemessen hat, hatte ausschließlich (politische) Ursachen, die mit dem Untergang der DDR zudem endgültig weggefallen sind.

bb) Soweit das Verhalten eines DDR-Bürgers vor der Einigung Deutschlands bei fiktiver Annahme einer ungenehmigten Ausfuhr von Waren ins Ausland (und nicht in die DDR) nach dem Außenwirtschaftsgesetz nicht verboten wäre, kommt eine Strafverfolgung nach dem 3. Oktober 1990 aus verfassungsrechtlichen Gründen nicht mehr in Betracht. Nur soweit ein Täter, der seine Lebensgrundlage in der DDR hatte, sich selbst bei Zugrundelegen der liberalen Maßstäbe des Außenwirtschaftsgesetzes staatlichen Sanktionen des Strafrechts oder jedenfalls des Ordnungswidrigkeitenrechts ausgesetzt gesehen hätte, kann er auf der Grundlage des Artikel VIII MRG Nr. 53 weiterhin verfolgt werden. Bei dem Vergleich ist auf den Handel mit demjenigen ausländischen Wirtschaftsgebiet abzustellen, dem gegenüber zur Tatzeit die strengsten Beschränkungen für den Waren- oder Geldverkehr galten. {16}

d) Danach begegnet die Heranziehung des Artikel VIII MRG Nr. 53 hier keinen Bedenken. Bei der Verfolgung der vom Angeklagten vorgenommenen Embargoverstöße durch eine „breit angelegte Importmaßnahme“ (UA S. 5) liegt der Strafgrund nicht im besonderen Verhältnis der Bundesrepublik Deutschland zur DDR. Das Ende der Teilung Deutschlands berührt die Strafzwecke damit nicht in einer Weise, daß sie unerreichbar würden.

II. Angesichts der beschriebenen restriktiven Anwendung des Artikel VIII MRG Nr. 53, die auch Artikel 103 Abs. 2 GG und dem speziell in ihm verankerten rechtsstaatlichen Gebot des Vertrauensschutzes Rechnung trägt, teilt der Senat die Bedenken der Revision gegen eine hinreichende Bestimmtheit dieser Strafnorm nicht. Eine Vorlegung nach Artikel 100 Abs. 1 Satz 1 GG an das Bundesverfassungsgericht kommt daher nicht in Betracht.

Daß Artikel VIII MRG Nr. 53, jedenfalls bei dieser restriktiven Auslegung, in Fällen der vorliegenden Art nicht verfassungswidrig ist, ergibt sich auch aus dem Beschluß der 2. Kammer des Zweiten Senats des Bundesverfassungsgerichts vom 4. Mai 1997 – 2 BvR 408/95 –, durch den die Verfassungsbeschwerde gegen das Urteil des Senats vom 14. Dezember 1994 (BGHSt 40, 378) nicht zur Entscheidung angenommen wurde. {17}

III. Völkerrechtliche Prinzipien stehen einer Bestrafung des Angeklagten nicht im Wege. Die Strafgewalt der Bundesrepublik Deutschland nach §§ 3, 9 StGB ist hier – entgegen der Auffassung der Revision – nicht „objektiv zweifelhaft“. Einer Entscheidung des Bundesverfassungsgerichts nach Artikel 100 Abs. 2 GG bedarf es daher nicht.

1. Die Revision macht geltend, die Gerichte der Bundesrepublik Deutschland hätten gegen den Angeklagten als ehemaliges Mitglied der Regierung eines fremden Staates keine Strafgewalt. Zwar sei die ungenehmigte Ausfuhr in der Bundesrepublik Deutschland begangen worden (§ 3 StGB – Territorialitätsprinzip –), der Angeklagte selbst habe aber als „Mittäter“ nur in der DDR gehandelt. Seine Strafbarkeit über § 9 StGB (Ubiquitätsprinzip) bei Embargo-Verstößen der vorliegenden Art sei völkerrechtlich zweifelhaft:

Über die materielle Strafbarkeit solcher Taten bestehe kein internationaler Konsens. Die Tat sei nur im Exportland unter Strafe gestellt, die Strafbarkeit sei zudem nicht Ausdruck eines sozialethischen Unwerturteils. Für das mit dem Embargo belegte Land sei das Embargo rechtlich nicht verbindlich; nach dessen Rechtsordnung sei die Tat legal. Die Pönalisierung der Organe des Importlandes durch das Exportland verstoße daher gegen das Souveränitätsprinzip. § 9 StGB sei deshalb von Völkerrechts wegen – und damit von Verfassungs wegen (Artikel 25 GG) – eingeschränkt; etwas anderes ergebe sich auch nicht aus dem Schutzprinzip. Weil somit {18} wenigstens objektiv zweifelhaft sei, ob eine Regel des Völkerrechts Bestandteil des Bundesrechts ist, sei eine Entscheidung des Bundesverfassungsgerichts nach Artikel 100 Abs. 2 GG einzuholen.

2. Das Bundesverfassungsgericht hat sich in seinem Beschluß vom 15. Mai 1995 (BVerfGE 92, 277, 317 ff.) auch mit den Fragen des Territorialitäts-, des Ubiquitäts- und des Schutzprinzips befaßt:

a) Soweit die Strafvorschriften der §§ 94, 99 StGB aufgrund des strafrechtlichen Schutzprinzips (§ 5 Nr. 4 StGB) oder der Vorschriften über den Tatort (§ 9 StGB) die Strafbarkeit der Spionagetätigkeit von Mitarbeitern der Geheimdienste der DDR gegen die Bundesrepublik Deutschland auch dann begründeten, wenn diese Mitarbeiter ausschließlich im Gebiet der DDR oder im Ausland handelten, ist dies mit dem Grundgesetz vereinbar. Die Erstreckung der Strafbarkeit derartiger Taten – und damit in Zusammenhang stehender Straftaten –, bei denen der Täter ausschließlich im Ausland gehandelt hat, verstößt weder gegen das Grundgesetz noch gegen allgemeine Regeln des Völkerrechts, die nach Artikel 25 GG zu beachten wären.

b) Vor dem Grundgesetz legitimiert sich diese Erstreckung des Strafanspruchs auf Auslandstaten dadurch, daß die §§ 93 ff. StGB dem Schutz der freiheitlich verfaßten Bundesrepublik Deutschland nach außen dienen und damit den Freiraum verbürgen sollen, die Grundrechtsgarantien überhaupt erst ermöglicht und sich entfalten läßt. Bei der Verfolgung dieses legitimen Schutzzweckes {19} gehen die genannten Strafvorschriften weder in der Abgrenzung ihrer Tatbestände noch in ihren Strafdrohungen über die durch den Verhältnismäßigkeitsgrundsatz gezogenen verfassungsrechtlichen Grenzen hinaus.

c) Zum Einfluß des Völkerrechts auf nationale Regelungen des räumlichen Geltungsbereiches hat das Bundesverfassungsgericht – nicht nur zu Spionagedelikten („Das gilt insbesondere für die vom Ausland aus betriebene Auslandsspionage“) – ausgeführt (BVerfGE 92, 277, 320 f.):

„Grundsätzlich sind die Staaten von Völkerrechts wegen in der Gestaltung ihres Strafrechts frei. Die völkerrechtlich anerkannte und abgesicherte Gebietshoheit behält es jedem Staat vor, auf seinem Hoheitsgebiet Rechtsgüterschutz gegen Inlandstaten zu gewähren, indem er den Rechtsbruch strafrechtlich ahndet (Territorialitätsprinzip ...). Darüber hinaus räumt das völkerrechtlich allgemein anerkannte Schutzprinzip den Staaten die Befugnis ein, im Ausland von In- oder Ausländern begangene Delikte zu bestrafen, welche die Existenz oder andere wichtige Rechtsgüter des Staates bedrohen.“

3. Diese allgemeinen Grundsätze kommen auch hier zum Tragen. Die Anwendung des Artikel VIII MRG Nr. 53 (im Umfang gedachter Verbote nach dem Außenwirtschaftsgesetz) gegen Täter, die ihre Tatbeiträge allein außerhalb der Bundesrepublik Deutschland geleistet haben, ist jedenfalls bei der Anwendung der Strafbestimmung auf Fälle hier in Rede stehender Embargoverstöße – vom völkerrechtlich anerkannten Schutzprinzip gedeckt. {20}

a) Aus den Genehmigungsvorbehalten des § 5 AWV ergibt sich, daß sanktionsbewehrte Ausfuhrbeschränkungen überwiegenden gesamtwirtschaftlichen Belangen, dem Interesse der Sicherheit der Bundesrepublik Deutschland, ihrer auswärtigen Beziehungen und des friedlichen Zusammenlebens der Völker oder der Erfüllung zwischenstaatlicher Vereinbarungen dienen. Es liegt auf der Hand, daß diese Anliegen, namentlich aber die Durchsetzung von Embargobestimmungen, die auf Vereinbarungen mit Verbündeten beruhen (hier: die sogenannte CoCom-Liste der westlichen Verteidigungsgemeinschaften), auch dem Schutz der freiheitlich verfaßten Bundesrepublik Deutschland nach außen dienen.

b) Hinzu kommt, daß der Export von (auch) militärisch nutzbaren Gütern „wichtige Rechtsgüter“ der Bundesrepublik Deutschland bedroht. In Artikel 26 GG hat sich die

Bundesrepublik Deutschland zur Friedensstaatlichkeit bekannt. Handlungen, die geeignet sind und in der Absicht vorgenommen werden, das friedliche Zusammenleben der Völker zu stören, sind verfassungswidrig und unter Strafe zu stellen. Auch wenn hier eine solche Absicht nicht festgestellt ist, so ist doch schon der ungenehmigte Export militärisch nutzbarer Gegenstände geeignet, das hochrangige Rechtsgut der Friedensstaatlichkeit zu verletzen.

c) Der Umstand, daß die Verfolgbarkeit der Verletzung von Ausfuhrbestimmungen (sei es nach Artikel VIII MRG Nr. 53, sei es nach dem Außenwirtschaftsgesetz) keine Aufnahme in den Katalog der verfolgbaren Auslandstaten des § 5 StGB gefunden hat, steht der Annahme einer gemäß §§ 3, 9 StGB verfolgbaren Inlandstat nicht entgegen. Das völkerrechtlich anerkannte Schutzprinzip ist {21} (entgegen der von der Revision geäußerten Auffassung) nicht zwingend auf die Fälle des § 5 StGB beschränkt. Zutreffend verweist der Generalbundesanwalt dazu auf den Beschluß der 2. Kammer des Zweiten Senats des Bundesverfassungsgerichts vom 9. Juli 1995 – 2 BvR 1180/94 –[6], in dem die Verurteilung eines ehemaligen MfS-Offiziers wegen Beihilfe zum versuchten Mord („aus den Gründen des Senatsbeschlusses vom 15. Mai 1995") auch insoweit nicht beanstandet wurde, als seine ausschließlich in der DDR geleisteten Tatbeiträge nach § 9 StGB dem Strafrecht der Bundesrepublik Deutschland unterworfen waren. Im übrigen bedurfte es bei Ausfuhrdelikten einer Erwähnung in § 5 StGB naheliegend deshalb nicht, weil diese Straftaten – anders als die in § 5 Nr. 4 StGB genannten §§ 93 ff. StGB – schon wegen ihrer tatbestandlichen Ausgestaltung als reine Auslandstaten kaum denkbar sind.

4. Schließlich besteht auch keine allgemeine Regel des Völkerrechts, wie ein Staat, nachdem ihm ein anderer Staat beigetreten ist, mit Personen verfahren darf, die Straftaten zugunsten des beigetretenen Staates begangen haben (vgl. BVerfGE 92, 277, 322 – auch zu Begleitdelikten).

IV. Ein unmittelbar aus der Verfassung herzuleitendes Verfolgungshindernis nach den Grundsätzen der Entscheidung BVerfGE 92, 277 besteht nicht. In der gegen den Angeklagten gerichteten Strafverfolgung liegt kein Verstoß gegen den Verhältnismäßigkeitsgrundsatz. {22}

1. Zu dem aus dem Grundsatz der Verhältnismäßigkeit entwickelten Verfolgungshindernis gab dem Bundesverfassungsgericht (BVerfGE 92, 277, 328 ff.) der „besondere Charakter von Spionagestraftaten" Anlaß, soweit diese von Bürgern der ehemaligen DDR auf deren Gebiet begangen wurden, und die Bundesrepublik Deutschland Strafgewalt über diese Täter nur in Folge der Erstreckung ihrer Staatsgewalt auf das Gebiet der ehemaligen DDR erlangt hat. Die Strafbarkeit der Spionage weist eine Eigentümlichkeit („in ihrer Eigenart von anderen Delikten abgegrenzt") auf, die sie von anderen strafbaren Delikten unterscheidet:

Im allgemeinen ahndet der Staat mit dem Strafrecht Handlungen, die einem ethischen Minimum widersprechen. Spionagehandlungen sind dem gegenüber rechtlich ambivalent. Dem aufklärenden Staat nützen sie; für ihn stellen sie eine erlaubte Tätigkeit dar, ohne daß er an dieser Bewertung durch allgemeine, international anerkannte Grundsätze der Rechtsstaatlichkeit und der Menschenrechte gehindert wird. Dem ausgespähten Staat schadet die Spionage; für ihn ist sie strafbares Unrecht. Da er selbst Spionage betreibt, rechtfertigt sich sein Strafanspruch gegenüber ausländischen Spionen nicht aus einem allgemeinen sozialethischen Unwerturteil über die Spionagehandlungen als solche, sondern allein aus dem – freilich sozialethisch nicht indifferenten – Schutz des eigenen Staates.

2. Der Revision ist zuzugeben, daß das Verhalten des Angeklagten im vorliegenden Fall eine Nähe zu nachrichtendienstlichen Straftaten erkennen läßt. Das zeigt vor allem folgende gedachte Fallvariante: Spionage-Organe {23} der DDR veranlassen vom Boden der DDR aus, daß zunächst nur Informationen über die Konstruktion von Nachtsichtgeräten und sodann die Geräte selbst beschafft werden. Dennoch haben Embargoverstöße der vorliegenden Art nicht den „besonderen Charakter von Spionagestraftaten".

a) Zwar bezieht Artikel VIII MRG Nr. 53 ebenso wie § 34 AWG – insoweit den nachrichtendienstlichen Straftaten vergleichbar – seinen Unrechtsgehalt, namentlich bei Embargoverstößen, wesentlich aus dem Schutz des strafenden Staates und seiner Verbündeten. Bei Embargoverstößen kommt aber hinzu, daß ihr Verbot und ihre Sanktionierung der Aufrechterhaltung und Sicherung von internationalen Verpflichtungen der Bundesrepublik Deutschland dienen, und zwar solchen aus völkerrechtlichen Absprachen, welche die Friedenssicherung bezwecken. Die Nichtahndung solcher Embargoverstöße würde völkerrechtlich bindende Verpflichtungen des strafenden Staates seinen Verbündeten gegenüber verletzen.

b) Insoweit kommt dem oben angesprochenen Gebot der Friedensstaatlichkeit eine besondere Bedeutung zu. Nach Artikel 26 GG sind Handlungen, die geeignet sind und in der Absicht vorgenommen werden, das friedliche Zusammenleben der Völker zu stören, verfassungswidrig und unter Strafe zu stellen. Auch wenn hier diese Voraussetzungen nicht festgestellt sind, so wäre es mit der ratio des Artikel 26 GG nicht zu vereinbaren, daß dann, wenn ungenehmigte Waffenexporte die Schwelle zur Verfassungswidrigkeit nicht erreichen, die strafrechtliche Verfolgung – quasi in Umkehrung der in Artikel 26 getroffenen Bewertung – von Verfassungs wegen (aus dem Verhältnismäßigkeitsprinzip) verboten wäre. Die straf-{24}rechtliche Ahndung ungenehmigter, zur Friedensstörung geeigneter Waffenexporte beruht auch auf einem allgemeinen sozialethischen Unwerturteil, das in der Rechtsordnung der Bundesrepublik Deutschland aufgrund der deutschen Geschichte im Grundgesetz einen konkreten Ausdruck gefunden hat.

3. Der Entscheidung des Bundesverfassungsgerichts entnimmt der Senat, daß das Verfolgungshindernis auf die Spionagedelikte begrenzt sein soll.

a) In dem Sondervotum der Richter Kirchhof, Klein und Winter (BVerfGE 92, 277, 341 ff.) ist die hier relevante Frage angesprochen, ob sich etwa auch für andere DDR-Bürger und andere Taten der Wertungswiderspruch bei der Verfolgung von Spionagehandlungen aus dem Gebiet der DDR verwirkliche; dieses Problem ist also Gegenstand der Erörterungen des Bundesverfassungsgerichts gewesen. Wenn das Bundesverfassungsgericht das Verfolgungshindernis eng begrenzt und mit dem „besonderen Charakter von Spionagestraftaten" begründet, die „in ihrer Eigenart von anderen strafbaren Delikten" (BVerfGE 92, 277, 328) abgegrenzt sind, und wenn dies zur Folge hat, „daß es für den Bereich dieser Delikte nicht als geboten angesehen wird, Rechtsgüterschutz gerade durch Bestrafung konsequent zu verwirklichen" (BVerfGE 92, 277, 334), so versteht der Senat dies dahin, daß das Bundesverfassungsgericht nur insoweit eine – eng auszulegende – Ausnahmeregelung geschaffen hat. {25}

b) Dafür spricht auch, daß das Verfolgungshindernis für Begleitdelikte (wie § 334 StGB) nicht gilt. Es bleibt der Prüfung der Strafgerichte überlassen, ob die Tat nach anderen Strafvorschriften, für die das verfassungsrechtliche Verfolgungshindernis von vornherein nicht in Betracht kommt, verurteilt werden kann (BVerfGE 92, 277, 339).

4. Unabhängig davon verbietet sich die Annahme eines unmittelbar verfassungsrechtlich begründeten Verfolgungshindernisses schon deshalb, weil der Angeklagte bereits im Dezember 1989 freiwillig aus der DDR in die Bundesrepublik Deutschland übergesiedelt ist.

a) Das Bundesverfassungsgericht hat in dem Beschluß vom 15. Mai 1995 (BVerfGE 92, 277) ausgesprochen, daß der rechtsstaatliche Grundsatz der Verhältnismäßigkeit dann verletzt ist, wenn in der mit der Überwindung der deutschen Teilung entstandenen einzigartigen Situation der auf die Tatbestände der §§ 94, 99 StGB gegründete Strafanspruch gegenüber Bürgern der DDR durchgesetzt wird, die im Zeitpunkt des Wirksamwerdens der Einheit Deutschlands vom 3. Oktober 1990 in der ehemaligen DDR ihren Lebensmittelpunkt hatten (BVerfGE 92, 277, 325 f.). Zu solchen Erwägungen der Verhältnismäßigkeit gibt der besondere Charakter von Spionagestraftaten Anlaß, soweit diese von Bürgern der DDR auf deren Gebiet begangen wurden, und die Bundesrepublik Deutschland Strafgewalt über diese Täter nur infolge der Erstreckung ihrer Staatsgewalt auf das Gebiet der DDR erlangt hat (BVerfGE 92, 277, 328). Der Untergang der DDR – und damit auch der Wegfall des ihren Spionen gewährten Schutzes – bei gleichzeitiger Ablösung ihrer Rechtsordnung durch die der Bundesrepublik Deutschland und die {26} damit erst möglich gewordene strafrechtliche Verfolgung führt zu einer besonderen Beeinträchtigung des Täterkreises, der seine Spionagetätigkeit zugunsten der DDR allein von deren Boden aus betrieben und den Bereich der Schutzmächtigkeit dieses Staates nicht verlassen hat (BVerfGE 92, 277, 330). Finden sich diese Täter infolge der Vereinigung ohne ihr zutun als Bürger des Staates wieder, gegen den ihre nach dem Recht ihres Staates rechtmäßige und schutzwürdige Tätigkeit gerichtet war, so werden sie durch eine Strafverfolgung, die ihnen gegenüber nur möglich wird, weil die Strafgewalt der Bundesrepublik auf das Gebiet ihres bisherigen Lebensmittelpunktes erstreckt wird, in besonderem Maße betroffen (BVerfGE 92, 277, 332).

b) Das vom Bundesverfassungsgericht unmittelbar aus dem Grundgesetz hergeleitete Verfolgungshindernis käme danach auch im vorliegenden Fall allenfalls dann in Betracht, wenn der Angeklagte im Zeitpunkt des Beitritts (3. Oktober 1990) seinen Lebensmittelpunkt (noch) in der DDR gehabt hätte. Das war nach seiner freiwilligen Übersiedlung im Dezember 1989 nicht der Fall.

c) Ausschlaggebend für das (durch eine Gesamtbetrachtung aus dem Übermaßverbot herzuleitende) Verfolgungshindernis ist die im Zuge der Wiedervereinigung entstandene singuläre staats- und strafrechtliche Situation, die ohne Vorbild ist und sich so nicht wiederholen kann (vgl. BVerfGE 92, 277, 327). Das aber ist der am 3. Oktober 1990 wirksam gewordene Beitritt der DDR zur Bundesrepublik Deutschland, und dieser Beitritt war für die Verfolgbarkeit des Angeklagten ohne Bedeutung. {27}

d) Daß der Angeklagte (wie die Revision geltend macht) bei seiner Übersiedlung in die Bundesrepublik Deutschland darauf vertraut habe, für die von ihm organisierten Embargoverstöße nicht (mehr) strafrechtlich belangt zu werden, führt zu keiner anderen

Beurteilung. Soweit eine solche Hoffnung des Angeklagten tatsächlich bestanden haben sollte, wäre sie durch nichts begründet und daher nicht schützenswert.

D. [Zu den sonstigen Rügen]

Das angefochtene Urteil begegnet auch im übrigen keinen durchgreifenden rechtlichen Bedenken.

I. Die Beanstandung, der Eröffnungsbeschluß sei unwirksam, und die Rüge, die Richterbank sei nicht ordnungsgemäß besetzt gewesen, sind unbegründet, wie der Generalbundesanwalt zutreffend ausgeführt hat. Dem Angeklagten war aufgrund der Anklageschrift klar, welche Taten ihm zum Vorwurf gemacht wurden, und er konnte sich auf seine Verteidigung einrichten. Die Entscheidung des Präsidiums des Landgerichtes, die Wirtschaftsstrafkammer 5 sei zuständig und nicht die Wirtschaftsstrafkammer 14 (weil deren Zuständigkeit begründende Verstöße gegen Devisenvorschriften nicht vorlägen), beruht auf einer vertretbaren Auslegung des Geschäftsverteilungsplanes des Landgerichtes und ist jedenfalls nicht willkürlich.

II. Die materiellrechtlichen Einwendungen sind ebenfalls unbegründet. {28}

1. Daß der Tatrichter keine ausdrücklichen Feststellungen zu § 6 WiStG/1952 (vgl. zur Anwendbarkeit BGHSt 40, 378, 379 f.) getroffen hat, ist unschädlich. Aus den Urteilsgründen ergeben sich die Voraussetzungen des § 6 Abs. 2 Nr. 2 WiStG/1952 zweifelsfrei. Das Gesamtverhalten des Angeklagten belegt, daß er die Wirtschaftsordnung der Bundesrepublik Deutschland in einzelnen Bereichen mißachtet hat, jedenfalls dadurch, daß er verantwortungslos gehandelt hat, weil er die der Friedenssicherung dienenden Verbote der Bundesrepublik Deutschland, Waffen und militärische Geräte grundsätzlich nicht auszuführen, bedenkenlos mißachtet hat. Darüber hinaus liegt auch ein beharrlicher Verstoß gegen die Embargoverbote des Außenwirtschaftsrechts vor. Der Angeklagte hat hartnäckig die einschlägigen Vorschrift mißachtet und war von Anfang an zu verbotenen Embargoverstößen bereit. In Fällen dieser Art ist Beharrlichkeit – unabhängig von einer etwaigen vorhergehenden Abmahnung, die in anderen Fällen, in denen das Gesetz an das Merkmal der Beharrlichkeit anknüpft (BGHR GewO § 148 Beharrlich 1; vgl. Laufhütte in LK 11. Aufl. § 184a Rdn. 4) unter Umständen Voraussetzung der Strafbarkeit ist – für sämtliche Taten zu bejahen, weil der Angeklagte von vornherein die Absicht hatte, wiederholt gegen Ausfuhrverbote zu verstoßen.

2. Eine Mittäterschaft des Angeklagten (§ 25 Abs. 2 StGB) hat die Strafkammer rechtsfehlerfrei angenommen. Artikel VIII MRG Nr. 53 stellt – ebenso wie § 34 AWG (vgl. BGH NJW 1992, 3114) – kein Sonderdelikt dar; und die festgestellten Tatbeiträge des Beschwerdeführers (etwa UA S. 8, 19 und 25) rechtfertigen die Annahme seiner Tatherrschaft ohne weiteres. {29}

3. Eine nach § 16 StGB oder § 17 StGB relevante Fehlvorstellung des Angeklagten ist ausgeschlossen. Aus der „konspirativen Art der Beschaffung" und der „Zahlung sehr hoher Preise" sowie aufgrund der Funktion und Stellung des Beschwerdeführers als Leiter der „KoKo" und als Staatssekretär im Ministerium für Außenhandel der DDR durfte die Strafkammer schließen, daß er sichere Kenntnis davon hatte, „welche Waren dem westlichen Embargo unterlagen und welche nicht" (UA S. 29). Diese Würdigung stellt keine bloße Vermutung dar; sie liegt vielmehr auf der Hand.

4. Anhaltspunkte für eine rechtfertigende oder entschuldigende Pflichtenkollision oder gar einen Notstand (§ 34 oder § 35 StGB) bietet das Urteil nicht; auch die Revision zeigt solches nicht auf. Namentlich ist nicht ersichtlich, daß dem „im staatlichen Auftrag" handelnden Angeklagten im Falle einer Verweigerung seiner Mitwirkung an den festgestellten Embargoverstößen tatsächlich ernsthafte Nachteile gedroht hätten.

5. Einzelne Passagen des Urteils zur Strafzumessung stellen den Bestand des Rechtsfolgenausspruchs letztlich nicht in Frage. Die Erwägung, jeweils zwei Strafgesetze seien verletzt, ist fehlerhaft. Es ist fraglich, ob die „Gemeinschaftlichkeit der Tatausführung" hätte strafschärfend herangezogen werden dürfen (UA S. 38). Der Senat schließt angesichts der Höhe der Einzelstrafen und der schließlich gefundenen Gesamtstrafe aus, daß der Tatrichter ohne diese problematischen Erwägungen zu einer dem Angeklagten günstigeren Rechtsfolge gelangt wäre. Bestimmend waren ersichtlich {30} „der große Umfang der ungenehmigten Geschäfte und Lieferungen ..., der große personelle Aufwand sowie die mehrjährige Dauer des von einem starken Willen zum Rechtsbruch geprägten deliktischen Handelns".

Anmerkungen

1 Vgl. lfd. Nr. 11-2.

2 Vgl. Anhang S. 461ff.

3 Die StA bei dem KG Berlin hatte Schalck-Golodkowski am 14.2.1994 – Az. 23/2 Js 41/93 – gemeinsam mit Edgar K. und Waradin D. angeklagt. Durch Beschluss vom 6.5.1994 – Az. 505 - 4/94 – trennte das LG Berlin das Verfahren gegen Schalck-Golodkowski und D. ab. Edgar K. wurde durch das LG Berlin am 8.7.1994 – Az. 505 KLs 4/94 – zu drei Jahren Freiheitsstrafe verurteilt (vgl. lfd. Nr. 11-1). Das Verfahren gegen Waradin D. wurde durch Beschluss des LG Berlin vom 22.7.1994 – Az. (505) 23/2 Js 41/93 (6/94) – erneut abgetrennt und die Eröffnung des Hauptverfahrens wegen Verhandlungsunfähigkeit des Angeklagten abgelehnt. Am 7.4.1995 lehnte das LG Berlin – Az. 505 - 6/94 – die Eröffnung des Hauptverfahrens gegen Schalck-Golodkowski in einigen Anklagepunkten ab. Mit ihrer gegen diesen Beschluss gerichteten Beschwerde beantragte die StA II bei dem LG Berlin, zumindest einen Teil der abgelehnten Anklagepunkte zuzulassen. Das KG Berlin entsprach durch Beschluss vom 30.6.1995 – Az. 4 Ws 113/95 – der Beschwerde und eröffnete das Hauptverfahren auch im Hinblick auf diese Anklagepunkte. Daraufhin erhob die StA II bei LG Berlin am 13.7.1995 – Az. 23/2 Js 41/93 – gem. § 207 Abs. 3 Satz 1 StPO erneut Anklage gegen Schalck-Golodkowski in dem durch die Eröffnungsbeschlüsse zugelassenen Umfang.

4 Vgl. Anm. 3.

5 Vgl. den Dokumentationsband zu den Spionageverfahren, lfd. Nr. 2-4.

6 Vgl. den Dokumentationsband zu den Spionageverfahren, lfd. Nr. 8-4.

Inhaltsverzeichnis
Beschluss (Nichtannahme der Verfassungsbeschwerde) des Bundesverfassungsgerichts vom 17.3.1999, Az.: 2 BvR 1565/97

Bundesverfassungsgericht 17. März 1999
Az.: 2 BvR 1565/97

BESCHLUSS

In dem Verfahren
über die Verfassungsbeschwerde

des Herrn Schalck-Golodkowski

gegen

a) das Urteil des Bundesgerichtshofs vom 9. Juli 1997 – 5 StR 544/96 –[1],

b) das Urteil des Landgerichts Berlin vom 31. Januar 1996 – (505) 23/2 Js 41/93 KLs (6/94)[2]

hat die 2. Kammer des Zweiten Senats des Bundesverfassungsgerichts durch

⊗ Es folgt die Nennung der Verfahrensbeteiligten. ⊗

gemäß § 93b in Verbindung mit § 93a BVerfGG in der Fassung der Bekanntmachung vom 11. August 1993 (BGBl I S. 1473) am 17. März 1999 einstimmig beschlossen:

Die Verfassungsbeschwerde wird nicht zur Entscheidung angenommen. {2}

Gründe

Die Verfassungsbeschwerde betrifft die Frage der Strafbarkeit von Embargo-Verstößen durch DDR-Bürger gemäß Art. VIII Militärregierungsgesetz Nr. 53[3].

Die Kammer nimmt die Verfassungsbeschwerde nicht zur Entscheidung an; die Verfassungsbeschwerde hat keine hinreichende Aussicht auf Erfolg.

1. Die Voraussetzungen der Strafbarkeit nach Art. VIII MRG 53 – die Zuwiderhandlung gegen die durch Gesetz ausgesprochenen, unter Erlaubnisvorbehalt stehenden Verbote – sind hinreichend bestimmt. Das Bundesverfassungsgericht hat mehrfach entschieden, daß das System des Verbots mit Erlaubnisvorbehalt für den Bereich des Interzonenhandels keinen durchgreifenden Bedenken unterliegt (vgl. BVerfGE 12, 281 ‹293›; 18, 353 ‹364 f.›; 62, 169 ‹184›; NJW 1984, S. 39). In diesen Entscheidungen hat sich das Bundesverfassungsgericht eingehend mit allen vom Beschwerdeführer aufgeführten Argumenten auseinandergesetzt. Die Herstellung der deutschen Einheit läßt die Frage der Tatbestandsbestimmtheit in keinem anderen Licht erscheinen und berührt die Strafbarkeit nach den Vorschriften des Art. VIII MRG 53 nicht (vgl. Beschluß der 2. Kammer des Zweiten Senats des Bundesverfassungsgerichts vom 4. Mai 1997 – 2 BvR 408/95 –; BGHSt 42, 113 ‹117 ff.›).

2. Auch unter dem Rügeaspekt der fehlenden Strafgewalt der Bundesrepublik Deutschland verstößt die Anwendung des MRG 53 nicht gegen Verfassungsrecht. Auf die Ausführungen in dem Revisionsurteil des Bundesgerichtshofs (vgl. BGHSt 43, 129 ‹138 ff.›) wird Bezug genommen. Ergänzend ist zu bemerken, daß Territorialitäts- und Schutzprinzip einander nicht ausschließen, sondern ergänzen. Eine fehlende Rechts-

pflicht der DDR, Embargovorschriften der Bundesrepublik Deutschland zu akzeptieren, entzieht dem Schutzprinzip im Strafrecht der Bundesrepublik mit Blick auf dessen Sinngehalt nicht die Legitimation. Das souveräne Recht der DDR, Han-{3}delsbeschränkungen der Bundesrepublik Deutschland zu unterlaufen, engt das souveräne Recht der Bundesrepublik, sich dagegen mit strafrechtlichen Sanktionen zur Wehr zu setzen, nicht ein. In den Fällen der Auslandstaten nach § 9 StGB hat der Täter oder Mittäter selbst die Beziehung zur Strafgewalt des betroffenen Staates hergestellt und damit das Schutzprinzip aktualisiert.

Schützenswerte Rechtsgüter sind nicht nur der Bestand des Staates als Ganzes, sondern auch Rechtsgüter der Allgemeinheit und solche, die die öffentlichen, politischen oder wirtschaftlichen Funktionen des Staates betreffen (vgl. BVerfGE 92, 277 ‹321›[4] m.w.N.). Sowohl das MRG 53 als auch das Außenwirtschaftsgesetz schützen wirtschaftliche, politische, öffentliche, aber auch militärische und strategische Verteidigungsinteressen der Bundesrepublik Deutschland. Sie dienen damit zugleich dem Staatsinteresse am Bestand und der Erhaltung der Wirtschaftsordnung und der Position im Bündnissystem, bilden mithin Teil des Schutzes der freiheitlich verfaßten Bundesrepublik Deutschland nach außen. Insbesondere das MRG 53 hatte nicht nur die Kontrolle und Überwachung des innerdeutschen Zahlungs- und Wirtschaftsverkehrs zum Ziel, sondern auch die Herstellung von Gegenseitigkeit in bezug auf ein allgemeines Kräftegleichgewicht zur DDR (vgl. BVerfGE 18, 353 ‹362›; 62, 169 ‹184›); es diente der Einhaltung der internationalen Abkommen, die den innerdeutschen Handel absicherten. Das Außenwirtschaftsgesetz hat (auch) den Schutz der auswärtigen Beziehungen der Bundesrepublik Deutschland zum Ziel (vgl. § 7 AWG). Hinter den in § 7 Abs. 1 AWG genannten Zwecken stehen vernünftige Erwägungen des Gemeinwohls. Es handelt sich durchweg um Ziele von hohem Rang und grundlegender Bedeutung für den Schutz anderer wichtiger Rechtsgüter. Handlungen und Rechtsgeschäfte im Außenwirtschaftsverkehr, namentlich solche der in § 7 Abs. 2 AWG genannten Art, können die Machtposition Deutschlands in sicherheits-, wirtschafts- und {4} währungspolitischen Bündnissen empfindlich beeinträchtigen (vgl. BVerfGE 91, 148 ‹164›). Sowohl die für die Nationale Volksarmee der ehemaligen DDR bestimmten Nachtsichtgeräte wie auch die – teilweise ebenfalls an die Nationale Volksarmee weitergegebenen – Pistolen und Revolver waren Waffen und Kriegsgerät im Sinne des § 7 Abs. 2 AWG. Darauf, wie diese Güter tatsächlich eingesetzt wurden, kommt es nicht an. Der Export von solchen Waren, die jedenfalls auch militärisch nutzbar sind, gefährdet sicherheitspolitische Interessen Deutschlands und ist damit geeignet, das friedliche Zusammenleben der Völker zu bedrohen. Das Rechtsgut der Friedensstaatlichkeit (Art. 26 GG) hat Verfassungsrang (vgl. BVerfGE 47, 327 ‹382›).

Der Bestrafung des Beschwerdeführers steht auch kein unmittelbar aus der Verfassung herzuleitendes Verfolgungshindernis (vgl. BVerfGE 92, 277 ‹325 ff.›) entgegen; die Strafverfolgung verstößt nicht gegen den Grundsatz der Verhältnismäßigkeit.

Der Bundesgerichtshof hebt in den Gründen der angegriffenen Entscheidung zu Recht darauf ab, daß das in der Entscheidung des Bundesverfassungsgerichts vom 15. Mai 1995 (BVerfGE 92, 277) statuierte Verfolgungshindernis allein auf die Tatbestände der §§ 94, 99 StGB beschränkt war, daß andere aus Anlaß der oder im Zusammenhang mit der Spionagetätigkeit verwirklichte eigenständige Straftatbestände unberührt bleiben und daß insbesondere Embargoverstöße der vorliegenden Art nicht den „besonderen Charakter von Spionagestraftaten“ haben. Der Export von militärischen oder militärisch nutzbaren Gütern ist nicht rechtlich ambivalent, sondern rechtfertigt im Hinblick auf den bezweckten Schutz des friedlichen Zusammenlebens der Völker und der Verhinderung von Störungen internationaler Beziehungen (vgl. § 7 Abs. 1 Nr. 2 und 3 AWG) ein allgemeines sozialethisches Unwerturteil (vgl. BVerfGE 91, 149 ‹164›; NJW 1993, S. 1909, 1910; NJW 1992, S. 2624; Fuhrmann in: Erbs/Kohlhaas, AWG, § 7 Rn. 1 m.w.N.). {5}

3. Die angegriffenen Entscheidungen verstoßen auch nicht gegen die verfassungsrechtlichen Anforderungen, die der Gleichheitssatz (Art. 3 Abs. 1 GG) an die Anwendung des Gesetzes stellt. Sachliche Gründe für die vom Beschwerdeführer geforderte Ungleichbehandlung von (Alt-)Bundesbürgern und ehemaligen DDR-Bürgern sind weder dargetan noch ersichtlich.

Mit Blick auf den Zweck des MRG 53 wie auch des Außenwirtschaftsgesetzes – den Schutz der außenpolitischen, sicherheitspolitischen und wirtschaftlichen Interessen der Bundesrepublik Deutschland – entspricht es der Sachgesetzlichkeit dieser Normen, In- und Ausländer gleich zu behandeln. In der Tatbestandsstruktur und dem Schutzzweck der Normen finden sich keine Anknüpfungspunkte, die eine unterschiedliche Behandlung in- und ausländischer Täter oder Mittäter geboten erscheinen lassen.

4. Aus den genannten Gründen liegt ein Verstoß gegen ein völkerrechtliches Verbot nicht vor; eine Vorlage an das Bundesverfassungsgericht nach Art. 100 Abs. 2 GG war daher nicht geboten. Mithin ist auch das Grundrecht des Beschwerdeführers aus Art. 101 Abs. 1 Satz 2 GG nicht verletzt.

Diese Entscheidung ist unanfechtbar.

Anmerkungen

1 Vgl. lfd. Nr. 11-3.
2 Vgl. lfd. Nr. 11-2.
3 Vgl. Anhang S. 461ff.
4 Vgl. den Dokumentationsband zu den Spionageverfahren, lfd. Nr. 2-4.

Anhang

Gesetz Nr. 53 der Militärregierung Deutschlands[1]

Militärregierung Deutschland
Amerikanisches Kontrollgebiet
Gesetz Nr. 53
(Neufassung)

Devisenbewirtschaftung und Kontrolle des Güterverkehrs

Artikel I
Verbotene Geschäfte

1. Vorbehaltlich einer von der Militärregierung oder von einer von ihr benannten Stelle erteilten Ermächtigung sind alle Geschäfte verboten, die zum Gegenstand haben oder sich beziehen auf
   (a) Devisenwerte, gleichgültig wo sie sich befinden, die unmittelbar oder mittelbar, ganz oder teilweise im Eigentum oder unter der Kontrolle von Personen mit gewöhnlichem Aufenthalt, Hauptniederlassung oder Sitz in dem in Artikel X bezeichneten Bereich – nachstehend „Gebiet“ genannt – stehen;
   (b) Devisenwerte, die sich im Gebiet befinden;
   (c) im Gebiet befindliche Vermögenswerte, die unmittelbar oder mittelbar, ganz oder teilweise, im Eigentum oder unter der Kontrolle von Personen außerhalb des Gebiets stehen;
   (d) Vermögenswerte, gleichgültig, wo sie sich befinden, sofern das Geschäft zwischen Personen mit gewöhnlichem Aufenthalt, Hauptniederlassung oder Sitz im Gebiet und Personen außerhalb des Gebiets abgeschlossen wird oder sich auf solche Personen bezieht;
   (e) Devisenwerte, unbewegliche Vermögenswerte, Rechte oder Interessen an diesen, gleichgültig, wo sie ich befinden, sofern das Geschäft zwischen Personen mit gewöhnlichem Aufenthalt, Hauptniederlassung oder Sitz im Gebiet und Personen mit gewöhnlichem Aufenthalt, Hauptniederlassung oder Sitz außerhalb des Gebiets abgeschlossen wird;
   (f) im Gebiet befindliche Devisenwerte, unbewegliche Vermögenswerte, Rechte oder Interessen an diesen, sofern das Geschäft zwischen Personen mit gewöhnlichem Aufenthalt, Hauptniederlassung oder Sitz außerhalb des Gebiets abgeschlossen wird;
   (g) in Deutschland befindliche Vermögenswerte oder Vermögenswerte, die den Vorschriften des Artikels II dieses Gesetzes unterliegen, sofern das Geschäft zwischen außerhalb des Gebiets befindlichen Personen, deren gewöhnlicher Aufenthalt, Hauptniederlassung oder Sitz im Gebiet ist, und Personen außerhalb des Gebiets abgeschlossen wird;
   (h) deutsche Zahlungsmittel oder auf deutsche Währung lautende Geldforderungen, sofern das Geschäft ihre Uebertragung von Personen, deren gewöhnlicher Aufenthalt, Hauptniederlassung oder Sitz im Gebiet ist, auf Personen mit gewöhnlichem Aufenthalt, Hauptniederlassung oder Sitz außerhalb des Gebiets zur Folge hat.
2. Abgesehen von üblicher persönlicher Habe dürfen Vermögenswerte nur über die zugelassenen Grenzübergangsstellen und nur mit Ermächtigung der Militärregierung oder einer von ihr bestimmten Stelle in das Gebiet oder aus dem Gebiet verbracht werden.

1 Bundesanzeiger Nr. 2 vom 27. September 1949, S. 2.

Artikel II
Anmeldung, Ablieferung von Devisenwerten und Verfügung über dieselben

1. Soweit die Militärregierung nichts anderes bestimmt, müssen alle Personen mit gewöhnlichem Aufenthalt, Hauptniederlassung oder Sitz im Gebiet, denen unmittelbar oder mittelbar, ganz oder teilweise, Eigentum oder Besitz an Devisenwerten oder Kontrolle darüber zusteht, eine Anmeldung einreichen. Die Anmeldung ist innerhalb von 30 Tagen nach Erlangung des Eigentums, des Besitzes oder der Kontrolle bei der nächsten Niederlassung einer Landeszentralbank oder bei sonstigen von der Militärregierung bestimmten Instituten in der von der Militärregierung beschriebenen Form einzureichen.
2. Alle Personen, denen unmittelbar oder mittelbar, ganz oder teilweise, Eigentum oder Kontrolle von im Gebiet befindlichen Devisenwerten zusteht, sind verpflichtet, diese Werte auf Anordnung der Militärregierung bei der nächsten Niederlassung einer Landeszentralbank oder bei sonstigen von der Militärregierung bestimmten Stellen abzuliefern.
3. Alle Personen mit gewöhnlichem Aufenthalt, Hauptniederlassung oder Sitz im Gebiet, die befugt sind, den Verkauf von Devisenwerten vorzunehmen oder zu vermitteln, deren Eigentum oder Kontrolle ganz oder teilweise Personen mit gewöhnlichem Aufenthalt, Hauptniederlassung oder Sitz im Gebiet zusteht, sind verpflichtet, solche Devisenwerte auf Anweisung der Militärregierung dieser oder einer von ihr bezeichneten Stelle zu Preisen oder Kursen, die durch einheitliche Durchführungsverordnungen festgesetzt sind, zum Ankauf zur Verfügung zu stellen.
4. Die Militärregierung kann eine Stelle bestimmen, die befugt ist, zur Durchführung dieses Artikels Anordnungen und Vorschriften zu erlassen und sonst in ihrem Auftrage und unter ihrer Aufsicht Maßnahmen zu treffen.

Artikel III
Devisenüberwachung

Die Militärregierung oder die von ihr bestimmten Stellen können von allen Personen im Gebiet oder mit gewöhnlichem Aufenthalt, Hauptniederlassung oder Sitz im Gebiet die Erteilung jeder in deren Besitz oder Kontrolle befindlichen Information verlangen, die ihnen zur Durchführung dieses Gesetzes oder zur Aufdeckung von Verstößen gegen dieses Gesetz erforderlich erscheint. Alle zur Erteilung von solchen Auskünften aufgeforderten Personen haben Bücher, Abrechnungen oder andere in ihrem Besitz oder unter ihrer Kontrolle befindliche Unterlagen vorzulegen, die zur Erreichung dieses Zwecks erforderlich sind.

Artikel IV
Durchsuchung von Personen und Gepäck

Soweit nicht entgegenstehende gesetzliche Vorschriften bestehen, ist jeder dazu ermächtigte alliierte oder deutsche Beamte berechtigt:

(a) von jedermann eine Anmeldung aller Vermögenswerte zu verlangen, die von ihm in das Gebiet oder aus dem Gebiet verbracht werden;
(b) jede Person, die hinsichtlich der in das Gebiet oder aus dem Gebiet zu verbringenden Vermögenswerte eine Anmeldung unterläßt oder eine falsche Anmeldung erstattet oder dessen verdächtig ist, zu durchsuchen, zu verhaften und in Haft zu behalten;
(c) das Gepäck jeder in das Gebiet einreisenden oder aus dem Gebiet ausreisenden Person zu durchsuchen;
(d) alle Fahrzeuge, Züge, Flugzeuge, Schiffe oder andere Verkehrsmittel, die tatsächlich oder vermutlich Vermögenswerte enthalten, die in das Gebiet oder aus dem Gebiet verbracht werden sollen, anzuhalten, zu durchsuchen und festzuhalten;

(e) stehende oder bewegliche Postämter einschließlich Sortierräume zu betreten und in Anwesenheit von Postbeamten Sendungen zu durchsuchen, die tatsächlich oder vermutlich Vermögenswerte enthalten, die gesetzwidrig in das Gebiet oder aus dem Gebiet verbracht werden sollen;
(f) alle Vermögenswerte in Beschlag zu nehmen, deren Verbringung tatsächlich oder vermutlich unter Verletzung der Vorschriften des Artikels I dieses Gesetzes stattfindet;
(g) alle tatsächlich oder vermutlich unter Verletzung der Vorschriften des Artikels II dieses Gesetzes im Besitz einer Person befindlichen Vermögenswerte zu beschlagnahmen.

Artikel V
Beschlagnahmte Vermögenswerte oder Waren

1. Gegen die Beschlagnahme von Vermögenswerten gemäß den Vorschriften des Artikels IV dieses Gesetzes kann jede davon betroffene Person innerhalb von 30 Tagen nach dem Zeitpunkt der Beschlagnahme Einspruch bei der von der Militärregierung in Durchführungsverordnungen zu diesem Gesetz bestimmten Behörde erheben. Diese Behörde kann die Freigabe oder die Einziehung der Vermögenswerte verfügen. Die Einziehung der beschlagnahmten Vermögenswerte im Verwaltungswege kann ausgesprochen werden, wenn kein Einspruch gemäß vorstehender Vorschrift erhoben wird.
2. Wird eine Person wegen einer Verletzung dieses Gesetzes strafrechtlich verfolgt, so darf eine Einziehung der beschlagnahmten Vermögenswerte nicht vor rechtskräftiger Entscheidung der Strafsache ausgesprochen werden. Durchführungsverordnungen können vorsehen, daß ungeachtet der Erhebung eines Einspruchs oder der Einleitung eines Strafverfahrens ein Vergleich bezüglich der beschlagnahmten Vermögenswerte zulässig ist.

Artikel VI
Anträge auf Erteilung von Ermächtigungen

Für die Einreichung von Anträgen auf Erteilung von Ermächtigungen gemäß diesem Gesetz gelten die von der Militärregierung oder einer von ihr beauftragten Stelle zu erlassenden Durchführungsverordnungen.

Artikel VII
Nichtige Geschäfte

Alle Vermögensübertragungen, Verträge oder sonstigen Vereinbarungen, die in Verletzung dieses Gesetzes oder in der Absicht, die Vorschriften dieses Gesetzes zu umgehen, geschlossen oder durchgeführt worden sind, entbehren jeder Rechtswirkung, es sei denn, daß sie nachträglich von der Militärregierung genehmigt werden. Von den Beteiligten kann verlangt werden, daß sie hinsichtlich der Vermögenswerte, die Gegenstand des verbotenen Geschäfts waren, den ursprünglichen Zustand wieder herstellen; demgegenüber kann nicht eingewandt werden, daß die Gegenleistung nicht mehr zurückgewährt werden kann.

Artikel VIII
Strafen

1. Wer gegen die Bestimmungen dieses Gesetzes oder einer hierzu erlassenen Durchführungsverordnung oder Anordnung verstößt, macht sich strafbar und wird, wenn schuldig befunden, mit Gefängnis bis zu fünf Jahren oder Geldstrafe bis zu DM 25.000,- oder dem dreifachen Wert der den Gegenstand der strafbaren Handlung bildenden Vermögenswerte oder

mit Gefängnis und Geldstrafe bestraft. Das Gericht kann auch die Einziehung der Vermögenswerte anordnen, die den Gegenstand der strafbaren Handlung bilden.

2. Falls eine einer Verletzung dieses Gesetzes beschuldigte Person die Auferlegung einer Geldbuße der Durchführung eines Strafverfahrens vorzieht, so kann die Verwaltungsbehörde eine derartige Buße nach einem Verfahren, das durch Durchführungsverordnung zu diesem Gesetz festzulegen ist, verhängen.

Artikel IX
Verfügung über eingezogene Vermögenswerte

Die Militärregierung wird in Durchführungsbestimmungen zu diesem Gesetz Vorschriften betreffend die Verfügung über gemäß Artikel V und VIII eingezogene Vermögenswerte erlassen.

Artikel X
Begriffsbestimmungen

Für die Zwecke dieses Gesetzes gelten folgende Begriffsbestimmungen:

(a) „Person" bedeutet jede natürliche Person, jede Personenvereinigung oder juristische Person des öffentlichen oder privaten Rechts, jede Regierung einschließlich staatlicher oder kommunaler Verwaltungen, Körperschaften des öffentlichen Rechts und deren Dienststellen und Organe;

(b) „Geschäfte" bedeuten Erwerb, Einfuhr, Leihe oder Empfangnahme gegen oder ohne Entgelt, Ueberweisung, Verkauf, Vermietung, Verpachtung, Uebertragung, Verbringung, Ausfuhr, Belastung, Verpfändung oder sonstige Verfügung, Zahlung, Rückzahlung, Darlehen, Uebernahme von Sicherheitsleistungen oder jedes andere Geschäft mit den in diesem Gesetz bezeichneten Vermögenswerten;

(c) „Vermögenswerte" umfaßt alle Vermögenswerte und darauf bezügliche Rechte jeder Art, einschließlich aller Devisenwerte.

(d) „Devisenwerte" umfassen:

  (1) außerhalb des Gebiets gelegene Vermögenswerte;

  (2) Zahlungsmittel mit Ausnahme deutscher Zahlungsmittel, Bankguthaben außerhalb des Gebiets sowie Schecks, Anweisungen, Wechsel und andere Zahlungsversprechen, die auf Personen außerhalb des Gebiets gezogen oder von solchen ausgestellt sind;

  (3) Ansprüche und darüber ausgestellte Urkunden, die:

    (i) Personen mit gewöhnlichem Aufenthalt, Hauptniederlassung oder Sitz im Gebiet (als Inhabern oder Berechtigten) gegen eine Person außerhalb des Gebiets zustehen, gleichgültig, ob sie auf deutsche oder andere Währung lauten;

    (ii) Personen mit gewöhnlichem Aufenthalt, Hauptniederlassung oder Sitz im Gebiet (als Inhabern oder Berechtigten) gegen eine andere Person im Gebiet zustehen, wenn sie auf nichtdeutsche Währung lauten;

    (iii) Personen außerhalb des Gebiets (als Inhabern oder Berechtigten) zustehen, wenn Personen mit gewöhnlichem Aufenthalt, Hauptniederlassung oder Sitz im Gebiet an den Ansprüchen oder darüber ausgestellten Urkunden ein rechtliches Interesse haben;

  (4) Wertpapiere und andere Urkunden zum Nachweis von Eigentum und Verbindlichkeiten, die von Personen mit gewöhnlichem Aufenthalt, Hauptniederlassung oder Sitz außerhalb des Gebiets ausgestellt sind, und Wertpapiere und andere Urkunden zum Nachweis von Eigentum und Verbindlichkeiten, die von Personen in Deutschland ausgestellt sind, falls sie auf eine nichtdeutsche Währung lauten oder in nichtdeutscher Währung zahlbar sind;

(5) Gold- und Silbermünzen sowie Gold-, Silber- oder Platinbarren oder Legierungen davon in Barrenform;
(6) andere Vermögenswerte, die von der Militärregierung zu Devisenwerten erklärt worden sind.

(e) Der Ausdruck „übliche persönliche Habe“ umfaßt solche Gegenstände, wie sie für einen Reisenden bei der Einreise in das Gebiet, beim Aufenthalt daselbst oder bei der Ausreise aus dem Gebiet als notwendig anzusehen sind; der Ausdruck umfaßt nicht Vermögenswerte in handelsüblichen Mengen noch Vermögenswerte, deren Verbringung über die Grenzen des Gebiets von Gesetzes wegen einer besonderen Genehmigung unterliegt;
(f) „gewöhnlicher Aufenthalt, Hauptniederlassung oder Sitz“ bedeutet den gewöhnlichen Wohnort natürlicher Personen und die Hauptniederlassung oder den gesetzlichen Sitz juristischer Personen und anderer Vereinigungen;
(g) die Bezeichnung „Gebiet“ umfaßt die Länder Bayern, Bremen, Hessen, Württemberg-Baden, Niedersachsen, Nordrhein-Westfalen, Schleswig-Holstein, Rheinland-Pfalz, Württemberg-Hohenzollern, Baden, Hansestadt Hamburg, in ihrem Gebietsstand am Tage des Inkrafttretens dieses Gesetzes.
(h) die Bezeichnung „Deutschland“ bedeutet das Gebiet des „Deutschen Reiches“, wie es am 31. Dezember 1937 bestanden hat;
(i) „deutsche Währung“ bezeichnet alle Zahlungsmittel, die als gesetzliche Zahlungsmittel in den Ländern Bayern, Bremen, Hessen, Württemberg-Baden, Niedersachsen, Nordrhein-Westfalen, Schleswig-Holstein, Rheinland-Pfalz, Württemberg-Hohenzollern, Baden, Hansestadt Hamburg, Sachsen, Sachsen-Anhalt, Thüringen, Brandenburg und Mecklenburg-Vorpommern sowie in Groß-Berlin gelten oder gegolten haben.

Artikel XI
Allgemeine Vorschriften

1. Für die Zwecke der Durchführung dieses Gesetzes hat eine juristische Person in einem oder mehreren der folgenden Länder:
   (a) in demjenigen Land, durch das oder gemäß dessen Gesetz die juristische Person errichtet worden ist;
   (b) in demjenigen Land oder in denjenigen Ländern, in welchen sie ihre Hauptniederlassung hat, oder
   (c) in demjenigen Land oder in denjenigen Ländern, in welchen sie geschäftlich tätig ist. [sic!]
2. Vermögenswerte gelten als „im Eigentum oder unter Kontrolle“ einer Person befindlich, wenn sie im Namen oder für Rechnung oder zugunsten dieser Person gehalten werden, oder wenn sie ihr oder ihrem Beauftragten oder Agenten geschuldet werden, oder wenn eine solche Person berechtigt oder verpflichtet ist, derartige Vermögenswerte zu kaufen, in Empfang zu nehmen oder zu erwerben.

Artikel XII
Aufhebung von Rechtsvorschriften

1. Folgende Vorschriften werden hiermit aufgehoben:
   (a) das Militärregierungsgesetzt Nr. 53 „Devisenbeschaffung“ und die auf Grund des genannten Gesetzes erteilten Allgemeinen Genehmigungen Nr. 1, 3, 5, 6, 7, 9 und 10 und Bekanntmachungen Nr. 1, 2 und 3;

(b) diejenigen Abschnitte des Militärregierungsgesetzes Nr. 161 (abgeändert) betreffend „Grenzkontrolle", welche die Einfuhr und Ausfuhr von Waren regeln, sowie die auf Grund des genannten Gesetzes erteilten Allgemeinen Genehmigungen Nr. 1 und 2;
(c) das deutsche Gesetz über die Devisenbewirtschaftung von 1938;
(d) Verordnung Nr. 17 der Militärregierung betreffend „Verbotene Rechtsgeschäfte und Tätigkeiten".

2. Alle Sondergenehmigungen, erteilt auf Grund der Gesetze Nr. 53 und 161 der Militärregierung, und die Allgemeinen Genehmigungen Nr. 2, 4, 8, 11, 12 und 13 auf Grund des Militärregierungsgesetzes Nr. 53 bleiben weiterhin in Kraft mit der gleichen Wirkung, als ob sie auf Grund dieses Gesetzes erteilt worden wären; [sic!]
3. Wer vor dem Inkrafttreten dieses Gesetzes dadurch eine strafbare Handlung begangen hat, daß er gegen eine Vorschrift des Gesetzes Nr. 53 oder der Verordnung Nr. 17 der Militärregierung oder gegen diejenigen Abschnitte des Gesetzes Nr. 161 (abgeändert) der Militärregierung betreffend „Grenzkontrolle", welche den Verkehr mit Vermögenswerten oder Waren regelt, verstößt oder eine ihm in den vorgenannten Vorschriften auferlegte Handlung vorzunehmen unterläßt, kann wegen einer solchen strafbaren Handlung zur Verantwortung gezogen werden, ohne Rücksicht darauf, ob ihm die Anklage bereits zugestellt worden ist; wenn schuldig befunden, kann er bestraft werden, als ob Gesetz Nr. 53 und Verordnung Nr. 17 der Militärregierung und diejenigen Abschnitte des Gesetzes Nr. 161 der Militärregierung (abgeändert) betreffend „Grenzkontrolle", welche den Verkehr mit Vermögenswerten oder Waren regeln, nicht aufgehoben worden wären.
4. Die Vorschriften dieses Gesetzes und der hierzu erlassenen Durchführungsverordnungen, Ermächtigungen oder Anweisungen gehen widersprechenden Bestimmungen deutschen Rechts vor.

Artikel XIII
Anwendungsgebiet und Inkrafttreten

Dieses Gesetz findet in den Ländern Bayern, Hessen, Württemberg-Baden und Bremen Anwendung. Es tritt am 19. September in Kraft.

Im Auftrage der Militärregierung

Strafgesetzbuch der DDR (Auszug)[1]

Art. 4 Schutz der Würde und der Rechte des Menschen (1974)

Die Würde des Menschen, seine Freiheit und seine Rechte stehen unter dem Schutz der Strafgesetze des sozialistischen Staates.
Die Achtung der Menschenwürde, von der sich die sozialistische Gesellschaft auch gegenüber dem Gesetzesverletzer leiten läßt, ist für die Tätigkeit der staatlichen und gesellschaftlichen Strafrechtspflege und für den Strafvollzug unverbrüchliches Gebot.
Eine Person darf nur in strikter Übereinstimmung mit den Gesetzen strafrechtlich verfolgt und zur Verantwortung gezogen werden. Eine Handlung zieht strafrechtliche Verantwortlichkeit nur

1 Das Strafgesetzbuch der DDR wurde am 12.1.1968 erlassen (DDR-GBl. I, S. 1) und trat am 1.7.1968 in Kraft. Insgesamt gab es sechs Gesetze zur Änderung des Strafrechts der DDR: 1. StrÄG v. 19.12.1974 (DDR-GBl. I, S. 591), in Kraft ab dem 1.4.1975, 2. StrÄG v. 7.4.1977 (DDR-GBl. I, S. 100), in Kraft ab dem 5.5.1977, 3. StrÄG v. 28.6.1979 (DDR-GBl. I, S. 139), in Kraft ab dem 1.8.1979, 4. StrÄG v. 18.12.1987 (DDR-GBl. I, S. 301), in Kraft ab dem 30.12.1987, 5. StrÄG v. 14.12.1988 (DDR-GBl. I, S. 335), in Kraft ab dem 1.7.1989, 6. StrÄG v. 29.6.1990 (DDR-GBl. I, S. 526), in Kraft ab dem 1.7.1990. Der Klammerzusatz gibt die jeweilige Fassung des Gesetzes an.

nach sich, wenn dies zur Zeit ihrer Begehung durch Gesetz vorgesehen ist, der Täter schuldhaft gehandelt hat und die Schuld zweifelsfrei nachgewiesen ist. Die Rückwirkung und die analoge Anwendung von Strafgesetzen zuungunsten des Betroffenen ist unzulässig.
Die Rechte der Persönlichkeit, das Post- und Fernmeldegeheimnis und die Unverletzlichkeit der Wohnung sind gewährleistet. Sie dürfen nur so weit eingeschränkt werden, als dies gesetzlich zulässig und unumgänglich ist. Festnahmen und Verhaftungen erfolgen nur auf Grundlage des Gesetzes.
Niemand darf als einer Straftat schuldig behandelt werden, bevor nicht in einem gesetzlich durchgeführten Verfahren von einem Gericht oder gesellschaftlichen Organ der Rechtspflege seine Schuld zweifelsfrei nachgewiesen und rechtskräftig festgestellt worden ist.
Das Recht auf Verteidigung ist gewährleistet.
Strafen im Sinne dieses Gesetzes werden ausschließlich durch Gerichte ausgesprochen. Niemand darf seinem gesetzlichen Richter entzogen werden; Ausnahmegerichte sind verboten.

Art. 4 Schutz der Würde und der Rechte des Menschen (1988)

Die Würde des Menschen, seine Freiheit und seine Rechte stehen unter dem Schutz der Strafgesetze des sozialistischen Staates. Die Achtung der Menschenwürde, von der sich die sozialistische Gesellschaft auch gegenüber dem Gesetzesverletzer leiten läßt, ist für die Tätigkeit der staatlichen und gesellschaftlichen Strafrechtspflege und für den Strafvollzug unverbrüchliches Gebot.
Eine Person darf nur in strikter Übereinstimmung mit den Gesetzen strafrechtlich verfolgt und zur Verantwortung gezogen werden. Eine Handlung zieht strafrechtliche Verantwortlichkeit nur nach sich, wenn dies zur Zeit ihrer Begehung durch Gesetz vorgesehen ist, der Täter schuldhaft gehandelt hat und die Schuld zweifelsfrei nachgewiesen ist. Die Rückwirkung und die analoge Anwendung von Strafgesetzen zuungunsten des Betroffenen ist unzulässig.
Die Rechte der Persönlichkeit, das Post- und Fernmeldegeheimnis und die Unverletzlichkeit der Wohnung sind gewährleistet. Sie dürfen nur so weit eingeschränkt werden, als dies gesetzlich zulässig und unumgänglich ist. Festnahmen und Verhaftungen erfolgen nur auf Grundlage des Gesetzes.
Folter oder andere grausame, unmenschliche oder erniedrigende Behandlung oder Bestrafung sind verboten und unter Strafe gestellt.
Niemand darf als einer Straftat schuldig behandelt werden, bevor nicht in einem gesetzlich durchgeführten Verfahren von einem Gericht oder gesellschaftlichen Organ der Rechtspflege seine Schuld zweifelsfrei nachgewiesen und rechtskräftig festgestellt worden ist.
Das Recht auf Verteidigung ist gewährleistet.
Strafen im Sinne dieses Gesetzes werden ausschließlich durch Gerichte ausgesprochen. Niemand darf seinem gesetzlichen Richter entzogen werden; Ausnahmegerichte sind verboten.

§ 115 Vorsätzliche Körperverletzung (1974)

(1) Wer vorsätzlich die Gesundheit eines Menschen schädigt oder ihn körperlich mißhandelt, wird von einem gesellschaftlichen Organ der Rechtspflege zur Verantwortung gezogen oder mit öffentlichem Tadel, Geldstrafe, Haftstrafe, Verurteilung auf Bewährung oder Freiheitsstrafe bis zu zwei Jahren bestraft.
(2) Der Versuch ist strafbar, wenn gefährliche Mittel oder Methoden angewandt werden.

§ 115 Vorsätzliche Körperverletzung (1988)

(1) Wer vorsätzlich die Gesundheit eines Menschen schädigt oder ihn körperlich mißhandelt, wird von einem gesellschaftlichen Organ der Rechtspflege zur Verantwortung gezogen oder

mit öffentlichem Tadel, Geldstrafe, Haftstrafe, Verurteilung auf Bewährung oder Freiheitsstrafe bis zu zwei Jahren bestraft.

(2) Der Versuch ist strafbar, wenn gefährliche Mittel oder Methoden angewandt werden.

(3) Ist die Tat gegenüber einem Angehörigen begangen, tritt die Verfolgung auf dessen Antrag ein.

§ 116 Schwere Körperverletzung (1974)

(1) Wer durch die vorsätzliche Körperverletzung eine lebensgefährliche Gesundheitsschädigung, eine nachhaltige Störung wichtiger körperlicher Funktionen oder eine erhebliche oder dauernde Entstellung des Verletzten fahrlässig verursacht, wird mit Freiheitsstrafe bis zu fünf Jahren oder mit Verurteilung auf Bewährung bestraft.

(2) Wer eine der genannten Folgen vorsätzlich verursacht, wird mit Freiheitsstrafe von zwei bis zu acht Jahren bestraft. Der Versuch ist strafbar.

§ 117 Körperverletzung mit Todesfolge (1974)

Wer durch die vorsätzliche Körperverletzung den Tod des Verletzten fahrlässig verursacht, wird mit Freiheitsstrafe bis zu zehn Jahren bestraft.

§ 118 Fahrlässige Körperverletzung (1974)

(1) Wer fahrlässig die Gesundheit eines Menschen schädigt, wird von einem gesellschaftlichen Organ der Rechtspflege zur Verantwortung gezogen oder mit öffentlichem Tadel, Geldstrafe oder mit Verurteilung auf Bewährung bestraft.

(2) In schweren Fällen wird der Täter mit Freiheitsstrafe bis zu zwei Jahren oder mit Verurteilung auf Bewährung bestraft. Ein schwerer Fall liegt vor, wenn

1. eine schwere Schädigung der Gesundheit eines anderen Menschen verursacht wird oder eine Vielzahl von Menschen verletzt werden;
2. die fahrlässige Körperverletzung auf einer rücksichtslosen Verletzung von Bestimmungen zum Schutze von Leben und Gesundheit der Menschen beruht oder der Täter seine. Sorgfaltspflichten im gesellschaftlichen Zusammenleben in besonders verantwortungsloser Weise verletzt.

§ 119 Verletzung der Pflicht zur Hilfeleistung (1974)

Wer bei Unglücksfällen oder Gemeingefahr für das Leben oder die Gesundheit von Menschen nicht die erforderliche und ihm mögliche Hilfe leistet, obwohl ihm dies ohne erhebliche Gefahr für sein Leben oder seine Gesundheit und ohne Verletzung wichtiger anderer Pflichten möglich ist, wird von einem gesellschaftlichen Organ der Rechtspflege zur Verantwortung gezogen oder mit öffentlichem Tadel, Geldstrafe, Verurteilung auf Bewährung oder mit Freiheitsstrafe bis zu zwei Jahren bestraft.

§ 120 Verletzung der Obhutspflicht (1974)

(1) Wer einen Menschen, der unter seiner Obhut steht oder für dessen Unterbringung, Betreuung oder Behandlung er zu sorgen hat, oder wer einen Angehörigen, der in seiner Familie lebt, in hilfloser Lage läßt, wird von einem gesellschaftlichen Organ der Rechtspflege zur Verantwortung gezogen oder mit öffentlichem Tadel, Geldstrafe, Verurteilung auf Bewährung oder mit Freiheitsstrafe bis zu zwei Jahren bestraft.

(2) Wer durch die Tat eine schwere Körperverletzung fahrlässig verursacht, wird mit Freiheitsstrafe bis zu fünf Jahren, und wer den Tod fahrlässig verursacht, mit Freiheitsstrafe bis zu zehn Jahren bestraft.

§ 225 Unterlassung der Anzeige (1974)

(1) Wer von dem Vorhaben, der Vorbereitung oder der Ausführung
1. eines Verbrechens gegen den Frieden und die Menschlichkeit (§§ 85 bis 89, 91 bis 93);
2. eines Verbrechens gegen die Deutsche Demokratische Republik (§§ 96 bis 105, § 106 Absatz 2, §§ 107, 108, 110);
3. eines Verbrechens gegen das Leben (§§ 112,113);
4. eines Verbrechens oder Vergehens gegen die allgemeine Sicherheit oder gegen die staatliche Ordnung (§§ 185, 186, 190, 198, 213 Absatz 2 Ziffern 1 bis 4);
5. eines Vergehens oder Verbrechens des Mißbrauchs von Waffen oder Sprengmitteln (§§ 206, 207);
6. eines Verbrechens oder Vergehens der Fahnenflucht (§ 254)

vor dessen Beendigung glaubwürdig Kenntnis erlangt und dies nicht unverzüglich zur Anzeige bringt, wird mit Freiheitsstrafe bis zu fünf Jahren oder mit Verurteilung auf Bewährung, Geldstrafe oder mit öffentlichem Tadel bestraft.

(2) Ebenso wird bestraft, wer glaubwürdig Kenntnis von einem Waffenversteck erlangt und dies nicht unverzüglich zur Anzeige bringt.

(3) In besonders schweren, Fällen ist auf Freiheitsstrafe von zwei bis zehn Jahren zu erkennen.

(4) Die Anzeige ist bei einer Dienststelle der Sicherheitsorgane oder der Staatsanwaltschaft der Deutschen Demokratischen Republik zu erstatten. Die Anzeige kann erforderlichenfalls auch bei einem anderen staatlichen Organ erstattet werden.

§ 225 Unterlassung der Anzeige (1979)

(1) Wer von dem Vorhaben, der Vorbereitung oder der Ausführung
1. eines Verbrechens gegen den Frieden und die Menschlichkeit (§§ 85 bis 89, 91 bis 93);
2. eines Verbrechens gegen die Deutsche Demokratische Republik (§§ 98 bis 105, 108 Absatz 2, 107, 108, 109 Absatz 2, 110);
3. eines Verbrechens gegen das Leben (§§ 112; 113);
4. eines Verbrechens des schweren Raubes (§ 128 Absatz 1 Ziffern 1 und 2);
5. eines Verbrechens oder Vergehens gegen die allgemeine Sicherheit, oder gegen die staatliche Ordnung (§§ 185, 188; 190, 198, 213 Absatz 3);
6. eines Vergehens oder Verbrechens des Mißbrauchs von Waffen oder Sprengmitteln (§§ 208, 207);
7. eines Verbrechens der Gefangenenbefreiung (§ 235 Absatz 2);
8. eines Verbrechens oder Vergehens der Fahnenflucht (§ 254)

vor dessen Beendigung glaubwürdig Kenntnis erlangt und dies nicht unverzüglich zur Anzeige bringt, wird mit Freiheitsstrafe bis zu fünf Jahren oder mit Verurteilung auf Bewährung, Geldstrafe oder mit öffentlichem Tadel bestraft.

(2) Ebenso wird bestraft, wer glaubwürdig Kenntnis von einem Waffenversteck erlangt und dies nicht unverzüglich zur Anzeige bringt.

(3) In besonders schweren, Fällen ist auf Freiheitsstrafe von zwei bis zehn Jahren zu erkennen.

(4) Die Anzeige ist bei einer Dienststelle der Sicherheitsorgane oder der Staatsanwaltschaft der Deutschen Demokratischen Republik zu erstatten. Die Anzeige kann erforderlichenfalls auch bei einem anderen staatlichen Organ erstattet werden.

§ 244b Straftaten in Ausübung staatlicher Tätigkeit (1990)

(1) Wer in Ausübung staatlicher Tätigkeit eine Körperverletzung (§ 115), eine Nötigung (§ 129), eine Bedrohung (§ 130), eine Freiheitsberaubung (§ 131), einen Hausfriedensbruch (§ 134), eine Verletzung des Briefgeheimnisses (§ 135), ein unberechtigtes Abhören (§ 135a), eine

Verletzung der Rechte an persönlichen Daten (§ 136a), eine Beleidigung (§ 137), eine Verleumdung (§ 138) oder eine Vernichtung von Urkunden oder beweiserheblichen Daten (§ § 241, 241a) begeht, wird mit Freiheitsstrafe bis zu fünf Jahren, Verurteilung auf Bewährung oder mit Geldstrafe bestraft.

(2) Der Versuch ist strafbar.

Strafprozessordnung der DDR (Auszug)[1]

§ 122 [Voraussetzungen für die Anordnung von Untersuchungshaft] (1974/1979)

(1) Der Beschuldigte oder der Angeklagte darf nur dann in Untersuchungshaft genommen werden, wenn dringende Verdachtsgründe gegen ihn vorliegen und
1. Fluchtverdacht oder Verdunkelungsgefahr vorhanden ist;
2. ein Verbrechen den Gegenstand des Verfahrens bildet oder bei einem schweren fahrlässigen Vergehen der Ausspruch einer Freiheitsstrafe von über zwei Jahren zu erwarten ist;
3. das Verhalten des Beschuldigten oder des Angeklagten eine wiederholte und erhebliche Mißachtung der Strafgesetze darstellt und dadurch Wiederholungsgefahr begründet wird;
4. die Tat, die den Gegenstand des Verfahrens bildet, mit Haftstrafe oder als Militärstraftat mit Strafarrest bedroht und eine Strafe mit Freiheitsentzug zu erwarten ist.

(2) Fluchtverdacht liegt vor, wenn
1. Tatsachen festgestellt sind, aus denen zu schließen ist, daß der Beschuldigte oder der Angeklagte entfliehen oder sich verbergen wird, um sich der Strafverfolgung zu entziehen;
2. sich der Beschuldigte nicht ausweisen kann und die Feststellung seiner Personalien schwierig ist;
3. der Beschuldigte oder der Angeklagte keinen festen Wohnsitz hat oder sich unangemeldet in der Deutschen Demokratischen Republik aufhält;
4. der Beschuldigte oder der Angeklagte nicht Bürger der Deutschen Demokratischen Republik ist, keinen festen Wohnsitz in der Deutschen Demokratischen Republik besitzt und eine Freiheitsstrafe zu erwarten hat.

(3) Verdunkelungsgefahr liegt vor, wenn Tatsachen festgestellt sind, aus denen zu schließen ist, daß der Beschuldigte oder der Angeklagte
1. Spuren der Straftat vernichten oder Beweismaterial beiseite schaffen werde;
2. Zeugen oder Mitschuldige zu einer falschen Aussage oder Zeugen dazu verleiten werde, sich der Zeugenpflicht zu entziehen.

(4) Die Tatsachen, aus denen sich die Voraussetzungen für die Anordnung der Untersuchungshaft ergeben, sind aktenkundig zu machen.

§ 125 Vorläufige Festnahme (1974/1979)

(1) Wird jemand auf frischer Tat angetroffen oder verfolgt, ist, wenn er der Flucht verdächtig ist oder seine Personalien nicht sofort festgestellt werden können, jedermann befugt, ihn auch ohne richterlichen Haftbefehl vorläufig festzunehmen.

(2) Der Staatsanwalt und das Untersuchungsorgan sind auch dann zur vorläufigen Festnahme befugt, wenn die Voraussetzungen eines Haftbefehls vorliegen und Gefahr im Verzuge ist.

---

1 Die Strafprozessordnung der DDR wurde am 12.1.1968 erlassen (DDR-GBl. I, S. 49) und trat am 1.7.1968 in Kraft. Zu den insgesamt sechs Gesetzen zur Änderung des Strafrechts der DDR vgl. bereits oben Anm. 1 auf S. 466. Der Klammerzusatz gibt die jeweilige Fassung des Gesetzes an.

§ 130 Vollzug der Untersuchungshaft (1974/1979)

(1) Dem Verhafteten dürfen nur die Beschränkungen auferlegt werden, die der Zweck der Untersuchungshaft, die Ordnung der Anstalt oder die Sicherheit erfordern.
(2) Der Verhaftete soll getrennt von Verurteilten und, sofern er jugendlich ist, auch getrennt von erwachsenen Personen untergebracht werden.
(3) Der Verhaftete ist in Einzelhaft unterzubringen, wenn es die Ermittlungen erfordern.
(4) Weisungen über den Vollzug der Untersuchungshaft kann im Ermittlungsverfahren der Staatsanwalt, im gerichtlichen Verfahren das Gericht erteilen. In dringenden Fällen kann der Anstaltsleiter vorläufige Anordnungen treffen; sie bedürfen der Bestätigung des Staatsanwalts oder des Gerichts.

§ 131 Haftprüfung (1974/1979)

(1) Der Staatsanwalt und nach Einreichung der Anklageschrift auch das Gericht haben jederzeit zu prüfen, ob die Voraussetzungen der Untersuchungshaft noch vorliegen. Das Ergebnis ist zum Zwecke der Nachprüfung aktenkundig zu machen.
(2) Bei der Entscheidung über die Verlängerung der Bearbeitungsfrist im Ermittlungsverfahren (§ 103) hat der zuständige Staatsanwalt auch über die Notwendigkeit der Fortdauer der Untersuchungshaft zu entscheiden.
(3) Die Prüfungspflicht obliegt auch den Untersuchungsorganen. Sie haben den Staatsanwalt sofort zu unterrichten, wenn die Voraussetzungen für die Untersuchungshaft weggefallen sind.

Gesetz über den Vollzug der Strafen mit Freiheitsentzug und über die Wiedereingliederung Strafentlassener in das gesellschaftliche Leben (Strafvollzugs- und Wiedereingliederungsgesetz) – SVWG – vom 12.1.1968[1]

Kapitel I
Grundsatzbestimmungen

§ 1

Das Gesetz über den Vollzug der Strafen mit Freiheitsentzug und über die Wiedereingliederung Strafentlassener in das gesellschaftliche Leben ist Bestandteil des einheitlichen Rechtssystems der Deutschen Demokratischen Republik. Es regelt Ziel und Inhalt des Vollzuges der Strafen mit Freiheitsentzug, die Aufgaben und Befugnisse der Vollzugsorgane sowie die Rechte und Pflichten der Strafgefangenen. Ferner regelt es die Grundsätze der Wiedereingliederung aus dem Strafvollzug entlassener Personen in das gesellschaftliche Leben. Es bildet die gesetzliche Grundlage für den Vollzug der Strafen mit Freiheitsentzug und die Wiedereingliederung.

§ 2

(1) Der Vollzug der Strafen mit Freiheitsentzug soll den Tätern und anderen Bürgern die Schwere und Verwerflichkeit der Straftat und die Unantastbarkeit der sozialistischen Staats- und Gesellschaftsordnung bewußt machen, die Gesellschaft vor erneuten Straftaten schützen, den Bestraften ihre Verantwortung gegenüber der sozialistischen Gesellschaft sowie die Verpflichtung zur Wiedergutmachung und Bewährung nachdrücklich aufzeigen.
(2) Die Strafen mit Freiheitsentzug werden in staatlichen Strafvollzugseinrichtungen vollzogen. Die Strafgefangenen sollen durch eine den Besonderheiten der einzelnen Strafarten und de-

1 DDR-GBl. I, S. 109.

ren Strafzweck entsprechende, nach ihrer Tat, Persönlichkeit und Strafdauer differenzierte Ordnung, kollektive gesellschaftlich nützliche Arbeit, staatsbürgerliche Erziehung und Bildung sowie durch berufliche und allgemeinbildende Förderungsmaßnahmen erzogen werden, künftig die sozialistische Gesetzlichkeit gewissenhaft zu achten und ihr Leben gesellschaftlich verantwortungsbewußt zu gestalten.

(3) Das Bestreben der Strafgefangenen zur Wiedergutmachung und Bewährung ist unter differenzierter Mitwirkung gesellschaftlicher Kräfte durch die Übertragung verantwortlicher Aufgaben im Arbeitsprozeß und bei der Festigung der Disziplin sowie durch kulturelle Betätigung zu entwickeln und zu fördern.

§ 3

(1) Beim Vollzug der Strafen mit Freiheitsentzug ist die sozialistische Gesetzlichkeit strikt einzuhalten. Die Gerechtigkeit und die Achtung der Menschenwürde, von der sich die sozialistische Gesellschaft auch gegenüber dem Gesetzesverletzer leiten läßt, sind unverbrüchliches Gebot.

(2) Im Strafvollzug darf niemand wegen seiner Nationalität, seiner Rasse, seines Glaubensbekenntnisses, seiner Weltanschauung oder wegen seiner Zugehörigkeit zu einer Klasse oder sozialen Schicht benachteiligt werden.

(3) Die Rechte der Strafgefangenen dürfen im Strafvollzug nur insoweit eingeschränkt werden, als das durch Gesetz zulässig ist. Die Anwendung anderer als in diesem Gesetz vorgesehenen Disziplinar- und Sicherungsmaßnahmen ist nicht zulässig.

§ 4

(1) Im Mittelpunkt der Erziehung im Strafvollzug steht die Heranziehung der Strafgefangenen zu gesellschaftlich nützlicher Arbeit. Die Arbeit ist vorwiegend in Brigaden durchzuführen. Ihre erzieherische Wirkung ist unter Berücksichtigung von Art und Dauer der zu vollziehenden Strafe durch vielfältige Formen der Berufsausbildung und Qualifizierung zu erhöhen.

(2) Die arbeitsfähigen Strafgefangenen sind zur Arbeitsleistung verpflichtet.

(3) Die Arbeitsleistungen Strafgefangener sind unter Berücksichtigung des Leistungsprinzips und der Vollzugsart zu vergüten.

(4) Den Strafgefangenen ist der Arbeits- und Gesundheitsschutz garantiert. Sie erhalten eine regelmäßige sanitär-hygienische und eine den sozialversicherungsrechtlichen Bestimmungen entsprechende medizinische Betreuung sowie Sachleistungen. Aus Unfällen während des Arbeitseinsatzes herrührende Gesundheitsschäden werden nach der Entlassung entsprechend den versicherungsrechtlichen Bestimmungen behandelt.

§ 5

(1) Der Strafvollzug an Jugendlichen soll diese zur bewußten gesellschaftlichen Disziplin, Verantwortung und Arbeit führen. Die Erziehung ist so auszugestalten, daß sie der Entwicklung gesellschaftlich nützlicher Verhaltensweisen und der Gewöhnung an eine sinnvolle Freizeitgestaltung dient.

(2) Den zu Freiheitsstrafe oder Einweisung in ein Jugendhaus Verurteilten ist, den Besonderheiten dieser Strafarten und deren Strafzweck entsprechend, durch eine differenzierte staatsbürgerliche Erziehung und Bildung sowie berufliche Qualifizierung zu helfen, nach ihrer Entlassung einen ihren Leistungen und Fähigkeiten entsprechenden Platz in der sozialistischen Gesellschaft einzunehmen. Durch Zirkel, Arbeitsgemeinschaften, Kultur- und

Sportgruppen, Aktivs und Kommissionen sind die Jugendlichen in den Prozeß der Erziehung und Bildung einzubeziehen.

§ 6

(1) Die durch das Strafverfahren begonnene und in den Strafvollzugseinrichtungen fortgesetzte Erziehung der Strafgefangenen ist durch eine umfassende Wiedereingliederung in das gesellschaftliche Leben, insbesondere in den Arbeitsprozeß, systematisch weiterzuführen.
(2) Die Leiter der Betriebe, der staatlichen Organe und Einrichtungen, die Vorstände der Genossenschaften und die Leitungen der gesellschaftlichen Organisationen haben in enger Zusammenarbeit mit den sozialistischen Kollektiven die Wiedereingliederung aktiv zu unterstützen.

§ 7

Die Aufsicht der Staatsanwaltschaft über den Strafvollzug und über die Wiedereingliederung umfaßt insbesondere die Einhaltung der Gesetzlichkeit bei der Erziehung der Strafgefangenen auf der Grundlage gesellschaftlich nützlicher Arbeit und staatsbürgerlicher Erziehung und Bildung, die Einhaltung der Bestimmungen über Arbeitszeit und Arbeitsschutz, die Vergütung der Arbeitsleistungen und die Ausgestaltung der arbeitsfreien Zeit, die sanitäre und gesundheitliche Betreuung und die Unterbringung, Verpflegung und Bekleidung der Strafgefangenen.

Kapitel II
Aufgaben und Struktur der Vollzugsorgane

§ 8

(1) Der Vollzug der Strafen mit Freiheitsentzug obliegt dem Ministerium des Innern.
(2) Der Minister des Innern und Chef der Deutschen Volkspolizei ist dem Ministerrat für den Vollzug der Strafen mit Freiheitsentzug verantwortlich.
(3) Der Vollzug von Freiheitsstrafen an Militärpersonen und von Strafarrest kann bei militärischer Notwendigkeit durch die Organe des Ministeriums für Nationale Verteidigung erfolgen.

§ 9

(1) Die Verwaltung Strafvollzug ist das Oberste Vollzugsorgan.
(2) Strafvollzugseinrichtungen sind Strafvollzugsanstalten, Strafvollzugskommandos, Jugendstrafanstalten, Arbeitserziehungskommandos, Jugendhäuser und Haftkrankenhäuser sowie Strafvollzugs-, Strafhaft-, Jugendhaft-, Arbeitserziehungs- und Militär-Strafarrestabteilungen. Sie sind Vollzugsorgane.

§ 10

(1) Das Oberste Vollzugsorgan hat unter strikter Einhaltung der sozialistischen Gesetzlichkeit einen wirksamen und den gesellschaftlichen Erfordernissen entsprechenden Vollzug der Strafen mit Freiheitsentzug zu gewährleisten. Es hat
   1. die Sicherheit, Ordnung und Disziplin in den Strafvollzugseinrichtungen zu garantieren;
   2. die Verwahrung und Erziehung der Strafgefangenen sowie ihre Versorgung und Betreuung zu sichern;
   3. die Wiedereingliederung der zu entlassenden Strafgefangenen in das gesellschaftliche Leben allseitig vorzubereiten;

4. die gesellschaftlichen Kräfte in die Erziehungsarbeit des Strafvollzuges differenziert einzubeziehen;
5. die Beziehungen der Strafgefangenen zu staatlichen Organen, gesellschaftlichen Organisationen, Angehörigen und anderen Personen zu regeln.

(2) Das Oberste Vollzugsorgan hat eine qualifizierte operative Anleitung und Kontrolle der Strafvollzugseinrichtungen zu gewährleisten, die Ergebnisse der Vollzugsarbeit ständig einzuschätzen, eine systematische Forschungsarbeit zu organisieren, die perspektivischen Aufgaben herauszuarbeiten und ihrer Lösung zuzuführen sowie für die Verallgemeinerung guter Erfahrungen zu sorgen.

(3) Das Oberste Vollzugsorgan hat zur Erfüllung der Aufgaben eng mit anderen Rechtspflege-, staatlichen und wirtschaftsleitenden Organen, den entsprechenden Institutionen sowie gesellschaftlichen Organisationen zusammenzuarbeiten.

(4) Das Oberste Vollzugsorgan hat eine richtige Auswahl, Ausbildung und Erziehung sowie den zweckmäßigsten Einsatz der Strafvollzugsangehörigen zu gewährleisten.

§ 11

(1) Die Leiter der Strafvollzugseinrichtungen haben in ihrem Bereich die Erfüllung der Aufgaben gemäß § 10 Abs. 1 zu gewährleisten sowie die notwendigen Entscheidungen über die Verwahrung und Unterbringung, die Erziehung und den Arbeitseinsatz, die Versorgung und medizinische Betreuung der Strafgefangenen zu treffen und erforderliche Maßnahmen durchzusetzen. Sie entscheiden darüber hinaus über den Aufschub und die Unterbrechung des Vollzuges der Strafen mit Freiheitsentzug.

(2) Die Leiter der Strafvollzugseinrichtungen haben zu gewährleisten, daß alle arbeitsfähigen Strafgefangenen zu kollektiver, gesellschaftlich nützlicher Arbeit eingesetzt werden. Unter Berücksichtigung der Strafart sind vielfältige Formen der allgemeinen und beruflichen Qualifizierung anzuwenden. In den Jugendstrafanstalten und Jugendhäusern ist eine berufliche und allgemeinbildende Qualifizierung zu sichern.

(3) Die Leiter der Strafvollzugseinrichtungen haben zur Erfüllung ihrer Aufgaben eng mit den Rechtspflege-, Staats- und Wirtschaftsorganen, den entsprechenden Institutionen sowie gesellschaftlichen Organisationen und Kräften zusammenzuarbeiten.

§ 12

Der Leiter der Verwaltung Strafvollzug ist berechtigt, Entscheidungen der Leiter der Strafvollzugseinrichtungen aufzuheben. Er ist dazu verpflichtet, sofern sie gegen dieses Gesetz oder gegen die zu seiner Durchführung erlassenen Bestimmungen verstoßen.

§ 13

(1) Die Strafvollzugsangehörigen sind für ihre Tätigkeit besonders auszuwählen. Sie müssen für den Vollzugsdienst geeignet sein, über ein gutes politisches und Allgemeinwissen verfügen sowie pädagogische und psychologische Kenntnisse und Fähigkeiten besitzen.

(2) Die in den Strafvollzugseinrichtungen für Jugendliche tätigen Erzieher, Lehrer und Lehrmeister müssen über eine pädagogische und psychologische Ausbildung verfügen und für die Erziehung schwererziehbarer Jugendlicher geeignet sein.

(3) Die Strafvollzugsangehörigen haben im Rahmen der ihnen übertragenen Aufgaben und Befugnisse die Pflicht und das Recht, den Strafgefangenen Weisungen zu erteilen und deren Erfüllung durchzusetzen.

Kapitel III
Differenzierung im Strafvollzug

§ 14
Voraussetzungen für den Vollzug der Strafen mit Freiheitsentzug

(1) Voraussetzung für den Vollzug einer Strafe mit Freiheitsentzug ist eine rechtskräftige Entscheidung eines Gerichts der Deutschen Demokratischen Republik, in der diese Strafe ausgesprochen wurde.
(2) Den Vollzugsorganen ist von den Gerichten eine Ausfertigung des Urteils zur Verfügung zu stellen.
(3) Die Einweisung der Verurteilten in eine Strafvollzugseinrichtung erfolgt durch die Vollzugsorgane.
(4) Die Einweisung kann zur Bestimmung eines individuellen Erziehungsprogramms mit einem Aufnahmeverfahren verbunden werden.

Vollzugsarten

Vollzug der Freiheitsstrafe

§ 15

(1) Der Vollzug der Freiheitsstrafe ist in einer strengen, einer allgemeinen oder in einer erleichterten Vollzugsart durchzuführen.
(2) Die Vollzugsarten unterscheiden sich nach der Art der Unterbringung der Strafgefangenen, ihrer Beaufsichtigung und Bewegungsfreiheit im Strafvollzug. Damit sind unterschiedliche Ordnungs- und Disziplinarbestimmungen, unterschiedliche Vergütungen der Arbeitsleistungen, Unterschiede im Umfang der persönlichen Verbindungen sowie eine differenzierte Mitwirkung der Strafgefangenen am Erziehungsprozeß verbunden.

§ 16

(1) In die allgemeine Vollzugsart sind Verurteilte aufzunehmen, die
   1. wegen eines Verbrechens mit einer Freiheitsstrafe bis zu zwei Jahren bestraft wurden, sofern sie nicht gemäß § 17 Abs. l Ziff. 2 in die strenge Vollzugsart aufzunehmen sind;
   2. wegen eines vorsätzlichen Vergehens mit einer Freiheitsstrafe bestraft wurden, sofern sie nicht gemäß § 17 Abs. 1 Ziff. 3 in die strenge Vollzugsart oder gemäß § 18 Abs. 1 Ziff. 2 in die erleichterte Vollzugsart aufzunehmen sind.
(2) Innerhalb der allgemeinen Vollzugsart ist durch ein differenziertes und progressiv gestaffeltes System von Vergünstigungen das eigene Bemühen der Strafgefangenen zur Bewährung und Wiedergutmachung zu unterstützen.

§ 17

(1) In die strenge Vollzugsart sind Verurteilte aufzunehmen, die
   1. wegen eines Verbrechens mit mehr als zwei Jahren Freiheitsstrafe bestraft wurden;
   2. wegen eines Verbrechens mit Freiheitsstrafe bis zu zwei Jahren bestraft wurden und wegen einer vorsätzlichen Straftat mit Freiheitsstrafe von mehr als einem Jahr oder mit Arbeitserziehung vorbestraft sind;
   3. wegen eines vorsätzlichen Vergehens mit Freiheitsstrafe bestraft wurden und mindestens zweimal mit Freiheitsstrafe oder Arbeitserziehung vorbestraft sind.
(2) Die Strafgefangenen, die wegen eines Verbrechens gegen die Persönlichkeit, Jugend und Familie, das sozialistische, persönliche oder private Eigentum, die allgemeine Sicherheit

und die staatliche Ordnung bereits zweimal bestraft und bei einem erneuten derartigen Verbrechen oder vorsätzlichen Vergehen gemäß § 44 des Strafgesetzbuches bestraft sowie solche, die nach den speziellen Rückfallbestimmungen verurteilt wurden, sind getrennt von den übrigen unterzubringen.

§ 18

(1) In die erleichterte Vollzugsart sind Verurteilte aufzunehmen, die
1. wegen eines fahrlässig begangenen Vergehens mit einer Freiheitsstrafe bestraft wurden;
2. mit einer Freiheitsstrafe von drei bis sechs Monaten bestraft wurden und nicht wegen einer vorsätzlich begangenen Straftat vorbestraft sind.

(2) In der erleichterten Vollzugsart sind die Strafgefangenen durch ein hohes Maß ihrer aktiven Mitwirkung an der Gestaltung des Erziehungs- und Arbeitsprozesses, durch gezielte und direkte Verbindung mit dem gesellschaftlichen Leben, insbesondere mit ihren Arbeitsstellen, umfassend und systematisch auf die Übernahme ihrer staatsbürgerlichen Pflichten nach ihrer Entlassung vorzubereiten.

§ 19
Vollzug der Arbeitserziehung

(1) Der Vollzug der Arbeitserziehung ist unter Beachtung der Persönlichkeit und des Vorlebens der Strafgefangenen in einer allgemeinen oder einer strengen Vollzugsart durchzuführen. Im Vollzug der Arbeitserziehung sind die Strafgefangenen durch die Erziehung zur Arbeit auf ihre soziale Einordnung vorzubereiten und es ist ihnen ein gesellschaftliches Pflichtbewußtsein anzuerziehen.

(2) In die allgemeine Vollzugsart sind erstmalig zu Arbeitserziehung Verurteilte aufzunehmen, sofern sie nicht gemäß Abs. 3 Ziff. 3 in der strengen Vollzugsart zu erfassen sind,

(3) In die strenge Vollzugsart sind zu Arbeitserziehung Verurteilte aufzunehmen,
1. bei denen die Aussetzung der Arbeitserziehung auf Bewährung widerrufen wurde;
2. die erneut zu Arbeitserziehung verurteilt wurden;
3. die mehrfach wegen einer vorsätzlichen Straftat mit einer anderen Strafe mit Freiheitsentzug vorbestraft sind.

§ 20
Überweisung in eine andere Vollzugsart

(1) Strafgefangene, die ihr Bemühen zur Bewährung und Wiedergutmachung durch ein einwandfreies Gesamtverhalten hinreichend bewiesen haben, können durch den Leiter der Strafvollzugseinrichtung in eine leichtere Vollzugsart überwiesen werden. Der Staatsanwalt ist zu informieren.

(2) In Ausnahmefällen kann eine Überweisung in eine strengere Vollzugsart erfolgen, wenn nach vergeblicher Anwendung der zulässigen Disziplinar- und Vollzugsmaßnahmen in der bisherigen Vollzugsart der Straf- und Erziehungszweck nicht erreicht werden kann, dazu jedoch in der strengeren Vollzugsart begründete Aussicht besteht. Die Überweisung erfolgt auf Antrag des Leiters der Strafvollzugseinrichtung durch das Oberste Vollzugsorgan. Die Zustimmung des Staatsanwalts ist erforderlich.

(3) Sind die Gründe zur Überweisung in eine andere Vollzugsart weggefallen, oder ist der Zweck dieser Maßnahme erreicht, kann die Überweisung rückgängig gemacht werden.

(4) Ist das Gericht bei der Verurteilung von der gesetzlich vorgesehenen Vollzugsart abgewichen, kann eine Überweisung nur mit seiner Zustimmung erfolgen.

§ 21
Vollzug der Haftstrafe

(1) Die Haftstrafe ist in einer gesonderten Vollzugsart zu vollziehen.
(2) Im Vordergrund des Vollzuges der Haftstrafe steht die unverzügliche und nachdrückliche Disziplinierung der Strafgefangenen. Sie wird durch Leistung gesellschaftlich nützlicher Arbeit vollzogen.

§ 22
Einweisung in ein Jugendhaus

(1) Der Strafvollzug in einem Jugendhaus ist in einer gesonderten Vollzugsart zu vollziehen.
(2) In den Jugendhäusern ist auf der Grundlage einer spezifischen Ordnung und durch eine nachdrückliche Erziehungsarbeit zu gewährleisten, daß die soziale Fehlentwicklung der Jugendlichen überwunden wird. Sie sind durch Schulbildung, berufliche Qualifizierung, staatsbürgerliche Erziehung sowie kulturelle und sportliche Betätigung zu befähigen, sich künftig im gesellschaftlichen und persönlichen Leben verantwortungsbewußt zu verhalten.

§ 23
Vollzug der Jugendhaft

(1) Die Jugendhaft ist in einer gesonderten Vollzugsart zu vollziehen.
(2) Beim Vollzug der Jugendhaft ist durch disziplinierende Maßnahmen einer weiteren negativen Entwicklung der Jugendlichen nachhaltig entgegenzuwirken. Die zu Jugendhaft Verurteilten sind durch gesellschaftlich nützliche Arbeit und sinnvolle Freizeitgestaltung zu Ordnung und Disziplin anzuhalten.

§ 24
Vollzug des Strafarrestes gegen Militärpersonen

(1) Der Strafarrest gegen Militärpersonen ist in einer gesonderten Vollzugsart zu vollziehen.
(2) Militärpersonen sind im Strafarrest zur Achtung der gesetzlichen und militärischen Bestimmungen sowie zu einer verantwortungsbewußten Einstellung zur militärischen Disziplin und Ordnung anzuhalten.

§ 25
Unterbringung der Strafgefangenen

(1) Entsprechend der rechtskräftigen Entscheidung des Gerichts sind unterzubringen:
   1. zu Freiheitsstrafe verurteilte Erwachsene in Strafvollzugsanstalten, Strafvollzugskommandos und Strafvollzugsabteilungen;
   2. zu Arbeitserziehung Verurteilte in Arbeitserziehungskommandos und Arbeitserziehungsabteilungen;
   3. zu Haftstrafe Verurteilte in Strafhaftabteilungen;
   4. zu Freiheitsstrafe verurteilte Jugendliche in Jugendstrafanstalten;
   5. zu Einweisung in ein Jugendhaus Verurteilte in Jugendhäusern;
   6. zu Jugendhaft Verurteilte in Jugendhafteinrichtungen;
   7. zu Strafarrest verurteilte Militärpersonen in Militärstrafarrestabteilungen.
(2) Strafgefangene im Sinne dieses Gesetzes sind Verurteilte, die in einer der im Abs. 1 genannten Strafvollzugseinrichtungen untergebracht worden sind.

(3) In den Strafvollzugseinrichtungen sind männliche Strafgefangene von weiblichen getrennt unterzubringen. Im Interesse der Erziehung der Strafgefangenen können weitere Trennungen vorgenommen werden.

Kapitel IV
Erziehung im Strafvollzug

§ 26

(1) Die Erziehung im Strafvollzug umfaßt die Durchsetzung der Ordnungs- und Verhaltensregeln, den Einsatz der Strafgefangenen zu gesellschaftlich nützlicher Arbeit, die staatsbürgerliche Erziehung und Bildung sowie die sinnvolle Anwendung von Anerkennungen und Disziplinarmaßnahmen.
(2) Die Erziehungsarbeit im Strafvollzug ist als einheitlich wirkender Prozeß zu gestalten. Der Arbeitseinsatz der Strafgefangenen ist dem Ziel der Strafen mit Freiheitsentzug untergeordnet.

Erziehung durch Arbeit

§ 27

(1) Die Erziehung der Strafgefangenen durch Arbeit dient der Formung und Festigung der bewußten Einstellung zu gesellschaftlich nützlicher Tätigkeit sowie der Bewährung und Wiedergutmachung.
(2) Die Strafgefangenen sind unter Beachtung ihrer Arbeitsfähigkeit zur Arbeit einzusetzen. Dabei sind nach Möglichkeit ihre berufliche Qualifikation sowie ihre Fähigkeiten und Fertigkeiten zu berücksichtigen. Für Strafgefangene, die auf Grund ihres Alters und ihres Gesundheitszustandes keine Tätigkeit in Produktionsstätten ausüben können, ist nach ärztlicher Konsultation eine zweckmäßige Gestaltung des Tagesablaufes zu gewährleisten.
(3) Die Strafgefangenen sind verpflichtet, die ihnen zugewiesene Arbeit ordnungsgemäß zu erfüllen, sich gegenseitig zu unterstützen und die für ihre Tätigkeit erforderlichen Kenntnisse und Fähigkeiten anzueignen.

§ 28

(1) Der Arbeitseinsatz der Strafgefangenen erfolgt in volkseigenen Betrieben und ihnen gleichgestellten Einrichtungen. Grundlage für die Organisation der Arbeit der Strafgefangenen sind Vereinbarungen des Ministeriums des Innern mit den zuständigen Wirtschaftsorganen.
(2) Der Arbeitseinsatz der Strafgefangenen in Produktionsbetrieben oder Abteilungen dieser Betriebe erfolgt auf der Grundlage von Vereinbarungen zwischen den Strafvollzugseinrichtungen und den Betrieben. Die Vereinbarungen enthalten die Bedingungen, nach denen der Arbeitseinsatz der Strafgefangenen erfolgt.

§ 29

(1) In den volkseigenen Betrieben und ihnen gleichgestellten Einrichtungen, in denen Strafgefangene zur Arbeit eingesetzt werden, sind die Leiter verpflichtet,
   1. im Zusammenwirken mit den Leitern der Strafvollzugseinrichtungen die für die Lösung der Aufgaben des Strafvollzuges und des Betriebes zweckmäßigsten Formen und Methoden zu entwickeln, zu vervollkommnen und durchzusetzen; dazu gehören die rationelle Organisation der Arbeit der Strafgefangenen, die Qualifizierung der Strafgefangenen, Produktionsberatungen und bestimmte Formen des Wettbewerbes;
   2. die Mitwirkung der Strafgefangenen in der Neuererbewegung wirksam zu fördern;

3. in den Abteilungen und Werkstätten, in denen Strafgefangene arbeiten, solche Betriebsangehörigen einzusetzen, die neben ihrer fachlichen Befähigung geeignet sind, auf die Strafgefangenen einen wirksamen erzieherischen Einfluß auszuüben.

(2) Die in den Produktionsstätten eingesetzten Betriebsangehörigen sind verpflichtet, die in diesem Gesetz enthaltenen und zu seiner Durchführung erlassenen Bestimmungen einzuhalten. Ihre Pflichten und Rechte sind in Übereinstimmung mit den Leitern der Strafvollzugseinrichtungen in besonderen Arbeitsordnungen festzulegen.

§ 30
Staatsbürgerliche Erziehung und Bildung

(1) Die staatsbürgerliche Erziehung und Bildung in den Strafvollzugseinrichtungen hat die Entwicklung bewußter Beziehungen der Strafgefangenen zur Gesellschaft zum Ziel.

(2) Sie ist vor allem auf die Erziehung zur Einhaltung der Regeln des Zusammenlebens der Bürger sowie auf die Erhöhung des Bildungs- und Kulturniveaus der Strafgefangenen auszurichten.

(3) Auf der Grundlage der gesellschaftlich nützlichen Arbeit und des Erziehungsprogramms sind umfassende und dem Zweck des Strafvollzuges dienende Maßnahmen zur staatsbürgerlichen Schulung, zur Aus- und Weiterbildung, zur kulturellen Erziehung und Bildung sowie zur körperlichen Ertüchtigung der Strafgefangenen durchzuführen.

(4) Für die während der Zeit des Strafvollzuges erreichte Qualifikation und schulischen Abschlüsse sind Qualifikationsnachweise und Zeugnisse durch die Betriebe bzw. die aus- und weiterbildenden Institutionen auszugeben.

§ 31
Erziehung zu Ordnung und Disziplin

(1) Die Gewöhnung der Strafgefangenen an Ordnung und Disziplin ist ein wesentlicher Bestandteil ihrer Erziehung, für ihr Verhalten sowohl im Strafvollzug als auch nach ihrer Entlassung.

(2) In Durchführung dieses Gesetzes sind Hausordnungen zu erlassen, die die Verhaltensregeln der Strafgefangenen gegenüber den Strafvollzugsangehörigen, anderen Personen und untereinander sowie die Regelung des Tagesablaufes in den Strafvollzugseinrichtungen zu enthalten haben.

§ 32
Einbeziehung gesellschaftlicher Kräfte

(1) In die Lösung der Aufgaben des Strafvollzuges sind in differenzierter Form gesellschaftliche Kräfte einzubeziehen. Die Vollzugsorgane haben mit gesellschaftlichen Organisationen und staatlichen Organen sowie mit den Betrieben und Einrichtungen, in denen Strafgefangene zur Arbeit eingesetzt sind, und mit Kollektiven der Werktätigen entsprechende Vereinbarungen zu treffen.

(2) Die Einbeziehung gesellschaftlicher Kräfte dient der wirksameren Gestaltung des Erziehungsprozesses. Sie hat vor allem die staatsbürgerliche Erziehung und Bildung, die kulturelle Arbeit, die allgemeine und berufliche Qualifizierung sowie die Vorbereitung der Wiedereingliederung zu unterstützen.

(3) Die persönliche Einflußnahme der Familienangehörigen der Strafgefangenen ist für die Erziehung zu nutzen.

Anerkennungen und Disziplinarmaßnahmen

§ 33

Anerkennungen und Disziplinarmaßnahmen sind im System der Erziehungsmaßnahmen unter Beachtung des Gesamtverhaltens und der Persönlichkeit der Strafgefangenen differenziert anzuwenden.

§ 34
Anerkennungen

(1) Strafgefangene, die die an sie gestellten Forderungen vorbildlich erfüllen, in der Arbeit eine hohe Arbeitsdisziplin zeigen und hervorragende Ergebnisse erzielen sowie den Erziehungsprozeß unterstützen, sind auszuzeichnen.
(2) Anerkennungen sind:
1. Ausspruch eines Lobes;
2. Gewährung von Vergünstigungen;
3. Streichung früher ausgesprochener Disziplinarmaßnahmen;
4. Prämiierung;
5. Überweisung in eine leichtere Vollzugsart.
(3) Anerkennungen sind in individueller oder kollektiver Form zulässig.

§ 35
Disziplinarmaßnahmen

(1) Bei schuldhaften Verstößen gegen die Pflichten und sonstigen Verhaltensregeln sind Disziplinarmaßnahmen anzuwenden.
(2) Die Anwendung einer Disziplinarmaßnahme muß der Schwere des Verstoßes entsprechen.
(3) Schwerwiegende Disziplinarverstöße sind Handlungen von Strafgefangenen, die
1. gegen die Tätigkeit der Strafvollzugsangehörigen oder anderer im Strafvollzug tätige Personen gerichtet sind;
2. eine erhebliche Gefährdung der Sicherheit und Ordnung der Strafvollzugseinrichtung zur Folge haben;
3. wiederholt oder von mehreren Strafgefangenen gemeinsam begangen werden;
4. geeignet sind, andere Strafgefangene zu ordnungswidrigem Verhalten anzustiften oder zu veranlassen.
(4) Disziplinarmaßnahmen sind:
1. Ausspruch einer Mißbilligung;
2. Einschränkung oder Entzug von Vergünstigungen;
3. Arrest;
4. Überweisung in eine strengere Vollzugsart.
(5) Disziplinarmaßnahmen sind nur individuell anzuwenden.
(6) Die Anwendung von Disziplinarmaßnahmen schließt eine strafrechtliche Verantwortlichkeit der Strafgefangenen nicht aus.

§ 36
Arrest

(1) Der Arrest wird in Form von Freizeit-, Einzel- und strengem Einzelarrest durchgeführt.
(2) Der Einzelarrest und der strenge Einzelarrest sind nur bei besonders schweren Verstößen anzuwenden. Die Höchstdauer beträgt 21 Tage. Während des Arrestes sind die Strafgefangenen unter ärztlicher Kontrolle zu halten.

(3) Der strenge Einzelarrest ist nur bei erwachsenen Strafgefangenen anzuwenden.

§ 37
Sicherungsmaßnahmen

(1) Sicherungsmaßnahmen gegen Strafgefangene dürfen nur angewandt werden, wenn sie zur Verhinderung einer Flucht, eines körperlichen Angriffes auf Strafvollzugsangehörige, andere Personen oder Strafgefangene sowie zur Aufrechterhaltung der Sicherheit erforderlich sind.
(2) Die Anwendung von Sicherungsmaßnahmen darf den Grad der Gefährlichkeit des Anlasses nicht übersteigen und nicht länger als notwendig andauern. Ihre Anwendung schließt Disziplinarmaßnahmen oder eine strafrechtliche Verfolgung nicht aus.
(3) Sicherungsmaßnahmen sind:
1. Absonderung durch Unterbringung in Einzelhaft;
2. Entzug von Einrichtungs- oder sonstigen Gegenständen, mit Ausnahme des Entzuges der Beleuchtung;
3. Anwendung körperlicher Gewalt mit oder ohne Hilfsmittel;
4. Anwendung der Schußwaffe entsprechend den Schußwaffengebrauchsbestimmungen.

Kapitel V
Besonderheiten des Vollzuges der Strafen mit Freiheitsentzug an Jugendlichen

§ 38

(1) Der Strafvollzug an Jugendlichen wird in besonderen Strafvollzugseinrichtungen vollzogen.
(2) In den Strafvollzugseinrichtungen für Jugendliche sind auf der Grundlage der Prinzipien der staatlichen Jugendpolitik alle Voraussetzungen zu schaffen, um eine positive Persönlichkeitsentwicklung der Jugendlichen zu sichern. Der gesamte Erziehungs- und Bildungsprozeß muß unter Berücksichtigung der sittlichen und moralischen Reife der Jugendlichen, ihrer psychischen Besonderheiten und ihres Bildungsniveaus durchgeführt werden.
(3) Zur wirksamen Ausgestaltung des Strafvollzuges an Jugendlichen ist mit den Erziehungsberechtigten, Vertretern der Jugendhilfe, der Jugendorganisation und der ehemaligen Ausbildungs- und Arbeitsstelle der Jugendlichen eng zusammenzuarbeiten.

Vollzug der Freiheitsstrafe in Jugendstrafanstalten

§ 39

(1) In den Jugendstrafanstalten ist die allgemeine und berufliche Ausbildung in engem Zusammenwirken mit sozialistischen Großbetrieben zu gewährleisten. Die Ausbildung ist so zu gestalten, daß sie den volkswirtschaftlichen Erfordernissen entspricht und die perspektivische Entwicklung der Jugendlichen fördert.
(2) In den Jugendstrafanstalten ist die Erfüllung der Berufsschulpflicht zu gewährleisten. Sie hat auf der Grundlage der staatlichen Ausbildungsprinzipien zu erfolgen. Die Jugendlichen sind zur Teilnahme am allgemeinbildenden und berufsausbildenden Unterricht verpflichtet.
(3) Durch die Inhaftierung unterbrochene Berufsausbildungsmaßnahmen sind nach Möglichkeit weiterzuführen.
(4) Für begonnene und bis zur Entlassung aus der Jugendstrafanstalt nicht beendete Berufsausbildungsmaßnahmen ist im Rahmen der Vorbereitung und Durchführung der Wiedereingliederung die Fortsetzung der Berufsausbildung nach der Entlassung zu sichern. Die Leiter der Jugendstrafanstalten haben in Verbindung mit den örtlichen Organen die dazu notwendigen Maßnahmen rechtzeitig einzuleiten.

§ 40

(1) Hat der Vollzug der Freiheitsstrafe in einer Jugendstrafanstalt begonnen, bevor ein Jugendlicher das achtzehnte Lebensjahr vollendet hat, verbleibt er auch über das achtzehnte Lebensjahr hinaus in dieser Einrichtung, wenn eine begonnene Qualifizierungsmaßnahme noch nicht abgeschlossen ist.

(2) Eine Freiheitsstrafe kann in einer Jugendstrafanstalt auch dann vollzogen werden, wenn die Persönlichkeitsentwicklung eines zur Zeit der Straftat zwar achtzehnjährigen, aber noch nicht einundzwanzigjährigen Verurteilten erhebliche Erziehungs- oder Bildungsmängel aufweist.

(3) Jugendliche, die unter den Voraussetzungen der Absätze 1 oder 2 in Jugendstrafanstalten untergebracht sind und durch ihr Verhalten die Ordnung stören oder auf andere Jugendliche einen schädlichen Einfluß ausüben, werden durch den Leiter der Jugendstrafanstalt in eine Strafvollzugseinrichtung für erwachsene Strafgefangene eingewiesen. Für die Überweisung ist die Zustimmung des zuständigen Staatsanwalts erforderlich.

§ 41
Strafvollzug in Jugendhäusern

(1) Der Strafvollzug in Jugendhäusern hat den Jugendlichen ihr bisheriges verantwortungsloses Verhalten bewußt zu machen und sie zu befähigen, nach ihrer Entlassung die sozialistische Gesetzlichkeit und die Regeln des gesellschaftlichen Zusammenlebens zu achten und einzuhalten.

(2) Die Erziehungsarbeit in den Jugendhäusern hat durch Schulbildung, berufliche Qualifizierung, staatsbürgerliche Erziehung sowie kulturelle und sportliche Betätigung zu erfolgen. Die Jugendlichen sind zur Teilnahme verpflichtet.

(3) Der zuständige Staatsanwalt und der Leiter des Jugendhauses haben regelmäßig, erstmalig vor Ablauf eines Jahres zu prüfen, ob die Voraussetzungen für eine Entlassung gegeben sind. Sind diese Voraussetzungen vorhanden, entscheidet das Gericht auf Antrag des Staatsanwalts über eine Entlassung.

§ 42
Vollzug der Jugendhaft

Den zu Jugendhaft verurteilten Jugendlichen ist ihr gesellschaftswidriges Verhalten durch eine strenge Ordnung und Disziplin eindringlich aufzuzeigen sowie durch einen entsprechenden Arbeitseinsatz und eine sinnvolle Gestaltung der arbeitsfreien Zeit ihrer weiteren negativen Entwicklung nachhaltig entgegenzuwirken.

Kapitel VI
Pflichten und Rechte der Strafgefangenen

§ 43

(1) Die Strafgefangenen haben entsprechend den Bestimmungen dieses Gesetzes gleiche Pflichten und Rechte, unabhängig ihrer Nationalität, ihrer Rasse, ihres Glaubensbekenntnisses, ihrer Weltanschauung, ihrer Zugehörigkeit zu einer Klasse oder sozialen Schicht.

(2) Während des Strafvollzuges werden ihnen Beschränkungen auferlegt, die im Interesse der Aufrechterhaltung der Sicherheit und Ordnung in den Strafvollzugseinrichtungen erforderlich sowie für die Erziehung der Strafgefangenen notwendig und gesetzlich zulässig sind.

§ 44

Die Strafgefangenen sind verpflichtet:
1. die in diesem Gesetz und den dazu erlassenen Durchführungsbestimmungen sowie in den Hausordnungen festgelegten Verhaltensregeln einzuhalten;
2. den Anordnungen der Strafvollzugsangehörigen und anderen mit der Beaufsichtigung beauftragten Personen Folge zu leisten;
3. die ihnen zugewiesene Arbeit ordnungsgemäß zu verrichten, sich dabei gegenseitig zu unterstützen und die Arbeitszeit voll zu nutzen;
4. die Werkzeuge und Maschinen vor Beschädigung und Verlust zu bewahren und mit Material sparsam umzugehen;
5. die Einrichtungen der Verwahr- und Arbeitsräume zu pflegen und zu schonen;
6. an den staatsbürgerlichen Erziehungs- und Bildungsmaßnahmen sowie am Unterricht zur Vervollkommnung der Allgemeinbildung teilzunehmen und sich die für die Arbeit notwendige Qualifikation anzueignen;
7. die Bestimmungen über den Gesundheits- und Arbeitsschutz sowie über den Brandschutz einzuhalten;
8. Gefahren für Personen und Sachen unverzüglich zu melden und soweit wie möglich abzuwenden.

§ 45

(1) Strafgefangene, die während des Strafvollzuges schuldhaft einen Schaden verursachen, sind nach den zivilrechtlichen Bestimmungen zum Schadensersatz verpflichtet.
(2) Bei schuldhafter Schadensverursachung in Erfüllung ihrer Arbeitspflichten sind die Strafgefangenen den Geschädigten direkt zum Schadensersatz verpflichtet. Für die Höhe der Schadensersatzpflicht findet das Gesetzbuch der Arbeit entsprechende Anwendung.
(3) Neben der Schadensersatzverpflichtung ist die Anwendung einer Disziplinarmaßnahme gemäß den Bestimmungen dieses Gesetzes zulässig.
(4) Hat ein Strafgefangener vorsätzlich einen Schaden verursacht, ist der zuständige Staatsanwalt zu unterrichten, der über die Einleitung eines Ermittlungsverfahrens entscheidet.
(5) Bei schuldhafter Schadensverursachung, die die Schadenshöhe von 50,- Mark nicht übersteigt, ist der Leiter der Strafvollzugseinrichtung berechtigt, die Ersatzleistung ohne Inanspruchnahme des Rechtsweges durch Verfügung durchzusetzen.

§ 46

Erkennt ein Strafgefangener den schuldhaft verursachten Schaden freiwillig an und erklärt er sich zum Ersatz bereit, so kann die Art und Weise der Wiedergutmachung schriftlich vereinbart werden.

§ 47

Den Strafgefangenen wird gewährleistet:
1. eine angemessene Verpflegung, Unterbringung und Ausstattung;
2. eine nach den Grundsätzen des Leistungsprinzips und nach der Vollzugsart differenzierte Vergütung für die geleistete Arbeit;
3. die aktive Mitarbeit an Produktionsberatungen, Wettbewerben und am Neuererwesen;
4. der Briefwechsel mit Familienangehörigen und der Empfang von Besuch; im Interesse der Erziehung können die persönlichen Verbindungen auf andere Personen ausgedehnt werden; die persönlichen Verbindungen werden überwacht;

5. der Bezug von Tageszeitungen, Büchern und anderen Publikationen;
6. der Erwerb von Lebensmitteln und Gegenständen des persönlichen Gebrauchs;
7. die Wahrung ihrer Interessen in persönlichen Angelegenheiten vor den Gerichten der Deutschen Demokratischen Republik einschließlich des Rechts, sich vertreten zu lassen;
8. Beschwerden und Gesuche einzureichen.

§ 48
Einbeziehung Strafgefangener in die Erziehungsarbeit

(1) Zur Entwicklung und Förderung des Verantwortungsbewußtseins, des Kollektivgeistes und zur Selbsterziehung der Strafgefangenen sind sie durch die Übertragung besonderer Aufgaben und Verantwortung aktiv in die Erziehungsarbeit einzubeziehen.
(2) Die Übertragung besonderer Aufgaben und Verantwortung an Strafgefangene hat sich auf die Arbeit, die Durchsetzung und Einhaltung der Ordnung und Disziplin, die sinnvolle Gestaltung der arbeitsfreien Zeit, die allgemeine und berufliche Qualifizierung sowie auf die Aus- und Weiterbildung zu beziehen.

§ 49

Strafgefangenen wird bei Zugehörigkeit zu einer Religionsgemeinschaft auf Wunsch religiöse Betätigung in angemessener Form ermöglicht.

§ 50

(1) Strafgefangenen steht gegen die Anwendung von Disziplinar- und Sicherungsmaßnahmen sowie gegen Verfügungen zu Schadensersatzleistungen nach § 45 Abs. 5 dieses Gesetzes das Recht der Beschwerde zu. Die Beschwerde hat keine aufschiebende Wirkung.
(2) Beschwerden sind an den Leiter der Strafvollzugseinrichtung zu richten.
(3) Falls der Leiter der Strafvollzugseinrichtung der Beschwerde nicht abhilft, ist diese unverzüglich dem Obersten Vollzugsorgan zur Entscheidung vorzulegen; der zuständige Staatsanwalt ist zu informieren.

Kapitel VII
Aufschub, Unterbrechung, Aussetzung und Beendigung des Strafvollzuges

§ 51

(1) Der Vollzug einer Strafe mit Freiheitsentzug kann auf Antrag Verurteilter bis zu sechs Monaten aufgeschoben werden, wenn durch die Vollstreckung ihm oder seiner Familie erhebliche, über den Zweck der Strafe hinausgehende Nachteile entstehen und diese durch den Aufschub des Strafvollzuges zu beseitigen oder zu mildern sind.
(2) Der Aufschub des Strafvollzuges kann unbefristet gewährt werden, wenn der Verurteilte wegen einer schweren Erkrankung ärztlicher Behandlung bedarf.
(3) Der Aufschub des Strafvollzuges ist zu gewähren, wenn ein Verurteilter geisteskrank geworden ist.

§ 52

(1) Einer Schwangeren, die wegen eines Vergehens verurteilt wurde, ist der Aufschub des Strafvollzuges zu gewähren. Bei einer Verurteilung wegen eines Verbrechens kann Aufschub des Strafvollzuges gewährt werden.
(2) Der Aufschub des Strafvollzuges ist bis zum Ende des Wochenurlaubs zu gewähren. Er kann verlängert werden, wenn das durch einen Kreisarzt empfohlen wird.

§ 53

(1) Der Aufschub des Strafvollzuges wird durch den Leiter der Strafvollzugseinrichtung verfügt. Der zuständige Staatsanwalt ist zu unterrichten.
(2) Mit der Gewährung des Aufschubes können dem Verurteilten Auflagen erteilt werden, um zu sichern, daß er sich dem Strafvollzug nicht entzieht. Erfüllt ein Verurteilter diese Auflagen nicht, ist der sofortige Strafvollzug anzuordnen.

§ 54
Entlassung aus dem Strafvollzug

Die Entlassung eines Strafgefangenen hat zu erfolgen, wenn die Strafzeit beendet ist, eine Strafaussetzung auf Bewährung gewährt wurde, ein Gnadenentscheid vorliegt, eine Unterbrechung des Strafvollzuges angeordnet ist oder die Voraussetzungen für den Strafvollzug weggefallen sind.

§ 55
Strafaussetzung auf Bewährung

(1) Der Staatsanwalt und der Leiter der Strafvollzugseinrichtung haben laufend zu überprüfen, ob unter Berücksichtigung der Straftat, der Persönlichkeit und des Gesamtverhaltens der Strafgefangenen, insbesondere ihrer positiven Entwicklung während des Strafvollzuges, ihrer Disziplin und Arbeitsleistungen, die Voraussetzungen für eine Strafaussetzung auf Bewährung eingetreten sind.
(2) Bei Vorliegen dieser Voraussetzungen ist dem zuständigen Gericht ein begründeter Antrag zu unterbreiten. Zur Erhöhung der erzieherischen Wirksamkeit der Strafaussetzung auf Bewährung sind in geeigneten Fällen Maßnahmen entsprechend § 45 Abs. 3 des Strafgesetzbuches anzuregen.

Unterbrechung des Strafvollzuges

§ 56

(1) Der Strafvollzug ist zu unterbrechen, wenn
    1. der Krankheitszustand Strafgefangener ständig fremde Hilfe erfordert und die Schwere der Straftat sowie der noch zu verbüßende Strafrest dies zulassen;
    2. eine Spezialbehandlung oder Operation notwendig ist, die in den medizinischen Einrichtungen des Strafvollzuges nicht durchgeführt werden kann.
(2) Unter Berücksichtigung der Schwere der Straftat und dem noch zu verwirklichenden Teil des Strafvollzuges kann zur Erledigung unaufschiebbarer Angelegenheiten eine Unterbrechung des Strafvollzuges bis zu einer Woche gewährt werden.

§ 57

(1) Wird bei einer Strafgefangenen eine Schwangerschaft festgestellt, so ist der Strafvollzug zu unterbrechen, wenn sie wegen eines Vergehens verurteilt wurde. Bei einer Verurteilung wegen eines Verbrechens kann der Strafvollzug unterbrochen werden, wenn die noch zu verbüßende Strafe nicht mehr als fünf Jahre beträgt.
(2) Die Unterbrechung des Strafvollzuges soll unmittelbar nach der Feststellung der Schwangerschaft erfolgen. Sie ist bis zum Ende des Wochenurlaubs zu gewähren und kann verlängert werden, wenn das durch einen Kreisarzt empfohlen wird.

§ 58

(1) Die Überwachung der Unterbrechung des Strafvollzuges obliegt den zuständigen Vollzugsorganen. § 53 Abs. 2 gilt entsprechend.
(2) Die Zeit der Unterbrechung des Strafvollzuges kann in die Strafzeit einberechnet werden.
(3) Von der erfolgten Unterbrechung des Strafvollzuges ist der zuständige Staatsanwalt zu unterrichten.

Kapitel VIII
Maßnahmen zur Wiedereingliederung Strafentlassener in das gesellschaftliche Leben

§ 59

(1) Verantwortlich für die Vorbereitung und Durchführung der Wiedereingliederung, den Nachweis geeigneter Arbeits- und Ausbildungsplätze, die Bereitstellung von Wohnraum sowie für die Kontrolle der Durchführung der Wiedereingliederung sind die Räte der Kreise, Städte, Stadtbezirke und Gemeinden, in deren Bereich der Entlassene seinen Wohnsitz hat.
(2) Zur Vorbereitung und Durchführung der Wiedereingliederung, insbesondere in den Arbeitsprozeß, haben die Räte der Kreise, Städte, Stadtbezirke und Gemeinden gemeinsam mit den Leitern der Betriebe und den Vorständen der Genossenschaften im engen Zusammenwirken mit den gesellschaftlichen Organisationen, Ausschüssen der Nationalen Front und unter Einbeziehung ehrenamtlicher Mitarbeiter die erforderlichen Bedingungen zu schaffen.
(3) Die Räte der Kreise und Stadtbezirke haben zur Vorbereitung und Durchführung der Wiedereingliederung mit den Organen der Rechtspflege, insbesondere mit den Leitern der Strafvollzugseinrichtungen, eng zusammenzuarbeiten.
(4) Sie haben das Recht, bis zu einem Jahr nach der Entlassung bzw. bis zum Ablauf der Bewährungszeit bei Strafaussetzung auf Bewährung nach § 45 des Strafgesetzbuches oder bei der Anwendung gerichtlicher Maßnahmen zur Wiedereingliederung Vorbestrafter nach §§ 47, 48 des Strafgesetzbuches von anderen staatlichen Organen, den Betrieben und Genossenschaften Auskünfte über die weitere Entwicklung der aus dem Strafvollzug entlassenen Bürger einzuholen.

§ 60

Die Räte der Städte, Stadtbezirke und Gemeinden haben sich bei der Vorbereitung und Durchführung der Wiedereingliederung und bei der Weiterführung der gesellschaftlichen Erziehung auf die Mitarbeit gesellschaftlicher Kräfte zu stützen. Zur unmittelbaren Hilfe sind ehrenamtliche Mitarbeiter zu gewinnen, die den strafentlassenen Bürgern beratend und unterstützend zur Seite stehen.

§ 61

(1) Die Leiter der Betriebe und Einrichtungen sowie die Vorstände der Genossenschaften haben zu sichern, daß die aus dem Strafvollzug entlassenen Bürger entsprechend den vorhandenen Möglichkeiten und ihrer fachlichen Qualifikation gleichberechtigt in den Produktionsprozeß eingesetzt werden.
(2) Sie haben dafür zu sorgen, daß der Erziehungsprozeß in den Arbeitskollektiven im Zusammenwirken mit den gesellschaftlichen Organisationen fortgesetzt wird.
(3) Die Leiter der staatlichen und wirtschaftsleitenden Organe sind für die Kontrolle der Wiedereingliederung in den ihnen unterstellten Betrieben und Einrichtungen sowie in den Genossenschaften verantwortlich.

§ 62

(1) Die Leiter der Strafvollzugseinrichtungen haben den für die Wiedereingliederung zuständigen Räten der Kreise, Abteilungen Innere Angelegenheiten, bei Jugendlichen den Abteilungen Volksbildung rechtzeitig vor der Entlassung ausreichende Informationen über die allgemeine und berufliche Entwicklung der Strafgefangenen während des Strafvollzuges und Hinweise über den künftigen Berufseinsatz, die Familienverhältnisse und über die Weiterführung der gesellschaftlichen Erziehung zu geben.
(2) Bei Strafaussetzung auf Bewährung sind diese Informationen mit der Antragstellung zu verbinden.

§ 63

(1) Die Ämter für Arbeit und Berufsausbildung der Räte der Kreise haben den Abteilungen Innere Angelegenheiten auf Anforderung Arbeitsplätze bereitzustellen und zu veranlassen, daß rechtzeitig entsprechende Arbeitsverträge vorbereitet werden.
(2) Die Arbeitsaufnahme soll möglichst in der früheren Arbeitsstelle oder in solchen Betrieben, Einrichtungen und Arbeitskollektiven erfolgen, in denen die günstigsten Bedingungen für die weitere gesellschaftliche Erziehung vorhanden sind.

§ 64

(1) Die Räte der Kreise, Abteilungen Volksbildung, sind für die Organisierung der Vorbereitung und Durchführung der Wiedereingliederung entlassener Jugendlicher und ihrer Betreuung verantwortlich. Sie fördern gemeinsam mit ehrenamtlichen Jugendhelfern den weiteren Erziehungsprozeß.
(2) Die Abteilungen Volksbildung der Räte der Kreise legen in Zusammenarbeit mit den zuständigen Fachabteilungen und nach Rücksprache mit den Erziehungsberechtigten für die strafentlassenen Jugendlichen einen geeigneten Arbeitsplatz und eine wohnraummäßige Unterbringung fest. Die Weiterführung einer begonnenen Berufsausbildung nach der Entlassung ist zu sichern.
(3) Die Ämter für Arbeit und Berufsausbildung der Räte der Kreise haben den Abteilungen Volksbildung Ausbildungsplätze bereitzustellen und, soweit erforderlich, zu veranlassen, daß die Betriebe, Einrichtungen und Genossenschaften mit den Jugendlichen bereits vor ihrer Entlassung einen Lehrvertrag abschließen.

§ 65

(1) Die Räte der Kreise haben einmal jährlich einen Bericht über die Vorbereitung und Durchführung der Wiedereingliederung durch die Räte der Städte und Gemeinden, die Abteilungen Innere Angelegenheiten und Volksbildung, andere Fachorgane sowie Betriebe und Einrichtungen entgegenzunehmen.
(2) Die Räte der Kreise sind verpflichtet, den Volksvertretungen einmal jährlich über die Wiedereingliederung zu berichten.

Kapitel IX
Die staatsanwaltschaftliche Aufsicht über den Strafvollzug und über die Wiedereingliederung

§ 66

(1) Die Staatsanwaltschaft übt die Aufsicht über den Strafvollzug aus und gewährleistet, daß die Durchführung des Strafvollzuges dem Strafzweck und der Gesetzlichkeit entspricht.

Darüber hinaus übt sie die Aufsicht über die Vorbereitung und Durchführung der Wiedereingliederung aus.

(2) Die vom Minister des Innern und Chef der Deutschen Volkspolizei auf der Grundlage dieses Gesetzes erlassenen Durchführungsbestimmungen bedürfen der Zustimmung durch den Generalstaatsanwalt der Deutschen Demokratischen Republik.

(3) Der Generalstaatsanwalt der Deutschen Demokratischen Republik kann dem Minister des Innern und Chef der Deutschen Volkspolizei Vorschläge zur Durchführung des Strafvollzuges, zur Tätigkeit der Vollzugsorgane sowie zur Wiedereingliederung unterbreiten.

§ 67

(1) Die Aufsicht der Staatsanwaltschaft über den Strafvollzug und über die Wiedereingliederung umfaßt

1. die fristgemäße Einleitung des Strafvollzuges;
2. die richtige Strafzeitberechnung;
3. die ordnungsgemäße Durchführung des Strafvollzuges, besonders hinsichtlich der Einhaltung und Durchsetzung der Bestimmungen über die Erziehung der Strafgefangenen, die Ordnung und Sicherheit in den Strafvollzugseinrichtungen sowie die Gewährleistung der materiell-technischen und sanitär-hygienischen Voraussetzungen für die Durchführung des Strafvollzuges;
4. die Entscheidung der Vollzugsorgane über Aufschub und Unterbrechung des Strafvollzuges sowie die Antragstellung auf Strafaussetzung auf Bewährung;
5. die umfassende Vorbereitung und Durchführung der Wiedereingliederung.

(2) Die mit der Aufsicht über den Strafvollzug beauftragten Staatsanwälte sind berechtigt und verpflichtet:

1. von den Vollzugsorganen Auskünfte über alle den Strafvollzug und über die Wiedereingliederung betreffenden Fragen und Probleme zu verlangen;
2. besondere Vorkommnisse in den Strafvollzugseinrichtungen zu prüfen;
3. in die Vollzugs- und Erziehungsakten und in alle mit der Durchführung des Strafvollzuges zusammenhängenden Unterlagen Einsicht zu nehmen;
4. mit den Strafgefangenen Aussprachen zu führen;
5. ausgesprochene Disziplinarmaßnahmen, besonders Arreststrafen, zu überprüfen;
6. die ordnungsgemäße Vorbereitung und Durchführung der Wiedereingliederung durch die verantwortlichen staatlichen Organe und den Einsatz der aus dem Strafvollzug entlassenen Personen in den Betrieben und Genossenschaften zu kontrollieren.

Kapitel X
Schlußbestimmungen

§ 68

Der Minister des Innern und Chef der Deutschen Volkspolizei erläßt die zur Durchführung dieses Gesetzes erforderlichen Bestimmungen.

§ 69
Inkrafttreten

(1) Dieses Gesetz tritt am 1. Juli 1968 in Kraft.

(2) Mit dem Inkrafttreten dieses Gesetzes werden aufgehoben:
1. Verordnung vom 16. November 1950 zur Übertragung der Geschäfte des Strafvollzugs auf das Ministerium des Innern der Deutschen Demokratischen Republik (GBl. S. 1165);
2. Erste Durchführungsbestimmung vom 23. Dezember 1950 zur Verordnung zur Übertragung der Geschäfte des Strafvollzugs auf das Ministerium des Innern der Deutschen Demokratischen Republik (MinBl. S. 215);
3. Zweite Durchführungsbestimmung vom 5. Mai 1952 zur Verordnung zur Übertragung der Geschäfte des Strafvollzugs auf das Ministerium des Innern der Deutschen Demokratischen Republik (MinBl. S. 47);
4. Verordnung vom 11. Juli 1963 über die Wiedereingliederung aus der Strafhaft entlassener Personen in das gesellschaftliche Leben (GBl. II S. 561).

Gesetz über den Vollzug der Strafen mit Freiheitsentzug und über die Wiedereingliederung Strafentlassener in das gesellschaftliche Leben (Strafvollzugs- und Wiedereingliederungsgesetz) – SVWG – i.d.F. vom 19.12.1974 (Auszug)[1]

[…]

Vollzugsarten

Vollzug der Freiheitsstrafe und der Arbeitserziehung

§ 15

(1) Der Vollzug der Freiheitsstrafe ist in einer erleichterten, einer allgemeinen, einer strengen oder in einer verschärften Vollzugsart durchzuführen. Der Vollzug der Arbeitserziehung ist in der allgemeinen oder in der strengen Vollzugsart durchzuführen.
(2) Die Vollzugsarten unterscheiden sich nach der Art der Unterbringung der Strafgefangenen, ihrer Beaufsichtigung und Bewegungsfreiheit im Strafvollzug. Damit sind unterschiedliche Ordnungs- und Disziplinarbestimmungen, unterschiedliche Vergütungen der Arbeitsleistungen, Unterschiede im Umfang der persönlichen Verbindungen sowie eine differenzierte Mitwirkung der Strafgefangenen am Erziehungsprozeß verbunden.
(3) Zu Freiheitsstrafe Verurteilte sind von den zu Arbeitserziehung Verurteilten innerhalb der Vollzugsart zu trennen.
(4) Weitere Trennungen können zur Erhöhung der Wirksamkeit des Strafvollzuges vorgenommen werden.
(5) Wurde eine Strafaussetzung auf Bewährung widerrufen, ist der Vollzug der Freiheitsstrafe oder Arbeitserziehung in der Vollzugsart fortzusetzen, in der diese Strafe vor der Gewährung der Strafaussetzung auf Bewährung vollzogen wurde.
(6) Wurde eine Verurteilung auf Bewährung widerrufen oder eine Geldstrafe in Freiheitsstrafe umgewandelt, hat der Vollzug der Freiheitsstrafe nach den Grundsätzen der §§ 16 bis 19 zu erfolgen. Lag der umgewandelten Freiheitsstrafe eine zusätzlich zu einer Strafe mit Freiheitsentzug ausgesprochene Geldstrafe zugrunde, ist die Freiheitsstrafe in der gleichen Vollzugsart zu vollziehen wie die Hauptstrafe.

1 DDR-GBl. I 1975 S. 110. Dokumentiert werden hier ausschließlich die Änderungen im Vergleich zum SVWG 1968.

(7) Sind mehrere Freiheitsstrafen oder Freiheitsstrafe und Arbeitserziehung nebeneinander zu vollziehen, ist der gesamte Vollzug in der nach den §§ 16 bis 19 schwereren Vollzugsart durchzuführen.

§ 16

(1) In die erleichterte Vollzugsart sind Strafgefangene aufzunehmen, die wegen eines Vergehens zu einer Freiheitsstrafe verurteilt wurden und bei denen noch keine Strafe mit Freiheitsentzug vollzogen wurde.

(2) In der erleichterten Vollzugsart erfolgt die Gestaltung des Vollzuges besonders durch ein hohes Maß der aktiven Mitwirkung der Strafgefangenen am Erziehungsprozeß und durch umfassende Einbeziehung gesellschaftlicher Kräfte zur Entwicklung und Förderung gesellschaftsgemäßen Verhaltens.

§ 17

(1) In die allgemeine Vollzugsart sind Strafgefangene aufzunehmen, die
1. erstmalig zu Arbeitserziehung verurteilt wurden;
2. wegen eines Vergehens erneut zu einer Freiheitsstrafe verurteilt wurden und bei denen eine wegen eine Vergehens ausgesprochene Strafe mit Freiheitsentzug bereits vollzogen wurde.

(2) In der allgemeinen Vollzugsart erfolgt die Gestaltung des Vollzuges besonders durch die Anwendung progressiv gestaffelter Erziehungsmaßnahmen zur Förderung des Bemühens der Strafgefangenen um Bewährung und Wiedergutmachung, die Anerziehung eines gesellschaftlichen Pflichtbewußtseins sowie die Vorbereitung auf ihre bewußte soziale Einordnung in das gesellschaftliche Leben.

§ 18

(1) In die strenge Vollzugsart sind Strafgefangene aufzunehmen, die
1. erneut zu Arbeitserziehung verurteilt wurden;
2. wegen eines Verbrechens verurteilt wurden, sofern sie nicht nach § 19 Abs. 1 in die verschärfte Vollzugsart aufzunehmen sind.

(2) In der strengen Vollzugsart erfolgt die Gestaltung des Vollzuges besonders durch die Durchsetzung hoher Forderungen, die ständige Kontrolle der Erfüllung auferlegter Pflichten, die Anwendung individuell angepaßter Erziehungsmaßnahmen und die begrenzte Übertragung besonderer Aufgaben und Verantwortung, um den Strafgefangenen die Schwere und Verwerflichkeit der Straftat sowie die Unantastbarkeit der sozialistischen Staats- und Gesellschaftsordnung bewußt zu machen.

§ 19

(1) In die verschärfte Vollzugsart sind Strafgefangene aufzunehmen, die wegen Rückfallstraftaten
1. nach den Bestimmungen des § 44 des Strafgesetzbuches verurteilt wurden;
2. nach den speziellen Rückfallbestimmungen des besonderen Teiles des Strafgesetzbuches verurteilt wurden und wegen vorsätzlicher Vergehen bereits zweimal mit Freiheitsstrafe oder zweimal mit Arbeitserziehung oder wegen eines Verbrechens vorbestraft sind.

(2) In der verschärften Vollzugsart erfolgt die Gestaltung des Vollzuges besonders durch die dem Zwangscharakter der Freiheitsstrafe entsprechende strenge Reglementierung des Ver-

haltens der Strafgefangenen, durch hohe Anforderungen an die Erfüllung von Pflichten und die Anwendung der Täterpersönlichkeit angepaßter Erziehungsmaßnahmen, um eine nachhaltige Einordnung der Strafgefangenen in festgelegte Verhaltensnormen zu erreichen.

§ 20
Überweisung in eine andere Vollzugsart

(1) Strafgefangene, die ihr Bemühen zur Bewährung und Wiedergutmachung durch ein einwandfreies Gesamtverhalten hinreichend bewiesen haben, können durch den Leiter der Strafvollzugseinrichtung in eine leichtere Vollzugsart überwiesen werden. Der Staatsanwalt ist zu informieren.
(2) Kann bei Strafgefangenen der Strafzweck in der bisherigen Vollzugsart nicht erreicht werden, weil sie sich auch nach Anwendung der zulässigen Vollzugs- und Disziplinarmaßnahmen jeglicher erzieherischen Einflußnahme hartnäckig widersetzen, ist die Überweisung in eine strengere Vollzugsart zulässig. Die Überweisung erfolgt auf Antrag des Leiters der Strafvollzugseinrichtung durch das Oberste Vollzugsorgan. Die Zustimmung des Staatsanwaltes ist erforderlich.
(3) Sind die Gründe zur Überweisung in eine andere Vollzugsart weggefallen, oder ist der Zweck dieser Maßnahme erreicht, kann die Überweisung rückgängig gemacht werden.
(4) Ist das Gericht bei der Verurteilung von der gesetzlich vorgesehenen Vollzugsart abgewichen, kann eine Überweisung nur mit seiner Zustimmung erfolgen.

[…]

§ 25
Unterbringung der Strafgefangenen

(1) In den Strafvollzugseinrichtungen sind männliche Strafgefangene von weiblichen Strafgefangenen getrennt unterzubringen.
(2) Jugendliche sind in besonderen Strafvollzugseinrichtungen unterzubringen. Der Vollzug erfolgt unter Berücksichtigung der Persönlichkeit in gesonderten Vollzugsarten.
(3) Strafgefangene im Sinne dieses Gesetzes sind durch eine rechtskräftige gerichtliche Entscheidung zu Strafen mit Freiheitsentzug Verurteilte, die in einer Strafvollzugseinrichtung untergebracht sind.

[…]

§ 52

(1) Einer Schwangeren, die wegen eines Vergehens verurteilt wurde, ist der Aufschub des Strafvollzuges zu gewähren. Davon kann nur abgesehen werden, wenn das asoziale Vorleben und die Persönlichkeit der Verurteilten erwarten lassen, daß sie die bisherige Lebensweise fortsetzt und damit das Leben und die Gesundheit des zu erwartenden Kindes gefährden könnte. Bei der Verurteilung wegen eines Verbrechens kann Aufschub des Strafvollzuges gewährt werden.
(2) Der Aufschub des Strafvollzuges ist bis zum Ende des Wochenurlaubs zu gewähren. Er kann verlängert werden, wenn das durch einen Kreisarzt empfohlen wird.

[…]

§ 57

(1) Wird bei einer Strafgefangenen eine Schwangerschaft festgestellt, so ist der Strafvollzug zu unterbrechen, wenn sie wegen eines Vergehens verurteilt wurde. Davon kann nur abgesehen werden, wenn das asoziale Vorleben, die Persönlichkeit und das Verhalten der Strafgefangenen während des Freiheitsentzuges erwarten lassen, daß sie die asoziale Lebensweise fortsetzt und damit das Leben und die Gesundheit des zu erwartenden Kindes gefährden könnte. Bei einer Verurteilung wegen eines Verbrechens kann der Strafvollzug unterbrochen werden, wenn die noch zu verbüßende Strafe nicht mehr als 5 Jahre beträgt.

(2) Die Unterbrechung des Strafvollzuges soll unmittelbar nach der Feststellung der Schwangerschaft erfolgen. Sie ist bis zum Ende des Wochenurlaubs zu gewähren und kann verlängert werden, wenn das durch einen Kreisarzt empfohlen wird.

[...]

Gesetz über den Vollzug der Strafen mit Freiheitsentzug (Strafvollzugsgesetz) – StVG – vom 7.4.1977[1]

Kapitel I
Grundsätze

§ 1

(1) Das Gesetz bestimmt das Ziel und den Inhalt des Vollzuges der Strafen mit Freiheitsentzug. Es regelt die Durchführung des Vollzuges, die Rechte und Pflichten der Strafgefangenen und die Mitwirkung gesellschaftlicher Kräfte beim Vollzug. Weiterhin legt es die Verantwortung für den Vollzug der Strafen mit Freiheitsentzug sowie die staatsanwaltschaftliche Aufsicht fest.

(2) Voraussetzung für den Vollzug einer Strafe mit Freiheitsentzug ist eine entsprechende rechtskräftige Entscheidung eines Gerichts der Deutschen Demokratischen Republik.

(3) Strafgefangene im Sinne dieses Gesetzes sind durch eine rechtskräftige gerichtliche Entscheidung zu Strafen mit Freiheitsentzug Verurteilte, die zum Vollzug der Strafe in eine Strafvollzugseinrichtung oder in ein Jugendhaus aufgenommen wurden.

§ 2

(1) Inhalt und Gestaltung des Vollzuges der Strafen mit Freiheitsentzug werden durch das humane Wesen des sozialistischen Staates bestimmt. Den Strafgefangenen ist ihre Verantwortung als Mitglieder der Gesellschaft bewußt zu machen. Sie sind zu erziehen, künftig die Gesetze des sozialistischen Staates einzuhalten und ihr Leben verantwortungsbewußt zu gestalten.

(2) Die sozialistische Gesellschaft gewährleistet ihre Verantwortung für die Erziehung der Strafgefangenen während des Vollzuges insbesondere durch die Verwirklichung des Rechts der Strafgefangenen auf Arbeit sowie durch differenzierte Mitwirkung geeigneter gesellschaftlicher Kräfte im Vollzugsprozeß und bei der langfristigen Vorbereitung der Wiedereingliederung in das gesellschaftliche Leben.

§ 3

(1) Beim Vollzug von Strafen mit Freiheitsentzug ist die sozialistische Gesetzlichkeit strikt zu wahren.

1 DDR-GBl. I, S. 109.

(2) Die sozialistische Gesellschaft läßt sich auch im Strafvollzug konsequent von der Gerechtigkeit sowie der Achtung der Menschenwürde und der Persönlichkeit leiten.

(3) Kein Strafgefangener darf wegen seiner Nationalität oder Staatsbürgerschaft, seiner Rasse, seines Geschlechts, seines weltanschaulichen oder religiösen Bekenntnisses oder wegen seiner sozialen Herkunft und Stellung benachteiligt werden.

(4) Die Rechte der Strafgefangenen dürfen im Strafvollzug nur soweit eingeschränkt werden, als das durch Gesetz zulässig ist. Den Strafgefangenen ist der Schutz ihres Lebens, ihrer Gesundheit und Arbeitskraft zu gewährleisten. Unterbringung, Versorgung und Betreuung der Strafgefangenen haben so zu erfolgen, daß sie den allgemeinen Grundsätzen der Förderung und Erhaltung der Gesundheit, den allgemeinen Grundsätzen der Hygiene und des Zusammenlebens in der Gemeinschaft entsprechen.

§ 4

(1) Im Strafvollzug ist die sichere Verwahrung der Strafgefangenen zu gewährleisten und eine für die Aufrechterhaltung der Sicherheit erforderliche und das Zusammenleben in der Gemeinschaft notwendige Ordnung und Disziplin durchzusetzen.

(2) Die Anwendung von anderen als in diesem Gesetz vorgesehenen Disziplinar- und Sicherungsmaßnahmen ist nicht zulässig.

§ 5

Die Erziehung im Strafvollzug umfaßt den Einsatz zu gesellschaftlich nützlicher Arbeit, staatsbürgerliche Schulung, Durchsetzung von Ordnung und Disziplin, allgemeine und berufliche Bildungsmaßnahmen sowie kulturelle und sportliche Betätigung. Sie erfolgt unter Einbeziehung gesellschaftlicher Kräfte und Mitwirkung staatlicher Organe. In den Erziehungsprozeß sind die Strafgefangenen aktiv einzubeziehen.

§ 6

(1) Im Mittelpunkt des Vollzuges der Strafen mit Freiheitsentzug steht die Erziehung durch gesellschaftlich nützliche Arbeit. Sie hat die Förderung des Verantwortungs- und Pflichtbewußtseins, der Disziplin sowie der aktiven und schöpferischen Mitwirkung im Arbeitsprozeß zum Ziel.

(2) Für den Arbeitseinsatz Strafgefangener finden die Grundsätze der arbeitsrechtlichen Vorschriften nach den in diesem Gesetz getroffenen Regelungen entsprechende Anwendung.

(3) Die Dauer des Arbeitseinsatzes wird nach der Entlassung aus dem Strafvollzug der Zeit einer versicherungspflichtigen Tätigkeit gleichgestellt.

§ 7

Der Arbeitseinsatz ist Voraussetzung für die Leistung von laufendem Unterhalt entsprechend den Festlegungen des Familiengesetzbuches der Deutschen Demokratischen Republik an die Unterhaltsberechtigten der Strafgefangenen. Der laufende Unterhalt wird im Interesse der weitgehenden Verhinderung von finanziellen Auswirkungen der Bestrafung auf die Unterhaltsberechtigten durch die Strafvollzugseinrichtungen bzw. Jugendhäuser aus staatlichen Mitteln, unabhängig von der Arbeitsvergütung der unterhaltspflichtigen Strafgefangenen geleistet. Der Unterhalt kann auch Unterhaltsberechtigten gewährt werden, die nicht Staatsbürger der Deutschen Demokratischen Republik sind. Er ist zu gewähren, wenn die Unterhaltsberechtigten ihren Wohnsitz in der Deutschen Demokratischen Republik haben bzw. es vertraglich vereinbart wurde oder auf der Basis der Gegenseitigkeit.

§ 8

Besonderes Anliegen des Vollzuges der Freiheitsstrafe an Jugendlichen ist es, die Jugendlichen insbesondere durch solche Maßnahmen wie Erziehung und Bildung, eine ihren Leistungen und Fähigkeiten entsprechende Berufsausbildung sowie kulturell-erzieherische Arbeit zu befähigen, künftig die gesellschaftlichen Möglichkeiten zu ihrer eigenen Entwicklung bewußt zu nutzen und am gesellschaftlichen Leben aktiv teilzunehmen. Der Vollzug der Freiheitsstrafe an Jugendlichen wird gesondert durchgeführt.

§ 9

Die Staatsanwaltschaft übt die Aufsicht über die Wahrung der Gesetzlichkeit beim Vollzug der Strafen mit Freiheitsentzug und bei der Vorbereitung der Wiedereingliederung aus dem Strafvollzug entlassener Bürger in das gesellschaftliche Leben aus.

Kapitel II
Gestaltung des Vollzuges

Allgemeine Bestimmungen

§ 10

Die Gestaltung des Vollzuges der Strafen mit Freiheitsentzug hat entsprechend den Anforderungen an eine sichere Verwahrung und eine wirksame Erziehung der Strafgefangenen zu gesellschaftsgemäßem Verhalten zu erfolgen. Die Schwere der begangenen Straftat und die Erfordernisse der Erziehung der Strafgefangenen bilden die Grundlage für einen differenzierten Vollzug.

§ 11

(1) Die sichere Verwahrung und Erziehung der Strafgefangenen ist durch Trennungen beim Vollzug zu fördern.
(2) Die Trennung ist
1. nach Arten der Strafen mit Freiheitsentzug,
2. nach Geschlechtern,
3. zwischen Jugendlichen und Erwachsenen,
4. zwischen Erstbestraften und Rückfalltätern

durchzuführen. Von den Trennungsgrundsätzen gemäß den Ziffern 1 und 4 kann im Interesse einer wirkungsvolleren Erziehung oder Sicherheit bei Notwendigkeit befristet abgewichen werden.

Freiheitsstrafe an Erwachsenen

§ 12

(1) Während des Vollzuges der Freiheitsstrafe ist den Strafgefangenen die Schwere und Verwerflichkeit der begangenen Straftat und die Unantastbarkeit der sozialistischen Staats- und Rechtsordnung bewußt zu machen. Durch Anwendung geeigneter Erziehungsmaßnahmen ist das Bemühen der Strafgefangenen um Bewährung und Wiedergutmachung, zur Entwicklung und Festigung eines gesellschaftlichen Pflichtbewußtseins und zur zielgerichteten Vorbereitung auf die Wiedereingliederung zu fördern.
(2) Der Vollzug der Freiheitsstrafe wird im allgemeinen oder erleichterten Vollzug durchgeführt.

(3) Der erleichterte Vollzug unterscheidet sich vom allgemeinen Vollzug durch eine größere Bewegungsfreiheit der Strafgefangenen, erweiterte Möglichkeiten für die Anwendung von Anerkennungen, Einschränkungen bei der Anwendung von Disziplinarmaßnahmen, den erweiterten Umfang der persönlichen Verbindungen mit Angehörigen und anderen Personen und einen höheren Verfügungssatz für den Einkauf.

§ 13

Die Freiheitsstrafe ist im allgemeinen Vollzug zu vollziehen, wenn
1. der Strafgefangene wegen Verbrechens verurteilt worden ist,
2. der Strafgefangene wegen eines vorsätzlich begangenen Vergehens verurteilt wurde und er bereits wegen eines Verbrechens vorbestraft ist,
3. das Gericht im Urteil die Durchführung der Freiheitsstrafe im allgemeinen Vollzug festgelegt hat.

§ 14

Die Freiheitsstrafe ist im erleichterten Vollzug zu vollziehen, wenn
1. der Strafgefangene wegen eines fahrlässig begangenen Vergehens verurteilt worden ist,
2. der Strafgefangene wegen eines vorsätzlich begangenen Vergehens verurteilt wurde und er noch nicht wegen eines Verbrechens vorbestraft ist,
3. das Gericht im Urteil die Durchführung der Freiheitsstrafe im erleichterten Vollzug festgelegt hat.

§ 15

(1) Strafgefangene, die im allgemeinen Vollzug ihr Bemühen um Bewährung und Wiedergutmachung durch ein einwandfreies Gesamtverhalten hinreichend bewiesen haben, können durch den Leiter der Strafvollzugseinrichtung in den erleichterten Vollzug überwiesen werden. Der Staatsanwalt ist zu informieren.
(2) Die Überweisung Strafgefangener vom erleichterten in den allgemeinen Vollzug kann erfolgen, wenn sie sich auch nach Anwendung der zulässigen Vollzugs- und Disziplinarmaßnahmen der erzieherischen Einflußnahme hartnäckig widersetzen bzw. die Ordnung im erleichterten Vollzug in erheblichem Maße stören. Die Überweisung bedarf der Zustimmung des Staatsanwaltes und erfolgt durch Entscheidung des Leiters der Verwaltung Strafvollzug. Sind die Gründe für die Überweisung weggefallen, ist die Überweisung rückgängig zu machen.
(3) Die Überweisung bedarf der Zustimmung des Gerichts, wenn im Urteil eine Festlegung über den Vollzug der Freiheitsstrafe im erleichterten oder allgemeinen Vollzug getroffen worden ist.

§ 16
Haftstrafe

Der Vollzug der Haftstrafe erfolgt durch den unverzüglichen Einsatz zu gesellschaftlich nützlicher Arbeit bei gleichzeitiger Durchsetzung solcher Ordnungsbestimmungen, die nachdrücklich eine Disziplinierung fördern und unterstützen.

§ 17
Strafarrest

Militärpersonen sind im Strafarrest durch eine straffe militärische Ordnung und Disziplin zur Achtung und verantwortungsbewußten Einhaltung der Rechtsvorschriften und militärischen Bestimmungen zu erziehen.

Strafen mit Freiheitsentzug an Jugendlichen

§ 18
Freiheitsentzug an Jugendlichen

(1) Die Freiheitsstrafe an Jugendlichen ist in Jugendhäusern zu vollziehen.
(2) Der Vollzug ist so zu gestalten, daß eine positive Persönlichkeitsentwicklung der Jugendlichen in Verwirklichung der Prinzipien der staatlichen Jugendpolitik gefördert und den Jugendlichen geholfen wird, sich künftig verantwortungsbewußt zu verhalten und aktiv am gesellschaftlichen Leben teilzunehmen.

§ 19
Jugendhaft

Der Vollzug der Jugendhaft erfolgt durch unverzüglichen Einsatz zu gesellschaftlich nützlicher Arbeit bei gleichzeitiger Anwendung zweckmäßiger Ordnungsbestimmungen und sinnvoller Maßnahmen der Gestaltung der arbeitsfreien Zeit, deren Durchsetzung auf ein diszipliniertes Verhalten der Jugendlichen gerichtet ist.

Kapitel III
Erziehung im Strafvollzug

§ 20
Gestaltung des Erziehungsprozesses

(1) Die Erziehungsarbeit im Strafvollzug ist als einheitlich wirkender Prozeß planmäßig zu gestalten und zielstrebig auf die Vorbereitung der Wiedereingliederung in das gesellschaftliche Leben auszurichten. In die Erziehungsarbeit sind die Strafgefangenen aktiv einzubeziehen.
(2) Unter Beachtung der Persönlichkeit und der Straftat hat die erzieherische Einflußnahme vorwiegend durch Kollektiverziehung in Verbindung mit individuellen Maßnahmen zu erfolgen. Die Strafgefangenen sind so in Kollektive einzuteilen, daß eine wirksame Erziehung und Vorbereitung der Wiedereingliederung in das gesellschaftliche Leben gefördert werden kann.
(3) Durch die bewußte Gestaltung und Nutzung von Bewährungssituationen ist das Verantwortungsbewußtsein für ein gesellschaftsgemäßes Verhalten zu entwickeln und zu fördern. Dabei ist an positive Verhaltensweisen der Strafgefangenen anzuknüpfen. Das Streben nach bewußter Disziplin und Selbsterziehung ist durch geeignete Maßnahmen zu unterstützen.
(4) Zur Bestimmung eines individuellen Erziehungsprogramms kann ein Aufnahmeverfahren durchgeführt werden.

Erziehung durch Arbeit

§ 21

Der Einsatz der Strafgefangenen zu gesellschaftlich nützlicher Arbeit soll unter vielfältiger Nutzung ihres erzieherischen Charakters, einschließlich der Durchführung von Maßnahmen der beruflichen Qualifizierung, der Gewährung einer leistungsabhängig gestalteten Arbeitsvergütung und der Anwendung von Anerkennungen zur Formung und Festigung einer bewußten Arbeitseinstellung und zur Bewährung beitragen. Durch Arbeit in der Gemeinschaft, Einbeziehung der Strafgefangenen in den Produktionswettbewerb, die Neuererbewegung und Produktionsberatungen ist der Arbeitseinsatz so zu gestalten, daß seine Möglichkeiten zur Erziehung voll wirksam werden.

§ 22

(1) Beim Arbeitseinsatz der Strafgefangenen sind Sicherheit und Ordnung zu gewährleisten.
(2) Der Arbeitseinsatz der Strafgefangenen erfolgt in volkseigenen Betrieben (nachfolgend Arbeitseinsatzbetriebe genannt) und in gleichgestellten Einrichtungen. Die erforderlichen Regelungen für die Gestaltung der sich daraus zwischen den Strafvollzugseinrichtungen bzw. Jugendhäusern und den Arbeitseinsatzbetrieben ergebenden Beziehungen sind in Rechtsvorschriften zu treffen. Der Arbeitseinsatz begründet für die Strafgefangenen kein Arbeitsrechtsverhältnis.
(3) Der Arbeitseinsatz Strafgefangener hat unter Beachtung ihres Gesundheitszustandes zu erfolgen. Ihre berufliche Qualifikation, ihre Fähigkeiten und Fertigkeiten, ihre Unterhaltsverpflichtungen sowie ihre Interessen zur Ausübung bestimmter Tätigkeiten sind nach Möglichkeit zu berücksichtigen.
(4) Beim Arbeitseinsatz sind der Gesundheits- und Arbeitsschutz entsprechend der in Rechtsvorschriften geregelten Verantwortung zu gewährleisten.
(5) Die Arbeitszeit der Strafgefangenen richtet sich nach den entsprechenden arbeitsrechtlichen Vorschriften.

§ 23
Berufliche Qualifizierung

Mit den im Arbeitseinsatz befindlichen Strafgefangenen sind in Abhängigkeit von den Erfordernissen des Arbeitsprozesses und ihren persönlichen Voraussetzungen sowie im Interesse der Unterstützung ihrer Wiedereingliederung Maßnahmen der beruflichen Qualifizierung durchzuführen.

§ 24
Vergütungen und Prämien

(1) Die Arbeitsleistungen Strafgefangener sind entsprechend dem Leistungsprinzip durch die Strafvollzugseinrichtungen bzw. Jugendhäuser zu vergüten. Bei nicht verschuldetem Arbeitsausfall sowie ärztlich bescheinigter Arbeitsunfähigkeit oder Quarantäne erhalten die Strafgefangenen Vergütung in entsprechender Anwendung arbeitsrechtlicher Vorschriften.
(2) Für benutzte Neuerervorschläge sowie Materialeinsparungen erhalten Strafgefangene die dafür zu zahlende Vergütung bzw. Prämie.
(3) Vergütungen und Prämien stehen den Strafgefangenen zur Verfügung für
   1. die Bildung einer Rücklage zur Unterstützung der Wiedereingliederung,
   2. die Begleichung von Zahlungsverpflichtungen,
   3. den Einkauf von Waren des persönlichen Bedarfs, den Bezug von Tageszeitungen, Büchern und anderen Publikationen sowie für Zuwendungen an ihre Angehörigen.

§ 25
Verantwortung der Arbeitseinsatzbetriebe

(1) Die Leiter der Arbeitseinsatzbetriebe haben in Übereinstimmung mit den Leitern der Strafvollzugseinrichtungen und Jugendhäuser beim Arbeitseinsatz der Strafgefangenen zu gewährleisten:
1. die ständige Einhaltung der Sicherheitsbestimmungen des Strafvollzuges,
2. die Erfüllung der Erfordernisse der Erziehung Strafgefangener durch Arbeit,
3. die rationelle Organisation des Arbeitsprozesses,
4. Voraussetzungen für eine berufliche Qualifikation der Strafgefangenen entsprechend den Erfordernissen,
5. die Einbeziehung der Strafgefangenen in den Produktionswettbewerb, in die Neuererbewegung und in die regelmäßig durchzuführenden Produktionsberatungen. Dazu sind die zweckmäßigsten Formen und Methoden zu entwickeln, zu vervollkommnen und durchzusetzen.
6. die Durchsetzung der Bestimmungen des Gesundheits- und Arbeitsschutzes sowie Brandschutzes.

(2) Zur Erfüllung dieser Aufgaben sind Angehörige der Arbeitseinsatzbetriebe einzusetzen. Sie müssen neben ihrer fachlichen Befähigung physisch und psychisch geeignet sein, mit Strafgefangenen zu arbeiten, und die Gewähr dafür bieten, einen wirksamen Beitrag bei der Erziehung Strafgefangener zu leisten. Die Betriebsangehörigen sind verpflichtet, dieses Gesetz und die zu seiner Durchführung erlassenen Bestimmungen einzuhalten. Ihre besonderen Rechte und Pflichten sind in Übereinstimmung mit den Leitern der Strafvollzugseinrichtungen und Jugendhäuser durch die Leiter der Arbeitseinsatzbetriebe festzulegen.

§ 26
Staatsbürgerliche Erziehung und allgemeine Bildung

(1) Die Maßnahmen der staatsbürgerlichen Erziehung und allgemeinen Bildung sind vor allem auf die Erziehung der Strafgefangenen zu einer den Grundsätzen des Zusammenlebens der Bürger in der sozialistischen Gesellschaft entsprechenden verantwortungsbewußten Gestaltung ihres Lebens sowie auf die Erhöhung des Bildungs- und Kulturniveaus zu richten.

(2) In Verbindung mit der Erziehung durch gesellschaftlich nützliche Arbeit und unter Berücksichtigung der im Erziehungsprogramm enthaltenen Festlegungen sind Maßnahmen zur staatsbürgerlichen Schulung und zur kulturellen Erziehung und Bildung durchzuführen. Die hauptsächlichsten Formen und Methoden der staatsbürgerlichen Schulung sind Vorträge, politisch aktuelle Gespräche, Informationen zu aktuellen Ereignissen und differenzierte Aussprachen. Ihre Gestaltung ist durch geeignete Literatur, Presseerzeugnisse, Filme und den Empfang von Rundfunk- und Fernsehsendungen wirksam zu unterstützen.

(3) In Abhängigkeit vom Bildungsstand werden zur Erhöhung des Bildungsniveaus und zur Förderung der Wiedereingliederung Maßnahmen der allgemeinen Bildung durchgeführt. Für alle während der Zeit des Strafvollzuges erreichten Qualifikationen sind Nachweise durch die aus- und weiterbildenden Institutionen auszustellen. Aus ihnen darf nicht ersichtlich sein, daß diese Qualifikationen während des Vollzuges der Strafe mit Freiheitsentzug erworben wurden.

(4) Zur Unterstützung der positiven Persönlichkeitsentwicklung der Strafgefangenen sind im Rahmen der Ausgestaltung der arbeitsfreien Zeit Maßnahmen der kulturellen Erziehung, insbesondere der Selbstbetätigung, und sportliche Übungen durchzuführen. Besonders zu fördern ist das Lesen von Büchern aus den Bibliotheken der Strafvollzugseinrichtungen und Jugendhäuser.

(5) Mit Strafgefangenen, die nicht Staatsbürger der Deutschen Demokratischen Republik sind, werden differenzierte kulturell-erzieherische Maßnahmen durchgeführt.

§ 27
Erziehung zu Ordnung und Disziplin

(1) Mit der Durchsetzung einer für die Sicherheit und das Leben in der Gemeinschaft notwendigen straffen Ordnung ist die Erziehung der Strafgefangenen zur Disziplin und die Gewöhnung an bewußte Pflichterfüllung zu fördern.
(2) In Hausordnungen sind die Pflichten der Strafgefangenen, die Verhaltensregeln gegenüber den Strafvollzugsangehörigen, anderen an der Erziehung und Beaufsichtigung mitwirkenden Personen, die Bestimmungen für den allgemeinen Tagesablauf sowie für das Verhalten untereinander festzulegen. Die Hausordnungen müssen den Strafgefangenen ständig zugänglich sein.
(3) Den Strafgefangenen sind ihre Rechte und Pflichten, die Ordnungs- und Verhaltensregeln einschließlich der Regelungen für den festgelegten Tagesablauf sowie die Bestimmungen über Anerkennungen, Disziplinarmaßnahmen und mögliche Sicherungsmaßnahmen während der Aufnahme im Strafvollzug bekanntzugeben und zu erläutern.

§ 28
Mitwirkung Strafgefangener im Erziehungsprozeß

(1) Im Rahmen der aktiven Einbeziehung Strafgefangener in die Erziehungsarbeit ist ihre Mitwirkung durch konkrete Aufträge im Erziehungsprozeß unter strikter Beachtung der Sicherheit umfassend zu organisieren. Sie soll vor allem der Entwicklung und Förderung des Gemeinschaftsgeistes, des Verantwortungsbewußtseins, der Erziehung zur gegenseitigen Achtung dienen und die Selbsterziehung unterstützen.
(2) Die Mitwirkung erstreckt sich insbesondere auf die gesellschaftlich nützliche Arbeit, die Festigung von Disziplin und Ordnung, die Maßnahmen der allgemeinen und beruflichen Bildung, die Einhaltung der Bestimmungen des Gesundheits- und Arbeitsschutzes sowie Brandschutzes und die Ausgestaltung der arbeitsfreien Zeit.
(3) Im Rahmen der Mitwirkung sind Strafgefangenen unter Berücksichtigung ihres Gesamtverhaltens und ihrer Fähigkeiten zur Förderung der Erziehung in der Gemeinschaft konkrete Aufgaben und Verantwortung, ohne Einräumung von disziplinaren Rechten, zu übertragen.

§ 29
Persönliche Verbindungen

(1) Strafgefangenen werden persönliche Verbindungen mit ihren Ehegatten, Kindern, Eltern, Geschwistern, Großeltern und Verlobten sowie anderen Personen aus ihren ehemaligen oder künftigen Wirkungs- und Lebensbereichen gewährt. Persönliche Verbindungen dienen der Aufrechterhaltung des Kontaktes zu den Angehörigen und der Förderung der Beziehungen zur Gesellschaft. Sie sind für die erzieherische Einflußnahme zu nutzen.
(2) Persönliche Verbindungen sind der Empfang von Besuch, Briefverkehr und Paketsendungen. Sie sind in regelmäßigen Abständen zu gewähren und werden überwacht.
(3) Persönliche Verbindungen können zeitlich befristet eingeschränkt oder abgebrochen werden, wenn das im Interesse der Sicherheit notwendig ist oder das Erreichen des Erziehungsziels gefährdet wird.

§ 30
Mitwirkung staatlicher Organe und Einbeziehung gesellschaftlicher Kräfte

(1) Die wirksame Gestaltung des Erziehungsprozesses ist durch Mitwirkung anderer staatlicher Organe und differenzierte Einbeziehung gesellschaftlicher Kräfte zu unterstützen. Sie erstreckt sich vor allem auf die Erziehung durch gesellschaftlich nützliche Arbeit, Maßnahmen der staatsbürgerlichen Erziehung und der allgemeinen Bildung sowie die Vorbereitung der Wiedereingliederung.
(2) Als gesellschaftliche Kräfte sind insbesondere einzubeziehen:
1. Persönlichkeiten des gesellschaftlichen Lebens,
2. Werktätige aus Arbeitseinsatzbetrieben,
3. Mitglieder von gesellschaftlichen Organisationen,
4. Beauftragte der Arbeitskollektive sowie des Wohnbereiches.

(3) Die Leiter der Strafvollzugseinrichtungen und der Jugendhäuser können zur Unterstützung der Erziehungsarbeit gesellschaftliche Beiräte bilden, die sich aus Vertretern der örtlichen Staatsorgane, der Einrichtungen der Volksbildung, der Berufsbildung und des staatlichen Gesundheitswesens sowie gesellschaftlicher Organisationen und der Arbeitseinsatzbetriebe zusammensetzen sollen.

§ 31
Anerkennungen

(1) Anerkennungen sind zu nutzen, um positives Gesamtverhalten Strafgefangener zu fördern. Sie sind vor allem anzuwenden, wenn Strafgefangene die gestellten Forderungen gewissenhaft erfüllen oder eine gute Arbeitsdisziplin zeigen und vorbildliche Arbeitsergebnisse erzielen oder aktiv den Erziehungsprozeß unterstützen.
(2) Anerkennungen sind:
1. Ausspruch eines Lobes,
2. Prämierung,
3. Gewährung von Vergünstigungen,
4. vorfristige Streichung einer früher ausgesprochenen Disziplinarmaßnahme,
5. Überweisung in den erleichterten Vollzug.

(3) Ausspruch eines Lobes, Prämierungen und Gewährung von Vergünstigungen können in kollektiver Form erfolgen.
(4) Als Anerkennung zu gewährende Vergünstigungen umfassen
1. Erweiterung der persönlichen Verbindungen,
2. Erhöhung des Verfügungssatzes für den monatlichen Einkauf,
3. Verlängerung der Aufenthaltsdauer im Freien,
4. Erteilung von Genehmigungen zur individuellen Ausgestaltung arbeitsfreier Zeit, der erweiterten Ausstattung von Verwahrräumen und zum Tragen eigener Bekleidungsstücke,
5. Gewährung von Urlaub aus dem Strafvollzug.

(5) Anerkennungen sind unverzüglich nach Bekanntwerden des gegebenen Anlasses auszusprechen.

§ 32
Disziplinarbestimmungen

(1) Bei schuldhaften Verstößen Strafgefangener gegen die Pflichten und Verhaltensregeln sind Disziplinarmaßnahmen anzuwenden.

(2) Eine Disziplinarmaßnahme darf nur angewandt werden, wenn der Sachverhalt gründlich untersucht und geklärt wurde. Dazu ist der Strafgefangene zu hören, und ihm ist Gelegenheit zur Stellungnahme zu dem gegen ihn erhobenen Vorwurf zu geben. Die Anwendung einer Disziplinarmaßnahme erfolgt individuell und muß der Schwere des Verstoßes angemessen sein. Sie ist nicht mehr anzuwenden, wenn der Anlaß dafür länger als 3 Monate zurückliegt. Es ist unzulässig, einen Verstoß durch mehrere Disziplinarmaßnahmen zu ahnden.

(3) Disziplinarmaßnahmen sind:

1. Ausspruch einer Mißbilligung,
2. Verwarnung durch eine Aussprache mit Androhung einer strengeren Disziplinarmaßnahme,
3. Einschränkung oder Entzug von Vergünstigungen,
4. Einschränkung des Verfügungssatzes für den monatlichen Einkauf,
5. Arrest.

(4) Der Arrest darf 21 Tage, bei Jugendlichen 14 Tage, nicht übersteigen. Arrest darf nur ausgesprochen werden, wenn andere Disziplinarmaßnahmen wiederholt ohne Erfolg angewandt wurden oder auf Grund der Schwere des Verstoßes die sofortige nachdrückliche Disziplinierung im Interesse der Aufrechterhaltung der Ordnung und Gewährleistung der Sicherheit diese Disziplinarmaßnahme erforderlich macht. Während des Arrestes sind die Strafgefangenen unter ärztlicher Kontrolle zu halten.

(5) Die Anwendung von Disziplinarmaßnahmen schließt eine strafrechtliche Verantwortlichkeit der Strafgefangenen nicht aus.

§ 33
Sicherungsmaßnahmen

(1) Sicherungsmaßnahmen gegen Strafgefangene dürfen nur angewandt werden, wenn sie zur Verhinderung eines körperlichen Angriffs auf Strafvollzugsangehörige, andere Personen oder Strafgefangene, einer Flucht sowie zur Aufrechterhaltung der Sicherheit und zur Verhinderung eines Angriffs eines Strafgefangenen auf das eigene Leben erforderlich sind.

(2) Die Anwendung von Sicherungsmaßnahmen darf den Grad der Gefährlichkeit des Anlasses nicht übersteigen und nur so lange andauern, bis der Zweck der Maßnahme erreicht ist. Die Anwendung von Sicherungsmaßnahmen ist anzudrohen, sofern nicht die Notwendigkeit der Abwendung einer unmittelbaren Gefahr besteht. Ihre Anwendung schließt Disziplinarmaßnahmen oder eine strafrechtliche Verfolgung nicht aus.

(3) Sicherungsmaßnahmen sind:

1. Entzug von Einrichtungs- oder sonstigen Gegenständen, wenn zu befürchten ist, daß sie zu Angriffen gegen andere Personen oder auf das eigene Leben mißbraucht werden können,
2. Absonderung von anderen Strafgefangenen oder Unterbringung in Einzelhaft.

(4) Die Verfügung zur Anwendung von Sicherungsmaßnahmen obliegt den Leitern der Strafvollzugseinrichtungen, oder der Jugendhäuser.

(5) Maßnahmen des unmittelbaren Zwanges sind nur zulässig, wenn auf andere Weise ein Angriff auf Leben oder Gesundheit oder ein Fluchtversuch nicht verhindert oder Widerstand gegen Maßnahmen zur Aufrechterhaltung der Sicherheit nicht beseitigt werden können.

(6) Die Anwendung der Schußwaffe entsprechend der Schußwaffengebrauchsbestimmung darf nur bei Vorliegen der in den Absätzen 1 und 2 genannten Bedingungen im äußersten Falle erfolgen.

Kapitel IV
Rechte und Pflichten der Strafgefangenen

Rechte der Strafgefangenen

§ 34

(1) Strafgefangenen wird beim Vollzug der Strafen mit Freiheitsentzug die Wahrnehmung ihrer Rechte entsprechend den Bestimmungen dieses Gesetzes gesichert. Sie haben insbesondere das Recht auf
1. ordnungsgemäße Unterbringung, Bekleidung und Ernährung,
2. täglichen Aufenthalt im Freien,
3. tägliche zusammenhängende Schlafenszeit von mindestens 8 Stunden,
4. eine den sozialversicherungsrechtlichen Bestimmungen entsprechende unentgeltliche medizinische Betreuung und Versorgung,
5. aktive Einbeziehung in den Erziehungsprozeß einschließlich der Mitwirkung an der Gestaltung der arbeitsfreien Zeit sowie der Festigung der Disziplin,
6. Einsatz zu gesellschaftlich nützlicher Arbeit unter Einhaltung der Rechtsvorschriften über die Arbeitszeit und auf Arbeitsvergütung,
7. schöpferische Mitarbeit im Prozeß der gesellschaftlich nützlichen Arbeit, insbesondere Teilnahme am Produktionswettbewerb, an Produktionsberatungen und an der Neuerertätigkeit,
8. Erwerb von Waren des persönlichen Bedarfs, Bezug von Tageszeitungen, Büchern und anderen Publikationen, die in der Deutschen Demokratischen Republik zum Vertrieb zugelassen sind, sowie finanzielle und materielle Unterstützung der Angehörigen,
9. persönliche Verbindungen,
10. Wahrung ihrer Interessen in zivil-, familien-, arbeits- und strafrechtlichen Angelegenheiten einschließlich des Rechts, sich vertreten zu lassen.

(2) Strafgefangenen wind bei Zugehörigkeit zu einer Religionsgemeinschaft auf Wunsch religiöse Betätigung ermöglicht.

(3) Strafgefangene, die nicht Bürger der Deutschem Demokratischen Republik sind, haben außerdem das Recht, mit der diplomatischen oder der zuständigen konsularischen Vertretung ihres Heimatstaates oder der Vertretung des Staates, die ihre Betreuung wahrnimmt, in Verbindung zu treten, sofern das vertraglich vereinbart wurde oder auf der Basis der Gegenseitigkeit.

(4) Die Rechte der Strafgefangenen können nur soweit eingeschränkt wenden, wie das gesetzlich zulässig und im Interesse der Aufrechterhaltung der Sicherheit und Ordnung notwendig ist.

§ 35

(1) Strafgefangene haben das Recht, Eingaben einzureichen.

(2) Gegen die Anwendung von Disziplinar- und Sicherungsmaßnahmen sowie gegen Verfügungen zu Schadenersatzleistungen nach § 37 Abs. 3 dieses Gesetzes haben sie das Recht der Beschwerde an den Leiter der Strafvollzugseinrichtung oder des Jugendhauses. Die Beschwerde hat keine aufschiebende Wirkung. Die Strafgefangenen sind über ihr Beschwerderecht zu belehren.

(3) Hilft der Leiter der Strafvollzugseinrichtung oder des Jugendhauses der Beschwerde nicht ab, ist diese, sofern sich die Beschwerde gegen eine Entscheidung des Leiters der Strafvollzugseinrichtung oder des Jugendhauses richtet, unverzüglich dem Leiter der Verwaltung

Strafvollzug zur Entscheidung vorzulegen. Der zuständige Staatsanwalt ist zu informieren. Die Entscheidung des Leiters der Verwaltung Strafvollzug ist endgültig.

§ 36
Pflichten der Strafgefangenen

Strafgefangene haben die in diesem Gesetz und der Hausordnung festgelegten Pflichten und Verhaltensregeln einzuhalten. Sie haben den Anforderungen der Strafvollzugsangehörigen und anderen an der Erziehung und Beaufsichtigung der Strafgefangenen mitwirkenden Personen nachzukommen sowie die in den Strafvollzugseinrichtungen und Jugendhäusern festgelegte Ordnung zu befolgen und durch vorbildliches Verhalten dazu beizutragen, daß sie die ihnen zustehenden Rechte voll wahrnehmen können. Sie haben insbesondere die Pflicht:

1. die ihnen zugewiesene Arbeit ordnungsgemäß durchzuführen, sich gegenseitig zu unterstützen und die Arbeitszeit voll zu nutzen,
2. sich die für ihren Arbeitseinsatz erforderlichen Kenntnisse, Fähigkeiten und Fertigkeiten anzueignen,
3. Arbeiten zur Erhaltung der Sauberkeit und Ordnung der Strafvollzugseinrichtung oder des Jugendhauses und zur unmittelbaren Versorgung der Strafgefangenen durchzuführen,
4. das Volkseigentum zu pflegen, zu schonen und vor Verlust und Beschädigung zu schützen,
5. an den Maßnahmen der staatsbürgerlichen Erziehung, der allgemeinen und beruflichen Bildung und der Ausgestaltung arbeitsfreier Zeit teilzunehmen und aktiv Mitzuarbeiten,
6. die Bestimmungen über den Gesundheits-, Arbeits- und Brandschutz gewissenhaft einzuhalten und festgelegte ärztliche Maßnahmen zur Förderung, Erhaltung und Wiederherstellung der Gesundheit zu befolgen,
7. Gefahren für Personen und Sachen unverzüglich zu melden und soweit wie möglich abzuwenden.

§ 37
Schadenersatz

(1) Ein Strafgefangener, der unter Verletzung ihm obliegender Pflichten rechtswidrig einen Schaden verursacht, ist nach den Bestimmungen des Zivilgesetzbuches der Deutschen Demokratischen Republik zum Ersatz dieses Schadens verpflichtet. Erkennt er den verursachten Schaden freiwillig an und erklärt er sich zum Ersatz bereit, kann die Art und Weise der Wiedergutmachung schriftlich vereinbart werden.
(2) Der Umfang der Schadenersatzpflicht für fahrlässig verursachte Schäden durch Verletzung der Arbeitspflichten beim Einsatz zu gesellschaftlich nützlicher Arbeit erstreckt sich bis zur Höhe einer Monatsvergütung für Arbeitsleistungen, die dem Strafgefangenen gewährt wird.
(3) Bei schuldhafter Schadensverursachung, die die Schadenshöhe von 50 M nicht übersteigt, ist der Leiter der Strafvollzugseinrichtung oder des Jugendhauses berechtigt, die Ersatzleistung ohne Inanspruchnahme des Gerichtsweges durch Verfügung durchzusetzen.

§ 38
Ansprüche aus Unfällen und Berufskrankheiten

Bei Schäden aus im Strafvollzug erlittenen Unfällen oder Berufskrankheiten wird nach der Entlassung aus dem Strafvollzug nach den für die Behandlung von Schäden aus Unfällen oder Berufskrankheiten geltenden Rechtsvorschriften verfahren, sofern diese Schäden zum Zeitpunkt der Entlassung noch vorliegen oder danach als ursächliche Folge eines solchen Unfalles oder einer solchen Berufskrankheit auftreten.

Kapitel V
Besonderheiten des Vollzuges der Freiheitsstrafe an Jugendlichen

§ 39

(1) Der Vollzug der Freiheitsstrafe an Jugendlichen hat unter Berücksichtigung der entwicklungsbedingten Besonderheiten der Jugendlichen und ihres Bildungsniveaus zu erfolgen. Die Jugendlichen sind umfassend in die Gestaltung des Bildungs- und Erziehungsprozesses einzubeziehen.
(2) Im Mittelpunkt des Vollzuges steht die als Einheit zu verwirklichende Erziehung und Bildung der Jugendlichen. Erziehung und Bildung sind darauf zu richten, die Persönlichkeitsentwicklung der Jugendlichen, insbesondere ihr Pflicht- und Verantwortungsbewußtsein, zu fördern, sie zur bewußten Disziplin zu erziehen, ihr Kultur- und Bildungsniveau zu heben und sie zu befähigen, ihre Freizeit sinnvoll zu gestalten. Die Initiativen und die Selbstbetätigung der Jugendlichen sind auf die Entwicklung, Förderung und Festigung positiver Interessen und gesellschaftsgemäßen Verhaltens zu richten.
(3) Zur wirksamen Ausgestaltung des Vollzuges der Freiheitsstrafe an Jugendlichen ist mit den Familienangehörigen, Vertretern der Jugendhilfe, der Jugendorganisation und den künftigen Ausbildungs- bzw. Arbeitsstellen der Jugendlichen eng zusammenzuarbeiten.

§ 48

(1) In den Jugendhäusern sind die Wahrnehmung des Rechts auf Berufsausbildung, die Erfüllung der Berufsschulpflicht sowie die Weiterführung der Allgemeinbildung zu sichern. Grundlagen dafür sind die staatlichen Lehrpläne und festgelegten Ausbildungsprinzipien. Die Jugendlichen sind zur Teilnahme an den allgemein- und berufsbildenden Maßnahmen verpflichtet.
(2) Die Berufsausbildung hat unter Beachtung des Bildungsstandes der Jugendlichen so zu erfolgen, daß sie ihre Eingliederung in den gesellschaftlichen Arbeitsprozeß und ihre perspektivische Entwicklung nach der Entlassung fördert. Durch Berufsbildungsmaßnahmen bereits erworbene Kenntnisse, Fähigkeiten und Fertigkeiten sind bei der Berufsausbildung in den Jugendhäusern weitestgehend zu berücksichtigen.
(3) Die Berufsausbildung ist im engen Zusammenwirken mit volkseigenen Betrieben durchzuführen, die erforderliche Voraussetzungen für die berufspraktische Ausbildung zu gewährleisten haben.

§ 41

(1) Hat der Vollzug der Freiheitsstrafe in einem Jugendhaus begonnen, bevor ein Jugendlicher das achtzehnte Lebensjahr vollendet hat, verbleibt er auch über das achtzehnte Lebensjahr hinaus in dieser Einrichtung, wenn eine begonnene Bildungsmaßnahme noch nicht abgeschlossen ist.
(2) Eine Freiheitsstrafe kann in einem Jugendhaus auch dann vollzogen werden, wenn die Persönlichkeitsentwicklung eines zur Zeit der Straftat zwar achtzehnjährigen, aber noch nicht einundzwanzigjährigen Verurteilten erhebliche Erziehungs- oder Bildungsmängel aufweist.
(3) Strafgefangene, die unter den Voraussetzungen der Absätze 1 oder 2 in Jugendhäusern untergebracht sind und durch ihr Verhalten die Ordnung stören oder auf Jugendliche einen schädlichen Einfluß ausüben, können durch den Leiter des Jugendhauses in eine Strafvollzugseinrichtung eingewiesen werden. Für die Überweisung ist die Zustimmung des zuständigen Staatsanwalts erforderlich.

Kapitel VI
Unterbringung und Versorgung der Strafgefangenen

§ 42
Unterbringung

(1) Die Unterbringung der Strafgefangenen erfolgt grundsätzlich gemeinschaftlich. Sie soll die weitere Entwicklung des Verantwortungsbewußtseins sowie positive gesellschaftliche Verhaltensweisen, wie Gemeinschaftsgeist, Hilfsbereitschaft und gegenseitige Achtung, fördern.
(2) Eine Einzelunterbringung kann befristet vorgenommen werden, wenn es aus gesundheitlichen Gründen oder für die Erziehung des Strafgefangenen erforderlich ist. Sie ist zu beenden, wenn die Voraussetzungen hierzu nicht mehr vorliegen.
(3) Die Unterbringungs- und Gemeinschaftsräume sind nach Ausstattungsnormen einzurichten, die jedem Strafgefangenen ein Bett, eine Sitz- und Beschäftigungsmöglichkeit sowie die Unterbringung persönlicher Sachen gewährleisten. In den Unterbringungs-, Arbeits- und Gemeinschaftsräumen sind je Strafgefangener ein Mindestfläche sowie Rauminhalt, Belüftung, Beleuchtung, Bekleidung und sanitäre Anlagen ausreichend zu gewährleisten.

§ 43
Ernährung

(1) Strafgefangene erhalten eine auf ernährungswissenschaftlichen und medizinischen Erkenntnissen beruhende Gemeinschaftsverpflegung. Entsprechend dem Charakter und der Schwere der Arbeit wird zusätzliche Verpflegung gewährt. Aus gesundheitlichen Gründen erfolgt auf ärztliche Anordnung gesonderte Verpflegung. Die Zusammensetzung und der Nährwert der Verpflegung sind medizinisch zu überwachen.
(2) Auf Antrag soll Strafgefangenen im Rahmen der Möglichkeiten eine ihren religiösen, nationalen oder ethnischen Sitten entsprechende Verpflegung gewährt werden.

§ 44
Bekleidung

(1) Strafgefangene erhalten der Jahreszeit gemäße Bekleidung, deren Wechsel entsprechend den hygienischen Erfordernissen zu gewährleisten ist.
(2) Das Tragen eigener Bekleidungsstücke kann gestattet werden.
(3) Während des Arbeitseinsatzes haben Strafgefangene die festgelegte Arbeitskleidung zu tragen. Sie wird ihnen zur Verfügung gestellt.

§ 45
Gewährleistung des Gesundheitsschutzes und Sicherstellung der medizinischen Betreuung

(1) Für die medizinische Betreuung und Behandlung Strafgefangener, die Einhaltung der Grundsätze der Hygiene und den Infektionsschutz sowie den vorbeugenden Gesundheitsschutz gelten die allgemeinen Rechtsvorschriften entsprechend.
(2) Strafgefangene sind unverzüglich nach Aufnahme in eine Strafvollzugseinrichtung oder in ein Jugendhaus ärztlich zu untersuchen. Während des Arbeitseinsatzes ist Gefangenen arbeitsmedizinische Betreuung nach den allgemeinen Rechtsvorschriften zu gewähren.
(3) Bei der Einzelunterbringung und bei der Anwendung der Sicherungsmaßnahme Absonderung oder Unterbringung in Einzelhaft sowie beim Arrest sind die Strafgefangenen unter ärztlicher Kontrolle zu halten.

(4) Die ambulante und stationäre medizinische Betreuung und Behandlung wird durch das medizinische Personal des Strafvollzuges wahrgenommen. Sie wird in den medizinischen Einrichtungen des Strafvollzuges durchgeführt. Bei Notwendigkeit kann sie in anderen staatlichen medizinischen Einrichtungen erfolgen.

§ 46
Körperpflege

Den Strafgefangenen ist die tägliche Körperpflege zu gewährleisten. Für die allgemeine Körperhygiene sind den Strafgefangenen die Körperpflegemittel zur Verfügung zu stellen.

§ 47
Aufenthalt im Freien

(1) Strafgefangenen ist täglich mindestens eine Stunde Aufenthalt im Freien zu gewähren, sofern die Witterungsbedingungen das zulassen.
(2) Der Aufenthalt im Freien soll unter Beachtung des Alters und des Gesundheitszustandes der Strafgefangenen gestaltet und mit gymnastischen Übungen verbunden werden. Die Strafgefangenen können sich beim Aufenthalt im Freien zwanglos auf dem dafür vorgesehenen Gelände bewegen und sich unterhalten.

§ 48
Einkauf

In den Strafvollzugseinrichtungen und Jugendhäusern ist den Strafgefangenen der Einkauf von Waren des persönlichen Bedarfs zu ermöglichen. Das Warenangebot muß den Bedingungen des Strafvollzuges entsprechen und den Bedürfnissen der Strafgefangenen angepaßt sein.

Kapitel VII
Aufschub, Unterbrechung, Aussetzung und Beendigung des Vollzuges der Strafen mit Freiheitsentzug

Aufschub des Vollzuges

§ 49

(1) Der Vollzug einer Strafe mit Freiheitsentzug kann auf Antrag eines Verurteilten bis zu 6 Monaten aufgeschoben werden, wenn durch die Verwirklichung ihm oder seiner Familie erhebliche, über den Zweck der Strafe hinausgehende Nachteile entstehen und diese durch den Aufschub des Vollzuges zu beseitigen oder zu mildern sind.
(2) Der Aufschub des Vollzuges kann unbefristet gewährt werden, wenn der Verurteilte wegen einer schweren Erkrankung ärztlicher Behandlung bedarf.
(3) Der Aufschub des Vollzuges hat zu erfolgen, wenn ein Verurteilter geisteskrank geworden ist.

§ 50

Schwangeren ist der Aufschub des Vollzuges zu gewähren. Der Aufschub des Vollzuges ist bis zum Ende des Wochenurlaubs zu gewähren. Er kann verlängert werden, wenn das durch einen Arzt empfohlen wird.

§ 51

(1) Der Aufschub des Vollzugs ist durch den Leiter der Strafvollzugseinrichtung oder des Jugendhauses zu verfügen und zu überwachen. Der zuständige Staatsanwalt ist zu unterrichten.

(2) Mit der Gewährung des Aufschubes können dem Verurteilten Auflagen erteilt werden, um zu sichern, daß er sich dem Vollzug nicht entzieht. Erfüllt ein Verurteilter diese Auflagen nicht, ist der sofortige Vollzug anzuordnen.

Unterbrechung des Vollzuges

§ 52

(1) Der Vollzug ist zu unterbrechen, wenn
   1. der Gesundheitszustand Strafgefangener ständig fremde Hilfe. erfordert und die Schwere der Straftat eine Unterbrechung zuläßt,
   2. eine spezielle Diagnostik oder Therapie notwendig ist, die in den medizinischen Einrichtungen des Strafvollzuges nicht durchgeführt werden kann.

(2) Unter Berücksichtigung der Schwere der Straftat und des noch zu verwirklichenden Teiles der Strafe kann zur Erledigung unaufschiebbarer Angelegenheiten eine Unterbrechung des Vollzuges bis zu einer Woche gewährt werden. Die Unterbrechung kann in Ausnahmefällen verlängert werden, wenn dies zur Erledigung dieser Angelegenheiten erforderlich ist.

§ 53

Schwangeren Strafgefangenen ist eine Unterbrechung des Vollzuges zu gewähren. Sie soll unmittelbar nach der Feststellung der Schwangerschaft erfolgen und bis zum Ende des Wochenurlaubes gewährt werden. Die Unterbrechung des Vollzuges kann verlängert werden, wenn das durch einen Arzt empfohlen wird.

§ 54

(1) Die Unterbrechung des Vollzuges ist durch den Leiter der Strafvollzugseinrichtung bzw. des Jugendhauses anzuordnen und zu überwachen. § 51 Abs. 2 gilt entsprechend.

(2) Von der Unterbrechung des Vollzuges ist der zuständige Staatsanwalt zu unterrichten.

(3) Die Zeit der Unterbrechung des Vollzuges wird in der Regel in die Strafzeit einberechnet. Die Entscheidung darüber trifft der Leiter der Strafvollzugseinrichtung bzw. des Jugendhauses. Wird die Unterbrechung des Vollzuges nicht in die Strafzeit einberechnet, ist der zuständige Staatsanwalt unter Mitteilung der Gründe davon in Kenntnis zu setzen.

§ 55
Strafaussetzung auf Bewährung

(1) Der Staatsanwalt und der Leiter der Strafvollzugseinrichtung bzw. des Jugendhauses haben laufend zu überprüfen, ob unter Berücksichtigung der Straftat, der Persönlichkeit und des Gesamtverhaltens des Strafgefangenen die Voraussetzungen für eine Strafaussetzung auf Bewährung eingetreten sind.

(2) Bei Vorliegen dieser Voraussetzungen ist dem zuständigen Gericht ein begründeter Antrag zu unterbreiten. Zur Erhöhung der erzieherischen Wirksamkeit der Strafaussetzung auf Bewährung sind bei Notwendigkeit Maßnahmen entsprechend § 45 Abs. 3 des Strafgesetzbuches anzuregen.

Vorbereitung der Wiedereingliederung in das gesellschaftliche Leben und Entlassung ans dem Strafvollzug

§ 56

(1) Die Vorbereitung der Wiedereingliederung aus dem Strafvollzug zu Entlassender in das gesellschaftliche Leben hat rechtzeitig zu erfolgen. Durch Einschätzung der während des Vollzuges der Strafe mit Freiheitsentzug erreichten Ergebnisse der Erziehung und der unmittelbar zur Vorbereitung der Wiedereingliederung getroffenen Maßnahmen sind unter aktiver Einbeziehung der Strafgefangenen notwendige und zweckmäßige Vorschläge zu erarbeiten und Festlegungen zu treffen, die geeignet sind, die Wiedereingliederung allseitig zu sichern.

(2) Den für die Wiedereingliederung zuständigen staatlichen Organen sind rechtzeitig durch die Leiter der Strafvollzugseinrichtungen und Jugendhäuser entsprechende Vorschläge über Maßnahmen der Wiedereingliederung zu übermitteln. Vor der Entlassung sind Informationen über die allgemeine und berufliche Entwicklung während des Vollzuges sowie Hinweise zu den Familienverhältnissen und für erforderlichenfalls einzuleitende Betreuung sowie medizinische Überwachungs- und Behandlungsmaßnahmen zu geben. Bei Strafaussetzung auf Bewährung sind diese Informationen zum Zeitpunkt der Antragstellung zu übermitteln.

§ 57

(1) Die Entlassung eines Strafgefangenen hat zu erfolgen, wenn die Strafzeit beendet ist, eine Strafaussetzung auf Bewährung gewährt wurde, ein Gnadenentscheid vorliegt, eine Unterbrechung des Vollzuges angeordnet ist oder die Voraussetzungen für den Vollzug weggefallen sind.

(2) Die Entlassung ist an dem Tag vorzunehmen, an dem die Strafzeit abläuft bzw. auf den aus im Abs. 1 genannten anderen Gründen die Entlassung festgelegt wurde. Ist am Entlassungstag oder dem darauffolgenden Tag nicht die Möglichkeit gegeben, daß der Entlassene sich bei dem für die Wiedereingliederung zuständigen staatlichen Organ melden kann, ist die Entlassung durch den Leiter der Strafvollzugseinrichtung oder des Jugendhauses entsprechend vorzuverlegen.

Kapitel VIII
Verantwortung für den Vollzug der Strafen mit Freiheitsentzug

Zuständige Staatsorgane

§ 58

(1) Der Vollzug der Strafen mit Freiheitsentzug obliegt dem Ministerium des Innern. Er wird in Strafvollzugseinrichtungen (einschließlich Haftkrankenhäusern) und Jugendhäusern durchgeführt.

(2) Der Minister des Innern und Chef der Deutschen Volkspolizei ist dem Ministerrat für den Vollzug der Strafen mit Freiheitsentzug verantwortlich.

(3) Der Vollzug von Freihcitsstrafen an Militärpersonen und Strafarrest kann bei militärischer Notwendigkeit durch Organe des Ministeriums für Nationale Verteidigung erfolgen. In diesem Fall erläßt der Minister für Nationale Verteidigung die erforderlichen Bestimmungen.

§ 59

(1) Das Ministerium des Innern hat unter strikter Wahrung der sozialistischen Gesetzlichkeit einen wirksamen und den gesellschaftlichen Erfordernissen entsprechenden Vollzug der

Strafen mit Freiheitsentzug zu gewährleisten. Im Ministerium des Innern ist die Verwaltung Strafvollzug für die Verwirklichung dieser Aufgabe zuständig. Sie konzentriert sich in ihrer Tätigkeit auf eine qualifizierte Anleitung und Kontrolle der Strafvollzugseinrichtungen und Jugendhäuser. Sie hat die Vollzugsdurchführung ständig einzuschätzen, eine systematische Forschungsarbeit zu organisieren, die perspektivischen Aufgaben herauszuarbeiten und ihrer Lösung zuzuführen sowie für die Verallgemeinerung guter Erfahrungen zu sorgen.

(2) Der Leiter der Verwaltung Strafvollzug trifft Entscheidungen über vollzugsgestaltende Maßnahmen sowie die Vollzugsorganisation und regelt die Einweisung Verurteilter in die Strafvollzugseinrichtungen bzw. Jugendhäuser entsprechend diesem Gesetz. Er ist berechtigt, Vollzugsentscheidungen der Leiter dem Strafvollzugseinrichtungen und Jugendhäuser aufzuheben, und dazu verpflichtet, wenn sie nicht diesem Gesetz oder den zu seiner Durchführung erlassenen Bestimmungen entsprechen.

§ 60

(1) Die Leiter der Strafvollzugseinrichtungen und Jugendhäuser haben in ihrem Verantwortungsbereich die zur Durchführung dieses Gesetzes und der dazu erlassenen Bestimmungen notwendigen Entscheidungen zu treffen und die erforderlichen Maßnahmen durchzusetzen.

(2) Die Leiter der Strafvollzugseinrichtungen und Jugendhäuser haben zur Erfüllung ihrer Aufgaben eng mit den zuständigen Staats- und Justizorganen, volkseigenen Betrieben sowie gesellschaftlichen Organisationen und gesellschaftlichen Kräften zusammenzuwirken.

Strafvollzugsangehörige

§ 61

(1) Die Strafvollzugsangehörigen sind für ihre Tätigkeit besonders auszuwählen. Sie müssen für den Dienst im Strafvollzug geeignet sein und über ein gutes politisches und Allgemeinwissen sowie die erforderlichen pädagogischere, psychologischen und anderen Kenntnisse verfügen. Diese Kenntnisse und Fähigkeiten sind durch regelmäßige Bildungsmaßnahmen zu erweitern und zu vervollkommnen.

(2) Die wirksame Gestaltung des Erziehungsprozesses sowie die Betreuung der Strafgefangenen wird durch den Einsatz wissenschaftlich ausgebildeter Spezialkader (Pädagogen, Psychologen, Ärzte, Ökonomen) unterstützt.

(3) Die in Jugendhäusern tätigen Erzieher, Lehrer und Lehrmeister müssen über eine entsprechende pädagogische und psychologische Ausbildung verfügen und für die Erziehung sozial fehlentwickelter Jugendlicher geeignet sein.

§ 62

(1) Die Strafvollzugsangehörigen haben in Verwirklichung dieses Gesetzes und der dazu erlassenen Bestimmungen die Pflicht und das Recht, Strafgefangenen Weisungen zu erteilen und deren Erfüllung durchzusetzen.

(2) Die Strafvollzugsangehörigen müssen
   1. durch Einheitlichkeit im Handeln und vorbildliches Auftreten die strikte Einhaltung und Durchsetzung dieses Gesetzes und der dazu erlassenen Bestimmungen gewährleisten,
   2. Gerechtigkeit bei der Behandlung der Strafgefangenen ohne Ansehen der Person und unabhängig von Nationalität oder Staatsbürgerschaft, Rasse, weltanschaulichem und religiösem Bekenntnis oder sozialer Herkunft oder Stellung wahren und die Menschenwürde achten,

3. bei der Durchsetzung von Vollzugsmaßnahmen korrekt, sachlich und entschieden auftreten.

Kapitel IX
Die staatsanwaltschaftliche Aufsicht

§ 63

(1) Die Aufsicht der Staatsanwaltschaft gewährleistet die Wahrung der Gesetzlichkeit beim Vollzug der Strafen mit Freiheitsentzug und bei der Vorbereitung der Wiedereingliederung.
(2) Die vom Minister des Innern und Chef der Deutschen Volkspolizei zur Durchführung dieses Gesetzes zu erlassenden Bestimmungen bedürfen der Abstimmung mit dem Generalstaatsanwalt der Deutschen Demokratischen Republik.
(3) Der Generalstaatsanwalt der Deutschen Demokratischen Republik kann dem Minister des Innern und Chef der Deutschen Volkspolizei Vorschläge zum Vollzug der Strafen mit Freiheitsentzug unterbreiten.

§ 64

(1) Die Aufsicht der Staatsanwaltschaft über die Wahrung der Gesetzlichkeit beim Vollzug der Strafen mit Freiheitsentzug und bei der Vorbereitung der Wiedereingliederung umfaßt:
1. die fristgemäße Einleitung des Vollzuges und die richtige Strafzeitberechnung,
2. die Wahrung der Rechte und die Durchsetzung der Pflichten der Strafgefangenen,
3. die ordnungsgemäße Durchführung des Vollzuges, besonders hinsichtlich der Einhaltung und Durchsetzung der Rechtsvorschriften über die Erziehung und Bildung, die Arbeitszeit, den Gesundheits- und Arbeitsschutz, die Arbeitsvergütung, die Unterbringung, Versorgung und medizinische Betreuung der Strafgefangenen sowie die Einhaltung der Bestimmungen zur Gewährleistung von Ordnung und Sicherheit in den Strafvollzugseinrichtungen und Jugendhäusern,
4. die Entscheidung der Leiter der Strafvollzugseinrichtungen und der Jugendhäuser über den Aufschub und die Unterbrechung des Vollzuges sowie die Antragstellung der Strafaussetzung auf Bewährung und die Überweisung in den allgemeinen bzw. erleichterten Vollzug,
5. die umfassende Vorbereitung der Wiedereingliederung.

(2) Die mit der Aufsicht über den Vollzug beauftragten Staatsanwälte sind berechtigt und verpflichtet:
1. von den Leitern der Strafvollzugseinrichtungen und Jugendhäuser Auskünfte über alle den Vollzug und die Vorbereitung der Wiedereingliederung betreffenden Fragen und Probleme zu verlangen,
2. den Leitern der Strafvollzugseinrichtungen und Jugendhäuser Weisungen zur Beseitigung festgestellter Rechtsverletzungen zu erteilen,
3. besondere Vorkommnisse mit Strafgefangenen zu überprüfen,
4. in die Vollzugsakten, Erziehungs- und andere den Vollzug betreffende Unterlagen Einsicht zu nehmen,
5. Beschwerden und Gesuche Strafgefangener zu bearbeiten und mit den Strafgefangenen Aussprachen zu führen,
6. ausgesprochene Disziplinarmaßnahmen, insbesondere die Durchführung des Arrestes sowie die Anwendung von Sicherungsmaßnahmen zu überprüfen.

Kapitel X
Übergangs- und Schlußbestimmungen

§ 65

Der Ministerrat sowie der Minister des Innern und Chef der Deutschen Volkspolizei erlassen die zur Durchführung dieses Gesetzes erforderlichen Bestimmungen.

§ 66

(1) Strafen mit Freiheitsentzug, deren Verwirklichung am Tage des Inkrafttretens dieses Gesetzes bereits eingeleitet war, sind auf der Grundlage dieses Gesetzes und der zu seiner Durchführung erlassenen Bestimmungen weiter zu vollziehen.
(2) Ab Inkrafttreten dieses Gesetzes erfolgt der Vollzug der rechtskräftig ausgesprochenen Arbeitserziehung nach den Bestimmungen für den Vollzug der Freiheitsstrafe und der rechtskräftig ausgesprochenen Einweisung in ein Jugendhaus nach den Bestimmungen der Freiheitsstrafe an Jugendlichen.
(3) Die Dauer dieser Strafen mit Freiheitsentzug wird begrenzt bei einer Verurteilung nach § 249 Abs. 1 und § 75 StGB auf höchstens 2 Jahre, bei einer Verurteilung nach § 249 Abs. 3 StGB auf höchstens 5 Jahre nach Strafantritt. Der Staatsanwalt und der Leiter der Strafvollzugseinrichtung bzw. des Jugendhauses haben regelmäßig zu prüfen, ob der Erziehungserfolg eingetreten ist und damit die Voraussetzungen für die Beendigung der Strafe bestehen. Bei Vorliegen der Voraussetzungen für die Beendigung der Strafe sind entsprechende Anträge an das Gericht zu stellen. Das Gericht beschließt die Beendigung, wenn der Erziehungserfolg eingetreten ist.

§ 67

Die Regelung des § 6 Abs. 3 gilt für den Arbeitseinsatz Strafgefangener, der ab Inkrafttreten dieses Gesetzes durchgeführt wird.

§ 68

(1) Dieses Gesetz tritt am 5. Mai 1977 in Kraft.
(2) Gleichzeitig treten außer Kraft:
   1. Gesetz vom 12. Januar 1968 über den Vollzug der Strafen mit Freiheitsentzug und über die Wiedereingliederung Strafentlassener in das gesellschaftliche Leben (Strafvollzugs- und Wiedereingliederungsgesetz) – SVWG – (GBl. I Nr. 3 S. 109) in der Neufassung vom 19. Dezember 1974 (GBl. I 1975 Nr. 5 S. 109),
   2. Gesetz vom 19. Dezember 1974 zur Änderung des Gesetzes über den Vollzug der Strafen mit Freiheitsentzug und über die Wiedereingliederung Strafentlassener in das gesellschaftliche Leben (Strafvollzugs- und Wiedereingliederungsgesetz) – SVWG – (GBl. I Nr. 64 S. 607).

Auswahlbibliografie

Gefangenenmisshandlung

Zum Haftsystem, zum Strafvollzug und zu den Haftbedigungen in der DDR allgemein

Arnold, Jörg: Strafvollzug in der DDR. Ein Gegenstand gegenwärtiger und zukünftiger Forschung, MschKrim 1993, S. 390-404.

ders.: Vergangenes und Zukünftiges im Strafvollzug der ehemaligen DDR. Ein Untersuchungsbericht, ZtStrVo 1990, S. 327-329.

Beleites, Johannes: Abteilung XIV: Haftvollzug, Berlin: Bundesbeauftragte für die Unterlagen des Staatssicherheitsdienstes der ehemaligen DDR, Abteilung Bildung und Forschung 2004 [Anatomie der Staatssicherheit; MfS-Handbuch, Teil III/9].

ders.: Der Untersuchungshaftvollzug des Ministeriums für Staatssicherheit der DDR, in: Roger Engelmann/Clemens Vollnhals (Hg.): Justiz im Dienste der Parteiherrschaft, Rechtspraxis und Staatssicherheit in der DDR, Berlin 1999, S. 433-465.

Ehemalige Untersuchungshaftanstalten des Ministeriums für Staatssicherheit der DDR, zusammengestellt im Auftrag der Landesbeauftragten für die Stasi-Unterlagen in Thüringen, Sachsen-Anhalt, Sachsen, Mecklenburg-Vorpommern und Berlin. Berlin 2000.

Finn, Gerhard: Politischer Strafvollzug in der DDR. Unter Mitarbeit von Karl Wilhelm Fricke, Köln 1981.

Fricke, Karl Wilhelm: Zur Menschen- und Grundrechtssituation politischer Gefangener in der DDR. 2. Aufl., Köln 1988.

Grasemann, Hans-Jürgen: Strafvollzug, in: Rainer Eppelmann u.a. (Hg.): Lexikon des DDR-Sozialismus. Das Staats- und Gesellschaftssystem der DDR, Paderborn 1996, S. 621-623.

Mehner, Heinrich: Aspekte zur Entwicklung des Straf- und Untersuchungshaftvollzugs in der ehemaligen SBZ sowie in den Anfangsjahren der DDR, ZtStrVO 1992, S. 91-98.

Oleschinski, Brigitte: Schlimmer als schlimm. Strafvollzug in der DDR, in: Bundesministerium der Justiz (Hg.): Im Namen des Volkes? Über die Justiz im Staat der SED. Katalog zur Ausstellung des Bundesministeriums der Justiz, Leipzig 1994, S. 255-261.

dies.: Die Abteilung Strafvollzug der Deutschen Zentralverwaltung für Justiz in der SBZ 1945-49, ZtStrVO 1992, S. 83-90.

Plath, Jennifer: Das Jugendgerichtsgesetz der DDR von 1952. Eine darstellende und vergleichende Untersuchung, Hamburg 2005.

Rataizick, Siegfried: Der Untersuchungshaftvollzug (Abt. XIV) im MfS und in den BV, in: Reinhard Grimmer u.a. (Hg.): Die Sicherheit. Zur Abwehrarbeit des MfS. Bd. 2, Berlin 2002, S. 495-519.

Reitel, Axel: Jugendstrafvollzug in der DDR am Beispiel des Jugendhauses Halle, Berlin 2006.

Schönefeld, Bärbel: Die Struktur des Strafvollzuges auf dem Territorium der DDR (1945-1950), Beiträge zur Geschichte der Arbeiterbewegung 1990, S. 808-815.

Schroeder, Friedrich-Christian: Menschenrechte im Strafverfahren und Strafvollzug, in: Georg Brunner (Hg.): Menschenrechte in der DDR, Baden-Baden 1989, S. 257ff.

Wunschik, Tobias: Die Strafvollzugspolitik des SED-Regimes und die Behandlung der Häftlinge in den Gefängnissen der DDR, in: Heiner Timmermann (Hg.): Deutsche Fragen. Von der Teilung zur Einheit, Berlin 2001, S. 257-284.

ders.: Der DDR-Strafvollzug unter dem Einfluß der Staatssicherheit in den siebziger und achtziger Jahren, in: Roger Engelmann/Clemens Vollnhals (Hg.): Justiz im Dienste der Parteiherrschaft. Rechtspraxis und Staatssicherheit in der DDR, Berlin 1999, S. 467-493.

ders.: Der Strafvollzug als Aufgabe der Deutschen Volkspolizei in den fünfziger Jahren, Archiv für Polizeigeschichte 1997, S. 74-91.

ders.: Hinter doppelten Mauern. Die Gefängnisse der DDR nach dem 13. August 1961, in: Heiner Timmermann (Hg.): Die DDR zwischen Mauerbau und Mauerfall, Münster u.a. 2003, S. 557-574.

Zahn, Hans-Eberhard: Haftbedingungen und Geständnisproduktion in den Untersuchungshaftanstalten des MfS. Berlin: Berliner Landesbeauftragter für die Unterlagen des Staatssicherheitsdienstes der ehemaligen DDR 1997.

Zu einzelnen (Untersuchungs-)Haftanstalten

Haase, Norbert/Brigitte *Oleschinski* (Hg.): Das Torgau-Tabu: Wehrmachtsstrafsystem, NKWD-Speziallager, DDR-Strafvollzug, Leipzig 1993.

Ansorg, Leonore: Strafvollzug an politischen Gefangenen in der DDR. Die Strafvollzugsanstalt Brandenburg-Görden, DA 2002, S. 769-781.

Beleites, Johannes: Schwerin, Demmlerplatz. Die Untersuchungshaftanstalt des Ministeriums für Staatssicherheit in Schwerin, Schwerin 2001.

Die Untersuchungshaftanstalt des MfS Magdeburg / Bürgerkomitee Sachsen-Anhalt e.V. – Magdeburg.

Erler, Peter: »Lager X«. Das geheime Haftarbeitslager des MfS in Berlin-Hohenschönhausen (1952-1972). Arbeitspapiere des Forschungsverbundes SED-Staat an der FU Berlin Nr. 25/1997. Berlin 1997.

Fricke, Karl Wilhelm/Silke Klewin: Bautzen II. Sonderhaftanstalt unter MfS-Kontrolle 1956 bis 1989. Bericht und Dokumentation, 3. Aufl., hrsg. von der Stiftung Sächsische Gedenkstätten, Dresden 2007.

Hannah-Arendt-Institut für Totalitarismusforschung (Hg.): MfS-Sonderhaftanstalt Bautzen II, Dresden 1994.

Herz, Andrea: Untersuchungshaft und Strafverfolgung beim Staatssicherheitsdienst Erfurt, Thüringen, 1. Die MfS-Haftanstalt Andreasstraße 37 (1952/54-1989), hrsg. vom Landesbeauftragten des Freistaates Thüringen für die Unterlagen des Staatssicherheitsdienstes der ehemaligen DDR, Erfurt 2007.

dies./Wolfgang *Fiege*: Untersuchungshaft und Strafverfolgung beim Staatssicherheitsdienst Erfurt, Thüringen, hrsg. vom Landesbeauftragten des Freistaates Thüringen für die Unterlagen des Staatssicherheitsdienstes der ehemaligen DDR, Erfurt 2000.

dies.: Haft und politische Polizei in Thüringen 1945-1952. Zur Vorgeschichte der MfS-Haftanstalt Erfurt-Andreasstraße, hrsg. vom Landesbeauftragten des Freistaates Thüringen für die Unterlagen des Staatssicherheitsdienstes der ehemaligen DDR, Erfurt 2002.

Kaven, Ewald: „Denn einmal kommt der Tag, dann sind wir frei". DDR-Strafvollzug in Bützow-Dreibergen, hrsg. von Hans Hesse, Essen 2004.

Möbius, Sascha: „Grundsätzlich kann von jedem Beschuldigten ein Geständnis erlangt werden". Die MfS-Untersuchungshaftanstalt Magdeburg-Neustadt von 1967 bis 1970, hrsg. v. Ministerium des Innern des Landes Sachsen-Anhalt, Magdeburg 1999.

Reitel, Axel: „Frohe Zukunft" – keiner kommt hier besser raus. Strafvollzug im Jugendhaus Halle, hrsg. von der Landesbeauftragten für die Unterlagen des Staatssicherheitsdienstes der ehemaligen DDR in Sachsen-Anhalt, Magdeburg 2002.

Rescheleit, Maud/Stefan *Krippendorf*: „Der Weg ins Leben". DDR-Strafvollzug im Jugendhaus Dessau, hrsg. von der Landesbeauftragten für die Unterlagen des Staatssicherheitsdienstes der ehemaligen DDR in Sachsen-Anhalt, Magdeburg 2002.

Schmidt-Pohl, Jürgen (Hg.): DDR-Haftzwangsarbeit, Schwerin 2002.

Sperk, Alexander: Die MfS-Untersuchungshaftanstalt „Roter Ochse" Halle/Saale von 1950 bis 1989. Eine Dokumentation, hrsg. vom Ministerium des Innern Sachsen-Anhalt, Magdeburg 1998.

Stephan, Annegret: Gedenkstätte „ehemalige Untersuchungshaftanstalt des MfS" Magdeburg, in: Bundesministerium der Justiz (Hg.): Im Namen des Volkes? Über die Justiz im Staat der SED. Katalog zur Ausstellung des Bundesministeriums der Justiz, Leipzig 1994, S. 249-254.

Weinke, Annette/Gerald *Hacke*: U-Haft am Elbhang. Die Untersuchungshaftanstalt der Bezirksverwaltung des Ministeriums für Staatssicherheit in Dresden 1945 bis 1989/90, Dresden 2004.

Zahn, Hans-Eberhard: Die DDR in ihrer reinsten Ausprägung. Oder: Das geheime Haftarbeitslager des MfS in Berlin – Lager X, Gerbergasse 2005, S. 19-23.

Zur strafrechtlichen Aufarbeitung der Gefangenenmisshandlungen

Ansorg, Leonore: Die juristische Aufarbeitung von DDR-Unrecht im Strafvollzug, DA 2005, S. 589-597.

Rautenberg, Erardo Cristoforo: Plädoyer für ein begrenztes Straffreiheitsgesetz im Bereich des SED-Unrechts, NJ 1995, S. 617-624.

Sonstiges

Beckmann, Andreas/Regina *Kusch*: Gott in Bautzen. Gefangenenseelsorge in der DDR, Berlin 1994.

Essig, Karen: Die Entwicklung des Strafvollzuges in den neuen Bundesländern. Bestandsaufnahme und Analyse unter besonderer Berücksichtigung der Situation der Strafvollzugsbediensteten der ehemaligen DDR, Mönchengladbach 2000.

Fritzsch, Günter: Gesicht zur Wand. Willkür und Erpressung hinter Mielkes Mauern. 2. Aufl., Leipzig 1994.

Fuchs, Jürgen: „Zelleninformatoren". Über die „Inoffiziellen Mitarbeiter" des MfS im Strafvollzug, in: Rolf Hanusch (Hg.): Verriegelte Zeiten. Vom Schweigen über die Gefängnisse in der DDR, Bayreuth 1993, S. 24-27.

Hanusch, Rolf (Hg.): Verriegelte Zeiten. Vom Schweigen über die Gefängnisse in der DDR. Tagung der Evangelischen Akademie Tutzing, der Evangelischen Akademie Sachsen-Anhalt und des Fördervereins DIZ Torgau e.V. im Sommer 1992 in Torgau, Bayreuth 1993.

Heyme, Torsten/Frank *Schumann:* „Ich kam mir vor wie'n Tier". Knast in der DDR, Berlin 1991.

Maercker, Andreas: Psychische Folgen politischer Inhaftierung in der DDR, APuZ B 38/1995, S. 30-38.

Müller, Klaus-Dieter (Hg.): Die Vergangenheit läßt uns nicht los. Haftbedingungen politischer Gefangener in der SBZ/DDR und deren gesundheitliche Folgen, 2. Aufl., Berlin 1998.

Politische Haft in der DDR. Befragung ehemaliger politischer Gefangener aus der DDR über ihre Inhaftierung in der DDR, [Dokumentation], Internationale Gesellschaft für Menschenrechte, Dt. Sektion e.V., Arbeitsausschuss „Bürgerrechtsbewegung und Politische Gefangene der DDR", Redaktion Wulf Rothenbächer, Wilfried Vemmer, Stand 1986, Frankfurt/M. 1986.

Priebe, Stefan/Doris *Denis*/Michael *Bauer (Hg.)*: Eingesperrt und nie mehr frei. Psychisches Leiden nach politischer Haft in der DDR, Darmstadt 1996.

Sélitrenny, Rita: Die schriftlichen Hinterlassenschaften aus dem DDR-Untersuchungshaft- und -Strafvollzug, DA 2001, S. 801-805.

dies.: Doppelte Überwachung. Geheimdienstliche Ermittlungsmethoden in den DDR-Untersuchungshaftanstalten, Berlin 2003.

Wunschik, Tobias: „Häftlinge aller Länder, vereinigt euch!" Selbstbehauptung und politischer Protest von Gefangenen im DDR-Strafvollzug, in: Heiner Timmermann (Hg.): Die DDR in Deutschland. Ein Rückblick auf 50 Jahre, Berlin 2001, S. 233-254.

ders.: „Zinker" und „Zellenrutscher". Die Inoffiziellen Mitarbeiter der Staatssicherheit im Strafvollzug der DDR, Horch und Guck 2003, S. 61-70.

ders.: Selbstbehauptung und politischer Protest von Gefangenen im DDR-Strafvollzug, in: Ehrhart Neubert/Bernd Eisenfeld (Hg.): Macht – Ohnmacht – Gegenmacht. Grundfragen zur politischen Gegnerschaft in der DDR, Bremen 2001, S. 267-292.

Doping

Zur Sportpolitik, zum Sportsystem und zur Dopingpraxis in der DDR

Berendonk, Brigitte: Doping. Von der Forschung zum Betrug, aktualisierte und erweiterte Neuaufl., Hamburg 1992 [Erstauflage unter dem Titel: Doping-Dokumente. Von der Forschung zum Betrug, Berlin/Heidelberg 1991].

Bernett, Hajo (Hg.): Körperkultur und Sport in der DDR. Dokumentation eines geschlossenen Systems, Schorndorf 1994.

Buss, Wolfgang/*Christian* Becker (Hg.): Der Sport in der SBZ und frühen DDR. Genese – Strukturen – Bedingungen, Schorndorf 2001.

Erbach, Günter: „Sportwunder DDR". Warum und auf welche Weise die SED und die Staatsorgane den Sport förderten, in: Hans Modrow (Hg.): Das Große Haus. Insider berichten aus dem ZK der SED, 2. Aufl., Berlin 1995, S. 232-253.

Franke, Werner/B. *Marquardt*: Spitzelsport. Stasi und Doping im Leistungssport der DDR, o.O. 1995.

Hartmann, Grit (Hg.): Goldkinder. Die DDR im Spiegel ihres Spitzensports, Leipzig 1997.

Huhn, Klaus: Die unendliche Doping-Story. Berlin 1997.

Kluge, Volker: „Wir waren die Besten". Der Auftrag des DDR-Sports, in: Irene Diekmann/Hans Joachim Teichler (Hg.): Körper, Kultur und Ideologie. Sport und Zeitgeist im 19. und 20. Jahrhundert, Bodenheim 1997, S. 169-216.

Krebs, Hans-Dieter: Sport und Sportpolitik, in: Rainer Eppelmann/Horst Möller/Günter Nooke u.a. (Hg.): Lexikon des DDR-Sozialismus. Das Staats- und Gesellschaftssystem der Deutschen Demokratischen Republik, Paderborn 1996, S. 571-576.

Reinartz, Klaus: Die flankierende Rolle des Staates – Das Staatssekretariat für Körperkultur und Sport, in: Hans Joachim Teichler/Klaus Reinartz (Hg.): Das Leistungssportsystem der DDR in den 80er Jahren und im Prozeß der Wende, Schorndorf 1999, S. 307-350.

Ritter, Andreas: Wandlungen in der Steuerung des DDR-Hochleistungssports in den 1960er und 1970er Jahren, Potsdam 2003.

Seppelt, Hans-Joachim/Holger *Schülck* (Hg.): Anklage: Kinderdoping. Das Erbe des DDR-Sports, Berlin 1999.

Spitzer, Giselher: Doping in der DDR. Ein historischer Überblick zu einer konspirativen Praxis. Genese – Verantwortung – Gefahren, Köln 1998.

Teichler, Hans Joachim: Die Leistungssportbeschlüsse des Politbüros – Zur Funktion der zentralen Planung im DDR-Leistungssport, in: Norbert Gissel (Hg.): Sportliche Leistung im Wandel. Jahrestagung der dvs-Sektion Sportgeschichte vom 22.-24.9.1997 in Bayreuth, Hamburg 1998, S. 145-166.

ders., Hans Joachim (Hg.): Die Sportbeschlüsse des Politbüros. Eine Studie zum Verhältnis von SED und Sport mit einem Gesamtverzeichnis und einer Dokumentation ausgewählter Beschlüsse, Köln 2002.

Zur strafrechtlichen Bewertung des (DDR-)Dopings

Ahlers, Rainer: Doping und strafrechtliche Verantwortlichkeit. Zum strafrechtlichen Schutz des Sportlers vor Körperschäden durch Doping, Baden-Baden 1994.

Baier, Reinhold: Doping im Sport. Eine medizinisch-rechtswissenschaftliche Analyse, München 1998.

Derleder, Peter/Ulrike *Deppe*: Die Verantwortung des Sportarztes gegenüber Doping. JZ 1992, S. 116 ff.

Haas, Ulrich/Clemens *Prokop*: Sind Staatsanwälte verpflichtet, gegen Dopingärzte Ermittlungsverfahren einzuleiten? SpuRt 1996, S. 107 ff.

Klug, Uwe: Doping als strafbare Verletzung der Rechtsgüter Leben und Gesundheit. Würzburg 1998.

Knecht, Willi: DDR-Doping schrumpft zum Bagatelldelikt, DA 1998, S. 880ff.

ders.: Die Tour des France als Rechtfertigung für DDR-Untaten oder: die Angst der Doper beim Betrügen, DA 1998, S. 753ff.

Linck, Joachim: Doping aus juristischer Sicht, MedR 1993, S. 55ff.

ders.: Doping und staatliches Recht, NJW 1987, S. 2545ff.

Mestwerdt, Thomas: Doping – Sittenwidrigkeit und staatliches Sanktionsbedürfnis? Hamburg 1997.

Müller, Anja: Doping im Sport als strafbare Gesundheitsbeschädigung (§§ 223 Abs. 1, 230 StGB)? Baden-Baden 1993.

Otto, Harro: Zur Strafbarkeit des Doping. Sportler als Täter und Opfer, SpuRt 1994, S. 10ff.

Parzeller, Markus/Christiane *Rüdiger:* Wie sich Ärzte strafbar machen: Doping im Sport, Deutsches Ärzteblatt 2007, S. 1441ff.

Ulmen, Karl-Josef: Pharmakologische Manipulationen (Doping) im Leistungssport der DDR. Eine juristische Untersuchung, Frankfurt/M. usw. 2000.

Entschädigung von Dopingopfern

Gesetz über eine finanzielle Hilfe für Doping-Opfer der DDR (Doping-Opfer-Hilfegesetz – DOHG) vom 24.8.2002, BGBl. 2002, S. 3410.

Knecht, Willi: Die Zwiespältigkeit der Entschädigung von Folgen des DDR-Dopings, DA 2001, S. 568 ff.

Rixen, Stephan: Soziale Entschädigung nach dem Dopingopfer-Hilfegesetz: Entwicklungstendenzen des Vergangenheitsfolgerechts im Sozialstaat, Die Sozialgerichtsbarkeit 2003, S. 319ff.

Rüttenauer, Andreas: Nur ein wenig späte Genugtuung. Zur Entschädigung von DDR-Dopingopfern, DA 2007, S. 8ff.

Sonstiges

Deutscher Sportbund/Deutsches Nationales Olympisches Komitee (Hg.): Bericht der Unabhängigen Dopingkommission, 1991.

Ewald, Manfred: Ich war der Sport. Wahrheiten und Legenden aus dem Wunderland der Sieger. Manfred Ewald interviewt von Reinhold Andert, Berlin 1994.

Franke, Werner W.: Funktionalisierung und Instrumentalisierung des Sports in der DDR: Pharmakologische Manipulationen und die Rolle der Wissenschaft, in: Deutscher Bundestag (Hg.): Materialien der Enquete-Kommission „Aufarbeitung von Geschichte und Folgen der SED-Diktatur in Deutschland", Bd. III/2, Baden-Baden 1995, S. 904-1143.

ders./Horst *de Marées*: Sportmedizin und Sportwissenschaft im Dienste des Staatsauftrages „Sport", in: Deutscher Bundestag (Hg.): Materialien der Enquete-Kommission „Aufarbeitung von Geschichte und Folgen der SED-Diktatur in Deutschland", Bd. III/1, Baden-Baden 1995, S. 675-692.

Geiger, Hansjörg: Sport und Staatssicherheit: Überwachung, Verfolgung und Außendarstellung, in: Deutscher Bundestag (Hg.): Materialien der Enquete-Kommission „Aufarbeitung von Geschichte und Folgen der SED-Diktatur in Deutschland", Bd. III/1, Baden-Baden 1995, S. 662-675.

Geipel, Ines: Verlorene Spiele. Journal eines Dopingprozesses, Berlin 2001.

Geipel, Ines: No Limit. Wie viel Doping verträgt die Gesellschaft, 2. Aufl., Stuttgart 2008.

Gürtler, Hans/Stanley Ernest *Strauzenberg:* Sportmedizin in der DDR, Berlin 2005.

Hassenmüller, Heidi: Die Kehrseite der Medaille. Jugend, Hochleistungssport, Doping, Recklinghausen 1995.

Hiller, Jürgen: Ergänzende Darstellung aus ostdeutscher Sicht unter besonderer Berücksichtigung der deutsch-deutschen Sportbeziehungen, in: Deutscher Bundestag (Hg.): Materialien der Enquete-Kommission „Aufarbeitung von Geschichte und Folgen der SED-Diktatur in Deutschland", Bd. III/1, Baden-Baden 1995, S. 653-662.

Holzweißig, Gunter: Die Funktion des Sports für das Herrschaftssystem der DDR (Zielsetzung, Strukturen, politischer Stellenwert), in: Deutscher Bundestag (Hg.): Materialien der Enquete-Kommission „Aufarbeitung von Geschichte und Folgen der SED-Diktatur in Deutschland", Bd. III/1, Baden-Baden 1995, S. 642-652.

Krebs, Hans-Dieter: „Körperverletzung mit besonders niederträchtigem Charakter". Kinder als Opfer des DDR-Dopingsystems, DA 2000, S. 172ff.

ders.: Die Instrumentalisierung des Sports in der DDR, in: Deutscher Bundestag (Hg.): Materialien der Enquete-Kommission „Aufarbeitung von Geschichte und Folgen der SED-Diktatur in Deutschland", Bd. III/2, Baden-Baden 1995, S. 1314-1369.

Osterhaus, Stefan: Die schlimmen Seilschaften zwischen Athleten und Funktionären beim DDR-Dopinprozess in Moabit, Die neue Gesellschaft, Frankfurter Hefte 1998, S. 595 ff.

Pleil, Ingolf: Mielke, Macht und Meisterschaft. Die „Bearbeitung" der SG Dynamo Dresden durch das MfS 1978-1989, Berlin 2001.

Rain, Joachim: Die Einwilligung des Sportlers beim Doping, Frankfurt/M. u.a. 1998.

Spitzer, Giselher/Hans Joachim *Teichler*/Klaus *Reinartz* (Hg.): Schlüsseldokumente zum DDR-Sport. Ein sporthistorischer Überblick in Orginalquellen, Aachen 1998.

Strauzenberg, Stanley Ernest: Stellungnahme zum Dopingproblem, in: Ders./Hans Gürtler: Die Sportmedizin der DDR: eine eigenständige Fachrichtung der klinischen Medizin. Ein Zeitzeugenbericht führender Sportmedizinerinnen und Sportmediziner der DDR aus den Jahren 1945-1990, Dresden 2005, S. 226-234.

Wonneberger, Günther/Helmuth *Westphal*/Gerhard *Oehmigen*/Joachim *Fiebelkorn*/Haris *Simon*/Lothar *Skorning*: Geschichte des DDR-Sports, o.O. 2002.

Wuschech, Heinz: Hexenküche DDR? Ein DDR-Sportarzt packt aus, Berlin 1998.

Denunziationen[1]

Bath, Matthias: Interdeutsches Strafrecht und politische Verdächtigung (§ 241a StGB). Anmerkung [zu BGH v. 7.3.1984 – 3 StR 550/83], Jura 1985, S. 197ff.

Franssen, Everhardt: Der Denunziant und sein Richter, NJ 1997, S. 169ff.

Jerouschek, Günter/Inge *Marßolek*/Hedwig *Röckelein* (Hg.): Denunziation. Historische, juristische und psychologische Aspekte, Tübingen 1997.

Kilian, Michaela: Strafbarkeit der Denunziation eines Fluchtunternehmens, NJW 1983, S. 2305ff.

König, Peter: Denunziantentum und Rechtsbeugung. Zugleich Besprechung des Urteils des BGH vom 23.10.1996 – BGHSt 42, 275, JR 1997, S. 317 ff.

Kuhlen, Lothar/Thomas *Gramminger*: Der Mauerschütze und der Denunziant – Ein Bericht über eine strafrechtliche Hausarbeit, JuS 1993, S. 32ff.

Lemke, Michael/Reiner *Hettinger*: Ruhen der Verfolgungsverjährung in Fällen politischer Verdächtigung in der früheren DDR wegen Nichteinleitens von Ermittlungsverfahren? StV 1991, S. 421ff.

Martin, Sigmund: Rechtsprechungsübersicht. Freiheitsberaubung durch Denunziation von Fluchtplänen (hier durch Bürger der Bundesrepublik Deutschland), JuS 1997, S. 660f.

Reimer, Ekkehart: Zu den Voraussetzungen einer Strafbarkeit wegen politischer Verdächtigung dessen, der in der früheren DDR die Fluchtabsicht eines anderen der Staatssicherheit angezeigt hat, NStZ 1995, S. 83f.

Renzikowski, Joachim: Vergangenheitsbewältigung durch Vergeltung? Zur Strafbarkeit der Informanten des Staatssicherheitsdienstes der ehemaligen DDR nach § 241a StGB, JR 1992, S. 270ff.

Rüping, Hinrich: Denunziationen im 20. Jahrhundert als Phänomen der Rechtsgeschichte, Historical Social Research 2-3/2001, S. 30-43.

Schroeder, Friedrich-Christian: Zur Verurteilung wegen politischer Verdächtigung nach der Vereinigung Deutschlands, NStZ 1997, S. 436f.

Schröter, Michael (Hg.): Der willkommene Verrat. Beiträge zur Denunziationsforschung, Weilerswist 2007.

Seebode, Manfred: Denunziation in der DDR und die Anwendung des StGB § 241a, JZ 1995, S. 417ff.

Vollnhals, Clemens: Denunziation und Strafverfolgung im Auftrag der „Partei". Das Ministerium für Staatssicherheit in der DDR, in: Friso Ross/Achim Landwehr (Hg.): Denunziation und Justiz. Historische Dimensionen eines sozialen Phänomens, Freiburg i. Br. 2000, S. 247ff.

Wassermann, Rudolf: Die DDR-Denunzianten und der Bundesgerichtshof, NJW 1995, S. 931ff.

Weiß, Axel: Anmerkung [zu BGH v. 9.12.1994 – 4 StR 416/93], JR 1995, S. 29ff.

1 Vgl. auch die Auswahlbibliografie im Dokumentationsband zu den MfS-Straftaten, S. 525ff.

Wirtschaftsstraftaten[1]

Borchert, Jürgen: Die Zusammenarbeit des Ministeriums für Staatssicherheit (MfS) mit dem sowjetischen KGB in den 70er und 80er Jahren. Ein Kapitel aus der Geschichte der SED-Herrschaft, Berlin 2006.

Deutscher Bundestag (Hg.): Abschlußbericht des Untersuchungsausschusses zum Bereich „Kommerzielle Koordinierung", BT-Drs. 12/7600.

Deutscher Bundestag (Hg.): Abschlußbericht des Untersuchungsausschusses „DDR-Vermögen", BT-Drs. 13/10900.

Eich, Edgar: Strafrechtlicher Umgang mit DDR-Wirtschaftskriminalität am Beispiel des Bereichs kommerzielle Koordinierung sowie des Transferrubelverrechnungsverkehrs, Aachen 2002.

Haft, Fritjof: Zur „Bereinigung" des SED-Unrechts. Anmerkung [zu OLG München v. 30.6.1993 – 3 Ws 177/93], wistra 1994, S. 170ff.

Hirt, Hans: „Es ist alles verboten bis auf das, was erlaubt ist!" – Der innerdeutsche Handel. Ein Ausflug in die Vergangenheit, in: Das BAFA. Kompetenzzentrum für Außenwirtschaft, Wirtschaftsförderung und Energie. Ein halbes Jahrhundert Begleitung wirtschaftspolitischer Entwicklung, Köln 2004, S. 64-72.

Koch, Egmont R.: Das geheime Kartell. BND, Schalck, Stasi & Co, Hamburg 1992.

Koch, Peter-Ferdinand: Das Schalck-Imperium. Deutschland wird gekauft, München u.a. 1992.

Lagodny, Otto/Dörte *Hesse*: Anmerkung [zu BGH v. 22.4.1998 – 5 StR 5/98], JZ 1999, S. 313ff.

Pohle, Meinolf: Staatliche Wirtschaftskriminalität im realen Sozialismus der DDR (1966-1990): Wirtschaftsspionage, Embargoverstöße und Vermögensverschiebungen des Bereichs Kommerzielle Koordinierung (KoKo) und des MfS. Eine volkswirtschaftliche Untersuchung, Clausthal-Zellerfeld 2005.

Rathmer, Matthias: Alexander Schalck-Golodkowski: Pragmatiker zwischen den Fronten. Eine politische Biographie, Münster 1996.

Schalck-Golodkowski, Alexander: Deutsch-deutsche Erinnerungen, Hamburg 2001.

Seiffert, Wolfgang/Norbert *Treutwein*: Die Schalck-Papiere. DDR-Mafia zwischen Ost und West, München 1992.

Sinn, Arndt: Anmerkung [zu BGH, Beschluss v. 22.4.1998 – 5 StR 5/98], NStZ 2000, S. 195ff.

1 Vgl. auch die Auswahlbibliografie im Dokumentationsband zu Amtsmissbrauch und Korruption, S. 515ff.

Verfahrensübersicht

Die folgende Auflistung enthält sämtliche Strafverfahren wegen Gefangenenmisshandlung, Dopings, Denunziationen, Wirtschaftsstraftaten sowie wegen sonstigen DDR-Unrechts (zur Abgrenzung vgl. Einleitung, S. XXVIIff.), die dem Projekt „Strafjustiz und DDR-Vergangenheit" bis zum 15. März 2009 bekannt geworden sind.
Die Strafverfahren sind nach Deliktsbereichen und innerhalb der Deliktsbereiche chronologisch nach dem Datum der Anklageerhebung bzw. des Strafbefehls geordnet. Wenn nichts anderes angegeben ist, sind die Erledigungen rechtskräftig geworden.

Gefangenenmisshandlung

Nr.	Datum	Behörde/Gericht	Art des Dokuments	Aktenzeichen	Angeklagte und Verfahrensausgang
1.	27.05.1993	StA Dresden	Anklage	183 Js 5993/91	Christian Jahn
(= lfd. Nr. 1)	06.06.1994	LG Bautzen	Beschluss	1 KLs 811 Js 7693/91	Hinzuverbindung des Verfahrens Nr. 5
	02.09.1994	LG Bautzen	Erstinstanzl. Urteil	1 KLs 811 Js 5993/91	Freiheitsstrafe mit Bewährung (1 Jahr 6 Monate) (nrk)
	05.09.1994	LG Bautzen	Beschluss	1 KLs 183 Js 5993/91	teilweise Einstellung des Verfahrens gem. § 154 Abs. 2 StPO
	26.04.1995	BGH	Revisionsurteil	3 StR 93/95	teilweise Aufhebung und Zurückverweisung (auf die Revision der StA)
	26.04.1995	BGH	Beschluss	3 StR 93/95	teilweise Aufhebung und Zurückverweisung (auf die Revision des Angeklagten)
	17.10.1995	LG Bautzen	Erneutes tatrichterliches Urteil	1 KLs 811 Js 5993/91	Freiheitsstrafe mit Bewährung (2 Jahre)
2.	23.07.1993	StA Dresden	Anklage	812 Js 12889/92	Uwe B., Harald Be., Günther S.
	10.06.1996	AG Chemnitz	Erstinstanzl. Urteil	10 Ls 812 Js 12889/92	jeweils Freispruch
3.	23.09.1993	StA Potsdam	Anklage	60/4 Js 16/93	Kurt-Wedig V.
	24.06.1994	LG Potsdam	Erstinstanzl. Urteil	24 KLs 39/93	Freiheitsstrafe mit Bewährung (2 Jahre)
4.	14.12.1993	StA Magdeburg	Anklage	33 Js 6722/93	Klaus J.
	22.11.1994	AG Naumburg	Erstinstanzl. Urteil	2 Ls 33 Js 6722/93	Geldstrafe (50 Tagessätze zu 40 DM)

Nr.	Datum	Behörde/Gericht	Art des Dokuments	Aktenzeichen	Angeklagte und Verfahrensausgang
5.	19.05.1994	StA Dresden	Anklage	811 Js 7693/91	Christian Jahn
	06.06.1994	LG Bautzen	Beschluss	1 KLs 811 Js 7693/91	Verbindung zum Verfahren Nr. 1
6.	02.11.1994	StA Dresden	Anklage	810 Js 7480/92	Helmut E.
	28.02.1995	AG Eilenburg	Erstinstanzl. Urteil	4 Ds 810 Js 7480/92	Freiheitsstrafe mit Bewährung (10 Monate)
7.	24.11.1994	StA Neuruppin	Anklage	64 Js 1/92	Klaus P., Hubert R.
	14.06.1995	AG Frankfurt/Oder	Erstinstanzl. Urteil	4.3 Ls 64 Js 01/92	jeweils Freispruch
8.	19.12.1994	StA Dresden	Anklage	811 Js 8227/91	Andreas M.
	16.06.1995	AG Riesa	Erstinstanzl. Urteil	6 Ds 811 Js 8227/91	Geldstrafe (90 Tagessätze zu 70 DM) (nrk)
	08.12.1995	AG Riesa	Beschluss	11 NS 811 Js 8227/91	Beschränkung der Strafverfolgung gem. § 154a Abs. 2 StPO
	08.12.1995	LG Dresden	Berufungsurteil	11 NS 811 Js 8227/91	Geldstrafe (60 Tagessätze zu 70 DM)
9.	07.04.1995	AG Greiz	Strafbefehl	580 Js 96193/94	Matthias L.: Verwarnung mit Strafvorbehalt (vorbehaltene Geldstrafe: 20 Tagessätze zu 80 DM)
10.	17.05.1995	StA Dresden	Anklage	810 Js 29316/92	Frank R.
	14.12.1995	AG Riesa	Erstinstanzl. Urteil	4 Ls 810 Js 29316/92	Freispruch
	18.09.1996	LG Dresden	Berufungsurteil	5 Ns 810 Js 29316/92	Geldstrafe (50 Tagessätze zu 75 DM)
11.	07.06.1995	StA Dresden	Anklage	810 Js 7539/91	Karl-Heinz S.
	23.10.1995	AG Riesa	Erstinstanzl. Urteil	4 Ls 810 Js 7539/91	Einstellung durch Urteil gem. § 260 Abs. 3 StPO
	10.06.1996	OLG Dresden	Revisionsurteil	1 Ss 197/96	Aufhebung und Zurückverweisung
	04.12.1996	AG Riesa	Erneutes tatrichterliches Urteil	4 Ls 810 Js 7539/91	Geldstrafe (60 Tagessätze zu 50 DM)
12.	26.06.1995	StA Dresden	Anklage	812 Js 12913/92	Peter H.
	16.11.1995	AG Chemnitz	Beschluss	4 Ds 812 Js 23508/95	Hinzuverbindung des Verfahrens Nr. 15
	09.02.1996	AG Chemnitz	Erstinstanzl. Urteil	4 Ds 812 Js 12913/92	Freispruch

13.	18.07.1995	StA Dresden	Anklage	810 Js 13756/95	Friedemann R.
	16.01.1996	AG Bautzen	Beschluss	12 Ds 810 Js 13756/95	Einstellung gem. § 153a Abs. 2 StPO
14.	26.07.1995	StA Dresden	Anklage	812 Js 13246/92	Uwe H.
	13.12.1995	AG Chemnitz	Erstinstanzl. Urteil	10 Ls 812 Js 13246/92	Freiheitsstrafe mit Bewährung (10 Monate)
	17.05.1996	LG Chemnitz	Berufungsurteil	5 Ns 812 Js 13246/92	Freiheitsstrafe mit Bewährung (6 Monate)
	15.10.1996	OLG Dresden	Beschluss	1 Ss 423/96	Verwerfung der Revision als unbegründet
15.	01.11.1995	StA Dresden	Anklage	812 Js 23508/95	Peter H.
	16.11.1995	AG Chemnitz	Beschluss	812 Js 23508/95	Verbindung zum Verfahren Nr. 12
16.	29.11.1995	StA Dresden	Anklage	812 Js 33906/95	Uwe H.
	20.03.1996	AG Chemnitz	Erstinstanzl. Urteil	10 Ls 812 Js 33906/95	Freispruch
	25.07.1996	LG Chemnitz	Beschluss	5 Ns 10 Ls 812 Js 33906/95	Vorl. Einstellung gem. § 154 Abs. 2 StPO nach Berufung durch StA
17.	27.02.1996	StA Neuruppin	Anklage	64 Js 175/93	Hubert Schulze
(= lfd.	14.05.1997	LG Cottbus	Erstinstanzl. Urteil	22 Kls 16/96	Freiheitsstrafe ohne Bewährung (2 Jahre 8 Monate)
Nr. 3	30.03.1998	BGH	Beschluss	5 StR 30/98	Verwerfung der Revision als unbegründet
18.	07.03.1996	AG Bad Langensalza	Strafbefehl	570 Js 99047/94	Helmut D.: Verwarnung mit Strafvorbehalt (vorbehaltene Geldstrafe: 50 Tagessätze zu 50 DM)
19.	11.03.1996	StA Erfurt	Anklage	580 Js 98274/94	Annette E., Anke H.
	21.04.1997	AG Gera	Erstinstanzl. Urteil	580 Js 98274/94 8 Ls jug.	jeweils Freispruch
	13.08.1997	LG Gera	Berufungsurteil	580 Js 98274/94 - 4 Ns	Verwerfung der Berufung als unbegründet
20.	23.04.1996	StA Dresden	Anklage	811 Js 8427/91	Harry H.
	14.04.1997	AG Bautzen	Erstinstanzl. Urteil	11 Ds 811 Js 8427/91	Freispruch
21.	25.04.1996	StA Dresden	Anklage	810 Js 20744/96	Johann Protze
	24.04.1997	AG Döbeln	Beschluss	1 Ds 810 Js 20744/96	Vorl. Einstellung gem. § 205 StPO

Nr.	Datum	Behörde/Gericht	Art des Dokuments	Aktenzeichen	Angeklagte und Verfahrensausgang
	29.08.1997	AG Döbeln	Beschluss	1 Ds 810 Js 20744/96	Nichteröffnung des Hauptverfahrens (Tod des Angeklagten)
22.	09.07.1996	StA Dresden	Anklage	811 Js 8244/91	Eckhard G.
	12.09.1996	AG Riesa	Erstinstanzl. Urteil	4 Ds 811 Js 8244/91	Geldstrafe (130 Tagessätze zu 30 DM)
23.	29.08.1996	StA Dresden	Anklage	811 Js 7548/91	Dieter K., Reinhardt L.
	24.06.1997	LG Bautzen	Erstinstanzl. Urteil	1 KLs 811 Js 7548/91	K.: Verurteilung auf Bewährung (angedrohte Freiheitsstrafe: 9 Monate) L.: Verwarnung mit Strafvorbehalt (vorbehaltene Geldstrafe: 60 Tagessätze zu 60 DM)
24.	09.09.1996	StA Dresden	Anklage	810 Js 8226/91	Roland W.
	28.01.1997	AG Riesa	Beschluss	6 Ds 810 Js 8226/91	Vorl. Einstellung gem. § 205 StPO
	28.01.1999	AG Riesa	Erstinstanzl. Urteil	1 Ds 810 Js 8226/91	Geldstrafe (50 Tagessätze zu 50 DM)
25.	13.09.1996	AG Riesa	Strafbefehl	6 Cs 810 Js 8220/91	Werner S.: Geldstrafe (60 Tagessätze zu 40 DM)
26.	16.09.1996	StA Dresden	Anklage	812 Js 7835/91	Lisbeth H., Christa K.
	23.10.1997	AG Görlitz	Erstinstanzl. Urteil	4 Ds 812 Js 7835/91	jeweils Geldstrafe (50 Tagessätze zu 50 DM)
27.	18.09.1996	StA Dresden	Anklage	812 Js 41399/96	Lothar S.
	10.02.1997	AG Bautzen	Erstinstanzl. Urteil	12 Ds 812 Js 41399/96	Geldstrafe (70 Tagessätze zu 60 DM)
28.	19.11.1996	StA II LG Berlin	Anklage	30 Js 2287/94	Wolfgang T.
	19.06.1997	AG Tiergarten	Erstinstanzl. Urteil	(278) 30 Js 2287/94 Ls (1/97)	Freiheitsstrafe mit Bewährung (7 Monate)
29.	05.12.1996	StA Dresden	Anklage	812 Js 7538/91	Hans-Peter K.
	03.03.1997	AG Riesa	Erstinstanzl. Urteil	6 Ds 812 Js 7538/91	Geldstrafe (90 Tagessätze zu 70 DM)
30.	19.02.1997	StA Neuruppin	Anklage	64 Js 123/94	Wolfgang L.
	29.09.1997	AG Brandenburg	Beschluss	4 Ds 64 Js 123/94 (240/97)	Beschränkung der Strafverfolgung gem. § 154a Abs. 2 StPO
	15.09.1997	AG Brandenburg	Beschluss	4 Ds 64 Js 123/94 (240/97)	Hinzuverbindung des Verfahrens Nr. 41
	01.10.1997	AG Brandenburg	Erstinstanzl. Urteil	4 Ds 64 Js 123/94	Freiheitsstrafe mit Bewährung (5 Monate)
31.	21.02.1997	StA Dresden	Anklage	811 Js 11316/92	Karsten S.

	26.06.1998	AG Dresden	Beschluss	217 Ds 811 JS 11316/92	Einstellung gem. § 153a Abs. 2 StPO
32.	25.02.1997 15.12.1997	StA Dresden AG Chemnitz	Anklage Beschluss	812 Js 8592/92 3 Ds	Rolf A. Einstellung gem. § 153a Abs. 2 StPO
33.	13.03.1997	AG Bautzen	Strafbefehl	11 Cs 811 Js 7545/91	Klaus B: Geldstrafe (60 Tagessätze zu 30 DM)
34. (= lfd. Nr. 2)	14.04.1997	AG Greiz	Strafbefehl	550 Js 12605/93	Martina M.: Verwarnung mit Strafvorbehalt (vorbehaltene Geldstrafe: 50 Tagessätze zu 30 DM)
35.	30.04.1997	AG Cottbus	Strafbefehl	87 Cs 286/97	Wilfried S.: Verwarnung mit Strafvorbehalt (vorbehaltene Geldstrafe: 150 Tagessätze zu 75 DM)
36.	27.05.1997	AG Leipzig	Strafbefehl	56 Cs 810 Js 5162/92	Gerhard E.: Geldstrafe (90 Tagessätze zu 30 DM) (nrk)
	28.01.1998	AG Leipzig	Erstinstanzl. Urteil	56 CS 810 Js 5162/92	Freispruch (nach Einspruch des Angeklagten)
37.	28.05.1997 02.07.1998	StA Dresden AG Chemnitz	Anklage Beschluss	812 Js 12903/92 3 Ds 812 Js 12903/92	Frank M., Fritz Eberhardt N. jeweils Einstellung gem. § 153a Abs. 2 StPO
38.	05.06.1997	AG Leipzig	Strafbefehl	61 Cs 810 Js 8170/92	Rudolf S.: Geldstrafe (50 Tagessätze zu 50 DM)
39.	05.08.1997 28.01.1998	StA Dresden AG Döbeln	Anklage Beschluss	810 Js 67352/96 1 Ds 810 Js 67352/96	Hans-Günter B., Ulrich Claus G. jeweils Einstellung gem. § 153a Abs. 2 StPO
40.	06.08.1997 26.10.1999	StA II LG Berlin LG Berlin	Anklage Beschluss	30 Js 1870/91 (511) 30 Js 1870/91 (35/97)	Eleonore Heyer Nichteröffnung des Hauptverfahrens aus tatsächlichen Gründen
41.	21.08.1997 15.09.1997	StA Neuruppin AG Brandenburg	Anklage Beschluss	64 Js 187/97 4 Ds 64 Js 123/94 (240/97)	Wolfgang L. Verbindung zum Verfahren Nr. 30
42.	28.08.1997 01.09.1998	StA Dresden AG Eilenburg	Anklage Erstinstanzl. Urteil	810 Js 8203/92 2 Ds 810 Js 8203/92 (2)	Mario S. Geldstrafe (100 Tagessätze zu 75 DM)

Nr.	Datum	Behörde/Gericht	Art des Dokuments	Aktenzeichen	Angeklagte und Verfahrensausgang
43.	07.11.1997	StA Neuruppin	Anklage	64 Js 360/94	Horst Jahn
	03.06.1999	LG Cottbus	Erstinstanzl. Urteil	22 KLs 75/97, 64 Js 360/94	Freiheitsstrafe ohne Bewährung (2 Jahre 3 Monate)
	04.07.2000	BGH	Beschluss	5 StR 111/00	Verwerfung der Revision als unbegründet
44.	19.02.1998	AG Torgau	Strafbefehl	Cs 810 Js 54179/97	Rudi K.: Geldstrafe (40 Tagessätze zu 40 DM)
45.	23.02.1998	AG Bitterfeld	Strafbefehl	6 Cs 33 Js 13474/93 (82/98)	Lutz E.: Geldstrafe (95 Tagessätze zu 30 DM)
46.	21.04.1998	StA Dresden	Anklage	810 Js 14590/96	Roswitha I., Elke K.
	25.01.1999	AG Eilenburg	Beschluss	1 Ls 810 Js 14590/96	jeweils Einstellung gem. § 153a Abs. 2 StPO
47.	24.04.1998	AG Chemnitz	Strafbefehl	Cs 812 Js 13250/92	Frank F.: Geldstrafe (60 Tagessätze zu 40 DM) (nrk)
	20.05.1998	AG Chemnitz	Erstinstanzl. Urteil	Cs 812 Js 13250/92	Geldstrafe (60 Tagessätze zu 40 DM) (nach Einspruch des Angeklagten)
48.	30.04.1998	AG Stollberg	Strafbefehl	Cs 812 Js 24328/98	Dora G.: Geldstrafe (60 Tagessätze zu 40 DM) (nrk)
	unbekannt	AG Stollberg	Beschluss	unbekannt	Einstellung gem. § 153a StPO (nach Einspruch der Angeklagten)
49.	27.05.1998	StA II LG Berlin	Anklage	29 Js 30/98	Detlef M.
	01.12.1998	AG Tiergarten	Beschluss	262 Ds 350/98	Einstellung gem. § 153 Abs. 2 StPO (nach Eröffnung des Hauptverfahrens)
50.	03.06.1998	AG Stollberg	Strafbefehl	Cs 812 Js 16505/92	Arite S.: Geldstrafe (60 Tagessätze zu 40 DM) (nrk)
	27.07.1998	AG Stollberg	Beschluss	2 Cs 812 Js 16505/92	Hinzuverbindung des Verfahrens Nr. 52 (nach Einspruch der Angeklagten)
	07.12.1998	AG Stollberg	Beschluss	812 VRs 15009/92	Geldstrafe (90 Tagessätze zu 40 DM) (Gesamtstrafe aus dem hiesigen und dem Verfahren Nr. 52)
51.	30.06.1998	AG Chemnitz	Strafbefehl	3 Cs 812 Js 60454/97	Bernd F.: Geldstrafe (80 Tagessätze zu 40 DM)
	18.09.1998	AG Chemnitz	Beschluss	3 Cs 812 Js 60454/97	Hinzuverbindung des Verfahrens Nr. 60 (nach Einspruch des Angeklagten)
	01.03.1999	AG Chemnitz	Beschluss	3 Cs 812 Js 60454/97	Einstellung gem. § 153a Abs. 2 StPO

52.	30.06.1998	AG Stollberg	Strafbefehl	Cs 812 Js 15009/92	Arite S.: Geldstrafe (50 Tagessätze zu 40 DM) (nrk)
	27.07.1998	AG Stollberg	Beschluss	2 Cs 812 Js 15009/92	Verbindung zum Verfahren Nr. 50 (nach Einspruch der Angeklagten)
53.	13.07.1998	StA Dresden	Anklage	812 Js 17666/92	Werner S.
	21.12.1999	AG Chemnitz	Erstinstanzl. Urteil	15 Ds 812 Js 17666/92	Freispruch
54.	21.07.1998	AG Stollberg	Strafbefehl	2 Cs 812 Js 7457/98	Sabine S.: Geldstrafe (20 Tagessätze zu 80 DM) (nrk)
	unbekannt	AG Stollberg	Beschluss	unbekannt	Einstellung gem. § 153a Abs. 2 StPO
55.	29.07.1998	StA Dresden	Strafbefehl	2 Cs 812 Js 15038/92	Sigrid R.: Geldstrafe (30 Tagessätze zu 50 DM)
56.	11.08.1998	StA Neuruppin	Anklage	64 Js 359/94	Helmut D.
	03.08.1999	LG Cottbus	Erstinstanzl. Urteil	22 KLs 60/98	Freiheitsstrafe mit Bewährung (8 Monate)
57.	13.08.1998	StA Dresden	Antrag auf Erlass eines Strafbefehls gem. § 407 StPO	Cs 812 Js 34216/94	Karl R.
	21.10.1998	AG Chemnitz	Erstinstanzl. Urteil	15 Cs 812 Js 34216/94	Verwarnung mit Strafvorbehalt (vorbehaltene Geldstrafe: 60 Tagessätze zu 40 DM) (teilweise rk)
	30.04.1999	LG Chemnitz	Berufungsurteil	6 Ns 812 Js 34216/94	Geldstrafe (80 Tagessätze zu 70 DM)
58.	02.09.1998	AG Stollberg	Strafbefehl	Cs 812 Js 16715/92	Lisa S.: Geldstrafe (30 Tagessätze zu 50 DM)
59.	08.09.1998	AG Chemnitz	Strafbefehl	3 Cs 812 Js 4496/96	Hans B.: Geldstrafe (30 Tagessätze zu 30 DM)
60.	09.09.1998	StA Dresden	Anklage	812 Js 26226/98	Bernd F.
	18.09.1998	AG Chemnitz	Beschluss	3 Cs 812 Js 60454/97	Verbindung zum Verfahren Nr. 51
61.	09.10.1998	StA Dresden	Anklage	812 Js 41687/97	Günther S.
	25.03.1999	AG Stollberg	Erstinstanzl. Urteil	2 Ds 812 Js 41687/97	Freispruch
62.	24.11.1998	StA Dresden	Anklage	810 Js 3056/92	Gerda K.
	14.02.2000	AG Leipzig	Erstinstanzl. Urteil	61 Ds 810 Js 3056/92	Geldstrafe (40 Tagessätze zu 50 DM) (nrk)
	27.06.2000	LG Leipzig	Beschluss	9 Ns 810 Js 3056/92	Einstellung gem. § 153a Abs. 2 StPO

Nr.	Datum	Behörde/Gericht	Art des Dok	Aktenzeichen	Angeklagte und Verfahrensausgang
63.	07.01.1999	AG Zwickau	Strafbefehl	7 Cs 812 Js 51701/94	Kurt S.: Geldstrafe (40 Tagessätze zu 50 DM) (nrk, Angeklagter vor Eintritt der Rechtskraft verstorben)
	07.01.1999	AG Zwickau	Strafbefehl	7 Cs 812 Js 51701/94	Lothar T.: Geldstrafe (60 Tagessätze zu 40 DM) (nrk)
	21.06.1999	AG Zwickau	Erstinstanzl. Urteil	7 Cs 812 Js 51701/94	Freispruch (nach Einspruch des Angeklagten)
64.	28.01.1999	StA Dresden	Antrag auf Erlass eines Strafbefehls gem. § 407 StPO	811 Js 15321/92	Günter M.
	01.02.2000	AG Bautzen	Beschluss	10 Cs 811 Js 15321/92	Ablehnung des Strafbefehls (Verfahren nach Rücknahme der sofortigen Beschwerde der StA erledigt)
65.	03.02.1999	AG Stollberg	Strafbefehl	812 Js 3234/99	Rena B.: Geldstrafe (40 Tagessätze zu 40 DM) (nrk)
	06.05.1999	AG Stollberg	Erstinstanzl. Urteil	2 Cs 812 Js 3234/99	Freispruch (nach Einspruch der Angeklagten)
66.	05.03.1999	AG Bautzen	Strafbefehl	11 Cs 811 Js 8255/91	Gottfried B.: Geldstrafe (70 Tagessätze zu 40 DM) (nrk)
	29.11.1999	AG Bautzen	Beschluss	11 Cs 811 Js 8255/91	Einstellung gem. § 153a Abs. 2 StPO (nach Einspruch des Angeklagten)
67.	15.03.1999	AG Torgau	Strafbefehl	Cs 810 Js 2479/99	Joachim S.: Geldstrafe (50 Tagessätze zu 40 DM)
68.	16.04.1999	StA Dresden	Anklage	811 Js 49784/97	Werner R.
	21.12.1999	AG Torgau	Erstinstanzl. Urteil	3 Ds 811 Js 49784/97	Geldstrafe (120 Tagessätze zu 70 DM) (nrk)
	25.07.2000	LG Leipzig	Berufungsurteil	9 Ns 811 Js 49784/97	Geldstrafe (90 Tagessätze zu 70 DM)
69.	06.05.1999	AG Chemnitz	Strafbefehl	3 Cs 812 Js 15104/DD	Hans B.: Geldstrafe (50 Tagessätze zu 30 DM)
70.	27.05.1999	AG Plauen	Strafbefehl	2 Cs 812 Js 74931/98	Rolf R.: Geldstrafe (30 Tagessätze zu 50 DM) (nrk)
	22.11.1999	AG Plauen	Erstinstanzl. Urteil	2 Cs 812 Js 74931/98	Freispruch (nach Einspruch des Angeklagten)

71.	02.07.1999	StA Neuruppin	Anklage	364 Js 205/93	Heinz-Werner W.
	14.01.2000	AG Brandenburg	Beschluss	21 Ls 364 Js 43/93 (48/99)	Hinzuverbindung des Verfahrens Nr. 72 gegen Manfred M.
	27.02.2000	AG Brandenburg	Beschluss	21 Ls 2/00	Hinzuverbindung des Verfahrens Nr. 75 gegen Heinz-Werner W.
	14.03.2000	AG Brandenburg	Strafbefehl	21 Ls 44/99	Heinz-Werner W.: Verurteilung auf Bewährung (angedrohte Freiheitsstrafe: 1 Jahr), Geldstrafe Zusatzstrafe in Höhe von 1.500 DM
	13.04.2000	AG Brandenburg	Erstinstanzl. Urteil	21 Ls 364 Js 205/93 - 44/99	Manfred M.: Verurteilung auf Bewährung (angedrohte Freiheitsstrafe: 9 Monate), Geldstrafe als Zusatzstrafe in Höhe von 1.000 DM
72.	12.07.1999	StA Neuruppin	Anklage	364 Js 43/93	Manfred M.
	14.01.2000	AG Brandenburg	Beschluss	21 Ls 364 Js 43/93 (48/99)	Verbindung zum Verfahren Nr. 71
73.	19.07.1999	StA Neuruppin	Anklage	364 Js 244/94	Gerhard H.
	22.02.2000	LG Cottbus	Erstinstanzl. Urteil	22 Kls 60/99; 364 Js 244/94	Freiheitsstrafe mit Bewährung (9 Monate)
74. (= lfd. Nr. 4)	20.08.1999	StA Neuruppin	Anklage	364 Js 357/94	Reinhard Kaergel
	02.12.1999	LG Cottbus	Erstinstanzl. Urteil	22 Kls 64/99	Freiheitsstrafe mit Bewährung (1 Jahr 8 Monate)
75.	18.11.1999	StA Neuruppin	Anklage	364 Js 23508/99	Heinz-Werner W.
	27.02.2000	AG Brandenburg	Beschluss	21 Ls 2/00	Verbindung zum Verfahren Nr. 71
76.	22.11.1999	StA Neuruppin	Anklage	364 Js 354/94	Günter H.
	02.06.2000	LG Cottbus	Beschluss	22 Kls 80/99; 364 Js 354/94	Vorl. Einstellung gem. § 205 StPO
	12.02.2001	LG Cottbus	Beschluss	22 Kls 80/99; 364 Js 354/94	Einstellung gem. § 206a StPO (Verhandlungsunfähigkeit)
77.	03.12.1999	StA Neuruppin	Anklage	364 Js 293/94	Walter S.
	23.03.2000	LG Cottbus	Erstinstanzl. Urteil	22 Kls 82/99; 364 Js 293/94	Freiheitsstrafe mit Bewährung (1 Jahr)
78.	07.03.2000	AG Brandenburg	Strafbefehl	25 Cs 364 Js 147/94 (8/00)	Roland D.: Freiheitsstrafe mit Bewährung (7 Monate)

Nr.	Datum	Behörde/Gericht	Art des Dokuments	Aktenzeichen	Angeklagte und Verfahrensausgang
79.	13.04.2000	AG Halle-Saalkreis	Strafbefehl	ohne Az.	Lutz M.: Geldstrafe (60 Tagessätze zu 70 DM) (nrk)
	13.04.2000	AG Halle-Saalkreis	Strafbefehl	ohne Az.	Wolfgang M.: Geldstrafe (90 Tagessätze zu 70 DM) (nrk)
	13.04.2000	AG Halle-Saalkreis	Strafbefehl	ohne Az.	Fritz S.: Geldstrafe (40 Tagessätze zu 80 DM) (nrk)
	28.07.2000	AG Halle-Saalkreis	Beschluss	360 Cs 654 Js 40221/94	Lutz M.: Einstellung gem. § 153 Abs. 2 StPO (nach Einspruch des Angeklagten)
	28.07.2000	AG Halle-Saalkreis	Beschluss	360 Cs 654 Js 40221/94	Wolfgang M.: Einstellung gem. § 153 Abs. 2 StPO (nach Einspruch des Angeklagten)
	31.08.2000	AG Halle-Saalkreis	Beschluss	360 Cs 654 Js 40221/94	Fritz S.: Einstellung gem. § 153 Abs. 2 StPO (nach Einspruch des Angeklagten)

Doping

Nr.	Datum	Behörde/Gericht	Art des Dokuments	Aktenzeichen	Angeklagte und Verfahrensausgang
80. (= lfd. Nr. 5)	18.09.1997	StA II LG Berlin	Anklage	28 Js 39/97	Dieter Krause, Dieter Lindemann, Rolf Gläser, Volker Frischke
	04.02.1998	LG Berlin	Beschluss	(534) 28 Js 39/97 (33/97) - (534) 28 Js 40/97 (AR 11/97), früher 510 - 54/97	Hinzuverbindung des Verfahrens Nr. 81 gegen Bernd Pansold, Dieter Binus
	13.07.1998	LG Berlin	Beschluss	(534) 28 Js 39/97 Kls (33/97)	Binus: Abtrennung des Verfahrens
	12.08.1998	LG Berlin	Beschluss	(534) 28 Js 39/97 Kls (17/98)	Binus: Beschränkung der Strafverfolgung gem. § 154a Abs. 2 StPO
	24.08.1998	LG Berlin	Beschluss	(534) 28 Js 39/97 KLs (33/97)	Gläser: Abtrennung des Verfahrens
	26.08.1998	LG Berlin	Beschluss	(534) 28 Js 39/97 KLs (18/98)	Binus, Gläser: Hinzuverbindung des Verfahrens
	31.08.1998	LG Berlin	Erstinstanzl. Urteil	534 KLs 17/98	Binus: Geldstrafe (90 Tagessätze zu 100 DM) Gläser: Geldstrafe (90 Tagessätze zu 80 DM)
	29.09.1998	LG Berlin	Beschluss	534 - 33/97	Frischke: Einstellung gem. § 153a Abs. 2 StPO

	03.11.1998	LG Berlin	Beschluss	534 - 33/97	Krause: Einstellung gem. § 153a Abs. 2 StPO
	03.11.1998	LG Berlin	Beschluss	534 - 33/97	Lindemann: Einstellung gem. § 153a Abs. 2 StPO
	07.12.1998	LG Berlin	Erstinstanzl. Urteil	(534) 28 Js 39/97 KLs (33/97)	Pansold: Geldstrafe (180 Tagessätze zu 80 DM)
	09.02.2000	BGH	Beschluss	5 StR 451/99	Pansold: Verwerfung des Rechtsmittels als unbegründet
81.	24.10.1997	StA II LG Berlin	Anklage	28 Js 40/97	Bernd Pansold, Dieter Binus
	04.02.1998	LG Berlin	Beschluss	(534) 28 Js 39/97 (33/97) - (534) 28 Js 40/97 (AR 11/97), früher 510 - 54/97	Verbindung zum Verfahren Nr. 80
82.	24.02.1998	StA II LG Berlin	Anklage	28 Js 105/97	Bernd Christochowitz, Klaus Klemenz, Peter Mattonet, Dorit Rösler, Ulrich Sünder
	20.08.1998	LG Berlin	Erstinstanzl. Urteil	512 KLs 8/98	jeweils Geldstrafe: Mattonet: 70 Tagessätze zu 100 DM Rösler: 80 Tagessätze zu 90 DM Sünder: 80 Tagessätze zu 300 DM
	20.08.1998	LG Berlin	Beschluss	(512) 28 Js 105/97 Kls (8/98)	Christochowitz, Klemenz: Abtrennung des Verfahrens und vorl. Einstellung gem. § 153a StPO Mattonet, Rösler, Sünder: teilweise Abtrennung des Verfahrens und Einstellung gem. § 154 StPO
	22.02.1999	LG Berlin	Beschluss	512 - 28.98	Klemenz: Einstellung gem. § 153a Abs. 2 StPO
	25.02.1999	LG Berlin	Beschluss	512 - 28.98	Christochowitz: Einstellung gem. § 153a Abs. 2 StPO
83.	16.03.1999	AG Tiergarten	Strafbefehl	248 Cs 309/99	Dietrich Hannemann: Geldstrafe (250 Tagessätze zu 80 DM)
84.	15.04.1999	AG Tiergarten	Strafbefehl	244 Cs 293/99	Dietbert Freiberg : Freiheitsstrafe mit Bewährung (6 Monate)
85.	04.06.1999	AG Tiergarten	Strafbefehl	279 Cs 445/99	Horst Tausch: Freiheitsstrafe mit Bewährung (10 Monate)
86.	22.07.1999	AG Dresden	Strafbefehl	214 Cs 414 Js 21881/99	Uwe Neumann : Geldstrafe (80 Tagessätze zu 100 DM)

Nr.	Datum	Behörde/Gericht	Art des Dokuments	Aktenzeichen	Angeklagte und Verfahrensausgang
87. (= lfd. Nr. 7)	30.07.1999	StA II LG Berlin	Anklage	28 Js 14/98	Manfred Ewald, Manfred Höppner
	18.07.2000	LG Berlin	Erstinstanzl. Urteil	(538) 28 Js 14/98 KLs (23/99)	jeweils Verurteilung auf Bewährung mit angedrohter Freiheitsstrafe Ewald: 1 Jahr 10 Monate Höppner: 1 Jahr 6 Monate
	05.09.2001	BGH	Revisionsurteil	5 StR 330/01	Ewald: Verwerfung des Rechtsmittels als unbegründet
88.	04.08.1999	StA II LG Berlin	Anklage	28 Js 112/97	Helga Börner, Peter Börner, Alfred Papendick
	16.06.2000	AG Tiergarten	Strafbefehl	237 Ds 483/99	Helga Börner: Freiheitsstrafe mit Bewährung (7 Monate)
	16.06.2000	AG Tiergarten	Strafbefehl	237 Ds 483/99	Peter Börner: Freiheitsstrafe mit Bewährung (10 Monate)
	16.06.2000	AG Tiergarten	Strafbefehl	237 Ds 483/99	Papendick: Freiheitsstrafe mit Bewährung (7 Monate)
89.	09.08.1999	AG Tiergarten	Strafbefehl	270 Cs 928/99	Thomas Köhler: Geldstrafe (330 Tagessätze zu 80 DM)
	09.08.1999	AG Tiergarten	Strafbefehl	270 Cs 928/99	Hans-Günther Rabe: Freiheitsstrafe mit Bewährung (7 Monate)
	09.08.1999	AG Tiergarten	Strafbefehl	270 Cs 928/99	Horst Röder: Freiheitsstrafe mit Bewährung (1 Jahr)
	09.08.1999	AG Tiergarten	Strafbefehl	270 Cs 928/99	Hans-Jürgen Schmidt: Geldstrafe (180 Tagessätze zu 70 DM)
	09.08.1999	AG Tiergarten	Strafbefehl	270 Cs 928/99	Elke Schramm: Freiheitsstrafe mit Bewährung (6 Monate)
90.	10.08.1999	AG Tiergarten	Strafbefehl	255 Cs 932/99	Angelika Knispel: Geldstrafe (100 Tagessätze zu 50 DM)
91.	10.08.1999	AG Tiergarten	Strafbefehl	256 Cs 933/99	Margitta Kraatz: Geldstrafe (100 Tagessätze zu 80 DM)
92.	13.08.1999	StA II LG Berlin	Anklage	28 Js 195/97	Egon Müller, Jürgen Tanneberger, Lothar Kipke, Wolfgang Richter
	08.12.1999	LG Berlin	Beschluss	522 - 40/99	Kipke: Abtrennung des Verfahrens
	22.12.1999	LG Berlin	Erstinstanzl. Urteil	(522) 28 Js 195/97 Kls (40/99)	Müller, Richter, Tanneberger: jeweils Freiheitsstrafe mit Bewährung (1 Jahr)
	12.01.2000	LG Berlin	Erstinstanzl. Urteil	(522) 28 Js 195/97 Kls (50/99)	Kipke: Freiheitsstrafe mit Bewährung (1 Jahr 3 Monate)

93.	23.08.1999	StA II LG Berlin	Anklage	28 Js 111/97	Klaus Beer, Hans-Dieter Hollmig, Joachim Spenke, Emil Thierfelder
	17.02.2000	AG Tiergarten	Beschluss	279 Ds 620/99	Beer: Einstellung gem. § 153a Abs. 2 StPO
	25.04.2000	AG Tiergarten	Beschluss	279 Ds 620/99	Spenke: Einstellung gem. § 153a Abs. 2 StPO
	18.05.2000	AG Tiergarten	Beschluss	279 Ds 620/99	Thierfelder: Einstellung gem. § 153a Abs. 2 StPO
	18.05.2000	AG Tiergarten	Beschluss	279 Ds 620/99	Hollmig: Einstellung gem. § 153a Abs. 2 StPO
94.	26.08.1999	StA II LG Berlin	Anklage	28 Js 31/99	Manfred Thümmler
	26.09.2000	LG Berlin	Beschluss	503 - 34/99	Einstellung gem. § 153a Abs. 2 StPO
95.	23.09.1999	AG Erfurt	Strafbefehl	510 Js 33397/98 43 Cs	Wolfgang Fricke: Geldstrafe (70 Tagessätze zu 40 DM)
96. (= lfd. Nr. 6)	28.09.1999	AG Erfurt	Strafbefehl	510 Js 11509/99	Werner Keyling: Geldstrafe (140 Tagessätze zu 60 DM)
97.	05.10.1999	AG Tiergarten	Strafbefehl	271 Cs 1017/99	Hartmut Riedel: Geldstrafe (180 Tagessätze zu 60 DM)
98.	08.11.1999	AG Tiergarten	Strafbefehl	282 Cs 887/99	Hans-Joachim Wendler: Geldstrafe (150 Tagessätze zu 40 DM)
99.	09.12.1999	StA LG Berlin	Anklage	28 Js 36/99	Heinz K.
	11.12.2002	AG Berlin	Beschluss	252 Ds 6/00	Nichteröffnung des Hauptverfahrens (Verjährung)
100.	10.12.1999	StA LG Berlin	Anklage	28 Js 26/99	Heinz Walter C., Volkmar R.
	03.12.2001	AG Berlin	Beschluss	240 Ds 1036/99	jeweils Nichteröffnung des Hauptverfahrens (Verjährung)
101.	17.12.1999	AG Erfurt	Strafbefehl	510 Js 31892/99 44 Cs	Annegret Wennig: Geldstrafe (80 Tagessätze zu 60 DM)
102.	14.12.1999	AG Suhl	Strafbefehl	510 Js 11634/99	Peter Gleichmann: Geldstrafe (50 Tagessätze zu 50 DM)
103.	14.01.2000	AG Suhl	Strafbefehl	510 Js 8730/99	Werner Siebert: Geldstrafe (90 Tagessätze zu 130 DM)
104.	26.01.2000	AG Potsdam	Strafbefehl	Cs 361 Js 32623/98	Jochen Neubauer: Geldstrafe (90 Tagessätze zu 100 DM)
105.	28.01.2000	AG Leipzig	Strafbefehl	64 Cs 606 Js 45811/99	Rudolf Damm: Geldstrafe (50 Tagessätze zu 70 DM)
106.	09.02.2000	AG Cottbus	Strafbefehl	74 Cs 361 Js 27693/98 (1318/99)	Siegfried Elle: Geldstrafe (55 Tagessätze zu 60 DM)

Nr.	Datum	Behörde/Gericht	Art des Dokuments	Aktenzeichen	Angeklagte und Verfahrensausgang
	09.02.2000	AG Cottbus	Strafbefehl	74 Cs 361 Js 27693/98 (1318/99)	Bodo Krocker: Geldstrafe (90 Tagessätze zu 100 DM)
107.	18.02.2000	AG Berlin	Strafbefehl	273 Cs 16/00	Detlef S.: Geldstrafe (100 Tagessätze zu 70 DM) (nrk)
	16.08.2000	AG Berlin	Beschluss	273 Cs 16/00	Einstellung gem. § 153a Abs. 2 StPO (nach Einspruch des Angeklagten)
108.	28.02.2000	AG Leipzig	Strafbefehl	63 Cs 606 Js 45824/99	Karl-Heinz Müller: Geldstrafe (100 Tagessätze zu 70 DM) (nrk)
	13.07.2000	AG Leipzig	Erstinstanzl. Urteil	63 Cs 606 Js 45824/99	Geldstrafe (75 Tagessätze zu 65 DM) (nach Einspruch des Angeklagten)
109.	06.03.2000	AG Leipzig	Strafbefehl	83 Cs 606 Js 45784/99	Dieter Nicklas: Geldstrafe (90 Tagessätze zu 60 DM)
110.	13.03.2000	AG Stralsund	Strafbefehl	42 Cs (179/00)	Uwe Ihde: Geldstrafe (120 Tagessätze zu 50 DM)
111.	21.03.2000	AG Tiergarten	Strafbefehl	249 Cs 213/00	Edelfried Buggel: Freiheitsstrafe mit Bewährung (10 Monate)
	21.03.2000	AG Tiergarten	Strafbefehl	249 Cs 213/00	Günter Erbach: Freiheitsstrafe mit Bewährung (10 Monate)
	21.03.2000	AG Tiergarten	Strafbefehl	249 Cs 213/00	Rudolf Hellmann: Freiheitsstrafe mit Bewährung (10 Monate)
112.	13.04.2000	AG Leipzig	Strafbefehl	58 Cs 606 Js 18529/00	Stefan Hetzer: Geldstrafe (150 Tagessätze zu 100 DM)
113.	02.05.2000	AG Leipzig	Strafbefehl	60 Cs 606 Js 18571/00	Rainer Abresch: Geldstrafe (60 Tagessätze zu 100 DM) (nrk)
	13.10.2000	AG Leipzig	Beschluss	60 Cs 606 Js 18571/00	Einstellung gem. § 153a Abs. 2 StPO (nach Einspruch des Angeklagten)
114.	03.05.2000	AG Leipzig	Strafbefehl	75 Cs 606 Js 19742/00	Günter Baumgart: Geldstrafe (60 Tagessätze zu 100 DM)
115.	29.06.2000	AG Leipzig	Strafbefehl	59 Cs 606 Js 21669/00	Jörg Weissig: Geldstrafe (100 Tagessätze zu 70 DM) (nrk)
	09.10.2000	AG Leipzig	Beschluss	59 Cs 606 Js 21669/00	Einstellung gem. § 153a Abs. 2 StPO (nach Einspruch des Angeklagten)

116.	28.09.2000	AG Neubrandenburg	Strafbefehl	3 Cs 997/00	Armin Stemmler: Geldstrafe (150 Tagessätze zu 60 DM) (nrk)
	03.11.2000	AG Neubrandenburg	Beschluss	191 Js 25035/98; 3 Cs 997/00	Einstellung gem. § 206a StPO (Verjährung) (nach Einspruch des Angeklagten)
117.	08.09.2000	AG Rostock	Strafbefehl	24 Cs (576/00)	Hartmut Hommel: Geldstrafe (90 Tagessätze zu 300 DM)
	08.09.2000	AG Rostock	Strafbefehl	24 Cs (576/00)	Ingolf Jopke: Geldstrafe (100 Tagessätze zu 80 DM)
	08.09.2000	AG Rostock	Strafbefehl	24 Cs (576/00)	Sigrid Schweingel: Geldstrafe (80 Tagessätze zu 120 DM) (nrk)
	17.10.2000	AG Rostock	Beschluss	24 Cs (576/00) 191 Js 32894/98	Schweingel: Einstellung gem. § 206a StPO (Verjährung) (nach Einspruch der Angeklagten)
118.	24.09.1999	AG Erfurt	Strafbefehl	510 Js 33395/98	Ute Gerullis: Geldstrafe (70 Tagessätze zu 150 DM)

Denunziationen

Nr.	Datum	Behörde/Gericht	Art des Dokuments	Aktenzeichen	Angeklagte und Verfahrensausgang
119. (= lfd. Nr. 8)	07.02.1990	StA LG Berlin	Anklage	2 P Js 1089/89	Bernd Joachim K., Ute Renate K.
	10.04.1990	LG Berlin	Erstinstanzl. Urteil	(502) 2 P Js 1089/89 - KLs - (9/90)	jeweils Freiheitsstrafe mit Bewährung (2 Jahre)
120. (= lfd. Nr. 9)	03.12.1991	StA Hildesheim	Anklage	17 Js 1863/90	Sabine O.
	10.12.1993	LG Hildesheim	Erstinstanzl. Urteil	12 KLs 17 Js 1863/90	Freiheitsstrafe mit Bewährung (6 Monate)
	08.02.1995	BGH	Beschluss	5 StR 157/94	Freispruch
121.	23.12.1992	StA Dresden	Anklage	82 Js 8018/92	Mario S.
	05.08.1993	AG Dresden	Erstinstanzl. Urteil	31 Ls 82 Js 8018/92	Freiheitsstrafe mit Bewährung (8 Monate)
122.	10.05.1993	StA LG Berlin	Anklage	76 Js 610/91	Kai H.
	25.01.1994	AG Berlin-Tiergarten	Erstinstanzl. Urteil	(424) 76 Js 610/91 Ls (154/93)	Freiheitsstrafe mit Bewährung (9 Monate)
123. (= lfd. Nr. 10)	15.06.1993	StA LG Berlin	Anklage	76/30 Js 2313/92	Björn K.
	08.08.1994	AG Berlin-Tiergarten	Erstinstanzl. Urteil	(258) 30 Js 2313/92 Ls (91/93)	Freispruch

Nr.	Datum	Behörde/Gericht	Art des Dokuments	Aktenzeichen	Angeklagte und Verfahrensausgang
	29.03.1995	LG Berlin	Berufungsurteil	(573) 30 Js 2313/92 (159/94)	Freiheitsstrafe mit Bewährung (10 Monate) (nrk)
	21.06.1996	KG Berlin	Beschluss	(4) 1 Ss 189/95 (38/96)	Freispruch
124.	24.06.1993	StA Magdeburg	Anklage	33 Js 21217/92	Uwe F.
	19.10.1994	LG Halle	Erstinstanzl. Urteil	21 KLs St 1/94	Freiheitsstrafe mit Bewährung (6 Monate) (nrk)
	22.09.1995	BGH	Beschluss	3 StR 370/95	Aufhebung und Zurückverweisung
	21.03.1996	LG Halle	Erneutes tatrichterliches Urteil	26 KLs 28 (68)/95	Freispruch
125.	18.02.1994	StA LG Berlin	Anklage	76 Js 3005/93	Werner Z.
	14.09.1994	AG Tiergarten	Beschluss	(396) 76 Js 3005/93 Ls (69/94)	Nichteröffnung des Hauptverfahrens aus rechtlichen Gründen
	03.02.1995	LG Berlin	Beschluss	518 Qs 66/94	Verwerfung der Revision als unbegründet
126.	24.05.1994	StA LG Berlin	Anklage	76 Js 1425/94	Jowanka R. (Anklageerhebung beim AG als Schöffengericht)
	02.03.1995	AG Tiergarten	Beschluss	(271) 76 Js 1425/94 Ls (65/94)	Einstellung gem. § 206a StPO (Zuständigkeit des Strafrichters)
	26.06.1995	LG Berlin	Beschluss	515 Qs 25.95	Verwerfung der Beschwerde als unbegründet
	15.08.1995	StA II LG Berlin	Anklage gem. § 207 Abs. 3 Satz 1 StPO	30 Js 1425/94 (fr. 76)	erneute Anklageerhebung zum LG
	26.06.1995	LG Berlin	Beschluss	515 Qs 25.95	Eröffnung des Hauptverfahrens vor dem AG
	13.11.1997	AG Tiergarten	Erstinstanzl. Urteil	271 Ds 212/96	Freispruch
127.	25.07.1994	StA LG Berlin	Anklage	76 Js 1900/93	Jürgen S.
	26.04.1995	AG Tiergarten	Erstinstanzl. Urteil	(278) 30 Js 1900/93 Ls (58/94)	Freiheitsstrafe mit Bewährung (8 Monate)
128.	13.12.1994	StA II LG Berlin	Anklage	30 Js 1695/93	Rolf W.
	23.11.1995	AG Tiergarten	Erstinstanzl. Urteil	(216) 30 Js 1695/93 Ls (76/95)	Freiheitsstrafe mit Bewährung (1 Jahr)
129.	24.03.1997	StA II LG Berlin	Anklage	30 Js 770/95	Hans-Dieter S.

	21.10.1998	LG Berlin	Erstinstanzl. Urteil	(534) 30 Js 770/95 Kls (13/97)	Freiheitsstrafe mit Bewährung (1 Jahr 6 Monate)
130.	07.10.1997	StA Dresden	Anklage	824 Js 47193/93	Manfred Gerlach
	27.07.1999	LG Leipzig	Beschluss	3 Kls 824 Js 47193/93	Nichteröffnung des Hauptverfahrens aus tatsächlichen Gründen (nrk)
	11.02.2000	OLG Dresden	Beschluss	2 Ws 535/99; 3 KLs 824 Js 47193/93 LG Leipzig	Eröffnung des Hauptverfahrens unter Abänderung der Anklage
	06.11.2000	LG Leipzig	Beschluss	3 KLs 824 Js 47193/93	Einstellung gem. § 206a StPO (Verhandlungsunfähigkeit)

Wirtschaftsstraftaten

Nr.	Datum	Behörde/Gericht	Art des Dokuments	Aktenzeichen	Angeklagte und Verfahrensausgang
131.	19.10.1990	KStA Bernburg	Anklage	1 - 95/90	Gerd Weise
	03.04.1992	KrG Bernburg	Erstinstanzl. Urteil	S 77/90	Freiheitsstrafe mit Bewährung (8 Monate) (nrk)
	01.12.1992	LG Dessau	Berufungsurteil	3 Ns 9/92	Einstellung gem. § 206 Abs. 3 StPO (nrk)
	14.09.1993	OLG Naumburg	Revisionsurteil	2 Ss 20/93	Aufhebung und Zurückverweisung
	27.04.1994	LG Dessau	Berufungsurteil	4 Ns 12 Js 4352/92 (1/93)	Freiheitsstrafe mit Bewährung (6 Monate)
	08.12.1994	OLG Naumburg	Beschluss	2 Ss 167/94	Verwerfung der Revision als unbegründet
132.	28.09.1993	StA KG Berlin	Anklage	2 Js 943/92	Wolfgang Vogel
	05.10.1993	LG Berlin	Beschluss	506 - 53.93	Verbindung zum Verfahren 2 Js 353/91 (MfS-Straftaten)
133.	04.10.1993	StA Potsdam	Anklage	60 Js 17/92	Dieter H., Olaf K., Günter L., Hanni S.
	18.04.1994	LG Potsdam	Beschluss	23 KLs 58/93	jeweils Eröffnung des Hauptverfahrens unter Abänderung der Anklage
	05.06.1997	LG Potsdam	Beschluss	23 KLs 58/93	H.: teilweise Abtrennung des Verfahrens K.: Abtrennung des Verfahrens
	18.06.1997	LG Potsdam	Beschluss	23 KLs 16/97	K.: erneute Abtrennung des Verfahrens
	18.06.1997	LG Potsdam	Beschluss	23 KLs 20/97	K.: Einstellung gem. § 153 Abs. 2 StPO

Nr.	Datum	Behörde/Gericht	Art des Dokuments	Aktenzeichen	Angeklagte und Verfahrensausgang
	18.06.1997	LG Potsdam	Beschluss	23 KLs 16/97	H.: Einstellung des Teilverfahrens gem. § 154 Abs. 2 iVm § 154 Abs. 1 StPO im Hinblick auf die zu erwartende Strafe im Restverfahren
	24.07.1997	LG Potsdam	Beschluss	23 KLs 31/97	S.: Abtrennung des Verfahrens und Einstellung gem. § 153 Abs. 2 StPO
	28.07.1997	LG Potsdam	Erstinstanzl. Urteil	23 KLs 58/93	H., L.: Freispruch (vorläufig eingestelltes Teilverfahren gegen H. wurde trotz des Freispruchs nicht wieder aufgenommen)
134. (= lfd. Nr. 11)	14.02.1994	StA KG Berlin	Anklage	23/2 Js 41/93	Waradin D., Edgar K., Alexander Schalck-Golodkowski
	06.05.1994	LG Berlin	Beschluss	505 - 4/94	D., Schalck-Golodkowski: jeweils Abtrennung des Verfahrens
	08.07.1994	LG Berlin	Erstinstanzl. Urteil	505 KLs 4/94	K.: Freiheitsstrafe ohne Bewährung (3 Jahre) (nrk)
	22.07.1994	LG Berlin	Beschluss	(505) 23/2 Js 41/93 (6/94)	D.: Erneute Abtrennung des Verfahrens und Nichteröffnung des Hauptverfahrens (Verhandlungsunfähigkeit)
	07.04.1995	LG Berlin	Beschluss	505 - 6/94	Schalck-Golodkowski: Eröffnung unter Abänderung der Anklage
	30.06.1995	KG Berlin	Beschluss	2 AR 125/94 - 4 Ws 113/95	Schalck-Golodkowski. Eröffnung des Hauptverfahrens gem. dem Antrag der StA nach sofortiger Beschwerde
	13.07.1995	StA II LG Berlin	Anklageerhebung gem. § 207 Abs. 3 Satz 1 StPO	23/2 Js 41/93	Schalck-Golodkowski: Anklage im Umfang der Eröffnungsbeschlüsse
	03.08.1995	BGH	Beschluss	5 StR 63/95	K.: Aufhebung und Zurückverweisung
	31.01.1996	LG Berlin	Erstinstanzl. Urteil	505 KLs 6/94	Schalck-Golodkowski: Freiheitsstrafe mit Bewährung (1 Jahr) (später in Gesamtstrafe im Verfahren Nr. 139 einbezogen)
	09.07.1997	BGH	Revisionsurteil	5 StR 544/96	Schalck-Golodkowski: Präzisierung der Rechtsgrundlage der Verurteilung im LG-Urteil v. 31.01.1996, im Übrigen Verwerfung der Revision

	17.03.1999	BVerfG	Beschluss	2 BvR 1565/97	Schalck-Golodkowski: Nichtannahme der Verfassungsbeschwerde
	14.03.2002	LG Berlin	Beschluss	(505) 23/2 Js 41/93 Kls (4/98)	K.: Einstellung gem. § 206a StPO (Verhandlungs-unfähigkeit)
135.	19.04.1994	StA KG Berlin	Anklage	24/2 Js 66/92	Waltraud Lisowski, Alexander Schalck-Golodkowski, Klaus Wendlandt
	31.08.1995	LG Berlin	Beschluss	(526) 24/2 Js 66/92 (6/94)	jeweils Nichteröffnung des Hauptverfahrens
	30.07.1999	KG Berlin	Beschluss	2 AR 92/95 - 4 Ws 132/97; (526) 24/2 Js 66/92 (6/94)	jeweils Verwerfung der Beschwerde als unbegründet
136.	17.08.1994	StA II LG Berlin	Anklage	21 Js 11/94	Dieter Starkulla
	25.02.1997	AG Tiergarten	Erstinstanzl. Urteil	216 Ls 117/94	Freispruch
137.	13.12.1994	StA II LG Berlin	Anklage	23 Js 9/94	Alexander Schalck-Golodkowski
	26.02.1996	LG Berlin	Beschluss	(526) 23 Js 9/94 (1/95)	Vorl. Einstellung gem. § 154 Abs. 2 StPO im Hinblick auf die Verurteilung im Verfahren Nr. 134
138.	31.03.1995	StA II LG Berlin	Anklage	23/2 Js 448/92	Klaus-Dieter U., Erhard W.
	26.11.1996	AG Tiergarten	Erstinstanzl. Urteil	216 Ls 65/95	jeweils Freispruch
139.	25.04.1996	StA II LG Berlin	Anklage	21 Js 39/95	Heinz Grahmann, Alfred Hauff, Dietrich Kupfer, Karl Nendel, Gerhardt Ronneberger, Gunter Samm, Alexander Schalck-Golodkowski, Siegfried Schürer
	11.12.1997	LG Berlin	Beschluss	(514a) 21 Js 39/95 KLs (5/97)	Grahmann: Abtrennung des Verfahrens für die übrigen Angeklagten: Eröffnung der Hauptverhandlung gem. Anklage
	11.06.1998	LG Berlin	Erstinstanzl. Urteil	505 Kls 5/98	jeweils Verwarnung mit Strafvorbehalt mit vorbehaltener Geldstrafe: Kupfer: 50 Tagessätze zu 80 DM Nendel: 150 Tagessätze zu 440 DM Ronneberger: 150 Tagessätze zu 80 DM Schürer: 80 Tagessätze zu 200 DM
	23.06.1998	LG Berlin	Beschluss	(5050) 21 Js 39/95 (18/98)	Schalck-Golodkowski: Abtrennung des Verfahrens und Hinzuverbindung des Verfahrens Nr. 140

Nr.	Datum	Behörde/Gericht	Art des Dokuments	Aktenzeichen	Angeklagte und Verfahrensausgang
	09.07.1998	LG Berlin	Erstinstanzl. Urteil	505 Kls 21/98	Schalck-Golodkowski: Freiheitsstrafe mit Bewährung (1 Jahr 4 Monate) (Gesamtstrafe unter Einbeziehung der Verurteilung aus dem Verfahren Nr. 132)
	22.07.1998	LG Berlin	Beschluss	(505) 21 Js 39/95/KLs (18/98)	Hauff, Samm: Abtrennung des Verfahrens
	06.08.1998	LG Berlin	Beschluss	(505) 21 Js 39/95 KLs (18/98)	Samm: erneute Hinzuverbindung des Verfahrens
	29.03.1999	BGH	Beschluss	5 StR 97/99	Schalck-Golodkowski: Verwerfung der Revision des Angekl. als unbegründet
	21.04.1999	BGH	Revisionsurteil	5 StR 123/99	Kupfer, Nendel, Ronneberger, Schürer: jeweils Verwerfung der Revision als unbegründet
	21.04.1999	BGH	Revisionsurteil	5 StR 97/99	Schalck-Golodkowski: Verwerfung der Revision der StA als unbegründet
	03.04.2000	LG Berlin	Erstinstanzl. Urteil	(505) 21 Js 39/95 KLs (18/98)	jeweils Geldstrafe: Hauff: 90 Tagessätze zu 300 DM (nrk) Samm: 90 Tagessätze zu 125 DM (nrk)
	10.01.2001	BGH	Beschluss	5 StR 435/00	Hauff, Samm: jeweils Einstellung § 206a StPO (Verjährung)
	07.02.2001	LG Berlin	Beschluss	(505) 21 Js 39/95 KLs (17/98)	Grahmann: Einstellung gem. § 206a StPO (Verjährung)
140.	12.09.1996	StA II LG Berlin	Anklage	23 Js 116/95	Hans-Jürgen Laborn, Max Moser-Bucher, Alexander Schalck-Golodkowski
	06.02.1998	LG Berlin	Beschluss	519 - 21/96	Schalck-Golodkowski: Abtrennung des Verfahrens
	03.03.1998	LG Berlin	Erstinstanzl. Urteil	519 KLs 21/96	jeweils Geldstrafe: Laborn: 150 Tagessätze zu 300 DM Moser-Bucher: 150 Tagessätze zu 500 DM
	23.06.1998	LG Berlin	Beschluss	(505) 21 Js 39/95 KLs (18/98)	Schalck-Golodkowski: Verbindung zum Verfahren Nr. 139
141.	21.01.1997	StA Magdeburg	Anklage	33 Js 6725/93	Gerd Weise
	05.02.1999	AG Bernburg	Beschluss	4 Ls 1/97	Vorl. Einstellung gem. § 154 Abs. 2 StPO im Hinblick auf die Verurteilung im Verfahren Nr. 131

142.	09.05.1997	StA Erfurt	Anklage	560 Js 12746/92	Hans T.
	20.10.1997	AG Sondershausen	Beschluss	560 Js 12746/92 Ds	Einstellung gem. § 153a Abs. 2 StPO
143.	23.09.1997	StA Dresden	Anklage	821 Js 19303/92	Werner G.
	09.12.1997	AG Stollberg	Erstinstanzl. Urteil	2 Ds 821 Js 19303/92	Geldstrafe: 80 Tagessätze zu 80 DM
144.	09.09.1998	AG Tiergarten	Strafbefehl	335 Cs 333/98	Dieter Drechsel: Geldstrafe (90 Tagessätze zu 160 DM)
	09.09.1998	AG Tiergarten	Strafbefehl	335 Cs 333/98	Ulrich Patz: Geldstrafe (120 Tagessätze zu 160 DM)
	09.09.1998	AG Tiergarten	Strafbefehl	335 Cs 333/98	Peter Sommerkamp: Geldstrafe (180 Tagessätze zu 160 DM)

Sonstige Verfahren

Nr.	Datum	Behörde/Gericht	Art des Dokuments	Aktenzeichen	Angeklagte und Verfahrensausgang
145.	06.03.1990	StA Stadt Halle	Anklage	221 - 167-89 - 4	Siegfried F., Hilmar Fritz K.
	28.06.1993	AG Halle-Saalkreis	Erstinstanzl. Urteil	S 110/90	Siegfried F.: Freiheitsstrafe mit Bewährung (1 Jahr) (nrk) Hilmar Fritz K.: Geldstrafe (70 Tagessätze zu 70 DM) (nrk)
	20.03.1995	LG Halle	Berufungsurteil	27 (14) Ns 67/93	F., K.: jeweils Freispruch
146.	26.02.1993	StA Leipzig	Anklage	21 Js 103702/92	Frank W.
	29.09.1993	LG Chemnitz	Beschluss	1 KLs 21 Js 103702/92	Nichteröffnung des Hauptverfahrens aus rechtlichen Gründen
	20.10.1994	OLG Dresden	Beschluss	1 Ws 18/94; 1 Ws 19/94; 1 Ws 20/94	Verbindung zum Verfahren Nr. 148 (nach sofortiger Beschwerde der StA Leipzig gegen den Nichteröffnungsbeschluss)
147.	26.02.1993	StA Leipzig	Anklage	20 Js 1008/92	Wilhelm P.
	29.09.1995	LG Leipzig	Beschluss	6 Kls 20 Js 1008/92	Nichteröffnung des Hauptverfahrens aus rechtlichen Gründen
	05.12.1996	OLG Dresden	Beschluss des Beschwerdegerichts	1 Ws 184/96	Eröffnung unter Abänderung der Anklage
	28.12.1998	LG Leipzig	Erstinstanzl. Urteil	6 KLs 20 Js 1008/92	Freispruch
148.	26.02.1993	StA Leipzig	Anklage	20 Js 1009/92	Gerald S.

Nr.	Datum	Behörde/Gericht	Art des Dokuments	Aktenzeichen	Angeklagte und Verfahrensausgang
	29.09.1993	LG Chemnitz	Beschluss	1 KLs 20 Js 1009/92	Nichteröffnung des Hauptverfahrens aus rechtlichen Gründen
	20.10.1994	OLG Dresden	Beschluss	1 Ws 18/94; 1 Ws 19/94; 1 Ws 20/94	Hinzuverbindung der Verfahren Nr. 146 und Nr. 149 (nach sofortiger Beschwerde der StA Leipzig gegen den Nichteröffnungsbeschluss)
	20.10.1994	OLG Dresden	Beschluss	1 Ws 18/94; 1 Ws 19/94; 1 Ws 20/94	N., S., W.: jeweils Verwerfung der Beschwerde als unbegründet
149.	26.02.1993	StA Leipzig	Anklage	20 Js 1010/92	Peter N.
	29.09.1993	LG Chemnitz	Beschluss	1 KLs 20 Js 1010/92	Nichteröffnung des Hauptverfahrens aus rechtlichen Gründen
	20.10.1994	OLG Dresden	Beschluss	1 Ws 18/94; 1 Ws 19/94; 1 Ws 20/94	Verbindung zum Verfahren Nr. 148 (nach sofortiger Beschwerde der StA Leipzig gegen den Nichteröffnungsbeschluss)
150.	26.02.1993	StA Leipzig	Anklage	20 Js 1013/92	W.-Eberhard G.
	10.07.1995	LG Leipzig	Beschluss	4 KLs 20 Js 1013/92	Nichteröffnung des Hauptverfahrens aus rechtlichen Gründen
151.	15.03.1995	StA Dresden	Anklage	837 Js 7568/94	Manina K.
	20.04.1995	LG Chemnitz	Beschluss	2 KLs 837 Js 7568/94	Nichteröffnung des Hauptverfahrens (unklar)
	16.01.1996	OLG Dresden	Beschluss	1 Ws 200/95	Eröffnung des Hauptverfahrens gem. Anklage
	04.06.1996	LG Chemnitz	Erstinstanzl. Urteil	6 KLs 837 Js 7568/94	Freispruch
152.	13.07.1995	StA Schwerin	Anklage	191 Js 533/93	Reinhardt G., Hans-Jürgen W.
	18.09.1996	AG Wismar	Erstinstanzl. Urteil	17 Ls 15/95	jeweils Verwarnung mit Strafvorbehalt mit angedrohter Geldstrafe G.: 120 Tagessätze zu 50 DM W.: 150 Tagessätze zu 70 DM
153.	23.02.1996	GBA	Anklage	3 StE 4/96 - 4 (1)	Markus Wolf

	20.05.1996	OLG Düsseldorf	Beschluss	VII - 1/96 (1/96 VS-Geheim) und VII - 12/96; 3 StE 14/92 - 3 (3 Ref. 4) und 3 StE 4/96 - 4 (1) GBA	Verbindung zum Verfahren Az. 3 StE 14/92 - 3 (abgedruckt bei *Marxen/Werle* (Hrsg.): Strafjustiz und DDR-Unrecht, Bd. 4: Spionage, lfd. Nr. 1)
154.	08.06.1998	StA Dresden	Anklage	821 Js 33623/98	Detlef E., Bernd R.
	11.10.1999	AG Dresden	Beschluss	203 Ds 821 Js 33623/98 89	jeweils Nichteröffnung des Hauptverfahrens aus rechtlichen Gründen
155.	26.08.1998	StA II LG Berlin	Anklage	28 Js 22/96	Siegfried H., Jürgen W., Adolf T.
	27.05.1999	LG Berlin	Beschluss	(503) 28 Js 22/96 KLs (32/98)	T.: Abtrennung des Verfahrens
	08.06.1999	LG Berlin	Erstinstanzl. Urteil	(503) 28 Js 22/96 KLs (32/98)	H., W.: jeweils Freispruch
	03.12.1999	LG Berlin	Beschluss	503 - 25/99	T.: Einstellung gem. § 153 Abs. 2 StPO
156.	20.05.1999	AG Freiberg	Strafbefehl	Cs 821 Js 26729/99	Wilmar S.
	31.08.1999	AG Freiberg	Beschluss	4 Cs 821 Js 26729/99	Einstellung gem. § 153 Abs. 1, 2 StPO (nach Einspruch des Angeklagten gegen den Strafbefehl)
157.	24.10.2000	StA Berlin	Anklage	28 Js 42/99	Rainer S.
	19.03.2001	LG Berlin	Erstinstanzl. Urteil	(529) 28 Js 42/99 Ks (9/00)	Freiheitsstrafe mit Bewährung (6 Monate)
	06.11.2001	BGH	Beschluss	5 StR 363/01	Einstellung wegen Verjährung

Fundstellenverzeichnis

nach Gerichten

Gericht	Datum	Az.		veröffentlicht in	Lfd. Nr.
BGH	08.02.1995	5 StR 157/94	Beschluss	NStZ 1995, 288	9-2
BGH	26.04.1995	3 StR 93/95	Urteil	NJW 1995, 2861; NStZ 1995, 505; NJ 1995, 597; BGHR StGB § 78b Abs. 1 Ruhen 2; BGHR § 2 Abs. 3 DDR-StGB 10	1-2
BGH	09.07.1997	5 StR 544/96	Urteil	BGHSt 43, 129	11-3
BGH	09.02.2000	5 StR 451/99	Beschluss	NJW 2000, 1506; NStZ 2000, 252; NJ 2000, 324; BGHR StGB § 78b Abs. 1 Ruhen 8	5-3
LG Berlin	29.03.1995	(573) 30 Js 2313/92 (159/94)	Urteil	NJ 1995, 381	10-2

nach Entscheidungssammlung/Zeitschrift

		Gericht	Datum	Az.		Lfd. Nr.
BGHR	StGB § 78b Abs. 1 Ruhen 2	BGH	26.04.1995	3 StR 93/95	Urteil	1-2
	StGB § 78b Abs. 1 Ruhen 8	BGH	09.02.2000	5 StR 451/99	Beschluss	5-3
	§ 2 Abs. 3 DDR-StGB 10	BGH	26.04.1995	3 StR 93/95	Urteil	1-2
BGHSt	43, 129	BGH	09.07.1997	5 StR 544/96	Urteil	11-3
NJ	1995, 381	LG Berlin	29.03.1995	(573) 30 Js 2313/92 (159/94)	Urteil	10-2
	1995, 597	BGH	26.04.1995	3 StR 93/95	Urteil	1-2
	2000, 32	BGH	09.02.2000	5 StR 451/99	Beschluss	5-3
NJW	1995, 2861	BGH	26.04.1995	3 StR 93/95	Urteil	1-2
	2000, 1506	BGH	09.02.2000	5 StR 451/99	Beschluss	5-3
NStZ	1995, 288	BGH	08.02.1995	5 StR 157/94	Beschluss	9-2
	1995, 505	BGH	26.04.1995	3 StR 93/95	Urteil	1-2
	2000, 252	BGH	09.02.2000	5 StR 451/99	Beschluss	5-3

Gesetzesregister

Besatzungsrecht

Recht der Deutschen Demokratischen Republik

Bundesrecht und früheres Reichsrecht

Völkerrechtliche Vereinbarungen und zwischenstaatliche Verträge

Ortsregister

Es wurden nur solche Ortsnamen aufgenommen, deren Erwähnung im Kontext der untersuchten Straftaten stand. Sind im Folgenden einzelne Seitenzahlen angegeben, wird der Ort bzw. der entsprechende Kreis oder Bezirk auf der genannten Seite mindestens einmal erwähnt. Sind Seitenbereiche angegeben, spielt der Ort im gesamten Textabschnitt eine Rolle, wird aber nicht notwendigerweise auf jeder einzelnen Seite erwähnt. Von einer Aufnahme West- und Ost-Berlins in das Register wurde abgesehen, da diese Orte zu häufig erwähnt werden. Einzelne Berliner Bezirke sind jedoch erfasst.

Personenregister

In das Personenregister wurden ausschließlich Personen der Zeitgeschichte aufgenommen, da alle anderen aus datenschutzrechtlichen Gründen anonymisiert werden mussten. Die Schreibweise folgt meist derjenigen im Text. Namen von verfahrensbeteiligten Richtern oder Rechtsanwälten wurden ebenfalls weggelassen. Namen in Anführungszeichen sind Deck- oder andere Falschnamen bzw. Namen von Personen, deren Identität nicht geklärt werden konnte. Nach dem Namen folgt in Klammern die Funktion, die die betreffende Person innehatte. Sind Seitenbereiche angegeben, wird die betreffende Person im betreffenden Textabschnitt mehrfach, nicht notwendigerweise aber auf jeder Seite erwähnt. Kursiv gesetzte Seitenzahlen verweisen auf ein Verfahren, in dem die betreffende Person angeklagt war. Die laufende Nummer des entsprechenden Verfahrens ist in Klammern hinzugefügt.

Sachregister

FSC
www.fsc.org
MIX
Papier | Fördert
gute Waldnutzung
FSC® C083411

Kolibri 360 GmbH
Ferdinand-Jühlke-Straße 7
99095 Erfurt, Deutschland
produktsicherheit@kolibri360.de